제5판 미시경제학 연습

미시경제학 연습

Microeconomics : exercise

5판

임봉욱 지음

율곡출판사

제5판 들어가는 글

독자들의 성원에 힘입어 5판을 내게 되었다. 이 기회에 이 책을 아껴주신 독자들께 다시 한 번 감사의 말씀을 드린다.

책이 많이 두꺼워졌다.

(1) 새로운 문제들을 많이 추가하였기 때문이다. 추가한 문제들을 일일이 거명하기에는 너무 많다.

(2) 부록에도 새로운 내용을 추가하였다.

(3) 기존 문제들에 새로운 문항들을 추가하거나 풀이를 보완한 경우도 많다.

(4) 이 과정에서 분량 조절에 많은 생각을 하였다. 그렇지만 기존 문제들을 삭제하지는 않았다.

특히 이번 판에서는 엄밀성을 높였다. 예를 들어

(1) 선별 문제의 풀이 과정에서 자기선택제약과 참가제약이 등식과 부등식으로 성립하는 과정을 귀류법을 통해 엄밀하게 보여주었다.

(2) 포락선정리가 적용되는 해설에는 가능한 한 그 사실을 언급하였다. 포락선정리에 대한 자세한 설명 및 증명은 본인의 졸저 『예제와 함께하는 미시경제학 4판』(박영사)에 담았다.

(3) 선별에서 정보지대 추출과 효율의 상충관계를 명시적으로 보여주었다.

(4) 최적유인보수를 고안할 때 완전정보일 경우와 비대칭정보일 경우를 분명히 대비시켰다. 이때 상황에 따라 각각 열심유도와 태만유도 중 어느 것이 최적이 되며 또한 그 이유가 무엇인지도 명확하게 밝혔다.

쉬운 문제들도 있지만 꽤 까다로운 문제들도 있다. 독자들이 자신에게 맞는 문제들을 선택해서 풀어보기 바란다.

이 기회에 질문을 통해 필자에게 생각을 가다듬을 계기를 마련해 주신 분들께 다시 한 번 감사드린다. 특히 2020년 5급 행정시험에 합격한 후 Zoom을 통해 몇 군데의 오류와 오타를 지적해 준 이인중 학생에게 고마움을 표한다. 나름대로 최선을 다했지만 혹시 남아 있을지 모를 오류들은 모두 필자의 책임임은 물론이다.

어려운 출판 환경 속에서도 항상 필자를 생각해 주시고 집필을 독려해 주시는 율곡출판사의 박기남 사장님께 감사드린다.

방조일 님은 더 멋진 수식체를 독자들에게 제공하기 위해 원고의 모든 수식들을 일일이 새로 타이핑하시는 어려움에도 한 치의 오차 없이 한글 수식체를 새로운 수식체로 되살려주셨다. 편집과 교정 과정에서도 코멘트를 통해 독자는 물론 필자의 마음까지 헤아리시는 것 같았다. 깊은 감사의 마음을 전해 드린다.

5판이 나오기까지 애써주신 다른 관계자 여러분들께도 감사드린다.

2021. 11.

임봉욱(limbu@dju.kr)

제4판 들어가는 글

독자들의 성원에 힘입어 4판을 내게 되었다. 4판에는 12개의 새로운 문제와 1개 문항을 추가했다. 또한 여러 곳에 걸쳐 기존 문제들의 풀이를 보완했다. 그러다 보니 책의 부피가 커졌다. 부피를 고려해서 일부 문제들을 삭제할까도 생각해 보았으나 다양하게 여러 문제들을 제시하는 것이 낫겠다는 판단 아래 그대로 두었다. 이때에도 역시 기회비용을 고려하게 되었다는 점에서 경제학이 유용하다는 생각을 또 한 번 하게 되었다.

추가된 문제들과 문항은 다음과 같다.

1.19 준선형 효용함수일 경우 수요함수
5.8 부의 소득세와 노동공급 : 계산문제
5.13 부존소득모형 : 대출자가 될 조건
6.9 단기비용과 장기비용
8.11 경쟁시장의 장기균형
10.7 베르뜨랑모형과 꾸르노모형 : 대체재의 경우(문항 c.)
12.8 장기공급함수와 생산요소의 장기수요함수
12.9 장기공급함수와 생산요소의 장기수요함수 : 레온티에프 생산함수의 경우
12.10 장기공급함수와 생산요소의 장기수요함수 : 완전대체 생산함수의 경우
17.15 기대효용극대화–상황선호접근법 이용 : 내기 참여 여부 조건 및 내기 금액
17.18 보험 : 보험구입 조건과 완전보험구입 조건
18.16 최적유인보수 : 유인문제가 없을 경우
18.20 최적유인보수 : 대리인이 위험중립적일 경우

이 기회에 이 책을 아껴주신 독자 여러분들께 감사드린다. 또한 구체적인 질문을 통해 필자에게 생각을 가다듬을 기회를 주신 분들께 다시 한번 감사드린다.

끝으로 필자에게 항상 관심을 가져주시고 4판의 집필을 독려해 주신 율곡출판사의 박기남 사장님, 편집을 훌륭하게 해주신 차은지님, 그리고 4판이 나오는 데 애써 주신 관계자 여러분들께 깊이 감사드린다.

2016년 2월

임봉욱

제3판 들어가는 글

경제학을 심층적으로 이해하는 데 좋은 방법 중의 하나는 좋은 연습문제를 풀어보는 것이라고 생각한다. 필자는 그런 다양한 문제들을 책 한 권의 분량으로 균형 있게 소개할 수 있기를 바랐었다. 이런 관점에서, 제3판에는 새로 고안한 문제들을 많이 추가했다. 또한 필자의 『미시경제학 연습 II』에서 이 취지에 부합하는 문제들을 발췌하여 실었다. 이 과정에서 몇 개의 장을 세분했다. 필요한 경우 기존의 풀이를 보완했고 일부 문제들은 삭제했다.

특히 상호유기적인 이해를 돕기 위해 다음 사항들에 관심을 두었다.

1. 여러 이론들이 복합적으로 적용되는 문제들을 많이 다뤘다.
2. 생산함수와 비용함수에 대해 쌍대성에 입각하여 그 상관관계가 부각되도록 했다.
3. 생산물시장의 이윤극대화와 생산요소시장의 이윤극대화의 관계가 부각되도록 했다.
4. 게임이론과 과점이론의 대응에 주목했다.
5. 공공재, 외부효과, 불확실성, 비대칭정보 등이 시장실패에 대해 지니는 함축성을 강조하기 위해 이들을 책의 뒷부분에 함께 배치했다.

몇 가지 첨언하고자 한다.

1. 짧고 단순한 문제와 길고 복합적인 문제가 섞여서 등장하고 있다. 미시경제학 교과서들의 설명 흐름에 맞추어 문제들을 배열했기 때문이다.
2. 여러 이론들이 복합적으로 적용되는 문제들은 핵심적으로 적용되는 이론을 기준으로 분류했다. 이런 문제들은 비록 책의 앞부분에 등장하더라도 이후에 다루는 이론이 적용되는 경우도 있다.
3. 문제마다 이름을 달아 놓았다. 이름은 그 문제가 다루고 있는 중심 주제를 나타낸다.
4. 풀이의 내용이 일부 중복되는 경우도 있다. 해당 문제 풀이의 자기완결성을 위한 기회비용이라고 생각했다.

이 책이 학생들에게 큰 도움이 되기를 바란다.

끝으로 늘 따뜻한 관심을 가져주시고 또한 이 책의 집필을 독려해 주신 율곡출판사의 박기남 사장님, 시종일관 친절과 함께 훌륭한 편집을 위해 최선을 다해 주신 방조일 주간님과 신재혁 과장님, 그리고 관계자 여러분들께 깊이 감사드린다.

2011년 10월

임봉욱

제2판 들어가는 글

1판을 낸 지 얼마 안 되어 2판을 낸다는 것이 여러모로 부담스러웠다. 그러나 그러한 부담감보다는 조금이라도 더 나은 책을 만들어보겠다는 의욕이 더 컸다.

2판에서 가장 두드러진 변화는 내용의 변화와 구조의 변화를 들 수 있다. 내용의 변화를 먼저 말하고 이어서 구조의 변화를 말하고자 한다.

내용의 변화는 총 31개의 큰 문제들을 추가한 것이다. 특히 비대칭정보와 불확실성 부분을 크게 보완하였다. 그 예로서 추가된 문제들 중에서 비대칭정보에 관한 것이 총 13개로서 가장 많다. 이 문제들은 15장 비대칭정보와 7장 독점과 과점의 뒷부분에 배치되어 있다. 특히 2급 가격차별은 비대칭정보와 관련된다는 점에 주목하면 이 문제들의 일부가 7장에 배치되어 있는 이유를 짐작할 수 있을 것이다. 그 다음으로 많이 추가된 문제들은 불확실성에 관한 것들이다. 이 문제들은 총 7개로서 14장 불확실성의 뒷부분에 배치되어 있다.

이어서 생산함수, 비용함수, 시장이론이 함께 논의되고 있는 문제들을 추가하였다. 이 문제들은 총 6개로서 6장 완전경쟁의 뒷부분에 배치되어 있다. 끝으로 1장 소비자의 최적선택에 2문제, 2장 대체효과, 소득효과, 소비자잉여에 1 문제, 3장 부존소득에 1 문제, 그리고 8장 게임이론에 1 문제를 추가하였다.

이 외에 풀이를 보완하거나 몇 군데 오류를 수정하였다. 오류 수정의 예로는 문제 7.6에서 틀리게 구해진 생산함수를 삭제한 것과 문제 15.11에서 단순 계산 착오를 시정한 것을 들 수 있다.

구조의 변화는 무엇보다도 1판에서 간략하게 풀이를 달아놓은 문제들을 대부분 삭제한 것이다. 그 다음 몇 개의 장들을 서로 통합하여 22개의 장들을 8편 15개의 장으로 재구성한 것이다.

더 나은 책을 만들어보려고 나름대로 노력한 것이 사실이다. 그러나 그 평가는 독자들의 몫이라는 것을 잘 알고 있다. 그럼에도 불구하고 이 책이 미시경제학을 공부하는 데 조금이나마 도움이 되기를 바라는 마음 간절하다.

이 기회에 오류를 지적해 주거나 생각을 가다듬을 계기를 마련해 준 학생들에게 감사한다.

이번에도 지샘의 사장 김종호 학형과 오승자 씨가 큰 도움을 주었다. 이 자리를 빌어 다시 한 번 고마운 마음을 전한다.

2005년 7월

임봉욱

초판 들어가는 글

이 책은 학부과정의 미시경제학 내용을 보다 심층적으로 이해하고자 하는 독자들을 대상으로 쓰여졌다. 미시경제학을 보다 심층적으로 이해하는 방법 중의 하나는 여러 각도로 깊이 생각해 보는 것이다. 그것을 도와 주는 방법 중의 하나는 바로 다양한 문제를 풀어 보는 것이며 다양한 문제를 풀어 보는 것은 사고의 깊이를 더해 줄 뿐만 아니라 혹시 있을지도 모르는 사고의 오류를 스스로 깨닫게 해 준다.

책의 구성

이 책의 차례는 필자의 미시경제학 2판의 차례와 같다. 그리고 각 장은 다음과 같이 구성되어 있다. 각 장의 처음 부분은 미시경제학 2판의 연습문제를 다루고 있다. 문제는 같지만 그 대신 미시경제학 2판에서보다 훨씬 상세한 풀이를 제시하였다. 이어서 중간 부분은 필자의 공공경제학 3판에 있는 문제들 중에서 고른 것들이다. 각 장의 뒷 부분에는 새로운 문제들이 실려 있다. 이 새로운 문제들 중에는 보다 심화된 문제들이 많다. 그리고 교과서에서 다루지 않았던 주제들에 대한 문제도 다수 등장한다.

부록에는 수리적인 분석에 필요한 수학 이론을 간략하게 정리해 놓았다. 이때 그 이론이 경제분석에 적용되는 예를 반드시 함께 보여주고 있다. 또한 겉으로는 어렵게 보이지만 수학을 이용하면 쉽게 이해할 수 있는 주제들에 대한 분석도 간략하게 정리해 놓았다. 따라서 각 장의 문제를 풀기 전에 부록에 개략 어떤 내용이 있는가를 먼저 검토해 보는 것도 도움이 될 것이다.

알아둘 일

경제학은 수리적인 분석방법을 활용하기는 하지만 경제학 자체가 수학은 아니다. 수리적인 분석을 사용하는 이유들 중의 하나는 그러한 분석을 통해 단순히 글로 서술할 경우 범할 수도 있는 오류를 방지해 보려는 것이다. 직관적으로 옳을 것으로 예상되는 내용에 대해서도 수리적인 분석을 해 봄으로써 직관적인 사고에 문제점이 없었는가를 확인해 본다는 것이다. 거꾸로 수리적인 분석 결과가 직관과 다를 경우에는 모형에 어떤 문제점이 있었는가를 되짚어 보게 된다. 만일 모형에도 문제가 없다면 직관과 다른 결과가 나오게 된 이유를 깊이 검토해 보아야 할 것이다. 이러한 측면에서 볼 때 경제 현상을 분석할 때 수리적인 분석을 피할 수는 없다.

유의 사항

학생들이 실제 문제를 풀이할 때 몇 가지 유의할 사항이 있다. 무엇보다 중요한 것은 주어진 문제의 핵심이 무엇인가를 파악하는 것이다. 또한 그 결과가 어떠할 것인가를 미리 예측해 보는 것이다. 풀이 자체가 목표는 아니기 때문이다. 문제 풀이를 통해 경제이론을 확인하거나 적용해 보자는 것이기 때문이다. 다음으로 수식적인 분석 결과가 경제학적으로 지니는 의미나 함축성이 무엇인가를 파악하는 일이다. 열심히 풀어서 결과를 얻고 나서도 그 결과가 경제학적으로 어떠한 의미를 지니는지를 파악하지 못한다면 문제를 해결했다고 볼 수 없다. 이같은 맥락에서 볼 때 풀이의 각 단계에서 왜 그렇게 풀어야 하는가를 밝히는 것이 중요하다. 그렇게 하지 않고 단순히 계산을 나열해 놓는 것은 진정한 의미의 경제학적 분석이라고 할 수 없다.

간단한 예를 들어보자. 경제학에서 극대화하는 과정은 수없이 등장한다. 그 분석 과정에서 미분을 사용하게 되는데 그것은 한계원리와 관계된다. 그런데 이러한 함축성을 깨닫지 못하고 예를 들어 완전제곱꼴로 바꾸어 극대화 값을 구해 냈다고 하자. 결과적으로 구해 낸 수치는 같더라도 이것은 경제학적 분석이라고 할 수 없다. 실제로도 계산 과정에서 드러나야 할 여러 가지 경제학적 직관이 그대로 묻혀버리게 된다.

끝으로 어떤 문제를 막론하고 문제에는 현실이 단순화되어 있다. 그리고 그 이면에는 여러 가지 가정이 전제되어 있다. 그러므로 문제를 대할 때에는 단순화되어 있는 내용이 무엇이며 이면에 있는 가정이 무엇인지를 생각해 보아야 한다. 그리하여 단순화된 내용을 원래대로 환원시키거나 나아가서 가정이 바뀐다면 그것이 결과에 어떠한 영향을 줄 것인가를 생각해 보아야 한다.

이러한 사항들을 염두에 두고 열심히 공부하기 바란다. 그 과정에서 이 책이 미시경제학을 이해하는 데 조금이라도 보탬이 된다면 필자에게는 더 없는 영광이라고 하겠다.

감사의 글

이 자리를 빌어 애써 고안하신 초과부담과 관련한 멋진 문제(6장 참조)를 필자가 사용할 수 있도록 흔쾌히 허락해 주시고 격려해 주신 충남대학교의 염명배 교수님께 진심으로 감사드린다.

또한 필자의 강의를 듣고 여러 가지 질문을 해 준 학생들에게도 고마운 마음을 전한다. 그들의 질문이 필자의 생각을 정리하는 데 큰 도움을 주었으며 모자라는 부분을 많이 채워 주었다. 더불어

번거로운 일을 처리해 준 김홍필 조교, 류미현 조교, 이미정, 정보경, 정재훈 학생들에게도 고마운 마음을 전한다.

끝으로 인간미 넘치는 친구 김종호 지샘 사장에게 다시 한 번 감사한다. 그의 격려가 이 책을 집필하는 데 큰 힘이 되었다. 그리고 이제는 필자의 마음까지도 읽어내는 한결같은 오승자 씨에게도 감사의 마음을 전한다.

2005년 1월

임봉욱

차 례

제Ⅱ편 생산자이론

제Ⅲ편 시장균형

제Ⅳ편 시장구조이론

제V편 생산요소시장

제Ⅷ편 불확실성 및 정보경제학

I

part one

소비자이론

제1장 소비자의 최적선택 / 제2장 현시선호이론

제3장 대체효과, 소득효과, 소비자잉여—직관적 분석

제4장 대체효과, 소득효과, 소비자잉여—수리적 분석 / 제5장 부존소득

소비자의 최적선택

1장

1.1 조세와 예산선의 변화

1.2 여러 가지 경우의 예산선

1.3 예산선의 변화

1.4 예산제약식 : 할인 및 할증의 경우

1.5 소득세율과 예산선의 변화

1.6 공적부조와 예산선의 변화

1.7 여러 가지 예산선 : 마일리지 적용, 소비 수량 제한, 특정 상품용 쿠폰 제공

1.8 최적선택조건과 효용함수의 특성

1.9 보조금과 최적선택

1.10 수요곡선과 엥겔곡선

1.11 콥-더글라스 효용함수의 소득소비곡선, 엥겔곡선, 가격소비곡선, 수요곡선

1.12 여러 가지 탄력성 : 콥-더글라스 효용함수의 경우

1.13 탄력성과 지출

1.14 완전보완재의 수요곡선

1.15 소득소비곡선, 엥겔곡선, 가격소비곡선, 수요곡선 : 완전보완재 효용함수의 경우

1.16 완전대체재의 수요곡선

1.17 소득소비곡선, 엥겔곡선, 가격소비곡선, 수요곡선 : 완전대체재 효용함수의 경우

1.18 보완재와 대체재가 혼합된 경우의 수요함수

1.19 효용극대화 조건의 활용

1.20 효용극대화 : 할당의 경우

1.21 준선형 효용함수의 수요량

1.22 수요함수, 소득소비곡선, 엥겔곡선, 가격소비곡선, 수요곡선 : 준선형 효용함수의 경우

1.23 수요함수, 소득소비곡선, 엥겔곡선, 가격소비곡선, 수요곡선 : 준선형 효용함수의 경우

1.24 수요함수, 소득소비곡선, 엥겔곡선, 가격소비곡선, 수요곡선 : $U = xy + 10x$의 경우

1.1 조세와 예산선의 변화

다음의 각 경우에 예산선은 어떻게 변화하는가?

a. 소득에서 일정한 금액을 조세로 징수하는 경우

b. X재 1단위당 일정한 금액을 조세로 부과하는 경우

c. X재의 가격에 일정한 세율로 조세를 부과하는 경우

d. X재 1단위당 일정한 금액을 보조금으로 지급하는 경우

e. X재의 가격에 대해 일정한 비율로 보조금을 지급하는 경우

풀이

a. $p_x x + p_y y = M - T$ — 예산선은 평행이동한다.

b. $(p_x + t)x + p_y y = M$ — 예산선은 세로 절편을 중심으로 시계방향으로 회전한다.

c. $p_x(1+\tau)x + p_y y = M$ — 예산선은 세로 절편을 중심으로 시계방향으로 회전한다. 세율만 적절히 조정해 주면 종량세와 실질적인 차이가 없다.

d. $(p_x - s)x + p_y y = M$ — 예산선은 세로 절편을 중심으로 시계 반대 방향으로 회전한다.

e. $p_x(1-\lambda)x + p_y y = M$ — 예산선은 세로 절편을 중심으로 시계 반대 방향으로 회전한다. 보조율만 적절히 조정해 주면 종량보조금과 실질적인 차이가 없다.

예산선은 각자 그려 보시오.

1.2 여러 가지 경우의 예산선

어느 개인이 50만원으로 식품 X와 기타 상품 Y를 구입한다고 한다. X, Y를 각각 해당 상품을 사는 데 지출한 금액으로 측정할 때, 다음 각 경우의 예산선을 그려보시오.

a. 원래의 예산선

b. 20만원어치까지는 식품을 반값에 살 수 있는 식품구입권을 받았을 때

c. 식품을 사는 데 40만원 이상을 쓸 경우 40만원을 초과하는 부분은 반값에 구입할 수 있게 해주는 경우

d. 개인이 식품을 40만원어치 이상 구입할 수 없도록 법으로 정하였을 때

KEY ▶ 아래의 각 문항에 답하기 위해서는, 예컨대 식품을 1원어치 더 구입하기 위해서는 다른 상품에 대한 지출을 얼마나 감소시켜야 하는가에 답해 보는 것이 도움이 된다.

풀이

a.

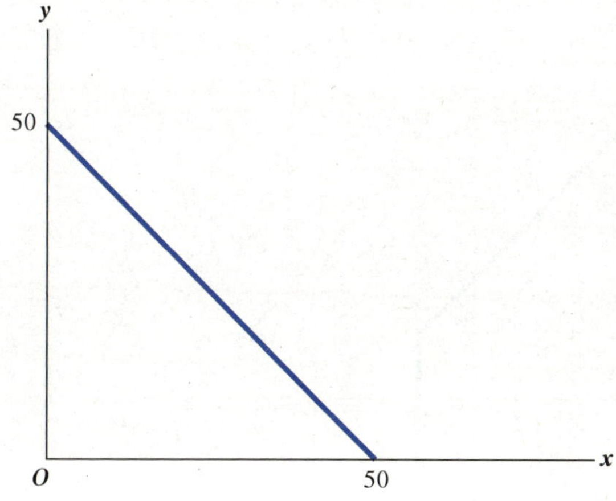

b.

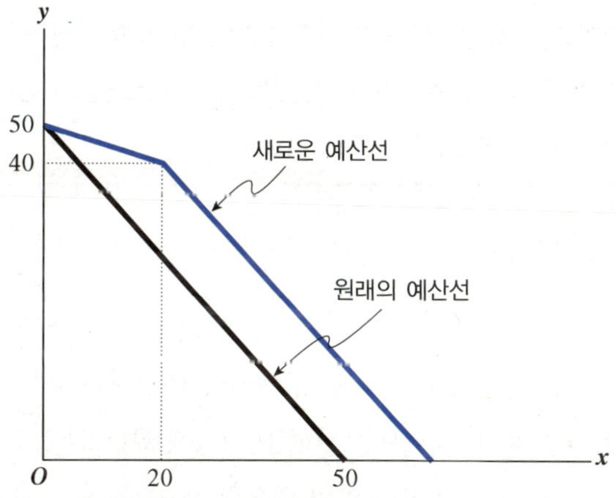

c.

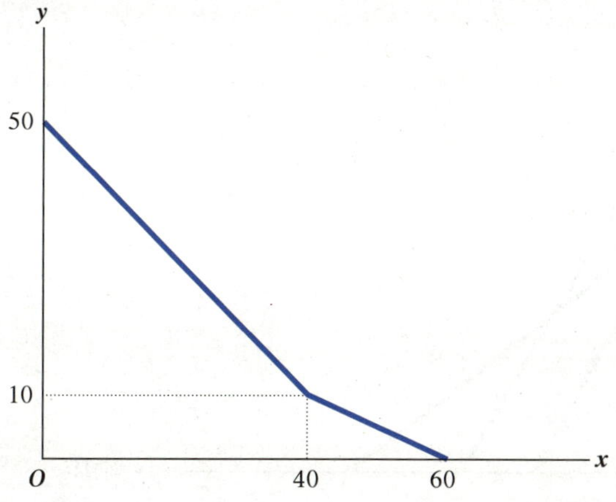

d.

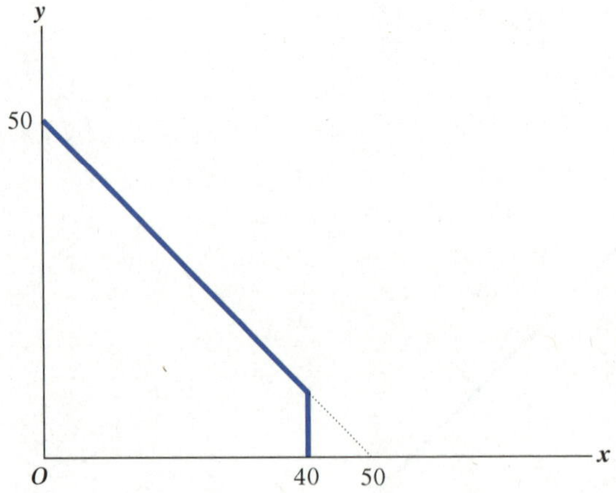

1.3 예산선의 변화

휘발유에 조세가 부과되어 자가운전자의 후생 수준이 낮아지자, 한국물산 주식회사에서는 사원들에게 운행거리에 관계없이 한 달에 10만원의 운전보조금을 지급하기로 했다고 한다. 이 회사에 다니는 은주 씨의 예산선을 그려보시오.

풀이

먼저 휘발유에 조세가 부과되어 휘발유의 가격이 올랐으므로 예산선이 세로축 절편을 중심으로 안쪽으로 회전한다. 그런데 이러한 상태에서 10만원의 보조금을 받으므로 회전한 예산선이 다시 밖으로 평행이동한다. 이때 10만원에 해당하는 거리는 세로축에서 측정하는 것이 낫다. 휘발유의 가격이 올랐기 때문에 가로축에서 측정하려면 10만원어치에 해당하는 휘발유의 양으로 표시해야 하기 때문이다.

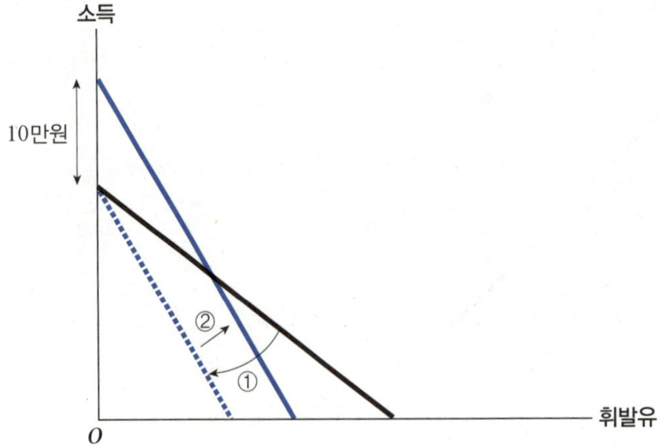

1.4 예산제약식 : 할인 및 할증의 경우

어떤 개인이 가람마트에서 X재와 Y재를 구입하는 데 한 달에 20만원을 예산으로 배정하고 있다고 한다. X재의 가격은 2만원, Y재의 가격은 1만원이라고 한다. 다음 각 경우 예산제약식을 구하시오.

a. X재에 대해 처음 6단위를 구입할 때까지는 가격을 반액으로 할인해 주는 경우

b. X재 구입에 12만원을 지출할 때까지는 X재에 대해 정상가격을 받고 그 이후부터는 X재를 반값으로 할인해 주면서, 동시에 Y재에 대해서도 Y재 구입에 12만원을 지출할 때까지는 Y재에 대해 정상가격을 받고 그 이후부터는 Y재를 반값으로 할인해 주는 경우

c. X재를 6단위까지는 X재에 대해 정상가격을 받고 그 이후부터는 X재에 대해 2배의 가격을 받는 경우

d. X재와 Y재를 구입하는 데 예산을 30만원 배정한 상태에서 위 문항 b.와 같이 할인해 주는 경우

KEY ▶ 예산선이 꺾이는 지점이 있을 경우 예산제약식에 유의해야 한다.

풀이

a. 원래의 예산선은

$$2x + y = 20 \tag{1}$$

이다. X재 6단위까지는 X재를 반값으로 할인해 주므로

$$\frac{1}{2} \times 2x + y = 20,\ x \le 6 \tag{2}$$

$$2(x-6) + y = 20 - 6,\ x > 6 \tag{3}$$

이 된다. 식 (2)의 좌변에 $\frac{1}{2}$이 있는 것은 반값으로 할인해 주기 때문이다. 식 (2)를 정리하면

$$x + y = 20 \tag{4}$$

이 된다. 식 (4)에서 볼 때 할인으로 인해 X재의 가격이 하락하여 상대가격이 1이 된 것을 알 수 있다.

식 (3)의 좌변에 $(x-6)$이 등장한 이유는 X재 6단위 이후부터는 정상가격이 적용되기 때문이며 우변에 $(20-6)$이 등장하는 이유는 정상가격이 적용되는 것은 X재를 반값 가격에 6단위를 구입한 이후부터, 즉 X재 구입에 6만원을 지출한 이후부터이기 때문이다. 식 (3)을 정리하면

$$2x + y = 26,\ x > 6 \tag{5}$$

이 된다. [그림 1]에 식 (4)와 식 (5)가 점 (6, 14)에서 꺾어지는 예산선으로 나타나 있다.

X재 6단위까지는 할인이 적용되어 상대가격이 1이 되었다가 6단위 이후부터는 X재의 상대가격이 원래대로 2가 되는 것을 알 수 있다.

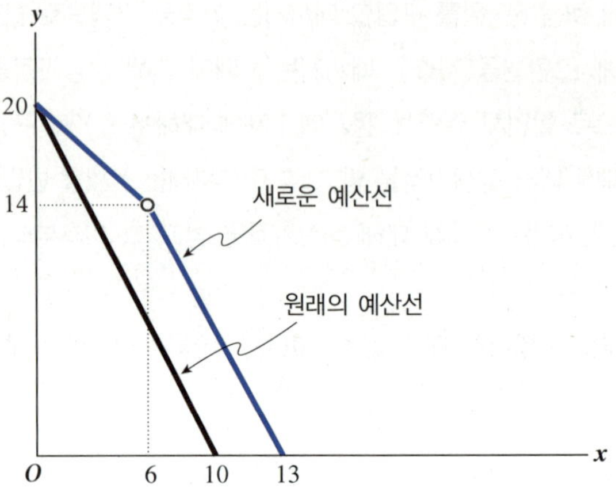

[그림 1]

b. 예산제약식은 다음 3개로 구성된다.

$$2x + \frac{1}{2}(y - 12) = 20 - 12,\ y > 12 \tag{6}$$

$$2x + y = 20,\ x \le 6,\ y \le 12 \tag{7}$$

$$\frac{1}{2} \times 2(x - 6) + y = 20 - 12,\ x > 6 \tag{8}$$

식 (6)을 보자. 좌변 둘째 항에 $\frac{1}{2}$이 있는 것은 반값으로 할인해 주기 때문이다. $(y - 12)$가 등장한 이유는 Y재 구입 지출에 12만원을 초과할 때부터 할인이 적용되는데 12만원은 Y재 12단위에 해당되기 때문이다. 우변에 $(20 - 12)$가 등장하는 이유는 반값이 적용되는 것은 Y재 구입에 12만원을 지출한 이후부터이기 때문이다. 식 (6)을 정리하면

$$2x + \frac{1}{2}y = 14 \tag{9}$$

가 된다. 할인 이후 X재의 상대가격이 4가 되었다.

식 (7)을 보자. $y \le 12$는 Y재 구입에 12만원을 지출하기 전, 즉 Y재를 12단위 구입하기 전까지는 Y재에 정상가격이 적용된다는 것을 말해 준다. $x \le 6$은 X재 구입에 12만원을 지출하기 전, 즉 X재를 6단위 구입하기 전까지는 X재에 정상가격이 적용된다는 것을 말해 준다.

한편 주목할 점은 배정된 예산이 20만원처럼 적을 경우 X재와 Y재를 함께 할인받

는 경우가 발생하지 않는다는 것이다. 구체적으로 식 (6)에서 볼 때 Y재의 할인이 시작되는 수량인 12단위까지 Y재를 구입할 경우 나머지 금액으로 X재를 할인 대상이 되는 6단위 이상 구입할 수 없으며, 식 (8)에서 볼 때 X재의 할인이 시작되는 수량인 6단위까지 X재를 구입할 경우 나머지 금액으로 Y재를 할인 대상이 되는 12단위 이상 구입할 수 없기 때문이다.

식 (8)을 보자. 좌변에 $\frac{1}{2}$이 있는 것은 반값으로 할인해 주기 때문이다. $(x - 6)$이 등장한 이유는 X재 구입 지출에 12만원을 초과할 때부터 할인이 적용되는데 12만원은 X재 6단위에 해당되기 때문이다. 우변에 (20 − 12)가 등장하는 이유는 반값이 적용되는 것은 X재 구입에 12만원을 지출한 이후부터이기 때문이다. 식 (8)을 정리하면

$$x + y = 14 \tag{10}$$

가 된다. 이 경우 X재의 상대가격이 1이 된 것을 알 수 있다.

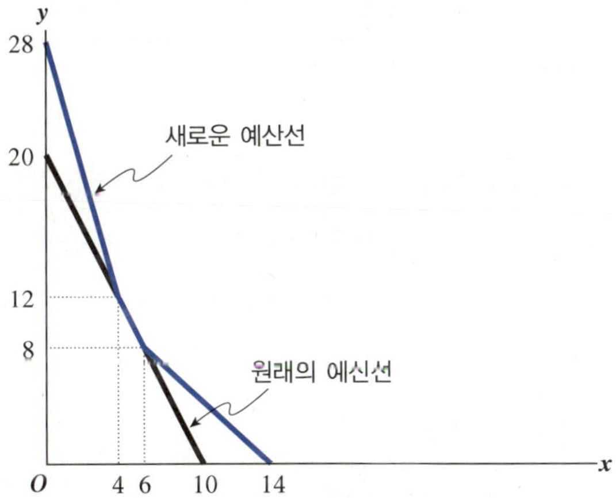

c. X재를 6단위 구입할 때까지는 원래의 예산선이 적용된다. 6단위 이후부터는 2배의 가격을 받으므로 그때부터 예산선이 바뀐다.

$$2x + y = 20,\ x \le 6 \tag{11}$$

$$2 \times 2(x - 6) + y = 20 - 12,\ x > 6 \tag{12}$$

식 (12)의 좌변에 $(x - 6)$이 등장한 이유는 6단위 이후부터 할증 가격이 적용되기 때문이며 2가 곱해진 것은 2배의 할증 가격이 적용되기 때문이다. 우변에 (20 − 12)가 등장하는 이유는 2배의 가격이 적용되는 것은 X재 6단위 구입 이후(즉, X재 구입에 12만원을 지출한 이후)부터이기 때문이다. 식 (12)를 정리하면

$$4x + y = 32 \tag{13}$$

가 된다. 식 (11)과 식 (13)이 점 (6, 8)에서 꺾어지는 예산선으로 나타나 있다.

직관적으로 볼 때 6단위까지는 원래의 예산선이 적용되다가 6단위 이후부터는 가격 인상으로 인해 X재의 상대가격이 4가 되는 것을 알 수 있다.

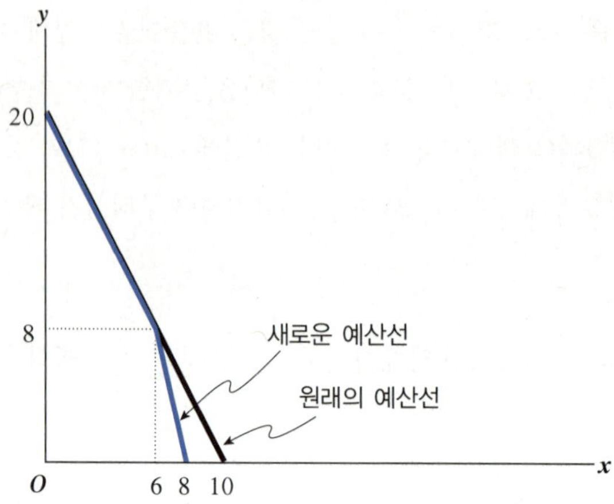

d. 원래의 예산제약식은

$$2x + y = 30 \tag{14}$$

이다. 이때 X재와 Y재를 함께 할인받는 경우가 발생한다. 그 결과 예산제약식의 특성이 문항 b.와 다소 달라진다. 그것이 식 (16)에 나타나 있다. 이때에도 예산제약식은 아래와 같이 3개로 구성된다.

$$2x + \frac{1}{2}(y - 12) = 30 - 12,\ y > 12 \tag{15}$$

$$\frac{1}{2} \times 2(x - 6) + \frac{1}{2}(y - 12) = 30 - 12 - 12,\ x > 6,\ y > 12 \tag{16}$$

$$\frac{1}{2} \times 2(x - 6) + y = 30 - 12,\ x > 6 \tag{17}$$

식 (15)는 Y재만 할인받는 경우로서 식 (6)에 대응된다. 식 (15)를 정리하면

$$2x + \frac{1}{2}y = 24 \tag{18}$$

가 된다.

식 (16)은 X재와 Y재를 함께 할인받을 수 있는 경우에 해당한다. 이것은 문항 b.와 다른 점이다. $x > 6$과 $y > 12$를 동시에 충족시키는 점에 주목하자. 좌변에 $(x - 6)$과 $(y - 12)$가 등장하는 것은 X재 구입에 12만원, 즉 X재 6단위, Y재 구입에 12만원, 즉

Y재 12단위 이상씩을 구입하면 그때부터 X재와 Y재 가격을 각각 반값으로 할인해 주기 때문이다. 우변에 12가 2번 등장하는 이유는 X재와 Y재를 함께 할인받기 때문이다. 식 (16)을 정리하면

$$x + \frac{1}{2}y = 18 \tag{19}$$

이 된다. 이 경우 두 상품 모두 같은 비율로 할인받기 때문에 X재의 상대가격은 원래와 같이 2가 된다.

한편 문항 b. 에서 보듯이 20만원처럼 배정된 예산이 적을 경우 X재와 Y재를 함께 할인받는 상태가 발생하지 않는다. 그러나 예산이 30만원처럼 충분히 클 경우 X재와 Y재를 함께 할인받는 경우가 발생한다. 구체적으로 식 (15)에서 볼 때 Y재를 Y재의 할인이 시작되는 수량인 12단위 구입하더라도 나머지 금액으로 X재를 할인 대상이 되는 6단위 이상 구입할 수 있으며, 식 (17)에서 볼 때 X재를 X재의 할인이 시작되는 수량인 6단위 구입하더라도 나머지 금액으로 Y재를 할인 대상이 되는 12단위 이상 구입할 수 있기 때문이다.

식 (17)은 X재만 할인받게 되는 경우로서 식 (8)에 대응된다. 식 (17)을 정리하면

$$x + y = 24 \tag{20}$$

가 된다.

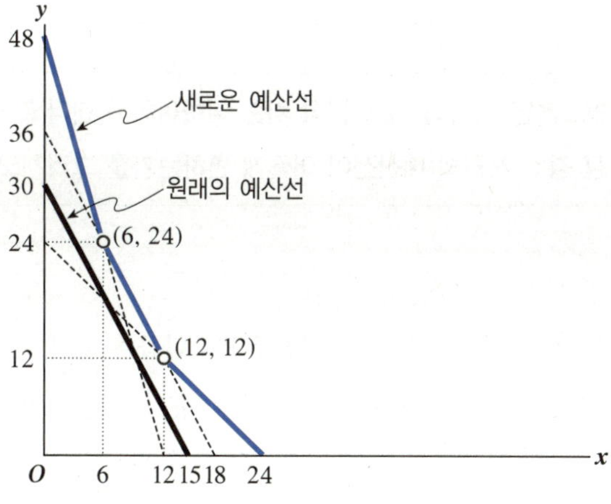

1.5 소득세율과 예산선의 변화

어떤 개인의 시간당 임금률이 w, 총가용시간이 T라고 하자. 그런데 1,000만원까지는 τ_1, 그 다음 1,000만원까지는 τ_2, 그리고 2,000만원을 넘는 소득에 대해서는 τ_3의 소득세율이 적용된다고 한다. 이때 이 개인이 직면하는 예산선을 그리시오.

풀이

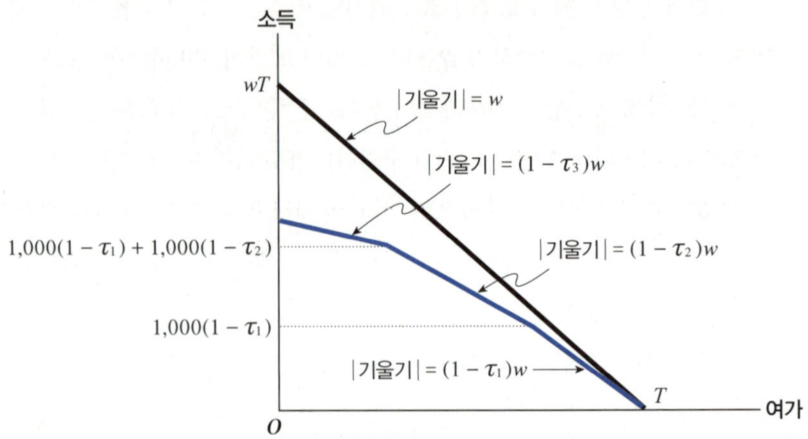

1.6 공적부조와 예산선의 변화

공적부조를 받으려면 소득이 어느 일정 기준 이하이어야 한다고 정하였다. 공적부조가 현금으로 이루어질 경우 개인의 예산선이 어떻게 변하는가를 그리시오.

풀이

예산선 중 기준소득 이하의 부분은 보조금 액수만큼 위로 평행이동하며 기준소득 이상의 부분은 변화하지 않음. 한편 이 경우 보조금을 주기 이전과 이후에 소득의 역전현상이 발생함.

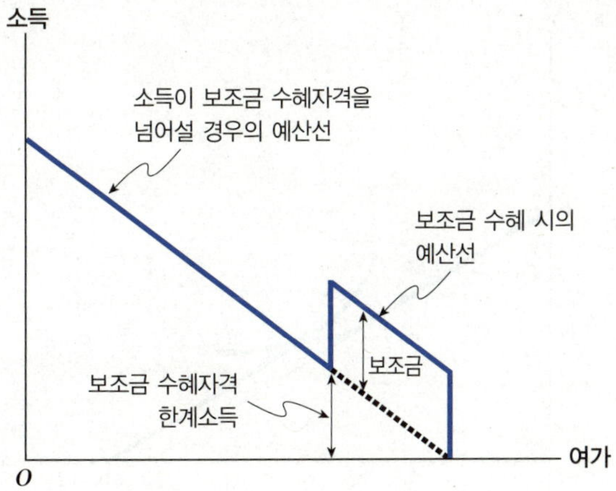

1.7 여러 가지 예산선 : 마일리지 적용, 소비 수량 제한, 특정 상품용 쿠폰 제공

X재의 가격이 6만원, Y재의 가격이 10만원, 그리고 개인의 소득이 60만원이라고 하자. 그의 효용함수는 $U = x^a y^a$이라고 한다.

a. X재 소비에 마일리지를 적용하여 X재를 5단위 소비할 때마다 1난위를 무료로 증정해준다고 한다. 이때 예산선을 도시하고 최적선택을 구하시오.

b. 위 문항 a.와 같은 상황에서 X재를 3단위 이상, Y재를 3단위 이하 소비해야 한다고 하자. 이때 예산선을 도시하고 최적선택을 구하시오.

c. 위 문항 a.와 b.의 조건들이 적용된 상황에서 Y재 3단위 초과 구입에만 사용할 수 있는 10만원짜리 쿠폰을 지급한다고 하자. 이때 예산선을 도시하고 최적선택을 구하시오.

KEY ▶ 예산선을 잘 그려내는 것이 핵심이다.

풀이

a. (i) 마일리지 적용 이전에는 Y재를 3단위 소비할 경우 X재를 5단위 소비할 수 있었다. 그런데 마일리지를 적용하여 X재를 5단위 소비할 때 X재 1단위를 무료로 증정받을 경우에는 Y재를 똑같이 3단위 소비하더라도 X재를 6단위 소비할 수 있게 되었다. 같은 논리로 Y재를 전혀 소비하지 않을 경우 마일리지 적용 이전에는 X재를 10단위 소비할 수 있었지만 마일리지 적용 이후에는 X재를 12단위 소비할 수 있게 되었다. 그 결과 예산선은 다음 그림과 같이 그려진다.

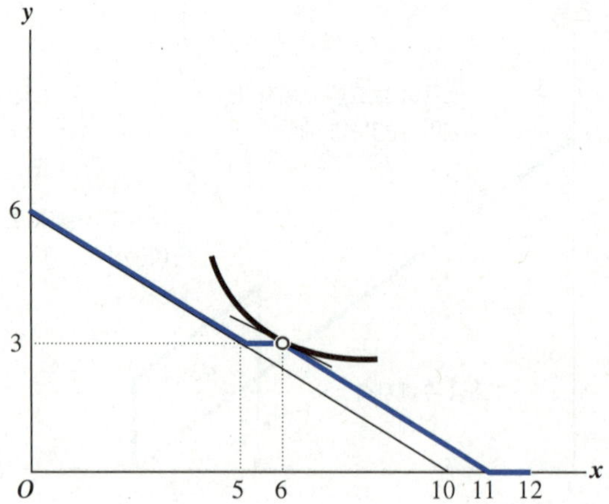

(ii) 이제 최적선택에 대해 알아보자. 현시선호이론을 적용하기 위해 마일리지 적용 이전의 경우를 먼저 살펴보자. 이 경우 예산선은

$$6x + 10y = 60$$

이다. 콥-더글라스 효용함수이므로 공식을 사용하면 최적선택은

$$x = \frac{\alpha M}{p_x} = \frac{a}{2a}\frac{60}{6} = 5,\ y = \frac{\beta M}{p_y} = \frac{a}{2a}\frac{60}{10} = 3$$

이다. 이때 최적선택은 a의 값의 영향을 받지 않는다. 현시선호의 약공리에 의해 새로운 예산선 중에서 점 (5, 3)의 윗 부분은 선택하지 않는다. 이에 대해 구체적으로 살펴보자. 점 (5, 3)은 원래의 예산집합에 속하는 다른 상품묶음들에 대해서 현시선호된 점이다. 다시 말하면 원래의 예산집합에서 점 (5, 3)이 아닌 다른 점을 선택할 수 있었음에도 불구하고 점 (5, 3)을 선택했다는 것은 다른 점들에 비해 점 (5, 3)을 선호한다는 말이라는 것이다. 그런데 새로운 예산선 중에서 점 (5, 3)의 윗 부분은 원래의 예산집합에 속해 있다. 그러므로 현시선호의 약공리에 의해 이 부분은 점 (5, 3)에 대해 다시 현시선호될 수 없다. 이것은 새로운 예산선에서는 점 (5, 3)이든지 아니면 새로운 예산선 중에서 원래의 예산집합에 속하지 않았던 상품묶음을 선택할 것임을 의미한다.

그런데 선호의 단조성에 의해 점 (5, 3)과 점 (6, 3)에 이르는 수평 부분은 선택되지 않는다. 따라서 새로운 선택은 새로운 예산선 중에서 점 (6, 3) 또는 그 아래 부분에서 이루어져야 한다. 보다 세부적으로 어떤 점이 선택되는가를 알기 위해서는 추가적인 정보가 필요하다. 이와 관련하여 점 (6, 3)에서는

$$MRS_{xy} = \frac{MU_x}{MU_y} = \frac{ax^{a-1}y^a}{ax^a y^{a-1}} = \frac{y}{x} = \frac{3}{6} < \frac{p_x}{p_y} = \frac{6}{10} = \frac{3}{5}$$

이다. 즉, X재 소비로부터 얻는 한계편익이 한계비용보다 적다. 그러므로 효용극대화를 위해서는 점 (6, 3)에서보다 X재 소비를 줄여야 한다. 그런데 현시선호의 약공리와 선호의 단조성에 따라 X재 소비가 더 줄지는 않으므로 점 (6, 3)이 최적선택이 된다. 즉, 최적선택은

$$x^* = 6,\ y^* = 3$$

이다.

b. 예산선은 다음과 같다. 최적선택은 문항 a.와 같은 논리로 점 (6, 3)이다. 즉,

$$x^* = 6,\ y^* = 3$$

이다.

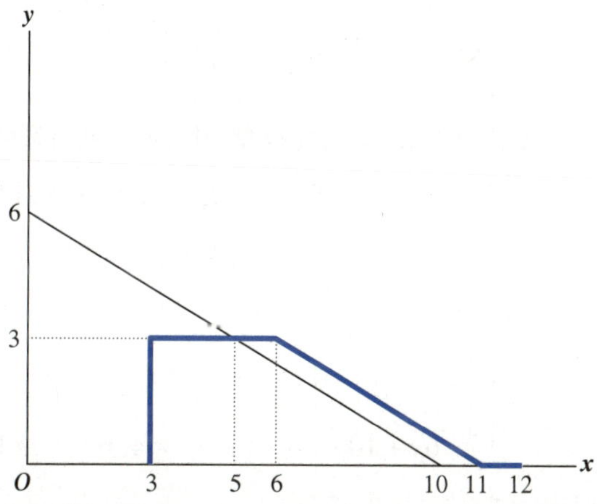

c. (i) 쿠폰을 증정받기 이전에는 X재를 12단위 소비할 경우 Y재를 전혀 소비할 수 없었다. 그런데 쿠폰을 증정받은 이후에는 X재를 12단위 소비하더라도 쿠폰을 이용하여 Y재를 1단위 소비할 수 있다. 또한 예를 들어 쿠폰을 증정받기 이전에는 X재를 6단위 소비할 경우 Y재를 3단위 소비할 수 있었다. 그런데 쿠폰을 증정받은 이후에는 X재를 6단위 소비할 경우 Y재를 4단위 소비할 수 있다. 예산집합 내의 X재의 다른 단위들에 대해서도 같은 논리가 적용된다. 그 결과 예산선은 그림과 같이 그려진다.

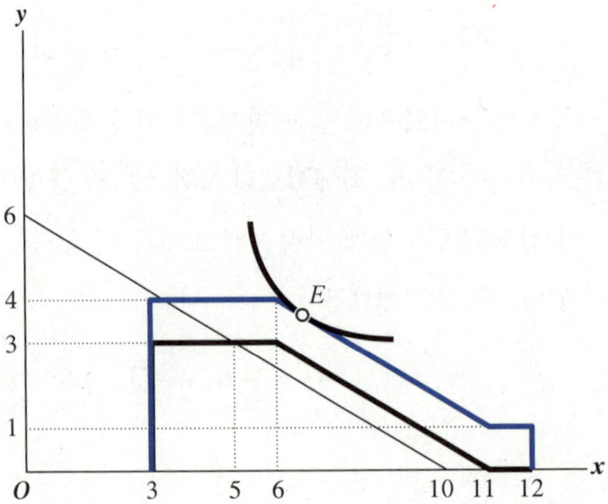

(ii) 최적선택에 대해 알아보자. 먼저 선호의 단조성에 의해 점 (3, 4)와 점 (6, 4)에 이르는 수평 부분은 선택되지 않는다. 따라서 새로운 선택은 예산선 중에서 점 (6, 4) 또는 그 아래 부분에서 이루어진다. 그런데 점 (6, 4)에서

$$MRS_{xy} = \frac{MU_x}{MU_y} = \frac{ax^{a-1}y^a}{ax^a y^{a-1}} = \frac{y}{x} = \frac{4}{6} > \frac{p_x}{p_y} = \frac{6}{10} = \frac{3}{5}$$

이다. 즉, X재 소비로부터 얻는 한계편익이 한계비용보다 크다. 그러므로 효용극대화를 위해서는 점 (6, 4)에서보다 X재 소비를 늘려야 한다. 즉, 예산선 중에서 점 (6, 4)의 아래 부분에서 선택해야 한다. 그런데 예산선 중에서 점 (6, 4)의 아래 부분 중 사선 부분의 경우 상품들의 가격이 주어진 상태에서 점 (6, 4)를 지나므로 그 식은 부존소득모형의 개념을 적용하면

$$6x + 10y = 6 \times 6 + 10 \times 4,\ 6 \le x \le 11$$

로 구해진다. 콥-더글라스 효용함수이므로 공식을 사용하면

$$x^* = \frac{\alpha M}{p_x} = \frac{a}{2a}\frac{76}{6} = \frac{19}{3},\ y^* = \frac{\beta M}{p_y} = \frac{a}{2a}\frac{76}{10} = \frac{19}{5}$$

가 된다. 이때 $x^* = \frac{19}{3}$는 $6 \le x \le 11$을 만족시킨다. 끝으로 이때의 효용과 또 다른 첨점인 점 (12, 1)에서의 효용을 비교해 보면

$$U(\frac{19}{3}, \frac{19}{5}) = (\frac{19}{3})^a(\frac{19}{5})^a \approx (24.07)^a > U(21, 1) = 12^a 1^a = 12^a$$

이다. 그러므로 최종적으로 볼 때 최적선택은 $E(\frac{19}{3}, \frac{19}{5})$가 된다. 참고로 첨점 (6, 4)에서의 효용은 $6^a 4^a = 24^a$로서 $U(\frac{19}{3}, \frac{19}{5}) = (\frac{19}{3})^a(\frac{19}{5})^a \approx (24.07)^a$보다 작다.

1.8 최적선택조건과 효용함수의 특성

효용을 극대화하는 점이 유일하게 정해질 경우 최적선택의 충분조건, 무차별곡선의 특성, 효용함수의 특성 사이의 관계를 말하시오.

풀이

효용극대화의 2차충분조건 ⇔ 무차별곡선이 원점에 대해 강볼록 ⇔ 효용함수가 강준오목 ⇔ $[f(v) \geq f(u) \rightarrow f[\theta u + (1-\theta)v] > f(u)]$. 여기서 u, v는 함수 f의 정의역 내의 서로 다른 임의의 두 점이고, $0 < \theta < 1$이다.

강준오목함수

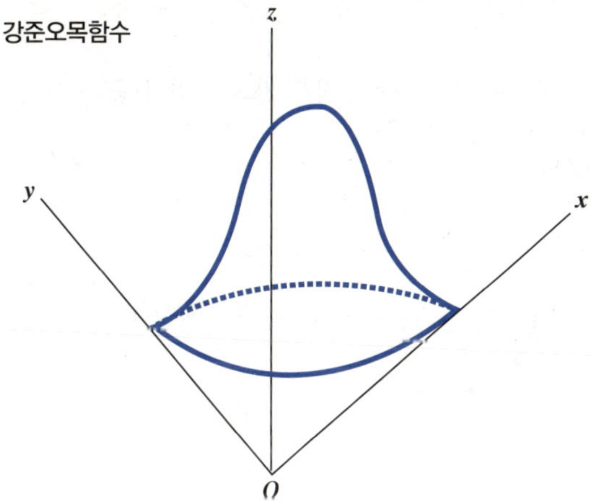

강오목함수

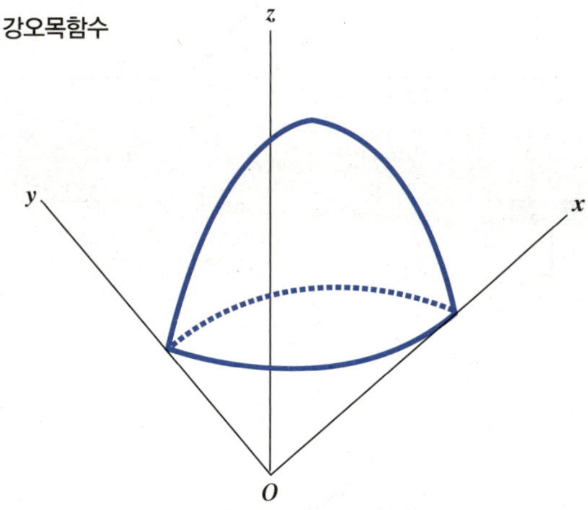

참고 : 강오목함수 $\rightleftarrows$ 강준오목함수

1.9 보조금과 최적선택

저소득자가 쌀을 한 달에 10만원어치 이상 살 경우 2만원을 보조해 준다고 한다.

a. 그가 직면하는 예산선을 그려보시오.

b. 이러한 정책이 쌀을 10만원어치보다 적게 사던 저소득자에게 미치는 영향을 그림을 그려 나타내시오.

c. 이러한 정책이 쌀을 10만원어치보다 많이 사던 저소득자에게 미치는 영향을 그림을 그려 나타내시오.

풀이

a. 그림 참조.

b. 소득과 선호순서가 그림과 같을 경우 쌀의 소비가 증가한다.

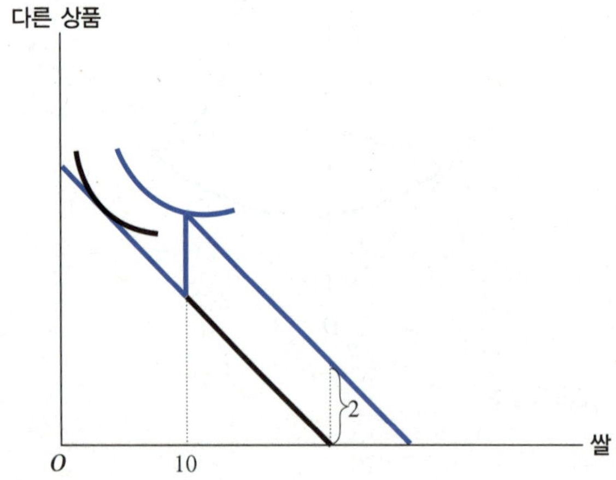

c.

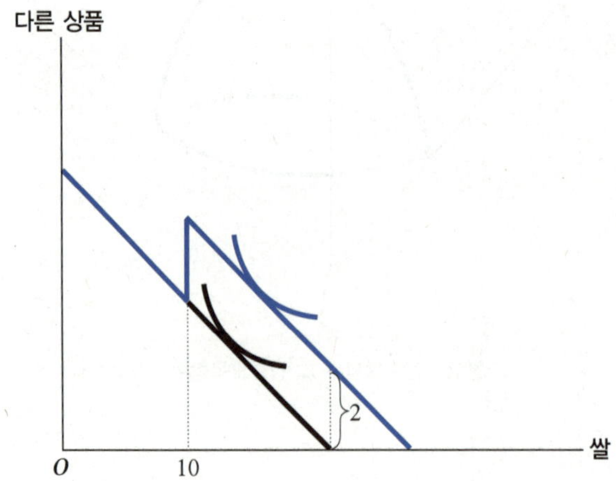

1.10 수요곡선과 엥겔곡선

X재의 수요함수가 $x = 100 - 10p_x + 0.02M$이라고 한다.

a. 수요곡선을 구하시오.

b. 엥겔곡선을 구하시오.

풀이

$x = 100 - 10p_x + 0.02M,$

a. 수요곡선 : $p_x = -\frac{1}{10}x + 10 + 0.002M$에서 M을 파라미터로 보고 (x, p_x)의 평면에 나타낸다. 이러한 수요곡선은 기울기가 $-\frac{1}{10}$이고 절편이 $10 + 0.002M$인 직선으로 나타난다. 이때 소득이 증가하면 기울기는 변화하지 않고 절편만 커지므로 수요곡선이 밖으로 평행이동한다.

b. 엥겔곡선 : $M = 50x - 5{,}000 + 500p_x$에서 p_x를 파라미터로 보고 (x, M)의 평면에 나타낸다. 이때 엥겔곡선은 기울기가 50이고 절편이 $-5{,}000 + 500p_x$인 직선으로 나타난다. 이때 X재의 가격이 상승하면 기울기는 변하지 않고 절편이 커지므로 엥겔곡선이 위쪽으로 평행이동한다. 이것은 엥겔곡선이 안쪽으로 이동하는 것과 같다. 어떤 주어진 소득 수준에서 생각해 보자. 이때 X재의 가격이 상승했으므로 수요량이 줄어드는 것은 직관적으로도 당연하다.

1.11 콥-더글라스 효용함수의 소득소비곡선, 엥겔곡선, 가격소비곡선, 수요곡선

효용함수가 $U(x, y) = x^{\alpha} y^{\beta}$이고 $\alpha + \beta = 1$이다. 이때 상품의 가격이 각각 p_x, p_y이고, 소득이 M이라고 하자.

a. 수요함수를 구하고 그 특성을 말하시오.

b. 소득소비곡선(ICC)과 엥겔곡선(EC)을 그리시오.

c. 가격소비곡선(PCC)과 수요곡선을 그리시오.

KEY ▶ 콥-더글라스 효용함수의 경우 소득 중에서 각 상품에 지출하는 금액은 가격과 관계없이 일정하다.

풀이

a. 라그랑지함수를 이용하여 수요함수를 구하면 각각 $x = \frac{\alpha M}{p_x}$, $y = \frac{\beta M}{p_y}$이 된다. 이때 $p_x x = \alpha M$, $p_y y = \beta M$이 성립한다. 그런데 $p_x x$는 X재 구입에 지출한 금액이고 $p_y y$는

Y재 구입에 지출한 금액이다. 그러므로 상품의 가격에 관계없이 소득 중에서 일정하게 $\frac{\alpha}{\alpha+\beta}(\alpha+\beta=1)$만큼을 X재 구입에 지출하고, $\frac{\beta}{\alpha+\beta}$만큼을 Y재 구입에 지출한다.

b. (i) 소득소비곡선은 p_x와 p_y가 주어진 상태에서 M이 변할 때 그에 상응하여 두 수요함수에서 변화하는 x와 y의 관계를 나타낸다. 이때 M이 x와 y의 관계를 맺어주는 매개변수 역할을 한다. 두 수요함수를 연립으로 매개변수인 M을 소거하면, ICC는 $y=\frac{\beta}{\alpha}\frac{p_x}{p_y}x$인 직선으로 구해진다. 그 기울기는 상대가격의 크기에 따라 달라진다.

(ii) EC_x는 X재의 수요함수에서 p_x와 p_y가 일정하게 주어진 상태에서 소득이 변할 때 X재의 수요량이 어떻게 변하는가를 보여주는 곡선이다. 이 경우 EC_x는 $M=\frac{p_x}{\alpha}x$로서 (x, M)의 평면에서 원점을 통과하는 직선이 된다. 같은 논리로 EC_y는 $M=\frac{p_y}{\beta}y$로서 (y, M)의 평면에서 원점을 통과하는 직선이 된다.

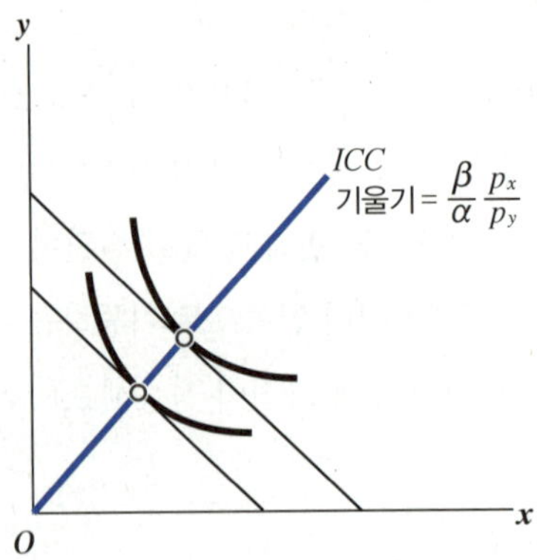

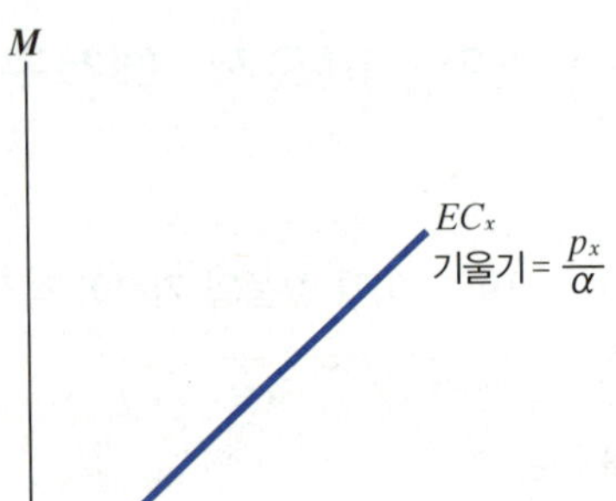

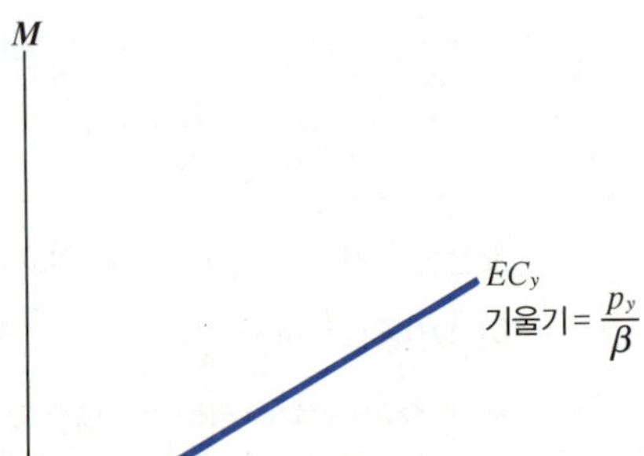

c. (i) p_x의 가격소비곡선 PCC_x는 p_y와 M이 주어진 상태에서 p_x가 변할 때 그에 상응하여 두 수요함수에서 변화하는 x와 y의 관계를 나타낸다. 이때 p_x가 x와 y의 관계를 맺어주는 매개변수 역할을 한다. 그런데 콥-더글라스 효용함수의 경우 두 수요함수를 관찰해 보면 p_x가 사실상 매개변수의 역할을 하지 못한다. 그래서 다른 방

법으로 PCC_x를 찾아야 한다.

X재의 가격이 떨어짐에 따라, X재의 수요량은 계속 증가하지만 Y재의 수요량은 일정하다. 이것은 PCC_x가 X축에 수평한 직선임을 말한다. 이때 절편은 $\frac{\beta M}{p_y}$이 된다. 같은 논리로 PCC_y는 Y축에 수평인 직선으로 나타난다. 이때 절편은 $\frac{\alpha M}{p_x}$이 된다.

(ii) X재의 수요곡선은 X재의 수요함수에서 p_y와 M이 일정하게 주어진 상황에서 p_x와 x의 관계를 나타낸 것이다. 그런데 주어진 X재의 수요함수에는 p_y가 들어있지 않다. 또한 p_x가 하락할 경우 x가 증가한다. 특히 $p_x x = \alpha M$으로서 수량과 가격을 곱한 값이 일정하다. 그러므로 X재의 수요곡선은 직각쌍곡선으로 나타난다. 같은 논리로 Y재의 수요곡선도 직각쌍곡선이 된다.

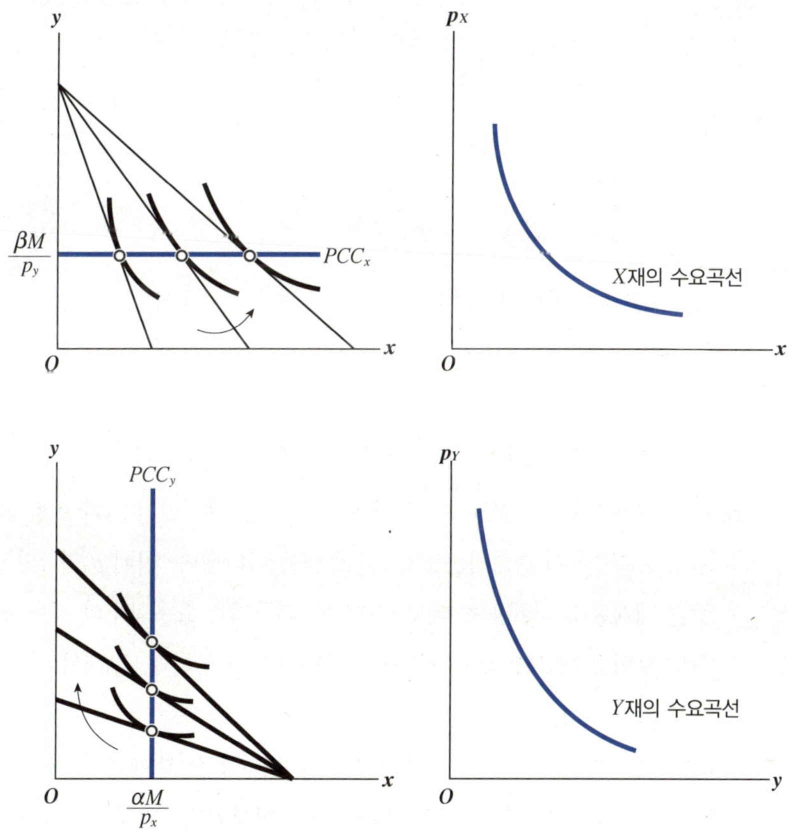

1.12 여러 가지 탄력성 : 콥-더글라스 효용함수의 경우

효용함수가 $U(x, y) = x^{\alpha} y^{\beta}$이고 $\alpha + \beta = 1$이다. 상품의 가격이 각각 p_x, p_y이고 소득이 M일 경우 수요함수는 각각 $x = \dfrac{\alpha M}{p_x}$, $y = \dfrac{\beta M}{p_y}$으로 구해진다.

a. X재 수요의 가격탄력성을 구하시오.

b. X재의 가격이 변할 경우 p_x의 가격소비곡선(PCC_x)의 모양은 어떠한가?

c. X재 수요의 교차가격탄력성을 구하시오.

d. X재 수요의 소득탄력성을 구하시오.

e. 소득소비곡선(ICC)의 모양은 어떠한가?

f. 위와 같은 콥-더글라스 효용함수에서 힉스수요량은 각각 $x_c = \alpha p_x^{\alpha-1} p_y^{\beta} u$, $y_c = \beta p_x^{\alpha} p_y^{\beta-1} u$로 구해진다. 이 결과를 이용하여 두 상품이 대체재인지 아니면 보완재인지를 말하시오.

KEY ▶ 콥-더글라스 선호의 경우 가격탄력성과 소득탄력성은 모두 1이 된다.

풀이

a. $\varepsilon_{p_x} = -\dfrac{\dfrac{\Delta x}{x}}{\dfrac{\Delta p_x}{p_x}} = -\dfrac{\Delta x}{\Delta p_x}\dfrac{p_x}{x} = \dfrac{\alpha M}{p_x^2}\dfrac{p_x}{\dfrac{\alpha M}{p_x}} = 1.$

(i) 이 결과는 X재 가격의 변화율과 수요량의 변화율이 같다는 것을 의미한다.

(ii) 이것은 또한 X재의 가격이 변하더라도 X재 구입에 지출하는 금액이 변하지 않는다는 것을 말한다. 실제로 수요함수에서 볼 때 $p_x x = \alpha M$으로서 X재 구입에 지출하는 금액은 X재의 가격과 관계없이 αM으로서 일정하다.

b. p_x의 가격소비곡선 PCC_x는 p_y와 M이 주어진 상태에서 p_x가 변할 때 그에 상응하여 두 수요함수에서 변화하는 x와 y의 관계를 나타낸다. 이때 p_x가 x와 y의 관계를 맺어주는 매개변수 역할을 한다. 그런데 콥-더글라스 효용함수의 경우 두 수요함수를 관찰해 보면 p_x가 사실상 매개변수의 역할을 하지 못한다. 그래서 다른 방법으로 PCC_x를 찾아야 한다.

두 수요함수에서 볼 때 X재의 가격이 변하더라도 Y재의 수요량은 일정하다. 따라서 PCC_x는 가로축에 수평인 직선이 된다. 현재 PCC_x를 구할 때 Y재의 가격은 변하지 않는 상태이다. 이러한 상태에서 Y재의 수요량이 변하지 않으므로 Y재에 지출하는 금액도 변하지 않는다. 그런데 소득에서 Y재에 지출하고 난 나머지가 X재에 지출한 금액이므로, 이것은 X재에 지출하는 금액도 변하지 않는다는 것을 말한다. 종합해 볼 때 PCC_x가 수평이라는 것은 X재의 가격이 변하더라도 X재에 지출하는 금액이 일정하다는 것을 말하며, 따라서 X재에 대한 수요의 가격탄력성이 1이라는 것을 말한다.

c. $\varepsilon = \dfrac{\Delta x/x}{\Delta p_y/p_y} = \dfrac{\Delta x}{\Delta p_y}\dfrac{p_y}{x} = 0$. 이로부터 두 상품은 서로 독립재의 관계에 있다고 말할 수 있다. 한편 문제에서 주어진 수요함수는 콥-더글라스 효용함수에 대한 보통수요함수(Marshallian demand function)이다. 이 경우 Y재 가격 변화에 따른 X재에 대한 대체효과가 X재에 대한 소득효과에 의해 정확하게 상쇄되어 나타난다.

d. $\varepsilon_M = \dfrac{\Delta x/x}{\Delta M/M} = \dfrac{\Delta x}{\Delta M}\dfrac{M}{x} = \dfrac{\alpha}{p_x}\dfrac{M}{\frac{\alpha M}{p_x}} = 1$. 이 결과는 소득의 변화율과 X재 수요량의 변화율이 같다는 것을 의미한다.

e. 소득소비곡선은 p_x와 p_y가 주어진 상태에서 M이 변할 때 그에 상응하여 두 수요함수에서 변화하는 x와 y의 관계를 나타낸다. 이때 M이 x와 y의 관계를 맺어주는 매개변수의 역할을 한다. 두 수요함수를 연립으로 하여 매개변수 역할을 하는 M을 소거하면 ICC는 $y = \dfrac{\beta}{\alpha}\dfrac{p_x}{p_y}x$인 직선으로 구해진다. 원점을 지나는 직선이므로 소득의 변화율과 X재 수요량의 변화율이 같다. 물론 소득의 변화율은 Y재 수요량의 변화율과도 같다. 그리고 이것은 소득탄력성이 1이라는 것을 말한다.

f. $\dfrac{\partial x_c}{\partial p_y} = \alpha\beta p_x^{\alpha-1}p_y^{\beta-1}u > 0$, $\dfrac{\partial y_c}{\partial p_x} = \alpha\beta p_x^{\alpha-1}p_y^{\beta-1}u > 0$

이다. 한편 이 결과는 다른 상품의 가격이 오를 경우 해당 상품의 수요량이 증가한다는 것을 말한다. 따라서 두 상품은 서로 대체재이다. 그런데 힉스수요함수(Hicksian demand function)를 기준으로 평가하고 있으므로 순대체재(net substitutes)이다. 앞 문항 c.와 다른 결과가 나타나는 이유는 여기서는 소득효과를 제외하고 오로지 대체효과만을 대상으로 평가하고 있기 때문이다.

1.13 탄력성과 지출

가로축에 사과의 수량을 표시하자. 이러한 상태에서 다른 상품의 가격은 변하지 않고 오로지 사과의 가격이 떨어질 때 가격소비곡선을 그려보았다.

a. 이 곡선이 양의 기울기를 가진다면 사과에 대한 수요는 탄력적인가 아니면 비탄력적인가?

b. 이 곡선이 음의 기울기를 가진다면 어떠한가?

풀이

a. 가격소비곡선을 그린 후 생각해 보시오. 가격이 떨어진 후 다른 상품에 대한 수요량이 증가하였으므로 다른 상품의 가격이 변하지 않았음을 고려할 때 다른 상품에 대한 지

출액은 증가한다. 소득이 일정함을 감안할 때 이것은 X재 소비에 지출되는 금액이 감소하였음을 의미한다. 결과적으로 볼 때 가격이 하락했는데 그 상품에 대한 지출액이 감소하였으므로 수요는 가격에 대해 비탄력적임을 알 수 있다.

b. 같은 논리로 가격이 하락했는데 사과 소비에 지출한 금액은 증가하였으므로 사과에 대한 수요는 가격의 변화에 대해 탄력적임을 알 수 있다.

1.14 완전보완재의 수요곡선

어떤 채식주의자가 매 식사 때마다 야채(X) 2단위와 과일(Y) 3단위를 항상 함께 먹는다고 한다. 이 사람이 야채와 과일에 소비할 수 있는 돈이 30,000원이고, 야채와 과일 1단위의 값이 각각 1,000원이라고 한다.

a. 이 사람의 선호순서를 효용함수로 나타내시오.

b. 야채와 과일의 구입량은 각각 몇 단위인가?

c. 예산선과 무차별곡선을 그리고 최적선택을 나타내시오.

d. 야채의 가격이 1,500원으로 올랐을 때 최적선택을 나타내시오.

e. 위의 결과들을 이용하여 야채에 대한 수요곡선의 개형을 그리시오.

f. 이 사람의 한 끼 식사를 하나의 상품로 간주할 수 있는 이유를 말하시오. 한 끼 식사에 대한 수요곡선의 모양은 어떠한가?

KEY ▶ 보완재의 효용함수와 수요곡선에 대해 명확하게 이해하자.

풀이

a. 야채 수요량을 x, 과일 수요량을 y라 하면 $U = \min\left[\frac{x}{2}, \frac{y}{3}\right]$가 된다.

b. 예를 들어 $\min[3, 5] = 3$이다. 즉, min[ ]은 [ ] 안에 있는 숫자 중에서 작은 수를 택하라는 의미이다. 그러므로 효용을 극대화하려면 [ ]에 있는 두 값이 같아지도록 소비해야 한다. 예를 들어 [3, 5]일 경우에는 어차피 효용은 작은 값 3으로 정해지는데 돈을 들여가며 불필요하게 과일을 많이 소비하는 셈이 된다. 그러므로 주어진 소득으로 효용을 극대화하려면 $\frac{x}{2} = \frac{y}{3}$가 되도록 소비해야 한다. 즉, $y = 1.5x$가 되도록 소비해야 한다. 따라서 야채 구입량을 k라 하면, 과일 구입량은 $1.5k$가 된다.

$$1{,}000k + (1{,}000)(1.5k) = 30{,}000$$

으로부터 $k = 12$이다. 그러므로 야채의 구입량은 12단위, 과일의 구입량은 18단위이다.

c. 예산선의 절편은 각각 30이다. L자형의 무차별곡선의 꼭지점이 예산선과 (12, 18)에

서 만나게 그리면 된다.

d. 예산선의 가로축 절편은 20, 세로축 절편은 30이다.

$$1{,}500k + (1{,}000)(1.5k) = 30{,}000$$

으로부터 $k = 10$이다. 그러므로 야채의 구입량은 10단위, 과일의 구입량은 15단위이다. L자형의 무차별곡선의 꼭지점이 예산선과 (10, 15)에서 만나도록 그리면 된다.

e. 일반적으로 볼 때 $p_x x + p_y y = M$에서 $p_x k + p_y(1.5k) = M$이다. 이로부터 $k = \frac{M}{p_x + 1.5\overline{p_y}}$이다. 즉, $x = \frac{M}{p_x + 1.5\overline{p_y}}$이다. 여기에 해당되는 값을 대입하면 수요곡선은 $x = \frac{30{,}000}{p_x + 1.5(1{,}000)}$이 된다. 이것을 그림으로 나타내기 편리하게 p_x에 대해 정리하면 $p_x = \frac{30{,}000}{x} - 1.5(1{,}000)$이 된다

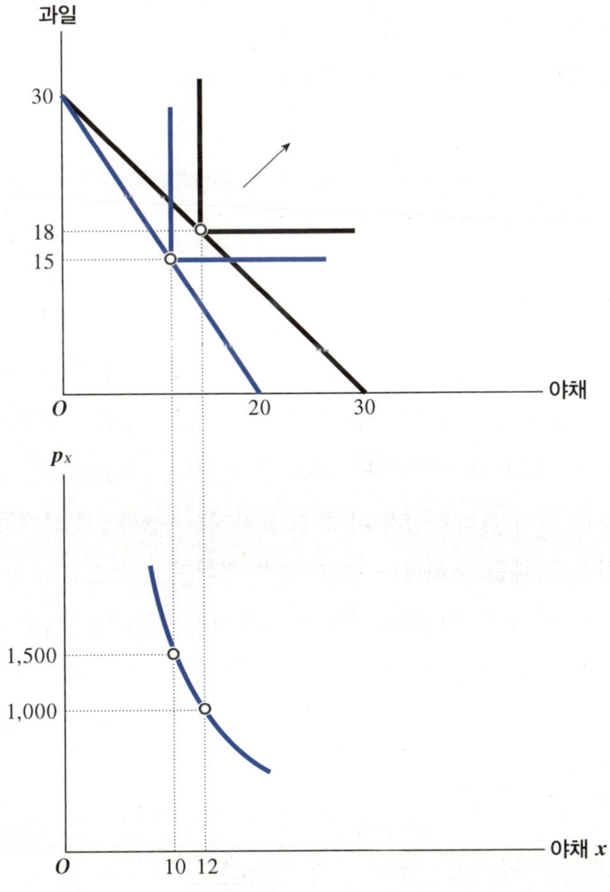

f. 식사 한 끼를 가격 $2p_x + 3p_y$인 상품으로 간주할 수 있다. 이 값을 p, 이때의 식사구입량을 q라 하면 $pq = 30{,}000$이 된다. 그러므로 수요곡선은 직각쌍곡선이 된다.

1.15 소득소비곡선, 엥겔곡선, 가격소비곡선, 수요곡선 : 완전보완재 효용함수의 경우

완전보완재의 효용함수 $U(x, y) = \min[ax, by]$를 생각해 보자. 상품의 가격을 각각 p_x, p_y, 그리고 소득을 M이라고 하자.

a. 수요함수를 구하시오.

b. 소득소비곡선(ICC)을 그리시오.

c. 엥겔곡선을 그리시오.

d. 가격소비곡선(PCC)을 그리시오.

e. 수요곡선을 그리시오.

f. 소득탄력성의 크기에 대해 직관적으로 말하시오.

g. 수요함수로부터 해당 상품 구입에 지출하는 금액을 구한 후 그 결과를 이용하여 가격탄력성의 크기에 대해 말하시오.

h. 교차가격탄력성의 크기에 대해 직관적으로 말하시오.

KEY ▶ 소득소비곡선, 엥겔곡선, 가격소비곡선, 수요곡선을 구할 때 일정하다고 가정하는 변수가 무엇인지 파악해야 한다. 또한 PCC와 ICC를 구할 때에는 매개변수 역할을 하는 변수가 무엇인지 파악해야 한다.

풀이

a. 무차별곡선이 L자 형태로서 첨점을 지니기 때문에 MRS를 적용하여 문제를 해결할 수 없다. 그러므로 다른 각도에서 접근해야 한다. 효용함수를 관찰해 볼 때 효용은 ax와 by 중에서 작은 값으로 정해진다는 것을 알 수 있다. 그러므로 각 상품이 무료가 아닌 이상 ax와 by 중의 어느 하나가 더 큰 값을 가지도록 x와 y를 선택하는 것은 불필요하게 낭비하는 결과를 초래한다. 그러므로 주어진 소득으로 효용을 극대화하려면 $ax = by$가 성립하도록 소비해야 한다. 이때 X재의 구입량을 k라고 하면 Y재의 구입량은 $y = \frac{a}{b}k$가 된다. 이것들을 예산제약식 $p_x x + p_y y = M$에 대입하면

$$p_x k + p_y \frac{a}{b} k = M$$

이 된다. 이것을 풀면 $k = \frac{bM}{bp_x + ap_y}$이 된다. 그러므로 수요함수는 각각

$$x = \frac{bM}{bp_x + ap_y},\ y = \frac{aM}{bp_x + ap_y}$$

이 된다.

b. 소득소비곡선은 p_x와 p_y가 주어진 상태에서 M이 변할 때 그에 상응하여 변하는 x와 y의 관계를 나타낸다. 이때 M이 x와 y의 관계를 맺어주는 매개변수 역할을 한다. 그러므로 두 수요함수를 연립으로 하여 M을 소거하면 소득소비곡선은 $y=\frac{a}{b}x$로 구해진다. 직관적으로 볼 때 완전보완재의 경우 소득의 변화에 관계없이 항상 $y=\frac{a}{b}x$의 관계를 가지고 소비한다. 따라서 소득소비곡선은 $y=\frac{a}{b}x$로서 원점을 통과하는 기울기 $\frac{a}{b}$인 직선이 된다.

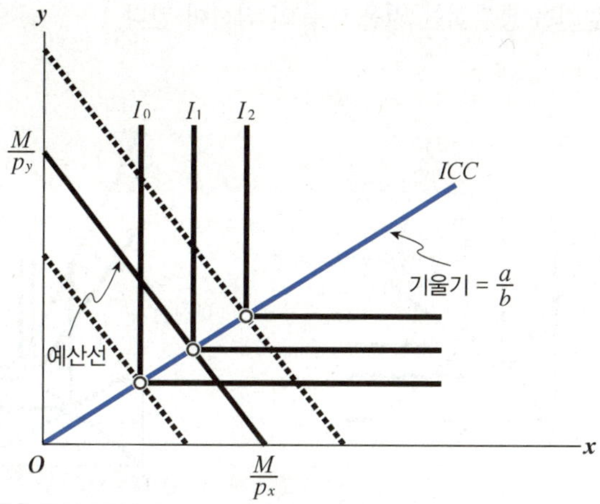

소득소비곡선

c. 엥겔곡선은 수요함수에서 p_x와 p_y가 일정하다고 가정할 때 소득이 변하는 경우 수요량이 어떻게 변하는가를 보여주는 곡선이다. 그러므로 이 경우 엥겔곡선은 각각의 수요함수로부터

$$M=\frac{(bp_x+ap_y)}{b}x,\ M=\frac{(bp_x+ap_y)}{a}y$$

가 된다. 따라서 엥겔곡선은 각각 원점을 통과하는 기울기 $\frac{bp_x+ap_y}{b}$, $\frac{bp_x+ap_y}{a}$인 직선이다.

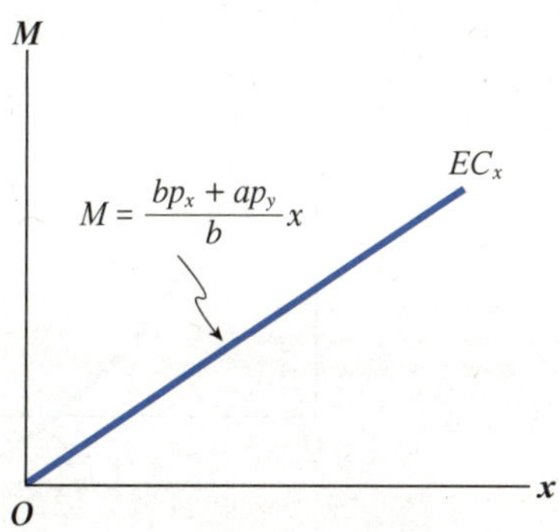

X재의 엥겔곡선

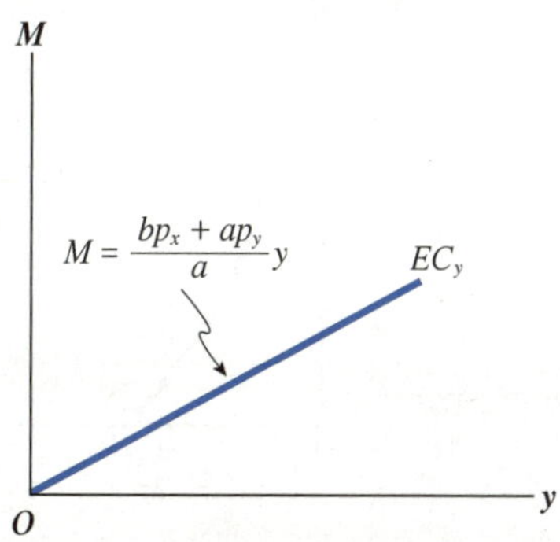

Y재의 엥겔곡선

d. p_x의 가격소비곡선 PCC_x는 p_y와 M이 주어진 상태에서 p_x가 변할 때 그에 상응하여 변하는 x와 y의 관계를 나타낸다. 이때 p_x가 x와 y의 관계를 맺어주는 매개변수 역할을 한다. 그러므로 두 수요함수를 연립으로 하여 p_x를 소거하면 PCC_x는 $y = \frac{a}{b}x$로 구해진다. 같은 방법으로 PCC_y도 $y = \frac{a}{b}x$로 구해진다.

직관적으로 볼 때 완전보완재의 경우 소득, p_x, 또는 p_y의 변화에 관계없이 항상 $y = \frac{a}{b}x$의 관계를 가지고 소비한다. 즉, 대체효과가 0이다. 따라서 ICC, PCC_x, PCC_y는 모두 원점을 통과하는 기울기 $\frac{a}{b}$인 직선이 된다.

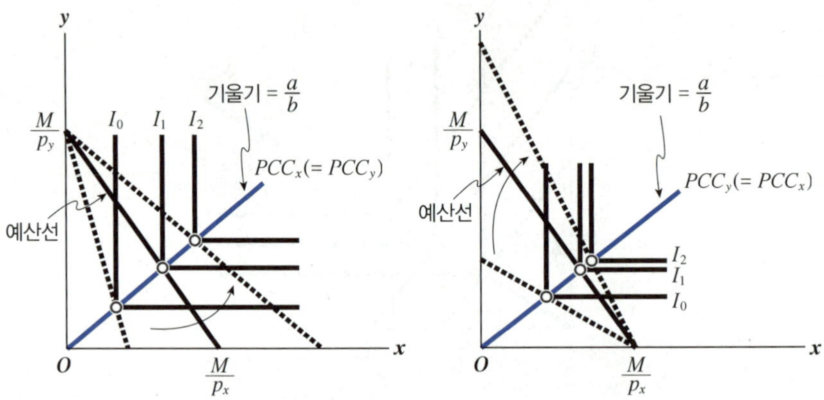

가격소비곡선

e. X재의 수요곡선은 X재의 수요함수에서 p_y와 M이 일정하다고 하고 p_x와 x의 관계를 나타낸 것이다. 그러므로 X재의 수요함수로부터 수요곡선은 $x = \frac{bM}{bp_x + ap_y}$이다. 수요곡선을 편리하게 그리기 위해 이것을 p_x에 대해 정리하면 $p_x = \frac{M}{x} - \frac{ap_y}{b}$가 된다. 이것은 직각쌍곡선인 $p_x = \frac{M}{x}$이 아래로 $\frac{ap_y}{b}$만큼 이동한 형태이다. 그 결과 $p_x = 0$일

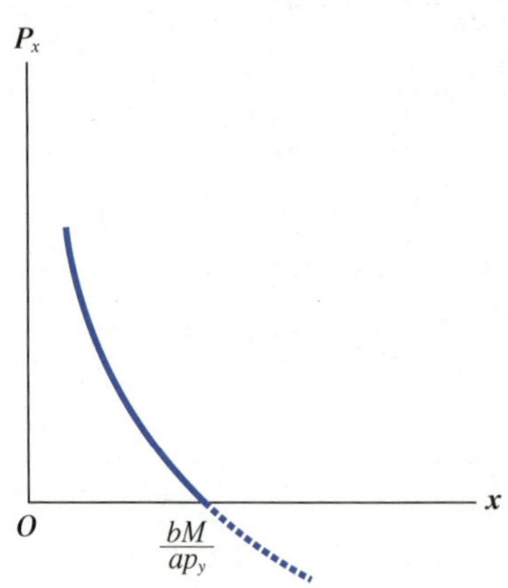

X재의 수요곡선

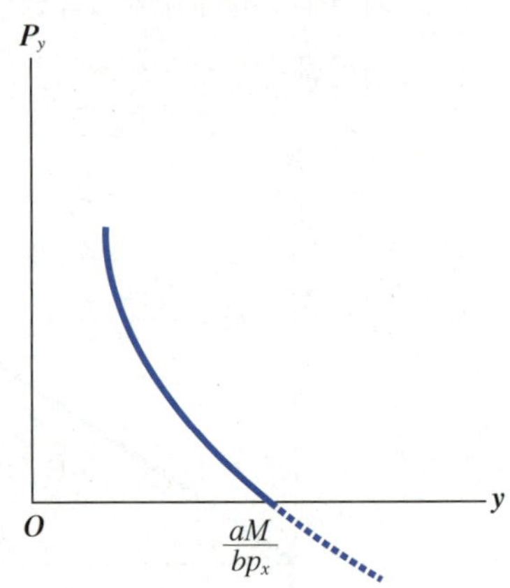

Y재의 수요곡선

때에도 X재의 수요량이 무한대가 되지 않고 특정한 값 $\frac{bM}{ap_y}$을 지닌다. 그 이유는 $p_x = 0$이더라도 Y재의 가격이 0이 아닌 이상 Y재의 수요량은 무한대가 되지 않을 것이며 따라서 이와 함께 일정 비율로 소비되는 X재의 수량도 무한대가 되지 않을 것이기 때문이다.

같은 논리로 Y재의 수요곡선은 $y = \frac{aM}{bp_x + ap_y}$인데 이것을 p_y에 대해 정리하면 $p_y = \frac{M}{y} - \frac{bp_x}{a}$가 된다. Y재의 수요곡선은 가로축의 $\frac{aM}{bp_x}$을 지난다.

f. 수요함수를 관찰해 볼 때 소득의 변화율과 수요량의 변화율이 같다는 것을 알 수 있다. 그러므로 소득탄력성은 1이 된다. 이러한 사실은 앞서 보인 엥겔곡선이 원점을 출발하는 직선이라는 사실로부터도 알 수 있다. 물론 소득소비곡선이 원점을 출발하는 직선이라는 사실로부터도 알 수 있다.

g. X재의 수요함수가 $x = \frac{bM}{bp_x + ap_y}$으로 구해졌다. 그러므로 가격이 p_x인 상태에서 x단위를 구입할 경우 X재 구입에 지출하는 금액은 $p_x x$로서

$$p_x x = \frac{bMp_x}{bp_x + ap_y}$$

가 된다.

이때 우변을 H라고 놓고 p_x에 대해 편미분하면 $\frac{\partial H}{\partial p_x} = \frac{abMp_y}{(bp_x + ap_y)^2} > 0$이 된다. 그러므로 p_x가 상승할 경우 우변의 값이 커지고 이에 따라 좌변의 값도 커진다. 이것은 p_x가 상승할 경우 X재 구입에 지출하는 금액이 증가한다는 것을 말한다. 한편 p_x가 하락할 경우에는 우변의 값이 작아지고 그에 따라 좌변의 값도 작아진다. 이것은 p_x가 하락할 경우에는 X재 구입에 지출하는 금액이 감소한다는 것을 말한다. 이러한 결과들은 바로 가격탄력성이 1보다 작다는 것을 말한다.

실제로 수식을 통해 가격탄력성을 구해 보더라도 그 값이 1보다 작게 나온다.

이러한 논리는 Y재의 가격탄력성의 크기를 해석하는 데에도 그대로 적용된다.

한편 소비자는 항상 $b : a$의 비율로 두 상품을 소비한다. 이때 그 비율로 묶인 상품 묶음의 가격을 $bp_x + ap_y$로 볼 수 있다. 이 가격을 p라고 할 경우 X재의 수요함수에서 볼 때 X재 구입에 지출하는 금액은 $px = bM$으로서 가격 변화에 관계없이 일정하다. 그러므로 가격 p에 대한 X재 수요의 가격탄력성은 1이 된다.

h. 수요함수의 분모에 다른 상품의 가격이 포함되어 있다. 그러므로 다른 상품의 가격이 상승하면 해당 상품의 수요량이 감소한다. 그러므로 교차가격탄력성은 음이다. 즉, 두 상품은 서로 보완재이다.

1.16 완전대체재의 수요곡선

어떤 개인이 야채 2단위와 과일 3단위를 서로 대체하여 소비한다고 한다. 이 사람이 야채와 과일에 소비할 수 있는 돈이 12,000원이고, 야채와 과일 1단위의 값이 각각 1,000원이라고 한다.

a. 이 사람의 선호순서를 효용함수로 나타내시오.

b. 예산선과 무차별곡선을 그리고 최적선택을 나타내시오. 최적선택의 결과를 직관적으로 설명하시오.

c. 야채의 가격이 2,000원으로 올랐을 때 최적선택을 그림에 나타내시오.

d. 위의 결과들을 이용하여 야채에 대한 수요곡선의 개형을 그리시오.

KEY ▶ 대체재의 효용함수와 수요곡선에 대해 명확하게 이해하자.

풀이

야채 수요량을 x, 과일 수요량을 y라 놓자.

a. 야채 2단위와 과일 3단위가 동일한 효용을 준다는 점에 주목하자. 그러면 효용함수는 $U = 3x + 2y$라는 것을 알 수 있다.

b. $1,000x + 1,000y = 12,000$, 무차별곡선은 기울기가 -1.5인 직선이다. 그러므로 최적선택은 (12, 0)이다. 야채 2,000원 어치와 과일 3,000원 어치가 동일한 효용을 제공함에 주목하라.

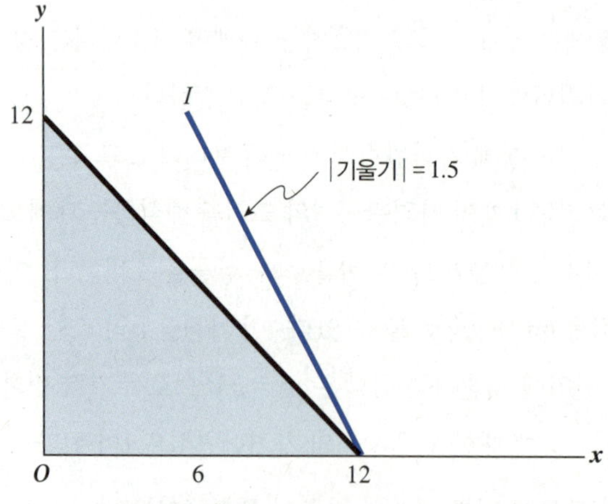

c. 야채의 가격이 2,000원으로 올랐기 때문에 이제 야채 4,000원어치와 과일 3,000원어치가 동일한 효용을 제공한다. 그러므로 과일만 12단위 소비한다.

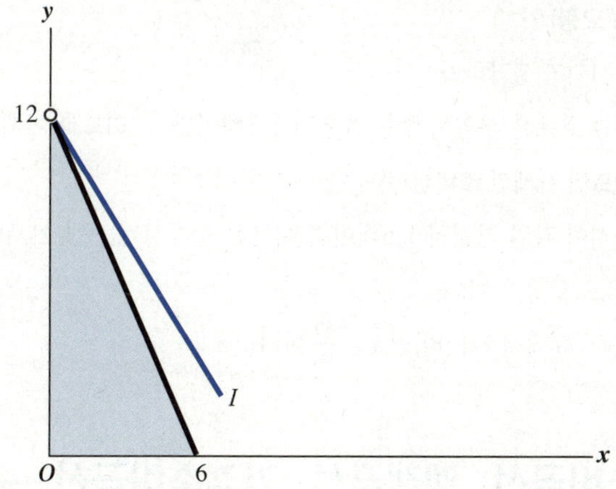

d. (참고 : 야채의 가격이 1,500원일 때의 선택)

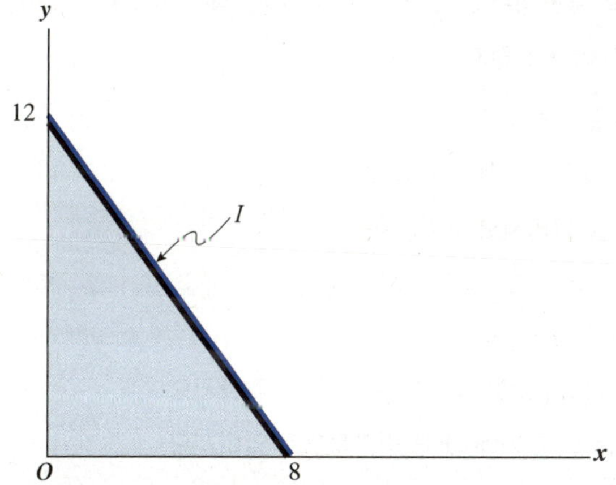

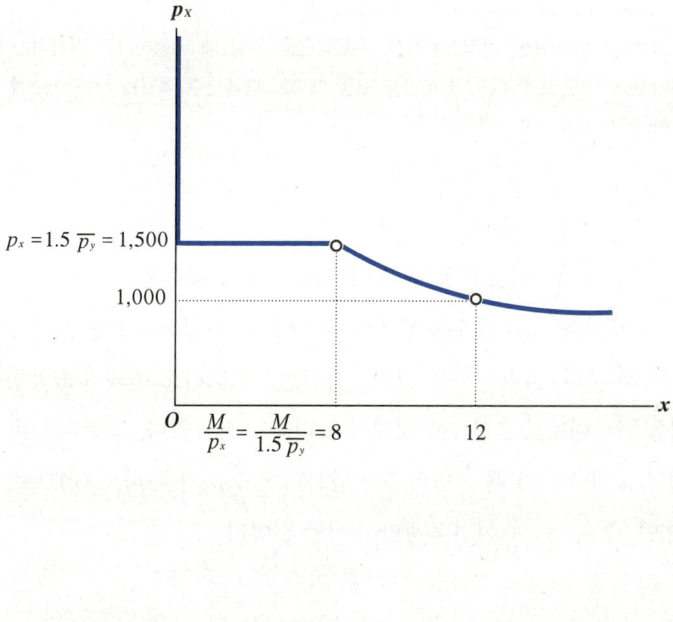

(그림 그리는 요령)

1. p_y를 고정시키고 생각하자.
2. 야채가 주는 효용은 과일이 주는 효용의 1.5배이다. 그러므로 야채의 가격이 과일 가격의 1.5배보다 작으면 야채만 소비한다.
3. 야채의 가격이 과일 가격의 1.5배이면 예산을 충족시키는 한 야채나 과일을 어떻게 조합하여 소비하더라도 효용은 같다.
   $p_x x + p_y y = M$에서 y가 0이면 $x = \frac{M}{p_x}$이다.

1.17 소득소비곡선, 엥겔곡선, 가격소비곡선, 수요곡선 : 완전대체재 효용함수의 경우

완전대체재의 효용함수 $U(x, y) = ax + by$를 생각해 보자. 상품의 가격을 각각 p_x, p_y, 그리고 소득을 M이라고 하자.

a. 수요함수를 구하시오.
b. 소득소비곡선(ICC)을 그리시오.
c. 엥겔곡선을 그리시오.
d. 가격소비곡선(PCC)을 그리시오.
e. 수요곡선을 그리시오.
f. 소득탄력성의 크기에 대해 직관적으로 말하시오.
g. 가격탄력성의 크기에 대해 직관적으로 말하시오.
h. 교차가격탄력성의 크기에 대해 직관적으로 말하시오.

KEY ▶ 소득소비곡선, 엥겔곡선, 가격소비곡선, 수요곡선을 구할 때 일정하다고 가정하는 변수가 무엇인지 파악해야 한다. 또한 PCC와 ICC를 구할 때에는 매개변수 역할을 하는 변수가 무엇인지 파악해야 한다.

풀이

a. 두 상품을 서로 대체하여 소비할 수 있다. 그러므로 상대적으로 비용이 적게 드는 상품만을 소비할 것이다. 효용함수를 관찰해 볼 때 X재 $\frac{1}{a}$단위와 Y재 $\frac{1}{b}$단위가 동일한 효용 1을 제공해 준다. 효용함수는 단조증가변환시키더라도 원래의 효용함수와 동일한 선호순서를 나타내므로 효용 1에 대해서 풀더라도 상관없다. 그런데 X재 $\frac{1}{a}$단위를 구입하려면 $\frac{1}{a}p_x$가 들고 Y재 $\frac{1}{b}$단위를 구입하려면 $\frac{1}{b}p_y$가 든다. 그러므로 $\frac{1}{a}p_x$가 $\frac{1}{b}p_y$보다 작으면, 즉 $\frac{p_x}{p_y} < \frac{a}{b}$이면 X재만 소비할 것이다.

반대로 $\frac{1}{a}p_x$가 $\frac{1}{b}p_y$보다 크면, 즉 $\frac{p_x}{p_y} > \frac{a}{b}$이면 Y재만 소비할 것이다. $\frac{1}{a}p_x$가 $\frac{1}{b}p_y$와 같으면, 즉 $\frac{p_x}{p_y} = \frac{a}{b}$이면 예산선 상의 어떤 상품묶음을 선택하더라도 효용은 같다.

수식적으로 본다면 항상

$$MRS_{xy} = -\frac{dY}{dX} = \frac{MU_x}{MU_y} = \frac{a}{b}$$

인 상황에서

(i) $\frac{a}{b} > \frac{p_x}{p_y}$이면 $MRS_{xy} > \frac{p_x}{p_y}$가 되므로, 즉 X재의 '한계편익 > X재 구입의 한계비용' 이므로 X재만 소비한다.

(ii) $\frac{a}{b} = \frac{p_x}{p_y}$이면 $MRS_{xy} = \frac{p_x}{p_y}$가 된다. 즉, '$X$재의 한계편익 = X재 구입의 한계비용' 이다. 이 경우 예산선 상의 모든 상품묶음들이 동일한 효용을 주므로 예산선 상의 어떤 상품묶음도 최적선택이 된다.

(iii) $\frac{a}{b} < \frac{p_x}{p_y}$이면 $MRS_{xy} < \frac{p_x}{p_y}$가 되므로, 즉 '$X$재의 한계편익 < X재 구입의 한계비용' 이므로 X재는 한 단위도 소비하지 않고 Y재만 소비한다.

이상의 내용을 정리하면 수요함수는

(i) $\frac{p_x}{p_y} < \frac{a}{b}$일 경우 : $x = \frac{M}{p_x}$, $y = 0$

(ii) $\frac{p_x}{p_y} = \frac{a}{b}$일 경우 : $p_x x + p_y y = M$을 만족시키는 어떤 x와 y의 값도 X재와 Y재의 수요량이 될 수 있다.

(iii) $\frac{p_x}{p_y} > \frac{a}{b}$일 경우 : $x = 0$, $y = \frac{M}{p_y}$

b. 소득소비곡선은 p_x와 p_y가 주어진 상태에서 M이 변할 때 그에 상응하여 변하는 x와 y의 관계를 나타낸다. 이때 M이 x와 y의 관계를 맺어주는 매개변수 역할을 한다. 그런데 완전대체재의 경우 수요함수를 관찰해 보면 M이 사실상 매개변수의 역할을 하지 못한다. 그래서 다른 방법으로 소득소비곡선을 찾아야 한다.

(i) $\frac{p_x}{p_y} < \frac{a}{b}$일 경우 수요함수가 $x = \frac{M}{p_x}$, $y = 0$이므로 소득이 증가할 때 X재의 수요량은 증가하지만 Y재의 수요량은 항상 0이다. 그 결과 소득소비곡선은 x축이 된다. 이때 물론 p_x, p_y는 일정하게 주어진 상태이다.

(ii) $\frac{p_x}{p_y} = \frac{a}{b}$일 경우 예산선 상의 어떤 상품묶음도 동일한 효용을 주므로 X재의 수요량은 0에서부터 $\frac{M}{p_x}$까지 어떤 수량도 될 수 있다. 그러므로 그림에서 보듯이 소득이 $M_1, M_2, M_3 \cdots$로 계속 증가할 경우 소득소비곡선의 모양은 그림처럼 나타난다.

(iii) $\frac{p_x}{p_y} > \frac{a}{b}$일 경우 수요함수가 $x = 0$, $y = \frac{M}{p_y}$이므로 소득이 증가할 때 Y재의 수요량은 증가하지만 X재의 수요량은 항상 0이다. 그 결과 소득소비곡선은 y축이 된다. 이때 물론 p_x, p_y는 일정하게 주어진 상태이다.

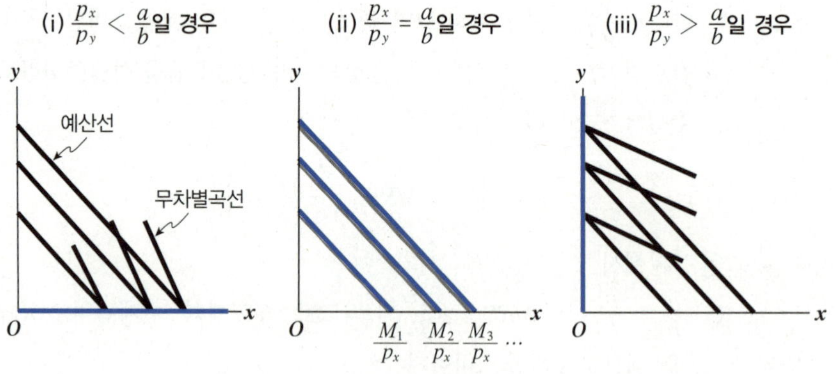

소득소비곡선

c. 엥겔곡선은 수요함수에서 p_x와 p_y가 일정하다고 가정할 때 소득이 변하는 경우 수요량이 어떻게 변하는가를 보여주는 곡선이다. 그러므로 X재의 엥겔곡선은

(i) $\frac{p_x}{p_y} < \frac{a}{b}$일 경우 X재의 수요함수인 $x = \frac{M}{p_x}$으로부터 $M = p_x x$가 된다. 즉, 원점을 지나는 기울기 p_x인 직선이 된다. 이때 물론 p_x는 일정하게 주어진 상태이다.

(ii) $\frac{p_x}{p_y} = \frac{a}{b}$일 경우 예산선 상의 어떤 상품묶음도 동일한 효용을 주므로 X재의 수요량은 0에서부터 $\frac{M}{p_x}$까지 어떤 수량도 될 수 있다. 그러므로 그림에서 보듯이 소득이 $M_1, M_2, M_3 \cdots$로 계속 증가할 경우 엥겔곡선의 모양은 그림처럼 나타난다.

(iii) $\frac{p_x}{p_y} > \frac{a}{b}$일 경우 소득 수준과 관계없이 X재의 수요량은 0이다. 그러므로 엥겔곡선은 세로축으로 나타난다.

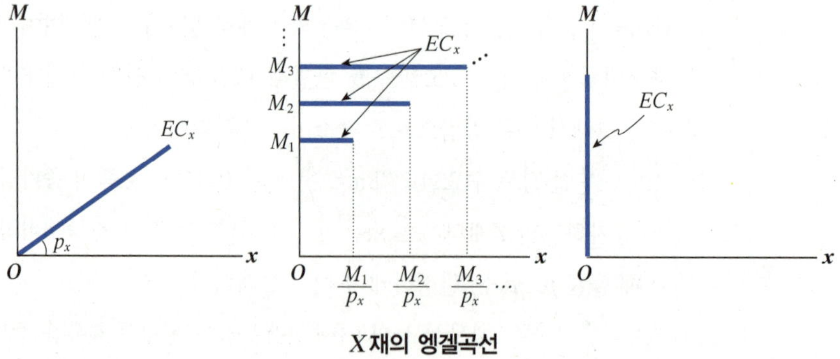

X재의 엥겔곡선

Y재의 엥겔곡선도 같은 방법으로 구할 수 있다.

(i) $\frac{p_x}{p_y} > \frac{a}{b}$일 경우 Y재의 수요함수인 $y = \frac{M}{p_y}$으로부터 Y재의 엥겔곡선은 $M = p_y y$가 된다. 즉, 원점을 지나는 기울기 p_y인 직선이 된다. 이때 물론 p_y는 일정하게 주어진 상태이다.

(ii) $\frac{p_x}{p_y} = \frac{a}{b}$일 경우 예산선 상의 어떤 상품묶음도 동일한 효용을 주므로 Y재의 수요량은 0에서부터 $\frac{M}{p_y}$까지 어떤 수량도 될 수 있다. 그러므로 그림에서 보듯이 소득이 $M_1, M_2, M_3 \cdots$로 계속 증가할 경우 엥겔곡선의 모양은 그림처럼 나타난다.

(iii) $\frac{p_x}{p_y} < \frac{a}{b}$일 경우 소득 수준과 관계없이 Y재의 수요량은 0이다. 그러므로 엥겔곡선은 세로축으로 나타난다.

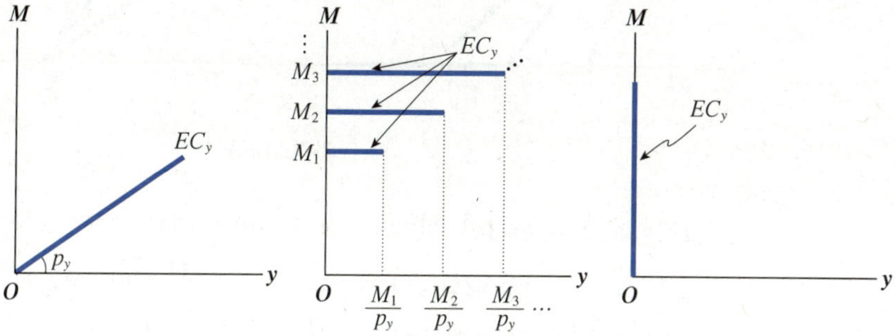

Y재의 엥겔곡선

d. 1) p_x의 PCC_x를 찾아보자.

p_x의 가격소비곡선 PCC_x는 p_y와 M이 주어진 상태에서 p_x가 변할 때 그에 상응하여 변하는 x와 y의 관계를 나타낸다. 이때 p_x가 x와 y의 관계를 맺어주는 매개변수 역할을 한다. 그런데 완전대체재의 경우 수요함수를 관찰해 보면 p_x가 사실상 매개변수의 역할을 하지 못한다. 그래서 다른 방법으로 가격소비곡선을 찾아야 한다.

(i) p_x가 높을 경우 $\frac{p_x}{p_y} > \frac{a}{b}$가 되어 X재의 수요량은 0이 된다. 즉, 세로축의 점 $(0, \frac{M}{p_y})$이 이에 대응된다.

(ii) p_x가 하락하여 $\frac{p_x}{p_y} = \frac{a}{b}$가 될 경우 무차별곡선과 예산선이 같아져서 예산선 상의 어떤 상품묶음도 최적선택이 될 수 있다.

(iii) p_x가 더 하락하여 $\frac{p_x}{p_y} < \frac{a}{b}$가 될 경우 Y재의 수요량이 0이 되므로 최적선택은 가로축에 놓인다. 이때 p_x가 하락할수록 X재의 수요량은 점점 많아지지만 Y재의 수요량은 그대로 0에 머무르므로 PCC_x는 그림과 같이 나타난다. 이때 물론 p_y와 M은 일정하게 주어진 상태이다.

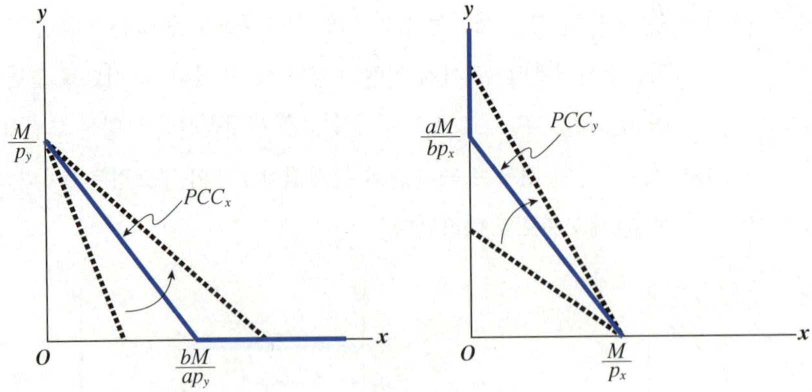

가격소비곡선

그림에서 가로축 절편 $\frac{bM}{ap_y}$은 X재만 소비할 때의 수량으로서 예산제약식 $p_x x + p_y y = M$에서 $y = 0$일 때의 x의 값이다. 즉, $x = \frac{M}{p_x}$이다. 여기의 p_x에 $\frac{p_x}{p_y} = \frac{a}{b}$로부터 얻는 $p_x = \frac{ap_y}{b}$를 대입하여 $x = \frac{M}{p_x} = \frac{M}{(\frac{ap_y}{b})} = \frac{bM}{ap_y}$으로 구해진 것이다. 한편 PCC_x를 구할 때 p_y와 M이 일정하다고 가정하므로 구입 가능한 X재의 최대수량을 나타낼 때에는 이처럼 일정하다고 가정한 변수를 사용해야 한다.

2) 같은 논리로 p_y의 가격소비곡선 PCC_y를 찾을 수 있다.

e. X재의 수요곡선은 X재의 수요함수에서 p_y와 M이 일정하다고 하고 p_x와 x의 관계를 나타낸 것이다. 이 점을 염두에 두고 X재의 수요곡선을 찾아보자.

(i) $\frac{p_x}{p_y} < \frac{a}{b}$일 경우 : $x = \frac{M}{p_x}$, $y = 0$

(ii) $\frac{p_x}{p_y} = \frac{a}{b}$일 경우 : 그림의 X재의 수요곡선에서 볼 때 X재 수요량은 0에서 $\frac{bM}{ap_y}$에 이르는 구간에 있는 어떤 수량도 가능하다. 이때 $\frac{bM}{ap_y}$은 X재만 소비할 때의 수량으로서 문항 d.에서 구한 값이다. 한편 X재의 수요곡선을 구할 때 p_y와 M이 주어진 상태이므로 구입 가능한 X재의 최대수량을 이처럼 p_y와 M을 사용하여 표현해야 한다.

(iii) $\frac{p_x}{p_y} > \frac{a}{b}$일 경우 : $x = 0$, $y = \frac{M}{p_y}$

덧붙이자면 p_x가 높아 $\frac{p_x}{p_y} > \frac{a}{b}$일 경우, 즉 $p_x > \frac{a}{b}p_y$일 경우 $x = 0$이므로 세로축이 된다. p_x가 하락하여 $\frac{p_x}{p_y} = \frac{a}{b}$일 경우에는 앞서 말한 바와 같다. p_x가 더 하락하여 $\frac{p_x}{p_y} < \frac{a}{b}$일 경우, 즉 $p_x < \frac{a}{b}p_y$일 경우 $y = 0$이고 $p_x = \frac{M}{x}$이어서 직각쌍곡선이 된다.

같은 논리로 Y재의 수요곡선을 얻을 수 있다.

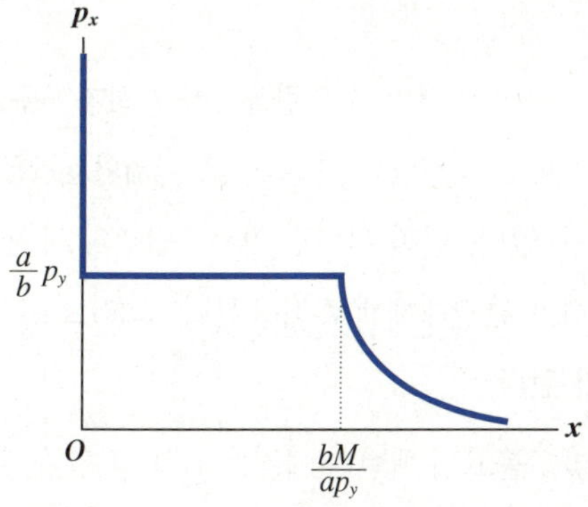

X재의 수요곡선

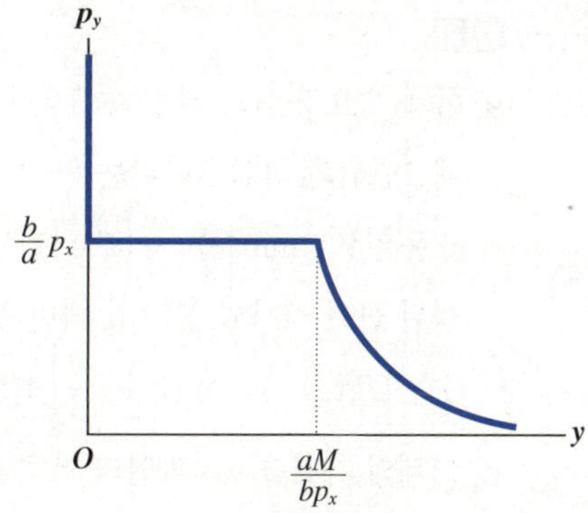

Y재의 수요곡선

f. 수요량이 양일 경우에 대해서 검토해 보자. 수요함수를 관찰해 볼 때 소득의 변화율과 수요량의 변화율이 같다는 것을 알 수 있다. 그러므로 소득탄력성은 1이 된다. 이러한 사실은 앞서 보인 엥겔곡선이 원점을 출발하는 직선이라는 사실로부터도 알 수 있다. 물론 소득소비곡선이 원점을 출발하는 직선이라는 사실로부터도 알 수 있다.

g. 그림에서 보듯이 p_x가 높아서 $p_x > \frac{a}{b}p_y$인 구간에서는 p_x가 조금 변하더라도 X재 수요량은 여전히 0이다. 그러므로 이 구간에서 가격탄력성은 0이다. $p_x = \frac{a}{b}p_y$일 경우에는 가격이 무한히 적게 오르더라도 수요량이 0이 된다. 즉, 가격변화율에 비해 수요량의 변화율이 무한히 크다고 볼 수 있다. 이러한 측면에서 가격탄력성이 무한대이다. p_x가 낮아서 $p_x < \frac{a}{b}p_y$인 구간에서는 X재에 대한 수요곡선은 직각쌍곡선이므로 가격이 변하더라도 지출에 변화가 없다. 이것은 가격의 변화율과 수요량의 변화율이 같다는 것을 의미한다. 따라서 이 구간에서는 X재에 대한 가격탄력성이 1이 된다.

Y재에 대한 가격탄력성도 같은 원리로 말할 수 있다.

h. 가격이 $bp_x = ap_y$의 근처에서 크게 변하는 경우가 아닌 한, 수요함수를 관찰할 때 한 상품에 대한 수요량이 다른 상품의 가격 변화에 반응하지 않는다. 그러므로 교차가격탄력성은 0이 된다.

1.18 보완재와 대체재가 혼합된 경우의 수요함수

홍길동의 식사 습관은 특이하다. 야채 2단위와 과일 3단위를 함께 먹음으로써 한끼 식사를 해결한다. 그는 이렇게 먹는 대신 불고기 백반 1단위로 식사를 해결할 수도 있다고 한다.

a. 홍길동의 식사에 대한 효용함수를 구하시오.

b. 야채, 과일, 불고기 백반에 대한 수요함수를 구하시오.

KEY ▶ 보완재 및 대체재와 관련하여 그 효용함수와 수요함수에 대해 명확하게 파악하자.

풀이

a. 야채 수요량을 x, 과일 수요량을 y, 불고기 백반 수요량을 z라고 하자. 홍길동에게 야채 2단위와 과일 3단위는 완전보완재로 작용한다. 그러므로 야채와 과일로부터 얻는 효용은 $V = \min\left[\frac{x}{2}, \frac{y}{3}\right]$로 나타낼 수 있다. 한편 이처럼 야채 2단위와 과일 3단위로 구성된 한끼 식사와 불고기 백반은 서로 완전대체재로 작용한다. 그러므로 그의 효용함수는 $U(x, y, z) = \min\left[\frac{x}{2}, \frac{y}{3}\right] + z$가 된다.

b. 야채의 가격을 p_x, 과일의 가격을 p_y, 불고기 백반의 가격을 p_z라고 하자. 홍길동은 채식주의 식사와 불고기 백반을 완전대체재로 생각하고 있다. 그러므로 그는 둘 중에서 가격이 싼 것을 선택할 것이다. 물론 가격이 같을 경우에는 어떠한 조합이라도 선택한다. 이렇게 볼 때 중요한 것은 한끼 식사의 가격이다. 그런데 채식의 경우 한끼 식사에 $2p_x + 3p_y$만큼의 돈이 든다. 즉, 채식 식사의 가격은 $2p_x + 3p_y$라는 것이다. 이제 다음과 같이 3가지 경우로 나누어 생각해 보자.

1) $2p_x + 3p_y > p_z$인 경우 : 채식 식사의 가격보다 그와 완전대체재인 불고기 백반의 가격이 더 싸므로 불고기 백반만으로 식사를 하는 것이 효용을 극대화한다. 그러므로 수요함수는 $z = \frac{M}{p_z}$이 된다. 한편 채식 식사는 전혀 하지 않으므로 야채와 과일에 대한 수요량은 각각 0이다.

2) $2p_x + 3p_y < p_z$인 경우 : 채식 식사의 가격이 더 싸므로 채식만으로 식사하는 것이 효용을 극대화한다. 그런데 야채 2단위와 과일 3단위는 항상 함께 먹는다. 즉, $\frac{x}{2} = \frac{y}{3}$가 성립한다. 즉, $y = 1.5x$가 성립한다. 이것을 예산식 $p_x x + p_y y = M$에 대입하면 $p_x x + p_y(1.5x) = M$이 된다. 이로부터 $x = \frac{M}{p_x + 1.5p_y}$을 얻는다. 또한 $y = 1.5x = \frac{1.5M}{p_x + 1.5p_y}$이 된다.

3) $2p_x + 3p_y = p_z$인 경우 : 채식과 불고기 백반의 가격이 같다. 그런데 두 식사는 완전대체재이다. 그러므로 예산제약식을 만족하는 경우 채식과 불고기 중 어떤 식사 조합을 선택하든지 그로부터 얻는 효용이 같아진다.

1.19 효용극대화 조건의 활용

어떤 개인이 각 상품으로부터 얻는 효용이 분리되어 있다고 하자. 그리하여 그의 효용함수는 $U(x_1, x_2, x_3) = U_1(x_1) + U_2(x_2) + U_3(x_3)$로 표현된다고 하자. 이때 각 상품의 한계효용은 양이면서 체감한다고 하자.

a. '어떤 상품도 열등재가 될 수 없다.' 이 말의 진위를 밝히고 그 이유를 밝히시오.

b. ‘다른 상품의 가격이나 소득이 변하지 않은 상태에서 해당 상품의 가격이 상승하면 그 상품의 수요량은 감소한다.’ 이 말의 진위를 말하고 그 이유를 밝히시오.

c. ‘다른 상품의 가격이나 소득이 변하지 않은 상태에서 한 상품의 가격이 변화하면 다른 상품들의 수요량은 증가할 수도 있고 감소할 수도 있다. 그러나 증가할 경우에는 함께 증가하고 감소할 경우에는 함께 감소한다.’ 이 말의 진위를 말하고 그 이유를 밝히시오.

KEY ▶ 효용극대화 조건을 잘 파악하고 있어야 한다.

풀이

이 경우 효용극대화 조건은 다음과 같다. 즉

$$\frac{MU_1}{p_1} = \frac{MU_2}{p_2} = \frac{MU_3}{p_3} \tag{1}$$

이다.

a. 일반적으로 소득이 증가하면 적어도 한 상품의 수요량은 증가해야 한다. 즉, 모든 상품이 열등재가 될 수는 없다는 것이다. 소득이 증가했는데 모든 상품의 수요량이 줄어든다면 증가한 소득이 모두 지출될 수가 없기 때문이다. 이 점을 고려하여 이 문제의 경우를 생각해 보자. 소득이 증가했을 때 예를 들어 x_1의 수요량이 증가하였다고 하자. 그러면 그 한계효용은 체감하므로 MU_1은 작아진다. 이때 p_1과 p_2는 일정하므로 효용극대화 조건인 식 (1)이 다시 만족되려면 MU_2와 MU_3도 함께 작아져야 한다. 그런데 한계효용은 체감하므로 이 값들이 작아지려면 x_2와 x_3에 대한 수요량이 증가해야 한다. 결국 3개의 상품들 중에서 어떤 상품도 열등재가 될 수 없다. 그러므로 문제에서 주어진 ‘주장’은 옳다.

b. 문항 a.에서 보여주었듯이 어떤 상품도 열등재가 아니다. 그러므로 각 상품의 경우 해당 상품의 가격이 오르면 주어진 소득의 구매력은 감소하고 그로 인해 소득효과는 수요량이 감소하는 방향으로 작용한다. 한편 대체효과는 항상 가격과 반대 방향으로 작용한다. 즉, 가격이 오르면 수요량을 감소시키는 방향으로 작용한다. 이렇게 볼 때 이 경우 소득효과와 대체효과가 모두 수요량을 감소시키는 방향으로 작용하게 된다. 그러므로 다른 상황이 일정할 때 해당 상품의 가격이 오르면 그 상품의 수요량은 감소한다. 즉, 수요곡선은 우하향한다. 따라서 문제에서 주어진 ‘주장’은 옳다.

c. 문항 b.에서 보았듯이 예를 들어 x_1의 가격이 하락하면 x_1의 수요량이 증가한다. 한계효용이 체감하므로 이 경우 $\frac{MU_1}{p_1}$은 커질 수도 있고 작아질 수도 있다. 이 값이 커질 경우 한계효용은 체감한다는 점을 고려할 때 효용극대화 조건인 식 (1)을 만족시키기 위

해서는 x_2와 x_3에 대한 수요량이 함께 감소해야 한다. 반대로 이 값이 작아질 경우에는 x_2와 x_3에 대한 수요량이 함께 증가해야 한다. 따라서 문제에서 주어진 '주장'은 옳다.

1.20 효용극대화 : 할당의 경우

어떤 개인의 효용함수가 $U(x, y) = x^{\frac{1}{2}} y^{\frac{1}{2}}$이라고 하자. $p_x = 2$, $p_y = 4$이고 소득 M이 60이라고 하자.

a. 이 개인이 X재를 20단위 이상 구입할 수 없도록 법으로 정해져 있다고 하자. 이 경우 개인의 효용을 극대화하는 각 상품의 수량을 구하시오.

b. 이 개인이 X재를 10단위 이상 구입할 수 없도록 법으로 정해져 있다고 하자. 이 경우 개인의 효용을 극대화하는 각 상품의 수량을 구하시오.

c. 이 개인이 X재를 10단위 이상 구입할 수 없도록 법으로 정해져 있는 상태에서 X재의 가격이 변할 경우 가격소비곡선을 구하시오.

KEY ▶ X재의 수요량은 법정 최고한도를 넘을 수 없다. 그러므로 그 이후 X재의 가격이 계속 하락하면 X재의 수요량은 변하지 않는 상태에서 Y재의 수요량만 계속 증가한다.

풀이

a. 이 문제는 제약식이 부등식인 경우를 다루는 쿤-터커조건(경제수학 또는 대학원과정)을 이용하여 정식으로 해결할 수 있다. 그러나 여기서는 간단한 방법을 이용하여 풀기로 하자.

효용극대화 조건은

$$MRS_{xy} = \frac{p_x}{p_y} \tag{1}$$

이다. 그런데 효용함수로부터

$$MRS_{xy} = \frac{MU_x}{MU_y} = \frac{y}{x} \tag{2}$$

이다. 이것을 식 (1)에 대입하면

$$\frac{y}{x} = \frac{p_x}{p_y} \tag{3}$$

를 얻는다. 그런데 예산제약식은

$$p_x x + p_y y = M \tag{4}$$

이다. 식 (3)을 식 (4)에 대입하여 풀면

$$x = \frac{1}{2}\frac{M}{p_x} \tag{5}$$

$$y = \frac{1}{2}\frac{M}{p_y} \tag{6}$$

을 얻는다. 그런데 $p_x = 2$, $p_y = 4$, $M = 60$이므로 $x^* = 15$, $y^* = \frac{15}{2}$이다. 이때 X재의 수요량은 20을 넘지 않으므로 법으로 정해진 제약은 실제 제약으로 작용하지 않는다.

b. X재를 10단위 미만으로 구입하도록 법으로 정했으므로 이때 제약은 실제 제약으로 작용한다. 그러므로

$$x^* = 10 \tag{7}$$

이다. $p_x = 2$, $p_y = 4$, $M = 60$인 상태에서 식 (7)을 식 (4)에 대입하면 $2 \cdot 10 + 4y = 60$이 된다. 이로부터 $y^* = 10$을 얻는다.

c. p_x의 가격소비곡선 PCC_x는 p_y와 M이 주어진 상태에서 p_x가 변할 때 그에 상응하여 변하는 x와 y의 관계를 나타낸다. 이때 p_x가 x와 y의 관계를 맺어주는 매개변수 역할을 한다. 그런데 콥–더글라스 효용함수의 경우 수요함수를 관찰해 보면 p_x가 사실상 매개변수의 역할을 하지 못한다. 그래서 다른 방법으로 PCC_x를 찾아야 한다. 그런데 X재 구입량에 법적 제약이 있으므로 다음과 같이 2가지 경우로 나누어 생각해야 한다.

(i) $x < 10$일 경우(이때 (5)로부터 $p_x > 3$이 된다).

식 (6)에서 볼 때 M이 일정하게 주어져 있으므로 p_x가 변하더라도 Y재의 수요량은 변하지 않는다. 반면에 식 (5)에서 볼 때 p_x가 작아질 경우 X재의 수요량은 계속 커진다. 이러한 내용들을 종합할 때 가격소비곡선은 X축에 평행한 직선이 된다.

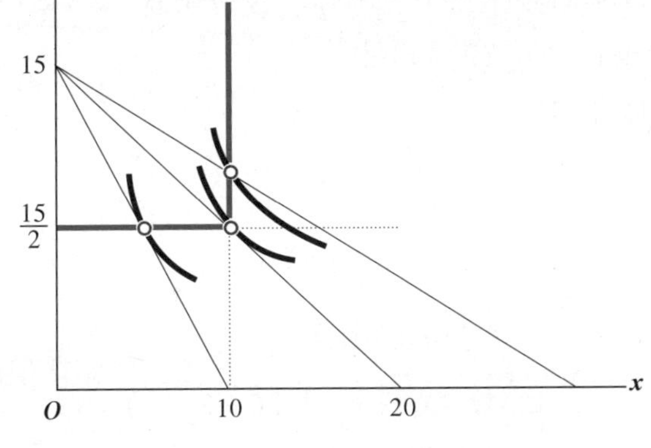

(ii) $p_x \leq 3$일 경우

이 경우 p_x가 하락하더라도 X재의 수요량은 10을 초과할 수 없다. 그 대신 $x = 10$을 구입하고 남은 소득은 모두 Y재 구입에 사용하게 된다. 그러므로 p_x가 3에서 계속 하락할 경우 X재의 수요량은 여전히 10인 상태에서 Y재의 수요량은 계속 증가한다. 이 경우 Y재의 수요량은 식 (4)에 $x = 10$, $p_y = 4$, $M = 60$을 대입하여

$$10p_x + 4y = 60,\ \text{즉}\ y = \frac{60 - 10p_x}{4} = 15 - \frac{5}{2}p_x$$

로 구해진다. 이때 가격소비곡선은 $x = 10$으로서 Y축에 평행한 직선이 된다.

1.21 준선형 효용함수의 수요량

홍길동의 효용함수는 $U = x^{\frac{1}{2}} + y$라고 한다. 한편 X재의 가격은 2만원이다. 그리고 y는 다른 상품을 구입하는 데 지출한 금액을 나타낸다.

a. 홍길동의 소득이 20만원일 경우 효용을 극대화시키는 x와 y의 수량을 구하시오. 수요량은 어떠한 특성을 보이는가?

b. 홍길동의 소득이 $\frac{1}{20}$만원이라고 하자. 이 경우 효용을 극대화시키는 x와 y의 수량을 구하시오. 결과를 해석해 보시오.

c. 위 문항 b.의 결과에 해당하는 상품의 예를 들고 설명하시오.

d. 두 상품을 모두 구입하기 시작하는 것은 소득이 얼마부터인가?

KEY ▶ 문제에서 주어진 효용함수는 준선형 효용함수이다. 이 경우 수요량은 특이한 행태를 보인다.

풀이

a. 효용함수가 x에 대해서는 비선형이지만 y에 대해서는 선형인 Y재에 대한 준선형 효용함수(quasilinear utility function)이다.

효용극대화 문제는

$$\underset{x,\,y}{Max}\ U(x, y) = x^{\frac{1}{2}} + y$$
$$s.t.\quad 2x + y = 20$$

으로 쓸 수 있다. 이에 대한 라그랑지함수는

$$\underset{x,\,y,\,\lambda}{Max}\ L = x^{\frac{1}{2}} + y + \lambda(20 - 2x - y)$$

이다. 효용극대화의 일차필요조건은

$$\frac{\partial L}{\partial x} = \frac{1}{2}x^{-\frac{1}{2}} - 2\lambda = 0 \tag{1}$$

$$\frac{\partial L}{\partial y} = 1 - \lambda = 0 \tag{2}$$

$$\frac{\partial L}{\partial \lambda} = 20 - 2x - y = 0 \tag{3}$$

이다. 식 (1)과 식 (2)를 정리한 다음 대응되는 변끼리 나누어주면

$$\frac{1}{2}x^{-\frac{1}{2}} = 2 \tag{4}$$

를 얻는다. 이 식은 사실상

$$MRS_{xy}(= \frac{MU_x}{MU_y}) = \frac{p_x}{p_y} \tag{5}$$

이다. 여기서

$$MU_y = 1,\ p_y = 1 \tag{6}$$

이다. 특히 식 (4)의 좌변이 MRS인데 준선형 효용함수일 경우 MRS는 이처럼 오로지 X재 수요량에 따라 달라진다. 무차별곡선과 관련하여 볼 때 이것은 다른 무차별곡선들은 어느 하나의 무차별곡선을 그대로 위로 이동시킨 것들이라는 사실을 말한다.

식 (4)로부터 $x = \frac{1}{16}$을 얻는다. 이것을 식 (3)에 대입하면 $y = 19\frac{7}{8}$을 얻는다. 한편 식 (4)를 자세히 관찰해 보면, x의 수량은 소득과 관계없이 정해진다는 것을 알 수 있다. 즉, 소득이 늘어나도 X재의 수요량은 변하지 않는다. 또한 식 (5)와 식 (6)을 함께 보면 X재의 경우 그로부터 얻는 한계효용이 X재의 가격과 같아질 때까지 소비한다는 것을 알 수 있다.

b. 소득이 $\frac{1}{20}$이라고 하였다. 이 경우 앞에서 구한 일차필요조건들은

$$\frac{\partial L}{\partial x} = \frac{1}{2}x^{-\frac{1}{2}} - 2\lambda = 0 \tag{7}$$

$$\frac{\partial L}{\partial y} = 1 - \lambda = 0 \tag{8}$$

$$\frac{\partial L}{\partial \lambda} = \frac{1}{20} - 2x - y = 0 \tag{9}$$

과 같이 바뀐다. 즉, 오로지 식 (3)만 식 (9)로 바뀐다. 식 (7)과 식 (8)로부터 앞서와 같이 식 (4)를 얻는다. 그리고 식 (4)로부터 $x = \frac{1}{16}$을 얻는다. 그런데 이 값을 식 (9)에 대입해 보면 식 (9)가 성립하지 않는다.

이러한 결과가 나오는 이유는 식 (7)과 식 (8)이 함께 성립할 수 없음에도 불구하고 마치 함께 성립하는 것으로 보고 문제를 풀었기 때문이다. 그런데 이처럼 식 (7)과 식 (8)이 함께 성립할 수 없다는 것은 x 또는 y 중에서 어느 하나가 0이라는 것을 함축한다.

이제 둘 중에서 어느 것이 0이 되었을 경우 효용이 더 커지는가를 검토해 보자.

(i) x가 0이라면 식 (9)로부터 $y = \frac{1}{20}$이 된다. 이것을 효용함수에 대입하면 $U = \frac{1}{20} = 0.05$를 얻는다.

(ii) y가 0이라면 식 (9)에서 $x = \frac{1}{40}$로 구해진다. 이것을 효용함수에 대입하면 $U = \left(\frac{1}{40}\right)^{\frac{1}{2}} = 0.158$이 된다. 이 값은 x가 0일 경우 얻은 값보다 크다.

그러므로 소득이 $\frac{1}{20}$일 경우 이 소득을 모두 X재 구입에 지출한다는 것을 알 수 있다. 그리고 그때 $x = \frac{1}{40}$이 된다(엄격하게 말하면 이 문제는 쿤-터커조건(Kuhn-Tucker conditions)을 이용하여 풀어야 한다).

c. 소금과 같이 그 상품에 대한 지출액이 소득에서 차지하는 비중이 크지는 않지만 꼭 필요한 상품이 그 예이다. 소득이 0인 상태에서 출발하여 어느 정도에 이르기까지는 그 소득을 모두 그 상품을 구입하는 데 사용한다. 그리고 소득이 어느 수준을 넘는 경우 남는 소득은 모두 다른 상품인 Y재 구입에 지출한다.

d. 구체적으로 말하면 1원당 X재의 한계효용이 1원당 Y재의 한계효용인 1과 같아지는 수준까지 X재를 구입한다. 그 이후부터는 나머지 소득을 모두 Y재 구입에 지출한다. 이때부터는 X재에 대한 소득효과가 0이 된다. 이러한 사실은 식 (5)를 변형해 보면 알 수 있다. 즉,

$$\frac{MU_x}{p_x} = \frac{MU_y}{p_y}$$

인데 이때 우변이 1로 일정하다. 그러므로 $\frac{MU_x}{p_x} = \frac{\frac{1}{2}x^{-\frac{1}{2}}}{2} > 1$일 경우 X재만 구입한다. 그런데 X재만 구입하는 상황은 등호가 성립할 때까지 지속된다. 즉, $x \leq \frac{1}{16}$일 경우에는 X재만 구입한다. 그런데 X재의 가격이 2로 주어져 있으므로, $x \leq \frac{1}{16}$이라는 것은 $M \leq \frac{1}{8}$이라는 것을 말한다. 소득이 $\frac{1}{8}$을 넘어서면서부터는 식 (7)과 식 (8)이 함께 성립하며 두 상품을 모두 구입하기 시작한다.

이것은 직관적으로도 당연하다. 효용을 극대화하려면 각 상품 구입에 지출한 '금액' 으로부터 얻는 한계효용이 같아지도록 소비해야 한다. 그런데 X재 수요량이 증가함에 따라 거기에 지출한 소득으로부터 얻는 한계효용은 체감한다. 반면에 Y재 구입에 지출한 금액으로부터 얻는 한계효용은 1로서 일정하다. 그러므로 효용을 극대화하려면 X재 구입에 지출한 금액으로부터 얻는 한계효용이 1과 같아질 때까지 X재를 소비해야 한다. X재 구입에 지출한 금액으로부터 얻는 한계효용은 체감하므로, 그 다음부터는 소득을 모두 Y재 구입에 지출해야 한다.

1.22 수요함수, 소득소비곡선, 엥겔곡선, 가격소비곡선, 수요곡선 : 준선형 효용함수의 경우

홍길동의 효용함수는 $U = x^{\frac{1}{2}} + y$라고 한다.

a. X재의 가격은 2만원이며 Y재의 가격은 1만원이고 소득이 M일 경우 수요함수를 구하시오.

b. X재의 가격은 2만원이며 Y재의 가격은 1만원이고 소득이 M일 경우 소득소비곡선과 엥겔곡선을 구하시오.

c. X재의 가격은 1만원이며 Y재의 가격은 p_y만원이고 소득이 20일 경우 수요함수를 구하시오.

d. X재의 가격은 1만원이며 Y재의 가격은 p_y만원이고 소득이 20일 경우 p_y의 가격소비곡선 PPC_y와 Y재의 수요곡선을 구하시오.

KEY ▶ 효용함수가 준선형일 경우에는 한계대체율이 어느 한 상품의 수요량에만 의존하기 때문에 특이한 현상이 나타난다.

풀이

a. 효용극대화 문제는 다음과 같다. (엄밀하게는 쿤-터커조건을 적용하여 풀어야 한다)

$$\underset{x,\,y}{Max}\ U(x, y) = x^{\frac{1}{2}} + y$$

$$s.t. \quad 2x + y = M$$

(i) 내부해(interior solution)를 가질 경우 :

효용극대화 문제에 대한 라그랑지함수는

$$\underset{x,\,y,\,\lambda}{Max}\ L = x^{\frac{1}{2}} + y + \lambda(M - 2x - y)$$

이다. 효용극대화의 일차필요조건은

$$\frac{\partial L}{\partial x} = \frac{1}{2}x^{-\frac{1}{2}} - 2\lambda = 0 \qquad (1)$$

$$\frac{\partial L}{\partial y} = 1 - \lambda = 0 \qquad (2)$$

$$\frac{\partial L}{\partial \lambda} = M - 2x - y = 0 \qquad (3)$$

이다. 식 (1)과 식 (2)를 정리한 다음 대응되는 변끼리 나누어주면

$$\frac{1}{2}x^{-\frac{1}{2}} = 2 \qquad (4)$$

를 얻는다. 이것은 효용극대화 조건인 $MRS_{xy} = \frac{p_x}{p_y}$에서 $MRS_{xy} = \frac{1}{2}x^{-\frac{1}{2}}$이고,

$\frac{p_x}{p_y} = 2$인 경우이다. 식 (4)를 풀면 $x^* = \frac{1}{16}$을 얻는다. 이때 X재의 수요량이 Y재의 수요량과 독립적으로 정해지는 점에 주목하자.

이제 Y재의 수요함수를 구해 보자. 예산식으로부터 $y^* = M - 2x^* = M - \frac{1}{8}$을 얻는다. 그런데 현재 내부해를 구하고 있으므로 $y^* = M - \frac{1}{8} > 0$이어야 한다. 이로부터 $M > \frac{1}{8}$이 성립해야 한다. 결국 $M > \frac{1}{8}$일 경우 각 상품의 수요함수는 $x^* = \frac{1}{16}$, $y^* = M - \frac{1}{8}$이다.

(ii) 모퉁이해(corner solution)를 가질 경우 : $M \leq \frac{1}{8}$일 경우 모퉁이해를 갖는다. 이 경우에 대해 검토해 보자. $p_x = 2$이므로 $M \leq \frac{1}{8}$일 경우 주어진 소득을 모두 X재 구입에 지출하더라도 $x \leq \frac{1}{16}$이다. 그런데 이 구간에서는 항상 $MRS_{xy} \geq 2$가 성립한다. 그런데 $\frac{p_x}{p_y} = 2$이다. 그러므로 이 구간에서는 항상

$$MRS_{xy} \geq \frac{p_x}{p_y}$$

가 성립한다. 따라서 이 구간에서는 계속 X재 구입을 증가시키려고 한다. 즉, $M \leq \frac{1}{8}$일 경우 모든 소득을 X재 구입에 사용한다. 결국 $M \leq \frac{1}{8}$일 경우에는 $x^* = \frac{M}{p_x} = \frac{M}{2}$, $y^* = 0$이다.

b. $M > \frac{1}{8}$일 경우에는 $x^* = \frac{1}{16}$, $y^* = M - \frac{1}{8}$이다.
$M \leq \frac{1}{8}$일 경우에는 $x^* = \frac{M}{p_x} = \frac{M}{2}$, $y^* = 0$이다.

(i) 소득소비곡선

소득소비곡선은 p_x와 p_y가 주어진 상태에서 M이 변할 때 그에 상응하여 두 수요함수에서 변화하는 x와 y의 관계를 나타낸다. 이때 M이 x와 y의 관계를 맺어주는 매개변수 역할을 한다. 그런데 준선형 효용함수의 경우 두 수요함수를 관찰해 보면 M이 사실상 매개변수의 역할을 하지 못한다. 위의 결과에서 보듯이 $M > \frac{1}{8}$일 경우에는 소득이 변할 때 Y재의 수요량만 변한다. 또한 $M \leq \frac{1}{8}$일 경우에는 소득이 변할 경우 X재의 수요량만 변한다. 그 결과 소득소비곡선의 모양은 오른쪽 그림과 같다.

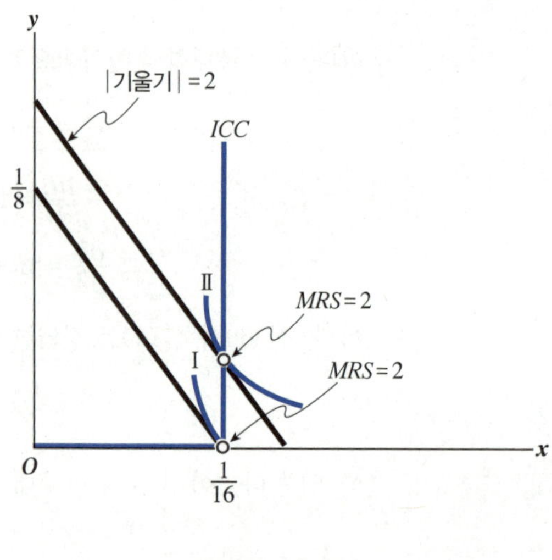

(ii) X재의 엥겔곡선

X재의 엥겔곡선은 X재의 수요함수에서 p_x와 p_y가 일정하다고 가정할 때 소득이 변하는 경우 X재의 수요량이 어떻게 변하는가를 보여주는 곡선이다. 그러므로 이 경우 X재의 엥겔곡선은 X재의 수요함수로부터

$M > \frac{1}{8}$일 경우 $x^* = \frac{1}{16}$이므로 엥겔곡선은 $x = \frac{1}{16}$이다.

$M \leq \frac{1}{8}$일 경우에는 $x^* = \frac{M}{p_x} = \frac{M}{2}$이다. 그러므로 엥겔곡선은 $M = 2x$이다.

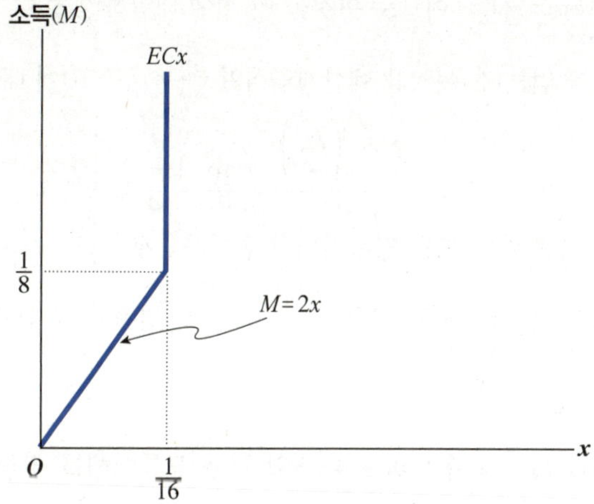

(iii) Y재의 엥겔곡선

Y재의 엥겔곡선은 Y재의 수요함수에서 p_x와 p_y가 일정하다고 가정할 때 소득이 변하는 경우 Y재의 수요량이 어떻게 변하는가를 보여주는 곡선이다. 그러므로 이 경우 Y재의 엥겔곡선은 Y재의 수요함수로부터

$M > \frac{1}{8}$일 경우 : $y^* = M - \frac{1}{8}$이다. 그러므로 엥겔곡선은 $M = y + \frac{1}{8}$이다.

$M \leq \frac{1}{8}$일 경우 : $y^* = 0$이다. 그러므로 엥겔곡선은 $y = 0$이다.

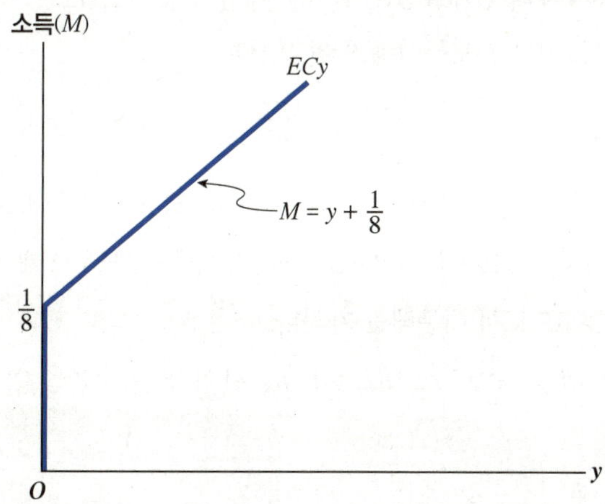

c. 효용극대화 문제는 다음과 같다.

$$\underset{x,\,y}{Max}\ U(x,y) = x^{\frac{1}{2}} + y$$

$$s.t. \quad x + p_y y = 20$$

(i) 내부해를 가질 경우 : 효용극대화 조건은

$$MRS_{xy} = \frac{p_x}{p_y} = \frac{1}{p_y}\ (p_x = 1)$$

이다. $MRS_{xy} = \frac{1}{2}x^{-\frac{1}{2}}$이므로 이것을 이 식에 대입하면 $\frac{1}{2}x^{-\frac{1}{2}} = \frac{1}{p_y}$이다. 이로부터 $x = \left(\frac{p_y}{2}\right)^2$을 얻는다. 이것을 예산제약식인 $x + p_y y = 20$에 대입하면 $\left(\frac{p_y}{2}\right)^2 + p_y y = 20$이 된다. 이로부터 $y = \frac{20 - \left(\frac{p_y}{2}\right)^2}{p_y} = \frac{20}{p_y} - \frac{p_y}{4}$를 얻는다. 그런데 내부해일 경우 두 상품의 수요량이 모두 양수이어야 한다. 즉, $y = \frac{20}{p_y} - \frac{p_y}{4} > 0$이어야 한다. 즉, $p_y < 4\sqrt{5}$이어야 한다. 결국 $p_y < 4\sqrt{5}$일 경우 수요함수는 각각 $x^* = \left(\frac{p_y}{2}\right)^2$, $y^* = \frac{20}{p_y} - \frac{p_y}{4}$이다.

(ii) 모퉁이해를 가질 경우 : $p_y \geq 4\sqrt{5}$일 경우 모퉁이해를 갖는다. 이때 $y^* = 0$이고, $y^* = 0$을 예산제약식에 대입하면 $x^* = 20$이 된다. $p_y \geq 4\sqrt{5}$의 함축성을 생각해 보자.

$$\frac{MU_x}{p_x} > \frac{MU_y}{p_y} \qquad (1)$$

일 경우에는 X재만 구입한다(이 조건은 $MRS_{xy}\left(=\frac{MU_x}{MU_y}\right) > \frac{p_x}{p_y}$로 바꾸어 쓸 수 있으며 X재 소비로부터 얻는 한계편익이 X재 구입에 드는 한계비용보다 클 경우에는 X재만 구입하는 것으로 해석할 수 있다). 그런데 X재만 구입하는 상황은 1원당 X재의 한계효용이 1원당 Y재의 한계효용과 같아질 때까지 지속된다. 즉, $\frac{MU_x}{p_x} = \frac{MU_y}{p_y}$일 때까지 지속된다. 그러므로 모퉁이해가 될 조건은

$$\frac{MU_x}{p_x} \geq \frac{MU_y}{p_y} \qquad (2)$$

이다. 그 이후 X재를 더 구입할 경우에는 1원당 X재의 한계효용이 1원당 Y재의 한계효용인 1보다 작아질 것이므로 나머지 소득을 모두 Y재 구입에 지출한다. 즉, $x > 0$, $y > 0$으로서 내부해를 가진다.

그런데 $MU_x = \frac{1}{2}x^{-\frac{1}{2}}$, $MU_y = 1$, $p_x = 1$이다. 이것들을 식 (2)에 대입한 다음 정리하면

$$x \le \left(\frac{p_y}{2}\right)^2 \quad (3)$$

이 된다. 한편 $y = 0$일 경우 예산제약식 $x + p_y y = M$에 $y = 0$을 대입하면 $x = 20$ (4)이 된다. 이 값을 식 (3)에 대입한 다음 정리하면 $p_y \ge 4\sqrt{5}$을 얻는다. 결국 식 (2)로부터 $p_y \ge 4\sqrt{5}$가 도출되었다. 그러므로 $p_y \ge 4\sqrt{5}$가 성립하는 이면에는 $\frac{MU_x}{p_x} \ge \frac{MU_y}{p_y}$ (2)가 성립한다는 사실이 깔려 있다.

d. $p_y < 4\sqrt{5}$일 경우 수요량은 각각 $x^* = \left(\frac{p_y}{2}\right)^2$, $y^* = \frac{20}{p_y} - \frac{p_y}{4}$이다.

$p_y \ge 4\sqrt{5}$일 경우 수요량은 각각 $x^* = 20$, $y^* = 0$이다.

(i) p_y의 가격소비곡선 PCC_y

p_y의 가격소비곡선 PCC_y는 p_x와 M이 주어진 상태에서 p_y가 변할 때 그에 상응하여 두 수요함수에서 변화하는 x와 y의 관계를 나타낸다. 이때 p_y가 x와 y의 관계를 맺어주는 매개변수 역할을 한다.

$p_y < 4\sqrt{5}$일 경우 : 수요함수는 각각 $x = \left(\frac{p_y}{2}\right)^2$, $y = \frac{20}{p_y} - \frac{p_y}{4}$이다. p_y가 변하면 X재의 수요량과 Y재의 수요량이 변한다. 이때 p_y가 매개변수라는 점에 착안하여, 두 식을 연립하여 p_y를 소거한 후 x와 y의 관계식을 구하면 $y = \frac{10}{\sqrt{x}} - \frac{\sqrt{x}}{2}$를 얻는다. 이 식은 p_y가 변할 때 그에 따라 변화하는 x와 y의 관계를 보여주므로 바로 p_y의 가격소비곡선의 식이다.

$p_y \ge 4\sqrt{5}$일 경우 : $x = 20$, $y = 0$이므로 p_y의 가격소비곡선은 한 점 (20, 0)으로 나타난다.

이러한 가격소비곡선이 그림에 나타나 있다.

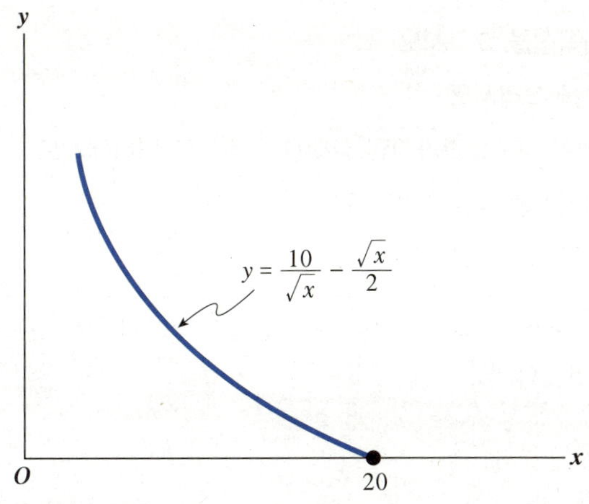

p_y의 가격소비곡선

(ii) Y재의 수요곡선

$p_y < 4\sqrt{5}$일 경우 : Y재의 수요곡선은 $y = \frac{20}{p_y} - \frac{p_y}{4}$로 나타난다.

$p_y \geq 4\sqrt{5}$일 경우 : $y = 0$이다.

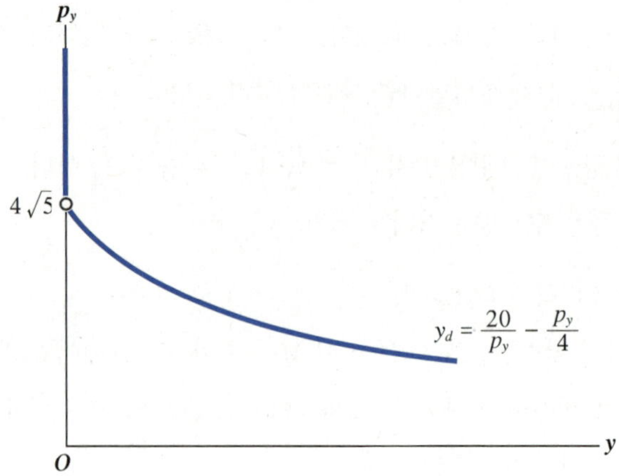

Y재의 수요곡선

1.23 수요함수, 소득소비곡선, 엥겔곡선, 가격소비곡선, 수요곡선 : 준선형 효용함수의 경우

$U = \sqrt{x} + y$일 경우

a. 각 상품 수요의 특성에 대해 직관적으로 말하시오.

b. 직관을 염두에 두고 수요함수를 구하시오.

c. 모퉁이해일 조건을 해석하시오.

d. 소득소비곡선을 그리시오.

e. 엥겔곡선을 그리시오.

f. X재에 대한 소득효과가 0인 상태를 그림으로 나타내시오.

g. 가격소비곡선의 식을 구하시오.

h. 수요곡선을 그리시오.

KEY ▶ 효용함수가 준선형일 경우에는 한계대체율이 어느 한 상품의 수요량에만 의존하기 때문에 특이한 현상이 나타난다.

풀이

a. 효용함수가 덧셈의 형태로 이루어져 있다. X재의 수요량이 적을 경우에는 X재의 한

계효용이 크다. 또한 X재의 한계효용은 체감하며 Y재의 한계효용은 1로서 일정하다. 이러한 점들을 고려할 때 소득이 0인 상태에서 출발하여 어느 수준에 이르기까지는 그 소득을 모두 X재 구입에 지출한다. 그리고 소득이 그 수준을 넘는 경우 남는 소득은 모두 Y재 구입에 지출한다. 구체적으로 말하면 1원당 X재의 한계효용이 1원당 Y재의 한계효용보다 클 경우에는 X재만 구입한다. 즉, $\frac{MU_x}{p_x} > \frac{MU_y}{p_y}$일 경우에는 X재만 구입한다(이 조건은 $MRS_{xy}\left(=\frac{MU_x}{MU_y}\right) > \frac{p_x}{p_y}$로 바꾸어 쓸 수 있으며 X재 소비로부터 얻는 한계편익이 X재 구입에 드는 한계비용보다 클 경우에는 X재만 구입하는 것으로 해석할 수 있다). 그런데 X재만 구입하는 상황은 1원당 X재의 한계효용이 1원당 Y재의 한계효용과 같아질 때까지 지속된다. 즉, $\frac{MU_x}{p_x} = \frac{MU_y}{p_y}$일 때까지 지속된다. 그러므로 모퉁이해가 될 조건은 $\frac{MU_x}{p_x} \geq \frac{MU_y}{p_y}$이다. 소득이 증가하여 X재를 그보다 더 구입할 경우에는 1원당 X재의 한계효용이 1원당 Y재의 한계효용인 1보다 작아질 것이므로 X재는 그만큼만 구입하고 나머지 소득을 모두 Y재 구입에 지출한다. 즉, $x > 0$, $y > 0$으로서 내부해를 가진다.

b. (i) 내부해일 경우

$$\underset{x,\,y}{Max}\ \ U(x,y) = x^{\frac{1}{2}} + y$$

$$s.t. \quad p_x x + p_y y = M$$

을 라그랑지함수를 이용하여 풀면 효용극대화 조건이

$$MRS_{xy} = \left(= \frac{MU_x}{MU_y}\right) = \frac{p_x}{p_y}$$

로 구해진다. 문항 a.에서 말한 직관을 적용하여 수요함수를 구하기 위해 이 식을

$$\frac{MU_x}{p_x} = \frac{MU_y}{p_y}$$

로 바꾸어 쓰자. 효용함수로부터 해당되는 값을 구하면 위 식은

$$\frac{\frac{1}{2}x^{-\frac{1}{2}}}{p_x} = \frac{1}{p_y}$$

이 된다. 이로부터 X재의 수요함수는 소득과는 독립적이며

$$x = \left(\frac{p_y}{2p_x}\right)^2$$

으로 구해진다. 이 값을 예산제약식에 대입하면 Y재의 수요함수는

$$y = \frac{M}{p_y} - \frac{p_y}{4p_x} \quad (\text{단, } y > 0\text{, 즉 } M > \frac{p_y^2}{4p_x})$$

로 구해진다.

이때 $y > 0$의 조건에서 M과 $\frac{p_y^2}{4p_x}$이 비교되어야 하는 이유를 알아보자. 그 이유는 앞서 구한 X재의 수요량 $(\frac{p_y}{2p_x})^2$을 구입하려면 소득이 $\frac{p_y^2}{4p_x}(= p_x x)$만큼 드는 것과 관계된다. 그리하여 소득이 $\frac{p_y^2}{4p_x}(= p_x x)$보다 많으면 X재를 $(\frac{p_y}{2p_x})^2$만큼만 구입하고 그 나머지는 모두 Y재 구입에 지출한다. 따라서 소득이 $\frac{p_y^2}{4p_x}$보다 많을 때에는 $\frac{p_y^2}{4p_x}$을 넘어서부터는 X재 소비에 대한 소득효과는 0이 된다. 이것은 수요함수 $x = (\frac{p_y}{2p_x})^2$에 M이 포함되어 있지 않다는 사실로부터도 알 수 있다.

한편 소득이 X재의 수요량 $(\frac{p_y}{2p_x})^2$을 구입하는 데 드는 금액인 $\frac{p_y^2}{4p_x}(= p_x x)$보다 적거나 같으면 그 소득을 모두 X재 구입에 사용한다. 이렇게 볼 때 소득이 $\frac{p_y^2}{4p_x}$보다 적거나 같다는 것은 그 소득을 모두 X재 구입에 사용해도 모자랄 만큼 적다는 것을 의미한다.

(ii) 모퉁이해일 경우($M \leq \frac{p_y^2}{4p_x}$일 경우)

이 경우 $p_x x + p_y y = M$에서 $y = 0$이므로 수요함수는

$$x = \frac{M}{p_x}$$
$$y = 0$$

이 된다.

c. $M \leq \frac{p_y^2}{4p_x}$일 경우 $y = 0$이라고 했다. 즉, 소득이 앞서 구한 X재의 수요량 $(\frac{p_y}{2p_x})^2$을 구입하는 데 드는 $\frac{p_y^2}{4p_x}(= p_x x)$조차 넘지 않을 경우 Y재는 1단위도 구입하지 않는다.

$$M \leq \frac{p_y^2}{4p_x} \tag{1}$$

의 직관적 의미를 생각해 보자. 문항 a.에서 말했듯이

$$\frac{MU_x}{p_x} > \frac{MU_y}{p_y} \tag{2}$$

일 경우에는 X재만 구입한다(이 조건은 $MRS_{xy}(= \frac{MU_x}{MU_y}) > \frac{p_x}{p_y}$로 바꾸어 쓸 수 있으며 X재 소비로부터 얻는 한계편익이 X재 구입에 드는 한계비용보다 클 경우에는 X재만 구입하는 것으로 해석할 수 있다). 그런데 사실상 X재의 한계효용이 체감하여 마침내 식 (2)가 등호로 성립할 때까지 계속 X재만 구입한다. 그러므로 모퉁이해가 될 조건은

$$\frac{MU_x}{p_x} \geq \frac{MU_y}{p_y} \tag{3}$$

이다. 그런데 $MU_x = \frac{1}{2}x^{-\frac{1}{2}}$, $MU_y = 1$이다. 이것들을 식 (3)에 대입한 다음 정리하면

$$x \leq (\frac{p_y}{2p_x})^2 \tag{4}$$

이다. 한편 $y = 0$일 경우 예산제약식은

$$p_x x = M \tag{5}$$

가 된다. 그런데 식 (4)의 양변에 p_x를 곱해 주면 $p_x x \leq \frac{p_y^2}{4p_x}$을 얻는다. 여기에 식 (5)를 적용하면 $M \leq \frac{p_y^2}{4p_x}$ (1)을 얻는다. 결국 $\frac{MU_x}{p_x} \geq \frac{MU_y}{p_y}$ (3)으로부터 식 (1)이 도출되었다. 그러므로 $M \leq \frac{p_y^2}{4p_x}$ (1)이 성립하는 이면에는 $\frac{MU_x}{p_x} \geq \frac{MU_y}{p_y}$ (3)이 성립한다는 사실이 깔려 있다.

d. 소득소비곡선은 p_x와 p_y가 주어진 상태에서 M이 변할 때 그에 상응하여 변하는 x와 y의 관계를 나타낸다. 이때 M이 x와 y의 관계를 맺어주는 매개변수 역할을 한다. 그런데 준선형 효용함수의 경우 수요함수를 관찰해 보면 M이 사실상 매개변수의 역할을 하지 못한다. 구체적으로 볼 때 본 문제에서처럼 수요함수가

(i) $M > \frac{p_y^2}{4p_x}$일 경우 : 내부해 $x = (\frac{p_y}{2p_x})^2$, $y = \frac{M}{p_y} - \frac{p_y}{4p_x}$

(ii) $M \leq \frac{p_y^2}{4p_x}$일 경우 : 모퉁이해 $x = \frac{M}{p_x}$, $y = 0$

이므로 M이 매개변수의 역할을 하지 못한다. 그래서 다른 방법으로 소득소비곡선을 찾아야 한다.

소득이 X재를 $(\frac{p_y}{2p_x})^2$만큼 구입할 수 있는 금액인 $\frac{p_y^2}{4p_x}(= p_x x)$보다 적거나 같을 경우에는 X재만 구입하고, $(\frac{p_y}{2p_x})^2$을 구입하는 데 드는 금액인 $\frac{p_y^2}{4p_x}(= p_x x)$보다 많으면 X재를 $(\frac{p_y}{2p_x})^2$만큼만 구입하고 그 나머지는 모두 Y재 구입에 지출한다. 그러므로 ICC곡선은 오른쪽 그림과 같이 그려진다.

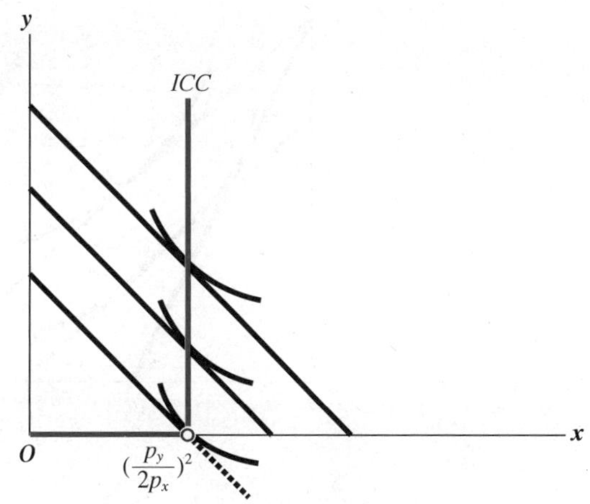

소득소비곡선

e. 엥겔곡선은 수요함수에서 p_x와 p_y가 일정하다고 가정할 때 소득이 변하는 경우 수요량이 어떻게 변하는가를 보여주는 곡선이다. 그런데 소득이 $\frac{p_y^2}{4p_x}$일 때까지는 그 소득을 모두 X재 구입에 지출하고 소득이 $\frac{p_y^2}{4p_x}$을 넘는 경우 남는 소득은 모두 Y재 구입에 지출한다. 그러므로 EC_x와 EC_y는 각각 다음과 같이 그려진다. 한편 그림에서 EC_y의 세로 절편은 Y재의 내부해인 수요함수 $y = \frac{M}{p_y} - \frac{p_y}{4p_x}$에서 p_x와 p_y가 일정하다고 가정하고 구한 EC_y, 즉 $M = p_y y + \frac{p_y^2}{4p_x}$에 나타나 있다. 한편 EC_y를 구할 때 p_x와 p_y는 일정하다고 가정하므로 절편을 나타낼 때에는 이처럼 일정하다고 가정한 변수를 사용해야 한다.

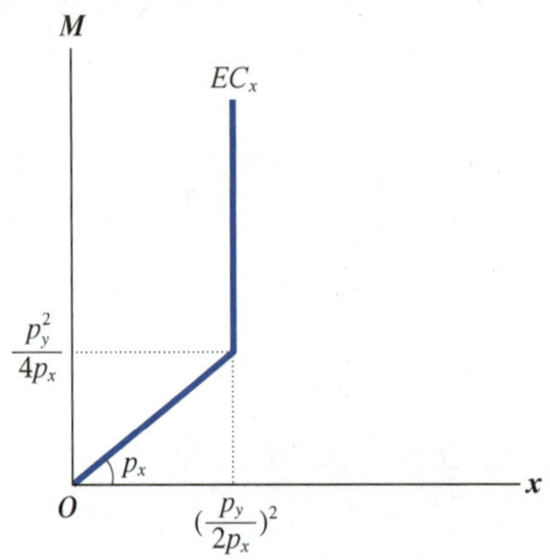

X재의 엥겔곡선

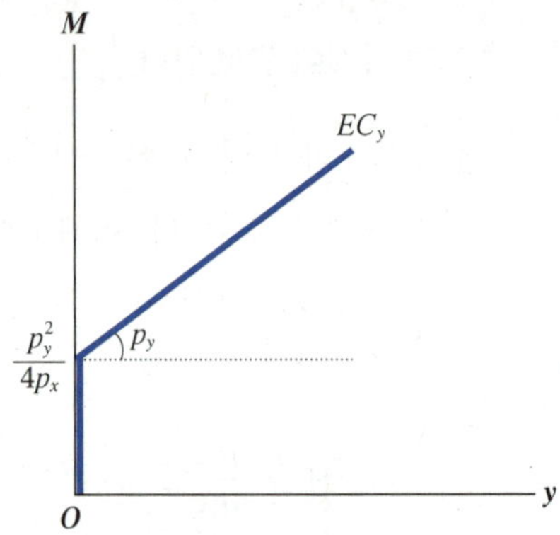

Y재의 엥겔곡선

f. $M \geq \frac{p_y^2}{4p_x}$인 상태, 즉 X재에 대한 소득효과가 0인 상태의 예시

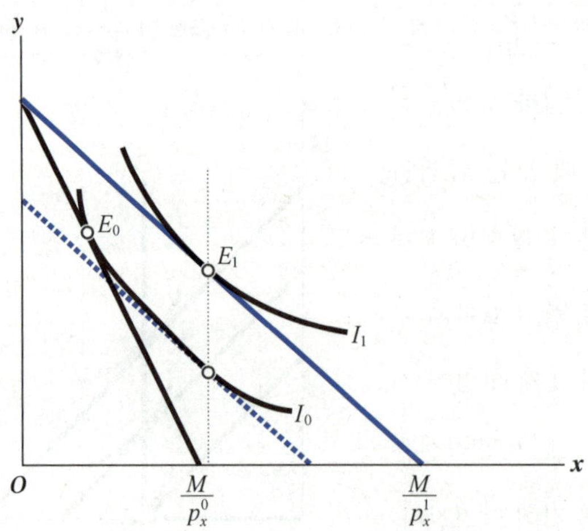

g. 가격소비곡선을 구하기 위해 수요함수를 다시 써 보자.

(i) $M > \frac{p_y^2}{4p_x}$일 경우 : 내부해 $x = (\frac{p_y}{2p_x})^2$, $y = \frac{M}{p_y} - \frac{p_y}{4p_x}$

(ii) $M \leq \frac{p_y^2}{4p_x}$일 경우 : 모퉁이해 $x = \frac{M}{p_x}$, $y = 0$

1) p_x의 가격소비곡선 PCC_x는 p_y와 M이 주어진 상태에서 p_x가 변할 때 그에 상응하여 변하는 x와 y의 관계를 나타낸다. 이때 p_x가 x와 y의 관계를 맺어주는 매개변수 역할을 한다.

(i) 내부해일 경우

두 수요함수를 연립하여 p_x를 소거한 후 x와 y의 관계식을 구하면 $y = -\frac{\sqrt{x}}{2} + \frac{M}{p_y}$을 얻는다. 이 식은 p_x가 변할 때 변화하는 x와 y의 관계를 보여주므로 p_x의 가격소비곡선이다.

(ii) 모퉁이해일 경우

y의 값은 p_x에 관계없이 항상 0이므로 p_x가 매개변수의 역할을 하지 못한다. y의 값이 항상 0이면서 p_x가 커짐에 따라 x의 값이 작아지므로 p_x의 가격소비곡선은 가로축이 된다.

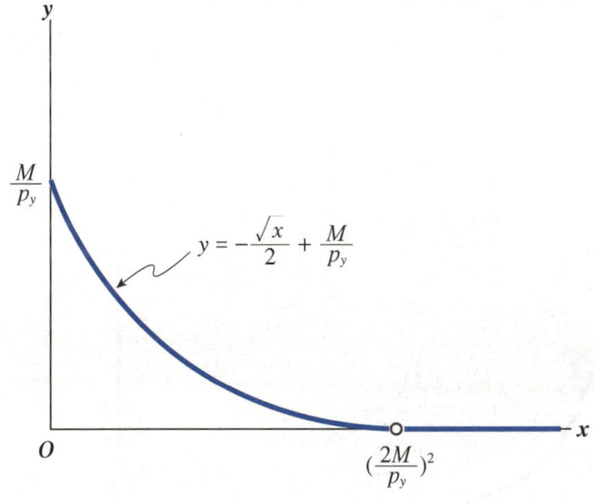

2) p_y의 가격소비곡선 PCC_y는 p_x와 M이 주어진 상태에서 p_y가 변할 때 그에 상응하여 변하는 x와 y의 관계를 나타낸다. 이때 p_y는 x와 y의 관계를 맺어주는 매개변수 역할을 한다.

(i) 내부해일 경우

두 수요함수를 연립하여 p_y를 소거한 후 x와 y의 관계식을 구하면 $y = \frac{M}{2p_x\sqrt{x}} -$

$\frac{\sqrt{x}}{2}$를 얻는다. 이 식은 p_y가 변할 때 그에 따라 변화하는 x와 y의 관계를 보여주므로 p_y의 가격소비곡선이다.

(ii) 모퉁이해일 경우

p_y가 변하더라도 x와 y의 값은 변하지 않으므로 p_y의 가격소비곡선은 점 $(\frac{M}{p_x}, 0)$으로 나타난다.

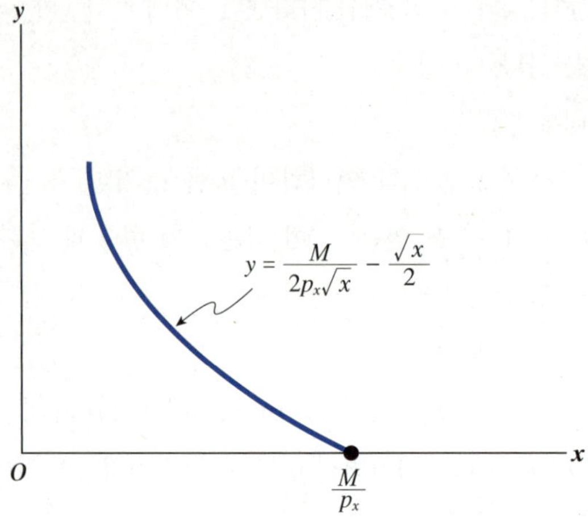

h. X재의 수요곡선은 X재의 수요함수에서 p_y와 M이 일정하다고 하고 p_x와 x의 관계를 나타낸 것이다. Y재의 수요곡선은 Y재의 수요함수에서 p_x와 M이 일정하다고 하고 p_y와 y의 관계를 나타낸 것이다. 한편 X재의 수요곡선 그림의 가로축에 표시한 값은 $p_x = \frac{p_y^2}{4M}$을 $x = \frac{M}{p_x}$에 대입하여 구한 것이다.

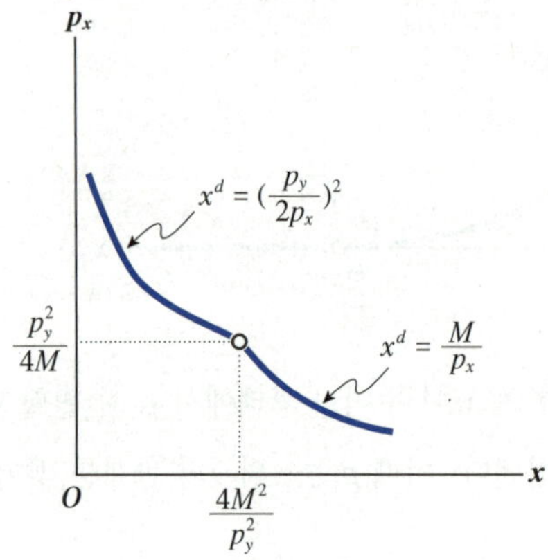

X재의 수요곡선

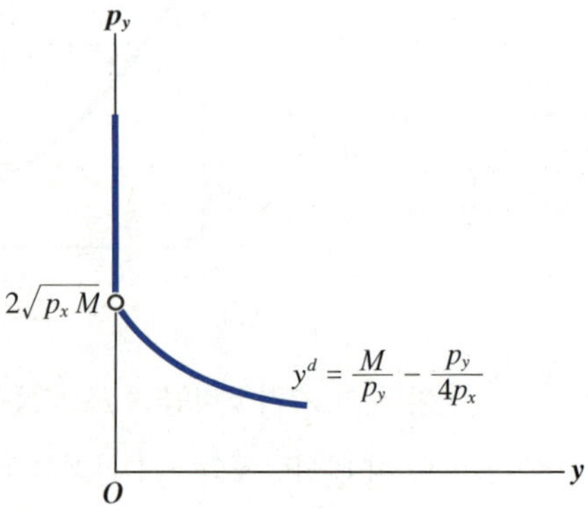

Y재의 수요곡선

1.24 수요함수, 소득소비곡선, 엥겔곡선, 가격소비곡선, 수요곡선 : $U = xy + 10x$의 경우

홍길동의 효용함수는 $U = xy + 10x$라고 한다.

a. 한계대체율을 구하고 이를 근거로 무차별곡선의 모양에 대해 말하시오.

X재의 가격은 2만원이며 재의 Y가격은 1만원이고 소득이 M일 경우

b. 수요함수를 구하시오.

c. 소득소비곡선을 구하시오.

d. 엥겔곡선을 구하시오.

X재의 가격은 p_x원이며 Y재의 가격은 p_y원이고 소득이 M일 경우

e. 수요함수를 구하시오.

f. PCC_x와 PCC_y를 구하시오.

g. 수요곡선을 그리시오.

KEY ▶ 효용함수가 $U = xy + 10x$일 경우 소득이 어느 수준에 이르기까지는 모든 소득을 X재 구입에 지출한다.

풀이

a. $xy + 10x = c$를 전미분하면

$$dU = MU_x\,dx + MU_y\,dy = (y + 10)\,dx + xdy = 0$$

이 된다. 이로부터

$$MRS_{xy} = -\frac{dy}{dx} = \frac{MU_x}{MU_y} = \frac{y + 10}{x} \tag{1}$$

으로 구해진다. 무차별곡선을 따라 X재 수량이 증가하고 Y재 수량이 감소함에 따라 위 식의 분모가 커지고 분자가 작아지므로 MRS_{xy}는 체감한다. 그러므로 무차별곡선은 원점에 대해 볼록한 부드러운 곡선이 된다.

한편 효용함수를 관찰해 볼 때 Y재를 전혀 구입하지 않고 오로지 X재만 구입하더라도 X재와 Y재를 함께 구입했을 경우들과 같은 효용을 누리는 것이 가능하다. 이것은 무차별곡선이 X축과 교차한다는 것을 말한다.

b. 이미 알고 있는 효용극대화 조건을 이용하여 풀어도 된다. 여기서는 라그랑지함수를 이용하여 풀기로 하자.

효용극대화 문제는

$$\underset{x,\,y}{Max}\ U(x, y) = xy + 10x$$
$$s.t. \quad 2x + y = M$$

이 된다.

(i) 내부해(interior solution)를 가질 경우

효용극대화 문제에 대한 라그랑지함수는

$$\underset{x,\,y,\,\lambda}{Max}\ L = xy + 10x + \lambda(M - 2x - y)$$

이다. 효용극대화의 일차필요조건은

$$\frac{\partial L}{\partial x} = y + 10 - 2\lambda = 0 \tag{2}$$

$$\frac{\partial L}{\partial y} = x - \lambda = 0 \tag{3}$$

$$\frac{\partial L}{\partial \lambda} = M - 2x - y = 0 \tag{4}$$

이다. 식 (2)와 식 (3)을 정리한 다음 대응되는 변끼리 나누어주면

$$\frac{y + 10}{x} = 2 \tag{5}$$

를 얻는다. 이것은 효용극대화 조건인

$$MRS_{xy}\left(= \frac{MU_x}{MU_y}\right) = \frac{p_x}{p_y} \tag{6}$$

에서 $MRS_{xy} = \frac{y+10}{x}$이고, $\frac{p_x}{p_y} = 2$인 경우이다. 식 (5)와 사실상 예산제약식인 식 (4)를 연립으로 풀면 $x^* = \frac{10+M}{4}$, $y^* = \frac{-10+M}{2}$을 얻는다. 이때 내부해가 되려면 Y재의 수요량도 양이 되어야 하므로 $y^* = \frac{-10+M}{2} > 0$이어야 한다. 즉, $M > 10$이 성립해야 한다. 결국 $M > 10$일 경우 각 상품의 수요함수는

$$x^* = \frac{10+M}{4},\ y^* = \frac{-10+M}{2}$$

이 된다.

(ii) 모퉁이해(corner solution)를 가질 경우

$M \leq 10$일 경우 모퉁이해를 갖는다. 이 경우에 대해 검토해 보자. $p_x = 2$이므로 $M \leq 10$일 경우 주어진 소득을 모두 X재 구입에 지출하더라도 $x \leq 5$이다. X재만 구입하는데, 즉 $y = 0$인데 $x \leq 5$일 경우 식 (1)에서 알 수 있듯이 $MRS_{xy} \geq 2$가 성립한다. 그런데 $\frac{p_x}{p_y} = 2$이다. 그러므로 $y = 0$인데 $x \leq 5$일 경우 항상

$$MRS_{xy} \geq \frac{p_x}{p_y} \tag{7}$$

가 성립한다. 이때 X재 구입으로부터 얻는 한계편익이 X재 구입의 한계기회비용

보다 크기 때문에 X재만 구입한다. 이러한 상황은 한계편익과 한계비용이 같아질 때까지 지속된다. 즉, 한계대체율이 체감하여 마침내 MRS_{xy}와 $\frac{p_x}{p_y}$가 같아질 때까지 지속된다. 결과적으로 $M \leq 10$일 경우 모든 소득을 X재 구입에 사용한다. 결국 $M \leq 10$일 경우 각 상품의 수요함수는

$$x^* = \frac{M}{p_x} = \frac{M}{2},\ y^* = 0$$

이다.

또 다른 각도에서 살펴보자. $\frac{MU_x}{p_x} = \frac{y+10}{2}$ (8), $\frac{MU_y}{p_y} = \frac{x}{1}$ (9)이다. 그런데 X재의 가격이 2만원이므로 $M \leq 10$일 경우, 즉 소득이 10만원보다 적거나 같을 경우 최대 구입 가능한 X재 수량은 5단위보다 적거나 같다. 이 때문에 $M \leq 10$일 경우 식 (8)과 식 (9)에서

$$\frac{MU_x}{p_x} \geq \frac{MU_y}{p_y}$$

가 성립한다. 소득이 10만원보다 적을 경우 X재만 구입하더라도 여전히 X재 구입으로부터 얻는 1원당 한계효용이 Y재 구입으로부터 얻는 1원당 한계효용보다 크기 때문에 X재만 구입한다. 이러한 상황은 1원당 X재의 한계효용이 1원당 Y재의 한계효용과 같아질 때까지 지속된다. 즉, $\frac{MU_x}{p_x} = \frac{MU_y}{p_y}$일 때까지 지속된다. 소득이 10을 넘어서면서부터는 두 상품을 모두 구입하기 시작한다.

c. 소득소비곡선은 p_x와 p_y가 주어진 상태에서 M이 변할 때 그에 상응하여 변하는 x와 y의 관계를 나타낸다.

(i) $M > 10$일 경우 각 상품의 수요함수는 $x^* = \frac{10+M}{4}$, $y^* = \frac{-10+M}{2}$이다. 이때 M이 x와 y의 관계를 맺어주는 매개변수 역할을 한다. 그러므로 두 수요함수를 연립으로 하여 M을 소거하면 소득소비곡선은 $y = 2x - 10$으로 구해진다.

(ii) $M \leq 10$일 경우에는 $x^* = \frac{M}{p_x} = \frac{M}{2}$, $y^* = 0$이다. 이 수요함수들을 관찰해 보면 M이 사실상 매개변수의 역할을 하지 못한다. 소득이 변하더라도 Y재의 수요량은 0이며 X재의 수요량만 변한다.

(i)과 (ii)를 종합해 볼 때 소득소비곡선의 모양은 다음과 같다.

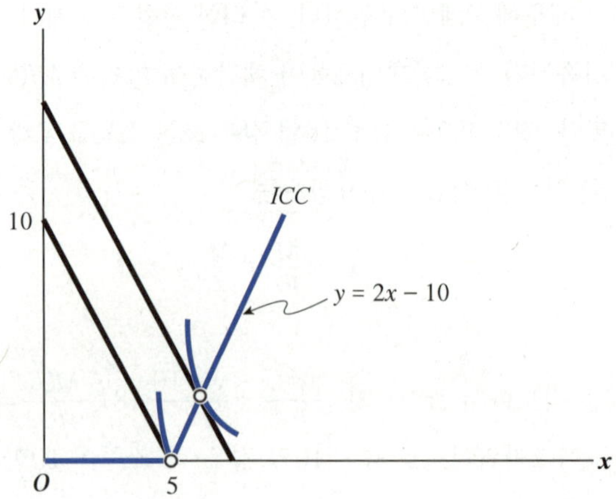

d. 엥겔곡선은 수요함수에서 p_x와 p_y가 일정하다고 가정할 때 소득이 변하는 경우 수요량이 어떻게 변하는가를 보여주는 곡선이다. 그러므로 이 경우 엥겔곡선은 각각의 수요함수로부터 다음과 같이 구해진다.

(i) X재의 엥겔곡선

$M > 10$일 경우 $x^* = \dfrac{10+M}{4}$이므로 엥겔곡선은 $M = 4x - 10$이다.

$M \leq 10$일 경우 $x^* = \dfrac{M}{p_x} = \dfrac{M}{2}$이므로 엥겔곡선은 $M = 2x$이다.

(ii) Y재의 엥겔곡선

$M > 10$일 경우 $y^* = \dfrac{-10+M}{2}$이므로 엥겔곡선은 $M = 2y + 10$이다.

$M \leq 10$일 경우 $y^* = 0$이므로 엥겔곡선은 $y = 0$이다.

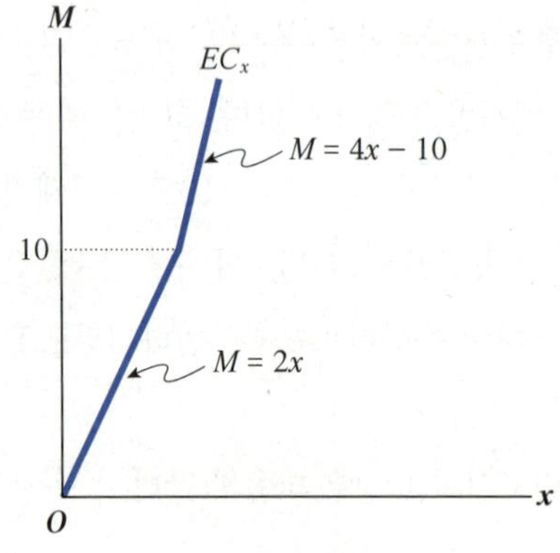

X재의 엥겔곡선

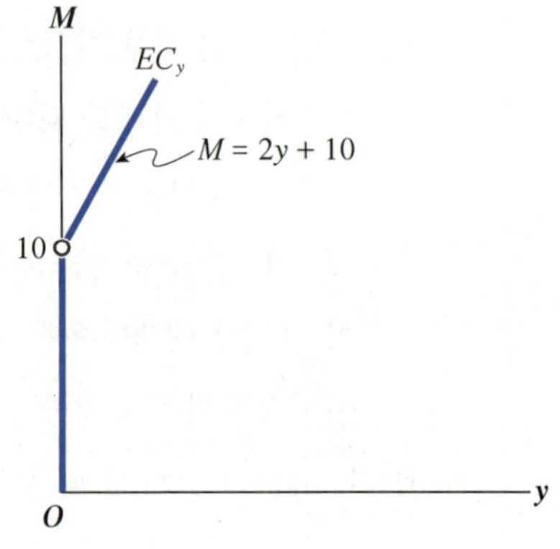

Y재의 엥겔곡선

e. 수요함수

(i) 내부해일 경우

$$\underset{x,\,y}{Max}\ U(x, y) = xy + 10x$$
$$s.t.\quad p_x x + p_y y = M$$

을 라그랑지함수를 이용하여 풀면 효용극대화 조건이

$$MRS_{xy}\left(=\frac{MU_x}{MU_y}\right) = \frac{p_x}{p_y}$$

로 구해진다. 해당되는 값을 대입하면 위 식은

$$\frac{y+10}{x} = \frac{p_x}{p_y} \tag{10}$$

가 된다. 식 (10)과 예산제약식을 연립으로 풀면 수요함수는 각각

$$x = \frac{M+10p_y}{2p_x},$$
$$y = \frac{M-10p_y}{2p_y} = \frac{M}{2p_y} - 5(\text{단}, M > 10p_y)$$

로 구해진다. 한편 내부해일 경우 수요량은 모두 양이어야 하므로 $M - 10p_y > 0$, 즉 $M > 10p_y$이어야 한다는 점에 주목하자. 두 수요함수를 관찰해 볼 때 소득이 $10p_y$보다 적거나 같으면 소득을 모두 X재 구입에 지출하며, 소득이 $10p_y$보다 많으면 $10p_y$까지는 X재 구입에 지출하고 나머지는 각 상품 구입에 $\frac{1}{2}$씩 지출한다는 것을 알 수 있다.

(ii) 모퉁이해일 경우

$M \leq 10p_y$일 경우에는 X재만 구입한다. 이 경우 수요함수는

$$x = \frac{M}{p_x}(\text{단}, M \leq 10p_y),$$
$$y = 0(\text{단}, M \leq 10p_y)$$

이 된다.

f. 가격소비곡선

(i) 내부해일 경우, 즉 $M > 10p_y$일 경우

i) p_x의 가격소비곡선 PCC_x는 p_y와 M이 주어진 상태에서 p_x가 변할 때 그에 상응하여 변하는 x와 y의 관계를 나타낸다. 이때 p_x가 x와 y의 관계를 맺어주는 매개변수 역할을 한다. 그런데 수요함수들을 관찰해 보면 p_x가 사실상 매개변수의 역할을 하지 못한다. 그래서 다른 방법으로 PCC_x를 찾아야 한다. X재의 가격이 떨어짐에 따라 X재의 수요량은 계속 증가하지만 Y재의 수요량은 $\frac{M}{2p_y} - 5$에서 변하지 않는다. 그러므로 PCC_x는 세로축의 점 $(0, \frac{M}{2p_y} - 5)$에서 X축에 평

행한 직선이 된다.

ii) p_y의 가격소비곡선 PCC_y는 p_x와 M이 주어진 상태에서 p_y가 변할 때 그에 상응하여 변하는 x와 y의 관계를 나타낸다. 이때 p_y가 x와 y의 관계를 맺어주는 매개변수 역할을 한다. 그러므로 두 수요함수를 연립으로 하여 p_y를 소거하면 PCC_y는

$$y = \frac{5M}{2p_x x - M} - 5$$

로 구해진다.

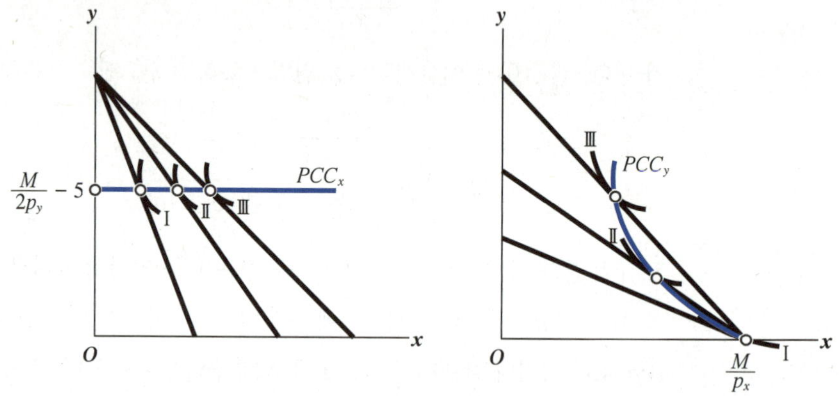

가격소비곡선

(ii) 모퉁이해일 경우, 즉 $M \leq 10p_y$일 경우

수요함수가 $x = \frac{M}{p_x}$, $y = 0$이므로 가격이 매개변수의 역할을 하지 못 한다.

i) p_x가 하락함에 따라 X재의 수요량은 계속 증가하지만 Y재의 수요량은 항상 0이다. 그러므로 PCC_x는 X축이 된다.

ii) p_y가 변하더라도 Y재의 수요량은 항상 0이며 X재의 수요량은 $\frac{M}{p_x}$에서 변하지 않는다. 그러므로 점 $(\frac{M}{p_x}, 0)$이 PCC_y가 된다.

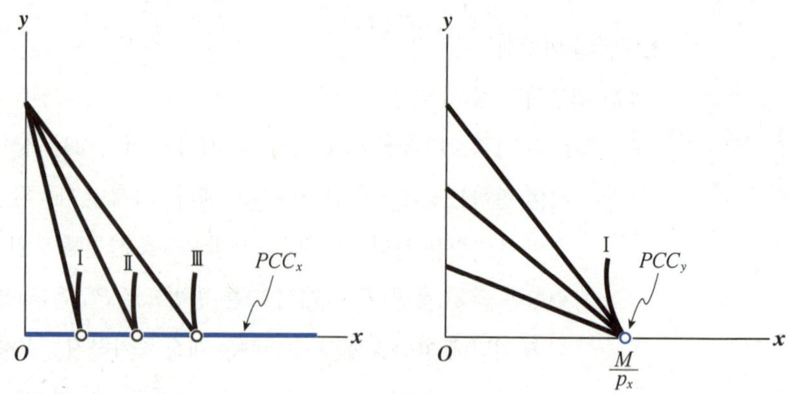

가격소비곡선

g. 수요곡선은 수요함수에서 소득과 다른 상품의 가격이 일정하다고 가정할 때 해당 상품의 가격이 변하는 경우 수요량이 어떻게 변하는가를 보여주는 곡선이다. 그러므로 이 경우 수요곡선은 각각의 수요함수로부터 다음과 같이 그려진다.

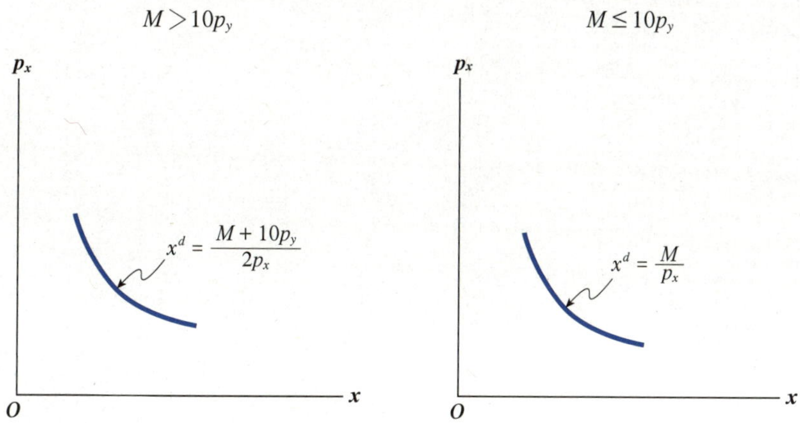

X **재의 수요곡선**

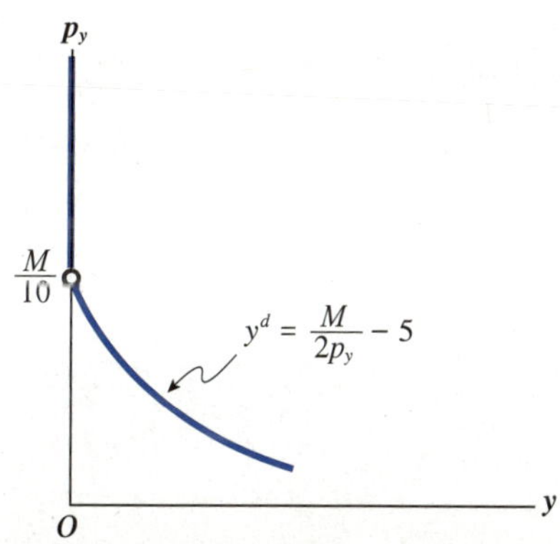

Y **재의 수요곡선**

현시선호이론 2장

2.1 현시선호의 약공리

어떤 소비자가 가격이 $(p_{x_0}, p_{y_0}) = (10, 5)$일 때 $(x_0, y_0) = (10, 5)$를 수요하고, $(p_{x_1}, p_{y_1}) = (5, 10)$일 때 $(x_1, y_1) = (5, 10)$을 수요한다고 한다. 이 소비자의 행위가 효용극대화에 부합하는가?

KEY ▶ 현시선호의 약공리가 의미하는 바를 정확히 파악하고 있어야 한다.

풀이

$P_0(10, 5), Q_0(10, 5), P_1(5, 10), Q_1(5, 10)$

$P_0 \cdot Q_0 = (10)(10) + (5)(5) = 125 > P_0 \cdot Q_1 = (10)(5) + (5)(10) = 100.$

$P_1 \cdot Q_1 = (5)(5) + (10)(10) = 125 > P_1 \cdot Q_0 = (5)(10) + (10)(5) = 100.$

표기상으로 볼 때 하첨자가 서로 일치할 때 그에 해당하는 상품묶음을 구입한 것을 나타낸다. 예를 들어 위 식에서 가격이 P_0일 경우 하첨자인 '0'이 일치하는 상품묶음 Q_0를 선택하였다는 것이다. Q_1은 비교를 위한 것이다. 이렇게 볼 때 첫 식은 P_0 하에서는 둘 중에 어느 것도 구입할 수 있었는데 Q_0를 구입한 것을 나타낸다. 즉, Q_0를 구입했을 때 예산상 이것 대신 Q_1을 구입할 수 있었는데 Q_0를 구입한 것이다. 이것은 Q_0를 Q_1보다 선호한다는 것을 말한다. 즉, $Q_0 \succ Q_1$이라는 것을 말한다.

한편 둘째 식은 P_1 하에서는 둘 중에서 어느 것도 구입할 수 있었는데 Q_1을 구입한 것을 말한다. 이것은 Q_1을 Q_0보다 선호한다는 것을 말한다. 즉, $Q_1 \succ Q_0$라는 것을 말해 준다.

종합해 보면, $Q_0 \succ Q_1$인 동시에 $Q_1 \succ Q_0$이다. 그러므로 현시선호의 약공리를 위반한다. 현시선호의 약공리는 두 상품묶음이 서로 다를 경우, Q_0가 Q_1보다 직접현시선호되었으면 Q_1은 Q_0보다 직접현시선호될 수 없다는 것이다. 따라서 이 소비자의 행위는 효용극대화에 부합하지 않는다.

2.2 현시선호이론 응용

처음에 X재를 60개 구입하고 Y재를 40개 구입하고 있었다고 하자.

X재의 가격이 200원 올라가고 Y재의 가격이 300원 떨어졌다고 하자.

a. 가격 변화 전후의 예산선을 그리시오.

b. X재의 수요량의 변화를 말하시오.

X재의 가격이 200원 올라가고 Y재의 가격이 100원 떨어졌다고 하자.

c. X재의 수요량의 변화를 말하시오.

KEY ▶ 가격이 변할 경우 예산선의 위치가 어떻게 되는가를 파악할 수 있어야 한다. 특히 현시선호이론으로는, 선택할 수 없었던 상품묶음들과 선택된 상품묶음 사이의 선호순서를 말할 수는 없다는 점에 유의해야 한다.

풀이

a. 가격이 각각 p_x, p_y일 때 (60, 40)을 구입했다고 하였다. 그러므로 주어진 소득 M의 크기는 $60p_x + 40p_y$라고 추론할 수 있다. 이때 예산선이 그림에 원래의 예산선으로 나타나 있다.

이제 X재의 가격은 $(p_x + 200)$이 되고 Y재의 가격은 $(p_y - 300)$이 되었다. 주어진 소득으로 $(p_x + 200,\ p_y - 300)$에서 (60, 40)을 구입할 수 있는가를 검토해 보자. 이를 위해 (60, 40)을 구입하려면 얼마의 소득이 필요한가를 알아보자. 그런데 $60(p_x + 200) + 40(p_y - 300) = 60p_x + 40p_y$가 성립한다. 이것은 새로운 가격에서 (60, 40)을 구입하려면 주어진 소득만큼 든다는 것을 말한다. 다시 말하면 새로운 가격체계에서도 주어진 소득으로 (60, 40)을 구입할 수 있다. 이것은 또한 (60, 40)이 새로운 예산선 상에도 놓인다는 것을 의미한다. 그러므로 새로운 예산선은 그림과 같이 그려진다.

b. X재 수요량의 변화를 살펴보자. E점은 원래의 예산집합에 속하는 다른 상품묶음들에 대해서 현시선호된 점이다. 다시 말하면 원래의 예산집합에서 E점이 아닌 다른 점을 선택할 수 있었음에도 불구하고 E점을 선택했다는 것은 다른 점들에 비해 E점을 선호한다는 것이다. 그러므로 현시선호의 약공리에 의해 α 부분은 E점에 대해 다시 현시선호될 수 없다. 이것은 새로운 가격체계에서는 이 소비자가 E점이든지 아니면 새로운 예산선 중에서 원래의 예산집합에 속하지 않았던 β 부분에 속해 있는 상품묶음을 선택할 것임을 의미한다. 이것은 결국 X재의 수요량은 변하지 않든지 아니면 감소한다는 것을 말한다.

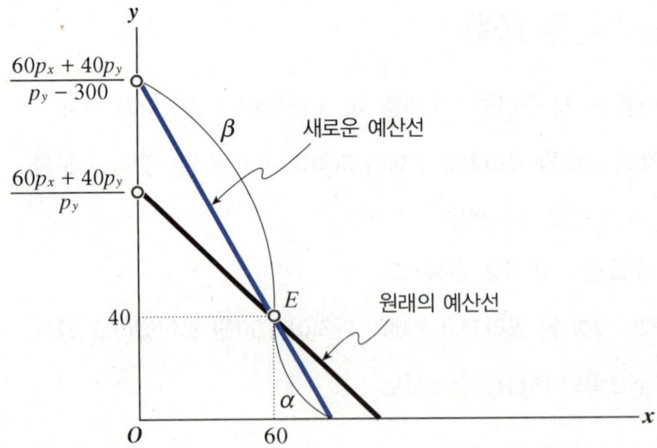

c. 상품의 가격이 $(p_x + 200,\ p_y - 100)$으로 바뀌었다. 예산선의 위치를 파악하기 위해 원래 주어진 소득 $60p_x + 40p_y$로 새로운 가격 $(p_x + 200,\ p_y - 100)$에 원래 구입했던 (60, 40)을 구입할 수 있는가를 검토해 보자. 그런데 $60(p_x + 200) + 40(p_y - 100) = 60p_x + 40p_y + 8{,}000$이다. 다시 말하면 새로운 가격에 (60, 40)을 구입하려면 원래의 소득보다 더 많은 소득이 필요하다. 바꾸어 말하면 원래 주어진 소득으로는 새로운 가격에서 (60, 40)을 구입할 수 없다는 것이다. 그러므로 새로운 예산선은 그림과 같이 E점보다 안쪽에 그려진다. 이때 E점은 γ 부분에 있는 상품묶음에 대해서 현시선호되었다. 그러나 E점은 새로운 예산집합 밖에 있으므로 새로운 가격에서는 선택할 수 없다. 따라서 새로운 가격에서 γ 부분에 있는 상품묶음을 선택하는 것은 현시선호의 약공리를 위반하지 않는다. 한편 δ 부분에 있는 상품묶음들은 원래의 예산집합에 속하지 않았으므로 원래의 가격에서는 선택할 수 없었다. 그러므로 가격 변화 후 δ 부분에 있는 상품묶음들을 선택하는 것도 현시선호의 약공리를 위반하지 않는다. 현시선호의 약

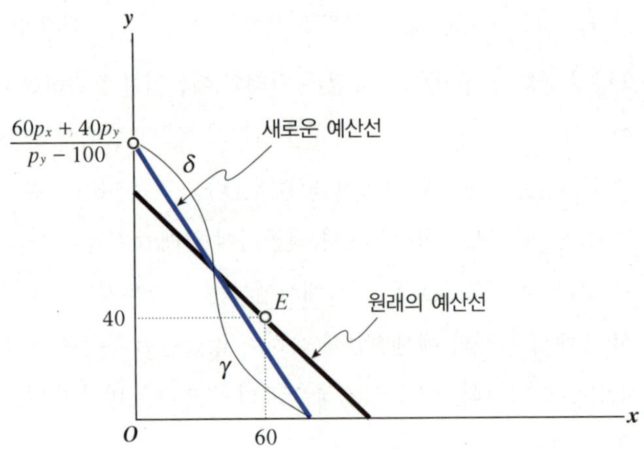

공리는 선택 가능한 상품묶음들 중에서, 선택된 것과 그렇지 않은 것들의 비교에 적용된다. 이러한 내용들을 종합해 볼 때 주어진 정보만으로는 X재 수요량의 변화를 알 수 없다.

2.3 수량지수와 후생증감 판단

사과의 가격이 10, 배의 가격이 5일 때 사과 5개와 배 10개를 구입하였고, 사과의 가격이 5, 배의 가격이 10으로 변화하였을 때 사과 10개와 배 5개를 구입했다고 한다.

a. 이 행위가 효용극대화에 부합하는가?

b. 라스파이레스 수량지수와 파셰 수량지수를 각각 구하고 후생 수준의 변화를 말하시오.

c. 가격이 변화하였을 때 사과 10개와 배 5개 대신 사과 4개와 배 15개를 구입했다고 가정하고 위 문항 a.와 b.의 질문에 답하시오.

KEY ▶ 현시선호의 약공리가 의미하는 바를 정확히 파악하고 있어야 한다.

풀이

a. $P_0(10, 5), Q_0(5, 10), P_1(5, 10), Q_1(10, 5)$

$P_0 \cdot Q_0 = (10)(5) + (5)(10) = 100 < P_0 \cdot Q_1 = (10)(10) + (5)(5) = 125.$

$P_1 \cdot Q_1 = (5)(10) + (10)(5) = 100 < P_1 \cdot Q_0 = (5)(5) + (10)(10) = 125.$

첫 식은 Q_0를 구입했을 때에는 예산상 Q_1을 구입할 수 없었다는 것을 말한다. 그러므로 이 식으로는 Q_0와 Q_1 중에서 어느 것을 선호하는지 알 수 없다. 현시선호의 약공리는 둘 중에서 어느 것도 선택 가능한 상황에서 선택했을 경우에 적용할 수 있다.

둘째 식은 Q_1을 구입했을 때에는 예산상 Q_0를 구입할 수 없었다는 것을 말한다. 그러므로 이 식으로도 둘 중에 어느 것을 선호하는지 알 수 없다.

종합하면, P_0일 때 Q_0를 구입했더라도 P_1일 때 Q_1을 구입하는 행위는 현시선호의 약공리를 위반하지 않는다. 따라서 이 소비자의 행위는 효용극대화에 부합한다.

(그림 그리는 요령)

예를 들어 원래의 예산선의 세로 절편은

$$\frac{P_0 \cdot Q_0}{p_{y_0}} = (10 \times 5 + 5 \times 10) \div 5 = 20$$

으로 구해진다. 다른 절편들도 같은 방법으로 구한다.

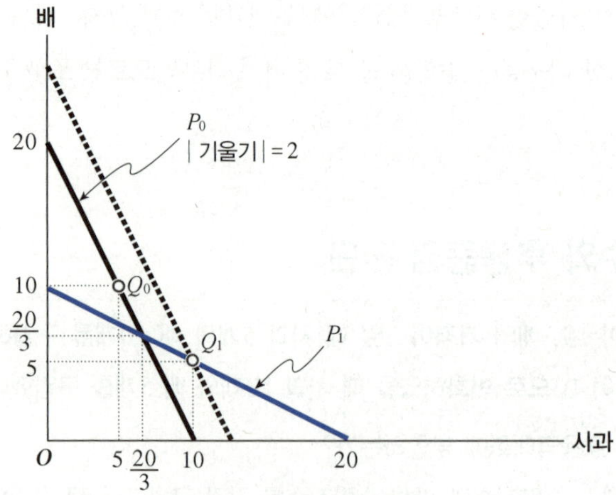

b. (i) 라스파이레스 수량지수를 구하면

$$L_q = \frac{P_0 \cdot Q_1}{P_0 \cdot Q_0} = \frac{125}{100} = 1.25 > 1$$

이 된다. 부등식의 양변에 $P_0 \cdot Q_0$를 곱하면

$$P_0 \cdot Q_1 > P_0 \cdot Q_0$$

가 된다. P_0일 때 Q_1을 구입할 수 없었으므로 Q_0와 Q_1 중에서 어느 것을 더 선호하는지 알 수 없다. 그러므로 후생의 증감을 판단할 수 없다. 현시선호의 약공리는 둘 어느 것도 선택 가능한 상황에서 선택이 이루어졌을 경우에 적용할 수 있다. 그림에서 점선은 Q_1을 P_0의 가격을 기준으로 평가하고 있음을 보여준다. 그런데 그 점선이 원래의 예산선 밖에 있다는 것은 Q_1을 P_0의 가격 하에서는 구입할 수 없다는 것을 말해 준다.

(ii) 파셰 수량지수는 $P_q = \frac{P_1 \cdot Q_1}{P_1 \cdot Q_0} = \frac{100}{125} = 0.8 < 1$이 된다. 이로부터 $P_1 \cdot Q_1 < P_1 \cdot Q_0$가 성립한다. 이것은 P_1가격 아래에서는 Q_0를 구입할 수 없다는 것을 보여준다. 그러므로 후생의 증감을 판단할 수 없다.

(iii) 최종 판단을 위해 두 지수를 함께 고려해 보더라도 $P_0 \cdot Q_1 > P_0 \cdot Q_0$이면서 $P_1 \cdot Q_1 < P_1 \cdot Q_0$이므로 후생증감을 판단할 수 없다.

c. $P_0(10, 5)$, $Q_0(5, 10)$, $P_1(5, 10)$, $Q_1(4, 15)$

$P_0 \cdot Q_0 = (10)(5) + (5)(10) = 100 < P_0 \cdot Q_1 = (10)(4) + (5)(15) = 115.$

$P_1 \cdot Q_1 = (5)(4) + (10)(15) = 170 > P_1 \cdot Q_0 = (5)(5) + (10)(10) = 125.$

Q_0를 선택했을 때에는 Q_1이 구입 불가능했다. 따라서 둘 중에서 어느 것을 선호하는지 알 수 없다. 그러므로 소득이 100에서 170으로 증가하여 Q_1이 구입가능해졌을 때 이

것을 구입하는 것은 현시선호의 약공리를 위반하지 않는다. 따라서 효용극대화에 부합한다. 한편 P_1에서는 예산상 둘 중 어느 것도 구입할 수 있었는데 Q_1을 구입했다. 현시선호의 약공리에 따르면, 이것은 소비자가 Q_1을 선호한다는 것을 말한다.

(i) 라스파이레스 수량지수를 구하면 $L_q = \frac{P_0 \cdot Q_1}{P_0 \cdot Q_0} = \frac{115}{100} = 1.15 > 1$이 된다. 즉,

$$P_0 \cdot Q_1 > P_0 \cdot Q_0$$

가 성립한다. 이것은 P_0 하에서는 Q_1을 구입할 수 없다는 것을 말한다. 그러므로 현시선호이론으로는 소비자가 둘 중에서 어느 것을 더 좋아하는지를 알 수 없다. 즉, 효용 수준을 비교할 수 없다. 그러므로 라스파이레스 수량지수로는 후생의 증감을 판단할 수 없다.

(ii) 파셰 수량지수는 $P_q = \frac{P_1 \cdot Q_1}{P_1 \cdot Q_0} = \frac{170}{125} = 1.36 > 1$이 된다. 즉

$$P_1 \cdot Q_1 > P_1 \cdot Q_0$$

가 성립한다. 이것은 P_1 하에서는 소비자가 둘 중 어느 것도 구입할 수 있었는데 Q_1을 구입했다는 것을 의미한다. 현시선호의 약공리에 따르면 이것은 소비자가 Q_0보다 Q_1을 더 선호한다는 것을 말한다. 다시 말하면 기준연도보다 비교연도의 상품묶음을 더 선호한다는 것을 말한다. 그러므로 파셰 수량지수로 판단할 경우 후생이 증가했다고 볼 수 있다. 한편 그림에서 점선은 Q_0를 P_1의 가격을 기준으로 평가하고 있음을 보여준다.

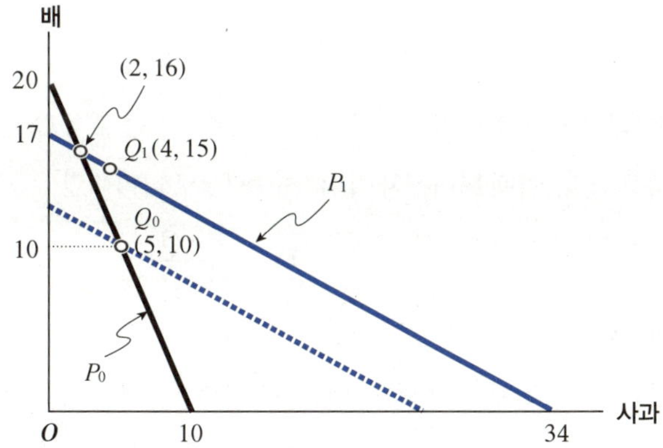

(iii) 최종 판단을 위해 두 지수를 함께 고려해 보자. $P_1 \cdot Q_1 > P_1 \cdot Q_0$이면서 $P_0 \cdot Q_1 > P_0 \cdot Q_0$이다. 그러므로 현시선호의 약공리를 만족시키며, 또한 이 소비자는 Q_1을 Q_0보다 선호하는 것으로 판단할 수 있다. 그러므로 후생이 증가한 것으로 판단할 수 있다.

2.4 완전대체재의 가격지수와 후생증감 판단

기준연도인 2000년에는 X재의 가격은 6이고 Y재의 가격은 12였다고 한다. 이때 홍길동의 소득은 48이었다고 하자. 한편 비교연도인 2001년에는 X재의 가격은 8이고 Y재의 가격은 4가 되었다고 하자. 이때에도 그의 소득은 여전히 48이라고 하자. 두 상품은 완전대체재라고 한다.

a. 실제 생계비지수를 나타내는 디비시아 가격지수(Divisia index)를 구하시오.

b. 라스파이레스 가격지수를 구하시오.

c. 파셰 가격지수를 구하시오.

d. 위의 결과들을 비교하시오.

e. 위에서 구한 각각의 지수를 이용하여 후생의 변화를 말하시오. 이때 효용함수는 모른다고 가정하기로 하자.

f. 위 문항 e.의 결과를 평가하시오.

KEY ▶ 상품 사이에 대체성이 있으므로 라스파이레스 가격지수나 파셰 가격지수는 실제 생계비 지수와 달라진다. 대체성이 있을 경우 일반적으로 라스파이레스 가격지수는 생계비 변화를 과대 평가하고 파셰 가격지수는 생계비 변화를 과소 평가하게 된다. 한편 생계비의 증감만으로는 후생의 변화를 알 수 없다. 생계비가 증가하더라도 소득이 더 많이 증가할 경우에는 후생이 증가할 수 있다.

$$6X + 12Y = 48$$
$$8X + 4Y = 48$$
$$U = X + Y$$

풀이

a. 비교연도의 가격으로 구입했을 때 기준연도에 누리는 효용과 같은 효용을 주는 상품묶음을 Q'라고 하자. 이때 디비시아 가격지수를 D_P로 나타내면

$$D_P = \frac{P_1 \cdot Q'}{P_0 \cdot Q_0}$$

로 정의된다.

이제 Q'를 구해 보자. 이를 위해 먼저 기준연도에 구입한 상품묶음에 대해서 알아보자. 두 상품이 완전대체재이므로 소비자는 둘 중에서 값이 싼 상품만 구입한다. 그러므로 그림에서도 알 수 있듯이 기준연도에는 X재만 8단위 구입한다. 이것이 그림에 $Q_0(8, 0)$으로 나타나 있다. 두 상품이 완전대체재이므로 비교연도에 이와 동일한 효용을 누리려면 X재만 8단위를 구입하든지 아니면 Y재만 8단위를 구입해야 한다. 그런데 비교연도에는 Y재의 값이 더 싸므로 Y재만 8단위 구입한다. 이때의 상품묶음이 바로 $Q'(0, 8)$이다.

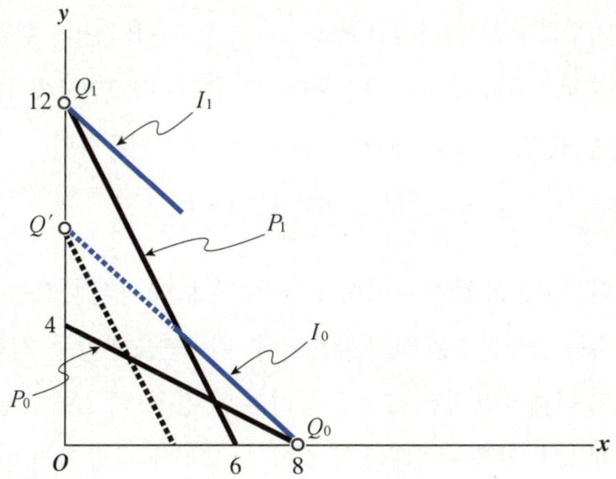

한편 $P_0(6, 12)$이고 $P_1(8, 4)$이다. 그러므로

$$D_p = \frac{P_1 \cdot Q'}{P_0 \cdot Q_0} = \frac{8 \times 0 + 4 \times 8}{6 \times 8 + 12 \times 0} = \frac{2}{3}$$

로 구해진다.

위의 결과로부터 다음과 같은 사실을 알 수 있다. 즉, 비교연도에는 기준연도 소득의 $\frac{2}{3}$인 32만 있으면 기준연도에 누리던 효용을 누릴 수 있다. 이때 원래의 소득 48과 32의 차이인 16은 보상변화이다.

b. 라스파이레스 가격지수를 L_p라고 하면 $L_p = \frac{P_1 \cdot Q_0}{P_0 \cdot Q_0}$로 정의된다. 여기에 해당되는 값을 적용하면

$$L_p = \frac{P_1 \cdot Q_0}{P_0 \cdot Q_0} = \frac{8 \times 8 + 4 \times 0}{6 \times 8 + 12 \times 0} = \frac{4}{3}$$

로 구해진다. 이때 이 값이 디비시아 가격지수보다 크게 나오는 이유는 라스파이레스 가격지수는 대체효과를 반영하지 못하기 때문이다. 즉, X재의 가격이 오르고 Y재의 가격이 떨어지면 Q_0 대신 값이 떨어진 Y재만을 구입하는 Q'를 선택함으로써 이전과 같은 효용을 누릴 수 있다. 즉, 소비에서 대체를 통해, 원래 구입했던 상품묶음을 그대로 구입할 경우에 드는 비용보다는 적은 비용으로 이전과 같은 효용을 누릴 수 있다는 것이다. 그런데 라스파이레스 가격지수는 이러한 점을 무시하고 있다. 그리하여 여전히 기준연도에 구입했던 Q_0를 기준으로 가격지수를 구하고 있다. 그리고 이때 대체가 반영되지 않아서 크게 계산된 금액이 분자에 들어가 있다. 이 점이 바로 라스파이레스 가격지수가 디비시아 가격지수보다 크게 나오는 이유이다. 즉, 생계비를 과대 평가하게 되는 이유이다.

c. 파셰 가격지수를 P_p로 나타내면 $P_p = \frac{P_1 \cdot Q_1}{P_0 \cdot Q_1}$으로 정의된다. 한편 비교연도에는 Y재의 값이 더 싸므로 Y재만 12단위 구입한다. 그러므로 비교연도에 구입한 수량은 $Q_1(0, 12)$로 나타낼 수 있다. 이 값과 해당되는 값을 위 식에 적용하면

$$P_p = \frac{P_1 \cdot Q_1}{P_0 \cdot Q_1} = \frac{8 \times 0 + 4 \times 12}{6 \times 0 + 12 \times 12} = \frac{1}{3}$$

로 구해진다. 이때 이 값이 디비시아 가격지수보다 작게 나오는 이유는 파셰 가격지수도 대체효과를 반영하지 못하기 때문이다. 비교연도에 Q_1을 선택하고 있다. 기준연도의 가격으로 이때와 똑같은 효용을 누리려 할 경우, 즉 I_1에 도달하려면 기준연도에는 값이 싼 X재 12단위를 구입해야 할 것이다. 그런데 파셰 가격지수를 구할 때에는 기준연도의 가격으로 Q_1, 즉 Y재 12단위를 구입하는 데 드는 금액을 사용하고 있다. 이 금액은 X재 12단위를 구입하는 데 드는 금액보다 더 많다. 그런데 이 더 많은 금액이 위 식의 분모에 들어간다. 그 결과 파셰 지수의 값을 실제 생계비 지수의 값보다 작게 만드는 작용을 한다.

d. 실제 생계비의 변화를 나타내는 디비시아 가격지수가 1보다 작으므로 실제 생계비는 떨어졌다는 것을 알 수 있다. 즉, 같은 효용을 누리는 데 들어가는 금액이 줄어들었으므로 실제 생계비가 떨어졌다는 것이다. 라스파이레스 가격지수는 실제 생계비 지수보다 크다. 그러므로 라스파이레스 가격지수는 생계비의 변화를 과대 평가한다는 것을 알 수 있다. 한편 라스파이레스 가격지수는 1보다 크므로 라스파이레스 가격지수로는 생계비가 증가했다고 볼 수 있다. 한편 파셰 가격지수는 실제 생계비 지수보다 작다. 그러므로 파셰 가격지수는 생계비의 변화를 과소 평가한다는 것을 알 수 있다. 또한 파셰 가격지수가 1보다 작으므로 파셰 가격지수로는 생계비가 떨어진 것으로 나타난다.

한편 완전대체재의 경우 대체효과가 최대가 되므로 각 지수에서의 편의(bias)도 가장 크게 나타난다.

e. 이제 후생의 변화를 말해 보자. 이때 물가가 올랐더라도 소득이 그보다 더 많이 증가한 경우에는 후생이 오히려 증가할 수 있다. 이 점에 착안하여 가격지수로 후생을 평가하려면 지출지수가 필요하다. 지출지수를 M이라고 하자. 그러면

$$M = \frac{P_1 \cdot Q_1}{P_0 \cdot Q_0} = \frac{48}{48} = 1$$

이다.

(i) 디비시아 가격지수를 이용하여 후생의 변화를 평가해 보자. 위에서 구한 디비시아

가격지수를 이용하면

$$D_p = \frac{P_1 \cdot Q'}{P_0 \cdot Q_0} = \frac{2}{3} < M = \frac{P_1 \cdot Q_1}{P_0 \cdot Q_0} = \frac{48}{48} = 1$$

이 성립한다. 이로부터 $P_1 \cdot Q' < P_1 \cdot Q_1$이 성립한다. 그런데 이것은 비교연도에 Q'를 구입할 수 있었음에도 불구하고 그것을 구입하지 않고 Q_1을 구입한 것을 의미한다. 현시선호의 약공리에 따르면 이것은 Q'보다 Q_1을 선호한다는 것을 의미한다. 다시 말하면 디비시아 가격지수를 이용할 경우 기준연도에 비해 비교연도에 후생이 증가했다는 것이다.

(ii) 라스파이레스 가격지수와 지출지수를 비교하면

$$L_p = \frac{P_1 \cdot Q_0}{P_0 \cdot Q_0} = \frac{4}{3} > M = \frac{P_1 \cdot Q_1}{P_0 \cdot Q_0} = \frac{48}{48} = 1$$

이다. 이로부터 $P_1 \cdot Q_0 > P_1 \cdot Q_1$을 얻는다(이때 하첨자들을 파셰 수량지수를 이용하여 얻은 결과와 비교해 보시오). 그런데 이것은 Q_1을 구입했을 때 그때 드는 금액으로는 Q_0를 구입할 수 없었다는 것을 의미한다(그림에서는 Q_0가 Q_1을 지나는 예산선 밖에 있다는 사실이 이것을 말해 준다). 그러므로 Q_0와 Q_1 중에서 어느 것을 선호하는지 판단할 수 없다. 결국 라스파이레스 가격지수를 이용할 경우 생계비는 증가한 것으로 나타났으나 후생은 증가했는지 감소했는지 판단할 수 없다.

(iii) 파셰 가격지수와 지출지수를 비교하면

$$\frac{P_1 \cdot Q_1}{P_0 \cdot Q_1} = \frac{1}{3} < M = \frac{P_1 \cdot Q_1}{P_0 \cdot Q_0} = \frac{48}{48} = 1$$

이 된다. 이로부터 $P_0 \cdot Q_1 > P_0 \cdot Q_0$를 얻는다. 그런데 이것은 Q_0를 구입했을 때 그때 드는 금액으로는 Q_1을 구입할 수 없었다는 것을 의미한다(그림에서는 Q_1이 Q_0를 지나는 예산선 밖에 있다는 사실이 이것을 말해 준다). 그러므로 Q_0와 Q_1 중에서 어느 것을 선호하는지 판단할 수 없다. 결국 파셰 가격지수로 평가할 경우 생계비는 감소한 것으로 나타났으나 후생은 증가했는지 감소했는지 판단할 수 없다.

(iv) 라스파이레스 가격지수 및 파셰 가격지수와 지출지수로부터 얻은 결과를 함께 고려해 보자. $P_1 \cdot Q_0 > P_1 \cdot Q_1$이면서 $P_0 \cdot Q_1 > P_0 \cdot Q_0$이다. 그러므로 후생증감을 판단할 수 없다.

f. 실제로는 가격변화로 인해 후생이 증가하였다. 이것은 계산과 그림을 통해서도 확인된다. 그럼에도 불구하고 라스파이레스 가격지수와 파셰 가격지수로는 후생증감을 판단할 수 없다. 이것은 라스파이레스 가격지수와 파셰 가격지수로 후생증감을 판단하는 기준은 후생변화 판단의 충분조건은 되지만 필요조건은 되지 못한다는 사실을 함축한다.

2.5 완전보완재의 가격지수와 후생증감 판단

기준연도인 1990년에는 X재의 가격은 6이고 Y재의 가격은 12였다고 한다. 이때 홍길동의 소득은 48이었다고 하자. 한편 비교연도인 2000년에는 X재의 가격은 8이고 Y재의 가격은 4가 되었다고 하자. 이때에도 그의 소득은 여전히 48이라고 하자. 두 상품은 완전보완재라고 한다.

a. 실제 생계비지수를 나타내는 디비시아 가격지수(Divisia index)를 구하시오.

b. 라스파이레스 가격지수를 구하시오.

c. 파셰 가격지수를 구하시오.

d. 위의 결과들을 비교하시오.

e. 각각의 지수를 이용하여 후생의 변화를 말하시오.

f. 위 문항 e.의 결과를 평가하시오.

KEY ▶ 완전보완재이므로 대체효과는 0이다. 따라서 이 경우에는 각 지수의 값이 모두 같아진다.

풀이

기준연도와 비교연도의 가격벡터를 각각 $P_0(6, 12)$와 $P_1(8, 4)$로 나타내자.

a. 기준연도에 구입한 수량을 Q_0라고 하자. 이때 Q_0는 그림에서 P_0로 나타난 예산선과 무차별곡선 I_0가 접하는 점이다. 한편 완전보완재이므로 이 점에서는

$$x = y \tag{1}$$

가 성립한다. 한편 기준연도의 예산선은

$$6x + 12y = 48 \tag{2}$$

이다. (1)과 (2)로부터 $x^* = y^* = \frac{8}{3}$로 구해진다. 그러므로 $Q_0\left(\frac{8}{3}, \frac{8}{3}\right)$로 나타낼 수 있

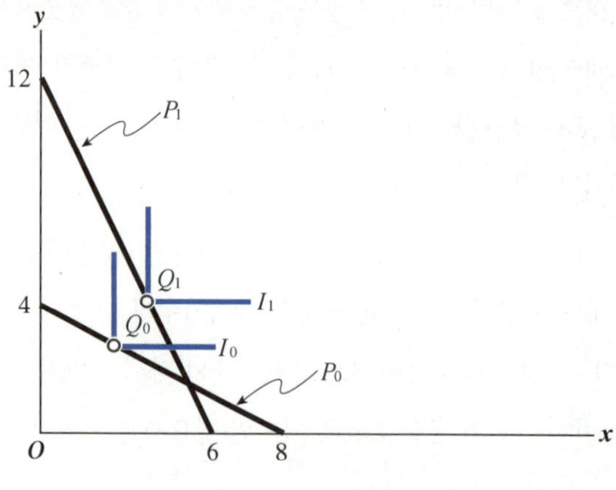

다. 이때 얻는 효용은 무차별곡선 I_0로 나타난다.

디비시아 가격지수를 구하려면 비교연도에도 기준연도에 누리던 효용과 같은 효용을 누리게 하는 상품묶음을 알아야 한다. 이 상품묶음을 Q'라고 하자. 그런데 이 문제의 경우 완전보완재이므로 상대가격이 변하더라도 대체가 일어나지 않는다. 그러므로 비교연도에도 기준연도와 같은 효용을 누리려면 여전히 Q_0를 구입해야 한다. 즉, Q'와 Q_0는 같아야 한다는 것이다. 그러므로 $Q'\left(\frac{8}{3}, \frac{8}{3}\right)$로 나타낼 수 있다. 이제 디비시아 가격지수의 정의식에 해당되는 값들을 대입하면

$$D_p = \frac{P_1 \cdot Q'}{P_0 \cdot Q_0} = \frac{8 \times \frac{8}{3} + 4 \times \frac{8}{3}}{6 \times \frac{8}{3} + 12 \times \frac{8}{3}} = \frac{2}{3}$$

로 구해진다.

b. 라스파이레스 가격지수를 L_p로 나타내면 $L_p = \frac{P_1 \cdot Q_0}{P_0 \cdot Q_0}$로 정의된다. 여기에 해당되는 값을 적용하면

$$L_p = \frac{P_1 \cdot Q_0}{P_0 \cdot Q_0} = \frac{8 \times \frac{8}{3} + 4 \times \frac{8}{3}}{6 \times \frac{8}{3} + 12 \times \frac{8}{3}} = \frac{2}{3}$$

로 구해진다.

c. 파셰 가격지수를 P_p로 나타내면 $P_p = \frac{P_1 \cdot Q_1}{P_0 \cdot Q_1}$으로 정의된다. 여기서 Q_1은 비교연도에 구입한 수량을 나타낸다. 그런데 Q_1은 그림에서 보듯이 P_1으로 나타난 비교연도의 예산선과 I_1이 접하는 점이다. 또한 이 점은 X재의 소비량과 Y재의 소비량이 같아지는 점이다. 즉,

$$x = y \tag{3}$$

가 성립하는 점이다. 한편 비교연도의 예산선의 식은

$$8x + 4y = 48 \tag{4}$$

로 구해진다. (3)과 (4)로부터 $x^{**} = y^{**} = 4$로 구해진다. 그러므로 $Q_1(4, 4)$로 나타낼 수 있다. 이제 해당되는 값들을 위 식에 대입하면

$$P_p = \frac{P_1 \cdot Q_1}{P_0 \cdot Q_1} = \frac{8 \times 4 + 4 \times 4}{6 \times 4 + 12 \times 4} = \frac{2}{3}$$

로 구해진다.

d. 상대가격이 변화하더라도 상품 소비에서 대체가 일어나지 않으므로 각 지수의 값은 같아진다. 한편 지수의 값이 1보다 작으므로 기준연도에 비해 비교연도에는 생계비가

줄어들었다고 할 수 있다.

e. 이제 후생의 변화를 말해 보자. 이때 물가가 올랐더라도 소득이 그보다 더 많이 증가한 경우에는 후생이 오히려 증가할 수 있다. 이 점에 착안하여 가격지수로 후생을 평가하려면 지출지수가 필요하다. 지출지수를 M이라고 하자. 그러면

$$M = \frac{P_1 \cdot Q_1}{P_0 \cdot Q_0} = \frac{48}{48} = 1$$

이다.

(i) 디비시아 가격지수를 이용하여 후생의 변화를 평가해 보자. 위에서 구한 디비시아 가격지수를 이용하면

$$D_p = \frac{P_1 \cdot Q'}{P_0 \cdot Q_0} = \frac{2}{3} < M = \frac{P_1 \cdot Q_1}{P_0 \cdot Q_0} = \frac{48}{48} = 1$$

이 성립한다. 이로부터 $P_1 \cdot Q' < P_1 \cdot Q_1$이 성립한다. 그런데 이것은 비교연도에 Q'를 구입할 수 있었음에도 불구하고 그것을 구입하지 않고 Q_1을 구입한 것을 의미한다. 현시선호의 약공리에 따르면 이것은 Q'보다 Q_1을 선호한다는 것을 의미한다. 다시 말하면 디비시아 가격지수를 이용할 경우 기준연도에 비해 비교연도에 후생이 증가했다는 것이다.

(ii) 라스파이레스 가격지수와 지출지수를 비교하면

$$L_p = \frac{P_1 \cdot Q_0}{P_0 \cdot Q_0} = \frac{2}{3} < M = \frac{P_1 \cdot Q_1}{P_0 \cdot Q_0} = \frac{48}{48} = 1$$

이다. 이로부터 $P_1 \cdot Q_0 < P_1 \cdot Q_1$을 얻는다. 앞서와 같은 논리로 Q_0보다 Q_1을 선호한다는 것을 의미한다. 다시 말하면 라스파이레스 가격지수를 이용할 경우 기준연도에 비해 비교연도에 후생이 증가했다는 것이다.

(iii) 파셰 가격지수와 지출지수를 비교하면

$$\frac{P_1 \cdot Q_1}{P_0 \cdot Q_1} = \frac{2}{3} < M = \frac{P_1 \cdot Q_1}{P_0 \cdot Q_0} = \frac{48}{48} = 1$$

이 된다. 이로부터 $P_0 \cdot Q_1 > P_0 \cdot Q_0$를 얻는다. 그런데 이것은 Q_0를 구입했을 때 그때 드는 금액으로는 Q_1을 구입할 수 없었다는 것을 의미한다. 그러므로 Q_0와 Q_1 중에서 어느 것을 선호하는지 판단할 수 없다. 결국 파셰 가격지수로 평가할 때 생계비는 감소한 것으로 나타났으나 후생은 증가했는지 감소했는지 판단할 수 없다.

(iv) 라스파이레스 가격지수 및 파셰 가격지수와 지출지수로부터 얻은 결과를 함께 고려해 보자. $P_1 \cdot Q_1 > P_1 \cdot Q_0$이면서 $P_0 \cdot Q_1 > P_0 \cdot Q_0$이다. 그러므로 후생이 증가하였다.

f. 후생이 증가했다. 이것은 계산과 그림을 통해서도 확인된다. 그럼에도 불구하고 파셰 가격지수로는 후생증감을 판단할 수 없다. 이것은 가격지수로 후생증감을 판단하는 기준은 후생변화 판단의 충분조건은 되지만 필요조건은 되지 못한다는 사실을 함축한다.

2.6 가격지수와 생계비 평가

인플레이션 상황에서 생계비를 측정하려고 한다.

a. 라스파이레스 가격지수로 생계비를 측정할 경우 생계비가 과대 평가되는가 아니면 과소 평가되는가? 그 이유는 무엇인가?

b. 파셰 가격지수로 생계비를 측정할 경우 생계비가 과대 평가되는가 아니면 과소 평가되는가? 그 이유는 무엇인가?

c. 라스파이레스 가격지수 또는 파셰 가격지수로 생계비를 평가하더라도 정확한 생계비 지수와 크게 차이가 나지 않는 경우는 어떤 경우인가?

KEY ▶ 가격지수는 대체효과를 반영하지 못하기 때문에 생계비의 변화를 정확하게 측정하지 못한다.

풀이

a. 기준연도의 가격벡터와 수량벡터를 각각 P_0, Q_0라고 하자. 그리고 비교연도의 가격벡터와 수량벡터를 각각 P_1, Q_1이라고 하자. 그러면 라스파이레스 가격지수는

$$L_p = \frac{P_1 \cdot Q_0}{P_0 \cdot Q_0}$$

로 구해진다. 이때 분자는 기준연도의 수량을 비교연도의 가격에 구입하는 데 드는 금액을 나타낸다. 분모는 기준연도의 수량을 기준연도의 가격에 구입하는 데 드는 금액을 나타낸다.

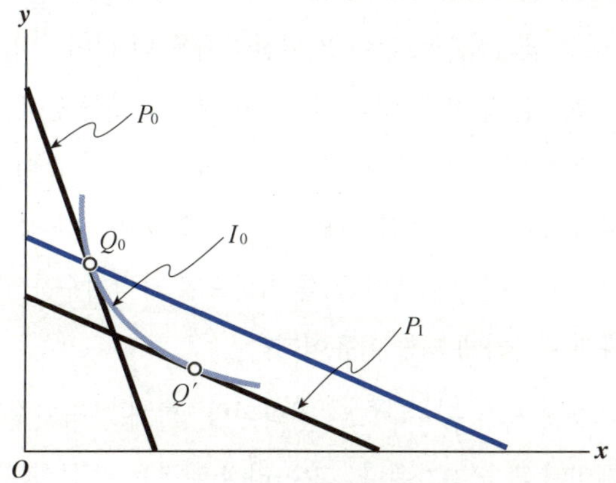

그림에서 볼 때 P_0로 표시된 예산선은 기준연도의 예산선이다(앞으로 예산선의 이름은 그에 대응하는 가격벡터로 표기하기로 한다). 기준연도의 수량 Q_0를 기준연도의 가격으로 구입하는 데 드는 금액이 이 예산선에 반영되어 있다. 또한 그 금액은 위 식의 분모에 나타나 있다. 이때 얻는 효용은 무차별곡선 I_0로 나타나 있다.

한편 비교연도의 가격으로 I_0에 도달하는 데 드는 금액은 무차별곡선 I_0에 접하면서 P_1으로 표시된 예산선에 반영되어 있다. 한편 예산선이 이렇게 주어지면 소비자는 Q'를 택하며 기준연도와 똑같은 효용을 누린다. 바꾸어 말하면 기준연도와 똑같은 효용을 누리려면 Q'를 구입하는 데 드는 금액만 있으면 된다. 그런데 라스파이레스 가격지수는 Q_0를 비교연도의 가격으로 구입하는 데 드는 금액을 사용하여 구하게 된다. 이때 드는 금액은 Q_0를 지나면서 P_1에 평행하게 그려진 파란색 예산선에 반영되어 있다. 그런데 이 예산선은 P_1으로 표시된 예산선보다 원점에서 더 멀리 떨어져 있다. 이것은 비교연도의 가격으로 Q_0를 구입하려면 Q'를 구입할 때보다 더 많은 금액이 든다는 것을 말한다. 그리고 이때 드는 금액은 바로 위 식에서 분자로 나타나 있다.

이러한 내용에 주목하면 라스파이레스 가격지수는 생계비를 과대 평가하고 있다는 것을 말할 수 있다. 즉, 기준연도와 동일한 효용을 얻는 데 드는 금액은 P_1으로 나타난 예산선에 반영되어 있다. 그런데 라스파이레스 가격지수는 그보다 더 많은 금액을 나타내는 파란색 예산선을 사용하여 구해진다. 또한 이 금액은 위 식에서 분자에 나타난다. 분자에 더 큰 값이 들어가므로 그 결과로 나타나는 라스파이레스 가격지수의 값은 정확한 생계비를 반영하는 값보다 커지게 된다. 이것이 바로 라스파이레스 가격지수는 생계비를 과대 평가한다는 것을 말해 준다.

그렇다면 라스파이레스 가격지수가 생계비를 과대 평가하게 되는 이유는 무엇일까? 그 이유는 바로 라스파이레스 가격지수는 대체효과를 반영하지 못하기 때문이다. 이에 대해 구체적으로 살펴보자. 그림에서 보듯이 인플레이션으로 인해 상대가격이 변하면 Q_0 대신 상대적으로 값이 떨어진 X재를 더 많이 구입하는 Q'를 선택함으로써 이전과 같은 효용을 누릴 수 있다. 즉, 소비에서 대체를 통해, 원래 구입했던 상품묶음을 그대로 구입할 경우에 드는 비용보다는 적은 비용으로 이전과 같은 효용을 누릴 수 있다는 것이다. 그런데 라스파이레스 가격지수는 이러한 점을 무시하고 있다. 그리하여 여전히 기준연도에 구입했던 Q_0를 기준으로 가격지수를 구하고 있다. 이 점이 바로 생계비를 과대 평가하게 되는 이유이다.

b. 파셰 가격지수는 $P_p = \dfrac{P_1 \cdot Q_1}{P_0 \cdot Q_1}$으로 정의된다. 파셰 가격지수를 사용하여 생계비를 평가하면 생계비가 과소 평가된다. 그 논리적 배경은 위 문항과 같다. 다만 한 가지 다른

점은 똑같은 효용을 누리는 데 드는 금액보다 더 많은 금액이 분자가 아니라 분모에 들어간다는 것이다. 그리하여 파셰 지수의 값을 실제 생계비지수의 값보다 작게 만든다는 것이다.

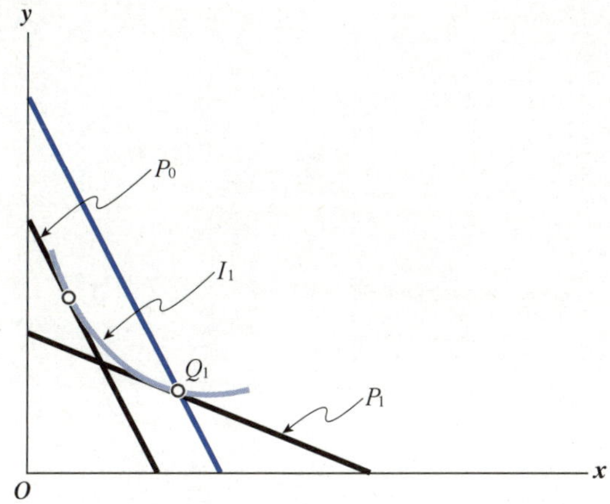

그림을 이용하여 구체적으로 알아보자. 비교연도에 Q_1을 선택하고 있다. 이때 드는 금액은 P_1으로 표시된 예산선에 반영되어 있다. 이 경우 누리는 효용은 무차별곡선 I_1으로 나타나 있다. 기준연도의 가격으로 이와 똑같은 효용을 누리려면, 즉 I_1에 도달하려면 P_0로 나타난 예산선에 해당하는 금액이 필요하다. 그런데 파셰 가격지수를 구할 때에는 기준연도의 가격으로 Q_1을 구입하는 데 드는 금액을 사용하고 있다. 즉, 파란색 예산선이 나타내는 금액을 사용하고 있다. 그런데 이 예산선은 P_0로 표시된 예산선보다 원점에서 더 멀리 떨어져 있다. 그러므로 이때의 금액은 P_0의 예산선에 해당하는 금액보다 더 많다. 그런데 이 더 많은 금액이 위 식의 분모에 들어간다. 그 결과 파셰 지수의 값을 실제 생계비 지수의 값보다 작게 만드는 작용을 한다.

c. 물가가 오르더라도 상대가격이 크게 변화하지 않는 경우와 상대가격이 변하더라도 소비자들이 상품을 대체하여 소비하지 않는 경우에는 라스파이레스 가격지수와 파셰 가격지수가 실제 생계비지수와 크게 차이가 나지 않는다. 극단적으로 모든 상품의 가격이 같은 비율만큼 오르거나 또는 모든 상품이 완전보완재일 경우에는 라스파이레스 가격지수와 파셰 가격지수는 실제 생계비지수와 같아진다.

3장

대체효과, 소득효과, 소비자잉여—직관적 분석

3.1 대체효과와 소득효과

3.2 대체효과, 소득효과, 슬러츠키방정식

3.3 준선형 선호의 수요곡선의 모양, 동조적 선호의 엥겔곡선과 수요곡선의 모양

3.4 한계소득세율이 0일 경우에 대한 분석

3.5 대체효과, 소득효과

3.6 소득보상과 후생변화

3.7 정률보조금과 정액보조금

3.8 상품세와 소득세 : 완전보완재의 경우

3.9 슬러츠키보상

3.10 등가변화(equivalent variation)

3.11 조세의 초과부담(비효율)

3.12 보조금의 비효율

3.13 가격 왜곡의 비효율

3.14 조세환불 시의 비효율

3.15 보상변화 응용

3.1 대체효과와 소득효과

저소득자가 식료품을 소비하는 데 1원 대 1원 기준으로 대응시켜 보조금을 지급하되, 보조금의 최고한도는 정해져 있다고 하자.

a. 보조금을 최고한도까지 받지 않았을 경우 그 효과는 어떠한가?

b. 보조금을 최고한도까지 받았을 경우 그 효과는 어떠한가?

풀이

a. (그림의 점 a 참조). 소득효과와 대체효과에 의해 식료품 소비가 증가한다. 상대가격이 변하여 비효율이 발생한다.

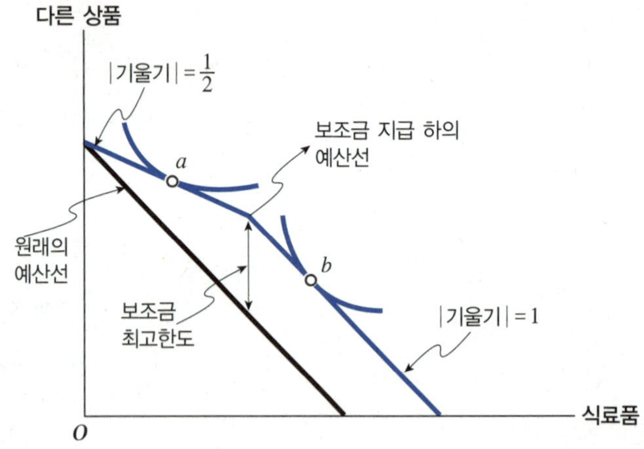

b. (그림의 점 b 참조). 소득효과만 발생한다. 상대가격이 변하지 않으므로 비효율이 발생하지 않는다.

3.2 대체효과, 소득효과, 슬러츠키방정식

배와 사과의 가격이 각각 1,000원이라고 하자. 어떤 소비자가 한 달 동안 40,000원을 사과와 배의 소비에 지출한다고 한다. 이러한 상태에서 처음 사과와 배를 20개씩 소비하고 있다고 하자.

a. 예산선을 그리고 최초의 선택점을 나타내시오.

이제 배의 가격이 500원으로 떨어진다고 하자.

b. 이 경우 배를 36개 구입한다고 하자. 이 상태를 그림에 나타내시오.

c. 원래 구입했던 상품묶음 (20, 20)을 구입하려면 얼마가 들겠는가? 처음에 비해 얼마가

줄어들었는가?

d. 위 문항에서처럼 줄어든 금액만큼을 이 소비자로부터 빼앗는다고 하자. 즉, 원래의 상품묶음을 소비할 수 있도록 소득을 조정해 준다는 의미이다. 이 경우 이 소비자가 배를 30개 소비한다고 하자. 이것을 그림에 나타내시오.

e. 배를 기준으로 하여 대체효과와 소득효과를 말하시오.

f. 슬러츠키방정식은 $\frac{\uparrow \Delta x}{\downarrow \Delta p_x} = \frac{\uparrow \Delta x^s}{\downarrow \Delta p_x} - x\frac{\Delta x^M \uparrow}{\Delta M \uparrow}$이다. 여기에 해당되는 값들을 각각 대입하여 이 방정식이 성립하는가를 검토해 보시오.

g. 이때 위 방정식에서 X재 수요량과 X재의 가격 변화 그리고 그때 지출액의 변화의 관계를 말하시오.

h. X재의 가격이 아주 조금 변할 때에는 힉스 대체효과와 슬러츠키대체효과가 같다. 이 점과 관련하여 위 그림에서 10,000원의 의미를 해석해 보시오.

KEY ▶ 대체효과와 소득효과 그리고 슬러츠키방정식에 대해서 정확하게 이해하고 있는가를 묻는 문제이다.

풀이

a, b. 그림을 참고하시오.

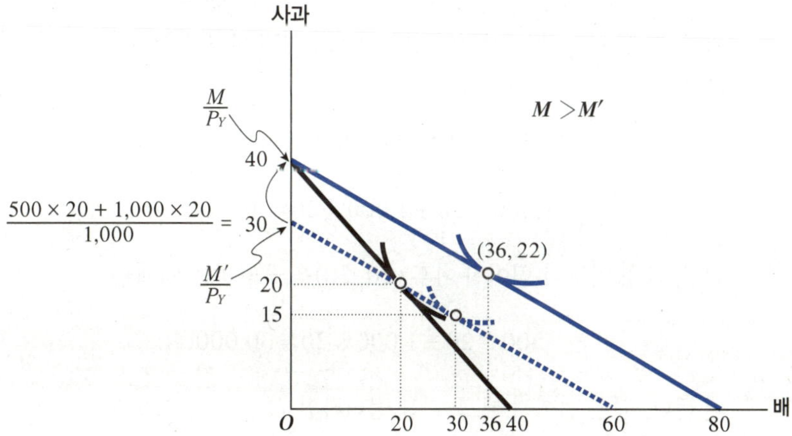

c. $500 \times 20 + 1{,}000 \times 20 = 30{,}000$(원), 그러므로 10,000원이 줄어든다.

d. 그림을 참고하시오.

e. 대체효과 $= 30 - 20 = 10$(개), 소득효과 $= 36 - 20 - 10 = 6$(개).

f. $\Delta p_x = -500$, $\Delta M = 10{,}000$, $\Delta x = 16$, $\Delta x^s = 10$, $\Delta x^M = 6$

$$\frac{36-20}{500-1{,}000} = \frac{30-20}{500-1{,}000} - 20\frac{36-30}{40{,}000-30{,}000}$$

위 슬러츠키방정식에서 소득효과 앞에 −20이 곱해진 이유를 살펴보자. 그 이유는 가격이 500원 떨어지면 10,000원의 실질소득이 증가하므로 $\frac{10,000}{-500}=-20$이 성립하기 때문이다. 즉, 가격이 떨어지면 실질소득이 $-\Delta p_x x$만큼 증가하여 $\Delta M=-\Delta p_x x$가 성립하는데 이로부터

$$\frac{\Delta M}{\Delta p_x}=-x \tag{1}$$

가 성립하기 때문이다. 현재 주어진 수치를 식 (1)에 대입해 보면 $\frac{40,000-30,000}{500-1,000}=-20$이라는 것이다. 여기서 20은 가격이 하락하기 이전 원래의 구입량이다.

g. X재의 원래 수요량$(=20)=\frac{\text{지출액의 변화}}{X\text{재의 가격변화}}=\frac{40,000-30,000}{1,000-500}$이 성립한다.

이로부터 X재의 원래 수요량이 많을수록 가격이 변화할 때 실질소득이 크게 변화하며 그로 인해 소득효과가 크게 나타날 것임을 알 수 있다.

h. X재의 가격이 떨어질 경우 원래 누리던 효용을 누리려고 할 때 드는 금액은 줄어든다. 그림에 나타나 있지는 않지만 이때 줄어든 금액이 11,000원이라고 하자. X재의 가격이 조금 떨어졌다면 이 금액은 10,000원에 아주 가까운 금액이 되었을 것이다. 아무튼 이때 11,000원이 바로 보상변화에 해당한다. 즉, 가격이 변화하였을 때 원래 누리던 효용을 누리려면 얼마를 보상해 주어야 하는가라는 질문에 대한 답이 되는 금액인 것이다. 한편 이 문제는 가격이 떨어진 경우이기 때문에 보상은 소득을 보태주는 것이 아니라 덜어내 주는 형태로 이루어진다.

이제 수식을 통해 살펴보자. 원래의 가격에서 (20, 20)을 구입하는 데 드는 금액은

$$1,000\times 20+1,000\times 20=40,000(\text{원})$$

이다. 배의 가격이 떨어진 이후 (20, 20)을 구입하는 데에는

$$500\times 20+1,000\times 20=30,000(\text{원})$$

이 든다. 같은 변끼리 빼 준 다음 정리하면

$$(1,000-500)\times 20=10,000(\text{원})$$

이 된다. 일반형으로 표시하면 $(p_x-p_x')\times x=M-M'$가 된다. 가격이 떨어질 경우 구매력이 늘어난다는 점을 반영하여 부호와 함께 표시하면, 이것은 $\Delta p_x x=-\Delta M$이 된다.

3.3 준선형 선호의 수요곡선의 모양, 동조적 선호의 엥겔곡선과 수요곡선의 모양

소비자의 선호와 관련하여 다음 질문에 답하시오.

a. 소비자의 선호가 준선형일 경우, 즉 $U(x, y) = V(x) + y$일 경우 X재의 가격과 수요량은 반드시 반대 방향으로 움직인다는 것을 보이시오.

b. 소비자의 선호가 동조적일 경우 엥겔곡선은 직선이 된다는 것을 보이시오.

c. 소비자의 선호가 동조적일 경우 가격과 수요량은 반드시 반대 방향으로 움직인다는 것을 보이시오.

KEY ▶ Y재에 대한 준선형 선호의 경우에는 X재에 대한 소득효과가 0이고 동조적 선호의 경우에는 수요량이 소득과 비례적으로 증가한다.

풀이

a. 이 경우 무차별곡선들은 수직으로 볼 때 서로 수평으로 그려진다.

준선형 선호

A, B, C에서는 MRS가 모두 같다.

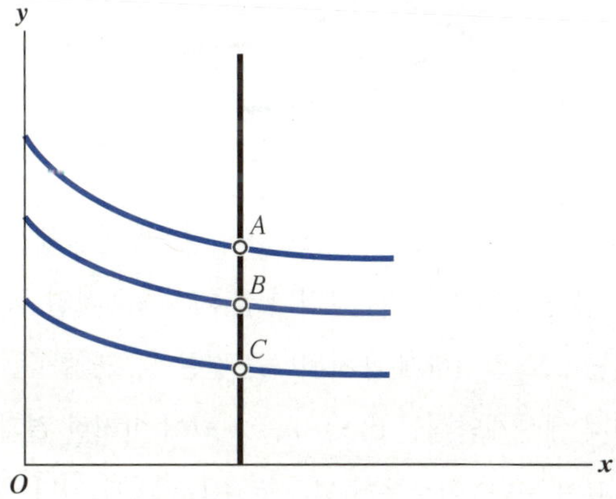

이것은 또한 X재에 대한 소득효과가 0이라는 사실을 함축하고 있다. 이러한 사실을 슬러츠키방정식에 적용해 보자. 슬러츠키방정식은

$$\frac{\Delta x}{\Delta p_x} = \frac{\Delta x^s}{\Delta p_x} - x\frac{\Delta x^M}{\Delta M}$$

이다. 여기서 소득효과를 나타내는 $x\frac{\Delta x^M}{\Delta M}$이 0이므로 위 식은 $\frac{\Delta x}{\Delta p_x} = \frac{\Delta x^s}{\Delta p_x}$가 된다. 즉, 가격이 변할 경우 수요량에 영향을 주는 것은 오로지 대체효과뿐이다. 그런데 대체효과의 경우 가격과 수요량이 서로 반대 방향으로 움직인다. 결과적으로 볼 때 선호가 Y재에 대해 준선형이어서 X재에 대한 소득효과가 없을 경우 가격과 수요량은 반드시 서로

반대 방향으로 움직인다.

b. 엥겔곡선은 소득이 증가할 때 수요량이 어떻게 변화하는가를 보여주고 있다. 그러므로 소득이 변화할 경우에 대해서 생각해 보자. 소득이 변하더라도 가격비율은 변하지 않는다. 그런데 소비자의 최적선택조건은 가격비율과 한계대체율이 같아지는 것이다. 한편 가격 비율이 변하지 않으므로 최적선택점들에서는 한계대체율도 일정하게 유지된다. 이제 선호가 동조적일 경우 한계대체율은 상품의 수량 비율인 $\frac{y}{x}$에 따라 달라진다는 점에 주목하자. 말하자면 동조적 선호의 경우 한계대체율이 변하지 않았다면 상품의 수량 비율이 변하지 않았다는 것을 의미한다는 것이다.

동조적 선호

A, B, C에서는 MRS가 모두 같다.

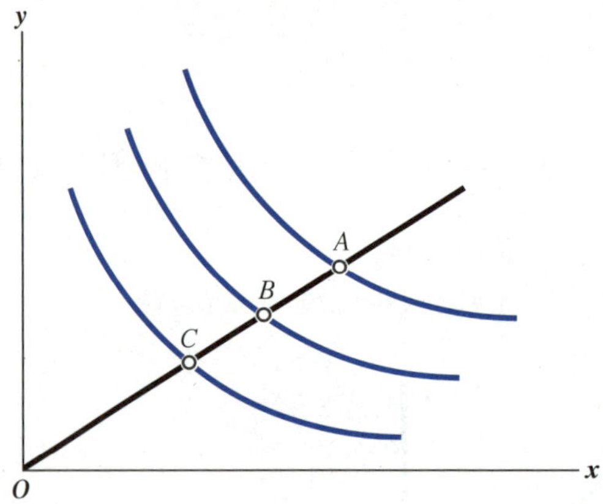

이 사실과 함께 소득이 증가하더라도 최적 상품묶음들에서는 한계대체율이 일정하게 유지된다는 점을 고려해 보자. 그러면 선호가 동조적일 경우에는 그 한계대체율과 함수관계에 있는 $\frac{y}{x}$도 일정하게 유지된다는 결론에 도달한다. 즉, $\frac{y}{x}=k$, $y=kx$(k는 일정)가 된다. 이제 예산제약식인 $p_x x+p_y y=M$에 이러한 결과를 대입해 보자. 그러면 $p_x x+p_y kx=M$이 된다. 이로부터 $M=(p_x+kp_y)x$가 된다. 즉, X재의 엥겔곡선은 기울기가 p_x+kp_y인 원점을 지나는 직선이 된다. 같은 원리로 Y재의 엥겔곡선은 기울기가 $\frac{p_x}{k}+p_y$인 원점을 지나는 직선이 된다.

c. 위 문항에서 볼 때 선호가 동조적일 경우에는 소득이 증가할 경우 수요량이 반드시 증가한다. 즉, 소득효과가 양이다. 이것은 슬러츠키 방정식인

$$\frac{\Delta x}{\Delta p_x}=\frac{\Delta x^s}{\Delta p_x}-x\frac{\Delta x^M}{\Delta M}$$

에서 $\frac{\Delta x^M}{\Delta M}>0$인 것으로 나타난다. 그 결과 기펜재의 현상이 나타날 수 없다. 이것은 가격과 수요량이 반드시 반대 방향으로 움직인다는 것을 의미한다.

3.4 한계소득세율이 0일 경우에 대한 분석

1,000만원까지는 τ_1, 그 다음 1,000만원까지는 τ_2, 그리고 2,000만원 이상에 대해서는 τ_3의 세율을 적용한다고 하자. 이때 홍길동의 납세 후 소득은 2,500만원이라고 하자.

a. 홍길동의 예산선을 여가-소득 평면에 그린 다음, 그의 선택을 나타내시오. 조세수입을 나타내시오.

b. 홍길동이 현재보다 더 버는 금액에 대해서는 조세를 부과하지 않는다고 하자. 이때 나타나는 결과에 대해 설명하시오.

KEY ▶ 현재보다 더 버는 금액에 대해서는 조세를 부과하지 않을 경우 그곳부터는 예산선의 기울기가 원래 예산선의 기울기와 같아진다.

풀이

a. 과세 전 예산선의 기울기는 홍길동의 시간당 임금을 말한다. 과세 후 예산선은 그림과 같이 $1{,}000(1-\tau_1)$만원과 $1{,}000(1-\tau_1)+1{,}000(1-\tau_2)$만원에서 한 번씩 꺾인다.

이때 그가 P점을 택했다고 하자. 그러면 조세수입은 P점에서 원래의 예산선에 이르는 수직거리인 b가 된다. 그 이유를 살펴보자. P점은 여가를 a만큼 소비하고 소득을 c만큼 가지는 상태를 나타낸다. 이제 조세가 없을 경우 여가를 a만큼 소비했다고 하자. 그러면 노동공급은 $\bar{L}-a$이다. 예산선의 기울기는 시간당 임금을 말하므로 이때 그의 소득은 $(b+c)$가 되었을 것이다. 그런데 조세가 부과될 경우 가처분소득이 c밖에 되지 않는다. 그러므로 b가 바로 조세수입이다.

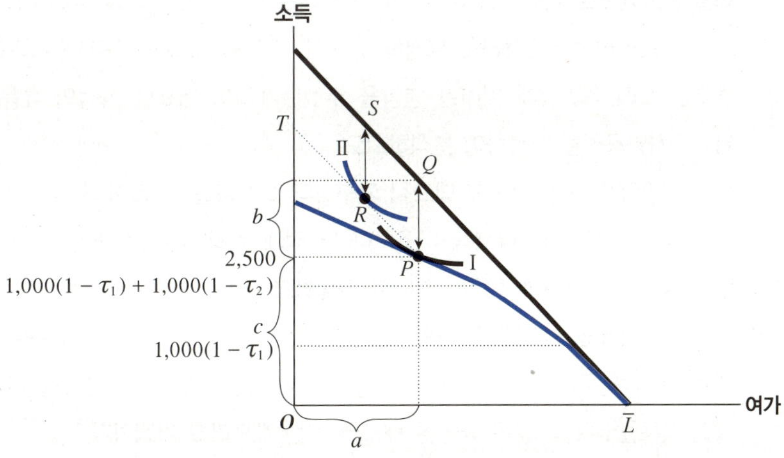

b. 이 경우 소득이 늘더라도 조세는 더 부과하지 않는다. 그리하여 P점부터는 자신이 번 소득을 모두 자신이 가질 수 있다. 따라서 P점부터의 납세 후 임금률은 원래의 시간당 임금률과 같다. 따라서 PT의 기울기는 원래의 예산선의 기울기와 같다. 그러므로 이 경우 홍길동의 새로운 예산선은 $\bar{L}PRT$가 된다. 이처럼 P점에서 한계세율을 0으로 만들어 줄 경우 여가와 소득의 상대가격이 변하지 않는다. 따라서 P점 이후에는 왜곡이 발생하지 않는다. 그 결과 홍길동은 노동을 더 많이 공급하여 더 많은 소득을 올린다. 그리고 그의 효용은 I에서 II로 증가한다. 이러한 상태가 새로운 예산선에서 R점으로 나타나 있다. 이때 조세수입은 RS로서 원래의 조세수입인 b와 같다.

3.5 대체효과, 소득효과

쓰레기 종량제가 실시되기 이전에는 각 가정이 버리는 쓰레기의 양에 관계없이 일정한 금액의 오물세를 부과하였었다. 그런데 쓰레기 종량제가 도입된 이후로는 각 가정은 쓰레기를 일정한 규격의 쓰레기 봉투에 담아서 버려야 한다. 그리고 이 쓰레기 봉투는 각 가정이 구입해야 한다.

a. 종량제가 실시되기 이전 대표적 가구는 쓰레기를 100단위 배출하고 있었다고 하자. 정부가 쓰레기 100단위를 처리하는 데에는 2만원이 든다고 하자. 대표적 가구가 직면하고 있는 이러한 상황을 예산선과 무차별곡선을 이용하여 그림에 나타내시오. 이때 가로축에 쓰레기 배출량을 표시하고 세로축에 다른 상품을 구입하는 데 지출한 소득을 표시하시오.

b. 이제 쓰레기 종량제를 실시한다고 하자. 정부가 쓰레기 1단위를 담을 수 있는 봉투의 가격을 200원으로 정한다고 하자. 이 경우 대표적 가정이 이전과 같이 여전히 100단위의 쓰레기를 버리려면 2만원을 부담해야 한다. 이러한 쓰레기 종량제는 대표적 가정이 배출하는 쓰레기의 양에 어떠한 영향을 주겠는가? 이 대표적 가정의 효용은 어떠하겠는가? 무차별곡선을 이용하여 분석하시오.

c. 쓰레기 종량제 도입 이전에 대표적 가구보다 쓰레기를 더 많이 버리던 가구에게는 어떠한 영향을 주겠는가? 대표적 가구보다 더 적게 버리던 가구에게는 어떠한 영향을 주겠는가? 이때 각 가구의 소득은 같다고 가정하자.

d. 쓰레기 종량제와 인터넷 종량제 주장을 비교 논의하시오. 현재 인터넷의 경우 일정한 금액을 낸 다음 무제한으로 사용한다. 그런데 인터넷 종량제는 기본료를 낸 다음 인터넷을 많이 사용할수록 더 많은 요금을 내도록 하는 제도라고 가정하자.

KEY ▶ 효용을 극대화하는 개인은 한계대체율이 상품의 가격비율과 같아지는 곳에서 선택한다.

풀이

a. 대표적 가구는 자신이 버리는 쓰레기의 양에 관계없이 일정한 오물세(T)를 부담한다. 그러므로 쓰레기를 몇 단위 버리든지 관계없이 다른 상품 구입에 지출할 수 있는 금액(y)은 오물세만큼 줄어든다. 그리하여 예산선은 최초의 소득(M)에서 오물세를 뺀 금액, 즉 다른 상품을 구입하는 데 지출할 수 있는 금액을 나타내는 $(M-T)$에서 가로축에 수평으로 그려진다. 이때 예산선은 $p_x x + p_y y = M - T$에서 $p_x = 0$, $p_y = 1$, $T = 20{,}000$인 것으로 나타난다. 즉, $y = M - 20{,}000$으로 나타난다.

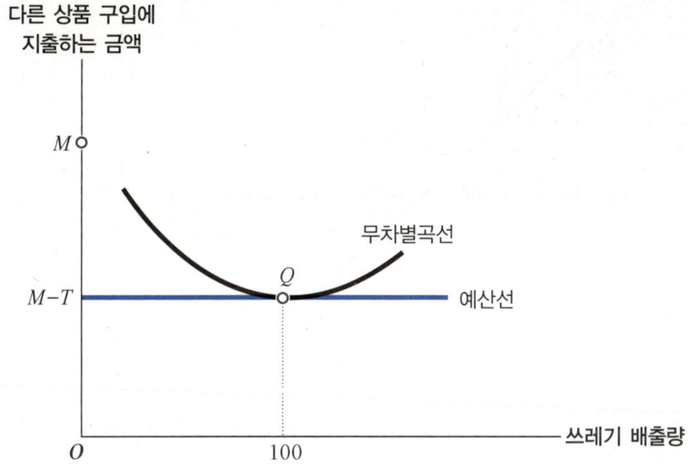

이 경우 대표적 가구는 이 예산선과 무차별곡선이 접하는 Q점에서 100단위의 쓰레기를 배출한다. Q점에서는 한계대체율이 0이 되는 점에 주목하자. 어느 수준까지는 쓰레기 배출이 효용을 증가시키는 점을 감안할 때 이것은 쓰레기를 추가로 한 단위 더 배출하는 것이 자신의 효용을 더 이상 증가시키지 않을 때까지 쓰레기를 배출한다는 것을 의미한다. 한편 이때 Q점을 넘어서서부터는 무차별곡선의 기울기가 양이 된다. 의미적으로 볼 때 Q점을 넘어설 경우 더 버릴 쓰레기가 없다. 그럼에도 불구하고 무엇을 버린다는 것은 쓸만한 물건을 버린다고 생각할 수 있다. 쓸만한 물건을 버리면서도 이전과 무차별하기 위해서는 소득이 보태져야 한다. 다시 말하면 무차별곡선의 기울기가 양이 되어야 한다는 것이다.

b. 쓰레기 종량제가 실시될 경우 쓰레기를 추가로 한 단위 버리려면 그에 상응하는 만큼 비용이 더 들어간다. 이때 쓰레기 봉투의 가격이 200원이므로 쓰레기 한 단위를 추가로 더 버리려면 200원을 추가로 부담해야 한다. 즉, 쓰레기 배출의 기회비용은 200원이 된다. 그러므로 예산선의 기울기는 200(원)이 된다. 이때 주목할 것은 쓰레기 종량

제가 실시되기 이전과 같은 양만큼 쓰레기를 버리려면 여전히 2만원을 부담하도록 쓰레기 봉투의 가격이 고안되었다는 점이다. 그러므로 새로운 예산선은 그림에서 Q점을 지나도록 그려져야 한다. 구체적으로 예산선은 $p_x x + p_y y = M - T$에서 $p_x = 200$, $p_y = 1$, $T = 0$인 것으로 나타난다. 즉, $200x + y = M$으로 나타난다. 물론 이 예산선은 $Q(100,\ M - 20{,}000)$점을 통과한다.

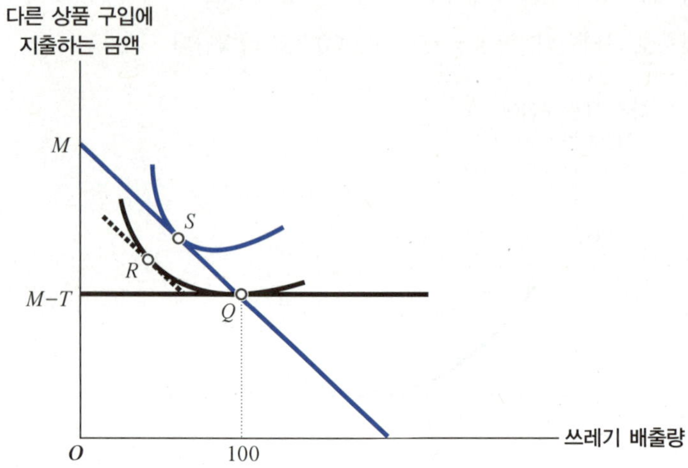

이 경우 그림에서 보듯이 종량세를 실시할 경우 대표적 가구의 무차별곡선이 일정한 금액의 오물세를 부과할 경우보다 더 위에 놓이게 된다. 그 결과 쓰레기 배출량은 줄어들고 효용은 증가한다. 이처럼 쓰레기 배출량이 줄어드는 것은 쓰레기를 추가로 버리는 것의 기회비용이 더 이상 0이 아니기 때문이다. 즉, 쓰레기를 추가로 한 단위 더 버리려면 200원의 기회비용을 감수해야 하기 때문이다. 이때 Q에서 R로 이동한 것은 대체효과에 의한 것이다. 그리고 R에서 S로 이동한 것은 소득효과에 의한 것이다. 소득효과에 대해서는 예산집합의 변화를 살펴보면 그렇게 되는 이유가 분명하게 드러난다. 한편 대표적 가구가 쓰레기 배출에 지불하는 금액은 오물세를 실시할 때보다 줄어들었다는 점에도 주목하자.

c. 각 가구의 소득이 같으므로 예산선도 같아진다. 이때 대표적 가구보다 덜 버리던 가구의 경우 효용이 높아진다. 이 가구의 경우 종량세 도입 이전에는 자신이 버리던 쓰레기에 비해 더 많은 금액을 오물세로 내야 했기 때문이다. 그러나 종량제가 도입된 이후에는 자신이 버리는 만큼에 해당하는 금액만 비용으로 지불하면 되기 때문이다. 이 가구의 경우에도 대체효과($Q' \to R'$)는 쓰레기 배출을 줄이는 방향으로 작용하지만 소득효과($R' \to S'$)는 쓰레기 배출을 증가시키는 방향으로 작용한다. 그렇다 하더라도 종량제

실시 이전보다는 쓰레기 배출량이 줄어들 것이다. 쓰레기 배출에 관한 한 포만점이라고 할 수 있는 Q' 수준까지는 배출하지 않을 것이기 때문이다. 또한 이 경우 쓰레기 배출에 지출하는 금액이 오물세를 실시할 경우에 비해 줄어든다. 이러한 사실이 그림에 나타나 있다.

한편 대표적 가구보다 더 많이 버리던 가구는 효용이 낮아진다. 종량제가 도입될 경우 많이 버리려면 그에 상응하는 만큼 봉투 구입을 통해 더 많은 비용을 지불해야 하기 때문이다. 이 가구의 경우 대체효과($Q'' \rightarrow R''$)뿐만 아니라 소득효과($R'' \rightarrow S''$)도 쓰레기 배출을 줄이는 방향으로 작용한다. 그 결과 대표적 가구보다 많이 버리던 가구는 오물세를 부과할 경우에 비해 쓰레기 배출량이 줄어든다. 한편 종량세 도입 이전에는 사실상 대표적 가구보다 적게 버리던 가구가 더 많이 버리던 가구에게 보조금을 지급해 준 셈이 된다.

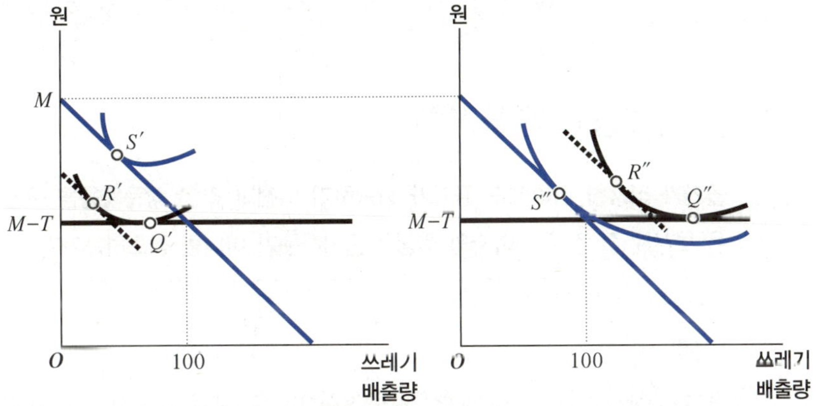

d. 쓰레기의 경우 일종의 피구조세를 부과하여 외부효과를 해결하는 것이라는 점을 파악하는 것이 중요하다. 인터넷에 대해서는 여러 가지가 함축되어 있다. 우선 인터넷은 네트워크외부효과를 발생시킨다. 그런데 이것은 외부경제에 해당한다. 한편 인터넷 사용은 그 회선에 과부하를 통한 정체를 유발한다.

외부경제라는 측면에서는 인터넷 사용을 장려해야 하겠지만 정체를 유발한다는 측면에서는 사용자에게 사회적인 비용을 부담시켜야 할 것이다. 그런데 외부효과는 시장에서 해결할 수 없는 부분이다. 그러므로 이 점에 관해서는 정부가 보조금을 지급하는 방법 등으로 해결해야 한다. 그러나 정체의 경우 정체가 유발하는 사회적인 비용을 사용자에게 부담시킴으로써 정체문제를 해결할 수 있다. 즉, 가격기능으로 자원배분 문제를 해결할 수 있다는 것이다. 예를 들어 쓰레기 종량제와 같이 종량제를 도입하여 인터넷을 더 많이 사용할수록 더 많은 요금을 내도록 하는 것이다.

그런데 문제는 인터넷의 경우 그 시장이 독과점화되어 있다는 것이다. 그 결과 시장 기능에 그대로 맡길 경우 독과점 기업들이 소비자잉여까지 모두 차지하도록 가격을 설정할 가능성이 높다. 예를 들면 문제에서처럼 이부가격을 설정하는 것이다. 이 경우 기본료를 통해 소비자잉여의 일부 또는 전부를 공급자가 차지해 버릴 수 있다는 점이 쓰레기 종량제의 경우와 다르다. 자원배분의 효율 자체를 목표로 하고 있는 쓰레기 종량제와는 달리 인터넷 종량제는 이윤극대화를 위한 방편으로 사용될 우려가 있다. 이 경우 이전에 소비자가 누리던 소비자잉여를 모두 공급자가 차지하게 됨으로써 분배문제가 제기될 수 있다. 이것은 정부가 규제해야 한다.

다른 한편으로는 독점 규제정책의 하나로서 이부가격이 사용될 수 있는 측면도 있다. 그런데 이 경우 정액요금 부분 때문에 일부 소비자가 소비하지 않을 수도 있다. 이 경우 소비가 효율 수준에 미치지 못할 수도 있다. 나아가서 정액 요금 부분은 소득 수준에 관계없이 일괄 조세를 부과하는 효과를 지님으로써 공평 문제를 야기할 수도 있다.

3.6 소득보상과 후생변화

물가가 상승한 이후에도 물가가 상승하기 이전과 같은 상품묶음을 구입할 수 있도록 소득을 보상해 줄 경우 소비자의 후생은 증가하는가 아니면 감소하는가?

풀이

물가가 상승하여 원래의 예산선이 점선으로 그려진 예산선의 위치로 이동했다고 하자. 이때 예산선이 안쪽으로 이동한 것은 전반적으로 물가가 올랐기 때문이다. 그리고 기울기가 완만해진 것은 X재의 상대가격이 떨어졌기 때문이다. 이 경우 원래 구입했던 상품묶음을 구입할 수 있도록 소득을 보상한다면 효용은 과세 전과 같거나 증가한다. 그림에는 효용이 증가한 경우가 나타나 있다. 효용이 증가했다는 사실은 무차별곡선 II가 무차별곡선 I보다 위에 있는 것으로 나타나 있다. 한편 효용이 같아지는 경우는 완전보완재로서 무차별곡선이 L자형일 경우이다.

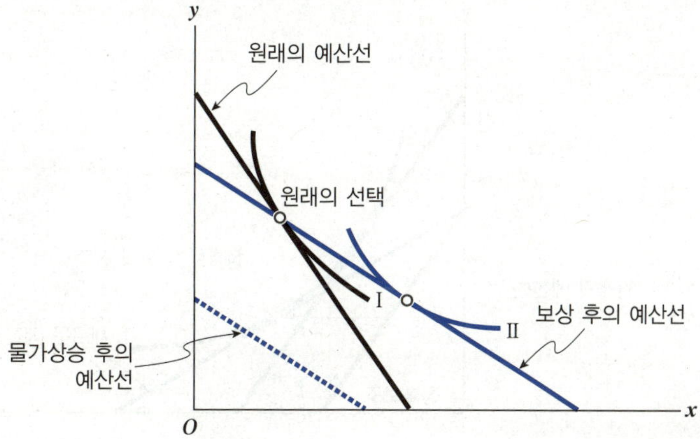

이러한 결과는 다음과 같이 설명할 수도 있다. 즉, 원래 선택했던 점은 보상 후의 예산선 상에 있다. 그러므로 보상 후에도 그 점을 선택하려면 선택할 수 있다. 그러므로 보상 후에는 원래보다 나빠지지는 않는다.

3.7 정률보조금과 정액보조금

어떤 소비자가 식품과 기타 다른 상품을 소비하고 있다. 식품을 X, 다른 모든 상품을 Y라고 하자.

a. 정부가 식품에 대해 그 지출의 50%를 대신 납부해 주는 보조금 정책을 시행할 경우 예산선과 최적선택을 그림으로 그린 후 보조금의 크기를 나타내시오.

b. 정부가 식품 소비에 보조금을 지급하는 대신 이와 동일한 효용을 누리도록 일정한 금액을 보조금으로 지급한다고 할 때 그 보조금의 크기를 나타내시오.

c. 두 경우에 드는 보조금의 크기를 비교하고 그 이유를 설명하시오. 또한 각 경우에 대해 효율 여부를 평가하시오.

KEY ▶ 보조금을 정률로 지급할 경우 보조금을 더 받을 수 있도록 자신의 행위를 조정하게 된다. 즉, 상대가격이 변화하기 때문에 그로 인해 대체효과가 발생한다. 이것이 비효율을 유발시키는 요인이다.

풀이

정률 보조금의 예산식 : $p_x(1-0.5)x+p_y y=M$.

a, b. 그림을 참조하시오.

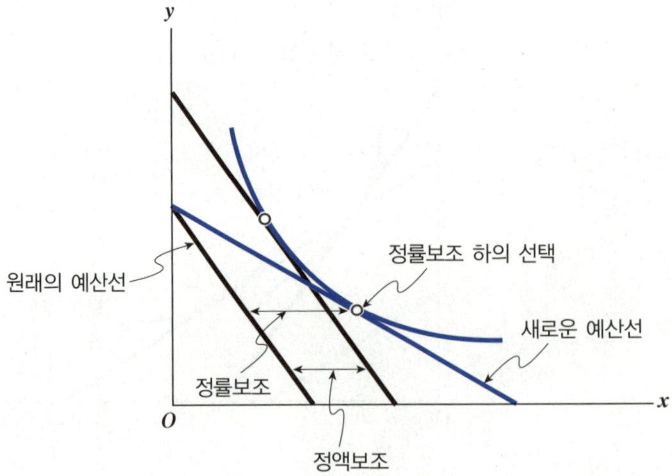

c. 문항 a.의 경우 보조금이 더 많다. 보조금을 정액으로 지불할 경우 개인은 자신이 소비를 어떻게 조정하더라도 받을 수 있는 보조금의 액수에 영향을 주지 못한다. 그러나 보조금을 정률로 받는 경우에는 자신이 소비 행위를 조정함으로써 보조금을 더 많이 받아 낼 수 있다. 이 경우 개인에게는 보조금의 혜택을 더 많이 받을 수 있는 방법으로 자신의 행위를 조정할 유인이 생긴다. 이것이 바로 보조금의 액수에 차이가 발생하는 이유이다. 물론 보조금을 더 많이 받으려고 식품 소비를 한없이 늘리지는 않는다.

또 다른 각도에서 바라볼 수 있다. 50%의 정률로 보조를 받을 경우에는 식품 소비를 1원어치 더 늘리려 할 때 다른 상품을 0.5원어치 포기하면 된다. 이것은 식품소비의 기회비용이 $\frac{1}{2}$로 줄어드는 것을 의미한다. 이 때문에 대체효과가 발생하며 그 결과 식품을 효율적인 수량보다 더 많이 소비하게 된다. 이것이 바로 더 많은 보조금을 받게 되는 이유이며 동시에 비효율이 발생하는 이유이기도 하다. 이와는 달리 정액으로 보조를 받는 경우에는 식품소비의 기회비용에 변화가 없다. 즉, 식품소비를 1원어치 더 하려면 다른 상품 소비를 1원어치 줄여야 한다는 것이다. 이 경우에는 대체효과가 발생하지 않는다. 또한 식품을 효율적인 수량보다 더 많이 소비할 유인이 생기지도 않는다. 그리하여 정률로 보조를 받을 경우에 비해 더 적은 보조금을 받게 된다. 이 경우 비효율도 물론 발생하지 않는다.

3.8 상품세와 소득세 : 완전보완재의 경우

개인 A에게 두 상품 X, Y가 완전보완재라고 하자.

a. 개인이 선택하는 점을 나타내시오.

b. 상품 Y에만 상품세가 부과되었다고 하자. 이때 대체효과에 대해 말하고, 보상수요곡선을 그리시오.

c. 상품세와 같은 효용을 보장하는 소득세를 부과할 경우, 조세수입을 비교하시오.

KEY ▶ 상대가격이 변할 경우 대체효과로 인해 비효율이 발생한다. 그러나 완전보완재의 경우에는 대체효과가 발생하지 않는다.

풀이

a.

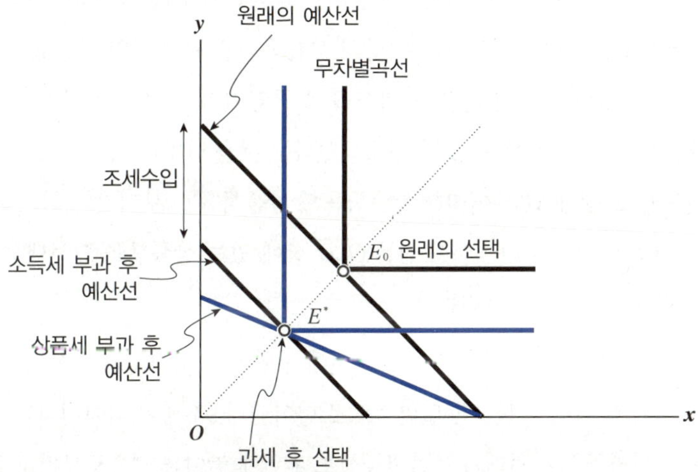

b. 완전보완재일 경우에는 대체효과가 발생하지 않는다. 따라서 보상수요곡선은 수직선이 된다.

c. (그림 참조), 완전보완재의 경우에는 상품세의 조세수입이 소득세의 조세수입과 동일하다. 상대가격이 변하더라도 대체효과가 발생하지 않기 때문이다. 그 결과 조세로 인한 비효율이 발생하지 않기 때문이다. 이러한 상황에서는 두 조세 아래에서 효용이 같을 경우 조세수입도 같아진다.

완전보완재가 아닐 때에는 상대가격이 변할 경우 대체효과로 인해 비효율이 발생한다. 이때에는 효용이 같을 경우 소득세 아래에서의 조세수입이 더 많아진다.

3.9 슬러츠키보상

중혁 씨는 회사 근처의 식당에서 5,000원짜리 점심을 1년에 300번 사먹는다. 그런데 점심 값이 500원 오른다고 한다. 그 대신 회사에서 1년에 15만원을 보조해 준다고 하자.

a. 중혁씨가 여전히 점심을 300번 사먹겠는가? 현시선호이론을 적용하여 답하시오.

b. 중혁씨의 후생은 값이 오르기 이전과 비교하여 어떠한가? 현시선호이론을 적용하여 답하시오.

c. 이때 슬러츠키보상은 얼마인가? 구체적으로 보이시오.

KEY ▶ 슬러츠키보상은 원래 구입했던 상품묶음을 구입할 수 있도록 보상해 주는 것이다.

풀이

a. 두 예산선이 세로축과 만나는 점들 사이의 거리가 15만원에 해당한다. 그 이유는 문항 b.에서 밝힐 것이다. 선분 $\overline{Q_1C}$ 상의 상품묶음은 원래 구입 가능했는데 그 선상에 있는 상품묶음을 구입하지 않고 그 대신 Q_1을 구입했다. 이것은 선분 $\overline{Q_1C}$ 상에 있는 어떠한 상품묶음보다 상품묶음 Q_1이 선호되었다는 것을 말한다. 현시선호의 약공리에 따르면, 선분 $\overline{Q_1C}$ 상에 있는 어떠한 상품묶음도 상품묶음 Q_1보다 현시선호될 수 없다. 그러므로 새로운 예산선 하에서는 선분 $\overline{Q_1D}$ 상에 있는 상품묶음을 선택하게 된다. 즉, 점심을 300번보다 적게 사먹는다.

b. 보조금을 받은 이후에는 적어도 이전에 구입했던 Q_1점을 구입할 수 있다. 그러므로 후생이 나빠지지는 않는다. 일반적으로 나아진다. 후생이 나아진다는 것은 Q_2점을 지나는 무차별곡선이 원래의 무차별곡선보다 위에 놓이는 것으로부터도 알 수 있다.

이러한 내용을 수식을 통해 검토해 보자. 소비자가 Q_0를 구입할 수 있었음에도 불구하고 Q_1을 구입한 상태이다. 그러므로 현시선호이론에 의하면 Q_1을 Q_0보다 선호한다고 볼 수 있다. 따라서 새로운 후생 수준이 원래의 후생 수준보다 높다. 즉, 후생이 증가했다. 수식으로 나타내면

$$P_1 \cdot Q_1 = P_1 \cdot Q_0$$

이다. 이것은 $P_q = \dfrac{p_{x_1} x_1 + p_{y_1} y_1}{p_{x_1} x_0 + p_{y_1} y_0} = \dfrac{P_1 \cdot Q_1}{P_1 \cdot Q_0}$에서 $P_q \geq 1$임을 말한다. 이때 최적선택이라면, 현시선호의 약공리가 만족되어야 하므로

$$P_0 \cdot Q_1 > P_0 \cdot Q_0$$

이 성립해야 한다. 이것은 $L_q = \dfrac{p_{x_0}x_1 + p_{y_0}y_1}{p_{x_0}x_0 + p_{y_0}y_0} = \dfrac{P_0 \cdot Q_1}{P_0 \cdot Q_0}$에서 $L_q > 1$이라는 것을 말한다.

예외적으로, 상품들이 완전보완재이어서 보조금을 받은 이후에도 여전히 Q_1점을 선택할 경우에는 이전처럼 점심을 300번 사먹는다. 후생도 변하지 않는다.

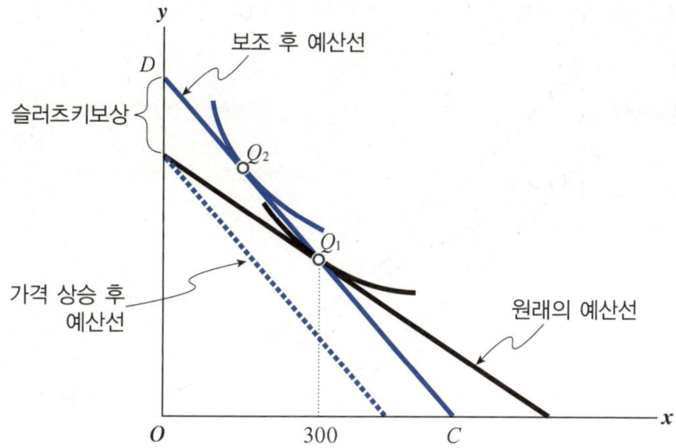

c. 가격이 상승한 후에도 원래 구입한 점인 Q_1점을 구입할 수 있도록 보조해 주는 것이 슬러츠키보상이다. 그러므로 그림에서 점선을 위로 평행이동시킨 거리가 슬러츠키보상에 해당한다. 이 값을 구해 보자. 점심을 X재라고 하고 다른 상품을 가격 1인 복합재로 보자. 이때 구입한 상품묶음 A를 (x^*, y^*)라고 하면, 그것을 구입하는 데 드는 금액은 $p_x x^* + y^*$이다. 점심가격이 500원 오를 경우 X재의 가격은 $p_x + 500$이 된다. 이때 (x^*, y^*)를 구입하는 데 드는 금액은 $(p_x + 500)x^* + y^*$원이다. 이 두 금액의 차는 $500x^*$이다. 그런데 원래 점심을 300번 사먹었다고 하였으므로 $x^* = 300$이다. 그러므로 $500x^*$는 150,000원이 된다. 이 금액이 바로 슬러츠키보상에 해당한다. 이것은 보조 후 예산선의 세로축 절편과 원래 예산선의 세로축 절편 사이의 거리로 나타난다.

3.10 등가변화(equivalent variation)

어떤 볼링장에서 연회비를 내고 회원이 되는 경우 매번 볼링을 칠 때마다 가격을 할인해 준다고 한다. 이때 소비자가 회원이 되기 위해 지불할 용의가 있는 최대 금액에 대해 논의하시오.

KEY ▶ 문제의 의미로 볼 때 회원이 되기 이전 현재 가격을 기준으로 평가해야 한다. 그러므로 등가변화에 대해 묻는 문제이다.

풀이

가격 할인이 소비자에게 주는 편익을 금액으로 평가한다면 그것은 바로 등가변화에 해당한다. 즉, 가격 할인으로 인해 소비자는 등가변화만큼 나아진다. 그러므로 소비자가 회원이 되기 위해 지불할 용의가 있는 최대 금액은 바로 등가변화에 해당한다.

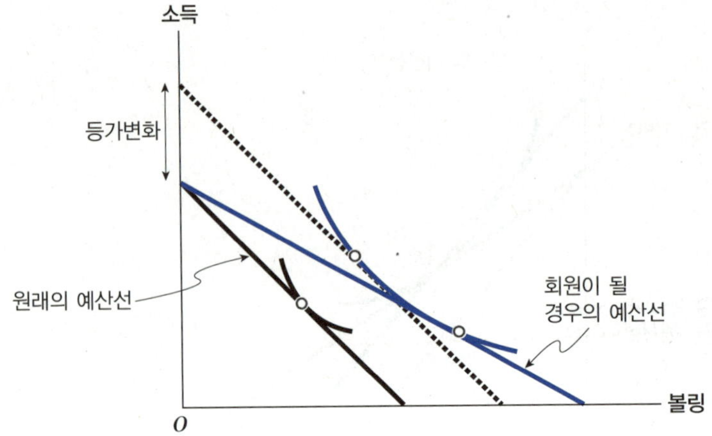

3.11 조세의 초과부담(비효율)

음료수 한 병에 500원이라고 하자. 그런데 어떤 소비자가 운동 후 갈증이 났다고 하자. 이러한 상황에서 그가 음료수 첫 한 병에 대해서는 600원을 지불할 의향이 있다고 하자. 두 번째 병에는 570원을 지불할 용의가 있으며 세 번째 병에는 530원을 지불할 용의가 있다고 하자. 이러한 상황에서 음료수에 60원의 조세가 부과되었다고 하자. 그리고 공급이 무한히 탄력적이어서 조세는 모두 소비자가 부담한다고 하자.

a. 이 조세가 비효율을 유발하고 있는가? 비효율을 유발하고 있다면 그 크기는 얼마인가?

b. 비효율이 발생하고 있다면 그 이유는 무엇인가?

c. 조세가 80원이 부과된다면 비효율은 어떠한가?

d. 위 문항의 답으로부터 유추해 볼 때 효율적인 상품세 구조는 어떠해야 하는가? 이러한 상품세 구조가 지니는 문제점은 무엇인가?

이제 이 음료수와 대체재인 다른 음료수 시장에 미치는 영향까지 고려해 보자.

e. 다른 음료수 시장에 조세가 부과되고 있지 않다고 하자. 이 경우 효율과 관련하여 어떤 결과가 예상되는가?

f. 다른 음료수 시장에 이미 조세가 부과되어 있는 상태라고 하자. 이때 예상되는 결과가

위 문항 e.의 경우와 다른 점은 무엇인가?

KEY ▶ 초과부담(비효율)에 대해 묻는 문제이다. 초과부담은 조세부담을 줄이는 방향으로 선택을 조정하기 때문에 발생한다. 또한 초과부담은 조세에 민감하게 반응할수록 커진다.

풀이

a. 표를 참조해 가며 검토해 보자. 만일 조세가 없다면 이 개인은 음료수를 세 병 마실 것이다. 그리하여 총 200원의 잉여를 누릴 것이다. 이제 조세가 부과되면 음료수의 값은 560원이 된다. 이 경우 이 개인은 두 병만 마실 것이다. 세 번째 병에 대해서는 530원을 지불할 의향이 있는데 그 값으로 560원을 내야 하므로 마시지 않을 것이기 때문이다. 그러면 그는 첫 번째 병에서 40원의 잉여, 두 번째 병에서 10원의 잉여를 누려서 총 50원의 잉여를 누리게 된다. 결국 그가 누리는 잉여는 200원에서 50원으로 150원만큼 줄어든다.

	가격	지불의향	과세 전 소비자잉여	과세 후 가격	과세 후 소비자잉여	조세수입
첫 번째 병	500	600	100	560	40	60
두 번째 병	500	570	70	560	10	60
세 번째 병	500	530	30	560	0(구입포기)	0
합계			200		50	120

이처럼 줄어든 잉여 중에서 한 병당 60원씩 모두 120원만큼은 정부의 조세수입으로 확보되었다. 그러나 나머지 30원은 사라져 버렸다. 이것이 바로 조세가 유발한 비효율이다. 주의 깊게 살펴보면 이 30원은 조세가 없었을 경우 소비자가 세 번째 병을 소비함으로써 누리던 잉여이다. 그런데 조세가 부과되어 세 번째 병을 소비하지 않음으로써 이 잉여가 사라져 버린 것이다. 즉, 조세가 부과되어 소비를 줄였기 때문에 비효율이 발생했다는 것이다. 특히 조세 부과 여부에 관계없이 소비하는 첫 번째 병과 두 번째 병은 비효율을 전혀 발생시키지 않는다. 이 점에 주목하면 비효율은 조세로 인해 선택을 바꾸기 때문에 발생한다는 사실이 더욱 명확해진다.

다른 각도에서 검토해 보자. 조세부과 전에는 200원의 잉여를 누렸으나 조세부과 후에는 50원의 잉여를 누리고 있다. 그러므로 조세가 부과된 것은 이 소비자로부터 150원을 빼앗아 간 것과 같다. 즉, 등가변화(equivalent variation)는 150원이다(엄밀하게 말하면 등가변화의 절대값이 150원이다). 그런데 조세수입은 120원밖에 되지 않는다. 그러므로 초과부담은 30원이다. 즉, 개인의 부담은 납세액을 30원만큼 초과한다는 것이다.

b. 조세가 부과될 경우 이처럼 비효율이 발생하는 이유를 살펴보자. 그것은 조세가 부과될 경우 상품의 가격이 오르는데 이때 개인은 조세부담을 피하는 방향으로 자신의 선택을 조정하기 때문이다. 즉, 조세가 부과되어 값이 오른 상품 소비를 줄이고 그 대신 다른 상품을 더 소비하는 대체효과가 발생하기 때문이다. 여기서는 한 종류의 상품만을 대상으로 분석하고 있기 때문에 다른 상품을 더 소비한다는 사실이 구체적으로 나타나 있지는 않다.

이러한 논의에 비추어 볼 때 소비를 많이 줄일수록 비효율이 커질 것이라는 점을 알 수 있다. 즉, 개인이 조세에 민감하게 반응할수록 비효율이 커진다는 것이다.

c. 조세가 80원이 부과되면 과세 후 음료수 가격은 580원이 된다. 이 경우 소비자는 음료수를 한 병만 사서 마실 것이다. 그 결과 비효율은 100원으로 커질 것이다.

d. 일정한 조세수입을 확보해야 한다고 하자. 이 경우 비효율을 적게 하려면 가격탄력성이 큰 상품에는 낮은 세율로 과세하고 가격탄력성이 작은 상품에는 높은 세율로 과세해야 한다. 이것을 역탄력성법칙이라고 한다.

그런데 역탄력성법칙에 따라 과세하면 소득재분배에 역행한다. 가격탄력성이 작은 상품은 소득탄력성도 작은데, 소득탄력성이 작은 상품은 주로 필수재이다. 결국 역탄력성법칙에 따라 과세하면 필수재에 높은 세율로 과세하고 사치재에는 낮은 세율로 과세하는 셈이다. 즉, 소득재분배에 역행한다.

e. 현재 고려하고 있는 음료수를 A, 다른 음료수를 B라고 하자. 그리고 예를 들어 A음료수에 50원의 조세가 부과되고 있는 경우를 생각해 보자. 이 음료수의 세 번째 병을 마시지 않기 때문에 그로부터 비효율이 30원만큼 발생한다. 그런데 세 번째 병을 마시지 않는 대신 B음료수를 마심으로써 10원의 잉여를 얻는다고 하자. 그러면 비효율은 20원으로 줄어든다. 이렇게 볼 때 대체재가 있을 경우 비효율이 줄어든다는 것을 알 수 있다. 반대로 소비자가 과세된 A음료수와 꼭 함께 소비하는 보완재가 있다면 비효율이 더 커진다. 그 보완재 세 번째 단위도 소비하지 않을 것이기 때문이다.

f. 조세가 부과된 상태에서 B음료수 마지막 한 단위로부터 이 개인이 얻을 수 있었던 소비자잉여가 15원이고 생산자가 얻을 수 있었던 생산자잉여가 25원이었다고 하자. 그런데 그 시장에 조세가 부과되어 그 마지막 한 단위를 소비하지 않았던 상태라고 하자.

그런데 A음료수에 조세가 부과되는 바람에 A음료수 마지막 한 단위 소비를 포기하고 그 대신 B음료수를 마셨다고 하자. 이 경우 A음료수에서 비효율이 30원이 발생하지만 B음료수로부터 40원(15 + 25)의 효율이 증가한다. 그 결과 전체적으로는 효율이 증가한다(A음료수시장에서는 생산자잉여가 없거나 10보다 적다고 가정하고 있다). 결과적으로 볼 때 새로이 조세를 부과했음에도 불구하고 오히려 효율이 증가하고 있다. 이것은 비효율을 유발하고 있는 부문의 개수가 더 많다고 하여 더 비효율적이라고 말할 수 없다는 것을 의미한다. 즉, 차선이론의 예가 된다.

3.12 보조금의 비효율

음료수 한 병에 500원이라고 하자. 그런데 어떤 소비자가 운동 후 갈증이 났다고 하자. 이러한 상황에서 그가 음료수 첫 한 병에 대해서는 540원을 지불할 의향이 있다고 하자. 두 번째 병에는 480원을 지불할 용의가 있으며 세 번째 병에는 410원을 지불할 용의가 있다고 하자. 이러한 상황에서 음료수의 가격을 50원 할인해 주는 방법으로 보조금을 지급해 주었다고 하자. 그리고 공급이 무한히 탄력적이어서 이 보조금은 모두 소비자에게 귀착된다고 하자.

a. 이 보조금이 비효율을 유발하고 있는가? 비효율을 유발하고 있다면 그 크기는 얼마인가?
b. 비효율이 발생하고 있다면 그 이유는 무엇인가?
c. 보조금이 100원 지급된다면 비효율은 어떠한가?
d. 위 문항들의 답으로부터 유추해 볼 때 보조금은 어떠한 방법으로 지급되어야 한다고 생각하는가?

KEY ▶ (상대)가격에 영향을 주는 방법으로 보조금을 지급해 줄 경우 비효율이 발생한다. 개인이 보조금을 더 받는 방향으로 선택을 조정하기 때문이다. 이러한 비효율은 가격의 변화에 민감하게 반응할수록 커진다.

풀이

a. 표를 참조해 가며 검토해 보자. 만일 보조금이 없다면 이 개인은 음료수를 한 병 마실 것이다. 그리하여 40원의 잉여를 누릴 것이다. 이제 보조금이 지급되면 음료수 한 병당 자신이 부담해야 하는 금액은 450원이 된다. 이 경우 이 개인은 두 병을 마실 것이다. 두 번째 병에 대해서 480원을 지불할 의향이 있는데 보조금 지급 후에는 자신의 부담이 450원밖에 되지 않기 때문이다. 세 번째 병은 여전히 마시지 않는다. 이 경우 그는 첫 번째 병에서 90원의 잉여, 두 번째 병에서 30원의 잉여를 누려서 총 120원의

잉여를 누리게 된다. 결국 보조금이 지급되면 그가 누리는 잉여는 40원에서 120원으로 80원만큼 늘어난다.

	가격	지불의향	보조금 이전 소비자잉여	보조금 이후 가격	보조금 이후 소비자잉여	보조금 지출
첫 번째 병	500	540	40	450	90	50
두 번째 병	500	480	0	450	30	50
세 번째 병	500	410	0	450	0(구입포기)	0
합계			40		120	100

여기서 주목할 것이 있다. 보조금은 100원 지출되었는데 잉여는 80원만 늘어났다는 것이다. 20원이 사라져 버린 것이다. 이것이 바로 보조금이 유발한 비효율이다. 이 20원은 보조금이 없었다면 마시지 않았을 두 번째 병을 마셨기 때문에 발생한 것이다. 두 번째 병에 대해서는 원래 자신의 지불의향이 가격보다 20원만큼 적다. 그럼에도 불구하고 보조금을 받기 때문에 이 두 번째 병을 마시게 되었다. 바로 이 때문에 비효율이 발생한 것이다. 즉, 보조금이 지불되어 소비를 늘렸기 때문에 비효율이 발생했다는 것이다. 특히 보조금 지급 여부에 관계없이 소비하는 첫 번째 병은 비효율을 전혀 발생시키지 않는다. 이 점에 주목하면 비효율은 보조금으로 인해 선택을 바꾸기 때문에 발생한다는 사실이 더욱 명확해진다.

다른 각도에서 검토해 보자. 보조금 지급 이전에는 40원의 잉여를 누렸으나 보조금 지급 이후에는 120원의 잉여를 누리고 있다. 그러므로 보조금이 지급된 것은 이 소비자에게 80원의 현금을 지급해 준 것과 같은 효과를 지닌다. 즉, 등가변화(equivalent variation)는 80원이다. 그런데 보조금은 총 100원이 지출되었다. 그러므로 비효율은 20원이다.

b. 보조금이 지급될 경우 이처럼 비효율이 발생하는 이유는 무엇인가? 그것은 보조금이 지급될 경우 상품의 가격이 떨어지는데 이때 개인은 이러한 보조금을 더 받으려는 방향으로 자신의 선택을 조정하기 때문이다. 즉, 보조금이 지급되어 값이 떨어진 상품 소비를 늘리고 그 대신 다른 상품을 덜 소비하는 대체효과가 발생하기 때문이다. 여기서는 한 종류의 상품만을 대상으로 분석하고 있기 때문에 다른 상품을 덜 소비한다는 사실이 구체적으로 나타나 있지는 않다.

이러한 논의에 비추어 볼 때 소비를 많이 늘릴수록 비효율이 커질 것이라는 점을 알 수 있다. 즉, 개인이 보조금에 민감하게 반응할수록 비효율이 커진다는 것이다.

c. 보조금이 100원 지불된다면 보조금 지급 후 음료수 가격은 400원이 된다. 이 경우 소비자는 음료수를 세 병 모두 마실 것이다. 그 결과 비효율은 두 번째 병에서 20원, 세 번째 병에서 90원이 발생하여 총합 110원으로 커질 것이다.

d. 비효율을 유발하지 않으려면 상대가격에 영향을 미치지 않는 방법으로 보조금을 지급해야 한다. 즉, 정액으로 보조금을 지급해야 한다. 다만 특정 상품 소비가 외부효과를 유발할 경우에는 상황이 달라진다. 이 경우에는 그 상품 소비를 증가시키기 위하여 가격을 할인해 주는 방법으로 보조금을 지급해 주는 방법이 정당화될 수 있다. 말하자면 가격 할인을 통해 사회적 편익을 반영해 주는 것이다.

3.13 가격 왜곡의 비효율

회원제로 운영되는 식당을 생각해 보자. 회원들의 효용함수와 소득은 모두 같다고 하자. 그리고 이 식당의 회원은 N명이라고 하자. 그런데 이 식당의 시설을 늘리는 데 추가로 K원의 비용이 발생하였다. 이제 이 비용을 충당하는 방법을 생각해 보기로 하자. 먼저 식사 1번당 기존의 가격 외에 추가로 일정액 t를 받는 방법을 생각해 볼 수 있다. 다음으로 1명당 회비를 $\frac{K}{N}$원씩 받는 대신 식사 1번의 가격은 그대로 유지하는 방법을 생각해 볼 수 있다.

a. 각 경우 예산선을 말하시오.

b. 식사 횟수, t, $\frac{K}{N}$의 관계를 나타내는 식을 쓰시오.

c. 어느 경우에 회원의 효용이 더 높은가? 그 이유는 무엇이며 효용의 차이는 어느 만큼으로 표시할 수 있는가?

KEY ▶ 근본 성격은 상품세를 부과하는 것과 소득세를 부과하는 것의 관계와 같다. 가격 인상분과 회비의 관계를 정확하게 파악할 수 있어야 한다.

풀이

a. 식사 횟수를 x, 식사 1회의 가격을 p_x, 다른 상품구입에 지출한 금액을 y, 소득을 M이라고 하자. 그러면 원래 예산선은 $p_x x + y = M$으로 쓸 수 있다.

(i) 식사 1번당 추가로 t원을 더 받는다고 하자. 이것은 식사의 가격을 t원 올리는 것을 의미한다. 가격을 올릴 경우 예산선은 $(p_x + t)x + y = M$이 된다. 이것은 그림에서 기울기가 급해진 예산선을 나타낸다. 이때의 소비량을 (x^*, y^*)로 나타내자. 그러면

$$(p_x + t)x^* + y^* = M \tag{1}$$

이 성립한다.

(ii) 회비를 받을 경우 예산선은

$$p_x x + y = M - \frac{K}{N} \tag{2}$$

이다.

b. 식 (1)의 양변에서 tx^*를 빼 주자. 그러면 $p_x x^* + y^* = M - tx^*$가 성립한다. 이것은 원래의 예산선과 기울기가 같으면서 평행이동한 예산선에서 (x^*, y^*)를 소비하고 있는 상태를 나타낸다. 이때 식사 가격이 올라서 이 개인이 더 지출하게 된 금액은 바로 가격인상분인 t에 소비량을 곱한 tx^*이다.

좀더 자세히 살펴보자. 만일 식사의 가격이 오르지 않은 상태에서 x^*번만큼 식사를 했다면 다른 상품에 $M - p_x x^*$만큼 지출할 수 있었을 것이다. 그런데 현재 식사 가격이 올라서 x^*번 식사를 할 경우 다른 상품에 y^*만큼밖에 지출하지 못하고 있는 상태이다. 그러므로 그 차액이 바로 식사 가격이 올라서 더 지출한 금액이 된다. 즉, $M - p_x x^* - y^*$가 바로 더 지출한 금액인 것이다. 식 (1)에서 볼 때 이 값이 바로 tx^*인 것이다.

현재 모든 회원들의 효용함수와 소득이 같다고 가정하고 있다. 그러므로 이 값을 일인당 회비인 $\frac{K}{N}$와 같아지도록 t의 값을 설정하면 식당을 늘리는 데 들어가는 비용 K원을 모두 충당할 수 있다. 즉, $tx^* = \frac{K}{N}$가 되도록 t의 값을 정한다. 가격을 올릴 경우 이전보다 1인당 더 내는 금액이 $\frac{K}{N}$가 되도록 t의 값을 정한다는 것이다. 이 경우 $Ntx^* = K$가 성립된다.

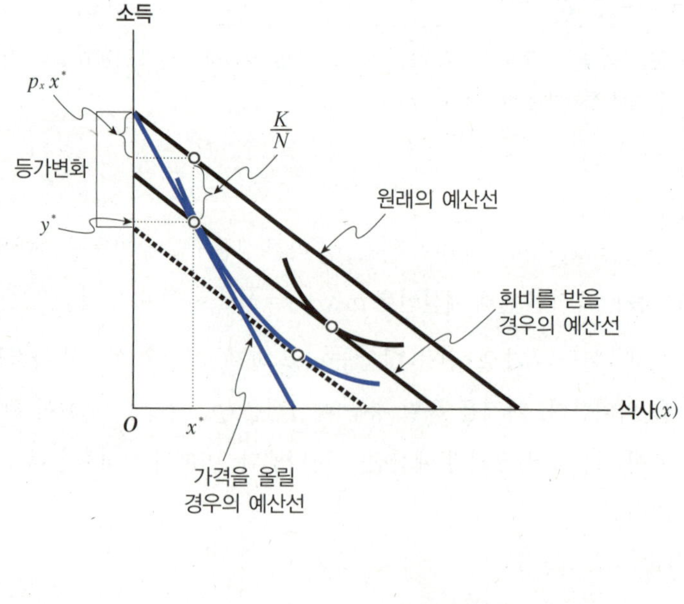

c. 이 경우 그림에서 보듯이 회비를 받을 경우 효용이 더 높아진다(물론 현시선호이론을 적용해서 비교해 볼 수도 있다). 그 이유는 식사의 가격을 올릴 경우 대체효과가 발생하기 때문이다. 즉, 자신의 경제적 부담을 줄이는 방향으로 행동을 조정하기 때문이다. 가격 왜곡이 선택을 교란시킨 것이다.

식사의 가격을 올릴 경우 줄어든 효용을 화폐가치로 표현하면 등가변화(EV)만큼이다(엄밀하게 말하면 등가변화의 절대값만큼이다). 한편 회비를 받을 경우 줄어든 효용을 화폐가치로 표현하면 $\frac{K}{N}$이다. 물론 이것은 회비를 받을 경우의 등가변화이다. 그 차이는 $\left(|EV| - \frac{K}{N}\right)$이다. 이것은 가격 왜곡으로 인해 발생한 비효율이다.

3.14 조세환불 시의 비효율

조세를 부과한 후 조세를 다시 환불해 주는 경우를 생각해 보자.

a. 거두어들인 조세를 그대로 되돌려주는 경우 예산선을 그리시오.

b. 소비자의 효용이 증가하는지 감소하는지, 그리고 그 이유를 말하시오.

c. 변화한 효용의 크기를 화폐 단위로 평가할 때 어느 만큼이 되는지 그림에 나타내시오.

d. 과세 전에 구입하려고 계획했던 상품묶음을 구입할 수 있을 만큼 보상해 주는 경우 예산선을 그리시오. 소비자의 효용 변화를 말하시오.

KEY ▶ 조세가 부과되면 소비자의 효용은 자신이 납부한 조세금액 이상으로 감소한다. 즉, 초과부담이 발생한다. 이것이 바로 조세로 인한 비효율이다. 비효율이 발생하는 이유는 조세가 상대가격을 변화시켜 대체효과를 유발하기 때문이다.

풀이

a. 휘발유에 조세를 부과하면 휘발유의 가격이 오르므로 예산선이 세로축 절편을 중심으로 시계방향으로 회전한다. 이것이 그림에 과세 후 예산선으로 나타나 있다. 이때 납부한 세금은 '과세 후 선택'으로부터 원래 예산선까지의 수직거리로 나타난다. 수직거리로 나타나는 이유를 살펴보자. 그 이유는 세금이 없었을 경우 '과세 후 선택한 점'을 선택했다면 수직거리에 해당하는 만큼 다른 상품 구입에 더 지출할 수 있었을 것이기 때문이다.

한편 환불받을 경우 과세 후 예산선이 위로 평행이동한다. 그런데 환불 후의 예산선에서 점선 부분은 포함되지 않는다. 그 이유를 살펴보자. 예를 들어 휘발유를 구입하면서 그에 상응하는 만큼 조세를 납부했다고 하자. 예를 들어 10만원의 조세를 납부했다고 하자. 이 경우 조세를 납부한 사람에게만 조세를 돌려준다는 점에 주목하자. 즉, 그는 이미 그 조세에 상응하는 만큼 휘발유를 소비한 상태에서 조세를 돌려받게 된다. 그러므로 세금을 돌려받더라도 소비량을 되돌릴 수는 없다. 즉, 돌려받은 세금은 휘발유를 더 구입하는 데 쓰거나 다른 상품을 더 구입하는 데 사용할 수 있을 뿐이다. 그러므로 환불 후의 예산선에서 점선부분은 포함되지 않는다. 이미 납부한 조세를 환불해 주는 대신 예를 들어 누구에게나 무조건 10만원을 보상해 주는 경우와 비교해 보면 그 차이를 알 수 있다(이 경우에는 점선부분이 포함된다).

b. 효용 변화를 알기 위해 현시선호이론을 적용하자. 환불 후의 예산선 상에 있는 점은 과세 전에도 선택할 수 있었다. 그런데 과세 전에 그 점들 중에서 어느 한 점을 택하지 않고 E점을 택했다. 이것은 E점이 환불 후의 예산선 상에 있는 점들보다 선호된다는 것을 의미한다. 이로부터 조세를 환불해 준다고 하더라도 소비자의 효용은 감소한다는 것을 알 수 있다. 이처럼 효용이 감소한다는 사실은 무차별곡선을 그려보아도 알 수 있다.

이처럼 효용이 감소하는 이유는 조세가 상대가격을 변화시켜 대체효과를 통해 비효율을 유발하기 때문이다.

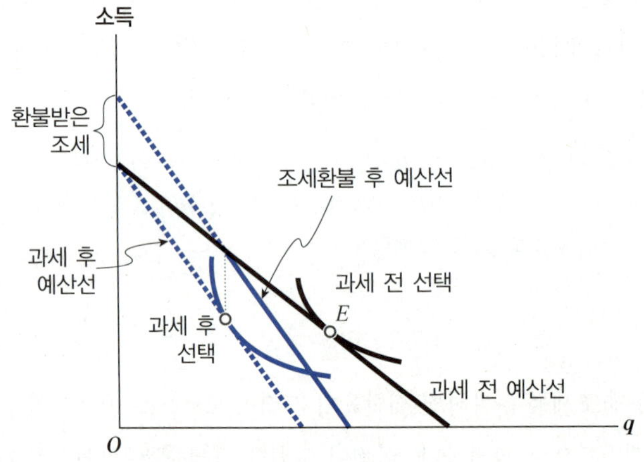

c. 앞서 말했듯이 효용은 감소한다. 그 효용 감소에 해당하는 금액은 그림에서 보듯이 보상변화에서 환불받은 조세만큼을 뺀 금액으로 나타난다. 그림에는 편의상 무차별곡선을 하나만 그려 놓았다.

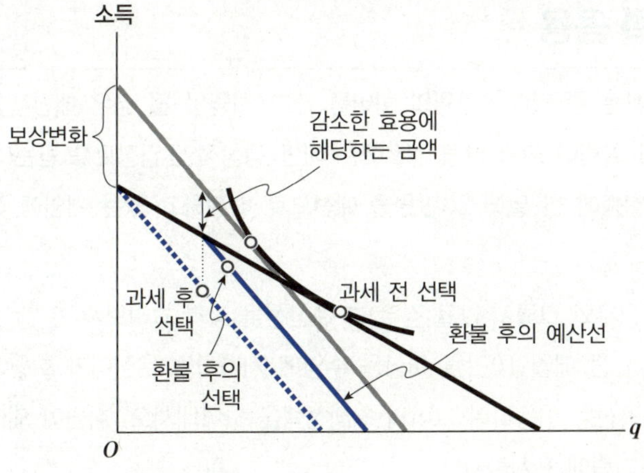

d. 거두어들인 조세를 되돌려주는 경우와는 달리 이 경우에는 직선 전체가 예산선이 된다. 납세액과 관계없이 보상해 주기 때문이다. 한편 보상을 받은 후에도 원래 선택했던 상품묶음을 선택하는 것이 가능하다. 그러므로 효용은 과세 전과 같거나 나아진다. 무차별곡선을 그려 확인해 보라. 효용이 같아지는 경우는 그림과는 달리 무차별곡선이 L자형일 경우이다.

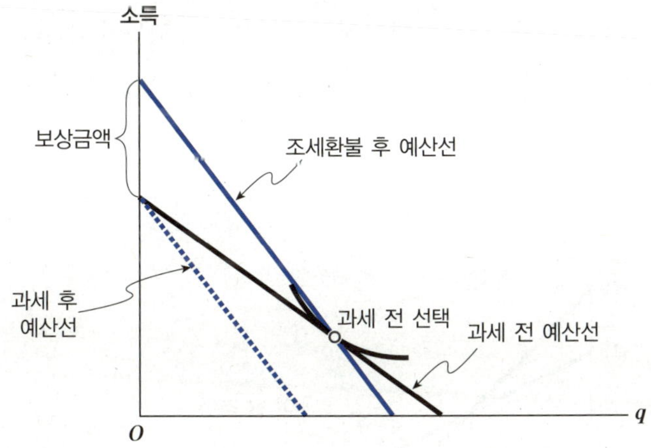

3.15 보상변화 응용

가람수영장에서는 한 달에 5만원의 회비를 내고 회원이 될 경우 매번 입장료를 반액으로 할인해 주지만 회원이 되지 않을 경우에는 매번 정상적인 입장료를 받는다고 한다. 수영을 포함한 여가 활동에 한 달에 20만원을 예산으로 배정하고 있는 개인에 대해 다음 물음에 답하시오.

a. 회원이 될 경우와 그렇지 않을 경우 그 예산선을 각각 그려보시오.

b. 회원이 되기 전 매월 10만원 이상을 수영에 지출하던 은정이가 회원에 가입했다고 한다. 무차별곡선을 이용하여 그녀의 최적선택을 나타내시오. 회원이 되어 얼마의 이득을 보았는가? 그림에 표시하시오.

c. 민수는 회원에 가입하지 않았다고 한다. 무차별곡선을 이용하여 그의 최적선택을 나타내시오. 민수가 수영에 대해 지출하는 금액은 얼마보다 적은가?

KEY ▶ 예산선을 정확하게 그려야 한다. 문항 b.에서는 새로운 가격을 기준으로 평가해야 한다. 그러므로 보상변화와 관련된 질문이다.

풀이

a. 회원이 될 경우 5만원의 회비를 내야 하므로 수중에 15만원이 남는다. 그런데 회원이 될 경우 매번 입장료를 반액으로 할인받으므로 가격이 $\frac{1}{2}$이 된다.

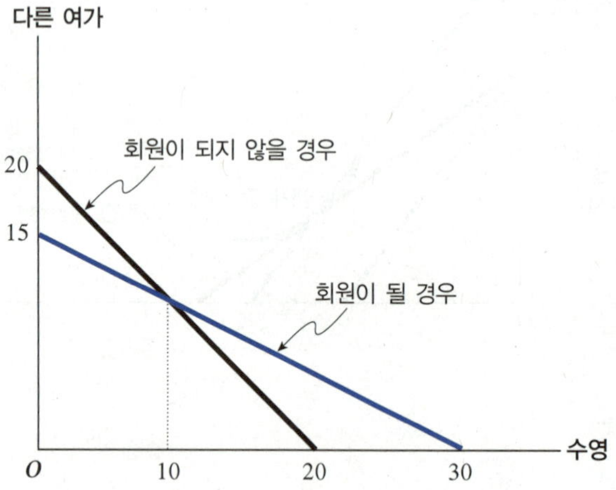

b.

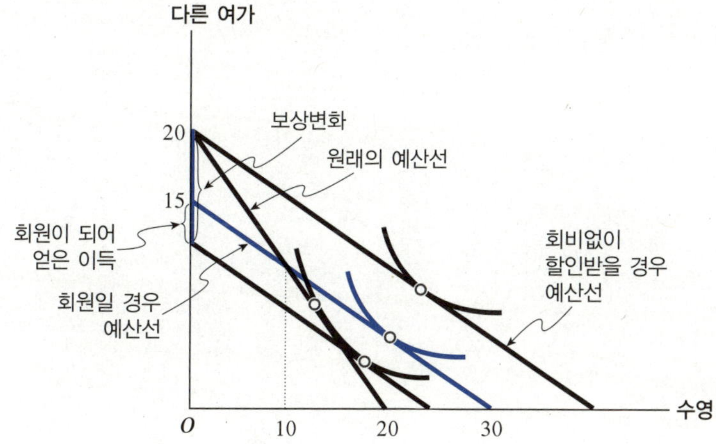

회비없이 입장료를 할인받을 경우 증가하는 효용을 화폐 단위로 평가한 것이 보상변화이다. 그런데 회비로 5만원을 지불한다. 그 차액이 회원이 되어 얻은 이득이다.

c. 두 예산선의 교점이 10만원에 해당된다. 원래의 예산선에서 10만원보다 더 많이 지출하고 있었다면 그는 반드시 회원이 되었을 것이다. 그림에서 볼 때, 10만원보다 큰 지출에서는 원래의 예산선보다 회원이 될 경우의 예산선이 더 밖에 있기 때문이다. 이로부터 민수는 10만원보다 적게 지출하고 있었음을 유추할 수 있다.

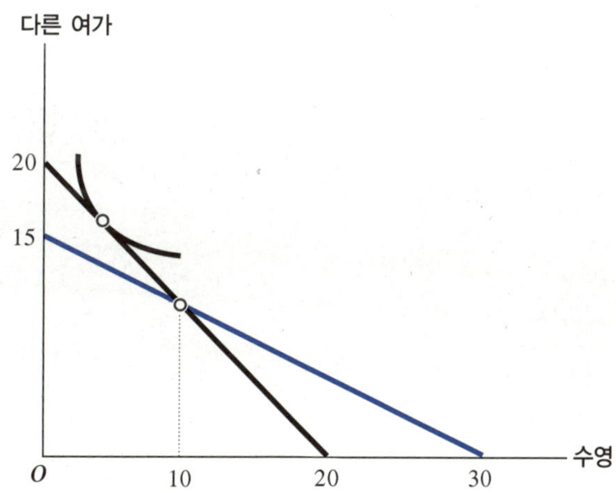

4장

대체효과, 소득효과, 소비자잉여 —수리적 분석

4.1 간접효용함수와 지출함수

4.2 보상변화(CV) : 콥-더글라스 효용함수의 경우

4.3 등가변화(EV) : 콥-더글라스 효용함수의 경우

4.4 보통수요곡선, 보상수요곡선, 보상변화, 등가변화 : 콥-더글라스 효용함수의 경우

4.5 힉스대체효과와 슬러츠키대체효과 : 콥-더글러스 효용함수의 경우

4.6 힉스대체효과 및 보상변화(CV)와 등가변화(EV) : 완전대체재의 경우

4.7 슬러츠키대체효과와 슬러츠키보상 : 완전대체재의 경우

4.8 보상변화(CV)와 등가변화(EV) : 완전보완재의 경우

4.9 보통수요함수, 간접효용함수, 보상수요함수, 지출함수 : 완전대체재의 경우

4.10 보통수요함수, 간접효용함수, 보상수요함수, 지출함수 : 완전보완재의 경우

4.11 소득효과, 대체효과, 보상변화, 등가변화 : 준선형 효용함수의 경우

4.12 준선형 효용함수일 경우 보상수요함수

4.13 콥-더글라스 효용함수의 경우 대체효과와 소득효과 : 조대체재, 조보완재, 순대체재, 순보완재

4.14 조대체재, 조보완재, 순대체재, 순보완재

4.15 보상변화

4.16 등가변화의 응용

4.17 조세의 비효율

4.18 정률보조금과 정액보조금의 비교

4.1 간접효용함수와 지출함수

효용함수가 $U(x, y) = xy$라고 하자.

X재의 가격이 p_x^0이고 Y재의 가격이 p_y이며, 소득이 M일 경우 효용을 극대화하려고 한다.

a. X재와 Y재의 수요량을 구하시오.

b. 이때 극대화된 효용은 얼마인가?

X재의 가격이 p_x^0이고 Y재의 가격이 p_y일 때, 최소의 지출로 위에서 얻은 효용을 달성하려고 한다.

c. X재와 Y재의 수요량을 구하시오. 이 결과를 위 문항의 결과와 비교하시오.

d. 이때 소요되는 지출액은 얼마인가?

KEY ▶ 효용극대화와 지출극소화는 쌍대성을 지닌다. 간접효용함수와 지출함수도 쌍대성을 지닌다.

풀이

a. 효용극대화 문제는

$$\underset{x,\,y}{Max}\ xy$$
$$s.t.\quad p_x^0 x + p_y y = M$$

과 같이 표현된다. 이 문제에 대한 라그랑지 함수는

$$\underset{x,\,y,\,\lambda}{Max}\ L = xy + \lambda(M - p_x^0 x - p_y y)$$

이다. 효용극대화의 일차필요조건은

$$\frac{\partial L}{\partial x} = y - \lambda p_x^0 = 0 \qquad (1)$$

$$\frac{\partial L}{\partial y} = x - \lambda p_y = 0 \qquad (2)$$

$$\frac{\partial L}{\partial \lambda} = M - p_x^0 x - p_y y = 0 \qquad (3)$$

이다. 식 (1)과 식 (2)를 정리한 다음 대응되는 변끼리 나누어주면

$$\frac{y}{x} = \frac{p_x^0}{p_y} \qquad (4)$$

를 얻는다. 이것은 바로

$$MRS_{xy} = \frac{p_x^0}{p_y}$$

임을 의미한다. 식 (3)과 식 (4)를 연립으로 하면

$$x_0 = \frac{M}{2p_x^0}, \quad y_0 = \frac{M}{2p_y} \tag{5}$$

을 얻는다.

b. 극대화된 효용은

$$U(x_0, y_0) = x_0 y_0 = \frac{M^2}{4p_x^0 p_y} = V(p_x^0, p_y, M) \tag{6}$$

이다. 이때 마지막 두 항의 관계인 $V(p_x^0, p_y, M) = \frac{M^2}{4p_x^0 p_y}$은 간접효용함수를 나타낸다.

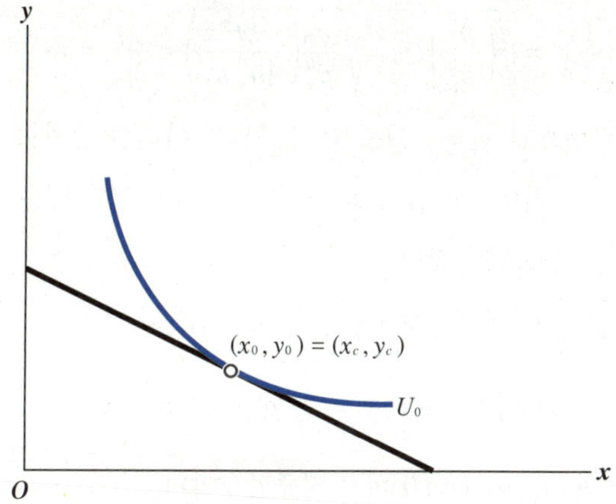

c. $\frac{M^2}{4p_x^0 p_y} = U_0$라고 놓자. 그러면 지출극소화 문제는

$$\underset{x,\,y}{Min}\ e(x, y) = p_x^0 x + p_y y$$
$$s.t. \quad xy = U_0$$

로 표현된다. 이에 대한 라그랑지함수는

$$\underset{x,\,y,\,\lambda}{Max}\ L = p_x^0 x + p_y y + \lambda(U_0 - xy)$$

이다. 극소화의 일차필요조건은

$$\frac{\partial L}{\partial x} = p_x^0 - \lambda y = 0 \tag{7}$$

$$\frac{\partial L}{\partial y} = p_y - \lambda x = 0 \tag{8}$$

$$\frac{\partial L}{\partial \lambda} = U_0 - xy = 0 \tag{9}$$

이다. 식 (7)과 식 (8)을 정리한 다음 대응되는 변끼리 나누어주면

$$\frac{p_x^0}{p_y} = \frac{y}{x} \tag{10}$$

를 얻는다. 이것은 바로

$$\frac{p_x^0}{p_y} = MRS_{xy}$$

임을 의미한다. 식 (9)와 식 (10)을 연립으로 하면

$$x_c = \sqrt{\left(\frac{p_y}{p_x^0}\right)U_0}, \quad y_c = \sqrt{\left(\frac{p_x^0}{p_y}\right)U_0} \tag{11}$$

를 얻는다. 이것이 바로 보상수요량이다.

그런데

$$x_c = \sqrt{\left(\frac{p_y}{p_x^0}\right)U_0} = \sqrt{\frac{p_y}{p_x^0}\left(\frac{M^2}{4p_x^0 p_y}\right)} = \frac{M}{2p_x^0} = x_0$$

이다. 같은 방법으로 $y_c = y_0$임을 알 수 있다. 이러한 결과는 쌍대성을 보여준다. 즉, 주어진 소득으로 최대 효용을 얻을 때의 수요량은, 그때 얻은 효용을 최소지출로 달성하려고 할 때의 수요량과 같다.

d. 이때 최소지출은 식 (11)을 목적함수에 대입하여

$$e(x_c, y_c) = p_x^0 x_c + p_y y_c = 2\sqrt{p_x^0 p_y U_0} = E(p_x^0, p_y, U_0) \tag{12}$$

로 구해진다. $E(p_x^0, p_y, U_0)$가 바로 지출함수이다.

한편 식 (12)에 $U_0 = \dfrac{M^2}{4p_x^0 p_y}$을 대입하면

$$E(p_x^0, p_y, U_0) = 2\sqrt{p_x^0 p_y U_0} = 2\sqrt{p_x^0 p_y\left(\frac{M^2}{4p_x^0 p_y}\right)} = M \tag{13}$$

이 된다. 즉, 소득이 M으로 주어지면 그 소득으로 달성할 수 있는 최대효용을 구할 수 있는데, 이때 얻은 최대효용을 달성하는 데 드는 최소지출은 바로 처음에 주어진 소득 M과 같다는 것이다.

한편 식 (6)과 식 (12) 중에서 어느 하나를 알면 쌍대성을 적용하여 다른 하나를 구할 수 있다. 예를 들어 식 (6)의 마지막 두 항에서 M을 E로 놓고 V를 U_0로 놓은 다음 E에 대해 풀면 지출함수를 얻는다.

4.2 보상변화(*CV*) : 콥-더글라스 효용함수의 경우

효용함수가 $U(x, y) = xy$라고 하자. X재의 가격이 p_x^0에서 p_x^1으로 상승했다고 하자. 이때 X재의 가격이 p_x^0이고 Y재의 가격이 p_y이면서 소득이 M일 때 누리던 효용을, X재의 가격이 p_x^1으로 상승한 상태에서 누리려고 한다.

a. X재와 Y재의 수요량을 구하시오.

b. 이때 소요되는 금액은 얼마인가?

c. 보상변화는 얼마인가?

KEY ▶ 보상변화는 원래의 가격으로 원래의 효용을 얻는 데 드는 지출액과 새로운 가격으로 원래의 효용을 얻는 데 드는 지출액의 차이이다.

풀이

a. X재의 가격이 p_x^0이고 Y재의 가격이 p_y이면서 소득이 M일 때 누리던 효용을 U_0라고 하자. 앞 문제에서

$$U_0 = \frac{M^2}{4p_x^0 p_y} \tag{1}$$

으로 구해졌다.

X재의 가격이 p_x^1으로 상승한 상태에서 이러한 효용을 누리려 할 때의 수요량은

$$\underset{x, y}{Min}\ e(x, y) = p_x^1 x + p_y y$$
$$s.t. \quad xy = U_0$$

와 같은 지출극소화 문제를 풀어서 구할 수 있다. 이에 대한 라그랑지함수는

$$\underset{x, y, \lambda}{Min}\ L = p_x^1 x + p_y y + \lambda(U_0 - xy)$$

이다. 극소화의 일차필요조건은

$$\frac{\partial L}{\partial x} = p_x^1 - \lambda y = 0 \tag{2}$$

$$\frac{\partial L}{\partial y} = p_y - \lambda x = 0 \tag{3}$$

$$\frac{\partial L}{\partial \lambda} = U_0 - xy = 0 \tag{4}$$

이다. 식 (2)와 식 (3)을 정리한 다음 대응되는 변끼리 나누어주면

$$\frac{p_x^1}{p_y} = \frac{y}{x} \tag{5}$$

를 얻는다. 이것은 바로

$$\frac{p_x^1}{p_y} = MRS_{xy}$$

임을 의미한다. 식 (4)와 식 (5)를 연립으로 하면

$$x_c^0 = \sqrt{\left(\frac{p_y}{p_x^1}\right)U_0},\ \ y_c^0 = \sqrt{\left(\frac{p_x^1}{p_y}\right)U_0} \qquad (6)$$

를 얻는다. 이것이 바로 보상수요량이다.

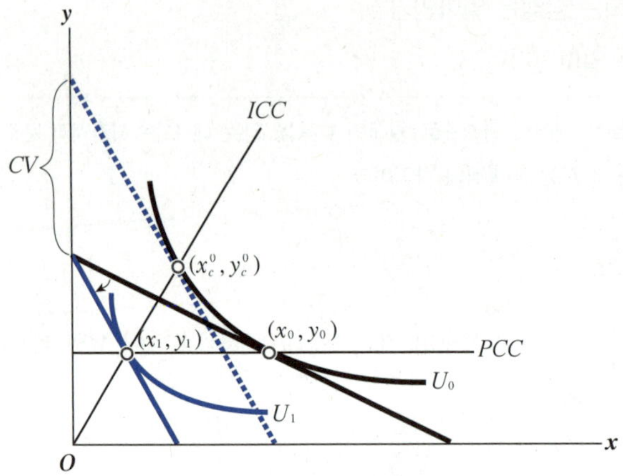

b. 이때 최소지출은 식 (6)을 목적함수에 대입하면

$$e(x_c^0, y_c^0) = p_x^1 x_c^0 + p_y y_c^0 = 2\sqrt{p_x^1 p_y U_0} = E(p_x^1, p_y, U_0) \qquad (7)$$

로 구해진다. 식 (7)에 식 (1)인 $U_0 = \dfrac{M^2}{4p_x^0 p_y}$을 대입하면

$$E(p_x^1, p_y, U_0) = 2\sqrt{p_x^1 p_y U_0} = 2\sqrt{p_x^1 p_y\left(\frac{M^2}{4p_x^0 p_y}\right)} = M\sqrt{\frac{p_x^1}{p_x^0}} \qquad (8)$$

을 얻는다.

c. CV는 원래의 가격으로 원래의 효용을 얻는 데 드는 지출액과 새로운 가격으로 원래의 효용을 얻는 데 드는 지출액의 차이이다. 그러므로 식 (8)과 $E(p_x^0, p_y, U_0) = M$이라는 사실을 적용하면,

$$CV = E(p_x^0, p_y, U_0) - E(p_x^1, p_y, U_0) = M - M\sqrt{\frac{p_x^1}{p_x^0}}$$

으로 구해진다.

4.3 등가변화(EV) : 콥-더글라스 효용함수의 경우

효용함수가 $U(x, y) = xy$라고 하자. X재의 가격이 p_x^0에서 p_x^1으로 상승했다고 하자. 이때 X재의 가격이 p_x^1이고 Y재의 가격이 p_y이면서 소득이 M일 때 누리는 효용을, X재의 가격이 p_x^0인 상태에서 누리려고 한다.

a. X재와 Y재의 수요량을 구하시오.

b. 이때 소요되는 금액은 얼마인가?

c. 등가변화는 얼마인가?

KEY ▶ 등가변화는 원래의 가격으로 새로운 효용을 얻는 데 드는 지출액과 새로운 가격으로 새로운 효용을 얻는 데 드는 지출액의 차이이다.

풀이

a. X재의 가격이 p_x^1이고 Y재의 가격이 p_y이면서 소득이 M일 때 누리는 효용을 U_1이라고 놓자. 그런데 $x_1 = \frac{M}{2p_x^1}$, $y_1 = \frac{M}{2p_y}$이므로

$$U_1 = U(x_1, y_1) = x_1 y_1 = \frac{M^2}{4p_x^1 p_y} \tag{1}$$

이다. X재의 가격이 p_x^0인 상태에서 이러한 효용을 누리려 할 때의 수요량은

$$\underset{x,\,y}{Min}\ e(x, y) = p_x^0 x + p_y y$$
$$s.t. \quad xy = U_1$$

과 같은 지출극소화 문제를 풀어서 구할 수 있다. 이 문제의 해는

$$x_c^1 = \sqrt{\left(\frac{p_y}{p_x^0}\right)U_1}, \ \ y_c^1 = \sqrt{\left(\frac{p_x^0}{p_y}\right)U_1} \tag{2}$$

으로 구해진다. 이것이 바로 보상수요량이다.

b. 이때 최소지출은 식 (2)를 목적함수에 대입하면

$$e(x_c^1, y_c^1) = p_x^0 x_c^1 + p_y y_c^1 = 2\sqrt{p_x^0 p_y U_1} = E(p_x^0, p_y, U_1) \tag{3}$$

을 얻는다. 식 (3)에 식 (1)을 대입하면

$$E(p_x^0, p_y, U_1) = 2\sqrt{p_x^0 p_y U_1} = 2\sqrt{p_x^0 p_y\left(\frac{M^2}{4p_x^1 p_y}\right)} = M\sqrt{\frac{p_x^0}{p_x^1}} \tag{4}$$

를 얻는다.

c. EV는 원래의 가격으로 새로운 효용을 얻는 데 드는 지출액과 새로운 가격으로 새로운 효용을 얻는 데 드는 지출액의 차이이다. 그러므로 식 (4)와 $E(p_x^1, p_y, U_1) = M$이라는

사실을 적용하면,

$$EV = E(p_x^0, p_y, U_1) - E(p_x^1, p_y, U_1) = M\sqrt{\frac{p_x^0}{p_x^1}} - M$$

으로 구해진다.

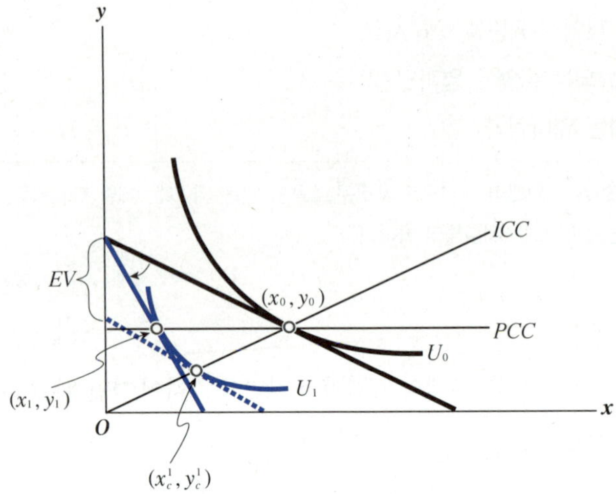

가격이 p_x^0에서 p_x^1으로 상승한 경우 절대값을 비교해 보면 $CV > EV$인 것을 알 수 있다.

4.4 보통수요곡선, 보상수요곡선, 보상변화, 등가변화 : 콥-더글라스 효용함수의 경우

효용함수가 $U(x, y) = xy$인 상황에서 소득이 12, Y재의 가격이 1이라고 하자.

a. X재의 보통수요곡선을 그리시오.

b. X재의 가격이 2에서 1로 하락할 경우 보상변화(CV)와 등가변화(EV)를 X재의 보상수요곡선을 이용하여 측정하는 방법을 말하시오.

c. X재의 가격이 2에서 3으로 상승할 경우 CV와 EV를 X재의 보상수요곡선을 이용하여 측정하는 방법을 말하시오.

d. CV와 EV를 측정할 때 각각 어느 보상수요곡선을 이용해 측정하는지를 말하고 이 점에 주목하여 가격이 변화할 경우 CV와 EV 사이에 성립하는 동등 관계에 대해 말하시오.

KEY ▶ 보상수요량은 지출극소화 문제를 풀어서 구할 수 있다. CV는 원래의 효용에 대응하는 보상수요곡선에서 측정한 보상소비자잉여의 변화와 일치하고 EV는 가격변화 이후의 새로운 효용에 대응하는 보상수요곡선에서 측정한 보상소비자잉여의 변화와 일치한다.

풀이

소득을 M, X재의 가격을 p_x, Y재의 가격을 p_y라고 하자.

a. 보통수요량은 [문제 4.1]의 풀이에서 $x = \frac{M}{2p_x}$, $y = \frac{M}{2p_y}$으로 구해졌다. 이를 적용하면

$$p_x = 1\text{일 경우}: x_1 = \frac{12}{2\times 1} = 6,\ y_1 = \frac{12}{2\times 1} = 6,\ U_1 = x_1 y_1 = 6\times 6 = 36$$

$$p_x = 2\text{일 경우}: x_2 = \frac{12}{2\times 2} = 3,\ y_2 = \frac{12}{2\times 1} = 6,\ U_2 = x_2 y_2 = 3\times 6 = 18$$

$$p_x = 3\text{일 경우}: x_3 = \frac{12}{2\times 3} = 2,\ y_3 = \frac{12}{2\times 1} = 6,\ U_3 = x_3 y_3 = 2\times 6 = 12$$

를 얻는다. 이때 X재의 보통수요곡선이 그림에 d로 그려져 있다.

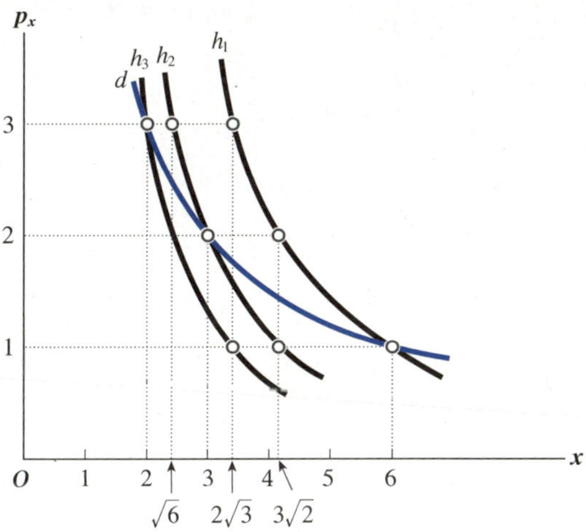

b. c. 답변에 앞서 앞으로 필요한 결과들을 먼저 구해 두자. 이를 위해 우선 표기에 대해 규정해 놓자. 예를 들어 U_2는 $p_x = 2$일 때의 효용을 나타낸다. 그리고 x_{c3}^2에서 상첨자 2는 U_2를 달성하려 할 때의 수요량임을 나타내고, 하첨자 c는 보상수요량이라는 것을 나타내며, 하첨자 c 옆의 3은 주어진 효용을 $p_x = 3$의 가격에서 달성하려 할 때의 수요량임을 나타낸다. 이러한 표기에 따라 [문제 4.2]의 풀이 결과를 적용하여 각 경우의 보상수요량을 구해 보면 다음과 같다.

(i) 주어진 효용이 U_1일 경우 X재의 보상수요량 : 그림의 X재의 보상수요곡선 h_1

$$p_x = 1\text{에서}: x_{c1}^1 = \sqrt{\left(\frac{p_y}{p_x}\right)U_1} = \sqrt{\left(\frac{1}{1}\right)\times 36} = 6,$$

$$p_x = 2\text{에서}: x_{c2}^1 = \sqrt{\left(\frac{p_y}{p_x}\right)U_1} = \sqrt{\left(\frac{1}{2}\right)\times 36} = 3\sqrt{2},$$

$$p_x = 3\text{에서}: x_{c3}^1 = \sqrt{\left(\frac{p_y}{p_x}\right)U_1} = \sqrt{\left(\frac{1}{3}\right)\times 36} = 2\sqrt{3}$$

(ii) 주어진 효용이 U_2일 경우 X재의 보상수요량 : 그림의 X재의 보상수요곡선 h_2

$$p_x = 1\text{에서} : x_{c1}^2 = \sqrt{(\frac{p_y}{p_x})U_2} = \sqrt{(\frac{1}{1}) \times 18} = 3\sqrt{2},$$

$$p_x = 2\text{에서} : x_{c2}^2 = \sqrt{(\frac{p_y}{p_x})U_2} = \sqrt{(\frac{1}{2}) \times 18} = 3,$$

$$p_x = 3\text{에서} : x_{c3}^2 = \sqrt{(\frac{p_y}{p_x})U_2} = \sqrt{(\frac{1}{3}) \times 18} = \sqrt{6}$$

(iii) 주어진 효용이 U_3일 경우 X재의 보상수요량 : 그림의 X재의 보상수요곡선 h_3

$$p_x = 1\text{에서} : x_{c1}^3 = \sqrt{(\frac{p_y}{p_x})U_3} = \sqrt{(\frac{1}{1}) \times 12} = 2\sqrt{3},$$

$$p_x = 2\text{에서} : x_{c2}^3 = \sqrt{(\frac{p_y}{p_x})U_3} = \sqrt{(\frac{1}{2}) \times 12} = \sqrt{6},$$

$$p_x = 3\text{에서} : x_{c3}^3 = \sqrt{(\frac{p_y}{p_x})U_3} = \sqrt{(\frac{1}{3}) \times 12} = 2$$

를 얻는다.

X재의 가격이 2에서 1로 하락할 경우 CV는 X재의 보상수요곡선 h_2에서의 보상소비자잉여의 변화(보상소비자잉여의 변화를 간략히 $CCCS$로 부르자)로 나타나고 EV는 h_1에서의 $CCCS$로 나타난다. 같은 원리로 X재의 가격이 2에서 3으로 상승할 경우 CV는 h_2에서의 $CCCS$로 나타나고 EV는 h_3에서의 $CCCS$로 나타난다.

d. (i) 원래의 가격이 2가 아니라 1이나 3인 경우에도 앞서와 같은 원리로 생각할 수 있다. 즉, 가격 변화 이전 원래의 효용에 대응하는 보상수요곡선을 기준으로 $CCCS$를 측정하면 CV를 얻고 가격 변화 이후의 새로운 효용들에 대응하는 나머지 2개의 보상수요곡선을 이용하여 $CCCS$를 측정하면 각각 그에 대응하는 EV를 얻는다.

(ii) X재의 가격이 2에서 1로 하락할 경우의 CV와 1에서 2로 상승할 경우의 EV는 모두 h_2로 측정되므로 같아진다. 특히 EV를 구할 때 새로운 효용은 변화 이후의 가격인 2에서 구하므로 h_2가 새로운 효용에 대응하는 보상수요곡선이라는 점에 주목하자. 같은 원리로 X재의 가격이 2에서 3으로 상승할 경우의 CV와 3에서 2로 하락할 경우의 EV는 모두 h_2로 측정되므로 같아진다.

4.5 힉스대체효과와 슬러츠키대체효과 : 콥-더글러스 효용함수의 경우

효용함수가 $U(x, y) = xy$라고 하자. X재의 가격이 2, Y재의 가격이 4, 소득이 32라고 하자. 이러한 상태에서 X재의 가격이 8로 오를 경우에 대해서 생각해 보자.

a. 힉스보상을 할 경우, 각 상품에 대해 가격효과, 대체효과, 소득효과를 각각 구하시오.

b. 슬러츠키보상을 할 경우, 각 상품에 대해 가격효과, 대체효과, 소득효과를 각각 구하시오.

KEY ▶ 힉스보상은 효용을 기준으로 이루어지며 슬러츠키보상은 구매력을 기준으로 이루어진다.

풀이

a. $p_x^0 = 2$, $p_y = 4$, $M = 32$, $p_x^1 = 8$이다.

원래 가격에서 보통수요량은 $x_0 = \dfrac{M}{2p_x^0} = 8$, $y_0 = \dfrac{M}{2p_y} = 4$이다.

새로운 가격에서 보통수요량은 $x_1 = \dfrac{M}{2p_x^1} = 2$, $y_1 = \dfrac{M}{2p_y} = 4$이다.

(i) X재의 경우 가격효과 $= x_1 - x_0 = 2 - 8 = -6$ (수요량 감소)

Y재의 경우 가격효과 $= y_1 - y_0 = 4 - 4 = 0$ (수요량 불변)

(ii) 대체효과를 구하려면 보상수요량을 알아야 한다. 보상수요량은

$$\underset{x,\,y}{Min}\ e(x, y) = p_x^1 x + p_y y$$
$$s.t.\quad xy = U_0$$

와 같은 지출극소화 문제를 풀어서 구할 수 있다. 이때

$$U_0 = U(x_0, y_0) = x_0 y_0 = 8 \times 4 = 32$$

이다. 위 극소화 문제에 대한 라그랑지함수는

$$\underset{x,\,y,\,\lambda}{Max}\ L = p_x^1 x + p_y y + \lambda(U_0 - xy)$$

이다. 극소화의 일차필요조건은

$$\frac{\partial L}{\partial x} = p_x^1 - \lambda y = 0 \qquad (1)$$

$$\frac{\partial L}{\partial y} = p_y - \lambda x = 0 \qquad (2)$$

$$\frac{\partial L}{\partial \lambda} = U_0 - xy = 0 \qquad (3)$$

이다. 식 (1)과 식 (2)를 정리한 다음 대응되는 변끼리 나누어주면

$$\frac{p_x^1}{p_y} = \frac{y}{x} \tag{4}$$

를 얻는다. 이것은 바로

$$\frac{p_x^1}{p_y} = MRS_{xy}$$

임을 의미한다.

식 (3)과 식 (4)를 연립으로 하면

$$x_c^0 = \sqrt{\left(\frac{p_y}{p_x^1}\right)U_0},\ \ y_c^0 = \sqrt{\left(\frac{p_x^1}{p_y}\right)U_0} \tag{5}$$

를 얻는다. 이것이 바로 보상수요량이다. 그러므로 (5)에 해당되는 값들을 대입하면

$$x_c^0 = \sqrt{\left(\frac{p_y}{p_x^1}\right)U_0} = \sqrt{\frac{4}{8}\times 32} = 4,$$

$$y_c^0 = \sqrt{\left(\frac{p_x^1}{p_y}\right)U_0} = \sqrt{\frac{8}{4}\times 32} = 8$$

을 얻는다. 따라서

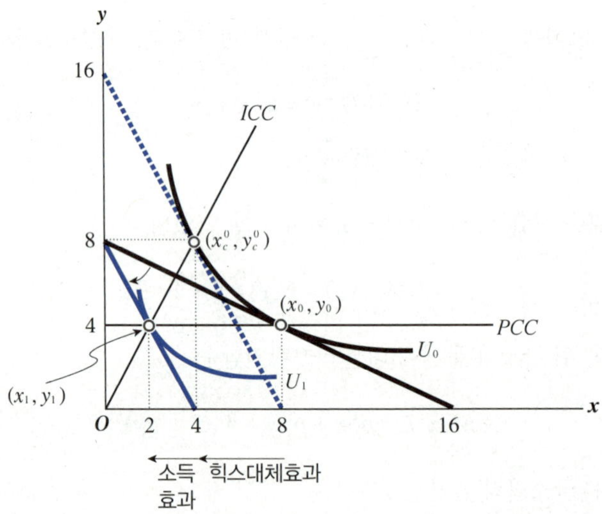

(X재의 경우)

X재의 경우 힉스대체효과 = $x_c^0 - x_0 = 4 - 8 = -4$ (수요량 감소)

Y재의 경우 힉스대체효과 = $y_c^0 - y_0 = 8 - 4 = 4$ (수요량 증가)

(iii) X재의 경우, 힉스보상에 따른 소득효과 = $x_1 - x_c^0 = 2 - 4 = -2$ (수요량 감소)

Y재의 경우, 힉스보상에 따른 소득효과 = $y_1 - y_c^0 = 4 - 8 = -4$ (수요량 감소)

를 얻는다.

b. 새로운 가격 (p_x^1, p_y)로 원래의 상품묶음 (x_0, y_0)를 구입할 수 있는 소득을 M'라고 하자(이때 $M' = p_x^1 x_0 + p_y y_0 = 8\times 8 + 4\times 4 = 80$이 된다). 그러면 새로운 가격 (p_x^1, p_y)로 원래의 상품묶음 (x_0, y_0)를 구입할 수 있을 때의 예산식은 $p_x^1 x + p_y y = M'$로 쓸 수 있다. 이때의 수요량을 (x_c^2, y_c^2)라고 하자. 그러면 공식에 의해 $x_c^2 = \dfrac{M'}{2p_x^1} = \dfrac{80}{2\times 8} = 5$, $y_c^2 = \dfrac{M'}{2p_y} = \dfrac{80}{2\times 4} = 10$으로 구해진다.

그런데 문항 a.에서 원래 가격에서 보통수요량은 $x_0 = \dfrac{M}{2p_x^0} = 8$, $y_0 = \dfrac{M}{2p_y} = 4$, 새로운 가격에서 보통수요량은 $x_1 = \dfrac{M}{2p_x^1} = 2$, $y_1 = \dfrac{M}{2p_y} = 4$임을 알았다.

(i) 가격효과는 문항 a.의 경우와 같다. 즉

X재의 경우 가격효과 $= x_1 - x_0 = 2 - 8 = -6$ (수요량 감소)

Y재의 경우 가격효과 $= y_1 - y_0 = 4 - 4 = 0$ (수요량 불변)이다.

(ii) X재의 경우 슬러츠키대체효과 $= x_c^2 - x_0 = 5 - 8 = -3$ (수요량 감소)

Y재의 경우 슬러츠키대체효과 $= y_c^2 - y_0 = 10 - 4 = 6$ (수요량 증가)

(iii) X재의 경우, 슬러츠키 보상에 따른 소득효과 $= x_1 - x_c^2 = 2 - 5 = -3$ (수요량 감소)

Y재의 경우, 슬러츠키 보상에 따른 소득효과 $= y_1 - y_c^2 = 4 - 10 = -6$ (수요량 감소)

를 얻는다.

이상의 결과들을 비교해 보면 가격이 상승할 때 X재의 경우 힉스대체효과는 슬러츠키대체효과보다 크다는 것을 알 수 있다.

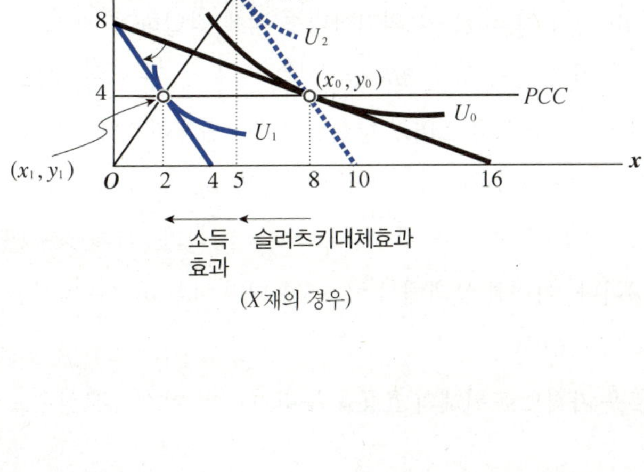

(X재의 경우)

4.6 힉스대체효과 및 보상변화(CV)와 등가변화(EV) : 완전대체재의 경우

어떤 소비자의 효용함수가 $U(x, y) = x + y$이다. Y재의 가격은 10이고, 이 소비자의 소득은 100이라고 한다.

a. X재의 가격이 20에서 5로 하락할 경우 X재에 대해 소득효과와 힉스대체효과를 구하시오.

b. X재의 가격이 20에서 5로 하락할 경우 보상변화를 구하시오.

c. X재의 가격이 20에서 5로 하락할 경우 등가변화를 구하시오.

d. X재의 가격이 5에서 20으로 상승할 경우 X재에 대해 소득효과와 힉스대체효과를 구하시오.

e. X재의 가격이 5에서 20으로 상승할 경우 보상변화를 구하시오.

f. X재의 가격이 5에서 20으로 상승할 경우 등가변화를 구하시오.

g. 각 경우의 보상변화와 등가변화의 크기를 비교하시오.

KEY ▶ 완전대체재의 경우 X재 가격이 하락하여 선택을 바꿀 경우 X재 수요량 변화에 소득효과가 나타난다. 그러나 X재 가격이 상승하여 선택을 바꿀 경우 X재 수요량 변화에 소득효과가 나타나지 않는다. 한편 가격이 하락할 때의 $CV(EV)$는 가격이 상승할 때의 $EV(CV)$와 그 절대값이 같다.

풀이

a. $p_x^0 = 20$, $p_y = 10$, $M = 100$이다. 완전대체재이므로 소비자는 더 싼 상품만 구입한다. 각 상품 소비에 지출하는 금액 1원당 한계효용을 비교하여 분석할 수도 있다. 말하자면 $\frac{MU_x}{p_x} = \frac{1}{20} < \frac{MU_y}{p_y} = \frac{1}{10}$이므로, 즉 한계효용이 일정하다는 점을 감안할 때 Y재 구입에 지출할 경우 얻는 1원당 한계효용이 X재 구입에 지출할 경우 얻는 1원당 한계효용보다 항상 크므로 Y재만 구입한다는 것이다. 한편 한계대체율이 한계편익을 의미하고 가격비율이 기회비용을 의미한다는 점에 착안하여 두 값을 비교하여 분석할 수도 있다. 즉, 이 문항의 경우 $MRS_{xy} = \frac{MU_x}{MU_y} = \frac{1}{1} < \frac{p_x}{p_y} = \frac{20}{10}$이므로, 즉 한계대체율(한계편익)이 일정한데 X재 소비의 한계편익보다 한계비용이 항상 더 크므로 X재는 소비하지 않고 Y재만 소비한다. 그 결과 예산제약식 $p_x x + p_y y = 100$에 $x = 0$과 $p_y = 10$을 대입하면 $y_0 = 10$을 얻는다. 즉, $x_0 = 0$, $y_0 = 10$이다. 이때 효용은 $U(x_0, y_0) = U_0 = x_0 + y_0 = 10$이다. 이러한 상태에서 $p_x^1 = 5$가 되면 이 소비자는 X재만 20단위 구입한다. 즉, $x_1 = 20$, $y_1 = 0$이다.

새로운 가격으로 원래의 효용을 누리기 위한 힉스의 보상수요량은

$$\underset{x,\,y}{Min}\ e(x, y) = p_x^1 x + p_y y = 5x + 10y$$
$$s.t.\quad x + y = 10\,(= U_0)$$

와 같은 지출극소화 문제를 풀어서 구할 수 있다. 효용극대화와 지출극소화는 쌍대관계에 있으므로 문항 a.에서처럼 MRS_{xy}와 $\frac{p_x}{p_y}$를 비교해서 분석할 수도 있다. 항상 $\frac{p_x^1}{p_y} = \frac{5}{10} < MRS_{xy} = \frac{MU_x}{MU_y} = \frac{1}{1}$이므로, 즉 한계대체율(한계편익)이 일정하다는 점을 감안할 때 항상 'X재 구입의 한계비용 < X재의 한계편익' 이므로 Y재는 구입하지 않고 X재만 구입함으로써 주어진 효용 수준을 최소비용으로 달성할 수 있다. 지출극소화라는 점을 부각시키려면 $\frac{p_x}{MU_x}$와 $\frac{p_y}{MU_y}$를 비교할 수 있다. 항상 $\frac{p_x^1}{MU_x} = \frac{5}{1} < \frac{p_y}{MU_y} = \frac{10}{1}$이므로, 즉 한계효용이 일정하다는 점을 감안할 때 X재 구입에 지출하여 효용을 추가로 1단위 더 얻는 데 드는 금액이 Y재 구입에 지출하여 효용을 추가로 1단위 더 얻는 데 드는 금액보다 항상 적으므로 X재만 구입함으로써 주어진 효용 수준을 최소비용으로 달성할 수 있다. 그러므로 이 경우 제약식인 $x + y = 10$의 y에 0을 대입함으로써 $x = 10$을 얻는다. 즉, $x_c^0 = 10$, $y_c^0 = 0$이 된다. 이로부터 힉스대체효과 $= x_c^0 - x_0 = 10 - 0 = 10$, 소득효과 $= x_1 - x_c^0 = 20 - 10 = 10$이다.

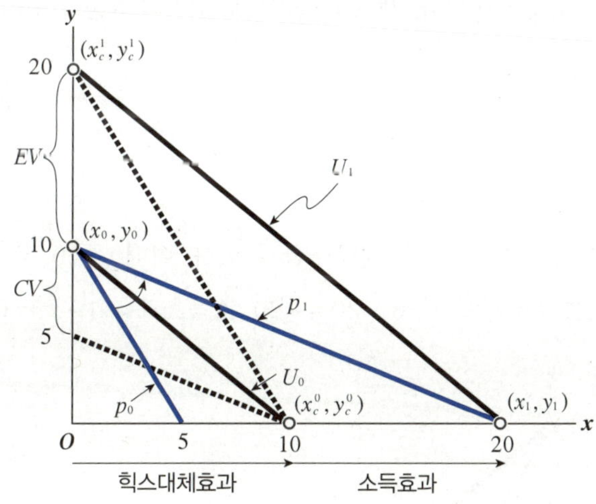

b. 위 문항 a.에서 $E(p_x^1, p_y, U_0) = p_x^1 x_c^0 + p_y y_c^0 = 50$이다. CV는 원래의 가격으로 원래의 효용을 누리는 데 드는 지출액과 새로운 가격으로 원래의 효용을 누리는 데 드는 지출액의 차이다. 그러므로

$$CV = E(p_x^0, p_y, U_0) - E(p_x^1, p_y, U_0) = 100 - 50 = 50$$

이다.

c. EV는 원래의 가격으로 새로운 효용을 누리는 데 드는 지출액과 새로운 가격으로 새로운 효용을 누리는 데 드는 지출액의 차이다. 그런데 문항 a.의 결과로부터 새로운 효용은 $U(x_1, y_1) = U_1 = x_1 + y_1 = 20$이다. 그런데 원래의 가격인 $p_x^0 = 20$에서 새로운 효용을 누리는 데 드는 최소지출액을 구하는 지출극소화 문제는

$$\underset{x,\,y}{Min}\ E = p_x^0 x + p_y y = 20x + 10y$$
$$s.t. \quad x + y = 20\,(= U_1)$$

이다. 이때 $x_c^1 = 0,\ y_c^1 = 20$이다. 그러므로 $E(p_x^0, p_y, U_1) = p_x^0 x_c^1 + p_y y_c^1 = 200$이다.

따라서

$$EV = E(p_x^0, p_y, U_1) - E(p_x^1, p_y, U_1) = 200 - 100 = 100$$

이다.

d. $p_x^0 = 5,\ p_y = 10,\ M = 100$이다. 완전대체재이므로 소비자는 더 싼 상품만 구입한다. 그러므로 X재만 20단위 구입한다. 즉, $x_0 = 20,\ y_0 = 0$이다. 이때 효용은 $U(x_0, y_0) = U_0 = x_0 + y_0 = 20$이다. 이러한 상태에서 $p_x^1 = 20$이 되면 이 소비자는 Y재만 10단위 구입한다. $x_1 = 0,\ y_1 = 10$이다. 새로운 가격으로 원래의 효용을 누리기 위한 힉스의 보상수요량은

$$\underset{x,\,y}{Min}\ E = p_x^1 x + p_y y = 20x + 10y$$
$$s.t. \quad x + y = 20\,(= U_0)$$

와 같은 지출극소화 문제를 풀어서 구할 수 있다. 이때 $x_c^0 = 0,\ y_c^0 = 20$이 된다. 이로부터 힉스대체효과 $= x_c^0 - x_0 = 0 - 20 = -20$, 소득효과 $= x_1 - x_c^0 = 0 - 0 = 0$이다.

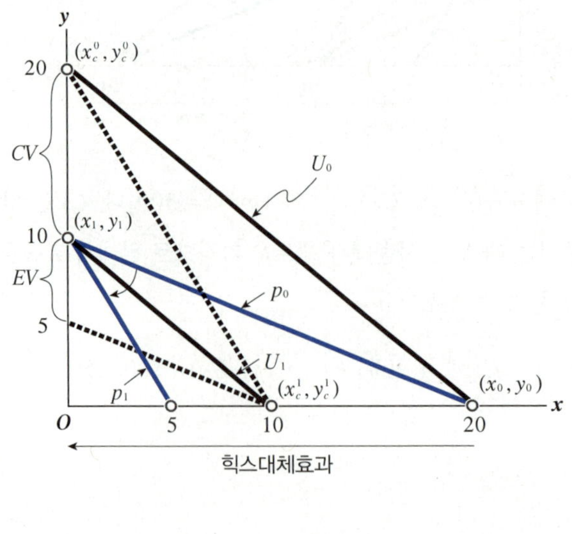

e. 위 문항 d.에서 $E(p_x^1, p_y, U_0) = p_x^1 x_c^0 + p_y y_c^0 = 20 \times 0 + 10 \times 20 = 200$이다. CV는 원래의 가격으로 원래의 효용을 누리는 데 드는 지출액과 새로운 가격으로 원래의 효용을 누리는 데 드는 지출액의 차이다. 그러므로

$$CV = E(p_x^0, p_y, U_0) - E(p_x^1, p_y, U_0) = 100 - 200 = -100$$

이다.

f. EV는 원래의 가격으로 새로운 효용을 누리는 데 드는 지출액과 새로운 가격으로 새로운 효용을 누리는 데 드는 지출액의 차이다. 그런데 문항 d.의 결과로부터 새로운 효용은 $U(x_1, y_1) = U_1 = x_1 + y_1 = 0 + 10 = 10$이다. 그런데 원래의 가격인 $p_x^0 = 5$에서 새로운 효용을 누리는 데 드는 최소지출액을 구하는 지출극소화 문제는

$$\underset{x,\,y}{Min}\ e(x, y) = p_x^0 x + p_y y = 5x + 10y$$
$$s.t.\quad x + y = 10\,(= U_1)$$

이다. 이때 $x_c^1 = 10$, $y_c^1 = 0$이다. 그러므로 $E(p_x^0, p_y, U_1) = p_x^0 x_c^1 + p_y y_c^1 = 5 \times 10 + 10 \times 0 = 50$이다. 따라서

$$EV = E(p_x^0, p_y, U_1) - E(p_x^1, p_y, U_1) = 50 - 100 = -50$$

이다.

g. 위 풀이의 결과들로부터 가격이 하락할 때의 $CV(EV)$는 가격이 상승할 때의 $EV(CV)$와 그 절대값이 같다는 것을 알 수 있다.

4.7 슬러츠키대체효과와 슬러츠키보상 : 완전대체재의 경우

어떤 소비자의 효용함수가 $U(x, y) = x + y$이다. Y재의 가격은 10이고, 이 소비자의 소득은 100이라고 한다.

a. X재의 가격이 20에서 5로 하락할 경우 X재에 대해 소득효과와 슬러츠키대체효과를 구하시오.

b. X재의 가격이 20에서 5로 하락할 경우 슬러츠키보상을 구하시오.

c. X재의 가격이 5에서 20으로 상승할 경우 X재에 대해 소득효과와 슬러츠키대체효과를 구하시오.

d. X재의 가격이 5에서 20으로 상승할 경우 슬러츠키보상을 구하시오.

KEY ▶ 완전대체재일 때, 새로운 가격을 기준으로 원래의 상품묶음을 구입할 수 있도록 소득을 조정해 줄

경우, 즉 슬러츠키 보상을 할 경우, X재 수요량의 변화는 모두 슬러츠키대체효과에 의한 것이다.

풀이

앞으로 등장하는 효용극대화 문제를 한계대체율과 가격비율을 비교하거나 또는 각 상품 구입에 지출하는 금액 1원당 한계효용을 비교하여 푸는 방법에 관해서는 앞 문제를 참조하기 바란다.

a. $p_x^0 = 20,\ p_y = 10,\ M = 100$이다. 완전대체재이므로 소비자는 더 싼 상품만 구입한다. 그러므로 Y재만 10단위 구입한다. 즉, $x_0 = 0,\ y_0 = 10$이다. $p_x^1 = 5$가 되면 이 소비자는 X재만 20단위 구입한다. 즉, $x_1 = 20,\ y_1 = 0$이다.

새로운 가격을 기준으로 원래의 상품묶음을 구입할 수 있는 소득은 $M = p_x^1 x_0 + p_y y_0 = 5 \times 0 + 10 \times 10 = 100$이다. 이렇게 조정된 소득으로 새로운 가격에서 효용을 극대화하는 수요량이 슬러츠키의 보상수요량으로서

$$\max_{x,y}\ x + y$$
$$s.t.\quad 5x + 10y = 100$$

의 해이다. 그런데 이 경우 예산선은 가격 변화 이후의 예산선과 같다. 이때 $x_c = 20$, $y_c = 0$이다. 이로부터 X재에 대해

가격효과 $= x_1 - x_0 = 20 - 0 = 20$

슬러츠키대체효과 $= x_c - x_0 = 20 - 0 = 20$

소득효과 $= x_1 - x_c = 20 - 20 = 0$

이다. 이로부터 수요량의 변화는 모두 대체효과에 의한 것임을 알 수 있다.

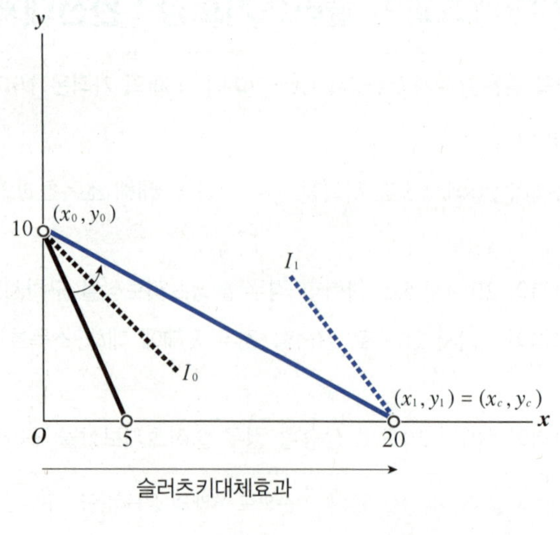

b. 슬러츠키보상은 원래의 가격으로 원래의 상품묶음을 구입하는 데 드는 지출액과 새로운 가격으로 원래의 상품묶음을 구입하는 데 드는 지출액의 차이다. 그런데 문항 a.의 풀이에서 두 값이 100으로서 같다. 그러므로 슬러츠키보상은 0이다.

c. 이제 $p_x^0 = 5,\ p_y = 10,\ M = 100$이다. 완전대체재이므로 소비자는 더 싼 상품만 구입한다. 그러므로 X재만 20단위 구입한다. 즉, $x_0 = 20,\ y_0 = 0$이다. $p_x^1 = 20$이 되면 이 소비자는 Y재만 10단위 구입한다. 즉, $x_1 = 0,\ y_1 = 10$이다.

새로운 가격을 기준으로 원래의 상품묶음을 구입할 수 있는 소득은 $M = p_x^1 x_0 + p_y y_0 = 20 \times 20 + 10 \times 0 = 400$이다. 이렇게 조정된 소득으로 새로운 가격에서 효용을 극대화하는 수요량이 슬러츠키의 보상수요량으로서

$$\begin{aligned} &\underset{x,\,y}{Max}\ \ x + y \\ &s.t.\quad 20x + 10y = 400 \end{aligned}$$

의 해이다. 이때 $x_c = 0,\ y_c = 40$이다. 이로부터 X재에 대해

가격효과 $= x_1 - x_0 = 0 - 20 = -20$

슬러츠키대체효과 $= x_c - x_0 = 0 - 20 = -20$

소득효과 $= x_1 - x_c = 0 - 0 = 0$

이다. 이로부터 수요량의 변화는 모두 대체효과에 의한 것임을 알 수 있다.

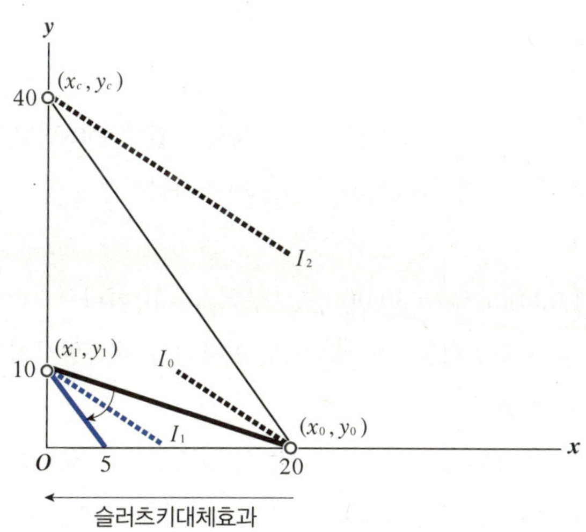

d. 슬러츠키보상은 원래의 가격으로 원래의 상품묶음을 구입하는 데 드는 지출액과 새로운 가격으로 원래의 상품묶음을 구입하는 데 드는 지출액의 차이다. 그런데 문항 c.의 풀이에서 전자의 값은 100이고 후자의 값은 400이다. 그러므로 슬러츠키보상은 100 − 400 = −300이다.

4.8 보상변화(*CV*)와 등가변화(*EV*) : 완전보완재의 경우

어떤 사람이 매 식사 때마다 야채(*X*재) 2단위와 과일(*Y*재) 3단위를 항상 함께 먹는다고 한다. 이 사람의 소득은 30,000원이고, *X*재와 *Y*재의 가격은 각각 1,000원이라고 한다.

a. 각 재화의 구입량은 각각 몇 단위인가?

b. *X*재의 가격이 1,500원으로 올랐다고 하자. 이 경우 각 재화의 구입량은 각각 몇 단위인가?

c. 보통수요곡선을 그리시오.

d. 보상수요곡선을 그린 다음, 그것을 이용하여 보상변화(compensating variation : *CV*)와 등가변화(equivalent variation : *EV*)를 구하시오.

KEY ▶ 보상수요곡선은 소득효과를 제외하고 대체효과만을 반영한 것이다. 그런데 완전보완재의 경우 대체효과는 0이므로 가격이 변화하더라도 보상수요량이 변화하지 않는다. 그러므로 이 경우 보상수요곡선은 직선이 된다. 이 문제에서 보상변화의 값이 등가변화의 값보다 큰 이유는 소득효과 때문이다.

풀이

a. 효용함수는 $U = \min\left[\frac{x}{2}, \frac{y}{3}\right]$이고, 예산제약식은 $1{,}000x + 1{,}000y = 30{,}000$이 된다.

주어진 소득으로 효용을 극대화하려면 $\frac{x}{2} = \frac{y}{3}$가 되도록 소비해야 한다. 즉, $y = 1.5x$가 되도록 소비해야 한다. 말하자면 *X*재 구입량을 k라 하면, *Y*재 구입량은 $1.5k$가 된다는 것이다. 이 경우 $1{,}000k + (1{,}000)(1.5k) = 30{,}000$으로부터 $k = 12$이다. 그러므로 *X*재의 구입량은 12단위, *Y*재의 구입량은 18단위이다.

예산선의 절편은 각각 30이다. L자형의 무차별곡선의 꼭지점이 예산선과 (12, 18)에서 만난다.

b. $1{,}500k + (1{,}000)(1.5k) = 30{,}000$으로부터 $k = 10$이다. 그러므로 *X*재의 구입량은 10단위, *Y*재의 구입량은 15단위이다. L자형의 무차별곡선의 꼭지점이 예산선과 (10, 15)에서 만난다.

c. 일반적으로 볼 때 $p_x x + p_y y = M$에서 $p_x k + p_y(1.5k) = M$이다. 이로부터 $k = \frac{M}{p_x + 1.5p_y}$이다. 즉, $x = \frac{M}{p_x + 1.5p_y}$이다. 여기에 해당되는 값을 대입하면 수요곡선은 $x = \frac{30{,}000}{p_x + 1.5(1{,}000)}$이 된다. 이것을 그림으로 나타내기 편리하게 p_x에 대해 정리하면 $p_x = \frac{30{,}000}{x} - 1.5(1{,}000)$이 된다.

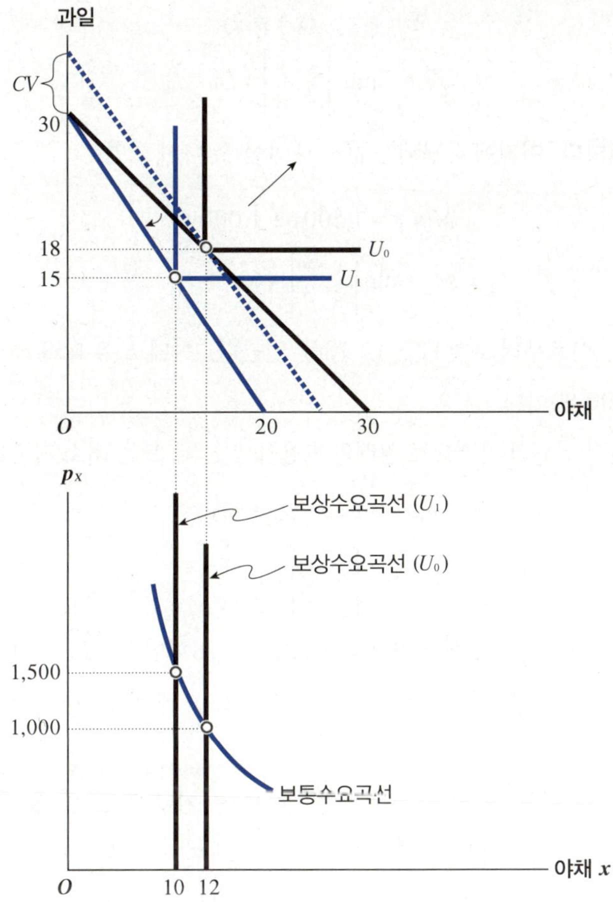

d. (i) 완전보완재의 경우 대체효과가 0이므로 보상수요곡선은 직선이 된다. 12를 지나는 수직선이 원래의 효용을 기준으로 한 보상수요곡선으로서 $h(p_{x_1}, p_{y_0}, u_0)$이다. 이때 보상소비자잉여의 변화는 $12 \times (1{,}000 - 1{,}500) = -6{,}000$(원)이다. 이것은 새로운 가격을 기준으로 원래의 효용을 얻기 위해 조정되어야 하는 금액이므로 보상변화이다.

보상변화는

$$CV = E(p_{x_0}, p_{y_0}, U_0) - E(p_{x_1}, p_{y_0}, U_0)\left[= \int_{p_{x_1}}^{p_{x_0}} h(p_x, p_y, U_0)\, dp_x\right]$$

를 이용하여 구해도 된다. 즉, 원래의 가격에서 원래의 효용 U_0을 누리는 데 드는 지출액과 새로운 가격에서 원래의 효용을 누리는 데 드는 지출액의 차를 구해도 된다.

먼저 새로운 가격에서 원래의 효용을 누리는 데 필요한 최소 지출은

$$\underset{x,y}{Min}\ e = p_{x_1}x + p_{y_0}y$$
$$s.t.\quad \min\left[\frac{x}{2}, \frac{y}{3}\right] = U_0$$

의 해이다. 여기에 해당되는 값을 대입한 후 다시 쓰면

$$\underset{x,y}{Min}\ e = 1{,}500x + 1{,}000y$$
$$s.t.\quad \min\left[\frac{x}{2}, \frac{y}{3}\right] = 6$$

이다. 이로부터 $x_1 = 12$, $y_1 = 18$을 얻는다. 이때 $E_1 = 1{,}500 \times 12 + 1{,}000 \times 18 = 36{,}000$(원)이다.

한편 원래의 가격으로 원래의 효용을 얻는 데 드는 최소 지출을 구하는 문제는

$$\underset{x,y}{Min}\ e = 1{,}000x + 1{,}000y$$
$$s.t.\quad \min\left[\frac{x}{2}, \frac{y}{3}\right] = 6$$

이었다. 이 문제의 해가 바로 $x_0 = 12$, $y_0 = 18$이었으며 $E_0 = 1{,}000 \times 12 + 1{,}000 \times 18 = 30{,}000$(원)이었다. 그러므로 $CV = E_0 - E_1 = 30{,}000 - 36{,}000 = -6{,}000$(원)이다.

(ii) 10을 지나는 수직선이 새로운 효용을 기준으로 한 보상수요곡선으로서 $h(p_{x_0}, p_{y_0}, u_1)$이다. 이때 보상소비자잉여의 변화는 $10 \times (1{,}000 - 1{,}500) = -5{,}000$(원)이다. 이것은 원래의 가격을 기준으로 새로운 효용을 얻기 위해 조정되어야 하는 금액이므로 등가변화이다.

등가변화는

$$EV = E(p_{x_0}, p_{y_0}, U_1) - E(p_{x_1}, p_{y_0}, U_1)\left[= \int_{p_{x_1}}^{p_{x_0}} h(p_x, p_y, U_1)\, dp_x\right]$$

을 이용하여 구해도 된다. 즉, 원래의 가격에서 새로운 효용 U_1을 누리는 데 드는 지출액과 새로운 가격에서 새로운 효용을 누리는 데 드는 지출액의 차를 구해도 된다.

먼저 원래의 가격으로 새로운 효용을 얻는 데 드는 최소 지출을 구하기 위해

$$\underset{x,y}{Min}\ e = p_{x_0}x + p_{y_0}y$$
$$s.t.\quad \min\left[\frac{x}{2}, \frac{y}{3}\right] = U_1$$

을 풀어 보자. 여기에 해당되는 값을 대입한 후 다시 쓰면

$$\underset{x,y}{Min}\ e = 1{,}000x + 1{,}000y$$
$$s.t.\quad \min\left[\frac{x}{2}, \frac{y}{3}\right] = 5$$

이다. 이로부터 $x_2 = 10$, $y_2 = 15$를 얻는다. 이때 $E_2 = 1{,}000 \times 10 + 1{,}000 \times 15 = 25{,}000$(원)이다.

한편 새로운 가격으로 새로운 효용을 얻는 데 드는 최소비용을 구하려면

$$\underset{x,\,y}{Min}\ e = 1{,}500x + 1{,}000y$$
$$s.t.\quad \min\left[\frac{x}{2}, \frac{y}{3}\right] = 5$$

를 풀어야 한다. 이로부터 $x_3 = 10$, $y_3 = 15$를 얻는다. 이때 $E_3 = 1{,}500 \times 10 + 1{,}000 \times 15 = 30{,}000$(원)이다. 물론 이 결과는 이미 알고 있는 것을 다시 한 번 확인해 본 것에 불과하다. 그러므로 $EV = E_2 - E_3 = 25{,}000 - 30{,}000 = -5{,}000$(원)이다.

한편 CV와 EV의 차는 소득효과 때문에 발생한 것이다. 소득효과가 없을 경우에는 보통수요곡선과 보상수요곡선들이 일치하고 $CV = EV$가 된다. 예를 들어 소득효과가 0인 준선형 효용함수일 경우에는 $CV = EV$가 된다.

4.9 보통수요함수, 간접효용함수, 보상수요함수, 지출함수 : 완전대체재의 경우

어떤 개인이 야채(X재) 2단위와 과일(Y재) 3단위를 서로 대체하여 소비한다고 한다. 이 사람의 소득을 M, X재와 Y재의 가격을 각각 p_x, p_y라고 하자.

a. 보통수요함수와 간접효용함수를 구하시오.

b. 보상수요함수와 지출함수를 구하시오.

KEY ▶ 보통수요함수는 예산제약식이 주어진 상태에서 효용극대화를 통해 얻는 반면 보상수요함수는 효용 수준이 주어진 상태에서 그 효용 수준을 최소지출로 달성하는 지출극소화를 통해 얻는다. 한편 완전대체재의 경우 하나의 가격에 여러 개의 수요량들이 대응하는 경우가 존재한다. 그래서 엄밀하게 말하면 보통수요함수나 보상수요함수처럼 함수라는 명칭을 사용하기가 적절하지 않다.

효용함수가 선형일 경우 지출함수는 min 형태의 함수가 되고 효용함수가 min 형태의 함수일 경우 지출함수는 선형이 된다.

풀이

a. 야채 2단위와 과일 3단위가 동일한 효용을 주므로 효용함수는 $U = 3x + 2y$가 된다. 보통수요(함수)는 예산제약식이 주어진 상태에서 효용을 극대화할 때 얻어진다. 따라서

$$\underset{x,\, y}{Max}\; U(x, y) = 3x + 2y$$
$$s.t. \quad p_x x + p_y y = M$$

과 같은 효용극대화 문제를 풀어서 구할 수 있다. 목적함수와 제약식이 모두 선형이므로 선형계획법으로 풀어야 한다. 여기서는 직관을 이용하여 해결하기로 하자.

먼저 $MRS_{xy} = \dfrac{MU_x}{MU_y} = \dfrac{3}{2}$ 으로 일정하다는 점에 주목하자.

(i) $\dfrac{p_x}{p_y} < MRS_{xy}(= \dfrac{MU_x}{MU_y}) = \dfrac{3}{2}$일 경우 항상 'X재 구입의 한계비용 < X재의 한계편익' 이므로 X재만 구입한다. $\dfrac{MU_x}{p_x} > \dfrac{MU_y}{p_y}$이면 X재 구입에 지출할 경우 얻는 1원당 한계효용이 Y재 구입에 지출할 경우 얻는 1원당 한계효용보다 항상 크므로 X재만 구입함으로써 주어진 소득으로 효용을 극대화한다고 볼 수도 있다. 그러므로 이 경우 예산제약식 $p_x x + p_y y = M$의 y에 0을 대입한 후 x에 대해 풀면 보통수요함수 $x = \dfrac{M}{p_x}$, $y = 0$을 얻는다.

(ii) $\dfrac{p_x}{p_y} = MRS_{xy}(= \dfrac{3}{2})$일 경우 항상 'X재 구입의 한계비용 = X재의 한계편익' 이므로 예산제약식을 만족시키는 한 어떤 상품묶음을 구입하더라도 무차별하다. 그러므로 $\{(x, y) \mid p_x x + p_y y = M\}$을 만족시키는 어떠한 x와 y도 보통수요량이 된다. 즉, $p_x x + p_y y = M$을 만족시키는 한, $0 \le x \le \dfrac{M}{p_x}$의 구간에 있는 어떤 값도 X재의 보통수요량이 될 수 있고 $0 \le y \le \dfrac{M}{p_y}$의 구간에 있는 어떤 값도 Y재의 보통수요량이 될 수 있다.

(iii) $\dfrac{p_x}{p_y} > MRS_{xy} = \dfrac{3}{2}$일 경우 항상 'X재 구입의 한계비용 > X재의 한계편익' 이므로 X재는 한 단위도 구입하지 않고 Y재만 구입한다. 그러므로 이 경우 예산제약식 $p_x x + p_y y = M$의 x에 0을 대입한 후 y에 대해 풀면 보통수요함수 $y = \dfrac{M}{p_y}$, $x = 0$을 얻는다.

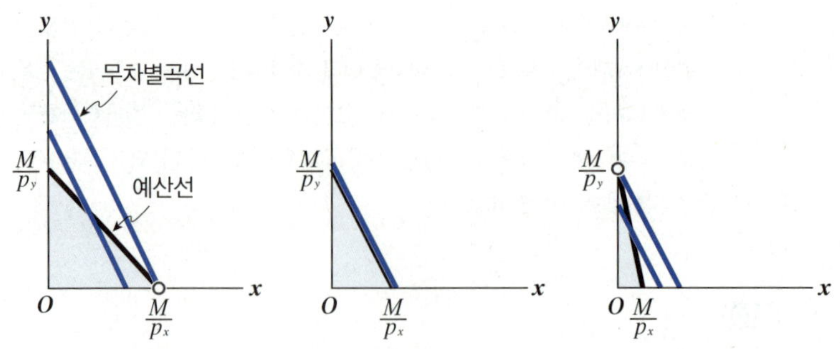

경우 (i)　　경우 (ii)　　경우 (iii)

간접효용(함수)은 보통수요(함수)들을 목적함수인 직접효용함수에 각각 대입함으로써 다음과 같이 구해진다.

(i) $\frac{p_x}{p_y} < MRS_{xy} = \frac{3}{2}$일 경우 $x = \frac{M}{p_x}$, $y = 0$을 직접효용함수에 대입하면 간접효용함수는

$$V(p_x, p_y, M) = 3x + 2y = 3\frac{M}{p_x} + (2)(0) = \frac{3M}{p_x}$$

으로 구해진다.

(ii) $\frac{p_x}{p_y} = MRS_{xy}(= \frac{3}{2})$일 경우 $\{(x, y) \mid p_x x + p_y y = M\}$을 만족시키는 어떤 x, y의 값을 직접효용함수에 대입하더라도 주어진 예산으로 달성할 수 있는 최대 효용을 얻는다. 즉, 간접효용을 얻는다. (i)에서 얻은 $V(p_x, p_y, M) = \frac{3M}{p_x}$이나 (iii)에서 얻을 $V(p_x, p_y, M) = \frac{2M}{p_y}$도 그것들 중의 일부이다.

(iii) $\frac{p_x}{p_y} > MRS_{xy} = \frac{3}{2}$일 경우 $x = 0$, $y = \frac{M}{p_y}$을 직접효용함수에 대입하면 간접효용함수는

$$V(p_x, p_y, M) = 3x + 2y = (3)(0) + 2\frac{M}{p_y} = \frac{2M}{p_y}$$

으로 구해진다.

이러한 내용들을 간단히 표현하면 $V(p_x, p_y, M) = M\ Max[\frac{3}{p_x}, \frac{2}{p_y}]$가 된다.

b. 보상수요(함수)는 주어진 효용 수준을 최소비용으로 달성하려 할 때 얻어진다. 따라서

$$\underset{x,\,y}{Min}\ e(x, y) = p_x x + p_y y$$
$$s.t.\quad 3x + 2y = U_0$$

와 같은 비용극소화 문제를 풀어서 구할 수 있다. 이 경우에도 목적함수와 제약식이 모두 선형이므로 선형계획법으로 풀어야 한다. 여기서도 직관을 이용하여 해결하기로 하자.

(i) $\frac{p_x}{p_y} < MRS_{xy}(= \frac{MU_x}{MU_y}) = \frac{3}{2}$일 경우 항상 'X재 구입의 한계비용 < X재의 한계편익'이므로 X재만 구입함으로써 주어진 효용 수준을 최소비용으로 달성할 수 있다.

한편 MU_x는 X재를 추가로 1단위 더 소비할 경우 추가로 증가하는 효용이므로 그 역수인 $\frac{1}{MU_x}$은 효용을 추가로 1단위 더 얻기 위해 추가로 필요한 X재의 수량이다. 따라서 $\frac{1}{MU_x}$에 X재의 가격인 p_x를 곱한 $\frac{p_x}{MU_x}$는 효용을 추가로 1단위 더 얻기 위해 추가로 필요한 X재를 구입하는 데 드는 금액이다. 같은 논리로 $\frac{p_y}{MU_y}$는 효용을 추가로 1단위 더 얻기 위해 추가로 필요한 Y재를 구입하는 데 드는 금액이다. 따라서 이 경우 $\frac{p_x}{MU_x} < \frac{p_y}{MU_y}$이면 효용을 추가로 1단위 더 얻기 위해 추가로 필요

한 X재를 구입하는 데 드는 금액이 효용을 추가로 1단위 더 얻기 위해 추가로 필요한 Y재를 구입하는 데 드는 금액보다 항상 적으므로 X재만 구입함으로써 주어진 효용 수준을 최소지출로 달성할 수 있다고 해석할 수도 있다(한편 효용은 서수적이므로 순서에만 의미가 있다. 그러나 현재는 같은 효용함수를 대상으로 하고 있으므로 이러한 해석에 문제가 없다). 그러므로 이 경우 제약식인 $3x+2y=U_0$의 y에 0을 대입한 후 x에 대해 풀면 보상수요함수 $x_c=\frac{U_0}{3}$, $y_c=0$을 얻는다.

(ii) $\frac{p_x}{p_y}=MRS_{xy}(=\frac{3}{2})$일 경우 항상 'X재 구입의 한계비용 = X재의 한계편익' 이므로 $3x+2y=U_0$를 만족시키는 한 어떤 상품묶음을 구입하더라도 주어진 효용 수준을 최소비용으로 달성할 수 있다. 그러므로 $\{(x_c, y_c) \mid 3x_c+2y_c=U_0\}$를 만족시키는 어떠한 x_c와 y_c도 보상수요량이 된다. 즉, $3x+2y=U_0$를 만족시키는 한, $0 \le x_c \le \frac{U_0}{3}$의 구간에 있는 어떤 값도 X재의 보상수요량이 될 수 있고 $0 \le y_c \le \frac{U_0}{2}$의 구간에 있는 어떤 값도 Y재의 보상수요량이 될 수 있다.

(iii) $\frac{p_x}{p_y} > MRS_{xy}=\frac{3}{2}$일 경우 항상 'X재 구입의 한계비용 > X재의 한계편익' 이므로 Y재만 구입함으로써 주어진 효용 수준을 최소비용으로 달성할 수 있다. 그러므로 이 경우 제약식인 $3x+2y=U_0$의 x에 0을 대입한 후 y에 대해 풀면 보상수요함수 $y_c=\frac{U_0}{2}$, $x_c=0$을 얻는다.

한편 그림에서 구입하는 데 동일한 지출이 필요한 상품묶음들의 집합을 그래프로 그린 것을 등지출선이라고 불렀다. 즉, $\{(x, y) \mid p_x x+p_y y=\overline{E}, \overline{E}$는 상수$\}$를 그래프로 그린 것을 등지출선이라고 불렀다.

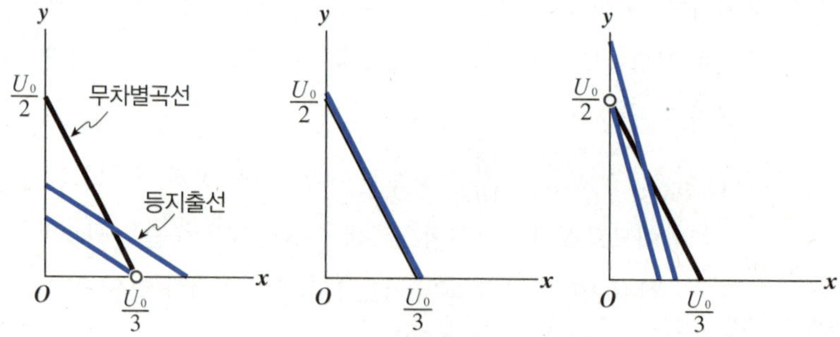

경우 (i) 경우 (ii) 경우 (iii)

지출(함수)은 보상수요(함수)들을 목적함수에 각각 대입함으로써 다음과 같이 구해진다.

(i) $\frac{p_x}{p_y} < MRS_{xy}=\frac{3}{2}$일 경우 $x_c=\frac{U_0}{3}$, $y_c=0$을 목적함수에 대입하면 지출함수는

$$e(x_c, y_c) = p_x x_c + p_y y_c = p_x \frac{U_0}{3} + p_y(0) = \frac{p_x U_0}{3} = E(p_x, U_0)$$

로 구해진다.

(ii) $\frac{p_x}{p_y} = MRS_{xy}(=\frac{3}{2})$일 경우 $\{(x_c, y_c) \mid 3x_c + 2y_c = U_0\}$를 만족시키는 어떤 x_c와 y_c를 목적함수에 대입하더라도 주어진 효용 수준을 최소비용으로 달성하는 지출을 얻는다. (i)에서 얻은 $E(p_x, U_0) = \frac{p_x U_0}{3}$이나 (iii)에서 얻을 $E(p_y, U_0) = \frac{p_y U_0}{2}$도 그것들 중의 일부이다.

(iii) $\frac{p_x}{p_y} > MRS_{xy} = \frac{3}{2}$일 경우 $x_c = 0$, $y_c = \frac{U_0}{2}$를 목적함수에 대입하면 지출함수는

$$e(x_c, y_c) = p_x x_c + p_y y_c = p_x(0) + p_y \frac{U_0}{2} = \frac{p_y U_0}{2} = E(p_y, U_0)$$

로 구해진다.

이러한 내용들을 간단히 표현하면 지출함수는 $E(p_x, p_y, U_0) = U_0\ Min[\frac{p_x}{3}, \frac{p_y}{2}]$가 된다.

4.10 보통수요함수, 간접효용함수, 보상수요함수, 지출함수 : 완전보완재의 경우

어떤 사람이 매 식사 때마다 야채(X재) 2단위와 과일(Y재) 3단위를 항상 함께 먹는다고 한다. 이 사람의 소득을 M, X재와 Y재의 가격을 각각 p_x, p_y라고 하자.

a. 보통수요함수와 간접효용함수를 구하시오.

b. 보상수요함수와 지출함수를 구하시오.

이제 소득이 30,000원이고 X재와 Y재의 가격이 각각 1,000원이라고 한다.

c. 극대화된 효용을 구하시오.

d. X재의 가격이 1,500원으로 올랐다고 한다. 극대화된 효용을 구하시오.

e. 보상변화와 등가변화를 각각 구하시오.

KEY ▶ 보상수요곡선은 소득효과를 제외하고 대체효과만을 반영한 것이다. 그런데 완전보완재의 경우 대체효과는 0이므로 가격이 변화하더라도 보상수요량이 변화하지 않는다. 보상변화와 등가변화를 지출함수를 이용하여 구하기로 하자.

한편 효용함수가 선형일 경우 지출함수는 min 형태의 함수가 되고 효용함수가 min 형태의 함수일 경우 지출함수는 선형이 된다.

풀이

a. 효용함수는 $U = min[\frac{x}{2}, \frac{y}{3}]$이고, 예산제약식은 $p_x x + p_y y = M$이다. 보통수요함수는 예산제약식이 주어진 상태에서 효용을 극대화할 때 얻어진다. 따라서

$$\underset{x,\,y}{Max}\ U(x, y) = min[\frac{x}{2}, \frac{y}{3}]$$
$$s.t. \quad p_x x + p_y y = M$$

과 같은 효용극대화 문제를 풀어서 구할 수 있다.

한편 이 문제처럼 레온티에프 효용함수일 경우 무차별곡선이 첨점을 지니므로 미분을 통해 해결할 수 없다. 그런데 직관적으로 볼 때 주어진 소득으로 효용을 극대화하려면 $\frac{x}{2} = \frac{y}{3}$가 되도록 소비해야 한다. 즉, $y = 1.5x$가 되도록 소비해야 한다. 말하자면 X재 구입량을 k라 하면, Y재 구입량은 $1.5k$가 된다. 그러므로

$$p_x k + p_y(1.5k) = M$$

이 된다. 이로부터 $k = \frac{M}{p_x + 1.5p_y}$을 얻는다.

따라서

$$x = \frac{M}{p_x + 1.5p_y}$$
$$y = 1.5x = \frac{1.5M}{p_x + 1.5p_y}$$

이 된다. 이것이 보통수요함수이다. 보통수요함수들을 직접효용함수에 대입하면 간접효용함수는

$$V(p_x, p_y, M) = min[\frac{1}{2}\frac{M}{p_x + 1.5p_y}, \frac{1}{3}\frac{1.5M}{p_x + 1.5p_y}] = \frac{M}{2(p_x + 1.5p_y)}$$

으로 구해진다.

b. 보상수요함수는 주어진 효용 수준을 최소비용으로 달성하려 할 때 얻어진다. 따라서

$$\underset{x,\,y}{Min}\ e(x, y) = p_x x + p_y y$$
$$s.t. \quad min[\frac{x}{2}, \frac{y}{3}] = \overline{U}$$

와 같은 비용극소화 문제를 풀어서 구할 수 있다. 앞에서 말했듯이 레온티에프 효용함수일 경우 미분을 통해 해결할 수 없다. 그런데 이 경우 효용함수의 특성상

$$x_c = 2\overline{U},\ y_c = 3\overline{U}$$

로 구해진다. 이것이 보상수요함수이다. 완전보완재의 경우 이처럼 보상수요함수가 가격과는 독립적이다.

지출함수는 보상수요함수들을 목적함수에 대입함으로써

$$e(x_c, y_c) = p_x x_c + p_y y_c = p_x(2\overline{U}) + p_y(3\overline{U}) = (2p_x + 3p_y)\overline{U} = E(p_x, p_y, \overline{U})$$

로 구해진다. 함수 E가 지출함수이다.

c. $V(p_x, p_y, M) = \dfrac{M}{2(p_x + 1.5p_y)}$에 해당되는 값들을 대입하면

원래 가격에서 극대화된 효용은

$$U_0 = \frac{3,000}{2(1,000 + 1.5 \times 1,000)} = 6$$

이 된다.

d. $V(p_x, p_y, M) = \dfrac{M}{2(p_x + 1.5p_y)}$에 해당되는 값들을 대입하면

오른 가격에서 극대화된 효용은

$$U_1 = \frac{3,000}{2(1,500 + 1.5 \times 1,000)} = 5$$

가 된다.

e. 보상변화와 등가변화를 지출함수를 이용해서 구하기로 하자. 보상변화는 원래의 가격에서 원래의 효용 U_0을 누리는 데 드는 지출액과 새로운 가격에서 원래의 효용을 누리는 데 드는 지출액의 차이다. 그러므로

$$\begin{aligned} CV &= E(p_{x_0}, p_{y_0}, U_0) - E(p_{x_1}, p_{y_0}, U_0) \\ &= (2 \times 1,000 + 3 \times 1,000) \times 6 - (2 \times 1,500 + 3 \times 1,000) \times 6 = -6,000 \end{aligned}$$

이 된다.

등가변화는 원래의 가격에서 새로운 효용 U_1을 누리는 데 드는 지출액과 새로운 가격에서 새로우 효용을 누리는 데 드는 지출액의 차이다. 그러므로

$$\begin{aligned} EV &= E(p_{x_0}, p_{y_0}, U_1) - E(p_{x_1}, p_{y_0}, U_1) \\ &= (2 \times 1,000 + 3 \times 1,000) \times 5 - (2 \times 1,500 + 3 \times 1,000) \times 5 = -5,000 \end{aligned}$$

이 된다.

한편 CV와 EV의 차는 소득효과 때문에 발생한 것이다. 소득효과가 없을 경우에는 보통수요곡선과 보상수요곡선들이 일치하고 $CV = EV$가 된다. 예를 들어 소득효과가 0인 준선형 효용함수일 경우에는 $CV = EV$가 된다.

4.11 소득효과, 대체효과, 보상변화, 등가변화 : 준선형 효용함수의 경우

홍길동의 효용함수는 $2x^{\frac{1}{2}}+y$이고 그의 소득은 100만원이라고 한다. X재의 가격은 5만원, Y재의 가격은 10만원이다. 그런데 X재의 가격이 2만원으로 하락했다고 한다.

a. 보상변화를 구하시오.

b. 등가변화를 구하시오.

c. X재의 경우 소득효과와 대체효과를 구하시오.

d. X재는 정상재인가 열등재인가?

KEY ▶ 준선형 효용함수의 경우 소득효과가 0이다. 그 결과 보상변화의 크기와 등가변화의 크기가 같아진다.

풀이

a. 보상변화(CV)는 원래의 효용을 원래의 가격으로 달성할 때 드는 지출액과 새로운 가격으로 달성할 때 드는 지출액의 차다([부록] Ⅲ.의 6. (1)에서 (ii)의 해석 방식). 그러므로 보상변화를 구하려면 원래의 효용을 알아야 한다. 그러므로 먼저 원래의 효용을 구해보자.

이미 알고 있는 효용극대화 조건을 이용하여 풀어도 된다. 그렇지만 여기서는 라그랑지함수를 이용하여 풀기로 하자.

효용극대화 문제는

$$\underset{x,\,y}{Max}\ U(x, y) = 2x^{\frac{1}{2}} + y$$
$$s.t.\quad 5x + 10y = 100$$

이 된다. 효용극대화 문제에 대한 라그랑지함수는

$$\underset{x,\,y,\,\lambda}{Max}\ L = 2x^{\frac{1}{2}} + y + \lambda(100 - 5x - 10y)$$

이다. 내부해를 전제로 할 경우 효용극대화의 일차필요조건은

$$\frac{\partial L}{\partial x} = x^{-\frac{1}{2}} - 5\lambda = 0 \qquad (1)$$
$$\frac{\partial L}{\partial y} = 1 - 10\lambda = 0 \qquad (2)$$
$$\frac{\partial L}{\partial \lambda} = 100 - 5x - 10y = 0 \qquad (3)$$

이다. 식 (1)과 식 (2)를 정리한 다음 대응되는 변끼리 나누어주면

$$x^{-\frac{1}{2}} = \frac{5}{10} \tag{4}$$

를 얻는다. 이로부터 $x_0 = 4$를 얻는다. 이것을 사실상 예산제약식인 식 (3)에 대입하면 $y_0 = 8$을 얻는다. 실제로 내부해를 얻은 점에 주목하자. 이때 효용은 $U_0(x_0, y_0) = 2x_0^{\frac{1}{2}} + y_0 = 12$이다.

이제 이러한 효용을 새로운 가격 2로 얻고자 할 때 드는 극소지출액을 구하기 위해 지출극소화 문제를 풀기로 하자. 이미 알고 있는 지출극소화 조건을 이용하여 풀어도 된다. 여기서는 라그랑지함수를 이용하여 풀기로 하자.

지출극소화 문제는

$$\begin{aligned} &\underset{x,\,y}{Min}\ e(x, y) = 2x + 10y \\ &s.t.\quad 2x^{\frac{1}{2}} + y = 12(= U_0) \end{aligned}$$

가 된다. 이에 대한 라그랑지함수는

$$\underset{x,\,y,\,\lambda}{Min}\ L = 2x + 10y + \lambda(12 - 2x^{\frac{1}{2}} - y)$$

이다. 지출극소화의 일차필요조건은

$$\frac{\partial L}{\partial x} = 2 - x^{-\frac{1}{2}}\lambda = 0 \tag{5}$$

$$\frac{\partial L}{\partial y} = 10 - \lambda = 0 \tag{6}$$

$$\frac{\partial L}{\partial \lambda} = 12 - 2x^{\frac{1}{2}} - y = 0 \tag{7}$$

이다. 식 (5)와 식 (6)을 정리한 다음 대응되는 변끼리 나누어주면

$$x^{-\frac{1}{2}} = \frac{2}{10} \tag{8}$$

를 얻는다. 이로부터 $x_c^0 = 25$를 얻는다. 이것을 식 (7)에 대입하면 $y_c^0 = 2$를 얻는다. 그러므로 이때 극소화된 지출은 $e(x_c^0, y_c^0) = 2x_c^0 + 10y_c^0 = 70$이다. 그런데 원래의 소득이 100이었으므로 보상변화는 정의에 따라 $100 - 70 = 30$이다.

b. 등가변화(EV)는 새로운 효용을 원래의 가격으로 달성할 때 드는 지출액과 새로운 가격으로 달성할 때 드는 지출액의 차다([부록] Ⅲ.의 6. (2)에서 (ii)의 해석 방식). 따라서 등가변화를 구하려면 새로운 효용을 알아야 한다. 그러므로 먼저 새로운 효용을 구해 보자.

새로운 효용극대화 문제는

$$\begin{aligned} &\underset{x,\,y}{Max}\ U(x, y) = 2x^{\frac{1}{2}} + y \\ &s.t.\quad 2x + 10y = 100 \end{aligned}$$

이 된다. 내부해를 전제로 앞에서 구한 분석 결과를 활용하자. 이 경우 식 (4)가

$$x^{-\frac{1}{2}} = \frac{2}{10}$$

로 바뀐다. 이때 $x_1 = 25$가 된다. 이것을 새로운 예산제약식에 대입하면 $y_1 = 5$로 구해진다. 실제로 내부해를 얻은 점에 주목하자. 이때 새로운 효용은

$$U_1(x_1, y_1) = 2x_1^{\frac{1}{2}} + y_1 = 15$$

가 된다.

이제 새로운 효용을 원래의 가격으로 얻고자 할 때 드는 극소지출액을 구하기 위해 지출극소화 문제를 풀기로 하자. 이미 알고 있는 지출극소화 조건을 이용하여 풀어도 되지만 앞에서처럼 라그랑지함수를 이용하여 풀기로 하자.

새로운 지출극소화 문제는

$$\underset{x,\,y}{Min}\ e(x, y) = 5x + 10y$$
$$s.t.\quad 2x^{\frac{1}{2}} + y = 15(= U_1)$$

가 된다. 앞에서 구한 원래의 지출극소화 문제의 분석 결과를 활용하자. 이 경우 식 (8)은

$$x^{-\frac{1}{2}} = \frac{5}{10}$$

로 바뀐다. 이로부터 $x_c^1 = 4$를 얻는다. 이 값을 $2x^{\frac{1}{2}} + y = 15$에 대입하면 $y_c^1 = 11$을 얻는다. 따라서 새로이 극소화된 지출은 $e(x_c^1, y_c^1) = 5x_c^1 + 10y_c^1 = 130$이 된다.

그런데 원래의 소득이 100이었으므로 등가변화는 정의에 따라 $130 - 100 = 30$이 된다. 한편 보상변화와 등가변화가 일치한 점에 주목하자. 그 이유는 효용함수가 준선

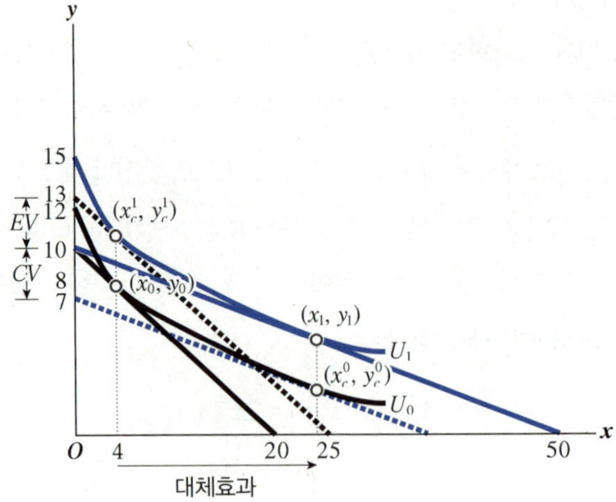

형이어서 소득효과가 존재하지 않기 때문이다.

(CV와 EV를 그림의 세로축에 각각 길이로 표시하였다. 그런데 엄밀하게 말하면 그 각각의 길이에 해당하는 Y재의 수량 3에 Y재의 가격인 10을 곱한 값인 30이 각각 CV와 EV에 해당한다.)

c. X재의 경우 대체효과는

$$x_c^0 - x_0 = 25 - 4 = 21$$

이다. 소득효과는 0이다. 효용함수가 준선형이기 때문에 소득효과가 0이 된 것이다.

d. X재의 경우 소득효과가 0이므로 X재는 정상재도 아니고 열등재도 아니다.

4.12 준선형 효용함수일 경우 보상수요함수

$U = x^{\frac{1}{2}} + y$**일 경우**

a. 보상수요함수와 지출함수를 구하시오.

b. 모퉁이해일 조건을 해석하시오.

KEY ▶ 준선형 효용함수가 이러한 유형일 때 X재의 경우 소득효과가 없기 때문에 내부해일 경우 X재의 보통수요함수와 X재의 보상수요함수가 일치한다.

풀이

a. (i) 내부해일 경우

보상수요곡선은

$$\underset{x,\,y}{Min}\ e(x, y) = p_x x + p_y y$$
$$s.t.\quad x^{\frac{1}{2}} + y = U_0$$

와 같은 지출극소화 문제를 풀어서 구할 수 있다. 이에 대한 라그랑지함수는

$$\underset{x,\,y,\,\lambda}{Min}\ L = p_x x + p_y y + \lambda(U_0 - x^{\frac{1}{2}} - y)$$

이다. 지출극소화의 일차필요조건은

$$\frac{\partial L}{\partial x} = p_x - \frac{1}{2}\lambda x^{-\frac{1}{2}} = 0 \tag{1}$$

$$\frac{\partial L}{\partial y} = p_y - \lambda = 0 \tag{2}$$

$$\frac{\partial L}{\partial \lambda} = U_0 - x^{\frac{1}{2}} - y = 0 \tag{3}$$

이다. 식 (1)과 식 (2)를 정리한 다음 대응되는 변끼리 나누어주면

$$\frac{p_x}{p_y} = \frac{1}{2}x^{-\frac{1}{2}} \tag{4}$$

을 얻는다. 식 (4)는 사실상 지출극소화 조건인

$$\frac{p_x}{p_y} = MRS_{xy} \tag{5}$$

이다. 이로부터 X재의 보상수요함수는 주어진 효용과는 독립적으로 $x_c = (\frac{p_y}{2p_x})^2$으로 구해진다. 한편 이러한 보상수요함수는 보통수요함수와 일치한다. 효용함수가 X재에 대해 준선형일 때 X재의 경우 소득효과가 없기 때문이다.

이 값을 식 (3)에 대입하면 Y재의 보상수요함수는 $y_c = U_0 - \frac{p_y}{2p_x}$(단, $U_0 > \frac{p_y}{2p_x}$)로 구해진다.

지출함수는 보상수요함수를 목적함수에 대입함으로써

$$\begin{aligned} e(x_c, y_c) &= p_x x_c + p_y y_c = p_x(\frac{p_y}{2p_x})^2 + p_y[U_0 - (\frac{p_y}{2p_x})] \\ &= -\frac{p_y^2}{4p_x} + p_y U_0 = E(p_x, p_y, U_0) \end{aligned}$$

로 구해진다. 함수 E가 지출함수이다.

(ii) 모퉁이해를 가질 경우($U_0 \leq \frac{p_y}{2p_x}$일 경우)

수요량은 0보다 적을 수는 없다. 그러므로 이때 $y_c = 0$이다. 이 값을 식 (3)에 대입한 후 x에 대해 풀면 X재의 보상수요함수는 $x_c = U_0^2$으로 구해진다. 이것들을 목적함수에 대입하면 지출함수는

$$e(x_c, y_c) = p_x x_c + p_y y_c = p_x U_0^2 + p_y \times 0 = p_x U_0^2 = E(p_x, U_0)$$

이 된다.

b. $U_0 \leq \frac{p_y}{2p_x}$일 경우 $y_c = 0$이라고 했다. $U_0 \leq \frac{p_y}{2p_x}$라는 조건의 의미를 직관적으로 검토해 보자. 식 (5)는 $\frac{p_x}{p_y} = \frac{MU_x}{MU_y}$이다. 이것은 $\frac{p_x}{MU_x} = \frac{p_y}{MU_y}$로 쓸 수 있다. 즉, X재 구입과 Y재 구입에서 효용 1단위를 추가로 얻는 데 드는 지출이 같아질 때 지출이 극소화된다. 만일

$$\frac{p_x}{MU_x} < \frac{p_y}{MU_y} \tag{6}$$

이면 X재 구입에 지출하여 효용을 추가로 1단위 더 얻는 데 드는 금액이 Y재 구입에 지출하여 효용을 추가로 1단위 더 얻는 데 드는 금액보다 적으므로 X재만 구입한다. 그런데 사실상 X재의 한계효용이 체감하여 마침내 식 (6)이 등호로 성립할 때까지 계

속 X재만 구입한다. 그러므로 모퉁이해가 될 조건은 $\frac{p_x}{MU_x} \le \frac{p_y}{MU_y}$ (7)이다. 그런데 $MU_x = \frac{1}{2}x^{-\frac{1}{2}}$, $MU_y = 1$이므로 이것들을 식 (7)에 대입한 후 정리하면 $x \le (\frac{p_y}{2p_x})^2$ (8)이다. 한편 $y = 0$일 경우 식 (3)은 $U_0 = x^{\frac{1}{2}}$ (9)이다. 그런데 식 (8)로부터 $x^{\frac{1}{2}} \le \frac{p_y}{2p_x}$를 얻는다. 여기에 식 (9)를 적용하면 $U_0 \le \frac{p_y}{2p_x}$를 얻는다. 결국 식 (7)로부터 $U_0 \le \frac{p_y}{2p_x}$가 도출되었다. 그러므로 $U_0 \le \frac{p_y}{2p_x}$가 성립하는 이면에는 $\frac{p_x}{MU_x} \le \frac{p_y}{MU_y}$ (7)이 성립한다는 사실이 깔려 있다.

4.13 콥-더글라스 효용함수의 경우 대체효과와 소득효과 : 조대체재, 조보완재, 순대체재, 순보완재

콥-더글라스 효용함수 $U(x, y) = x^{\alpha} y^{\beta}$을 생각해 보자. 이때 $\alpha + \beta = 1$이라고 하자. 상품의 가격이 각각 p_x, p_y이고 소득이 M일 경우 X재와 Y재에 대한 수요함수는 각각 $x = \frac{\alpha M}{p_x}$, $y = \frac{\beta M}{p_y}$으로 구해진다.

a. 각 상품의 정상재 여부를 말하시오.

b. Y재의 가격이 변할 경우 X재에 대한 대체효과와 소득효과의 크기를 비교하시오.

c. 각 상품은 서로 어떤 관계에 있는가?

KEY ▶ 콥-더글라스 효용함수에서 Y재의 가격이 변할 경우 X재에 대한 대체효과와 소득효과는 그 크기가 같고 서로 반대 방향으로 작용하기 때문에 정확하게 상쇄된다.

풀이

a. 소득이 증가하면 X재의 수요량은 증가한다. 즉, $\frac{\Delta x}{\Delta M}$는 양이다. 따라서 소득효과는 존재하며 X재는 정상재이다. 같은 논리로 Y재도 정상재임을 알 수 있다.

b. X재의 수요함수는 $x = \frac{\alpha M}{p_x}$이다. 이 식에 Y재의 가격이 포함되어 있지 않다. 따라서 Y재의 가격이 변하더라도 X재의 (마샬)수요량은 변하지 않는다. 즉, $\frac{\Delta x}{\Delta p_y} = 0$이다.

왜 이런 현상이 나타났는가를 검토해 보자. 예를 들어 Y재의 가격이 떨어질 경우를 생각해 보자. 이때 주어진 소득의 구매력이 증가한다. 이러한 구매력의 증가는 X재의 수요량을 (b에서 c까지의 가로축 거리만큼) 증가시키는 것으로 나타난다(이때 b와 c가 놓여 있는 ICC는 직선임에 주목하자). 다시 말해서 Y재 가격 변화에 따른 X재에 대한 소득효과(= b에서 c까지의 가로축 거리)는 Y재 가격의 변화와 반대 방향으로 나타난다는 것이다. 그런데 가격효과가 0이므로, 즉 $\frac{\Delta x}{\Delta p_y} = 0$이므로, 이러한 소득효과는 Y재 가격 변화에 따른 대체효과(= a에서 b까지의 가로축 거리)에 의해 정확하게 상쇄된다고 추론할 수 있다. 이 경우 가격소비곡선(PCC)은 그림처럼 수직선으로 나타난다.

이러한 내용을 슬러츠키방정식을 통해서 알아보자. Y재 가격 변화에 따른 X재 수요량 변화에 대한 슬러츠키방정식은

$$\frac{\Delta x}{\Delta p_y} = \frac{\Delta x^s}{\Delta p_y} - y\frac{\Delta x^M}{\Delta M}$$

이다. 그런데 위에서 $\frac{\Delta x}{\Delta p_y} = 0$이라고 하였다. 즉, 좌변이 0인 것이다. 그러므로 등식이 성립하려면 우변도 0이어야 한다. 즉, $\frac{\Delta x^s}{\Delta p_y} - y\frac{\Delta x^M}{\Delta M} = 0$이어야 한다. 그러므로 $\frac{\Delta x^s}{\Delta p_y} = y\frac{\Delta x^M}{\Delta M}$이 성립한다. 즉, 대체효과와 소득효과가 정확하게 일치한다. 이러한 사실은 X재의 수요함수에 Y재의 가격이 포함되어 있지 않은 것으로 나타난다.

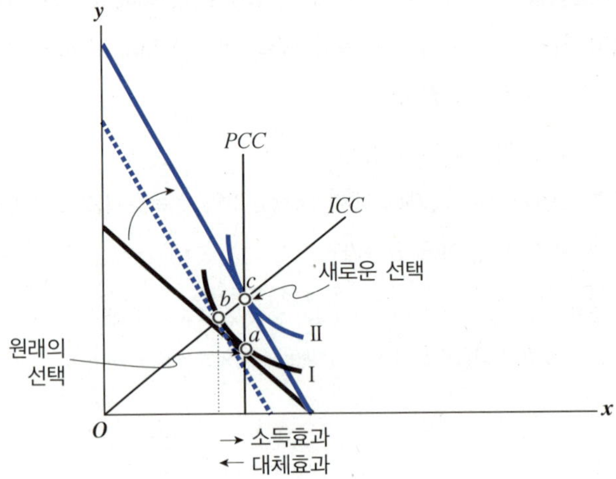

c. 소득효과까지 포함된 경우에 주목하면 Y재의 가격이 변하더라도 X재의 수요량이 변하지 않으므로 서로 독립재(independent goods)이다. 이처럼 소득효과까지 포함하여 평가하는 것이 조대체재(gross substitutes), 조보완재(gross complements)의 개념이다.

소득효과를 제거하고 생각하면 Y재의 가격이 떨어질 경우 (a에서 b까지의 가로축 거리만큼) X재의 수요량이 줄어들었으므로 대체재라고 볼 수 있다. 이처럼 소득효과를 제거하고 평가하는 것이 순대체재(net substitutes), 순보완재(net complements)의 개념이다. 특히 이처럼 상품이 2종류뿐일 경우 두 상품은 반드시 순대체재가 된다.

4.14 조대체재, 조보완재, 순대체재, 순보완재

어떤 개인의 효용함수가 $U(x, y) = ln\, x + y$라고 하자.

a. Y재의 가격이 오를 경우 X재의 수요량은 증가하는가 아니면 감소하는가? 이러한 결과가 나타나는 이유를 경제학적으로 설명하시오.

b. X재의 가격이 오를 경우 Y재의 수요량은 증가하는가 아니면 감소하는가? 이러한 결과가 나타나는 이유를 경제학적으로 설명하시오.

c. X재와 Y재는 대체재인가 보완재인가? 구체적으로 설명하시오.

KEY ▶ Y재에 대한 준선형 효용함수이다. 조대체재(gross substitutes), 조보완재(gross complements)의 개념과 순대체재(net substitutes), 순보완재(net complements)의 개념을 알고 있는가를 묻는 문제이다.

풀이

a. 각 상품에 대한 수요함수를 구하기 위해 효용극대화 문제인

$$\underset{x,\,y}{Max}\ U(x, y) = ln\, x + y \qquad (1)$$
$$s.t.\quad p_x x + p_y y = M$$

을 풀자. 이에 대한 라그랑지함수는

$$\underset{x,\,y,\,\lambda}{Max}\ L = ln\, x + y + \lambda(M - p_x x - p_y y) \qquad (2)$$

이다. 내부해(interior solution)의 경우 효용극대화의 일차필요조건은

$$\frac{\partial L}{\partial x} = \frac{1}{x} - \lambda p_x = 0 \qquad (3)$$
$$\frac{\partial L}{\partial y} = 1 - \lambda p_y = 0 \qquad (4)$$
$$\frac{\partial L}{\partial \lambda} = M - p_x x - p_y y = 0 \qquad (5)$$

이다(이 문제의 경우 소득이 아주 작을 경우에는 X재만 소비한다. 이때에는 쿤-터커조건(Kuhn-Tucker conditions)을 이용하여 풀어야 한다). 식 (3)과 식 (4)를 정리한 다음 대응되는 변끼리 나누어주면

$$\frac{1}{x} = \frac{p_x}{p_y} \qquad (6)$$

를 얻는다. 이 식은 바로 $MRS_{xy} = \frac{p_x}{p_y}$라는 효용극대화 조건이다. 준선형 효용함수이기 때문에 MRS_{xy}가 오로지 X재 수요량에 따라 달라진다. 식 (6)으로부터

$$x = \frac{p_y}{p_x} \qquad (7)$$

를 얻는다. 식 (7)을 식 (5)에 대입하면

$$y = \frac{M - p_y}{p_y} \tag{8}$$

를 얻는다.

식 (7)에서

$$\frac{\partial x}{\partial p_y} = \frac{1}{p_x} > 0 \tag{9}$$

이다. 즉, Y재의 가격이 오를 경우 X재의 수요량이 증가한다. 그 직관적인 이유를 알아보자. 일반적인 경우 Y재의 가격이 변할 경우 X재의 수요량과 관련하여 대체효과와 소득효과가 발생한다. 그런데 이 문제의 경우 식 (7)에서 보듯이 소득이 변하더라도 X재의 수요량은 변하지 않는다. 즉, Y재에 대한 준선형 효용함수의 경우 X재에 대해서는 소득효과가 0이다. 그러므로 이 경우 대체효과만 나타난다. 그런데 Y재의 가격이 올라 X재가 상대적으로 싸졌기 때문에 대체효과에 의해 X재의 수요량이 증가하는 것이다.

b. 식 (8)로부터

$$\frac{\partial y}{\partial p_x} = 0 \tag{10}$$

이라는 것을 알 수 있다. 즉, X재의 가격이 변하더라도 Y재의 수요량은 변하지 않는다. 그 이유를 알아보자. X재의 가격이 오를 경우 Y재의 수요량과 관련하여 대체효과와 소득효과가 발생한다. 그런데 이 경우 Y재가 상대적으로 싸졌기 때문에 대체효과는 Y재의 수요량이 증가하는 것으로 나타난다. 이때 대체효과는 Y재의 수요량을 증가시키는 방향으로 나타난다는 사실은 더 세부적인 수식 분석을 통해서도 알 수 있지만 그림을 통해서도 알 수 있다. 즉, 그림에서 대체효과는 A에서 B로 이동하는 것에 반영되어 있다.

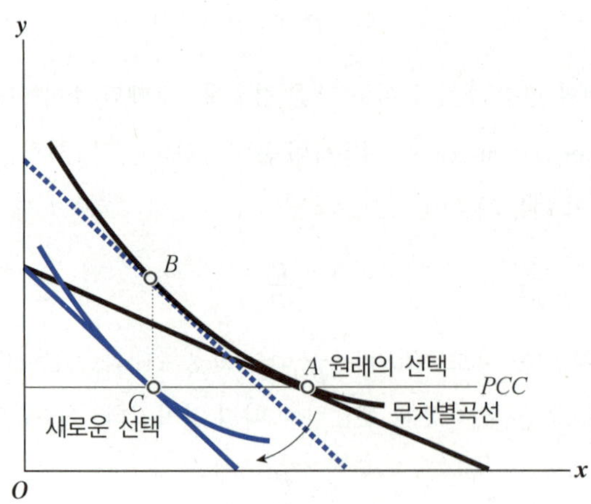

한편 X재 가격 상승으로 인해 구매력이 줄어들었으므로 소득효과는 Y재의 수요량이 감소하는 것으로 나타난다. 이것은 B에서 C로 이동하는 것에 반영되어 있다. 그런데 이 경우 X재의 가격이 변하더라도 Y재의 수요량이 변하지 않는 것(즉, A점과 C점에서 Y재의 수량은 같다는 것)은 대체효과가 이러한 소득효과에 의해 정확하게 상쇄되었기 때문이다.

c. 문항 a.의 결과는 두 상품이 서로 대체재인 것을 보여준다. 그러나 문항 b.의 결과는 두 상품이 서로 독립재라는 것을 보여준다. 이처럼 서로 모순되는 것 같은 결과가 나타나는 이유는 대체재인가 아니면 보완재인가를 말하면서 소득효과를 포함하여 말하고 있기 때문이다. 소득효과를 제거하고 대체효과만 말한다면 위 두 문항의 결과는 모두 두 상품이 대체재라는 것을 말해준다. 이렇게 볼 때 모순없이 두 상품이 서로 대체재인가 보완재인가를 말하려면 소득효과를 제외하고 대체효과만을 대상으로 평가해야 한다. 이러한 기준으로 평가하는 것이 바로 순대체재, 순보완재의 개념이다. 그런데 이 기준은 사실상 힉스대체효과만을 고려하는 것이다.

4.15 보상변화

어떤 사람의 효용함수가 $U(x, y) = xy$라고 하자. 상품 X의 가격은 2만원이고 상품 Y의 가격은 4만원이라고 하자. 소득은 32만원이라고 하자.

a. 효용을 극내화시키는 상품 수량은 각각 몇 단위인가? 이때 극대화된 효용의 크기를 말하시오.

b. 상품 X의 가격이 8만원으로 올랐다고 하자. 이 경우 상품 X의 가격이 2만원이었을 때 누리던 효용을 누리려면 소득이 얼마나 증가해야 하는가?

c. 지출함수를 이용하여 문항 b.에 답하시오.

KEY ▶ 보상변화를 구하는 문제이다.

풀이

a. 콥-더글라스 효용함수에서 각 상품에 적용된 지수가 각각 α, β일 경우 개인은 자신의 소득 중에서 $\frac{\alpha}{\alpha+\beta}$만큼을 X상품 구입에 지출하고 $\frac{\beta}{\alpha+\beta}$만큼을 Y상품 구입에 지출한다. 이러한 특성을 이용하면

$$x^* = \frac{\frac{\alpha}{\alpha+\beta}I}{p_x} = \frac{\frac{1}{2}\cdot 32}{2} = 8 \qquad (1)$$

$$y^* = \frac{\frac{\beta}{\alpha+\beta} I}{p_y} = \frac{\frac{1}{2} \cdot 32}{4} = 4 \tag{2}$$

이다. 그러므로 극대화된 효용은

$$U(x^*, y^*) = U(8, 4) = 32 \tag{3}$$

이다.

b. 이 문제의 답을 구하려면 상품 X의 가격이 8만원으로 올랐을 경우에도 원래 누리던 효용 32를 누리려면 소득이 얼마나 필요한가를 구하면 된다. 즉,

$$\begin{aligned} &\underset{x,\,y}{Min}\ e(x, y) = p_x x + p_y y \\ &s.t.\ \ U(x, y) = xy = \overline{U} \end{aligned} \tag{4}$$

를 풀면 된다. 이 문제에 해당되는 값을 대입하여 다시 쓰면

$$\begin{aligned} &\underset{x,\,y}{Min}\ e(x, y) = 8x + 4y \\ &s.t.\ \ xy = 32 \end{aligned} \tag{5}$$

이다. 라그랑지함수를 이용하여 이 문제를 풀면 $x^* = 4$, $y^* = 8$이다. 이 값을 (5)의 목적함수에 대입하면 $E^* = 64$를 얻는다. 이것은 상품 X의 가격이 8만원으로 오를 경우 원래 누리던 효용 32를 누리려면 소득이 64만원이 되어야 한다는 것이다. 그런데 원래 소득이 32만원이었으므로 소득이 32만원 증가해야 한다. 이 금액이 바로 보상변화의 절대값이다.

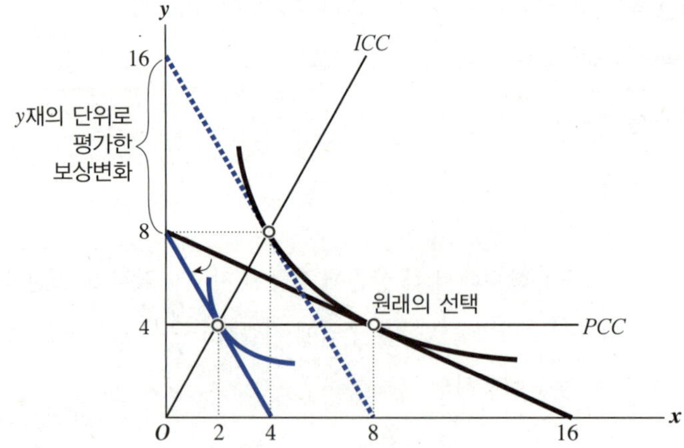

c. 지출함수는 (4)를 풀어서 구할 수도 있다. 그러나 문항 a.에서 이미 효용을 극대화시키는 수량을 구했으므로 간접효용함수를 구한 다음 쌍대성을 적용하여 지출함수를 구해 보자. (1)과 (2)를 효용함수에 대입하면

$$V(p_x, p_y, I) = U(x^*, y^*) = x^* y^* = \left(\frac{\frac{1}{\alpha+\beta} I}{p_x} \right) \left(\frac{\frac{1}{\alpha+\beta} I}{p_y} \right) = \frac{1}{4} \frac{I^2}{p_x p_y} \tag{6}$$

으로 구해진다. 여기에 쌍대성을 적용하면

$$E^2(p_x, p_y, U_0) = 4p_x p_y U_0 \tag{7}$$

를 얻는다. 그러므로 지출함수는

$$E(p_x, p_y, U_0) = \sqrt{4p_x p_y U_0} \tag{8}$$

가 된다. 이로부터 보상변화를 구하면

$$\begin{aligned} CV &= E(p_x^0, p_y, U_0) - E(p_x^1, p_y, U_0) \\ &= \sqrt{4 \cdot 2 \cdot 4 \cdot 32} - \sqrt{4 \cdot 8 \cdot 4 \cdot 32} = -32 \end{aligned}$$

가 된다.

4.16 등가변화의 응용

수민은 가람수영장에서 수영하는 것을 좋아한다. 그는 수영을 포함한 여가 활동에 한 달에 20만원을 예산으로 배정하고 있다고 한다. 그의 효용함수는 $U(x, y) = xy$이다. 여기서 x는 수영, y는 수영 이외의 스포츠로서 각각에 투입하는 시간으로 측정되고 있다. 이때 수영은 1시간당 2만원, 수영 이외의 스포츠는 1시간당 1만원이라고 하자.

a. 가람수영장에서는 한 달에 5만원의 회비를 내고 회원이 될 경우 매번 입장료를 반액으로 할인해 주지만 회원이 되지 않을 경우에는 매번 정상적인 입장료를 받는다고 한다. 수민은 회원이 되겠는가?

b. 만약 회원이 된다면 회원제 시행은 수민에게 현금을 얼마나 제공해 주는 것과 같은 효과를 내는가?

c. 가람수영장은 회원제를 폐지하고 그 대신 12만원까지는 정상 요금을 받고 그 이후 금액에 대해서는 반액으로 할인해 준다고 한다. 수민은 할인제를 이용하겠는가?

KEY ▶ 등가변화(equivalent variation)의 개념을 적용하는 문제이다. 예산제약식의 변화에 유의해야 한다.

풀이

a. 원래의 예산선은

$$2x + y = 20 \tag{1}$$

이다. 그렇지만 앞으로의 활용을 위해서 일반적인 표기를 사용하여 문제를 풀기로 하자. 효용극대화 문제는

$$\underset{x,\,y}{Max}\ xy$$

$$s.t.\quad p_x x + p_y y = M$$

으로 쓸 수 있다. 여기서 M은 소득을 나타낸다. 이 문제에 대한 라그랑지함수는

$$\underset{x,\,y,\,\lambda}{Max}\ L = xy + \lambda(M - p_x x - p_y y)$$

이다. 효용극대화의 일차필요조건은

$$\frac{\partial L}{\partial x} = y - \lambda p_x = 0 \tag{2}$$

$$\frac{\partial L}{\partial y} = x - \lambda p_y = 0 \tag{3}$$

$$\frac{\partial L}{\partial \lambda} = M - p_x x - p_y y = 0 \tag{4}$$

이다. 식 (2)와 식 (3)을 정리한 다음 대응되는 변끼리 나누어주면

$$\frac{y}{x} = \frac{p_x}{p_y} \tag{5}$$

를 얻는다. 이것은 바로

$$MRS = \frac{p_x}{p_y} \tag{6}$$

임을 의미한다. 식 (4)와 식 (5)를 연립으로 하여 풀면

$$x_0 = \frac{M}{2p_x},\ y_0 = \frac{M}{2p_y} \tag{7}$$

을 얻는다. 이때 효용은

$$U(x_0, y_0) = x_0 y_0 = \frac{M^2}{4p_x p_y} \tag{8}$$

이 된다. 식 (7)과 식 (8)에 해당되는 값들을 대입하면

$$x_0 = \frac{M}{2p_x} = \frac{20}{2 \times 2} = 5,\ y_0 = \frac{M}{2p_y} = \frac{20}{2 \times 1} = 10\ ,\ U(x_0, y_0) = x_0 y_0 = 50 \tag{9}$$

을 얻는다. 이 결과가 [그림 1]에 점 E_0, 무차별곡선 I_0로 나타나 있다.

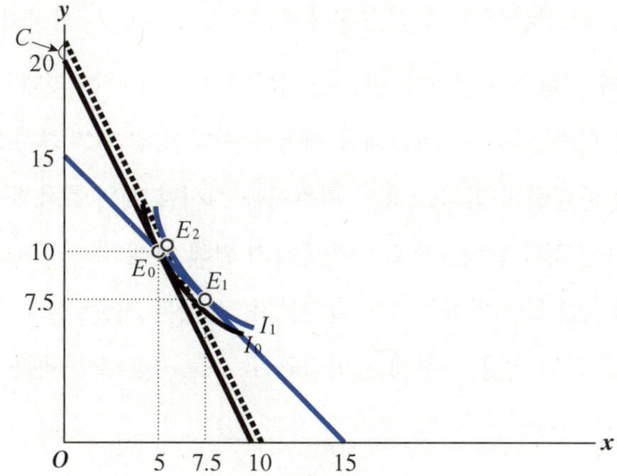

[그림 1]

한편 회원제로 할 경우 5만원의 회비를 내면 수영을 반값으로 할인해 주므로 예산선은

$$(1 - 0.5) \times 2x + y = 20 - 5 \tag{10}$$

가 된다. 좌변에 (1 − 0.5)가 있는 것은 반값으로 할인해 주기 때문이며, 우변의 (20 − 5)는 회비를 낸 상태에서만 반값으로 할인해 주므로 소득이 회비에 해당하는 만큼 줄어든 상태를 나타낸다. 이것을 정리하면

$$x + y = 15 \tag{11}$$

가 된다.

[그림 1]에 나타내지는 않았지만 식 (10)을 볼 때 직관적으로는 회비 5만원만큼 소득이 줄어서 원래의 예산선이 5만원만큼 안쪽으로 평행 이동한 다음, 다시 할인으로 인한 X재(수영)의 가격 하락 효과 때문에 상대가격이 1이 될 만큼 그 예산선이 시계 반대 방향으로 회전한 것으로 볼 수 있다.

새로운 효용극대화 문제를 푸는 대신 앞에서 구한 결과인 식 (7)과 식 (8)을 이용하자. 새로운 가격을 p_x^1, 새로운 소득을 M_1, 새로운 선택을 각각 x_1, y_1이라고 하고 식 (7)과 식 (8)에 해당되는 값들을 대입하면

$$x_1 = \frac{M_1}{2p_x^1} = \frac{15}{2 \times 1} = \frac{15}{2},\ y_1 = \frac{M_1}{2p_y} = \frac{15}{2 \times 1} = \frac{15}{2},\ U_1(x_1, y_1) = x_1 y_1 = \frac{225}{4} \tag{12}$$

를 얻는다. 이 결과가 [그림 1]에 점 E_1, 무차별곡선 I_1으로 나타나 있다. 그런데

$$U_0 < U_1$$

이므로, 즉 회원이 될 경우 효용이 증가하므로 수민은 회원이 될 것이다.

b. '회원제 시행은 수민에게 현금을 얼마나 제공해 주는 것과 같은 효과를 내는가?' 라는 질문에 답하는 것은 '회원제를 시행하는 대신 원래 가격시스템에서 얼마를 현금으로 지급해 준다면 수민의 효용이 회원제를 실시할 때의 효용과 같아지겠는가?' 라는 질문에 답하는 것과 같다. 이 질문에 답하기 위해 원래의 가격시스템에서 새로운 효용 U_1을 달성하려면 얼마가 드는가를 살펴보자. 이것은 지출극소화 문제를 풀어서 구할 수 있다. 앞으로의 활용을 위해 일반적인 표기를 사용해 문제를 풀기로 하자. 지출극소화 문제는

$$\underset{x,\,y}{Min}\ e(x, y) = p_x x + p_y y$$
$$s.t.\quad xy = U_1$$

이다. 이에 대한 라그랑지함수는

$$\underset{x,\,y,\,\lambda}{Min}\ L = p_x x + p_y y + \lambda(U_1 - xy)$$

이다. 극소화의 일차필요조건은

$$\frac{\partial L}{\partial x} = p_x - \lambda y = 0 \tag{13}$$

$$\frac{\partial L}{\partial y} = p_y - \lambda x = 0 \tag{14}$$

$$\frac{\partial L}{\partial \lambda} = U_1 - xy = 0 \tag{15}$$

이다. 식 (13)과 식 (14)를 정리한 다음 대응되는 변끼리 나누어주면

$$\frac{p_x}{p_y} = \frac{y}{x} \tag{16}$$

를 얻는다. 이것은 바로

$$\frac{p_x}{p_y} = MRS \tag{17}$$

임을 의미한다. 이 식은 식 (6)과 그 특성이 같다는 점에 주목하자.

식 (15)와 식 (16)을 연립으로 하여 풀면

$$x_c = \sqrt{\left(\frac{p_y}{p_x}\right)U_1},\ y_c = \sqrt{\left(\frac{p_x}{p_y}\right)U_1} \tag{18}$$

을 얻는다. 그러므로 이때 드는 지출은

$$e(x_c, y_c) = p_x x_c + p_y y_c = 2\sqrt{p_x p_y U_1} \tag{19}$$

이 된다.

이제 원래의 가격시스템에서 최소지출로 U_1을 달성하는 수요량을 각각 x_2, y_2라고 하고 해당되는 값들을 각각 식 (18)과 식 (19)에 대입하면

$$x_2 = \sqrt{(\frac{p_y}{p_x})U_1} = \sqrt{(\frac{1}{2})\frac{225}{4}} = \frac{15\sqrt{2}}{4},$$

$$y_2 = \sqrt{(\frac{p_x}{p_y})U_1} = \sqrt{(\frac{2}{1})\frac{225}{4}} = \frac{15\sqrt{2}}{2}$$

$$e(x_2, y_2) = p_x x_2 + p_y y_2 = 2\frac{15\sqrt{2}}{4} + 1\frac{15\sqrt{2}}{2} = 15\sqrt{2} \tag{20}$$

가 된다. 그러므로 회원제에 상당하는 현금지급액을 C라고 하면

$$C = E - 20 = 15\sqrt{2} - 20 \tag{21}$$

이 된다. 이 결과가 [그림 1]에 점 E_2와 그 점을 지나는 점선, 그리고 세로축의 C로 나타나 있다.

c. 수영장에서 12만원까지는 정상요금을 받으므로 수영에 12만원을 지출할 때까지는 원래의 예산선이 적용된다. 12만원을 초과하는 금액에 대해서는 반액으로 할인해 주므로 그때부터 예산선이 바뀐다.

한편 12만원은 수영 6시간에 해당하므로 그의 예산선은

$$2x + y = 20,\ x \le 6\text{일 경우} \tag{22}$$

$$\frac{1}{2} \times 2(x-6) + y = 20 - 12,\ x \ge 6\text{일 경우} \tag{23}$$

로 쓸 수 있다. 식 (23)의 좌변에 $\frac{1}{2}$이 등장한 이유는 반값 할인이 적용되기 때문이며 $(x-6)$이 등장한 이유는 12만원에 해당하는 수영 6시간 이후부터 반값 할인이 적용되기 때문이다. 우변에 (20 − 12)가 등장하는 이유는 할인이 적용되는 것은 수영에 12만원을 지출한 이후부터이기 때문이다. 식 (23)을 정리하면

$$x + y = 14 \tag{24}$$

가 된다. 식 (22)와 식 (24)가 [그림 2]에 점 (6, 8)에서 꺾어지는 예산선으로 나타나 있다.

직관적으로는 수영 6시간까지는 원래의 예산선이 적용되다가 6시간 이후부터는 할인으로 인해 수영의 상대가격이 1이 되는 것으로 볼 수 있다.

이러한 효용극대화 문제에서는 보통 2개의 제약식 가운데 1개만 등식으로 만족될 것이기 때문에 정식으로 풀려면 쿤-터커조건(Kuhn-Tucker conditions)을 적용해야 한다. 그러나 여기서는 편의상 통상적인 라그랑지함수를 이용하여 풀기로 하자.

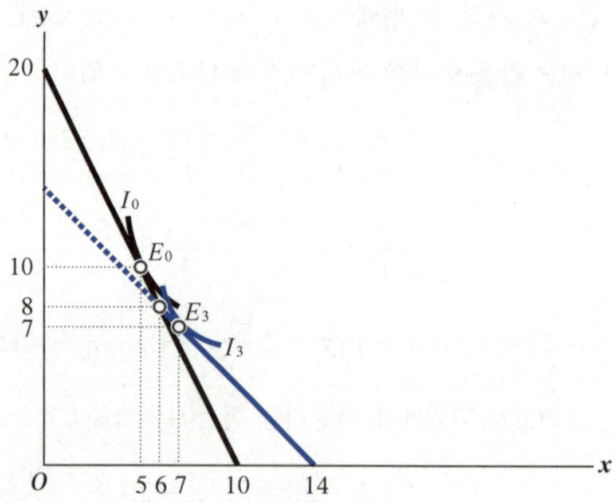

[그림 2]

이를 위해 식 (21) 하에서 극대화된 효용과 식 (23) 하에서 극대화된 효용을 각각 구해 서로 비교해 보기로 하자. 그런데 식 (21) 하에서는 점 (5, 10)에서 50의 효용을 얻는다는 사실을 문항 a.에서 알았다. 그리고 이것은 $x \leq 6$이라는 조건을 만족시킨다. 그러므로 이제 식 (23) 하에서의 극대화된 효용을 구해서 이 값, 즉 50과 비교해 보면 된다.

이때 새로운 효용극대화 문제를 푸는 대신 앞에서 구한 결과인 식 (7)과 식 (8)을 이용하자. 새로운 소득을 M_2, 새로운 선택을 각각 x_3, y_3라고 하고 식 (7)과 식 (8)에 해당되는 값들을 대입하면

$$x_3 = \frac{M_2}{2p_x^1} = \frac{14}{2 \times 1} = 7,\ y_3 = \frac{M_2}{2p_y} = \frac{14}{2 \times 1} = 7$$

을 얻는다. 이때 $x_3 = 7$은 $x \geq 6$을 만족시키므로 해가 된다. 이 경우 효용은

$$U_3(x_3, y_3) = x_3 y_3 = 49 \tag{25}$$

가 된다. 이 결과가 [그림 2]에 점 E_3, 무차별곡선 I_3로 나타나 있다(수요량 표기와의 대응을 위해 풀이에서 U_2와 I_2는 사용하지 않았다). 그런데

$$U_0 > U_3 \tag{26}$$

이므로, 즉 할인제를 이용할 경우 효용이 감소하므로 수민은 할인제를 이용하지 않을 것이다.

4.17 조세의 비효율

어떤 개인의 효용함수가 $U(x, y) = x^{\frac{1}{2}} y^{\frac{1}{2}}$이다. 상품의 가격은 각각 4이고 그의 소득은 32 라고 한다.

a. 소비자의 효용을 구하시오.

b. 상품 X재에 100%의 조세를 부과했다고 하자. 그리고 이 조세는 모두 소비자가 부담한다고 하자. 소비자의 효용을 구하시오.

c. 조세수입은 얼마인가?

d. 비효율의 크기는 얼마인가?

KEY ▶ 조세가 부과될 경우 가격 왜곡으로 인해 비효율이 발생한다. 이때 비효율은 소득효과와는 무관하며 대체효과 때문에 발생하는 것이다. 그리고 그 크기는 등가변화(equivalent variation)에서 조세수입을 빼준 값으로 측정된다.

풀이

상품의 가격을 각각 p_x, p_y라고 하자. 그리고 소득을 M이라고 하자.

a. 효용극대화 문제는

$$\max_{x,y}\ x^{\frac{1}{2}} y^{\frac{1}{2}}$$
$$s.t.\quad p_x x + p_y y = M$$

과 같이 표현된다. 이 문제에 대한 라그랑지 함수는

$$\max_{x,y,\lambda}\ L = x^{\frac{1}{2}} y^{\frac{1}{2}} + \lambda(M - p_x x - p_y y)$$

이다. 효용극대화의 일차필요조건은

$$\frac{\partial L}{\partial x} = \frac{1}{2} x^{-\frac{1}{2}} y^{\frac{1}{2}} - \lambda p_x = 0 \tag{1}$$

$$\frac{\partial L}{\partial y} = \frac{1}{2} x^{\frac{1}{2}} y^{-\frac{1}{2}} - \lambda p_y = 0 \tag{2}$$

$$\frac{\partial L}{\partial \lambda} = M - p_x x - p_y y = 0 \tag{3}$$

이다. 식 (1)과 식 (2)를 정리한 다음 대응되는 변끼리 나누어주면

$$\frac{y}{x} = \frac{p_x}{p_y} \tag{4}$$

를 얻는다. 이것은 바로

$$MRS_{xy} = \frac{p_x}{p_y} \tag{5}$$

임을 의미한다. 식 (3)과 식 (4)를 연립으로 하면 $x_0 = \frac{1}{2}\frac{M}{p_x} = 4$, $y_0 = \frac{1}{2}\frac{M}{p_y} = 4$이다. 이때 효용은 $U(x_0, y_0) = 4$이다.

b. 상품 X에 100%의 조세가 부과되었으므로 조세 부과 후 상품 X의 가격은 원래 가격의 2배가 된다. 그러므로 조세가 부과된 다음의 가격을 p_x'라고 하면 새로운 예산식은 $p_x'x + p_y y = M$이 된다. 이때 $p_x' = 2p_x$이다. 그러므로 앞서 구한 결과를 활용하면 $x_1 = \frac{1}{2}\frac{M}{p_x'} = \frac{1}{2}\frac{M}{2p_x} = 2$, $y_1 = \frac{1}{2}\frac{M}{p_y} = 4$로 구해진다. 이때 효용은 $U(x_1, y_1) = U_1 = 2\sqrt{2}$이다.

c. 상품에 조세를 부과하는 경우 조세수입은 $T = (p_x' - p_x)x_1 = 8$이다.

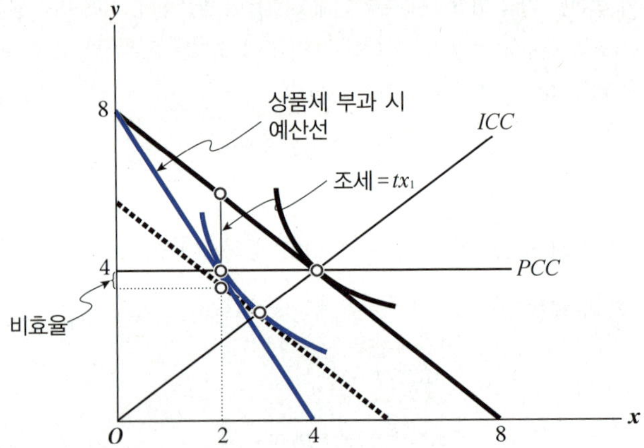

d. 조세가 부과되기 이전의 가격을 기준으로 하여 조세가 부과된 이후의 효용 U_1을 누리는 데 드는 최소비용은

$$\min_{x,y}\ e(x,y) = p_x x + p_y y$$
$$s.t.\quad x^{\frac{1}{2}} y^{\frac{1}{2}} = U_1 (= 2\sqrt{2})$$

와 같은 지출극소화 문제를 풀어서 구할 수 있다. 이에 대한 라그랑지함수는

$$\min_{x,y,\lambda}\ L = p_x x + p_y y + \lambda(U_1 - x^{\frac{1}{2}} y^{\frac{1}{2}})$$

이다. 극대화의 일차필요조건은

$$\frac{\partial L}{\partial x} = p_x - \frac{1}{2}\lambda x^{-\frac{1}{2}} y^{\frac{1}{2}} = 0 \tag{6}$$

$$\frac{\partial L}{\partial y} = p_y - \frac{1}{2}\lambda x^{\frac{1}{2}} y^{-\frac{1}{2}} = 0 \tag{7}$$

$$\frac{\partial L}{\partial \lambda} = U_1 - x^{\frac{1}{2}} y^{\frac{1}{2}} = 0 \tag{8}$$

이다. 식 (6)과 식 (7)을 정리한 다음 대응되는 변끼리 나누어주면

$$\frac{p_x}{p_y} = \frac{y}{x} \tag{9}$$

를 얻는다. 이것은 바로

$$\frac{p_x}{p_y} = MRS_{xy} \tag{10}$$

임을 의미한다. 이 식은 식 (5)와 그 특성이 같다는 점에 주목하자.

식 (8)과 식 (9)를 연립으로 하면

$$x_c^0 = \sqrt{\left(\frac{p_y}{p_x}\right)U_1},\ \ y_c^0 = \sqrt{\left(\frac{p_x}{p_y}\right)U_1} \tag{11}$$

을 얻는다. 이때 지출함수는 식 (11)을 목적함수에 대입하여

$$e(x_c^0, y_c^0) = p_x x_c^0 + p_y y_c^0 = 2\sqrt{p_x p_y U_1} = E(p_x, p_y, U_1) \tag{12}$$

으로 구해진다. 이때 EV는

$$EV = E(p_x^0, p_y, U_1) - E(p_x^1, p_y, U_1) = 2\sqrt{4 \cdot 4} \cdot 2\sqrt{2} - M = 16\sqrt{2} - 32$$

가 된다. 즉, 조세 부과로 인해 효용이 $|EV|$만큼 감소했다고 볼 수 있다. 이때 비효율은 이 중에서 조세수입으로 환수되지 못한 금액의 크기이다. 즉,

$$\text{비효율} = |EV| - T = (32 - 16\sqrt{2}) - 8 = 24 - 16\sqrt{2}$$

이다.

조세가 이처럼 비효율을 유발하는 이유는 조세가 가격을 왜곡시키기 때문이다. 그 결과 대체효과를 유발하기 때문이다.

4.18 정률보조금과 정액보조금의 비교

홍길동의 효용함수는 $U(x, y) = xy$이고 소득은 18이라고 한다. 홍길동은 효용을 극대화하도록 행동한다고 한다.

a. 홍길동은 각 상품에 각각 얼마씩 지출하는가? 예산제약식을 구한 다음 풀이하되, 예산제약식에 대해서도 설명하시오.

b. 홍길동이 X상품 구입에 지출하는 금액에 대해 50%의 보조금을 지급한다고 하자. 예산제약식을 구한 다음, 효용을 극대화하는 값들을 구하고 그때의 효용을 구하시오. 이때 보조금 지급액은 얼마인가?

c. 이제 어느 상품을 구입하는가와 관계없이 일정한 금액을 보조금으로 지급하려고 한다. 이 경우 위 문항과 똑같은 효용을 누리게 하려면 보조금을 얼마나 지급해야 하는가?

d. 위 두 문항의 결과를 비교하고 해석하시오.

KEY ▶ 정률보조금은 상대가격을 하락시켜 대체효과에 따른 비효율을 유발한다.

풀이

a. 예산식은

$$x + y = 18 \tag{1}$$

이다. x는 X재 구입에 지출한 금액, y는 Y재 구입에 지출한 금액이다.

홍길동의 극대화 문제는

$$\begin{aligned} &\underset{x,y}{Max}\ U(x, y) = xy \\ &s.t.\quad x + y = 18 \end{aligned}$$

이다(물론 예산식을 $p_x x + p_y y = 18$로 놓고 풀이해도 된다). 콥-더글라스 효용함수이므로 공식을 이용하면 $x = \frac{1}{2}\frac{18}{p_x}$에서 $p_x = 1$이므로 $x_0 = 9$이다. 같은 방법으로 $y_0 = 9$이다.

b. 예산식은

$$x + y = 18 + 0.5x \tag{2}$$

이다. 이것을 정리하면

$$0.5x + y = 18 \tag{3}$$

이다. 공식을 이용하면 최적선택은 $x_1 = \frac{1}{2}\frac{18}{p_x} = \frac{1}{2}\frac{18}{0.5} = 18$, $y_1 = \frac{1}{2}\frac{18}{p_y} = \frac{1}{2}\frac{18}{1} = 9$로 구해진다. 이때 효용은 $U(x_1, y_1) = x_1 y_1 = 18 \times 9$이다.

보조금을 S_1이라고 하면 $S_1 = 0.5x_1 = 9$이다. 보조금은 다음과 같이 생각할 수도 있다. $y_1 = 9$일 때 원래의 예산제약식 식 (1)을 만족시키려면 $x = 9$가 되어야 한다. 그런데 보조금을 받은 이후에는 $x_1 = 18$이다. 따라서 $S_1 = 18 - 9 = 9$이다.

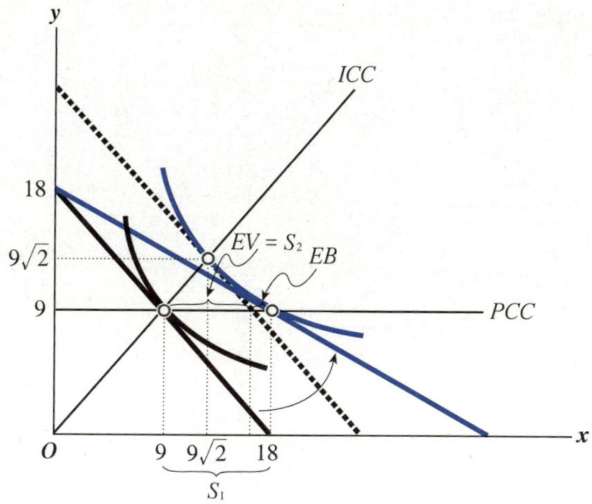

c. 원래의 가격체계에서 정률보조금 수령 이후의 효용을 누리려면 얼마의 정액보조금이 필요한가를 구하면 된다. 이때 필요한 정액보조금은

$$\underset{x,\,y}{Min}\ e(x, y) = x + y$$
$$s.t.\quad xy = \overline{U}(= 18 \times 9)$$

와 같은 지출극소화 문제를 풀어서 구할 수 있다.

라그랑지함수를 이용하여 이 문제를 풀면 $x_2 = 9\sqrt{2}$, $y_2 = 9\sqrt{2}$를 얻는다. 그러므로 $e = x_2 + y_2 = 18\sqrt{2}$이다. 그러므로 필요한 정액보조금은

$$S_2 = 18\sqrt{2} - 18$$

이다. 이 값은 사실상 등가변화(EV : equivalent variation)이다.

d. 문항 b.에서는 비효율이 발생한다. 비효율을 EB라고 하면

$$EB = S_1 - S_2 = S_1 - EV = 9 - (18\sqrt{2} - 18) = 27 - 18\sqrt{2}$$

이다. 이처럼 비효율이 발생하는 이유는 정률보조금은 X재 구입의 기회비용을 감소시켜 X재 구입을 증가시키려는 유인을 제공하기 때문이다. 즉, 대체효과를 유발하기 때문이다. 즉, 정률보조금일 경우 홍길동은 더 많은 보조금을 받기 위해 X재 소비를 증가시키기 때문이다. 넓게 보면 이것은 정률보조금이 가격을 왜곡시켜 보이지 않는 손의 기능을 마비시킨 것이다. 한편 정액보조금의 경우에는 X재 구입량에 관계없이 일정한

금액을 받기 때문에 X재 구입을 증가시키려는 유인이 작용하지 않는다. 따라서 비효율도 발생하지 않는다.

부존소득

5장

5.1 부존소득모형 : 보통소득효과와 부존소득효과

어떤 사람이 쌀 100단위와 옷감 50단위를 가지고 있다고 하자. 쌀의 가격은 5만원이며 옷감은 10만원이라고 하자. 이 사람이 처음에 쌀을 80단위만 소비하고 나머지는 팔아서 옷감을 구입했다고 한다.

a. 예산선, 부존점, 그리고 최초에 선택한 상품묶음을 그리시오.

b. 쌀의 가격이 2만 5천원으로 하락했다고 한다. 이때에도 이 사람이 계속 쌀을 판매한다면 효용은 이전과 비교하여 어떠하겠는가?

c. 쌀의 가격이 떨어진 후 쌀을 판매하는 대신 반대로 구입한다면 효용은 원래의 수준과 비교하여 어떠하겠는가?

d. 쌀의 가격이 하락했는데도 보통의 경우와는 달리 효용이 반드시 높아진다고 장담할 수 없는 이유를 말하시오.

KEY ▶ 부존소득모형에서 예산선은 항상 부존점을 지난다. 가격이 변할 경우 예산선은 부존점을 중심으로 회전하지만 여전히 부존점을 지난다. 가격이 변할 경우 효용이 어떻게 되는지 파악해 두자. 소득이 화폐로 주어진 경우와 어떻게 다른지 비교하여 익혀 두자.

풀이

쌀의 수요량을 x, 옷감의 수요량을 y로 놓자.

a. 소득이 화폐가 아닌 상품으로 주어져 있다. 그러므로 부존소득모형이다. 예산식은 $5x+10y=(5)(100)+(10)(50)$이고 부존점은 $(100, 50)$이다. 한편 최초에 쌀을 80단위 소비하고 나머지 20단위는 팔았다고 하였다. 쌀 20단위는 100만원에 해당한다. 그러므로 가격이 10만원인 옷감을 10단위 구입했다고 볼 수 있다. 그러므로 최초에 선택한 상품묶음은 $(80, 60)$이다.

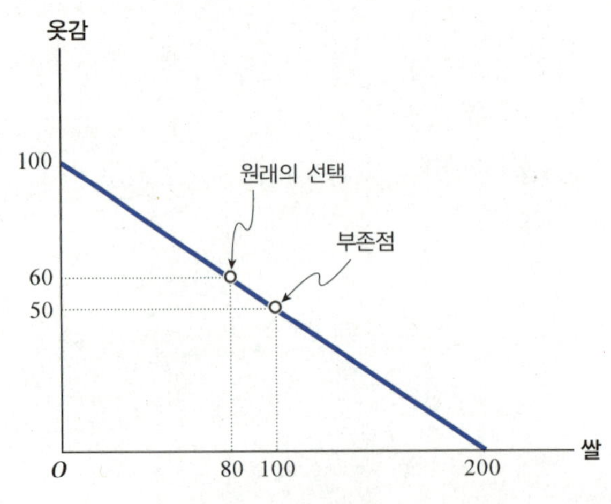

b. 예산식은 $2.5x+10y=(2.5)(100)+(10)(50)=750$이 된다. 소득이 상품으로 주어졌을 경우에는 가격이 변하더라도 예산선은 항상 최초부존점을 통과한다. 다만 기울기가 달라질 뿐이다. 이 새로운 예산선도 부존점을 통과하고 있다는 사실에 주목하자. 이제 예산선을 관찰해 보자. 이처럼 쌀의 가격이 떨어졌는데도 계속 쌀을 판매한다는 것은 무엇을 의미하는가? 그것은 쌀의 가격이 떨어지기 이전에 선택할 수 있었는데 선택하지 않았던 상품묶음을 쌀의 가격이 떨어진 이후에 선택한다는 것을 의미한다. 그런데 이전에 선택할 수 있었는데 선택하지 않았다는 사실은 원래 선택한 점 Q_0가 쌀의 가격이 떨어진 이후 새롭게 선택한 점 Q_1보다 나은 점이라는 것을 의미한다. 다시 말하면 원래 선택한 점 Q_0가 새롭게 선택한 점 Q_1에 대해 현시선호된 점이라는 것이다. 이제 현시선호의 약공리에 의하면 이러한 선호순서는 뒤바뀔 수 없다. 이렇게 볼 때 가격이 하락한 이후에는 덜 선호하던 점을 선택하게 된 셈이므로 효용 수준이 낮아진 것이다.

수식으로 보면, $P_0 \cdot Q_0 > P_0 \cdot Q_1$이면서 $P_1 \cdot Q_0 > P_1 \cdot Q_1$인 경우이다. 즉, Q_0가 Q_1에 대해 현시선호된 경우이다. 그러므로 가격 하락 이후 효용 수준이 낮아진 것이다. 한편 이 경우 수량지수를 구해 보면, 라스파이레스 수량지수와 파셰 수량지수가 모두 1보다 작다는 것을 알 수 있다.

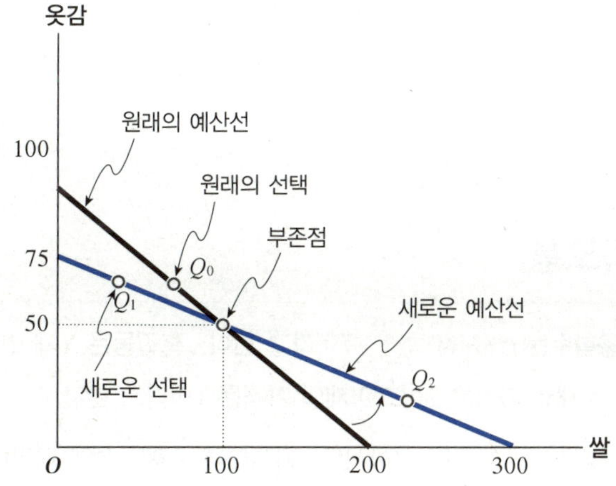

c. 새로운 예산선에서 쌀을 구입하는 것을 나타내는 점 Q_2는 원래의 예산선 밖에 있는 점이다. 즉, 원래의 예산집합 밖에 있는 점이라는 것이다. 다시 말해서 원래 가격에서는 선택할 수 없었던 점이라는 것이다. 보다 구체적으로 말하면, $P_0 \cdot Q_2 > P_0 \cdot Q_0$이면서 $P_2 \cdot Q_0 > P_2 \cdot Q_2$이다. 즉, P_0 하에서는 Q_2를 선택할 수 없었고 P_2 하에서는 Q_0를 선택할 수 없었다. 그러므로 두 상태에서의 효용을 비교할 수 없다. 두 상품묶음 중 어느 것

도 선택 가능할 경우에 비로소 효용을 서로 비교할 수 있다는 점을 상기하자.

d. 소득이 화폐소득으로 주어진 경우에는 상품의 가격이 하락하면 주어진 화폐소득의 구매력이 증가하여 효용이 증가한다. 그러나 최초에 소득이 상품으로 주어지는 경우에는 상황이 다르다. 이 문제에서처럼 쌀의 가격이 하락하면 가지고 있는 쌀의 가치가 감소하여 부존소득이 감소한다. 반면에 쌀의 가격이 하락하면 주어진 부존소득의 구매력이 증가한다. 쌀의 가격이 하락할 때 이러한 두 효과를 합하여 최종적으로 구매력이 증가하는지 감소하는지는 소비자가 쌀의 구매자인가 아니면 판매자인가에 따라 달라진다. 이것이 바로 쌀의 가격이 하락했는데도 효용 수준이 반드시 높아진다고 장담할 수 없는 이유이다.

보다 구체적으로 살펴보자. 처음에 쌀의 판매자였던 소비자가 쌀의 가격이 하락하더라도 여전히 판매자로 남아 있는 경우에는 가지고 있는 쌀의 가치가 감소하는 효과(부존소득효과)가 부존소득의 구매력을 증가시키는 효과(보통소득효과)를 압도하여 이전에 비해 효용이 감소한다.

한편 쌀의 가격이 하락하기 이전에 쌀의 구매자였던 소비자가 여전히 구매자로 남아 있는 경우에는 부존소득의 구매력을 증가시키는 효과(보통소득효과)가 부존상품의 가치를 감소시키는 효과(부존소득효과)를 압도하여 이전에 비해 효용이 증가한다.

그러나 쌀의 가격이 하락하기 이전에 쌀의 판매자였던 소비자가 구매자로 바뀌는 경우에는 쌀의 가격이 하락하기 이전에 비해 효용이 감소하는지 증가하는지 선험적으로는 알 수 없다.

5.2 부존소득모형

홍길동의 효용함수는 $U(x, y) = x^{\frac{1}{2}} y^{\frac{1}{2}}$이라고 한다. 홍길동은 X재 20단위와 Y재 10단위를 가지고 있다. X재의 가격은 2이고 Y재의 가격은 1이라고 한다.

a. 홍길동의 극대화된 효용을 구하시오. 최적선택을 예산선에 나타내시오. 그는 X재의 구매자인가 판매자인가? Y재에 대해서는 어떠한가?

b. 이제 X재의 가격이 1이 되었다고 하자. 극대화된 효용을 구하시오. 위 문항과 효용의 증감을 비교하시오. 소득이 화폐로 주어진 경우와 어떻게 다른가?

c. 위 두 문항에 나타난 효용의 변화를 현시선호이론의 측면에서 분석하시오.

KEY ▶ 현시선호의 약공리를 적용하면, 판매자가 가격 하락 이후에도 여전히 판매자로 남을 경우 효용이 감소하는 것으로 판단할 수 있다.

풀이

a. 부존소득모형으로서 홍길동의 효용극대화 문제는 다음과 같다.

$$\underset{x,y}{Max}\ U(x,y) = x^{\frac{1}{2}} y^{\frac{1}{2}}$$
$$s.t.\quad p_x x + p_y y = M$$
$$M = p_x \omega_x + p_y \omega_y$$

두 번째 제약식을 첫 번째 제약식에 대입하여 정리하면

$$p_x x + p_y y = p_x \omega_x + p_y \omega_y$$

가 된다. 그런데 $p_x = 2,\ p_y = 1,\ \omega_x = 20,\ \omega_y = 10$으로 주어졌다. 이 값들을 이 식에 대입하면

$$2x + 1y = 2 \times 20 + 1 \times 10$$

이다.

콥-더글라스 효용함수이므로 공식을 사용하면 최적선택은

$$x_0 = \frac{1}{2}\frac{50}{p_x} = \frac{25}{2} < \omega_x,\ \ y_0 = \frac{1}{2}\frac{50}{p_y} = 25 > \omega_y$$

가 된다. 이로부터 홍길동은 X재를 판매하여 Y재를 구입한다는 것을 알 수 있다.

이때 극대화된 효용은 $U(x_0, y_0) = x_0^{\frac{1}{2}} y_0^{\frac{1}{2}} = 25\frac{\sqrt{2}}{2}$이다.

b. $p_x = 1$일 경우 예산식은

$$1x + 1y = 1 \times 20 + 1 \times 10$$

이 된다. 공식을 이용하여 최적선택을 구하면

$$x_1 = \frac{1}{2}\frac{30}{p_x} = 15 < \omega_x,\ \ y_1 = \frac{1}{2}\frac{30}{p_y} = 15 > \omega_y$$

가 된다. 홍길동은 여전히 X재를 판매하고 Y재를 구입한다. 이때 극대화된 효용은 $U(x_1, y_1) = x_1^{\frac{1}{2}} y_1^{\frac{1}{2}} = 15$이다.

소득이 화폐로 주어질 경우 상품의 가격이 하락하면 실질소득이 증가하여 효용이 증가한다. 그러나 소득이 상품으로 주어진 경우 상품의 가격이 하락하면 판매자인가 구매자인가에 따라 그 결과가 달라진다. 판매자인 경우 가격 하락이 부존상품의 가치를 감소시키는 효과(부존소득효과와 관계됨)가 부존소득의 구매력을 증가시키는 효과(보통소득효과와 관계됨)보다 더 크다. 그 결과 효용이 감소한다.

c. 예산선을 검토해 보자. 새로운 가격에서 선택한 상품묶음 $Q_1(15, 15)$는 원래의 가격에서 선택할 수 있었다. 그런데 원래의 가격에서 상품묶음 Q_1을 선택하지 않고 그 대신 $Q_0(12.5, 25)$를 선택했다. 현시선호의 약공리에 따르면, 이것은 홍길동이 원래의 선택 Q_0를 새로운 선택 Q_1보다 선호한다는 것을 의미한다. 그런데 X재의 가격 하락으로 인해 홍길동은 상품묶음 Q_0를 선택할 수 없게 되어 상품묶음 Q_1을 선택하였다. 이것은 X재의 가격 하락으로 인해 홍길동의 효용이 감소하였다는 것을 의미한다.

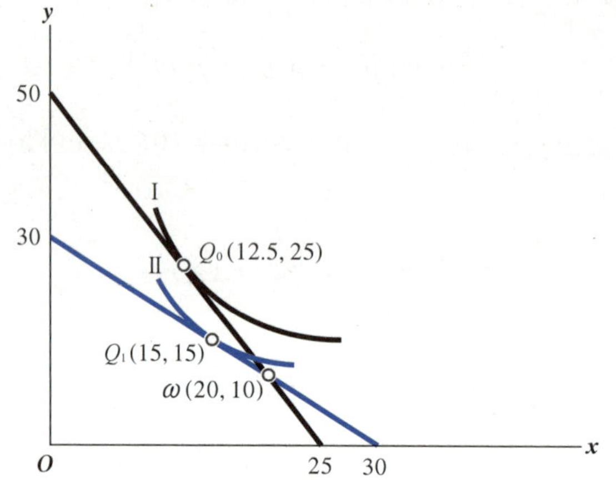

이러한 내용을 수식을 통해 검토해 보자. $P_0(2, 1)$, $P_1(1, 1)$, $Q_0(12.5, 25)$, $Q_1(15, 15)$라고 표기하자. 이때 $P_0 \cdot Q_0 = 50 > P_0 \cdot Q_1 = 45$가 성립한다. 이것은 P_0일 때 Q_1을 선택할 수 있었음에도 불구하고 Q_0를 선택했다는 것을 의미한다. 그러므로 $Q_0 \succ Q_1$이다. 이때 현시선호의 약공리가 성립하려면 $P_1 \cdot Q_0 > P_1 \cdot Q_1$이어야 한다. 즉, 가격이 P_1으로 바뀌었을 때 Q_1을 선택했다면 P_1에서는 Q_0를 구입할 수 없었어야 한다. 그런데 주어진 자료로부터 $P_1 \cdot Q_0 = 37.5 > P_1 \cdot Q_1 = 30$이 성립한다는 것은 바로 이러한 사실을 뒷받침한다. 이로써 이 개인의 선택은 약공리를 만족시킨다는 것을 확인하였다.

5.3 부존소득모형과 현시선호이론 결합

쌀과 옷감을 생산하는 농부를 생각해 보자. 이 농부는 자신이 생산한 쌀과 옷감을 가지고 장날마다 장에 가서 교환해 온다. 그런데 교환 비율은 그때그때 시장의 수요조건과 공급조건에 따라 달라진다. 한편 그는 매번 쌀 10단위와 옷감 30단위를 가지고 장에 나간다. 그런데 1번째 장날에 나가서는 쌀 15단위와 옷감 20단위를 가지고 돌아왔다. 이 상품묶음을 A라고 하자. 2번째 장날에 나가서는 쌀 25단위와 옷감 10단위를 가지고 돌아왔다. 이 상품묶음을 B라고 하자. 3번째 장날에서는 쌀 30단위와 옷감 15단위를 가지고 돌아왔다.

이 상품묶음을 C라고 하자. 이러한 자료를 통해 이 농부가 어느 장날에 가장 높은 만족감을 얻었으며 어느 장날에 가장 낮은 만족감을 얻었을까를 추론할 수 있겠는가? 있다면 그 결과는 어떠한가?

KEY ▶ 부존소득모형에서 현시선호이론을 적용하는 문제이다.

풀이

쌀을 가로축에 표시하고 옷감을 세로축에 표시하자. 그 다음 그의 부존상품묶음과 각 장날에 나가서 가지고 돌아온 상품묶음을 각각의 예산집합에 표시해 보자. 이때 편의상 그가 선택한 상품묶음들이 각각의 예산선 상에 놓인다고 가정하기로 하자. 그림에서 보듯이 그는 옷감을 팔아서 쌀을 사고 있는 사람임을 알 수 있다. 3번째 장날에 자신이 사고 있는 쌀의 상대가격이 가장 낮았다. 그 결과 예산집합도 가장 크다. 그러므로 3번째 장날에 가장 만족감이 높았다. 같은 논리로 2번째 장날에는 1번째 장날에 비해 만족감이 높았다. 1번째 장날에 만족감이 가장 낮았다.

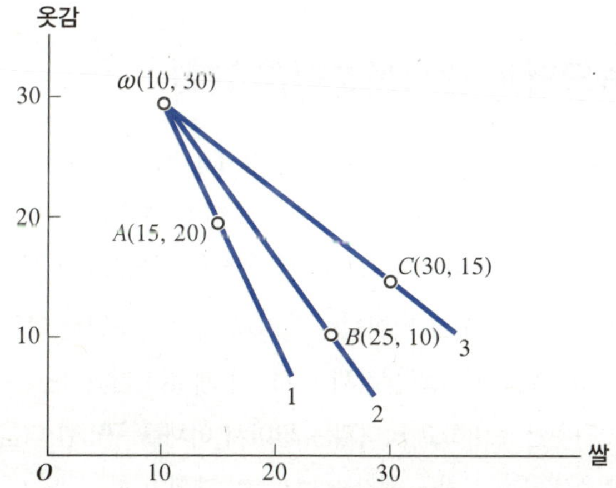

이러한 결과는 현시선호이론으로도 설명할 수 있다. 즉, 3번째 장날에서는 A와 B를 선택할 수 있었으나 선택하지 않고 그 대신 C를 선택한 것으로 볼 수 있다. 그러므로 C는 A와 B에 대해 현시선호되었다고 볼 수 있다. 즉, 3번째 장날에 만족감이 가장 높았다는 것이다. 같은 논리로 2번째 장날에는 A를 선택할 수 있었으나 그 대신 B를 선택했다고 볼 수 있다. 그러므로 B는 A에 대해 현시선호되었다. 즉, 2번째 장날의 만족감이 더 높았다고 볼 수 있다. 이상의 내용을 종합해 볼 때 3번째 장날에 만족감이 가장 높았으며 그 다음 2번째 장날에 만족감이 높았고 1번째 장날에는 만족감이 가장 낮았다. 그러나 1번째 장날에도 장에 가지 않은 상태보다는 만족감이 높다고 볼 수 있다. 교환을 했다는 사실 자체가 그의 만족감이 높아졌다는 것을 반영한다. 만족감이 높아지지 않는다면 교환을 하지 않았을 것이기 때문이다.

수치를 사용하여 구체적으로 검토해 보자. 3번째 장날에 쌀의 옷감에 대한 상대가격을 구해 보자. 쌀의 가격을 p_x라고 하고 옷감의 가격을 p_y라고 하자. 그러면 3번째 장날에는 $30p_x + 15p_y = 10p_x + 30p_y$가 성립한다. 이로부터 $\frac{p_x}{p_y} = \frac{3}{4}$을 얻는다. 이때 상대가격만 의미가 있으므로 옷감의 가격을 1로 정규화해도 된다. 그러나 계산의 편의상 쌀의 가격을 3이라고 하고 옷감의 가격을 4라고 하자. 이제 이러한 가격체계에서 상품묶음 A를 선택할 수 있는가를 검토해 보자.

이러한 가격으로 상품묶음 C를 구입하려면 $3 \times 30 + 4 \times 15 = 150$이 든다. 그런데 이 가격으로 상품묶음 A를 구입하려면 $3 \times 15 + 4 \times 20 = 125$가 든다. 즉, 상품묶음 C를 선택했을 때 상품묶음 A를 선택할 수 있었다. 그러나 C를 선택했다. 현시선호의 약공리에 따르면 이것은 그가 상품묶음 A보다 C를 선호한다는 것을 의미한다. B와 C, A와 B 사이에 대해서도 같은 방법으로 선호를 말할 수 있다.

5.4 부존소득모형과 현시선호이론 결합

갑돌이 야채 200단위와 과일 100단위를 가지고 있다고 하자. 야채의 가격은 2만원이고 과일의 가격은 4만원이라고 하자. 처음에 갑돌이 야채 200단위와 과일 100단위를 소비하려고 계획하였다. 그런데 야채의 가격이 1만원으로 하락했다고 하자. 이때

a. 야채 100단위만 소비하고 나머지는 팔아서 과일을 구입한 다음 자신이 가지고 있던 과일과 함께 소비하는 계획을 생각해 보자. 이 계획이 합리적인가?

b. 과일을 50단위만 소비하고 나머지는 팔아서 야채를 구입한 다음 자신이 가지고 있던 야채와 함께 소비하는 계획을 생각해 보자. 이 계획이 합리적인가?

KEY ▶ 부존소득모형에서 현시선호이론을 적용하는 문제이다.

풀이

야채의 수요량을 x, 과일의 수요량을 y라고 하자. 그러면

원래의 예산선 : $2x + 4y = 2 \times 200 + 4 \times 100$

새로운 예산선 : $1x + 4y = 1 \times 200 + 4 \times 100$

이다. 부존소득이 상품으로 주어질 경우 가격이 변하더라도 예산선은 항상 최초부존점을

통과한다. 다만 기울기가 달라질 뿐이다.

a. 야채를 파는 경우

가격 1만원인 야채를 100단위 팔 경우 가격 4만원인 과일을 25단위 구입할 수 있다. 그러므로 가격 변화 이후에 선택하려는 점은 (100, 125)이다. 원래의 상태를 $P_0(2, 4)$, $Q_0(200, 100)$으로 나타내고 새로운 상태를 $P_1(1, 4)$, $Q_1(100, 125)$로 나타내자. 그러면 $P_0 \cdot Q_0 = 800 > P_0 \cdot Q_1 = 700$이므로 Q_0가 Q_1에 대해 현시선호되었다. 즉, 현재의 예산제약 하에서 Q_1을 구입할 수 있었음에도 불구하고 Q_0을 구입한 상황이므로 Q_0가 Q_1에 대해 현시선호되었다는 것이다. 이때 현시선호의 약공리에 따르면 $P_1 \cdot Q_0 > P_1 \cdot Q_1$이 성립해야 한다. 즉, 가격이 변할 때 Q_0를 선택하지 않고 Q_1을 선택하게 된다면 그것은 새로운 예산제약 하에서는 예산상 Q_0를 선택할 수 없기 때문에 할 수 없이 Q_1을 선택한 경우이어야 한다는 것이다.

그런데 문항에서는 $P_1 \cdot Q_0 = 600 = P_1 \cdot Q_1 = 600$이므로 현시선호의 약공리를 위반한다. 즉, 새로운 예산제약 하에서 이미 현시선호된 Q_0를 구입할 수 있음에도 불구하고 Q_1을 구입하는 것이므로 현시선호의 약공리를 위반한다. 그러므로 이 계획은 비합리적이다.

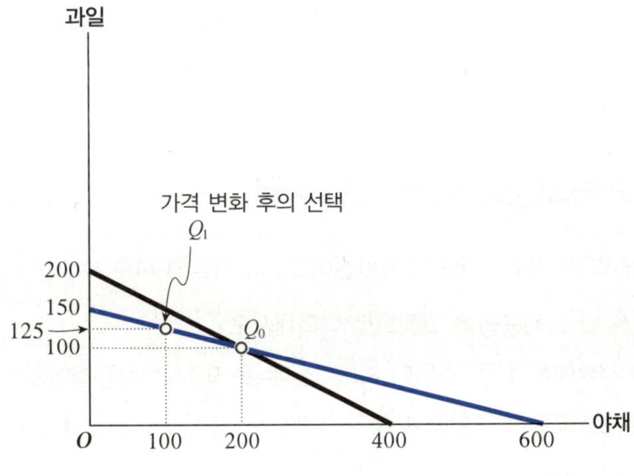

b. 가격 4만원인 과일 50단위를 팔 경우 가격 1만원으로 하락한 야채를 200단위 구입할 수 있다. 그러므로 가격 변화 이후에 선택하려는 점은 (400, 50)이다. 원래의 상태를 $P_0(2, 4)$, $Q_0(200, 100)$으로 나타내고 가격 변화 이후의 상태를 $P_2(1, 4)$, $Q_2(400, 50)$으로 나타내자. 그러면 $P_0 Q_0 = 800 < P_0 Q_2 = 1{,}000$이므로 Q_0을 구입하였을 때 Q_2는 예산상 구입할 수 없는 상황이었다. 그러므로 Q_0와 Q_2 중에서 어느 것을 더 선호하는지 알 수 없다(현시선호는 Q_0와 Q_2 중에서 그 어느 것도 구입 가능한 상황에서 그중 어느

하나를 선택했다면 그것이 다른 것에 대해 현시선호된 것임을 말하기 때문이다).

그런데 $P_2Q_0 = 600 = P_2Q_2 = 600$이므로 현시선호의 약공리를 위반하지 않는다. 즉, Q_0와 Q_2 중에서 어느 것을 선호하는지 알 수 없었는데 새로운 예산제약 하에서 Q_2가 선택가능하게 되어 Q_2를 선택하는 것은 현시선호의 약공리를 위반하지 않는다. 그러므로 이 계획은 합리적이다.

한편 이 식은 Q_0와 Q_2 중에서 그 어느 것도 선택 가능한데 Q_2를 구입하는 것을 의미한다. 그러므로 Q_2가 Q_0에 대해 현시선호되었다. 즉, 가격 변화 이후 갑돌의 효용이 증가했다.

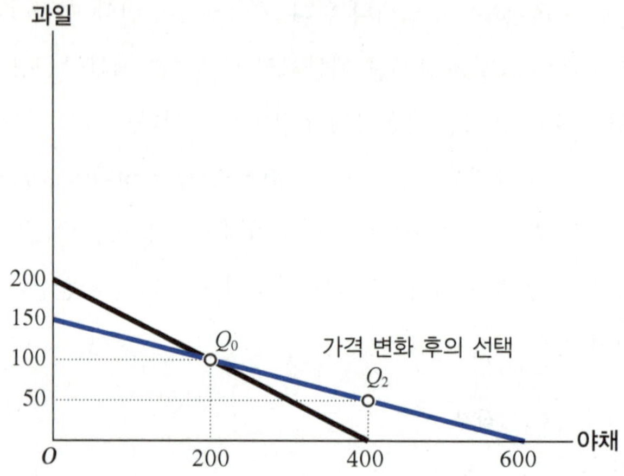

5.5 최저소득보장제도와 노동공급

어느 개인의 시간당 임금률이 500원이고, 이 사람의 하루 수입은 6,000원이라고 한다.

a. 예산선 및 노동공급을 그림으로 나타내시오.

b. 이제 정부에서 하루 소득이 8,000원에 못 미치는 사람들에게는 소득이 8,000원이 되도록 보조금을 지급한다고 하자. 이때 위 개인의 예산선을 그리시오. 그의 노동공급에 대해 말하시오.

KEY ▶ 최저소득보장제도에 관한 질문이다. 이 경우 암묵적 한계세율은 100%이며 그 결과 노동공급은 0이 된다.

풀이

a. 시간당 임금이 500원일 경우 24시간 모두 노동을 한다면 12,000원을 벌 수 있다. 한편 6,000원을 벌고 있다는 것은 12시간 일하고 있다는 것을 의미한다.

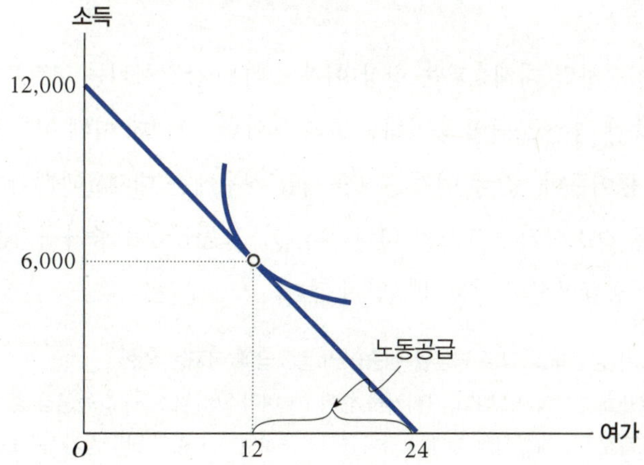

b.

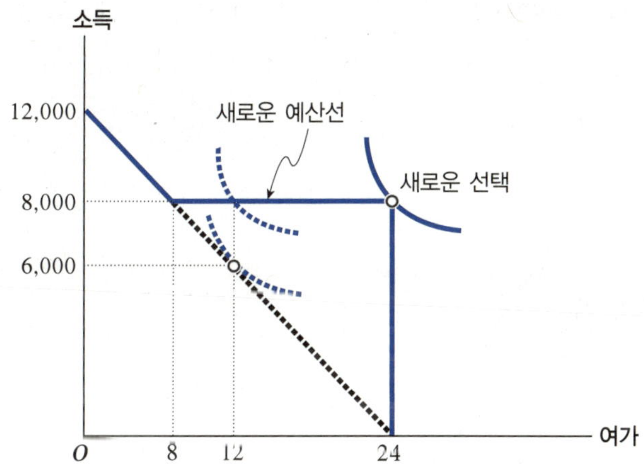

힘들여 6,000원을 벌거나 아니면 일을 전혀 하지 않거나 어느 경우이든 보조금을 포함한 소득은 8,000원이 된다. 그러므로 이 개인은 구태여 일하는 대신 여가를 즐길 것이다. 그리하여 그림에서 보듯이 제도 시행 이후 노동공급은 0이 된다. 한편 이러한 상황에서는 소득이 8,000원에 미치지 못할 경우 암묵적 한계세율은 100%이다. 추가로 1시간 더 일해서 500원을 더 벌더라도 자신의 소득은 전혀 증가하지 않기 때문이다. 즉, 500원 모두 조세로 징수한 것과 같다.

5.6 노동공급곡선의 기울기

여가가 열등재일 경우 노동공급곡선의 기울기에 대해서 논의하시오.

풀이

임금률이 상승하면 대체효과는 항상 여가 소비를 감소시키는 것으로 나타난다. 한편 임금률이 상승할 경우 소득이 증가하는 효과가 있다. 그런데 이때 여가가 열등재일 경우 여가 소비가 줄어든다. 결국 여가가 열등재일 경우에는 대체효과뿐만 아니라 소득효과도 여가 소비를 감소시키는 것으로 나타난다. 즉, 노동공급을 증가시키는 것으로 나타난다. 따라서 노동공급곡선의 기울기는 양이 된다.

KEY ▶ 여가가 정상재일 경우 임금률 상승이 노동공급에 미치는 영향

- 대체효과 : 여가소비의 기회비용 증가 → 여가소비 감소 → 노동공급 증가
- 소득효과 : 예산집합 확대(소득이 증가하는 효과) → 여가소비 증가 → 노동공급 감소
- 임금률이 낮을 경우에는 대체효과가 소득효과보다 크다. 그리하여 노동공급곡선은 우상향한다. 그러나 임금률이 어느 수준 이상으로 올라가면 소득효과가 대체효과를 압도하기 시작하여 노동공급곡선이 후방굴절한다.

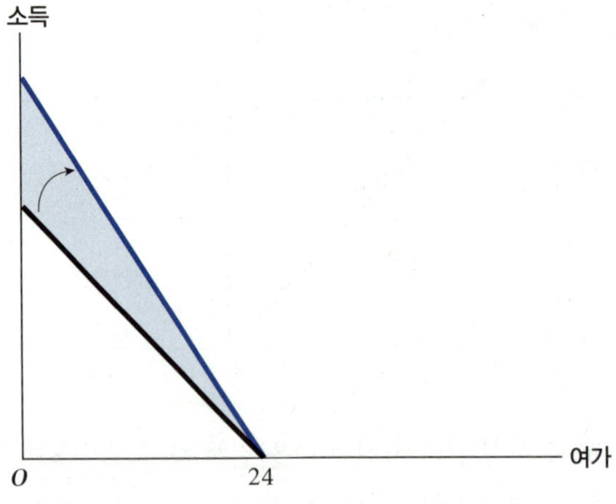

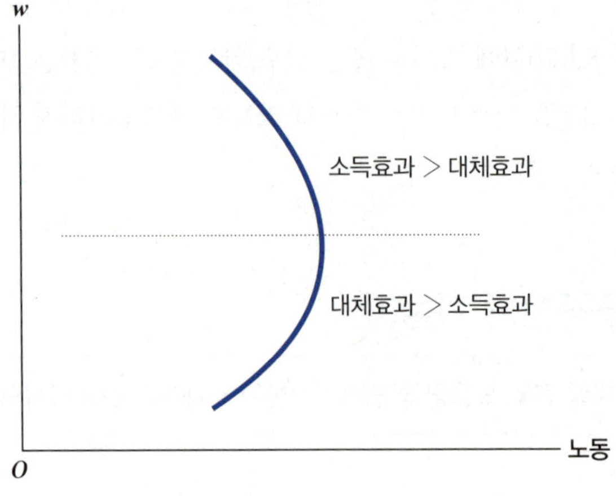

5.7 노동공급곡선 : 콥-더글라스 효용함수일 경우

개인의 효용함수가 $U(R, C) = R^{\alpha} C^{\beta}$이라고 하자. 여기서 R은 여가, C는 다른 상품의 소비를 나타낸다. $\alpha + \beta = 1$이라고 하자. 이 개인은 1단위의 시간을 가지고 있다고 한다. C의 가격은 1이고 시간당 임금은 w라고 하자. 이 개인은 M만큼의 비임금소득을 올리고 있다고 한다.

a. 예산제약식을 구하시오.
b. 노동공급함수를 구하시오.
c. 비임금소득이 0일 경우를 가정하자. 이때 시간당 임금이 변할 경우 노동공급곡선이 후방굴절하는가? 이 결과에 대해 설명하시오.
d. 비임금소득이 양일 경우를 가정하자. 이때 시간당 임금이 변할 경우 노동공급곡선이 후방굴절하는가? 이 결과에 대해 설명하시오.
e. 비임금소득이 증가할 경우 노동공급은 증가하는가, 변하지 않는가, 또는 감소하는가? 이 결과에 대해 설명하시오.

KEY ▶ 콥-더글라스 효용함수의 경우 노동공급곡선은 특이하다. 노동공급곡선이 후방굴절하지 않는다.

풀이

a. 노동공급을 L이라고 하자. 그러면 임금소득은 wL이 된다. 이러한 임금소득과 비임금소득으로 상품 소비를 한다. 그러므로 예산제약식은

$$C = wL + M \tag{1}$$

이 된다. 한편 여가와 노동시간을 합하면 그가 가지고 있는 총시간이 된다. 즉,

$$R + L = 1 \tag{2}$$

이 된다. 식 (2)를 식 (1)에 대입한 후 정리하면

$$wR + C = w + M \tag{3}$$

을 얻는다. 이것이 바로 예산제약식이다.

b. 주어진 시간 중에서 여가로 소비하고 남은 시간이 노동공급시간이다. 그러므로 노동공급함수를 구하기 위해서는 여가함수를 구해야 한다. 여가함수를 구하려면 라그랑지함수를 이용하면 된다. 그런데 효용함수가 콥-더글라스 형태일 경우 그 특성을 이용해서 간편하게 구할 수 있다. 즉, 콥-더글라스 효용함수에서 각 상품에 적용된 지수가 각각

α, β일 경우 개인은 자신의 소득 중에서 $\frac{\alpha}{\alpha+\beta}$만큼을 X상품 구입에 지출하고 $\frac{\beta}{\alpha+\beta}$만큼을 Y상품 구입에 지출한다.

이 특성을 이용하면($\alpha + \beta = 1$)

$$R = \frac{\alpha(w+M)}{w} \tag{4}$$

$$C = \beta(w+M) \tag{5}$$

으로 구해진다. 한편 이것은 소득 중에서 일정한 부분인 α만큼을 가격 w인 여가 구입에 사용하고, 일정한 부분 β만큼을 가격 1인 다른 상품 소비에 사용한다는 것을 의미한다. 이제 식 (4)를 식 (2)에 대입하면

$$L = 1 - R = (1-\alpha) - \frac{\alpha M}{w} \tag{6}$$

을 얻는다. 이것이 바로 노동공급함수이다.

c. $M = 0$일 경우 식 (6)에서 볼 때 w가 변하더라도 노동공급시간은 변하지 않는다. 즉, w의 크기에 관계없이 자신에게 주어진 시간 중에서 $(1-\alpha)$ 부분만큼을 노동공급에 사용한다는 것이다. 이로부터 이 경우 노동공급곡선은 후방굴절하지 않는다는 것을 알 수 있다. 이때 주목할 사항이 있다. w가 변하더라도 노동공급시간이 변하지 않는 이유는 여가와 소비 사이에 대체가 일어나지 않기 때문이 아니다. 이러한 결과가 나타나는 이유는 w가 변화할 때 그것이 여가 수요량에 영향을 주는 대체효과와 소득효과가 정확하게 상쇄되기 때문이다.

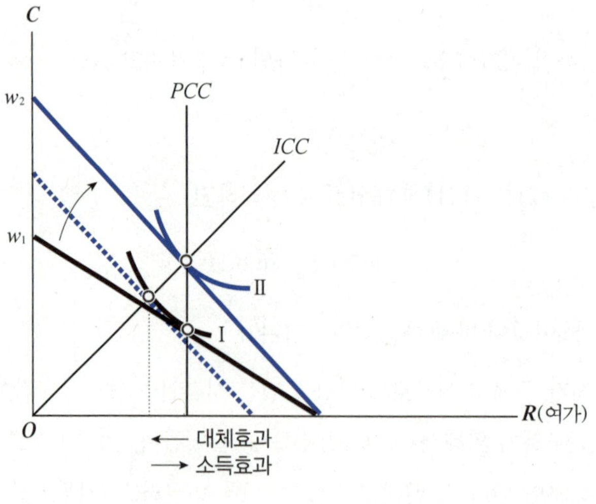

이처럼 대체효과와 소득효과가 정확하게 상쇄되는 것은 콥-더글라스 효용함수에

서 나타나는 특이한 결과이다. 다른 효용함수의 경우에도 여가 소비에 대한 대체효과와 소득효과가 서로 반대로 나타나기는 하지만 정확하게 상쇄되는 경우는 특수한 경우이다(그림의 *PCC* 참조). 보통의 경우에는 시간당 임금이 낮아서 노동공급이 작을 때에는 대체효과가 소득효과보다 크고 시간당 임금이 아주 높을 때에는 소득효과가 대체효과보다 커진다.

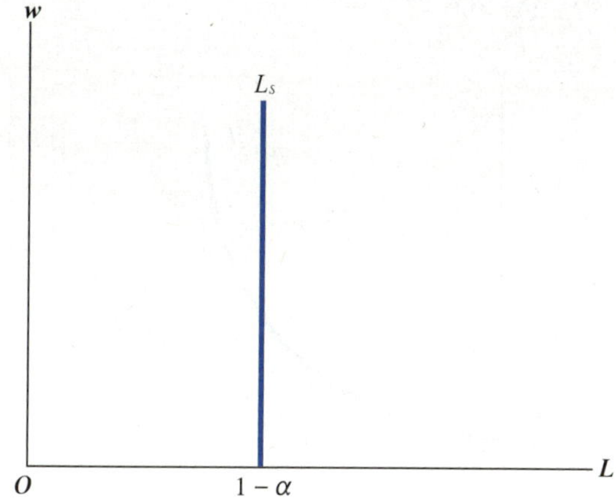

한편 콥-디글러스선호의 경우 그림처럼 *ICC*가 직선으로 나타난다는 점에 주목하자. 이러한 *ICC*의 식은 식 (4)와 식 (5)에서 매개변수 역할을 하는 *M*을 이 두 식을 연립으로 하여 소거함으로써 구할 수 있다.

d. $M > 0$일 경우 식 (6)에서 볼 때 w가 커짐에 따라 노동공급은 계속 증가한다. 그러므로 노동공급곡선은 후방굴절하지 않는다. 이러한 결과를 얻게 되는 이유를 검토해 보자. 식 (4)는 $R = \alpha + \frac{\alpha M}{w}$으로 쓸 수 있다. 다시 말해서 우변을 두 부분으로 나누어 볼

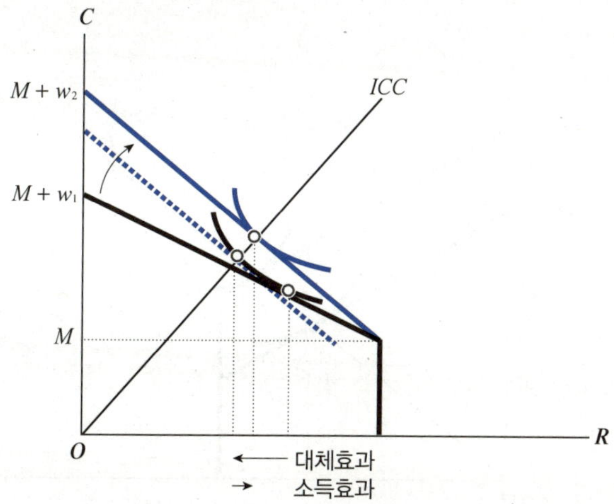

수 있다는 것이다. 여기서 우변의 첫 항은 앞 문제에서 다룬 효과를 말한다. 그런데 우변의 둘째 항에서 볼 때 $M>0$일 경우 이 소비자는 M 중에서 αM만큼을 여가 소비에 사용하고 나머지를 다른 상품 소비에 사용한다. 그런데 여가를 소비하려면 1단위당 w가 든다. 그러므로 w가 오를 경우 αM으로 구입할 수 있는 여가 시간은 줄어든다. 이것은 바로 w가 오를 경우 노동공급을 증가시킨다는 것을 의미한다. 즉, 노동공급곡선이 우상향한다는 것을 의미한다.

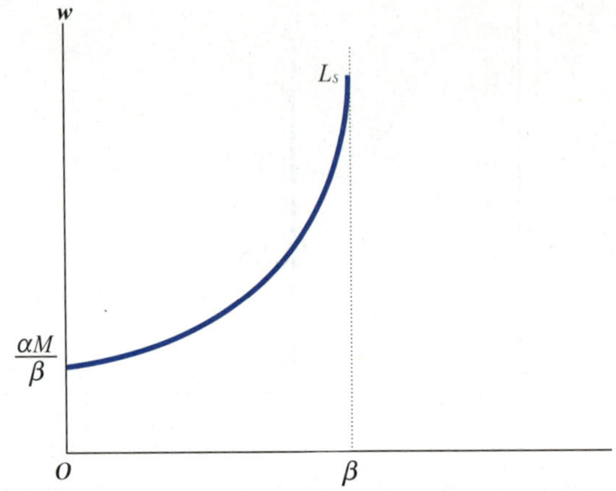

e. $M>0$일 경우에 대해 생각해 보자. 식 (6)에서 볼 때 M이 점점 커질 경우 노동공급은 계속 감소한다. 이러한 결과를 얻게 되는 이유를 검토해 보자. 위 문항에서 말했듯이 $M>0$일 경우 식 (4)에서 볼 때 이 소비자는 M 중에서 αM만큼을 여가 소비에 사용하고 나머지를 다른 상품 소비에 사용한다. 그러므로 M이 증가할 경우 이 소비자는 더 많은 여가를 구입한다. 이것은 M이 증가할 경우 노동공급을 감소시킨다는 것을 의미한다. 그리하여 노동공급곡선은 안쪽으로 이동한다.

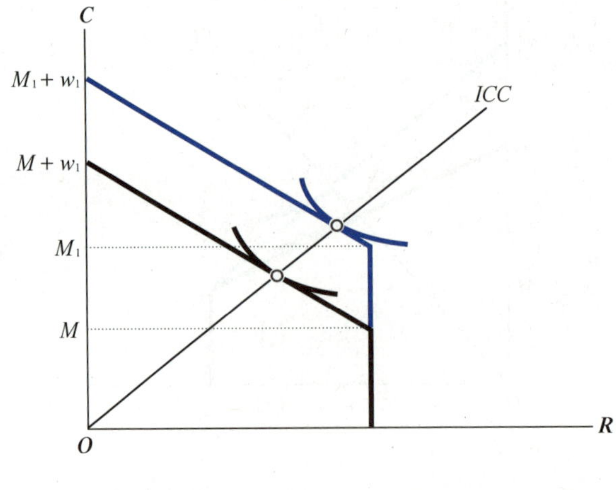

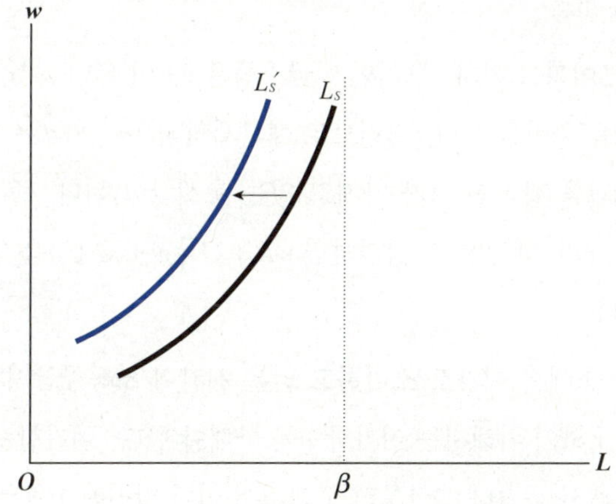

한편 이러한 결과는 다음과 같은 사실을 함축하고 있다. 즉, 저소득자들에게 소득을 정액으로 재분배할 경우 그들이 노동공급을 감소시키고, 반대로 정액조세를 부과할 경우에는 노동공급을 증가시킨다. 그런데 여기서 주목할 것이 있다. 그것은 바로 현실적으로 볼 때 어떠한 재분배 정책도 정액으로 적용되는 경우는 없으며 어떠한 조세도 정액으로 부과되는 경우는 없다는 것이다. 다시 말하면 현실의 재분배 정책이나 조세정책들은 모두 상대가격을 교란시킨다는 것이다. 그러므로 현실의 재분배정책이나 조세정책이 노동공급에 어떠한 영향을 주는가를 판단하려면 보다 세밀한 정보가 필요하다.

5.8 노동공급곡선 : 준선형 효용함수일 경우

개인의 효용함수가 $U(R, C) = \sqrt{R} + C$라고 하자. 여기서 R은 여가, C는 다른 상품의 소비를 나타낸다. 이 개인은 1단위의 시간을 가지고 있다고 한다. C의 가격은 1이고 시간당 임금은 w라고 하자. 이 개인은 M만큼의 비임금소득을 올리고 있다고 한다.

a. 예산제약식을 구하시오.

b. 비임금소득이 0일 경우를 가정하자. 이때 노동공급함수를 구하시오. 시간당 임금이 변할 경우 노동공급곡선이 후방굴절하는가? 이 결과에 대해 설명하시오.

c. 비임금소득이 양일 경우를 가정하자. 이때 시간당 임금이 변할 경우 노동공급곡선이 후방굴절하는가? 이 결과에 대해 설명하시오.

d. 비임금소득이 증가할 경우 노동공급은 증가하는가, 변하지 않는가, 또는 감소하는가? 이 결과에 대해 설명하시오.

KEY ▶ 준선형 효용함수의 경우 노동공급곡선은 특이하다. 노동공급곡선이 후방굴절하지 않는다.

풀이

a. 노동공급을 L이라고 하자. 그러면 임금소득은 wL이 된다. 이러한 임금소득과 비임금소득으로 상품 소비를 한다. 그러므로 예산제약식은 $C = wL + M$ (1)이 된다. 한편 여가와 노동시간을 합하면 그가 가지고 있는 총시간이 된다. 즉, $R + L = 1$ (2)가 된다. 식 (2)를 식 (1)에 대입한 후 정리하면 $wR + C = w + M$ (3)을 얻는다. 이것이 바로 예산제약식이다.

b. 주어진 시간 중에서 여가로 소비하고 남은 시간이 노동공급시간이다. 그러므로 노동공급함수를 구하기 위해서는 여가함수를 구해야 한다. 여가함수를 구하려면 라그랑지함수를 이용해서 풀거나 그로부터 구해져서 이미 알려진 효용극대화 조건을 이용하면 된다. 문항에서 주어진 조건인 $M = 0$일 경우 식 (3)은 $wR + C = w$가 된다.

(i) 내부해일 경우

$$\underset{R,C}{Max}\ U(R,C) = \sqrt{R} + C \tag{4}$$
$$s.t.\quad wR + C = w$$

을 라그랑지함수를 이용하여 풀면 효용극대화 조건이

$$MRS_{RC}\left(= \frac{MU_R}{MU_C}\right) = \frac{w}{1} \tag{5}$$

로 구해진다. 효용함수로부터 해당되는 값을 구하면 위 식은

$$\frac{1}{2}R^{-\frac{1}{2}} = w \tag{6}$$

가 된다. 이로부터 R의 수요함수는 소득과는 독립적이며

$$R = \left(\frac{1}{2w}\right)^2 \tag{7}$$

으로 구해진다. 이 값을 식 (4)의 예산제약식에 대입하면 C의 수요량은

$$C = w - \frac{1}{4w}\left(\text{단, } C > 0,\ \text{즉 } w - \frac{1}{4w} > 0,\ \text{즉 } w > \frac{1}{2}\right) \tag{8}$$

로 구해진다.

식 (7)을 식 (2)에 대입하면 $L = 1 - R = 1 - \left(\frac{1}{2w}\right)^2$ (9)를 얻는다. 이것이 바로 노동공급함수이다.

(ii) 모퉁이해일 경우($w - \frac{1}{4w} \le 0$, 즉 $w \le \frac{1}{2}$일 경우)

이 경우 $wR + C = w$에서 $C = 0$이므로 수요함수는

$$R = \frac{w}{w} = 1 \tag{10}$$

$$C = 0 \tag{11}$$

이 된다. 이제 식 (10)을 식 (2)에 대입하면 $L = 1 - R = 1 - 1 = 0$ (12)을 얻는다. 이것이 바로 노동공급함수이다.

사실상 $w \leq \frac{1}{2}$이라는 조건 이면에는 식 (5)의 좌변이 우변보다 크거나 같다는 사실이 깔려 있기 때문에 이때 모퉁이해를 갖는다는 것은 당연하다(그 원리는 문제 1.23 문항 c. 해설 참조).

(iii) [그림 1]은 $w \leq \frac{1}{2}$일 경우 모퉁이해로서 A점, $w = w_1$일 경우 내부해로서 C점에서 최적선택이 이루어지는 것을 보여주고 있다. w가 $\frac{1}{2}$에서 w_1으로 상승할 경우 $A \rightarrow B$는 대체효과, $B \rightarrow C$는 소득효과를 나타낸다. $w = w_2$일 경우 E점에서 최적선택이 이루어진다. w_1에서 w_2로 상승할 경우 $C \rightarrow D$는 대체효과, $D \rightarrow E$는 소득효과를 나타낸다. 두 경우 모두 여가에 대한 소득효과는 0이라는 점에 주목하자. 이러한 결과가 나타나는 이유는 C재에 대해 준선형 선호일 경우 여가에 대한 소득효과가 0이 되기 때문이다. 그 결과 여가수요는 소득과 관계없이 독립적으로 정해지기 때문이다.

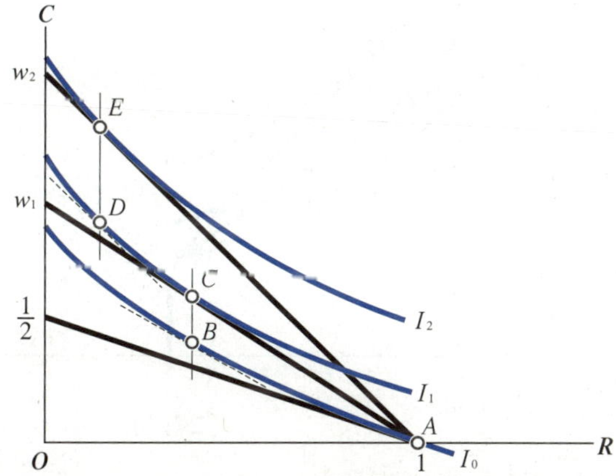

[그림 1]

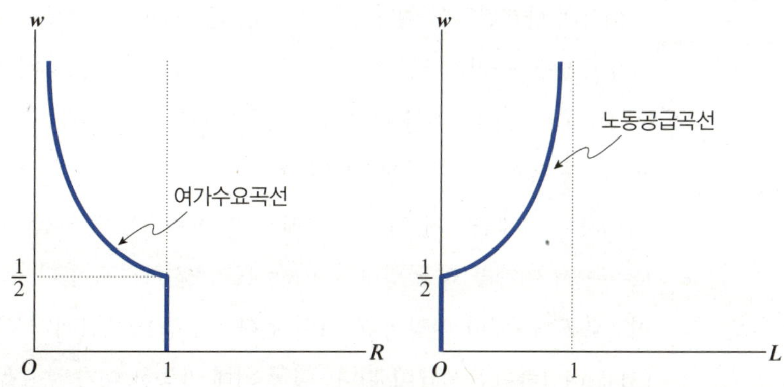

[그림 2]

(iv) [그림 2]는 이에 대응하는 여가수요곡선과 노동공급곡선을 보여주고 있다. 그림에서 보듯이 노동공급곡선은 후방굴절하지 않는다. 특히 모퉁이해일 경우 노동공급곡선이 세로축으로 그려지는 이유는 첫째, 여가의 수요량은 최대 1단위로 정해져 있으며 둘째, 시간당 임금이 여가의 가격과 같아서 시간당 임금이 변할 경우 여가의 가격이 변하지만 그에 대응하여 부존소득도 변하는데 그때 부존소득의 여가에 대한 구매력이 여가 1단위로서 일정한 상태로 유지되기 때문이다.

c. $M > 0$일 경우

[그림 3]에서 보듯이 예산선이 첨점을 포함하고 있으므로 미분을 통해서 해결할 수는 없다. 여기서는 직관을 이용해서 풀기로 하자. 점 A에서 알 수 있듯이 핵심은 $R = 1$일 때 MRS의 값이 예산선의 기울기의 절대값인 w보다 크냐 작으냐이다. 그런데 식 (6)에서 $R = 1$일 때 $MRS = \frac{1}{2}$이다.

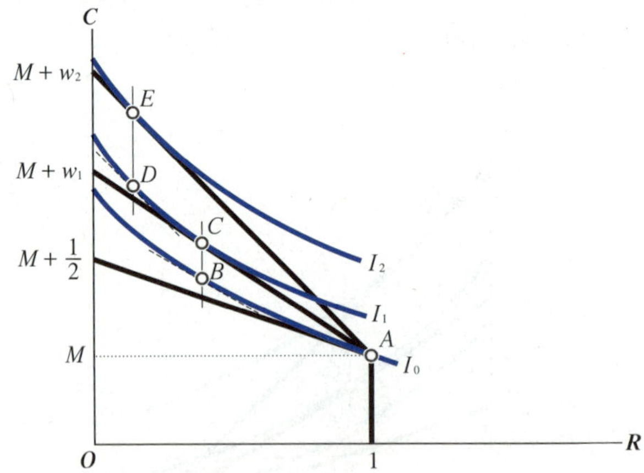

[그림 3]

(i) $MRS = \frac{1}{2} < w$일 경우 : 비첨점해일 경우

여가의 한계편익이 여가 구입에 드는 한계비용보다 작은 상태이므로 $R = 1$에서 여가 구입을 줄이려고 한다. 그러므로 $R < 1$이 된다. 이때 노동공급함수는 $L = 1 - R = 1 - (\frac{1}{2w})^2$ (9)가 된다. 노동공급함수는 M의 값과는 독립적으로 결정된다.

(ii) $MRS = \frac{1}{2} \geq w$일 경우 : 첨점해일 경우

여가의 한계편익이 여가 구입에 드는 한계비용보다 크거나 같은 상태이므로 $R = 1$에서 여가를 더 구입하거나 $R = 1$을 유지하려고 한다. 그런데 $R + L = 1$ (2)이므로 $R \leq 1$이며 따라서 $R = 1$이 된다. 이 값을 예산제약식인 $wR + C = w + M$ (3)에 대입하면 $C = M$이 된다. 결국 최대 가능한 여가 수요량이 1단위로 정해져

있기 때문에 $M > 0$일 경우 $R = 1$, $C = M$이 되며, 따라서 첨점에서 최적선택이 이루어진다. 이때 노동공급함수는 $L = 1 - R = 1 - 1 = 0$이 된다.

i) 비임금소득의 존재로 인해 시간당 임금이 변화할 경우 소득의 여가에 대한 구매력이 부존소득의 구매력인 여가 1단위($\frac{w}{w}$)와 비임금소득의 구매력($\frac{M}{w}$)의 합으로 정해지지만 여가를 최대 1단위 이상 구매할 수 없기 때문에 첨점해일 경우 $R = 1$을 얻는다.

ii) $w \leq \frac{1}{2}$일 경우 최적선택이 첨점에서 이루어지며 이때 $R = 1$, $C = M$이 된다. [그림 3]에 기울기의 절대값이 $M + \frac{1}{2}$로 그려진 예산선은 이러한 사실을 보여주기 위한 것이다. 한편 $w \leq \frac{1}{2}$일 경우 $R = 1$이기 때문에 $L = 0$이다.

(iii) 종합적으로 볼 때 $M > 0$일 경우 $R > 0$, $C > 0$이므로 모퉁이해가 나타나지 않는다. 이러한 상황이 [그림 3]에 나타나 있다. 그 외에는 [그림 1]의 경우와 다른 점이 없다는 점을 강조하기 위해 [그림 1]을 그대로 둔 상태에서 그 가로축의 아래 부분만 새로 덧붙여 그렸다.

(iv) 여가수요곡선과 노동공급곡선은 [그림 2]와 동일하게 그려진다. 노동공급곡선은 후방굴절하지 않는다. 여기서도 이러한 결과가 나타나는 이유는 문항 b.의 해설을 참조하자. 특히 C재에 내해 준선형 선호일 경우 여가에 대한 소득효과가 0이 되기 때문임에 주목하자. 그 결과 여가수요가 소득과 관계없이 독립적으로 정해지기 때문이다.

d. 문항 c.의 풀이로부터 알 수 있듯이 노동공급은 M과 독립적으로 정해진다. 비임금소득이 증가할 경우 원래 주어진 비임금소득은 물론 비임금소득 증가분도 모두 C 구입에 지출한다. 그 외에는 [그림 3]의 경우와 다른 점이 없다. 이 점을 강조하기 위해 [그림 4]

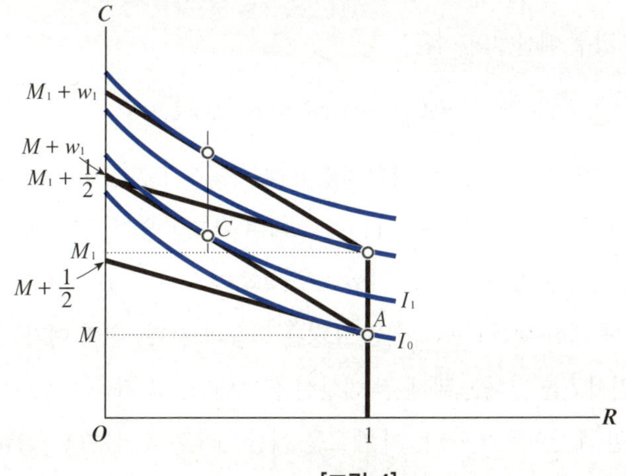

[그림 4]

는 [그림 3]을 살려서 그렸다. 다만 그림이 너무 복잡해지는 것을 피하기 위해 일부는 제거했다. 결과적으로 두 그림에서 무차별곡선 I_0, I_1, 점 A, 점 C는 동일하다.

이 경우 노동공급곡선의 그래프는 [그림 2]와 같다. 노동공급곡선은 후방굴절하지 않는다. 이러한 결과가 나타나는 이유는 문항 c.의 해설과 같다.

5.9 부의 소득세(negative income tax)와 노동공급

소득이 전혀 없을 경우 일정한 금액의 보조금을 지급받는다고 하자. 이때 소득이 증가함에 따라 소득의 일정률만큼 보조금이 계속 감소한다고 하자.

a. 예산선의 식을 구하고 예산선을 그리시오.

b. 노동 공급량이 증가하는가 아니면 감소하는가?

KEY ▶ 부의 소득세에 해당한다. 부의 소득세는 먼저 일정한 세율로 비례적 소득세를 부과한 다음 다시 소득 수준에 관계없이 일정한 금액의 보조금을 지급하는 제도이다. 이 경우 노동공급은 줄어든다.

풀이

a. 부의 소득세는 $T = -S + tM$의 형태로 부과된다. 여기서 T는 조세, S는 양수, t는 세율, M은 소득이다. S앞에 (-) 부호가 붙은 것은 S만큼 보조금을 지급한다는 의미이다. 위 식의 양변에 (-1)을 곱해 보자. 그러면 $-T = S - tM$이 된다. 이 식을 해석해 보자. 좌변을 보면 조세에 (-)부호가 붙어 있으므로 보조금을 나타낸다. 그러므로 우변도 보조금으로 해석할 수 있다. 우변이 뜻하는 바가 바로 문제에서 제시되고 있는 상황이다. 즉, 소득이 전혀 없을 경우 일정한 금액의 보조금을 지급한 후 소득이 증가함에 따라 소득의 일정률만큼 보조금이 계속 줄어든다는 것이다.

이 경우 예산선의 식은

$$x + (1 - t)wR = (1 - t)w\overline{L} + S$$

로 구해진다. 여기서 x는 복합재로서 그 가격을 1로 정규화하였다. R은 여가, $\overline{L}$는 총가용시간이다. 이때 임금률은 $(1 - t)w$이며 보조금을 받은 후 부존소득은 $(1 - t)w\overline{L} + S$이다. 이 부존소득으로 가격 1인 복합재와 가격 $(1 - t)w$인 여가를 구입한다.

이에 대한 예산선을 그리는 요령은 다음과 같다. 먼저 여가 - 소득 평면에 기울기가 w이면서 $\overline{L}$를 지나는 과세 전 예산선을 그린다. 그 다음 이로부터 t의 비례적 소득세를 부과한 예산선을 얻는다. 이 새로운 예산선의 기울기는 $(1 - t)w$가 된다. 끝으로 이 새로운 예산선을 위로 S만큼 평행이동시킨다.

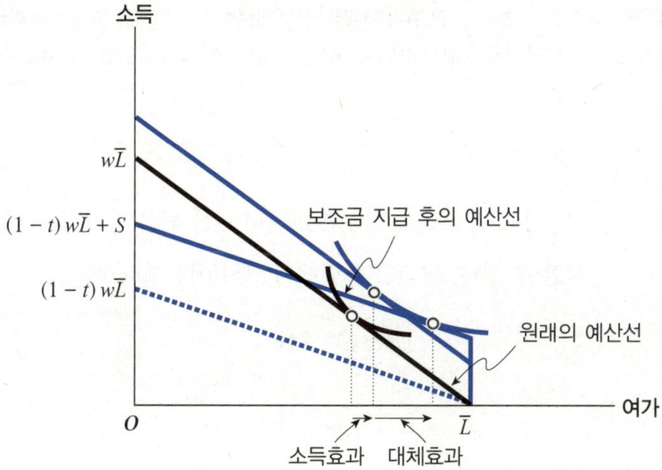

b. 소득이 증가함에 따라 보조금이 소득의 일정률만큼 계속 감소하는 것은 여가의 기회비용인 임금률이 하락하는 것을 의미한다. 이것은 수식에도 나타나 있다. 이때 대체효과는 여가 소비를 증가시킨다. 보조금 수령으로 소득이 증가하므로 (총)소득효과도 여가 소비를 증가시킨다. 결국 그림에서 보는 바와 같이 여가 소비는 증가하고 노동공급량은 감소한다.

한편 조세를 부과할 경우 대체효과와 소득효과를 분석할 때에는 과세 이후의 새로운 가격이 아닌 원래의 가격을 기준으로 평가하는 것이 바람직하다(공공경제학 또는 재정학 교과서 참고).

5.10 부의 소득세와 노동공급 : 계산문제

홍길동의 효용함수는 $U(R,C) = RC$이다. 여기서 R은 여가이고 C는 상품으로 그 가격이 1이다. 홍길동의 1시간당 임금은 w이고 현재 24시간을 가지고 있다.

a. 홍길동의 예산제약식을 구하시오.

b. 홍길동의 노동공급시간을 구하시오.

c. 홍길동에게 50%의 임금소득세를 부과한 다음 보조금을 S만큼 준다고 한다. 이때 노동공급의 변화를 말하시오.

d. 문항 c.와 같은 상황에서 홍길동이 노동을 공급하지 않을 조건을 구하시오.

e. 문항 c.와 같은 상황에서 MRS와 예산선 기울기 비교를 통해 홍길동이 노동을 공급하지 않을 조건을 구하시오.

KEY ▶ 콥-더글라스 효용함수일 경우 여가 수요량에 영향을 주는 대체효과와 소득효과가 서로 정확하게 상쇄된다. 한편 부의 소득세 하에서는 이전에 비해 노동공급이 반드시 감소한다. 이때 MRS는 한계편익, 예산선 기울기는 한계(기회)비용으로 해석될 수 있다는 점에 주목하면 노동공급을 하지 않을 조건은 해당되는 곳에서 *MRS*와 예산선 기울기를 비교함으로써도 구할 수 있다.

풀이

a. 홍길동의 선택은 $24w$의 부존소득으로 가격이 w인 여가와 가격이 1인 상품을 선택하는 것으로 생각할 수 있다. 이러한 측면에서 그의 예산제약식은

$$wR + C = 24w$$

로 쓸 수 있다.

b. 홍길동의 효용극대화 문제는

$$\begin{aligned} &\max_{R,\,C}\ U(R, C) = RC \\ &s.t.\quad wR + C = 24w \end{aligned}$$

이다. 라그랑지함수를 이용하거나 효용극대화 조건을 이용하여 풀어도 좋다. 콥-더글라스 효용함수이므로 여기서는 공식을 사용해서 구하기로 하자. 그러면

$$R^* = \frac{1}{2}\frac{24w}{w} = 12,\ C^* = \frac{1}{2}24w = 12w$$

를 얻는다. 노동공급을 L이라고 하면 L은 총가용시간인 24시간에서 여가시간을 빼줌으로써

$$L^* = 24 - R^* = 12$$

로 구해진다.

콥-더글라스 효용함수이므로 시간당 임금에 관계없이 소득 중에서 절반인 $\frac{1}{2}w$를 여가 구입에 사용하고 나머지 절반인 $\frac{1}{2}w$를 가격 1인 다른 상품 구입에 사용한다.

c. 50%의 임금소득세를 부과하면 시간당 임금이 $\frac{1}{2}w$가 된다. 그러한 상태에서 보조금 S를 지급하면 비임금소득이 S가 된다. 이 경우 예산제약식은

$$\frac{1}{2}wR + C = 24\left(\frac{1}{2}w\right) + S$$

가 된다.

콥-더글라스 효용함수이므로 공식을 이용하면

$$R^{**} = \frac{1}{2}\frac{12w+S}{\frac{1}{2}w} = 12 + \frac{S}{w},\ L^{**} = 24 - R^{**} = 12 - \frac{S}{w}$$

를 얻는다. $L^{**} < L^{*}$로서 [그림 A]에서 보듯이 노동공급은 감소한다.

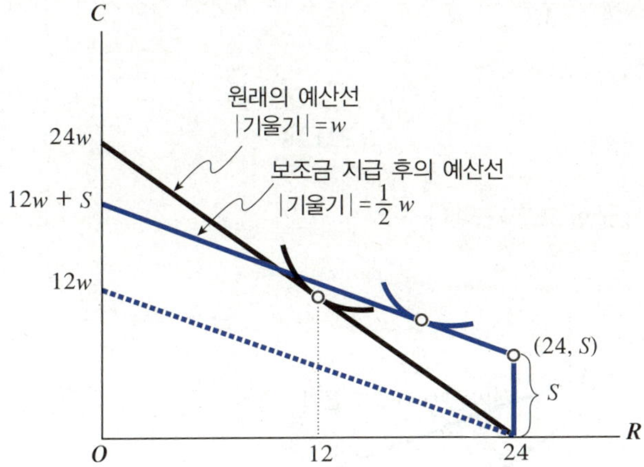

[그림 A]

콥-더글라스 효용함수이므로 시간당 임금의 변화에 관계없이 소득 중에서 절반을 여가 구입에 사용하고 나머지 절반을 가격 1인 다른 상품 구입에 사용한다. 그 결과 50%의 임금소득세 부과 효과만 본다면 시간당 임금이 $\frac{1}{2}w$가 되더라도 노동공급시간은 변하지 않는다. 이때 노동공급 시간이 변하지 않는 이유는 w가 변화할 때 여가 수요량에 영향을 주는 대체효과와 소득효과가 서로 정확하게 상쇄되기 때문이다.

이러한 상황에서 비임금소득인 보조금을 S만큼 받을 경우 보조금은 오로지 소득효과만 유발시킨다. 이때 소득이 증가하는 상황이므로 소득효과는 여가소비를 늘리는 방향, 즉 노동공급을 감소시키는 방향으로 작용한다.

d. 노동공급이 0이 될 조건은

$$L^{**} = 12 - \frac{S}{w} \leq 0$$

이다. 즉,

$$S \geq 12w$$

이다.

e. [그림 B]에서 보듯이 (24, S)에서 평가한 MRS의 값이 예산선의 기울기인 $\frac{1}{2}w$보다 크거나 같을 경우 노동공급이 0이 된다. (24, S)에서 평가한 MRS의 값이 예산선의 기울기인 $\frac{1}{2}w$보다 크거나 같다는 것은 (24, S)에서 여가소비로부터 얻는 한계편익이

여가 구입에 드는 한계비용보다 크거나 같다는 것을 의미하므로 이 경우 홍길동은 (24, S)에서 여가소비를 줄이지 않을 것이기 때문이다. 따라서 노동공급을 하지 않을 조건은

$$MRS_{RC} = \frac{MU_R}{MU_C} = \frac{C}{R} = \frac{S}{24} \geq \frac{1}{2}w \text{ (= 예산선 기울기의 절대값)}$$

이다. 즉,

$$S \geq 12w$$

로서 앞서 구한 조건과 같다.

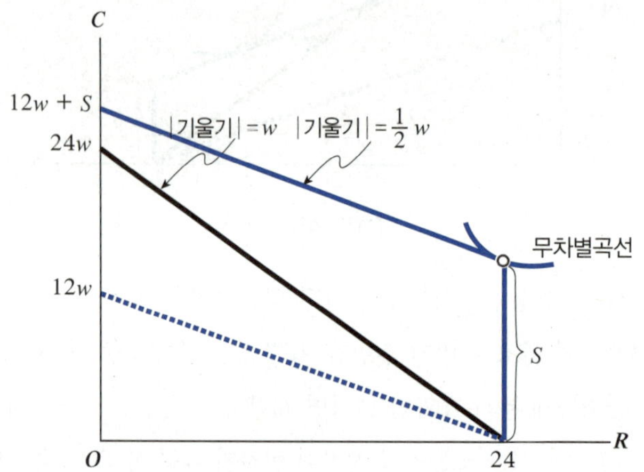

[그림 B]

5.11 부의 소득세와 노동공급 및 비효율

소득이 증가함에 따라 보조금이 감소하는 경우 예산선의 변화를 그리시오.

a. 이때 노동공급은 증가하는가 아니면 감소하는가?

b. 보조금을 정액으로 지급하면서 위 경우와 똑같은 효용을 보장하려고 한다. 두 경우 보조금의 크기를 비교하시오.

KEY ▶ 부의 소득세에 관한 문제이다. 이 경우 대체효과와 소득효과에 대해 정확하게 파악해야 한다. 노동공급은 감소한다.

풀이

a.

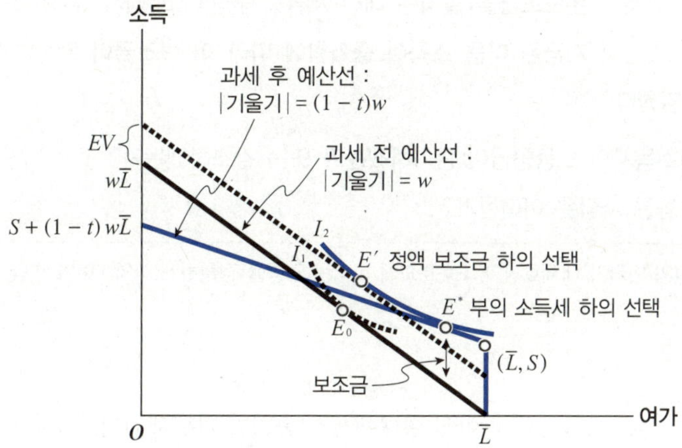

이 경우 예산선은 그림과 같은 負의 소득세의 예산선과 동일하다. 부의 소득세는 누구에게나 기본보조금이 지급된 다음 소득이 증가함에 따라 이 보조금이 일정한 비율로 줄어드는 조세를 말한다. 이 경우 노동공급은 감소한다. 그 이유를 살펴보자. 먼저 임금률이 떨어진다(세율을 t라고 하면 임금률이 w에서 $(1-t)w$로 떨어진다). 즉, 여가소비의 기회비용이 작아진다. 그 결과 대체효과는 여가소비를 늘리는 방향으로 작용한다. 즉, 노동공급을 감소시키는 방향으로 작용한다. 한편 부의 소득세를 적용받는 사람의 경우 보조금을 받아 소득이 증가하게 된다. 그리하여 소득효과는 여가소비를 증가시키는 방향으로 작용한다. 즉, 노동공급을 감소시키는 방향으로 작용한다. 결과적으로 대체효과뿐만 아니라 소득효과도 노동공급을 감소시키는 방향으로 작용한다.

b. 부의 소득세와 동일한 효용 수준을 보장하는 정액보조금의 예산선은 과세 전 예산선에 평행하면서 E'에서 무차별곡선 I_2에 접하는 직선이다. 이때 지급되어야 할 정액보조금(EV)은 부의 소득세가 실시될 때 지급되는 보조금보다 적다. 이러한 결과가 나타나는 이유를 살펴보자. 부의 소득세가 부과될 경우에는 보조금을 더 많이 받으려는 방향으로 개인이 자신의 행위를 조정한다. 이것이 바로 대체효과로 나타나며 비효율을 유발하게 된다. 그러나 보조금을 정액으로 지급할 경우에는 개인이 자신의 행위를 어떻게 조정하더라도 자신이 받는 보조금의 크기에 영향을 줄 수 없다. 그 결과 개인이 보조금을 더 받기 위해 자신의 행위를 조정하지 않는다. 그 결과 비효율도 발생하지 않는다. 따라서 동일한 효용을 보장하려 할 경우 정액으로 지급할 때 보조금이 더 적게 든다.

5.12 부의 소득세의 변화와 노동공급

부의 소득세에서 기본보조금을 올리는 대신 세율을 높인다고 하자. 부의 소득세는 누구에게나 기본보조금이 지급된 다음 소득이 증가함에 따라 이 보조금이 일정한 비율로 줄어드는 조세를 말한다.

a. 이때 저소득자의 노동공급이 증가하겠는가 또는 감소하겠는가?

b. 소득이 높은 사람은 어떠한가?

KEY ▶ 정책의 변화가 대체효과와 소득효과에 미치는 영향을 정확하게 파악하여야 한다.

풀이

새로운 예산선은 보조금이 많아진 형태에서 기울기가 완만해진다. 그리하여 원래의 예산선과 한 점에서 만난다. 이 교차점에 대응하는 소득을 I_0라고 하자.

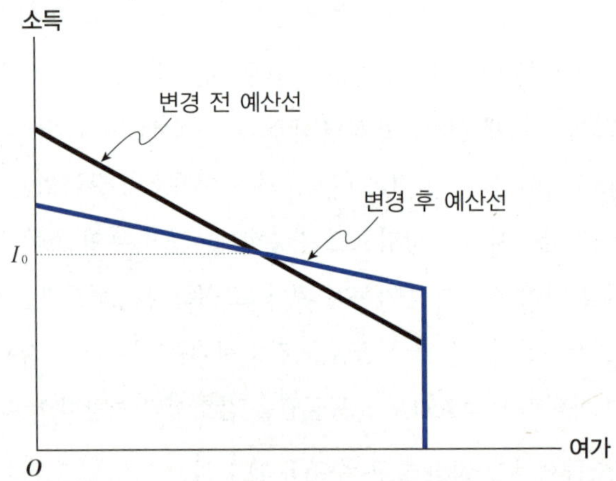

a. 소득이 I_0보다 적은 사람의 경우를 생각해 보자. 보조금이 많아져서 소득이 증가하였다. 이 때문에 소득효과는 여가소비를 증가시키는 방향으로 작용한다. 즉, 노동공급을 줄이는 방향으로 작용한다. 한편 세율이 높아져 납세 후 순임금률이 낮아졌다. 이 때문에 대체효과도 여가소비를 증가시키는 방향으로 작용한다. 즉, 노동공급을 줄이는 방향으로 작용한다. 결과적으로 저소득자는 노동공급을 줄인다.

b. 소득이 I_0보다 많은 사람의 경우를 생각해 보자. 이 사람은 새로운 조세로 인해 납세 후 순소득이 줄어들었다. 그리하여 소득효과는 여가소비를 줄이는 방향으로 작용한다. 즉, 노동공급을 늘리는 방향으로 작용한다. 한편 한계세율이 높아져서 납세 후 순임금율이 낮아진 것은 소득이 높은 사람에게도 동일하게 적용된다. 그리하여 이때 대

체효과는 저소득자의 경우와 같이 노동공급을 줄이는 방향으로 작용한다. 결과적으로 노동공급이 증가하는지 감소하는지는 소득효과와 대체효과 중 어느 것이 더 큰가에 따라 달라진다.

5.13 EITC와 노동공급

다음과 같은 제안을 한다고 하자. 먼저 근로소득을 그 크기에 따라 4구간으로 구분한다. 1구간에서는 근로소득이 증가함에 따라 근로소득의 일정한 비율로 보조금을 지급한다. 2구간에서는 보조금을 일정한 수준으로 유지한다. 3구간에서는 소득이 증가함에 따라 일정한 비율로 보조금을 줄여나간다. 마지막 4구간에서는 보조금을 지급하지 않는다. 한편 이와는 별도로 3구간의 중간 이후부터는 일정한 한계세율로 소득세를 부과한다고 하자.

a. 이러한 제안에 따를 경우 이 개인이 직면하는 예산선을 그리시오.

b. 각 구간에서 이 제도가 이 개인에게 작용하는 노동공급 유인에 대해서 말하시오. 이때 같은 구간이라도 세부 구간으로 구분할 필요가 있으면 구분해서 답하라.

c. 이러한 제안을 실제로 정책으로 채택할 경우 고려해야 할 사항들에 대해서 논의하시오.

KEY ▶ EITC제도의 원리에 대한 질문이다. 대체효과와 소득효과를 구분하여 답해야 한다.

풀이

a. 단계적으로 살펴보자. 먼저 소득세가 없을 경우의 예산선은 다음과 같다.

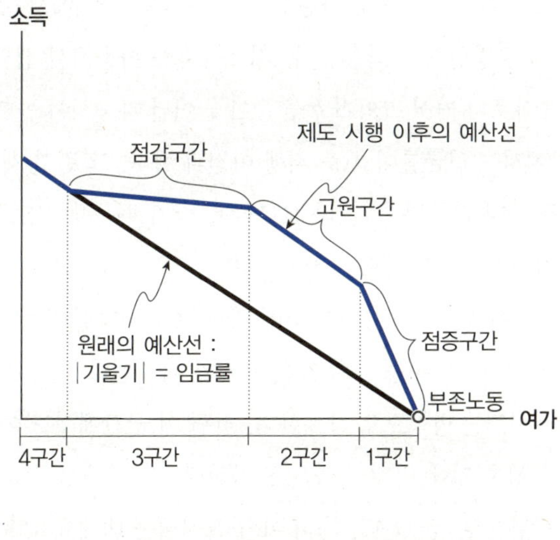

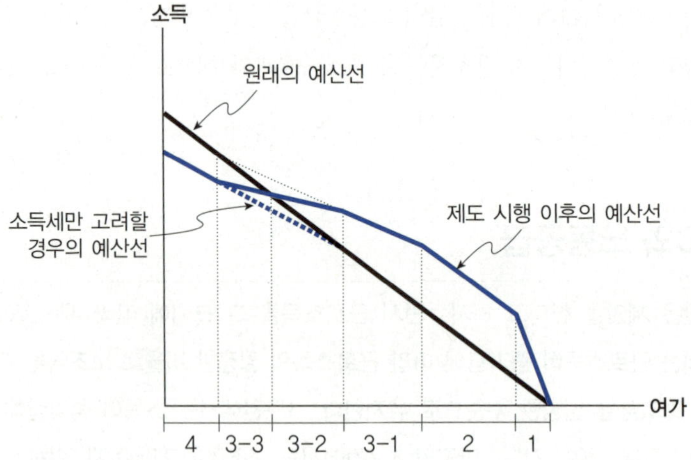

소득세가 부과될 경우 3구간과 4구간에서는 다음과 같은 변화가 발생한다. 즉, 3구간을 다시 3개의 세부구간으로 나눌 수 있으며 또한 4구간에서는 소득세가 부과된다는 것이다. 3구간에 있는 세부구간을 살펴보면 다음과 같다. 먼저 3－1구간은 소득세가 부과되고 있지 않은 구간이다. 3－2구간은 소득세가 부과되고 있으나 보조금이 소득세보다 많은 구간이다. 끝으로 3－3구간은 보조금보다 소득세가 많은 구간이다. 한편 3－2구간과 3－3구간의 한계세율은 보조금이 줄어드는 비율과 소득세의 세율을 합한 값으로 정해진다.

b. (i) 1구간에서는 임금률이 높아진다. 그 결과 대체효과는 노동공급을 증가시키는 방향으로 작용한다. 그러나 보조금 때문에 소득이 증가하므로 소득효과는 노동공급을 감소시키는 방향으로 작용한다. 그 결과 1구간에서는 대체효과와 소득효과가 서로 다른 방향으로 작용한다. 저소득자가 이곳에서 선택을 할 경우 대체효과가 소득효과보다 커서 그의 노동공급이 늘어날 가능성이 높다.

(ii) 2구간에서는 임금률이 제도 시행 이전과 같다. 그 결과 제도 시행이 대체효과에는 영향을 주지 않는다. 그러나 보조금을 받기 때문에 그로 인한 소득효과는 노동공급을 감소시키는 방향으로 작용한다.

(iii) 3－1구간에서는 소득이 증가함에 따라 보조금이 줄어든다. 이것은 이 구간에서 개인의 임금률을 낮추는 것과 같은 효과를 나타낸다. 그리하여 대체효과는 노동공급을 감소시키는 방향으로 작용한다. 한편 이 구간에서도 여전히 보조금은 받으므로 제도 시행 이전에 비해 소득은 많아진다. 그 결과 소득효과도 노동공급을 감소시키는 방향으로 작용한다. 특히 이 구간에서는 대체효과와 소득효과가 모두 노동공급을 감소시키는 방향으로 작용한다는 점에 주목하자.

(iv) 3−2구간에서는 소득세의 영향으로 임금률이 더욱 낮아진다. 그리하여 노동공급을 감소시키는 대체효과가 더욱 크게 작용한다. 한편 여전히 보조금이 소득세를 초과하기 때문에 제도의 순효과는 소득을 늘려주는 것으로 나타난다. 그리하여 소득효과는 노동공급을 줄이는 방향으로 나타난다. 결국 대체효과와 소득효과가 모두 노동공급을 감소시키는 방향으로 작용한다

(v) 3−3구간의 경우 대체효과에 대해서는 3−2구간과 같은 원리가 작용한다. 그러나 이 구간에서는 소득세가 보조금을 초과하기 때문에 제도의 순효과는 소득을 줄여주는 것으로 나타난다. 이 경우 소득효과는 노동공급을 늘리는 것으로 나타난다. 그리하여 노동공급은 대체효과와 소득효과의 크기에 따라 달라진다.

(vi) 4구간에서는 소득세만 부과한 것과 같은 효과가 나타난다. 즉, 임금률이 낮아져 대체효과는 노동공급을 줄이는 것으로 나타나고, 소득이 줄어들어 소득효과는 노동공급을 늘리는 것으로 나타난다.

c. (i) 정책목표를 달성하는 데 드는 예산에 대해 검토해 본다.

(ii) 보조금 지급은 점감구간에서 있는 사람들에게 노동공급을 줄이는 유인으로 작용한다. 그런데 점감구간에 있는 사람들이 점증구간에 있는 사람들보다 생산성이 높은 사람들이다. 그러므로 점증구간, 고원구간, 점감구간을 각각 어느 곳에 설정하느냐가 매우 중요하다.

(iii) 노동공급 능력이 없는 사람에게는 보탬이 되지 않는다.

(iv) 이 제도만으로는 최저생계를 유지하지 못하는 사람들이 나타날 가능성이 높다. 그러므로 이런 문제점을 보완하는 제도와 병행하여 실시해야 한다.

5.14 저축과 차입 : 부존소득모형, 현시선호이론

어떤 소비자가 현재에 M_1, 미래에 M_2의 소득이 있다고 하자. 이 소비자가 주어진 이자율에 따라 자신이 원하는 만큼 자유롭게 차입하거나 대출할 수 있는 상황을 생각해 보자.

a. 이자율이 변화할 때와 부존소득이 변화할 때 예산선은 각각 어떻게 변화하는가?

b. 이자율이 하락할 경우 차입자의 효용은 증가하는가 아니면 감소하는가?

c. 이자율이 상승할 경우 대출자의 효용은 증가하는가 아니면 감소하는가?

d. 이자율이 하락한 후에도 대출자가 계속 대출자로 남을 경우 그의 효용은 증가하는가 아니면 감소하는가? 그가 차입자로 전환할 경우에는 어떠한가?

e. 이자율이 상승한 후에도 차입자가 계속 차입자로 남을 경우 그의 효용은 증가하는가 아

니면 감소하는가? 그가 대출자로 전환할 경우에는 어떠한가? 이러한 결과에 비추어 국내에서 생산되고 있지만 일부 수입되고 있는 대체재인 수입품의 국제가격이 상승할 경우 이것이 국내후생에 미치는 영향에 대해 논의하시오.

KEY ▶ 부존소득모형에 해당한다. 이 점을 파악한 다음 효용의 증감은 현시선호이론을 적용하여 판단한다. 특히 현시선호이론은 두 상품묶음이 모두 선택 가능할 때에만 적용할 수 있다는 점에 주목하자.

풀이

각각의 경우에 예산선을 그려보자. 그 다음 현시선호이론을 적용해 보자.

a. 예산선의 기울기는 $-(1+r)$이므로 이자율이 상승함에 따라 예산선의 기울기는 급해진다. 부존소득이 증가할 경우 예산선의 기울기는 변화하지 않고 부존소득의 현재가치와 미래가치만 증가하므로 예산선은 바깥쪽으로 평행이동한다.

b. 차입자의 경우 이자율 하락 후에는 원래 선택했던 상품묶음이 여전히 선택 가능하다. 이러한 상황에서 새로운 예산선에서 볼 때 원래의 상품묶음보다 두 상품이 모두 더 많이 들어 있는 상품묶음이 선택 가능해진 상황이므로 단조성을 가정하면 효용이 증가한다고 추론할 수 있다. 만일 새로운 예산선 상에서 두 상품이 모두 더 많아진 상품묶음 대신 다른 상품묶음을 선택한 경우라면 두 상품이 모두 더 많아진 상품묶음을 선택했을 때보다 효용이 더 높아진 것으로 볼 수 있다. 어느 것도 선택 가능한 상황에서 최적선택을 했을 것이기 때문이다. 한편 이렇게 추론하는 과정에서 현시선호의 약공리가 만족되어야 한다. 그래야만 비로소 둘 중의 어느 하나가 직접현시선호된 상황에서 다른 것이 다시 직접현시선호될 수 없다고 말할 수 있음으로써 비로소 선호순서를 말할 수 있기 때문이다. 즉, 현시선호의 약공리가 만족되어야만 선호순서가 뒤바뀔 수 없으므로 비로소 선호순서를 말할 수 있기 때문이다.

c. 위 문항 b.의 풀이에서와 같은 논리로 효용 수준이 높아진다.

d. 먼저 예산선을 그려보자. 그 다음 현시선호이론을 적용해 보자.

(i) 이자율 하락 이후에도 대출자가 계속 대출자로 남는다는 것은 소비자가 원래의 이자율 하에서도 선택가능했지만 선택하지 않았던 B와 같은 점을 선택한다는 것을 의미한다. 이때 B는 원래 선택가능했는데 선택하지 않고 그 대신 A를 선택한 것이므로 A가 B에 대해 직접현시선호되었다. 이때 현시선호의 약공리에 따르면 B가 A에 대해 직접 직접현시선호될 수 없으므로 A가 B보다 선호된다고 말할 수 있다. 그런데 하락한 새로운 이자율 하에서는 A를 선택할 수 없게 되어 그 대신 B를 선택

하였으므로 효용은 감소하였다.

(ii) 먼저 원래 이자율의 관점에서 검토해 보자. 차입자로 전환한다는 것은 원래의 이자율 하에서는 선택할 수 없었던 C와 같은 상품묶음을 선택한다는 것을 의미한다. 그런데 현시선호는 두 상품묶음 중 어느 것도 선택 가능할 때 비로소 적용할 수 있다. 그러므로 원래 선택했던 상품묶음 A와 원래는 선택 불가능했지만 새로 선택한 상품묶음 C 중에서 어느 것을 더 좋아하는지 알 수 없다. 이제 새로운 이자율의 관점에서 검토해 보자. 그에게는 원래 선택했던 상품묶음 A는 하락한 새로운 이자율 하에서는 선택이 불가능하다. 따라서 이자율 하락 후 차입자로 전환하여 새로이 선택한 상품묶음 C와 원래 선택했던 상품묶음 A 중에서 어느 것을 더 좋아하는지 알 수 없다. 이상의 내용을 종합해 볼 때 소비자의 효용 수준의 변화는 알 수 없다. 현시선호는 두 상품묶음 중 어느 것도 선택 가능할 때 비로소 적용할 수 있다는 점에 다시 한 번 주목하자.

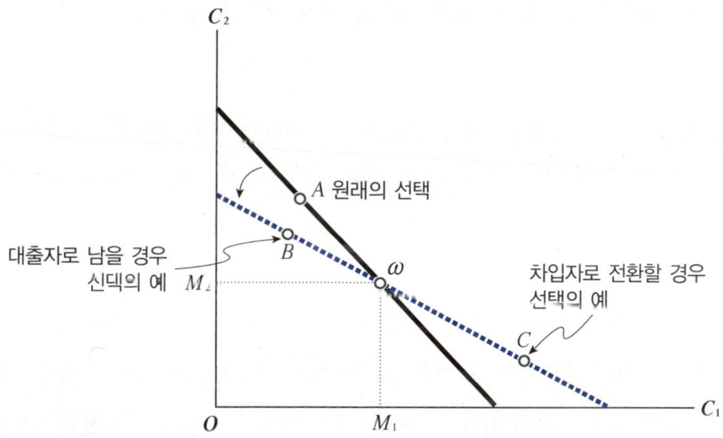

e. (i) 위 문항 d.의 풀이에서와 같은 논리로 차입자로 계속 남을 경우 효용 수준은 반드시 낮아진다.

(ii) 반면에 대출자로 전환할 경우에는 효용 수준의 변화를 알 수 없다.

(iii) 수입품의 가격이 올랐는데도 불구하고 계속 수입자로 남을 경우에는 후생이 반드시 감소한다. 그러나 가격이 계속 상승하여 오히려 수출자로 전환할 경우에는 후생이 오히려 증가할 수도 있다.

5.15 부존소득모형 : 대출자가 될 조건

홍길동은 현재에 소득을 100, 미래에 소득을 120 번다고 한다. 홍길동은 주어진 이자율 r에 따라 자유롭게 차입하거나 대출할 수 있으며 그의 효용함수는 $U(c_1, c_2) = c_1 c_2$라고 한다. 이때 c_1과 c_2는 각각 현재소비와 미래소비를 나타낸다.

a. 홍길동의 예산제약식을 구하시오.

b. 홍길동의 현재소비를 구하시오.

c. 홍길동이 대출자가 될 조건을 구하고 그 결과를 직관적으로 해석하시오.

d. MRS와 예산선 기울기 비교를 통해 홍길동이 대출자가 될 조건을 구하고 그 결과를 문항 c.의 결과와 비교하시오.

e. 효용함수가 $U(c_1, c_2) = c_1 c_2^{\rho}$로 바뀐 상태에서 시간할인계수 ρ가 커질 경우 저축의 변화와 그 이유를 말하시오.

f. 시간선호율이 δ일 경우 $\rho = \frac{1}{(1+\delta)}$이다. 이 경우 이자율 r과 δ 사이의 대소관계에 따라 현재소비와 미래소비의 대소관계가 어떻게 달라지는가? 결과의 의미를 해석해 보시오.

KEY ▶ MRS는 한계편익, 예산선 기울기는 한계(기회)비용으로 해석될 수 있다는 점에 주목하면 대출자가 될 조건은 부존점에서 MRS와 예산선 기울기를 비교함으로써도 구할 수 있다.

풀이

a. 예산제약식은 현재가치를 기준으로 쓸 수도 있고 미래가치를 기준으로 쓸 수도 있다. 여기서는 미래가치를 기준으로 써 보자. 현재소득을 m_1, 미래소득을 m_2라고 하면 2기간에 걸친 소비의 미래가치와 소득의 미래가치가 같아야 한다. 그러므로

$$(1+r)c_1 + c_2 = (1+r)m_1 + m_2 \tag{1}$$

가 되어야 한다. 이것이 홍길동이 직면하는 예산제약식이다.

b. 홍길동의 효용극대화 문제는

$$\begin{aligned} &\underset{c_1, c_2}{Max}\ U(c_1, c_2) = c_1 c_2 \\ &s.t.\quad (1+r)c_1 + c_2 = (1+r)m_1 + m_2 \end{aligned}$$

이다. 라그랑지함수를 이용하여 풀어도 되지만 이미 알고 있는 효용극대화 조건을 이용하여 문제를 풀기로 하자(콥-더글라스 효용함수이므로 공식을 사용해서 해결할 수도 있다).

효용극대화 조건은 MRS와 예산선 기울기의 절대값이 같아야 한다는 것이다. 그런데 주어진 효용함수로부터

$$MRS_{c_1c_2} = \frac{MU_{c_1}}{MU_{c_2}} = \frac{c_2}{c_1}$$

로 구해지고 예산제약식으로부터 예산선 기울기의 절대값은

$$1 + r$$

로 구해진다. 그러므로 효용극대화 조건은

$$MRS_{c_1c_2} = \frac{c_2}{c_1} = 1 + r \tag{2}$$

이 된다. 식 (1)과 식 (2)를 연립으로 풀면

$$c_1^* = \frac{(1+r)m_1 + m_2}{2(1+r)}$$

를 얻는다.

c. 현재소비가 현재소득을 초과하는 부분이 대출액이다. 그러므로 대출액은

$$m_1 - c_1^* = m_1 - \frac{(1+r)m_1 + m_2}{2(1+r)} = \frac{(1+r)m_1 - m_2}{2(1+r)}$$

가 된다. 이 값이 양일 경우가 홍길동이 대출자인 경우이다.

이로부터

$$1 + r > \frac{m_2}{m_1} \tag{3}$$

를 얻는다.

이 식을 바꿔 쓰면

$$(1+r)m_1 > m_2$$

가 된다. 효용함수의 형태를 볼 때 현재소비와 미래소비가 효용의 크기에 미치는 가중치는 같다. 이 점에 비추어 (3)의 결과로부터 현재소득의 미래가치가 미래소득의 가치보다 클 경우 홍길동은 대출자가 됨으로써 현재소득과 미래소득을 평탄하게 만든다는 것을 알 수 있다.

d. 그림에서 보듯이 (m_1, m_2)에서 평가한 MRS의 크기가 예산선 기울기의 절대값보다 작을 경우 홍길동은 대출자가 된다. (m_1, m_2)에서 평가한 MRS의 크기가 예산선 기울기의 절대값보다 작다는 것은 (m_1, m_2)에서 현재소비의 한계편익이 한계비용보다 작다는 것을 의미하므로 이 경우 홍길동은 (m_1, m_2)에서 현재소비를 줄일 것이기 때문이다. 따라서 대출자가 될 조건은

$$MRS_{c_1c_2} = \frac{c_2}{c_1} = \frac{m_2}{m_1} < 1 + r$$

이다. 이 결과는 문항 c.의 결과와 같다.

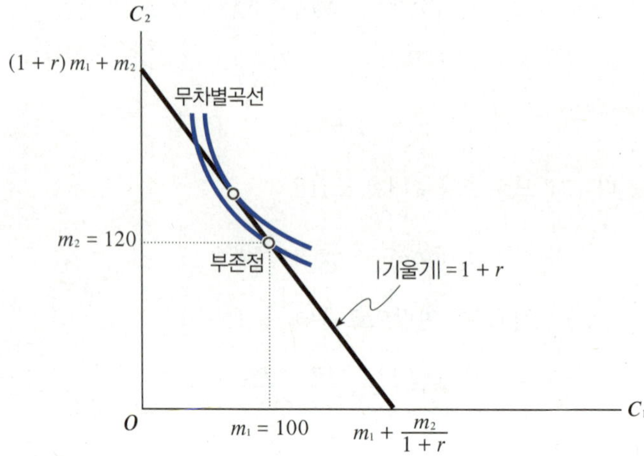

e. $MRS_{c_1c_2} = \frac{MU_{c_1}}{MU_{c_2}} = \frac{c_2^{\rho}}{c_1 \rho c_2^{\rho-1}} = \frac{c_2}{\rho c_1}$로 바뀐다. 이 경우 한계대체율은 현재소비 추가 1단위를 위해 포기할 의향이 있는 미래소비의 양을 말한다. 그런데 시간할인계수 ρ가 커질 경우 미래소비의 가치가 커지므로 현재소비 추가 1단위를 위해 포기할 의향이 있는 미래소비의 양이 감소하여 한계대체율이 작아진다. 앞서와 같은 방법으로 이 식과 예산제약식을 연립으로 풀어도 되지만 콥-더글라스 효용함수이므로 공식을 사용하면 $c_1^* = \frac{(1+r)m_1 + m_2}{(1+\rho)(1+r)}$, $c_2^* = \frac{\rho[(1+r)m_1 + m_2]}{1+\rho}$로 구해진다. 저축은 현재소득에서 현재소비를 뺀 값으로 정의된다. 그러므로 저축을 s_1이라고 하면 $s_1 = m_1 - c_1^* = m_1 - \frac{(1+r)m_1 + m_2}{(1+\rho)(1+r)}$가 된다. 당연한 말이지만 이때 $\rho = 1$이면, 즉 시간선호율이 0이면 그 결과가 문항 b.의 결과와 같아진다. 또한 ρ가 커질수록 현재소비가 작아지고 그에 따라 저축 s_1이 커진다. 직관적으로 볼 때 시간할인계수가 커진다는 것은 미래소비의 가치가 커진다는 것을 의미한다. 그러므로 현재소비는 감소하고 따라서 저축이 증가한다. 물론 저축과 미래소득을 합한 값인 미래소비는 증가한다. 한편 일반균형 차원에서 만일 이자율이 내생변수라면 ρ가 커질 경우 현재소비가 줄어드는 대신 미래소비 재원 마련을 위한 저축, 즉 대출이 증가하고 현재소비를 위한 차입은 감소할 것이다. 그 결과 자금시장에서 이자율은 하락할 것이다.

f. 문항 e.에서 구한 $MRS_{c_1c_2}$를 사용하면 효용극대화 조건은 $MRS_{c_1c_2} = \frac{c_2}{\rho c_1} = 1 + r$이 되므로 여기에 $\rho = \frac{1}{(1+\delta)}$을 적용한 후 정리하면 $\frac{c_2}{c_1} = \frac{1+r}{1+\delta}$이 된다. 이로부터 $\delta \geq r$이면 $c_1^* \geq c_2^*$이고 $\delta \leq r$이면 $c_1^* \leq c_2^*$라는 결과를 얻는다. 이 결과는 주관적인 시간선호율

이 객관적인 이자율보다 크면(작으면) 현재소비가 미래소비보다 커진다는(작아진다는) 것을 의미한다. $(1+\delta)$를 현재소비 1단위에 부여하는 주관적인 가치를 미래소비 단위로 나타낸 것이고 $(1+r)$을 현재소비의 가격을 미래소비 단위로 나타낸 것으로 해석할 경우 이 결과는 직관적으로 타당하다. 물론 이 해석에 따를 경우 $\delta = r$이면 $c_1^* = c_2^*$인 것도 직관적으로 타당하다.

5.16 저축과 차입 : 부존소득모형

현재와 미래에 각각 일정한 소득 M_1과 M_2를 얻게 되는 개인이 주어진 이자율에 따라 자유롭게 차입하거나 대출을 한다고 하자.

a. 차입이자율이 대출이자율보다 높을 경우 그 예산선을 그려보시오. 또한 이러한 예산선이 개인의 행위에 대해 함축하고 있는 바를 말하시오.

b. 이자소득에 조세가 부과될 경우 그 예산선을 그리시오. 이때 개인이 저축을 증가시키는가 감소시키는가를 말하시오.

KEY ▶ 부존소득모형에 해당한다.

풀이

a. (i) 부존소득 오른쪽이 차입을 나타내는 영역이다. 이곳에서 예산선의 기울기가 더 급해진다.

(ii) 차입이자율과 대출이자율이 같았다면 차입했을 소비자도 차입이자율이 대출이자율보다 높아질 경우에는 차입을 줄이거나 또는 아예 차입을 하지 않을 수도 있다. 이 그림은 차입을 하지 않을 경우를 보여주고 있다.

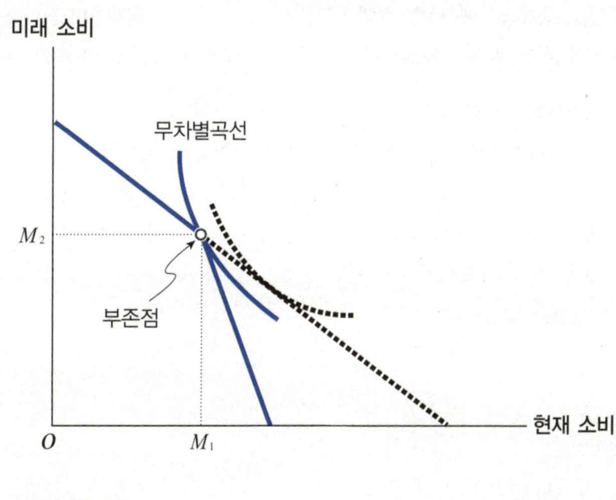

b. (i) 그림에서 보듯이 대출자가 직면하는 이자율이 하락한다.

(ii) 그런데 이것은 대출자의 현재소비의 상대가격이 하락한 것을 의미한다. 이때 대체효과는 현재소비를 증가시키는 방향으로 작용한다. 한편 이자율이 하락하는 것은 대출자의 예산집합을 축소시킨다. 이것은 대출자의 소득을 감소시키는 효과를 지닌다. 그리고 현재소비가 정상재이면 이때 총소득효과는 현재소비를 감소시키는 방향으로 작용한다. 결국 현재소비와 관련하여 대체효과와 총소득효과가 서로 반대 방향으로 작용한다. 한편 저축은 현재소득에서 현재소비를 빼준 것이다. 그러므로 저축의 증감은 대체효과와 총소득효과의 상대적인 크기에 따라 달라진다.

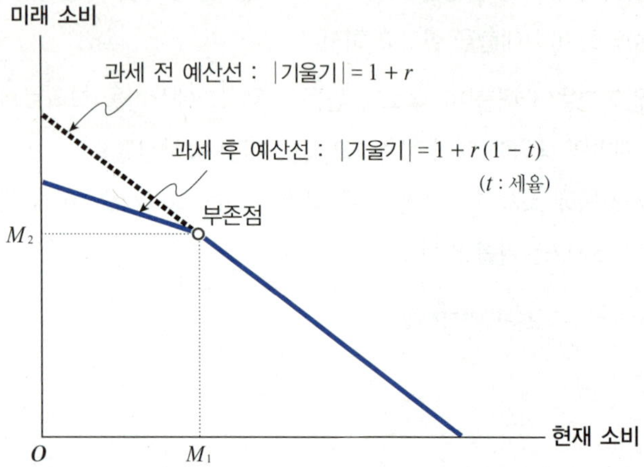

KEY ▶ 대출이자율 상승과 저축

- 저축의 정의 : 저축 = 현재소득 − 현재소비
- 대출이자율 상승은 현재소비의 상대가격 상승을 의미한다.
- 대체효과 : 현재소비의 기회비용 증가 → 현재소비 감소 → 저축 증가
- (총)소득효과 : 예산집합 확대(소득이 증가하는 효과) → 현재소비 증가 → 저축 감소
- 저축 증감 여부는 대체효과와 (총)소득효과의 상대적인 크기에 따라 좌우됨.

KEY ▶ 차입이자율 상승과 차입

- 차입이자율 상승은 현재소비의 상대가격 상승을 의미한다.
- 대체효과 : 현재소비의 기회비용 증가 → 현재소비 감소 → 차입 감소
- 소득효과 : 예산집합 축소(소득이 감소하는 효과) → 현재소비 감소 → 차입 감소
- 결국 이자율이 상승할 경우 차입 감소.

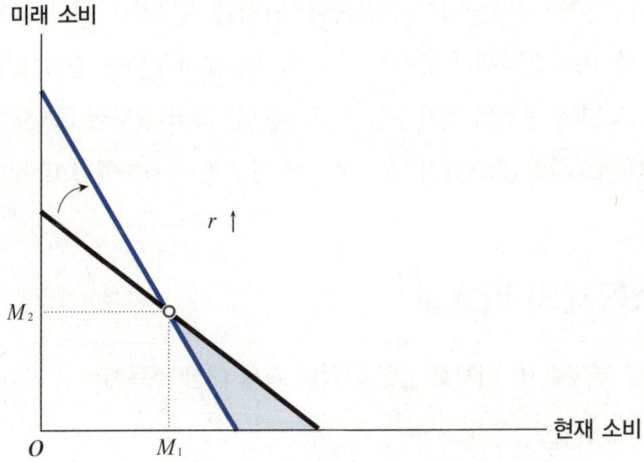

5.17 이자소득세와 임금소득세 비교

처음에 이자소득세만 부과되고 있었다고 하자. 이제 개인의 효용을 그대로 유지시켜 주면서 이자소득세를 폐지하고 그 대신 임금소득세(또는 소비에 대한 조세)**를 부과한다고 하자.**

a. 저축은 증가하는가 아니면 감소하는가?

b. 조세수입은 증가하는가 아니면 감소하는가?

KEY ▶ 각각의 조세가 대체효과에 대해 어떻게 작용하는지를 묻는 문제이다.

풀이

a. 그림에서 보듯이 저축은 증가한다. 이러한 결과가 나타나는 이유는 대체효과 때문이다. 즉, 이자소득세는 현재소비의 상대가격을 낮춘다. 그 결과 대체효과가 현재소비를 늘리는 방향으로 작용한다. 그러나 임금소득세는 이러한 대체효과를 유발하지 않는다.

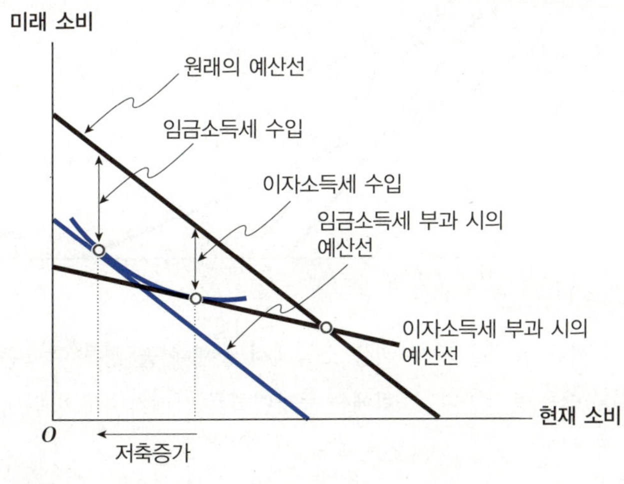

b. 그림에서 보듯이 조세수입이 증가한다. 이러한 결과가 나타나는 이유도 대체효과 때문이다. 즉, 이자소득세가 부과될 경우 개인은 조세부담을 줄이는 방향으로 소비를 조정한다. 그 결과 정부의 조세수입이 줄어든다. 그러나 임금소득세가 부과될 경우에는 이러한 대체효과가 발생하지 않기 때문에 정부의 조세수입이 더 많아진다.

5.18 이자소득세의 비효율

이자소득세를 부과할 때 이자로 갚은 금액을 과세 대상 소득에서 공제해 준다고 하자.

a. 예산선을 그리시오.

b. 차입자에게 유발되는 비효율을 두 기간 모형의 그림에 나타내시오.

풀이

a. 이자율이 r일 때 1만원을 저축하면 r만원의 이자를 받는다. 세율이 t일 경우 tr의 조세를 납부한다. 납세 후 이자수입은 $(r - tr) = r(1 - t)$가 된다. 이것이 납세 후 이자율이다.

1만원을 차입하면 r만원을 이자로 갚아야 한다. 이것을 소득공제해 주면 tr의 조세가 절감된다. 따라서 1만원을 빌릴 때 드는 비용은 $r - tr = r(1 - t)$가 된다. 이것이 납세 후 이자율로서 저축할 때의 납세 후 이자율과 같다. 그 결과 새로운 예산선의 기울기는 부존점 좌우에서 같다.

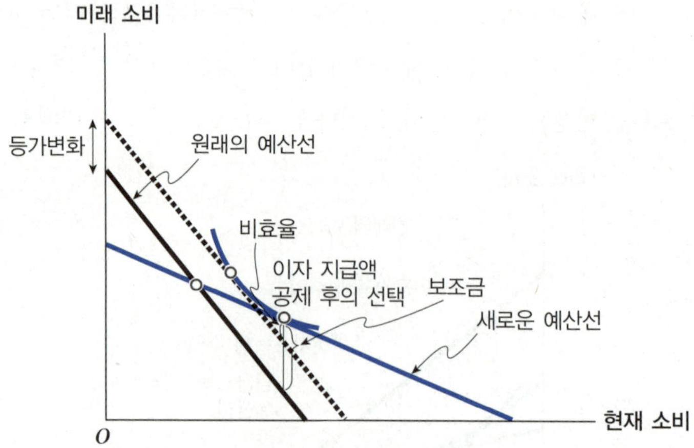

b. 이자로 갚은 금액을 과세 대상 소득에서 공제해 줄 경우 효용은 등가변화(equivalent variation)만큼 증가한다. 그림에는 등가변화를 미래가치로 나타내었다(현재가치로 나타

내려면 가로축을 기준으로 측정하면 된다). 한편 그때 소요되는 보조금은 등가변화보다 크다. 그 차액이 바로 미래가치로 표시한 비효율이다.

part two

생산자이론

제6장 생산함수, 비용함수, 기업의 공급—이윤극대화

6장

생산함수, 비용함수, 기업의 공급 —이윤극대화

6.1 콥-더글라스 생산함수의 산출의 노동탄력성

콥-더글라스 생산함수인 $Q = AL^{\alpha} K^{1-\alpha}$에서 $\alpha = 0.6$일 때 노동 L이 100% 증가한다면 산출량은 얼마나 증가하겠는가?

풀이

$Q = AL^{\alpha} K^{1-\alpha}$, $\alpha = 0.6$, $1 - \alpha = 0.4$.

이러한 상황에서 노동이 100% 증가할 때 산출량이 얼마나 증가하는가를 알려면 $\dfrac{\frac{\partial Q}{Q}}{\frac{\partial L}{L}}$의 값을 알아야 한다. 그런데

$$\frac{\frac{\partial Q}{Q}}{\frac{\partial L}{L}} = \frac{L}{Q}\frac{\partial Q}{\partial L} = \frac{L}{AL^{\alpha} K^{1-\alpha}} \cdot \alpha AL^{\alpha-1} K^{1-\alpha} = \alpha$$

이다. 이 식에서 처음 변과 마지막 변에 주목하자. 그러면 $\alpha = 0.6$이고 $\frac{\partial L}{L} = 100(\%)$일 경우 $\frac{\partial Q}{Q} = 60(\%)$가 된다. 즉, L이 100% 증가하면 산출량은 60% 증가한다. 한편 여기서 α는 산출의 노동탄력성($= \frac{L}{Q}\frac{\partial Q}{\partial L}$)이라는 사실을 알 수 있다.

6.2 단기비용함수

어떤 상품의 생산함수가 $Q = 5L^{\frac{1}{2}} K^{\frac{1}{2}}$이고, 자본이 16단위로 주어졌다고 한다. 임금률은 2이고 자본의 임대료율은 5라고 하자.

a. 조건부 단기생산요소수요함수를 구하시오.

b. 단기총비용함수를 구하시오.

c. 단기평균비용함수와 단기한계비용함수를 구하시오.

KEY ▶ 원칙적으로 비용함수는 비용극소화 문제를 풀어서 얻을 수 있다. 그러나 단기비용함수는 간단하게 구할 수 있다.

풀이

$Q = 5L^{\frac{1}{2}} K^{\frac{1}{2}}$, $K = 16$, $w = 2$, $r = 5$.

a. $Q = 5L^{\frac{1}{2}} 16^{\frac{1}{2}}$이다. 이 생산함수는 노동 투입으로 생산할 수 있는 최대산출량을 보여주고 있다. 그러므로 이 생산함수로부터 주어진 산출량을 얻는 데 필요한 최소한의 노동이 얼마인가를 구할 수 있다. 즉, $L = \frac{Q^2}{20^2}$이다. 이것이 조건부 단기생산요소수요함수이다.

b. 원리적으로

$$\underset{L}{Min}\ c_s = wL + r\overline{K}$$
$$s.t.\quad f(L, \overline{K}) = Q$$

를 푸는 것이다. 즉, 주어진 산출량을 최소비용으로 생산한다고 할 때 드는 비용을 구하는 것이다.

$c_S = wL + r\overline{K}$에 주어진 값들과 $L = \dfrac{Q^2}{20^2}$을 대입하면

$$C_S(Q) = 2\left(\frac{Q}{20}\right)^2 + 5 \times 16 = \frac{Q^2}{200} + 80$$

을 얻는다. 이것이 단기총비용함수이다. 여기서 5×16은 고정비용이다.

c. $SAC = \dfrac{C_S}{Q} = \dfrac{Q}{200} + \dfrac{80}{Q}$이다. 이것은 $40\sqrt{10}$에서 최소값을 갖는 U자형 곡선이다.

$SMC = \dfrac{dC_S}{dQ} = \dfrac{Q}{100}$이다. 이것은 원점을 지나는 직선이다.

6.3 장기비용함수

어떤 상품의 생산함수가 $Q = 5L^{\frac{1}{2}} K^{\frac{1}{2}}$이고, 임금률과 자본의 임대료율이 각각 2라고 하자.

a. 장기총비용함수, 장기평균비용함수, 장기한계비용함수를 각각 구하시오.

b. 비용곡선들의 특성을 말하시오.

KEY ▶ 비용함수는 비용극소화 문제를 풀어서 얻는다.

풀이

$Q = 5L^{\frac{1}{2}} K^{\frac{1}{2}},\ w = r = 2.$

a. 장기총비용함수를 구하려면

$$\underset{L,K}{Min}\ c_L = wL + rK$$
$$s.t.\quad f(L, K) = Q$$

의 문제를 풀어야 한다. 제약식이 있는 극소화 문제이므로 라그랑지함수를 이용하자.

이 문제에 대한 라그랑지함수는

$$Z = wL + rK + \lambda(\overline{Q} - 5L^{\frac{1}{2}} K^{\frac{1}{2}})$$

이 된다. 극소화의 일차필요조건은

$$\frac{\partial Z}{\partial L} = w - 5\lambda\left(\frac{1}{2}\right)L^{-\frac{1}{2}}K^{\frac{1}{2}} = 0 \tag{1}$$

$$\frac{\partial Z}{\partial K} = r - 5\lambda\left(\frac{1}{2}\right)L^{\frac{1}{2}}K^{-\frac{1}{2}} = 0 \tag{2}$$

$$\frac{\partial Z}{\partial \lambda} = \overline{Q} - 5L^{\frac{1}{2}}K^{\frac{1}{2}} = 0 \tag{3}$$

이 된다. (1)과 (2)를 정리한 다음 대응되는 변끼리 나누어주면

$$\frac{w}{r} = \frac{K}{L} \tag{4}$$

를 얻는다. (4)의 우변은 $MRTS_{LK}$이다. 그러므로 (4)는 $MRTS_{LK} = \frac{w}{r}$로서 비용극소화 조건이다.

이로부터

$$K = \frac{w}{r}L \tag{5}$$

이 된다. (5)를 (3)에 대입하면

$$\overline{Q} = 5L^{\frac{1}{2}}\left(\frac{w}{r}L\right)^{\frac{1}{2}} = 5\left(\frac{w}{r}\right)^{\frac{1}{2}}L$$

이 된다. 이로부터

$$L = \frac{1}{5}\left(\frac{w}{r}\right)^{-\frac{1}{2}}\overline{Q} \tag{6}$$

를 얻는다. 이것이 조건부 장기노동수요함수이다. (6)을 (5)에 대입하면

$$K = \left(\frac{w}{r}\right)\left[\frac{1}{5}\left(\frac{w}{r}\right)^{-\frac{1}{2}}\overline{Q}\right] = \frac{1}{5}\left(\frac{w}{r}\right)^{\frac{1}{2}}\overline{Q} \tag{7}$$

를 얻는다. 이것이 조건부 장기자본수요함수이다. (6)과 (7)에서 보듯이 조건부 장기생산요소수요함수는 w, r, Q의 함수이다.

끝으로 (6)과 (7)을 목적함수에 대입하면 장기총비용함수인

$$c_L = wL + rK = w\left[\frac{1}{5}\left(\frac{w}{r}\right)^{-\frac{1}{2}}\overline{Q}\right] + r\left[\frac{1}{5}\left(\frac{w}{r}\right)^{\frac{1}{2}}\overline{Q}\right] = \frac{2}{5}w^{\frac{1}{2}}r^{\frac{1}{2}}\overline{Q} = C_L(w, r, \overline{Q})$$

를 얻는다. 이처럼 장기비용함수는 w, r, Q의 함수이다. 이제 문제에서 주어진 $w = r = 2$를 위 식에 대입하면 장기총비용함수가 $C_L = \frac{4}{5}Q$로 구해진다.

총비용함수는 직접 비용극소화 조건을 적용하여 간단하게 얻을 수도 있다. 비용극소화 조건은 $MRTS_{LK} = \frac{w}{r}$이다. 이 조건과 주어진 생산함수를 연립으로 풀면 조건부

장기생산요소수요함수를 얻을 수 있다. 그런데 이때 $MRTS_{LK} = \frac{MP_L}{MP_K} = \frac{K}{L}$이고 $\frac{w}{r} = 1$ 이므로

$$L = K \tag{8}$$

를 얻는다. 이를 생산함수에 대입하면

$$Q = 5L,\ 즉\ L = \frac{1}{5}Q \tag{9}$$

를 얻는다. 이것이 조건부 장기노동수요함수이다. 식 (9)에 식 (8)을 적용하면 조건부 장기자본수요함수는 $K = \frac{1}{5}Q$가 된다. 식 (8)과 식 (9)를 목적함수에 대입하면 장기총비용함수는 $C(Q) = wL + rK = 2L + 2L = \frac{4}{5}Q$가 된다. 이로부터 $LAC = LMC = \frac{4}{5}$가 된다.

b. $CRTS$이기 때문에 LTC가 원점을 출발하는 직선이 된다. 이 경우 LAC, LMC가 모두 일정하다는 점에 주목하자. 이 경우 장기적인 이윤은 0이 된다. 그리고 산출량은 기술 이외의 조건에 의해 정해진다.

6.4 장기비용함수

어떤 상품의 생산함수가 $Q = L^{\frac{1}{2}}K^{\frac{1}{2}}$이라고 한다. 임금률은 w이고 자본의 임대료율은 r이다.

a. 조건부 장기생산요소수요함수를 구하시오.

b. 장기비용함수를 구하시오.

c. 장기한계비용과 한계생산물의 관계를 보이시오.

KEY ▶ 비용함수는 비용극소화 문제를 풀어서 얻을 수 있다. 한계비용과 한계생산물은 쌍대성을 지닌다.

풀이

a. 조건부생산요소수요함수는 주어진 산출량을 최소비용으로 생산하는 데 필요한 생산요소와 그 산출량과의 관계이다. 이러한 조건부생산요소수요함수는 비용함수를 구하는 과정에서 도출될 수 있다. 그러므로 생산함수가 $f(L,K) = Q$일 때 조건부생산요소수요함수는

$$\begin{aligned} &\underset{L,K}{Min}\ c_L = wL + rK \\ &s.t.\quad f(L,K) = Q \end{aligned}$$

를 풀어서 구할 수 있다. 그런데 생산함수가 $Q = L^{\frac{1}{2}}K^{\frac{1}{2}}$으로 주어져 있다.

그러므로 이 문제에 대한 라그랑지함수는

$$Z = wL + rK + \lambda(Q - L^{\frac{1}{2}} K^{\frac{1}{2}})$$

이 된다. 극소화의 일차필요조건은

$$\frac{\partial Z}{\partial L} = w - \lambda\left(\frac{1}{2}\right)L^{-\frac{1}{2}} K^{\frac{1}{2}} = 0 \tag{1}$$

$$\frac{\partial Z}{\partial K} = r - \lambda\left(\frac{1}{2}\right)L^{\frac{1}{2}} K^{-\frac{1}{2}} = 0 \tag{2}$$

$$\frac{\partial Z}{\partial \lambda} = Q - L^{\frac{1}{2}} K^{\frac{1}{2}} = 0 \tag{3}$$

이 된다. (1)과 (2)를 정리한 다음 대응되는 변끼리 나누어주면

$$\frac{K}{L} = \frac{w}{r} \tag{4}$$

를 얻는다. (4)는 바로 비용극소화 조건인 $MRTS_{LK} = \frac{w}{r}$이다. 이로부터

$$K = \frac{w}{r} L \tag{5}$$

이 된다. (5)를 (3)에 대입하면

$$Q = L^{\frac{1}{2}}\left(\frac{w}{r} L\right)^{\frac{1}{2}} = \left(\frac{w}{r}\right)^{\frac{1}{2}} L$$

이 된다.

이로부터

$$L = \left(\frac{w}{r}\right)^{-\frac{1}{2}} Q \tag{6}$$

를 얻는다. (6)을 (5)에 대입하면

$$K = \left(\frac{w}{r}\right)\left[\left(\frac{w}{r}\right)^{-\frac{1}{2}} Q\right] = \left(\frac{w}{r}\right)^{\frac{1}{2}} Q \tag{7}$$

를 얻는다. (6)과 (7)로부터 조건부 장기생산요소수요함수는 각각 $L = \left(\frac{w}{r}\right)^{-\frac{1}{2}} Q$와 $K = \left(\frac{w}{r}\right)^{\frac{1}{2}} Q$로서 산출량 Q와 생산요소가격 w, r의 함수라는 것을 알 수 있다.

b. 비용함수는 (6)과 (7)을 목적함수에 대입함으로써

$$c_L = wL + rK = w\left[\left(\frac{w}{r}\right)^{-\frac{1}{2}} Q\right] + r\left[\left(\frac{w}{r}\right)^{\frac{1}{2}} Q\right] = 2w^{\frac{1}{2}} r^{\frac{1}{2}} Q = C_L(w, r, Q) \tag{8}$$

로 구해진다. 이로부터 장기비용함수는 w, r, Q의 함수임을 알 수 있다. 그리고 이 결과는 최적규모에서의 단기총비용과 같다.

c. $C_L = 2w^{\frac{1}{2}} r^{\frac{1}{2}} Q$이다. 이로부터

$$LMC = \frac{dC_L}{dQ} = 2w^{\frac{1}{2}} r^{\frac{1}{2}} \tag{9}$$

을 얻는다. 그런데

$$MP_L = \frac{1}{2} L^{-\frac{1}{2}} K^{\frac{1}{2}} \tag{10}$$

이다. (10)의 우변에 (5)를 적용하면

$$MP_L = \frac{1}{2} L^{-\frac{1}{2}} K^{\frac{1}{2}} = \frac{1}{2} L^{-\frac{1}{2}} \left(\frac{w}{r} L\right)^{\frac{1}{2}} = \frac{1}{2}\left(\frac{w}{r}\right)^{\frac{1}{2}} \tag{11}$$

이다. (9)와 (11)로부터

$$LMC = \frac{w}{MP_L}$$

가 성립한다. 같은 방법으로

$$LMC = \frac{r}{MP_K}$$

이 성립하는 것을 보여줄 수 있다. 이로부터 비용함수와 생산함수 사이에는 쌍대성이 있다는 것을 알 수 있다. 한편 MP_L은 K가 일정하게 주어진 상태에서 구한다. 그럼에도 불구하고 여기서 MP_L과 관련하여 SMC가 아니라 LMC라고 할 수 있는 것은 식 (11)을 구하는 과정에서 식 (10)의 우변에 식 (5)를 적용하였기 때문이다. 즉, K를 장기비용이 극소화되는 수준으로 적용하고 있기 때문이다. 이러한 논리는 물론 MP_K의 경우에도 그대로 적용된다.

6.5 생산함수와 비용함수의 쌍대성

a. 한계비용과 노동의 한계생산물은 서로 어떠한 관계에 있는가? 이를 근거로 한계비용곡선이 U자형인 이유를 말하시오.

b. 평균가변비용과 노동의 평균생산물은 서로 어떠한 관계에 있는가? 이를 근거로 평균가변비용곡선이 U자형인 이유를 말하시오.

KEY ▶ 쌍대성에 관한 질문이다.

풀이

a. $MC(Q) = \frac{dC_v(Q)}{dQ} = \frac{wdL}{dQ} = w\frac{1}{MP_L}$이 성립한다. [그림 1]에서 보듯이 한계생산물곡선은 역 U자형이다. 그런데 위 식에서 보듯이 한계비용은 한계생산물의 역수에 일정한 값 w를 곱한 값이다. 그러므로 [그림 2]에서 보듯이 한계비용곡선은 U자형이 된다.

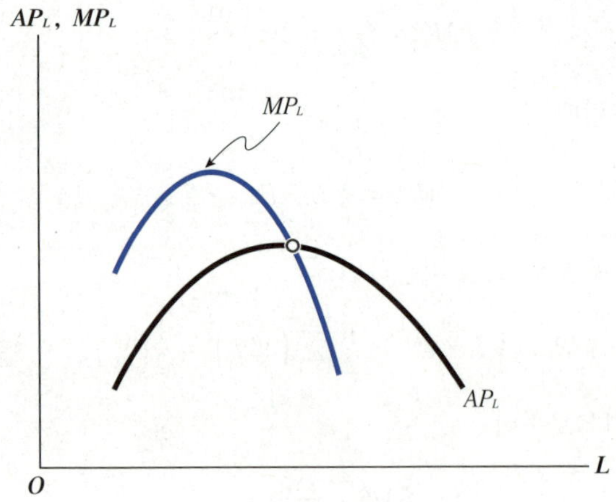

[그림 1]

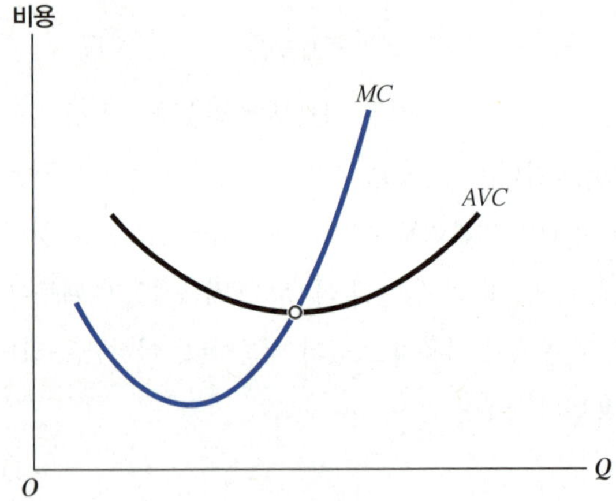

[그림 2]

b. $AVC(Q) = \dfrac{C_V(Q)}{Q} = \dfrac{wL}{Q} = w\dfrac{1}{AP_L}$ 이 성립한다. [그림 1]에서 보듯이 평균생산물곡선은 역 U자형이다. 그런데 위 식에서 보듯이 평균가변비용은 평균생산물의 역수에 일정한 값 w를 곱한 값이다. 그러므로 [그림 2]에서 보듯이 평균가변비용곡선은 U자형이 된다.

6.6 총비용함수의 정의와 쌍대성

다음의 경우 자동차의 총비용곡선은 어떻게 되는가?

a. 철판의 가격이 상승할 경우

b. 기술교육을 통해 생산성이 향상되었을 경우

풀이

a. 총비용함수는 $C = C_L(w, r, Q)$임에 주목하자. 즉, 총비용함수는 생산요소의 가격과 산출량의 함수이다. 이때 생산요소의 가격이 일정하다고 가정하고 산출량과 비용 사이의 관계를 그림으로 보여주는 것이 총비용곡선이다. 그러므로 생산요소인 철판의 가격이 상승할 경우 총비용곡선은 위로 이동한다.

b. 생산성이 향상되었다는 것은 같은 양의 생산요소를 투입하였을 경우 이전에 비해 더 많은 산출물이 생산됨을 의미한다. 바꾸어 말하면 주어진 산출물을 생산하는 데 이전보다 더 적은 투입물이 필요하다는 것이다. 이것은 생산요소의 가격이 일정할 경우 같은 산출물을 생산하는 데 이전보다 비용이 더 적게 든다는 것을 의미한다. 그러므로 총비용곡선이 아래로 이동한다.

6.7 일차동차 생산함수의 확장경로와 장기총비용함수

생산함수가 1차동차라고 하자. 이때 확장경로의 모양은 어떠한가?

풀이

확장경로는 산출량이 증가할 때 그것을 가장 적은 비용으로 생산하는 데 들어가는 생산요소들의 조합점들을 연결한 것이다. 그러므로 확장경로 상에서는 최소생산비 조건이 성립한다. 즉, $MRTS_{LK} = \frac{w}{r}$가 성립한다. 그런데 $\frac{w}{r}$는 시장에서 일정하게 주어진 것이므로 확장경로에서는 $MRTS_{LK}$가 일정하다. 한편 기술이 1차동차일 경우에는 노동의 한계생산물과 자본의 한계생산물이 모두 생산요소 투입비율만의 함수이다. 그러므로 한계생산물들이 변하지 않으려면 생산요소의 투입비율이 변하지 않아야 한다. 그런데 $MRTS_{LK}$는 한계생산물들의 비율이므로, $MRTS_{LK}$가 변하지 않으려면 생산요소의 투입비율이 변하지 않아야 한다. 즉, $MRTS_{LK}$가 변하지 않으려면 생산요소 평면에서 생산요소들의 조합점들이 직선 상에 놓여야 한다. 현재 확장경로에서 $MRTS_{LK}$가 일정하다는 점을 고려할 때 이것은 바로 확장경로가 원점에서 출발하는 직선임을 말한다.

6.8 단기비용과 장기비용

어느 기업의 단기한계비용이 2이고 고정비용이 10이다. 그런데 자본을 증가시킬 경우 한계비용을 1로 낮출 수 있다. 이때 자본을 증가시키는 데에는 고정비용 10이 든다.

a. 단기총비용곡선을 구하시오.

b. 장기총비용곡선을 구하시오.

c. 장기총비용곡선, 장기평균비용곡선, 장기한계비용곡선을 그리시오.

KEY ▶ 장기총비용곡선은 단기총비용곡선들의 포락선이다.

풀이

a. 처음의 자본 설비 아래의 단기총비용곡선은

$$C_1(Q) = 10 + 2Q$$

가 된다. 자본을 증가시킬 경우 고정비용은 10이 증가하지만 한계비용이 1로 낮아지므로 이때 새로운 단기총비용곡선은

$$C_2(Q) = 20 + Q$$

로 구해진다.

b. 단기에는 자본이 고정되어 있다. 장기에는 자본설비를 조정함으로써 단기에 비해 비용을 낮출 수 있다. 따라서 장기총비용은 단기총비용보다 높지 않다. 그 결과 장기총비용곡선은 단기총비용곡선들의 포락선으로 나타난다. 이것을 수식으로 표현하면

$$C(Q) = min[C_1(Q), C_2(Q)] = min[10 + 2Q, 20 + Q] \tag{1}$$

가 된다.

이것을 풀어서 써 보면

$C_1(Q) \leq C_2(Q)$, 즉 $Q \leq 10$일 경우 $C(Q) = C_1(Q) = 10 + 2Q$,

$C_1(Q) > C_2(Q)$, 즉 $Q > 10$일 경우 $C(Q) = C_2(Q) = 20 + Q$,

가 된다. 이것을 그림으로 나타내면 장기총비용곡선은 단기총비용곡선들의 포락선으로 나타난다.

c. 단기평균비용곡선들은 각각

$$SAC_1 = \frac{10+2Q}{Q},\ \ SAC_2 = \frac{20+Q}{Q}$$

가 된다. 그러므로 장기평균비용곡선은

$$LAC = min[SAC_1, SAC_2] = min\left[\frac{10+2Q}{Q}, \frac{20+Q}{Q}\right] \tag{2}$$

가 된다.

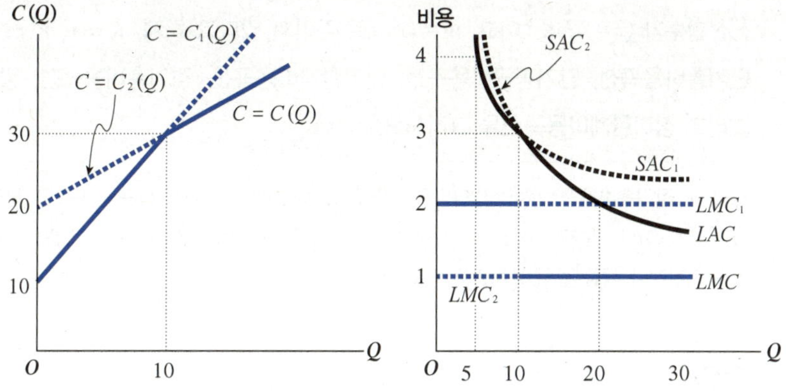

이것을 풀어서 써 보면

$SAC_1 \leq SAC_2$일 경우, 즉 $Q \leq 10$일 경우 $LAC = SAC_1 = \dfrac{10+2Q}{Q}$,

$SAC_1 > SAC_2$일 경우, 즉 $Q > 10$일 경우 $LAC = SAC_2 = \dfrac{20+Q}{Q}$

가 된다. 이것을 그림으로 나타내면 장기평균비용곡선은 단기평균비용곡선들의 포락선으로 나타난다.

장기한계비용은 식 (1)로부터

$$LMC = \frac{dC(Q)}{dQ} = \frac{d}{dQ}[min[C_1(Q), C_2(Q)]] = \frac{d}{dQ}[min[10+2Q, 20+Q]]$$

가 된다. 이것을 풀어서 써 보면

$Q \leq 10$일 경우 $LMC = LMC_1 = 2$

$Q > 10$일 경우 $LMC = LMC_2 = 1$

이 된다.

한편 $Q = 10$에서

$$SAC_1 = SAC_2 = LAC = 3$$

이 된다. 이것이 그림에 나타나 있다.

일반적으로 MC곡선은 AC곡선의 최하점을 지난다. 그러나 문제에서처럼 단기총비용함수가 $C = a + bQ$의 형태일 경우 AC곡선은 직각쌍곡선이 되기 때문에 MC곡선은 AC곡선과 만나지는 않고 다만 점근적으로 같아진다.

6.9 단기비용과 장기비용

생산함수가 $Q = L^{\frac{1}{2}}K^{\frac{1}{2}}$이고, $w = r = 1$로 주어져 있다고 하자. $\overline{K} = 1$, $\overline{K} = 2$, $\overline{K} = 3$일 경우 단기총비용곡선, 단기평균비용곡선, 단기한계비용곡선, 장기총비용곡선, 장기평균비용곡선, 그리고 장기한계비용곡선을 그리시오.

KEY ▶ 장기총비용곡선은 단기총비용곡선들의 포락선이며 장기평균비용곡선은 단기평균비용곡선들의 포락선이다. 그러나 문제에서처럼 K의 규모를 수없이 연속적으로 선택할 수 있지 않는 한 장기한계비용곡선은 단기한계비용곡선들의 포락선이 되지 않는다.

풀이

단기총비용함수를 구하는 것은

$$\begin{aligned} &\underset{L}{Min}\ \ c_S = wL + r\overline{K} \\ &s.t.\ \ \ Q = L^{\frac{1}{2}}\overline{K}^{\frac{1}{2}} \end{aligned}$$

을 푸는 것이다. 이때 조건부 단기생산요소수요함수는 제약식인 생산함수로부터 $L = \dfrac{Q^2}{\overline{K}}$으로 구해진다. 이것을 목적함수에 대입하면 단기총비용함수는 $c_S = wL + r\overline{K} = w\dfrac{Q^2}{\overline{K}} + r\overline{K} = 1 \times \dfrac{Q^2}{\overline{K}} + 1 \times \overline{K} = \dfrac{Q^2}{\overline{K}} + \overline{K} = C_S(\overline{K}, Q)$로 구해진다. 함수 C_S가 단기총비용함수이다. 이 결과를 이용해서 3개의 규모에 대해 각종 비용곡선들을 구해 보면

$\overline{K} = 1$일 경우 $STC_1 = \dfrac{Q^2}{\overline{K}} + \overline{K} = \dfrac{Q^2}{1} + 1,\ SAC_1 = \dfrac{STC_1}{Q} = Q + \dfrac{1}{Q},\ SMC_1 = \dfrac{dSTC_1}{dQ} = 2Q,$

$\overline{K} = 2$일 경우 $STC_2 = \dfrac{Q^2}{\overline{K}} + \overline{K} = \dfrac{Q^2}{2} + 2,\ SAC_2 = \dfrac{STC_2}{Q} = \dfrac{Q}{2} + \dfrac{2}{Q},\ SMC_2 = \dfrac{dSTC_2}{dQ} = Q,$

$\overline{K} = 3$일 경우 $STC_3 = \dfrac{Q^2}{\overline{K}} + \overline{K} = \dfrac{Q^2}{3} + 3,\ SAC_3 = \dfrac{STC_3}{Q} = \dfrac{Q}{3} + \dfrac{3}{Q},\ SMC_3 = \dfrac{dSTC_3}{dQ} = \dfrac{2Q}{3}$

가 된다. 그러므로

$$LTC = min[STC_1, STC_2, STC_3] = min[Q^2 + 1, \frac{Q^2}{2} + 2, \frac{Q^2}{3} + 3],$$

$$LAC = min[SAC_1, SAC_2, SAC_3] = min[Q + \frac{1}{Q}, \frac{Q}{2} + \frac{2}{Q}, \frac{Q}{3} + \frac{3}{Q}]$$

이다. 즉, [그림 A]와 [그림 B]에서 보듯이 장기총비용곡선은 단기총비용곡선들의 포락선이며 장기평균비용곡선은 단기평균비용곡선들의 포락선이다.

그러나 [그림 B]에서 보듯 장기한계비용곡선은 단기한계비용곡선들의 포락선이 되지 않는다. 임의의 주어진 산출량 Q를 생산하는 데 적용되는 장기한계비용곡선은 그 산출량을 생산하는 데 최적인 규모에 대응하는 단기총비용곡선 부분과 단기평균비용곡선 부분에 대응한다. 두 그림에서 볼 때 $0 < Q \leq \sqrt{2}$의 구간에서는 K_1의 규모, $\sqrt{2} \leq Q \leq \sqrt{6}$의 구간에서는 K_2의 규모, $Q \geq \sqrt{6}$의 구간에서는 K_3의 규모가 각각 최적 규모이다. 이러한 구간과 함께 각 구간에서의 비용곡선들 사이의 관계가 두 그림에 나타나 있다.

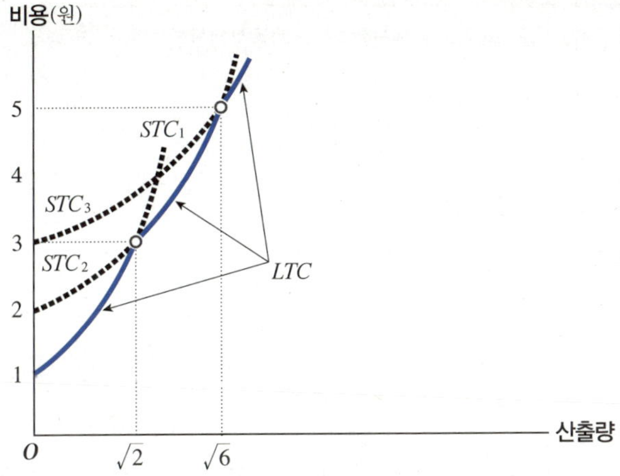

[그림 A] 단기총비용곡선과 장기총비용곡선

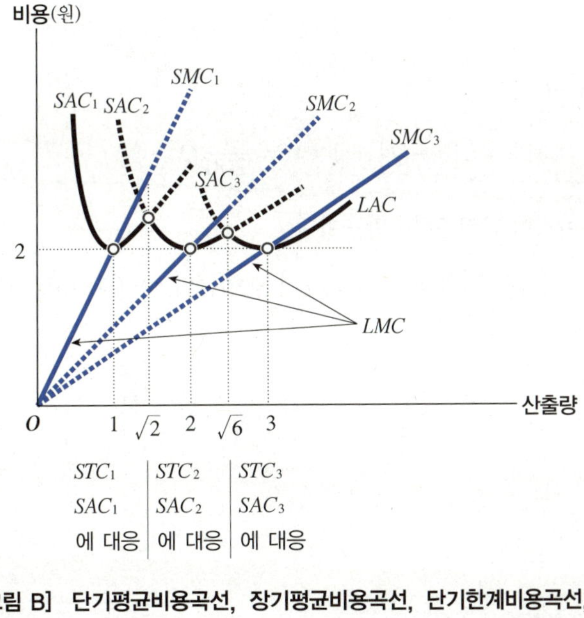

[그림 B] 단기평균비용곡선, 장기평균비용곡선, 단기한계비용곡선, 장기한계비용곡선

6.10 단기총비용함수와 장기총비용함수의 관계

어떤 상품의 생산함수가 $Q = 5L^{\frac{1}{2}}K^{\frac{1}{2}}$이고, 임금률과 자본의 임대료율이 각각 2라고 하자.

a. 이때 장기총비용함수를 구하시오.

b. $\overline{K} = 16$일 경우 단기총비용함수를 구하시오.

c. $\overline{K} = 25$일 경우 단기총비용함수를 구하시오.

d. 위 3문항의 결과들을 하나의 그림에 함께 그리시오.

e. 장기총비용곡선과 단기총비용곡선들 사이의 관계를 말하시오.

f. 생산함수의 특성과 관련하여 비용함수의 특성에 대하여 말하시오.

KEY ▶ 문제에서 주어진 콥-더글라스 생산함수는 1차동차생산함수이다. 이 경우 *CRTS*이다.

풀이

a. $Q = 5L^{\frac{1}{2}}K^{\frac{1}{2}},\ w = r = 2.$

이때 장기총비용함수는

$$C(Q) = \frac{4}{5}Q \tag{1}$$

이다.

b. $Q = 5L^{\frac{1}{2}}\overline{K}^{\frac{1}{2}} = 5L^{\frac{1}{2}}16^{\frac{1}{2}}$이다. 이로부터 $L = \left(\frac{1}{20}Q\right)^2$을 얻는다. 이것이 조건부 단기생산요소수요함수이다. 이것과 해당되는 값들을

$$c_S = wL + r\overline{K} \tag{2}$$

에 각각 대입하면

$$C_S = 2\left(\frac{1}{20}Q\right)^2 + 2\times 16 = \frac{1}{200}Q^2 + 32 \tag{3}$$

를 얻는다. 이것이 단기총비용함수이다.

c. $Q = 5L^{\frac{1}{2}}25^{\frac{1}{2}}$이다. 이로부터 $L = \left(\frac{1}{25}Q\right)^2$을 얻는다. 이것과 해당되는 값들을 (2)에 각각 대입하면

$$C_S = 2\left(\frac{1}{25}Q\right)^2 + 2\times 25 = \frac{2}{625}Q^2 + 50$$

을 얻는다.

d.

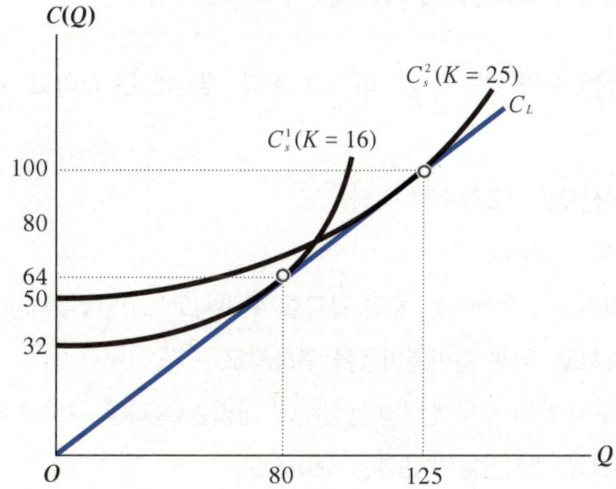

e. 어떤 산출량에 대해 단기총비용과 장기총비용이 같아지는 경우는 오로지 그 산출량을 최적규모로 생산할 때뿐이다. 그 외에는 장기총비용이 항상 적다. 그 결과 장기총비용곡선은 단기총비용곡선들의 포락선이 된다.

두 비용이 같아지는 경우를 생각해 보자. 어떤 산출량을 생산하는 데에는 그것을 생산하는 데에 비용이 가장 적게 드는 자본량, 즉 최적자본량이 존재한다. 그런데 단기에 바로 그러한 최적자본량을 고용하였다면, 단기총비용과 장기총비용이 같아진다. 그림에서 예를 들어 80단위를 생산하려 할 경우에는 $k = 16$이 최적규모이다. 즉, 80단위를 생산하려 할 경우에는 자본을 16단위 고용하는 것이 비용이 가장 적게 든다. 그리고 80단위에 대해서는 오로지 $k = 16$일 때에만 단기총비용과 장기총비용이 64로서 같아진다.

80단위를 생산하면서 자본을 이보다 더 적게 또는 더 많이 고용할 경우에는 그림에서 보듯이 비용이 더 많이 든다. 예를 들어 $\overline{K} = 25$일 경우의 단기총비용함수에 $Q = 80$을 대입해 보면 70.48의 비용이 든다. 즉, 자본 25단위를 고용하면서 80단위를 생산하려면 장기에 비해 6.48(= 70.48 − 64)만큼 비용이 더 든다.

f. 노동투입량과 자본투입량을 같은 배수만큼 증가시키면 산출량도 그와 동일한 배수만큼 증가한다. 그러므로 *CRTS*인 생산함수이다. 이처럼 *CRTS*일 경우 장기총비용함수는 그림에서 보듯이 원점을 통과하는 직선이 된다. 이 경우 한계비용과 평균비용은 서로 같으며 또한 일정하다. *CRTS*일 경우 균형에서 이윤이 0이 된다. 그리고 산출량은 생산기술 이외의 다른 요인에 의해 정해진다.

6.11 단기비용함수와 장기비용함수의 관계

어떤 상품의 생산함수가 $Q = L^{\frac{1}{2}} K^{\frac{1}{2}}$이라고 한다. 임금률은 w이고 자본의 임대료율은 r이다.

a. 조건부 단기생산요소수요함수를 구하시오.

b. 단기비용함수를 구하시오.

c. 단기비용을 최소로 만들어주는 K의 규모를 구하시오. 10단위를 생산하는 데 필요한 최적규모를 말하시오. 이때 단기총비용을 구하시오.

d. 문항 c.에서 구한 K의 값을 단기비용함수에 대입한 결과를 구하고 해석하시오.

e. 단기한계비용과 한계생산물의 관계를 보이시오.

f. 단기평균비용, 단기한계비용, 장기평균비용, 장기한계비용을 1개의 그림에 나타내시오.

KEY ▶ 원칙적으로 비용함수는 비용극소화 문제를 풀어서 얻을 수 있다. 최적규모에서의 단기비용은 장기비용과 같다. 한편 단기한계비용과 한계생산물은 쌍대성을 지닌다.

풀이

a. 조건부생산요소수요함수는 주어진 산출량을 최소비용으로 생산하는 데 필요한 생산요소와 그 산출량과의 관계이다. 그런데 문제에서 생산함수가 $Q = L^{\frac{1}{2}} K^{\frac{1}{2}}$으로 주어져 있다. 단기에 자본이 고정되어 있을 경우, 이 생산함수는 노동 투입으로 생산할 수 있는 최대산출량을 보여준다. 그러므로 단기에 $K = \overline{K}$일 경우 이 생산함수로부터 주어진 산출량을 얻는 데 필요한 최소한의 노동은

$$L = \frac{Q^2}{\overline{K}} \tag{1}$$

이라는 것을 알 수 있다. 이것이 조건부 단기생산요소수요함수, 즉 조건부 단기노동수요함수로서 산출량의 함수이며 생산요소의 가격과는 관계없이 정해진다.

b. 생산함수가 $f(L,K) = Q$일 때 단기비용함수는

$$\begin{aligned} &\underset{L}{Min}\ \ c_S = wL + r\overline{K} \\ &s.t.\ \ \ f(L,\overline{K}) = Q \end{aligned}$$

를 풀어서 구할 수 있다. 앞서 구한 조건부생산요소수요함수 $L = \frac{Q^2}{\overline{K}}$을 목적함수인 $c_S = wL + r\overline{K}$에 대입하면

$$c_S = wL + r\overline{K} = w\frac{Q^2}{\overline{K}} + r\overline{K} = C_S(w, r, \overline{K}, Q) \tag{2}$$

가 된다. C_S가 바로 단기비용함수이다.

c. 단기총비용 식 (2)가 극소화되기 위해서는 $\overline{K}$의 값이

$$\frac{\partial C_S}{\partial \overline{K}} = -wQ^2\overline{K}^{-2} + r = 0$$

을 만족시켜야 한다. 이로부터

$$\overline{K} = \sqrt{\frac{w}{r}}Q \tag{3}$$

를 얻는다. $Q = 10$을 최소비용으로 생산할 수 있는 규모는 $\overline{K} = 10\sqrt{\frac{w}{r}}$이다. 이때 단기총비용은 이 값을 식 (2)에 대입함으로써

$$STC = c_S = wL + r\overline{K} = w\frac{10^2}{10\sqrt{\frac{w}{r}}} + r\left(10\sqrt{\frac{w}{r}}\right) = 20\sqrt{w}\sqrt{r}$$

로 구해진다.

d. 식 (3)을 식 (2)에 대입하면

$$K\text{가 최적일 경우의 } c_S = c_L = wL + r\overline{K}$$
$$= w\frac{Q^2}{\overline{K}} + r\overline{K} = \frac{wQ^2}{\sqrt{\frac{w}{r}}Q} + r\sqrt{\frac{w}{r}}Q = 2\sqrt{w}\sqrt{r}\,Q$$

가 된다. 이 결과는 최적규모에서의 단기비용을 말한다. 또한 바로 그러한 의미에서 이 결과는 장기비용함수이다. 이로부터 일반적으로

$$STC \geq LTC$$

라는 것을 유추할 수 있나. 즉, 주이진 산출량을 생산하려 할 때 최적규모에서는 STC와 LTC가 일치하지만, 그 이외의 규모에서는 STC가 LTC보다 크다. 이로부터 LTC곡선은 STC곡선들의 포락선이 된다는 사실을 알 수 있다.

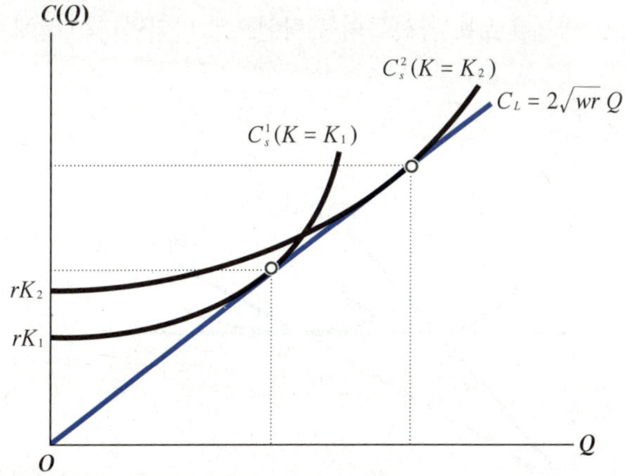

e. 생산함수로부터

$$MP_L = \frac{\partial Q}{\partial L} = \frac{\partial f(L, \overline{K})}{\partial L} = \frac{1}{2} L^{-\frac{1}{2}} \overline{K}^{\frac{1}{2}} \qquad (4)$$

이다. 단기비용함수인 식 (2)로부터 $SMC = \frac{2wQ}{\overline{K}}$를 얻는다. 그러므로

$$SMC = \frac{2wQ}{\overline{K}} = \frac{2w}{\overline{K}}(L^{\frac{1}{2}} \overline{K}^{\frac{1}{2}}) = w(2L^{\frac{1}{2}} \overline{K}^{-\frac{1}{2}}) = w\frac{1}{MP_L} \quad \text{(식 (4) 적용)}$$

이 성립한다. 이로부터 비용함수와 생산함수 사이에는 쌍대성이 있다는 것을 알 수 있다.

f. 앞에서

$$STC = \frac{w}{\overline{K}} Q^2 + r\overline{K}$$

$$SMC = \frac{2w}{\overline{K}} Q$$

$$LTC = 2\sqrt{wr}\, Q$$

로 구해졌다. 이로부터

$$SAC = \frac{w}{\overline{K}} Q + \frac{r\overline{K}}{Q}$$

$$LAC = LMC = 2\sqrt{wr}$$

을 얻는다.

한편 SAC가 최저가 되는 수량은

$$SAC' = \frac{w}{\overline{K}} - \frac{r\overline{K}}{Q^2} = 0$$

으로부터 $Q = \sqrt{\frac{r}{w}}\overline{K}$로 구해진다. 이러한 내용들을 바탕으로 그림을 그리면 다음과 같다. 특히 LAC곡선은 SAC곡선들의 포락선으로 나타난다는 점에 주목하자.

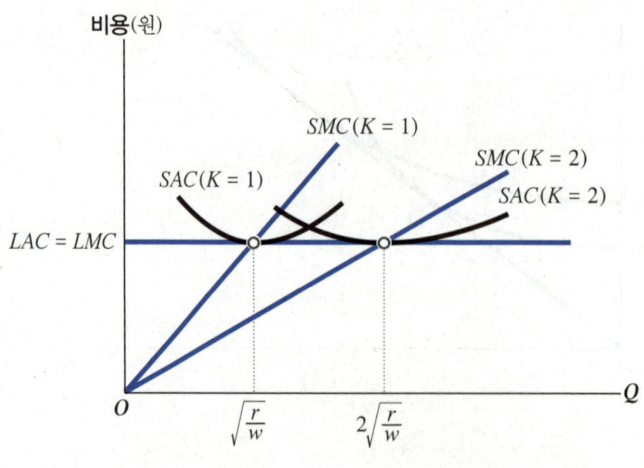

소비자이론과 생산자이론의 대응

소비자이론	생산자이론
지출극소화 $\min_{x,\,y}\ e = p_x x + p_y y$ s.t. $U(x, y) = U$ 내생변수 : x, y 외생변수 : p_x, p_y, U	장기비용극소화 $\min_{L,\,K}\ c_L = wL + rK$ s.t. $f(L, K) = Q$ 내생변수 : L, K 외생변수 : w, r, Q
보상수요함수 $x_c = h_x(p_x, p_y, U)$ $y_c = h_y(p_x, p_y, U)$ 보상수요곡선 지출함수 $E = E(p_x, p_y, U)$ 대응 용어 없음	조건부 장기생산요소수요함수 $L = L(w, r, Q)$ $K = K(w, r, Q)$ 대응 용어 없음 장기총비용함수 $C = C_L(w, r, Q)$ 장기총비용곡선
효용극대화	장기비용극소화(엄밀하게는 지출극소화에 대응)
예산선 $p_x x + p_y y = M$ 무차별곡선 : 서수적	등비용선 $C = wL + rK$ 등량곡선 : 기수적
효용함수 $U = U(x, y)$ 한계효용 MU_x, MU_y 한계대체율 MRS_{xy} 한계대체율 체감	생산함수 $Q = f(L, K)$ 한계생산물 MP_L, MP_K 기술적 한계대체율 $MRTS_{LK}$ 기술적 한계대체율 체감
소득소비곡선(효용극대화)	확장경로(장기비용극소화)
쌍대성 – 참고 (주어진 소득 하의 효용극대화와 주어진 효용 하의 지출극소화)	쌍대성 – 참고 (주어진 산출량 하의 비용극소화와 주어진 비용 하의 산출량극대화)

6.12 확장경로와 장기총비용함수 : 완전대체 생산함수

생산함수가 $Q = 2L + 3K$로서 생산요소 사이에 대체가 완전하다고 한다.

a. 임금률과 자본의 임대료율이 각각 1이라고 할 때 확장경로와 장기총비용함수를 구하시오.

b. 임금률은 변화가 없고 자본의 임대료율이 2로 상승했을 경우, 확장경로와 장기총비용함수를 구하시오.

c. 위와 같은 비용함수들의 특성을 말하시오.

KEY ▶ 완전대체 생산함수에 대해 비용함수를 구하는 문제이다. 이 경우 *CRTS*이다.

풀이

$Q = 2L + 3K$로 주어져 있다.

a. 일반적으로 말하자면

$$\underset{L,\,K}{Min}\; c = wL + rK$$
$$s.t. \quad Q = aL + bK$$

와 같은 선형계획법(linear programming) 문제를 푸는 것이다. 여기서는 경제원리를 적용하여 직관적으로 풀기로 하자.

먼저 생산함수를 관찰해 보자. K의 생산에 대한 기여도가 더 높다. 즉, 자본의 한계생산물이 3으로서 노동의 한계생산물인 2보다 크다. 그런데 생산요소의 가격은 모두 1로서 같다고 하였다. 그러므로 K만 사용한다. 수식적으로 본다면

$$MRTS_{LK} = -\frac{dK}{dL} = \frac{MP_L}{MP_K} = \frac{2}{3} < \frac{w}{r} = 1$$

이므로 K만 사용한다는 것이다. 즉, 노동의 상대적인 한계생산물이 기회비용인 노동의 상대가격보다 작기 때문에 K만 사용한다는 것이다. 그러므로 확장경로는 K축이다. K만 사용하므로 생산함수로부터

$$Q = 3K, \;\; K = \frac{1}{3}Q$$

가 성립한다. 즉, K만 사용할 경우 1단위의 산출량을 생산하려면 $\frac{1}{3}$만큼의 K가 필요하고, Q단위의 산출량을 생산하려면 $\frac{Q}{3}$만큼의 K가 필요하다. 즉, 조건부 장기생산요소 수요함수는 $L = 0, K = \frac{1}{3}Q$가 된다. 이것을 목적함수에 대입하면 장기총비용함수는

$$C_L(Q) = wL + rK = 1 \times 0 + 1 \times \frac{1}{3}Q = \frac{1}{3}Q$$

로 구해진다.

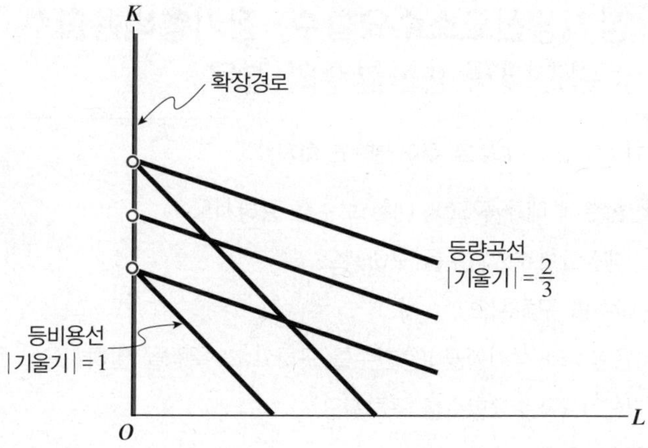

b. $w = 1,\ r = 2$이므로 $MRTS_{LK} = -\frac{dK}{dL} = \frac{MP_L}{MP_K} = \frac{2}{3} > \frac{w}{r} = \frac{1}{2}$이다. 노동의 상대적인 한계생산물이 기회비용인 노동의 상대가격보다 크기 때문에 L만 사용한다. 그러므로 확장경로는 L축이다. L만 사용하므로 생산함수로부터

$$Q = 2L,\ \text{즉}\ L = \frac{1}{2}Q$$

가 성립한다. 그러므로 장기총비용함수는

$$C_L(Q) = wL + rK = 1 \times L = \frac{1}{2}Q$$

가 된다.

c. $CRTS$이기 때문에 LTC가 원점을 출발하는 직선이 된다. 이 경우 LAC, LMC 모두 일정하다. 이때 LMC의 값이 가격이 되며 장기적인 이윤은 0이 된다. 산출량은 기술 이외의 조건에 의해 정해진다. 이에 대해서는 앞으로 배울 것이다.

6.13 조건부 장기생산요소수요함수, 장기총비용함수, 규모에 대한 보수 : 완전대체 생산함수의 경우

장기생산함수가 $Q = aL + bK$ 로 주어졌다고 하자.

a. 주어진 생산함수에 대해 규모에 대한 보수를 말하시오.

b. 조건부 장기생산요소수요함수를 구하시오.

c. 장기총비용함수를 구하시오.

d. 장기한계비용함수와 장기평균비용함수를 구하고 그 특징을 말하시오.

e. 조건부 단기생산요소수요함수를 구하시오.

f. 단기총비용함수를 구하시오.

KEY ▶ 완전대체 생산함수에 대한 비용함수를 구하는 문제이다. 이 경우 $CRTS$이다. 참고로 생산함수가 선형일 경우 비용함수는 min 형태의 함수가 되고 생산함수가 min 형태의 함수일 경우 비용함수는 선형이 된다.

풀이

a. $\lambda > 0$에 대해 $Q(\lambda L, \lambda K) = a\lambda L + b\lambda K = \lambda(aL + bK) = \lambda Q(L, K)$ 이다. 즉, 장기생산함수에서 L과 K를 각각 λ배 할 때 산출량이 λ배만큼 증가한다. 그러므로 규모에 대한 보수 일정($CRTS$)에 해당한다.

b. L과 K가 서로 대체되어 사용될 수 있다. 그러므로 상대적으로 비용이 적게 드는 생산요소만을 사용하여 생산할 것이다. 생산요소의 가격을 각각 w, r이라고 하자. 생산함수를 관찰해 볼 때 L만을 사용할 경우 산출량을 1단위 얻으려면 L이 $\frac{1}{a}$만큼 필요하므로 산출량을 Q단위 얻으려면 L이 $\frac{Q}{a}$만큼 필요하다. 이때 $w\frac{Q}{a}$만큼의 비용이 든다. 같은 논리로 K만을 사용할 경우 산출량을 1단위 얻으려면 K가 $\frac{1}{b}$만큼 필요하므로 산출량을 Q단위 얻으려면 K가 $\frac{Q}{b}$만큼 필요하다. 이때 $r\frac{Q}{b}$만큼의 비용이 든다.

그러므로 Q만큼 생산하려고 할 때 $w\frac{Q}{a}$가 $r\frac{Q}{b}$보다 작으면, 즉 $\frac{w}{r} < \frac{a}{b}$이면 L만 사용할 것이다. 반대로 $w\frac{Q}{a}$가 $r\frac{Q}{b}$보다 크면, 즉 $\frac{w}{r} > \frac{a}{b}$이면 K만 사용할 것이다. $w\frac{Q}{a}$가 $r\frac{Q}{b}$와 같으면, 즉 $\frac{w}{r} = \frac{a}{b}$이면 L과 K를 어떻게 조합해서 사용하더라도 비용이 극소화된다.

수식적으로 본다면

$$MRTS_{LK} = -\frac{dK}{dL} = \frac{MP_L}{MP_K} = \frac{a}{b}$$

인 상황에서

$MRTS_{LK} = \frac{a}{b} > \frac{w}{r}$이면 L만 사용할 때 비용이 극소화되고, $MRTS_{LK} = \frac{a}{b} < \frac{w}{r}$이면 K만 사용할 때 비용이 극소화되고, $MRTS_{LK} = \frac{a}{b} = \frac{w}{r}$이면 L과 K를 어떻게 조합해서 사용하더라도 비용이 극소화된다는 것이다.

앞서 보았듯이 L만 사용할 경우 Q단위의 산출량을 생산하려면 $\frac{Q}{a}$만큼의 L이 필요하다. 같은 논리로 K만 사용할 경우 Q단위의 산출량을 생산하려면 $\frac{Q}{b}$만큼의 K가 필요하다. 두 생산요소를 조합해서 사용할 경우 Q단위의 산출량을 생산하려면 Q만큼의 $aL + bK$가 필요하다.

이상의 내용을 정리하면 조건부 장기생산요소수요함수는

$$\frac{w}{r} < \frac{a}{b}\text{일 경우} : L(Q) = \frac{Q}{a},\ K = 0$$

$$\frac{w}{r} > \frac{a}{b}\text{일 경우} : K(Q) = \frac{Q}{b},\ L = 0$$

$$\frac{w}{r} = \frac{a}{b}\text{일 경우} : aL + bK = Q\text{를 만족시키는 모든 } (L, K),\ \text{즉}$$

$$L(Q) \in [0, \frac{Q}{a}],\ K(Q) = \frac{1}{b}(Q - aL(Q))$$

이 된다.

c. 장기총비용함수는

$$\min_{L, K}\ c = wL + rK$$
$$s.t.\quad Q = aL + bK$$

를 풀어서 구할 수 있다. 이 문제를 정식으로 풀려면 선형계획법을 적용해야 한다. 여기서는 직관적으로 풀기로 하자.

완전대체 생산함수일 경우 상대적으로 비용이 적게 드는 생산요소만 사용한다. 이 점과 함께 문항 b.에서 구한 조건부 장기생산요소수요함수를 사용하면 장기총비용함수는

$$C(w, r, Q) = \min[\frac{wQ}{a}, \frac{rQ}{b}] = \min[\frac{w}{a}, \frac{r}{b}]Q$$

로 구해진다.

다음과 같이 생각할 수도 있다. 즉, 장기총비용함수는 산출량을 Q단위 생산하려면 비용이 얼마나 드는가를 보여주어야 한다. 그런데 문항 b.에서 보았듯이 생산요소 L만 사용하게 될 경우에는 Q단위의 산출량을 생산하려면 $w\frac{Q}{a}$의 비용이 든다. K만을 사용하게 될 경우에는 Q단위의 산출량을 생산하려면 $r\frac{Q}{b}$의 비용이 든다. 그런데 기업은 이러한 $w\frac{Q}{a}$와 $r\frac{Q}{b}$ 중에서 적은 쪽에 해당하는 방법을 사용한다. 그러므로 L만을 사용하게 될 경우 장기총비용함수는 $c(Q) = w\frac{Q}{a}$가 되고, K만을 사용하게 될 경우 장기

총비용함수는 $c(Q) = r\frac{Q}{b}$가 된다. $w\frac{Q}{a}$와 $r\frac{Q}{b}$가 같을 경우에는 두 생산요소를 어떻게 조합해서 사용해도 비용이 똑같이 $w\frac{Q}{a} = r\frac{Q}{b}$만큼 든다. 이러한 내용을 종합할 때 장기 총비용함수는

$$C(w, r, Q) = min[\frac{wQ}{a}, \frac{rQ}{b}] = min[\frac{w}{a}, \frac{r}{b}]Q$$

로 쓸 수 있다. 그림에서 $C(1)$은 생산물 1단위를 생산할 때 드는 비용, 즉 단위비용을 말한다.

그림에 있는 곡선들은 $\frac{w}{a} > \frac{r}{b}$일 경우, $\frac{w}{a} < \frac{r}{b}$일 경우, 그리고 $\frac{w}{a} = \frac{r}{b}$일 경우 등 어느 경우든지 같은 모양으로 그려진다. 즉, 특성은 그대로 유지된다. 다만 $C(1)$의 크기가 달라질 뿐이다.

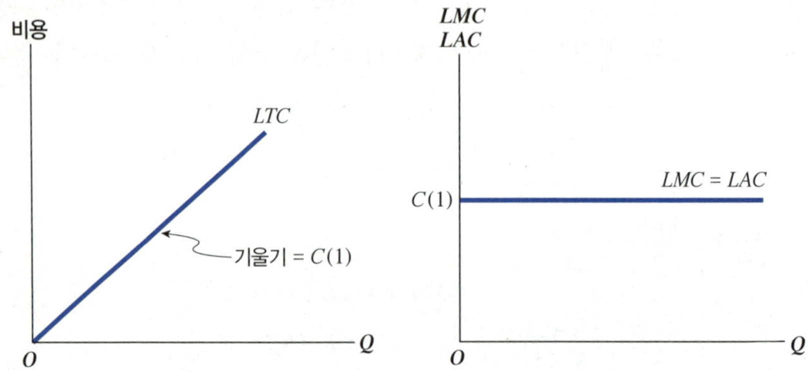

장기총비용곡선　　　장기한계비용곡선과 장기평균비용곡선

d. 장기총비용함수로부터 $LMC = LAC = min[\frac{w}{a}, \frac{r}{b}]$(일정)을 얻는다. 이처럼 LMC와 LAC가 같고 그 값이 일정해지는 이유는 $CRTS$이기 때문이다.

e. $Q \leq b\overline{K}$일 경우에는 L이 필요하지 않다. $Q > b\overline{K}$일 경우에는 조건부 단기생산요소수요함수는 $L = \frac{Q - b\overline{K}}{a}$가 된다. 그러므로 조건부 단기생산요소수요함수는

$$Q \leq b\overline{K} \text{일 경우 } L = 0$$

$$Q > b\overline{K} \text{일 경우 } L = \frac{Q - b\overline{K}}{a}$$

이다.

f. 단기총비용함수를 구하는 것은

$$\min_{L} \; c_S = wL + r\overline{K}$$
$$s.t. \quad aL + b\overline{K} = Q$$

와 같은 극소화 문제를 푸는 것이다. 단기총비용함수는 앞서 구한 조건부 단기생산요

소수요함수를 적용하여

$$Q \le b\overline{K} \text{일 경우 } c_S = wL + r\overline{K} = w \times 0 + r\overline{K} = r\overline{K} = C_S(r, \overline{K})$$

$$Q > b\overline{K} \text{일 경우 } c_S = wL + r\overline{K} = w\frac{Q - b\overline{K}}{a} + r\overline{K}$$

$$= \frac{w}{a}Q + \frac{ar - bw}{a}\overline{K} = C_S(w, r, \overline{K}, Q)$$

로 구해진다.

6.14 조건부 장기생산요소수요함수, 장기총비용함수, 규모에 대한 보수 : 완전대체 생산함수의 경우

장기생산함수가 $Q = \sqrt{aL + bK}$ 로 주어졌다고 하자.

a. 주어진 생산함수에 대해 규모에 대한 보수를 말하시오.

b. 조건부 장기생산요소수요함수를 구하시오.

c. 장기총비용함수를 구하시오.

d. 장기한계비용함수와 장기평균비용함수를 구하고 그 특징을 말하시오.

e. 조건부 단기생산요소수요함수를 구하시오.

f. 단기총비용함수를 구하시오.

KEY ▶ 완전대체 생산함수에 대한 비용함수를 구하는 문제이다. 이 경우 *DRTS*이다. 참고로 생산함수가 선형일 경우 비용함수는 *min* 형태의 함수가 되고 생산함수가 *min* 형태의 함수일 경우 비용함수는 선형이 된다.

풀이

a. $\lambda > 1$에 대해

$$Q(\lambda L, \lambda K) = \sqrt{a\lambda L + b\lambda K} = \sqrt{\lambda(aL + bK)}$$

$$= \sqrt{\lambda}\sqrt{aL + bK} = \sqrt{\lambda}\, Q(L, K) < \lambda Q(L, K)$$

이다. 즉, 장기생산함수에서 L과 K를 각각 λ배 할 때 산출량이 λ배보다 적게 증가한다. 그러므로 규모에 대한 보수 감소(*DRTS*)에 해당한다.

b. L과 K가 서로 대체되어 사용될 수 있다. 그러므로 상대적으로 비용이 적게 드는 생산요소만을 사용하여 생산할 것이다. 생산요소의 가격을 각각 w, r이라고 하자. 생산함수를 관찰해 볼 때 L만을 사용할 경우 산출량을 Q단위 얻으려면 L이 $\frac{1}{a}Q^2$만큼 필요하다. 이때 $\frac{w}{a}Q^2$만큼의 비용이 든다. 같은 논리로 K만을 사용할 경우 산출량을 Q단위

얻으려면 K가 $\frac{1}{b}Q^2$만큼 필요하다. 이때 $\frac{r}{b}Q^2$만큼의 비용이 든다.

그러므로 Q만큼 생산하려고 할 때 $\frac{w}{a}Q^2$이 $\frac{r}{b}Q^2$보다 작으면, 즉 $\frac{w}{r} < \frac{a}{b}$이면 L만 사용할 것이다. 반대로 $\frac{w}{a}Q^2$이 $\frac{r}{b}Q^2$보다 크면, 즉 $\frac{w}{r} > \frac{a}{b}$이면 K만 사용할 것이다. $\frac{w}{a}Q^2$이 $\frac{r}{b}Q^2$과 같으면, 즉 $\frac{w}{r} = \frac{a}{b}$이면 L과 K를 어떻게 조합해서 사용하더라도 비용이 극소화된다.

수식적으로 본다면

$$MRTS_{LK} = -\frac{dK}{dL} = \frac{MP_L}{MP_K} = \frac{\frac{1}{2}a\sqrt{aL+bK}^{-\frac{1}{2}}}{\frac{1}{2}b\sqrt{aL+bK}^{-\frac{1}{2}}} = \frac{a}{b}$$

인 상황에서 $MRTS_{LK} = \frac{a}{b} > \frac{w}{r}$이면 L만 사용할 때, $MRTS_{LK} = \frac{a}{b} < \frac{w}{r}$이면 K만 사용할 때, 그리고 $MRTS_{LK} = \frac{a}{b} = \frac{w}{r}$이면 L과 K를 어떻게 조합해서 사용하더라도 비용이 극소화된다는 것이다.

앞서 보았듯이 L만 사용할 경우 Q단위의 산출량을 생산하려면 $\frac{1}{a}Q^2$만큼의 L이 필요하다. 같은 논리로 K만 사용할 경우 Q단위의 산출량을 생산하려면 $\frac{1}{b}Q^2$만큼의 K가 필요하다. 두 생산요소를 조합해서 사용할 경우 Q단위의 산출량을 생산하려면 Q^2만큼의 $aL+bK$가 필요하다.

이상의 내용을 정리하면 조건부 장기생산요소수요함수는

$$\frac{w}{r} < \frac{a}{b}\text{일 경우} : L(Q) = \frac{1}{a}Q^2,\ K = 0$$
$$\frac{w}{r} > \frac{a}{b}\text{일 경우} : K(Q) = \frac{1}{b}Q^2,\ L = 0$$
$$\frac{w}{r} = \frac{a}{b}\text{일 경우} : aL+bK = Q^2\text{를 만족시키는 모든 } (L, K),\ \text{즉}$$
$$L(Q) \in [0, \frac{1}{a}Q^2],\ K(Q) = \frac{1}{b}(Q^2 - aL(Q))$$

가 된다.

c. 장기총비용함수는

$$\underset{L,\,K}{Min}\ c = wL + rK$$
$$s.t.\quad Q = \sqrt{aL+bK}$$

를 풀어서 구할 수 있다. 그런데 생산함수의 특성으로 보아 미분을 통해 이 문제를 풀 수 없다. 그러므로 직관을 통해 문제를 해결하기로 하자.

완전대체 생산함수일 경우 상대적으로 비용이 적게 드는 생산요소만 사용한다. 이 점과 함께 문항 b.에서 구한 조건부 장기생산요소수요함수를 사용하면 장기총비용함수는

$$C(w, r, Q) = min[\frac{w}{a}Q^2, \frac{r}{b}Q^2] = min[\frac{w}{a}, \frac{r}{b}]Q^2$$

로 구해진다.

다음과 같이 생각할 수도 있다. 즉, 장기총비용함수는 산출량을 Q단위 생산하려면 비용이 얼마나 드는가를 보여주어야 한다. 그런데 문항 b.에서 보았듯이 L만 사용할 경우에는 Q단위의 산출량을 생산하려면 $\frac{w}{a}Q^2$의 비용이 든다. K만을 사용하게 될 경우에는 Q단위의 산출량을 생산하려면 $\frac{r}{b}Q^2$의 비용이 든다. 그런데 기업은 이러한 $\frac{w}{a}Q^2$와 $\frac{r}{b}Q^2$ 중에서 적은 쪽에 해당하는 방법을 사용한다. 그러므로 L만을 사용하게 될 경우 장기총비용함수는 $C(Q) = \frac{w}{a}Q^2$이 되고, K만을 사용하게 될 경우 장기총비용함수는 $C(Q) = \frac{r}{b}Q^2$이 된다. $\frac{w}{a}Q^2$과 $\frac{r}{b}Q^2$이 같을 경우에는 두 생산요소를 어떻게 조합해서 사용해도 비용이 똑같이 $\frac{w}{a}Q^2 = \frac{r}{b}Q^2$만큼 든다. 이러한 내용을 종합할 때 장기총비용함수는

$$C(w, r, Q) = min[\frac{w}{a}Q^2, \frac{r}{b}Q^2] = min[\frac{w}{a}, \frac{r}{b}]Q^2$$

으로 쓸 수 있다.

d. 비용함수로부터

$$LMC = \frac{dC}{dQ} = 2\,min[\frac{w}{a}, \frac{r}{b}]Q$$

$$LAC = \frac{C}{Q} = min[\frac{w}{a}, \frac{r}{b}]Q$$

이다.

그림에 있는 곡선들은 $\frac{w}{a} > \frac{r}{b}$일 경우, $\frac{w}{a} < \frac{r}{b}$일 경우, 그리고 $\frac{w}{a} = \frac{r}{b}$일 경우 등 어느 경우든지 같은 모양으로 그려진다. 즉, 특성은 그대로 유지된다. 다만 기울기가 달라질 뿐이다.

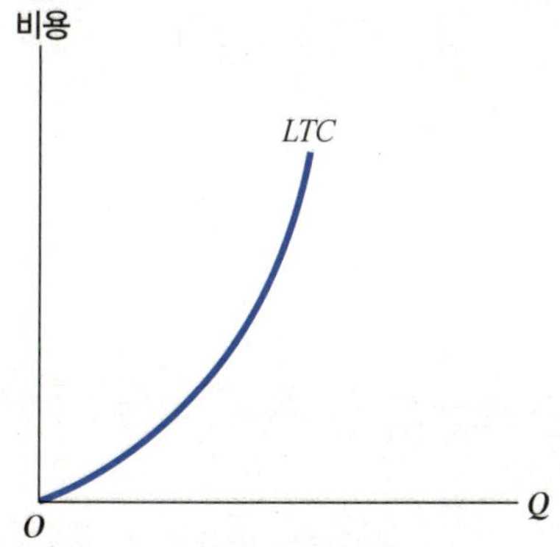

장기총비용곡선

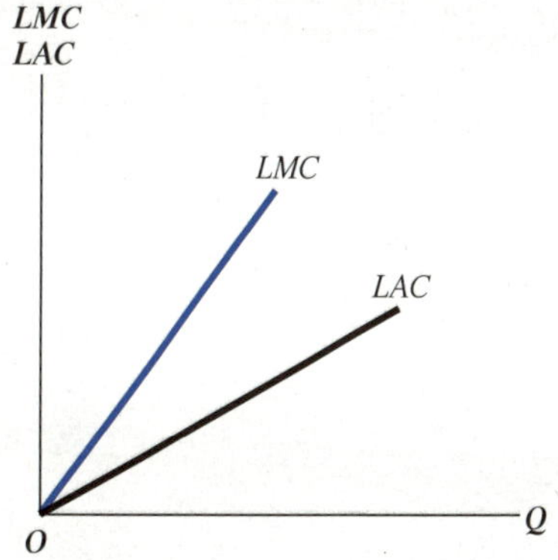

장기한계비용곡선과 장기평균비용곡선

이로부터

$$\frac{dLMC}{dQ} = 2\,min[\frac{w}{a}, \frac{r}{b}] > 0$$
$$\frac{dLAC}{dQ} = min[\frac{w}{a}, \frac{r}{b}] > 0$$

을 얻는다. 즉, 산출량이 증가할 때 장기한계비용과 장기평균비용이 모두 증가한다. 이렇게 되는 이유는 생산함수가 규모에 대한 보수 감소(*DRTS*)에 해당하기 때문이다.

e. $Q \leq \sqrt{(b\overline{K})}$일 경우에는 L이 필요하지 않다. $Q > \sqrt{(b\overline{K})}$일 경우에는 조건부 단기생산요소수요는 $L = \frac{Q^2 - b\overline{K}}{a}$가 된다. 그러므로 조건부 단기생산요소수요함수는

$$Q \leq \sqrt{(b\overline{K})} \text{일 경우 } L = 0$$
$$Q > \sqrt{(b\overline{K})} \text{일 경우 } L = \frac{Q^2 - b\overline{K}}{a}$$

이다.

f. 단기총비용함수를 구하는 것은

$$\underset{L}{Min}\ c_S = wL + r\overline{K}$$
$$s.t.\ \ \sqrt{aL + b\overline{K}} = Q$$

와 같은 극소화 문제를 푸는 것이다. 단기총비용함수는 앞서 구한 조건부 단기생산요소수요함수를 적용하여

$$Q \leq \sqrt{(b\overline{K})} \text{일 경우 } c_S = wL + r\overline{K} = w \times 0 + r\overline{K} = r\overline{K} = C_S(r, \overline{K})$$

$$Q > \sqrt{(b\overline{K})} \text{일 경우}$$

$$c_S = wL + r\overline{K} = w\frac{Q^2 - b\overline{K}}{a} + r\overline{K} = \frac{w}{a}Q^2 + \frac{ar - bw}{a}\overline{K} = C_S(w, r, \overline{K}, Q)$$

로 구해진다.

6.15 조건부 장기생산요소수요함수, 장기총비용함수, 규모에 대한 보수 : 완전대체 생산함수의 경우

장기생산함수가 $Q = (aL + bK)^2$으로 주어졌다고 하자.

a. 주어진 생산함수에 대해 규모에 대한 보수를 말하시오.

b. 조건부 장기생산요소수요함수를 구하시오.

c. 장기총비용함수를 구하시오.

d. 장기한계비용함수와 장기평균비용함수를 구하고 그 특징을 말하시오.

e. 조건부 단기생산요소수요함수를 구하시오.

f. 단기총비용함수를 구하시오.

KEY ▶ 완전대체 생산함수에 대한 비용함수를 구하는 문제이다. 이 경우 *IRTS*이다. 참고로 생산함수가 선형일 경우 비용함수는 *min* 형태의 함수가 되고 생산함수가 *min* 형태의 함수일 경우 비용함수는 선형이 된다.

풀이

a. $\lambda > 1$에 대해

$$Q(\lambda L, \lambda K) = (a\lambda L + b\lambda K)^2 = [\lambda(aL + bK)]^2$$
$$= \lambda^2(aL + bK)^2 = \lambda^2 Q(L, K) > \lambda Q(L, K)$$

이다. 즉, 장기생산함수에서 L과 K를 각각 λ배 할 때 산출량이 λ배보다 많이 증가한다. 그러므로 규모에 대한 보수 증가(*IRTS*)에 해당한다.

b. L과 K가 서로 대체되어 사용될 수 있다. 그러므로 상대적으로 비용이 적게 드는 생산요소만을 사용하여 생산할 것이다. 생산요소의 가격을 각각 w, r이라고 하자. 생산함수를 관찰해 볼 때 L만을 사용할 경우 산출량을 Q단위 얻으려면 L이 $\frac{1}{a}\sqrt{Q}$만큼 필요하다. 이때 $\frac{w}{a}\sqrt{Q}$만큼의 비용이 든다. 같은 논리로 K만을 사용할 경우 산출량을 Q단위 얻으려면 K가 $\frac{1}{b}\sqrt{Q}$만큼 필요하다. 이때 $\frac{r}{b}\sqrt{Q}$만큼의 비용이 든다.

그러므로 Q만큼 생산하려고 할 때 $\frac{w}{a}\sqrt{Q}$이 $\frac{r}{b}\sqrt{Q}$보다 작으면, 즉 $\frac{w}{r} < \frac{a}{b}$이면 L만 사용할 것이다. 반대로 $\frac{w}{a}\sqrt{Q}$이 $\frac{r}{b}\sqrt{Q}$보다 크면, 즉 $\frac{w}{r} > \frac{a}{b}$이면 K만 사용할 것이다. $\frac{w}{a}\sqrt{Q}$가 $\frac{r}{b}\sqrt{Q}$와 같으면, 즉 $\frac{w}{r} = \frac{a}{b}$이면 L과 K를 어떻게 조합해서 사용하더라도 비용이 극소화된다.

수식적으로 본다면

$$MRTS_{LK} = -\frac{dK}{dL} = \frac{MP_L}{MP_K} = \frac{2a(aL+bK)}{2b(aL+bK)} = \frac{a}{b}$$

인 상황에서 $MRTS_{LK} = \frac{a}{b} > \frac{w}{r}$이면 L만 사용할 때, $MRTS_{LK} = \frac{a}{b} < \frac{w}{r}$이면 K만 사용할 때, 그리고 $MRTS_{LK} = \frac{a}{b} = \frac{w}{r}$이면 L과 K를 어떻게 조합해서 사용하더라도 비용이 극소화된다는 것이다.

앞서 보았듯이 L만 사용할 경우 Q단위의 산출량을 생산하려면 $\frac{1}{a}\sqrt{Q}$만큼의 L이 필요하다. 같은 논리로 K만 사용할 경우 Q단위의 산출량을 생산하려면 $\frac{1}{b}\sqrt{Q}$만큼의 K가 필요하다. 두 생산요소를 조합해서 사용할 경우 Q단위의 산출량을 생산하려면 $\sqrt{Q}$만큼의 $aL+bK$가 필요하다.

이상의 내용을 정리하면 조건부 장기생산요소수요함수는

$$\frac{w}{r} < \frac{a}{b}\text{일 경우}: L(Q) = \frac{1}{a}\sqrt{Q},\ K = 0$$

$$\frac{w}{r} > \frac{a}{b}\text{일 경우}: K(Q) = \frac{1}{b}\sqrt{Q},\ L = 0$$

$$\frac{w}{r} = \frac{a}{b}\text{일 경우}: (aL+bK) = \sqrt{Q}\text{를 만족시키는 모든 }(L, K)\text{, 즉}$$

$$L(Q) \in [0, \frac{1}{a}\sqrt{Q}],\ K(Q) = \frac{1}{b}(\sqrt{Q} - aL(Q))$$

가 된다.

c. 장기총비용함수는

$$\underset{L,\,K}{Min}\ c = wL + rK$$

$$s.t.\quad Q = (aL+bK)^2$$

을 풀어서 구할 수 있다. 그런데 생산함수의 특성으로 보아 미분을 통해 이 문제를 풀 수 없다. 그러므로 직관을 통해 문제를 해결하기로 하자.

완전대체 생산함수일 경우 상대적으로 비용이 적게 드는 생산요소만 사용한다. 이 점과 함께 문항 b.에서 구한 조건부 장기생산요소수요함수를 사용하면 장기총비용함수는

$$C(w, r, Q) = min[\frac{w}{a}\sqrt{Q}, \frac{r}{b}\sqrt{Q}] = min[\frac{w}{a}, \frac{r}{b}]\sqrt{Q}$$

로 구해진다.

다음과 같이 생각할 수도 있다. 즉, 장기총비용함수는 산출량을 Q단위 생산하려면 비용이 얼마나 드는가를 보여주어야 한다. 그런데 문항 b.에서 보았듯이 L만 사용할 경우에는 Q단위의 산출량을 생산하려면 $\frac{w}{a}\sqrt{Q}$의 비용이 든다. K만을 사용하게 될 경

우에는 Q단위의 산출량을 생산하려면 $\frac{r}{b}\sqrt{Q}$의 비용이 든다. 그런데 기업은 이러한 $\frac{w}{a}\sqrt{Q}$와 $\frac{r}{b}\sqrt{Q}$ 중에서 적은 쪽에 해당하는 방법을 사용한다. 그러므로 L만을 사용하게 될 경우 장기총비용함수는 $C(Q)=\frac{w}{a}\sqrt{Q}$가 되고, K만을 사용하게 될 경우 장기총비용함수는 $C(Q)=\frac{r}{b}\sqrt{Q}$가 된다. $\frac{w}{a}\sqrt{Q}$와 $\frac{r}{b}\sqrt{Q}$가 같을 경우에는 두 생산요소를 어떻게 조합해서 사용해도 비용이 똑같이 $\frac{w}{a}\sqrt{Q}=\frac{r}{b}\sqrt{Q}$만큼 든다. 이러한 내용을 종합할 때 장기총비용함수는

$$C(w,r,Q)=min[\frac{w}{a}\sqrt{Q},\frac{r}{b}\sqrt{Q}]=min[\frac{w}{a},\frac{r}{b}]\sqrt{Q}$$

로 쓸 수 있다.

d. 비용함수로부터

$$LMC=\frac{dC}{dQ}=\frac{1}{2}min[\frac{w}{a},\frac{r}{b}]Q^{-\frac{1}{2}}$$
$$LAC=\frac{C}{Q}=min[\frac{w}{a},\frac{r}{b}]Q^{-\frac{1}{2}}$$

이다.

그림에 있는 곡선들은 $\frac{w}{a}>\frac{r}{b}$일 경우, $\frac{w}{a}<\frac{r}{b}$일 경우, 그리고 $\frac{w}{a}=\frac{r}{b}$일 경우 등 어느 경우든지 같은 모양으로 그려진다. 즉, 특성은 그대로 유지된다. 다만 곡률이 달라질 뿐이다.

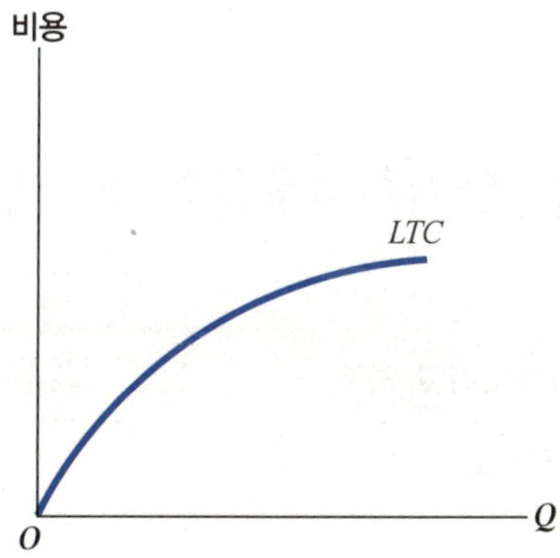

장기총비용곡선

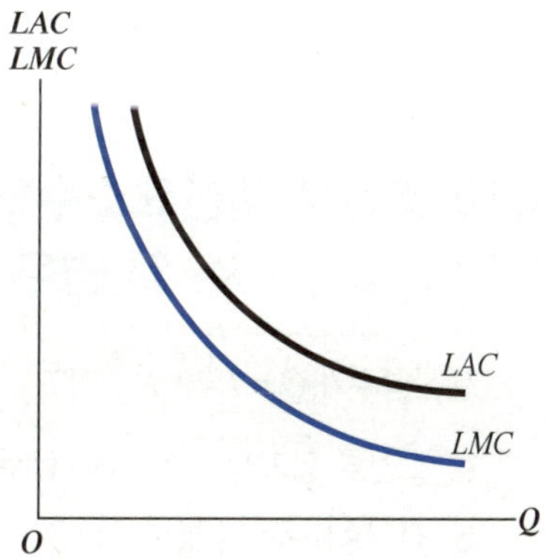

장기한계비용곡선과 장기평균비용곡선

이로부터

$$\frac{dLMC}{dQ}=-\frac{1}{4}(min[\frac{w}{a},\frac{r}{b}])^{-\frac{3}{2}}<0$$
$$\frac{dLAC}{dQ}=-\frac{1}{2}(min[\frac{w}{a},\frac{r}{b}])^{-\frac{3}{2}}<0$$

을 얻는다. 즉, 산출량이 증가할 때 장기한계비용과 장기평균비용이 모두 감소한다.

이렇게 되는 이유는 생산함수가 규모에 대한 보수 증가(*IRTS*)에 해당하기 때문이다.

e. $Q \le (b\overline{K})^2$일 경우에는 L이 필요하지 않다. $Q > (b\overline{K})^2$일 경우에는 조건부 단기생산요소수요는 $L = \frac{\sqrt{Q} - b\overline{K}}{a}$가 된다. 그러므로 조건부 단기생산요소수요함수는

$$Q \le (b\overline{K})^2 \text{일 경우 } L = 0$$
$$Q > (b\overline{K})^2 \text{일 경우 } L = \frac{\sqrt{Q} - b\overline{K}}{a}$$

이다.

f. 단기총비용함수를 구하는 것은

$$\underset{L}{Min}\ c_S = wL + r\overline{K}$$
$$s.t.\quad (aL + b\overline{K})^2 = Q$$

와 같은 극소화 문제를 푸는 것이다. 단기총비용함수는 앞서 구한 조건부 단기생산요소수요함수를 적용하여

$$Q \le (b\overline{K})^2 \text{일 경우 } c_S = wL + r\overline{K} = w \times 0 + r\overline{K} = r\overline{K} = C_S(r, \overline{K})$$

$$Q > (b\overline{K})^2 \text{일 경우}$$

$$c_S = wL + r\overline{K} = w\frac{\sqrt{Q} - b\overline{K}}{a} + r\overline{K} = \frac{w}{a}\sqrt{Q} + \frac{ar - bw}{a}\overline{K} = C_S(w, r, \overline{K}, Q)$$

로 구해진다.

6.16 조건부 생산요소수요함수, 단기총비용함수, 장기총비용함수 : $Q = L^{\frac{1}{2}} + K^{\frac{1}{2}}$일 경우

생산함수가 $Q = L^{\frac{1}{2}} + K^{\frac{1}{2}}$이고 $w = 1$, $r = 2$라고 하자.

a. 조건부 장기생산요소수요함수를 구하시오.

b. 장기총비용함수를 구하시오.

K가 $\overline{K}$로 고정되어 있다고 하자.

c. 조건부 단기생산요소수요함수를 구하시오.

d. 단기총비용함수를 구하시오.

e. 단기총비용을 최소로 만들어주는 K의 규모를 구하시오. 이 값을 단기총비용함수에 대입한 결과를 구하고 해석하시오.

KEY ▶ 주어진 산출량을 생산하려 할 때 최적규모에서의 단기비용은 장기비용과 같다.

풀이

a. 조건부 장기생산요소수요함수는

$$\underset{L,K}{Min}\ c_L = wL + rK$$
$$s.t.\quad L^{\frac{1}{2}} + K^{\frac{1}{2}} = Q$$

와 같은 비용극소화 문제를 풀어서 구할 수 있다. 제약식이 있는 극소화 문제이므로 라그랑지함수를 이용하자. 이 문제에 대한 라그랑지함수는

$$Z = wL + rK + \lambda(Q - (L^{\frac{1}{2}} + K^{\frac{1}{2}}))$$

이 된다. 극소화의 일차필요조건은

$$\frac{\partial Z}{\partial L} = w - \lambda\left(\frac{1}{2}\right)L^{-\frac{1}{2}} = 0 \qquad (1)$$

$$\frac{\partial Z}{\partial K} = r - \lambda\left(\frac{1}{2}\right)K^{-\frac{1}{2}} = 0 \qquad (2)$$

$$\frac{\partial Z}{\partial \lambda} = Q - (L^{\frac{1}{2}} + K^{\frac{1}{2}}) = 0 \qquad (3)$$

이다. 식 (1)과 식 (2)를 정리한 다음 대응되는 변끼리 나누어주면

$$\frac{w}{r} = \frac{\lambda\left(\frac{1}{2}\right)L^{-\frac{1}{2}}}{\lambda\left(\frac{1}{2}\right)K^{-\frac{1}{2}}} \qquad (4)$$

을 얻는다. 식 (4)의 우변은 $\frac{MP_L}{MP_K}$로서 $MRTS_{LK}$이다. 그러므로 식 (4)는 비용극소화 조건이다. 이것을 정리하면

$$\frac{w^2}{r^2} = \frac{K}{L} \qquad (5)$$

가 된다. 이로부터 $K = \frac{w^2}{r^2}L$ (6)이 된다. 식 (6)을 식 (3)에 대입하면

$$Q = \left(1 + \frac{w}{r}\right)L^{\frac{1}{2}} = \frac{w+r}{r}L^{\frac{1}{2}}$$

이 된다. 이로부터

$$L = \frac{r^2}{(w+r)^2}Q^2 \qquad (7)$$

을 얻는다. 식 (7)을 식 (6)에 대입하면

$$K = \frac{w^2}{r^2}\frac{r^2}{(w+r)^2}Q^2 = \frac{w^2}{(w+r)^2}Q^2 \qquad (8)$$

을 얻는다. 식 (7)과 식 (8)이 각각 조건부 장기생산요소수요함수로서 산출량 Q와 생

산요소가격 w, r의 함수이다.

b. 장기총비용함수는 식 (7)과 식 (8)을 목적함수에 대입함으로써

$$c_L = wL + rK = w\frac{r^2}{(w+r)^2}Q^2 + r\frac{w^2}{(w+r)^2}Q^2 = \frac{wr}{w+r}Q^2 = C_L(w, r, Q) \tag{9}$$

로 구해진다. 함수 C_L이 장기총비용함수이다. 장기총비용함수는 w, r, Q의 함수이다.

c. 생산함수를 관찰해 볼 때 $Q \le \overline{K}^{\frac{1}{2}}$일 경우에는 L이 필요하지 않다. $Q > \overline{K}^{\frac{1}{2}}$일 경우 조건부 단기생산요소수요함수는 단기생산함수인

$$L^{\frac{1}{2}} + \overline{K}^{\frac{1}{2}} = Q$$

로부터 $L = (Q - \overline{K}^{\frac{1}{2}})^2$ (10)으로 구해진다. 이것이 L의 조건부 단기생산요소수요함수이다.

그러므로 조건부 단기생산요소수요함수는

$$Q \le \overline{K}^{\frac{1}{2}}\text{일 경우 } L = 0$$
$$Q > \overline{K}^{\frac{1}{2}}\text{일 경우 } L = (Q - \overline{K}^{\frac{1}{2}})^2$$

이다.

d. 단기총비용함수를 구하는 것은

$$\underset{L}{Min}\ c_S = wL + r\overline{K}$$
$$s.t.\ \ L^{\frac{1}{2}} + \overline{K}^{\frac{1}{2}} = Q$$

와 같은 극소화 문제를 푸는 것이다. 단기총비용함수는 앞서 구한 조건부 단기생산요소수요함수를 목적함수에 대입하면

$$Q \le \overline{K}^{\frac{1}{2}}\text{일 경우 } c_S = wL + r\overline{K} = w \times 0 + r\overline{K} = r\overline{K} = C_S(r, \overline{K})$$
$$Q > \overline{K}^{\frac{1}{2}}\text{일 경우 } c_S = wL + r\overline{K} = w(Q - \overline{K}^{\frac{1}{2}})^2 + r\overline{K} = C_S(w, r, \overline{K}, Q) \tag{11}$$

로 구해진다. 함수 C_S가 단기총비용함수이다.

e. 단기총비용 식 (11)이 극소화되기 위해서는 $\overline{K}$의 값이

$$\frac{\partial C_S}{\partial \overline{K}} = 2w(Q - \overline{K}^{\frac{1}{2}})(-\frac{1}{2}\overline{K}^{-\frac{1}{2}}) + r = 0$$

을 만족시켜야 한다. 이로부터 $\overline{K} = (\frac{wQ}{w+r})^2$을 얻는다. 이것을 식 (11)에 대입한 후 정리하면

$C_S = C_L = \dfrac{wrQ^2}{w+r}$을 얻는다. 즉, 최적규모에서의 단기비용은 장기비용과 같다. 이로부터 $STC \geq LTC$라는 것을 유추할 수 있다. 즉, 주어진 산출량을 생산하려할 때 최적규모에서는 STC가 LTC와 일치하지만 주어진 규모가 주어진 산출량을 생산하기 위한 최적규모가 아닐 경우에는 STC가 LTC보다 크다.

6.17 조건부 장기생산요소수요함수, 장기총비용함수, 규모에 대한 보수 : 레온티에프 생산함수의 경우

장기생산함수가 $Q = min[aL, bK]$로 주어졌다고 하자.

a. 주어진 생산함수에 대해 규모에 대한 보수를 말하시오.

b. 조건부 장기생산요소수요함수를 구하시오.

c. 장기총비용함수를 구하시오.

d. 장기평균비용함수와 장기한계비용함수를 구하고 그 특징을 말하시오.

e. 조건부 단기생산요소수요함수를 구하시오.

f. 단기총비용함수를 구하시오.

KEY ▶ 레온티에프 생산함수에 대한 비용함수를 구하는 문제이다. 이 경우 $CRTS$이다. 참고로 생산함수가 선형일 경우 비용함수는 min 형태의 함수가 되고 생산함수가 min 형태의 함수일 경우 비용함수는 선형이 된다.

풀이

a. $\lambda > 0$에 대해 $Q(\lambda L, \lambda K) = min[a\lambda L, b\lambda K] = \lambda\, min[aL, bK] = \lambda Q(L, K)$

이다. 즉, 장기생산함수에서 L과 K를 각각 λ배 할 때 산출량이 λ배만큼 증가한다. 그러므로 규모에 대한 보수 일정($CRTS$)에 해당한다.

b. 조건부 장기생산요소수요함수를 구하려면

$$\underset{L,\,K}{Min}\ c = wL + rK$$
$$s.t.\quad Q = min[aL, bK]$$

를 풀어야 한다. 그런데 생산함수의 특성으로 보아 미분을 통해 이 문제를 풀 수 없다. 그러므로 직관을 통해 문제를 해결하기로 하자.

비용함수는 주어진 산출량을 생산하는 데 드는 최소비용과 그 산출량 사이의 관계를 말한다. 한편 생산자는 자원을 낭비하지 않을 것이다. 생산함수에서 볼 때 자원을 낭비하지 않는 방법은 $Q = aL = bK$가 성립하도록 자원을 사용하는 것이다. 나아가서 생산함수의 특성상 어느 하나의 생산요소만을 사용하면 산출량이 0이 된다. 종합적으로 볼 때 두 생산요소를 항상 일정한 비율로 함께 사용해야 한다. 그런데 생산함수에서 볼 때 산출량을 Q단위 얻으려면 L을 $\frac{1}{a}Q$단위 투입해야 한다. 즉, $L(Q) = \frac{1}{a}Q$가 성립한다. 같은 논리로 $K(Q) = \frac{1}{b}Q$가 성립한다. 이것이 각각 조건부 장기생산요소수요함수이다.

이것은 다음과 같이 생각할 수도 있다. 생산함수를 관찰해 보면 L의 투입량과 Q 사이에는 $Q = aL$의 관계가 성립한다. K의 투입량과 Q 사이에는 $Q = bK$의 관계가 성립한다. 이들로부터 조건부 장기생산요소수요함수인 $L(Q) = \frac{1}{a}Q$, $K(Q) = \frac{1}{b}Q$를 얻는다.

c. 생산요소의 가격이 각각 w, r일 경우 장기총비용함수는 조건부 장기생산요소수요함수를 목적함수에 대입함으로써

$$c = wL(Q) + rK(Q) = w\frac{1}{a}Q + r\frac{1}{b}Q = \left(\frac{w}{a} + \frac{r}{b}\right)Q$$

로 구해진다. 즉, 장기총비용함수는

$$C(w, r, Q) = \left(\frac{w}{a} + \frac{r}{b}\right)Q$$

로 구해진다. 그림에서 $C(1)$은 생산물을 1단위 생산할 때 드는 비용, 즉 단위비용을 말한다.

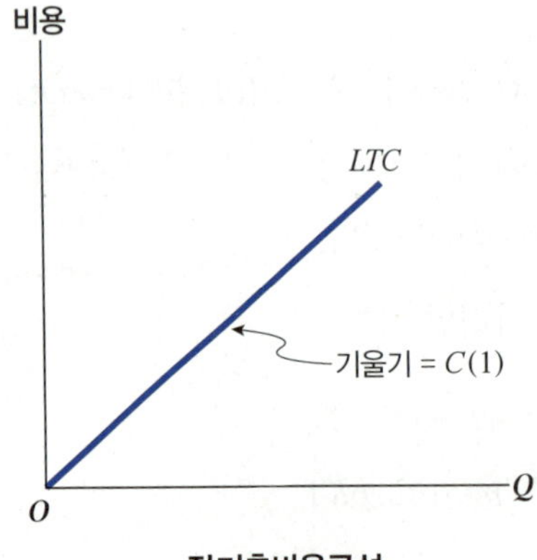

장기총비용곡선

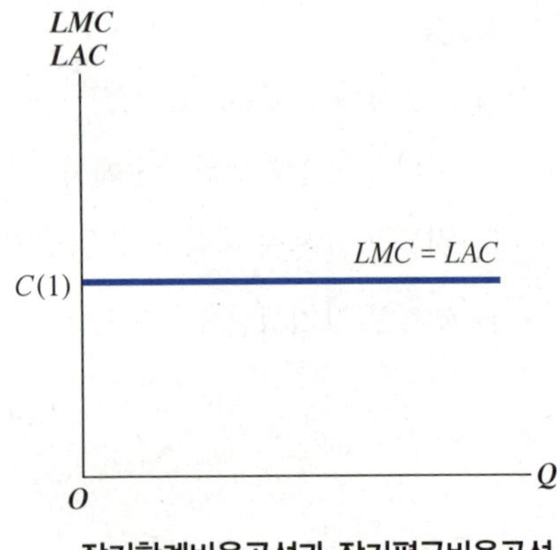

장기한계비용곡선과 장기평균비용곡선

d. 장기총비용함수로부터 $LMC = LAC = \frac{w}{a} + \frac{b}{r}$(일정)을 얻는다. 이처럼 LMC와 LAC가 같고 그 값이 일정해지는 이유는 $CRTS$이기 때문이다.

e. K가 고정되어 있으므로 단기생산함수는 $Q = min[aL, b\overline{K}]$이고 $Q \leq b\overline{K}$이다. 조건부

단기생산요소수요함수는

$$L = \frac{Q}{a}$$

이다.

f. 단기총비용함수를 구하는 것은

$$\underset{L}{Min}\ c_S = wL + r\overline{K}$$
$$s.t.\quad min[aL, b\overline{K}] = Q$$

와 같은 극소화 문제를 푸는 것이다. 단기총비용함수는 앞서 구한 조건부 단기생산요소수요함수를 적용하여 $c_S = wL + r\overline{K} = \frac{wQ}{a} + r\overline{K} = C_S(w, r, \overline{K}, Q)$로 구해진다. 함수 C_S가 단기총비용함수이다.

6.18 조건부 장기생산요소수요함수, 장기총비용함수, 규모에 대한 보수 : 레온티에프 생산함수의 경우

장기생산함수가 $Q = \sqrt{min[aL, bK]}$ 로 주어졌다고 하자.

a. 주어진 생산함수에 대해 규모에 대한 보수를 말하시오.

b. 조건부 장기생산요소수요함수를 구하시오.

c. 장기총비용함수를 구하시오.

d. 장기한계비용함수를 구하고 그 특징을 말하시오.

e. 조건부 단기생산요소수요함수를 구하시오.

f. 단기총비용함수를 구하시오.

KEY ▶ 레온티에프 생산함수에 대한 비용함수를 구하는 문제이다. 이 경우 *DRTS*이다. 참고로 생산함수가 선형일 경우 비용함수는 *min* 형태의 함수가 되고 생산함수가 *min* 형태의 함수일 경우 비용함수는 선형이 된다.

풀이

a. $\lambda > 1$에 대해

$$Q(\lambda L, \lambda K) = \sqrt{min[a\lambda L, b\lambda K]} = \sqrt{\lambda\, min[aL, bK]}$$
$$= \sqrt{\lambda}\sqrt{min[aL, bK]} = \sqrt{\lambda}\, Q(L, K) < \lambda Q(L, K)$$

이다. 즉, 장기생산함수에서 L과 K를 각각 λ배 할 때 산출량이 λ배보다 적게 증가한다. 그러므로 규모에 대한 보수 감소(*DRTS*)에 해당한다.

b. 조건부 장기생산요소수요함수를 구하려면

$$\underset{L,K}{Min}\ c = wL + rK$$
$$s.t.\quad Q = \sqrt{min[aL, bK]}$$

를 풀어야 한다. 그런데 생산함수의 특성으로 보아 미분을 통해 이 문제를 풀 수 없다. 그러므로 직관을 통해 문제를 해결하기로 하자.

비용함수는 주어진 산출량을 생산하는 데 드는 최소비용과 그 산출량 사이의 관계를 말한다. 한편 생산자는 자원을 낭비하지 않을 것이다. 생산함수에서 볼 때 자원을 낭비하지 않는 방법은 $aL = bK$가 성립하도록 자원을 사용하는 것이다. 나아가서 생산함수의 특성상 어느 하나의 생산요소만을 사용하면 산출량이 0이 된다. 종합적으로 볼 때 두 생산요소를 항상 일정한 비율로 함께 사용해야 한다. 그런데 생산함수에서 볼 때 산출량을 Q단위 얻으려면 L을 $\frac{1}{a}Q^2$단위 투입해야 한다. 즉, $L = \frac{1}{a}Q^2$이 성립한다. 같은 논리로 $K = \frac{1}{b}Q^2$이 성립한다. 이것이 각각 조건부 장기생산요소수요함수이다.

이것은 다음과 같이 생각할 수도 있다. 생산함수를 관찰해 보면 L의 투입량과 Q 사이에는 $Q^2 = aL$의 관계가 성립한다. 같은 논리로 K의 투입량과 Q 사이에는 $Q^2 = bK$의 관계가 성립한다. 이들로부터 조건부 장기생산요소수요함수인 $L(Q) = \frac{1}{a}Q^2$, $K(Q) = \frac{1}{b}Q^2$을 얻는다.

c. 생산요소의 가격이 각각 w, r일 경우 장기총비용함수는 조건부 장기생산요소수요함수를 목적함수에 대입함으로써

$$c = wL(Q) + rK(Q) = w\frac{1}{a}Q^2 + r\frac{1}{b}Q^2 = \left(\frac{w}{a} + \frac{r}{b}\right)Q^2$$

으로 구해진다. 즉, 장기총비용함수는

$$C(w, r, Q) = \left(\frac{w}{a} + \frac{r}{b}\right)Q^2$$

으로 구해진다.

d. 장기총비용함수로부터

$$LMC = \frac{dC}{dQ} = 2\left(\frac{w}{a} + \frac{r}{b}\right)Q,$$
$$LAC = \frac{C}{Q} = \left(\frac{w}{a} + \frac{r}{b}\right)Q$$

를 얻는다.

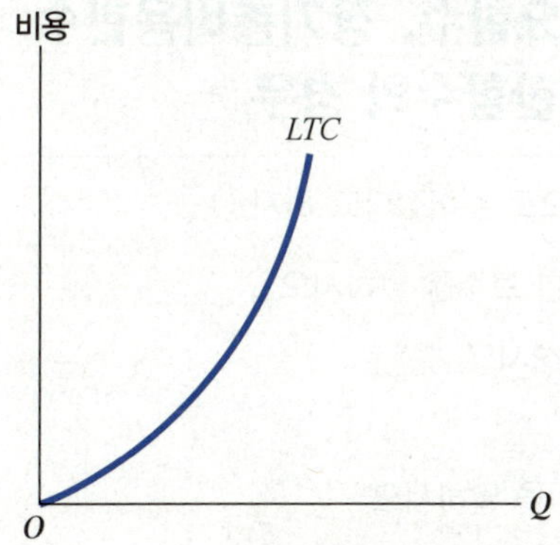

장기총비용곡선

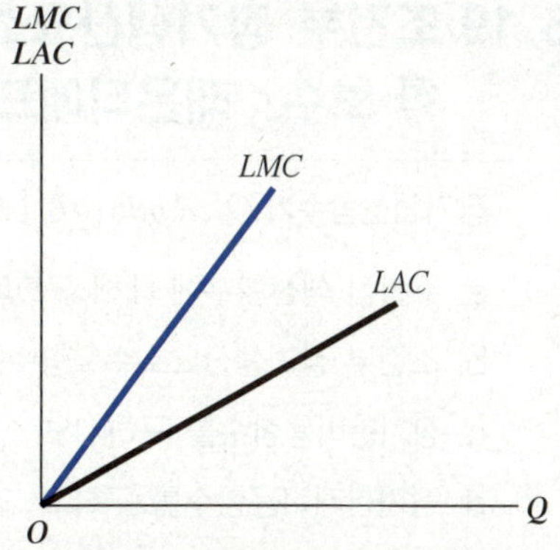

장기한계비용곡선과 장기평균비용곡선

이로부터

$$\frac{dLMC}{dQ} = 2\left(\frac{w}{a} + \frac{r}{b}\right) > 0$$

$$\frac{dLAC}{dQ} = \left(\frac{w}{a} + \frac{r}{b}\right) > 0$$

을 얻는다. 즉, 산출량이 증가할 때 장기한계비용과 장기평균비용이 모두 증가한다. 이렇게 되는 이유는 생산함수가 규모에 대한 보수 감소(*DRTS*)에 해당하기 때문이다.

e. K가 고정되어 있으므로 단기생산함수는 $Q = \sqrt{min[aL, b\overline{K}]}$이고 $Q \leq \sqrt{b\overline{K}}$이다. 조건부 단기생산요소수요함수는

$$L = \frac{Q^2}{a}$$

이다.

f. 단기총비용함수를 구하는 것은

$$\underset{L}{Min}\ c_S = wL + r\overline{K}$$
$$s.t.\ \ \sqrt{min[aL, b\overline{K}]} = Q$$

와 같은 극소화 문제를 푸는 것이다. 단기총비용함수는 앞서 구한 조건부 단기생산요소수요함수를 적용하여

$$c_S = wL + r\overline{K} = \frac{wQ^2}{a} + r\overline{K} = C_S(w, r, \overline{K}, Q)$$

로 구해진다. 함수 C_S가 단기총비용함수이다.

6.19 조건부 장기생산요소수요함수, 장기총비용함수, 규모에 대한 보수 : 레온티에프 생산함수의 경우

장기생산함수가 $Q = (min[aL, bK])^2$으로 주어졌다고 하자.

a. 주어진 생산함수에 대해 규모에 대한 보수를 말하시오.

b. 조건부 장기생산요소수요함수를 구하시오.

c. 장기총비용함수를 구하시오.

d. 장기한계비용함수를 구하고 그 특징을 말하시오.

e. 조건부 단기생산요소수요함수를 구하시오.

f. 단기총비용함수를 구하시오.

KEY ▶ 레온티에프 생산함수에 대한 비용함수를 구하는 문제이다. 이 경우 *IRTS*이다. 참고로 생산함수가 선형일 경우 비용함수는 *min* 형태의 함수가 되고 생산함수가 *min* 형태의 함수일 경우 비용함수는 선형이 된다.

풀이

a. $\lambda > 1$에 대해

$$Q(\lambda L, \lambda K) = (min[a\lambda L, b\lambda K])^2 = (\lambda\, min[aL, bK])^2$$
$$= \lambda^2 (min[aL, bK])^2 = \lambda^2 Q(L, K) > \lambda Q(L, K)$$

이다. 즉, 장기생산함수에서 L과 K를 각각 λ배 할 때 산출량이 λ배보다 많이 증가한다. 그러므로 규모에 대한 보수 증가(*IRTS*)에 해당한다.

b. 조건부 장기생산요소수요함수를 구하려면

$$\underset{L,K}{Min}\ c = wL + rK$$
$$s.t.\quad Q = (min[aL, bK])^2$$

을 풀어야 한다. 그런데 생산함수의 특성으로 보아 미분을 통해 이 문제를 풀 수 없다. 그러므로 직관을 통해 문제를 해결하기로 하자.

비용함수는 주어진 산출량을 생산하는 데 드는 최소비용과 그 산출량 사이의 관계를 말한다. 한편 생산자는 자원을 낭비하지 않을 것이다. 생산함수에서 볼 때 자원을 낭비하지 않는 방법은 $aL = bK$가 성립하도록 자원을 사용하는 것이다. 나아가서 생산함수의 특성상 어느 하나의 생산요소만을 사용하면 산출량이 0이 된다. 종합적으로 볼 때 두 생산요소를 항상 일정한 비율로 함께 사용해야 한다. 그런데 생산함수에서 볼 때 산출량을 Q단위 얻으려면 L을 $\frac{1}{a}\sqrt{Q}$단위 투입해야 한다. 즉, $L=\frac{1}{a}\sqrt{Q}$가 성립한다. 같은 논리로 $K=\frac{1}{b}\sqrt{Q}$가 성립한다. 이것이 각각 조건부 장기생산요소수요함수이다.

이것은 다음과 같이 생각할 수도 있다. 생산함수를 관찰해 보면 L의 투입량과 Q 사이에는 $Q=(aL)^2$의 관계가 성립한다. 같은 논리로 K의 투입량과 Q 사이에는 $Q=(bK)^2$의 관계가 성립한다. 이들로부터 조건부 장기생산요소수요함수인 $L(Q)=\frac{1}{a}\sqrt{Q}$, $K(Q)=\frac{1}{b}\sqrt{Q}$를 얻는다.

c. 생산요소의 가격이 각각 w, r일 경우 장기총비용함수는 조건부 장기생산요소수요함수를 목적함수에 대입함으로써

$$c = wL(Q) + rK(Q) = w\frac{1}{a}\sqrt{Q} + r\frac{1}{b}\sqrt{Q} = \left(\frac{w}{a}+\frac{r}{b}\right)\sqrt{Q}$$

로 구해진다. 즉, 장기총비용함수는

$$C(w, r, Q) = \left(\frac{w}{a}+\frac{r}{b}\right)\sqrt{Q}$$

로 구해진다.

d. 장기총비용함수로부터

$$LMC = \frac{dC}{dQ} = \frac{1}{2}\left(\frac{w}{a}+\frac{r}{b}\right)Q^{-\frac{1}{2}},$$

$$LAC = \frac{C}{Q} = \left(\frac{w}{a}+\frac{r}{b}\right)Q^{-\frac{1}{2}}$$

을 얻는다.

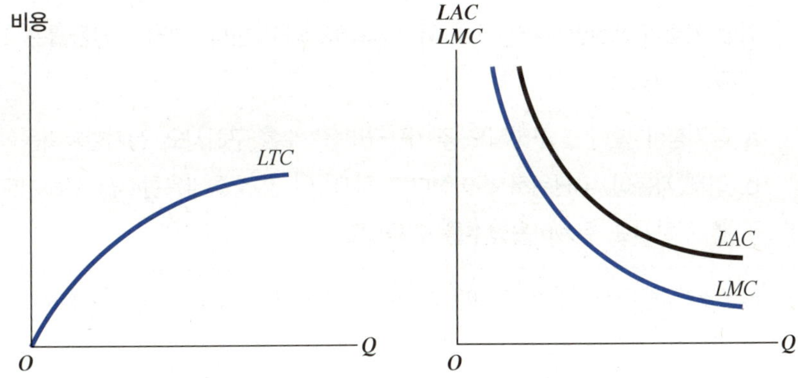

장기총비용곡선　　　장기한계비용곡선과 장기평균비용곡선

이로부터

$$\frac{dLMC}{dQ} = -\frac{1}{4}\left(\frac{w}{a}+\frac{r}{b}\right)Q^{-\frac{3}{2}} < 0$$

$$\frac{dLAC}{dQ} = -\frac{1}{2}\left(\frac{w}{a} + \frac{r}{b}\right)Q^{-\frac{3}{2}} < 0$$

을 얻는다. 즉, 산출량이 증가할 때 장기한계비용과 장기평균비용이 모두 감소한다. 이렇게 되는 이유는 생산함수가 규모에 대한 보수 증가(*IRTS*)에 해당하기 때문이다.

e. K가 고정되어 있으므로 단기생산함수는 $Q = (min[aL, b\overline{K}])^2$이고 $Q \le (b\overline{K})^2$이다. 조건부 단기생산요소수요함수는

$$L = \frac{\sqrt{Q}}{a}$$

이다.

f. 단기총비용함수를 구하는 것은

$$\begin{aligned} &\underset{L}{Min}\ c_S = wL + r\overline{K} \\ &s.t.\quad (min[aL, bK])^2 = Q \end{aligned}$$

와 같은 극소화 문제를 푸는 것이다. 단기총비용함수는 앞서 구한 조건부 단기생산요소수요함수를 적용하여

$$c_S = wL + r\overline{K} = w\frac{\sqrt{Q}}{a} + r\overline{K} = C_S(w, r, \overline{K}, Q)$$

로 구해진다. 함수 C_S가 단기총비용함수이다.

6.20 레온티에프 생산함수의 장기비용함수와 단기비용함수

어떤 기업의 생산함수가 $Q = \min[10L, 40K]$라고 한다. 그리고 임금률은 2이고 자본의 임대료율은 4라고 한다.

a. 장기총비용함수를 구하시오. 장기평균비용함수를 구하시오. 장기한계비용함수를 구하시오.

b. 이제 자본이 10단위로 주어졌다고 하자. 이 경우 총비용함수를 구하시오. 평균비용함수를 구하시오. 한계비용함수를 구하시오.

KEY ▶ 레온티에프 생산함수일 경우 자원을 낭비하지 않는 방법으로 생산요소를 투입한다.

풀이

a. 장기총비용함수를 구한다는 것은

$$\begin{aligned} &\underset{L,K}{Min}\ c = wL + rK = 2L + 4K \\ &s.t.\quad Q = \min[10L, 40K] \end{aligned}$$

를 푸는 것이다. 한편 비용함수는 주어진 산출량을 생산하는 데 드는 최소비용과 그 산출량 사이의 관계를 말한다. 이 점에 주목하면 생산자는 자원을 낭비하지 않을 것이다. 생산함수에서 볼 때 자원을 낭비하지 않는 방법은 $10L = 40K$가 성립하도록 자원을 사용하는 것이다. 나아가서 생산함수의 특성상 어느 하나의 생산요소만을 사용하면 산출량이 0이 된다. 종합적으로 볼 때 두 생산요소를 항상 일정한 비율로 함께 사용해야 한다.

생산함수에서 또 다른 사항을 관찰해 보자. 산출량을 한 단위 얻으려면 노동을 $\frac{1}{10}$ 단위 투입해야 한다. 그러므로 산출량을 Q단위 얻으려면 노동을 $\frac{1}{10}Q$단위 투입해야 한다. 즉, $L = \frac{1}{10}Q$가 성립한다. 같은 논리로 $K = \frac{1}{40}Q$가 성립한다. 이것들이 각각 L과 K의 조건부 장기생산요소수요함수이다. 그러므로 생산요소의 가격이 각각 2, 4일 경우 장기총비용함수는

$$c = 2L + 4K = 2\frac{1}{10}Q + 4\frac{1}{40}Q = \frac{3}{10}Q$$

로 구해진다.

이것은 다음과 같이 생각할 수도 있다. 생산함수를 관찰해 보면 노동투입량과 산출량 사이에는 $Q = 10L$의 관계가 성립한다. 같은 논리로 자본투입량과 산출량 사이에는 $Q = 40K$의 관계가 성립한다. 이들로부터 $L = \frac{1}{10}Q$, $K = \frac{1}{40}Q$를 얻는다. 그러므로 비용함수는

$$C(w, r, Q) = 2L + 4K = \frac{2}{10}Q + \frac{4}{40}Q = \frac{3}{10}Q$$

로 구해진다. 이 경우

$$LAC = LMC = \frac{3}{10}$$

이 성립한다. 한편 이처럼 장기평균비용과 장기한계비용이 같아지는 이유는 레온티에프 생산함수여서 *CRTS*이기 때문이다.

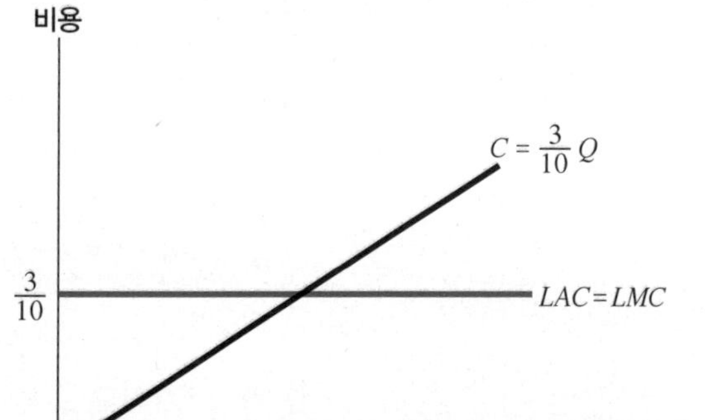

b. 자본이 고정되어 있으므로 단기에 해당한다. 총고정비용(TFC)은 $rK = 4 \times 10 = 40$이 된다. 이제 총가변비용은 노동고용량에 따라 달라진다. 그리하여 $TVC = wL = 2L$이 된다. 그러므로 단기총비용은

$$STC = TFC + TVC = 40 + 2L \tag{1}$$

이다. 자본이 10단위로 고정되어 있으므로 생산함수는 $Q = \min\left[10L, 40 \times 10\right] = \min\left[10L, 400\right]$이 된다. 이 경우 산출량에 대해서는 주의가 필요하다.

(i) $L < 40$일 경우 생산함수로부터

$$Q = 10L \tag{2}$$

이 성립한다. 그러므로 (1)에 (2)를 적용하면 $STC = 40 + \frac{1}{5}Q$가 된다. 이때 단기평균비용은 $SAC = \frac{STC}{Q} = \frac{40}{Q} + \frac{1}{5}$이 된다. 단기한계비용은 $SMC = \frac{dSTC}{dQ} = \frac{1}{5}$이 된다.

(ii) $L \geq 40$일 경우에는 $Q = 400$이 된다. 그러므로 단기평균비용은 $SAC = \frac{STC}{Q} = \frac{40 + 2L}{Q} = \frac{40 + 2L}{400}$이 된다. 한편 단기한계비용은 $SMC = \infty$가 된다. 예를 들어 $Q = 500$일 때의 한계비용은 무한대가 된다. 바꾸어 말하면 자본이 10단위로 주어진 상태에서는 산출량이 400단위를 넘을 수 없다는 것이다.

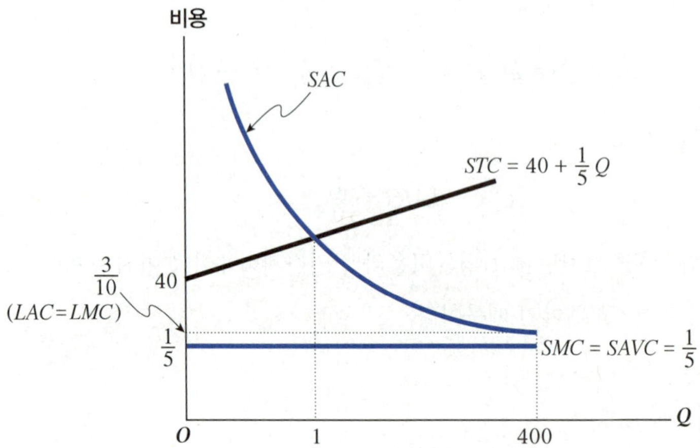

6.21 완전대체 생산함수와 레온티에프 생산함수의 혼합형일 경우의 비용함수

어떤 기업이 상품 Q를 생산하는 데 4개의 생산요소를 사용할 수 있다고 하자. 그런데 그 기술은 다음과 같다. Q를 1단위 생산하는 데에는 2가지 원료 A, B가 각각 1단위씩 필요하다. 그런데 A원료 1단위는 생산요소 x_1을 1단위 사용하거나 생산요소 x_2를 2단위 사용하여 만들어낸다. B원료 1단위는 생산요소 x_3를 3단위 사용하거나 생산요소 x_4를 4단위 사용하여 만들어낸다.

a. 이 경우 생산함수를 생산요소를 사용하여 나타내시오.

b. 비용함수를 구하시오.

c. 규모에 대한 보수의 유형을 말하시오.

KEY ▶ 완전대체와 레온티에프 형태가 혼합되어 있는 생산함수이다. *CRTS*이다. 그런데 일반적으로 생산함수가 선형일 경우 비용함수는 *min* 형태의 함수가 되고 생산함수가 *min* 형태의 함수일 경우 비용함수는 선형이 된다. 이것이 이 문제에서 비용함수에 최종적으로 어떻게 표현되는가 주목해 보자.

풀이

a. x_1과 x_2는 A원료를 생산하는 데 서로 대체되어 투입될 수 있다. x_3와 x_4는 B원료를 생산하는 데 서로 대체되어 투입될 수 있다. 한편 Q를 생산하려면 A원료와 B원료가 일대일의 고정비율로 투입되어야 한다. 이제 A원료의 투입량을 a라고 하고 B원료의 투입량을 b라고 하자. 그러면 생산함수는

$$q = f(a,b) = \min\left[a, b\right] \tag{1}$$

라고 쓸 수 있다. 그런데 A원료는 x_1 1단위를 투입하거나 x_2 2단위를 투입하여 만들어 낼 수 있다. 그러므로 원료 A에 대한 생산함수는

$$a = g(x_1, x_2) = x_1 + \frac{x_2}{2} \tag{2}$$

이다. 같은 논리로 원료 B에 대한 생산함수는

$$b = h(x_3, x_4) = \frac{x_3}{3} + \frac{x_4}{4} \tag{3}$$

가 된다. 이제 원료 A의 생산함수 (2)와 원료 B의 생산함수 (3)을 상품 Q의 생산함수인 (1)에 대입하자. 그러면

$$q = f(a,b) = \min\left[x_1 + \frac{x_2}{2},\ \frac{x_3}{3} + \frac{x_4}{4}\right]$$

가 된다. 이것이 바로 Q에 대한 생산함수이다.

b. 생산요소의 가격을 각각 w_1, w_2, w_3, w_4라고 하자. 이때 비용함수는

$$\underset{x_1, x_2, x_3, x_4}{Min} \quad c = w_1 x_1 + w_2 x_2 + w_3 x_3 + w_4 x_4$$
$$s.t. \quad q = \min\left[x_1 + \frac{x_2}{2}, \frac{x_3}{3} + \frac{x_4}{4}\right]$$

를 풀어서 구할 수 있다.

이 문제를 잘 관찰해 보자. 먼저 A원료를 생산할 때 1단위의 x_1과 2단위의 x_2는 서로 대체되어 사용될 수 있다. 그러므로 1단위의 x_1 구입비용과 2단위의 x_2 구입비용을 비교하여 적은 쪽에 해당하는 생산요소만을 사용할 것이다. 두 구입비용이 같을 경우에는 두 방법을 어떻게 조합하여 사용하든지 비용이 똑같이 든다. 그런데 A원료 1단위를 생산하는 데에는 x_1을 사용할 경우 1단위만 사용하면 된다. 이때 비용은 w_1이 든다. 한편 x_2를 사용하여 A원료를 1단위 생산하려면 2단위의 x_2가 필요하다. 이때 $2w_2$의 비용이 든다. 이 두 값 중에서 적은 쪽을 선택할 것이다. 따라서 A원료 1단위를 생산하는 데 드는 비용은 $\min[w_1, 2w_2]$이다. 같은 논리로 B원료를 1단위 생산하는 데에는 $\min[3w_3, 4w_4]$만큼의 비용이 든다. 그런데 상품 Q를 생산하려면 두 가지 원료를 1단위씩 함께 사용해야 한다. 그러므로 상품 Q를 1단위 생산하는 데에는 A원료 1단위의 비용 $\min[w_1, 2w_2]$와 B원료 1단위의 비용 $\min[3w_3, 4w_4]$를 합한 금액만큼 든다. 즉, 비용함수를 $C(q)$라 할 때

$$C(1) = \min[w_1, 2w_2] + \min[3w_3, 4w_4]$$

의 비용이 든다. 따라서 상품 Q를 q단위 생산하는 데에는

$$C(q) = q\left[\min[w_1, 2w_2] + \min[3w_3, 4w_4]\right]$$

의 비용이 든다. 이것이 바로 상품 Q에 대한 비용함수이다.

c. (i) 생산함수를 통해서 규모에 대한 보수의 유형을 살펴보자. 생산함수는

$$q = f(a, b) = \min\left[x_1 + \frac{x_2}{2}, \frac{x_3}{3} + \frac{x_4}{4}\right]$$

이다. 이때 모든 생산요소를 k배로 증가시켜 보자. 그러면

$$q(kx_1, kx_2, kx_3, kx_4) = \min\left[kx_1 + \frac{kx_2}{2}, \frac{kx_3}{3} + \frac{kx_4}{4}\right]$$
$$= k\min\left[x_1 + \frac{x_2}{2}, \frac{x_3}{3} + \frac{x_4}{4}\right]$$

가 성립한다. 즉, 산출량이 정확하게 k배로 증가한다. 그러므로 $CRTS$이다.

(ii) *CRTS*라는 사실은 비용함수를 통해서도 알 수 있다. 이 경우 비용함수는

$$C(q) = q\left[\min\left[w_1, 2w_2\right] + \min\left[3w_3, 4w_4\right]\right]$$

이다. 즉, 산출물을 q단위 생산하려면 한 단위를 생산하는 데 드는 비용인

$$C(1) = \min\left[w_1, 2w_2\right] + \min\left[3w_3, 4w_4\right]$$

의 q배가 든다. 이것은 바로 *CRTS*라는 사실을 말해 준다. 한편 *CRTS*일 경우에는 q단위를 생산할 때 드는 비용은 1단위를 생산할 때 드는 비용의 q배이다. 즉, $C(q) = qC(1)$이 성립한다.

6.22 레온티에프 생산함수와 완전대체 생산함수의 혼합형일 경우의 비용함수

어떤 기업이 상품 Q를 생산하는 데 4가지 생산요소를 사용하고 있다고 한다. 1단위의 x_1과 2단위의 x_2를 함께 사용하여 상품을 1단위 생산하거나 또는 3단위의 x_3와 4단위의 x_4를 함께 사용하여 상품을 1단위 생산할 수 있다고 한다.

a. 이 기업의 생신함수를 생산요소를 사용하여 나타내시오.

b. 이 기업의 비용함수를 구하시오.

c. 규모에 대한 보수의 유형을 말하시오.

KEY ▶ 레온티에프 형태와 완전대체가 함께 혼합되어 있는 생산함수이다. *CRTS*이다. 그런데 일반적으로 생산함수가 선형일 경우 비용함수는 *min* 형태의 함수가 되고 생산함수가 *min* 형태의 함수일 경우 비용함수는 선형이 된다. 이것이 이 문제에서 비용함수에 최종적으로 어떻게 표현되는가 주목해 보자.

풀이

a. 1단위의 x_1과 2단위의 x_2를 고정비율로 사용하여 상품을 1단위 생산할 수 있으므로 그에 상응하는 기술은 $\min\left[x_1, \frac{x_2}{2}\right]$로 나타낼 수 있다. 한편 생산요소 x_3와 x_4도 고정비율로 사용되고 있으므로 그에 상응하는 기술 $\min\left[\frac{x_3}{3}, \frac{x_4}{4}\right]$로 나타낼 수 있다. 끝으로 생산물은 생산요소(x_1, x_2)를 사용해서 생산할 수도 있고 생산요소(x_3, x_4)를 사용하여 생산할 수도 있다.

그러므로 생산물 Q에 대한 생산함수는

$$q = \min\left[x_1, \frac{x_2}{2}\right] + \min\left[\frac{x_3}{3}, \frac{x_4}{4}\right]$$

가 된다.

b. 생산요소의 가격을 각각 w_1, w_2, w_3, w_4라고 하자. 그러면 비용함수는

$$\underset{x_1,x_2,x_3,x_4}{Min} \quad c = w_1 x_1 + w_2 x_2 + w_3 x_3 + w_4 x_4$$
$$s.t. \quad q = \min\left[x_1, \frac{x_2}{2}\right] + \min\left[\frac{x_3}{3}, \frac{x_4}{4}\right]$$

를 풀어서 구할 수 있다. 이 문제를 자세히 관찰해 보자. 1단위의 x_1과 2단위의 x_2를 함께 사용하여 1단위의 생산물을 생산할 수 있다. 그러므로 1단위의 생산물을 생산하는 데 드는 비용은 $w_1 + 2w_2$이다. 같은 논리로 x_3와 x_4를 사용하여 1단위의 생산물을 생산하려면 $3w_3 + 4w_4$의 비용이 든다. 생산물은 생산요소 (x_1, x_2)를 사용해서 생산할 수도 있고 생산요소 (x_3, x_4)를 사용하여 생산할 수도 있으므로 이 중에서 적은 비용이 드는 방법으로 생산할 것이다. 비용이 똑같이 들면 두 방법을 어떻게 조합하여 생산하든지 비용이 똑같이 든다. 그러므로 생산물을 1단위 생산하는 데 드는 비용은

$$C(1) = \min\left[w_1 + 2w_2,\ 3w_3 + 4w_4\right]$$

가 된다. 따라서 생산물을 q단위 생산하는 데에는

$$C(q) = q\min\left[w_1 + 2w_2,\ 3w_3 + 4w_4\right]$$

의 비용이 든다. 이것이 바로 비용함수이다.

c. (i) 규모에 대한 보수의 유형을 생산함수를 통해 살펴보자. 생산함수는

$$q(x_1, x_2, x_3, x_4) = \min\left[x_1, \frac{x_2}{2}\right] + \min\left[\frac{x_3}{3}, \frac{x_4}{4}\right]$$

인 것을 알고 있다. 이때 모든 생산요소를 k배 하여 보자. 그러면

$$q(kx_1, kx_2, kx_3, kx_4) = \min\left[kx_1, \frac{kx_2}{2}\right] + \min\left[\frac{kx_3}{3}, \frac{kx_4}{4}\right]$$
$$= k\left[\min\left[x_1, \frac{x_2}{2}\right] + \min\left[\frac{x_3}{3}, \frac{x_4}{4}\right]\right] = kq$$

가 된다. 즉, 산출량도 k배가 된다. 그러므로 *CRTS*이다.

(ii) 비용함수를 통해서도 알 수 있다. 즉, 생산물을 한 단위 생산하는 데에는

$$C(1) = \min\left[w_1 + 2w_2,\ 3w_3 + 4w_4\right]$$

의 비용이 든다. 그런데 생산물을 q단위 생산하려면 정확하게 q배가 든다. 즉,

$$C(q) = q\min\left[w_1 + 2w_2,\ 3w_3 + 4w_4\right] = qC(1)$$

이 성립한다. 그러므로 *CRTS*이다.

6.23 비용극소화 : 생산요소시장이 경쟁일 경우와 수요독점일 경우

어떤 기업의 생산함수가 $Q = L^{\frac{1}{2}} K^{\frac{1}{2}}$이라고 하자.

a. 노동과 자본의 가격은 각각 1이라고 한다. 이 기업이 산출물을 5단위 생산하는 데 드는 최소비용을 구하시오. 이때 노동과 자본의 고용량은 각각 어느 만큼인가?

b. 이 기업이 노동을 고용하는 유일한 기업이라고 하자. 노동의 공급곡선은 $L = 10w$이다. 자본의 가격은 여전히 1이라고 하자. 이 기업이 산출물을 5단위 생산하는 데 드는 최소비용을 구하시오. 이때 노동과 자본의 고용량은 각각 어느 만큼인가?

KEY ▶ 수요독점일 경우에는 생산요소시장이 경쟁일 경우와 비교할 때 비용극소화의 조건이 달라진다.

풀이

a. 이 기업이 직면하고 있는 문제는

$$\underset{L,K}{Min}\ c = wL + rK \qquad (1)$$
$$s.t.\quad 5 = L^{\frac{1}{2}} K^{\frac{1}{2}}$$

으로 쓸 수 있다. 이 문제는 원칙적으로는 라그랑지 함수를 이용하여 푸는 것이 좋다. 그러나 여기서는 이미 알고 있는 결과를 사용하기로 하자. 즉, 비용극소화 조건인

$$MRTS_{LK} = \frac{w}{r} \qquad (2)$$

를 이용하기로 하자. 그런데

$$MRTS_{LK} = -\frac{dK}{dL} = \frac{MP_L}{MP_K} = \frac{K}{L} \qquad (3)$$

이다. 그리고

$$\frac{w}{r} = 1 \qquad (4)$$

이다. 식 (3)과 식 (4)를 식 (2)에 대입하면 $\frac{K}{L} = 1$, 즉

$$L = K \qquad (5)$$

를 얻는다. 식 (5)를 문제 (1)의 제약식에 대입하면 $L = K = 5$를 얻는다. 이것이 각각 L과 K의 조건부 장기생산요소수요량이다. 이것을 다시 목적함수에 대입하고 $w = r = 1$이라는 사실을 이용하면 $c = wL + rK = 1 \cdot 5 + 1 \cdot 5 = 10$을 얻는다.

b. 이 기업은 수요독점자이다. 그래서 노동을 한 단위 더 고용하려면 더 높은 임금을 주어야 한다. 따라서 이제 임금률은 노동공급량의 함수가 된다. 이 경우 이 기업이 직면하는 문제는

$$\underset{L,K}{Min}\ c = w(L)L + rK \tag{6}$$
$$s.t.\quad 5 = L^{\frac{1}{2}} K^{\frac{1}{2}} \tag{7}$$
$$L = 10w \tag{8}$$

가 된다. 식 (8)을

$$w = \frac{L}{10} \tag{9}$$

로 바꾸어 쓰자. 식 (9)를 식 (6)에 대입하자. 그러면 위 문제는

$$\underset{L,K}{Min}\ c = \frac{L}{10} L + rK \tag{6$'$}$$
$$s.t.\quad 5 = L^{\frac{1}{2}} K^{\frac{1}{2}} \tag{7}$$

이 된다. 이에 대한 라그랑지함수는

$$\underset{L,K,\lambda}{Min}\ Z = \frac{L}{10} L + rK + \lambda(5 - L^{\frac{1}{2}} K^{\frac{1}{2}})$$

이다. 비용극소화의 일차필요조건은

$$\frac{\partial Z}{\partial L} = \frac{L}{5} - \lambda \cdot \frac{1}{2} L^{-\frac{1}{2}} K^{\frac{1}{2}} = 0 \tag{10}$$
$$\frac{\partial Z}{\partial K} = r - \lambda \cdot \frac{1}{2} L^{\frac{1}{2}} K^{-\frac{1}{2}} = 0 \tag{11}$$
$$\frac{\partial Z}{\partial \lambda} = 5 - L^{\frac{1}{2}} K^{\frac{1}{2}} = 0 \tag{12}$$

이다.

이 연립방정식을 풀기 위해 식 (10)과 식 (11)을 정리해 보자. 먼저 이 식들의 가운데 변에 있는 둘째 항을 각각 오른쪽으로 이항시킨다. 그 다음 대응되는 항끼리 서로 나누어 준 다음 정리하면

$$\frac{\frac{L}{5}}{r} = \frac{\frac{1}{2} L^{-\frac{1}{2}} K^{\frac{1}{2}}}{\frac{1}{2} L^{\frac{1}{2}} K^{-\frac{1}{2}}} \tag{13}$$

이 된다. 그런데 이것은 사실상

$$\frac{MFC_L}{r} = \frac{MP_L}{MP_K}$$

이다. 앞의 식 (2)와 비교해 볼 때 w 대신 MFC_L이 사용된 점에 주목하자. 이제 (13)을 정리하면

$$\frac{\frac{L}{5}}{r} = \frac{K}{L} \tag{14}$$

가 된다.

이제 식 (12)를 이용하자. 식 (12)를 정리하면

$$LK = 25 \tag{15}$$

가 된다. $r = 1$을 식 (14)에 적용한 다음 정리하면

$$K = \frac{L^2}{5} \tag{16}$$

이 된다. 끝으로 식 (15)와 식 (16)을 연립으로 풀면 $L^* = 5$, $K^* = 5$가 된다(문항 a.의 수치와 같아진 것은 우연의 일치일 뿐이다). $L^* = 5$를 식 (9)에 대입하면 $w^* = \frac{L^*}{10} = \frac{1}{2}$이 된다. 이렇게 얻은 값들을 식 (6)에 대입하면 $C^* = w^*(L^*)L^* + rK^* = \frac{15}{2}$를 얻는다.

6.24 장기평균비용함수 : *IRTS*일 경우

생산함수가 $q = 5LK$이고 생산요소가격이 $r = w = 2$일 경우

a. 장기평균비용함수를 구하시오.

b. 이 기업의 공급에 대해서 말하시오.

KEY ▶ 주어진 생산함수는 *IRTS*인 생산함수이다. 이 경우 이 기업은 자연독점이 된다.

풀이

a. 장기비용함수를 비용극소화 조건을 이용하여 간편한 방법으로 구하기로 하자. 장기의 비용극소화 조건은

$$MRTS_{LK} = \frac{w}{r} \tag{1}$$

이다. 그런데 이 경우

$$MRTS_{LK} = \frac{MP_L}{MP_K} = \frac{K}{L}, \quad \frac{w}{r} = 1$$

이다. 이것을 앞의 비용극소화 조건인 식 (1)에 대입하면

$$L = K \tag{2}$$

를 얻는다. 이 결과를 다시 생산함수에 대입하면 $q = 5L^2$이 된다. 이로부터

$$L = \frac{\sqrt{5}}{5} q^{\frac{1}{2}} \tag{3}$$

을 얻는다. 이것이 조건부 장기노동수요함수이다. 조건부 장기자본수요함수도 같은 방법으로 구할 수 있다. 이것들을 비용의 정의식에 대입하면

$$C(q) = wL + rK = \frac{4}{5}\sqrt{5}\,q^{\frac{1}{2}}$$

을 얻는다. 이때 장기평균비용은

$$LAC = \frac{C(q)}{q} = \frac{4}{5}\sqrt{5}\,q^{-\frac{1}{2}} = \frac{4}{5}\sqrt{5}\frac{1}{\sqrt{q}}$$

이다.

b. 이 경우 산출량 q가 증가할수록 장기평균비용은 계속 줄어든다. 이처럼 장기평균비용이 계속 줄어들 경우 자연독점이 된다. 자연독점이 되는 이유를 구체적으로 알아보자. 만일 이 기업이 경쟁기업이라면 이윤극대화 문제는

$$\underset{q}{Max}\ \pi = pq - C(q) = pq - \frac{4}{5}\sqrt{5}\,q^{\frac{1}{2}}$$

이 된다. 이것을 그림으로 나타내면 다음과 같다.

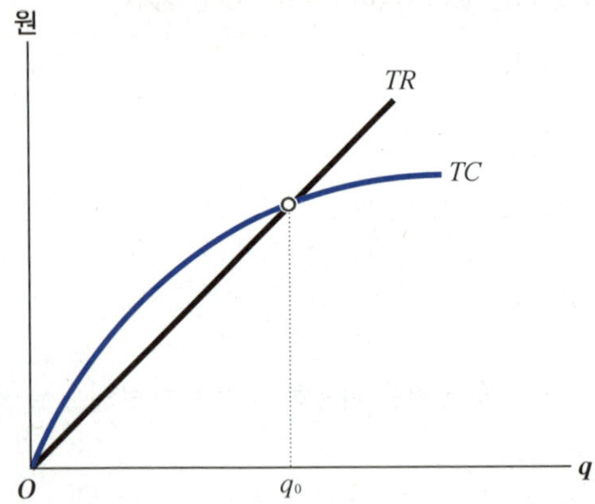

위 그림에서 보듯이 산출량이 q_0를 넘을 경우 산출량이 증가할수록 이윤이 점점 더 커진다. 그러므로 이 기업은 가격이 일정하다면 산출량을 계속 증가시킬 것이다. 또한 산출량을 계속 증가시킬 경우 가격이 떨어질 것이다. 이 기업은 산출량을 증가시킬 경우 이처럼 가격이 떨어진다는 점을 고려하여 산출량을 결정할 것이다. 바로 독점기업이 된다는 의미이다.

수식을 통해 검토해 보자. 가격이 일정할 경우 이윤극대화의 일차필요조건은

$$\frac{d\pi}{dq} = p - \frac{2}{5}\sqrt{5}\,q^{-\frac{1}{2}} = 0$$

이다. 즉, $p = \frac{2}{5}\sqrt{5}\,q^{-\frac{1}{2}}$이다. 이것이 $p = LMC$ 조건이다. 그런데

$$\frac{d^2\pi}{dq^2} = \frac{1}{5}\sqrt{5}\,q^{-\frac{3}{2}} > 0$$

이다. 그러므로 이윤극대화의 이차충분조건을 만족시키지 못한다. 그러므로 공급곡

선은 존재하지 않는다. 이때 $\frac{dLMC}{dq} = -\frac{1}{5}\sqrt{5}\,q^{-\frac{3}{2}} < 0$이라는 점에 주목하자. 즉, 산출량이 증가할 때 장기한계비용이 계속 감소한다. 이것은 그림에서 q가 증가함에 따라 TC곡선의 접선의 기울기가 점점 더 완만해지는 것으로 나타난다. 이 경우 이 기업은 자연독점이 된다.

만일 역수요함수가 $p = p(q)$일 경우 자연독점기업의 이윤극대화 문제는

$$\underset{q}{Max}\ \pi = p(q)q - C(q) = p(q)q - \frac{4}{5}\sqrt{5}\,q^{\frac{1}{2}}$$

이 된다. 이윤극대화의 일차필요조건은

$$\frac{d\pi}{dq} = \frac{dp}{dq}q + p - \frac{2}{5}\sqrt{5}\,q^{-\frac{1}{2}} = 0$$

이다. 이윤극대화의 이차충분조건은

$$\frac{d^2\pi}{dq^2} = q\frac{d^2p}{dq^2} + \frac{dp}{dq} + \frac{dp}{dq} + \frac{1}{5}\sqrt{5}\,q^{-\frac{3}{2}} = q\frac{d^2p}{dq^2} + 2\frac{dp}{dq} + \frac{1}{5}\sqrt{5}\,q^{-\frac{3}{2}} < 0$$

이 성립하는 것이다. 역수요함수와 비용함수가 이러한 일차충분조건과 이차충분조건을 충족시킬 경우 자연독점기업의 이윤이 극대화된다.

6.25 규모에 대한 보수와 각종 비용곡선들의 개형

규모에 대한 보수가 불변일 경우, 감소할 경우, 증가할 경우 등 각 경우에 대응하는 장기총비용곡선, 장기평균비용곡선, 장기한계비용곡선들의 개형을 그리시오.

풀이

〈규모에 대한 보수와 각종 비용 곡선들의 모양〉

1. *CRTS*

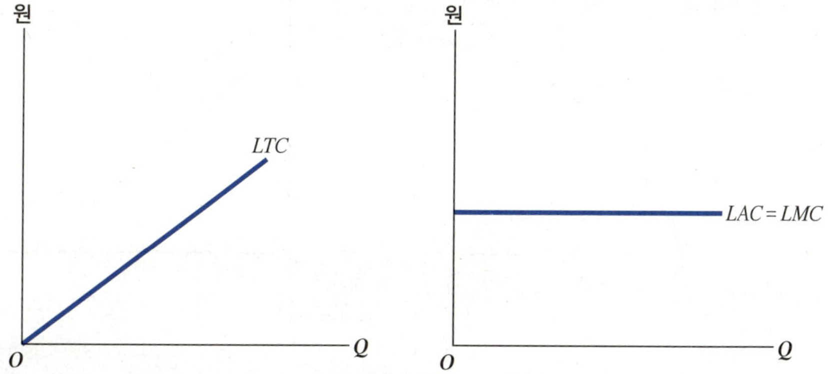

[그림 1]

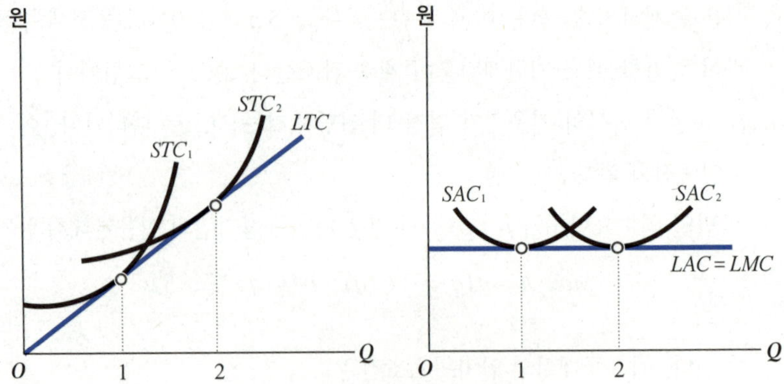

[그림 2]

2. *DRTS*

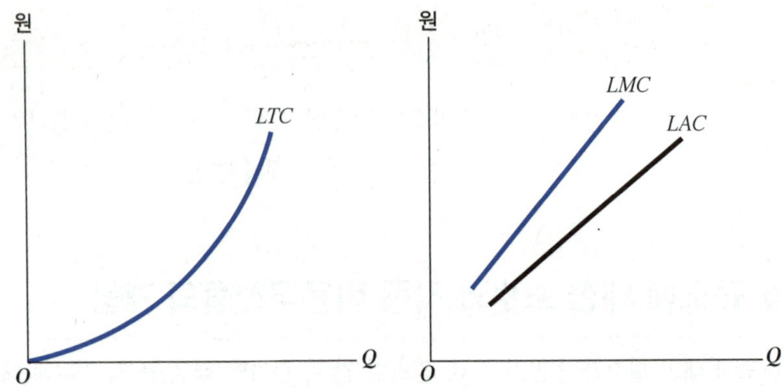

[그림 3]

3. *IRTS*

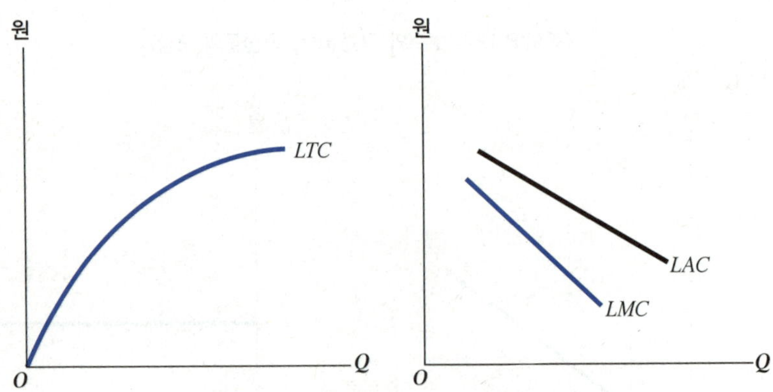

[그림 4]

6.26 장기총비용함수, 장기평균비용함수, 장기한계비용함수 : *DRTS*, *IRTS*, *CRTS*의 경우

어떤 상품의 생산함수가 $Q = L^{\frac{1}{3}} K^{\frac{1}{3}}$ 이라고 하자.

a. 규모에 대한 보수의 특성에 대해 말하시오.

b. 조건부 장기생산요소수요함수를 구하시오.

c. 장기총비용함수, 장기평균비용함수, 장기한계비용함수를 각각 구하시오.

d. 조건부 단기생산요소수요함수를 구하시오.

e. 단기총비용함수를 구하시오. 이 결과를 이용하여 장기총비용함수를 구하시오.

f. 생산함수에서 지수가 각각 (1, 1)로 바뀔 경우 위 문항 a.와 c.의 결과는 어떻게 되는가?

g. 생산함수에서 지수가 각각 $(\frac{1}{2}, \frac{1}{2})$로 바뀔 경우 위 문항 a.와 c.의 결과는 어떻게 되는가?

h. 위의 결과들을 그림으로 나타내시오.

KEY ▶ 비용함수는 비용극소화 문제를 풀어서 얻을 수 있다.

풀이

a. $Q(L, K) = L^{\frac{1}{3}} K^{\frac{1}{3}}$이다. 이때 $\lambda > 1$일 경우 $Q(\lambda L, \lambda K) = (\lambda L)^{\frac{1}{3}} (\lambda K)^{\frac{1}{3}} = (\lambda)^{\frac{2}{3}} L^{\frac{1}{3}} K^{\frac{1}{3}} < \lambda Q$이므로 주어진 생산함수는 규모에 대한 보수 감소이다.

b. 장기총비용함수를 구하려면

$$\begin{aligned} &\underset{L,K}{Min}\ c_L = wL + rK \\ &s.t.\quad f(L, K) = Q \end{aligned}$$

의 비용극소화 문제를 풀어야 한다. 이 문제는 직접 장기비용극소화 조건인 $MRTS_{LK} = \frac{w}{r}$를 이용해서 풀어도 된다. 여기서는 그 조건을 수식으로 도출하는 과정까지 보여주기 위해 라그랑지함수를 이용하여 풀기로 하자. 이 문제에 대한 라그랑지함수는

$$Z = wL + rK + \lambda (Q - L^{\frac{1}{3}} K^{\frac{1}{3}})$$

이 된다. 극소화의 일차필요조건은

$$\frac{\partial Z}{\partial L} = w - \left(\frac{1}{3}\right)\lambda L^{-\frac{2}{3}} K^{\frac{1}{3}} = 0 \tag{1}$$

$$\frac{\partial Z}{\partial K} = r - \left(\frac{1}{3}\right)\lambda L^{\frac{1}{3}} K^{-\frac{2}{3}} = 0 \tag{2}$$

$$\frac{\partial Z}{\partial \lambda} = Q - L^{\frac{1}{3}} K^{\frac{1}{3}} = 0 \tag{3}$$

이 된다. 식 (1)과 식 (2)를 정리한 다음 대응되는 변끼리 나누어 주면

$$\frac{w}{r} = \frac{K}{L} \tag{4}$$

를 얻는다. 식 (4)의 우변은 $\frac{MP_L}{MP_K}$이다. 따라서 식 (4)는 장기비용극소화 조건인 $\frac{w}{r} = MRTS_{LK}$이다. 이로부터

$$K = \frac{w}{r}L \tag{5}$$

이 된다. 식 (5)를 식 (3)에 대입한 다음 정리하면

$$Q = L^{\frac{1}{3}}(\frac{w}{r}L)^{\frac{1}{3}} = (\frac{w}{r})^{\frac{1}{3}}L^{\frac{2}{3}}$$

이 된다. 이로부터

$$L = (\frac{w}{r})^{-\frac{1}{2}}Q^{\frac{3}{2}} \tag{6}$$

을 얻는다. 이것이 조건부 장기노동수요이다. 식 (6)을 식 (5)에 대입하면

$$K = (\frac{w}{r})(\frac{w}{r})^{-\frac{1}{2}}Q^{\frac{3}{2}} = (\frac{w}{r})^{\frac{1}{2}}Q^{\frac{3}{2}} \tag{7}$$

을 얻는다. 이것이 조건부 장기자본수요이다.

c. (i) 식 (6)과 식 (7)을 목적함수에 대입하면

$$c_L = wL^* + rK^* = w[(\frac{w}{r})^{-\frac{1}{2}}Q^{\frac{3}{2}}] + r[(\frac{w}{r})^{\frac{1}{2}}Q^{\frac{3}{2}}] = 2w^{\frac{1}{2}}r^{\frac{1}{2}}Q^{\frac{3}{2}} = C_L(w, r, Q)$$

를 얻는다. 함수 C_L이 바로 장기총비용함수이다. 이로부터 장기총비용함수는 w, r, Q의 함수임을 알 수 있다.

(ii) 장기평균비용함수는 $LAC = \frac{C_L}{Q} = \frac{2w^{\frac{1}{2}}r^{\frac{1}{2}}Q^{\frac{3}{2}}}{Q} = 2w^{\frac{1}{2}}r^{\frac{1}{2}}Q^{\frac{1}{2}}$이다.

(iii) 장기한계비용함수는 $LMC = \frac{dC_L}{dQ} = \frac{d(2w^{\frac{1}{2}}r^{\frac{1}{2}}Q^{\frac{3}{2}})}{dQ} = 3w^{\frac{1}{2}}r^{\frac{1}{2}}Q^{\frac{1}{2}}$이다.

이때 $LAC < LMC$이다.

d. $K = \overline{K}$일 경우에는 조건부 단기생산요소수요함수는 $L = \frac{Q^3}{\overline{K}}$ (8)이 된다.

e. (i) 단기총비용함수를 구하는 것은

$$\min_{L} \; c_S = wL + r\overline{K}$$
$$s.t. \quad L^{\frac{1}{3}}\overline{K}^{\frac{1}{3}} = Q$$

와 같은 극소화 문제를 푸는 것이다.

단기총비용함수는 앞서 구한 조건부 단기생산요소수요함수 식 (8)을 적용하여

$$c_s = wL + r\overline{K} = w\frac{Q^3}{\overline{K}} + r\overline{K} = C_S(w, r, \overline{K}, Q)$$

로 구해진다. 함수 C_S가 단기총비용함수이다.

(ii) 장기총비용은 $\overline{K}$를 최적으로 선택했을 때의 단기총비용과 같다. 그러므로 단기총비용 $C_S = w\frac{Q^3}{\overline{K}} + r\overline{K}$를 극소로 만드는 $\overline{K}$를 찾아보자. 극소화의 1차필요조건은

$$\frac{dC_S}{d\overline{K}} = w(-\frac{Q^3}{\overline{K}^2}) + r = 0$$

이다. 이것을 풀면 $\overline{K}^* = \sqrt{\frac{wQ^3}{r}}$ (9)를 얻는다. 이것을 문항 d. 풀이의 결과에 적용하면 $L^* = \frac{Q^3}{\overline{K}^*} = Q^3\sqrt{\frac{r}{wQ^3}}$ (10)을 얻는다. 끝으로 식 (9)와 식 (10)을 $c_L = wL^* + r\overline{K}^*$에 대입하면

$$c_L = wL^* + r\overline{K}^* = w(Q^3\sqrt{\frac{r}{wQ^3}}) + r\sqrt{\frac{wQ^3}{r}} = \sqrt{w}\sqrt{r}\sqrt{Q^3} + \sqrt{w}\sqrt{r}\sqrt{Q^3}$$

$$= 2w^{\frac{1}{2}}r^{\frac{1}{2}}Q^{\frac{3}{2}} = C_L(w, r, Q)$$

가 된다. 이 결과는 물론 앞서 구한 장기총비용함수와 같다.

한편 단기총비용함수와 장기총비용함수의 관계는 그림과 같다.

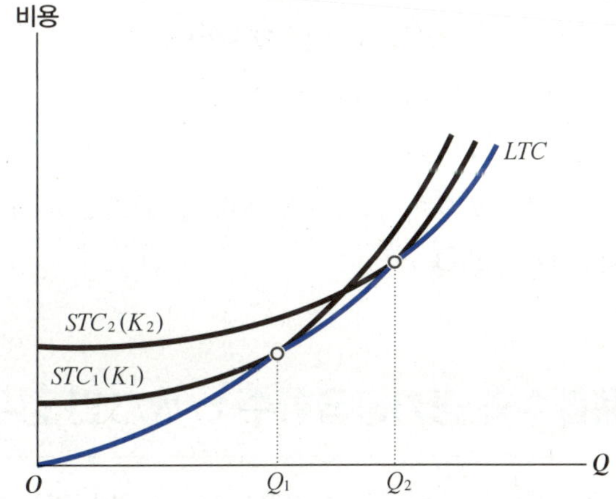

f. $Q(L, K) = LK$이다. 이때 $\lambda > 1$일 경우 $Q(\lambda L, \lambda K) = (\lambda L)(\lambda K) = (\lambda)^2 LK > \lambda Q$이므로 주어진 생산함수는 규모에 대한 보수 증가이다.

(i) 문항 b., c.와 같은 방법을 통해 장기총비용함수는 $LTC = 2w^{\frac{1}{2}}r^{\frac{1}{2}}Q^{\frac{1}{2}}$로 구해진다. 이로부터 (ii) $LAC = 2w^{\frac{1}{2}}r^{\frac{1}{2}}Q^{-\frac{1}{2}}$, (iii) $LMC = w^{\frac{1}{2}}r^{\frac{1}{2}}Q^{-\frac{1}{2}}$을 얻는다. 이때 $LAC > LMC$이다.

g. $Q(L, K) = L^{\frac{1}{2}}K^{\frac{1}{2}}$이다. 이때 $\lambda > 0$일 경우 $Q(\lambda L, \lambda K) = (\lambda L)^{\frac{1}{2}}(\lambda K)^{\frac{1}{2}} = (\lambda)L^{\frac{1}{2}}K^{\frac{1}{2}} =$

λQ이므로 주어진 생산함수는 규모에 대한 보수 불변이다.

(i) 문항 b., c.와 같은 방법을 통해 장기총비용함수는 $LTC = 2w^{\frac{1}{2}} r^{\frac{1}{2}} Q$로 구해진다. 이로부터 (ii) $LAC = 2w^{\frac{1}{2}} r^{\frac{1}{2}}$, (iii) $LMC = 2w^{\frac{1}{2}} r^{\frac{1}{2}}$을 얻는다. 이때 $LAC = LMC$이다.

h. 각 경우에 대해 장기총비용함수, 장기한계비용함수, 장기평균비용함수들의 관계를 그림으로 나타내면 다음과 같다.

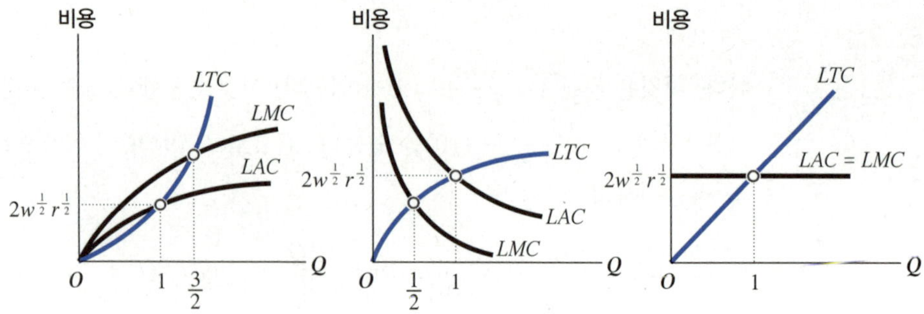

(A) *DRTS* (B) *IRTS* (C) *CRTS*

참고 ▶ $Q = L^{\frac{1}{4}} K^{\frac{1}{4}}$일 경우

이때 $\lambda > 1$일 경우 $Q(\lambda L, \lambda K) = (\lambda L)^{\frac{1}{4}} (\lambda K)^{\frac{1}{4}} = (\lambda)^{\frac{1}{2}} L^{\frac{1}{4}} K^{\frac{1}{4}} < \lambda Q$이므로 주어진 생산함수는 규모에 대한 보수 감소이다.

(i) 문항 b., c.와 같은 방법을 통해 장기총비용함수는 $LTC = 2w^{\frac{1}{2}} r^{\frac{1}{2}} Q^2$으로 구해진다. 이로부터 (ii) $LAC = 2w^{\frac{1}{2}} r^{\frac{1}{2}} Q$, (iii) $LMC = 4w^{\frac{1}{2}} r^{\frac{1}{2}} Q$를 얻는다. 그러므로 이 경우 *DRTS*이지만 [그림 (A)]와는 달리 *LMC*와 *LAC*가 모두 원점에서 출발하는 직선이 된다.

6.27 장기비용함수와 장기공급함수 : *DRTS*인 경우

생산함수가 $q = 5L^{\frac{1}{4}} K^{\frac{1}{4}}$이고 생산요소의 가격이 $r = w = 2$일 경우

a. 장기비용함수를 구하시오.

b. 기업의 장기공급함수를 구하시오.

KEY ▶ 주어진 생산함수는 *DRTS*인 경우에 해당한다.

풀이

a. 장기비용함수를 비용극소화 조건을 이용하여 간편한 방법으로 구하기로 하자. 장기의

비용극소화 조건은

$$MRTS_{LK} = \frac{w}{r} \tag{1}$$

이다. 그런데

$$MRTS_{LK} = \frac{MP_L}{MP_K} = \frac{K}{L}, \quad \frac{w}{r} = 1$$

이다. 이것을 비용극소화 조건에 대입하면

$$L = K \tag{2}$$

를 얻는다. 이 결과를 다시 생산함수에 대입하면 $q = 5L^{\frac{1}{4}} L^{\frac{1}{4}} = 5L^{\frac{1}{2}}$이 된다. 이로부터

$$L = \frac{1}{25} q^2 \tag{3}$$

을 얻는다. 이것이 조건부 장기노동수요함수이다. 조건부 장기자본수요함수도 같은 방법으로 구할 수 있다. 이것들을 비용의 정의식에 대입하면 장기총비용함수

$$C(q) = wL + rK = \frac{4}{25} q^2$$

을 얻는다.

b. 이윤극대화 문제는

$$\underset{q}{Max}\ \pi = pq - C(q) = pq - \frac{4}{25} q^2$$

이 된다. 이윤극대화의 일차필요조건은

$$\frac{d\pi}{dq} = p - \frac{8}{25} q = 0, \text{ 즉 } p = \frac{8}{25} q, \text{ 즉 } p = LMC$$

이다. 이로부터 기업의 장기공급함수를 얻는다. 장기공급함수는 $q = f(p)$의 형태로 나타내므로 $q = \frac{25}{8} p$이다.

6.28 단기공급곡선

단기총비용함수가 다음과 같을 경우 단기공급곡선을 각각 구하시오.

a. $c(q) = q^3 - 6q^2 + 15q + 32$

b. $c(q) = q^2 + 10q + 100$

c. $c(q) = q^2 + 10$

KEY ▶ 단기공급곡선은 SMC곡선 중 AVC곡선의 최하점 위에 놓이는 부분이다. 고정비용의 크기는 단기공급곡선에 영향을 주지 않는다.

풀이

a. 단기공급곡선은 이윤극대화 문제인

$$\underset{q}{Max}\ \pi = pq - c(q) = pq - (q^3 - 6q^2 + 15q + 32)$$

를 풀어서 구할 수 있다. 이윤극대화의 일차필요조건은

$$\frac{d\pi}{dq} = p - (3q^2 - 12q + 15) = 0$$

이다. 이로부터 $p = 3q^2 - 12q + 15$ (1)을 얻는다. 이것은 바로 $p = SMC$ 조건이다. 이때 $SMC = 3q^2 - 12q + 15$ (2)이다.

그런데 단기공급곡선은 AVC곡선의 최하점 위에 놓이는 SMC곡선 부분이므로 이를 구해 보자. 이때 AVC곡선의 최하점은 AVC곡선을 미분하여 구할 수도 있고 SMC곡선이 AVC곡선의 최하점을 지난다는 사실로부터 구할 수도 있다. 여기서는 후자의 방법을 사용하기로 하자.

$TFC = STC(0) = 32$이므로 $TVC = STC - TFC = (q^3 - 6q^2 + 15q + 32) - 32 = q^3 - 6q^2 + 15q$이다. 그러므로

$$AVC = \frac{TVC}{q} = q^2 - 6q + 15 \qquad (3)$$

로 구해진다. SMC곡선은 AVC곡선의 최하점을 통과하므로 AVC곡선의 최하점에서는 $SMC = AVC$ (4)가 성립한다. 식 (2)와 식 (3)을 식 (4)에 대입하면 $3q^2 - 12q + 15 = q^2 - 6q + 15$ (5)를 얻는다. 식 (5)로부터 $q = 3$ (6)을 얻는다. 이때 $AVC_{min}(3) = 6$ (7)이다. 그러므로 $p = SMC \geq AVC_{min} = 6$ (8)을 만족시키는 SMC곡선 부분이 단기공급곡선이 된다.

이제 단기공급곡선을 구하기 위해 식 (1)을 q에 대해서 풀면 $q = \frac{1}{3}(6 \pm \sqrt{3}\sqrt{p-3})$이다. 그런데 식 (6)을 고려하면 $q \geq 3$이므로 $q = \frac{1}{3}(\sqrt{3}\sqrt{p-3} + 6)$ (9)이다. 단기공급곡선은 식 (8)을 만족시켜야 하므로 단기공급곡선은

$$q = \frac{1}{3}(\sqrt{3}\sqrt{p-3} + 6),\ p \geq 6$$
$$q = 0,\ p < 6$$

으로서 [그림 A]처럼 나타난다.

한편 계산을 해보면 $q = 4$에서 SAC와 SMC가 교차하며 그때 SAC는 극소값 15를 갖는다는 것을 알 수 있다. 따라서 $6 < p = SMC < 15$인 곳에서는 손실이 극소화된다. 이때 총수입 중에서 총가변비용을 충당하고 남은 금액으로 고정비용의 일부를 충당할 수 있기 때문이다. 이때 생산을 하지 않으면 손실이 고정비용만큼인 32로서 가장

커진다. $p = SMC = SAC = 15$인 곳에서 $\pi = 0$이 된다. $p = SMC > 15$인 곳에서 양의 이윤이 발생한다.

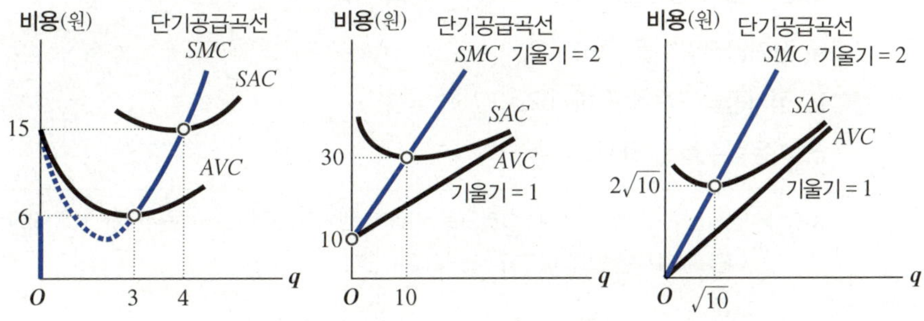

(A) (B) (C)

b. 이윤극대화 문제로부터 $p = 2q + 10$ (10)을 얻는다. 이때 $SMC = 2q + 10$ (11)이다. 단기공급곡선은 AVC곡선의 최하점 위에 놓이는 SMC곡선 부분이므로 이를 구해 보자. $TFC = STC(0) = 100$이므로 $TVC = STC - TFC = (q^2 + 10q + 100) - 100 = q^2 + 10q$이다. 이로부터 $AVC = \frac{TVC}{q} = q + 10$이다. 이때 모든 $q \geq 0$에 대해 $SMC = 2q + 10 \geq q + 10 = AVC$이다. 그러므로 이 경우 SMC곡선 전체가 단기공급곡선이 된다. 따라서 단기공급곡선은 식 (10)으로부터 $q = \frac{1}{2}p - 5,\ p \geq 10$으로서 [그림 B]처럼 나타난다.

한편 $q = 10$에서 SAC와 SMC가 교차하며 그때 SAC는 극소값 30을 갖는다. 따라서 $10 < p = SMC < 30$인 곳에서는 손실이 극소화된다. 이때 총수입 중에서 총가변비용을 충당하고 남은 금액으로 고정비용의 일부를 충당할 수 있기 때문이다. 이때 생산을 하지 않으면 손실이 고정비용만큼인 100으로서 가장 커진다. $p = SMC = SAC = 30$인 곳에서 $\pi = 0$이 된다. $p = SMC > 30$인 곳에서 양의 이윤이 발생한다.

c. 이윤극대화 문제로부터 $p = SMC$인 $p = 2q$ (12)를 얻는다. 이때 $SMC = 2q$ (13)이다. $TFC = STC(0) = 10$이다. 따라서 $TVC = STC - TFC = (q^2 + 10) - 10 = q^2$이다. 따라서 $AVC = \frac{TVC}{q} = q$이다. 이때 모든 $q \geq 0$에 대해 $SMC = 2q \geq q = AVC$이다. 그러므로 이 경우 SMC곡선 전체가 단기공급곡선이 된다. 따라서 단기공급곡선은 식 (12)로부터 $q = \frac{1}{2}p,\ p > 0$로서 [그림 C]처럼 나타난다.

한편 $q = \sqrt{10}$에서 SAC와 SMC가 교차하며 그때 SAC는 극소값 $2\sqrt{10}$을 갖는다. 따라서 $0 < p = SMC < 2\sqrt{10}$인 곳에서는 손실이 극소화된다. 이때 총수입 중에서 총가변비용을 충당하고 남은 금액으로 고정비용의 일부를 충당할 수 있기 때문이다. 이때 생산을 하지 않으면 손실이 고정비용만큼인 10으로서 가장 커진다. $p = SMC = SAC = 2\sqrt{10}$인 곳에서 $\pi = 0$이 된다. $p = SMC > 2\sqrt{10}$인 곳에서 양의 이윤이 발생한다.

6.29 장기공급곡선

어떤 기업의 생산함수가 $Q = L^{\frac{1}{3}} K^{\frac{1}{3}}$이라고 하자.

a. 장기공급함수를 구하시오.

b. 장기공급곡선을 구하시오.

c. 이윤함수를 구하시오.

KEY ▶ 생산함수가 $DRTS$이다. 그러므로 기업의 장기공급곡선은 이윤극대화 행위로부터 구할 수 있다. 이를 위해서는 먼저 비용함수를 구해야 한다.

풀이

a. 기업의 장기공급함수는 이윤극대화 행위로부터 구할 수 있다. 그런데 이 기업의 이윤극대화 문제는

$$\underset{q}{Max}\ \pi = pq - c(q)$$

이다. 생산함수가 $Q = L^{\frac{1}{3}} K^{\frac{1}{3}}$일 경우 장기총비용함수는 $C_L = 2w^{\frac{1}{2}} r^{\frac{1}{2}} q^{\frac{3}{2}}$으로 구해졌다([문제 6.26] 참조). 이것을 목적함수에 대입하면

$$\underset{q}{Max}\ \pi = pq - (2w^{\frac{1}{2}} r^{\frac{1}{2}} q^{\frac{3}{2}})$$

이다. 이윤극대화의 일차필요조건은 $p = 3w^{\frac{1}{2}} r^{\frac{1}{2}} q^{\frac{1}{2}}$ (1)이다. 이것이 바로 $P = LMC$ 조건이다. 한편 장기공급곡선은 LAC곡선의 최하점 위에 놓이는 LMC곡선 부분이다. 그런데 $LMC = 3w^{\frac{1}{2}} r^{\frac{1}{2}} q^{\frac{1}{2}}$이고, $LAC = \frac{LTC}{q} = \frac{2w^{\frac{1}{2}} r^{\frac{1}{2}} q^{\frac{3}{2}}}{q} = 2w^{\frac{1}{2}} r^{\frac{1}{2}} q^{\frac{1}{2}}$이다. 이때 모든 $q \geq 0$에 대해 $LMC \geq LAC$ (2)이다. 따라서 장기공급함수는 식 (1)로부터 $q = \frac{1}{9wr} p^2 = f(p, w, r)$ (3)으로 구해진다. 이때 함수 f가 장기공급함수이다.

b. w, r이 일정하게 주어진 상태에서 p와 q의 관계를 그리면 장기공급곡선을 얻는다.

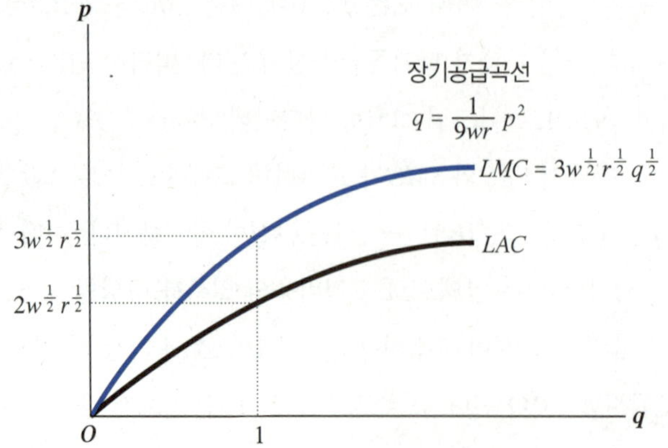

c. 식 (3)을 목적함수에 대입하면 $\pi = \frac{1}{27wr}p^3 = \Pi(p, w, r)$을 얻는다. 함수 Π가 바로 이윤함수이다. 이윤함수는 p, w, r의 함수이다.

6.30 장기공급곡선

장기총비용함수가 다음과 같을 경우 장기공급곡선을 각각 구하시오.

a. $c(q) = q^3 - 6q^2 + 15q$

b. $c(q) = q^2$

c. $c(q) = 10q$

KEY ▶ 장기공급곡선은 LMC곡선 중 LAC곡선의 최하점 위에 놓이는 부분이다.

풀이

a. 고정비용이 없다는 점을 제외하면 [문제 6.28] 문항 a.의 비용함수와 같다(그렇지만 단기비용함수는 생산 규모가 주어져 있는 상태에 대한 것이고 장기비용함수는 그렇지 않다는 측면에서 서로 구분된다). 직관적으로 볼 때 고정비용은 공급곡선에 영향을 주지 않으므로 결과는 [문제 6.28]과 같을 것이다. 그렇지만 확인하는 측면에서 다시 풀어보자. 장기공급곡선은 이윤극대화 문제인

$$\underset{q}{Max}\ \pi = pq - c(q) = pq - (q^3 - 6q^2 + 15q)$$

를 풀어서 구할 수 있다. 이윤극대화의 일차필요조건은

$$\frac{d\pi}{dq} = p - (3q^2 - 12q + 15) = 0$$

이다. 이로부터 $p = 3q^2 - 12q + 15$ (1)을 얻는다. 이것은 바로 $p = LMC$ 조건이다. 이때 $LMC = 3q^2 - 12q + 15$ (2)이다. 장기공급곡선은 LAC곡선의 최하점 위에 놓이는 LMC곡선 부분이다. 이때

$$LAC = \frac{LTC}{q} = q^2 - 6q + 15 \tag{3}$$

인데 LAC의 최하점을 구하는 과정과 그 이후의 과정은 [문제 6.28]에서 AVC의 최하점을 구하는 과정 및 그 이후의 과정과 같다. 그 결과 장기공급곡선은

$$q = \frac{1}{3}(\sqrt{3}\sqrt{p-3} + 6),\ p \geq 6$$
$$q = 0\ ,\ p < 6$$

으로서 [그림 A]처럼 나타난다.

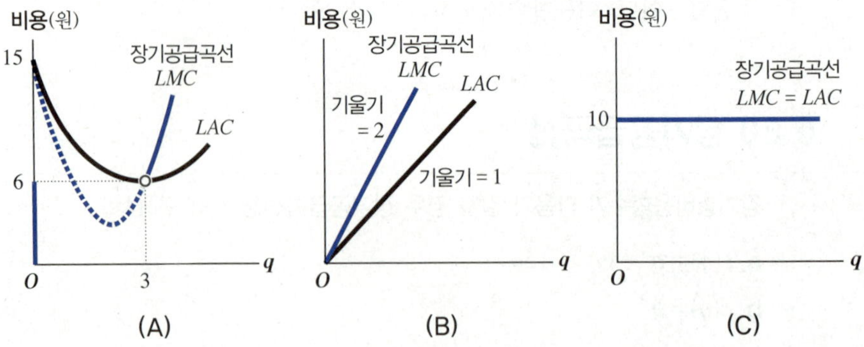

b. 직관적으로 볼 때 고정비용은 공급곡선에 영향을 주지 않으므로 결과는 [문제 6.28]의 c.와 같을 것이다. 확인하는 차원에서 다시 풀어보자. 이윤극대화 문제로부터 $p = LMC$인 $p = 2q$ (4)을 얻는다. 이때 $LMC = 2q$ (5)이다. 한편 $LAC = \frac{LTC}{q} = \frac{q^2}{q} = q$이다. 이때 모든 $q \geq 0$에 대해 $LMC = 2q \geq q = LAC$이다. 따라서 장기공급곡선은 식 (4)로부터 $q = \frac{p}{2}$, $p > 0$으로서 [그림 B]처럼 나타난다.

c. 이윤극대화 문제로부터 $p = LMC$인 $p = 10$ (6)을 얻는다. 이때 $LMC = LAC = \frac{10q}{q} = 10$ (7)이다. 장기공급곡선은 $p = 10$으로서 [그림 C]처럼 가로축에 평행한 직선이다. 구체적으로는

$$s(p) = \begin{cases} \rightarrow \infty, & p > 10 \\ \text{임의의 } q \in [0, \infty), & p = 10 \\ 0, & p < 10 \end{cases}$$

으로 쓸 수 있다. 일반적으로 $p > LAC$이면 이윤이 발생한다. 그런데 이 문제의 경우 산출량에 관계없이 $LAC = LMC$이다. (i) 따라서 $p > LMC$이면 이윤이 생기며 $p > 10$일 경우 $\frac{d\pi}{dq} > 0$이 되어 이윤은 산출량이 많아질수록 비례적으로 커진다. 그 결과 $p > 10$이면 이윤을 극대화하는 산출량, 즉 공급량은 무한대가 된다. (ii) $p = 10$일 경우 산출량에 관계없이 이윤이 0이 되며, 따라서 산출량이 정해지지 않는다. (iii) $p < 10$일 경우 $\frac{d\pi}{dq} < 0$이 되어 손실은 산출량이 많아질수록 비례적으로 커진다. 그러므로 $p < 10$일 경우 한 단위도 생산하지 않는다.

한편 이 경우 가격은 수요조건과는 관계없이 오로지 기술조건, 즉 비용함수의 특성에 따라 정해진다. 비용함수가 *CRTS*일 경우의 특성이다.

6.31 단기시장공급곡선

A와 B 두 유형의 기업이 있다. A유형 기업의 단기비용함수는 $C_A(q) = 20q^2 + 10q + 100$ **이고 B유형 기업의 단기비용함수는** $C_B(q) = 20q^2 + 5q + 100$ **이다.**

a. 각 유형의 공급곡선을 구하시오.

b. A유형 기업과 B유형 기업이 각각 40개씩 있다고 하자. 단기시장공급곡선을 구하시오.

KEY ▶ 단기시장공급곡선을 구할 때 첨점이 존재한다는 사실에 유의해야 한다.

풀이

a. A유형 기업의 이윤극대화 문제는

$$\underset{q}{Max}\ \pi = pq - c(q) = pq - (20q^2 + 10q + 100)$$

이다. 이윤극대화의 일차필요조건은 $\frac{d\pi}{dq} = p - (40q + 10) = 0$이다. 이로부터 $p = 40q + 10$을 얻는다. 이것이 바로 $p = SMC$ 조건이다. 이때 $SMC = 40q + 10$이다.

그런데 단기공급곡선은 AVC곡선의 최하점 위에 놓이는 SMC곡선 부분이므로 이를 구해 보자. 이때 AVC곡선의 최하점은 AVC곡선을 미분하여 구할 수도 있고 SMC곡선이 AVC곡선의 최하점을 지난다는 사실로부터 구할 수도 있다. 여기서는 후자의 방법을 사용하기로 하자.

$TFC = STC(0) = 100$이다. 그러므로

$$TVC = STC - TFC = 20q^2 + 10q + 100 - 100 = 20q^2 + 10q$$

$$AVC = \frac{TVC}{q} = \frac{20q^2 + 10q}{q} = 20q + 10,\ SMC = \frac{d(20q^2 + 10q)}{dq} = 40q + 10$$

으로 구해진다. SMC곡선은 AVC곡선의 최하점을 통과하므로 AVC곡선의 최하점에서는 $SMC = AVC$ (4)가 성립한다. 즉, $40q + 10 = 20q + 10$이 성립한다. 이로부터 $q = 0$을 얻는다. 이때 $AVC_{min}(0) = 10$이다. 이것이 조업중단가격이다. 그러므로 $p = SMC \geq AVC_{min} = 10$을 만족시키는 SMC곡선 부분이 단기공급곡선이 된다.

그러므로 단기공급곡선은

$$q_A = \begin{cases} 0 & \text{if } p < 10 \\ \frac{1}{40}p - \frac{1}{4} & \text{if } p \geq 10 \end{cases}$$

이 된다.

같은 방법으로

$$q_B = \begin{cases} 0 & \text{if } p < 5 \\ \frac{1}{40}p - \frac{1}{8} & \text{if } p \geq 5 \end{cases}$$

를 얻는다.

b. 시장공급곡선은 각 유형의 공급곡선들을 수평으로 합하여 구한다. 따라서 시장공급곡선은

$$q = 40q_A + 40q_B = \begin{cases} 0 & \text{if } p < 10 \\ 40(\frac{1}{40}p - \frac{1}{8}) = p - 5 & \text{if } 5 \leq p < 10 \\ 40(\frac{1}{40}p - \frac{1}{4}) + 40(\frac{1}{40}p - \frac{1}{8}) = 2p - 15 & \text{if } p \geq 10 \end{cases}$$

가 된다.

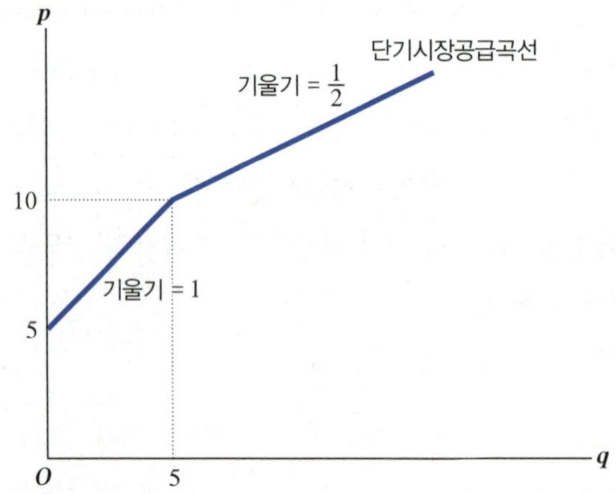

6.32 총비용함수와 한계비용함수 : 다수의 공장을 지닌 경우

어떤 기업에게 3개의 공장이 있다. 공장 A와 B의 비용함수는 각각 $C_a(q_a) = q_a^2$, $C_b(q_b) = 2q_b^2$ 이고 공장 C의 비용함수는 $C_c(q_c) = 20q_c$ 이다.

a. 이 기업의 총비용함수를 구하시오.

b. 이 기업의 한계비용함수를 구하시오.

c. 이 기업이 40단위를 생산하려고 한다. 총비용을 극소화하려면 각 공장이 얼마나 생산해야 하겠는가?

KEY ▶ 다수의 공장이 있을 경우 총비용을 극소화하려면 각 공장에서의 한계비용이 같아져야 한다. 그런데 산출량이 적을 경우에는 가동하지 않는 공장이 있을 수 있다.

풀이

a. (i) 3개의 공장을 모두 가동하는 경우

총비용함수는 주어진 산출량을 최소의 비용으로 생산하려 할 때 산출량과 그때 드는 비용 사이의 관계를 말한다. 3개의 공장이 주어진 상태에서 산출량 q를 최소의 비용으로 생산하려 할 때 드는 총비용은

$$\underset{q_a,\, q_b,\, q_c}{Min} \;\; C(q) = C_a(q_a) + C_b(q_b) + C_c(q_c) = q_a^2 + 2q_b^2 + 20q_c \tag{1}$$

$$s.t. \quad q_a + q_b + q_c = q$$

와 같은 극소화 문제를 풀어서 구할 수 있다. 이에 대한 라그랑지함수는

$$\underset{q_a,\, q_b,\, q_c,\, \lambda}{Min} \;\; L = q_a^2 + 2q_b^2 + 20q_c + \lambda(q - q_a - q_b - q_c)$$

이다. 극소화의 일차필요조건은

$$\frac{\partial L}{\partial q_a} = 2q_a - \lambda = 0 \tag{2}$$

$$\frac{\partial L}{\partial q_b} = 4q_b - \lambda = 0 \tag{3}$$

$$\frac{\partial L}{\partial q_c} = 20 - \lambda = 0 \tag{4}$$

$$\frac{\partial L}{\partial \lambda} = q - q_a - q_b - q_c = 0 \tag{5}$$

이다. 식 (2) ~ (4)를 정리하면

$$2q_a = 4q_b = 20 \tag{6}$$

이다. 이것은 바로 $MC_a = MC_b = MC_c$ (7)임을 말한다. 즉, 총비용을 극소화하려면 각 공장에서의 한계비용이 같아지도록 산출량을 배분해야 한다는 것을 의미한다. 식 (6)으로부터 $q_a = 10$, $q_b = 5$ (8)을 얻는다. 이것을 식 (5)에 대입하면 $q_c = q - 15$ (9)를 얻는다.

이 결과를 직관적으로 검토해 보자. 총비용을 극소화하려면 한계비용이 낮은 공장에서 생산해야 한다. 그런데 공장 C의 한계비용은 20으로서 일정하다. 그러므로 한계비용이 20이 될 때까지는 공장 A와 공장 B만 가동한다. 그러다가 공장 A와 B의 한계비용이 20에 도달하면 나머지 산출량은 모두 한계비용이 일정한 공장 C에서 생산한다.

그러므로 이 기업의 총비용함수는

$$C(q) = C_a(q_a) + C_b(q_b) + C_c(q_c) = q_a^2 + 2q_b^2 + 20q_c$$
$$= 10^2 + 2 \times 5^2 + 20(q - 15) = 20q - 150$$

이 된다. 그런데 이것은 식 (9)에서 $q_c = q - 15 \geq 0$일 경우이다. 즉, $q \geq 15$일 경우이다.

(ii) 일부 공장만 가동하는 경우

주목할 것이 있다. 산출량은 음이 될 수 없다는 것이다. 이러한 조건을 충족시키면서 이 문제를 풀려면 경제수학이나 또는 대학원 과정에서 다루는 쿤-터커조건을 이용하여 풀어야 한다. 여기서는 직관을 이용하여 풀어보자. 비용을 극소화하려면 한계비용이 적게 드는 공장에서 생산해야 한다. 그런데 공장 C의 경우 한계비용이 20으로서 항상 일정하다. 이 때문에 산출량을 공장 A와 B에 적절히 배분할 경우 각 공장의 한계비용이 20보다 작아질 정도로 주어진 목표산출량이 적을 때에는 공장 C는 가동하지 않고 공장 A와 B만을 가동할 것이다. 즉, 공장 C의 한계비용은 항상 20이기 때문에 공장 A와 B에서의 한계비용이 각각 20에 이르기 전까지는 공장 C를 가동하지 않는다는 것이다.

구체적으로 볼 때 $q < 15$일 경우 $q_c < 0$이 되는데 이것은 공장 C가 가동하지 않는다는 것을 의미한다. 이 경우 식 (1)에서 q_c는 0이 된다. 또한 식 (2) ~ (5)는

$$\frac{\partial L}{\partial q_a} = 2q_a - \lambda = 0 \tag{10}$$

$$\frac{\partial L}{\partial q_b} = 4q_b - \lambda = 0 \tag{11}$$

$$\frac{\partial L}{\partial \lambda} = q - q_a - q_b = 0 \tag{12}$$

로 바뀐다. 식 (10) ~ (11)에서 $2q_a = 4q_b$ (13)을 얻는다. 이것은 바로 $MC_a = MC_b$임을 말한다. 즉, 총비용을 극소화하려면 공장 A와 공장 B에서의 한계비용이 같아지도록 산출량을 배분해야 한다는 것을 의미한다. 식 (12)와 식 (13)을 연립으로 풀면 $q_a = \frac{2}{3}q$, $q_b = \frac{1}{3}q$를 얻는다. 그러므로

$$C(q) = C_a(q_a) + C_b(q_b) = q_a^2 + 2q_b^2 = (\frac{2}{3}q)^2 + 2(\frac{1}{3}q)^2 = \frac{2}{3}q^2$$

이 된다. 총비용함수를 볼 때 공장 A가 공장 B에 비해 비용이 절반만 들지만 공장 A만 가동할 경우보다 두 공장을 함께 가동할 경우 비용이 적게 든다는 점에 주목하자. 이 기업의 비용극소화에서 중요한 것은 각 공장의 총비용이 아니라 한계비용인데 각 공장의 한계비용이 모두 체증하고 있기 때문이다.

종합해 볼 때 총비용함수는

$$C(q) = \begin{cases} \frac{2}{3}q^2 & \text{if } q < 15 \\ 20q - 150 & \text{if } q \geq 15 \end{cases}$$

이 된다.

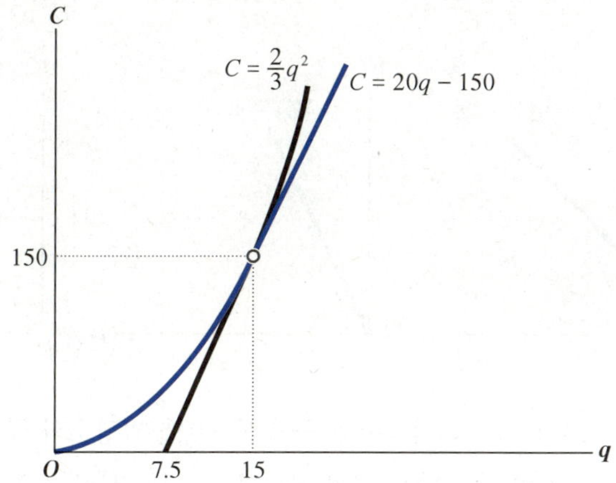

b. 이 기업의 한계비용함수는 총비용함수로부터 다음과 같이 직접 구할 수 있다.

$$MC(q) = \begin{cases} \frac{d(\frac{2}{3}q^2)}{dq} = \frac{4}{3}q & \text{if } q < 15 \\ \frac{d(20q - 150)}{dq} = 20 & \text{if } q \geq 15 \end{cases}$$

한편 이 기업의 MC곡선은 각 공장의 MC곡선을 수평으로 합하여 구할 수도 있다. 가로축에 수량을 나타내고 세로축에 한계비용을 나타낸 상태에서 두 공장에서 같은 한계비용에 생산할 경우 그 한계비용과 그때 각 공장에서 생산하게 되는 수량의 합과의 관계를 나타내기 위해 두 한계비용곡선을 수평으로 합하는 것이다. 참고로 이때 $MC_a + MC_b = 2q + 4q = 6q$처럼 합하는 것은 2개의 한계비용곡선을 수평으로 합하는 것이 아니라 수직으로 합한 것이라는 점에 주목하자. 수평으로 합하려면 먼저 수량을 종속변수로 놓아야 한다.

이 점을 염두에 두고 각 공장의 한계비용함수를 수평으로 합해 보자. 앞 문항에서

$$2q_a = 4q_b = 20 \ (6), \text{ 즉 } MC_a = MC_b = MC_c \ (7)$$

를 얻었다. 이때 $MC_a = 2q_a$, $MC_b = 4q_b$이다. $q < 15$일 경우 공장 A와 공장 B만 가동한다. 이 경우 포락선정리를 적용해 $MC_a = MC_b = MC$로 놓으면 $MC = 2q_a$, $MC = 4q_b$이다. 수량을 종속변수로 놓으면 $q_a = \frac{MC}{2}$, $q_b = \frac{MC}{4}$가 된다. 한계비용함수를 수평으로 합한다는 것은 이것들을 더하는 것이다. 즉, $q = q_a + q_b = \frac{MC}{2} + \frac{MC}{4} = \frac{3}{4}MC$이

다. 이것은 공장 A와 공장 B의 산출량의 합과 한계비용의 관계를 나타낸다. 이로부터 이 기업의 한계비용함수인 $MC = \frac{4}{3}q$를 얻는다. 물론 이것은 앞서 총비용함수로부터 얻은 결과와 같다.

c. $q = 40 > 15$일 경우이므로 식 (8)과 식 (9)로부터 $q_a = 10$, $q_b = 5$, $q_c = 25$를 얻는다.

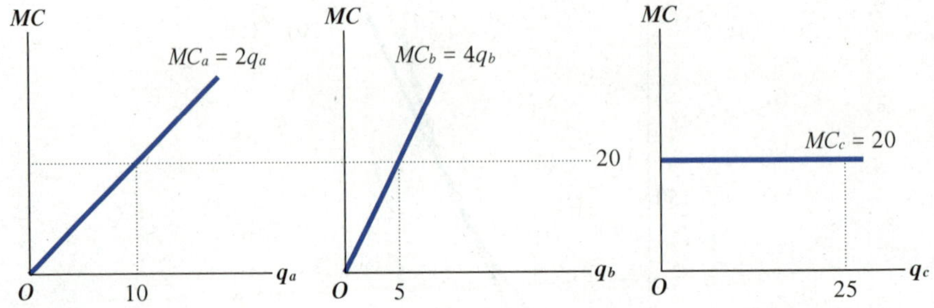

만일 $q < 15$일 경우 그림에서 보듯이 산출량을 공장 A와 공장 B에 적절하게 나누어 배분하면 한계비용이 20이 되지 않는다. 그러므로 이 경우 한계비용은 20으로서 항상 일정한 공장 C는 가동하지 않는다.

part three

시장균형

제7장 시장균형

시장균형

7장

7.1 한계수입, 탄력성

수요함수가 $d(p) = 10 - p$라고 하자.

a. 총수입, 평균수입, 한계수입을 수요량의 함수로 나타내시오.

b. 가격이 4일 때 수요의 탄력성을 구하시오.

KEY ▶ 평균수입은 항상 가격과 같다.

풀이

$d(p) = 10 - p$

a. 총수입은 $TR = pq = (10 - q)q = 10q - q^2$이다. 그리고 평균수입은 $AR = \frac{TR}{q} = p$이므로 $AR = 10 - q$가 된다.

평균수입은 가격과 같다. 이것은 시장이 경쟁인지 불완전경쟁인지에 관계없이 성립하는 결과이다.

한계수입은 $MR = \frac{dTR}{dq} = 10 - 2q$가 된다.

b. $p = 4$일 때 $q = 6$이다. 그런데 $\varepsilon_p = -\frac{p}{q}\frac{dq}{dp} = -\frac{10-q}{q}(-1)$이므로, $\varepsilon_p = \frac{2}{3}$로 구해진다.

7.2 시장수요곡선과 그 이동

개인 1과 개인 2의 X재에 대한 수요함수가 각각 $x_1 = 100 - 10p_x + 0.02M_1 + 0.2p_y$, $x_2 = 150 - 5p_x - 0.01M_2 - 0.1p_y$라고 하자.

a. X재와 Y재는 각 개인에게 대체재인가 아니면 보완재인가?

b. X재는 각 개인에게 정상재인가 아니면 열등재인가?

c. 시장수요함수를 구하시오.

d. $M_1 = M_2 = 100$, $p_y = 10$일 경우 각 개인의 역수요곡선과 역시장수요곡선을 구하시오.

e. $M_1 = 200$으로 증가할 때 시장수요곡선은 어떻게 움직이는가?

KEY ▶ 시장수요는 각 개인의 수요를 수평으로 합해서 구한다. 수식으로 볼 때, 이것은 (주어진 가격에서) 각 개인의 수량을 합하는 것과 같다.

풀이

a. 개인 1의 X재 수요함수에서 Y재의 가격이 오를 경우 X재의 수요량이 증가한다. 즉, Y재의 수요량을 줄이고 그 대신 X재로 대체하는 것으로 볼 수 있다. 그러므로 개인 1에게 X와 Y는 대체재이다.

한편 개인 2의 X재 수요함수에서 Y재의 가격이 오를 경우 X재의 수요량이 감소한다. 이것은 가격이 올라 Y재의 수요량이 감소하는데 그와 함께 소비가 감소하므로 서로 함께 소비되는 상품으로 생각할 수 있다. 그러므로 개인 2에게 X와 Y는 보완재로 볼 수 있다.

b. 개인 1의 수요함수에서 볼 때 개인 1의 소득이 증가할 경우 X재는 수요량도 증가한다. 그러므로 개인 1에게 X재는 정상재이다.

한편 개인 2의 수요함수에서 볼 때 개인 2의 소득이 증가할 경우 X재의 수요량이 감소하므로 개인 2에게 X재는 열등재이다.

이로부터 같은 상품이라도 어떤 개인에게는 정상재가 되고 다른 개인에게는 열등재가 될 수도 있다는 것을 알 수 있다.

c. 시장수요함수는 각 개인의 수요함수를 더해서 구한다. 그러므로

$$X = x_1 + x_2 = 250 - 15p_X + 0.02M_1 - 0.01M_2 + 0.1p_y$$

로 구해진다.

d. 개인 1의 역수요곡선은 $x_1 = 104 - 10p_x$로부터 $p_x = -\frac{1}{10}x_1 + \frac{104}{10}$로 구해진다.

개인 2의 역수요곡선은 $x_2 = 148 - 5p_x$로부터 $p_x = -\frac{1}{5}x_2 + \frac{148}{5}$로 구해진다.

시장수요곡선을 구하려면 가격이 변화함에 따라 그에 따라 변화하는 개인들의 수요량을 합해야 한다. 이것은 그림표에서는 각 개인의 수요곡선을 수평으로 합하는 것과 같다. 이러한 내용을 수식으로 표현하면

$$X = x_1 + x_2 = 252 - 15p_x$$

이다. 이로부터 역시장수요곡선은

$$p_x = -\frac{1}{15}X + \frac{252}{15} \ (p_x \leq \frac{104}{10}\text{일 경우})$$
$$p_x = -\frac{1}{5}X + \frac{148}{5} \ (p_x > \frac{104}{10}\text{일 경우})$$

이 된다.

(주의) 한편 이처럼 꺾이는 곳에서 주의가 요구된다. 그림을 그려서 확인해 보시오.

e.

$$p_x = -\frac{1}{15}X + \frac{254}{15} \ (p_x \leq \frac{106}{10}\text{일 경우})$$
$$p_x = -\frac{1}{5}X + \frac{148}{5} \ (p_x > \frac{106}{10}\text{일 경우})$$

이 된다. 이때 기울기는 변화하지 않고 절편만 커졌으므로 시장수요곡선은 밖으로 평행이동한다.

7.3 수요와 수요량의 구분

"이번 여름은 너무 더워서 에어컨의 수요가 폭발적으로 증가하였다. 그 결과 에어컨의 가격이 크게 오르고, 이에 따라 에어컨의 수요가 크게 감소하였다. 그로 인해 에어컨의 가격이 내려, 종합적으로 볼 때 에어컨의 가격이 올랐는지 내렸는지 알 수 없었다. 한편 에어컨의 공급은 단기적으로 고정되어 있었다고 한다." 이 말을 평가하라.

KEY ▶ 가격이 변할 경우 수요량이 변화한다. 이것은 곡선을 따라 움직이는 것으로 나타난다. 가격 이외의 요소가 변할 경우 수요가 변화한다. 이것은 곡선 자체의 이동으로 나타난다.

풀이

틀린 말이다. 에어컨의 가격 상승으로 인해 수요가 감소한 것이 아니라, 이동한 수요곡선을 따라 '수요량'이 감소한 것이다. 결과적으로 에어컨 가격은 상승했다고 해야 옳다.

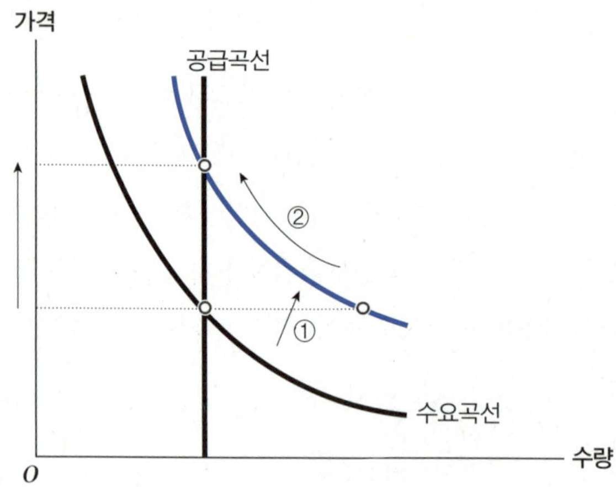

7.4 조세귀착과 초과부담(비효율)

어떤 상품의 수요곡선이 $Q_d = 100 - 4p$, 공급곡선이 $Q_S = 40 + p$로 주어졌다고 하자.

a. 균형가격과 균형수량을 구하시오.

b. 이제 상품 한 단위당 5원의 조세가 부과되었다고 하자. 이때 균형수량, 수요가격, 그리고 공급가격을 각각 구하시오.

c. 위의 b.에서 조세부담은 수요자와 공급자에게 각각 어떻게 배분되는가?

d. 수요자와 공급자의 초과부담을 각각 구하시오.

이제 수요곡선이 $Q_d = 64 - p$로 변했다고 하면

e. 위 b., c.의 답은 어떻게 바뀌는가? 먼저 각 값이 변화하는 방향을 직관적으로 말한 후 그 값들을 구하시오. 이 결과로부터 무엇을 알 수 있는가?

f. 위 d.의 답은 어떻게 바뀌는가? 이 결과로부터 무엇을 알 수 있는가?

KEY ▶ 조세가 부과되면 (1) 수요자들이 지불하는 수요가격과 공급자들이 순수하게 받는 공급가격이 서로 달라진다. (2) 상대적으로 탄력적인 쪽에서 조세를 적게 부담한다. (3) 탄력성이 클수록 초과부담이 커진다. (4) 조세는 수요자와 공급자 중에서 누구에게 부과되든지 그 경제적 효과는 같다.

풀이

$Q_d = 100 - 4p,\ Q_s = 40 + p.$

a. 균형에서는 수요량과 공급량이 같다. 그러므로 $Q_d = Q_s$로부터 $100 - 4p = 40 + p$이다. 이로부터 $p^0 = 12,\ Q^0 = 52$를 얻는다.

b. $t = 5$의 종량세가 부과되었다. 조세는 수요자와 공급자 중에서 누구에게 부과되든지 그 경제적 효과는 같다. 조세가 부과될 경우 수요자도 나빠지고 공급자도 나빠진다. 이때 수요자가 지불하는 수요가격이 공급자가 받게 되는 공급가격보다 단위당 조세만큼 높아진다. 그 결과 $p_d - p_s = 5$가 성립한다. 한편 수요곡선과 공급곡선은

$$Q_d = 100 - 4p_d,\ Q_s = 40 + p_s$$

와 같이 쓸 수 있다. 이때 수요자는 수요가격, 공급자는 공급가격에 근거하여 선택한다는 사실에 주목하자. 이렇게 볼 때 3개의 식에 미지수는 4개이므로 식이 한 개 더 필요하다. 이때 다음과 같은 균형조건식이 이용된다. 즉, 균형에서는

$$Q_d = Q_s$$

가 성립한다는 것이다. 이제 이 4개의 식을 연립으로 풀면 $p_d^* = 13,\ p_s^* = 8,\ Q^* = Q_d^* = Q_s^* = 48$로 구해진다. 이러한 사실이 그림에 나타나 있다.

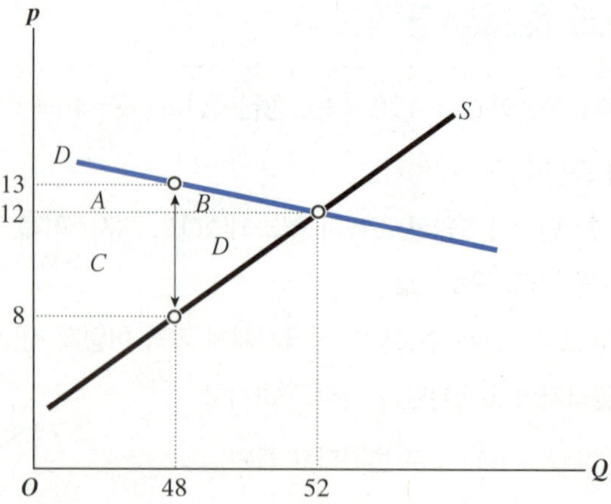

c. 수요가격은 원래의 균형가격보다 1원 상승하였다. 즉, 수요자는 조세가 부과되기 이전에 비해 단위당 1원을 더 부담하게 되었다. 한편 공급가격은 원래의 균형가격보다 4원이 하락하였다. 즉, 공급자는 조세가 부과되기 이전에 비해 단위당 4원을 덜 받게 되었다. 결과적으로 공급자는 단위당 4원의 조세를 부담하게 되었다. 이로부터 상대적으로 비탄력적인 측에서 조세를 더 많이 부담하게 된다는 것을 알 수 있다.

d. a, b의 정보로부터 수요자의 초과부담은 밑변이 4이고 높이가 1인 삼각형 B의 넓이로 구해진다. 공급자의 초과부담은 밑변이 4이고 높이가 4인 삼각형 D의 넓이로 구해진다. 수요가격 상승으로 인해 소비자잉여가 $A+B$만큼 감소하였는데 소비자의 납세액은 A뿐이므로 수요자의 초과부담은 B이다. 공급가격 하락으로 인해 생산자잉여가 $C+D$만큼 감소하였는데 공급자의 납세액은 C뿐이므로 공급자의 초과부담은 D이다. 즉,

$$\text{수요자의 초과부담} = \frac{1}{2}(4)(1) = 2,$$

$$\text{공급자의 초과부담} = \frac{1}{2}(4)(4) = 8$$

로서 초과부담의 전체 크기는 $2+8=10$이다.

e. 수요곡선이 이전보다 비탄력적이 되었다. 그러므로 b에서보다 수요가격은 더 많이 상승하고 반면에 공급가격은 더 적게 하락할 것이다. 그리하여 c에서보다 수요자의 조세부담은 더 커지며 공급자의 조세부담은 더 작아질 것이다.

이러한 사실은 다음과 같은 계산 결과로부터 다시 한 번 확인된다. 즉, 과세 전에는 $p_0=12$, $Q_0=52$로 구해진다. 그런데 과세 후에는 위에서와 동일한 계산 방법을 통해 수요가격과 공급가격이 각각 $\hat{p}_d=14.5$, $\hat{p}_s=9.5$로 구해진다. 그리고 균형수량은 $\hat{Q}=49.5$로 구해진다. 그러므로 수요자의 부담과 공급자의 부담이 각각 단위당 2.5원

이 된다. 그 결과 수요자의 단위당 부담은 1.5원 증가하였고 반면에 공급자의 단위당 부담은 1.5원 감소하였다.

이러한 사실이 그림에 나타나 있다. 결과적으로 볼 때 상대적으로 비탄력적이 될수록 조세부담은 더 커진다는 것을 알 수 있다.

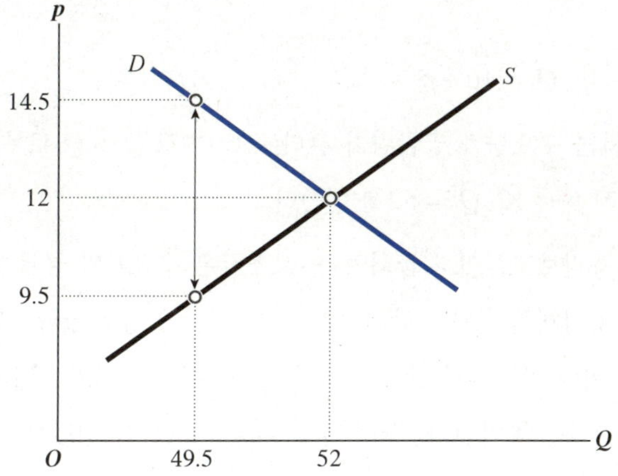

f. 문항 e.의 정보로부터 수요자 및 공급자의 초과부담은 각각 $\frac{1}{2}(2.5)(2.5) = \frac{25}{8}$로서 동일함을 알 수 있다. 초과부담의 전체 크기는 $\frac{25}{8} \times 2 = \frac{25}{4}$이다. 공급곡선은 변화하지 않았지만 수요곡선은 이전에 비해 비탄력적이 되어 수요자와 공급자의 초과부담의 합인 총초과부담의 크기가 작아졌다.

7.5 보조금의 귀착과 비효율

어떤 상품의 수요곡선이 $Q_d = 100 - 4p$, **공급곡선이** $Q_s = 40 + p$**로 주어졌다고 하자.**

a. 균형가격과 균형수량을 구하시오.

b. 이제 공급자에게 상품 한 단위당 5원의 종량보조금이 지급되었다고 하자. 이때 균형수량, 수요가격, 그리고 공급가격을 각각 구하시오.

c. 위의 b.에서 보조금은 수요자와 공급자에게 각각 어떻게 배분되는가?

d. 수요자 측면과 공급자 측면의 비효율을 각각 구하시오.

이제 수요곡선이 $Q_d = 64 - p$**로 변했다고 하면**

e. 위 b., c.의 답은 어떻게 바뀌는가? 먼저 각 값이 변화하는 방향을 직관적으로 말한 후 그 값들을 구하시오. 이 결과로부터 무엇을 알 수 있는가?

f. 위 d.의 답은 어떻게 바뀌는가? 이 결과로부터 무엇을 알 수 있는가?

KEY ▶ 보조금이 지급되면 (1) 수요자들이 지불하는 수요가격과 공급자들이 받게 되는 공급가격이 서로 달라진다. (2) 상대적으로 탄력적인 쪽에서 보조금의 혜택을 적게 보게 된다. (3) 탄력성이 클수록 비효율이 커진다. (4) 보조금은 수요자와 공급자 중에서 누구에게 지급되든지 그 경제적 효과는 같다.

풀이

$Q_d = 100 - 4p,\ Q_s = 40 + p$

a. 균형에서는 수요량과 공급량이 같다. 그러므로 $Q_d = Q_s$로부터 $100 - 4p = 40 + p$이다. 이로부터 $p^0 = 12,\ Q^0 = 52$를 얻는다.

b. $s = 5$의 종량보조금이 지급되었다. 보조금은 수요자와 공급자 중에서 누구에게 지급되든지 그 경제적 효과는 같다. 보조금이 지급될 경우 공급자도 나아지고 수요자도 나아진다. 이때 공급자가 받게 되는 공급가격이 수요자가 지불하는 수요가격보다 단위당 보조금만큼 높아진다. 그 결과 $p_s = p_d + 5$ (1)가 성립한다. 이제 수요곡선과 공급곡선은

$$Q_d = 100 - 4p_d \tag{2}$$

$$Q_s = 40 + p_s \tag{3}$$

와 같이 쓸 수 있다. 이때 수요자는 수요가격, 공급자는 공급가격에 근거하여 선택한다는 사실에 주목하자. 이렇게 볼 때 3개의 식에 미지수는 4개이므로 식이 한 개 더 필요하다. 이때 다음과 같은 균형조건식이 이용된다. 즉, 균형에서는

$$Q_d = Q_s \tag{4}$$

가 성립한다는 것이다. 이제 이 4개의 식을 연립으로 풀면 $p_d^* = 11,\ p_s^* = 16,\ Q^* = Q_d^* = Q_s^* = 56$으로 구해진다. 이러한 사실이 그림에 나타나 있다.

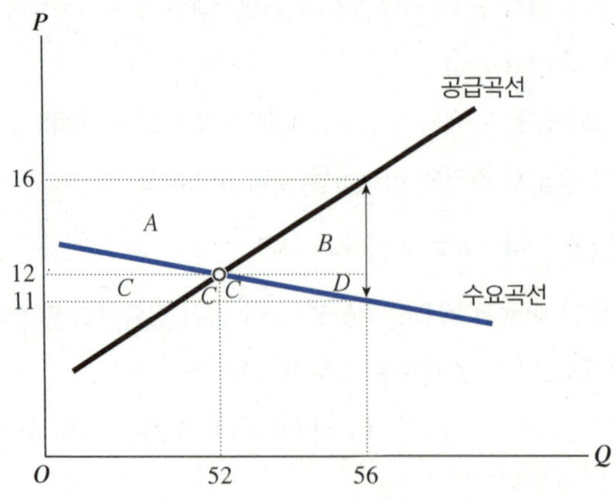

c. 공급가격은 원래의 균형가격보다 4원 상승하였다. 즉, 공급자는 보조금이 지급되기 이전에 비해 단위당 4원을 더 받게 되었다. 한편 수요가격은 원래의 균형가격보다 1원이 하락하였다. 즉, 수요자는 보조금이 지급되기 이전에 비해 단위당 1원을 덜 내게 되었다. 결과적으로 공급자는 단위당 4원의 보조금을 받고 수요자는 단위당 1원의 보조금을 받게 되었다. 이로부터 상대적으로 비탄력적인 측에서 보조금을 더 많이 받게 된다는 것을 알 수 있다.

d. a., b.의 정보로부터 수요자 측면의 비효율은 밑변이 4이고 높이가 1인 삼각형 D의 넓이로 구해진다. 공급자 측면의 비효율은 밑변이 4이고 높이가 4인 삼각형 B의 넓이로 구해진다. 수요자에게 지급된 보조금은 $C+D$인데 수요가격 하락으로 인해 소비자잉여가 C만큼만 증가하므로 수요자 측면의 비효율이 D이다. 공급자에게 지급된 보조금은 $A+B$인데 공급가격 상승으로 인해 생산자잉여가 A만큼만 증가하므로 공급자 측면의 비효율은 B이다. 즉,

$$\text{수요자 측면의 비효율} = (\tfrac{1}{2})(4)(1) = 2, \ \text{공급자 측면의 비효율} = (\tfrac{1}{2})(4)(4) = 8$$

로서 비효율의 전체 크기는 $2+8=10$이다.

e. 수요곡선이 이전보다 비탄력적이 되었다. 그러므로 b.에서보다 수요가격은 더 많이 하락하고 반면에 공급가격은 더 적게 상승할 것이다. 그리하여 c.에서보다 수요자의 보조금 혜택은 더 커지며 공급자의 보조금 혜택은 더 작아질 것이다. 이러한 사실은 다음과 같은 계산 결과로부터 다시 한 번 확인된다. 즉, 보조금 지급 이전에는 $p_0=12$, $Q_0=52$로 구해진다. 그런데 보조금 지급 이후에는 위에서와 동일한 계산 방법을 통해 수요가격과 공급가격이 각각 $\hat{p}_d=9.5$, $\hat{p}_s=14.5$로 구해진다. 그리고 균형수량은 $\hat{Q}=54.5$로 구해진다. 그러므로 수요자의 혜택과 공급자의 혜택이 각각 단위당 2.5원이 된다. 그 결과 수요자의 단위당 혜택은 1.5원 증가하였고 반면에 공급자의 단위당 혜택은 1.5원 감소하였다. 이러한 사실이 그림에 나타나 있다. 결과적으로 탄력성이 상대적으로 작아질수록 보조금의 혜택이 더 커진다는 것을 알 수 있다.

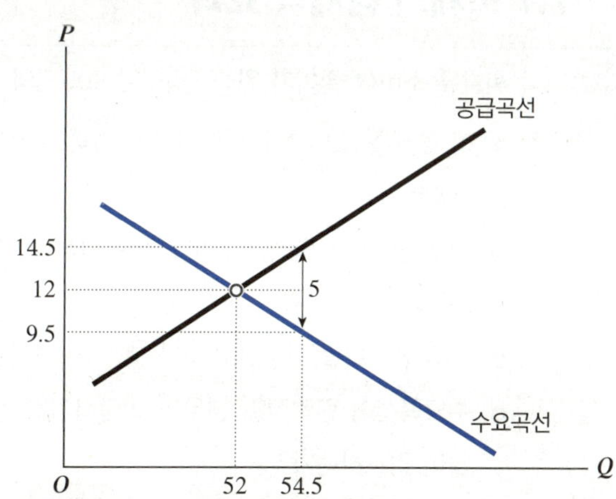

f. 문항 e.의 정보로부터 수요자 및 공급자 측면의 비효율은 $(\frac{1}{2})(2.5)(2.5)=\frac{25}{8}$로서 동일함을 알 수 있다. 비효율의 전체 크기는 $\frac{25}{8}\times 2=\frac{25}{4}$이다. 공급곡선은 변화하지 않았지만 수요곡선은 이전에 비해 비탄력적이 되어 비효율이 이전보다 작아졌다.

7.6 조세의 귀착

어떤 사람이 옷을 사면서 옷에 붙어 있는 가격표를 보았더니 공장도 가격이 10만원이라고 적혀 있었다. 그런데 점원이 11만원을 받으며 1만원은 부가가치세라고 하였다. 물건을 살 때마다 이런 경험을 한 소비자는 자신의 경험을 근거로 부가가치세는 결국 모두 소비자의 부담으로 돌아온다고 불평하였다. 일반적인 경우 이 사람의 불평의 근거가 옳은가를 평가하시오. 유통마진은 무시하기로 하자.

KEY ▶ 조세의 경제적 귀착은 법적 귀착과는 관계없다. 경제적 귀착은 시장의 수요공급의 원리에 따라 정해진다.

풀이

틀리다. 여기서의 공장도 가격은 공급가격이고 11만원은 수요가격으로 볼 수 있다. 누가 어느 만큼의 조세를 부담하는가를 알려면 조세가 부과되기 전의 시장균형가격을 알아야 한다. 그런데 문제에서 제시한 정보만으로는 이 가격을 알 수 없다. 일반적으로 볼 때 수요곡선이 완전히 비탄력적이거나 또는 공급곡선이 무한히 탄력적일 경우를 제외하고는 조세가 수요자에게 모두 귀착되지는 않는다.

7.7 조세의 경제적 효과

휘발유 소비를 줄이기 위해 1리터당 800원의 조세를 부과한다고 하자.

a. 이 조세를 소비자에게 부과하는 경우와 생산자에게 부과하는 경우 그 결과가 어떻게 달라지는가?

b. 수요곡선이 탄력적일 경우와 비탄력적일 경우 중에서 어느 경우에 소비가 더 많이 줄어드는가?

c. 조세가 부과될 경우 소비자와 생산자의 후생은 각각 어떻게 되는가? 비효율은 어떠한가?

d. 수요곡선이 탄력적일 경우와 비탄력적일 경우 중에서 어느 경우에 소비자의 후생이 더 많이 감소하는가?

KEY ▶ (1) 조세는 누구에게 부과되든지 균형에서 볼 때 그 경제적 효과는 같다. (2) 조세를 부과할 경우에는 '조세쐐기'가 원래 균형점의 왼쪽에 놓인다. (3) 이때 수요가격이 공급가격보다 높아진다. 그 결과 비효율이 발생한다.

풀이

a. 소비자에게 부과하는 경우에는 수요곡선을 아래로 이동시키는 것으로 생각할 수 있다. 한편 생산자에게 부과하는 경우에는 공급곡선을 위로 이동시키는 것으로 생각할 수 있다. 그러나 어느 경우이든 수량은 같은 양만큼 줄어든다. 그리고 두 경우에 수요가격은 같다. 물론 공급가격도 같다. 결과적으로 볼 때 경제적 효과에는 차이가 없다.

b. 수요곡선이 탄력적일 경우 가격이 조금만 올라도 수요량이 크게 줄어든다. 그 결과 그림에서 보듯이 수요곡선이 탄력적일 경우 소비가 더 많이 줄어든다.

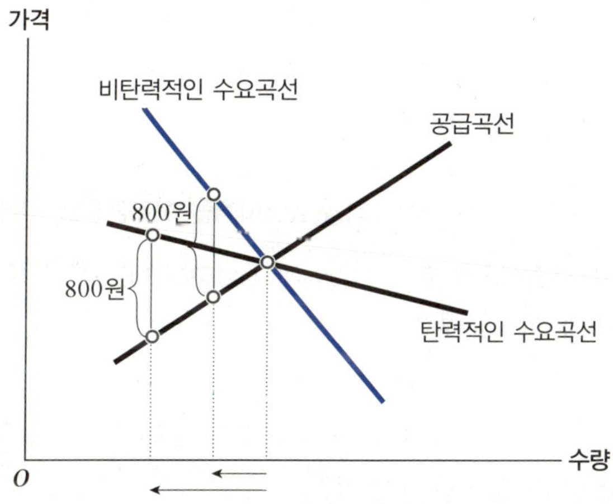

c. 소비자들은 더 적은 수량을 더 높은 가격에 사게 되므로 후생이 감소한다. 그림에서 볼 때 소비자잉여가 $(A+B)$만큼 줄어든다. 생산자들은 더 적은 수량을 더 낮은 가격에 팔게 되므로 후생이 줄어든다. 이것은 생산자잉여가 $(C+D)$만큼 줄어드는 것으로 나타난다.

이때 정부의 조세수입은 $(A+C)$밖에 되지 않는다. $(B+D)$는 후생손실이 조세수입을 초과하는 부분으로서 비효율을 나타낸다. 이처럼 비효율이 발생하는 이유는 조세가 가격을 왜곡시켜, 수요자와 공급자가 서로 다른 가격을 기준으로 선택하게 되기 때문이다. 이때 한계편익과 한계비용이 더 이상 같아지지 않는다. 즉, 가격기능이 작동하지 않는다.

d. 수요곡선이 비탄력적일 경우 수요가격이 더 많이 오른다. 그 결과 소비자잉여가 더 많이 감소한다. 즉, 소비자의 후생이 더 많이 감소한다.

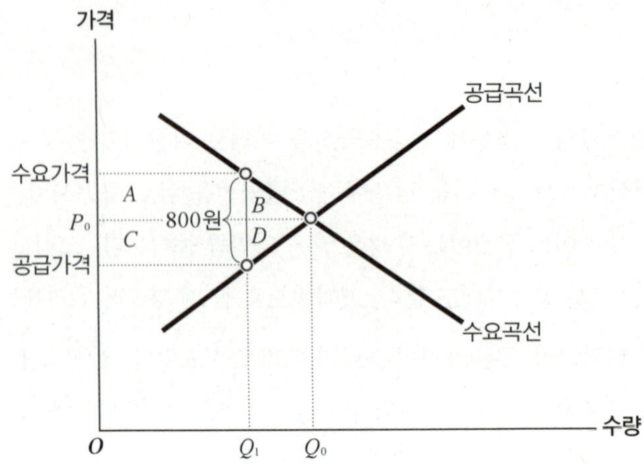

7.8 보조금의 경제적 효과

예방주사를 맞는 데 정부가 주사 1대당 1,000원을 보조금으로 지급한다고 하자.

a. 이 보조금이 예방접종을 받는 사람에게 지급하는 경우와 공급자에게 지급하는 경우 그 결과가 어떻게 달라지는가?

b. 예방접종을 받는 사람과 공급자의 후생은 각각 어떻게 되는가? 비효율은 어떠한가?

c. 수요곡선이 탄력적일 경우와 비탄력적일 경우 중에서 어느 경우에 예방접종을 받는 사람들의 후생이 더 많이 증가하는가?

KEY ▶ (1) 보조금은 누구에게 지급되든지 균형에서 볼 때 그 경제적 효과는 같다. (2) 보조금을 지급할 경우에는 '보조금쐐기'가 원래 균형점의 오른쪽에 놓인다. (3) 이때 공급가격이 수요가격보다 높아진다. 그 결과 비효율이 발생한다.

풀이

a. 예방접종을 받는 사람에게 지급하는 경우에는 수요곡선이 위로 이동하는 것으로 생각할 수 있다. 한편 공급자에게 지급하는 경우에는 공급곡선이 아래로 이동하는 것으로 생각할 수 있다. 그러나 어느 경우이든 수량은 똑같이 증가한다. 공급자가 받는 공급가격은 같은 크기만큼 올라간다. 수요자가 지불하는 수요가격은 같은 크기만큼 떨어진다.

b. 예방접종을 받는 사람들은 더 낮은 가격에 더 많은 예방접종을 받게 된다. 그 결과 후생이 증가한다. 그림에서 볼 때 소비자잉여가 $(C+D)$만큼 증가한다. 한편 공급자는 더 높은 가격에 더 많은 양을 팔게 된다. 그 결과 생산자잉여가 $(A+B)$만큼 증가한다.

이때 정부의 보조금은 $(A+B+C+D+E)$만큼 지급된다. E는 보조금 지급총액이 후생증가를 초과하는 부분(또는 E는 상품 생산에 드는 비용이 그로부터 얻는 후생을 초과하는 부분)으로서 비효율을 나타낸다. 이처럼 비효율이 발생하는 이유는 보조금 지급이 가격을 왜곡시켜, 수요자와 공급자가 서로 다른 가격을 기준으로 선택하게 되기 때문이다. 이때 한계편익과 한계비용이 더 이상 같아지지 않는다. 즉, 가격기능이 작동하지 않는다.

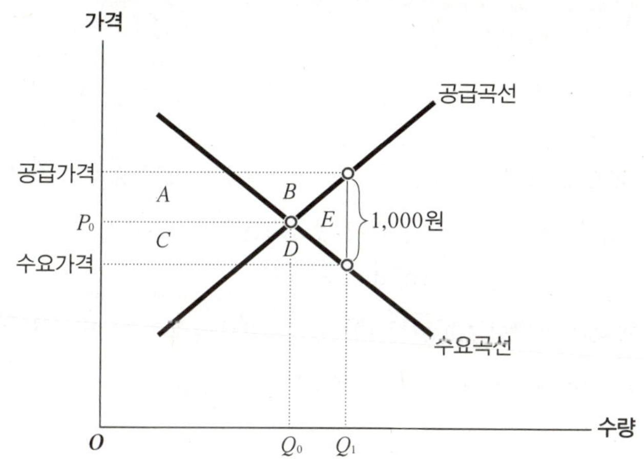

c. 보조금을 지급할 경우 균형수량이 늘어난다. 한편 수요곡선이 비탄력적이라는 것은 가격변화에 수요량이 민감하게 반응하지 않는다는 것을 의미한다. 그러므로 수요곡선이 비탄력적일 경우 수량이 증가하면 그에 반응하여 수요가격이 더 많이 떨어진다. 그 결과 수요곡선이 비탄력적일 경우 예방접종을 받는 사람들의 후생이 더 많이 증가한다. 그림에서 수요곡선이 비탄력적일 경우 소비자잉여가 더 많이 증가한다는 사실을 확인할 수 있다.

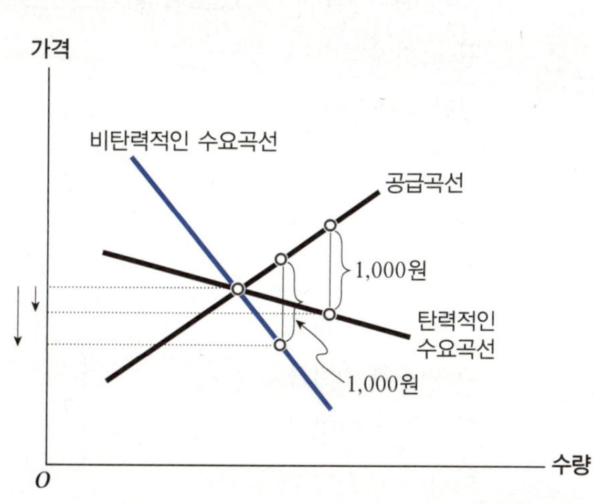

7.9 조세의 초과부담(비효율) : 공급이 고정되어 있을 경우

생수의 공급은 $S = 100$으로 고정되어 있고 수요곡선은 $D = 300 - p$라 하자. 이때 정부가 소비자에게 생수 한 단위당 20원의 조세를 부과하였다고 하자.

a. 조세가 부과되기 이전과 이후의 소비자잉여를 각각 구하시오.

b. 조세수입은 얼마인가?

c. 조세가 부과되기 이전과 이후의 생산자잉여는 각각 얼마인가?

d. 초과부담은 얼마인가?

KEY ▶ 비효율은 조세 부담을 줄이는 방향으로 자신의 선택을 조정하기 때문에 발생하는 것이다. 그러므로 조세 부담을 줄이는 방법으로 자신의 선택을 조정할 여지가 없을 경우에는 비효율이 존재하지 않는다.

풀이

a. 공급이 100으로 고정되어 있으므로 과세를 불문하고 수요자가 지불해야 하는 수요가격은 시장청산가격인 200원이 되며 공급량은 100이 된다. 따라서 과세 이전과 이후에 소비자잉여의 크기는 변화하지 않는다.

과세 후 수요가격이 200원이 되는 이유를 보다 자세히 검토해 보자. 이를 위해 조세가 모두 소비자에게 전가되어 과세 후 가격이 220원으로 오를 수 있겠는가를 생각해 보자. 만일 가격이 220원으로 오르면 수요량이 줄어든다. 그러나 공급은 고정되어 있으므로 공급량은 그대로이다. 그 결과 초과공급 상태가 된다. 이러한 초과공급은 가격이 200원으로 떨어져서야 비로소 완전히 해소된다. 그러므로 과세 후 가격은 200원이 될 수밖에 없다. 다시 말하면 수요가격이 200원이 된다는 것이다.

참고로 가격이 전혀 오르지 않으므로 조세는 결국 공급자가 모두 부담하게 된다. 한편 소비자잉여는 밑변 및 높이가 각각 100인 직각이등변삼각형의 면적으로 나타난다. 따라서 과세 이전과 이후의 소비자잉여는 5,000원이다.

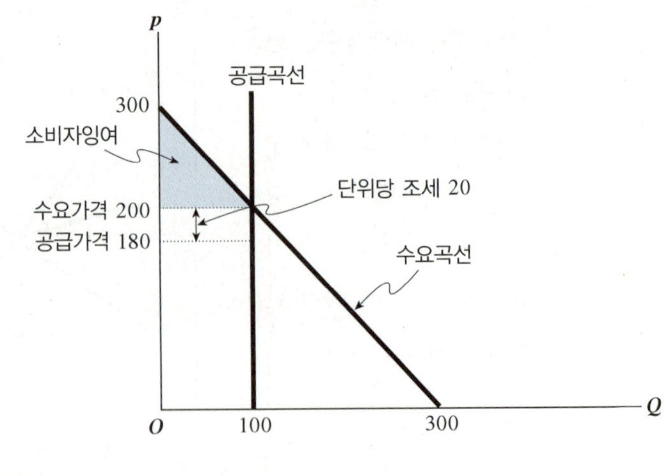

b. 과세 후에는 단위당 20원의 조세를 납부하며 거래량은 100이므로 조세수입은 2,000원(=100×20)이 된다.

c. 공급이 가격 수준에 관계없이 일정하게 고정되어 있으므로 현 수준의 공급을 유도하기 위한 최소한의 비용은 0이다. 따라서 과세 전에는 판매수입(=20,000=100×200) 전체가 생산자잉여이다. 한편 과세 후에는 단위당 20원의 조세를 납부해야 하므로 생산자잉여는 100×(200−20)=18,000원이 된다.

d. 과세 전후 소비자잉여는 변화하지 않는다. 나아가서 생산자잉여가 조세수입만큼 줄어들므로 초과부담은 존재하지 않는다. 다시 말하면 생산자잉여가 줄어든 바로 그만큼 조세수입이 늘었기 때문에 경제전체적으로 볼 때에는 손실이 없다는 것이다. 일반적으로 공급곡선이 수직이면 과세가 산출량에 영향을 주지 않으므로 비효율이 발생하지 않는다.

7.10 초과부담(비효율) 존재 여부

중동 전쟁이 일어나서 산유국들이 원유 공급을 제대로 할 수 없었다. 그 결과 원유가격이 올랐다고 하자. 이 경우 초과부담이 존재하는가?

풀이

이 경우 초과부담이 존재하지 않는다. 즉, 비효율이 발생하지 않는다. 이때의 가격변화는 조세 부과 때문이 아니고 공급의 변화 때문에 발생한 것이기 때문이다. 그 결과 수요자와 공급자가 똑같은 가격에 직면하기 때문이다. 그리하여 파레토개선의 여지가 없기 때문이다. 비효율은 수요자와 공급자가 서로 다른 가격에 직면할 때 발생한다.

이 의미를 파악하기 위해 조세가 부과된 경우를 생각해 보자. 조세가 부과될 경우 비효율이 발생한다. 수요자와 공급자가 서로 다른 가격에 직면하기 때문이다. 이때 만일 수요가격과 공급가격 사이의 어떤 가격에 거래를 할 수만 있다면, 수요자와 공급자 모두에게 이득이 된다. 수요자는 이전보다 더 낮은 가격을 지불하게 되고 공급자는 더 높은 가격을 받게 되기 때문이다. 결국 파레토개선이 된다. 즉, 조세가 부과된 상태에서는 파레토개선의 여지가 있다. 그러므로 파레토효율의 정의에 비추어 볼 때 조세가 부과된 상태는 비효율적이다.

7.11 관세와 비효율

어떤 상품의 국내 수요가 $Q_d = 4{,}000 - 50p$이고 국내 공급은 $Q_S = -500 + 50p$라고 한다.

a. 이 상품의 국내시장의 균형가격과 산출량을 구하시오.

b. 이 상품의 국제시장가격이 20이라고 한다. 이때 자유무역을 허용할 경우 국내 생산과 수입은 각각 얼마인가?

c. 수입품 한 단위당 10의 관세를 부과할 경우 관세 수입은 얼마나 되는가? 비효율은 얼마인가?

d. 국내생산자의 이윤의 증감을 말하고 그 크기를 구하시오.

e. 이러한 관세 부과 정책의 결과에 대해 설명하고 평가하시오.

f. 수입품 한 단위당 10의 관세를 부과하는 대신 그때 수입되는 수량만큼 수입되도록 수입수량할당제도를 시행하거나 또는 상대국이 수출자율규제를 시행할 경우 그 결과를 관세를 부과하는 경우와 비교하시오.

KEY ▶ 관세도 조세이다. 조세는 가격을 왜곡시켜 생산과 소비에 비효율을 유발한다.

풀이

$Q_d = 4{,}000 - 50p,\ Q_s = -500 + 50p$

a. 균형에서는 $Q_d = Q_s$가 성립한다. 그러므로 $4{,}000 - 50p = -500 + 50p$로부터 $p = 45$, $Q = 1{,}750$.

b. $p_i = 20$이라고 하였다. 이것을 수요곡선과 공급곡선에 각각 대입하면 $Q_d^* = 3{,}000$, $Q_s^* = 500$을 얻는다. 즉, 국내수요는 3,000인데 국내생산은 500이다. 그러므로 수입 $= Q_d^* - Q_s^* = 2{,}500$이 된다.

c. 국내가격 $= p_i + t = 20 + 10 = 30$이다. 이때

수입 $= \hat{Q}_d - \hat{Q}_s = (4{,}000 - 50 \times 30) - (-500 + 50 \times 30) = 1{,}500$,

관세수입 $= (1{,}500)(10) = 15{,}000$,

비효율 $= \frac{1}{2}[10(1{,}000 - 500) + 10(3{,}000 - 2{,}500)] = 5{,}000$이 된다.

d. 국산품 생산자는 국산품을 원래 가격에 관세를 더한 더 높은 가격에 판매할 수 있다. 그 결과 국산품 생산자는 뜻밖의 이윤을 얻게 된다.

한편 '이윤 = 총수입 − 총비용 = 총수입 − 총가변비용 − 총고정비용' 인데 '생산자잉여 = 총수입 − 총가변비용' 이므로 '이윤 = 생산자잉여 − 총고정비용' 이다. 그런데 총고정비용은 생산 여부와 관계없이 변하지 않는다. 그러므로

생산자잉여의 변화 = 이윤의 변화

의 관계가 성립한다. 그런데 관세로 인해 수입품의 가격이 올라 생산자잉여가 D만큼 증가하였다. 즉, 생산자잉여가 D의 면적인

$$\frac{1}{2} \times 10 \times (Q_3 + Q_1) = \frac{1}{2} \times 10 \times (1{,}000 + 500) = 7{,}500$$

만큼 증가했다. 따라서 이윤의 증가는 7,500이다.

참고 ▶ 한편 장기에는 고정비용이 없으므로 생산자잉여는 이윤과 같아진다. 또한 당연한 말이지만 장기에도 생산자잉여의 변화는 이윤의 변화와 같다.

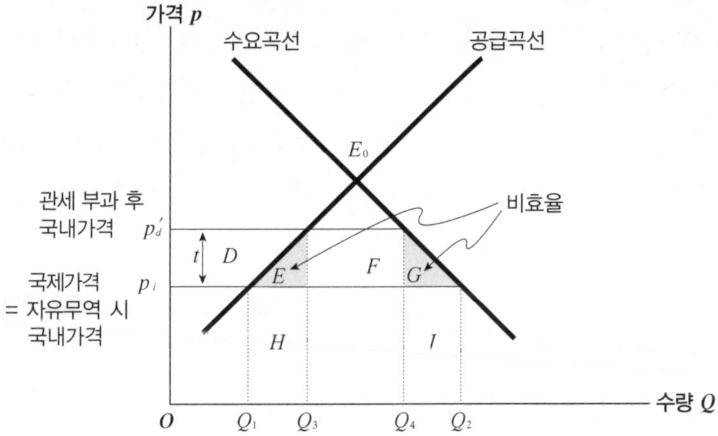

e. 관세로 인해 수입품의 가격이 오르고 그 결과 수입량은 $\overline{Q_1Q_2}$에서 $\overline{Q_3Q_4}$로 감소하였다. 이때 생산자잉여는 D만큼 증가하지만 소비자잉여는 $(D+E+F+G)$만큼 감소한다. 소비자잉여의 감소분 중에서 D는 생산자잉여로 전환되었으며 F는 정부의 관세 수입으로 확보되었다. 그러나 E와 G는 누구에게도 이전되지 않았다. 이것들이 관세가 유발한 비효율을 나타낸다.

구체적으로 살펴보자. E는 인위적으로 가격을 올렸기 때문에 그로 인해 국내 생산이 $Q_3 - Q_1$만큼 증가하여 발생한 비효율이다. 이 경우 국제가격이 낮기 때문에 국내에서 생산해서 쓰는 것보다 수입해서 쓰는 것이 비용이 더 적게 든다는 점이 고려되었다. 즉, 비효율 E는 생산자 측면에서 생산 증가로 인해 증가하게 되는 비용의 크기인 $E+H$와 그만큼의 수입 감소로 인해 절약되는 지출의 크기인 H의 차로 측정된 것이다.

한편 G는 인위적으로 가격을 올렸기 때문에 그로 인해 국내 소비가 $Q_2 - Q_4$만큼 감소하여 발생한 비효율이다. 비효율 G는 소비자 측면에서 소비 감소로 인해 감소하게 되는 후생의 크기인 $G+I$와 그때 절약되는 지출의 크기인 I의 차로 측정된 것이다.

부연하면 다음과 같다.

(1) 국내생산자의 이윤은 D만큼 증가하고, 즉 생산자잉여는 D만큼 증가하고, 관세수입이 F만큼 확보되지만 소비자잉여가 $(D+E+F+G)$만큼 감소하여 종합적으로 볼 때 후생이 $E+G$만큼 감소한다.

(2) 국내생산 증가 – 생산증가효과 또는 보호효과

(3) 국내소비 감소 – 소비감소효과

(4) 수입량이 $\overline{Q_1Q_2}$에서 $\overline{Q_3Q_4}$로 감소 – 무역효과 또는 수입대체효과

(5) 소비자잉여의 일부가 생산자잉여와 조세수입으로 전환 – 소득재분배효과

한편 대국의 경우 관세를 부과하면 해당 상품의 국내수요를 감소시키는데, 이것은 곧 세계수요를 감소시킨다. 이로 인해 그 상품의 국제가격이 하락하여 교역조건이 개선된다. 이때 교역조건 개선으로 인한 사회후생 증가가 생산 및 소비 왜곡으로 인한 사회후생 감소보다 클 경우 관세 부과는 사회후생을 증가시킨다. 이 경우 최적관세의 이슈가 대두된다. 한편 대국이 자국의 사회후생 증가를 위해 관세를 부과할 경우 상대국가로부터 관세보복을 당할 우려가 있다.

f. 관세를 부과하는 대신 그때 수입되는 수량만큼 수입되도록 수입수량할당제도를 시행하거나 상대국이 수출자율규제를 시행할 경우 수입품의 국내가격이 관세를 부과하는 경우만큼 오른다. 그 결과 국내소비자와 국내생산자에게 미치는 영향은 관세의 경우와 같다. 다만 정부의 관세수입 F가 사라진다. 이때 F만큼 외국생산자의 이윤이 증가한다.

7.12 농산물 수매와 비효율

배추의 수요가 $Q_d = 4{,}000 - 50p$ **이고 공급이** $Q_s = -500 + 50p$ **라고 한다.**

a. 정부가 배추의 가격을 60으로 만들기 위해 배추를 구입해 준다고 한다. 즉, 배추를 수매해 준다고 한다. 이때 수매해 주어야 하는 수량과 수매대금을 구하시오. 이 결과를 그림으로 그린 다음 비효율의 크기를 표시하시오.

b. 정부가 수매제도 대신 농민들에게 보조금을 지급하려고 한다. 이때 수매제도에서와 같은 수량이 공급되도록 하려면 보조금은 농산물 한 단위당 얼마이어야 하며 이때 비효율의 크기는 얼마인가?

c. 수매제도와 보조금지급정책을 비교하시오.

KEY ▶ 보조금을 지급할 경우 공급가격과 수요가격 사이에 단위당 보조금 크기만큼 차이가 생긴다.

풀이

a. 수매제도 이전 균형에서는 $Q_d = Q_s$가 성립한다. 그러므로 $4{,}000 - 50p = -500 + 50p$로부터 $p_0 = 45$, $Q_0 = 1{,}750$을 얻는다. 수매가격이 $p_g = 60$이므로 이것을 수요곡선과 공급곡선에 각각 대입하면 $Q_1 = 1{,}000$, $Q_2 = 2{,}500$을 얻는다. 그러므로 수매량은 $Q_2 - Q_1 = 1{,}500$이 된다. 따라서 수매대금은 $p_g(Q_2 - Q_1) = 60(2{,}500 - 1{,}000) = 90{,}000$이 된다.

이때 가격이 p_0에서 p_g로 오르기 때문에 소비자잉여는 $A + B$만큼 감소한다. 반면에 생산자잉여는 $A + B + C$만큼 증가한다. 그러므로 사회적으로 볼 때 잉여는 C만큼 증가한다. 그런데 이러한 결과를 얻기 위해 정부수매대금이 $B + C + E + F + G + H + I$만큼 지출되므로 비효율의 크기는 수매대금에서 잉여증가분을 빼 준 $B + E + F + G + H + I$이다.

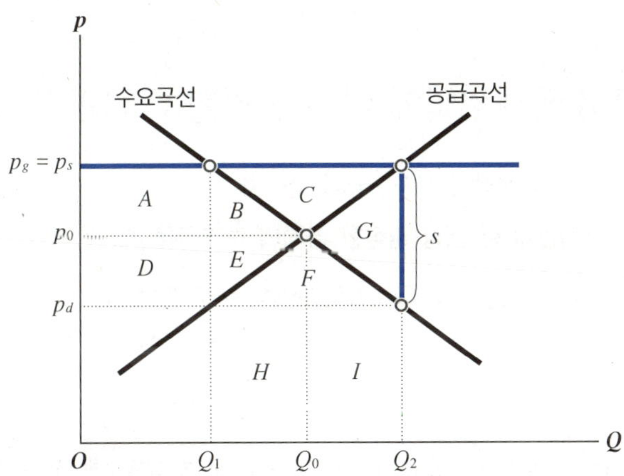

b. 보조금을 지급하면 공급가격 p_s는 수요가격 p_d보다 한 단위당 보조금 s만큼 높아진다. 즉, $p_s = p_d + s$ (1)가 성립한다. 이때 수요자는 수요가격에 따라 선택하고 공급자는 공급가격에 따라 선택한다. 그러므로

$$Q_d = 4{,}000 - 50p_d \ (2), \quad Q_s = -500 + 50p_s \ (3)$$

가 성립한다. 한편 수매제도에서와 같은 수량이 공급되도록 한 단위당 보조금을 지급한다고 했으므로 이렇게 되도록 하려면 공급가격이 수매가격과 같아지도록 한 단위당 보조금을 정해야 한다. 즉, $p_s = p_g = 60$ (4)가 되도록 해야 한다. 그런데 균형에서는 $Q_d = Q_s$ (5)가 성립해야 한다. 이제 식 (1) ~ (5)를 살펴보면 미지수가 6개이고 식이 6개이다. 이로부터 $Q_d = Q_s = Q_2 = 2{,}500$을 얻는다. 예상한 대로 수매제도에서와 같은 수량이다. 그리고 $p_d = 30$, $s^* = 30$을 얻는다. 이때 정부보조금 총액은 $s^*Q_2 = 30 \times$

2,500 = 75,000이다.

보조금 지급으로 인해 공급가격이 상승하여 생산자잉여는 $A+B+C$만큼 증가한다. 또한 수요가격이 하락하여 소비자잉여는 $D+E+F$만큼 증가한다. 그런데 이러한 결과를 얻기 위해 정부보조금이 $A+B+C+D+E+F+G$만큼 지출되므로 비효율의 크기는 정부보조금에서 생산자잉여와 소비자잉여의 증가분을 빼 준 G이다.

c. 수매제도에 비해 보조금 지급의 경우 비효율이 작다. 그러나 수요와 공급이 대단히 비탄력적일 경우에는 보조금 지급을 통해 수매제도일 때와 같은 수량이 공급되도록 유도하려면 정부수매대금보다 훨씬 더 많은 정부보조금이 지출되어야 한다. 이러한 결과는 수요곡선과 공급곡선이 모두 비탄력적일 경우의 그림을 통해 확인할 수 있다. 직관적으로 볼 때 수요와 공급이 대단히 비탄력적일 경우 수량의 변화를 유도하려면 수요가격과 공급가격을 크게 변화시켜야 하기 때문이다.

7.13 보조금이 국제무역에 미치는 영향 : 국내시장이 경쟁일 경우

자동차 수출에 대해 생각해 보자. 국제 자동차 시장은 경쟁적이라고 한다. 이때 정부가 해외로 수출되는 자동차 한 대당 일정한 금액의 보조금을 지급한다고 하자.

a. 이러한 보조금은 자동차의 국내가격, 산출량, 국내수요량, 그리고 수출량에 각각 어떠한 영향을 주는가?

b. 소비자잉여, 생산자잉여, 정부재정의 변화를 말하라. 이 결과가 효율적인가?

KEY ▶ 보조금이 국제무역과 효율에 어떠한 영향을 미치는지 명확하게 파악하고 있어야 한다.

풀이

a. 보조금을 지급하기 전 국제가격을 p_i라고 하자. 이 경우 국내산출량은 Q_2이고 국내수요량은 Q_1이다. 그 결과 수출량은 Q_2-Q_1이 된다. 한편 수출보조금을 지급하면 공급자가 받게 되는 공급가격은 단위당 보조금 s만큼 올라간다. 한편 이 경우 생산자들은 국내에 전혀 공급하지 않고 그 대신 모두 수출한다. 국내에 공급할 경우 보조금을 받지 못하기 때문이다. 수출량은 Q_3이다. 국내소비자들은 여전히 국제가격 p_i에 Q_1을 소비한다. 이때 이 수량은 모두 수입에 의해 조달된다. 그리하여 순수출은 Q_3-Q_1이 된다. 결과를 살펴보자. 자동차의 국내가격과 국내소비량은 변하지 않는다. 자동차의 국내산출량은 증가한다. 자동차의 수출량은 증가한다.

위의 내용을 표로 정리하면 다음과 같다.

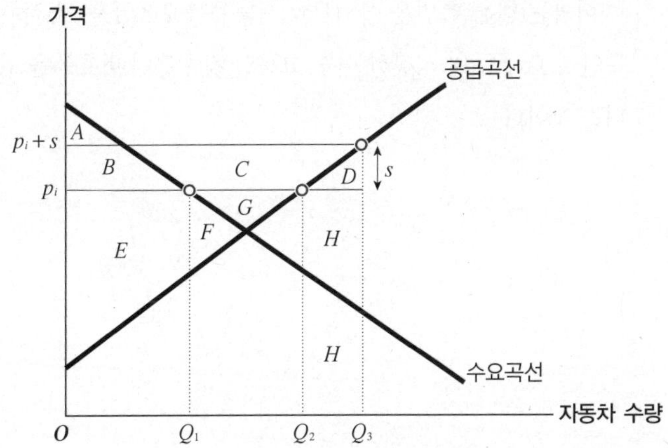

	보조금 지급 이전	보조금 지급 이후	변화
국내가격	p_i	p_i	불변
산출량	Q_2	Q_3	증가
국내수요량	Q_1	Q_1	불변
수출량	Q_2-Q_1	Q_3	$Q_1+(Q_3-Q_2)$
수입량	0	Q_1	Q_1

b. 보조금 지급과 관계없이 소비자잉여는 $(A+B)$로서 변하지 않는다. 보조금을 받게 되므로 생산자잉여는 당연히 증가한다. 즉, $(E+F+G)$에서 그보다 $(B+C)$만큼 증가한다. 정부 수입은 보조금 지급액만큼 감소한다. 즉, $(B+C+D)$만큼 감소한다. 결과적으로 총잉여는 D만큼 감소한다. 즉, 보조금을 지급할 경우 비효율적이 된다. 이때 비효율의 크기는 D로 표시된다. 이처럼 비효율이 생기는 이유는 보조금 때문에 효율적 수량보다 더 많이 생산하게 되기 때문이다. (이때 생산자잉여는 정부가 지급하는 보조금만큼 늘어나지는 않는다. 이 점에 주목하라.) 말하자면 국내산출량이 Q_2에서 Q_3로 증가하였는데, 이 늘어난 수량에 대해 비용은 추가로 $D+H$만큼 더 들지만 판매수입은 H만큼만 늘어나기 때문이다. 한편 여기서 판매수입을 계산할 때 국제가격이 p_i라는 사실이 적용되고 있다.

	보조금 지급 이전	보조금 지급 이후	변화
소비자잉여	$A+B$	$A+B$	0
생산자잉여	$E+F+G$	$B+C+E+F+G$	$B+C$
정부재정의 변화	0	$-(B+C+D)$	$-(B+C+D)$
총잉여	$A+B+E+F+G$	$A+B-D+E+F+G$	$-D$

이와는 다른 측면을 살펴보자. 즉, 수출보조금을 지급하여 자동차산업을 일정기간 동안 보호해 주면 성장한 이후 그동안 감수했던 비효율을 압도하는 성과를 낼 수도 있다는 것이다.

IV

part four

시장구조이론

제8장 완전경쟁 / 제9장 독점 / 제10장 과점 / 제11장 게임이론

완전경쟁 8장

8.1 이윤과 생산자잉여의 관계

8.2 단기의 조업중단 여부

8.3 경쟁기업의 단기균형

8.4 단기총비용함수와 장기총비용함수의 관계, 개별기업의 단기균형과 장기균형

8.5 경쟁기업의 장기균형 : 레온티에프 생산함수일 경우

8.6 시장균형

8.7 경쟁시장의 단기균형

8.8 경쟁시장의 장기균형

8.9 경쟁시장의 단기균형과 장기균형

8.10 경쟁시장의 장기균형

8.11 경쟁시장의 장기균형

8.12 경쟁시장과 경쟁기업의 단기균형

8.13 경쟁기업과 경쟁시장의 단기균형과 장기균형

8.14 비용불변산업과 비용증가산업

8.15 비용감소산업에 대한 조세 부과의 효과

8.1 이윤과 생산자잉여의 관계

공급곡선이 $q = 5p - 25$일 때, 가격이 10에서 15로 상승했다면 이윤은 얼마나 증가하겠는가?

KEY ▶ 평균비용곡선이 주어져 있지 않다. 그런데 이윤의 증가를 묻고 있다. 그러므로 '이윤의 증가 = 생산자잉여의 증가'라는 관계를 이용한다.

풀이

'이윤의 증가 = 생산자잉여의 증가'가 성립하는 원리를 검토해 보자.

'이윤 = 수입 − 가변비용 − 고정비용

= 생산자잉여 − 고정비용'

이다. 그런데 산출량이 변하더라도 고정비용은 변하지 않는다. 그러므로 이윤의 변화는 생산자잉여의 변화와 같다. $q = 5p - 25$, 즉 $p = \left(\frac{1}{5}\right)q + 5$이다. 이것을 이용하여 이윤의 증가를 구하면

$$\begin{aligned}\text{이윤의 증가} &= \text{생산자 잉여의 증가}\\ &= (25)(5) + \left(\frac{1}{2}\right)(25)(5)\\ &= \frac{375}{2}\end{aligned}$$

가 된다.

8.2 단기의 조업중단 여부

샤프연필의 시장은 경쟁적이며 그 가격은 1,000원이라고 한다. 어떤 경쟁기업이 샤프연필을 20,000개 공급할 때 비로소 단기한계비용이 1,000원이 되며, 이 지점은 그 기업의 단기한계비용곡선이 우상향하는 부분에 놓인다고 한다. 한편 20,000개를 생산할 때 단기평균비용은 1,200원이며 단기평균가변비용은 900원이라고 한다.

a. 단기에 이 기업이 이윤을 얻고 있는가 아니면 손실을 입고 있는가? 그렇다면 그 금액은 얼마인가?

b. 조업을 중단할 경우 손실은 얼마인가?

c. 위 두 문항의 답에 근거하여, 이 기업의 입장에서 단기에 조업을 계속해야 할 것인가를 결정하시오.

풀이

a. 평균비용이 가격보다 높으므로 손실을 입고 있다.

$$\text{이윤} = \text{총수입} - \text{총비용} = pq - (AC)(q)$$
$$= (1{,}000)(20{,}000) - (1{,}200)(20{,}000)$$
$$= -4{,}000{,}000(\text{원})$$

이다.

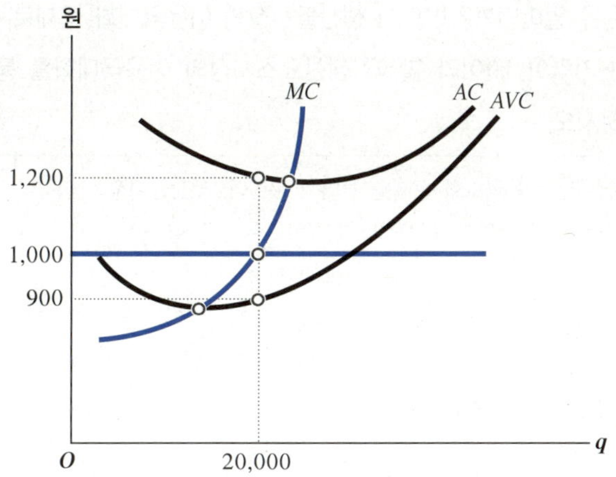

b. 총고정비용만큼 손실을 입는다. 총고정비용은 산출량 수준에 관계없이 항상 일정하다는 점에 착안할 때,

$$\text{총고정비용} = \text{총비용} - \text{총가변비용}$$
$$= (AC)(q) - (AVC)(q)$$
$$= (1{,}200)(20{,}000) - (900)(20{,}000) = 6{,}000{,}000(\text{원})$$

이다.

c. 조업을 계속할 때 손실이 2백만원 줄어들므로 조업을 계속하는 것이 낫다. 보다 일반적으로 볼 때 단기에는 가변비용만 충당할 수 있으면 조업을 계속하는 것이 낫다.

8.3 경쟁기업의 단기균형

어떤 상품의 생산함수가 $q = L^{\frac{1}{2}} K^{\frac{1}{2}}$이고, 자본이 16단위로 주어졌다고 한다. 임금률은 2이고 자본의 임대료율은 5라고 하자.

a. 조건부 단기생산요소수요함수를 구하시오.

b. 단기총비용함수를 구하시오.

c. 생산물의 가격이 10이라 할 때 이윤을 극대화하는 산출량과 노동의 고용량을 구하시오. 이때 이윤은 얼마인가? 반드시 생산물시장의 이윤극대화 문제로 해결하시오.

d. 생산물의 가격이 10이라 할 때 생산요소시장의 이윤극대화를 통해 산출량, 고용량, 이윤을 구하시오.

KEY ▶ 비용함수는 비용극소화 문제를 풀어서 구한다. 생산물시장의 이윤극대화와 생산요소시장의 이윤극대화는 모두 기업의 이윤극대화행위이므로 같은 결과를 얻는다.

풀이

$q = L^{\frac{1}{2}} K^{\frac{1}{2}},\ K = 16,\ w = 2,\ r = 5.$

a. $q = L^{\frac{1}{2}}(16)^{\frac{1}{2}}$에서 $L = \frac{1}{16}q^2$을 얻는다. 이것이 조건부 단기생산요소수요함수이다.

b. 단기총비용함수는

$$\underset{L}{Min}\ C_s = wL + r\overline{K}$$
$$s.t.\quad q = L^{\frac{1}{2}}\overline{K}^{\frac{1}{2}}$$

을 풀어서 구한다. 그런데 앞에서 조건부 단기생산요소수요함수를 구했다. 그러므로 그것과 해당되는 값들을 목적함수에 대입하면 단기총비용함수가

$$C_s(q) = wL + r\overline{K} = 2\cdot\left(\frac{q^2}{16}\right) + 5\times16 = \frac{q^2}{8} + 80$$

으로 구해진다.

c. 생산물시장의 이윤극대화 문제는

$$\underset{q}{Max}\ \pi = pq - C(q) = pq - \left(\frac{q^2}{8} + 80\right)$$

이다. 이윤극대화의 일차필요조건은

$$\frac{d\pi}{dq} = p - \frac{1}{4}q = 0$$

이다. 즉, $p = \frac{1}{4}q$이다. 이것이 $p = SMC$ 조건이다. 그런데 $p = 10$이므로 $q^* = 40$을 얻

는다. 이 값을 생산함수에 대입하면 $L^* = \frac{q^{*2}}{16} = 100$을 얻는다. 한편 이윤은

$$\pi^* = pq^* - C(q^*) = 10 \times 40 - \left(\frac{(40)^2}{8} + 80\right) = 120$$

이 된다. 즉, $\pi^* = 120$이다. 다음 사항에 주목하자.

(i) 고정생산요소의 가격은 q^*에 영향을 주지 않는다.

(ii) $AVC = \frac{q}{8}$, $MC = \frac{q}{4}$이다. 즉, 한계비용이 평균가변비용보다 항상 크다. 그러므로 이 경우 한계비용곡선 전체가 공급곡선이 된다.

d. 생산요소시장의 문제로 풀어도 같은 결과를 얻는다. 생산요소수요는

$$\begin{aligned} &\underset{L}{Max}\ \pi = pq - \left(wL + r\overline{K}\right) \\ &s.t.\quad q = L^{\frac{1}{2}}\overline{K}^{\frac{1}{2}} \end{aligned}$$

이라는 이윤극대화 문제의 해로부터 구해진다. 제약식을 목적함수에 대입하면

$$\underset{L}{Max}\ \pi = pL^{\frac{1}{2}}\overline{K}^{\frac{1}{2}} - (wL + r\overline{K})$$

가 된다. 이윤극대화의 일차필요조건은

$$\frac{\partial \pi}{\partial L} = \frac{1}{2}pL^{-\frac{1}{2}}\overline{K}^{\frac{1}{2}} - w = 0$$

이다. 즉, $\frac{1}{2}pL^{-\frac{1}{2}}\overline{K}^{\frac{1}{2}} = w$이다. 이것은 바로 $VMP_L = w$이다. 여기에 문제에서 주어진 $p = 10$, $\overline{K} = 16$, $w = 2$ 등을 대입하면 $L^* = 100$으로 구해진다. 이 값들과 $r = 5$를 목적함수에 대입하면 $\pi^* = 120$을 얻는다. $\overline{K} = 16$과 $L^* = 100$을 생산함수에 대입하면 $q^* = 40$을 얻는다. 한편 L^*는 고정생산요소의 가격과는 무관하게 정해진다. 단기에 고정비용은 최적산출량에 영향을 주지 않는 것과 일맥상통한다.

8.4 단기총비용함수와 장기총비용함수의 관계, 개별기업의 단기 균형과 장기균형

어떤 기업의 단기총비용함수가 $STC = 3k + 12q^2 k^{-1}$이라고 한다. 여기서 q는 산출량, k는 자본을 나타낸다.

a. 자본이 가변비용에 영향을 주는가?

b. 20단위를 생산하려 할 때 비용을 극소화하는 자본규모를 구하시오. 이때 단기총비용을 구하시오.

c. 장기총비용함수를 구하시오. 20단위를 생산하려 할 때 장기총비용을 구하시오. 이 결과를 위 문항의 결과와 비교하고 설명하시오.

d. 이 기업이 경쟁시장에서 조업한다고 하자. 시장수요곡선이 $q = 100 - p$일 경우 이 개별기업의 장기이윤을 구하시오. 또한 이 시장에 존재하는 기업의 수를 구하시오.

e. 시장이 경쟁적이고 시장가격이 3이라고 하자. 이때 이 기업의 자본이 $k = 40$으로 주어졌다고 하자. 이 기업의 극대화된 이윤을 구하시오.

KEY ▶ 단기총비용을 극소화시키는 자본규모로부터 얻은 비용이 바로 장기총비용이다.

풀이

a. 단기비용함수에서 $3k$는 산출량과 관계없이 일정하므로 고정비용이다. 그리고 $12q^2 k^{-1}$은 산출량에 따라 변하므로 가변비용이다. 가변비용에서 볼 때 자본은 가변비용에 영향을 주고 있다. 그 이유는 산출물을 생산할 때 자본이 어느 만큼의 가변생산요소가 필요한지에 영향을 주기 때문이다.

b. 20단위를 생산하는 데 드는 단기비용은 $STC(20, k) = 3k + 4{,}800k^{-1}$이다. 이러한 단기비용을 극소화하는 자본규모는 $\frac{dSTC(20, k)}{dk} = 3 - 4{,}800k^{-2} = 0$을 만족시키는 k의 값이다. 이로부터 $k^* = 40$이 된다. 이때 단기총비용은 $STC(20, k^*) = 3k^* + 4{,}800k^{*-1} = 3(40) + 4{,}800\left(\frac{1}{40}\right) = 240$이 된다.

c. 장기총비용함수를 구하려면 주어진 산출량을 가장 적은 비용으로 생산할 수 있는 자본규모를 알아야 한다. 수학적으로 볼 때 이러한 자본규모는 $\frac{\partial STC}{\partial k} = 3 - 12q^2 k^{-2} = 0$을 만족시키는 값이다. 이로부터 $k = 2q$를 얻는다. 이 값을 단기총비용함수에 대입하면 장기총비용함수는 $LTC = 3(2q) + 12q^2(2q)^{-1} = 12q$로 구해진다. 가로축에 수량을 표시하고 이것을 그림으로 나타내면 기울기가 12인 직선이 된다.

한편 20단위를 생산할 때 장기총비용은 $LTC = 12q = 240$이 된다. 여기서 구한 장

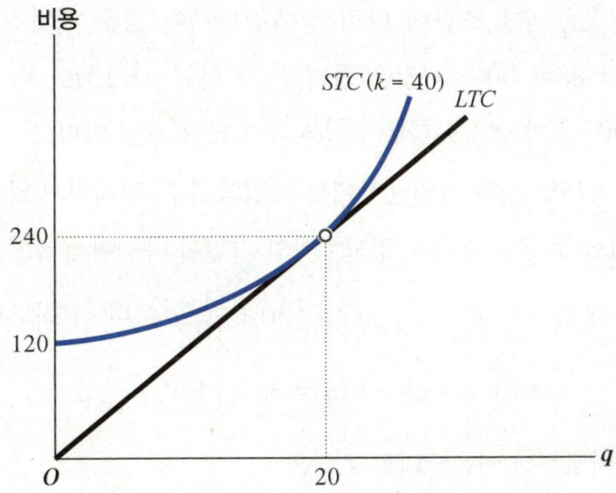

기총비용은 위 문항에서 구한 단기총비용과 같다. 이것은 바로 단기총비용을 극소화하는 자본규모로부터 얻은 비용이 바로 장기총비용이라는 것을 말해 준다.

d. 이 기업의 이윤극대화 문제는

$$\underset{q}{Max}\ \pi = pq - c(q) = pq - 12q$$

이다. 이윤극대화 조건은

$$\frac{d\pi}{dq} = p - 12 = 0,\ 즉\ p = 12,\ 즉\ p = LMC$$

이다. 이 값을 목적함수에 대입하면 개별기업의 이윤은 0으로 구해진다. 장기평균비용이 일정하다. 그러므로 이 기업의 비용함수는 *CRTS*이다. 이처럼 *CRTS*일 경우 개별기업의 장기이윤은 0이 되며 가격은 수요조건과는 관계없이 오로지 기술조건에 의해 정해진다. 이 경우 가격이 수요조건과는 관계없이 한계비용으로 정해졌다. 이때

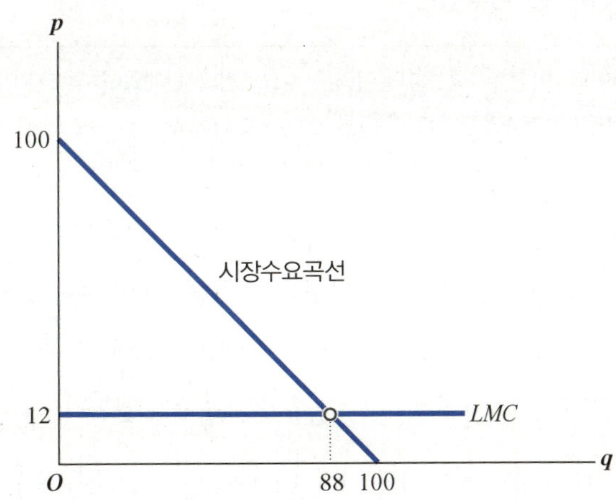

시장산출량은 수요조건에 따라 정해진다. 이 경우 시장산출량은 $q^* = 100 - p^* = 100 - 12 = 88$이 된다. 이것은 장기공급곡선인 $p = LMC$, 즉 $p = 12$와 시장수요곡선인 $q = 100 - p$의 교점으로부터 얻은 것으로 볼 수도 있다.

한편 *CRTS*일 경우 장기균형에서 기업의 수는 정해지지 않는다. 시장수요량을 1개의 기업이 모두 공급할 수도 있고 n개의 기업이 나누어 공급할 수도 있다.

e. $k = 40$일 때 $STC = 3k + 12q^2k^{-1} = 120 + \frac{3}{10}q^2$이다. 그러므로 이윤극대화 문제는

$$\underset{q}{Max}\ \pi = pq - c(q) = 3q - \left(120 + \frac{3}{10}q^2\right)$$

이 된다. 이로부터 이윤극대화 조건은

$$\frac{d\pi}{dq} = 3 - \frac{3}{5}q = 0,\ \text{즉}\ 3 = \frac{3}{5}q$$

가 된다. 이것은 바로 $p = SMC$이다. 이로부터 $q^* = 5$가 된다. 이때 $\pi^* = -112.5$이다.

만일 조업을 중단하면 $\pi(0) = -120$이 된다. 즉, 고정비용만큼 손실이 발생한다. 그러므로 이 경우 조업을 하는 것이 낫다. 앞의 이윤극대화 문제를 관찰해 보면 두 값의 차는 생산을 할 경우 수입($3q$)이 가변비용($\frac{3}{10}q^2$)을 초과하는 부분이라는 것을 알 수 있다.

8.5 경쟁기업의 장기균형 : 레온티에프 생산함수일 경우

어떤 기업의 생산함수가 $q = \min[aL,\ bK]$로 주어졌다고 하자.

a. 이 기업의 장기총비용함수를 구하시오.

b. 장기공급곡선을 구하시오.

c. 이 기업이 경쟁시장에서 조업하고 있다고 하자. 이윤을 극대화하는 가격, 산출량, 그리고 그때의 이윤을 구하시오.

KEY ▶ *CRTS*이다. 이 경우 생산물의 가격은 수요조건과 관계없이 오로지 기술조건에 의해 정해진다. 한편 산출량은 기술조건 이외의 다른 요소(예를 들면 수요조건)에 의해 정해진다.

풀이

a. 생산함수를 관찰해 보면 노동투입량과 산출량과 사이에는 $q = aL$의 관계가 성립한다. 같은 논리로 자본투입량과 산출량과 사이에는 $q = bK$의 관계가 성립한다. 이들로부터 조건부 장기생산요소수요함수 $L = \frac{1}{a}q$, $K = \frac{1}{b}q$를 얻는다. 그러므로 장기총비용함수는

$$C(w, r, q) = wL + rK = w\left(\frac{1}{a}q\right) + r\left(\frac{1}{b}q\right) = \left(\frac{w}{a} + \frac{r}{b}\right)q$$

로 구해진다.

b. 장기공급곡선을 구하기 위해 이윤극대화 문제를 풀자. 이윤극대화 문제는

$$\underset{q}{Max}\ \pi = pq - c(q) = pq - \left(\frac{w}{a} + \frac{r}{b}\right)q$$

이다. 이윤극대화의 일차조건은

$$\frac{d\pi}{dq} = p - \left(\frac{w}{a} + \frac{r}{b}\right) = 0, \text{즉 } p = \frac{w}{a} + \frac{r}{b} \tag{1}$$

이다. 이것은 $p = LMC(= LAC)$로서 장기공급곡선을 나타낸다.

c. 가격은 LMC로 정해진다. 가격은 오로지 기술조건에 의해 정해진다. 식 (1)을 목적함수에 대입하면 $\pi = 0$이 된다. 이윤은 산출량과 관계없이 0이 된다. 산출량은 기술조건 이외의 다른 요소, 즉 수요조건에 의해 정해진다. 그런데 현재 문제에서 수요가 주어져 있지 않으므로 산출량이 정해지지 않는다. 이러한 결과들은 $CRTS$인 경우 일반적으로 적용되는 사실이다.

한편

$$p - \left(\frac{w}{a} + \frac{r}{b}\right) > 0\text{이면 } \frac{d\pi}{dq} > 0$$

이 된다. 즉, $p - \left(\frac{w}{a} + \frac{r}{b}\right) > 0$이면 산출량이 증가할 때 이윤이 증가한다. 일반적으로 가격이 평균비용보다 높으면 이윤이 생긴다. 그런데 이 문세의 경우 산출량에 관계없이 평균비용이 한계비용과 같다. 그 결과 가격이 한계비용보다 높으면 이윤이 생기며 그 이윤은 산출량이 많아질수록 비례적으로 증가한다. 그래서 가격이 한계비용보다 높으면 이윤을 극대화하는 산출량은 무한대가 된다.

또한

$$p - \left(\frac{w}{a} + \frac{r}{b}\right) < 0\text{이면 } \frac{d\pi}{dq} < 0$$

이다. 이 문제의 경우 가격이 한계비용보다 낮으면 손실이 발생하는데, 그 손실은 산출량이 클수록 커진다. 그러므로 이 문제의 경우 가격이 한계비용보다 낮으면 한 단위도 생산하지 않는다.

8.6 시장균형

소비자가 1,000명 있는데 각 개인의 수요함수는 $q_d = 10 - p$로서 모두 같다고 한다. 한편 기업은 500개 있는데 각 기업의 공급함수는 $q_s = 2p$로서 모두 같다고 한다. 이때 이 시장의 균형가격과 균형수량은 각각 얼마인가?

풀이

$q_d = 10 - p$, 소비자가 1,000명, $q_s = 2p$, 기업이 500개로 주어져 있다.

시장수요곡선을 구하려면 가격이 변화함에 따라 그에 따라 변화하는 개인들의 수요량을 합해야 한다. 이것은 그림상으로는 각 개인의 수요곡선을 수평으로 합하는 것과 같다. 한편 이러한 내용을 수식으로 표현하면

$$Q_d = 1{,}000q_d = 1{,}000(10 - p)$$

가 된다. 참고로 공공재의 경우에는 각 개인이 얻는 편익을 수직으로 합하게 된다. 사적재의 경우와 구분되는 점이다.

시장공급곡선은 개별기업의 공급곡선을 수평으로 합하여 구한다. 그러므로 $Q_s = 500q_s = 500(2p)$가 된다. 그러므로 $Q_d = Q_s$로부터 $p^* = 5, Q^* = 5{,}000$을 얻는다.

8.7 경쟁시장의 단기균형

경쟁산업에 100개의 동일한 기업이 있는데, 각 기업의 단기비용곡선은 $c(q) = \frac{q^2}{8} + 80$이라고 한다.

a. 개별 기업의 단기공급을 시장가격 p의 함수로 나타내시오.

b. 시장공급곡선을 구하시오.

c. 시장수요가 $Q = -100p + 1{,}000$일 경우 단기균형가격과 수량을 구하시오.

KEY ▶ 기업의 단기공급곡선은 이윤극대화 문제를 풀어서 구할 수 있다.

풀이

$n = 100,\ c(q) = \frac{q^2}{8} + 80$으로 주어져 있다.

a. 개별기업의 단기공급량은 이윤을 극대화하는 수량이다. 그러므로 단기공급곡선은

$$\underset{q}{Max}\ \pi = pq - c(q) = pq - \left(\frac{q^2}{8} + 80\right)$$

과 같은 이윤극대화 문제를 풀어서 구할 수 있다. 이윤극대화의 일차필요조건은

$$\frac{d\pi}{dq} = p - \frac{q}{4} = 0,\ \text{즉}\ p = \frac{q}{4}$$

이다. 이것이 바로 $p = SMC$ 조건이다. 여기서 $SMC = \frac{q}{4}$이다. 그러므로 공급곡선은 $q = 4p$가 된다.

b. $Q_s = 100q = 100 \times 4p = 400p$이다.

c. $Q_d = -100p + 1{,}000$, $Q_d = Q_s$로부터 $p^* = 2$, $Q^* = 800$을 얻는다.

8.8 경쟁시장의 장기균형

인터넷공급업자들이 사용자로부터 매달 사용료를 받는 것 이외에 광고로부터 매달 a만큼의 수입을 올린다고 한다. 이때 인터넷서비스를 공급하는 데 매달 c만큼의 한계비용이 든다고 하자. 소비자의 전환비용이 s이고 이자율이 r이라고 하자. 이 경우 이 시장이 경쟁이라면 한 달 사용료는 얼마로 정해지는가? 편의상 2개월의 경우로 가정하자.

KEY ▶ 시장이 경쟁적이므로 장기적으로 이윤이 0이 되도록 사용료가 정해진다.

풀이

먼저 수입 측면을 보자. 한 달 사용료를 p_s라고 하자. 인터넷공급업자는 사용료 수입 외에 광고수입(a)을 올린다. 그러므로 수입은 $p_s + a$가 된다. 그 다음 비용 측면을 보자. 사용자를 자신에게 끌어 오려면 적어도 첫 달에는 전환비용(s)만큼 할인해 주어야 한다. 그리고 매달 서비스를 공급하는 데 한계비용(c)이 든다. 그러므로 첫 달의 이윤은 $(p_s - s) + a - c$가 된다. 두 번째 달에는 전환비용을 할인해 주지 않아도 되므로 이윤은 $p_s + a - c$가 된다. 그런데 두 번째 달의 이윤은 이자율로 할인해 주어야 한다. 그리고 시장이 경쟁적일 경우 장기적으로 이윤이 0이 되도록 사용료가 정해져야 한다. 그러므로

$$(p_s - s) + a - c + \frac{(p_s + a - c)}{(1 + r)} = 0$$

이 성립해야 한다. 이로부터

$$p_s = c - a + \frac{1 + r}{2 + r} s$$

로 정해진다.

사용료의 특성을 살펴보자. 첫째, 전환비용이 없을 경우에 비해 사용료가 올라간다. 결국 첫 달에 전환비용만큼 할인해 주지만 미래에 이것을 회수할 수 있도록 사용료가 정

해진다. 둘째, 광고 수입이 없을 경우와 비교하면 광고 수입만큼 사용료가 내린 것을 알 수 있다. 이때 중요한 것은 결국 인터넷공급에 드는 순비용은 한계비용에서 광고수입을 뺀 값이라는 점이다.

8.9 경쟁시장의 단기균형과 장기균형

쌀이 경쟁시장에서 생산된다고 한다. 쌀 생산자의 장기평균비용곡선은 U자형이며 500단위에서 최소평균비용이 10이 된다고 한다. 쌀의 시장수요곡선은 $Q_d = 4{,}000{,}000 - 100{,}000p$ 라고 한다.

a. 장기에서 볼 때 쌀의 가격과 총수급량은 얼마인가? 이때 쌀 생산자의 수를 구하시오.

b. 쌀의 시장수요가 $Q_d = 5{,}000{,}000 - 100{,}000p$로 증가했다고 한다. 단기에 산출량을 조절할 수 없었다면, 이때 시장가격과 개별 기업의 이윤은 얼마일까?

c. 위의 b와 같이 수요가 증가했을 경우 새로운 장기균형을 구하시오.

KEY ▶ 장기평균비용곡선은 U자형일 경우 장기에는 평균비용이 최저가 되는 곳에서 균형이 이루어진다. 그리고 이때 이윤은 0이 된다. 수요가 증가하여 이윤이 발생하면 다시 이윤이 0이 될 때까지 새로운 기업들이 진입한다.

풀이

$LAC_{\min} = 10$에서 $q = 500$, $Q_d = 4{,}000{,}000 - 100{,}000p$.

a. 장기에는 평균비용이 최저가 되는 곳에서 균형이 이루어진다. 그리고 그때 가격은 평균비용의 최저값과 같아진다. 그러므로

$$p_0 = LAC_{\min} = 10$$

이 된다. 균형에서는 이 가격에서 정해진 시장수요량과 공급량이 같아진다. 그러므로

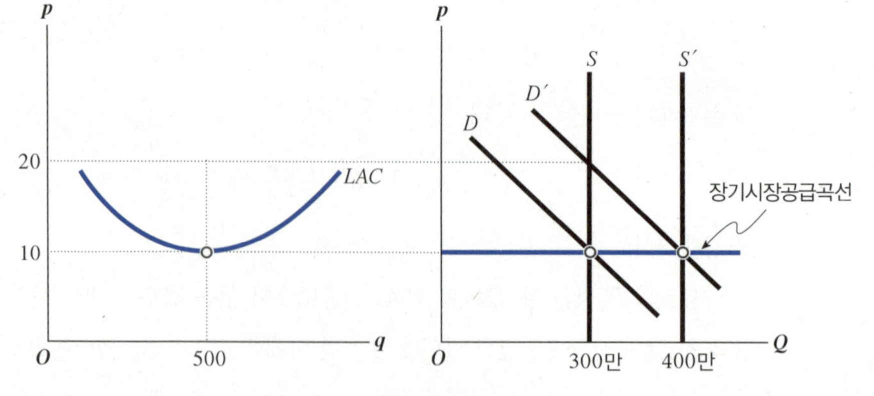

시장공급량은 이 가격을 시장수요곡선에 대입하여 구한 값과 같아진다. 즉

$$Q_0 = Q_s = Q_d(10) = 4{,}000{,}000 - 100{,}000(10) = 3{,}000{,}000$$

이 된다. 그런데 한 생산자가 500단위를 생산한다. 그러므로 생산자 수를 구하려면 시장균형 수량을 500으로 나누어주면 된다. 그리하여

$$n = \frac{Q_0}{500} = 6{,}000$$

이 된다.

b. $Q_d = 5{,}000{,}000 - 100{,}000p$이다. 그런데 단기에 산출량을 조절할 수 없었으므로 시장 산출량은 여전히 $Q_s = 3{,}000{,}000$이다. 그러므로 $Q_d = Q_s$로부터 $p_1 = 20$을 얻는다. 이윤은 수입에서 비용을 빼준 값이다. 가격은 올랐지만 개별 생산자는 여전히 최소평균비용 10에 500단위를 생산한다. 그러므로 이윤은 $\pi = p_1 q_0 - (LAC)q_0 = (20-10)(500) = 5{,}000$이 된다.

c. 이윤이 존재하므로 장기적으로 볼 때 새로운 기업들이 이 시장에 진입할 것이다. 그러한 진입은 장기이윤이 0이 될 때까지 이루어진다. 그러므로 새로운 균형에서는 시장가격이 다시 평균비용의 최소값과 같아진다. 즉

$$p_0 = LAC_{\min} = 10$$

이 된다. 이때 시장수요량은 새로운 수요곡선에 가격 10을 대입하여 구해진다. 그리고 균형에서는 이렇게 구한 시장수요량이 시장공급량과 같아진다. 즉,

$$Q_d(10) = 5{,}000{,}000 - 100{,}000(10) = 4{,}000{,}000$$

으로 구해진다. 또한 $Q_1 = Q_s^1 = Q_d^1 = 4{,}000{,}000$이 성립한다. 개별생산자는 여전히 500단위를 생산한다. 그러므로 생산자 수는

$$n_1 = \frac{1}{500}Q_1 = 8{,}000$$

으로 구해진다. 결국 2,000의 생산자가 이 시장에 진입한 것임을 알 수 있다.

참고 ▶ 생산물 수요 증가 → 생산물 가격 상승 → 이윤 발생 → 기존 기업들의 산출량 증가, 새로운 기업들의 진입 → 산출량 증가 → 생산요소 수요 증가 → 생산요소 가격 불변(비용불변 산업) → 산출물의 가격이 원래 수준으로 하락.

그림 참조. 비용불변산업의 장기공급곡선을 구하는 과정과 비교해 보자. 기존 기업이 단기에 조정을 못했고 또한 그로 인해 시장의 단기공급곡선이 수직인 점

을 제외하고는 비용불변산업의 장기공급곡선을 구하는 과정과 동일하다. 그러한 측면에서 그림에 장기시장공급곡선이라고 표시하였다.

8.10 경쟁시장의 장기균형

어떤 상품을 생산하는 대표적 생산자의 장기균형에 대응하는 단기총비용함수가 $c(w,q) = wq^2 + 8q + 128$이라 한다. 여기서 q는 산출량, w는 시간당 임금률이다. 이 상품의 시장수요는 $Q = -100p + 6{,}000$이고, 이 산업은 비용불변산업이라고 한다. $w = 2$일 경우 장기균형산출량, 균형가격 그리고 이 산업에 존재하는 기업의 수를 구하시오.

풀이

$c(w,q) = wq^2 + 8q + 128$로 주어져 있다. 비용은 산출량과 생산요소가격의 함수라는 사실을 이 비용함수는 다시 한 번 강조하고 있다.

$$Q_d(p) = -100p + 6{,}000$$

으로 주어져 있고 $w = 2$일 경우 $c(w,q) = 2q^2 + 8q + 128$이다.

장기균형에서는 $p = SMC = SAC = LAC = LMC$이다. 그런데

$$SAC = \frac{c}{q} = 2q + 8 + \frac{128}{q}$$
$$SMC = \frac{dc}{dq} = 4q + 8$$

이므로 $q^* = 8$이 된다. 그리하여 $p^* = SAC(q^*) = SMC(q^*) = 40$을 얻는다. 장기균형산출량을 Q^*라고 하면 $Q^* = Q_d(40) = 2{,}000$이 된다. 그리고 기업의 수는 $n^* = \frac{Q^*}{q^*} = 250$이 된다.

한편 장기균형에서는 $p = LMC$이므로 이윤이 극대화되고 있다. 또한 $p = LAC$이므로 장기이윤이 0이 된다.

8.11 경쟁시장의 장기균형

개별기업들의 총비용함수가 $c(q) = q^3 - 6q^2 + 15q$라고 한다. 시장수요곡선은 $q = 126 - p$이다. 시장은 완전경쟁처럼 작동하고 있으며 특히 모든 기업들이 가격수용자로 행동한다고 하자.

a. 균형을 구하시오.

b. 균형 상태에서 시장에 새로운 기업이 1개 추가로 진입해서 기존기업들이 생산하는 수량만큼 생산한다고 하자. 이때 예상되는 결과에 대해 분석하시오.

KEY ▶ 완전경쟁시장의 장기균형은 $p=LAC=LMC$인 곳에서 달성되며 그때 이윤은 0이 된다.

풀이

a. 비용함수를 볼 때 산출량이 0일 경우 비용이 0이다. 그러므로 주어진 비용함수는 장기비용함수이다. 따라서 문제에서 구하라는 균형은 장기균형이다. 완전경쟁시장에서 장기균형은

$$p = LAC = LMC \tag{1}$$

에서 달성된다. 그런데

$$LAC = \frac{c(q)}{q} = \frac{q^3 - 6q^2 + 15q}{q} = q^2 - 6q + 15 \tag{2}$$

$$LMC = \frac{d(q^3 - 6q^2 + 15q)}{dq} = 3q^2 - 12q + 15 \tag{3}$$

이다.

식 (2)와 식 (3)을 식 (1)에 대입하면

$$q^2 - 6q + 15 = 3q^2 - 12q + 15$$

가 된다. 이 식을 풀면

$$q^* = 3$$

이 된다. 이 값을 식 (2)와 식 (3)에 대입한 후 식 (1)을 적용하면

$$p^* = LAC^* = LMC^* = 6$$

이 된다. 이때 $p^* = LMC^*$이므로 장기이윤이 극대화되고 있다. 또한 $p^* = LAC^*$이므로 장기이윤이 0이 된다. 즉, $\pi^* = 0$이 된다.

한편 $p^* = 6$을 주어진 수요곡선 $q = 126 - p$에 대입하면

$$q^0 = 120$$

을 얻는다. 대표적 기업이 $q^* = 3$을 생산하므로 이 시장에는 모두

$$n^* = \frac{q^0}{q^*} = \frac{120}{3} = 40$$

개의 기업들이 존재한다. 즉, $q^* = 3$을 생산하는 기업들이 모두 40개 존재한다.

b. 이 시장에 새로운 기업이 진입해서 $q^* = 3$을 공급하면 시장가격은

$$p^{**} = 126 - q = 126 - (q^0 + 3) = 3 \tag{4}$$

이 된다. 이때 개별기업들은 가격수용자로 행동한다고 했으므로

$$p^{**} = LMC^{**} \tag{5}$$

인 곳에서 이윤을 극대화할 것이다. 따라서 식 (3)과 식 (4)를 식 (5)에 대입하면

$$3 = 3q^2 - 12q + 15$$

가 된다. 이로부터

$$q^{**} = 2$$

를 얻는다. 이 값을 식 (2)에 대입하면

$$LAC^{**} = q^2 - 6q + 15 = 7$$

을 얻는다. 따라서 대표적 기업의 이윤은

$$\pi^{**} = p^{**}q^{**} - LAC^{**}q^{**} = (p^{**} - LAC^{**})q^{**} = (3 - 7) \times 2 = -8$$

이 된다. 즉, 손실을 입는다. 그러므로 이 상태는 장기균형이 되지 못 하며 어느 1개의 기업이 시장을 이탈하게 될 것이다(또는 41개의 기업들이 각각 $q = 2$만큼 공급할 경우 총공급량은 82(=2 × 41)밖에 되지 않는다. 이 값을 수요곡선에 대입하면 $p = 44$가 되는데 이때 각 기업이 $p = LMC$가 되는 곳에서 생산할 경우 총공급량이 너무 많아져서 가격이 음이 된다. 즉, 이 시장에 41개의 기업들이 존재하는 것은 균형이 될 수 없다).

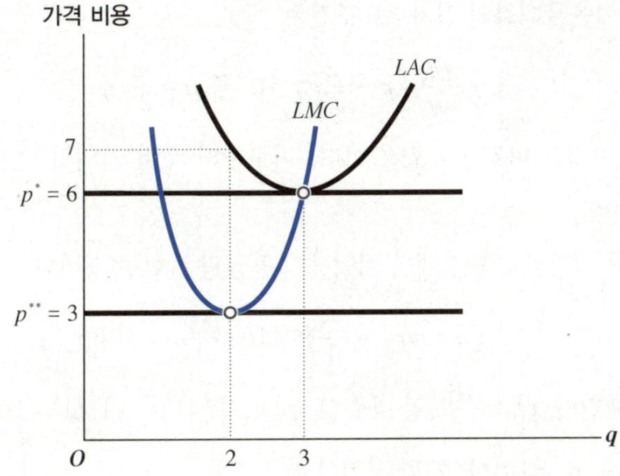

8.12 경쟁시장과 경쟁기업의 단기균형

어떤 상품의 생산함수가 $q = 5L^{\frac{1}{2}} K^{\frac{1}{2}}$이고 임금률과 자본의 임대료율이 각각 2라고 하자. 이 상품에 대한 시장 수요는 $Q_d = \frac{100}{p}$이라고 하자. 단기에 각 기업의 규모와 시장에 있는 기업들의 수가 정해져 있을 경우를 생각해 보자. 예를 들어 $K = 1$이고 $n = 16$일 경우를 생각해 보자.

a. 단기시장균형을 구하시오.

b. 개별기업의 단기균형을 구하시오.

KEY ▶ 고정생산요소가 있으므로 개별 기업의 관점에서 단기이다. 기업의 수가 정해져 있으므로 시장의 관점에서 단기이다. 생산함수는 *CRTS*이다. *CRTS*이더라도 단기에는 이윤이 존재한다.

풀이

a. 먼저 개별 기업의 비용함수를 구한 다음 이윤극대화 조건을 이용하면 개별 기업의 단기공급곡선을 얻을 수 있다. 그 다음 이들을 합하면 단기시장공급곡선을 얻을 수 있다. 생산함수로부터 $L = \frac{q^2}{25K}$이다. 이것이 조건부 단기생산요소수요이다. 이것을 $C = wL + rK$에 대입하면

$$C = wL + rK = w\frac{q^2}{25K} + rK$$

이다. 그러므로 $w = r = 2$이고 $K = 1$일 경우 단기총비용함수는 $C = \frac{2}{25}q^2 + 2$가 된다. 개별기업의 이윤극대화 문제는

$$\underset{q}{Max}\ \pi = pq - c(q) = pq - \left(\frac{2}{25}q^2 + 2\right)$$

이다. 이윤극대화의 일차필요조건은

$$\frac{d\pi}{dq} = p - \frac{4}{25}q = 0,\ 즉\ p = \frac{4}{25}q$$

이다. 이것은 바로 $p = SMC$이다. 이로부터 개별 기업의 단기공급함수는 $q = \frac{25}{4}p$로 구해진다.

한편 시장공급량은 개별 기업들의 공급량을 합한 것이다. 그러므로

$$Q_s = nq = n\frac{25}{4}p = 16 \cdot \frac{25}{4}p = 100p$$

로 구해진다. $Q_d = \frac{100}{p}$일 경우 $Q_d = Q_s$로부터 $p^* = 1, Q^* = 100$을 얻는다.

b. $q^* = \frac{25}{4}$, $p^* = 1$이다. 개별 기업의 이윤은

$$\pi = p^* q^* - c(q^*) = \frac{9}{8}$$

가 된다. 이러한 결과로부터 *CRTS*이더라도 단기에는 이윤이 존재한다는 것을 알 수 있다. 한편 $Q^*(=100)$를 16개의 기업이 공급하므로 각 개별 기업의 공급량은 $q^* = \frac{Q^*}{16} = \frac{25}{4}$가 된다. 이것은 물론 $p = SMC$로부터 얻은 결과와 일치한다.

한편 $STC = \frac{2}{25}q^2 + 2$이므로 $SAC = \frac{STC}{q} = \frac{2}{25}q + \frac{2}{q}$이다. SAC는 $SAC = SMC$일 때, 즉 $q = 5$일 때 최소값 $\frac{4}{5}$를 갖는다.

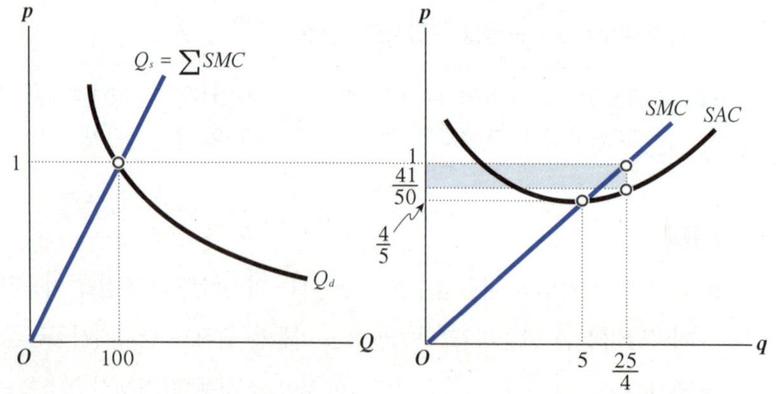

8.13 경쟁기업과 경쟁시장의 단기균형과 장기균형

어떤 상품의 생산함수가 $q = 5L^{\frac{1}{2}}K^{\frac{1}{2}}$이고 임금률과 자본의 임대료율이 각각 2라고 하자.

a. 생산물시장에서의 이윤극대화 문제로부터 단기공급함수를 구하시오.

b. 이때 단기이윤함수를 구하시오.

c. 생산요소시장에서의 이윤극대화 문제로부터 단기공급함수를 구하시오.

d. 이때 단기이윤함수를 구하시오.

e. 위 문항 b.의 결과를 이용하여 시장수요가 $Q = \frac{100}{p}$일 경우 시장의 장기균형을 구하시오. 이때 이 시장에 존재하는 기업의 수는 몇 개인가?

f. 생산요소시장에서의 장기이윤극대화 문제로부터 장기균형을 구하시오.

g. 장기비용함수를 구한 다음 장기균형을 구하시오. 이 결과를 위 문항 e.와 f.의 결과와 비교하시오.

KEY ▶ *CRTS*일 경우 장기균형에서 이윤은 0이 되며 시장에 존재하는 기업의 수는 정해지지 않는다.

풀이

a. 먼저 단기총비용함수를 구한다. 그 다음 이것을 반영하여 이윤을 극대화하는 산출량과 가격 사이의 관계를 구하면 그것이 바로 단기공급함수이다. 이 점에 착안하여 먼저 단기총비용함수를 구해 보자. 단기총비용함수를 구하려면

$$\underset{L}{Min}\ C = wL + r\overline{K}$$
$$s.t.\quad q = 5L^{\frac{1}{2}}\overline{K}^{\frac{1}{2}}$$

과 같은 비용극소화 문제를 풀어야 한다. 이 경우 단기이므로 $\overline{K}$는 고정되어 있는 것으로 간주한다. 생산함수를 L에 대해서 풀면

$$L = \frac{q^2}{25\overline{K}}$$

이 된다. 이것이 조건부 단기생산요소수요이다. 이것을 목적함수에 대입하면

$$C = wL + r\overline{K} = w\frac{q^2}{25\overline{K}} + r\overline{K} \tag{1}$$

가 된다. 그런데 $w = r = 2$이므로 단기총비용함수는

$$C = \frac{2}{25}\frac{q^2}{\overline{K}} + 2\overline{K} \tag{2}$$

가 된다.

이렇게 얻은 비용함수를 사용하여 이윤극대화 문제를 풀면 공급함수를 얻는다. 즉,

$$\underset{q}{Max}\ \pi = pq - c(q) = pq - \left(\frac{2}{25}\frac{q^2}{\overline{K}} + 2\overline{K}\right)$$

를 풀면 공급함수를 얻는다. 이윤극대화의 일차필요조건은

$$\frac{d\pi}{dq} = p - \frac{4}{25}\frac{q}{\overline{K}} = 0$$

이다. 이 식을 정리하면

$$p = \frac{4}{25\overline{K}}q \qquad (3)$$

를 얻는다. 그런데 이것은 바로 이윤극대화 조건인 $p = SMC$ 조건이다(단기비용함수를 q에 대해 미분하면 $SMC = \frac{4}{25\overline{K}}q$가 되는 것을 확인해 보라). 식 (3)을 정리하면

$$q = \frac{25}{4}\overline{K}p \qquad (4)$$

를 얻는다. 이것이 바로 단기공급함수이다.

한편 공급곡선은 평균가변비용 최하점 이상의 한계비용곡선이다. 이 점을 검토해 보자. 비용함수인 식 (2)에서 총고정비용은 $2\overline{K}$이다. 그러므로 총가변비용은 $TVC = \frac{2}{25}\frac{q^2}{\overline{K}}$이다. 이로부터 $AVC = \frac{TVC}{q} = \frac{2}{25\overline{K}}q$를 얻는다.

이 경우 앞서 구한 SMC는 전 구간에서 AVC보다 위에 놓이므로 SMC곡선 전체가 공급곡선이 된다.

b. 비용함수인 식 (2)를 이윤을 나타내는 $\pi = pq - c(q)$에 대입한 후 다시 q에 단기공급함수인 식 (4)를 적용하면

$$\pi = pq - \left(\frac{2}{25\overline{K}}q^2 + 2\overline{K}\right) = p \cdot \frac{25}{4}\overline{K}p - \left(\frac{2}{25\overline{K}}\left(\frac{25}{4}\overline{K}p\right)^2 + 2\overline{K}\right) = \frac{25}{8}\overline{K}p^2 - 2\overline{K} \qquad (5)$$

와 같은 이윤함수를 얻는다. 이윤함수는 $\pi(p, w, r)$의 형태이다. 비용함수는 $c(w, r, q)$의 형태이고, 단기공급함수는 $q(p, w)$의 형태이다. 고정생산요소의 가격 r은 단기공급에 영향을 주지 않는다.

c. 단기이윤은 $\pi = pq - (wL + r\overline{K})$로 쓸 수 있다. 이때 $\overline{K}$는 고정되어 있는 값이다. 단기공급곡선을 구하려면 이 값을 극대화시키는 q와 p의 관계를 구하면 된다. 이를 위해

$$\underset{q,L}{Max}\ \pi = pq - (wL + r\overline{K})$$
$$s.t. \quad q = 5L^{\frac{1}{2}}\overline{K}^{\frac{1}{2}}$$

의 극대화 문제를 풀자.

제약식을 목적함수에 대입하면

$$\underset{L}{Max}\ \pi = p(5L^{\frac{1}{2}}\overline{K}^{\frac{1}{2}}) - (wL + r\overline{K})$$

가 된다. $\overline{K}$는 고정되어 있으므로 L에 대하여 이윤극대화의 일차조건을 구하면

$$\frac{\partial \pi}{\partial L} = 5p\left(\frac{1}{2}\right)L^{-\frac{1}{2}}\overline{K}^{\frac{1}{2}} - w = 0,\ \text{즉}\ 5p\left(\frac{1}{2}\right)L^{-\frac{1}{2}}\overline{K}^{\frac{1}{2}} = w$$

이 된다. 이 식은 사실상 $VMP_L = w$라는 식이다. 이로부터

$$L^{\frac{1}{2}} = \frac{p}{w}\frac{5}{2}\overline{K}^{\frac{1}{2}}$$

을 얻는다. 즉, $L = \left(\frac{p}{w}\frac{5}{2}\overline{K}^{\frac{1}{2}}\right)^2$을 얻는다. 이것이 생산요소의 단기수요함수이다. 이것을 생산함수에 대입하면

$$q = 5\frac{p}{w}\frac{5}{2}\overline{K}^{\frac{1}{2}}\overline{K}^{\frac{1}{2}} = \frac{25}{4}\overline{K}p\ (w = 2\ \text{적용}) \tag{6}$$

를 얻는다. 이것이 바로 단기공급함수이며 앞에서 구한 식 (4)와 같다.

d. 목적함수에 위에서 구한 L을 대입하면

$$\begin{aligned}\pi = pq - (wL + r\overline{K}) &= p \cdot \frac{25}{4}\overline{K}p - \left(w\left(\frac{p}{w}\frac{5}{2}\overline{K}^{\frac{1}{2}}\right)^2 + r\overline{K}\right) \\ &= \frac{25}{8}\overline{K}p^2 - 2\overline{K}\ (w = r = 2\ \text{적용})\end{aligned} \tag{7}$$

가 된다. 이것은 물론 앞서 구한 이윤함수와 같다.

e. 장기에는 기업의 진입과 이탈을 고려해야 한다. 즉, 이윤이 있을 경우 새로운 기업이 진입하고 손실을 볼 경우 기존기업이 이탈한다. 그 결과 장기균형에서는 각 기업의 이윤이 0이 된다. 또한 경쟁균형에서는 시장이 청산되어야 하므로 시장의 총수요량과 총공급량이 같아야 한다. 즉, 시장청산조건이 만족되어야 한다. 이 두 가지 조건을 적용하기로 하자. 먼저 각 기업의 이윤은 0이 되므로 식 (5)에서

$$\pi = \frac{25}{8}\overline{K}p^2 - 2\overline{K} = 0$$

이다. 이로부터 $p^* = \frac{4}{5}$를 얻는다. 참고적으로 말하면 이 값은 장기비용함수에서 구한 LAC 및 LMC와 같다.

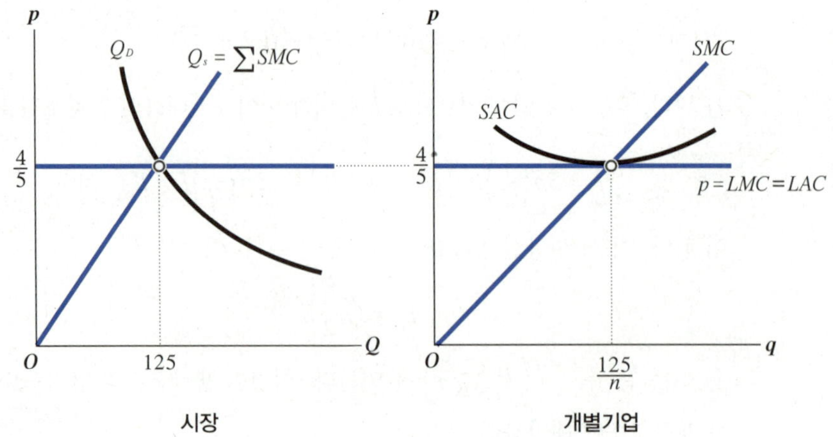

한편 시장청산조건은 $Q_d = Q_s$이다. $q = \frac{25}{4}\overline{K}p$이므로 기업의 수를 n이라 하면

$$Q_s = nq = n \cdot \frac{25}{4}\overline{K}p$$

가 된다. 한편 $Q_d = \frac{100}{p}$이다. 이것들을 시장청산조건에 각각 대입하면

$$\frac{100}{p} = \frac{25}{4}n\overline{K}p$$

가 된다. 그런데 여기서 $p = \frac{4}{5}$이다. 그러므로 $n\overline{K} = 25$가 된다. 여기서 주목할 것은 주어진 생산함수가 *CRTS*라는 것이다. 이처럼 *CRTS*일 경우 시장에서 기업의 수가 정해지지 않는다.

$$Q_d = \frac{100}{p^*} = 125$$

로 정해지는 수요량을 예를 들어 $\overline{K} = 25$의 규모로써 1개의 기업이 모두 공급할 수도 있고 $\overline{K} = 1$의 규모로써 25개의 기업이 나누어서 공급할 수도 있다. 이것은 *CRTS*이기 때문에 나타나는 현상이다.

참고 ▶ 위에서 구한 이윤함수 식 (5)를 p에 대해서 편미분하면 공급함수를 얻는다. 즉,

$$\frac{\partial \pi}{\partial p} = q = \frac{50}{8}\overline{K}p = \frac{25}{4}\overline{K}p$$

가 된다. 이것은 문항 a.에서 구한 공급함수와 같다. 그런데 이러한 결과는 우연의 일치가 아니다. 이처럼 이윤함수를 가격에 대해 편미분하면 공급함수가 된다는 결과를 Hotelling's Lemma라고 부른다.

f. 생산요소시장에서의 장기이윤극대화 문제는

$$\underset{q,L,K}{Max}\ \pi = pq - (wL + rK)$$
$$s.t. \quad q = 5L^{\frac{1}{2}}K^{\frac{1}{2}}$$

이다. 이 문제를 풀기 위해 제약식을 목적함수에 대입하면

$$\underset{L,K}{Max}\ \pi = p(5L^{\frac{1}{2}}K^{\frac{1}{2}}) - (wL + rK)$$

가 된다.

극대화의 일차필요조건은

$$\frac{\partial \pi}{\partial L} = 5\left(\frac{1}{2}\right)pL^{-\frac{1}{2}}K^{\frac{1}{2}} - w = 0 \tag{8}$$

$$\frac{\partial \pi}{\partial K} = 5\left(\frac{1}{2}\right)pL^{\frac{1}{2}}K^{-\frac{1}{2}} - r = 0 \tag{9}$$

이다. 식 (8)과 식 (9)에서 w와 r을 각각 우변으로 이항하면

$$5\left(\frac{1}{2}\right)pL^{-\frac{1}{2}}K^{\frac{1}{2}} = w \tag{10}$$

$$5\left(\frac{1}{2}\right)pL^{\frac{1}{2}}K^{-\frac{1}{2}} = r \tag{11}$$

이다. 이것은 각각 $VMP_L = w$, $VMP_K = r$ 조건이다. 식 (10)과 식 (11)의 대응되는 변끼리 나누어주면

$$\frac{K}{L} = \frac{w}{r} \tag{12}$$

를 얻는다. 식 (12)는 비용극소화 조건인 $MRTS_{LK} = \frac{w}{r}$이다. 이로부터

$$K = \frac{w}{r}L \tag{13}$$

을 얻는다. 식 (13)을 식 (8)에 대입한 후 정리하면

$$\frac{5}{2}p = w^{\frac{1}{2}}r^{\frac{1}{2}}$$

이 된다. 그런데 $w = r = 2$로 주어졌으므로 $p = \frac{4}{5}$로 정해진다.

$CRTS$이기 때문에 가격이 수요조건과 관계없이 기술조건에 의해 결정되고 있다(수량은 수요조건에 의해 정해진다). 한편 이윤을 구하기 위해 식 (13)을 목적함수에 대입해 보면 $w = r = 2$일 경우

$$p = \frac{4}{5}$$

에서 이윤이 0이 된다. 즉, 극대화된 이윤은 0이다.

g. 장기비용함수를 구한 다음 이윤을 극대화하는 문제를 풀더라도 위 문항들과 같은 결과를 얻는다. 이에 대해 검토해 보자. 먼저 문제에서처럼 생산함수가

$$q = 5L^{\frac{1}{2}}K^{\frac{1}{2}}$$

으로 주어졌을 경우 장기비용함수는 $C_L = \frac{4}{5}q$로 구해진다. 그러므로 이윤극대화 문제는

$$\underset{q}{Max}\ \pi = pq - c(q) = pq - \frac{4}{5}q$$

가 된다. 이 식을 q로 미분하면

$$\frac{d\pi}{dq} = p - \frac{4}{5} = 0$$

이 된다. 즉, $p = \frac{4}{5}$를 얻는다. 이것은 바로 $p = LMC$ 조건이다. 이때 $p = \frac{4}{5}$가 장기공급곡선이 된다.

보통의 경우 이윤극대화 조건으로부터 공급함수를 구할 수 있다. 그리고 이러한 공급함수와 수요함수를 함께 이용하면 균형가격을 구할 수 있다. 그런데 이 경우처럼 *CRTS*일 경우에는 특이하다. 무엇보다도 한계비용이 일정하며 또한 평균비용과 같아지기 때문이다.

(i) 이 경우 가격이 한계비용보다 높으면 산출량을 증가시킬수록 이윤이 증가한다(가격이 한계비용보다 높으면 위 식에서 $\frac{d\pi}{dq} > 0$이 되는데 수학적으로 볼 때 이것은 산출량과 이윤이 같은 방향으로 움직인다는 것을 의미한다). 그러므로 이윤을 극대화시키는 산출량은 무한대가 된다. 이 경우 균형이 존재하지 않는다.

(ii) 반대로 가격이 한계비용보다 낮으면 산출량은 0이 된다. 한 단위라도 생산하면 손실이 발생하며 또한 산출량을 증가시킬수록 손실이 커지기 때문이다(이 경우 $\frac{d\pi}{dq} < 0$이 되는데 수학적으로 볼 때 이것은 산출량과 이윤이 서로 반대 방향으로 움직인다는 것을 의미한다).

(iii) 균형은 가격이 한계비용과 같아지는 곳에서 결정된다. 즉, 균형에서는 $p = \frac{4}{5}$가 성립한다. 이 경우에도 *CRTS*이기 때문에, 가격이 수요조건과는 관계없이 생산기술에 의해 정해진 것이다.

이상의 결과는 앞 문항들의 결과와 같다. 기업의 수에 대해서도 문항 e.와 같은 논리가 적용된다. 즉, 서로 다른 방법으로 구했지만 그 결과는 같다.

요점 ▶ 1. *CRTS*일 경우에는 기업의 장기이윤은 0이 된다.

2. *CRTS*일 경우에는 가격이 수요조건과는 독립적으로 생산기술에 의해 정해진다.

3. $CRTS$일 경우에는 장기균형에서 기업의 수가 정해지지 않는다.
4. $IRTS$일 경우에는 산출량을 늘릴수록 평균비용이 줄어든다. 이 때문에 이러한 생산함수를 가진 기업은 자연독점이 된다.
5. U자형의 장기평균비용곡선을 생각해 보자. $DRTS$인 영역에서 조업할 수 있다면 이윤이 양이 된다. 이 경우 장기이윤이 0이 될 때까지 새로운 기업들이 진입한다. 결국 장기평균비용이 가장 낮아지는 곳에서 장기균형이 성립하며 이때 이윤은 0이 된다.

8.14 비용불변산업과 비용증가산업

경쟁산업에 잠재적인 진입자들이 많이 있는 상태이다. 각 기업의 비용함수는 동일하며 장기균형에 대응하는 각 기업의 단기총비용함수는 $c = wq^2 + 10q + 100$이라고 한다. w는 상품을 생산하는 노동자들의 시간당 임금이다. 한편 시장수요곡선은 $Q = 4{,}000 - 100p$이다.

a. 시간당 임금이 $w = 1$일 경우 장기균형가격을 구하시오. 각 기업의 산출량은 얼마인가? 각 기업의 이윤은 얼마인가? 산업의 총산출량은 얼마인가? 이 산업에는 몇 개의 기업이 존재하는가?

b. 산업의 단기공급곡선을 구하시오.

c. 시장수요곡선이 $Q = 5{,}500 - 100p$가 되었다고 한다. 이 경우 위에서 구한 산업의 단기공급곡선을 이용하여 산업의 총산출량과 가격을 구하시오. 각 기업의 산출량은 얼마인가? 각 기업의 이윤은 얼마인가?

위의 자료들을 바탕으로 다음 질문에 답하시오.

d. 산출량이 증가하더라도 시간당 임금이 여전히 $w = 1$이라고 하자. 새로운 장기균형을 구하시오. 이 결과를 이용하여 산업의 장기공급곡선을 구하시오. 이때 산업의 새로운 단기공급곡선은 어떠한가? 이상의 내용들을 그림에 나타내시오.

e. 산출량 증가로 인해 노동의 수요가 증가하여 노동시장에서 근로자의 시간당 임금이 $w = 1.5$로 올랐다고 하자. 새로운 장기균형을 구하시오. 이 결과를 이용하여 산업의 장기공급곡선을 구하시오. 이때 산업의 새로운 단기공급곡선은 어떠한가? 이상의 내용들을 그림에 나타내시오.

KEY ▶ 장기균형에서는 이윤이 0이 된다. 비용불변산업의 장기공급곡선은 가로축에 평행한 직선이 된다. 비용증가산업의 장기공급곡선은 우상향한다.

풀이

a. 잠재적인 진입자들이 많으므로 장기균형에서 이윤은 0이 된다. 그리고 장기균형에서는

$$p = SMC = SAC_{\min} = LAC_{\min} = LMC \quad (1)$$

가 성립한다. $w = 1$이므로 주어진 단기비용함수는 $c = q^2 + 10q + 100$이 된다. 이때

$$SMC = \frac{dc}{dq} = 2q + 10 \quad (2)$$

$$SAC = \frac{c}{q} = q + 10 + \frac{100}{q} \quad (3)$$

이다. 장기균형에서는

$$SMC = SAC \quad (4)$$

가 성립하므로 $2q + 10 = q + 10 + \frac{100}{q}$으로부터 $q^* = 10$을 얻는다. 이 값을 식 (2)에 대입하면 $SMC = 2q^* + 10 = 30$을 얻는다. 식 (1)로부터 장기균형에서는 $p = SMC$가 성립하므로 $p^* = 30$이 된다. 이때 가격과 평균비용이 같아지므로 각 기업의 이윤은 0이 된다. 산업의 총산출량은 $Q_D^1(p^*) = 4{,}000 - 100p^* = 1{,}000$이 된다. 그런데 각 기업의 비용함수는 동일하며 또한 각 기업은 10단위를 생산하고 있다. 그러므로 이 산업에는 총 $n^* = \frac{Q^*}{q^*} = \frac{1{,}000}{10} = 100$개의 기업이 존재한다.

b. 산업의 단기공급곡선은 각 기업의 공급곡선을 수평으로 합하여 구한다. 이를 위해서는 먼저 각 기업의 공급곡선을 구해야 한다. 각 기업의 이윤극대화 문제로부터 $q = 2q + 10$을 얻는다. 이때 $SMC = 2q+10$이다. 그런데 단기공급곡선은 AVC곡선의 최하점 위에 놓이는 SMC곡선 부분이므로 이를 구해 보자. $TFC = STC(0) = 100$이다. 따라서 $TVC = STC - TFC = (q^2 + 10q + 100) - 100 = q^2 + 10q$이다. 이로부터 $AVC = \frac{TVC}{q} = q + 10$이다. 이때 모든 $q \geq 0$에 대해 $SMC = 2q + 10 \geq q + 10 = AVC$이다. 그러므로 이 경우 SMC곡선 전체가 단기공급곡선이 된다. 따라서 단기공급곡선은 $p = 2q+10$으로부터

$$q = \frac{1}{2}p - 5 \quad (5)$$

로 구해진다.

그런데 이 산업에는 100개의 기업이 있다. 그러므로 단기산업공급곡선은

$$Q_S = 100q = 100\left(\frac{1}{2}p - 5\right) = 50p - 500 \quad (6)$$

으로 구해진다. 물론 이 곡선과 수요곡선이 만나는 곳에서 $p = 30$, $Q = 1{,}000$이 성립

한다.

c. 단기균형에서는 $Q_D = Q_S$가 성립한다. 그런데

$$Q_D = 5{,}500 - 100p \tag{7}$$

$$Q_S = 50p - 500 \tag{6}$$

이므로 $5{,}500 - 100p = 50p - 500$이 성립한다. 이로부터 $p^0 = 40$, $Q^0 = 1{,}500$을 얻는다.

각 기업의 이윤을 쉽게 구하려면

$$\pi^0 = q^0(p^0 - SAC^0) \tag{8}$$

을 이용하면 된다. 여기서 해당되는 값들을 구해 보자. 먼저 이 산업에 100개의 기업이 있는데 현재 총산출량이 1,500이므로 개별기업의 산출량은 $q^0 = \frac{1{,}500}{100} = 15$로 구해진다(물론 $p = SMC(= 2q + 10)$에 위에서 구한 $p = 40$을 대입하여 $q = 15$를 얻을 수도 있다). 이때 평균비용은 이 값을 식 (3)에 대입함으로써 $SAC^0(15) = \frac{95}{3}$로 구해진다. 그러므로

$$\pi^0 = q^0(p^0 - SAC^0) = 15\left(40 - \frac{95}{3}\right) = 125$$

로 구해진다.

d. 산출량이 증가하더라도 비용곡선 자체가 변하지는 않는다. 그러므로 비용불변산업이다. 한편 단기에 이윤을 얻고 있으므로 이윤이 다시 0이 될 때까지 새로운 기업들이 진입한다. 그리하여 새로운 장기균형에서는 다시 $p^* = SAC_{min} = 30$이 성립한다. 이때 새로운 산출량은 새로운 수요곡선인 식 (7)에 이 값을 대입하면 $Q_D^2(p^*) = Q_D^2(30) = Q^{**} =$

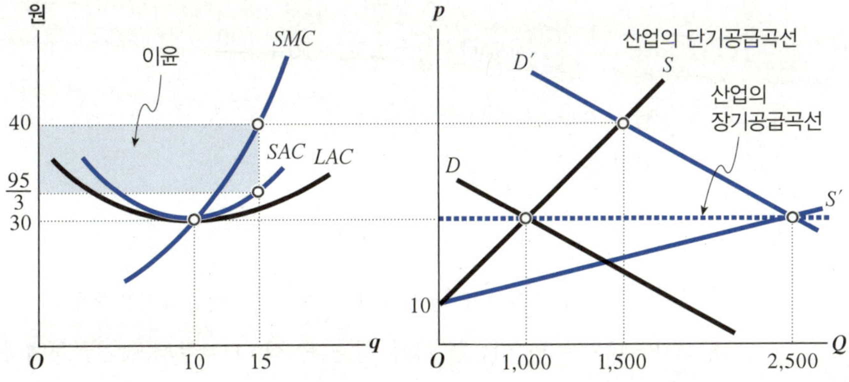

(비용불변산업)

5,500 − (100)(30) = 2,500이 된다. 그리하여 산업의 장기공급곡선은 그림에서 보듯이 점 (1,000, 30)과 점 (2,500, 30)을 지나면서 가로축에 평행한 직선으로 나타난다. 이렇게 나타나는 이유는 산출량이 증가하더라도 생산비용이 변하지 않기 때문이다.

새로운 균형을 산업의 새로운 단기산업공급곡선을 이용하여 구해 보자. 산출량이 증가하더라도 비용곡선은 변하지 않는다고 하였다. 그러므로 평균비용이 최소가 되는 점도 변하지 않는다. 그 결과 각 기업의 산출량은 다시 $q^* = 10$이 된다. 그러나 기업의 수는 $n^0 = \frac{Q^{**}}{q^*} = \frac{2,500}{10} = 250$으로 증가한다. 한편 비용곡선이 변하지 않으므로 개별 기업의 공급곡선도 변하지 않는다. 그러므로 새로운 단기산업공급곡선은 식 (5)를 적용하여

$$Q_S = 250q = 250\left(\frac{1}{2}p - 5\right) = 125p - 1,250$$

으로 구해진다. 이 새로운 단기산업공급곡선과 새로운 수요곡선 $Q = 5,500 - 100p$는 $p^* = 30, Q^{**} = 2,500$에서 만난다. 이곳이 바로 앞서 말한 새로운 장기균형이다.

e. 산출량이 증가할 때 비용곡선 자체가 이동한 경우이므로 비용증가산업에 해당한다. 단기에 이윤을 얻고 있으므로 이윤이 다시 0이 될 때까지 새로운 기업들이 진입한다. 그리하여 새로운 장기균형에서는 다시

$$p = SAC_{\min}(= SMC = LMC = LAC) \tag{1}$$

이 성립한다.

그런데 이 문제의 경우 비용증가산업이다. 그리하여 산출량이 증가하는 바람에 비용곡선이 바뀌었다. 새로운 비용곡선은 $c = 1.5q^2 + 10q + 100$이다. 이로부터

$$SMC = \frac{dc}{dq} = 3q + 10 \tag{9}$$

$$SAC = \frac{c}{q} = 1.5q + 10 + \frac{100}{q} \tag{10}$$

을 얻는다.

장기균형에서는

$$SMC = SAC \tag{4}$$

가 성립하므로 $3q + 10 = 1.5q + 10 + \frac{100}{q}$으로부터 $\hat{q} \approx 8$을 얻는다. 이 값을 식 (9)에 대입하면 $SMC = 3\hat{q} + 10 \approx 34$를 얻는다. 식 (1)로부터 장기균형에서는 $p = SMC$가 성립하므로 $\hat{p} \approx 34$가 된다. 산업의 총산출량은 $Q_D^2(\hat{p}) = \hat{Q} = 5,500 - 100(34) \approx 2,100$이 된다. 이때 장기시장공급곡선은 그림에서 보듯이 원래의 균형점 (1,000, 30)

과 새로운 균형점 (2,100, 34)를 지나는 직선으로 나타난다. 장기시장공급곡선이 이처럼 우상향하는 이유는 산출량이 증가할 때 생산비용이 증가하기 때문이다.

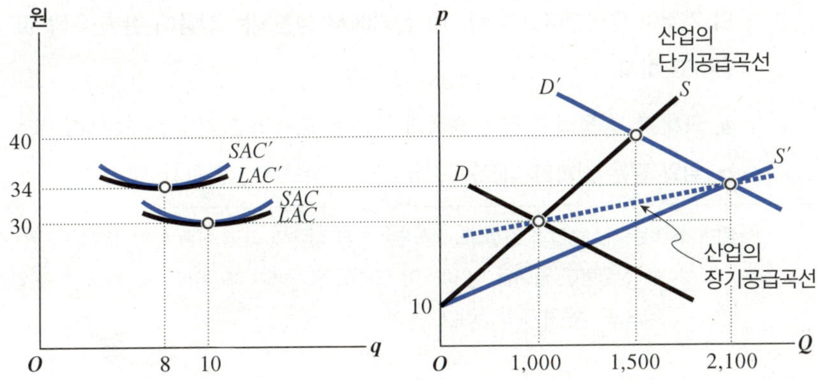

(비용증가산업)

새로운 균형을 산업의 새로운 단기산업공급곡선을 이용하여 구해 보자. 각 기업의 비용함수는 동일하며 또한 각 기업은 8단위를 생산하고 있다. 그러므로 이 산업에는 기업의 수가 $\hat{n} = \frac{\hat{Q}}{\hat{q}} \approx \frac{2,100}{8} = 262.5$개로 증가한다.

한편 비용증가산업이기 때문에 개별기업의 공급곡선이 바뀐다. 새로운 공급곡선은 $p = SMC$, 즉 $p = 3q + 10$으로부터 $q = \frac{1}{3}p - \frac{10}{3}$으로 구해진다($SMC$곡선 전체가 공급곡선이다). 그런데 기업의 수가 262.5개로 증가하였기 때문에 새로운 단기산업공급곡선은

$$Q_S = 262.5\left(\frac{1}{3}p - \frac{10}{3}\right) = 87.5p - 875$$

가 된다. 이 새로운 단기산업공급곡선과 새로운 수요곡선 $Q = 5,500 - 100p$는 $\hat{p} = 34$, $\hat{Q} = 2,100$에서 만난다. 이곳이 바로 앞서 말한 새로운 장기균형이다.

8.15 비용감소산업에 대한 조세 부과의 효과

A산업에는 수많은 기업들이 있다고 한다. 이 산업에서는 산출량이 증가함에 따라 생산요소의 가격이 떨어진다고 한다. 이 산업에서 생산되는 상품에 한 단위당 일정한 조세 t를 부과한다고 하자.

a. 과세 후 상품의 가격 상승폭과 부과된 조세의 크기를 비교하시오.

b. 위와 같은 결과가 나오는 이유를 직관적으로 설명하시오.

KEY ▶ 비용감소산업의 경우 조세를 부과하면 상품의 가격 상승 폭이 조세보다 커진다. 이것은 조세로 인해 산출량이 줄어들 때 비용이 오히려 증가하기 때문이다. 즉, 비용감소산업이라는 특성의 효과가 역으로 작용하기 때문이다.

풀이

a. 최초의 시장균형이 (p_1, Q_1)에서 이루어지고 있다고 하자. 이러한 상태에서 조세 t를 부과한다고 하자. 조세가 부과될 경우 수요곡선이 그에 상응하는 만큼 아래로 이동하는 것으로 생각할 수도 있고 공급곡선이 그에 상응하는 만큼 위로 이동하는 것으로 생각할 수도 있다. 그런데 현재 공급곡선은 또 다른 요인, 즉 생산요소의 가격 변화 때문에 이동할 수도 있다. 그러므로 분석의 편의상 수요곡선이 아래로 이동하는 경우로 생각하기로 하자. 그림에서 D'로 표시된 수요곡선은 이러한 상황을 나타내고 있다.

이 경우 상품의 가격이 p_2로 떨어진다. 그리하여 시장 전체적으로는 Q_2가 생산된다. 그런데 이때 중요한 것이 있다. [그림 1]에서 보듯이 개별기업 측면에서 이윤을 극대화하는 $p_2 = SMC$가 성립하는 q_2에서는 평균비용이 가격보다 높다는 것이다. 즉, 대표적인 개별기업이 손실을 입는다는 것이다. 이처럼 손실을 입을 경우 일부 기업들이 시장에서 이탈할 것이다. 그 결과 시장 전체의 산출량이 줄어든다. 그런데 문제에서 산출량이 증가함에 따라 생산요소의 가격이 하락한다고 하였으므로 이처럼 산출량이 줄어들 경우에는 오히려 생산요소의 가격이 상승한다.

이처럼 생산요소의 가격이 상승하면 개별기업의 한계비용곡선이 [그림 2]처럼 위로 이동한다. 그 결과 시장에 있는 모든 기업들의 한계비용곡선을 합한 것으로 나타나는 시장의 단기공급곡선도 S'처럼 위로 이동한다. 그 결과 새로운 균형은 S'와 D'가 만나는 (p_3, Q_3)에서 이루어진다. 이때 대표적인 개별기업은 [그림 2]에서처럼 $p_3 = SMC$ $(= LMC = LAC)$가 성립하는 곳에서 q_3를 생산하게 된다.

이제 이 결과를 검토해 보자. 산출량이 Q_3로 줄어들었다. 그 결과 그 수량에 대응하여 수요자가 지불하는 (수요)가격은 p_4로 오르게 된다. 결국 수요자입장에서 볼 때 가격이 p_1에서 p_4로 오른 것이다. 그리고 이때 가격이 오른 폭은 단위당 조세보다 크다.

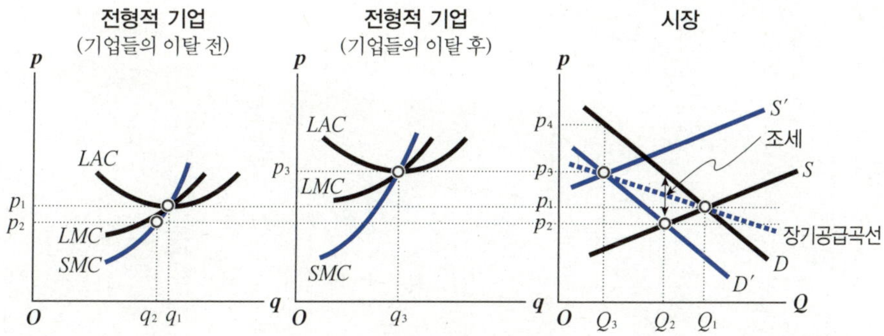

[그림 1] [그림 2]

b. 기업들이 손실을 피해 산업을 떠날 경우 산출량이 줄어든다. 그런데 문제에서 주어졌듯이 이 산업은 비용감소산업이다. 그 결과 산출량이 줄어듦에 따라 생산요소의 가격이 상승한다. 그 결과 이 산업이 원래 균형에서 누리고 있던 비용감소라는 특성의 효과를 뒤바꿔버린다. 즉, 비용이 증가한다. 그 결과 공급곡선 자체가 안쪽으로 이동하게 되어 산출량이 더 많이 줄어들게 된다. 그리고 그에 따라 가격이 큰 폭으로 오르게 된다.

비용불변산업이었다면 가격이 조세만큼 올랐을 것이라는 점을 고려하면 비용감소산업에서의 추가적인 가격 상승은 바로 비용감소 특성의 효과가 뒤바뀌면서 나타난 현상임을 알 수 있다. 즉, 산출량 감소에 따른 비용 증가 때문이라는 것이다.

독점

9장

9.1 독점의 단기균형과 비효율

9.2 독점과 경쟁의 비교 : *CRTS*일 경우

9.3 독점기업 : 다수의 공장을 지닌 경우

9.4 자연독점과 규제

9.5 독점에서의 조세귀착

9.6 각종 조세가 독점기업의 산출량에 미치는 영향

9.7 가격차별과 효율

9.8 1급 가격차별

9.9 3급 가격차별

9.10 독점기업 : 다수의 시장에 공급하는 경우

9.11 보조금이 국제무역에 미치는 영향 : 가격차별독점자의 경우

9.12 쿠폰을 이용한 가격차별

9.13 수송비의 크기와 가격차별

9.14 이부가격

9.15 이부가격

9.16 성수기가격 제도와 규제

9.17 2급 가격차별 : 선별

9.18 2급 가격차별 : 선별

9.1 독점의 단기균형과 비효율

시장수요곡선이 $Q = 170 - p$이고 독점자의 평균비용함수가 $AC = 50 + Q$라고 하자.

a. 독점자의 이윤을 극대화하는 산출량과 가격을 구하시오. 또한 그때의 이윤과 소비자잉여를 구하시오.

b. 이 시장이 완전경쟁이었을 경우 산출량과 소비자잉여를 구하시오.

c. 독점자의 이윤과 그때의 소비자잉여를 합한 값을 경쟁일 때 얻는 소비자잉여의 크기와 비교하시오. 또한 독점자의 자중손실을 구하시오.

풀이

$Q_d = 170 - p$, $AC = 50 + Q$로 주어져 있다.

a. 총비용이 주어져 있지 않으므로 총비용을 평균비용으로부터 구한다. 이 경우 이윤극대화 문제는

$$\begin{aligned}\underset{Q}{Max}\ \pi(Q) &= TR - TC \\ &= p(Q)Q - (AC)Q \\ &= (170Q - Q^2) - (50Q + Q^2)\end{aligned}$$

이다. 이윤극대화의 일차필요조건은

$$\frac{d\pi}{dQ} = 170 - 2Q - (50 + 2Q) = 0,\ 즉\ 170 - 2Q = (50 + 2Q)$$

이다. 이것이 바로 $MR = MC$ 조건이다. 이로부터 $Q_0 = 30$, $p_0 = 140$을 얻는다. 그리고 $\pi(30) = \pi_0 = 1{,}800$이다. 소비자잉여$= \frac{1}{2}(30)(30) = 450$을 얻는다.

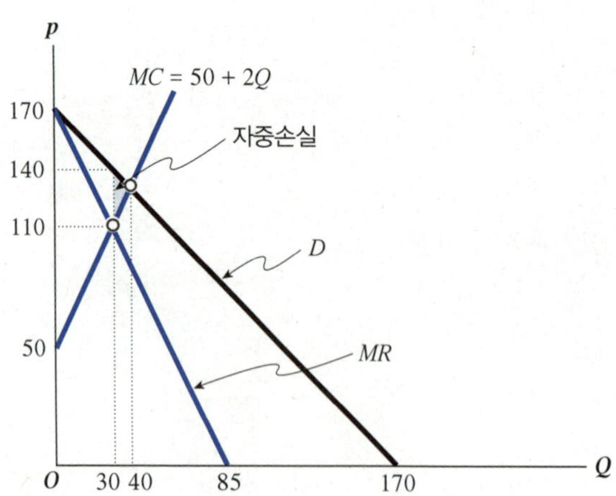

b. 완전경쟁일 경우 가격이 p로 일정하게 주어진다. 그러므로 이윤극대화 문제는

$$\underset{Q}{Max}\ \pi(Q) = TR - TC$$
$$= pQ - (AC)Q$$
$$= pQ - (50 + Q)Q$$

이다. 이윤극대화의 일차필요조건은

$$\frac{d\pi}{dQ} = p - (50 + 2Q) = 0,\ \text{즉}\ p = (50 + 2Q)$$

이다. 이것이 바로 $p = MC$ 조건이다. 한편 수요함수로부터 $p = 170 - Q$이므로 $170 - Q = 50 + 2Q$가 된다. 이로부터 $Q^* = 40$이다. 소비자잉여 $= \frac{1}{2}(40)(40) = 800$이 된다.

c. 'π_0 + 독점 하의 소비자잉여 = 2,250 > 경쟁 하의 소비자잉여 = 800' 이 성립한다. 자중손실 $= \frac{1}{2}(30)(10) = 150$으로 구해진다.

9.2 독점과 경쟁의 비교 : *CRTS*일 경우

어떤 기업이 3개의 기술을 가지고 있다고 하자. 기술 1은 노동 1단위와 자본 4단위를 사용하여 산출물을 하루에 1단위 생산한다. 기술 2는 노동 2단위와 자본 2단위를 사용하여 산출물을 하루에 1단위 생산한다. 기술 3은 노동 4단위와 자본 1단위를 사용하여 산출물을 하루에 1단위 생산한다.

a. 산출량이 1일 때의 등량곡선을 그리시오. 산출량이 2일 때의 등량곡선을 그리시오.

b. 이 기업의 장기총비용함수를 구하시오.

c. 산출물에 대한 시장수요곡선이 $q = 100 - p$라고 하자. 임금률이 8이고 자본의 임대료율이 2일 경우 이윤을 극대화하는 산출량을 구하시오. 이때 가격은 얼마인가? 이윤은 얼마인가?

d. 이 시장이 경쟁적일 경우 산출량과 가격을 구하시오. 이때 이윤은 얼마인가? 이 시장에 존재하는 기업의 수를 구하시오.

KEY ▶ *CRTS*이다. 이때 경쟁시장일 경우 가격은 수요조건과는 관계없이 오로지 기술에 의해서 정해진다. 반면에 산출량은 수요조건에 따라 정해진다. 장기공급곡선은 가로축에 평행한 직선이 된다. 한편 문제의 기술은 레온티프 형태와 완전대체가 혼합되어 있는 생산함수로 표현된다. 그런데 일반적으로 생산함수가 선형일 경우 비용함수는 min 형태의 함수가 되고 생산함수가 min 형태의 함수일 경우 비용함수는 선형이 된다. 이것이 이 문제에서 비용함수에 최종적으로 어떻게 표현되는가 주목해 보자.

풀 이

a. 등량곡선을 살펴보자. 예를 들어 A점과 B점을 잇는 선분 상에 있는 점은 두 기술을 함께 사용하는 생산 방법을 나타낸다. 예를 들어 그 선분의 중점에 해당하는 점을 생각해 보자. 이 점은 기술 A로 산출물을 $\frac{1}{2}$단위 생산하고 기술 B로 산출물을 $\frac{1}{2}$단위 생산하는 방법을 나타내고 있다.

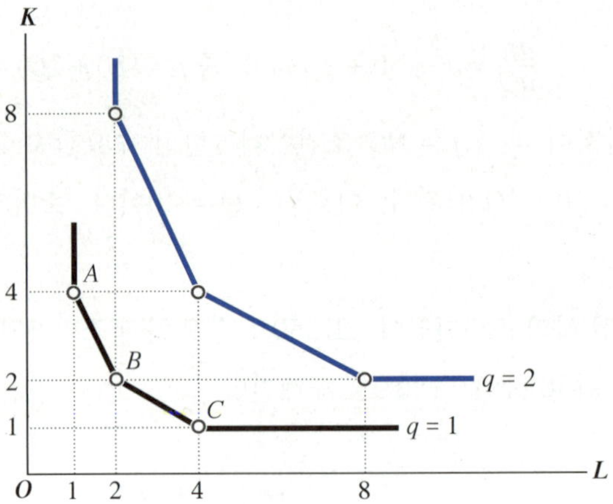

b. 임금률을 w라고 하고 임대료율을 r이라고 하자. 그러면 장기총비용함수는

$$\underset{L,K}{Min}\ c = wL + rK$$
$$s.t.\quad q = f(L, K)$$

를 풀어서 구할 수 있다. 그런데 이 문제의 경우 미분을 통해 비용함수를 구할 수 없다. 그러므로 직관적인 방법으로 비용함수를 구해 보자.

기술 1은 노동 1단위와 자본 4단위를 사용하므로 그 기술은 $\min\left[L, \frac{K}{4}\right]$로 나타낼 수 있다. 같은 방법으로 기술 2는 $\min\left[\frac{L}{2}, \frac{K}{2}\right]$로 나타낼 수 있다. 끝으로 기술 3은 $\min\left[\frac{L}{4}, K\right]$로 나타낼 수 있다. 생산물은 이 중에서 어느 기술을 사용해서 생산해도 된다. 따라서 생산함수는

$$q = min\left[L, \frac{K}{4}\right] + min\left[\frac{L}{2}, \frac{K}{2}\right] + min\left[\frac{L}{4}, K\right]$$

가 된다.

이때 기업은 비용이 가장 적게 드는 기술을 사용할 것이다. 이와 관련하여 어느 기술을 사용하든지 비용이 똑같이 들 경우를 생각해 보자. 이 경우에는 두 기술을 일부씩 함께 사용하더라도 한 가지 기술만을 사용하는 경우와 똑같은 비용이 든다. 이 점을 염두에 두고 생각하자. 1단위를 생산하는 데에 기술 1을 사용할 경우 노동 1단위와

자본 4단위가 필요하므로 비용은 $w+4r$이 든다. 같은 논리로 기술 2를 사용할 경우에는 $2w+2r$이 든다. 기술 3을 사용할 경우에는 $4w+r$이 든다. 이 중에서 적은 비용이 드는 방법으로 생산할 것이다.

그러므로 1단위를 생산할 때에는

$$C(1)=\min\left[(w+4r),\ (2w+2r),\ (4w+r)\right]$$

만큼의 비용이 든다. 따라서 q단위를 생산하려면

$$C(q)=q\min\left[(w+4r),\ (2w+2r),\ (4w+r)\right]$$

의 비용이 든다. 이것이 바로 장기총비용함수이다. 문제에서 주어진 기술은 *CRTS*이다. *CRTS*일 경우에는 이와 같이 $C(q)=qC(1)$이 성립한다.

이것은 다음과 같이 생각할 수도 있다. 비용함수는 주어진 산출량을 생산하는 데 드는 최소비용과 그 산출량 사이의 관계를 말한다. 한편 생산자는 자원을 낭비하지 않을 것이다. 기술 1에서 볼 때 자원을 낭비하지 않는 방법은 $q=L=\frac{K}{4}$가 성립하도록 자원을 사용하는 것이다. 나아가서 기술의 특성상 어느 하나의 생산요소만을 사용하면 산출량이 0이 된다. 종합적으로 볼 때 두 생산요소를 항상 일정한 비율로 함께 사용해야 한다.

그런데 기술 1을 사용하여 산출량을 q단위 얻으려면 L을 q단위 투입해야 한다. 즉, $L=q$가 성립한다. 같은 논리로 $K=4q$가 성립한다. 이들은 기술 1을 사용할 경우 조건부 장기생산요소수요함수로 볼 수 있다. 이들을 $C_1=wL+rK$에 각각 대입하면 $C_1=wq+4rq$를 얻는다. 같은 논리로 $C_2=2wq+2rq$, $C_3=4wq+rq$를 얻는다. 그런데 기업은 이 중에서 비용이 가장 적게 드는 기술을 사용할 것이므로 장기총비용함수는

$$\begin{aligned}C_L(w,r,q)&=\min(C_1,C_2,C_3)=\min\left[wq+4rq,\ 2wq+2rq,\ 4wq+rq\right]\\&=q\min\left[(w+4r),\ (2w+2r),\ (4w+r)\right]\end{aligned}$$

이 된다.

c. 이윤극대화 문제는

$$\underset{q}{Max}\ \pi=p(q)\,q-C(q)$$

이다. 여기에 해당되는 값들을 각각 대입하면

$$\underset{q}{Max}\ \pi=(100-q)\,q-q\min\left[(w+4r),\ (2w+2r),\ (4w+r)\right]$$

이 된다. 그런데 $w = 8$, $r = 2$이다. 그러므로

$$\begin{aligned} & q\min\left[(w+4r),\ (2w+2r),\ (4w+r)\right] \\ &= q\min\left[(1\times 8+4\times 2),\ (2\times 8+2\times 2),\ (4\times 8+1\times 2)\right] \\ &= q\min\left[16, 20, 34\right] = 16q \end{aligned}$$

가 된다. 이것을 목적함수에 대입하면

$$\underset{q}{Max}\ \pi = (100-q)q - 16q$$

가 된다.

이윤극대화의 일차필요조건은

$$\frac{d\pi}{dq} = (100-2q) - 16 = 0,\ \text{즉}\ 100 - 2q = 16$$

이다. 이것은 바로 $MR = LMC$ 조건이다. 이로부터 $q^* = 42$가 된다. 그러므로 시장수요곡선으로부터

$$p^* = 100 - q^* = 100 - 42 = 58$$

로 구해진다. 이때 이윤은

$$\pi^*(42) = (100-q^*)q^* - 16q^* = 1{,}764$$

가 된다.

d. 이 시장이 경쟁적일 경우 개별기업은 시장가격을 주어진 것으로 받아들인다. 그러므로 개별기업의 이윤극대화 문제는

$$\underset{q}{Max}\ \pi = pq - c(q) = pq - 16q$$

가 된다. 이로부터 이윤극대화의 일차필요조건은

$$\frac{d\pi}{dq} = p - 16 = 0$$

이 된다. 따라서 $p = 16$을 얻는다. 이것은 바로 $p = LMC$ 조건이며 장기공급곡선이다. 이 값을 목적함수에 대입하면 산출량에 관계없이 개별기업의 이윤은 $\pi = 0$이 된다. 시장의 균형산출량은 시장수요함수로부터

$$q^* = 100 - p^* = 100 - 16 = 84$$

로 구해진다. 이것은 장기공급곡선인 $p = LMC$, 즉 $p = 16$과 시장수요곡선인 $q = 100 - p$의 교점으로부터 얻은 것으로 볼 수도 있다.

한편 *CRTS*일 경우 장기균형에서 기업의 수는 정해지지 않는다. 시장수요량을 1개의 기업이 모두 공급할 수도 있고 n개의 기업이 나누어 공급할 수도 있다.

특성을 정리해 보자.

(i) 균형은 $p = LMC$인 곳에서 달성된다. 이처럼 *CRTS*일 경우 가격은 *LMC*로 정해지며, 특히 수요조건과는 독립적으로 정해진다. 이때 $\pi = 0$이 된다.

이처럼 *CRTS*일 경우 가격은 오로지 기술에 의해 정해진다. 즉, 선호를 반영하는 수요곡선과는 무관하게 정해진다. 산출량은 이렇게 정해진 가격에 대응하여 수요곡선에 따라 정해진다. 이것은 공급곡선과 수요조건이 함께 작용하여 가격과 수량이 연립적으로 정해지는 보통의 경우와 대조된다. 또한 $\pi = 0$이 된다. 이러한 결과들을 얻는 이유는 *CRTS*일 경우 *LMC*가 일정하며 $LMC = LAC$이기 때문이다.

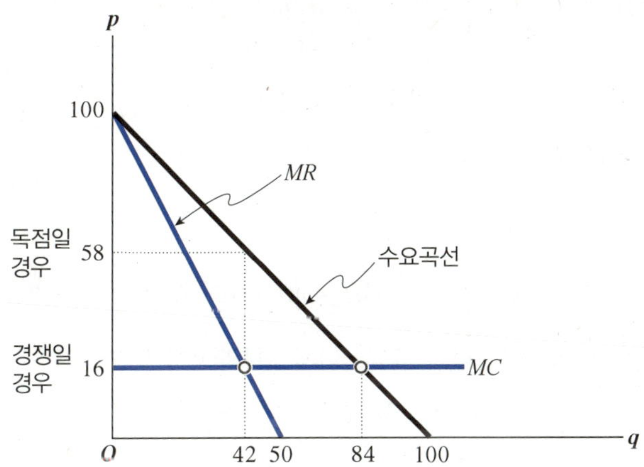

(ii) $p > LMC$이면 산출량을 증가시킬수록 이윤이 증가한다(가격이 한계비용보다 높으면 위 식에서 $\frac{d\pi}{dq} > 0$이 되는데 수학적으로 볼 때 이것은 산출량과 이윤이 같은 방향으로 움직인다는 것을 의미한다). 그러므로 이윤을 극대화시키는 산출량은 무한대가 된다. 이때에는 균형이 존재할 수 없다.

(iii) $p < LMC$이면 산출량은 0이 된다. 한 단위라도 생산하면 손실이 발생하며 또한 산출량을 증가시킬수록 손실이 커지기 때문이다(이 경우 $\frac{d\pi}{dq} < 0$이 되는데 수학적으로 볼 때 이것은 산출량과 이윤이 서로 다른 방향으로 움직인다는 것을 의미한다).

9.3 독점기업 : 다수의 공장을 지닌 경우

독점기업이 2개의 공장을 운영하고 있다고 하자. 공장 1의 비용함수는 $C_1(q_1) = q_1^2 + 4q_1 + 2$ 이고 공장 2의 비용함수는 $C_2(q_2) = \frac{1}{2}q_2^2 + 40q_2 + 2$라고 한다.

a. 시장수요가 $Q = 100 - p$일 경우 각 공장의 산출량을 구하시오.

b. 시장수요가 $Q = 50 - p$일 경우 각 공장의 산출량을 구하시오.

c. 위 문항 b.의 결과를 두 공장의 한계비용들의 크기에 초점을 맞추어 해석하시오.

KEY ▶ 여러 개의 공장을 가지고 있는 독점기업은 비용을 극소화하도록 산출량을 할당한다. 그런데 수요가 적을 경우에는 가동하지 않는 공장도 있을 수 있다.

풀이

$$MC_1 = 2q_1 + 4 \quad (1)$$

$$MC_2 = q_2 + 40 \quad (2)$$

으로 주어져 있다.

a. 독점기업의 이윤극대화는

$$MR = MC \quad (3)$$

인 상태에서 이루어진다. 그런데 현재 2개의 공장을 가동할 수 있으므로 MC곡선을 구하는 데 주의가 필요하다. 독점기업은 어느 공장을 이용하든 한계비용이 작아지도록 할 것이다. 이때 주의할 점이 있다.

(i) 그림을 참조하여 식 (1)과 식 (2)를 비교해 보면 알 수 있듯이 $MC \leq 40$일 경우에는 오로지 공장 1만 가동한다는 것이다. 이 경우 독점기업의 MC곡선은

$$MC = 2Q + 4 \ (MC \leq 40\text{일 경우, 즉 } Q \leq 18\text{일 경우}) \quad (4)$$

가 된다.

한편 수요곡선이 $Q = 100 - p$일 경우 $TR = pQ = (100 - Q)Q$이며 이로부터

$$MR = \frac{dTR}{dQ} = 100 - 2Q \quad (5)$$

를 얻는다. 식 (4)와 식 (5)를 식 (3)에 대입하면 $100 - 2Q = 2Q + 4$, 즉 $Q^* = 24$를 얻는다. 그런데 이 값은 $Q \leq 18$이어야 한다는 식 (4)의 조건을 만족시키지 못하므로 해가 될 수 없다.

(ii) 공장 2개를 모두 가동할 경우 총비용이 작아지도록 하는 방법은

$$MC_1 = MC_2 \quad (6)$$

가 되도록 하는 것이다. 이렇게 되지 않을 경우 한계비용이 높은 곳에서 산출량을 줄이고 그만큼 한계비용이 낮은 곳에서 산출량을 늘리면 같은 수량을 생산하더라도 총비용은 감소한다. 한편 이 과정에서 한계비용이 높은 곳에서 산출량을 줄일 경우 그곳에서 한계비용이 낮아지고 한계비용이 낮은 곳에서 산출량을 늘릴 경우 그곳에서 한계비용이 높아져서 마침내 두 곳의 한계비용이 같아진다. $MC_1 = MC_2$가 성립하는 수량을 찾기 위해서는 독점기업의 MC곡선을 구해야 한다. 그런데 독점기업의 MC곡선은 MC_1곡선과 MC_2곡선을 수평으로 합하여 구한다. 가로축에 수량을 나타내고 세로축에 한계비용을 나타낸 상태에서 두 공장에서 같은 한계비용에 생산할 경우 그 한계비용과 그때 각 공장에서 생산하게 되는 수량의 합과의 관계를 나타내기 위해 두 한계비용곡선을 수평으로 합하는 것이다. 참고로 이때 $MC_1 + MC_2 = (2q + 4) + (q + 40) = 3q + 44$처럼 합하는 것은 2개의 한계비용곡선을 수평으로 합하는 것이 아니라 수직으로 합한 것이라는 점에 주목하자.

이제 MC_1곡선과 MC_2곡선을 수평으로 합해 보자. 이를 위해 포락선정리를 적용하여 식 (1), 식 (2), 식 (6)으로부터 $MC_1 = MC_2 = MC$로 놓고 식 (1)과 식 (2)를 각각 변형하면

$$q_1 = \frac{MC - 4}{2} \tag{7}$$

$$q_2 = MC - 40 \tag{8}$$

이 된다. MC곡선들을 수평으로 합한다는 것은 이것들을 더하는 것이다. 즉,

$$Q = q_1 + q_2 = \left(\frac{MC - 4}{2}\right) + (MC - 40) = \frac{3MC - 84}{2}$$

이다. 이것은 독점기업의 두 공장 산출량의 합과 한계비용의 관계를 나타낸다. 이로부터 독점기업의 한계비용곡선인

$$MC = \frac{2}{3}Q + 28 \ (MC \geq 40\text{일 경우, 즉 } Q \geq 18\text{일 경우}) \tag{9}$$

을 얻는다.

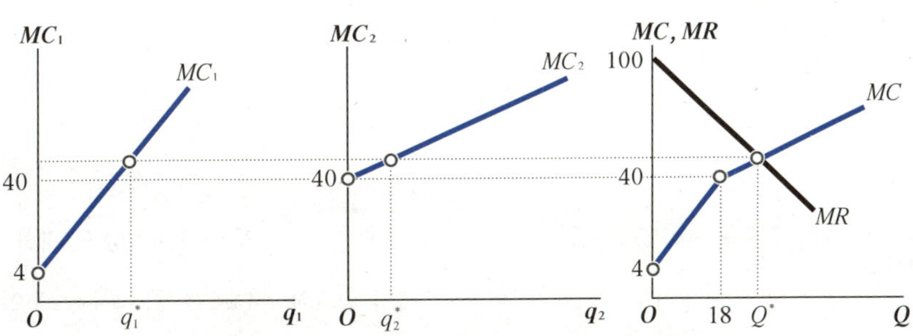

식 (5)와 식 (9)를 이윤극대화 조건인 $MR = MC$ (3)에 대입하면

$$100 - 2Q = \frac{2}{3}Q + 28 \tag{10}$$

이 된다. 이로부터 $Q^* = 27$을 얻는다. 이 값은 식 (9)의 조건인 $Q \geq 18$을 만족시키므로 해가 된다. 이때 $MR^* = MC^* = 46$을 얻는다. 이 값을 식 (7)과 식 (8)에 대입하면 $q_1^* = 21$, $q_2^* = 6$을 얻는다.

한편 균형에서는

$$MR = MC_1 = MC_2$$

가 성립한다는 점에 주목하자.

b. 수요곡선이 $Q = 50 - p$일 경우에는 $MR = 50 - 2Q$가 된다. 한계비용은 변화가 없으므로 식 (10)은

$$50 - 2Q = \frac{2}{3}Q + 28 \tag{11}$$

로 바뀐다. 이로부터 $Q^{**} = \frac{33}{4}$을 얻는다. 그런데 이 값은 18보다 작아서 식 (9)의 조건을 만족시키지 못한다.

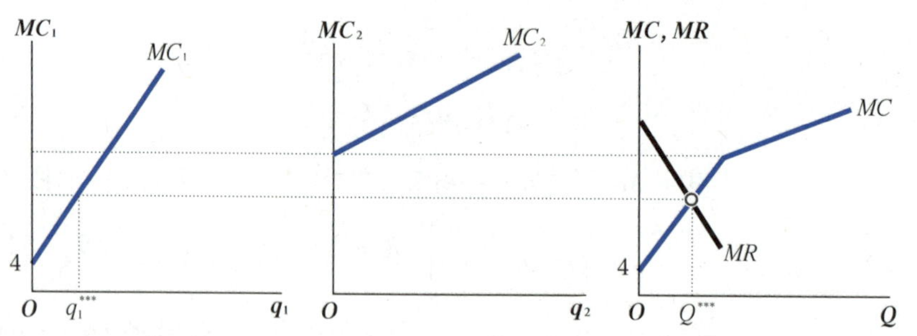

이것은 공장 2개를 모두 가동하지는 않는다는 것을 말한다. 이때 수요가 적다는 점에 주목하자. 수요량이 적을 경우 공장 1개만 가동해야 한다면, 그림에서 보듯이, 수요량이 적을 경우 MC가 작게 나오는 공장 1을 가동해야 한다. 그러므로 풀이 과정에서 식 (4)인 $MC = 2Q + 4$를 사용해야 한다. 따라서 $MR = MC$는

$$50 - 2Q = 2Q + 4$$

가 된다. 이로부터 $Q^{***} = q_1^{***} = 11.5$를 얻는다. 이 경우 공장 1만 가동된다는 점에 주목하자.

c. 수요곡선이 $Q = 50 - p$일 정도로 수요가 적을 경우에는 이윤극대화 산출량도 적다. 이 경우 공장 1만 가동하더라도 그때의 한계비용($MC_1 = 2q_1^* + 4 = 27$)이 공장 2의 최소한

계비용 40($MC_2 = q_2 + 40 \geq 40$)에 미치지 않는다. 따라서 수요가 적을 경우에는 공장 1만 가동한다.

간단한 풀이

a. $Q = q_1 + q_2$이므로 시장수요인 $Q = 100 - p$는 $p = 100 - Q = 100 - (q_1 + q_2)$로 바꾸어 쓸 수 있다. 이때 독점기업의 이윤극대화 문제는

$$\underset{q_1, q_2}{Max}\ \pi = p \cdot Q - c_1(q_1) - c_2(q_2)$$
$$= (100 - (q_1 + q_2)) \cdot (q_1 + q_2) - (q_1^2 + 4q_1 + 2) - \left(\frac{1}{2}q_2^2 + 40q_2 + 2\right)$$

이다. 이윤극대화의 일차필요조건은

$$\frac{\partial \pi}{\partial q_1} = (100 - 2q_1 - 2q_2) - (2q_1 + 4) = 0,\ 즉\ 100 - 2q_1 - 2q_2 = 2q_1 + 4\ (1),\ 즉\ MR = MC_1$$

$$\frac{\partial \pi}{\partial q_2} = (100 - 2q_1 - 2q_2) - (q_2 + 40) = 0,\ 즉\ 100 - 2q_1 - 2q_2 = q_2 + 40\ (2),\ 즉\ MR = MC_2$$

이다. 결국

$$MR = MC_1 = MC_2$$

가 성립한다. 이때 독점기업이 하나의 시장에 판매하고 있으므로 2개의 필요조건에서 동일한 MR이 공통적으로 사용되고 있음에 주목하자.

식 (1)과 식 (2)를 연립하여 풀면 $q_1^* = 21$, $q_2^* = 6$을 얻는다. 이러한 결과를 그림으로 나타내면 앞의 그림과 같다.

b. 산출량의 값은 음이 될 수 없다. 이러한 조건을 충족시키면서 이 문제를 풀려면 경제수학이나 또는 대학원 과정에서 다루는 쿤–터커조건을 이용하여 풀어야 한다. 여기서는 직관을 이용하여 풀기로 하자.

시장수요가 $Q = 50 - p$일 경우 식 (1)과 식 (2)는 각각

$$50 - 2q_1 - 2q_2 = 2q_1 + 4 \qquad (3)$$

$$50 - 2q_1 - 2q_2 = q_2 + 40 \qquad (4)$$

으로 바뀐다. 이 연립방정식을 풀면 $q_1^* = \frac{59}{4}$, $q_2^* = -\frac{13}{2}$을 얻는다. 그런데 산출량은 음수가 될 수 없다. 이것은 2개의 공장 중에서 1개의 공장만을 가동한다는 것을 함축한다. 그런데 공장을 1개만 가동한다면, 산출량이 적을 경우 한계비용이 더 적게 드는 공장 1만 가동할 것이다. 그러므로 식 (3)에 $q_2 = 0$을 적용하면 이윤극대화 조건은

$$50 - 2q_1 = 2q_1 + 4$$

가 된다. 이때 $q_1^* = 11.5$를 얻는다. 이러한 결과를 그림으로 나타내면 앞의 그림과 같다.

c. 앞의 설명과 동일.

9.4 자연독점과 규제

기업들의 비용함수는 $C(Q) = Q^2 - 10{,}000Q + 50{,}000{,}000$으로서 모두 같다고 한다. 이 경우 한계비용은 $MC(Q) = 2Q - 10{,}000$이 된다. 한편 시장수요곡선은 $Q = -p + 10{,}100$이다. 기업들은 이윤을 극대화하는 것을 목표로 하고 있다.

a. 이 시장에서 이루어지는 균형의 특성을 말하시오. 이렇게 되는 이유는 무엇인가?

b. 가격이 한계비용과 같아지도록 정부가 규제하려고 한다. 이 시장의 특성과 관련하여 이러한 정책에 대해 논의하시오.

c. 가격이 평균비용과 같아지도록 정부가 규제하려고 한다. 이 시장의 특성과 관련하여 이러한 정책에 대해 논의하시오.

KEY ▶ 자연독점과 그 규제정책에 대한 문제이다.

풀이

a. 기업들의 비용함수를 관찰해 보자. 한계비용은 아주 작다. 반면에 고정비용은 50,000,000으로서 한계비용에 비해서 대단히 크다. 그러므로 최소효율규모(MES)가 대단히 클 것으로 생각된다. 이처럼 MES가 클 경우 자연독점이 될 가능성이 높다.

이제 MES가 어느 정도로 큰가를 알아보자 이를 위해 MES를 그와 관련되는 시장 수요량과 비교해 보자. MES는 AC가 최소가 되는 산출량이다. 그런데 AC는

$$AC = MC \tag{1}$$

인 곳에서 최소가 된다. 그러므로 식 (1)을 만족시키는 수량이 바로 MES가 된다. 그런데 문제에서

$$MC(Q) = 2Q - 10{,}000 \tag{2}$$

으로 주어졌다. 그리고 비용함수로부터

$$AC = \frac{C(Q)}{Q} = Q - 10{,}000 + \frac{50{,}000{,}000}{Q} \tag{3}$$

으로 구해진다. 식 (2)와 식 (3)을 식 (1)에 대입하면 MES는 $Q_{MES} \approx 7{,}071$로 구해진

다. 이때 $AC = MC \approx 4{,}142$이다.

한편 시장수요곡선은

$$Q = -p + 10{,}100 \tag{4}$$

으로 주어졌으므로 가격이 AC_{MES}와 같아질 경우, 즉 $p = AC_{MES} = 4{,}142$일 경우의 수요량은 $4{,}142 = -Q + 10{,}100$으로부터 $Q = 5{,}958$로 구해진다. 그런데 이 수요량은 앞에서 구한 Q_{MES}보다 작다. 그러므로 최소효율규모에 대응하는 수량은 시장수요곡선의 바깥에 놓인다. 그 결과 자연독점이 될 가능성이 높다.

b. 자연독점이 된 상태에서 가격을 한계비용과 같게 책정하도록 정부가 규제한다고 하자. 즉,

$$p = MC \tag{5}$$

가 되도록 규제한다고 하자. 그러면 식 (2)와 식 (4)를 식 (5)에 대입함으로써 $Q_{MC} = 6{,}700$, $p_{MC} = 3{,}400$으로 구해진다. 한편 $Q_{MC} = 6{,}700$일 때 평균비용은 이 값을 (3)에 대입함으로써 $AC = 4{,}163$이 된다. 즉, 평균비용이 가격보다 높아진다. 이것이 그림에 나타나 있다. 이때 기업은 손실을 입는다. 다시 말하면 가격을 한계비용과 같아지도록 규제하면 기업이 손실을 입는다는 것이다. 그리고 이때 발생하는 손실은 정부가 보조금을 지급하여 보전해야 한다.

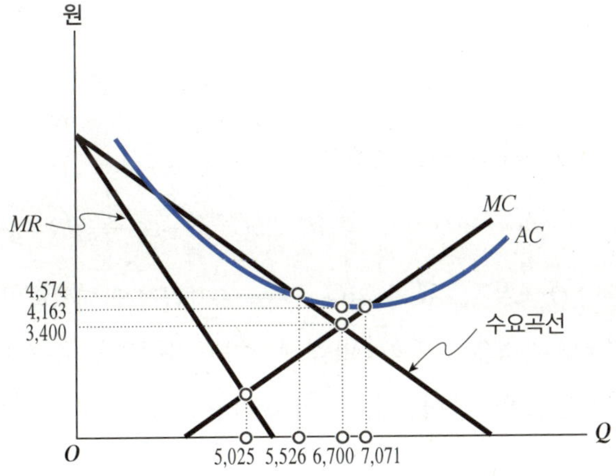

이 같은 문제점이 있음에도 불구하고 이 정책을 채택한다면 그것은 정책 목표가 $p = MC$에서 효율을 달성하겠다는 것임을 의미한다. 이 경우 이러한 자연독점기업은 공기업의 형태를 띠는 것이 보통이다. 한편 이 경우 정부가 보조금의 재원 마련을 위해 다른 부문에서 조세를 거두어야 한다. 그러므로 조세가 부과되는 부문에 비효율이

발생하게 된다는 점을 고려해야 한다.

c. 앞에서 보았듯이 자연독점의 경우 효율을 달성하도록 규제하려면 정부가 보조금을 지급해야 한다. 이 점을 고려하여 정부는 한계비용가격정책 대신 평균비용가격정책으로 규제할 수도 있다. 이 경우 가격이 평균비용과 같아지도록 규제하게 된다. 즉,

$$p = AC \tag{6}$$

가 되도록 규제하게 된다. 이 경우 식 (3)과 식 (4)를 식 (6)에 대입함으로써 $q = 5{,}526$, $p = 4{,}574$로 구해진다. 이때 가격과 평균비용이 같기 때문에 이윤은 0이 된다. 즉, 초과이윤도 없지만 기업이 손실을 입지도 않는다. 그 대신 산출량이 6,700에서 5,526으로 적어진다. 그리하여 어느 정도의 비효율이 존재하게 된다.

9.5 독점에서의 조세귀착

독점자의 평균비용이 c로 일정하고 역수요곡선이 $p = a - bQ$와 같이 직선으로 주어졌다고 하자. 이때 독점자에게 상품 한 단위당 t의 조세가 부과될 경우 그것이 어떻게 귀착되는가를 수식을 통해 보이시오.

풀이

AC가 일정하므로 AC가 MC와 같다. 그러므로 독점자의 이윤극대화 문제는

$$\underset{Q}{Max}\ \pi = TR - (TC + tQ) = p(Q)Q - (AC \cdot Q + tQ) = (a - bQ)Q - (cQ + tQ)$$

가 된다. 이윤극대화의 일차필요조건은

$$\frac{d\pi}{dQ} = a - 2bQ - (c + t) = 0,\ \text{즉}\ a - 2bQ = c + t,\ \text{즉}\ MR = MC + t$$

이다. 이로부터 $Q^* = \dfrac{a - c - t}{2b}$가 된다. Q^*를 수요곡선에 대입하면 $p^* = \dfrac{1}{2}(a + c + t)$를 얻는다. 이로부터 가격은 조세의 $\dfrac{1}{2}$만큼 오른다는 사실을 알 수 있다($t = 0$일 때의 가격과 비교해 보라). 이는 조세의 $\dfrac{1}{2}$이 수요자에게 전가됨을 의미한다.

9.6 각종 조세가 독점기업의 산출량에 미치는 영향

다음의 각 조세가 이윤을 극대화하는 산출량의 크기에 미치는 영향은 어떠한가?

a. 이윤에서 일정한 금액을 조세로 징수하는 정액이윤세

b. 이윤의 일정한 비율을 조세로 징수하는 비례적 이윤세

c. 산출량 한 단위당 일정한 금액을 부과하는 조세

풀이

조세가 없을 경우 : $\pi_0 = TR(Q) - TC(Q)$이다. 그러므로 이때 이윤극대화의 일차조건은 $MR = MC$가 된다.

a. 정액이윤세 T가 부과될 경우 : $\pi_1 = TR(Q) - TC(Q) - T$이다. 그러므로 이윤극대화의 일차조건은 $MR = MC$이다.

b. 비례적 이윤세가 부과될 경우 : $\pi_2 = (1 - \tau)(TR - TC)$이다. 그러므로 이윤극대화의 일차조건은 $MR = MC$가 된다.

c. 단위당 조세가 부과될 경우 : $\pi_3 = TR(Q) - TC(Q) - tQ$이다. 그러므로 이윤극대화의 일차조건은 $MR = MC + t$가 된다.

이상에서 정액이윤세 및 비례적 이윤세는 이윤극대화의 일차소선을 변화시키지 않으므로 산출량에 영향을 주지 않는다. 직관적으로 볼 때 정액이윤세는 고정비용만 증가시키므로 이윤극대화 산출량에 영향을 주지 않는다. 비례적 이윤세의 경우 납세 후 이윤은 납세 전 이윤에 일정한 값인 $(1 - \tau)$가 곱해진 것으로 볼 수 있다. 그러므로 납세 후 이윤을 극대화시키려면 납세 전 이윤을 극대화시켜야 한다. 그러므로 이 경우 조세는 산출량에 영향을 주지 않는다.

반면에 단위당 조세는 한계비용을 증가시킴으로써 이윤극대화 산출량을 감소시킨다.

9.7 가격차별과 효율

가격차별이 효율에 미치는 영향을 말하시오.

KEY ▶ 가격차별은 효율을 증진시키는 경우가 많다.

풀이

독점이 비효율을 유발하는 근본적인 이유는 산출량이 경쟁 수준에 비해 적기 때문이다. 그리고 산출량이 적어지는 이유는 상품을 추가로 더 팔려면 가격을 떨어뜨려야 하기 때문이다. 그리하여 한계수입이 가격에 미치지 못하기 때문이다. 그런데 그 이면에는 가격을 차별할 수 없다는 가정이 전제되어 있다. 즉, 추가로 더 팔려면 가격을 떨어뜨려야 하는데 이 가격이 추가로 더 팔려고 하지 않았으면 높은 가격에 팔 수 있었던 단위들에도 적용되어야 하기 때문이라는 것이다. 이렇게 볼 때 가격차별을 할 경우 효율이 증진될 수 있는 여지가 있다. 구체적으로 검토해 보자. 1급 가격차별에서는 $p = MC$가 달성되는 수준까지 생산이 이루어진다. 그 결과 효율이 성립한다. 2급 가격차별의 하나인 수량할인에서도 최종균형에서는 $p = MC$가 성립한다. 그 결과 효율이 달성된다. 다른 유형의 2급 가격차별에서도 가격차별을 할 수 없을 경우에 비해 산출량이 증가함으로써 효율이 증진된다. 3급 가격차별의 경우에도 공급량이 증가할 경우 효율이 증진된다.

한편 가격차별이 이루어질 수 있는 데에는 적어도 두 가지 이유가 있다. 하나는 독점 아래에서도 여전히 소비자잉여가 존재한다는 것이다. 독점자가 가격을 차별할 수 있다면 이러한 소비자잉여의 일부 또는 전부를 자신이 차지할 수 있다. 여기서 효율성 판단에는 분배 문제를 고려하지 않는다는 점에 주목하자. 다른 하나는 독점의 경우 가격이 추가로 한 단위 생산하는 데 들어가는 비용보다 높다는 것이다. 즉, 가격이 한계비용보다 높다는 것이다. 그러므로 기존에 팔려고 했던 수량에 대해서는 여전히 독점가격을 받으면서 추가로 판매하는 수량에 대해서는 독점가격보다는 낮지만 한계비용보다만 더 많이 받을 수 있다면 추가로 생산하여 판매하는 것이 더 많은 이윤을 가져다준다는 것이다. 물론 소비자도 이러한 거래에 응하게 된다. 추가 수량에 대해 한계비용보다는 더 높은 가격을 지불할 의향이 있기 때문이다.

9.8 1급 가격차별

어떤 공급자가 6명의 소비자를 대상으로 1인당 최대 1개씩의 상품을 팔려고 한다. 각 소비자의 지불의향은 다음 표와 같으며 상품 1단위를 생산하는 데 10만원의 비용이 든다고 한다.

소비자	지불의향(단위 : 만원)	소비자	지불의향(단위 : 만원)
A	50	D	20
B	35	E	30
C	45	F	5

a. 이 공급자가 어느 소비자에게나 같은 가격을 받을 수밖에 없다면 몇 명에게 상품을 팔아야 하겠는가?

b. 이 공급자가 소비자에 따라 다른 가격을 받을 수 있다면 몇 명에게 상품을 팔아야 하겠는가?

c. 앞의 두 경우를 비교 평가하시오.

KEY ▶ 가격차별을 할 수 없는 독점자의 경우와 1급 가격차별 독점자의 경우를 비교하는 문제이다.

풀이

a. 문제에서 주어진 표를 지불의향의 크기 순서에 따라 아래 표와 같이 다시 정리하자. 이때 가격을 50만원으로 매길 경우 소비자 A 1명만 구입한다. 가격을 45만원으로 매길 경우 A와 C 등 2명이 구입한다. 가격을 35만원으로 매길 경우 A, C, B 등 3명이, 30만원으로 매길 경우 A, C, B, E 등 4명이, 20만원으로 매길 경우 A, C, B, E, D 등 5명이, 5만원으로 매길 경우 6명이 모두 구입한다.

소비자	지불의향(가격)	판매량	총수입	한계수입	한계비용	한계이윤
A	50	1	50	50	10	40
C	45	2	90	40	10	30
B	35	3	105	15	10	5
E	30	4	120	15	10	5
D	20	5	100	−20	10	−30
F	5	6	30	−70	10	−80

한편 공급자가 이윤을 극대화한다고 하자. 이때 가격차별을 할 수 없을 경우 공급자

는 $MR = MC$인 곳에서 이윤을 극대화한다. 이때 한계이윤은 0이 된다. $MR = MC$가 성립하는 곳이 없을 때에는 $MR > MC$가 성립하는 한 공급한다. 즉, 한계이윤이 양이 되는 한 공급한다. 이러한 원리에 따를 경우 표에서와 같이 A, C, B, E 등 4명에게 공급한다는 것을 알 수 있다.

b. 완전가격차별을 할 수 있을 경우 $p = MC$인 곳에서 이윤을 극대화한다. $p = MC$인 곳이 없을 때에는 $p > MC$가 성립하는 한 공급한다. 그 결과 A에게 50만원, C에게 45만원, B에게 35만원, E에게 30만원, D에게 20만원을 부과하여 총 5명에게 판매한다.

c. 이윤, 소비자잉여, 효율성 여부를 비교해 보자.

(i) 단일 가격 판매

이윤 = 총수입 − 총비용 = $pq - TC = 30 \times 4 - 10 \times 4 = 80$(만원),

소비자잉여 = $(50 - 30) + (45 - 30) + (35 - 30) + (30 - 30) = 40$(만원)

이다. 한편 소비자 D의 지불의향은 20만원인데 한계비용은 10만원이다. 그러므로 소비자 D에게 판매할 경우 10만원의 잉여가 증가한다. 그러므로 소비자 D에게 판매하는 것이 효율적이다. 그런데 가격을 차별할 수 없는 독점자의 경우 한 단위를 더 팔려면 이전에 35만원을 받던 것까지 모두 20만원에 팔아야 하므로 추가로 얻는 수입, 즉 한계수입이 −20만원으로서 한계비용보다 작기 때문에 D에게는 판매하지 않는다. 그 결과 10만원의 상실, 즉 10만원의 비효율이 발생한다.

(ii) 완전가격차별

이윤 = 총수입 − 총비용 = $(50 + 45 + 35 + 30 + 20) - 10 \times 5 = 130$(만원),

소비자잉여 = 0,

비효율 = 0.

(iii) 비교

완전가격차별의 경우 잉여를 공급자가 모두 차지한다. 한편 이 문제의 경우 고정비용은 없다고 가정하고 있으므로 단일가격판매 때의 이윤은 생산자잉여와 같다. 그 결과 완전가격차별의 경우의 이윤인 130만원은 단일가격판매 때의 이윤(생산자잉여) 80만원, 소비자잉여 40만원, 그리고 비효율 10만원을 합한 값과 같아진다. 이 경우 잉여를 모두 공급자가 차지하게 되며 비효율도 존재하지 않는다.

9.9 3급 가격차별

어떤 독점기업의 비용함수가 $c = 10 + 50Q$라고 한다. 그런데 이 기업은 두 개의 시장에서 각각 $p_1 = 60 - 5q_1$, $p_2 = 100 - q_2$의 역수요곡선에 직면하고 있다고 한다.

a. 이윤극대화 문제를 쓰시오.

b. 이윤을 극대화하는 산출량과 각 시장에서의 가격을 구하시오.

c. 균형가격과 수요량에서 각 수요곡선의 탄력성을 구하고, 경제적 함축성을 말하시오.

KEY ▶ 시장을 분리할 수 있을 경우 가격차별을 하려면 가격탄력성이 상대적으로 높은 시장에 상대적으로 낮은 가격을 부과해야 한다.

풀이

$c = 10 + 50Q$, $p_1 = 60 - 5q_1$, $p_2 = 100 - q_2$로 주어져 있다.

a. 한 개의 기업이 두 군데의 시장에 공급하는 것이므로 비용은 총산출량에 따라 정해진다. 그러므로 비용은 $c(q_1 + q_2)$가 된다. 그리하여 이윤극대화 문제는

$$\underset{q_1,\, q_2}{Max}\ \pi = p_1 q_1 + p_2 q_2 - c(q_1 + q_2)$$
$$= (60 - 5q_1)q_1 + (100 - q_2)q_2 - [10 + 50(q_1 + q_2)]$$가 된다.

b. 이윤극대화의 일차필요조건은

$$\frac{\partial \pi}{\partial q_1} = 60 - 10q_1 - 50 = 0,$$
$$\frac{\partial \pi}{\partial q_2} = 100 - 2q_2 - 50 = 0$$

이다. 그런데 이 조건은 사실상

$$MR_1 = MC,\ MR_2 = MC$$

임을 의미한다. 이때 $MR_1 = 60 - 10q_1$, $MR_2 = 100 - 2q_2$, $MC = 50$인 것이다. 이로부터 $q_1^* = 1$, $p_1^* = 55$, $q_2^* = 25$, $p_2^* = 75$로 구해진다.

참고 ▶ 일반형일 경우에는

$$\frac{\partial \pi}{\partial q_1} = \frac{\partial p_1(q_1)}{\partial q_1} q_1 + p_1 - \frac{dc(Q)}{dQ}\frac{\partial Q}{\partial q_1} = 0$$

으로 계산된다. 여기서 비용함수를 편미분할 때 연쇄법칙이 사용되고 있다. 연쇄법칙은

$$\frac{df(g(x))}{dx} = \frac{df(g(x))}{dg(x)}\frac{dg(x)}{dx}$$

가 되는 것을 말한다. 말하자면 이 문제에서는 q_1이 변할 때 비용이 얼마나 변하는가를 알아야 한다. 이를 위해 q_1이 변할 때 총산출량이 얼마나 변하는가를 먼저 알아보고 그것이 다시 비용을 얼마나 변화시키는가를 살펴보는 것이다. 한편 여기서

$$\frac{\partial Q}{\partial q_1} = \frac{\partial(q_1 + q_2)}{\partial q_1} = 1$$

이라는 사실에 주목하자. 편미분을 할 때 해당되는 변수 이외의 다른 변수는 상수로 취급한다는 점이 적용되고 있다.

c. q_1에 대한 수요의 탄력성은

$$\varepsilon_1 = -\frac{p_1}{q_1}\frac{dq_1}{dp_1} = -\left(\frac{55}{1}\right)\left(-\frac{1}{5}\right) = 11$$

로 구해진다. 같은 방법으로

$$\varepsilon_2 = -\frac{p_2}{q_2}\frac{dq_2}{dp_2} = -\left(\frac{75}{25}\right)(-1) = 3$$

을 얻는다. 가격탄력성이 11로서 상대적으로 높은 시장에 상대적으로 낮은 가격 55를 부과하고 있다. 이것은 가격차별독점자가 이윤을 극대화하려면 가격탄력성이 상대적으로 높은 시장에 상대적으로 낮은 가격을 부과해야 한다는 것을 의미한다.

9.10 독점기업 : 다수의 시장에 공급하는 경우

독점기업이 2개의 시장에 공급하려고 한다. 시장 1의 역수요곡선은 $p_1 = 8 - q_1$이고 시장 2의 역수요곡선은 $p_2 = 4 - q_2$라고 한다. 독점기업의 비용함수는 $c(q) = q$라고 한다.

a. 이 독점기업이 가격차별을 할 수 없다고 하자. 이 경우 가격과 수량을 구하시오.

b. 독점기업이 3급 가격차별을 할 경우 각 시장의 가격과 수량을 구하시오.

KEY ▶ 2개의 시장이 있을 경우 구간에 따라 *MR*곡선의 기울기가 달라진다. 특히 가격차별을 하지 않을 경우와 가격차별을 할 경우 독점기업의 *MR*곡선이 어떻게 달라지는지 그 차이를 알아두자.

풀이

a. 역수요곡선을 각각

$$p_1 = 8 - q_1 \tag{1}$$

$$p_2 = 4 - q_2 \tag{2}$$

라고 하자.

독점기업이 2개의 시장을 가지고 있으므로 다음과 같은 두 경우를 비교해야 한다.

(i) $p > 4$, 즉 $q \leq 4$이면 역수요곡선은 $p_1 = 8 - q$이다. 그러므로 이윤극대화 문제는

$$\underset{q}{Max}\ \pi = p_1 q - c(q) = (8 - q)q - q$$

이다. 이로부터 이윤극대화의 일차필요조건은

$$\frac{\partial \pi}{\partial q} = (8 - 2q) - 1 = 0,\ \text{즉}\ 8 - 2q = 1$$

이다. 이것은 바로 $MR = MC$ 조건이다. 이로부터 $q^* = \frac{7}{2}$이다. 이것을 목적함수에 대입하면 $\pi^* = \frac{49}{4}$를 얻는다.

(ii) $p \leq 4$, 즉 $q \geq 4$이면, 각 시장의 수요곡선을 수평으로 합하여 독점기업의 수요곡선을 구한다. 참고로 이때 $p_1 + p_2 = (8 - q) + (4 - q) = 12 - 2q$처럼 합하는 것은 두 수요곡선을 수평으로 합하는 것이 아니라 수직으로 합한 것이라는 점에 주목하자. 수평으로 합한다는 것은 $p_1 = p_2 = p$로 놓고 식 (1)과 식 (2)를 각각

$$q_1 = 8 - p \tag{3}$$

$$q_2 = 4 - p \tag{4}$$

로 변형한 다음 q_1과 q_2를 각각 더해 주는 것이다. 즉,

$$q = q_1 + q_2 = (8 - p) + (4 - p) = 12 - 2p \qquad (5)$$

이다. 이로부터 독점기업의 역수요곡선은

$$p = 6 - \frac{1}{2}q \qquad (6)$$

가 된다.

그러므로 이윤극대화 문제는

$$\underset{q}{Max}\ \pi = pq - c(q) = (6 - \frac{1}{2}q)q - q$$

이다. 이로부터 이윤극대화의 일차필요조건은

$$\frac{\partial \pi}{\partial q} = (6 - q) - 1 = 0,\ \text{즉}\ 6 - q = 1 \qquad (7)$$

이다. 이것은 바로 $MR = MC$ 조건이다. 이로부터 $q^{**} = 5$이다. 이것을 목적함수에 대입하면 $\pi^* = \frac{25}{2}$를 얻는다.

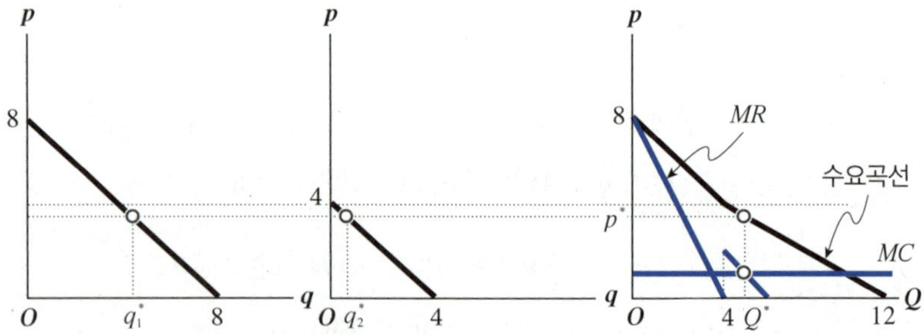

(ii)에서 얻은 이윤이 더 크다 그러므로 독점기업은 $q^{**} = 5$를 판매한다. 이때 가격은 $q^{**} = 5$를 식 (6)에 대입하여 $p^* = \frac{7}{2}$로 구해진다. $p^* = \frac{7}{2}$을 식 (3)과 식 (4)에 각각 대입하면 $q_1^* = \frac{9}{2}, q_2^* = \frac{1}{2}$이 된다. 즉, 각 시장에서 $\frac{9}{2}, \frac{1}{2}$씩 판매한다.

b. 독점기업이 2개의 시장에 공급하고 있으므로 MR곡선을 구하는 데 주의가 필요하다. 독점기업은 어느 시장에 팔든지 비용은 똑같이 들기 때문에 총수입이 커지도록 판매할 것이다. 총수입이 커지도록 하는 방법은

$$MR_1 = MR_2 \qquad (8)$$

가 되도록 하는 것이다. 이렇게 되지 않을 경우 한계수입이 낮은 곳에서 판매량을 줄이고 그만큼 한계수입이 높은 곳에서 판매량을 늘리면 같은 수량을 판매하더라도 총수입이 증가한다. 이 과정에서 한계수입이 낮은 곳에서 판매량을 줄일 경우 그곳에서 한계수입이 증가하고, 한계수입이 높은 곳에서 판매량을 늘릴 경우 그곳에서 한계수입

이 감소하여 마침내 두 곳의 한계수입이 같아진다. $MR_1 = MR_2$가 성립하는 수량을 찾으려면 독점기업의 MR곡선을 알아야 한다. 그런데 독점기업의 MR곡선은 MR_1곡선과 MR_2곡선을 수평으로 합하여 구한다. 가로축에 수량을 나타내고 세로축에 한계수입을 나타낸 상태에서 두 시장에서 같은 한계수입에 판매할 경우 그 한계수입과 그때 각 시장에서 판매하게 되는 수량의 합과의 관계를 나타내기 위해 두 한계수입곡선을 수평으로 합하는 것이다.

이제 MR_1곡선과 MR_2곡선을 수평으로 합해 보자. 식 (1)과 식 (2)에서 각각 MR을 구하면

$$MR_1 = 8 - 2q_1 \tag{9}$$

$$MR_2 = 4 - 2q_2 \tag{10}$$

가 된다. 참고로 이때 $MR_1 + MR_2 = (8 - 2q) + (4 - 2q) = 12 - 4q$처럼 합하는 것은 두 한계수입곡선을 수평으로 합하는 것이 아니라 수직으로 합한 것이라는 점에 주목하자. 두 한계수입곡선을 수평으로 합하려면 먼저 식 (9)와 식 (10)을

$$q_1 = 4 - \frac{MR_1}{2} \tag{11}$$

$$q_2 = 2 - \frac{MR_2}{2} \tag{12}$$

로 변형해야 한다. MR곡선을 수평으로 합한다는 것은 포락선정리를 적용하여 식 (8), 식 (11), 식 (12)에서 $MR_1 = MR_2 = MR$로 놓고 q_1과 q_2를 더하는 것이다.

(i) 식 (9)와 식 (10)을 비교해 보면 알 수 있듯이 $MR \geq 4$일 경우, 즉 $Q \leq 2$일 경우는 시장 1에만 판매하는 경우이다. 그러므로 독점기업의 MR곡선은

$$MR = MR_1 = 8 - 2Q \tag{13}$$

이다. 한편 독점기업의 이윤극대화 조건은 $MR = MC$이다. 그런데 $MC = 1$이고 식 (13)에서 $MR = 8 - 2Q$이다. 그러므로 $MR = MC$ 조건은 $8 - 2Q = 1$이 된다. 이로부터 $Q = \frac{7}{2}$이다. 그런데 이것은 $Q \leq 2$인 조건에 맞지 않는다.

(ii) $MR \leq 4$일 경우, 즉 $Q \geq 2$일 경우

$$Q = q_1 + q_2 = \left(4 - \frac{MR}{2}\right) + \left(2 - \frac{MR}{2}\right) = 6 - MR$$

이다. 이것은 독점기업의 두 시장 판매량의 합과 한계수입의 관계를 나타낸다. 이로부터 독점기업의 한계수입곡선인

$$MR = 6 - Q \tag{14}$$

를 얻는다. 그런데 $MC=1$이므로 $MR=MC$ 조건은 $6-Q=1$이 된다. 이로부터 $Q^*=5$를 얻는다. 이것은 $Q\geq 2$라는 조건을 만족시킨다. 그런데 균형에서는 $MR_1=MR_2=MC=1$이 성립한다. 그러므로 이것을 식 (11)과 식 (12)에 적용하면 $q_1^*=\frac{7}{2}$, $q_2^*=\frac{3}{2}$을 얻는다. 이때 가격은 이 값들을 식 (1)과 식 (2)에 대입하여 $p_1^*=\frac{9}{2}$, $p_2^*=\frac{5}{2}$로 구해진다. 그리고 이윤은

$$\begin{aligned}\pi^* &= p_1^*q_1^*+p_2^*q_2^*-c(q_1^*+q_2^*)\\ &=(8-q_1^*)q_1^*-(4-q_2^*)q_2^*-(q_1^*+q_2^*)=\frac{29}{2}\end{aligned}$$

가 된다.

이때 수입은 각 시장에서 따로 발생하지만 비용은 산출량 전체에 대해 구한다는 점에 주목하자. 또한 가격차별을 하기 전에 비해 이윤이 증가하였음에 주목하자.

가격차별 이전에 비해 시장 1의 가격은 높아지고 수요량은 작아졌다. 반면에 시장 2의 가격은 낮아지고 수요량은 커졌다. 그 결과 시장 1의 소비자잉여는 감소하고 시장 2의 소비자잉여는 증가했다.

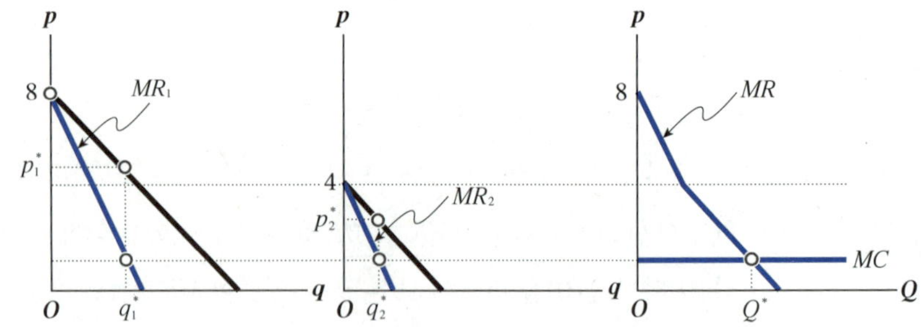

간단한 풀이

독점기업의 이윤극대화 문제는

$$\begin{aligned}\underset{q_1,\,q_2}{Max}\ \pi &= p_1q_1+p_2q_2-c(q_1+q_2)\\ &=(8-q_1)q_1+(4-q_2)q_2-(q_1+q_2)\end{aligned}$$

이다. 이윤극대화의 일차필요조건은

$$\frac{\partial\pi}{\partial q_1}=(8-2q_1)-1=0,\ \text{즉 } MR_1=MC \tag{15}$$

$$\frac{\partial\pi}{\partial q_2}=(4-2q_2)-1=0,\ \text{즉 } MR_2=MC \tag{16}$$

이다. 이로부터 $q_1^*=\frac{7}{2}$, $q_2^*=\frac{3}{2}$을 얻는다. 이들을 목적함수에 대입하면 $\pi^*=\frac{29}{2}$를 얻는다.

이때 가격은 $q_1^* = \frac{7}{2}$, $q_2^* = \frac{3}{2}$을 식 (1)과 식 (2)에 대입하면 각각 $p_1^* = \frac{9}{2}$, $p_2^* = \frac{5}{2}$가 된다.

한편 식 (15)와 식 (16)으로부터

$$MR_1 = MR_2 = MC$$

가 된다. 독점기업은 어느 시장에서 팔든 더 많은 수입을 올리면 된다. 그런데 더 많은 수입을 올리는 방법은 각 시장에서의 MR이 같아지도록 판매하는 것이다. 또한 이윤극대화를 위해서 이러한 MR이 MC와 같아지는 수준까지 생산하고 판매한다.

9.11 보조금이 국제무역에 미치는 영향 : 가격차별독점자의 경우

독점기업이 국내시장과 해외시장을 구분하여 가격차별을 하면서 자동차를 수출하는 경우에 대해 생각해 보자. 국제 자동차 시장은 경쟁적이라고 한다.

a. 개방 전과 개방 후 자동차의 국내가격, 산출량, 국내수요량, 그리고 수출량은 어떠한가?

b. 이 독점기업에게 보조금을 지급한 이후 자동차의 국내가격, 산출량, 국내수요량, 그리고 수출량에 대해 말하라. 이 경우 소비자잉여, 생산자잉여, 정부재정의 변화를 말하라. 이러한 정책이 유발하는 비효율에 대해 말하라.

KEY ▶ 가격치별을 하는 독점자에게 보조금을 지급할 경우 국제무역과 효율에 어떠한 영향을 미치는지 명확하게 파악하고 있어야 한다.

풀이

a. 독점기업이 가격차별을 하고 있는 경우 보조금을 지급하기 이전의 상태는 다음과 같이 나타난다.

	개방 전	개방 후	잉여의 변화
소비자잉여	$a+b+c+d$	$a+b$	$-(c+d)$
생산자잉여	$e+f+h+i+j$	$c+e+h+i+j+k+l$	$c-f+k+l$
총잉여	$a+b+c+d+e+f+h+i+j$	$a+b+c+e+h+i+j+k+l$	$-d-f+k+l$

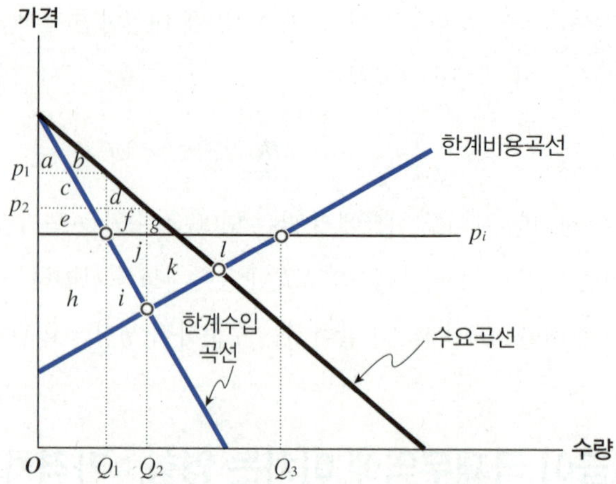

그림에서 g로 표시되는 면적은 위 표에 등장하지 않는 점에 주목하라. 그리고 $-(d+f)$는 국내수요량이 줄었기 때문에 발생한 비효율이다.

	개방 전	개방 후	변화
국내가격	p_2	p_1	상승
산출량	Q_2	Q_3	증가
국내수요량	Q_2	Q_1	감소
수출량	0	Q_3-Q_1	증가
수입량	0	0	불변

b. 보조금을 지급한 이후의 상태는 다음과 같이 나타난다. 국내에서 소비되는 Q_4에는 보조금이 지급되지 않는다는 점에 주목하자.

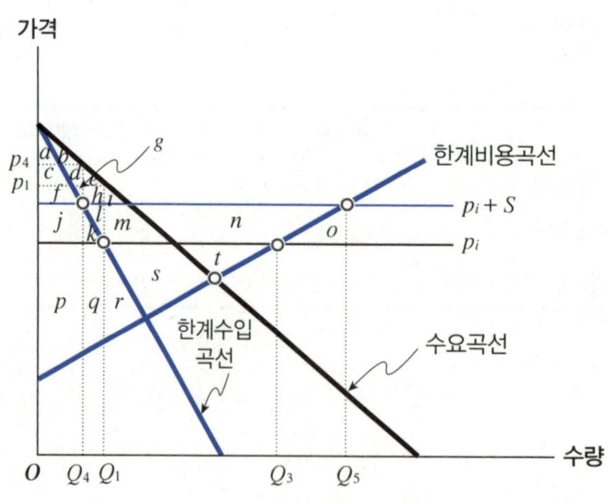

	보조금 지급 이전	보조금 지급 이후	변화
소비자잉여	$a+b+c+d+e$	$a+b$	$-(c+d+e)$
생산자잉여	$f+g+h+j+k+l+p+q+r+s+t$	$c+d+f+g+j+k+l+m+n+p+q+r+s+t$	$c+d-h+m+n$
정부재정의 변화	0	$-(k+l+m+n+o)$	$-(k+l+m+n+o)$
총잉여	$a+b+c+d+e+f+g+h+j+k+l+p+q+r+s+t$	$a+b+c+d+f+g+j-o+p+q+r+s+t$	$-e-h-k-l-o$

O로 표시된 부분은 수출 증대로 인한 비효율이다. $-(e+h+k+l)$은 국내수요량이 줄어들었기 때문에 발생한 비효율이다.

	보조금 지급 이전	보조금 지급 이후	변화
국내가격	p_1	p_4	상승
산출량	Q_3	Q_5	증가
국내수요량	Q_1	Q_4	감소
수출량	0	Q_5-Q_4	증가
수입량	0	0	불변

9.12 쿠폰을 이용한 가격차별

역시장수요곡선이 $p = 10 - Q$라고 하자. 이러한 시장에서 어떤 독점기업이 이윤을 극대화하려고 한다. 이 독점기업의 비용곡선은 $C(Q) = Q$라고 한다.

a. 이 독점기업이 누구에게나 똑같은 가격을 받는다고 하자. 이때 이 독점기업의 이윤은 얼마인가? 자중손실, 즉 비효율은 얼마인가?

이 독점기업이 상품을 2가지 가격으로 판매하려고 한다. 그 방법으로서, 쿠폰을 가져오지 않은 소비자에게는 높은 가격을 받고 쿠폰을 가져온 소비자에게는 낮은 가격을 받으려고 한다. 한편 쿠폰을 발행하거나 또는 모으는 데 드는 비용은 무시하기로 하자.

b. 이 독점기업의 이윤극대화 문제를 수식으로 나타내시오.

c. 이윤을 극대화하려고 할 때 높은 가격과 낮은 가격은 각각 얼마로 설정해야 하는가? 각 가격에 판매되는 수량은 각각 어느 만큼인가?

d. 독점기업의 이윤은 얼마인가? 비효율은 얼마인가? 소비자잉여는 얼마인가?

e. 문항 d.의 결과를 문항 a.의 결과와 비교하시오.

f. 정부가 이러한 가격차별을 허용하는 것이 옳은가를 검토하시오.

KEY ▶ 쿠폰을 이용하여 가격차별을 할 경우 독점기업의 이윤은 증가하지만 비효율은 줄어든다.

풀이

a. 이 경우 독점기업의 이윤극대화 문제는

$$\underset{Q}{Max}\ \pi = pQ - c(Q) = (10 - Q)Q - Q$$

이다. 이윤극대화의 일차필요조건은

$$\frac{d\pi}{dQ} = 10 - 2Q - 1 = 0,\ 즉\ 10 - 2Q = 1,\ 즉\ MR = MC$$

이다. 이로부터 $Q^* = 4.5$를 얻는다. 이때 이윤은 $\pi(Q^*) = 20.25$로 구해진다.

이 경우 자중손실은 $DWL = 4.5 \times 4.5 \times \frac{1}{2} = 10.125$로 구해진다. 소비자잉여는 $CS = 4.5 \times 4.5 \times \frac{1}{2} = 10.125$로 구해진다.

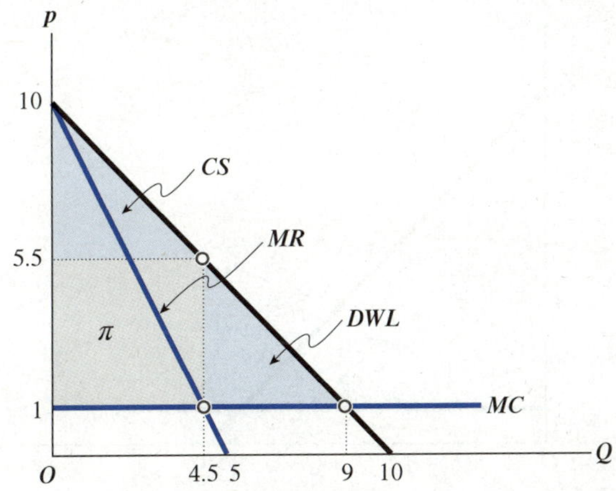

b. 높은 가격을 p_H라고 하고 낮은 가격을 p_L이라고 하자. 그리고 높은 가격에 판매하는 수량을 Q_H라고 하고 낮은 가격에 판매하는 수량을 Q_L이라고 하자. 그러면 이때 독점기업의 이윤극대화 문제는

$$\underset{Q_H,\,Q_L}{Max}\ \pi = p_H Q_H + p_L Q_L - (c(Q_H) + c(Q_L))$$
$$= (10 - Q_H)Q_H + [10 - (Q_H + Q_L)]Q_L - (Q_H + Q_L)$$

이 된다.

c. 이윤극대화의 일차필요조건은

$$\frac{\partial \pi}{\partial Q_H} = 10 - 2Q_H - Q_L - 1 = 0,\ 즉\ 10 - 2Q_H - Q_L = 1,\ 즉\ MR_H = MC$$
$$\frac{\partial \pi}{\partial Q_L} = 10 - Q_H - 2Q_L - 1 = 0,\ 즉\ 10 - Q_H - 2Q_L = 1,\ 즉\ MR_L = MC$$

이다. 이로부터 $Q_H^* = 3$, $Q_L^* = 3$으로 구해진다. 한편 $P_H^* = (10 - Q_H^*) = 7$, $P_L^* = [10 - (Q_H^* + Q_L^*)] = 4$로 구해진다. 이때 가격에 민감하게 반응하지 않는 소비자들은 높은 가격에 구입하고 가격에 민감한 소비자들은 쿠폰을 활용하여 낮은 가격에 구입하게 된다.

d. 높은 가격으로 판 상품으로부터 얻는 이윤을 π_H라고 하고 낮은 가격으로 판 상품으로부터 얻는 이윤을 π_L이라고 하자. 그러면 그림에서 보듯이 독점기업의 이윤은 $\pi(Q_H^*, Q_L^*) = \pi_H + \pi_L = 18 + 9 = 27$로 구해진다. 비효율은 $DWL = 3 \times 3 \times \frac{1}{2} = 4.5$로 구해진다.

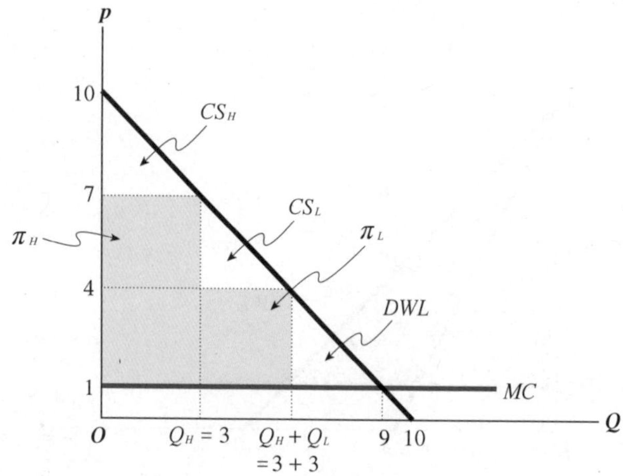

한편 높은 가격에 구입한 소비자들이 얻는 소비자잉여를 CS_H라고 하고 낮은 가격에 구입한 소비자들이 얻는 소비자잉여를 CS_L이라고 하자. 그러면 소비자잉여는 $CS = CS_H + CS_L = \left(3 \times 3 \times \frac{1}{2}\right) + \left(3 \times 3 \times \frac{1}{2}\right) = 9$로 구해진다.

e. 두 가지 가격을 받는 가격차별을 할 경우 소비자잉여는 작아졌지만 이윤이 그 이상 증가하였다. 한편 이윤의 증가는 생산자잉여의 증가와 같다. 그러므로 이러한 결과는 가격차별을 했을 때 소비자잉여와 생산자잉여를 합한 값이 커졌다는 것을 의미한다. 그런데 이것은 또한 그만큼 비효율이 줄어든 것을 의미한다. 물론 이처럼 비효율이 줄어들었다는 것은 자중손실이 10.125에서 4.5로 줄어든 것으로 나타난다. 이로부터 독점기업이 단일의 가격을 받을 경우보다 두 가지 가격을 받는 가격차별을 할 경우 비효율이 줄어든다는 것을 알 수 있다.

독점기업일 경우 발생하는 비효율은 경쟁일 때에 비해 줄어든 산출량의 사회적인 가치라고 볼 수 있다. 이렇게 볼 때 가격차별을 할 경우 산출량이 4.5에서 9로 증가한다는 사실 자체가 비효율이 줄어든다는 것을 의미한다.

f. 이러한 가격차별에 대한 정부의 정책을 결정하려면 효율뿐만 아니라 공평에 대해서도 고려해야 한다. 그런데 공평과 관련하여서는 논의가 다소 복잡하다. 독점기업의 이윤은 주주의 몫이 된다. 그런데 주주는 일반소비자들에 비해 소득이 높다고 볼 수 있다 (물론 이 독점기업이 생산하는 상품을 소비하는 소비자들 중에는 이 기업의 주주도 있을 수 있다). 따라서 이윤이 증가하고 소비자잉여가 감소한 것은 표면적으로 볼 때에는 소득재분배를 악화시킨 것으로 볼 수 있다. 그러나 한 걸음 더 나아가 이윤의 일부가 법인세로 환수되고 또한 주주에게 돌아가는 몫이 소득세로 환수된 후 그 조세수입이 일반소비자들을 위해 사용되는 경우를 생각한다면 소득재분배가 악화되었다고 단순히 결론짓기는

힘들다. 여기에는 규범적인 문제 외에 실증적인 문제도 포함되어 있기 때문이다.

결과적으로 볼 때 가격차별로 인해 효율은 증가하였다. 그러나 공평이 악화되었는지는 결론짓기 힘들다. 정부가 효율과 공평을 함께 고려한 사회후생을 극대화하는 것을 목표로 삼을 경우 이러한 가격차별에 대한 평가는 규범적인 문제뿐만 아니라 실증적인 문제도 포함하고 있다.

9.13 수송비의 크기와 가격차별

독점기업이 상품을 생산하여 서로 떨어져 있는 두 지역에 공급하고 있다. 비용함수는 $C = 10 + 10Q$이다. 첫 번째 지역의 역수요곡선은 $p_1 = 50 - 5q_1$이고 두 번째 지역의 역수요곡선은 $p_2 = 70 - q_2$이다.

a. 수요자들이 한 지역에서 상품을 구입하여 다른 지역에 가져다 팔 수 없을 만큼 수송비가 비싸다고 하자. 그리고 이때 독점기업이 두 지역을 구분하여 상품을 공급함으로써 이윤을 극대화한다고 하자. 이 경우 각 지역의 판매량과 가격 그리고 총이윤은 얼마인가?

b. 수요자들이 상품을 한 지역에서 구입하여 다른 지역으로 옮겨가는 데 한 개당 5의 비용이 든다고 하자. 이 경우 독점기업이 이윤을 극대화하려면 각 지역에 몇 개의 수량을 각각 얼마에 팔아야 하는가? 총이윤은 얼마인가?

c. 수요자들이 상품을 한 지역에서 구입하여 다른 지역으로 옮겨가는 데 비용이 전혀 들지 않는다고 하자. 이 경우 독점기업이 이윤을 극대화하려면 각 지역에 몇 개의 수량을 각각 얼마에 팔아야 하는가? 총이윤은 얼마인가?

KEY ▶ 가격차별에 관한 문제이다. 독점기업이 가격을 차별하려고 할 경우 두 지역의 가격 차이는 두 지역 간 수송비를 넘을 수 없다.

풀이

a. 이 경우 독점기업은 성공적으로 가격차별을 시행할 수 있다. 그리하여 독점기업의 이윤극대화 문제는

$$\underset{q_1, q_2}{Max}\ \pi = p_1 q_1 + p_2 q_2 - c = (50 - 5q_1)q_1 + (70 - q_2)q_2 - [10 + 10(q_1 + q_2)] \quad (1)$$

가 된다. 이윤극대화의 일차필요조건은

$$\frac{\partial \pi}{\partial q_1} = 50 - 10q_1 - 10 = 0,\ 즉\ 50 - 10q_1 = 10,\ 즉\ MR_1 = MC \quad (2)$$

$$\frac{\partial \pi}{\partial q_2} = 70 - 2q_2 - 10 = 0,\ 즉\ 70 - 2q_2 = 10,\ 즉\ MR_2 = MC \quad (3)$$

이다. 이로부터 $q_1^* = 4$, $q_2^* = 30$을 얻는다. 이때 가격은 이 값들을 각각의 수요곡선에 대입하여 얻는다. 그리하여 $p_1(q_1^*) = 30$, $p_2(q_2^*) = 40$을 얻는다. 이 값들을 목적함수에 대입하면 이윤은 $\pi(q_1^*, q_2^*) = 970$으로 구해진다.

b. 독점기업이 위와 같이 두 지역의 가격 차이를 10으로 유지한다고 하자. 그러면 수요자들은 수송비 5를 들이고서라도 1지역에서 구입하여 2지역에 가져다 팔아서 이득을 챙길 것이다. 이러한 여지는 두 지역의 가격 차이가 수송비보다 클 경우에는 항상 존재한다. 그러므로 두 지역의 가격 차이는 수송비를 초과할 수 없다. 따라서 독점기업은

$$p_2 = p_1 + 5 \tag{4}$$

라는 제약 아래에서 이윤을 극대화할 것이다.

그런데 이 경우 주목할 것이 있다. 수요곡선의 의미를 생각해 볼 때 독점기업이 이윤을 극대화하는 수량을 선택하는 것은 이윤을 극대화하는 가격을 선택하는 것과 같다. 그러므로 수량을 선택하는 방법으로 풀든 가격을 선택하는 방법으로 풀든 같은 결과를 얻는다. 그런데 이 문제의 경우에는 독점기업이 가격을 선택하는 것으로 간주하고 문제를 푸는 것이 더 간단하다.

이러한 측면에서 가격을 이용하여 이윤을 나타내면

$$\begin{aligned}\pi &= p_1 q_1 + p_2 q_2 - c \\ &= p_1\left(-\frac{1}{5}p_1 + 10\right) + p_2(-p_2 + 70) - \left[10 + 10\left(\left(-\frac{1}{5}p_1 + 10\right) + (-p_2 + 70)\right)\right]\end{aligned} \tag{5}$$

이 된다. 그러므로 식 (4)의 제약 아래의 이윤극대화 문제는 라그랑지함수 L을 사용해

$$\begin{aligned}\underset{p_1, p_2}{Max}\ L &= p_1 q_1 + p_2 q_2 - c + \lambda(p_1 + 5 - p_2) \\ &= p_1\left(-\frac{1}{5}p_1 + 10\right) + p_2(-p_2 + 70) - \left[10 + 10\left(\left(-\frac{1}{5}p_1 + 10\right) + (-p_2 + 70)\right)\right] \\ &\quad + \lambda(p_1 + 5 - p_2)\end{aligned} \tag{6}$$

로 쓸 수 있다. 여기서 λ는 라그랑지 승수이다. 이윤극대화의 일차필요조건은

$$\frac{\partial L}{\partial p_1} = -\frac{2}{5}p_1 + 10 + 2 + \lambda = 0 \tag{7}$$

$$\frac{\partial L}{\partial p_2} = -2p_2 + 70 + 10 - \lambda = 0 \tag{8}$$

$$\frac{\partial L}{\partial \lambda} = p_1 + 5 - p_2 = 0 \tag{9}$$

이 된다.

식 (7) ~ (9)를 연립으로 풀면 $p_1^* = \frac{205}{6}$, $p_2^* = \frac{235}{6}$를 얻는다. 이 값들을 각각 수요

곡선에 대입하면 $q_1^* = \frac{19}{6}$, $q_2^* = \frac{185}{6}$가 된다. 이때 이윤은 이 값들을 식 (5)에 대입함으로써 $\pi(p_1^*, p_2^*) = 965\frac{5}{6}$로 구해진다.

c. 수송비가 전혀 들지 않으므로 독점기업은 가격을 차별할 수 없다. 그러므로 $p_1 = p_2$가 되어야 한다. 이 공통의 가격을 p라고 하자. 그러면 이윤을 나타내는 식 (5)는 $\pi = -\frac{6}{5}p^2 + 92p - 810$이 된다. 이윤극대화의 일차필요조건은 $\frac{\partial \pi}{\partial p} = -\frac{12}{5}p + 92 = 0$이다. 이로부터 $p^0 = \frac{115}{3}$를 얻는다. 이때 이윤은 $\pi(p^0) = 953\frac{1}{3}$이 된다. 앞 문항보다 이윤이 작아졌다. 한편 $p^0 = \frac{115}{3}$를 수요곡선에 대입하면 산출량은 각각 $q_1^0 = \frac{7}{3}$, $q_2^0 = \frac{95}{3}$가 된다.

9.14 이부가격

개인 A의 역수요곡선은 $p = 4 - q_A$이고 개인 B의 역수요곡선은 $p = 4 - 2q_B$라고 한다. 독점기업이 이 상품을 생산하는 데에는 일정한 평균비용 c가 든다고 한다.

a. 이 독점기업이 가격차별을 할 수 없다고 하자. 이 경우 이 독점기업이 한 명에게 판매하는 것보다 두 개인에게 모두 판매하는 것이 더 많은 이윤을 가져다주려면 c의 크기는 어떠해야 하는가?

이제 독점기업이 다음과 같은 가격정책을 시행하려고 한다. 즉, 한 단위를 사려고 해도 기본요금 k를 내고 난 후에야 살 수 있게 한다. 그러나 일정한 금액을 내고 난 후에는 (단위당) **사용료를 지불하는 한 자신이 원하는 만큼 구입할 수 있게 한다.**

b. k의 값에 따라 수요가 어떻게 달라지는가를 보이시오.

c. 개인 A만 있다고 하자. 이 경우 사용료는 얼마로 정해지는가? k의 최대값은 얼마인가? 이윤은 얼마인가?

d. 이 독점기업이 이윤을 극대화하려고 한다. 극대화된 이윤은 얼마인가? 이 기업이 두 개인 중에서 어느 한 개인에게만 판매하는 경우도 고려하여 답하시오.

KEY ▶ 이부가격에 관한 문제이다. 소비자로 하여금 상품을 구입하도록 유도하려면 입장료의 형태로 받는 기본요금 k의 값이 소비자잉여보다 커서는 안 된다.

풀이

a. 만일 한 명에게만 판매한다면 수요가 큰 A에게 판매할 것이다. 그러므로 먼저 A에게만 판매하는 경우 이윤을 구해 보자. 이때 이윤은

$$\pi = pq_A - cq_A = (4 - q_A)q_A - cq_A$$

이다. 이윤극대화의 일차필요조건은

$$\frac{d\pi}{dq_A} = 4 - 2q_A - c = 0, \text{ 즉 } 4 - 2q_A = c, \text{ 즉 } MR_A = MC$$

이다. 이로부터 $q_A^* = 2 - \frac{c}{2}$로 구해진다. 이 값을 목적함수에 대입하면 이윤은

$$\pi(q_A^*) = \left(2 - \frac{c}{2}\right)^2 \tag{1}$$

으로 구해진다.

이제 두 개인에게 같은 가격에 판매할 경우의 이윤을 구해 보자. 이 경우 독점기업이 직면하는 수요는 두 개인의 수요를 합한 것과 같다. 그러므로 그 수요량을 Q라고 하면

$$Q = q_A + q_B = (4 - p) + \left(2 - \frac{p}{2}\right) = 6 - \frac{3}{2}p$$

가 된다. 그러므로 이때 이윤은

$$\pi = pQ - cQ = \left(4 - \frac{2}{3}Q\right)Q - cQ$$

이다. 이윤극대화의 일차필요조건은

$$\frac{d\pi}{dQ} = 4 - \frac{4}{3}Q - c = 0, \text{ 즉 } 4 - \frac{4}{3}Q = c, \text{ 즉 } MR_Q = MC$$

이다. 이로부터

$$Q^* = 3 - \frac{3}{4}c \tag{2}$$

로 구해진다. 한편 수량은 음수가 될 수 없다. 그러므로 식 (2)에서

$$c \leq 4 \tag{3}$$

가 성립해야 한다. 이때 극대화된 이윤은 수량을 목적함수에 대입하여

$$\pi(Q^*) = \frac{3}{8}(c - 4)^2 \tag{4}$$

으로 구해진다. 이제 식 (1)과 식 (4) 중에서 어느 값이 더 큰가를 살펴보자. 이를 위해 $\pi(Q^*) - \pi(q_A^*)$를 구해 보면

$$\pi(Q^*) - \pi(q_A^*) = \frac{1}{8}(c - 4)^2 \tag{5}$$

이 된다. 그런데 이 값은 음이 되지 않는다. 그러므로 $\pi(Q^*)$가 $\pi(q^*)$보다 작지 않다. 그러므로 개인 A에게만 판매하는 것보다는 두 개인에게 판매하는 경우에 이윤이 항상 더 높아진다(단 $c = 4$일 경우에는 같아진다).

b. 각 개인은 상품을 소비함으로써 소비자잉여를 얻는다. 그런데 각 개인은 k가 자신이 누리는 소비자잉여보다 크다면 상품을 구입하지 않는다. 이 점에 착안하여 각 개인의 수요를 검토해 보자. 개인 A의 경우 가격이 p이면 수요량이 $4-p$가 된다. 이 경우 [그림 A]에서 보듯이 소비자잉여를 얻는다. 이러한 소비자잉여의 크기는 $\frac{1}{2}(4-p)^2$이다. 한편 개인 B의 경우에는 가격이 p이면 수요량이 $2-\frac{p}{2}$가 된다. 이것이 [그림 B]에 나타나 있다. 이 경우 소비자잉여의 크기는 $\frac{1}{4}(4-p)^2$이 된다.

앞서 말했듯이 각 개인은 k가 자신이 얻는 소비자잉여보다 작을 때에만 상품을 구입한다. 그러므로

(i) k가 개인 A나 개인 B가 누리는 소비자잉여의 그 어느 것보다도 작을 경우, 즉 $k < \frac{1}{4}(4-p)^2$일 경우에는 두 개인이 모두 상품을 구입한다. 이 경우 수요는

$$D = q_A + q_B = (4-p) + \left(2 - \frac{p}{2}\right) = 6 - \frac{3}{2}p$$

가 된다.

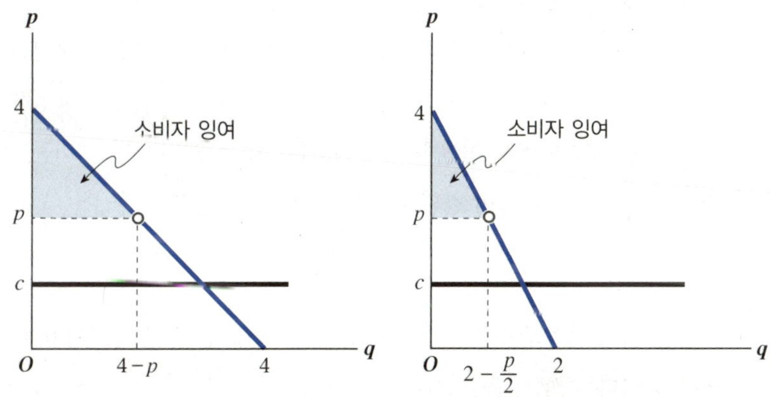

[그림 A] [그림 B]

(ii) 다음으로 k가 개인 A가 누리는 소비자잉여보다는 작지만 개인 B가 누리는 소비자잉여보다 클 경우, 즉 $\frac{1}{4}(4-p)^2 < k < \frac{1}{2}(4-p)^2$일 경우에는 개인 A는 구입하지만 개인 B는 구입하지 않는다. 그러므로 이때 수요는

$$D = q_A + q_B = (4-p) + 0 = 4 - p$$

가 된다.

(iii) 끝으로 k가 개인 A나 개인 B가 누리는 소비자잉여의 그 어느 것보다도 클 경우, 즉 $k > \frac{1}{2}(4-p)^2$일 경우에는 아무도 상품을 구입하지 않는다. 그러므로 이 경우에는 수요가 0이 된다.

c. 이부가격에 해당하는 문제이다. 이부가격은

$$T = k + pq \tag{6}$$

의 형태로 표현된다. 여기서 k는 기본요금이고 p는 (단위당) 사용료이다. 이러한 상황에서 개인 A만 있을 경우 기업의 이윤을 구해 보자. 이 경우 기업의 이윤은 두 가지 요소로 구성된다. 첫째 요소는 사용료를 한계비용보다 높게 설정할 경우 상품판매로부터 얻는 이윤이다. 둘째 요소는 개인에게서 받는 기본요금 k이다.

(i) 첫째 요소부터 알아보자. 이것은 수입에서 비용을 뺀 금액으로서 얻어진다. 사용료가 p일 경우 수요량은 $4-p$이다. 그러므로 이로부터 얻는 수입은 $p(4-p)$이다. 한편 한계비용이 일정하므로 $4-p$를 생산하는 데 드는 비용은 $c(4-p)$이다. 이 두 값의 차이가 바로 첫째 요소이다. 즉,

$$(p-c)(4-p) \tag{7}$$

가 이윤 중의 한 요소이다.

(ii) 이윤을 구성하는 둘째 요소는 기본요금 k이다. 그런데 개인 A로 하여금 상품을 구입하게 하려면 k를 그가 누리는 소비자잉여보다 크게 설정해서는 안 된다. 이 점을 고려하면서 이윤을 극대화하려면 k를 개인 A가 누리는 소비자잉여의 크기와 같도록 설정해야 한다. 그러므로 사용료가 p일 경우

$$k = \frac{1}{2}(4-p)^2 \tag{8}$$

으로 설정해야 한다. 이제 식 (7)과 식 (8)을 합한 금액이 바로 이 기업이 얻는 이윤이다. 이때 이윤을 π_1이라고 하면

$$\pi_1 = (p-c)(4-p) + \frac{1}{2}(4-p)^2$$

이 된다.

이러한 이윤을 가장 크게 만드는 사용료를 찾아보자. 극대화의 일차필요조건은

$$\frac{d\pi_1}{dp} = (4-p) + (p-c)(-1) + (4-p)(-1) = 0$$

이다. 이로부터

$$p^* = c \tag{9}$$

를 얻는다. 이것은 개인 A만 있을 경우 이부가격을 통해 이윤을 극대화하려면 사용료를 한계비용과 같도록 설정해야 한다는 것을 의미한다. 그리하여 식 (9)를 식

(8)에 대입한 다음 그 결과와 식 (9)를 다시 식 (6)에 대입하면 이부가격은

$$T = k + pq = \frac{1}{2}(4 - c)^2 + cq$$

로 구해진다.

이제 $p^* = c$를 목적함수에 대입하면 이윤은

$$\pi_1^*(p^*) = \frac{1}{2}(4 - c)^2$$

으로 구해진다. 물론 이때 수요량은 식 (9)를 수요곡선에 대입함으로써 $q_A = 4 - p = 4 - c$로 구해진다.

d. 이부가격에 해당하는 문제이다. 앞서 말했듯이 이부가격은 $T = k + pq$ (6)의 형태로 표현된다. 이러한 상황에서 두 개인에게 모두 판매하는 경우 이윤을 구해 보자. 이때 이윤은 앞서와 같이 두 가지 요소로 구성된다. 첫째 요소는 사용료를 한계비용보다 높게 설정할 경우 상품판매로부터 얻는 이윤이다. 둘째 요소는 개인에게서 받는 기본요금 k이다.

(i) 첫째 요소부터 알아보자. 사용료가 p일 경우 개인 A에게 판매하여 얻는 이윤은

$$(p - c)(4 - p) \tag{10}$$

이고 개인 B에게 판매하여 얻는 이윤은

$$(p - c)\left(2 - \frac{p}{2}\right) \tag{11}$$

이다.

(ii) 둘째 요소에 대해 알아보자. 이윤을 구성하는 둘째 요소는 각 개인으로부터 받는 기본요금 k이다. 그런데 두 개인에게 모두 팔기 위해서는 이 값은 개인 B가 누리는 소비자잉여보다 크지 않아야 한다. 이 값이 개인 B가 누리는 소비자잉여보다 크면 개인 B는 구입하지 않을 것이기 때문이다. 이 점을 고려하면서 이윤을 극대화하려면 k를 개인 B가 누리는 소비자잉여의 크기와 같도록 설정해야 한다. 즉, 사용료를 p로 정할 경우

$$k = \frac{1}{2}\left(2 - \frac{1}{2}p\right)(4 - p) = \frac{1}{4}(4 - p)^2 \tag{12}$$

이어야 한다.

이렇게 볼 때 두 개인에게 모두 상품을 판매할 경우 얻는 이윤을 π_2라고 하면 π_2는 식 (10) ~ (12)를 모두 합한 값이다. 이때 k는 각 개인에게서 모두 받는다는

점에 주목하자. 그러므로 식 (12)는 이윤에 2번 반영되어야 한다. 그리하여

$$\pi_2 = \left(\frac{1}{4}(4-p)^2\right)\times 2 + (p-c)\left(4-p+2-\frac{p}{2}\right) \tag{13}$$
$$= \frac{1}{2}(4-p)^2 + (p-c)(6-\frac{3}{2}p)$$

가 된다. 이 식에서 $\frac{1}{4}(4-p)^2$에 2가 곱해진 것에 주목하자. 이때 이윤극대화의 일차필요조건은

$$\frac{d\pi_2}{dp} = (4-p)(-1) + \left(6-\frac{3}{2}p\right) + (p-c)\left(-\frac{3}{2}\right) = 0$$

이 된다. 이로부터

$$p^* = 1 + \frac{3}{4}c \tag{14}$$

로 구해진다. 이 값을식 (13)에 대입하면 극대화된 이윤은

$$\pi_2^*(p^*) = \frac{9}{16}(4-c)^2 \tag{15}$$

으로 구해진다.

한편 개인 A에게만 판매하는 경우와 두 개인에게 모두 판매하는 경우 중에서 어느 경우에 이윤이 더 높은가를 알기 위해 π_2^*와 문항 c.에서 구한 π_1^*의 값을 비교해 보자. 이를 위해 $\pi_2^* - \pi_1^*$를 구해 보면

$$\pi_2^* - \pi_1^* = \frac{9}{16}(4-c)^2 - \frac{1}{2}(4-c)^2 = \frac{1}{16}(4-c)^2$$

이 된다. 그런데 이 값은 0보다 작지 않다. 그러므로 π_2^*가 π_1^*보다 작지 않다. 다시 말하면 개인 A에게만 판매하는 것보다는 두 개인에게 모두 판매하는 것이 더 많은 이윤을 가져다준다는 것이다(단 $c=4$일 경우에는 동일하다). 그러므로 이윤을 극대화하는 가격은 두 개인에게 모두 판매하는 경우에 부과하는 가격으로서 $p^* = 1 + \frac{3}{4}c$ (14)가 된다($c=4$일 경우에는 식 (9)와 식 (14)에 있는 p^*가 4로서 서로 같아진다는 점에 주목하자). 그리하여 식 (14)를 식 (12)에 대입한 다음 그 결과와 식 (14)를 다시 식 (6)에 대입하면 이부가격은

$$T = k + pq = \frac{1}{4}\left(3-\frac{3}{4}c\right)^2 + \left(1+\frac{3}{4}c\right)q$$

로 구해진다.

이때 극대화된 이윤은 앞에서 구한 식 (15)가 된다. 이때 수요량은 식 (14)를 개인의 수요곡선에 각각 대입함으로써 $q_A = 4 - p = 3 - \frac{3}{4}c$, $q_B = 2 - \frac{1}{2}p = \frac{3}{2} - \frac{3}{8}c$로 구해진다. 한편 이 경우 개인 B는 자신이 누리는 소비자잉여를 모두 k로 지불하

였기 때문에 그에게는 상품을 구입하는 것과 구입하지 않는 것이 무차별해진다.

9.15 이부가격

독점력을 행사하고 있는 놀이공원이 이윤을 극대화하려고 한다. 놀이공원의 경영자는 먼저 입장료를 받은 다음 놀이시설을 사용하는 데에 대한 사용료를 추가로 받으려고 한다. 그런데 이때 경영자는 입장료를 한계비용보다 많이 받아야 하는지 아닌지에 대하여 고민하고 있다고 한다. 입장객이 놀이시설을 가동하는 데에 드는 한계비용은 일정하다고 하자.

a. 모든 소비자들의 수요가 같다고 하자. 이 경우 이윤을 극대화하는 입장료와 사용료에 대해 말하시오.

b. 놀이공원에 대한 수요가 서로 다른 2명이 있다고 하자. 편의상 어느 한 사람의 수요가 다른 사람의 수요의 2배라고 하자. 이 경우 이윤을 극대화하려면 사용료가 한계비용보다 커야 하는지 작아야 하는지를 보이시오.

c. 위의 결과에 비추어 볼 때 놀이공원의 입장료와 사용료는 어떻게 정해야 할까?

KEY ▶ 이부가격에 대해 묻는 문제이다. 이 경우 이윤을 극대화하려 할 때 현실적으로 입장료와 사용료를 각각 어느 수준으로 정해야 하는지 일반적으로 말하기가 어렵다.

풀이

a. [그림 1]에서 보듯이 사용료를 p_1으로 정할 경우 대표적 소비자는 시설을 Q_1만큼 이용하여 A만큼의 소비자잉여를 얻는다. 그러므로 사용료를 p_1으로 정할 경우 소비자로부터 받아낼 수 있는 최대의 입장료는 A가 된다. 이때 이 기업의 이윤은 입장료에 사용료를 합한 금액에서 비용을 뺀 값으로 정해진다. 그런데 입장료는 A이고 놀이시설 사용료는 $B + D$이며 비용은 D이다. 그러므로 이윤은 $A + B$가 된다. 이러한 추론에 따르면 이 독점기업은 사용료를 한계비용 수준인 p_0까지 낮춤으로써 p_1에서는 미처 확보할 수 없었던 C마저도 이윤으로 확보할 수 있게 된다. 그 결과 이윤이 $A + B + C$로 늘어난다.

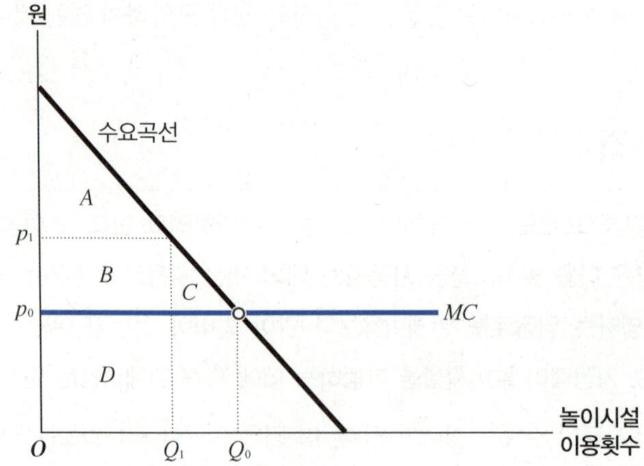

[그림 1]

b. 2명의 개인을 각각 개인 1과 개인 2라고 하자. 개인 2는 개인 1의 수요의 2배라고 하자.

(i) [그림 2]에서 가장 바깥의 사선은 이 두 개인의 수요를 합한 것을 나타낸다. 이때 1명이 있을 경우의 원리를 적용하여 사용료를 한계비용과 같은 p_0로 정하고 그때 개인 1이 누리는 소비자잉여인 $E+F$를 입장료로 정한다고 하자(이때 입장료를 $E+F$보다 크게 정하면 개인 1은 아예 입장을 하지 않는다는 점에 주목하자). 이 경우 이 독점기업의 이윤은 각 개인으로부터 받은 입장료를 합한 것과 같다. 한편 입장료는 누구에게나 똑같이 적용되는 것이다. 그러므로 이윤은 $2(E+F)$가 된다.

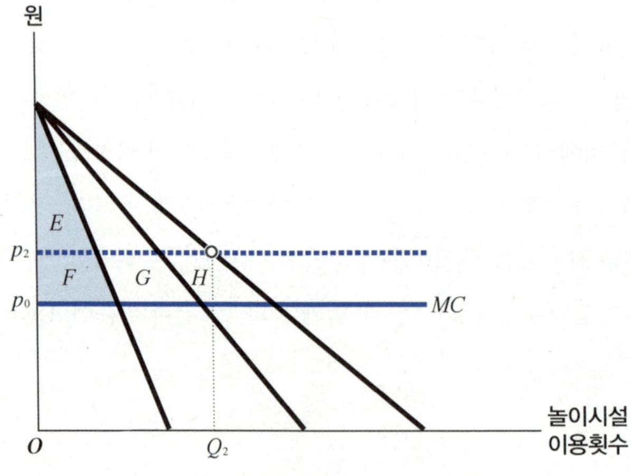

[그림 2]

(ii) 이제 사용료를 조금 올릴 경우 이윤이 이보다 더 커지는 것을 보여주기로 하자. 예를 들어 사용료를 p_2로 올린다고 하자. 이 경우 수요량은 Q_2가 된다. 이러한 상태에

서 입장료를 E로 정한다고 하자. 한편 사용료가 p_2인 상태에서 입장료를 E보다 크게 정하면 개인 1은 입장하지 않는다는 점에 주목하자. 이 경우 이윤은 각 개인으로부터 받은 입장료에 각 개인으로부터 받은 사용료를 합한 금액에서 비용을 뺀 값으로 정해진다. 이때 입장료는 $2E$이고 사용료에서 비용을 뺀 금액은 $F+G+H$이다. 그러므로 이윤은 $2E+(F+G+H)$이다. 그런데 개인 2의 수요는 개인 1의 수요의 2배라고 하였으므로 F와 G는 서로 같다. 따라서 이윤은 $2E+(2F+H)$와 같다. 한편 위에서 사용료를 한계비용과 같도록 정했을 때의 이윤이 $2(E+F)$라고 하였다. 그러므로 가격을 p_2로 올릴 경우 이윤이 H만큼 증가한다는 것을 알 수 있다.

(iii) 여기서 주의해야 할 사항이 있다. 사용료를 어느 정도 이상 더 올리면 이윤이 오히려 감소한다는 것이다. 이것이 [그림 3]에 나와 있다. 예를 들어 사용료를 p_3로 올리고 입장료를 I로 정한다고 하자. 이 경우 이윤은 $2I+J+K+L$이 된다. 한편 사용료를 한계비용과 같은 p_0로 할 경우 이윤은 $2(I+J)$이다. 그런데 이때 $K+L$이 J보다 적다($J=K+M$인데 L이 M보다 작기 때문이다). 그러므로 $2I+J+K+L$은 $2(I+J)$보다 적다. 결국 사용료를 너무 많이 올릴 경우 이윤이 줄어든다는 것을 알 수 있다.

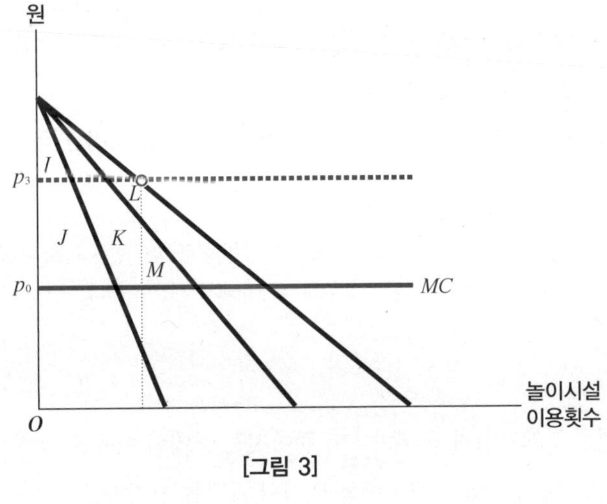

[그림 3]

c. 앞의 분석은 대단히 단순한 경우를 가정하고 있다. 예를 들어 개인 2의 수요가 개인 1의 수요의 2배라고 가정한 점이다. 보다 일반적인 경우에 대해 생각해 보자.

(i) 먼저 개인 2의 수요가 개인 1의 수요의 2배보다 클 경우를 생각해 보자. 이 경우에는 사용료를 올리는 것보다 사용료를 한계비용만큼으로 정하고 그 대신 입장료를 개인 2가 누리는 소비자잉여만큼 받을 때 이윤이 더 커질 수도 있다. 이렇게 할 경

우 물론 개인 1은 입장하지 않을 것이다.

(ii) 다음으로 개인 2의 수요가 개인 1의 수요보다 크지만 2배는 되지 않는다고 하자. 그러면 앞 문항 b.와 같은 상황이 적용될 것이다.

(iii) 이처럼 개인이 단 2명일 경우에도 입장료와 사용료를 어떻게 정할 것인지는 개인들 수요의 상대적인 크기에 따라 달라진다. 그런데 실제 현실에서는 개인들이 상당히 많고 또한 그들의 수요에 대한 정보도 알 수가 없다. 그래서 입장료와 사용료를 어떻게 정해야 이윤이 극대화되는지 그 방식을 일반화시킬 수 없다. 결국 입장료와 사용료를 각각 어느 만큼으로 정할 것인가는 입장료와 사용료의 여러 조합을 반복적으로 시행해 본 후 그중에서 이윤을 가장 크게 하는 것으로 정하는 수밖에 없다. 그러나 어느 경우이든 입장료는 소비자잉여에 해당하는 부분이라는 사실에는 변함이 없다.

9.16 성수기가격 제도와 규제

성수기와 비수기가 존재하는 어떤 상품에 대해 독점기업이 이윤을 극대화하는 가격을 부과하고 있다고 하자.

a. 독점기업이 이윤을 극대화하고 있는 상황을 그림으로 나타내고 설명하시오.

b. 3급 가격차별과 다른 점을 말하시오.

c. 정부가 이 독점기업을 규제하려고 한다. 비효율을 제거하려면 어떤 정책을 사용해야 하는가?

KEY ▶ 성수기가격 제도(peak load pricing)에 대한 질문이다. 이 경우 효율 달성을 목표로 규제를 하려면 비수기와 성수기에 각각 다른 가격을 적용하여 규제해야 한다.

풀이

a. 독점기업은 한계수입과 한계비용이 같아지는 곳에서 이윤을 극대화한다. 그런데 성수기와 비수기가 따로 있는 경우에는 단일의 가격을 설정하는 것보다 성수기에는 비수기보다 높은 가격을 설정하는 것이 이윤을 극대화한다. 그림에서 비수기에는 비수기의 한계수입 MR_L과 비수기의 한계비용이 같아지는 수량 Q_L에 대응하여 가격을 p_L로 설정하고 있다. 성수기에는 성수기의 한계수입 MR_H와 성수기의 한계비용이 같아지는 수량 Q_H에 대응하여 가격을 p_H로 설정하고 있다. 이때 비수기에는 왼쪽에 있는 A만큼, 성수기에는 B만큼 비효율이 존재한다.

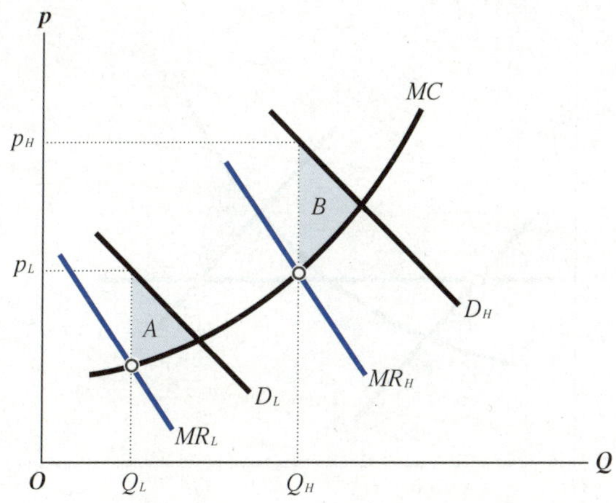

b. 3급 가격차별의 경우에는 성수기와 비수기처럼 시점이 서로 다른 것이 아니다. 3급 가격차별은 동시에 두 시장에 공급해야 할 경우에 적용된다. 그리하여 3급 가격차별의 경우에는 비용이 서로 독립적이 아니다. 어느 시장에든 공급량을 증가시킬 경우 한계비용이 증가한다. 따라서 이윤을 극대화하려면 두 시장에서의 한계수입이 서로 같아지도록 상품을 판매해야 한다. 물론 이 한계수입이 한계비용과 같아질 때 이윤이 극대화된다.

이와는 달리 성수기와 비수기가 존재하는 경우에는 비수기의 공급이 성수기의 한계비용에 영향을 주지 않는다. 마찬가지로 성수기의 공급이 비수기의 한계비용에 영향을 주지 않는다. 그리하여 비수기에는 비수기의 한계수입과 한계비용이 같아지는 곳에서 공급량을 결정하고 성수기에는 성수기의 한계수입과 한계비용이 같아지는 곳에서 공급량을 결정하는 것이 이윤을 극대화시킨다. 그 결과 비수기와 성수기의 한계수입과 한계비용은 서로 독립적으로 결정된다.

c. 성수기이든 비수기이든 같은 가격을 받도록 규제할 경우에는 비효율이 발생한다. 예를 들어 p_R로 규제할 경우를 생각해 보자. 물론 이때 비수기이든 성수기이든 수요량에 해당하는 만큼은 공급하도록 규제해야 한다고 하자. 이같이 규제할 경우 독점기업은 비수기에는 Q_1을 공급할 것이다. 성수기에는 Q_2를 공급할 것이다. 그 결과 비수기에는 효율적인 수량보다 너무 적게 공급되어 비효율이 발생한다. 효율은 $p = MC$에서 달성된다는 점을 상기하자. 그 비효율의 크기가 C로 나타나 있다. 한편 성수기에는 효율적인 수량보다 너무 많이 공급되어 비효율이 발생한다. 그 비효율의 크기가 D로 나타나 있다.

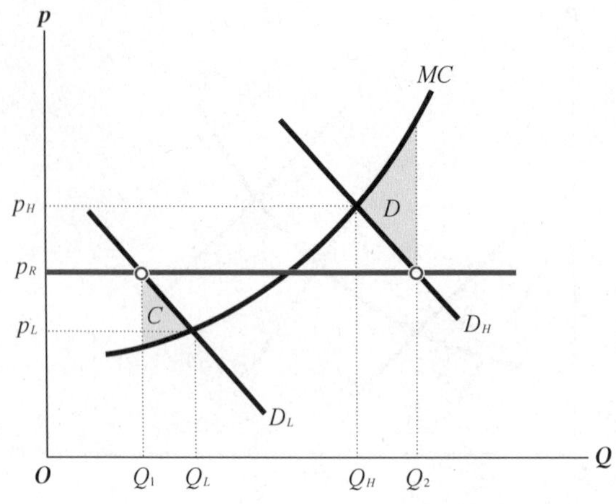

이러한 비효율을 제거하려면 비수기와 성수기에 서로 다른 가격을 받도록 규제해야 한다. 그리하여 비수기에는 비수기의 수요곡선과 한계비용곡선이 만나는 곳에서 정해지는 가격인 p_L을 받도록 규제해야 한다. 한편 성수기에는 성수기의 수요곡선과 한계비용곡선이 만나는 곳에서 정해지는 p_H의 가격을 받도록 규제해야 한다.

이처럼 서로 다른 가격으로 규제할 경우 장기적인 측면에서 또 다른 이득이 있다. 단일 가격으로 규제할 경우에는 이 기업은 Q_2를 공급할 수 있도록 시설을 갖추어야 한다. 그러나 서로 다른 가격으로 규제할 경우에는 Q_H를 공급할 정도의 시설을 갖추고 있어도 된다.

한편 서로 다른 가격으로 규제할 경우에는 단일가격으로 규제할 경우에 비해 성수기에는 수요량이 Q_2에서 Q_H로 줄어드는 대신 비수기에는 수요량이 Q_1에서 Q_L로 증가한다. 결국 설비를 더 효율적으로 활용할 수 있게 된 것이다.

이 그림에는 생략되어 있지만 서로 다른 가격으로 규제할 경우 장기적으로 볼 때 성수기의 수요곡선 자체가 왼쪽으로 이동하고 그 대신 비수기의 수요곡선 자체가 오른쪽으로 이동할 수도 있다. 말하자면 사람들이 가격이 비싼 시간대에서의 소비를 줄이고 그 대신 가격이 싼 시간대에서의 소비를 늘린다는 것이다.

9.17 2급 가격차별 : 선별

수요가 큰 유형의 수요자와 수요가 작은 유형의 소비자가 있다고 하자. 이때 독점기업이 이윤을 극대화하고자 한다. 수요가 작은 수요자의 역수요곡선은 $p_1 = 2 - q_1$이고 수요가 큰 소비자의 역수요곡선은 $p_2 = 3 - \frac{3}{4}q_2$라고 한다. 그런데 이때 독점기업은 각 소비자의 유형을 구분할 수 없다고 한다. 편의상 상품을 생산하는 데 비용이 전혀 들지 않는다고 가정하자.

a. 유형 1의 소비자를 겨냥하여, 소비자가 2단위를 구입할 경우 그가 누리는 소비자잉여에 해당하는 2를 가격으로 매긴다고 하자. 또한 유형 2의 소비자를 겨냥하여, 소비자가 4단위를 구입할 경우 그가 누리는 소비자잉여에 해당하는 6을 가격으로 매긴다고 하자. 이러한 가격구조의 문제점은 무엇인가?

b. 이윤을 극대화하는 가격구조를 구하시오.

c. 이윤을 극대화하는 가격구조를 평가하시오.

KEY ▶ 2급 가격차별 문제이다. 비대칭정보 아래서 선별기구는 자기선택제약과 참가제약을 만족시켜야 한다.

풀이

a. 먼저 [그림 1]에서 독점기업이 2단위를 살 경우 A의 가격을 내도록 만들고 4단위를 살 경우 $A+B+C$의 가격을 내도록 만든다. 다시 말하면 (2단위, A)와 (4단위, $A+B+C$)라는 가격 체계를 제시한다는 것이다. 선별기구가 작동하려면, 소비자잉여를 CS로 나타낼 때, 다음과 같은 자기선택제약과 참가제약을 만족시켜야 한다.

$$CS_2(4\text{단위},\ A+B+C) \geq CS_2(2\text{단위},\ A) \qquad \text{자기선택제약} \tag{1}$$

$$CS_1(2\text{단위},\ A) \geq CS_1(4\text{단위},\ A+B+C) \qquad \text{자기선택제약} \tag{2}$$

$$CS_2(4\text{단위},\ A+B+C) \geq 0 \qquad \text{참가제약} \tag{3}$$

$$CS_1(2\text{단위},\ A) \geq 0 \qquad \text{참가제약} \tag{4}$$

예를 들어 식 (1)의 좌변에서 CS_2(4단위, $A+B+C$)는 유형 2가 4단위를 구입하고 $A+B+C$를 요금으로 냈을 때 누리는 소비자잉여를 나타낸다. 다른 것도 같은 방법으로 해석된다.

그런데 문제에서 주어진 (2단위, A), (4단위, $A+B+C$)라는 요금체계는 자기선택제약 식 (1)을 만족시키지 못한다. 그 이유는

$$CS_2(2\text{단위},\ A) > CS_2(4\text{단위},\ A+B+C)$$

이기 때문이다. 즉, 유형 2가 유형 1인 것처럼 행동하여 2단위를 구입하고 A를 낼 경우 B만큼의 잉여를 누리지만, 4단위를 구입하고 $(A+B+C)$를 낼 경우 잉여가 0이 되기 때문이다. 따라서 문제에서 주어진 요금체계에서는 유형 2가 유형 1인 것처럼 가장하여 2단위를 구입할 유인이 있다.

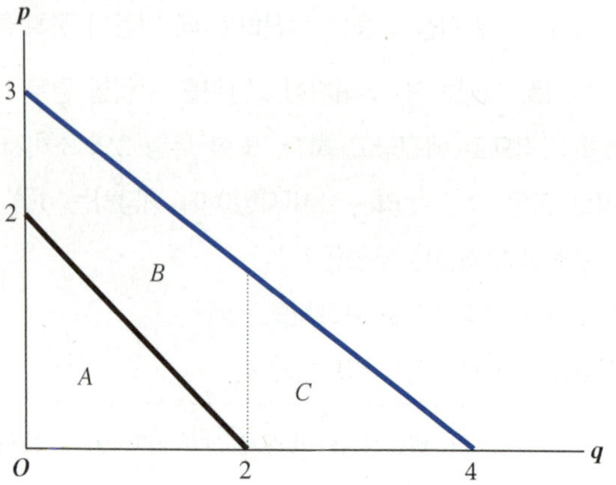

[그림 1]

b. 유형 2에게 4단위를 구입하도록 유도하는 유인가격에 대해 단계적으로 생각해 보자. 유형 2가 유형 1처럼 행동할 경우 그가 얻는 이득은 B이다. 그러므로 유형 2가 자기선택을 하도록 유도하려면 그가 4단위를 구입할 경우 B만큼의 잉여를 얻도록 가격을 정해 주면 된다. 이를 위해서는 4단위를 구입할 경우 $A+C$만큼을 내도록 하면 된다(엄밀하게 말하면 $A+C-\alpha$를 내게 하면 된다 : α는 아주 작은 수). 결국 2단위를 구입하는 소비자에게는 A를 내게 하고 4단위를 구입하는 소비자에게는 $A+C$만큼을 내게 한다. 이러한 가격체계는 두 유형 모두의 자기선택제약과 참가제약을 만족시킨다. 그러나 다음에서 보듯이 독점자의 이윤을 극대화시키지 못한다. 유형 1을 겨냥하여 제시하는 수량을 더 적게 함으로써 이윤을 증가시킬 수 있기 때문이다. 이때 그 수량이 유형 2에게는 덜 매력적이게 할 수 있다.

이에 대해서 [그림 2]를 통해 검토해 보기로 하자. 예를 들어 유형 1을 겨냥하여 제시하는 산출량을 q_1^0로 줄인다고 하자. 그리고 q_1^0단위를 구입하는 소비자로부터는 A를 받고 4단위를 구입하는 소비자로부터는 $A+\Delta A+\Delta B+C$를 받는다고 하자. 이때 기업 이윤의 변화를 살펴보자.

유형 2 소비자는 여전히 4단위를 구입하지만 그가 지불하는 가격은 $A+\Delta A+C$에서 $A+\Delta A+\Delta B+C$로 ΔB만큼 늘었다. 한편 유형 1이 구입량을 줄였기 때문에 그가 지불하는 금액은 $A+\Delta A$에서 A로 ΔA만큼 줄어들었다. 유형 1에만 주목하면 그를 겨

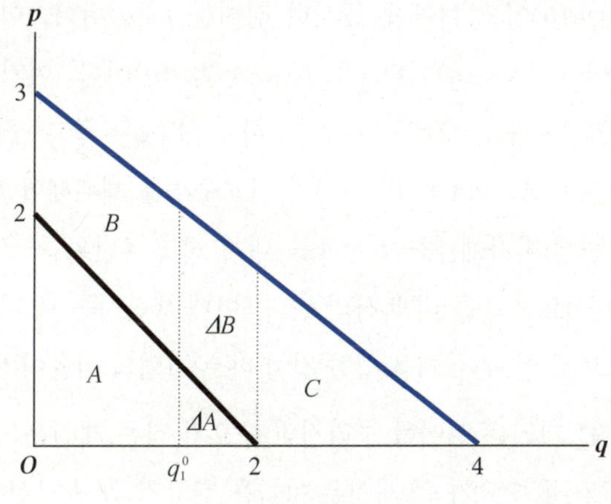

[그림 2]

냥한 수량을 줄임으로써 ΔA만큼의 이윤이 줄어든다. 그러나 유형 2와 함께 종합적으로 생각하면 ΔA만큼의 이윤이 감소하는 대신(즉, 받을 가격이 줄어드는 대신) ΔB만큼의 이윤이 증가하였다. 그런데 ΔB가 ΔA보다 크므로 결국 유형 1을 겨냥하여 제시하는 수량을 줄임으로써 이윤이 증가하였다. 그렇다면 어느 만큼의 수량을 제시하는 것이 이윤을 극대화시키겠는가? 그림을 잘 관찰해 보면 제시 수량을 줄일 경우 추가적으로 늘어나는 ΔB의 면적은 점점 작아지며 추가적으로 늘어나는 ΔA의 면적은 점점 커진다. 그러므로 이윤이 극대화되는 수량은 [그림 3]에서 보듯이 추가적으로 변화하는 값들이 같아지는 곳에서 결정된다. 물론 여기에는 한계원리가 적용되고 있다.

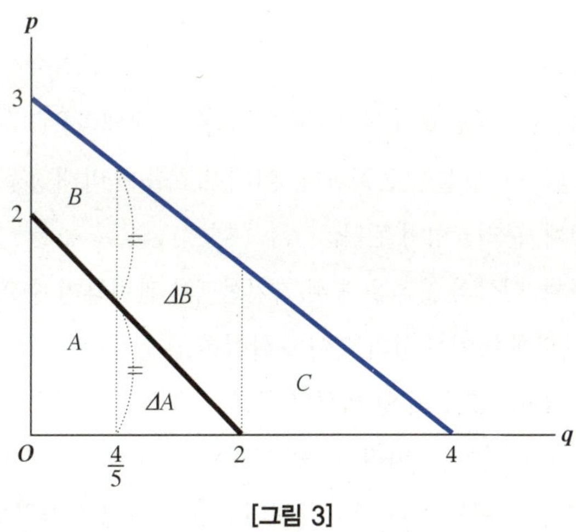

[그림 3]

그 수량을 구체적으로 구하기 위해 그 수량을 q라고 하자. 그러면 q에서는 그림에 표시되어 있는 두 길이가 같아져야 한다. 산출량이 q일 때 위에 표시한 길이는

$p_2(q)-p_1(q)$이고 아래에 표시한 길이는 $p_1(q)$이다. 이 두 길이가 같아야 하므로 $p_2(q)-p_1(q)=p_1(q)$이다. 즉, $p_2(q)=2p_1(q)$이다. 여기에 각 개인의 역수요곡선을 적용하면 $3-\frac{3}{4}q=2(2-q)$이다. 이로부터 $q^*=\frac{4}{5}$로 구해진다. 그러므로 독점자는 $(\frac{4}{5}, A)$, $(4, A+\Delta A+\Delta B+C)$의 가격구조를 제시해야 한다. 그리고 이때 $\frac{4}{5}$단위를 구입하는 소비자에게는 $p_1=A$를 내게 하고 4단위를 구입하는 소비자에게는 $p_2=A+\Delta A+\Delta B+C$를 내게 하면 된다. 이때 생산하는 데 비용이 들지 않는다고 가정하고 있으므로 이 두 금액을 합한 것이 바로 기업의 이윤이 된다.

c. 수요가 큰 개인은 잉여를 누리지만 수요가 작은 개인은 잉여를 누리지 못한다. 직관적으로 볼 때 수요가 큰 개인은 이득을 취하기 위해 자신이 마치 수요가 작은 개인인 것처럼 가장하여 행동할 유인이 있는데, 이렇게 행동하지 않고 자신의 유형에 맞는 선택을 하도록, 즉 자기선택을 하도록 유도하기 위해 잉여(정보지대)를 보장하는 것이다. 이때 보장해 주어야 하는 잉여의 크기는 수요가 큰 개인이 수요가 작은 개인인 것처럼 가장하여 행동할 경우 얻는 이득의 크기와 같아진다. 구체적으로 살펴보자.

첫째, 유형 2에게는 유형 1처럼 행동하지 않도록 유도하기 위해 잉여가 보장되고 있다. 즉, 유형 2가 정보지대([그림 3]의 B)를 누리고 있다. 유형 1이 없었다면 유형 2가 이러한 정보지대를 누리지 못했을 것이다.

둘째, 그리하여 유형 2는 한계편익이 한계비용(현재 0으로 가정하고 있음)과 같아지는 수량인 4단위를 구입하게 된다.

셋째, 유형 1에게는 한 단위도 구입하지 않는 것과 무차별하게 느껴질 만큼을 부과하고 있다.

넷째, 유형 1은 한계편익$(=p(q_1^*)=\frac{6}{5})$이 한계비용(= 0으로 가정)보다 큰 수량을 구입하게 되어 비효율이 존재한다. 이때 비효율은 비대칭정보에 의한 것이다.

다섯째, 분리균형이 된다.

여섯째, 이상의 분석을 통해 자기선택과 관련하여 수요가 작은 사람을 겨냥한 수량을 더욱 적게 하여 수량의 차이를 확실히 크게 해 놓음으로써 이윤을 증가시킬 수 있다는 것을 알 수 있다. 수량의 차이가 클 경우 적은 수량은 수요가 큰 사람에게 더더욱 덜 매력적이 될 것이다. 따라서 수요가 큰 사람에게는 큰 수량을 구입하려는 유인이 더더욱 커진다. 그러므로 이 경우 독점기업은 큰 수량의 가격을 (수량의 차이를 작게 해 놓았을 경우에 책정할 수 있는 것보다) 더더욱 높게 책정함으로써 이윤을 증가시킬 수 있다. 즉, 수량의 차이를 크게 하고 큰 수량의 가격을 더더욱 높게 책정함으로써 수요가 큰 사람에게 보장하는 잉여를 마침내 [그림 3]의 ΔB만큼 줄여서 이윤을 증가시킬 수 있다. 이렇게 볼 때 수요가 큰 사람이 없다면 수요가 작은 사람을 겨냥한 수량이 그렇게 적어지지는 않을 것이다.

말하자면 q_1이 커지면(유형 1 측에서 이윤(효율)이 증가하지만) 자기선택 유도를 위해 유형 2에게 지불해야 하는 정보지대(정보비용)가 커지게 되는 영향 때문에 q_1이 완전정보일 때보다 작아진 것이다. 이처럼 정보지대를 줄이려면 q_1을 줄여야 하는데 이 때문에 비효율이 발생하는 것이다. 즉, 정보지대 추출과 효율 사이에 상충관계가 존재한다. 유형 2는 완전정보일 경우와 같은 수량을 구입하게 된다.

9.18 2급 가격차별 : 선별

수요가 큰 수요자와 수요가 작은 유형의 소비자가 각각 반반씩 있다고 하자. 이때 독점기업이 이윤을 극대화하고자 한다. 수요가 큰 소비자가 상품을 소비하여 얻는 편익은 $s_b(q_b) = 3q_b - \frac{3}{8}q_b^2$이고 수요가 작은 소비자가 얻는 편익은 $s_a(q_a) = 2q_a - \frac{1}{2}q_a^2$이라고 한다. 이 경우 독점기업이 이윤을 극대화하려면 가격을 어떻게 구성하여야 하는가를 검토해 보자. 편의상 상품을 생산하는 데 비용이 전혀 들지 않는다고 가정하자.

a. 각 소비자의 수요곡선을 구하시오.

b. 독점기업이 수요가 큰 소비자와 수요가 작은 소비자를 구분할 수 있다고 한다. 이때 수요곡선을 근거로 가격을 부과하여 이윤을 극대화하려고 한다. 이때 이윤을 극대화하는 가격 및 수량과 그때의 이윤을 구하시오.

c. 이제 독점기업은 각 개인의 유형을 구분할 수 없다고 하자. 그러나 이때 독점기업이 개인으로부터 최대의 가격을 받아내려고 할 경우 이 독점기업이 직면하는 이윤극대화 문제를 구체적으로 나타내시오. 이때 자기선택제약과 참가제약을 구체적으로 나타내시오.

d. 제약식들이 어떠한 관계를 가지고 성립하는지 밝히고 그 함축성을 말하시오.

e. 이윤을 극대화하는 가격구조를 구하시오. 이때 정보지대를 구하시오.

f. 이윤을 극대화하는 가격구조를 평가하시오.

g. q_a가 관찰될 확률이 p_a이고 q_b가 관찰될 확률이 p_b일 경우 수요가 작은 유형 a에게는 판매하지 않게 되는 p_a의 범위를 구하시오.

h. 독점기업이 각 개인을 유형별로 구분할 수 있으며 또한 1급 가격차별을 한다고 하자. 이때의 결과를 말하시오.

KEY ▶ 앞 문제와 사실상 같은 시나리오를 배경으로 한 것이다. 선별기구를 고안할 때에는 자기선택제약과 참가제약을 만족시켜야 한다. 이 문제를 풀려면 제약식들이 어떠한 관계를 가지고 성립하는지 파악해야 한다.

풀이

a. 역수요곡선 아래 부분의 면적을 구한 것이 총편익함수이다. 수학적으로 말하면 역수요함수를 수량에 대해 정적분한 것이 총편익함수이다. 그러므로 총편익함수를 수량으로 미분하면 역수요곡선을 얻을 수 있다.

그러므로 수요가 작은 사람의 역수요곡선은

$$p_a = \frac{ds_a(q_a)}{dq_a} = 2 - q_a$$

이다. 수요가 큰 사람의 역수요곡선은

$$p_b = \frac{ds_b(q_b)}{dq_b} = 3 - \frac{3}{4} q_b$$

이다.

b. 수요곡선을 근거로 가격을 차별하므로 3급 가격차별에 해당한다. 문제에서 비용은 0이라고 가정하였으나 이윤의 의미를 부각시키기 위해 비용을 함께 표시하면 이 독점기업의 이윤극대화 문제는

$$\underset{q_a, q_b}{Max}\ \pi = p_a q_a + p_b q_b - c_a(q_a) - c_b(q_b) = (2 - q_a) q_a + \left(3 - \frac{3}{4} q_b\right) q_b$$

가 된다. 비용이 0이라는 점을 고려할 때 이윤극대화의 일차필요조건은

$$\frac{\partial \pi}{\partial q_a} = 2 - 2q_a = 0,\ \text{즉}\ MR_a = MC\ (\text{이때}\ MC = 0)$$

$$\frac{\partial \pi}{\partial q_b} = 3 - \frac{3}{2} q_b = 0,\ \text{즉}\ MR_b = MC\ (\text{이때}\ MC = 0)$$

이다. 이로부터 $q_a = 1,\ q_b = 2,\ p_a = 1,\ p_b = \frac{3}{2}$을 얻는다. 이 값들을 목적함수에 대입하면 $\pi = 4$를 얻는다.

c. 독점기업은 개인의 유형을 구분할 수 없다. 그리하여 수요량에 근거하여 가격을 설정한다. 이때 자기선택제약과 참가제약을 만족시켜야 한다. 자기선택제약은 유형 a가 유형 b처럼 행동하지 않도록 하는 유도하는 제약이다. 그 유도 방법은 다음과 같다. 즉, 유형 a가 자신을 겨냥하여 제시된 수량만큼 구입할 때 얻는 효용이 유형 b를 겨냥하여 제시된 수량을 구입할 때 얻는 효용보다 커지도록 유인가격을 고안한다. 이같은 원리는 유형 b에게도 적용된다. 즉, 유형 b도 유형 a처럼 행동하지 않도록 가격구조를 고안해야 한다. 한편 참가제약은 소비자가 상품을 아예 구입하지 않을 경우와 적어도 같은 편익을 누릴 수 있도록 가격을 정해야 한다는 것이다.

이때 각 유형이 반반씩 있다는 점을 고려할 때 독점기업의 기대이윤극대화 문제는

다음과 같이 쓸 수 있다. r_a는 q_a를 수요하는 개인에게서 받는 금액을 나타내고 r_b는 q_b를 수요하는 개인에게서 받는 금액을 나타낸다. 한편 생산비는 들지 않는다고 하였다. 그러므로 다음 식에서 비용을 나타내는 c_a와 c_b는 사실상 0이다. 그러나 이윤의 의미를 부각시킨다는 의미에서 비용함수를 써 놓았다.

$$\underset{q_a,\,q_b,\,r_a,\,r_b}{Max} \quad E(\pi) = \frac{1}{2}(r_a - c_a) + \frac{1}{2}(r_b - c_b)$$

$$s.t. \quad s_a(q_a)\left[=\left(2q_a - \frac{1}{2}q_a^2\right)\right] - r_a \geq s_a(q_b)\left[=\left(2q_b - \frac{1}{2}q_b^2\right)\right] - r_b \text{자기선택제약 (1)}$$

$$s_b(q_b)\left[=\left(3q_b - \frac{3}{8}q_b^2\right)\right] - r_b \geq s_b(q_a)\left[=\left(3q_a - \frac{3}{8}q_a^2\right)\right] - r_a \text{자기선택제약 (2)}$$

$$s_a(q_a)\left[=\left(2q_a - \frac{1}{2}q_a^2\right)\right] - r_a \geq 0 \qquad \text{참가제약 (3)}$$

$$s_b(q_b)\left[=\left(3q_b - \frac{3}{8}q_b^2\right)\right] - r_b \geq 0 \qquad \text{참가제약 (4)}$$

식 (1)의 의미를 생각해 보자. 이 식에 따르면 유형 a는 자신을 겨냥하여 제시된 수량 q_a를 구입할 때(좌변)에 유형 b를 겨냥하여 제시된 수량 q_b를 구입할 때(우변)보다 편익이 높아진다. 이때 우변의 $\left(2q_b - \frac{1}{2}q_b^2\right)$에는 유형 a가 q_b를 수요할 경우 그가 얻는 편익은 그의 편익함수에 따라 정해진다는 점이 반영되어 있다. 또한 우변에는 유형 a가 유형 b처럼 행동하여 q_b를 수요할 경우 r_b를 지불해야 한다는 사실이 반영되어 있다. 식 (2)도 같은 방법으로 해석된다.

d. 이와 같은 형식의 문제를 풀려면 일반적으로 다음 사항에 주목해야 한다.

(가) 참가제약이 모두 부등식으로 성립할 수는 없다. 즉, 둘 중의 하나는 반드시 등식으로 성립해야 한다(풀이에 직접 사용되지는 않음).

(나) 각 유형에 대해 자기선택제약과 참가제약이 모두 부등식으로 성립할 수는 없다. 말하자면 식 (1)과 식 (3)이 함께 부등식으로 성립할 수는 없다는 것이다. 즉, 둘 중의 하나는 반드시 등식으로 성립해야 한다는 것이다. 또한 식 (2)와 식 (4)가 함께 부등식으로 성립할 수는 없다는 것이다. 이때에도 둘 중의 하나는 반드시 등식으로 성립해야 한다.

그 이유를 살펴보자. 먼저 (가)에 대해 알아보자. 식 (3)과 식 (4)가 함께 부등식으로 성립한다면 r_a와 r_b를 같은 금액만큼 함께 '조금' 늘릴 경우에도 여전히 식 (1) ~ (4)의 제약조건들이 만족되면서 이윤은 증가한다(각 식과 목적함수를 관찰해 보면 그 이유가 드러난다). 그러므로 식 (3)과 식 (4)가 동시에 부등식으로 성립하는 것은 이윤이 극대화되는 상태가 아니다.

그 다음 (나)에 대해 알아보자. 식 (1)과 식 (3)이 함께 부등식으로 만족한다면 r_a를 '조금' 늘릴 경우 여전히 식 (1) ~ (4)의 제약조건들이 모두 만족되면서 이윤은 증가한다. 그러므로 식 (1)과 식 (3)이 동시에 부등식으로 만족하는 것은 이윤이 극대화되는 상태가 아니다. 같은 논리로 식 (2)와 식 (4)가 함께 부등식으로 성립할 수는 없다.

(i) 이러한 추론을 바탕으로 생각해 보자. 먼저 식 (2)와 식 (4) 중에서 식 (4)가 부등식으로 성립하는 것을 귀류법으로 보여주려고 한다. 이를 위해 식 (4)가 등식으로 성립한다고 가정하자. 식 (4)가 등식으로 성립하면 식 (2)는

$$r_a \geq (3q_a - \frac{3}{8}q_a^2) \tag{5}$$

이 된다. 그런데

$$\left(3q_a - \frac{3}{8}q_a^2\right) > \left(2q_a - \frac{1}{2}q_a^2\right) \tag{6}$$

이므로 이것을 식 (5)에 적용하면

$$r_a \geq \left(3q_a - \frac{3}{8}q_a^2\right) > \left(2q_a - \frac{1}{2}q_a^2\right) \tag{7}$$

이 성립한다. 그런데 이 식은 식 (3)에 모순된다. 그러므로 식 (4)는 부등식으로 성립해야 한다.

(ii) 위에서 식 (4)가 부등식으로 성립한다는 사실을 알았다. 그러므로 성질 (나)에 의해 식 (2)가 등식으로 성립해야 한다. 즉,

$$\left(3q_b - \frac{3}{8}q_b^2\right) - r_b = \left(3q_a - \frac{3}{8}q_a^2\right) - r_a \tag{8}$$

가 성립해야 한다. 이것을 바꾸어 쓰면

$$r_b = \left(3q_b - \frac{3}{8}q_b^2\right) - \left[\left(3q_a - \frac{3}{8}q_a^2\right) - r_a\right] \tag{9}$$

가 된다. 직관적으로 볼 때 (2)가 등식으로 성립하는 이유는 유형 b는 수요가 커서 그가 유형 a로 가장하여 행동할 때 잉여를 누리게 되기 때문이다. (한편 앞으로 보게 되겠지만 식 (1)은 부등식으로 성립하게 된다. 그 직관적인 이유는 유형 a는 수요가 작아서 자신의 유형대로 행동하는 것이 더 낫기 때문이다.)

이상의 분석 내용을 정리해 보면 다음과 같다. 식 (2)는 등식으로 성립하고 식 (4)는 부등식으로 성립한다. 먼저 식 (4)가 부등식으로 성립하므로 수요가 큰 유형 b는 잉여를 누린다는 것을 알 수 있다.

이제 그 잉여의 크기를 알아보자. 이를 위해 식 (2)를 관찰해 보자. 식 (2)의 좌변은 유형 b가 자신의 유형대로 행동할 때 누리는 잉여이다. 그리고 우변은 유형 b가 유형 a로 가장하여 행동할 때 누리는 잉여이다. 그러므로 식 (2)가 등식으로 성립한다는 것은 유형 b가 누리는 잉여의 크기는 그가 유형 a로 가장하여 행동할 때 누리는 잉여의 크기와 같다는 것을 말한다. 이러한 내용이 식 (8)에 나타나 있다. 식 (8)의 우변을 볼 때 그 잉여는 바로 그가 유형 a로 행동할 경우 얻는 잉여와 같다는 것을 알 수 있다. 그 잉여가 바로 정보지대이다. 이렇게 볼 때 그가 유형 a로 행동하지 않도록 유도하기 위해서는 그가 유형 a로 행동할 때 얻는 편익에 해당하는 금액만큼 가격을 낮추어 주어야 한다. 식 (9)는 바로 이것을 말해 주고 있다.

(iii) 이어서 식 (1)과 식 (3)의 관계를 살펴보자. 먼저 식 (1)이 부등식으로 성립한다는 사실을 귀류법으로 증명하기로 하자. 이를 위해 식 (1)이 등식으로 성립한다고 가정하자. 그런 상태에서 식 (1)을 정리하면

$$r_a = \left(2q_a - \frac{1}{2}q_a^2\right) - \left(2q_b - \frac{1}{2}q_b^2\right) + r_b \qquad (1)'$$

가 된다. 식 (1)′에 앞서 얻은 식 (9)를 대입하면

$$\begin{aligned} r_a &= \left(2q_a - \frac{1}{2}q_a^2\right) - \left(2q_b - \frac{1}{2}q_b^2\right) + r_b \\ &= \left(2q_a - \frac{1}{2}q_a^2\right) - \left(2q_b - \frac{1}{2}q_b^2\right) + \left(3q_b - \frac{3}{8}q_b^2\right) - \left(3q_a - \frac{3}{8}q_a^2\right) + r_a \end{aligned}$$

이 된다. 이것을 정리하면

$$\left(3q_b - \frac{3}{8}q_b^2\right) - \left(3q_a - \frac{3}{8}q_a^2\right) = \left(2q_b - \frac{1}{2}q_b^2\right) - \left(2q_a - \frac{1}{2}q_a^2\right)$$

이 된다.

이때 $q_a > 0$, $q_b > 0$일 경우 $q_a = q_b$이다. 그런데 선별이 이루어지려면 수량이 달라야 하므로 이것은 선별에 모순이다. 따라서 식 (1)은 등식으로 성립할 수 없다. 즉, 식 (1)은 부등식으로 성립된다. 그러므로 성질 (나)에 의해 식 (3)은 등식으로 성립한다.

먼저 식 (3)이 등식으로 성립하므로, 즉

$$\left(2q_a - \frac{1}{2}q_a^2\right) - r_a = 0, \left(2q_a - \frac{1}{2}q_a^2\right) = r_a \qquad (10)$$

이므로 수요가 작은 유형 a는 잉여를 누리지 못한다. 수요가 작은 소비자에게는 그가 지불할 의향이 있는 최대 금액만큼을 가격으로 부과하게 된다는 것을 알 수

있다.

이제 유형 a가 유형 b로 가장할 유인이 있겠는가를 검토해 보자. 식 (1)의 좌변은 유형 a가 자신의 유형대로 행동할 때 얻는 잉여를 나타낸다. 그런데 식 (3)이 등식으로 성립하므로 그 값이 0이다. 한편 식 (1)의 우변은 유형 a가 유형 b로 가장할 때를 나타낸다. 이때 좌변이 0인데 식 (1)이 부등식으로 성립한다고 했으므로 우변의 값은 음이 된다. 다시 말하면 유형 a가 유형 b로 가장하여 행동할 경우 그 잉여가 (−)가 된다는 것이다. 그러므로 유형 a에게는 유형 b로 가장하여 행동할 유인이 없다.

e. 이제 목적함수의 r_a와 r_b에 각각 식 (9)와 식 (10)을 대입하자. 그러면

$$\underset{q_a,\,q_b}{Max}\ E(\pi)=\frac{1}{2}\left(2q_a-\frac{1}{2}q_a^2\right)+\frac{1}{2}\left[\left(3q_b-\frac{3}{8}q_b^2\right)-\left\{\left(3q_a-\frac{3}{8}q_a^2\right)-\left(2q_a-\frac{1}{2}q_a^2\right)\right\}\right] \quad (11)$$

이 된다. 이윤극대화의 일차필요조건은

$$\frac{\partial E(\pi)}{\partial q_a}=\frac{1}{2}(2-q_a)+\frac{1}{2}(-3+\frac{6}{8}q_a+2-q_a)=0, \quad (12)$$

$$\text{즉 } MR_a=MC \text{ (이때 } MC=0)$$

$$\frac{\partial E(\pi)}{\partial q_b}=\frac{1}{2}(3-\frac{6}{8}q_b)=0,\ \text{즉 } MR_b=MC \text{ (이때 } MC=0) \quad (13)$$

이다. 이로부터 $q_a=\frac{4}{5}$, $q_b=4$를 얻는다.

식 (12)는 $\frac{1}{2}(2-q_a)=\frac{1}{2}[(3-\frac{6}{8}q_a)-(2-q_a)]$로 정리되는데 좌변은 q_a의 증가로 인한 이윤(효율) 증가를 나타내며 우변은 q_a의 증가로 인한 정보지대 증가를 나타낸다. 이러한 상충관계가 고려되어 이윤이 극대화된다. 그 결과 q_a는 완전정보일 때보다 작아진다. 식 (13)은 q_b가 완전정보일 경우와 같아진다는 것을 보여준다.

이때 식 (9)와 식 (10)으로부터 $r_a=\frac{32}{25}$, $r_b=\frac{128}{25}$로 구해진다. 그러므로 독점자는 $(\frac{4}{5},\frac{32}{25})$, $(4,\frac{128}{25})$의 가격구조를 제시해야 한다. 즉, 최적유인가격 구조는 $\frac{4}{5}$단위를 구입하려는 사람에게는 $\frac{32}{25}$의 가격을 받고 4단위를 구입하려는 사람에게는 $\frac{128}{25}$의 가격을 받는 것이다. 이때 비용이 0이므로 기대이윤은 $\frac{1}{2}(r_a+r_b)=\frac{16}{5}$이 된다.

정보지대는 식 (9)의 우변의 대괄호로 묶은 항으로서 $(3q_a-\frac{3}{8}q_a^2)-r_a=\frac{22}{25}$가 된다. 목적함수에 나타나 있듯이 정보지대는 독점기업의 기대이윤을 감소시킨다.

f. (1) 자기선택과 관련하여 핵심적인 사항은 수요가 작은 사람을 겨냥한 수량을 더욱 적게 함으로써 수량의 차이를 확실히 크게 해 놓아야 한다는 것이다. (i) 수량 차이가

크게 나지 않을 경우, 소비자들이 독점기업의 의도와는 다르게 선택할 것이기 때문이다. 즉, 수량 차이가 별로 나지 않는다면 수요가 큰 사람마저 가격을 고려하여 약간 낮은 수량을 선택할 우려가 있다는 것이다. (ii) 수량의 차이를 크게 해 놓아야 하는 데에는 또 다른 이유가 있다. 그렇게 함으로써 이윤을 증가시킬 수 있기 때문이다. 수량의 차이가 클 경우 적은 수량은 수요가 큰 사람에게 더더욱 덜 매력적이 될 것이다. 따라서 수요가 큰 사람에게는 큰 수량을 구입하려는 유인이 더더욱 커진다. 그러므로 이 경우 독점기업은 큰 수량의 가격을 (수량의 차이를 작게 해 놓았을 경우에 책정할 수 있는 것보다) 더더욱 높게 책정함으로써 이윤을 증가시킬 수 있다. 즉, 수량의 차이를 크게 하고 큰 수량의 가격을 더더욱 높게 책정함으로써 수요가 큰 사람에게 보장하는 잉여(정보지대)를 줄여서 이윤을 증가시킬 수 있다. (iii) 이렇게 볼 때 수요가 큰 사람이 없다면 수요가 작은 사람을 겨냥한 수량이 그렇게 적어지지는 않을 것이다.

(2) 한편 균형이 존재한다면 자기선택제약으로 인해 분리균형이 된다.

(3) (i) 문제의 가정과는 달리 유형 a만 있을 경우를 가정해 보자. 이 경우 독점기업은 유형 a가 얻는 총편익에 해당하는 금액을 가격으로 부과하려고 할 것이다. 이 경우 물론 유형 a가 누리게 되는 잉여는 없다. 그러므로 그때의 수량은 유형 a가 얻는 총편익이 0이 되게 하는 값, 즉 $\left(2q_a - \frac{1}{2}q_a^2\right) = 0$을 만족시키는 값으로 정해진다. 즉, $q_a = 2$로 정해진다. 같은 방법으로 유형 b의 경우에는 그 수량이 유형 b가 얻는 총편익이 0이 되게 하는 값, 즉 $\left(3q_b - \frac{3}{8}q_b^2\right) = 0$을 만족시키는 값으로 정해진다. 즉, $q_b = 4$로 정해진다.

(ii) 문제의 결과를 이와 비교해 보자. 수요가 큰 사람은 자신만 있을 경우와 같은 수량을 구입한다. 반면에 수요가 작은 사람은 자신만 있을 경우에 비해 적은 수량을 구입한다. 유형 b에게는 유형 a처럼 행동하지 않도록 유도하기 위해 잉여가 보장되고 있다. 즉, 수요가 큰 개인은 이득을 취하기 위해 자신이 마치 수요가 작은 개인인 것처럼 가장하여 행동할 유인이 있는데, 이렇게 행동하지 않고 자신의 유형에 맞는 선택을 하도록, 즉 자기선택을 하도록 유도하기 위해 잉여(정보지대)를 보장하는 것이다. 이때 보장해 주어야 하는 잉여의 크기는 수요가 큰 개인이 수요가 작은 개인인 것처럼 가장하여 행동할 경우 얻는 이득의 크기와 같아진다. 유형 a가 없었다면 유형 b가 이러한 정보지대를 누리지 못했을 것이다. 유형 a에게는 한 단위도 구입하지 않는 것과 무차별하도록 가격을 부과하고 있다. 유형 a의 구입 수량이 줄어든 것은 비대칭정보에

따른 비효율이 존재한다는 것을 말한다.

목적함수인 식 (11)을 볼 때 q_a가 커지면(첫째 항, 즉 유형 a측에서의 이윤(효율)이 증가하지만) 둘째 항에서 자기선택 유도를 위해 유형 b에게 지불해 주어야 하는 정보지대(정보비용)가 커지게 되는 영향 때문에 q_a가 완전정보일 때보다 작아진 것이다. 이처럼 정보지대를 줄이려면 q_a를 줄여야 하는데 이 때문에 비효율이 발생하는 것이다. 즉, 정보지대 추출과 효율 사이에 상충관계가 존재한다. 유형 b는 완전정보일 경우와 같은 수량을 구입한다.

g. 목적함수를

$$E(\pi) = p_a(2q_a - \frac{1}{2}q_a^2) + p_b\left[(3q_b - \frac{3}{8}q_b^2) - \left\{(3q_a - \frac{3}{8}q_a^2) - (2q_a - \frac{1}{2}q_a^2)\right\}\right]$$

로 쓸 수 있다. 이로부터

$$\frac{\partial E(\pi)}{\partial q_a} = p_a(2 - q_a) - p_b[(3 - \frac{6}{8}q_a) - (2 - q_a)] = 0, \text{ 즉}$$

$$\frac{\partial E(\pi)}{\partial q_a} = p_a(2 - q_a) - (1 - p_a)[(3 - \frac{6}{8}q_a) - (2 - q_a)] = 0 \quad (14)$$

이다. 이로부터 $q_a = \frac{4(3p_a - 1)}{3p_a + 1}$ (15)이다. 수요량은 음이 될 수 없으므로 $q_a \geq 0$이다. 한편 $p_a \geq 0$이므로 분모는 항상 양이다. 그러므로 $q_a = \frac{4(3p_a - 1)}{3p_a + 1} \geq 0$일 조건은 $p_a \geq \frac{1}{3}$이다. 만일 $p_a < \frac{1}{3}$이면 식 (15)의 좌변은 비음수인데 우변은 음수이므로 $q_a > \frac{4(3p_a - 1)}{3p_a + 1}$이다. 이 경우 식 (14)는 $\frac{\partial E(\pi)}{\partial q_a} = p_a(2 - q_a) - (1 - p_a)[(3 - \frac{6}{8}q_a) - (2 - q_a)] < 0$이 된다. 이것은 기대이윤과 p_a가 서로 반대 방향으로 움직인다는 것을 의미한다. 그러므로 q_a를 줄일수록 기대이윤이 증가한다. 결국 기대이윤을 극대화시키려면 $q_a = 0$이 되어야 한다.

한편 $p_a < \frac{1}{3}$이면 $p_b > \frac{2}{3}$이다. 다시 말해서 $p_b > \frac{2}{3}$이면 수요가 작은 유형의 소비자에게는 판매하지 않고 수요가 큰 유형의 소비자에게만 판매한다.

h. 1급 가격차별의 경우 수량은 $p(= MB) = MC$에 의해 정해진다. 이때 MB곡선은 바로 문항 a.에서 구한 역수요곡선이다. $MB = MC$를 만족시켜야 하는데 $MC = 0$이므로 $MB = 0$이 성립해야 한다. 유형 a의 경우 문항 a.에서 $MB = 2 - q_a$를 얻었다. 그러므로 $MB = 2 - q_a = 0$으로부터 $q_a = 2$를 얻는다. 이때 독점기업은 $s_a(2) = 2$를 받는다. 이 경우 물론 유형 a가 누리는 잉여는 없다. 유형 b의 경우에는 $MB = 3 - \frac{6}{8}q_b = 0$으로부터 $q_b = 4$를 얻는다. 이때 독점기업은 $s_b(4) = 6$을 받는다. 이 경우에도 유형 b가 누리는 잉여는 없다. 독점기업의 기대이윤은 $\frac{1}{2}(2 + 6) = 4$로 증가하였다.

1급 가격차별일 경우 두 유형 모두에게서 $P = MC$가 성립하므로 정보가 비대칭일 경우와는 달리 효율이 달성된다.

과점

10장

10.1 과점의 여러 가지 모형

10.2 독점균형, 꾸르노균형, 경쟁균형

10.3 베이즈-내쉬균형

10.4 꾸르노균형과 경쟁균형의 관계

10.5 꾸르노균형과 기업의 진입

10.6 꾸르노균형과 베르뜨랑균형

10.7 베르뜨랑모형과 꾸르노모형 : 차별화된 상품의 경우

10.8 베르뜨랑균형 : 보완재의 경우

10.9 독점과 품질경쟁과점

10.10 스타켈버그균형

10.11 스타켈버그모형 : 변형된 경우

10.12 가격선도모형

10.13 카르텔과 그 붕괴 유인

10.14 꾸르노균형과 담합

10.1 과점의 여러 가지 모형

어떤 시장에 두 기업이 존재한다고 하자. 이 시장의 역수요곡선은 $p(Q) = a - bQ$이며, 각 기업의 고정비용은 없고 한계비용은 0으로 일정하다고 한다.

a. 스타켈버그모형을 가정하고 추종자의 이윤극대화 문제를 세운 후, 추종자의 반응함수를 구하시오.

b. 스타켈버그모형을 가정하고 선도자의 이윤극대화 문제를 세운 후, 선도자의 산출량을 구하시오.

c. 추종자의 반응함수로부터 산출량을 구한 후, 그것을 선도자의 것과 비교하시오.

d. 꾸르노균형에서 각 기업의 산출량을 구하시오. 이것을 앞에서 구한 선도자의 산출량 및 추종자의 산출량과 비교하시오.

e. 스타켈버그균형의 시장가격과 꾸르노균형의 시장가격 중 어느 것이 더 낮겠는가? 비효율의 크기는 어떠한가?

f. 카르텔의 산출량과 가격을 구하시오.

g. 베르뜨랑모형을 가정하고 균형산출량과 가격을 구하시오.

KEY ▶ 각 과점 모형 이면의 가정을 명확하게 파악하고 있어야 한다.

풀이

시장의 역수요곡선은 $p(Q) = a - bQ$, $MC = 0$으로 주어져 있다.

a. 추종자는 선도자의 산출량을 주어진 것으로 받아들이고 자신의 산출량을 결정함으로써 이윤을 극대화한다. 즉,

$$\text{‘}\underset{q_2}{Max}\ \pi_2 = (a - b(q_1 + q_2))q_2 - \text{비용’}$$

에서 q_1을 주어진 것으로 보고 q_2를 선택한다. 이때 이윤을 극대화한다는 것은 수학적으로 볼 때 위 식을 q_2로 편미분하여 그 결과를 0으로 놓는 것이다. 한편 q_2로 편미분한다는 것은 위 식에서 q_1을 상수로 취급하고 위 식을 q_2에 대해 미분한다는 것이다. 그리하여 이윤극대화 조건은 $MR_2 = MC_2$가 된다. 여기서 하첨자는 q_2로 편미분한 것을 나타낸다.

구체적으로 구해 보자. 문제에서 한계비용은 0으로 주어졌다. 그러므로 이윤극대화 조건은

$$\frac{\partial \pi_2}{\partial q_2} = a - bq_1 - 2bq_2 = 0$$

이 된다. 이로부터 $MR_2 = MC_2$를 얻는다. 이때 $MR_2 = a - bq_1 - 2bq_2$이고 $MC_2 = 0$이다. 이것을 q_2에 대해 정리하면

$$q_2 = \frac{a - bq_1}{2b}$$

과 같은 반응함수를 얻는다.

b. 선도자의 이윤극대화 문제는

$$\text{'}\underset{q_1}{Max}\ \pi_1 = (a - b(q_1 + q_2))q_1 - \text{비용'}$$
$$s.t.\quad q_2 = \frac{a - bq_1}{2b}$$

이다. 선도자의 산출량을 구하기 위해 반응함수인 제약조건을 목적함수에 대입하면

$$\text{'}\underset{q_1}{Max}\ \pi_1 = \left(a - b\left(q_1 + \frac{a - bq_1}{2b}\right)\right)q_1 - \text{비용'}$$

이 된다. 목적함수를 q_1으로 미분하면 이윤극대화의 일차필요조건은

$$\frac{d\pi_1}{dq_1} = a - 2bq_1 - \frac{a}{2} + bq_1 = 0$$

이 된다. 이로부터 $MR_1 = MC_1$을 얻는다. 이때 $MR_1 = a - 2bq_1 - \frac{a}{2} + bq_1$이고 $MC_1 = 0$이다. 이로부터 $q_1^* = \frac{a}{2b}$를 얻는다.

c. $q_1^* = \frac{a}{2b}$를 추종자의 반응함수에 대입하자. 그러면

$$q_2^* = \frac{a - bq_1^*}{2b} = \frac{a - b\left(\frac{a}{2b}\right)}{2b} = \frac{a}{4b}$$

를 얻는다. 이로부터 $q_1^* > q_2^*$임을 알 수 있다.

d. 두 기업에게 시장수요곡선은 공동으로 적용된다. 그리고 비용은 0으로서 동일하다. 그러므로 따로 계산을 하지 않더라도 각 기업의 반응함수는 서로 대칭적일 것임을 알 수 있다. 그러므로 앞에서 구한 반응함수를 이용하면 각 기업의 반응함수는

$$q_2 = \frac{a - bq_1^e}{2b} \qquad (1)$$

$$q_1 = \frac{a - bq_2^e}{2b} \qquad (2)$$

가 된다는 것을 알 수 있다. 여기서 q_1^e는 기업 1의 산출량에 대한 기업 2의 예상을 나타낸다. 또한 q_2^e는 기업 2의 산출량에 대한 기업 1의 예상을 나타낸다.

이때 변수는 4개이고 식은 2개이다. 그러므로 이 식이 풀리려면 두 개의 식이 더 필요하다. 그 두 개의 식을 얻기 위해 균형조건을 생각해 보자. 먼저 각 기업은 상대방의 산출량을 예상해 보고 거기에 반응하여 자신의 산출량을 조정한다. 그런데 균형에서

는 자신의 예상이 실제로 실현된다. 그런데 자신은 이미 그 예상치에 근거하여 자신의 산출량을 정하였다. 그러므로 자신의 예상이 실제로 맞으면 자신은 산출량을 변화시킬 이유가 없다. 그러므로 균형에서는

$$q_1 = q_1^e \tag{3}$$

$$q_2 = q_2^e \tag{4}$$

가 성립한다. 4개의 식 (1) ~ (4)를 연립으로 풀면 $q_1^* = q_2^* = \frac{a}{3b}$를 얻는다. 한편 이러한 과정은 두 반응곡선의 교점을 구하는 것과 같으며 이때 구한 산출량은 사실상 두 반응곡선의 교점에 대응된다. 이상의 결과들로부터

선도자의 산출량 > 꾸르노 산출량 > 추종자의 산출량

임을 알 수 있다.

e. '스타켈버그균형의 시장공급량 $= \frac{a}{2b} + \frac{a}{4b} = \frac{3a}{4b} >$ 꾸르노균형 하의 시장공급량 $= 2\left(\frac{a}{3b}\right)$' 의 관계가 성립한다. 스타켈버그균형에서의 공급량이 더 많으므로 그때의 시장가격이 더 낮다. 산출량이 적을수록 비효율은 더 크므로, 꾸르노균형에서 비효율이 더 크다.

f. 카르텔의 이윤극대화 문제는

$$\underset{Q}{Max}\ \pi = (a - bQ)Q - \text{비용}$$

이다. 그런데 여기서 $Q = q_1 + q_2$이다. 두 기업의 한계비용이 모두 0이므로 두 기업의 산출량을 합한 것을 하나의 변수로 취급하여 문제를 풀 수 있다. 그러므로 $MR = MC$ $(MC = 0)$로부터 $a - 2bQ = 0$을 얻는다. 이로부터 $Q^* = \frac{a}{2b}$를 얻는다. 이 값을 문제에서 주어진 시장수요곡선에 대입하면 $p^* = p(Q^*) = \frac{a}{2}$를 얻는다.

g. 베르뜨랑모형의 균형에서는 $p = MC$가 성립한다. 그런데

$$p = a - bQ$$

$$MC = 0$$

이므로 $p^* = 0,\ Q^* = \frac{a}{b}$가 된다.

10.2 독점균형, 꾸르노균형, 경쟁균형

어떤 독점기업이 직면하고 있는 시장수요곡선은 $Q = 58 - p$이다. 이 독점기업이 상품을 생산하는 데 드는 평균비용과 한계비용은 10으로서 일정하다.

a. 이 독점기업이 이윤을 극대화한다고 하자. 이때 산출량, 가격, 그리고 그때의 이윤을 구하시오.

b. 이 시장에 제2의 기업이 진입하였다고 하자. 그런데 이 기업의 비용함수는 원래의 독점기업의 비용함수와 같다고 한다. 이제 두 기업이 서로 상대방의 산출량이 주어졌다고 보고 자신의 산출량을 정한다고 하자. 이러한 가정 아래 각 기업이 모두 만족할 수 있는 각자의 산출량을 구하시오. 이때 시장가격과 각 기업의 이윤은 얼마인가?

c. 이제 이 시장에 여러 기업들이 진입하여 모두 n개의 기업이 존재한다고 하자. 이때에도 각 기업은 다른 기업들의 산출량이 주어졌다고 보고 자신의 산출량을 정한다고 한다. 이러한 가정 아래 각 기업이 모두 만족할 수 있는 각자의 산출량을 구하시오. 이때 시장가격과 각 기업의 이윤은 얼마인가?

d. 이제 n이 무한히 커진다고 하자. 이 경우 시장 전체의 산출량, 시장가격, 그리고 각 기업의 이윤은 이 시장이 경쟁일 경우와 같아진다는 것을 보이시오.

e. 위 문항 a., b., d.의 결과들을 같은 그림에 그리고 비교하시오.

KEY ▶ 시장에 무수한 기업들이 있는데 이들이 모두 꾸르노모형의 가정에 따라 행동할 경우 그 결과는 경쟁시장의 경우와 같아진다.

풀이

a. 독점기업의 이윤극대화 문제는

$$\underset{Q}{Max}\ \pi = pQ - c(Q) = (58 - Q)Q - 10Q \qquad (1)$$

이다. 이윤극대화의 일차필요조건은

$$\frac{d\pi}{dQ} = 58 - 2Q - 10 = 0,\ \text{즉}\ 58 - 2Q = 10,\ \text{즉}\ MR = MC \qquad (2)$$

이다. 이로부터 $Q^* = 24$가 된다. 이 값을 수요곡선에 대입하면 $p^* = 34$를 얻는다. 한편 산출량을 목적함수에 대입하면 $\pi(Q^*) = 576$을 얻는다.

b. 꾸르노균형을 구하라는 것이다. 이제 수요곡선은 $q_1 + q_2 = 58 - p$로 쓸 수 있다. 이때 다른 기업의 산출량을 고정된 것으로 간주하고 자신의 산출량을 정한다고 하였으므로 기업 1의 이윤극대화 문제는

$$\underset{q_1}{Max}\ \pi_1 = pq_1 - 10q_1 = (58 - q_1 - \bar{q}_2)q_1 - 10q_1 \tag{3}$$

으로 쓸 수 있다.

한편 다른 기업의 산출량을 고정된 것으로 간주하고 자신의 산출량을 정한다는 것은 수학적으로는 식 (3)을 자신의 산출량에 대해 편미분하라는 것과 같다. 그러므로 이윤극대화의 일차필요조건은

$$\frac{\partial \pi_1}{\partial q_1} = 58 - 2q_1 - \bar{q}_2 - 10 = 0 \tag{4}$$

이다. 이로부터 $58 - 2q_1 - \bar{q}_2 = 10$을 얻는다. 이것이 바로 $MR_1 = MC_1$이다. 이로부터

$$q_1 = 24 - \frac{1}{2}\bar{q}_2 \tag{5}$$

가 된다. 이것이 기업 1의 반응곡선이다. 한편 기업 1과 기업 2의 비용함수가 같으므로 반응곡선도 대칭적이 된다. 따라서

$$q_2 = 24 - \frac{1}{2}\bar{q}_1 \tag{6}$$

가 된다.

균형에서는

$$\bar{q}_1 = q_1 \tag{7}$$

$$\bar{q}_2 = q_2 \tag{8}$$

가 된다. 식 (5) ~ (8)을 연립으로 풀면 $q_1^* = q_1^* = 16$으로 구해진다. 이때 가격은 $(q_1^* + q_2^*)$를 수요곡선에 대입함으로써 $p^* = 26$으로 구해진다. 이때 기업 1의 이윤은 이 값들을 식 (3)에 대입함으로써 $\pi_1(q_1^*, q_2^*) = 256$으로 구해진다.

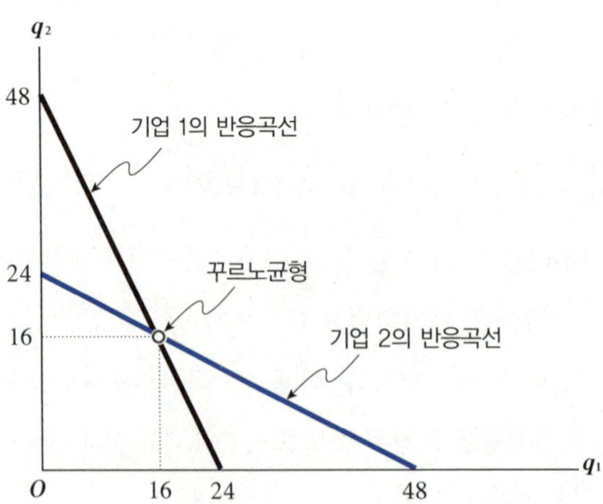

c. n개의 기업이 있을 경우 꾸르노균형을 구하라는 것이다. 이제 수요곡선은

$$p = 58 - q_1 - q_2 - \cdots - q_n \tag{9}$$

으로 쓸 수 있다. 그러므로 임의의 기업 i의 이윤극대화 문제는

$$\underset{q_i}{Max}\ \pi_i = pq_i - 10q_i = (58 - \bar{q}_1 - \cdots - q_i - \cdots - \bar{q}_n)\, q_i - 10q_i \tag{10}$$

가 된다. 이윤극대화의 일차필요조건은

$$\frac{\partial \pi}{\partial q_i} = 58 - \bar{q}_1 - \cdots - 2q_i - \cdots - \bar{q}_n - 10 = 0,\ \text{즉}$$
$$58 - \bar{q}_1 - \cdots - 2q_i - \cdots - \bar{q}_n = 10,\ \text{즉}\ MR_i = MC_i \tag{11}$$

가 된다. 그런데 비용함수가 같으므로 균형에서는 각 기업의 판매 수량이 같아진다. 즉

$$\bar{q}_1 = \cdots = -q_i = \cdots = \bar{q}_n \tag{12}$$

가 된다.

식 (12)를 식 (11)에 적용하면

$$58 - (n+1)\, q_i = 10 \tag{13}$$

이 된다. 이때 주의할 것은 식 (12)를 식 (10)의 단계에서 적용하면 안 된다는 것이다. 식 (12)는 균형에서 비로소 성립하는 조건이기 때문이다. 식 (13)으로부터

$$q_i^* = \frac{48}{(n+1)} \tag{14}$$

을 얻는다. 식 (9)에 식 (12)를 적용한 다음 식 (14)를 대입하면 가격은

$$p^* = 58 - n\left(\frac{48}{n+1}\right) = \frac{10n + 58}{n+1} \tag{15}$$

이 된다. 한편 이윤은

$$\pi^*(q_i^*(= q_j^*)) = \left(\frac{48}{n+1}\right)^2 \tag{16}$$

으로 구해진다.

d. 이 시장이 경쟁일 경우 개별기업의 이윤극대화 문제는

$$\underset{q}{Max}\ \pi = pq - c(q) = pq - 10q$$

이다. 이윤극대화의 일차필요조건은

$$\frac{d\pi}{dq} = p - 10 = 0,\ \text{즉}\ p = 10$$

이다. 이것은 바로 $p = MC$ 조건이다. 이때 시장산출량은

$$Q = 58 - p = 58 - 10 = 48$$

이 된다. 그리고 이윤은 0이 된다. 한계비용이 일정하다는 점에 주목하면 이윤이 0이 되는 것은 당연하다. 한편 이처럼 한계비용이 일정할 경우 가격은 오로지 기술(비용)에 의해 정해지고 선호를 반영하는 수요곡선과는 무관하게 정해진다.

이제 n이 무한히 커질 경우(문항 c.)에서 얻은 결과가 어떻게 되는가를 살펴보자. 총산출량을 Q^*라고 하면 $Q^* = nq_i^* = \dfrac{48n}{(n+1)}$이 된다. 이때

$$\lim_{n\to\infty} Q^* = \lim_{n\to\infty}\frac{48n}{(n+1)} = \lim_{n\to\infty}\left(\frac{48}{1+\frac{1}{n}}\right) = 48,$$

$$\lim_{n\to\infty} p^* = \lim_{n\to\infty}\left(\frac{10n+58}{n+1}\right) = \lim_{n\to\infty}\left(\frac{10+\frac{58}{n}}{1+\frac{1}{n}}\right) = 10$$

이고 $\lim_{n\to\infty}\pi^* = \lim_{n\to\infty}\left(\dfrac{48}{n+1}\right)^2 = 0$이다. 그런데 이 결과들은 이 시장이 경쟁일 경우에 얻는 결과들과 같다.

e. 산출량은 경쟁균형에서 가장 많고 그 다음 꾸르노균형에서 많으며 독점균형에서 가장 적다. 이에 따라 하버거의 삼각형은 독점균형, 꾸르노균형의 순으로 크다. 이로부터 '독점균형의 비효율 > 꾸르노균형의 비효율' 이다. 경쟁균형은 효율적이다. 가격은 당연히 산출량의 크기와 반대의 순서로 높아진다. 특히 한계비용이 일정하기 때문에 경쟁균형에서는 이윤이 0이 된다는 점에 주목하자.

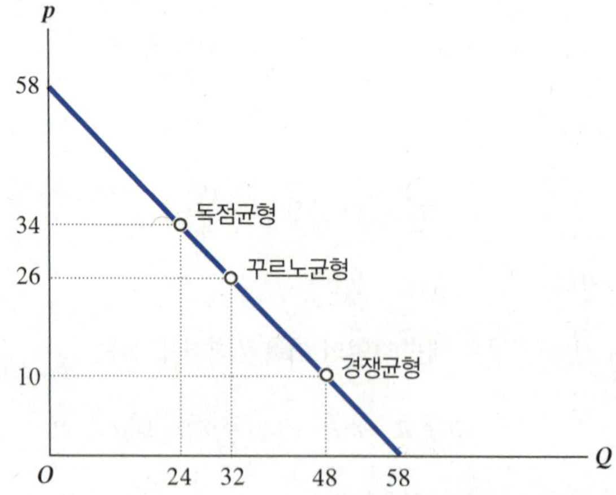

10.3 베이즈-내쉬균형

시장에 두 기업 1과 2가 있다. 역시장수요곡선은 $p = 400 - Q$라고 한다. 기업 1의 한계비용은 20이다. 한편 기업 1은 기업 2가 높은 한계비용을 가지고 있을 경우에는 30이고, 낮은 한계비용을 가지고 있을 경우에는 10이라고 알고 있다. 그런데 기업 2의 비용이 이 중에서 어느 것인지는 모른다. 그리하여 각각의 경우에 50%씩의 확률을 부여하고 있다고 하자.

a. 기업 2의 반응함수를 구하시오.

b. 기업 1의 극대화 문제를 세우시오.

c. 내쉬균형을 구하시오.

KEY ▶ 기업 1은 기업 2의 비용이 높은지 낮은지를 모른다. 그러므로 불완비정보게임(game of incomplete information)이다. 이 경우 내쉬균형을 베이즈-내쉬균형(Bayesian-Nash equilibrium)이라고 한다. 이 경우 균형을 구할 때 기대효용 또는 기대이윤의 개념을 적용한다.

풀이

a. 기업 2는 모든 정보를 알고 있다. 다만 기업 1이 얼마나 생산하는지를 모를 뿐이다. 기업 2가 예상하는 기업 1의 산출량을 q_1^e라고 하자. 그러면 기업 2의 이윤극대화 문제는

$$\underset{q_2}{Max}\ \pi_2 = pq_2 - MC_2 q_2 - (400 - q_1^e - q_2) q_2 - MC_2 q_2$$

이다. 이윤극대화의 일차필요조건은

$$\frac{\partial \pi_2}{\partial q_2} = 400 - q_1^e - 2q_2 - MC_2 = 0,\ 즉\ 400 - q_1^e - 2q_2 = MC_2,\ 즉\ MR_2 = MC_2$$

이다. 이로부터 반응곡선은

$$q_2 = \frac{400 - q_1^e - MC_2}{2} \tag{1}$$

로 구해진다.

b. 기업 1은 기업 2의 산출량을 예상하여 이것을 고려하여 자신의 기대이윤을 극대화하게 된다. 이때 기업 1은 기업 2의 산출량이 한계비용에 따라 달라질 것으로 예상한다. 그런데 기업 1은 기업 2의 비용이 높은지 낮은지를 모른다. 그러므로 이것은 불완비정보게임에 해당한다.

먼저 기업 1이 기업 2의 한계비용이 $MC_2 = 30$일 것으로 예상할 경우를 생각해 보자. 이 경우 기업 1은 기업 2가

$$q_{2H}^e = \frac{400 - q_1^e - MC_2}{2} = \frac{400 - q_1^e - 30}{2} \tag{2}$$

을 생산할 것으로 예상한다. 한편 기업 1이 기업 2의 한계비용이 $MC_2 = 10$일 것으로 예상할 경우에는 기업 1은 기업 2가

$$q_{2L}^e = \frac{400 - q_1^e - MC_2}{2} = \frac{400 - q_1^e - 10}{2} \tag{3}$$

을 생산할 것으로 예상한다.

기업 1은 이러한 산출량들을 고려하여 자신의 기대이윤을 극대화한다. 그런데 기업 1은 기업 2의 비용이 높을 경우와 낮을 경우에 대해 각각 50%의 확률을 부여하고 있다고 하였다. 그러므로 기업 1의 기대이윤극대화 문제는

$$\begin{aligned}\underset{q_1}{Max}\ E(\pi_1) &= \frac{1}{2}\Big[\big(400 - q_1 - q_{2H}^e\big)q_1 - MC_1 q_1\Big] + \frac{1}{2}\Big[\big(400 - q_1 - q_{2L}^e\big)q_1 - MC_1 q_1\Big] \\ &= \frac{1}{2}\Big[\big(400 - q_1 - q_{2H}^e\big)q_1 - 20q_1\Big] + \frac{1}{2}\Big[\big(400 - q_1 - q_{2L}^e\big)q_1 - 20q_1\Big]\end{aligned}$$

이 된다.

c. 기대이윤극대화의 일차필요조건은

$$\frac{\partial E(\pi_1)}{\partial q_1} = 400 - 2q_1 - \frac{1}{2}q_{2H}^e - \frac{1}{2}q_{2L}^e - 20 = 0,\ \text{즉}$$

$$400 - 2q_1 - \frac{1}{2}q_{2H}^e - \frac{1}{2}q_{2L}^e = 20,\ \text{즉 } MR_1 = MC_1 \tag{4}$$

이다. 이 식을 q_1에 대해서 정리하면 기업 1의 반응곡선을 얻을 수 있다.

한편 이때 각 기업들의 예상이 실현되는 상태가 내쉬균형이다. 그러므로 내쉬균형에서는

$$q_1^e = q_1 \tag{5}$$

$$q_{2H}^e = q_{2H} \tag{6}$$

$$q_{2L}^e = q_{2L} \tag{7}$$

이 성립한다.

이제 식 (2) ~ (7)의 연립방정식 체계에서 볼 때 변수가 6개이고 식이 6개이므로 해가 유일하게 존재한다. 연립방정식을 풀어서 해를 구하면

$$q_1^* = \frac{380}{3},\ q_{2H}^* = \frac{365}{3},\ q_{2L}^* = \frac{395}{3}$$

로 구해진다. 이처럼 정보가 불충분할 경우의 내쉬균형을 베이즈-내쉬균형이라고 한다. 여기서 주목할 것이 있다. 이 균형은 기업 1이 기업 2의 비용함수를 모르기 때문에 이루어지는 사전적인 균형이라는 것이다. 실제 게임이 진행되면 기업 2의 실제 비용

에 따라 이 중에서 하나만 균형으로 실현된다.

10.4 꾸르노균형과 경쟁균형의 관계

시장에서 n개의 기업들이 산출량을 통해 경쟁하고 있다. 각 기업은 상품을 일정한 한계비용 c로 생산하고 있다고 하자. 사람들은 이 상품의 가격과 관계없이 항상 일정한 금액만을 이 상품소비에 지출한다고 한다. 이때 각 기업들이 동일한 산출량을 생산하고 있는 꾸르노 균형에서 성립된 가격을 p_N이라고 하자. 기업의 수가 한없이 늘어나면 이 가격은 경쟁균형 가격에 수렴한다는 것을 보이시오.

KEY ▶ 각 기업의 비용함수가 동일하므로 일차필요조건들은 서로 같아진다.

풀이

총산출량을 Q라고 하고 이 상품의 가격을 p라고 하자. 사람들은 가격에 관계없이 일정한 금액을 지출하므로

$$pQ = k\ (k\text{는 일정})$$

의 관계가 성립한다. 그러므로 역수요곡선은

$$p(Q) = \frac{k}{Q} \tag{1}$$

가 성립한다. 이제 기업 i의 산출량을 $q_i, i = 1, \cdots, n$이라고 하자. 그러면 $\sum_{i=1}^{n} q_i = Q$이다. 이 경우 기업 i의 이윤극대화 문제는

$$\underset{q_i}{Max}\ \pi_i = p(Q)q_i - cq_i$$

로 쓸 수 있다.

한편 $i \neq j$일 경우 $\frac{\partial q_j}{\partial q_i} = 0$이므로,

$$\frac{\partial Q}{\partial q_i} = \frac{\partial q_1}{\partial q_i} + \frac{\partial q_2}{\partial q_i} + \cdots + \frac{\partial q_i}{\partial q_i} + \cdots + \frac{\partial q_n}{\partial q_i} = 1$$

이다. 그러므로

$$\frac{\partial p(Q)}{\partial q_i} = \frac{dp(Q)}{dQ}\frac{\partial Q}{\partial q_i} = \frac{dp(Q)}{dQ} = p'(Q)$$

가 된다. 이러한 수학적 결과를 이용하면 이윤극대화의 일차필요조건은

$$\frac{\partial \pi_i}{\partial q_i} = p'(Q)q_i + p(Q) - c = 0,\ \text{즉}\ p'(Q)q_i + p(Q) = c \tag{2}$$

이다. 이것이 바로 $MR_i = MC_i$이다. 그런데 $p'(Q) = -\frac{k}{Q^2}$이다. 그러므로

$$-\frac{k}{Q^2} q_i + \frac{k}{Q} = c \tag{3}$$

가 된다.

그런데 일차필요조건 식 (2)는 모든 기업들에게 같다. 그러므로 균형에서는 각 기업들의 산출량이 같다. 이러한 사실을 식 (3)에 적용하자. 그러면 식 (3)은

$$-\frac{kq_i}{(nq_i)^2} + \frac{k}{nq_i} = c$$

가 된다. 이로부터

$$q_i = \frac{k(n-1)}{cn^2}$$

로 구해진다. 그러므로

$$Q = nq_i = \frac{k(n-1)}{cn}$$

이 된다. 이것을 식 (1)에 적용하면

$$p_N = \frac{k}{Q} = \frac{cn}{n-1}$$

이 된다. 이제

$$\lim_{n \to \infty} p_N = \lim_{n \to \infty} \frac{cn}{n-1} = \lim_{n \to \infty} \frac{c}{1 - \frac{1}{n}} = c = MC$$

이다. 그러므로 n이 무한히 커질 때 p_N은 경쟁가격에 수렴한다.

10.5 꾸르노균형과 기업의 진입

산업 내에 있는 각 기업의 비용함수는 $c(q) = q + \frac{q^2}{2}$이라고 한다. 이 산업이 직면하고 있는 역수요곡선은 $p(Q) = 2 - 2Q$이다.

a. n개의 기업들이 산출량을 설정하는 비협조적 게임을 한다고 하자. 이 경우 산출량이 내쉬균형으로 정해진다면 그때 산출량과 가격은 얼마인가?

b. 이때 개별기업의 이윤은 얼마인가? 이 산업에서 위 문항과 같이 n개의 기업들이 산출량을 설정하는 게임을 한다고 하자. 이 경우 산업 외부에 있는 다른 기업이 이 산업에 진입할 유인이 있는가의 여부를 보이시오.

KEY ▶ 개별기업들이 양의 이윤을 얻을 경우 외부에 있는 다른 기업이 이 산업에 진입할 유인이 있다.

풀이

a. 꾸르노균형을 구하는 문제이다. 임의의 기업 i의 이윤극대화 문제는

$$\underset{q_i}{Max}\ \pi_i = p(Q)q_i - c(q_i) = (2-2Q)q_i - \left(q_i + \frac{q_i^2}{2}\right)$$

이다. 한편 $i \neq j$일 경우 $\frac{\partial q_j}{\partial q_i} = 0$이므로,

$$\frac{\partial Q}{\partial q_i} = \frac{\partial q_1}{\partial q_i} + \frac{\partial q_2}{\partial q_i} + \cdots + \frac{\partial q_i}{\partial q_i} + \cdots + \frac{\partial q_n}{\partial q_i} = 1$$

이다. 그러므로 이윤극대화의 일차필요조건은

$$\frac{\partial \pi_i}{\partial q_i} = -2q_i + (2-2Q) - (1+q_i) = 0,\ \text{즉} -2q_i + (2-2Q) = 1 + q_i$$

이다. 이것이 바로 $MR_i = MC_i$이다.

그런데 이러한 일차필요조건은 모든 기업들에게 대칭적이다. 그러므로 균형에서는 $q_i = q_j, \forall_{i,j}$이다. 그러므로 균형에서 위 식은

$$-2q_i + (2 - 2nq_i) = (1 + q_i)$$

가 된다. 이로부터 $q_i^* = \frac{1}{2n+3}$이다. 그러므로 꾸르노균형의 총산출량은

$$Q^* = nq_i^* = \frac{n}{2n+3}$$

이다. 꾸르노균형의 시장가격은 역수요곡선에 산출량을 대입하여

$$p(Q^*) = 2 - 2Q^* = 2 - \frac{2n}{2n+3} = \frac{2n+6}{2n+3}$$

으로 구해진다.

b. 개별기업의 이윤을 구해 보자. 개별기업의 이윤은

$$\pi_i = p(Q^*)q_i^* - c(q_i^*) = [p(Q^*) - AC(q_i^*)]q_i^*$$

로 쓸 수 있다. 그런데

$$AC(q_i^*) = \frac{c(q_i^*)}{q_i^*} = \frac{\left(q_i^* + \frac{q_i^{*2}}{2}\right)}{q_i^*} = 1 + \frac{q_i^*}{2} = 1 + \frac{1}{2}\left(\frac{1}{2n+3}\right) = \frac{4n+7}{4n+6}$$

이다. 그러므로

$$\pi_i = [p(Q^*) - AC(q_i^*)]q_i^* = \left(\frac{2n+6}{2n+3} - \frac{4n+7}{4n+6}\right)q_i^*$$
$$= \frac{10n+15}{(2n+3)(4n+6)}q_i^* > 0$$

이다. 다시 말하면 시장에 아무리 많은 기업이 존재하더라도 각 기업은 항상 양의 이윤을 얻는다. 그러므로 진입이 자유로울 경우에는 항상 새로운 기업이 진입할 유인이 있다.

10.6 꾸르노균형과 베르뜨랑균형

모두 N개의 기업이 있다고 하자. 각 기업의 비용함수는 $c_i(q_i) = 0,\ i = 1,\ \cdots,\ N$이다. 그리고 시장의 역수요함수는 $p = a - b\sum_{i=1}^{N} q_i$이다. 이때 $a > 0,\ b > 0$이라고 하자. 여기서 역수요함수라고 한 것은 수요함수와는 달리 가격을 수량의 함수로 표현하고 있기 때문이다.

a. 꾸르노균형에서 가격을 구하시오.

b. 각 기업의 산출량이 모두 다를 경우 꾸르노균형이 존재하는가를 보이시오. 즉, $q_i \neq q_j$일 경우 꾸르노균형이 존재하는가를 보이시오.

c. 각 기업은 산출량에 관계없이 일정한 고정비용만 든다고 한다. 이 경우 어떠한 결과가 예상되는가?

d. 비용함수가 $c_i(q_i) = 0,\ i = 1,\ \cdots,\ N$이라고 하자. 그러나 기업들이 산출량 설정을 통해 경쟁하는 대신 가격 설정을 통해 경쟁한다고 하자. 이 경우 균형가격을 구하시오.

KEY ▶ 꾸르노균형의 의미를 명확하게 파악하고 있어야 한다. 특히 각 상황에서 일차필요조건이 어떻게 변화하는가를 파악해야 한다.

풀이

a. 여러 시장 전체의 총산출량을 Q라고 하자. 즉, $Q = \sum_{i=1}^{N} q_i$라고 하자. 그러면 역수요함수는

$$p(Q) = a - bQ \tag{1}$$

라고 쓸 수 있다. 이 표현을 사용하면 기업 i의 이윤극대화 문제는

$$\underset{q_i}{Max}\ \pi_i = p(Q)q_i - c_i(q_i)$$

로 나타낼 수 있다. 이때 시장가격은 자신의 산출량을 포함한 시장 전체의 산출량에 따라 정해진다는 점에 주목하자. 기업 i의 수입은 이러한 가격에 자신이 판매한 수량을 곱한 값이다.

한편 $i \neq j$일 경우 $\frac{\partial q_j}{\partial q_i} = 0$이므로, $\frac{\partial Q}{\partial q_i} = \frac{\partial q_1}{\partial q_i} + \frac{\partial q_2}{\partial q_i} + \cdots + \frac{\partial q_i}{\partial q_i} + \cdots + \frac{\partial q_N}{\partial q_i} = 1$이다. 그러므로

$$\frac{\partial p(Q)}{\partial q_i} = \frac{dp(Q)}{dQ}\frac{\partial Q}{\partial q_i} = \frac{dp(Q)}{dQ}$$

가 된다. 이러한 수학적 결과를 이용하면 ($c_i(q_i) = 0$이라고 하였으므로) 이윤극대화의 일차필요조건은

$$\frac{\partial \pi_i}{\partial q_i} = \frac{dp(Q)}{dQ}q_i + p(Q) = 0,\ i = 1, \cdots, N \tag{2}$$

이 된다. 식 (2)에 식 (1)을 대입하면

$$\frac{\partial \pi_i}{\partial q_i} = \frac{d}{dQ}(a - bQ) \cdot q_i + (a - bQ) = 0,\ i = 1, \cdots, N$$

이 된다. 이로부터

$$\frac{\partial \pi_i}{\partial q_i} = -bq_i + (a - bQ) = 0 \tag{3}$$

을 얻는다.

그런데 이 경우 이것을 간단한 방법을 사용하여 풀 수 있다. 즉, 각 기업의 비용함수가 같기 때문에 각 기업은 서로 대칭적이다. 그 결과 산출량도 같아진다. 이러한 사실을 이용하면 식 (3)은

$$\frac{\partial \pi_i}{\partial q_i} = -bq_i + (a - bNq_i) = 0 \tag{4}$$

으로 쓸 수 있다. 이로부터

$$q_i = \frac{a}{b(1+N)},\ i = 1, \cdots, N \tag{5}$$

이 된다. 그러므로

$$Q = Nq_i = \frac{aN}{b(1+N)} \tag{6}$$

이 된다. 식 (6)을 식 (1)에 대입하면

$$p(Q) = a - bQ = a - b\frac{aN}{b(1+N)} = \frac{a}{1+N}$$

가 된다.

b. 기업 i의 이윤극대화 일차필요조건은

$$\frac{\partial \pi_i}{\partial q_i} = -bq_i + (a - bQ) = 0 \tag{3}$$

이었다. 그런데 비용함수가 같기 때문에 기업 j의 이윤극대화 일차필요조건도 식 (3)과 대칭적이 된다. 즉

$$\frac{\partial \pi_j}{\partial q_j} = -bq_j + (a - bQ) = 0$$

이 된다. 그러므로 산출량이 같아질 수밖에 없다. 바꾸어 말하면 각 기업의 산출량이 다를 경우 그것은 꾸르노균형이 아니다.

c. 고정비용을 F라고 하자. 고정비용은 이윤극대화의 일차필요조건을 변화시키지는 않는다. 다만 이윤의 크기를 좌우할 뿐이다. 그러므로 각 기업의 수입이 고정비용보다 커서 이윤이 양이 된다면 그 결과는 문항 b.의 결과와 같다. 그러나 각 기업의 수입이 고정비용보다 작다면 기업들이 손실을 입으므로 일부 기업은 시장을 이탈할 것이다. 이러한 이탈은 남은 기업들이 적어도 0의 이윤을 얻을 때까지 계속된다. 그리고 남은 기업들이 서로 경쟁할 경우 다시 위 문항 a.와 같은 결과가 예상된다. 다만 이윤이 증가하고 그 대신 기업들의 수는 줄어든 상태이다.

d. 세 가지 경우로 나누어 생각해 보자. (i) 기업 i가 다른 모든 기업들보다 낮은 가격을 설정하는 경우를 생각해 보자. 이 경우 이 기업은 그 가격에 해당하는 시장 수요량을 독차지하게 된다. (ii) 그 다음 이 기업이 다른 기업들보다는 낮지만 일부 기업들과 같은 가격을 설정할 경우에는 같은 가격을 설정한 기업들과 시장 수요량을 나누어 가질 것으로 예상된다. (iii) 끝으로 이 기업보다 낮은 가격을 설정한 기업이 하나라도 있으면 자신이 차지하는 수요량은 0이 된다.

이러한 상황에서 처음에는 모든 기업들이 동일한 가격을 설정할 수도 있다. 그러나 시간이 흐르면 그중에서 어느 한 기업이 가격을 조금 낮춤으로써 시장수요량을 독차지할 것으로 예상된다. 그러면 다른 기업은 그보다 조금 더 낮은 가격을 설정하여 그에 대응할 것으로 예상된다. 그러면 또 다른 기업은 가격을 이보다도 더 낮추어 그에 대응할 것이다. 이와 같은 현상은 가격이 계속 떨어져서 한계비용과 같아질 때까지 계속될 것이다. 그리하여 균형은 $p = MC\,(= 0)$가 되는 곳에서 달성된다. 이때의 균형이 베르뜨랑균형이며 자원배분 측면에서 경쟁시장균형과 그 결과가 같아진다.

10.7 베르뜨랑모형과 꾸르노모형 : 차별화된 상품의 경우

소비자의 효용함수는 $U(x,y,I)=u(x,y)+I=x+y-xy-(x^2+y^2)+I$라고 한다. 여기서 I는 남은 소득이다. 차별화된 상품을 생산하는 두 과점기업 중 한 기업은 x를 생산하고 다른 기업은 y를 생산한다고 한다. 이때 각 기업의 평균비용은 $c<1$로서 일정하다.

a. x와 y에 대한 수요함수를 구하시오.

각 기업이 가격을 설정함으로써 경쟁한다고 하자.

b. 반응곡선과 내쉬균형을 구하시오.

c. 기업 y의 한계비용이 일정한 상태에서 기업 x의 한계비용이 떨어졌다고 하자. 이때 각 상품의 가격 변화를 직관적으로 말하시오.

d. 문항 a.에서 구한 각 상품의 수요함수에서 $\frac{1}{3}$이 3으로 커졌다고 하자. 이때 각 상품의 가격 변화를 직관적으로 말하시오.

각 기업이 수량을 설정함으로써 경쟁한다고 하자.

e. 반응곡선과 내쉬균형을 구하시오.

f. 기업 y의 한계비용이 일정한 상태에서 기업 x의 한계비용이 떨어졌다고 하자. 이때 각 기업의 산출량 변화를 직관적으로 말하시오.

g. 문항 a.에서 구한 각 상품의 수요함수에서 $\frac{1}{3}$이 3으로 커졌다고 하자. 이때 각 기업의 산출량 변화를 직관적으로 말하시오.

KEY ▶ 효용함수가 준선형이다. 각 기업이 차별화된 상품의 가격 또는 수량을 설정함으로써 경쟁하고 있다.

풀이

a. 수요함수를 구하기 위해서는 개인의 효용극대화 문제를 풀어야 한다. 개인의 효용극대화 문제는

$$\max_{x,y,I} U(x,y,I)=u(x,y)+I=x+y-xy-(x^2+y^2)+I$$
$$s.t.\quad p_x x+p_y y+I=M$$

이다. 여기서 M은 소득이다. 이에 대한 라그랑지함수는

$$\max_{x,y,I,\lambda} L=x+y-xy-(x^2+y^2)+I+\lambda(M-p_x x-p_y y-I)$$

이다. 효용극대화의 일차필요조건은

$$\frac{\partial L}{\partial x}=1-y-2x-\lambda p_x=0 \tag{1}$$

$$\frac{\partial L}{\partial y} = 1 - x - 2y - \lambda p_y = 0 \quad (2)$$

$$\frac{\partial L}{\partial I} = 1 - \lambda = 0 \quad (3)$$

$$\frac{\partial L}{\partial \lambda} = M - p_x x - p_y y - I = 0 \quad (4)$$

이다.

식 (3)을 식 (1)과 식 (2)에 대입하면

$$p_x = 1 - y - 2x \quad (5)$$

$$p_y = 1 - x - 2y \quad (6)$$

이다. 이 두 식에서 x와 y를 p_x와 p_y에 대해 풀면

$$x = \frac{1}{3} - \frac{2}{3}p_x + \frac{1}{3}p_y \quad (7)$$

$$y = \frac{1}{3} + \frac{1}{3}p_x - \frac{2}{3}p_y \quad (8)$$

이다. 이것이 바로 수요함수이다(효용함수가 준선형이기 때문에 수요함수에 소득이 등장하지 않는다).

b. 각 기업이 서로 차별화된 상품의 가격설정을 통해 가격경쟁을 하는 베르뜨랑모형이다. 각 기업이 동질의 상품의 가격설정을 통해 가격경쟁을 하는 보통의 베르뜨랑모형과 대조된다. 한편 수요함수를 관찰해 보면 두 상품이 서로 대체재라는 것을 알 수 있다.

x재를 생산하는 기업 x의 이윤극대화 문제는

$$\underset{p_x}{Max}\ \pi_x = TR_x - TC_x = p_x x(p_x, p_y^e) - cx(p_x, p_y^e)$$

이다. 여기에 식 (7)을 적용하면 이 문제는

$$\underset{p_x}{Max}\ \pi_x = p_x\left(\frac{1}{3} - \frac{2}{3}p_x + \frac{1}{3}p_y^e\right) - c\left(\frac{1}{3} - \frac{2}{3}p_x + \frac{1}{3}p_y^e\right)$$

로 다시 쓸 수 있다. 이윤극대화의 일차필요조건은

$$\frac{\partial \pi_x}{\partial p_x} = \frac{1}{3} - \frac{4}{3}p_x + \frac{1}{3}p_y^e + \frac{2}{3}c = 0$$

이다.

이로부터 기업 x의 반응곡선은

$$p_x(p_y^e) = \frac{1 + 2c + p_y^e}{4} \quad (9)$$

가 된다. 그런데 기업 y의 문제는 기업 x의 문제와 서로 대칭이다. 그러므로 기업 y의 문제를 따로 풀지 않더라도 기업 y의 반응곡선은

$$p_y(p_x^e) = \frac{1 + 2c + p_x^e}{4} \tag{10}$$

가 되는 것을 알 수 있다. 반응곡선들의 기울기가 모두 양이므로 두 상품은 서로 전략적 보완재이다.

한편 내쉬균형에서는

$$p_x = p_x^e \tag{11}$$

$$p_y = p_y^e \tag{12}$$

가 성립한다. 그러므로 4개의 식, 즉 식 (9) ~ (12)를 연립으로 풀면 베르뜨랑-내쉬균형 가격이

$$p_x^* = p_y^* = \frac{1 + 2c}{3} \tag{13}$$

로 구해진다. 이 값을 식 (7)과 식 (8) 및 목적함수에 대입하면

$$x^* = y^* = \frac{2}{9}(1 - c)$$

$$\pi^* = \frac{2}{27}(1 - c)^2$$

을 얻는다.

동질적인 상품에 대한 베르뜨랑-내쉬균형에서는 $p = MC$에서 이윤이 0이다. 그러나 이 문제에서처럼 차별화된 상품에 대한 베르뜨랑-내쉬균형에서는 가격이 한계비용보다 높으며 이윤도 양이 된다.

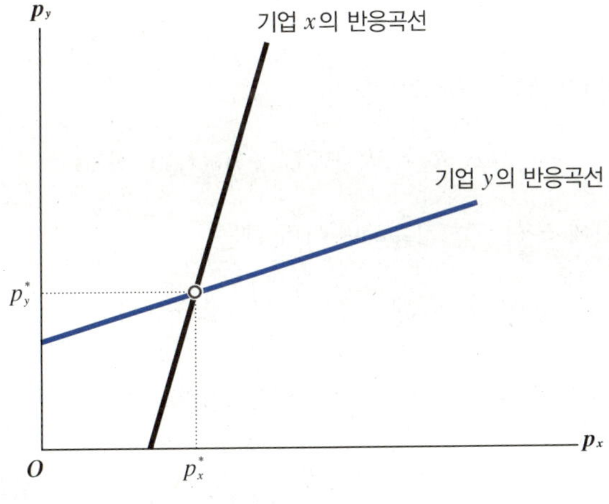

c. 직관적으로 볼 때 기업 x의 한계비용이 하락할 경우 기업 x는 임의의 주어진 가격 p_y에 대해 X재의 가격을 이전보다 낮출 것이기 때문에 기업 x의 반응곡선이 왼쪽으로 평행이동한다. 이것은 식 (9)로부터도 알 수 있다. 그 결과 두 반응곡선의 교점이 원래의

것보다 왼쪽 아래에 놓인다. 이로부터 기업 x의 한계비용이 떨어지면 두 상품의 가격이 모두 떨어질 것이라는 점을 알 수 있다. 한편 차별화된 상품의 가격경쟁일 경우 두 상품이 전략적 보완재이기 때문에 두 상품의 가격이 같은 방향으로 변화하는 것은 당연하다.

d. 수요가 증가할 경우 기업 x는 임의의 주어진 가격 p_y에 대해 X재의 가격을 이전보다 높일 것이기 때문에 기업 x의 반응곡선이 오른쪽으로 평행이동한다(이것도 식 (9)로부터 알 수 있다). 한편 수요가 증가할 경우 기업 y도 임의의 주어진 가격 p_x에 대해 Y재의 가격을 이전보다 높일 것이기 때문에 기업 y의 반응곡선이 위쪽으로 평행이동한다(이것도 식 (10)으로부터 알 수 있다). 그 결과 두 반응곡선의 교점이 원래의 것보다 오른쪽 위에 놓인다. 이로부터 수요가 증가할 경우 두 상품의 가격이 모두 올라갈 것이라는 점을 알 수 있다. 수요 증가는 두 기업의 반응곡선을 함께 이동시키기 때문에 전략적 보완재의 특성에 의존하지 않더라도 두 상품의 가격이 같은 방향으로 변화한다.

e. 각 기업이 차별화된 상품의 수량 설정을 통해 수량경쟁을 하는 꾸르노모형의 균형을 구하라는 것이다. 수량 설정의 경우 가격을 수량의 함수로 표시하는 것이 편리하다. 즉, 역수요함수를 사용하는 것이 편리하다. 그러므로 식 (7)과 식 (8)을 연립으로 하여 가격을 수량의 함수로 나타내자. 그러면

$$p_x = 1 - 2x - y \tag{14}$$

$$p_y = 1 - x - 2y \tag{15}$$

가 된다.

기업 x의 이윤극대화 문제는

$$\underset{x}{Max}\ \pi_x = TR_x - TC_x = p_x(x, y)x - cx$$

이다. 여기에 식 (14)를 적용하면 이 문제는

$$\underset{x}{Max}\ \pi_x = TR_x - TC_x = (1 - 2x - y^e)x - cx$$

로 다시 쓸 수 있다. 이윤극대화의 일차필요조건은

$$\frac{\partial \pi_x}{\partial x} = (1 - 4x - y^e) - c = 0$$

이다. 이것을 정리하면

$$1 - 4x - y^e = c$$

이다. 이것은 바로

$$MR_x = MC_x$$

이다. 이로부터 기업 x의 반응곡선은

$$x(y^e) = \frac{1 - c - y^e}{4} \tag{16}$$

가 된다. 그런데 기업 y의 문제는 기업 x의 문제와 서로 대칭이다. 그러므로 기업 y의 문제를 따로 풀지 않더라도 기업 y의 반응곡선은

$$y(x^e) = \frac{1 - c - x^e}{4} \tag{17}$$

가 되는 것을 알 수 있다. 반응곡선들의 기울기가 모두 음이므로 두 상품은 서로 전략적 대체재이다.

한편 내쉬균형에서는

$$x = x^e \tag{18}$$

$$y = y^e \tag{19}$$

가 성립한다. 그러므로 4개의 식, 즉 식 (16) ~ (19)를 연립으로 풀면 꾸르노-내쉬균형 수량이

$$x^{**} = y^{**} = \frac{1 - c}{5} \tag{20}$$

로 구해진다. 이 값을 식 (14)와 식 (15) 및 목적함수에 대입하면

$$p_x^{**} = p_y^{**} = \frac{2 + 3c}{5}$$
$$\pi^{**} = \frac{2}{25}(1 - c)^2$$

을 얻는다.

일반적으로 동질적인 상품에 대한 베르뜨랑균형과 꾸르노균형은 서로 다르다. 이와 마찬가지로 문항 b.와 문항 e.의 결과를 비교해 볼 때 차별화된 상품의 경우에도 베르뜨랑균형과 꾸르노균형은 서로 다르다는 것을 알 수 있다. 또한 문항 b.에서 보았듯이 차별화된 상품에 대한 베르뜨랑모형에서 두 상품이 대체재일 경우 반응함수가 증가함수가 되지만 꾸르노모형에서는 차별화 여부와 관계없이 반응함수가 감소함수가 된다.

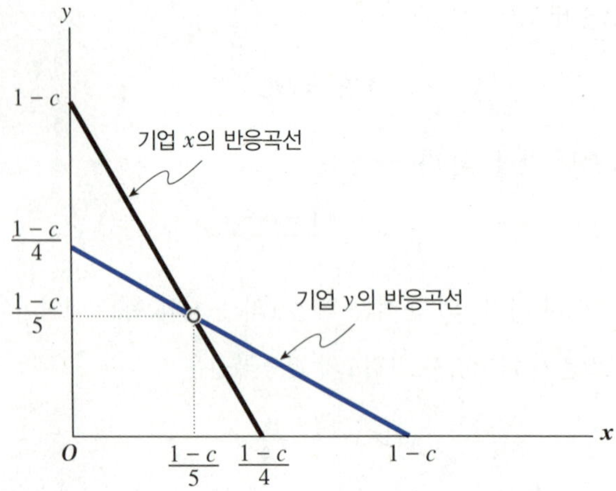

f. 직관적으로 볼 때 기업 x의 한계비용이 하락할 경우 임의의 주어진 수량 y에 대해 기업 x의 이윤을 극대화하는 산출량 x는 증가할 것이기 때문에 기업 x의 반응곡선이 바깥쪽으로 평행이동한다. 이것은 식 (16)으로부터도 알 수 있다. 그 결과 두 반응곡선의 교점이 원래의 것보다 오른쪽 아래에 놓인다. 이로부터 기업 x의 한계비용이 떨어지면 기업 x의 산출량은 증가하고 기업 y의 산출량은 감소한다는 것을 알 수 있다. 한편 차별화된 상품의 수량경쟁일 경우 두 상품이 전략적 대체재이기 때문에 산출량 x가 증가할 경우 산출량 y가 감소하는 것은 당연하다.

g. 수요가 증가할 경우 기업 x는 임의의 주어진 수량 y에 대해 자신의 산출량을 증가시킬 것이기 때문에 기업 x의 반응곡선이 오른쪽으로 평행이동한다(이것도 식 (16)으로부터 알 수 있다). 한편 수요가 증가할 경우 기업 y도 임의의 주어진 수량 x에 대해 자신의 산출량을 증가시킬 것이기 때문에 기업 y의 반응곡선이 위쪽으로 평행이동한다(이것도 식 (17)로부터 알 수 있다). 그 결과 두 반응곡선의 교점이 원래의 것보다 오른쪽 위에 놓인다. 이로부터 수요가 증가할 경우 두 기업의 산출량이 모두 증가할 것이라는 점을 알 수 있다. 수요 증가는 두 기업의 반응곡선을 함께 이동시키기 때문에 전략적 대체재이더라도 두 기업의 산출량이 모두 증가한다.

10.8 베르뜨랑균형 : 보완재의 경우

어떤 소비자의 효용함수가 $U(I, x, y) = I + (\min[x, y])^{\frac{1}{2}}$과 같다고 한다. 여기서 I는 소비하고 남은 소득이고 x와 y는 오른쪽 신발과 왼쪽 신발이라고 하자(M. Majumdar).

a. 상품 x에 대한 수요함수를 구하고, 그 특성을 말하시오.

b. 시장에 이윤을 극대화하는 두 복점기업이 있다고 하자. 복점기업 A는 x를 생산하고 복점기업 B는 y를 생산한다고 하자. 이때 생산비용이 전혀 들지 않는다고 가정하자. 한편 이들은 가격경쟁을 한다고 하자. 이 경우 내쉬균형을 구하시오.

c. 각 복점기업이 일정한 생산비 c로 상품을 생산한다면 그 결과가 어떻게 달라지는가?

KEY ▶ 준선형 효용함수이다. 각 기업이 보완재의 가격을 설정함으로써 가격경쟁을 하고 있다.

풀이

a. 수요함수는

$$\underset{I, x, y}{Max}\ U(I, x, y) = I + (\min[x, y])^{\frac{1}{2}}$$
$$s.t.\quad px + qy + I = M$$

과 같은 극대화 문제를 풀어서 구할 수 있다. 여기서 M은 총소득이다. 효용함수를 볼 때 소비자에게는 x와 y가 완전보완재이다. 그러므로 소비자는 x재의 수량과 y재의 수량이 같아지도록 소비한다. 즉

$$x = y \tag{1}$$

가 성립하도록 소비한다.

식 (1)을 극대화 문제에 대입한 후 다시 쓰면

$$\underset{I, x}{Max}\ U(I, x) = I + x^{\frac{1}{2}}$$
$$s.t.\quad x(p+q) + I = M$$

이 된다. 이에 대한 라그랑지함수는

$$\underset{I, x, \lambda}{Max}\ L = I + x^{\frac{1}{2}} + \lambda[M - I - x(p+q)]$$

이다. 효용극대화의 일차필요조건은

$$\frac{\partial L}{\partial I} = 1 - \lambda = 0 \tag{2}$$
$$\frac{\partial L}{\partial x} = \frac{1}{2}x^{-\frac{1}{2}} - \lambda(p+q) = 0 \tag{3}$$

$$\frac{\partial L}{\partial \lambda} = M - I - x(p+q) = 0 \tag{4}$$

이다.

식 (1)과 식 (2)을 정리한 다음 대응되는 변끼리 나누어주면

$$\frac{1}{\frac{1}{2}x^{-\frac{1}{2}}} = \frac{1}{(p+q)} \tag{5}$$

을 얻는다. 이 식은 사실상

$$MRS_{Ix}\left(=\frac{MU_I}{MU_x}\right) = \frac{p_I}{p_x} \tag{6}$$

이다. 이로부터 $x^* = \frac{1}{4(p+q)^2}$로 구해진다. 그러므로 식 (1)에 의해 y재의 수요량도 $y^* = x^* = \frac{1}{4(p+q)^2}$이 된다.

문제의 효용함수는 I에 대해서는 선형이지만 x와 y에 대해서는 비선형인 준선형 효용함수이기 때문에, x와 y의 수요함수에 소득이 등장하지 않는다. 즉, x와 y에 대해 소득효과가 0이다.

b. 내쉬균형을 구하라고 하였다. 그러므로 각 기업은 상대방이 설정하는 가격에 대해 예상을 하며 그 예상을 주어진 것으로 받아들이면서 자신의 이윤을 극대화하는 가격을 선택하는 것으로 생각해야 한다. 기업 B가 설정하는 가격에 대한 기업 A의 예상을 q^e라고 하면 기업 A의 이윤극대화 문제는

$$\begin{aligned} &\underset{p}{Max}\ \pi_A = px - c(x) \\ &s.t.\quad x = \frac{1}{4(p+q^e)^2} \end{aligned}$$

이 된다. 여기서 $c(x)$는 비용함수이지만 문제의 가정에 의해 사실상 0이다. 기업 A는 가격을 선택한다는 점에 주목하여 제약식을 목적함수에 대입하면

$$\underset{p}{Max}\ \pi_A = p\frac{1}{4(p+q^e)^2}$$

이 된다. 이윤극대화의 일차필요조건은

$$\frac{\partial \pi_A}{\partial p} = \frac{4(p+q^e)^2 - p \cdot 8(p+q^e)}{16(p+q^e)^4} = 0$$

이다. 이로부터

$$p(q^e) = q^e \tag{7}$$

를 얻는다. 이것은 기업 A의 반응곡선이다.

한편 기업 B의 이윤극대화 문제는 기업 A의 이윤극대화 문제와 대칭적이다. 즉, 기

업 B의 이윤극대화 문제는

$$\underset{q}{Max}\ \pi_B = q\frac{1}{4(p^e+q)^2}$$

이다. 이윤극대화의 일차필요조건도

$$\frac{\partial \pi_B}{\partial q} = \frac{4(p^e+q)^2 - q \cdot 8(p^e+q)}{16(p^e+q)^4} = 0$$

과 같이 기업 A의 경우와 대칭적으로 구해진다. 그 결과 기업 B의 반응곡선은

$$q(p^e) = p^e \tag{8}$$

가 된다.

식 (7)과 식 (8)에서 변수는 p, q, p^e, q^e로서 4개이다. 그런데 식은 2개이다. 그러므로 이 방정식 체계가 해를 가지려면 식이 2개 더 필요하다. 그런데 균형은 바로 각 기업의 예상이 실제로 실현되는 상태이다. 그러므로

$$p = p^e \tag{9}$$

와

$$q = q^e \tag{10}$$

가 성립한다. 식 (7) ~ (10)을 이용하면 균형은 $p = q$가 된다. 이 균형은 기업들이 가격 경쟁을 통해 이루어진 내쉬균형이므로 베르뜨랑-내쉬균형이다.

c. 이제 기업 A의 이윤극대화 문제는

$$\underset{p}{Max}\ \pi_A = px - c(x) = p\frac{1}{4(p+q^e)^2} - c\frac{1}{4(p+q^e)^2} = \frac{p-c}{4(p+q^e)^2}$$

가 된다. 이윤극대화의 일차필요조건은

$$\frac{\partial \pi_A}{\partial p} = \frac{4(p+q^e)^2 - (p-c) \cdot 8(p+q^e)}{16(p+q^e)^4} = 0$$

이다. 이로부터 기업 A의 반응곡선은

$$p(q^e) = q^e + 2c \tag{11}$$

로 구해진다. 같은 방법으로 기업 B의 반응곡선은

$$q(p^e) = p^e + 2c \tag{12}$$

가 된다.

한편 균형에서는

$$p = p^e \tag{13}$$

와

$$q = q^e \tag{14}$$

가 성립한다. 식 (13)과 식 (14)를 식 (12)에 대입한 후 그 결과를 식 (11)에 대입하면 $p = p + 4c$가 된다. 즉, $c = 0$이 된다. 이것은 c가 양수일 경우, 즉 생산하는 데 비용이 들 경우 베르뜨랑-내쉬균형이 존재하지 않는다는 것을 의미한다.

10.9 독점과 품질경쟁과점

독점기업이 화장품을 생산하고 있다. 이 화장품으로부터 소비자가 얻는 편익은 그 소비량과 그 품질의 수준에 따라 달라진다고 하자. 그리하여 수량을 x, 품질 수준을 q로 나타내면 그가 화장품으로부터 누리는 편익은 $B(x,q) = qx(a - bx)$라고 한다. 그리고 이 독점기업의 비용함수는 $C(x,q) = xq^2$이라고 한다.

a. 소비자가 누리는 편익에서 생산비용을 뺀 값을 극대화시키는 수량과 품질 수준을 구하시오. 이 경우 화장품의 가격을 구하시오.

b. 이윤을 극대화하는 수량과 품질 수준을 구하시오. 이때 가격은 얼마인가?

c. 새로운 기업이 이 화장품시장에 진출하였다고 하자. 두 기업은 문항 b.에서 얻는 가격을 그대로 유지하기로 담합하였다. 그러나 그 대신 품질로 경쟁을 한다고 하자. 이때 같은 가격일 경우 소비자는 항상 더 나은 품질을 지닌 화장품을 선호한다고 하자. 이 경우 균형 품질 수준을 구하시오.

KEY ▶ 수요곡선은 편익함수를 수량으로 미분함으로써 얻는다. 한편 소비자가 항상 더 나은 품질을 지닌 화장품을 선호할 경우 품질경쟁균형은 이윤이 0이 되는 곳에서 성립할 것이다.

풀이

a. 극대화 문제는

$$\underset{x,\,q}{Max}\ f(x,q) = B(x,q) - C(x,q) = qx(a - bx) - q^2 x$$

이다. 극대화의 일차필요조건은

$$\frac{\partial f(x,q)}{\partial x} = aq - 2bqx - q^2 = 0 \tag{1}$$

$$\frac{\partial f(x,q)}{\partial q} = ax - bx^2 - 2qx = 0 \tag{2}$$

이다. 식 (1)과 식 (2)를 연립으로 풀면 $x^* = \frac{a}{3b}$, $q^* = \frac{a}{3}$로 구해진다.

이때 가격을 구하려면 수요함수를 알아야 한다. 그런데 편익 $B(x, q)$는 q가 주어진 상태에서 역수요곡선을 x에 대해 적분한 것과 같다. 그러므로 역수요곡선을 구하려면 $B(x, q)$를 x로 미분해 주어야 한다. 즉

$$p = \frac{dB(x, q)}{dx} = aq - 2bqx \tag{3}$$

이다. 그런데 $q^* = \frac{a}{3}$에서 $x^* = \frac{a}{3b}$를 팔아야 하므로 이 값들을 대입하면

$$p^* = aq^* - 2bq^* x^* = a\left(\frac{a}{3}\right) - 2b\left(\frac{a}{3}\right)\left(\frac{a}{3b}\right) = \frac{a^2}{3} - \frac{2a^2}{9} = \frac{a^2}{9}$$

이 된다. 이 결과는 다음 그림에서 보듯이 경쟁시장에서 얻는 결과이다.

b. 가격은 식 (3)으로부터 $p = aq - 2bqx$이다. 그러므로 독점기업의 이윤극대화 문제는

$$\underset{x, q}{Max}\ \pi(x, q) = TR - TC = p(x, q)x - q^2 x = (aq - 2bqx)x - q^2 x$$

이다. 이윤극대화의 일차필요조건은

$$\frac{\partial \pi(x, q)}{\partial x} = aq - 4bqx - q^2 = 0,\ 즉\ aq - 4bqx = q^2,\ 즉\ MR_x = MC_x \tag{4}$$

$$\frac{\partial \pi(x, q)}{\partial q} = ax - 2bx^2 - 2qx = 0,\ 즉\ ax - 2bx^2 = 2qx,\ 즉\ MR_q = MC_q \tag{5}$$

이다. 식 (4)와 식 (5)를 연립으로 풀면 $x^{**} = \frac{a}{6b}$, $q^{**} = \frac{1}{3}a$로 구해진다. 이때 가격은 이 값들을 식 (3)에 대입하여

$$p^{**} = aq^{**} - 2bq^{**}x^{**} = a\left(\frac{a}{3}\right) - 2b\left(\frac{a}{3}\right)\left(\frac{a}{6b}\right) = \frac{2a^2}{9}$$

으로 구해진다. 이때 독점가격은 '순편익'을 극대화하는 문항 a.의 가격보다 높다는 점에 주목하자.

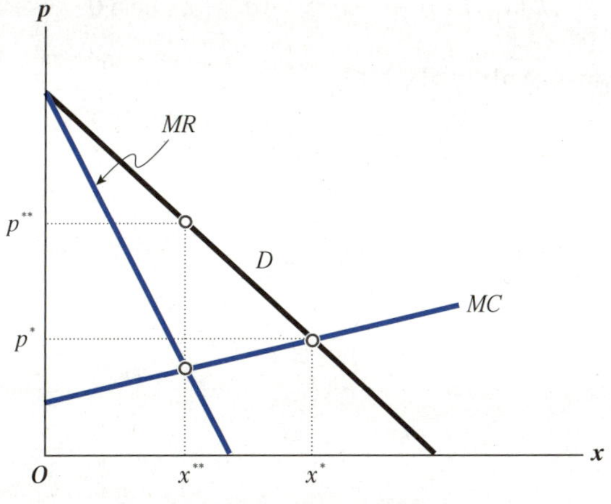

c. 가격은

$$p^{**} = \frac{2a^2}{9} \tag{6}$$

으로 주어진 상태이다. 두 기업은 품질로 경쟁하는데 소비자는 품질이 높은 상품을 더 선호한다. 이것은 편익함수로부터도 알 수 있다. 즉

$$\frac{\partial B(x,q)}{\partial q} = x(a - bx) > 0$$

이라는 것이다.

이러한 상황에서 예를 들어 처음에 두 기업이 품질을 똑같이 유지했다고 하자. 그러면 두 기업이 시장을 서로 나누어 판매하게 된다. 그러나 각 기업은 자신이 품질을 올리면 시장을 모두 차지할 수 있다는 것을 안다. 그리하여 둘 중에서 어느 한 기업이 품질을 올린다고 하자. 한편 품질을 올릴 경우 개인의 수요량 x도 증가한다(수요곡선 식 (3)을 $x(q) = \frac{aq - p}{2bq}$로 바꾸어 쓴 다음 이것을 q로 미분하여 확인해 보라). 동시에 소비자도 확보할 수 있다. 상대 기업도 이러한 상황을 알고 있으므로 이에 대항하여 품질을 올릴 것이다. 그리하여 마침내 이윤이 0이 되는 수준에서 품질 경쟁이 끝나게 될 것이다.

한편 두 기업은 문항 b.에서 얻은 가격 p^{**}를 그대로 유지하기로 담합하였으므로 각 기업의 이윤은

$$\pi(x,q) = TR - TC = p^{**}x - q^2 x$$

이다. 이러한 이윤을 0으로 만드는 품질 수준은

$$\pi(x,q) = p^{**}x - q^2 x = 0$$

을 만족시키는 수준이다. 즉

$$\pi(x,q) = p^{**}x - q^2 x = (p^{**} - q^2)x = 0$$

을 만족시키는 수준이다. 이로부터

$$p^{**} = q^2 \tag{7}$$

을 얻는다. 식 (6)과 식 (7)로부터 $q^* = \sqrt{\frac{2a^2}{9}} = \frac{\sqrt{2}\,a}{3}$로 구해진다.

10.10 스타켈버그균형

시장에 두 기업 1, 2가 있다. 이 기업들이 상품을 생산하는 데에는 고정비용만 81이 든다고 하자. 역시장수요곡선은 $p = 40 - Q$라고 한다.

a. 기업 1이 먼저 의사결정을 내릴 경우 스타켈버그균형을 구하시오.

b. 기업 1의 이윤이 가장 커질 경우 기업 1의 이윤은 얼마나 되는가?

KEY ▶ 고정비용이 있을 경우 선도자는 상대 기업을 시장에서 몰아낼 수 있을 정도로 산출량을 정할 수 있다. 그렇게 함으로써 선도자는 스타켈버그균형에서보다 더 큰 이윤을 누릴 수 있다.

풀이

a. 기업 2는 선도자인 기업 1의 산출량을 주어진 것으로 받아들이고 산출량을 결정할 것이다. 그리고 기업 1은 자신의 결정에 따른 상대의 반응을 고려하여 산출량을 결정하게 된다. 이때 균형을 구하려면 추종자인 기업 2의 문제를 먼저 풀어야 한다.

역수요곡선은 $p = 40 - q_1 - q_2$로 바꿔 쓸 수 있다. 이때 기업 2는 기업 1의 산출량을 주어진 것으로 간주하고 자신의 산출량을 정하므로 기업 2의 이윤극대화 문제는

$$\underset{q_2}{Max}\ \pi_2 = pq_2 - 81 = (40 - q_1 - q_2)q_2 - 81 \tag{1}$$

로 쓸 수 있다. 한편 기업 1의 산출량을 주어진 것으로 간주하고 자신의 산출량을 정한다는 것은 수학적으로는 식 (1)을 자신의 산출량에 대해 편미분하는 것과 같다. 그러므로 이윤극대화의 일차필요조건은

$$\frac{\partial \pi_2}{\partial q_2} = 40 - q_1 - 2q_2 = 0 \tag{2}$$

이다. 이로부터 $MR_2 = MC_2$를 얻는다. 이때 $MR_2 = 40 - q_1 - 2q_2$이고 $MC_2 = 0$이다. 이로부터

$$q_2 = 20 - \frac{1}{2}q_1 \tag{3}$$

이 된다. 이것이 기업 2의 반응곡선이다.

한편 기업 1은 기업 2의 반응을 고려하여 산출량을 정하므로 이윤극대화 문제는

$$\underset{q_1}{Max}\ \pi_1 = pq_1 - 81 = (40 - q_1 - q_2)q_1 - 81$$
$$s.t.\quad q_2 = 20 - \frac{1}{2}q_1$$

이 된다. 반응곡선을 목적함수에 대입하면

$$\underset{q_1}{Max}\ \pi_1 = pq_1 - 81 = \left[40 - q_1 - \left(20 - \frac{1}{2}q_1\right)\right]q_1 - 81 = 20q_1 - \frac{1}{2}q_1^2 - 81 \qquad (4)$$

이 된다. 이윤극대화의 일차필요조건은

$$\frac{\partial \pi_1}{\partial q_1} = 20 - q_1 = 0 \qquad (5)$$

이다. 이로부터 $MR_1 = MC_1$을 얻는다. 이때 $MR_1 = 20 - q_1$이고 $MC_1 = 0$이다. 이로부터 $q_1^* = 20$으로 구해진다. 이것을 식 (3)에 대입하면 $q_2^* = 10$이 된다. 이 수량들을 수요곡선에 대입하면 $p^* = 10$으로 구해진다. 이때 각 기업의 이윤은

$$\pi_1 = p^* q_1^* - 81 = 119,\ \ \pi_2 = p^* q_2^* - 81 = 19$$

가 된다.

b. 위 문항에서 기업 2도 이윤을 누리고 있다. 이 점에 주목하여 기업 1이 기업 2를 시장에서 아예 몰아낼 수 있다면 이윤이 더 커질 수 있다. 기업 2를 몰아내려면 기업 2가 가까스로 고정비용만 건질 수 있도록 산출량을 정하면 된다. 즉, 기업 1이 기업 2의 이윤이 0이 될 정도로 산출량을 정하면 된다. 한편 기업 2의 이윤은 식 (3)을 식 (1)에 대입함으로써

$$\begin{aligned}\pi_2 &= pq_2 - 81 = (40 - q_1 - q_2)q_2 - 81 \qquad (6)\\ &= \left[40 - q_1 - \left(20 - \frac{1}{2}q_1\right)\right]\left(20 - \frac{1}{2}q_1\right) - 81 = \left(20 - \frac{1}{2}q_1\right)^2 - 81\end{aligned}$$

로 구해진다.

기업 1은 이 값이 0보다 크지 않도록 산출량을 정하면 된다. 즉, $\pi_2 = \left(20 - \frac{1}{2}q_1\right)^2 - 81 \le 0$이 되는 수량을 구하면 된다. 이 조건을 만족시키는 q_1의 범위는 $22 \le q_1 \le 58$이다. 한편 가격은 음수가 될 수 없으므로 실제 기업 1이 택할 수 있는 수량은

$$22 \le q_1 \le 40 \qquad (7)$$

이 된다.

한편 기업 2의 산출량이 0이 될 경우 기업 1의 이윤은

$$\pi_1 = pq_1 - 81 = (40 - q_1)q_1 - 81 \qquad (8)$$

이 된다. 그러므로 식 (7)을 만족시키면서 식 (8)을 가장 크게 만드는 값이 바로 기업 1이 찾는 값이다. 그 값은 바로 $q_1^* = 22$가 된다(이때 가격은 $p^* = 18$이 된다).

기업 1의 이윤은 이 값을 식 (8)에 대입함으로써 $\pi_1^* = 315$로 구해진다. 이때 기업 1이 스타켈버그균형에서보다 산출량을 늘렸지만 기업 2가 퇴출됨으로써 시장가격은

더 올라가고 이윤은 증가한 점에 주목하자.

10.11 스타켈버그모형 : 변형된 경우

두 기업이 동질적인 상품을 생산하고 있다고 하자. 수요곡선은 $Q = 24 - p$이다. 상품 생산에 드는 한계비용은 0이다. 다만 조금이라도 생산하려는 기업에게는 고정비용 16이 든다. 그런데 이 시장에서 이탈하는 기업은 그 고정비용을 감수하지 않아도 된다.

두 기업 중 기업 1이 먼저 산출량에 대한 의사 결정을 내리고 기업 2는 이것을 본 후 의사 결정을 내린다고 한다.

a. 고정비용이 존재한다는 사실에 유의하여 추종자의 반응곡선을 구하시오.

b. 선도자의 이윤극대화 수량을 구하시오.

c. 문항 b.의 결과를 고정비용의 크기와 관련하여 평가하시오.

두 기업이 동시에 산출량에 대해 의사 결정을 내린다고 하자.

d. 균형을 구하고 평가하시오.

KEY ▶ 기업의 시장 이탈 여부를 판단할 때 고정비용을 고려하는 것이 핵심이다.

풀이

a. 기업 1이 선도자이고 기업 2가 추종자이다. 추종자는 선도자의 산출량을 주어진 것으로 받아들이고 자신의 산출량을 결정함으로써 이윤을 극대화한다. 즉, 기업 2는

$$\underset{q_2}{Max}\ \pi_2 = pq_2 - c = (24 - (\bar{q}_1 + q_2))q_2 - 16 \tag{1}$$

에서 q_1을 주어진 것으로 보고 q_2를 선택한다. 그리하여 이윤극대화의 일차필요조건은

$$\frac{\partial \pi}{\partial q_2} = 24 - \bar{q}_1 - 2q_2 = 0 \tag{2}$$

이 된다. 이것을 q_2에 대해 정리하면

$$q_2 = 12 - \frac{1}{2}\bar{q}_1 \tag{3}$$

가 된다. 이때 기업 1이 q_1을 생산하면 기업 2의 이윤은 $q_2 = 12 - \frac{1}{2}q_1$ (4)을 목적함수에 대입하여

$$\pi_2 = pq_2 - c = (24 - (q_1 + q_2))q_2 - 16 = (24 - (q_1 + (12 - \frac{1}{2}q_1)))q_2 - 16 \tag{5}$$
$$= (12 - \frac{1}{2}q_1)q_2 - 16 = (12 - \frac{1}{2}q_1)(12 - \frac{1}{2}q_1) - 16 = (12 - \frac{1}{2}q_1)^2 - 16$$

으로 구해진다. 이때 기업 2의 이윤은 기업 1의 산출량의 감소함수라는 점에 주목하자. 한편 계산 과정에서 각 항목의 기능 파악을 위해 수입을 구성하는 항목에서 가격과 수량을 구분하여 마지막까지 괄호로 묶어 계산하고 있음에 주목하자.

이때 기업 2가 이윤을 얻을 경우 시장에 남을 것이고 손실을 볼 경우 시장에서 이탈할 것이다. 그러므로 기업 2의 반응곡선은

$$\pi_2 = (12 - \frac{1}{2}q_1)^2 - 16 \geq 0\text{이면, 즉 } q_1 \leq 16\text{이면 } q_2 = 12 - \frac{1}{2}q_1 \quad (6)$$

$$\pi_2 = (12 - \frac{1}{2}q_1)^2 - 16 < 0\text{이면, 즉 } q_1 > 16\text{이면 } q_2 = 0 \quad (7)$$

이 된다.

b. 선도자는 추종자의 반응을 고려하면서 자신의 산출량을 정한다. 그러므로 선도자의 이윤극대화 문제는 추종자의 반응곡선을 제약식으로 하여

$$\underset{q_1}{Max}\ \pi_1 = pq_1 - c = (24 - (q_1 + q_2))q_1 - 16 \quad (8)$$

$$s.t.\quad q_2 = 12 - \frac{1}{2}q_1,\ q_1 \leq 16\text{ 일 경우}$$

$$q_2 = 0,\ q_1 > 16\text{일 경우}$$

이 된다. 쿤-터커 조건을 이용하여 푸는 대신 편의상 2가지 경우로 나누어서 풀기로 하자.

(i) $q_2 = 12 - \frac{1}{2}q_1,\ q_1 \leq 16$ 일 경우

$q_2 = 12 - \frac{1}{2}q_1$을 목적함수에 대입하면

$$\underset{q_1}{Max}\ \pi_1 = pq_1 - c = (24 - (q_1 + q_2))q_1 - 16 = (24 - (q_1 + (12 - \frac{1}{2}q_1)))q_1 - 16 \quad (9)$$

$$= (12 - \frac{1}{2}q_1)q_1 - 16$$

이 된다. 이윤극대화의 일차필요조건은 $12 - q_1 = 0$이다. 이로부터 $q_1 = 12$를 얻는다. 이 값을 목적함수에 대입하면 $\pi_1 = 56$을 얻는다. 이 결과는 기업 1이 기업 2와 공존하면서 기업 2의 반응곡선 상에서 최적선택을 하는 경우이다.

(ii) $q_2 = 0,\ q_1 > 16$일 경우

$q_2 = 0$을 목적함수에 대입하면

$$\pi_1 = pq_1 - c = (24 - (q_1 + q_2))q_1 - 16 = (24 - q_1)q_1 - 16 \quad (10)$$

이 된다. 이윤극대화의 일차필요조건은 $24 - 2q_1 = 0$이다. 이로부터 $q_1 = 12$, $\pi_1(12) = 128$을 얻는다. 그런데 이 값은 $q_1 > 16$의 조건을 만족시키지 못한다. 한

편 이때 $q_1 = 12$는 $q_2 = 0$일 때 얻은 것이므로 사실상 애초부터 기업 1만 존재할 때 독점이윤을 극대화하는 산출량이다. 그런데 이처럼 독점이윤을 극대화하는 산출량은 기업 2를 시장에서 몰아내기에는 너무 적다. 그래서 기업 1이 12단위를 생산하면 식 (1)의 경우로 돌아가 버린다. 다시 말하면 현재 기업 1은 단지 독점이윤을 극대화하는 것이 아니라 시장에서 기업 2를 몰아낼 수 있는 수준의 수량을 생산해야 한다. 그러므로 $q_2 = 0$일 때에는 $q_1 > 16$이면서

$$\pi_1 = pq_1 - c = (24 - (q_1 + q_2))q_1 - 16 = (24 - q_1)q_1 - 16 = -q_1^2 + 24q_1 - 16 \quad (11)$$

을 극대화시키는 값을 찾아야 한다. 그런데 $q_1 > 16$의 구간에서는 q_1이 증가함에 따라 π_1이 감소한다. 그러므로 $q_1 = 16$(보다 조금 더 큰 수량)에서 π_1이 극대화된다. 이때 극대화된 이윤은 $\pi_1(16) = 112$이다.

(i)과 (ii)의 결과를 비교하면 (ii)의 경우 얻은 $\pi_1(16) = 112$가 (i)의 경우 얻은 $\pi_1 = 56$보다 크다. 그러므로 기업 1로서는 선도자라 하더라도 기업 1과 공존하기보다는 기업 2를 시장에서 몰아내고 단독으로 상품을 공급하는 것이 이윤을 극대화하는 방법이다. 물론 기업 2를 몰아내고 얻는 이윤 112는 애초부터 기업 1만 존재할 때 얻는 독점이윤인 128보다는 작다.

c. 고정비용이 존재하지 않으면 기업 1이 기업 2의 반응곡선 상에서 최적선택을 하는 것보다 나은 결과를 얻을 수 없다. 그런데 고정비용이 존재하기 때문에 기업 1이 기업 2를 시장에서 몰아내고 이윤을 극대화할 수 있게 되었다. 한편 고정비용이 존재하더라도 너무 작으면 기업 1이 기업 2를 몰아내기 위해서는 너무 많은 수량을 생산해야 한다. 이 경우 기업 2를 몰아낼 수는 있겠지만 시장가격이 너무 많이 떨어져서 기업 1의 이윤이 (i)의 경우보다 작아진다. 다시 말하면 고정비용이 너무 작을 경우에는 기업 1이 기업 2를 몰아내는 전략이 기업 1 자신에게도 이득이 되지 않는다.

d. 이때의 균형은 꾸르노균형이 된다. 모든 것이 두 기업에게 대칭이므로 기업 1의 반응곡선도 기업 2의 반응곡선과 대칭적이다. 그 결과 식 (3)을 참고할 때 각 기업의 반응곡선은

$$q_1 = 12 - \frac{1}{2}\bar{q}_2 \quad (12)$$

$$q_2 = 12 - \frac{1}{2}\bar{q}_1 \quad (13)$$

이 된다. 균형에서는 $\bar{q}_1 = q_1$, $\bar{q}_2 = q_2$가 성립하므로 이 두 식과 식 (12), (13)을 연립으로 풀면 $q_1 = q_2 = 8$을 얻는다. 이어서 이 값들을 문항 a.의 첫 번째 이윤극대화 문제의

목적함수인 식 (1)에 대입하면 각 기업의 이윤은 $\pi_1 = \pi_2 = 48$로 구해진다. 각 기업의 이윤이 양이므로 각 기업은 시장에 진입한다. 다른 측면에서 보면 문항 a.에서 보았듯이 상대 기업의 산출량이 16보다 적기 때문에 각 기업이 모두 시장에 진입하는 것으로 볼 수 있다.

각 기업의 반응곡선인 식 (12)와 식 (13)을 관찰해 보면 동시에 의사결정을 내리는 상황에서 상대의 산출량이 0일 경우 자신은 12단위를 생산하게 된다. 다시 말하면 동시에 의사 결정을 내리는 상황에서는 상대의 산출량이 0일 경우 자신이 16단위를 생산하지는 않는다. 이러한 결과는 어느 한 기업이 선도자로 행동할 경우 상대의 산출량이 0일 때 자신은 16단위를 생산하는 결과와 대조된다. 끝으로 동시에 의사 결정을 내릴 경우 고정비용의 존재는 각 기업의 선택에 영향을 주지 않는다. 그 결과 각 기업이 8단위를 생산하는 것이 균형이 된다.

10.12 가격선도모형

어떤 상품에 대한 시장 수요가 $Q = -100p + 5{,}000$이라 한다. 이 시장에 100개의 똑같은 기업들이 한계비용 $MC = q + 2$로서 운용하고 있다고 한다.

a. 각 기업들이 모두 가격수용자로 행동할 경우 시장공급곡선을 구하시오. 이때 시장균형가격과 시장산출량을 구하시오.

b. 이제 일정한 한계비용 10으로 무한하게 공급할 수 있는 새로운 기업이 이 시장에 진입하여 가격선도자가 된다고 하자. 다른 모든 기업들은 가격수용자로서 추종자가 된다고 할 때, 가격선도자의 이윤을 극대화시키는 산출량을 구하시오. 또한 시장가격과 시장의 총산출량을 구하시오. 추종자들의 산출량은 얼마인가?

KEY ▶ 가격선도자의 이윤극대화 문제를 풀기 위해서는 먼저 추종자들의 공급곡선을 구해야 한다. 시장수요에서 이들의 공급을 빼준 것이 바로 선도자의 수요이다.

풀이

$Q_d = -100p + 5{,}000$, $n = 100$, $MC = q + 2$로 주어져 있다.

a. 각 기업들이 가격수용자로 행동한다. 이것은 완전경쟁시장에 있는 기업의 행위와 같다. 즉, 가격을 주어진 것으로 취급한다. 그러므로 각 기업의 이윤극대화 조건은 $p = MC$이다. 이로부터

$$p = q + 2$$

를 얻는다. 이것이 각 기업의 역공급곡선이다.

시장공급곡선을 구하려면 각 기업들의 역공급곡선을 수평으로 합해야 한다. 그것은 각 가격에 대해 각 기업들이 공급하려고 하는 수량을 합하는 것을 의미한다. 이를 위해 각 기업의 역공급곡선을 공급곡선 $q = p - 2$로 표현해 주자. 이제 시장공급곡선은

$$Q_s = 100q = 100(p-2) = 100p - 200 \tag{1}$$

으로 구해진다. 균형에서는 수요량과 공급량이 같다. 즉, $Q_d = Q_s$가 성립한다. 즉,

$$-100p + 5{,}000 = 100p - 200$$

이 성립한다. 이로부터 $p^* = 26$, $Q^* = 2{,}400$을 얻는다.

b. 문제의 조건은 사실상 $MC = AC = 10$을 의미한다. 그런데 선도자의 수요를 Q_l이라고 하면

$$\begin{aligned} Q_l &= \text{시장수요} - \text{여타 기업들의 공급} \\ &= (-100p + 5{,}000) - (100p - 200) \\ &= -200p + 5{,}200 \end{aligned} \tag{2}$$

이다.

이제 가격선도자가 가격을 얼마로 설정할 것인가를 알기 위해서는 가격선도자의 이윤극대화 문제를 풀어야 한다. 여기서는 이윤극대화 문제를 세우는 대신 기존에 알고 있는 결과를 사용하기로 하자. 즉, 가격선도자의 이윤극대화 문제를 풀면

$$MR_l(q) = MC_l(q)$$

를 얻는다.

그런데 가격선도자의 한계비용은 알고 있으므로 가격선도자의 한계수입을 알아야 한다. 가격선도자의 한계수입을 알려면 그의 총수입함수를 알아야 한다. 이것을 구하기 위해 먼저 가격선도자의 수요를 가격을 종속변수로 나타내 보자. 즉,

$$p = -\frac{1}{200}Q_l + 26 \tag{3}$$

으로 표현하자는 것이다. 이로부터

$$\text{가격선도자의 총수입} = pQ_l = -\frac{1}{200}Q_l^2 + 26Q_l$$

을 얻는다. 총수입을 수량으로 미분하면

$$MR_l = -\frac{1}{100}Q_l + 26 \tag{4}$$

을 얻는다.

한편 문제에서

$$MC_l = 10 \qquad (5)$$

으로 주어져 있다. 그러므로 $MR_l = MC_l$에 식 (4)와 식 (5)를 각각 대입하면 $Q_l^* = 1,600$을 얻는다. 이 값을 선도자의 잔류수요곡선인 식 (3)에 대입하면

$$p = -\frac{1}{200}Q_l^* + 26 = \left(-\frac{1}{200}\right)(1,600) + 26 = 18$$

을 얻는다. 즉, $p^* = 18$(시장가격)이 된다.

시장산출량을 구하기 위해 선도자가 설정한 이 가격을 시장수요곡선에 대입하자. 그러면

$$Q^* = Q_d(p^*) = -100p^* + 5,000 = 3,200$$

을 얻는다. 한편 추종자들이 공급하는 수량을 구하려면 이러한 가격을 추종자의 공급곡선인 식 (1)에 대입하여야 한다. 그러면 추종자들의 산출량은

$$Q_s^* = 100p^* - 200 = 1,600$$

으로 구해진다.

10.13 카르텔과 그 붕괴 유인

경쟁시장에 100개의 동일한 기업들이 있다고 하자. 시장수요는 $Q = 6,000 - 200p$이고 시장공급은 $Q = -4,000 + 400p$라고 한다.

a. 경쟁시장균형을 구하시오.

b. 100개의 기업들이 카르텔을 형성했다고 하자. 이 카르텔이 이윤을 극대화할 경우 가격과 수량을 구하시오. 이때 시장공급곡선은 각 개별기업들의 한계비용을 합한 것이라고 가정하자.

c. 카르텔 하에서 각 기업이 동일한 수량을 생산하도록 할당받았다고 하자. 이러한 카르텔이 유지될 수 있겠는가? 수치를 통해 보이시오.

d. 위 문항들의 결과를 그림에 나타내시오.

KEY ▶ 카르텔은 자체 내에 붕괴될 유인이 존재한다.

풀이

$Q_d = 6,000 - 200p$, $Q_s = -4,000 + 400p$이다.

a. 시장균형에서는 수요량과 공급량이 일치한다. 즉, $Q_d = Q_s$이므로 $6,000 - 200p = -4,000 + 400p$이다. 이로부터 $p^* = \frac{50}{3}$, $Q^* = \frac{8,000}{3}$이다.

b. 카르텔의 이윤극대화 조건은

$$MR = MC \tag{1}$$

이다. 그런데 수요곡선을 이용하면 $TR = pQ = \left(30 - \frac{Q}{200}\right)Q$를 얻는다. 이로부터

$$MR = 30 - \frac{Q}{100} \tag{2}$$

를 얻는다. 역시장공급곡선은 $p = 10 + \frac{Q}{400}$이다. 그러므로 문제의 가정에 의해

$$MC = 10 + \frac{Q}{400} \tag{3}$$

이다. 식 (2)와 식 (3)을 식 (1)에 대입하면 $30 - \frac{Q}{100} = 10 + \frac{Q}{400}$, $Q^{**} = 1,600$을 얻는다. 이 값을 수요곡선에 대입하면

$$p^{**} = 22 \tag{4}$$

를 얻는다.

c. 개별기업은 $p^{**} = 22$에서 $q^{**} = \frac{Q^{**}}{100} = 16$을 팔도록 할당받는다. 그러나 이러한 수량은 개별기업의 이윤을 극대화시키지 못한다. 가격이 p^{**}일 경우 각 개별기업은 가격수용자로 행동하여

$$p^{**} = mc \tag{5}$$

를 만족시키는 상태에서 이윤을 극대화한다. 이러한 조건을 만족시키는 수량을 구해보자. $Q_s = 100q = -4,000 + 400p$이므로 $q = -40 + 4p$이다. 따라서 $p = 10 + \frac{q}{4}$이다. 그러므로

$$mc = 10 + \frac{q}{4} \tag{6}$$

이다(이것은 식 (3)에 $Q = 100q$를 대입하여 간단히 구할 수도 있다).

식 (4)와 식 (6)을 식 (5)에 대입하면 $q^{***} = 48$을 얻는다. 즉, 카르텔 아래에서 개별기업은 카르텔의 이윤을 극대화시켜 주는 수량인 $q^{**} = 16$보다 더 많은 수량을 생산하려는 유인을 지닌다. q^{***}를 생산할 경우 카르텔의 할당 수량을 생산할 때보다 색칠한

부분만큼 이윤이 증가한다. 이러한 이유 때문에 카르텔은 유지되기 어렵다.

d.

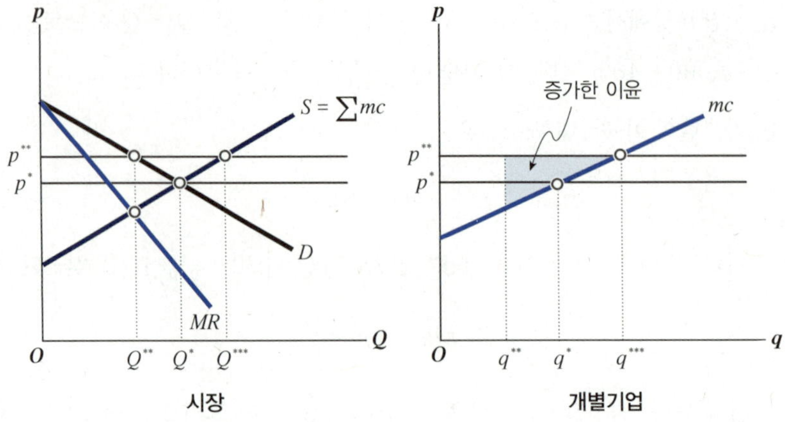

10.14 꾸르노균형과 담합

시장에 두 기업 1, 2가 있다. 상품을 생산하는 데 드는 평균비용과 한계비용은 두 기업 모두 10으로서 일정하다. 역시장수요곡선은 $p = 58 - Q$라고 한다.

a. 두 기업이 서로 담합할 유인이 있다는 것을 보이시오. 담합할 경우 상품을 서로 반반씩 나누어서 생산한다고 하자.

b. 일단 담합이 이루어지면 그 자체 내에 붕괴할 유인이 있다는 것을 보이시오.

c. 이 결과를 공용지의 비극이라는 관점에서 해석해 보시오.

KEY ▶ 꾸르노균형과 담합을 비교하는 문제이다.

풀이

a. 두 기업의 비용함수가 같다. 그러므로 서로 전략적으로 행동할 경우 어느 한 기업이 선도자가 되는 경우보다는 두 기업이 서로 대등한 상태에서 비협조적으로 행동할 가능성이 높다. 이때 생각해 볼 수 있는 것이 서로 상대방의 산출량을 주어진 것으로 보고 자신의 이윤을 극대화하는 산출량을 정하는 것이다. 이때 나타나는 것이 꾸르노-내쉬균형이다.

이 점을 고려할 때 두 기업이 서로 담합할 경우 꾸르노-내쉬균형에서보다 모두 더 나은 결과를 얻는다면 담합할 유인이 있다고 하겠다. 이 점에 주목하여 먼저 꾸르노-내쉬균형에서 각 기업의 이윤을 구한 다음 그것들을 담합했을 때의 이윤과 비교해 보자. 역수요곡선은 수요곡선 $Q = 58 - p$, 즉 $q_1 + q_2 = 58 - p$로 바꿔 쓸 수 있다.

먼저 꾸르노-내쉬균형을 구해 보자. 꾸르노-내쉬균형은 다른 기업의 산출량에 대해 자신이 예상한 수량 $\overline{q}$를 고정된 것으로 간주하고 자신의 산출량을 정하는 경우 달성된다. 이 경우 기업 1의 이윤극대화 문제는

$$\underset{q_1}{Max}\ \pi_1 = pq_1 - 10q_1 = (58 - q_1 - \overline{q}_2)q_1 - 10q_1 \tag{1}$$

으로 쓸 수 있다. 한편 다른 기업에 대한 예상산출량 $\overline{q}$를 고정된 것으로 간주하고 자신의 산출량을 정한다는 것은 수학적으로는 식 (1)을 자신의 산출량에 대해 편미분하라는 것과 같다. 그러므로 이윤극대화의 일차필요조건은

$$\frac{\partial \pi_1}{\partial q_1} = 58 - 2q_1 - \overline{q}_2 - 10 = 0,\ \text{즉}\ 58 - 2q_1 - \overline{q}_2 = 10,\ \text{즉}\ MR_1 = MC_1 \tag{2}$$

이다. 그러므로

$$q_1 = 24 - \frac{1}{2}\overline{q}_2 \tag{3}$$

가 된다. 이것이 기업 1의 반응곡선이다. 한편 기업 1과 기업 2의 비용함수가 같으므로 반응곡선도 대칭적이 된다. 그 결과 기업 2의 문제를 따로 풀어보지 않고서도

$$q_2 = 24 - \frac{1}{2}\overline{q}_1 \tag{4}$$

가 된다는 것을 추론할 수 있다.

한편 균형은 각 기업이 상대방에 대해 예상한 산출량만큼 상대방이 실제로 생산한 상태에서 성립한다. 그러므로 균형에서는

$$\overline{q}_1 = q_1 \tag{5}$$

$$\overline{q}_2 = q_2 \tag{6}$$

가 성립한다. 식 (3) ~ (6)을 연립으로 풀면 $q_1^* = q_2^* = 16$으로 구해진다. 이때 가격은 $(q_1^* + q_2^*)$를 수요곡선에 대입함으로써 $p^* = 26$으로 구해진다. 이때 기업 1의 이윤은 이 값들을 식 (1)에 대입함으로써 $\pi_1(q_1^*, q_2^*) = 256$으로 구해진다. 기업 2의 이윤도 기업 1의 이윤과 같을 것이므로 $\pi_2(q_1^*, q_2^*) = 256$이 된다.

이제 두 기업이 담합했다고 하자. 그리고 담합한 경우 두 기업의 산출량의 합을 Q라고 하자. 그러면 이윤극대화 문제는

$$\underset{Q}{Max}\ \pi = pQ - c(Q) = (58 - Q)Q - 10Q \tag{7}$$

이다. 이윤극대화의 일차필요조건은

$$\frac{\partial \pi}{\partial Q} = 58 - 2Q - 10 = 0, \text{ 즉 } 58 - 2Q = 10 \text{ , 즉 } MR = MC \quad (8)$$

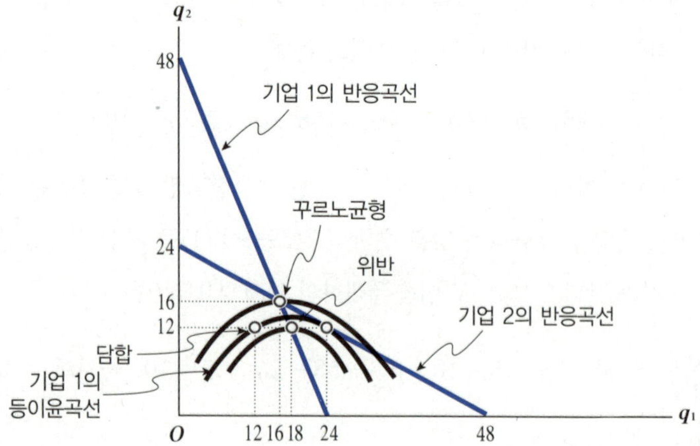

이다. 이로부터 $Q^* = 24$가 된다. 이 값을 수요곡선에 대입하면 $p^* = 34$를 얻는다. 꾸르노-내쉬균형에 비해 총산출량이 적다는 점에 주목하자. 총산출량이 적으므로 수요곡선에 비추어 볼 때 가격이 더 높아진 것은 당연하다. 한편 산출량을 목적함수에 대입하면 $\pi(Q^*) = 576$을 얻는다. 이러한 이윤을 두 기업이 서로 나누어 가지면 각각 288을 갖게 된다. 그리고 이 값은 꾸르노-내쉬균형에서 각 기업이 누리는 이윤보다 크다. 그러므로 두 기업은 담합할 유인을 갖는다. 이때 문제에서 두 기업이 서로 수량을 반반씩 생산한다고 하였으므로 각 기업은 12를 생산하게 된다.

이러한 내용은 다음과 같은 보수행렬을 이용하여 설명할 수도 있다. 각 기업이 16을 생산할 경우 각 기업의 이윤은 256이 된다. 그러나 담합을 하여 산출량을 각각 12로 줄이면 각 기업의 이윤이 288로 늘어난다. 그러므로 각 기업에게는 담합할 유인이 있다.

		기업 B	
		꾸르노균형($q_2 = 16$)	**담합**($q_2 = 12$)
기업 A	**꾸르노균형**($q_1 = 16$)	256 (1), 256 (2)	320 (1), 240 (2)
	담합($q_1 = 12$)	240 (1), 320 (2)	288 (1), 288 (2)

b. 앞의 보수행렬을 이용하여 기업 1의 입장에서 생각해 보자. 담합이 이루어져서 기업 2가 12를 생산하는 상황에서는 기업 1에게는 12를 생산하는 것이 더 이상 최적전략이 아니다. 즉, 12가 아니라 16을 생산함으로써 자신의 이윤을 288에서 320으로 끌어 올

릴 수 있다는 것이다(보수행렬에서 320과 240은 각 기업이 16과 12를 생산할 때 해당 기업이 각각 얻은 이윤을 계산해 놓은 것이다). 이러한 원리는 기업 2에게도 똑같이 적용된다. 그러므로 일단 담합이 이루어지면 그 자체 내에 붕괴할 유인이 존재한다고 볼 수 있다.

이제 담합을 위반하려는 기업의 입장에서는 몇 단위를 생산하는 것이 자신의 이윤을 극대화하는가를 검토해 보자. 담합 아래에서는 각 기업이 12를 생산한다고 하였다. 이때 기업 2가 12를 생산한다는 전제 아래 기업 1이 자신의 이윤을 극대화한다고 하자. 이 경우 기업 1의 이윤을 극대화하는 산출량은 기업 1의 반응곡선 (3)에 $q_2 = 12$를 대입함으로써 구해진다. 즉, $q_1 = 24 - \frac{1}{2}\bar{q}_2 = 24 - \frac{1}{2} \times 12 = 18$로 구해진다. 이 산출량은 꾸르노균형의 산출량보다 많다는 점에 주목하자. 이때 시장의 총산출량은 두 기업의 산출량을 합한 값으로서 30(= 12 + 18)이 된다. 이때 $p = 28$이 된다. 이 값들을 식 (1)에 대입하면 기업 1의 이윤은 324가 된다. 물론 이 값은 담합하여 얻은 이윤을 서로 나누어 가질 때의 값(= 288)보다 크다. 이러한 내용은 기업 2에게도 그대로 성립한다. 그런데 두 기업이 모두 이처럼 상대방은 12를 생산한다고 가정하고 자신은 18을 생산하는 행위는 균형이 되지 못한다.

이때 문제에서와 같은 전략적 상황이 불확정 횟수만큼 반복된다면 두 가지 경우를 예상해 볼 수 있다. 상대방의 담합 위반 행위에 대해 서로에게 신뢰성 있는 보복 수단이 있을 경우에는 담합이 유지될 수 있을 것이나. 그리나 신뢰성 있는 보복 수단이 없을 경우에는 담합이 유지될 수 없으며 담합이 붕괴된 후 다시 꾸르노-내쉬균형이 성립할 가능성이 높다.

c. 꾸르노-내쉬균형에서 두 기업의 이윤의 합은 담합일 때보다 작다. 이러한 측면에서 기업들의 입장에서 볼 때 꾸르노-내쉬균형은 '공용지' 를 가장 잘 사용했다고 볼 수 없다. 말하자면 공용지의 비극이 나타난 것으로 볼 수 있다. 이러한 현상이 나타나는 이유는 어느 기업이 산출량을 늘리면 가격이 하락하는데 이 가격하락은 상대 기업의 이윤을 감소시키지만 위반기업은 이러한 점을 고려하지 않고 자신의 이윤만을 극대화하기 때문이다. 이렇게 볼 때 담합을 위반하는 기업의 행위는 상대기업에게 일종의 '외부효과' 를 유발한다고 볼 수 있다. 한편 주목할 것은 공용지를 '효율적' 으로 사용한 것으로 볼 수 있는 담합에서는 각 기업에게 상대를 속여 많이 생산하려는 유인이 존재한다. 이것은 공용지가 비효율적인 수준으로 너무 많이 사용되는 경향과 흡사하다고 볼 수 있다.

게임이론 11장

11.1 우월전략균형

11.2 내쉬균형

11.3 반복우월전략균형과 내쉬균형

11.4 혼합전략 내쉬균형

11.5 내쉬균형과 선행자의 이득 존재 여부

11.6 카르텔의 불안정성

11.7 카르텔과 반복게임

11.8 카르텔과 보복전략의 유효성

11.9 베르뜨랑모형과 묵시적 담합

11.10 순차게임

11.11 선행자의 이득

11.12 순차게임

11.13 노동조합과 기업의 순차게임

11.14 순차게임과 유한반복게임의 혼합

11.15 게임 관련 개념의 비교 논의

11.16 불완비정보게임

11.1 우월전략균형

다음은 A, B 두 나라가 각기 자유무역과 보호무역이라는 두 가지 무역정책을 사용할 수 있을 경우 각 나라가 얻는 보수를 나타내고 있다.

		국가 B	
		자유무역	보호무역
국가 A	자유무역	20(A), 20(B)	5(A), 25(B)
	보호무역	25(A), 5(B)	10(A), 10(B)

a. 각국이 서로 경쟁적으로 보호무역정책을 사용할 경우 균형을 구하고 그 성격을 말하시오.

b. 각국이 서로 성공적으로 무역협상을 할 경우 어떤 결과를 예상할 수 있는가?

KEY ▶ 각 참가자 모두에게 우월전략이 있을 경우, 각자 우월전략을 사용하는 상태에서 균형이 달성된다. 이것을 우월전략균형이라고 한다.

풀이

a. 보호무역을 하는 것이 두 국가에게 모두 우월전략이다. 그러므로 각국은 보호무역을 택한다. 그 결과 (보호무역, 보호무역)이 균형이다. 그리고 보수는 (10, 10)이 된다. 우월전략균형이다.

한편 내쉬균형은 상대가 최적의 전략을 사용하는 상황에서 자신도 최적의 전략을 사용할 때 달성되는 균형이다. 그런데 우월전략은 상대가 어떠한 전략을 사용하든지 자신에게 최적이 되는 전략이다. 그러므로 우월전략균형은 항상 내쉬균형이 된다. 그러나 모든 내쉬균형이 우월전략균형이 되는 것은 아니다.

b. 서로 자유무역정책을 택하여 서로 더 나아질 수 있다. 이때 균형은 (자유무역, 자유무역)이며 그때 보수는 (20, 20)이 된다.

11.2 내쉬균형

A와 B 두 기업이 모두 상품차별화를 시도할 경우 두 기업의 이윤은 각각 20과 5이며, 두 기업이 모두 상품차별화를 시도하지 않을 경우에는 두 기업의 이윤이 각각 5와 15라고 한다. 한편 기업 A는 상품차별화를 시도하고 기업 B는 상품차별화를 시도하지 않을 경우 이윤은 10으로 같다. 그러나 기업 A는 상품차별화를 시도하지 않는데 기업 B만 상품차별화를 시도하면 이윤은 각각 15와 10이 된다고 한다. 이때 내쉬균형을 구하고 그 이유를 말하시오.

KEY ▶ 각자 상대의 전략을 주어진 것으로 간주하고 자신에게 최적의 전략을 선택할 때 달성되는 균형이 내쉬균형이다. 내쉬균형은 상대의 최적전략에 대해서만 자신의 전략도 최적이 되는 균형이다.

풀이

내쉬균형은 [차별(A), 무차별(B)]이고, 그때 보수는 [10(A), 10(B)]이다. A의 차별 전략에 대한 B의 최선의 선택은 무차별전략이며, B의 무차별전략에 대한 A의 최선의 선택은 차별 전략이기 때문이다. 이 밖의 다른 어떤 전략도 참가자에게 그(들)의 전략을 바꿀 유인을 제공한다. 여기서의 내쉬균형은 사실상 우월전략균형이다.

		기업 B	
		차별	**무차별**
기업 A	**차별**	20(A), 5(B)	10(A), 10(B)
	무차별	15(A), 10(D)	5(A), 15(B)

11.3 반복우월전략균형과 내쉬균형

두 기업 A와 B는 각각 3개의 전략을 가지고 있다. 그들의 보수 행렬은 다음과 같이 주어져 있다고 하자.

		B		
		b_1	b_2	b_3
A	a_1	12(A), 8(B)	14(A), 10(B)	10(A), 9(B)
	a_2	11(A), 15(B)	10(A), 12(B)	7(A), 14(B)
	a_3	14(A), 8(B)	10(A), 7(B)	10(A), 15(B)

a. 반복우월전략균형(iterated dominant strategy equilibrium)을 찾으시오.

b. 내쉬균형을 찾으시오.

c. 반복우월전략균형과 내쉬균형을 비교하시오.

KEY ▶ 이 문제에서 내쉬균형을 찾으려면 내쉬균형을 또 다른 방법으로 정의하는 것이 편리하다. 즉, 내쉬균형은 전략의 쌍으로 이루어지는데 각 전략은 그 쌍 안에 있는 다른 전략에 대해 최선의 대응이 되고 있다는 것이다.

풀이

a. 반복우월전략균형이란 우월전략을 반복적으로 적용함으로써 찾아낸 균형을 말한다. 먼저 전략 a_1은 전략 a_2에 대해 우월전략이다. 그러므로 기업 A는 전략 a_2를 사용하지 않을 것이다. 이러한 측면에서 a_2를 제거하자. 그러면 다음과 같은 보수행렬이 남는다.

		B		
		b_1	b_2	b_3
A	a_1	12(A), 8(B)	14(A), 10(B)	10(A), 9(B)
	a_3	14(A), 8(B)	10(A), 7(B)	10(A), 15(B)

기업 B는 위와 같은 예상을 할 것이다. 이제 이 보수행렬에서 볼 때 전략 b_3는 전략 b_1에 대해 우월전략이다. 그러므로 기업 B는 전략 b_1을 사용하지 않을 것이다. 이러한 측면에서 전략 b_1을 제거하자. 그러면 다음과 같은 보수행렬이 남는다. 물론 기업 A는 이것을 예상할 것이다.

		B	
		b_2	b_3
A	a_1	14(A), 10(B)	10(A), 9(B)
	a_3	10(A), 7(B)	10(A), 15(B)

이 보수행렬에서는 전략 a_1이 전략 a_3에 대해 우월전략이다. 그러므로 기업 A는 전략 a_3를 사용하지 않을 것이다. 이러한 측면에서 전략 a_3를 제거할 수 있다. 이러한 예상을 한 기업 B는 10과 9 중에서 10을 얻을 심산으로 전략 b_2를 택할 것이다. 그 결과 각 기업의 보수는 [14(A), 10(B)]가 될 것으로 예상된다. 그리고 이때 각 기업은 전략 (a_1, b_2)를 사용하게 된다.

b. 여기서 내쉬균형을 구하기 위해 내쉬균형의 성격을 다음과 같이 또 다른 방법으로 정의하자. 즉, 내쉬균형은 전략의 쌍으로 이루어지는데 각 전략은 그 쌍 안에 있는 다른 전략에 대해 최선의 대응이 되고 있다는 것이다. 이때 중요한 것은 먼저 상대의 전략을 주어졌다고 가정하고 그에 대해 자신의 최선의 전략을 찾는다는 것이다. 이러한 원리에 따라 내쉬균형을 찾아보자. 예를 들어 아래 표의 첫 행을 살펴보자. B의 전략이 b_1으로 주어졌을 경우를 생각해 보자. 이때 개인 A가 a_1을 선택하면 자신의 보수는 12가 된다. a_2를 택하면 자신의 보수는 11이 된다. a_3를 택하면 자신의 보수는 14가 된다. 그러므로 개인 B가 b_1을 택했을 경우 개인 A의 최선의 대응은 14를 얻는 a_3이다. 나머지 경우들도 같은 원리에 의해 찾은 것이다.

주어진 B의 전략	A의 최선의 대응 전략
b_1	a_3
b_2	a_1
b_3	a_1 또는 a_3

주어진 A의 전략	B의 최선의 대응 전략
a_1	b_2
a_2	b_1
a_3	b_3

이제 위 두 표를 비교해 보자. 그러면 b_2에 대한 개인 A의 최선의 대응은 a_1이며 또한 a_1에 대한 개인 B의 최선의 대응은 b_2라는 것을 알 수 있다. 그러므로 (a_1, b_2)는 내

쉬균형이 된다. 이때 보수는 [14(A), 10(B)]이 된다. 같은 원리로 (a_3, b_3)도 내쉬균형이 된다. 이때 보수는 [10(A), 15(B)]이다. 참고로 (a_1, b_3)는 내쉬균형이 아니다. 그 이유를 살펴보자. b_3에 대한 개인 A의 최선의 대응은 a_1이지만 a_1에 대한 개인 B의 최선의 대응은 b_3가 아닌 b_2이기 때문이다. 같은 원리로 (a_3, b_1)도 내쉬균형이 아니다.

한편 내쉬균형은 다음과 같은 중요한 성질을 가지고 있다. 즉, 내쉬균형에서는 어느 누구도 자신만 혼자 전략을 바꾸어서는 자신의 보수를 증가시킬 수 없다.

c. 반복우월전략균형은 반드시 내쉬균형이 되지만 내쉬균형이라고 해서 반드시 반복우월전략균형이 되지는 않는다. 앞 문항들에서도 반복우월전략균형인 (a_1, b_2)는 내쉬균형이다. 그러나 내쉬균형 중의 하나인 (a_3, b_3)는 반복우월전략균형이 아니다.

11.4 혼합전략 내쉬균형

보수행렬이 다음과 같이 주어져 있다고 하자.

		B	
		b_1	b_2
A	a_1	10(A), 10(B)	10(A), 5(B)
	a_2	15(A), 10(B)	5(A), 25(B)

a. 혼합전략 내쉬균형을 구하고, 그때 각 기업의 기대이윤을 구하시오.

b. 이 경우 혼합전략 내쉬균형의 성격을 말하시오.

KEY ▶ 혼합전략 내쉬균형은 각 개인의 기대이윤 극대화 문제를 풀어서 구한다.

풀이

a. 개인 A는 (p_1, p_2)의 확률로 두 전략을 사용하고 개인 B는 (q_1, q_2)의 확률로 두 전략을 사용한다고 하자. 이 경우 개인 A의 기대이윤극대화 문제는

$$\underset{p_1, p_2}{Max}\ E(\pi) = p_1(q_1 \cdot 10 + q_2 \cdot 10) + p_2(q_1 \cdot 15 + q_2 \cdot 5)$$
$$s.t.\quad p_1 + p_2 = 1$$

이다. 이 문제에 대한 라그랑지함수는

$$\underset{p_1, p_2}{Max}\ L = p_1(q_1 \cdot 10 + q_2 \cdot 10) + p_2(q_1 \cdot 15 + q_2 \cdot 5) + \lambda(1 - p_1 - p_2)$$

이다. 극대화의 일차필요조건은

$$\frac{\partial L}{\partial p_1} = 10q_1 + 10q_2 - \lambda = 0 \tag{1}$$

$$\frac{\partial L}{\partial p_2} = 15q_1 + 5q_2 - \lambda = 0 \tag{2}$$

$$\frac{\partial L}{\partial \lambda} = 1 - p_1 - p_2 = 0 \tag{3}$$

이 된다. 한편

$$q_1 + q_2 = 1 \tag{4}$$

이다. 그러므로 식 (1), (2), (4)를 연립으로 풀면

$$q_1 = q_2 = 0.5$$

를 얻는다.

이 결과를 해석해 보자. 기업 B가 q_1과 q_2를 각각 0.5의 확률로 사용할 경우 기업 A의 이윤이 극대화된다. 바꾸어 말하면 기업 B가 두 전략을 각각 0.5의 확률로 사용할 경우 기업 A는 자신의 기대이윤이 극대화되므로 자신이 사용하는 전략을 바꿀 이유가 없다. 그러므로 $q_1 = q_2 = 0.5$는 내쉬균형의 후보가 된다.

여기서 식 (1)과 식 (2)를 관찰해 보자. 그러면

$$10q_1 + 10q_2 = \lambda$$
$$15q_1 + 5q_2 = \lambda$$

이므로

$$10q_1 + 10q_2 = 15q_1 + 5q_2 \tag{5}$$

가 되는 것을 알 수 있다. 이 식에서 좌변은 기업 A가 전략 a_1을 사용하는 확률을 조정함으로써 얻을 수 있는 기대이윤의 변화율을 나타낸다. 우변은 기업 A가 전략 a_2를 사용하는 확률을 조정함으로써 얻을 수 있는 기대이윤의 변화율을 나타낸다. 그러므로 식 (5)는 기업 A의 경우 자신이 각 전략을 사용하는 확률을 변화시킴으로써 얻을 수 있는 기대이윤의 변화율이 같을 때 그 기대이윤이 극대화된다는 것을 말한다. 그런데 식 (1)과 식 (2)에서 보듯이 기업 A의 기대이윤은 기업 B가 각 전략을 사용하는 확률인 q_1과 q_2의 크기에 따라 정해진다.

한편 기업 B의 기대이윤극대화 문제는

$$\underset{q_1, q_2}{Max}\ E(\pi) = q_1(p_1 \cdot 10 + p_2 \cdot 10) + q_2(p_1 \cdot 5 + p_2 \cdot 25)$$
$$s.t. \quad q_1 + q_2 = 1$$

이다. 이 문제에 대한 라그랑지함수는

$$Max\ L = q_1(p_1 \cdot 10 + p_2 \cdot 10) + q_2(p_1 \cdot 5 + p_2 \cdot 25) + \lambda(1 - q_1 - q_2)$$

이다. 극대화의 일차필요조건은

$$\frac{\partial L}{\partial q_1} = 10p_1 + 10p_2 - \lambda = 0 \tag{6}$$

$$\frac{\partial L}{\partial q_2} = 5p_1 + 25p_2 - \lambda = 0 \tag{7}$$

$$\frac{\partial L}{\partial \lambda} = 1 - q_1 - q_2 = 0 \tag{8}$$

이 된다. 한편

$$p_1 + p_2 = 1 \tag{9}$$

이다. 이제 식 (6), (7), (9)를 연립으로 풀어보자. 그러면

$$p_1 = \frac{3}{4}$$
$$p_2 = \frac{1}{4}$$

을 얻는다. 다시 말하면 기업 A가 두 전략을 이러한 확률로 사용할 경우 기업 B의 기대이윤이 극대화된다. 그러므로 기업 A가 각 전략을 이러한 확률로 사용할 경우 기업 B는 자신의 기대이윤이 극대화되므로 전략을 바꾸지 않는다. 이러한 해가 가지는 성격에 대한 설명은 개인 A의 경우와 같다.

결국 혼합전략 내쉬균형은 개인 A와 개인 B의 기대이윤극대화 문제를 풀어서 구한 값, 즉

$$p_1 = \frac{3}{4}$$
$$p_2 = \frac{1}{4}$$
$$q_1 = q_2 = 0.5$$

일 때 달성된다. 즉, 기업 A가 전략 a_1을 $\frac{3}{4}$의 확률로 사용하고 전략 a_2를 $\frac{1}{4}$의 확률로 사용하면서 기업 B는 전략 b_1과 b_2를 각각 $\frac{1}{2}$의 확률로 사용할 때 혼합전략 내쉬균형이 달성된다.

이때 각 기업의 극대 기대이윤은 이러한 값을 목적함수에 대입하여 구한다. 이 경우

기업 A의 기대이윤과 기업 B의 기대이윤이 10으로 우연히 같아진다.

b. 이 경우 내쉬균형의 성격은 다음과 같다. 즉, 기업 A가 자신의 전략을 어떠한 확률로 사용하든지, 그 기대보수가 같아지도록 기업 B가 혼합전략을 사용하는 상태에서 균형이 달성된다. 이러한 사항은 식 (5)에 나타나 있다. 기업 B에 대해서도 같은 원리가 적용된다.

11.5 내쉬균형과 선행자의 이득 존재 여부

두 자동차 회사 A, B가 서로 새로운 모델을 출시하는 것과 기존 모델을 고수하는 것의 두 가지 전략을 사용할 수 있다고 하자. 만일 어느 한 기업은 새로운 모델을 출시했는데 다른 기업은 기존 모델을 고수했을 경우에는 새로운 모델을 출시한 기업은 20의 이윤을 얻고 기존 모델을 고수한 기업은 10의 이윤을 얻는다고 한다. 만일 두 기업이 경쟁적으로 새 모델을 출시할 경우에는 두 기업 모두 10의 손실을 입으며, 두 기업이 모두 기존 모델을 고수할 경우에는 두 기업 모두 10의 이윤을 얻는다고 한다.

a. 보수행렬을 구하시오.

b. 내쉬균형을 구하시오.

c. 선행자의 이득이 있는가를 말하시오.

d. B기업이 먼저 새로운 모델을 출시했다고 하자. 이러한 상황에서 A기입이 자신도 새로운 모델을 출시할 경우 자신에게 보조금을 지급해 주면, 이윤을 얻은 후 이미 지급한 보조금과 함께 이윤의 일부를 투자자에게 돌려준다고 제의했다고 하자. 투자자 입장에서 A기업의 이러한 제의를 받아들일 수 있겠는가? 예를 들어 설명하시오.

KEY ▶ 보조금 지급이 선행자의 이득을 무력화시킬 수 있다.

풀이

a.

		기업 B	
		새로운 모델	기존 모델
기업 A	새로운 모델	$-10(A)$, $-10(B)$	$20(A)$, $10(B)$
	기존 모델	$10(A)$, $20(B)$	$10(A)$, $10(B)$

b. **B가 먼저 의사결정을 할 경우** : 기업 B가 20의 이윤을 바라보고 새로운 모델을 택한다고 하자. 이러한 상황에서 기업 A도 새로운 모델을 택하면 기업 A의 이윤은 −10이 된

다. 그러므로 기업 A는 10의 이윤을 바라보고 기존모델을 택할 것이다. 그러면 기업 B도 전략을 바꾸지 않는다. 기업 B가 전략을 바꾸면 자신의 이윤은 10으로 떨어지기 때문이다. 그러므로 내쉬균형은 [기존 모델(A), 새로운 모델(B)]의 전략을 선택하여 [10(A), 20(B)]의 보수가 실현되는 상태이다.

A가 먼저 의사결정을 할 경우 : 같은 논리로 내쉬균형은 [새로운 모델(A), 기존 모델(B)]의 전략을 선택하여 [20(A), 10(B)]의 보수가 실현되는 상태이다.

c. 자신이 먼저 의사결정을 할 경우, 그렇지 않을 경우에 비해 보수가 증가하므로 선행자의 이득이 존재한다.

d. 그렇다. 아래의 보수행렬을 참조하라. 예를 들어 기업 A에게 20의 보조금을 지급해준다면 B기업이 새로운 모델을 출시한 상황에서도 기업 A가 새로운 모델을 출시함으로써 10의 이윤을 얻을 수 있다. 이때 B의 보수는 −10이 되므로 B는 기존모델을 고수하는 쪽으로 정책을 수정할 것이다. 결국 A의 보수는 40, B의 보수는 10이 된다. 결과적으로 A는 보조금을 제외하고도 10의 추가 이윤을 얻을 수 있으므로 자신이 받은 보조금보다 더 많은 금액을 투자자에게 되돌려 줄 수 있다.

		기업 B	
		새로운 모델	기존 모델
기업 A	새로운 모델	10(A), −10(B)	40(A), 10(B)
	기존 모델	10(A), 20(B)	10(A), 10(B)

11.6 카르텔의 불안정성

어떤 상품에 대한 시장수요곡선이 $Q = 100 - 10p$라고 한다. 이 시장에 평균비용이 5로서 일정한 두 기업이 있다고 하자. 이 두 기업이 공모하여 서로 같은 산출량을 생산하되 이윤을 극대화하도록 산출량을 조정하여 생산한 후 이윤을 반씩 나누어 갖는다고 하자.

a. 이때 시장가격과 각 기업의 산출량, 그리고 각 기업의 이윤을 구하시오.

b. 이러한 공모가 안정적으로 지속될 수 있겠는가에 대해 논의하시오.

KEY ▶ 카르텔은 그 자체 내에 붕괴될 유인이 존재한다.

풀이

$Q = 100 - 10p$, $AC = 5$이다. 카르텔모형을 적용하자.

a. 이윤극대화 문제는

$$\underset{Q}{Max}\ \pi = p(Q)Q - C(Q) = \left(-\frac{Q}{10} + 10\right)Q - 5Q$$

가 된다. 이때 일차필요조건은

$$\frac{d\pi}{dQ} = \left(-\frac{1}{5}Q + 10\right) - 5 = 0,\ \text{즉}\ -\frac{1}{5}Q + 10 = 5$$

가 된다. 이것은 $MR = MC$조건이다. 이로부터

$$Q^* = 25,\ q^* = \frac{25}{2},\ \frac{1}{2}\pi(Q^*) = 31.25$$

를 얻는다.

b. 이때 어느 한 기업이 $\frac{25}{2}$가 아닌 예를 들어 13.5단위를 생산한다고 하자. 그 기업을 기업 1이라고 하자. 그러면 $Q = 26$, $p = 7.4$가 되어 그 기업의 이윤은 $\pi_1 = p(q_1)q_1 - (AC)q_1 = (7.4)(13.5) - 5(13.5) = 32.4$로 증가한다. 이러한 점에 비추어 볼 때 공모가 지속되기 힘들다는 것을 알 수 있다. 그러나 서로 산출량을 증가시켜 가격이 어느 수준 이하로 하락하면, 어느 기업도 더 이상 산출량을 증가시켜 이윤을 증가시킬 수 있는 여지가 없어진다는 점에 주목하라.

11.7 카르텔과 반복게임

시장에 있는 두 기업 A, B가 모두 조금씩 생산하면 A는 10억원, B는 9억원을 벌 수 있지만, 두 기업이 모두 많이 생산하면 시장 가격이 하락하여 A의 이윤은 5억원, B의 이윤은 4억원으로 줄어든다고 한다. 한편 기업 A는 적게 생산하는데 기업 B는 많이 생산할 경우 기업 A의 이윤은 1억원으로 크게 감소하는 반면, 기업 B의 이윤은 15억원으로 크게 증가한다. 거꾸로 기업 B가 적게 생산하는데 기업 A가 많이 생산할 경우 기업 A는 14억원, 기업 B는 2억원의 이윤을 얻는다고 한다. 한편 이러한 의사결정은 1월에 이루어지며 그 의사결정은 당해연도에는 바꿀 수 없다고 한다.

a. 보수행렬과 내쉬균형을 구하시오. 내쉬균형의 정의에 입각하여 그것이 내쉬균형인 이유를 말하시오.

b. 위의 결과가 효율적인가? 파레토효율의 정의에 입각하여 설명하시오.

c. 카르텔을 형성할 경우 그 균형을 구하시오. 보수행렬을 이용하여 카르텔이 붕괴되기 쉬운 이유를 밝히시오.

d. 카르텔이 형성된 다음 기업 B가 한 차례 위반했을 때 기업 B의 이득은 얼마인가?

e. 기업 B가 한 차례 위반하고 기업 A로부터 한 차례 보복을 당했을 때 순이득은 얼마인가? 두 차례 보복을 당했을 때 순이득은 얼마인가?

f. '이러한 결과로부터 사업이 적어도 3년 이상 계속된다면 상대의 보복이 두려워 애초부터 아예 위반을 하지 못한다는 것을 알 수 있다.' 이 말을 평가하라.

KEY ▶ 카르텔은 자체 내에 붕괴될 유인을 지니고 있다. 그러나 게임이 불확정 횟수만큼 반복된다면 유지될 가능성이 있다.

풀이

a. 내쉬균형전략은 (H, H)이고, 그때 보수는 $[5(A), 4(B)]$이다. 기업 A의 전략 H에 대한 기업 B의 최선의 선택은 전략 H이며, 또한 기업 B의 전략 H에 대한 기업 A의 최선의 선택도 전략 H이기 때문이다.

		기업 B	
		H	L
기업 A	H	$5(A)$, $4(B)$	$14(A)$, $2(B)$
	L	$1(A)$, $15(B)$	$10(A)$, $9(B)$

b. 비효율적이다. 그 이유는 $[L(A), L(B)]$를 사용하면 $[5(A), 4(B)]$보다 두 기업에게 모두 나은 $[10(A), 9(B)]$를 얻을 수 있기 때문이다.

c. 이때 균형은 $[L(A), L(B)]$, $[10(A), 9(B)]$이다. 카르텔이 붕괴되기 쉬운 이유를 살펴보자. 예를 들어 기업 A가 L을 유지하는 상태에서는 기업 B가 L을 사용하는 것이 기업 B 자신에게 더 이상 최선이 되지 않기 때문이다. 즉, 기업 A가 L을 유지하는 상태에서는 기업 B는 H를 선택함으로써 9 대신 15를 얻을 수 있기 때문이다. 같은 이유로 기업 B가 L을 유지하는 상태에서는 기업 A가 L을 사용하는 것이 기업 A 자신에게 더 이상 최선이 되지 않는다. 다시 말하면 일단 카르텔이 형성된 이후에는 서로 협정을 위반할 유인이 있다는 것이다.

d. 기업 B가 한 차례 위반하면, 즉 H를 사용하면 B의 보수는 9에서 15로 증가한다. 그러므로 B의 이득은 $15 - 9 = 6$이다.

e. 보복이란 기업 A도 H를 사용하는 것을 말한다. 보복을 할 경우 결과적으로 (H, H)가 예상된다. 즉, 카르텔 이전의 꾸르노-내쉬균형으로 복귀할 가능성이 높다.

한 차례 보복당할 경우 : $6 + (4 - 9) = 1$,

두 차례 보복당할 경우 : $6 + (4 - 9) + (4 - 9) = -4$.

f. 아니다. 유한번 계속된다면 마지막 n번째는 보복 위협이 없으므로 비협조적이 된다. 따라서 뒤에서부터 추론하는 역진귀납 논리에 따르면 매 게임에서 모두 비협조적이 된다. 불확정 횟수만큼 반복될 경우에 비로소 처음부터 협조적이 된다. 이 경우 사업이 무한히 반복되지 않더라도 불확정 횟수만큼만 반복된다면 협조적이 된다는 점에 주목하자.

11.8 카르텔과 보복전략의 유효성

앞 문제의 상황에서 다음 질문에 답하시오.

a. 카르텔을 형성한 후 기업 B가 한 차례 위반하면 기업 A는 그 다음부터 영원히 비협조적 전략을 취하려고 한다. 이러한 보복전략이 효과가 있으려면 할인계수의 크기가 얼마이어야 하는가?

b. 카르텔을 형성한 후 기업 B가 한 차례 위반하면 기업 A는 그 다음 T번만 비협조적 전략을 취하고 그 이후부터는 다시 협조적 전략을 취하려고 한다. 이러한 보복전략이 효과가 있으려면 어떠한 조건이 만족되어야 하는가?

KEY ▶ 이자율이 낮을수록 보복으로부터 입는 손실이 적게 할인되기 때문에 위반을 하지 않을 것이다.

풀이

a. 앞 문제에서 기업 B가 한 번 위반하고 보복당할 경우의 보수와 위반하지 않을 경우의 보수를 비교해 보자. 후자가 더 클 경우 보복전략이 효과를 발휘한다. 한편 이처럼 단 한 번의 위반에 대해서도 영원히 보복하는 전략을 방아쇠전략(trigger strategy)이라고 한다.

할인계수를 δ라고 하자. 그러면 '한 번 위반하고 영원히 보복당할 경우의 보수'는

$$15 + 4\delta + 4\delta^2 + 4\delta^3 + \cdots = 15 + \frac{4\delta}{1-\delta} \tag{1}$$

가 되며 '위반하지 않을 경우의 보수'는

$$9 + 9\delta + 9\delta^2 + 9\delta^3 + \cdots = \frac{9}{1-\delta} \tag{2}$$

가 된다. 그러므로 방아쇠전략이 효과가 있을 조건은

$$15 + \frac{4\delta}{1-\delta} < \frac{9}{1-\delta}, \text{ 즉 } \delta > \frac{6}{11}$$

이다.

한편 이것은 다음과 같이 생각할 수도 있다. 즉, 한 번 위반으로 6(= 15 − 9)의 이득을 보고 그 다음부터는 계속 5(= 9 − 4)의 손실을 볼 경우 그 합계가 음이 될 조건을 찾는 것이다. 다시 말해서 방아쇠전략이 효과가 있으려면 식 (1)의 좌변에서 식 (2)의 좌변을 빼준 값

$$(15-9) + (4\delta - 9\delta) + (4\delta^2 - 9\delta^2) + \cdots$$

이 음이어야 한다는 것이다. 즉

$$6 < \frac{5\delta}{1-\delta},\ \delta > \frac{6}{11}$$

이어야 한다. 이렇게 볼 때 할인계수가 클수록, 즉 이자율이 낮을수록 보복으로 입는 손실이 적게 할인됨으로써 보복조치가 타격으로 받아들여진다는 것이다. 즉, 방아쇠 전략이 효과를 발휘할 가능성이 높아지는 것이다.

b. 이 경우에도 위반하고 보복당할 경우의 보수와 위반하지 않을 경우의 보수를 비교한다. 후자가 더 클 경우 보복전략이 효과를 발휘한다.

'한 번 위반한 후 T번 보복당할 경우의 보수' 는

$$15 + (4\delta + 4\delta^2 + \cdots + 4\delta^T) + 9\delta^{T+1} + 9\delta^{T+2} + 9\delta^{T+3} + \cdots$$

$$= 15 + \frac{4\delta(1-\delta^T)}{1-\delta} + \frac{9\delta^{T+1}}{1-\delta} \tag{3}$$

이 되며 '위반하지 않을 경우의 보수' 는 앞서 구한 식 (2)이다. 이때 식 (3) $<$ 식 (2)일 경우 이러한 보복조치가 효과가 있다. 한편 이러한 전략을 용서하는 방아쇠전략(forgiving trigger strategy)이라고 한다.

참고 ▶ 위 조건을 정리하여 로피탈의 규칙(L' Hopital' s Rule)을 적용하면 할인계수가 1에 가까울 정도로 클 경우에는 $T > \frac{6}{5}$이라는 결과를 얻는다. 즉, 할인계수가 1에 가까울 정도로 클 경우에는 2기 동안 정도만 보복하더라도 용서하는 방아쇠 전략이 효과를 발휘한다는 것이다.

11.9 베르뜨랑모형과 묵시적 담합

시장에서 A와 B 두 기업이 상품을 생산하고 있다. 각 기업이 상품을 생산하는 데 들어가는 한계비용과 평균비용은 20만원으로서 서로 같다. 수요함수는 $Q = 600 - 10p$이다.

a. 베르뜨랑균형을 구하시오. 이때 각 기업의 이윤을 구하시오.

b. 두 기업이 묵시적으로 담합할 경우 이윤을 구하시오.

무한한 기간 동안 조업할 수 있다고 가정하자.

c. 묵시적으로 담합한 상태에서 어느 한 기업이 위반하면 그 다음 기부터 상대방으로부터 계속 보복을 당한다고 하자. 이 경우 이 기업이 얻는 이윤과 담합을 유지하면서 계속 이윤의 절반을 나누어 가질 때의 이윤을 비교하시오.

d. 할인계수를 δ라고 하자. 각 기업이 담합을 그대로 유지하려 한다면 δ의 크기는 얼마인가?

KEY ▶ 반복되는 베르뜨랑모형에서 담합을 유지했을 때의 이윤이 독점이윤보다 클 경우 묵시적 담합이 유지된다.

풀이

a. 베르뜨랑균형은 전략적 상황에서 두 기업이 동시에 가격을 설정할 때 달성되는 균형이다. 균형을 찾기 위해 예를 들어보자. 기업 A가 한계비용인 20만원보다 높은 가격 p_A를 설정했다고 하자. 이 경우 기업 B는 20만원보다는 높지만 p_A보다는 낮은 가격 p_B를 설정한다고 하자. 그러면 모든 소비자들이 낮은 가격을 바라보고 모두 기업 B에게 몰릴 것이다. 그리하여 기업 B가 시장을 모두 차지하게 된다. 이러한 예상을 할 경우 기업 A는 자신의 가격을 바꿀 유인이 생긴다. 즉, 한계비용인 20보다는 높지만 p_B보다는 낮은 가격을 설정함으로써 시장을 다시 모두 차지하려 할 것이다. 그러면 기업 B도 다시 자신의 가격을 바꿀 유인이 생긴다.

이러한 비협조적인 가격 설정 과정이 반복되어 두 기업의 가격이 모두 한계비용과 같아지는 상태에 도달했다고 하자. 이 상태에서는 가격을 내리는 경우 해당 기업은 손실을 입는다. 그러므로 이러한 상태에서는 어느 기업도 더 이상 가격을 변경하려고 하지 않을 것이다. 균형의 정의에 입각할 때 이 상태가 바로 균형이 된다.

이 경우 가격 설정을 통하여 균형이 달성되었으므로 베르뜨랑균형이다. 한편 각 기업의 한계비용과 평균비용은 같다고 하였다. 그런데 균형에서는 가격과 한계비용이 같아지므로 결국 가격과 평균비용이 같아진다. 그 결과 각 기업의 이윤은 0이 된다.

b. 두 기업이 경쟁적으로 가격을 설정할 경우 각 기업의 이윤은 0이 된다는 것을 알았다.

그러므로 두 기업이 모두 양의 이윤을 얻을 수만 있다면 서로 담합할 유인이 있다고 하겠다. 이때 드러내 놓고 담합하지 않더라도 묵시적으로 담합하는 경우를 생각해 보자. 가장 그럴듯한 경우는 두 기업이 묵시적으로 담합하여 하나의 독점기업처럼 행동하는 것이다. 그리고 각 기업이 담합했을 때의 산출량의 절반씩을 생산하는 것이다.

이에 대해 구체적으로 알아보자. 주어진 수요함수로부터 $p = 60 - \frac{1}{10}Q$라는 것을 알 수 있다. 따라서 담합기업의 이윤극대화 문제는

$$\underset{Q}{Max}\ \pi = pQ - AC \cdot Q = \left(60 - \frac{1}{10}Q\right)Q - 20Q$$

가 된다. 이윤극대화의 일차필요조건은

$$\frac{d\pi}{dQ} = \left(60 - \frac{1}{5}Q\right) - 20 = 0,\ \text{즉}\ 60 - \frac{1}{5}Q = 20,\ \text{즉}\ MR = MC$$

이다. 이로부터 $Q^* = 200$, $\pi^* = 4,000$이 된다. 이때 각 기업이 독점산출량의 절반씩을 생산하고 이윤도 절반씩 나누어 갖는다면 각 기업의 산출량은 각각 $Q_A^* = Q_B^* = 100$이 되고 이윤은 $\pi_A^* = \pi_B^* = 2,000$이 된다.

c. 두 기업 중 어느 한 기업이 묵시적 담합을 위반하고 가격을 아주 조금만 할인하더라도 그 기업이 시장을 모두 차지한다. 이처럼 가격을 조금 내린 상태에서 시장을 독차지할 경우 그 기업은 거의 독점이윤 $\pi^*(= 4,000)$에 해당하는 이윤을 얻는다. 그러나 다음 기부터 보복을 당하면 그 이후부터는 매기마다 베르뜨랑균형이 되어 이윤이 0이 된다. 결국 담합을 위반할 경우 위반한 기업의 이윤은 한 번의 독점이윤과 같아진다. 한편 두 기업 중 어느 기업도 담합을 위반하지 않을 경우 두 기업은 이윤의 절반을 계속 나누어 가질 수 있다. 즉, 두 기업은 매기마다 독점이윤의 절반인 2,000을 갖게 된다.

d. 각 기업이 담합을 유지하려 한다는 것은 담합을 위반했을 때의 이윤보다 담합을 유지했을 때의 이윤이 더 크다는 것을 의미한다. 그런데 담합을 위반했을 때의 이윤은 독점이윤인 4,000이다. 그리고 할인계수가 δ일 경우 담합을 유지했을 때의 이윤은

$$2,000 + 2,000\delta + 2,000\delta^2 + \cdots = 2,000 \cdot \frac{1}{1-\delta}$$

이다. 그러므로 $4,000 < 2,000 \cdot \frac{1}{1-\delta}$일 경우 담합을 유지한다. 즉, $\delta > \frac{1}{2}$이면 담합을 유지한다. 이것은 각 기업이 미래의 이윤을 아주 많이 할인하지 않는다면 두 기업이 모두 담합을 유지할 유인을 갖게 된다는 것을 의미한다. 한편 δ의 값이 작을수록 미래의 이윤을 크게 할인한다는 것에 주목하자. 즉, δ의 값이 작을수록 미래의 이윤보다는 눈앞의 이윤을 추구한다는 것이다.

11.10 순차게임

가전제품 시장에서 기업 A가 산출량을 증가시키는 것을 본 후 기업 B도 산출량을 증가시킨다면 두 기업은 각각 15, 8의 이윤을 얻고, 기업 B는 기존 산출량을 고수한다면 각각 25, 11의 이윤을 얻는다고 한다. 한편 기업 A가 기존 산출량을 고수하는 것을 보고 기업 B도 자신의 기존 산출량을 고수한다면 각각 20, 13의 이윤을 얻지만, 기업 B는 산출량을 증가시킨다면 각각 17, 15의 이윤을 얻는다고 한다.

a. 내쉬균형을 구하시오.

b. 기업 A가 산출량을 증가시킬 경우 기업 B가 자신도 산출량을 증가시킬 것이라고 위협한다고 하자. 이러한 위협이 신뢰성이 있는가?

c. 완전균형을 구하시오. 이것을 스타켈버그균형과 비교하시오.

d. 기업 B가 자신이 산출량을 증가시키는 전략을 고수한다는 것을 기업 A에게 인식시키려는 노력이 기업 B 자신에게 도움이 되겠는가?

e. 그렇다면 이러한 전략이 과점시장에서는 어떠한 유형으로 나타나는가?

KEY ▶ 순차게임이다. 순차게임에서 완전균형은 역진귀납방식으로 추론하면 쉽게 구할 수 있다.

풀이

a. 기업 A가 증대 전략을 택하면 기업 B는 고수 전략을 택할 것이다. 기업 B가 고수 전략을 택할 때 기업 A는 증대 전략을 그대로 유지한다. 이때 만약 기업 A가 전략을 바꿔 고수 전략을 택한다면 기업 A의 이득은 25보다 낮은 20이 되므로 전략을 바꾸지 않는다는 것이다. 그러므로 내쉬균형은 (증대, 고수)이고 그때의 보수는 (25, 11)이다. 같은 논리로 (고수, 증대)도 내쉬균형이며 그때의 보수는 (17, 15)이다.

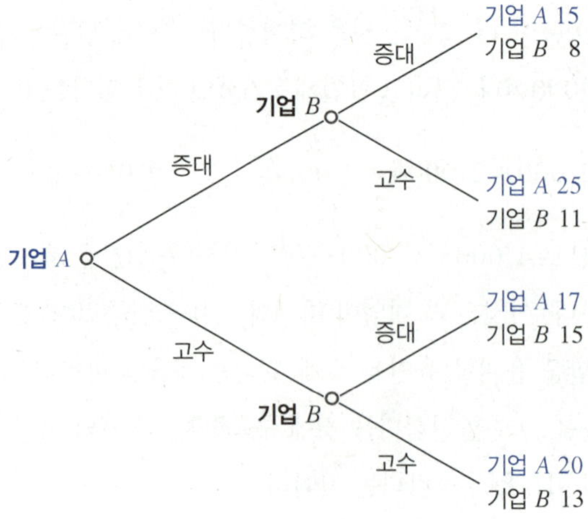

b. 기업 A가 증대 전략을 택했을 때 기업 B가 고수 전략을 택할 경우 기업 B 자신은 11을 얻는다. 그러나 기업 B가 증대 전략을 택하면 11보다 적은 8밖에 얻지 못한다. 그러므로 기업 B의 위협은 신뢰성이 없다.

c. 뒤에서부터 추론해 보자. 기업 B는 상반부의 가지에서 8 대신 11을 보고 고수를 택하며 하반부의 가지에서는 13 대신 15를 보고 증대를 택한다. 그러므로 축약된 게임은 다음과 같다.

축약된 게임에서 기업 A는 17 대신 25를 보고 증대를 택할 것이다. 그러므로 완전균형은 (증대, 고수)이고 그때의 보수는 (25, 11)이다.

먼저 의사결정을 내리는 사람이 나중에 의사결정을 내리는 사람의 반응을 고려하여 의사결정을 내린다는 점에서 스타켈버그균형과 유사하다.

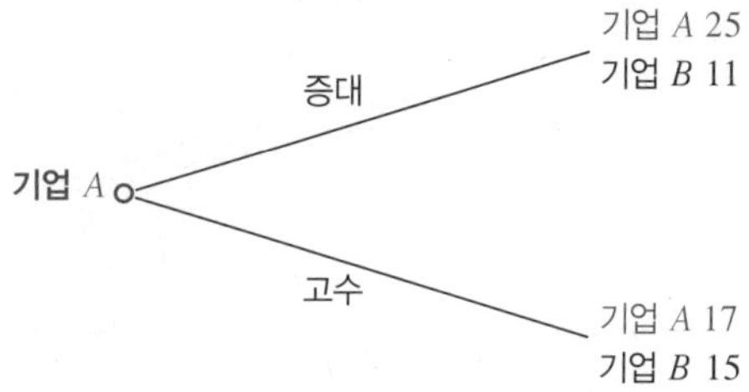

d. 도움이 된다. 이것이 성공한다면 기업 A가 증대를 택해 15를 얻기보다는 17의 보수를 보고 고수를 택할 것이다. 이 경우 B는 완전균형의 보수인 11 대신 15를 얻을 수 있을 것이기 때문이다.

e. 공약을 통해 자신의 위협이 신뢰성 있는 위협으로 보이게 함으로써 새로운 기업의 진입을 저지시키는 전략이 이에 해당한다. 이러한 공약 중의 하나가 생산시설을 확장하여 추가 생산물도 현재의 한계비용으로 생산할 수 있음을 보여주는 것이다. 또 다른 진입저지전략으로는 진입저지가격정책(limit pricing)을 들 수 있다.

11.11 선행자의 이득

다음과 같은 순차게임을 생각해 보자.

a. 완전균형을 구하시오.

b. 선도자가 먼저 행동을 취할 권리를 추종자에게 양보할 수 있겠는가?

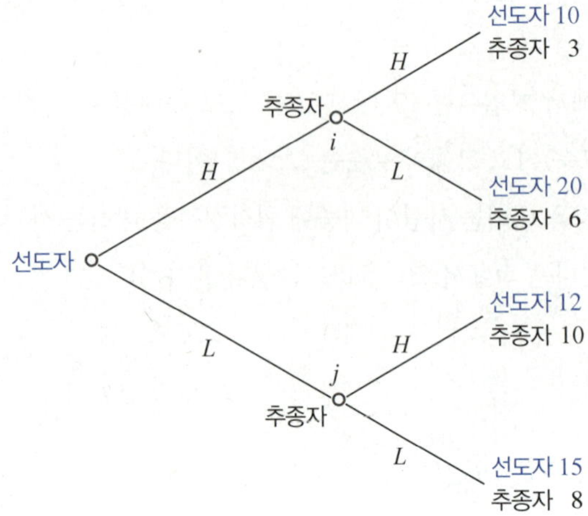

KEY ▶ 먼저 행동을 취할 경우와 나중에 행동을 취할 경우 자신의 보수를 비교해 보라. 보수가 적어지면 양보하지 않을 것이다.

풀이

a. 선도자를 A, 추종자를 B라고 하자. 뒤에서부터 추론하는 역진귀납방식을 사용하자. 마디 i에서 B는 위의 가지에 있는 3 대신 아래 가지에 있는 6을 보고 L을 택할 것이다. 그러므로 마디 i에서는 위에 있는 가지가 잘려 나간다. 한편 마디 j에서는 B가 아래 가지에 있는 8 대신 위의 가지에 있는 10을 보고 H를 택할 것이다. 그러므로 아래 가지가 잘려 나간다. 그 결과 축약된 게임나무는

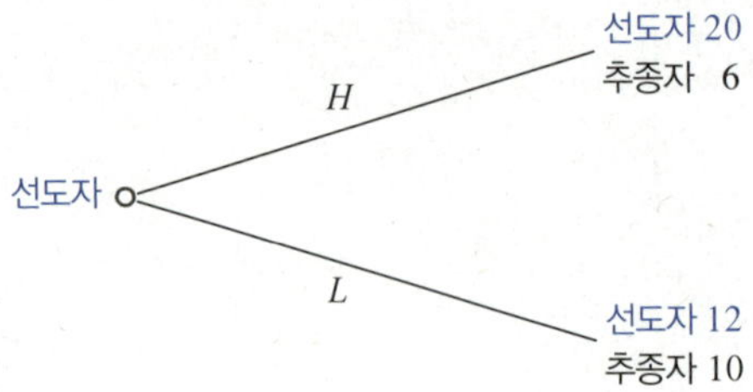

가 된다. 축약된 게임나무에서 선도자는 아래 가지에 있는 12 대신 위의 가지에 있는 20을 얻으려고 위의 가지를 택한다. 결과적으로 선도자는 H, 추종자는 L을 택하여 각

각 20과 6을 얻을 때 완전균형이 성립된다.

b. 선도자가 나중에 행동할 경우 역진귀납방식을 사용해 보자. 이때 완전균형은 (H, L)이며 그때 보수는 $[12(A), 10(B)]$가 된다. 이때 선도자 A의 보수는 자신이 먼저 행동할 때 얻는 20 대신 12가 될 것이므로 양보하지 않을 것이다. 즉, 이 게임에서는 선행자의 이득이 존재한다.

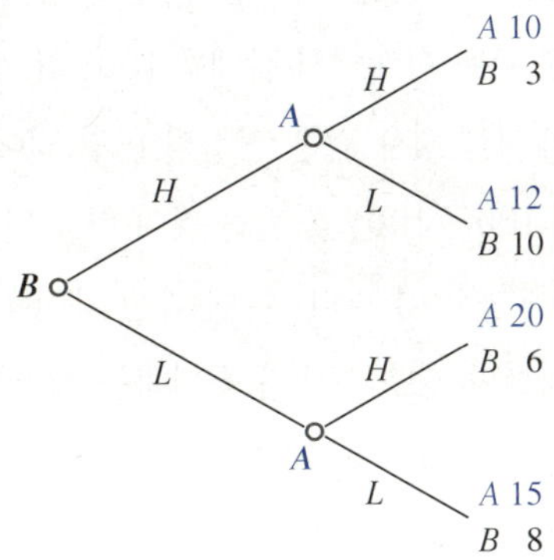

축약된 게임

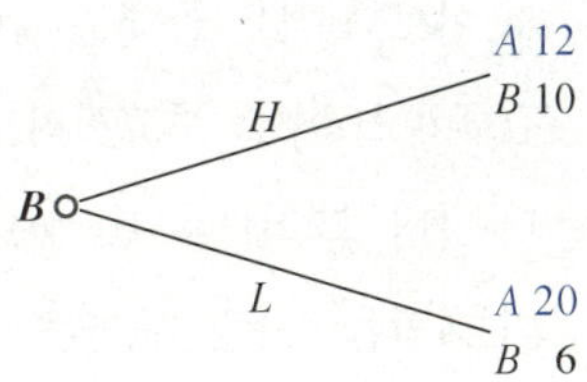

11.12 순차게임

다음과 같은 상황을 생각해 보자. 갑과 을이 100만원을 나누어 갖는 협상을 하는 것이다. 협상은 3번 이내에 끝내기로 되어 있다. 먼저 갑이 제안을 하면 을은 그 제안을 받아들이거나 일주일 후 자신이 새로운 제안을 할 수 있다. 마지막으로 일주일 후 갑이 을의 제안을 받아들이거나 새로운 제안을 할 수 있는데 이때 서로 합의하지 않으면 갑과 을은 모두 1원도 가지지 못한다. 이 게임에서 개인이 두 제안에 대해 무차별할 경우 상대가 좋아하는 제안을 받아들인다고 가정하자. 이 경우 갑과 을은 각각 얼마를 가지게 되는가에 대해 분석해 보자. 일주일간 갑의 할인계수는 γ이고 을의 할인계수는 δ라고 하자.

a. 갑과 을은 각각 얼마를 가지게 될 것으로 예상되는가?

b. 갑의 할인율의 크기와 갑이 가지게 되는 금액 사이에는 어떠한 관계가 있는가?

KEY ▶ 순차게임이므로 역진귀납방식으로 푼다.

풀이

a. 마지막 단계에서는 갑은 상대에게 '아주 조금' 제시할 것이다. 더 이상의 단계가 없으므로 을은 이것을 받아들이지 않을 수 없다. 그나마 받아들이지 않으면 갑도 한푼도 못 갖지만 자신도 한푼도 못 갖게 된다. 그러므로 게임이 마지막 단계까지 간다면 갑

이 100만원을 가지고 을은 아주 조금을 가지게 된다. 이 금액을 0이라고 해도 좋다.

마지막의 바로 이전 단계를 생각해 보자. 이번 단계에는 을이 제안할 차례이다. 을은 다음과 같은 상황을 고려해야 한다. 즉, 갑은 을의 제안이 마음에 들지 않으면 거절해 버림으로써 게임을 마지막 단계로 끌고 갈 것이다. 마지막 단계로 가면 갑은 100만원을 가지게 되고 을은 0원을 가지게 된다는 사실을 두 사람은 이미 알고 있다. 그러므로 을은 이번 단계에서 갑이 받아들일 제안을 해야 한다. 한편 갑의 할인계수가 γ이므로 마지막 단계에서의 100만원은 이번 단계에서 갑에게 100γ의 가치가 있다. 그러므로 이보다 적은 금액을 갑에게 제시할 경우 갑은 거절해 버릴 것이다. 한편 을로서도 갑에게 100γ를 주고서라도 현재 $100-100\gamma$를 받는 것이 다음 단계에 0을 받는 것보다 낫다. 그러므로 100γ를 제시하는 것이 낫다. 이때 갑은 자신에게는 무차별하지만 이 제안을 수용한다. 앞에서 무차별할 경우 상대가 좋아하는 제안을 받아들인다고 가정하고 있는 점에 주목하자. 이렇게 볼 때 게임이 둘째 단계에서 끝난다면 갑은 100γ를 가지게 되고 을은 $100-100\gamma$를 가지게 된다.

이제 첫 번째 단계에 대해서 생각해 보자. 갑이 제안할 차례이다. 갑은 다음과 같은 상황을 고려해야 한다. 을은 게임을 두 번째 단계까지 끌고 갈 경우 $100-100\gamma$를 받게 된다. 그러므로 갑이 을에게 자신의 제안을 받아들이게 하려면 적어도 을에게 $100-100\gamma$의 현재가치를 주는 값을 제시해야 한다. 그런데 을의 할인계수가 δ이므로 갑은 을에게 현재 적어도 $\delta(100-100\gamma)$를 제시해야 한다. 그러면 을은 이 값을 받아들일 것이다. 이상의 내용을 종합해 보면 게임은 첫 단계에서 끝난다는 것을 알 수 있다. 그리고 갑은 $100-\delta(100-100\gamma)$를 가지게 되고 을은 $\delta(100-100\gamma)$를 가지게 된다.

한편 이 과정에서 서로에게 할인율이 적용되므로 게임을 뒤로 미루는 것보다 가능하면 빨리 끝내는 것이 좋다는 점에 주목하자.

b. 갑은 $100-\delta(100-100\gamma)$를 가지게 된다. 그러므로 갑의 할인율이 작을수록, 즉 할인계수가 클수록(γ가 1에 가까울수록) 갑의 보수는 증가한다. 극단적으로 할인을 전혀 하지 않을 경우, 즉 γ가 1일 경우 그가 100만원을 모두 가지게 된다.

11.13 노동조합과 기업의 순차게임

어떤 기업의 생산함수가 $Q = f(L) = 8L - L^2$이라고 하자. 생산물시장은 경쟁이고 생산물의 가격은 1이라고 한다. 노동조합에 속해 있는 노동자들의 효용함수는 $U(w, L) = w^{\frac{1}{2}} L^{\frac{1}{2}}$이라고 하자. 효용함수에서 L은 노동수요량을 나타낸다.

a. 노동조합이 임금률을 설정하면 기업은 그 임금에 따라 노동수요량을 정한다고 하자. 이 경우 균형임금률과 균형노동수요량을 구하시오. 이 균형의 성격을 말하시오.

b. 위에서 구한 균형이 효율적인가를 말하시오.

KEY ▶ 순차게임에 해당하는 문제이다. 이때 그 결과는 파레토효율적이지 않다.

풀이

a. 노동조합이 먼저 의사결정을 내리고 그 다음 기업이 의사결정을 내리므로 순차게임에 해당한다. 이 경우 노동조합은 자신이 설정하는 임금에 따른 기업의 반응을 고려하여 임금을 정하게 된다. 그러므로 이 문제는 역진귀납방식으로 푸는 것이 좋다(이 문제는 논리적으로 과점시장에서의 스타켈버그모형에 대응되고 있다). 즉, 기업의 문제부터 푼 다음 노동조합의 문제를 푼다는 것이다.

(i) 노동조합이 임금률을 w로 정했다고 하자. 이 경우 기업의 이윤극대화 문제는

$$\max_L \ \pi = pQ - wL = p(8L - L^2) - wL = (8L - L^2) - wL \tag{1}$$

이 된다. 이로부터 이윤극대화의 일차조건은

$$\frac{d\pi}{dL} = (8 - 2L) - w = 0 \tag{2}$$

즉,

$$8 - 2L = w \tag{3}$$

로 구해진다. 이것은 바로

$$VMP_L = w \tag{4}$$

에 해당한다. 식 (3)에서

$$L^* = 4 - \frac{1}{2}w \tag{5}$$

로 구해진다. 이것은 노동의 수요함수로서 사실상 기업의 반응곡선에 해당한다.

(ii) 이제 노동조합의 문제를 풀어보자. 한편 노동조합은 자신이 설정하는 임금률에 따

라 기업이 어떻게 반응하는가를 고려하여 극대화 문제를 풀게 된다. 이때 기업의 반응은 반응곡선이라고 볼 수 있는 노동수요곡선에 나타나 있다. 그러므로 노동조합은 기업의 노동수요함수를 고려하여 극대화 문제를 풀게 된다.

이때 노동을 기준으로 한계대체율을 평가하기 위해 편의상 효용함수에서 변수의 순서를 바꾸어서 표기하기로 하자. 그러면 노동조합의 극대화 문제는

$$\underset{L,\,w}{Max}\ U(L,w) = L^{\frac{1}{2}}w^{\frac{1}{2}} \qquad (6)$$
$$s.t.\quad L = 4 - \frac{1}{2}w$$

가 된다. 노동조합은 총임금(wL)의 효용을 극대화하고 있다는 점에 주목하자. 이 문제에 대한 라그랑지함수는

$$\underset{L,\,w,\,\lambda}{Max}\ Z = L^{\frac{1}{2}}w^{\frac{1}{2}} + \lambda\left(L - 4 + \frac{1}{2}w\right) \qquad (7)$$

이다. 극대화의 일차필요조건은

$$\frac{\partial Z}{\partial L} = \frac{1}{2}L^{-\frac{1}{2}}w^{\frac{1}{2}} + \lambda = 0 \qquad (8)$$

$$\frac{\partial Z}{\partial w} = \frac{1}{2}L^{\frac{1}{2}}w^{-\frac{1}{2}} + \frac{1}{2}\lambda = 0 \qquad (9)$$

$$\frac{\partial Z}{\partial \lambda} = L - 4 + \frac{1}{2}w = 0 \qquad (10)$$

이다.

식 (8)과 식 (9)의 가운데 변에 있는 둘째 항을 각각 이항한 다음 대응되는 변끼리 나누어주면

$$\frac{w}{L} = 2 \qquad (11)$$

를 얻는다. 여기서 좌변은 MRS_{Lw}이고 우변은 노동수요곡선의 기울기의 절대값이라는 점에 주목하자. 식 (10)과 식 (11)을 연립으로 풀면 $L^* = 2$, $w^* = 4$를 얻는다. 이때 $U^*(L^*, w^*) = 2\sqrt{2}$, $\pi^*(L^*, w^*) = 4$를 얻는다.

b. 파레토효율적인 w^*와 L^*의 조합은

$$\underset{L,\,w}{Max}\ U(L,w) = L^{\frac{1}{2}}w^{\frac{1}{2}} \qquad (12)$$
$$s.t.\quad pQ - wL = (8L - L^2) - wL = \overline{\pi}$$

를 풀어서 구할 수 있다. 상대를 나쁘게 하지 않고서는 자신이 나아질 수 없기 때문이다. 이때 $\overline{\pi}$의 값이 변함에 따라 그에 대응하여 얻어지는 (L^*, w^*)의 순서쌍들은 파레토효율적인 조합들을 나타낸다. 그런데 주어진 문제의 경우에는

$$\overline{\pi} = 4 \qquad (13)$$

이다. 식 (13)을 식 (12)에 대입한 다음 극대화 문제를 풀 경우 $L^* = 4$, $w^* = 3$을 얻는다. 이때 $U^*(L^*, w^*) = L^{*\frac{1}{2}} w^{*\frac{1}{2}} = 2\sqrt{3}$이 된다. 그런데 이 값은 위 문항 a.에서 얻은 $U^* = 2\sqrt{2}$보다 크다. 그러므로 위 문항 a.의 결과는 파레토효율적이지 않다.

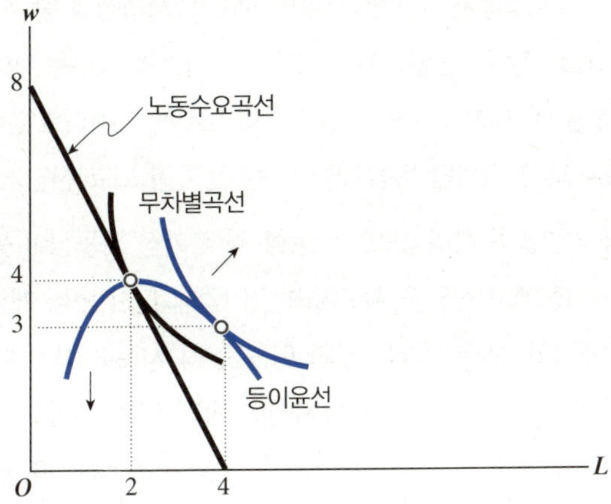

그림을 통해 살펴보자. 순차게임의 해는 기업의 반응곡선이라고 할 수 있는 노동수요곡선 상에서 얻어진다. 그러나 파레토효율적인 해는 등이윤선과 무차별곡선이 서로 접하는 곳에서 얻어진다. 식 (12)를 라그랑지함수를 이용하여 풀어보면 등이윤선 기울기의 절대값과 MRS_{Lw}가 일치하는 곳에서 효용이 극대화되는 것을 확인할 수 있다. 한편 (4, 3)에서도 (2, 4)에서와 이윤은 같다. 그런데 임금률이 3일 경우 기업은 노동을 4단위 고용하지 않는다. 그 대신 노동수요곡선 상에서 임금률 3에 대응하는 점을 찾는다. 다시 말하면 (4, 3)은 (2, 4)와 이윤은 같지만 기업의 반응을 만족시키지 못한다는 것이다.

한편 등이윤선의 정점은 노동수요곡선 상에 놓이는 점에 주목하자. 그림에서 화살표는 각각 이윤과 효용이 증가하는 방향을 나타내고 있다.

11.14 순차게임과 유한반복게임의 혼합

독점자가 5개의 도시에서 사업을 운영하고 있다. 각 도시에는 진입을 노리는 기업이 하나씩 있다. 그런데 각 기업은 하나씩 차례대로 행동한다. 예를 들어 시장 1에 있는 기업이 먼저 행동하고 시장 2에 있는 기업이 그 다음에 행동한다. 그래서 시장 t에 있는 기업은 그 이전 $t-1$시장에서 일어난 상황을 보고 의사결정을 할 수 있다. 각 시장에 있는 기업의 보수는 서로 같다. 진입하지 않으면 그 기업의 보수는 0이고 독점기업의 보수는 200이다. 진입했을 때 담합을 하면 독점기업의 보수는 100이고 진입기업의 보수는 60이 된다. 진입을 했을 때 경쟁하면 독점기업의 보수는 0이 되고 진입기업의 보수는 -20이 된다.

a. 각 기업들이 합리적으로 행동할 경우 가장 가능성이 높은 결과를 말하시오.

b. 각 시장에서 진입을 시도하려는 기업에게 한 번씩 게임이 진행되어 총 5번의 게임이 진행된다고 하자. 독점기업의 이윤은 각 시장에서의 보수를 합한 값으로 정해진다. 진입을 노리는 기업의 이윤은 자신이 속해 있는 시장에서 얻은 이윤으로 정해진다고 하자. 각 기업들이 합리적으로 행동할 경우 가장 가능성이 높은 결과를 말하시오.

KEY ▶ 순차게임이면서 유한반복게임 문제이다.

풀이

a. 진입시도기업은 진입과 보류라는 전략을 가지고 있다. 기존독점기업은 타협과 경쟁이라는 두 가지 전략을 가지고 있다. 진입시도기업이 보류를 택한다고 하자. 그러면 그의 보수는 0이고 기존독점기업의 보수는 200이 된다. 진입시도기업이 진입을 한다고 하자. 이 경우 독점기업이 취할 수 있는 최선의 전략은 타협이다. 타협할 경우 100을 얻지만 경쟁할 경우 보수가 0이 되기 때문이다. 즉, 진입시도기업이 실제로 진입할 경우 기존독점기업이 경쟁 전략을 택한다는 것은 신뢰성 없는 전략이라는 것이다. 그러므로 완전균형은 진입시도기업이 진입을 하고 독점기업이 타협을 하는 것이다. 그때 진입시도기업의 보수는 60이고 독점기업의 보수는 100이 된다.

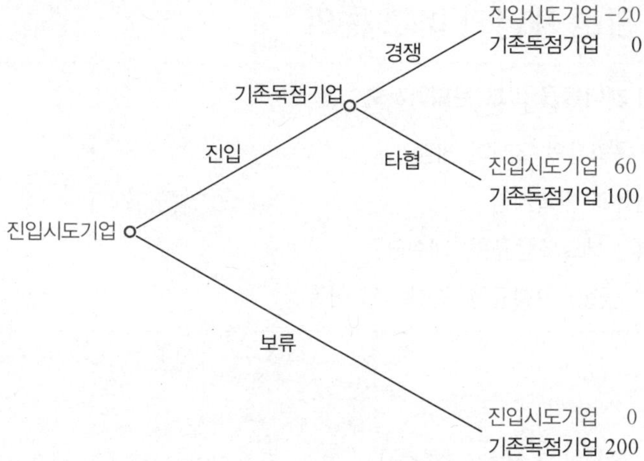

b. 뒤에서부터 추론하는 역진귀납방식을 적용해 보자. 5기에 5번째 시장에서 진입을 노리는 기업을 생각해 보자. 5기 다음에는 게임이 없다. 그러므로 이 기업은 미래를 생각할 필요가 없다. 또한 이 기업은 이전 기업들이 어떻게 했는지에 의해 영향을 받지 않는다. 그러므로 이 기업은 진입을 하고 독점기업은 담합을 한다. 4기의 4번째 시장에 있는 기업을 생각해 보자. 이 기업은 5번째 기업에게 영향을 주지도 않지만 영향을 받지도 않는다. 이 기업은 5번째 기업의 보수가 얼마가 되든지 관심이 없다. 그리하여 이 기업은 진입을 한다. 같은 방법으로 생각하면 각 시장에 있는 기업이 하나씩 차례대로 진입하며 독점기업은 담합을 한다는 것을 알 수 있다. 그러므로 각 진입기업의 보수는 60이 되고 독점기업의 보수는 $100 \times 5 = 500$이 된다.

11.15 게임 관련 개념의 비교 논의

다음 각 항의 개념들을 비교 논의하시오.

a. 카르텔과 용의자의 딜레마 게임

b. 묵시적 담합과 반복게임

c. 꾸르노균형, 베르뜨랑균형, 내쉬균형

d. 스타켈버그균형, 완전균형, 선행자의 이득

풀이

a. 카르텔을 형성하여 협정을 준수하는 것은 두 용의자가 함께 범행을 부인하는 전략에 해당한다. 또한 상대방은 협정을 준수하는데 자신은 위반하는 것은 상대방은 범행을 부인하는데 자신은 자백하는 경우에 해당한다. 나아가서 카르텔을 형성하지 않고 서로 경쟁하는 것은 두 사람 모두 각자 범행을 자백하는 결과에 해당한다. 이러한 측면에서 카르텔의 행위를 용의자의 딜레마게임을 이용하여 분석할 수 있다. 한편 용의자의 딜레마게임에서는 상대방이 부인할 경우 자신은 자백하는 것이 낫다. 이것은 카르텔모형에서는 다음과 같이 해석할 수 있다. 즉, 기업들은 서로 경쟁하는 상황에서는 협정을 맺으려고 한다. 그러나 일단 카르텔이 형성되고 나면 그 자체에 붕괴의 유인이 있다는 것이다.

b. 카르텔을 형성하고 있는 기업들은 서로 협정을 위반할 유인이 있다. 그러나 카르텔을 형성하여 위반할 수 있는 상황이 여러 번 반복될 경우 묵시적인 담합이 유지될 수 있다. 이 경우 상황이 불확정 횟수만큼 반복되는 것이 중요하다. 한편 이 경우 묵시적인 담합이 유지될 수 있는 것은 협정을 위반할 경우 상대로부터 보복을 받아서 오히려 더 나빠질 가능성이 있기 때문이다. 그런데 이러한 상황은 반복게임에서 직면하는 상황과 같다. 즉, 비협조적 전략을 택할 경우 상대로부터 보복을 당할 우려가 있다는 사실 자체가 비협조적 전략을 선택하지 못하도록 만든다는 것이다.

c. 꾸르노균형과 베르뜨랑균형은 모두 내쉬균형이다. 즉, 상대의 전략을 주어진 것으로 보고 자신에게 최적이 되는 전략을 찾을 때 달성되는 균형이라는 것이다. 이때 균형은 상대가 최적의 전략을 선택했을 때에 비로소 자신에게도 최적이 되는 특성을 지니고 있다.

d. 순차게임에서 완전균형을 구하는 과정은 스타켈버그모형에서 균형을 구하는 과정과 같다. 즉, 선도자는 상대방의 반응을 고려하여 자신의 전략을 선택한다는 것이다. 구

체적으로 순차게임에서 추종자의 마디로부터 열등전략을 제거하는 것은 스타켈버그 모형에서 선도자가 추종자의 반응곡선을 구하는 것과 같다. 그 결과 얻어지는 축약된 게임이 추종자의 반응곡선과 같은 역할을 한다. 그 다음 축약된 게임나무에서 선도자가 최적의 전략을 선택하는 것은 추종자의 반응곡선에서 선도자가 최적산출량을 정하는 것과 같다. 스타켈버그균형과 완전균형 모두에서 선행자는 상대의 행동 반경을 좁혀 놓음으로써 이득을 얻고 있다. 즉, 선행자의 이득을 얻고 있다는 것이다.

11.16 불완비정보게임

두 기업 A, B가 두 가지 사업 H와 L을 공동으로 추진할 것인가의 여부를 놓고 회담을 하려고 한다. 그런데 기업 A가 정말로 좋아서 함께 하려고 하는 것인지 마지못해 함께 하려고 하는 것인지 기업 B가 알지 못한다고 하자. 기업 A가 정말로 좋아서 함께 하는 경우라면 보수가 [표 1]과 같다고 하자. 만일 마지못해 함께 하는 것이라면 보수가 [표 2]와 같다고 하자.

		B	
		H	L
A	H	1(A), 3(B)	0(A), 0(B)
	L	0(A), 0(B)	3(A), 1(B)

[표 1]

		B	
		H	L
A	H	0(A), 3(B)	3(A), 0(B)
	L	1(A), 0(B)	0(A), 1(B)

[표 2]

a. 이 경우 순수전략의 내쉬균형을 구하시오(Dutta 참조).

b. 순수전략의 내쉬균형은 몇 개인가?

KEY ▶ 불완비정보게임(game of incomplete information)이다.

풀이

a. 이때의 보수를 전개형으로 표시하면 다음과 같다.

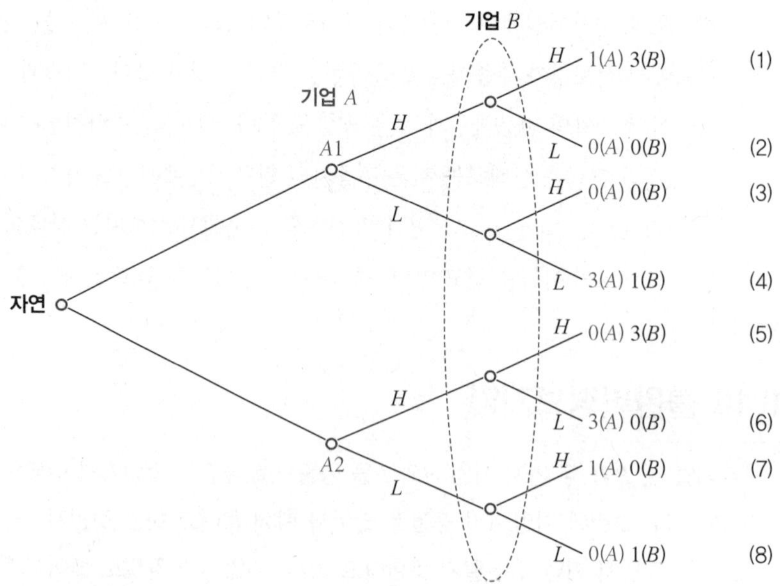

정말로 좋아하는 경우 기업 A의 유형을 $A1$이라고 하자. 마지못해 하는 경우 기업 A의 유형을 $A2$라고 하자. 점선은 기업 A가 어떠한 유형인지를 기업 B가 알지 못한다는 사실을 나타내기 위한 것이다. 불완비정보게임의 내쉬균형을 특히 베이즈-내쉬균형(Bayes-Nash Equilibrium)이라고 한다.

(i) 순수전략의 베이즈-내쉬균형을 구해 보자. 기업 B가 전략 H를 사용한다고 하자. 이때 $A1$유형이 H를 선택하면 $A1$유형은 가지 (1)에 있는 $1(A)$를 얻고 L을 택하면 가지 (3)에 있는 $0(A)$를 얻는다. 그러므로 $A1$유형의 최선의 대응전략은 H이다. 같은 방법으로 찾아보면 $A2$유형의 최선의 대응전략은 L이 되는 것을 알 수 있다.

이제 이러한 상태가 내쉬균형이 되는가를 알아보자. 내쉬균형이 되려면 기업 B가 H를 선택하는 것이 $[H(A1), L(A2)]$에 대한 기업 B의 최선의 대응이 되어야 한다. 이때 기업 B는 기업 A가 $A1$유형일 확률을 p라고 생각한다고 하자. 그러면 기업 B의 기대보수는 가지 (1)과 (7)로부터

$$3p + 0(1-p) = 3p$$

이다. 만일 기업 B가 이때 전략을 L로 바꾼다면 그의 기대보수는 가지 (2)와 (8)로부터

$$0p + 1(1-p) = 1-p$$

가 된다. 그러므로 기업 B가 H전략을 그대로 유지할 경우의 기대이윤이 전략을 바

꿀 경우의 기대이윤보다 크다면 H가 기업 B의 최선의 대응이 된다. 다시 말해서 $3p \geq 1-p$, 즉 $p \geq \frac{1}{4}$이면 H가 $[H(A1), L(A2)]$에 대한 기업 B의 최선의 대응이 된다는 것이다. 이렇게 볼 때 $p \geq \frac{1}{4}$이면 $[H(A1), L(A2), H(B)]$는 베이즈-내쉬균형(Bayes-Nash Equilibrium)이 된다.

(ii) 또 다른 베이즈-내쉬균형을 찾아보자. 이제 기업 B가 L을 선택한다고 하자. 이 경우 가지 (2)와 (4)를 비교할 때 $A1$유형의 최선의 대응전략은 L이고 $A2$유형의 최선의 대응전략은 가지 (6)과 (8)을 비교할 때 H이다.

이러한 상태가 내쉬균형이 되는가를 알아보기 위해서는 전략 $[L(A1), H(A2)]$에 대해 L을 선택하는 것이 기업 B의 최선의 대응이 되는가를 알아보면 된다. 기업 B는 기업 A가 $A1$유형일 확률을 p라고 생각하고 있으므로 기업 B의 기대보수는 가지 (4)와 (6)으로부터

$$1p + 0(1-p) = p$$

이다. 만일 기업 B가 이때 전략을 H로 바꾼다면 그의 기대보수는 가지 (3)과 (5)로부터

$$0p + 3(1-p) = 3(1-p)$$

가 된다. 그러므로 $p \geq 3(1-p)$, 즉 $p \geq \frac{3}{4}$이면 L이 $[L(A1), H(A2)]$에 대한 기업 B의 최선의 대응이 된다. 그러므로 $p \geq \frac{3}{4}$이면 $[L(A1), H(A2), L(B)]$는 베이즈-내쉬균형(Bayes-Nash Equilibrium)이 된다.

b. (i) $p \geq \frac{3}{4}$이면 2개의 순수전략 베이즈-내쉬균형이 존재한다. 즉, $[H(A1), L(A2), H(B)]$와 $[L(A1), H(A2), L(B)]$가 순수전략 베이즈-내쉬균형이다.

(ii) 한편 $\frac{3}{4} \geq p \geq \frac{1}{4}$이면 1개의 순수전략 베이즈-내쉬균형이 존재한다. 즉, $[H(A1), L(A2), H(B)]$만이 순수전략 베이즈-내쉬균형이다.

(iii) 끝으로 $p \leq \frac{1}{4}$이면 순수전략 베이즈-내쉬균형이 존재하지 않는다.

V

part five

생산요소시장

제12장 생산요소시장

생산요소시장

12장

12.1 생산요소시장에서 기업의 이윤극대화 조건과 그 의미

어떤 경쟁기업이 사용하는 가변생산요소는 노동 L, 한 종류뿐이고 임금률은 w_0라고 한다. 고정비용은 F이고 생산물의 가격은 p_0라고 하자.

a. 이 기업의 생산함수, 총수입, 총비용, 그리고 이윤을 각각 나타내시오.

b. 이윤극대화 조건을 구하고 그 경제적 의미를 말하시오.

풀이

a. $q = f(L, \overline{K})$, $TR = p_0 q$, $TC = w_0 L + F$

$\pi = TR - TC = p_0 f(L, \overline{K}) - (w_0 L + F)$이다.

b. 이윤극대화의 일차필요조건은

$$\frac{\partial \pi}{\partial L} = p_0 \frac{\partial f}{\partial L} - w_0 = p_0 MP_L - w_0 = 0$$

이다. 이로부터 $p_0 MP_L = w_0$를 얻는다. 즉, 한계생산물가치가 임금률과 같아야 한다. 이것이 생산요소역수요곡선이다.

한편 이윤극대화의 이차충분조건은

$$\frac{\partial^2 \pi}{\partial L^2} = p_0 \frac{\partial^2 f}{\partial L^2} = p_0 \frac{\partial MP_L}{\partial L} < 0, \text{ 즉 } \frac{\partial MP_L}{\partial L} < 0$$

이다. 즉, L의 한계생산물이 체감하는 것이다.

12.2 생산요소수요 : 경쟁일 경우

어떤 기업의 생산함수가 $q = 100L^{\frac{1}{2}}$이라 한다. 여기서 L은 노동, q는 산출량이다. 이 생산물의 경쟁가격은 10이라고 한다. 경쟁임금률이 5라고 할 때 고용량은 얼마인가?

KEY ▶ 기업의 문제이므로 이윤극대화 문제를 풀어야 한다. 고용량을 구하는 문제이므로 노동을 선택변수로 삼아야 한다.

풀이

$q = 100L^{\frac{1}{2}}$, $p = 10$, $w = 5$로 주어져 있다. 고용량을 구하려면

$$\underset{L}{Max}\ \pi = pq(L) - wL$$

과 같은 이윤극대화 문제를 풀면 된다. 위 식에 주어진 생산함수를 대입하면

$$\underset{L}{Max}\ \pi = 10 \cdot 100L^{\frac{1}{2}} - 5L$$

이 된다. 극대화의 일차필요조건은

$$\frac{d\pi}{dL} = 10\left(\frac{1}{2}\right)100\frac{1}{\sqrt{L}} - 5 = 0,\ \text{즉}\ 10\left(\frac{1}{2}\right)100\frac{1}{\sqrt{L}} = 5$$

이다. 이것이 바로 $VMP = w$이다. 이로부터 $L^* = 10,000$을 얻는다.

12.3 생산요소수요함수

생산함수가 $f(L, K) = min\ [L, K]^{\frac{1}{2}}$이라고 하자. 이 경우 생산요소수요함수를 구하시오.

KEY ▶ 생산요소수요함수를 구하려면 기업의 이윤극대화 문제를 풀어야 한다. 이때 생산요소에 대한 수요이므로 생산요소를 선택변수로 삼아야 한다. 그 다음 생산함수의 특성을 잘 파악해야 한다.

풀이

생산요소수요함수는

$$\underset{q,L,K}{Max}\ \pi = pq - (wL + rK)$$
$$s.t.\quad q = f(L, K) = min\ [L, K]^{\frac{1}{2}}$$

과 같은 이윤극대화 문제로부터 구해진다. 한편 이 문제는 제약조건을 목적함수에 내입함으로써

$$\underset{L,K}{Max}\ \pi = p\ min\ [L, K]^{\frac{1}{2}} - (wL + rK)$$

로 다시 쓸 수 있다.

이제 문제에서 주어진 생산함수를 관찰해 보자. 그러면 산출량은 두 생산요소 중에서 투입량이 적은 것의 수량에 대응하여 결정된다는 사실을 알 수 있다. 이것은 어느 한 생산요소의 투입량이 0이면 산출량도 0이라는 것을 의미한다. 이러한 상황에서 기업이 비용을 낭비하지 않으면서 생산하는 방법은 두 생산요소의 투입량을 같게 하는 것이다. 그러므로

$$L = K \tag{1}$$

가 성립한다. 이때 산출량은 L의 투입량(K의 투입량)에 따라 결정된다. 즉, 산출량은

$$q = L^{\frac{1}{2}} \tag{2}$$

으로 정해진다.

식 (1)과 식 (2)를 목적함수에 대입하면

$$\underset{L}{Max}\ \pi = pL^{\frac{1}{2}} - (wL + rL)$$

이 된다. 이윤극대화의 일차필요조건은

$$\frac{d\pi}{dL} = \frac{1}{2}pL^{-\frac{1}{2}} - (w + r) = 0$$

이 된다. 이로부터 $\frac{1}{2}pL^{-\frac{1}{2}} = w + r$을 얻는다. 이것은 사실상 '노동의 한계생산물가치 = 생산요소의 가격' 의 관계이다. 이로부터 생산요소수요함수는

$$L = \left(\frac{p}{2(w+r)}\right)^2$$

이 된다. 이때 생산요소가 일대일의 고정비율로 투입되기 때문에 $(w+r)$이 생산요소 L이나 K의 가격과 같은 기능을 한다는 점에 주목하자. 그런데 L과 K의 투입량은 같으므로 K에 대한 생산요소수요함수도

$$K = \left(\frac{p}{2(w+r)}\right)^2$$

이 된다.

이처럼 생산요소수요함수는 산출물의 가격과 생산요소가격의 함수이다. 즉, $L = f(p, w, r)$, $K = f(p, w, r)$이다.

12.4 기업의 공급함수

어떤 기업의 생산함수가 $q = 100L^{\frac{1}{2}}$이라 한다. 여기서 L은 노동이다. 임금률 w가 10이라고 하자.

a. 생산물시장의 문제로부터 이 기업의 공급함수를 구하시오.

b. 생산요소시장의 문제로부터 이 기업의 공급함수를 구하시오.

KEY ▶ 기업의 행위이므로 이윤극대화 문제를 풀어야 한다. 공급함수는 $q = f(p, w)$의 형태로 표현한다.

풀이

a. $q = 100L^{\frac{1}{2}}$, $w = 10$으로 주어져 있다. 기업의 공급곡선은 이윤극대화 행위로부터 알 수 있다. 그런데 이 기업의 이윤극대화 문제는

$$\underset{q,L}{Max}\ \pi = pq - wL$$
$$s.t. \quad q = 100L^{\frac{1}{2}}$$

이다. 제약식을 변형시켜서 목적함수에 대입하면 이 문제는

$$\underset{q}{Max}\ \pi = pq - w\left(\frac{q}{100}\right)^2$$

으로 바꾸어 쓸 수 있다. 여기서 우변의 둘째 항은 $c = c(w, q)$의 형태로서 전형적인 비용함수이다. 즉, 비용은 생산요소의 가격과 산출량의 함수라는 것이다.

이윤극대화의 일차필요조건은

$$\frac{d\pi}{dq} = p - w\frac{q}{5,000} = 0,\ 즉\ \ p = w\frac{q}{5,000}$$

이다. 이것은 이윤극대화 조건인 $p = MC$조건이다. 여기서

$$MC = w\frac{q}{5,000}$$

이다. 이때 $w = 10$이므로 공급함수는 $q = 500p$가 된다. 원래 공급함수는 $q = f(p, w)$로서 p와 w의 함수이다. 그런데 문제에서 w의 값이 주어졌기 때문에 공급함수에 p만 드러나 있다.

b. 생산요소시장 측면에서의 이윤극대화 문제는

$$\underset{q,L}{Max}\ \pi = pq - wL$$
$$s.t. \quad q = 100L^{\frac{1}{2}}$$

이다. 제약조건을 목적함수의 q에 대입하면

$$\underset{L}{Max}\ \pi = p \cdot 100L^{\frac{1}{2}} - wL$$

이 된다. 이윤극대화의 일차필요조건은

$$\frac{d\pi}{dL} = p \cdot \frac{1}{2}100L^{-\frac{1}{2}} - w = 0$$

이다. 즉, $p \cdot \frac{1}{2}100L^{-\frac{1}{2}} = w$이다. 이 식은 $VMP_L = w$로서 생산요소수요곡선을 나타낸다. 이로부터 $L = (\frac{p}{w}\frac{1}{2}100)^2$을 얻는다. 이로부터 $L^* = (5p)^2$을 얻는다. 이것이 생산요소의 수요함수이다. 이것을 생산함수에 대입하면 공급함수는 $q = 100L^{*\frac{1}{2}} = 500p$가 된다. 물론 이 결과는 문항 a.의 결과와 같다.

12.5 생산물시장과 생산요소시장의 관계

생산물시장과 생산요소시장에서 개별기업의 행위가 어떻게 대응되는가를 살펴보려고 한다. 곡선 자체의 이동과 곡선 상의 이동에 유의하여 답하시오.

a. 생산물시장에서 상품의 가격이 상승하였다. 이때 생산물시장과 생산요소시장에서의 변화를 말하라.

b. 임금률이 올랐다고 하자. 이것이 생산요소시장과 생산물시장에 어떠한 변화를 가져오는가?

KEY ▶ 생산요소에 대한 수요는 생산물에 대한 수요로부터 파생된 '파생수요' 이다.

풀이

a. 그림에서 보듯이 생산물시장에서는 산출량이 늘어난다. 그에 상응하여 생산요소가 더 많이 고용되어야 한다. 한편 생산요소시장에서는 생산물 가격 상승에 호응하여 VMP_L 곡선이 위로 이동한다. 그리고 그에 상응하여 생산요소가 더 많이 고용되고 있다.

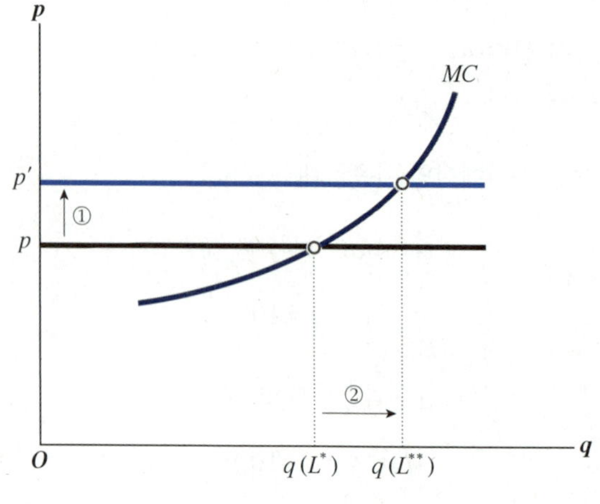

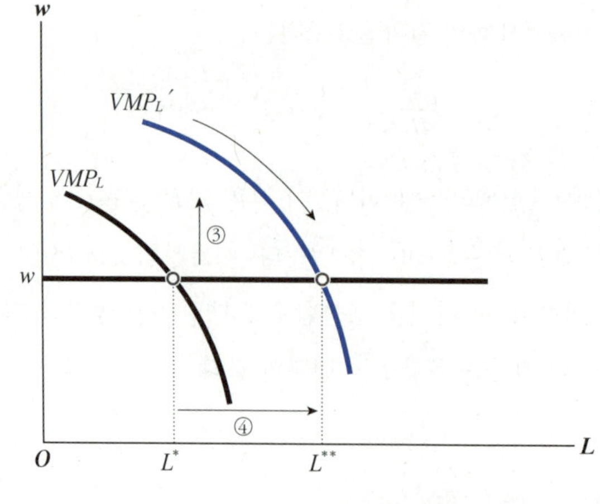

b. 임금률 상승에 따라 생산요소시장에서는 노동의 고용이 줄어든다. 한편 임금률 상승은 한계비용이 올라가는 것을 의미한다. 그리하여 이것은 생산물시장에서 한계비용곡선을 위로 올라가게 한다. 그 결과 산출량이 줄어들고 그에 상응하여 노동의 고용이 줄어든다.

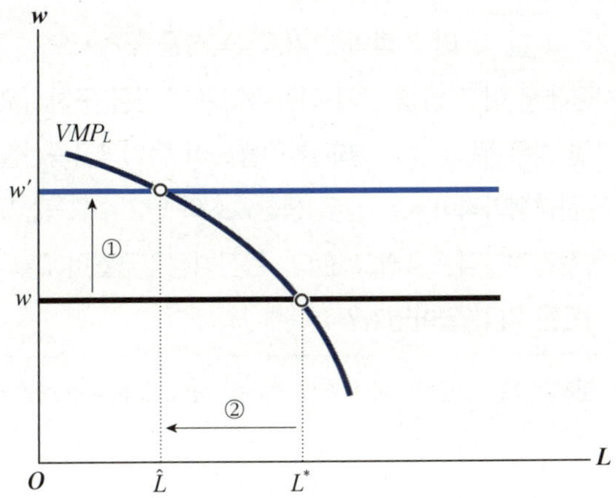

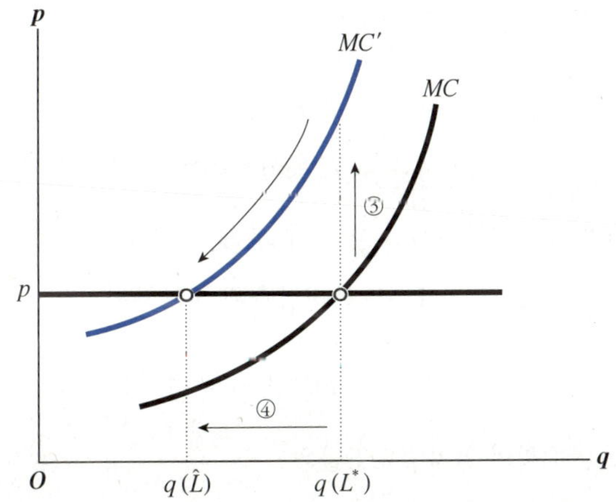

12.6 기업의 단기공급곡선, 생산요소의 단기수요곡선

어떤 기업의 생산함수가 $q = 5L^{\frac{1}{2}} K^{\frac{1}{2}}$이라 한다. 여기서 L은 노동이고, 자본인 K는 1단위로 주어져 있으며 자본의 임대료율은 2이다. 생산물시장과 생산요소시장은 모두 완전경쟁이라고 한다.

a. 임금률이 2라고 할 때 이 기업의 단기공급곡선을 구하시오.

b. 생산요소시장에서 이 기업의 단기 이윤극대화 조건을 구하시오.

c. 임금률이 2일 경우 위 문항의 결과를 이용하여 단기공급곡선을 구하시오.

d. 생산물의 완전경쟁가격이 4일 경우 생산요소의 단기수요곡선을 구하시오.

e. 생산물의 완전경쟁가격은 4라고 한다. 완전경쟁임금률이 2일 경우 고용량은 얼마인가? 산출량과 이윤은 각각 얼마인가?

KEY ▶ 기업의 문제이므로 이윤극대화 문제를 풀어야 한다. 문항들의 상호연관성을 파악해 두자.

풀이

$q = 5L^{\frac{1}{2}} K^{\frac{1}{2}}$, $K = 1$, $r = 2$로 주어져 있다.

a. 기업의 단기공급곡선은

$$\underset{q}{Max}\ \pi = pq - c(q)$$

와 같은 이윤극대화 문제를 풀어서 구할 수 있다. 이때 단기총비용함수는 $c(q) = \frac{2}{25}q^2 + 2$로 구해진다. 이것을 목적함수에 대입하면

$$\underset{q}{Max}\ \pi = pq - \left(\frac{2}{25}q^2 + 2\right) \tag{1}$$

이다. 이윤극대화의 일차필요조건은

$$\frac{d\pi}{dq} = p - \frac{4}{25}q = 0,\ 즉\ p = \frac{4}{25}q$$

이다. 이것이 바로 $p = SMC$이다. 단기공급곡선은

$$q = \frac{25}{4}p \tag{2}$$

이다.

b. 생산요소시장에서 이윤극대화 조건을 구하려면

$$\underset{q,\,L}{Max}\ \pi = pq - (wL + r\overline{K})$$

와 같은 이윤극대화 문제를 풀면 된다. 위 식에 주어진 생산함수를 대입하면

$$\underset{L}{Max}\ \pi = p \cdot 5L^{\frac{1}{2}}\overline{K}^{\frac{1}{2}} - (wL + r\overline{K}) \tag{3}$$

가 된다. 이윤극대화의 일차필요조건은

$$\frac{\partial \pi}{\partial L} = p \cdot 5 \cdot \left(\frac{1}{2}\right)L^{-\frac{1}{2}}\overline{K}^{\frac{1}{2}} - w = 0,\ 즉 \left(\frac{5}{2}\right)pL^{-\frac{1}{2}}\overline{K}^{\frac{1}{2}} = w \tag{4}$$

가 된다. 이 식이 바로 $VMP_L = w$이다. 즉, 이윤이 극대화되려면 생산요소의 수요량은 한계생산물가치가 그 생산요소의 가격과 같아지는 수준에서 정해져야 한다.

c. 식 (4)를 L에 대해 풀면 생산요소의 단기수요함수인 $L = (\frac{5}{2})^2(\frac{p}{w})^2\overline{K}$ (5)를 얻는다. 이것을 생산함수에 대입한 후 그 결과에 $\overline{K} = 1$, $w = 2$를 대입한 다음 정리하면 단기공급곡선은 $q = \frac{25}{4}p$로 구해진다. 이것은 문항 a.에서 얻은 결과와 같다. 이윤극대화행위를 생산물시장 측면에서 분석하든 생산요소시장 측면에서 분석하든 같은 결과를 얻는다.

d. 문제에서 주어진 $p = 4$, $\overline{K} = 1$을 식 (5)에 대입한 후 정리하면 생산요소의 단기수요곡선은

$$L = \frac{100}{w^2} \tag{6}$$

으로 구해진다.

e. $w = 2$를 식 (6)에 대입하면 $L^* = 25$를 얻는다. 이 값과 $\overline{K} = 1$을 생산함수에 대입하면 $q^* = 25$가 된다. L^* 및 문제에서 주어진 $\overline{K} = 1$, $w = r = 2$, $p = 4$를 목적함수인 식 (3)에 대입하면 $\pi^* = 48$을 얻는다. 이때 얻은 결과들은 물론 생산물시장의 이윤극대화 문제를 풀어서 얻는 결과들과 같다.

12.7 공급함수와 생산요소의 수요함수

생산함수가 $q = L^a$이라고 한다. a의 크기에 주목하여 다음 질문에 답하시오.

생산물시장을 생각해 보자.

a. 생산요소의 가격이 w일 경우 비용함수를 구하시오.

b. 생산물의 가격이 p, 생산요소의 가격이 w일 경우 공급함수를 구하시오.

이제 생산요소시장을 생각해 보자.

c. 생산물의 가격이 p이고 생산요소의 가격이 w일 경우 생산요소의 수요함수를 구하시오.

d. 위 문항의 결과를 이용하여 생산물의 공급함수를 구하시오.

e. 문항 d.의 결과를 문항 b.의 결과와 비교하시오.

KEY ▶ a의 크기에 따라 결과가 어떻게 달라지는가가 핵심이다. a가 1보다 클 경우에는 규모에 대한 보수가 증가하여 자연독점이 된다. 이 경우 공급곡선이 정의되지 않는다. 공급함수나 생산요소의 수요함수는 모두 이윤극대화로부터 도출된다. 또한 이러한 측면에서 문항 b.와 문항 d.의 결과는 같다.

풀이

a. 비용함수는

$$\underset{L}{Min}\ C = wL$$
$$s.t.\quad q = L^a$$

을 풀어서 구할 수 있다. 조건부생산요소수요함수는 $L = q^{\frac{1}{a}}$이다. 이것을 목적함수에 대입하면 비용함수가

$$c(q) = wq^{\frac{1}{a}}$$

으로 구해진다. 비용함수는 이처럼 $c = f(w, q)$로서 생산요소의 가격 w와 산출량 q의 함수로 구해진다.

b. 생산물의 공급함수는 생산물시장에서 기업의 이윤극대화로부터 구할 수 있다. 기업의 이윤극대화 문제는

$$\underset{q}{Max}\ \pi = pq - c(q)$$

이다. 그런데 위에서 $c(q) = wq^{\frac{1}{a}}$으로 구해졌다. 이것을 위 식에 대입하면

$$\underset{q}{Max}\ \pi = pq - wq^{\frac{1}{a}}$$

이 된다. 이윤극대화의 일차필요조건은

$$\frac{d\pi}{dq} = p - \frac{1}{a} wq^{\frac{1}{a}-1} = 0 \tag{1}$$

이다.

한편 이차충분조건은

$$\frac{d^2\pi}{dq^2} = -\frac{1}{a}\left(\frac{1}{a} - 1\right) wq^{\frac{1}{a}-2} < 0 \tag{2}$$

이다. 식 (2)로부터 $1 - a > 0$, 즉 $a < 1$을 얻는다. 이것은 이윤극대화가 의미를 지니려면 생산함수가 *DRTS*이어야 한다는 것을 의미한다.

(i) $a = 1$, 즉 *CRTS*일 경우

식 (1)에서 $p = w$를 얻는다. 즉, 공급곡선은 w에서 가로축에 수평인 직선이 된다.

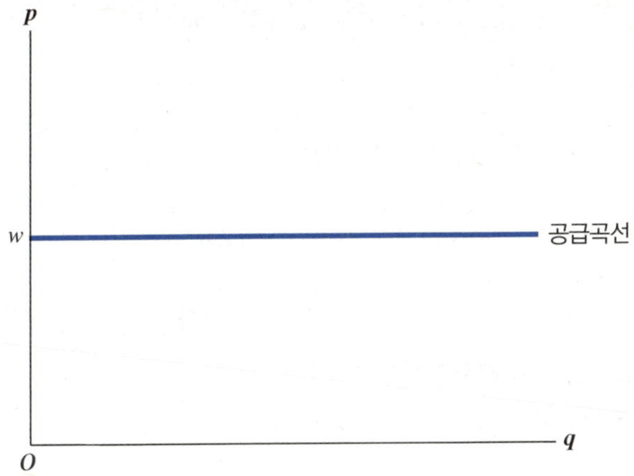

가격 p가 한계비용 w보다 높을 경우 산출량 q를 증가시킬수록 이윤이 증가하므로 산출량은 무한대가 된다. 반대로 가격이 한계비용보다 낮을 경우 한 단위라도 생산하면 손실이 발생하며 또한 산출량을 증가시킬수록 손실이 커지므로 산출량은 0이 된다. 결국 균형은 가격이 한계비용과 같아지는 곳에서 결정된다. 한편 *CRTS*이기 때문에 가격이 수요조건과는 관계없이 생산기술에 의해 정해진다.

(ii) $a < 1$, 즉 *DRTS*일 경우

식 (1)에서 우상향하는 공급곡선 $p = \frac{1}{a} wq^{\frac{1}{a}-1}$, 즉 $p = MC$를 얻는다. 생산요소의 가격 w가 변하면 공급곡선 자체가 이동하는 것에 주목하자.

한편 이 식을 변형하면 공급함수인

$$q = \left(\frac{ap}{w}\right)^{\frac{a}{1-a}}$$

을 얻는다. 이처럼 공급함수는 $q = q(p, w)$로서 생산물의 가격 p와 생산요소의 가격 w의 함수로 구해진다.

c. 생산요소수요함수는 생산요소시장에서의 기업의 이윤극대화 문제로부터 구할 수 있다. 이윤극대화 문제는

$$\underset{q,L}{Max}\ \pi = pq - wL$$
$$s.t.\quad q = L^a$$

이다. 제약식을 목적함수에 대입하면

$$\underset{L}{Max}\ \pi = pL^a - wL$$

을 얻는다. 이윤극대화의 일차필요조건은

$$\frac{d\pi}{dL} = apL^{a-1} - w = 0 \tag{3}$$

이다.

이윤극대화의 이차충분조건은

$$\frac{d^2\pi}{dL^2} = a(a-1)pL^{a-2} < 0 \tag{4}$$

이다. 이로부터 $a < 1$이라는 조건을 얻는다.

(i) $a = 1$, 즉 $CRTS$일 경우

일차필요조건인 식 (3)으로부터

$$w = p$$

이다. 이것은 이 조건을 만족시키는 어떤 L도 수요량이 될 수 있다는 것을 말한다. 따라서 생산요소수요곡선은 p에서 가로축에 수평인 직선이 된다.

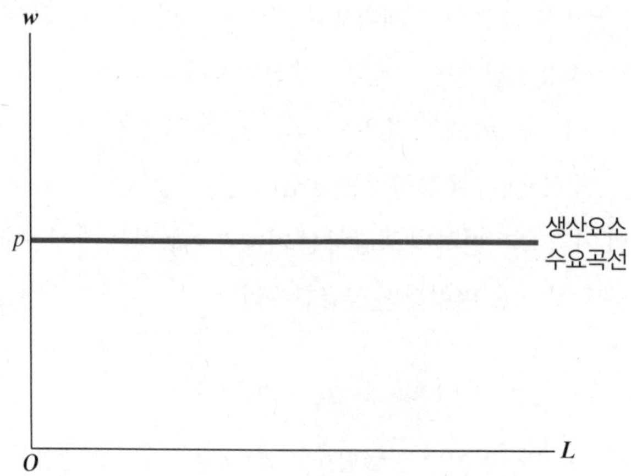

생산요소가격 w가 한계생산물가치 p보다 낮을 경우 생산요소 L의 수요를 증가시킬수록 이윤이 증가하므로 생산요소수요량은 무한대가 된다. 반대로 생산요소가격이 한계생산물가치보다 높을 경우 한 단위라도 수요하면 손실이 발생하며 또한 수요량을 증가시킬수록 손실이 커지므로 생산요소수요량은 0이 된다. 결국 균형은 생산요소가격이 한계생산물가치와 같아지는 곳에서 결정된다. 한편 *CRTS*이기 때문에 생산요소가격이 생산요소공급조건과는 관계없이 생산기술에 의해 정해진다.

(ii) $a < 1$, 즉 *DRTS*일 경우

일차필요조건인 식 (3)에서 우하향하는 생산요소수요곡선인

$$w = apL^{a-1}$$

을 얻는다. 이것은 바로 $w = VMP$이다. 생산물의 가격 p가 변화하면 생산요소수요곡선 자체가 이동하는 것에 주목하자.

위 식을 변형하면 생산요소수요함수는

$$L = \left(\frac{ap}{w}\right)^{\frac{1}{1-a}}$$

으로 구해진다. 이처럼 생산요소수요함수는 $L = L(p, w)$로서 생산물의 가격 p와 생산요소의 가격 w의 함수로 구해진다.

d. (i) $a = 1$, 즉 *CRTS*의 경우

$$w = p$$

이다. 이 조건을 만족할 경우 어떤 L도 노동수요량이 된다. 그러므로 $p = w$ 조건을 만족할 경우 어떤 q도 공급량이 된다. 즉, 공급곡선은 $p = w$가 된다.

(ii) $a < 1$, 즉 *DRTS*일 경우

노동수요함수인 $L = \left(\frac{ap}{w}\right)^{\frac{1}{1-a}}$을 생산함수에 대입하면 공급함수

$$q = L^a = \left(\frac{ap}{w}\right)^{\frac{a}{1-a}}$$

을 얻는다.

e. 두 결과는 같다. 공급함수를 구하는 것과 생산요소수요함수를 구하는 것은 기업의 동일한 이윤극대화 행위를 각각 서로 다른 측면에서 바라보는 것이기 때문이다. 한편 이윤함수는

$$\pi(p, w) = pq(p, w) - wL(p, w) = w\left(\frac{1-a}{a}\right)\left(\frac{ap}{w}\right)^{\frac{1}{1-a}}$$

으로서 생산물의 가격 p와 생산요소의 가격 w의 함수로 구해진다.

12.8 장기공급함수, 생산요소의 장기수요함수, 이윤함수

어떤 기업의 생산함수가 $Q = L^{\frac{1}{3}} K^{\frac{1}{3}}$이라고 하자.

a. 생산물시장의 분석을 통해 장기공급함수를 구하시오.

b. 생산물과 생산요소시장이 모두 완전경쟁이라고 한다. 생산요소시장의 장기이윤극대화 조건을 말하시오.

c. 생산요소의 장기수요함수를 구하시오.

d. 위 문항의 결과를 이용하여 장기공급함수와 장기이윤함수를 구하시오.

e. 생산요소의 단기수요함수를 구하시오.

f. 위 문항의 결과를 이용하여 단기공급함수와 단기이윤함수를 구하시오.

g. 장기의 결과와 단기의 결과를 비교 평가하시오.

KEY ▶ 이윤극대화는 생산물시장 측면에서 접근할 수도 있고 생산요소시장 측면에서 접근할 수도 있다. 전자의 방법으로 풀려면 먼저 비용함수를 구해야 한다.

풀이

a. 기업의 장기공급곡선은 이윤극대화 행위로부터 구할 수 있다. 그런데 이 기업의 이윤극대화 문제는

$$\underset{q}{Max}\ \pi = pq - c(q)$$

이다. 생산함수가 $q = L^{\frac{1}{3}} K^{\frac{1}{3}}$일 경우 장기총비용함수는 $C_L = 2w^{\frac{1}{2}} r^{\frac{1}{2}} q^{\frac{3}{2}}$으로 구해졌다([문제 6.26] 참조). 이것을 목적함수에 대입하면

$$\underset{q}{Max}\ \pi = pq - (2w^{\frac{1}{2}} r^{\frac{1}{2}} q^{\frac{3}{2}})$$

이다. 이윤극대화의 일차필요조건은 $p = 3w^{\frac{1}{2}} r^{\frac{1}{2}} q^{\frac{1}{2}}$이다. 이것이 바로 $p = LMC$ 조건이다. 한편 장기공급곡선은 LAC곡선의 최하점 위에 놓이는 LMC곡선 부분이다. 그런데 $LMC = 3w^{\frac{1}{2}} r^{\frac{1}{2}} q^{\frac{1}{2}}$이고, $LAC = \frac{LTC}{q} = \frac{2w^{\frac{1}{2}} r^{\frac{1}{2}} q^{\frac{3}{2}}}{q} = 2w^{\frac{1}{2}} r^{\frac{1}{2}} q^{\frac{1}{2}}$이다. 이때 모든 $q \geq 0$에 대해 $LMC \geq LAC$이다. 따라서 이 기업의 장기공급함수는 일차필요조건으로부터 $q = \frac{1}{9wr} p^2 = f(p, w, r)$로 구해진다. 함수 f가 장기공급함수이다. 이때 w, r이 주

어진 상태에서 p와 q의 관계를 그린 것이 장기공급곡선이다.

b. 이윤극대화 문제는

$$\max_{q,L,K} \pi = pq - (wL + rK) \tag{1}$$

$$s.t. \quad q = L^{\frac{1}{3}} K^{\frac{1}{3}} \tag{2}$$

이다. 이 문제는 직접 생산요소수요에 대한 장기이윤극대화 조건인 $VMP_L = w$, $VMP_K = r$을 이용해서 풀어도 된다. 여기서는 이 조건을 수식적으로 도출하는 과정까지 보여 가며 풀기로 하자. 이를 위해 제약식을 목적함수에 대입하면 이 문제는

$$\max_{L,K} \pi = p \cdot L^{\frac{1}{3}} K^{\frac{1}{3}} - (wL + rK) \tag{3}$$

로 다시 쓸 수 있다. 이윤극대화의 일차필요조건은

$$\frac{\partial \pi}{\partial L} = \frac{1}{3} p \cdot L^{-\frac{2}{3}} K^{\frac{1}{3}} - w = 0 \tag{4}$$

$$\frac{\partial \pi}{\partial K} = \frac{1}{3} p \cdot L^{\frac{1}{3}} K^{-\frac{2}{3}} - r = 0 \tag{5}$$

이다. 식 (4)와 식 (5)를 정리하면

$$\frac{1}{3} p \cdot L^{-\frac{2}{3}} K^{\frac{1}{3}} = w \tag{6}$$

$$\frac{1}{3} p \cdot L^{\frac{1}{3}} K^{-\frac{2}{3}} = r \tag{7}$$

이다. 이것이 각각 $VMP_L = w$, $VMP_K = r$이다. 즉, 장기 이윤이 극대화되려면 각 생산요소의 수요량은 한계생산물가치가 그 생산요소의 가격과 같아지는 수준에서 정해져야 한다.

c. 식 (6)과 식 (7)을 대응되는 변끼리 나눈 다음 정리하면

$$\frac{K}{L} = \frac{w}{r}, \text{ 즉 } K = \frac{w}{r} L \tag{8}$$

을 얻는다. 식 (8)을 식 (6)에 대입하면

$$\frac{1}{3} p \cdot L^{-\frac{2}{3}} \left(\frac{w}{r} L\right)^{\frac{1}{3}} = w$$

이다. 이것을 정리하면

$$L = \left(\frac{1}{3} p\right)^3 \frac{1}{rw^2} \tag{9}$$

을 얻는다. 이것이 바로 장기노동수요이다. 이것을 식 (8)에 대입한 후 정리하면

$$K = \frac{w}{r} \left(\frac{1}{3} p\right)^3 \frac{1}{rw^2} = \left(\frac{1}{3} p\right)^3 \frac{1}{r^2 w} \tag{10}$$

을 얻는다. 이것이 바로 장기자본수요이다.

식 (9)에서 p, r이 일정하게 주어진 상태에서 L과 w의 관계를 그린 것이 장기노동수요곡선이다. 또한 식 (10)에서 p와 w가 일정하게 주어진 상태에서 K와 r의 관계를 그린 것이 장기자본수요곡선이다.

d. 식 (9)와 식 (10)을 주어진 생산함수에 대입하면

$$q = L^{\frac{1}{3}} K^{\frac{1}{3}} = [(\frac{1}{3}p)^3 \frac{1}{rw^2}]^{\frac{1}{3}} [(\frac{1}{3}p)^3 \frac{1}{r^2 w}]^{\frac{1}{3}} = \frac{1}{9rw} p^2 = f(p, w, r) \quad (11)$$

을 얻는다. 함수 f가 바로 장기공급함수이다. 이것은 문항 a.에서 얻은 결과와 같다는 사실에 주목하자. 이윤극대화 행위를 생산물시장 측면에서 분석하든 생산요소시장 측면에서 분석하든 같은 결과를 얻는다는 것은 당연하다.

이제 식 (9) ~ (11)을 식 (3)에 대입하면 $\pi_L = \frac{1}{27rw} p^3 = \Pi_L(p, w, r)$ (12)

을 얻는다. 함수 Π_L이 바로 장기이윤함수이다. 장기이윤함수는 p, w, r의 함수이다.

e. 단기에 K가 $\overline{K}$로 고정되어 있다고 하자. 그러면 단기의 이윤극대화 문제는

$$\underset{q, L, K}{Max}\ \pi = pq - (wL + r\overline{K}) \quad (13)$$

$$s.t. \quad q = L^{\frac{1}{3}} \overline{K}^{\frac{1}{3}} \quad (14)$$

이다. 제약식을 목적함수에 대입하면 이 문제는

$$\underset{L, K}{Max}\ \pi = p \cdot L^{\frac{1}{3}} \overline{K}^{\frac{1}{3}} - (wL + r\overline{K}) \quad (15)$$

로 다시 쓸 수 있다. 이윤극대화의 일차필요조건은

$$\frac{\partial \pi}{\partial L} = \frac{1}{3} p \cdot L^{-\frac{2}{3}} \overline{K}^{\frac{1}{3}} - w = 0 \quad (16)$$

이다. 이것을 정리하면

$$\frac{1}{3} p \cdot L^{-\frac{2}{3}} \overline{K}^{\frac{1}{3}} = w \quad (17)$$

이다. 이것이 $VMP_L = w$이다. 즉, 단기 이윤이 극대화되려면 생산요소의 수요량은 한계생산물가치가 생산요소의 가격과 같아지는 수준에서 정해져야 한다. 이로부터 $L = (\frac{p}{3w})^{\frac{3}{2}} \overline{K}^{\frac{1}{2}}$ (18)을 얻는다. 이것이 바로 단기노동수요이다. 여기서 p, w가 일정하게 주어진 상태에서 L과 w의 관계를 그린 것이 단기노동수요곡선이다.

f. 이것을 주어진 생산함수에 대입하면

$$q = L^{\frac{1}{3}} K^{\frac{1}{3}} = [(\frac{p}{3w})^{\frac{3}{2}} \overline{K}^{\frac{1}{2}}]^{\frac{1}{3}} \overline{K}^{\frac{1}{3}} = (\frac{p}{3w})^{\frac{1}{2}} \overline{K}^{\frac{1}{2}} = g(p, w, \overline{K}) \quad (19)$$

를 얻는다. 함수 g가 바로 단기공급함수이다. 식 (18)과 식 (19)를 식 (15)에 대입하면 단기이윤함수인

$$\pi_S = p \cdot L^{\frac{1}{3}}\overline{K}^{\frac{1}{3}} - (wL + r\overline{K}) = p[(\frac{p}{3w})^{\frac{1}{2}}\overline{K}^{\frac{1}{2}}]^{\frac{1}{3}}\overline{K}^{\frac{1}{3}} - (w(\frac{p}{3w})^{\frac{3}{2}}\overline{K}^{\frac{1}{2}} + r\overline{K}) \qquad (20)$$

$$= p^{\frac{3}{2}}(\frac{1}{3w})^{\frac{1}{2}}\overline{K}^{\frac{1}{2}} - [(\frac{1}{3})^{\frac{3}{2}}p^{\frac{3}{2}}(\frac{1}{w})^{\frac{1}{2}}\overline{K}^{\frac{1}{2}} + r\overline{K}] = \Pi_S(p, w, r, \overline{K})$$

을 얻는다. 함수 Π_S가 단기이윤함수이다.

g. (i) 단기공급함수 식 (19)에 장기자본수요 식 (10)을 대입하면 예상대로 장기공급함수 식 (11)을 얻는다. 다시 말하면 단기생산함수에서 자본 규모를 장기이윤을 극대화시키는 수준으로 조정하면 장기생산함수가 된다.

(ii) 다소 계산이 번거롭지만 단기이윤함수 식 (20)에 장기자본수요 식 (10)을 대입하면 예상대로 장기이윤함수 식 (12)를 얻는다. 다시 말하면 단기이윤함수에서 자본 규모를 장기이윤을 극대화시키는 수준으로 조정하면 장기이윤함수가 된다.

(iii) 같은 원리이지만 (단기총비용을 극소화시키는 자본규모로부터 얻는 비용이 장기총비용이듯이) 단기이윤 식 (20)을 극대화시키는 자본규모로부터 얻는 이윤이 장기이윤 식 (12)가 된다. 이것은 다소 번거로운 계산 과정을 거치기는 하지만 단기이윤 식 (20)을 극대화시키는 $\overline{K}$의 값을 구해 보면 알 수 있다. 이때 얻는 $\overline{K}$의 값은 바로 장기자본수요 식 (10)과 같아지며 그때 극대화된 단기이윤은 장기이윤과 같아진다. 한편 이처럼 p, w, r이 주어진 상태에서 자본 규모를 조정함으로써 극대화된 단기이윤이 장기이윤이므로 단기이윤은 장기이윤을 초과할 수 없다. 그 이면의 원리는 단기총비용은 장기총비용보다 작아지지 않는 경우의 원리와 같다.

12.9 장기공급함수와 생산요소의 장기수요함수

장기생산함수가 $Q = \sqrt{L + 2K}$라고 한다. 생산물의 가격이 p, 생산요소 L과 K의 가격이 각각 w와 r이라고 하자.

a. 장기총비용함수를 구하시오.

b. 장기공급함수를 구하시오.

c. 생산요소의 장기수요함수를 구하시오.

d. 위 문항의 결과를 이용하여 생산물의 장기공급함수를 구하시오.

e. 문항 d.의 결과를 문항 b.의 결과와 비교하시오.

KEY ▶ 장기공급함수나 생산요소의 장기수요함수는 모두 이윤극대화로부터 도출된다. 또한 이러한 측면에서 문항 b.의 결과와 문항 d.의 결과는 같다.

풀이

a. 6장([문제 6.14])에서 조건부 장기생산요소수요함수는

$$\frac{w}{r} < \frac{1}{2}\text{일 경우} : L = Q^2,\ K = 0$$
$$\frac{w}{r} > \frac{1}{2}\text{일 경우} : K = \frac{1}{2}Q^2,\ L = 0$$

$\frac{w}{r} = \frac{1}{2}$일 경우 : $L + 2K = Q^2$을 만족시키는 모든 (L, K). 즉 ,

$$L \in [0, Q^2],\ K = \frac{1}{2}(Q^2 - L)$$

로 구해졌다. 이로부터 장기총비용함수는

$$C(w, r, Q) = min\left[wQ^2, \frac{1}{2}rQ^2\right] = min\left[w, \frac{1}{2}r\right]Q^2$$

으로 구해졌다.

b. 생산물의 장기공급함수는 생산물시장에서 기업의 이윤극대화로부터 구할 수 있다. 기업의 이윤극대화 문제는

$$\underset{Q}{Max}\ \pi = pQ - C(Q)$$

이다. 그런데 위에서 $C(Q) = min\left[w, \frac{1}{2}r\right]Q^2$으로 구해졌다. 이것을 위 식에 대입하면

$$\underset{Q}{Max}\ \pi = pQ - min\left[w, \frac{1}{2}r\right]Q^2$$

이 된다. 이윤극대화의 일차필요조건은

$$\frac{d\pi}{dQ} = p - 2\,min\left[w, \frac{1}{2}r\right]Q = 0$$

이다. 이로부터 장기공급함수는

$$Q = \frac{p}{2\,min\left[w, \frac{1}{2}r\right]}$$

가 된다. 예상한 대로 $Q = Q(p, w, r)$로서 장기공급함수는 생산물의 가격 p와 생산요소의 가격 w와 r의 함수로 구해진다.

이것을 풀어서 쓰면

$w < \frac{1}{2}r$ (즉, $\frac{w}{r} < \frac{1}{2}$)이면, $min\left[w, \frac{1}{2}r\right] = w$이므로 $Q = \frac{p}{2w}$,

$w > \frac{1}{2}r$ (즉, $\frac{w}{r} > \frac{1}{2}$)이면, $min\left[w, \frac{1}{2}r\right] = \frac{1}{2}r$이므로 $Q = \frac{p}{r}$,

$w = \frac{1}{2}r$ (즉, $\frac{w}{r} = \frac{1}{2}$)이면, $min\left[w, \frac{1}{2}r\right] = w = \frac{1}{2}r$이므로 $Q = \frac{p}{2w} = \frac{p}{r}$

이다.

c. 생산요소의 장기수요함수는 생산요소시장에서의 기업의 이윤극대화 문제로부터 구할 수 있다. 이윤극대화 문제는

$$\underset{Q,L,K}{Max}\ \pi = pQ - (wL + rK)$$
$$s.t.\quad Q = \sqrt{L + 2K}$$

이다. 제약식을 목적함수에 대입하면

$$\underset{L,K}{Max}\ \pi = p\sqrt{L + 2K} - (wL + rK)$$

를 얻는다. 이때 다음 3가지 경우를 생각할 수 있다.

(i) $\frac{w}{r} < \frac{1}{2}$일 경우에는 L만 사용하므로, 즉 $K = 0$이므로

$$\frac{d\pi}{dL} = p \cdot \frac{1}{2} \cdot L^{-\frac{1}{2}} - w = 0, \text{즉}\ \ p \cdot \frac{1}{2} \cdot L^{-\frac{1}{2}} = w,\ \ VMP_L = w$$

이다. 이로부터

$$L = \left(\frac{p}{2w}\right)^2 \tag{1}$$

으로 구해진다.

(ii) $\frac{w}{r} > \frac{1}{2}$일 경우에는 K만 사용하므로, 즉 $L = 0$이므로

$$\frac{d\pi}{dK} = p \cdot \frac{1}{2} \cdot (2K)^{-\frac{1}{2}} \cdot 2 - r = 0, \text{ 즉 } p \cdot \frac{1}{2} \cdot (2K)^{-\frac{1}{2}} \cdot 2 = r, \ VMP_K = r$$

이다. 이로부터

$$K = \frac{1}{2}\left(\frac{p}{r}\right)^2 \tag{2}$$

으로 구해진다.

(iii) $\frac{w}{r} = \frac{1}{2}$일 경우에는 L과 K를 조합하여 사용할 수 있으므로

$$\frac{\partial\pi}{\partial L} = p \cdot \frac{1}{2} \cdot (L + 2K)^{-\frac{1}{2}} - w = 0, \ \sqrt{L + 2K}\,(= Q) = \frac{p}{2w}$$
$$\frac{\partial\pi}{\partial K} = p \cdot \frac{1}{2} \cdot (L + 2K)^{-\frac{1}{2}} \cdot 2 - r = 0, \ \sqrt{L + 2K}\,(= Q) = \frac{p}{r}$$

이다. 이때 $2w = r$이므로 $\frac{p}{2w} = \frac{p}{r}$이다. 그런데 생산함수를 관찰해 볼 때 L만 사용하여 Q를 $\frac{p}{2w}$만큼 생산하려면 L이 $\left(\frac{p}{2w}\right)^2$만큼 필요하고 K만 사용하여 Q를 $\frac{p}{r}$만큼 생산하려면 K가 $\frac{1}{2}\left(\frac{p}{r}\right)^2$만큼 필요하다. 이러한 상황에서 L과 K를 조합하여 사용한다는 것은 $\frac{p}{2w}$만큼의 Q의 일부는 L로 생산하고 나머지는 K로 생산한다는 것이므로 L과 K의 장기수요함수는

$$L + 2K = \left(\frac{p}{2w}\right)^2 \left[= \left(\frac{p}{r}\right)^2\right]$$

을 만족시키는 모든 (L, K)이다. 즉

$$L \in \left[0, \left(\frac{p}{2w}\right)^2\right] \tag{3}$$

$$K = \frac{1}{2}\left[\left(\frac{p}{2w}\right)^2 - L\right] = \frac{1}{2}\left[\left(\frac{p}{r}\right)^2 - L\right] \tag{4}$$

이 된다.

예상한 대로 $L = L(p, w)$, $K = K(p, r)$로서 생산요소의 장기수요함수는 생산물의 가격과 생산요소의 가격의 함수로 구해진다.

한편 장기공급함수를 조건부 장기생산요소수요함수에 대입하더라도 위와 동일한 생산요소의 장기수요함수를 얻을 수 있다는 점에 주목하자.

d. 생산요소의 장기수요함수를 장기생산함수에 대입하면 장기공급함수를 얻는다. 즉

(i) $\frac{w}{r} < \frac{1}{2}$일 경우에는 L만 사용하므로, 즉 $K = 0$이므로 식 (1)을 적용하면

$$Q=\sqrt{L+2K}=\sqrt{L}=\sqrt{\left(\frac{p}{2w}\right)^2}=\frac{p}{2w}$$

(ii) $\frac{w}{r}>\frac{1}{2}$일 경우에는 K만 사용하므로, 즉 $L=0$이므로 식 (2)를 적용하면

$$Q=\sqrt{L+2K}=\sqrt{2K}=\sqrt{2\cdot\frac{1}{2}\left(\frac{p}{r}\right)^2}=\frac{p}{r}$$

(iii) $\frac{w}{r}=\frac{1}{2}$일 경우에는 L과 K를 조합하여 극소비용으로 생산할 수 있으므로 식 (3)과 식 (4)를 적용하면

$$Q=\sqrt{L+2K}=\sqrt{L+2\cdot\frac{1}{2}\left[\left(\frac{p}{r}\right)^2-L\right]}=\frac{p}{r}=\frac{p}{2w}$$

가 된다.

e. 두 결과는 같다. 공급함수를 구하는 것과 생산요소의 수요함수를 구하는 것은 기업의 동일한 이윤극대화 행위를 각각 서로 다른 측면에서 바라보는 것이기 때문이다.

12.10 장기공급함수와 생산요소의 장기수요함수 : 레온티에프 생산함수의 경우

장기생산함수가 $Q=min[aL, bK]$라고 한다. 생산물의 가격이 p, 생산요소 L과 K의 가격이 각각 w와 r이라고 하자.

a. 장기총비용함수를 구하시오.

b. 장기공급함수를 구하시오.

c. 시장수요곡선이 $Q=100-p$이고, $a=1$, $b=2$, $w=r=1$일 경우 균형가격, 균형수량, 그리고 기업의 수를 구하시오.

d. 생산요소의 장기수요함수를 구하시오.

KEY ▶ 장기공급함수나 생산요소의 장기수요함수는 모두 이윤극대화로부터 도출된다.

풀이

a. 비용을 극소화하려면 $Q=aL=bK$의 관계가 성립하도록 생산요소가 투입되어야 한다. 이로부터 $L=\frac{1}{a}Q$, $K=\frac{1}{b}Q$를 얻는다. 이것이 조건부 장기생산요소수요함수이다. 그러므로 장기총비용함수는

$$C(w,r,Q) = wL + rK = \frac{w}{a}Q + \frac{r}{b}Q = \left(\frac{w}{a} + \frac{r}{b}\right)Q$$

로 구해진다.

b. 생산물의 장기공급함수는 생산물시장에서 기업의 이윤극대화로부터 구할 수 있다. 기업의 이윤극대화 문제는

$$\underset{Q}{Max}\ \pi = pQ - C(Q)$$

이다. 그런데 위에서 $C(Q) = \left(\frac{w}{a} + \frac{r}{b}\right)Q$로 구해졌다. 이것을 위 식에 대입하면

$$\underset{Q}{Max}\ \pi = pQ - \left(\frac{w}{a} + \frac{r}{b}\right)Q$$

가 된다. 이윤극대화의 일차필요조건은

$$\frac{d\pi}{dQ} = p - \left(\frac{w}{a} + \frac{r}{b}\right) = 0$$

이다. 이로부터 장기공급함수는

$$p = \frac{w}{a} + \frac{r}{b}$$

이 된다. 이 경우

$$p = LMC = LAC$$

가 성립한다. 다른 상황이 일정하다는 가정 아래, 즉 w와 r이 일정하다는 가정 아래 이것을 (Q,p) 평면에 그리면 가로축에 평행인 직선이 된다. 이것이 장기공급곡선이다. 이때 이윤은 0이 된다. 생산함수가 $CRTS$이기 때문에 가격이 수요조건과는 독립적으로 생산기술에 의해 정해진다. 한편 수요조건이 주어져 있지 않으므로 산출량이 정해지지 않는다.

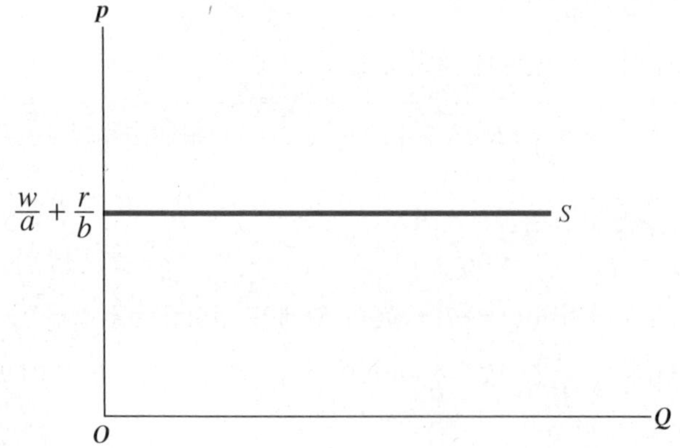

장기공급곡선

c. 장기균형은 $p = LMC$에서 이루어진다. 이때 장기공급함수의 식에 해당되는 값들을 대입하면 $p = 1.5$가 된다. 그러므로 균형 수량은 $Q = 100 - p = 100 - 1.5 = 98.5$이다. 이때

$$\pi = p \times Q - LAC \times Q = 0$$

이 된다.

한편 $CRTS$이기 때문에 기업의 수는 정해지지 않는다. 98.5를 1개의 기업이 모두 생산할 수도 있고 n개의 기업들이 나누어서 생산할 수도 있다.

d. 생산요소의 장기수요함수는 생산요소시장에서 기업의 이윤극대화 문제로부터 구할 수 있다. 이윤극대화 문제는

$$\underset{Q,L,K}{Max}\ \pi = pQ - (wL + rK)$$
$$s.t. \quad Q = min[aL, bK]$$

이다. 제약식을 목적함수에 대입하면

$$\underset{L,K}{Max}\ \pi = p \cdot min[aL, bK] - (wL + rK) \tag{1}$$

를 얻는다. 이때 레온티에프 생산함수인 $min[aL, bK]$의 경우 미분으로 풀 수 없으므로 다음과 같이 풀기로 하자.

이윤을 극대화하려면 비용이 극소화되어야 한다. 그러므로 생산요소는

$$aL = bK \tag{2}$$

의 관계를 만족시키도록 투입해야 한다. 앞으로도 보겠지만 L과 K가 이처럼 한 묶음으로 투입된다는 점이 중요하다.

(i) 먼저 L의 수요함수를 구해 보자. 수입측면을 검토해 보자. 이윤이 극대화되려면, L이 1단위 증가할 경우 그것이 최소비용으로 산출량을 증가시킬 수 있도록, 즉 식 (2)의 관계가 성립될 수 있도록 K가 투입되어야 한다. 이러한 상황에서는 생산함수에서 볼 때

$$MP_L = a$$

라고 볼 수 있다. 따라서

$$VMP_L = p \cdot MP_L = pa \tag{3}$$

이다.

다음으로 비용측면을 검토해 보자. 식 (2)로부터 K는 $K = \frac{a}{b}L$만큼 투입되므로 이것을 비용을 나타내는 $wL + rK$에 대입하면

$$wL + rK = wL + r\left(\frac{a}{b}L\right)$$

이다. 따라서 노동을 1단위 증가시키면 노동비용은 w, 자본비용은 $\left(\frac{a}{b}\right)r$ 증가하여 총비용이

$$w + \left(\frac{a}{b}\right)r \tag{4}$$

만큼 증가한다. 식 (3)과 식 (4)가 같을 때 이윤이 극대화된다. 따라서 이윤극대화 조건은

$$pa = w + \left(\frac{a}{b}\right)r \tag{5}$$

이 된다. 물론 이때 극대화된 이윤은 0이다.

식 (5)를 바꾸어 써 보면

$$w = pa - \left(\frac{a}{b}\right)r \tag{6}$$

이 된다. 좌변은 L을 1단위 증가시킬 때 비용, 우변은 그때 들어오는 '순수입' 을 나타낸다. 다른 상황이 일정하다는 가정 아래, 즉 p와 r이 일정하다는 가정 아래 이것을 (L, w) 평면에 그리면 가로축에 평행인 직선이 된다. 이것이 L의 장기수요곡선이다. 한편 w가 식 (6)의 우변 값을 만족시키는 한 어떤 L도 수요량이 될 수 있다.

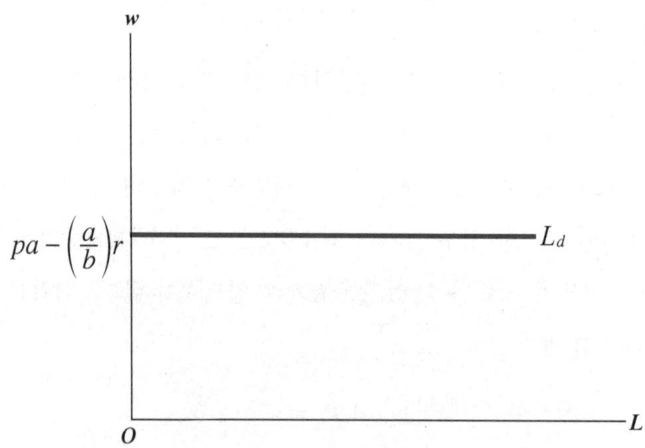

L의 수요곡선

이처럼 생산함수가 $CRTS$일 경우, 생산물의 가격이 수요조건과는 독립적으로 생산기술에 의해 정해지듯이, 생산요소의 가격도 생산요소의 공급조건과는 독립

적으로 생산기술에 의해 정해진다.

이때 식 (2)로부터 얻은 $K = \frac{a}{b}L$을 식 (1)에 대입한 후 그 결과에 식 (6)을 대입하면 예상대로 $\pi = 0$이 된다.

한편 식 (5)를 바꾸어 써 보면

$$p = \frac{w}{a} + \frac{r}{b} \tag{7}$$

이 된다. 즉, 일반적으로 생산함수가 *CRTS*일 경우 공급함수와 생산요소수요함수가 같은 형태를 지니듯이 이 경우도 서로 같은 형태를 지닌다.

(ii) K에 대한 수요함수를 구해 보자. 앞서와 같은 방법을 사용하면 K에 대한 이윤극대화 조건은

$$pb = \left(\frac{b}{a}\right)w + r \tag{8}$$

로 구해진다. 물론 이때 극대화된 이윤은 0이다.

식 (8)을 바꾸어 써 보면

$$r = pb - \left(\frac{b}{a}\right)w \tag{9}$$

가 된다. 이것이 K에 대한 장기수요곡선이다. 이때 식 (2)로부터 얻는 $L = \frac{b}{a}K$를 식 (1)에 대입한 후 그 결과에 식 (9)를 대입하면 예상대로 $\pi = 0$이 된다.

식 (8)을 바꾸어 써 보면

$$p = \frac{w}{a} + \frac{r}{b} \tag{10}$$

로서 식 (7)과 같은 형태이다.

K의 이러한 모든 결과들에 대한 경제적인 해석은 L의 경우와 같다.

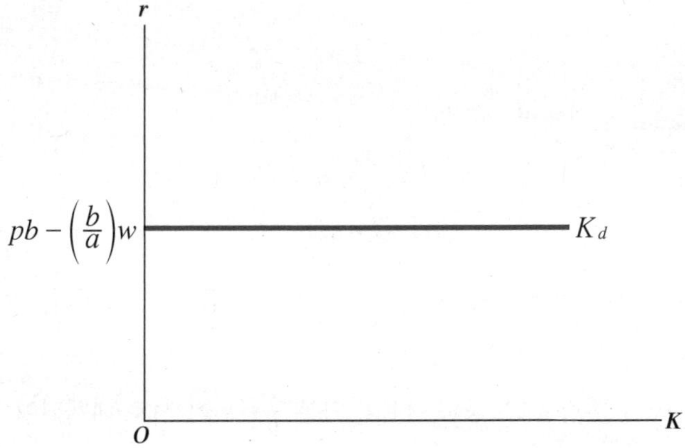

K의 공급곡선

별해 ▶ $aL = bK = T$로 놓자.

그러면 식 (1)은

$$\underset{L,K}{Max}\ \pi = p \cdot min[T, T] - \left(w\frac{T}{a} + r\frac{T}{b}\right) = \underset{L,K}{Max}\ \pi = pT - \left(w\frac{T}{a} + r\frac{T}{b}\right)$$

로 쓸 수 있다. L과 K에 대한 이윤극대화의 일차조건은

$$\frac{d\pi}{dT}\frac{dT}{dL} = p\frac{dT}{dL} - \left(\frac{w}{a} + \frac{r}{b}\right)\frac{dT}{dL} = pa - \left(\frac{w}{a} + \frac{r}{b}\right)a = 0, \text{ 즉 } p = \frac{w}{a} + \frac{r}{b}$$

$$\frac{d\pi}{dT}\frac{dT}{dK} = p\frac{dT}{dK} - \left(\frac{w}{a} + \frac{r}{b}\right)\frac{dT}{dK} = pb - \left(\frac{w}{a} + \frac{r}{b}\right)b = 0, \text{ 즉 } p = \frac{w}{a} + \frac{r}{b}$$

이 된다. 그러므로 L과 K에 대한 수요함수는 모두

$$p = \frac{w}{a} + \frac{r}{b}$$

로부터 앞서와 같이 구할 수 있다.

12.11 장기공급함수와 생산요소의 장기수요함수 : 완전대체 생산함수의 경우

장기생산함수가 $Q = aL + bK$라고 한다. 생산물의 가격이 p, 생산요소 L과 K의 가격이 각각 w와 r이라고 하자.

a. 장기총비용함수를 구하시오.

b. 장기공급함수를 구하시오.

c. 생산요소의 장기수요함수를 구하시오.

KEY ▶ 장기공급함수나 생산요소의 장기수요함수는 모두 이윤극대화로부터 도출된다.

풀이

a. 일반적으로 말하자면

$$\underset{L,K}{Min}\ C = wL + rK$$
$$s.t.\quad Q = aL + bK$$

와 같은 선형계획법(linear programming) 문제를 푸는 것이다. 여기서는 경제원리를 적용하여 직관적으로 풀기로 하자.

생산함수를 볼 때 노동 $\frac{1}{a}$단위와 자본 $\frac{1}{b}$단위가 서로 대체되어 사용될 수 있다. 그러므로 상대적으로 비용이 적게 드는 생산요소만을 사용하여 생산할 것이다. 이제 생

산요소의 가격을 각각 w, r이라고 하자. 이 경우 노동 $\frac{1}{a}$단위를 투입하려면 $\frac{w}{a}$의 비용이 들고 자본 $\frac{1}{b}$단위를 투입하려면 $\frac{r}{b}$의 비용이 든다. 그러므로 $\frac{w}{a}$가 $\frac{r}{b}$보다 작으면 L만 사용할 것이다. 반대로 $\frac{w}{a}$가 $\frac{r}{b}$보다 크면 K만 사용할 것이다. $\frac{w}{a}$가 $\frac{r}{b}$과 같으면 L과 K를 어떻게 조합해서 사용하더라도 비용이 극소화된다.

수식적으로 본다면

$$MRTS_{LK} = -\frac{dK}{dL} = \frac{MP_L}{MP_K} = \frac{a}{b}$$

인 상황에서 $MRTS_{LK} = \frac{a}{b} > \frac{w}{r}$이면 L만 사용할 때, $MRTS_{LK} = \frac{a}{b} < \frac{w}{r}$이면 K만 사용할 때, 그리고 $MRTS_{LK} = \frac{a}{b} = \frac{w}{r}$이면 L과 K를 어떻게 조합해서 사용하더라도 비용이 극소화된다는 것이다.

한편 생산함수를 관찰해 보면 L만 사용할 경우 Q단위의 산출량을 생산하려면 $\frac{Q}{a}$만큼의 L이 필요하다. 같은 논리로 K만 사용할 경우 Q단위의 산출량을 생산하려면 $\frac{Q}{b}$만큼의 K가 필요하다. 두 생산요소를 조합해서 사용할 경우 Q단위의 산출량을 생산하려면 Q만큼의 $aL + bK$가 필요하다.

이상의 내용을 정리하면 조건부 장기생산요소수요함수는

$$\frac{w}{r} < \frac{a}{b}\text{일 경우}: L = \frac{Q}{a},\ K = 0$$
$$\frac{w}{r} > \frac{a}{b}\text{일 경우}: K = \frac{Q}{b},\ L = 0$$

$\frac{w}{r} = \frac{a}{b}$일 경우 : $aL + bK = Q$를 만족시키는 모든 (L, K), 즉

$$L \in \left[0, \frac{Q}{a}\right],\ K = \frac{1}{b}(Q - aL)$$

이 된다.

이로부터 장기총비용함수는

$$C(w, r, Q) = min\left[\frac{w}{a}Q, \frac{r}{b}Q\right] = min\left[\frac{w}{a}, \frac{r}{b}\right]Q$$

로 구해진다.

b. 생산물의 장기공급함수는 생산물시장에서 기업의 이윤극대화로부터 구할 수 있다. 기업의 이윤극대화 문제는

$$\underset{Q}{Max}\ \pi = pQ - C(Q)$$

이다. 그런데 위에서 $C(w, r, Q) = min\left[\frac{w}{a}, \frac{r}{b}\right]Q$로 구해졌다. 이것을 위 식에 대입하면

$$\underset{Q}{Max}\ \pi = pQ - min\left[\frac{w}{a}, \frac{r}{b}\right]Q$$

가 된다. 이윤극대화의 일차필요조건은

$$\frac{d\pi}{dQ} = p - min\left[\frac{w}{a}, \frac{r}{b}\right] = 0$$

이다. 이로부터 장기공급함수는

$$p = min\left[\frac{w}{a}, \frac{r}{b}\right]$$

이 된다. 이것은 바로 $p = LMC = LAC$ 조건이다. 예상한 대로 장기공급함수는 생산물의 가격 p와 생산요소의 가격 w와 r의 함수로 구해진다.

이것을 풀어서 쓰면

$$\frac{w}{a} < \frac{r}{b}\ (\text{즉, } \frac{w}{r} < \frac{a}{b})\text{이면, } min\left[\frac{w}{a}, \frac{r}{b}\right] = \frac{w}{a}\text{이므로 } p = \frac{w}{a},$$

$$\frac{w}{a} > \frac{r}{b}\ (\text{즉, } \frac{w}{r} > \frac{a}{b})\text{이면, } min\left[\frac{w}{a}, \frac{r}{b}\right] = \frac{r}{b}\text{이므로 } p = \frac{r}{b},$$

$$\frac{w}{a} = \frac{r}{b}\ (\text{즉, } \frac{w}{r} = \frac{a}{b})\text{이면, } min\left[\frac{w}{a}, \frac{r}{b}\right] = \frac{w}{a} = \frac{r}{b}\text{이므로 } p = \frac{w}{a} = \frac{r}{b}$$

이다. 다른 상황이 일정하다는 가정 아래, 즉 w와 r이 일정하다는 가정 아래 이것들을 각각 (Q, p) 평면에 그리면 각각 가로축에 평행인 직선이 된다. 이것이 장기공급곡선이다. 이때 이윤은 0이 된다. 생산함수가 $CRTS$이기 때문에 가격은 수요조건과 독립적으로 기술조건에 의해 정해진다. 한편 수요조건이 주어져 있지 않으므로 산출량이 정해지지 않는다.

c. 생산요소의 장기수요함수는 생산요소시장에서의 기업의 이윤극대화 문제로부터 구할 수 있다. 이윤극대화 문제는

$$\underset{Q, L, K}{Max}\ \pi = pQ - (wL + rK)$$
$$s.t.\quad Q = aL + bK$$

이다. 제약식을 목적함수에 대입하면

$$\underset{L, K}{Max}\ \pi = p(aL + bK) - (wL + rK) \tag{1}$$

를 얻는다. 이때 다음 3가지 경우를 생각할 수 있다.

(i) $\frac{w}{r} < \frac{a}{b}$일 경우에는 L만 사용하므로, 즉 $K = 0$이므로

$$\frac{d\pi}{dL} = p \cdot a - w = 0,\ \text{즉 } p \cdot a = w,\ VMP_L = w$$

이다. 이로부터

$$w = ap \tag{2}$$

로 구해진다. 다른 상황이 일정하다는 조건 아래, 즉 p가 일정하다는 조건 아래 이것을 (L, w) 평면에 그리면 가로축에 평행인 직선으로 나타난다. 이것이 L의 장기수요곡선이다. 한편 w가 식 (2)의 우변 값을 만족시키는 한 어떤 L도 수요량이 될 수 있다.

생산요소가격 w가 한계생산물가치 ap보다 낮을 경우 생산요소 L의 고용을 증가시킬수록 이윤이 증가하므로 생산요소수요량은 무한대가 된다. 반대로 생산요소가격이 한계생산물가치보다 높을 경우 한 단위라도 고용하면 손실이 발생하며 또한 고용량을 증가시킬수록 손실이 커지므로 생산요소수요량은 0이 된다. 결국 균형은 생산요소가격이 한계생산물가치와 같아지는 곳에서 결정된다. 한편 $CRTS$이기 때문에 생산요소가격이 생산요소공급조건과는 관계없이 생산기술에 의해 정해진다.

이때 $K = 0$과 식 (2)를 식 (1)에 대입하면 예상대로 $\pi = 0$이 된다.

(ii) $\frac{w}{r} > \frac{a}{b}$일 경우에는 K만 사용하므로, 즉 $L = 0$이므로

$$\frac{d\pi}{dK} = p \cdot b - r = 0,\ \text{즉}\ \ p \cdot b = r,\ \ VMP_K = r,$$

이다. 이로부터

$$r = bp \tag{3}$$

로 구해진다. 이것이 K에 대한 장기수요곡선이다.

생산요소가격 r이 한계생산물가치 bp보다 낮을 경우 생산요소 K의 고용을 증가시킬수록 이윤이 증가하므로 생산요소수요량은 무한대가 된다. 반대로 생산요소가격이 한계생산물가치보다 높을 경우 한 단위라도 고용하면 손실이 발생하며 또한 고용량을 증가시킬수록 손실이 커지므로 생산요소수요량은 0이 된다. 결국 균형은 생산요소가격이 한계생산물가치와 같아지는 곳에서 결정된다. 한편 $CRTS$이기 때문에 생산요소가격이 생산요소공급조건과는 관계없이 생산기술에 의해 정해진다.

이때 $L = 0$과 식 (3)을 식 (1)에 대입하면 예상대로 $\pi = 0$이 된다.

(iii) $\frac{w}{r} = \frac{a}{b}$일 경우에는 L과 K를 조합하여 사용할 수 있으므로

$$\frac{\partial\pi}{\partial L} = p \cdot a - w = 0,\ \ w = ap \tag{4}$$

$$\frac{\partial\pi}{\partial K} = p \cdot b - r = 0,\ \ r = bp \tag{5}$$

이다. 식 (4)와 식 (5)는 각각 L과 K에 대한 장기수요곡선을 나타낸다.

이때 식 (4)와 식 (5)를 식 (1)에 대입하면 예상대로 $\pi = 0$이 된다.

이처럼 생산함수가 $CRTS$일 경우, 생산물의 가격이 수요조건과는 독립적으로 생산기술에 의해 정해지듯이, 생산요소의 가격도 생산요소의 공급조건과는 독립적으로 생산기술에 의해 정해진다. 그리고 이윤이 0이 된다.

12.12 경쟁기업의 생산요소의 장기수요

경쟁산업에 똑같은 기업들이 100개 있다고 하자. 각 기업의 생산함수는 콥-더글라스 생산함수로서 $q = L^{\frac{1}{2}} K^{\frac{1}{2}}$이고, 시장수요는 $Q = 50,000 - 10,000p$라고 한다.

a. 임금률 w가 3이고 자본의 임대료율 r이 1일 때 대표적 기업은 자본과 노동을 어떤 비율로 사용할까? 장기평균비용과 장기한계비용을 구하시오.

b. 장기의 시장균형가격과 산출량을 구하시오. 각 기업의 산출량은 얼마인가? 각 기업의 노동 고용량은 얼마인가? 시장 전체의 노동 고용량은 얼마인가?

c. 시장 임금률이 4로 상승할 경우 대표적 기업의 자본-노동비율은 어떻게 변화하는가? 장기시장균형을 구하시오. 이때 노동의 고용량을 구하시오.

d. 노동에 대한 수요량의 변화 중에서 대체효과와 산출량효과는 각각 얼마인가?

KEY ▶ 주어진 콥-더글라스 생산함수는 $CRTS$이다. 그러므로 가격은 기술조건에 의해 정해지고 산출량은 수요조건에 의해 정해진다. 대체효과와 산출량효과는 그림을 그려놓고 구하는 것이 편리하다.

풀이

$n = 100,\ q = L^{\frac{1}{2}} K^{\frac{1}{2}},\ Q_d = 50,000 - 10,000p$로 주어져 있다.

a. 먼저 비용함수를 구하기로 하자. 비용함수는 비용극소화 문제를 풀어서 구한다. 여기서는 간편성을 위해 비용극소화 조건을 활용한다. 물론 이 조건은 비용극소화 문제를 풀어서 얻은 것이다.

$w = 3,\ r = 1$이다. 비용극소화를 위해서는 $MRTS_{LK} = \frac{w}{r}$가 성립해야 한다. 그런데 $MRTS_{LK} = \frac{MP_L}{MP_K} = \frac{K}{L}$이고 $\frac{w}{r} = 3$이다. 그러므로 이로부터 $K = 3L$을 얻는다. 이것을 생산함수에 대입하면

$$q = L^{\frac{1}{2}} K^{\frac{1}{2}} = \sqrt{3}\,L \tag{1}$$

이 된다. 즉, 조건부 장기노동수요함수는 $L = \frac{q}{\sqrt{3}}$이다. 그런데 $K = 3L$이므로 조건부 장기자본수요함수는 $K = \frac{3q}{\sqrt{3}}$가 된다. 그러므로 장기총비용함수는

$$wL + rK = (3)L + (1)K = 2\sqrt{3}\,q = C(q)$$

가 된다. 위 비용함수로부터 $LAC = LMC = 2\sqrt{3}$을 얻는다.

b. $CRTS$이므로 산출량은 기술 이외의 조건에 의해 결정된다. 이 경우 수요곡선에 의해 결정된다. 장기에는

$$p^* = LMC$$

가 성립한다. 그러므로 장기의 산출량은

$$Q^* = 50,000 - 10,000(2\sqrt{3}) = 15,359$$

가 된다.

개별기업의 노동수요량을 구하기 위해 개별기업의 산출량을 알아보자. 산업에 총 100개의 기업이 있으므로 개별기업의 산출량은 총산출량을 기업수로 나누어서 구한다. 즉, 개별기업의 산출량은

$$q^* = \frac{Q^*}{n} = \frac{Q^*}{100} \fallingdotseq 154$$

로 구해진다. 식 (1)로부터

$$L^* = \frac{q^*}{\sqrt{3}} \frac{154}{\sqrt{3}} = 88.68$$

로 구해진다. 그런데 기업이 100개 있으므로 총노동 $= nL^* = 8,868$로 구해진다.

c. $w = 4$, $r = 1$이다. 최소비용을 위해서는 $MRTS_{LK} = \frac{w}{r}$가 성립해야 한다. 그런데

$$MRTS_{LK} = \frac{MP_L}{MP_K} = \frac{K}{L},\ \frac{w}{r} = 4$$

이므로 $K = 4L$이 된다. 그러므로 자본노동비율 $\frac{K}{L} = 4$가 된다. 이를 생산함수에 대입하면

$$q = L^{\frac{1}{2}} K^{\frac{1}{2}} = 2L,\ \text{즉}\ L = \frac{1}{2}q \qquad (2)$$

가 된다. 이것이 조건부 장기노동수요함수이다. 그런데 $K = 4L$이므로 조건부 장기자본수요함수는 $K = 2q$가 된다. 그러므로 장기총비용함수는

$$wL + rK = (4)L + (1)K = 4q = C(q)$$

로 구해진다. 이로부터 $LAC = LMC = 4$를 얻는다.

장기에는

$$p^* = LMC = LAC = 4$$

가 성립한다. 그러므로 임금률이 4로 오를 경우 산출량은

$$Q^{**} = Q_d(p^{**}) = Q_d(4) = 50,000 - 40,000 = 10,000$$

으로 줄어든다. 산업에 100개의 기업이 있으므로 개별기업의 산출량은

$$q^{**} = \frac{Q^{**}}{100} = 100$$

이 된다. 그러므로 개별기업의 노동량은 식 (2)로부터

$$L^{**} = \frac{q^{**}}{2} = \frac{100}{2} = 50$$

이 된다. 그런데 산업에 총 100개의 기업이 있으므로 총노동수요량은 $nL^{**} = 100 \times 50 = 5,000$이다.

d. 대체효과를 알아보기 위해 임금률이 상승했는데도 산출량에 변화가 없었다면 노동을 얼마나 고용했을 것인가를 살펴보자. 즉, $w = 4$로 올랐는데도 산출량이 변함없이 $Q^* = 15,359$이었다고 하자. 이때 개별기업의 산출량은

$$q^{***} = 15,359 \div 100 = 153.59$$

이었을 것이다. 식 (2)를 적용하면 개별기업의 노동수요량은 $L^{***} = \frac{153.59}{2}$이다. 그런데 산업에 100개의 기업이 있으므로 총노동수요량은

$$nL^{***} = 100L^{***} = 7,679.5$$

이었을 것이다. 즉, 임금률이 올랐는데도 산출량이 불변이었다면 노동은 1,188.5 (= 8,868 − 7,679.5)만큼 덜 고용되었을 것이다. 이것이 대체효과이다.

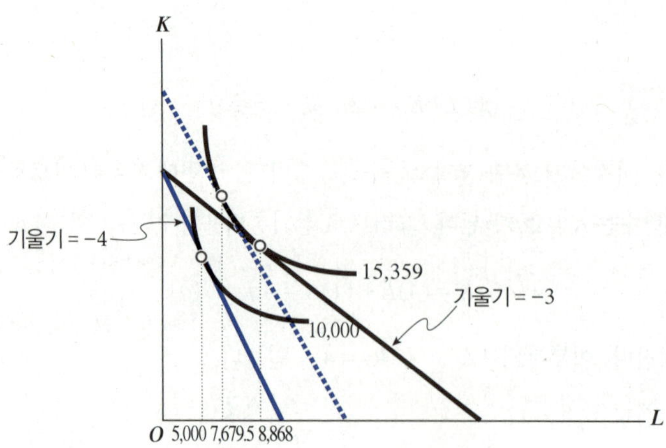

이제 산출량효과를 구해 보자. 산출량효과는 임금률이 올랐는데도 산출량이 변하지 않았다면 고용했을 고용량에서 임금률이 실제로 올랐을 때의 고용량을 빼준 값이다. 그러므로 산출량효과는

$$7{,}679.5 - 5{,}000 = 2{,}679.5$$

로 구해진다. 물론 산출량효과는 임금률 변화 때문에 발생한 총노동고용량의 변화 중에서 대체효과를 빼주어도 구할 수 있다.

12.13 생산요소의 시장수요곡선

생산물시장과 생산요소시장이 모두 경쟁적이라고 하자. 이때 생산함수가 $q = 2\sqrt{l}$인 개별 기업들이 100개가 있다고 한다. 생산물에 대한 수요는 $Q = 6,000 - 100p$이다. $p = 50$에서 균형이 성립된 상태이다. (Hirshleifer and Glazer 참조)

a. 생산요소수요곡선을 구하시오.

b. $p = 50$인 상태에서 개별기업의 생산요소수요곡선을 구하시오. 개별기업들의 생산요소수요곡선을 수평으로 합하시오.

c. 생산요소에 대한 시장수요곡선을 구하시오.

d. $p = 50$일 경우 w는 얼마인가?

e. 생산요소의 가격이 $w_0 = 10$에서 $w_1 = 9$로 하락할 경우 생산요소의 시장수요량이 어떻게 달라지는가? 이때 생산물의 가격은 어떻게 변하는가?

f. 생산요소의 가격이 $w_0 = 10$에서 $w_1 = 9$로 하락하였을 때, 생산물의 가격 변화를 고려하기 이전의 생산요소수요량을 구하시오. 이 결과를 위 문항 e.에서 얻은 생산요소수요량과 비교하시오.

KEY ▶ 생산요소의 시장수요곡선을 구할 때에는 생산물의 가격변화를 고려해야 한다. 이 경우 그렇지 않았을 때에 비해 생산요소의 시장수요곡선이 더 비탄력적이 된다.

풀이

a. 생산요소수요곡선은 개별기업의 이윤극대화 문제로부터 구할 수 있다. 이윤극대화 문제는

$$\underset{q,\,l}{Max}\ \pi = pq - wl$$
$$s.t.\quad q = 2\sqrt{l}$$

이다. 제약식을 목적함수에 대입하면

$$\max_{l} \ \pi = p \cdot 2\sqrt{l} - wl$$

을 얻는다. 이윤극대화의 일차필요조건은

$$\frac{d\pi}{dl} = pl^{-\frac{1}{2}} - w = 0$$

이다. 이로부터

$$w = pl^{-\frac{1}{2}} \qquad (1)$$

으로 구해진다. 이것은 바로 $w = VMP_l$ 조건이다. 이로부터 $l = \frac{p^2}{w^2}$를 얻는다. 이것이 생산요소수요곡선이다.

b.

$$l = \frac{p^2}{w^2} \qquad (2)$$

에 $p = 50$을 대입하면

$$l = \frac{2,500}{w^2} \qquad (3)$$

을 얻는다. 100개의 기업에 대해 이것들을 수평으로 합하면

$$L = 100l = 100\frac{p^2}{w^2} = \frac{250,000}{w^2} \qquad (4)$$

을 얻는다.

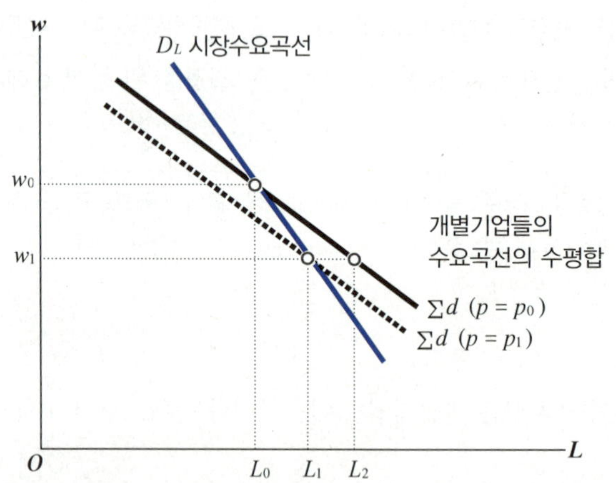

c. 생산요소에 대한 시장수요곡선을 구하려면 생산물시장의 변화를 고려해 주어야 한다. 즉, 생산요소의 가격이 변할 경우 생산요소의 수요량이 변한다. 이러한 생산요소 수요량의 변화가 산출량을 변화시켜 생산물의 가격을 변화시키는데 이러한 영향을 고려해

주어야 한다는 것이다.

시장에 100개의 기업들이 있으므로

$$Q = 100q \tag{5}$$

이다. 그런데 생산물에 대한 수요가

$$Q = 6,000 - 100p \tag{6}$$

이다. 식 (5)를 식 (6)에 적용하면

$$Q = 100q = 6,000 - 100p,\ \text{즉}\ q = 60 - p \tag{7}$$

를 얻는다. 이것을 적용하면 식 (1)은

$$w = (60 - q)\, l^{-\frac{1}{2}} \tag{8}$$

이 된다. 여기에 $q = 2\sqrt{l}$을 적용한 후 l에 대해 풀면

$$l = \frac{3,600}{(w+2)^2} \tag{9}$$

을 얻는다. 그런데 이 시장에는 100개의 기업들이 있으므로

$$L - 100l = \frac{360,000}{(w+2)^2} \tag{10}$$

을 얻는다. 이것이 생산요소의 시장수요곡선이다.

d. 이 경우 식 (8)은

$$w = 50l^{-\frac{1}{2}}$$

이 된다 이것을 풀면 식 (3)과 같아진다. 결국 $p = 50$이면 식 (9)는 식 (3)과 같아진다. 즉,

$$\frac{2,500}{w^2} = \frac{3,600}{(w+2)^2}$$

이 성립한다. 이로부터 $w = 10$으로 구해진다.

e. 생산요소의 시장수요량을 구하려면 생산물의 가격 변화를 고려해야 한다. 그러므로 식 (10)을 이용해야 한다. 식 (10)에 $w_0 = 10$, $w_1 = 9$를 각각 대입하면 생산요소의 시장수요량은

$$L_0 = 2,500,\ L_1 = \frac{60^2 \times 100}{11^2} \approx 2,975$$

로 구해진다.

$L_0 = 100l_0 = 2,500$에서 $l_0 = 25$이다. 이것을 생산함수에 대입하면 $q_0 = 10$을 얻는다. 이것을 식 (7)에 대입하면 $p_0 = 50$을 얻는다. 같은 방법으로 $L_1 = 100l_1 = \frac{60^2 \times 100}{11^2}$에서 $l_1 = \frac{60^2}{11^2}$이다. 이것을 생산함수에 대입하면 $q_1 = \frac{120}{11} \approx 10.9$를 얻는다. 이것을 식 (7)에 대입하면 $p_1 = 49.1$을 얻는다. 즉, 생산물의 가격은 50에서 49.1로 하락한다.

f. 생산물의 가격이 50으로 일정한 상태에서 얻은 생산요소수요량을 나타내는 식 (3)을 이용해야 한다. 식 (3)인 $l = \frac{2,500}{w^2}$에 $w_0 = 10$, $w_1 = 9$를 각각 대입하면

$$l_0 = 25,\ L_0 = 100l_0 = 2,500,\ l_2 = 30.86,\ L_2 = 100l_2 = 3,086$$

을 얻는다. 이 결과를 위 문항 e.의 결과와 비교해 보면, 문항 e.에서 얻은 생산요소 수요량의 변화가 더 적다는 것을 알 수 있다. 이것은 w가 오를 경우에도 적용된다. 이러한 결과로부터 생산물의 가격 변화를 고려할 경우 생산요소의 시장수요곡선이 더 비탄력적이 된다는 것을 알 수 있다.

소비자이론, 생산자이론, 생산요소시장의 대응

소비자이론	생산자이론	생산요소시장
효용극대화	이윤극대화	이윤극대화
수요함수 수요곡선 간접효용함수	공급함수 공급곡선 이윤함수	생산요소수요함수 생산요소수요곡선 이윤함수
대체효과 소득효과		요소대체효과 산출량효과* (소득효과와 다름)
정상재 열등재 보통재 기펜재		정상투입물 열등투입물 '기펜재' 현상 부재

12.14 보조금 지급과 최저임금제도 비교

노동수요곡선이 $L_d = -50w + 200$으로 주어지고, 노동공급곡선이 $L_s = 50w$로 주어졌다고 하자.

a. 균형임금률과 균형고용량을 구하시오.

b. 이제 피고용자 한 명당 고용자에게 보조금을 지급함으로써 균형임금률을 3으로 인상시키려 한다. 이때 균형고용량과 수요임금률을 구하시오. 또한 노동 1단위당 지급되는 보조금을 구하시오. 노동자들에게 지급된 보조금의 총액을 구하시오.

c. 위 문항 b.와는 달리 고용자에게 보조금을 주는 대신 노동자에게 보조금을 지급함으로써 균형임금률을 3으로 인상시키려고 한다. 이때 노동자에게 지급해야 하는 1인당 보조금을 구하시오.

d. 보조금을 지급하는 대신 최저임금률을 3으로 정했다고 하자. 이 경우 고용량을 구하고 그 결과를 보조금을 지급했을 경우와 비교하시오.

e. 앞 문항들 각각에서 비효율이 존재할 경우 비효율의 크기를 구하시오.

KEY ▶ 보조금을 지급하면 공급임금률이 수요임금률보다 높아진다. 보조금 지급과는 달리 최저임금제도를 시행하면 실업이 발생한다.

풀이

$L_d = -50w + 200$, $L_s = 50w$로 주어져 있다.

a. $L_d = L_s$로부터 $w^0 = 2$, $L^0 = 100$으로 구해진다.

b. 보조금을 지급하면 공급임금률은 수요임금률보다 단위당 보조금만큼 높아진다. 그리고 수요자는 수요임금률에 따라 행동하고 공급자는 공급임금률에 따라 행동한다. 그러므로

$$L_d = -50w_d + 200, \ L_s = 50w_s$$

가 성립한다. 여기서 $w_d = w_s - s$이고 $w_s = 3$이다. 균형에서는 $L_d = L_s$이다. 미지수가 5개이고 식이 5개이다. 이상의 관계로부터

$$L^* = 150, \ w_d^* = 1, \ s^* = 2$$

를 얻는다. 결국 50단위의 고용이 증가한다. 이때 보조금 총액 = 150 × 2 = 300을 얻는다.

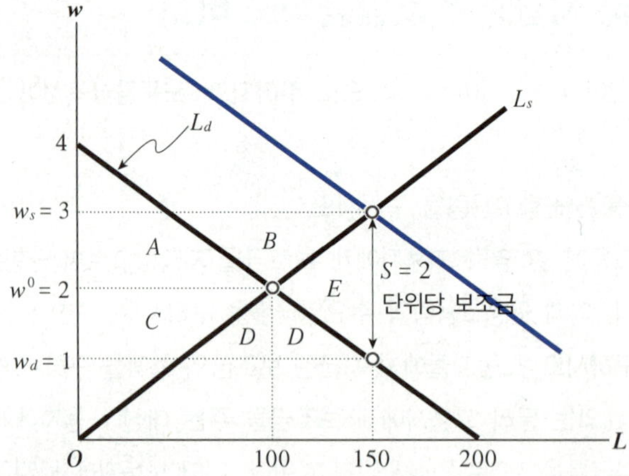

[그림 A]

c. 노동자, 즉 공급자에게 보조금을 줄 경우에는 $w_s = w_d + s$가 된다. 그런데 이것은 문항 b.와 그 결과가 같다. 다만 공급곡선이 아래로 평행 이동하는 것으로 나타나는 점만 다를 뿐이다.

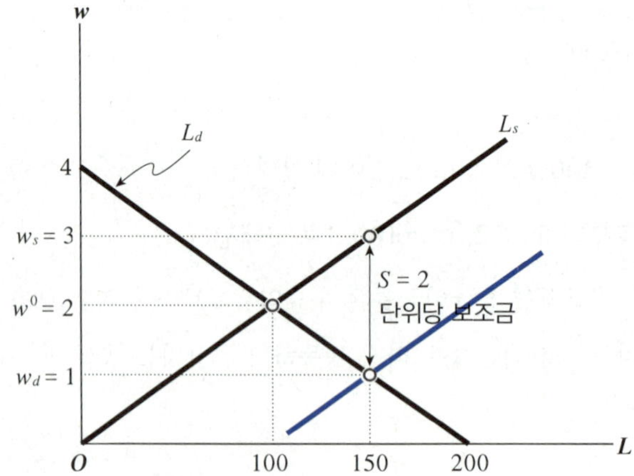

d. 최저임금률을 $\underline{w}$라 하자. 그러면

$$L_d = -50\underline{w} + 200\ ,\ L_s = 50\underline{w}$$

이다. $\underline{w} = 3$을 두 식에 각각 대입하면 $L_d^* = 50$, $L_s^* = 150$을 얻는다. 노동공급량이 노동수요량보다 100단위나 더 많다. 그 결과 보조금의 경우와는 달리 노동 100단위의 실업이 발생한다.

e. 고용자인 기업 측면에서 비효율은 소비자잉여의 감소로 나타나고 노동자 측면에서 비효율은 경제적 지대의 감소로 나타난다. 한편 노동수요자 입장에서 본 기업의 소비자잉여는 상품공급자 입장에서 본 기업의 생산자잉여와 같다. 경제적 지대는 노동에 지

급되는 보수 중에서 전용수입(노동공급의 기회비용에 해당)을 뺀 값이다.

이 점에 주목할 때 각각의 경우 비효율의 크기는 해당되는 하버거의 삼각형의 크기로 나타난다.

(i) 보조금을 지급할 경우 노동자의 경제적 지대는 [그림 A]의 $A+B$만큼 증가한다. 기업의 소비자잉여는 $C+D$만큼 증가한다. 그런데 정부의 보조금은 이 둘을 합한 것보다 E만큼 많은 $A+B+C+D+E$만큼 지급되므로 E가 비효율이다. 이때 비효율의 크기인 하버거의 삼각형 E의 면적은

$$\frac{1}{2}(w_s - w_d)(L^* - L_0) = \frac{1}{2}(3-1)(150-100) = 50$$

이 된다.

(ii) 한편 최저임금률이 $\underline{w}=3$일 경우 $L_d^*=50$이다. 하버거의 삼각형을 찾기 위해 $L_s(=L_d^*)=50$일 경우 노동공급곡선에서 이에 대응되는 공급임금률을 구해 보면 $w_s=1$이 된다. 이때 노동자의 경제적 지대는 [그림 B]의 F만큼 증가하고 H만큼 감소한다. 기업의 소비자잉여는 $F+G$만큼 감소한다. 종합하면 $G+H$만큼 감소한다. 그러므로 비효율의 크기는 $G+H$이다. 이때 비효율의 크기인 하버거의 삼각형 $G+H$의 면적은

$$\frac{1}{2}(\underline{w} - w_s)(L_0 - L_s) = \frac{1}{2}(3-1)(100-50) = 50$$

이 된다.

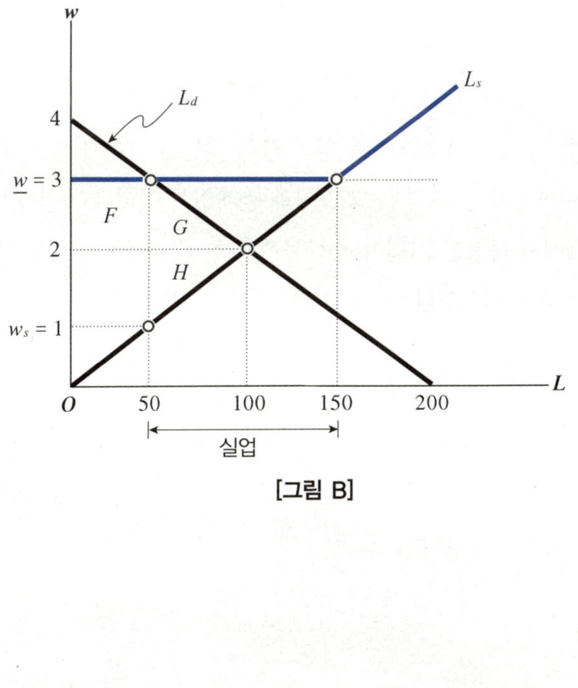

[그림 B]

12.15 생산요소의 가격과 평균요소비용 : 수요독점일 경우

생산요소시장이 수요독점일 때 생산요소의 가격과 평균요소비용의 크기를 비교하시오.

풀이

'평균요소비용(AFC) = 총요소비용(TFC) ÷ 노동수요량(L)

$$= w(L)L \div L = w(L) = \text{생산요소가격}(w)\text{'}$$

의 관계가 성립한다.

12.16 수요독점과 생산요소공급곡선의 탄력성

생산요소에 대한 수요독점자가 운용하는 지점에서 생산요소공급곡선의 탄력성은 어떠한가?

풀이

생산요소의 수요독점자는

$$MRP_L = MFC_L \tag{1}$$

의 조건을 만족시키는 만큼 생산요소를 고용한다. 이때

$$MFC_L = \frac{dC}{dL} = \frac{d[w(L)L]}{dL} = w\left(1 + \frac{L}{w}\frac{dw}{dL}\right) = w\left(1 + \frac{1}{\eta}\right) \tag{2}$$

이다. 식 (2)를 식 (1)에 적용하면

$$MRP_L = w\left(1 + \frac{1}{\eta}\right)$$

이 성립한다. 여기서 MRP_L은 양의 값을 갖는다. 그러므로 수요독점자는 생산요소공급곡선의 탄력성이 양일 경우 그 크기와 관계없이 어떠한 지점에서도 운용한다. 이것은 생산물시장에서 독점인 기업이 생산물에 대한 수요곡선이 비탄력적인 곳에서는 운용하지 않는다는 점과 대조된다.

12.17 수요독점

어떤 기업이 상품 Q를 생산하는 데에는 오로지 노동 L만 필요하며 생산함수는 $Q = 4L$로 표현된다. 노동의 공급함수는 $L = -30 + w$이다. 여기서 w는 임금률이다. 한편 상품의 가격이 p일 경우 수요곡선은 $Q = 50 - p$라고 한다. 외딴 지역에 이 기업 하나만 있다고 하자. 그리고 이 기업이 상품시장에서 독점력을 행사하여 이윤을 극대화한다고 하자. 이 경우 고용량, 산출량, 임금률, 상품의 가격, 이윤을 구하기로 하자.

a. 생산요소시장에서의 이윤극대화 문제를 통해 위 값들을 구하시오.

b. 생산물시장에서의 이윤극대화 문제를 통해 위 값들을 구하시오.

KEY ▶ 이 기업은 수요독점기업이다. 이윤을 극대화하는 행위는 생산물시장 측면에서도 분석할 수 있고 생산요소시장의 측면에서도 분석할 수 있다. 수요독점자는 MRP가 MFC와 같아지는 곳에서 선택한다.

풀이

a. 생산요소시장에서 수요독점자이면서 생산물시장에서 독점인 이 기업의 이윤극대화 문제는

$$\underset{Q,\,L}{Max}\ \pi = p(Q)Q - w(L)L$$

$$s.t.\quad p = 50 - Q \tag{1}$$

$$w = 30 + L \tag{2}$$

로 쓸 수 있다. 제약식들을 목적함수의 해당되는 곳에 대입하면

$$\underset{L}{Max}\ \pi = (50 - Q)Q - (30 + L)L \tag{3}$$

이 된다.

이윤극대화의 일차필요조건은

$$\frac{d\pi}{dL} = (50 - 2Q)\frac{dQ}{dL} - (30 + 2L) = 0 \tag{4}$$

이다(미분 과정에서 연쇄법칙이 사용되었다). 그런데 생산함수인

$$Q = 4L \tag{5}$$

로부터 $\frac{dQ}{dL} = 4$이다. 이것을 식 (4)에 대입한 후 정리하면

$$(50 - 2Q) \cdot 4 = (30 + 2L) \tag{6}$$

이 된다. 식 (6)에 식 (5)를 적용하면

$$(50 - 2 \cdot 4L) \cdot 4 = (30 + 2L) \tag{7}$$

이 된다. 이것이 바로 $MRP_L = MFC_L$조건이다. 이때 $MRP_L = MR_Q \cdot MP_L$이다. 이로부터 $L^* = 5$를 얻는다. 이것을 식 (5)와 식 (2)에 대입하면 각각 $Q^* = 20$과 $w^* = 35$를 얻는다. $Q^* = 20$을 식 (1)에 대입하면 $p^* = 30$을 얻는다. 이 값들을 목적함수에 대입하면 $\pi^* = 425$가 된다.

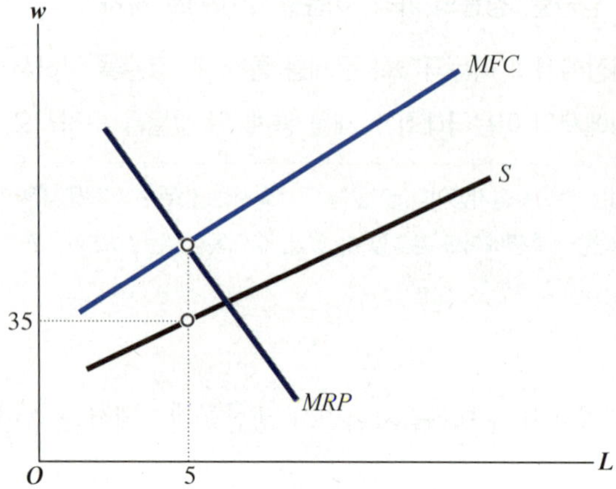

b. 생산물시장에서 이 기업의 이윤극대화 문제는

$$\begin{aligned} &\underset{Q}{Max}\ \pi = p(Q)Q - c(Q) \\ &s.t. \quad p = 50 - Q \end{aligned} \tag{1}$$

로 쓸 수 있다. 그런데 이 기업은 수요독점자이므로 비용함수는

$$c(Q) = w(L)L = (30 + L)L = 30L + L^2 = 30\left(\frac{Q}{4}\right) + \left(\frac{Q}{4}\right)^2$$

이 된다. 이 비용함수와 수요곡선을 목적함수의 해당되는 곳에 대입하면

$$\underset{Q}{Max}\ \pi = p(Q)Q - c(Q) = (50 - Q)Q - \left(\frac{15Q}{2} + \frac{Q^2}{16}\right)$$

이 된다.

이윤극대화의 일차필요조건은

$$\frac{d\pi}{dQ} = (50 - 2Q) - \left(\frac{15}{2} + \frac{Q}{8}\right) = 0,\ \text{즉}\ 50 - 2Q = \frac{15}{2} + \frac{Q}{8}$$

이다. 이것은 바로 $MR = MC$조건이다. 이로부터 $Q^* = 20$을 얻는다. 이것을 식 (1)에 대입하면 $p^* = 30$이 된다. 이때 주어진 생산함수로부터 $L^* = \frac{Q^*}{4} = 5$가 된다. $w^* = 30 + L^* = 35$가 된다. 이 값들을 목적함수에 대입하면 $\pi^* = 425$가 된다.

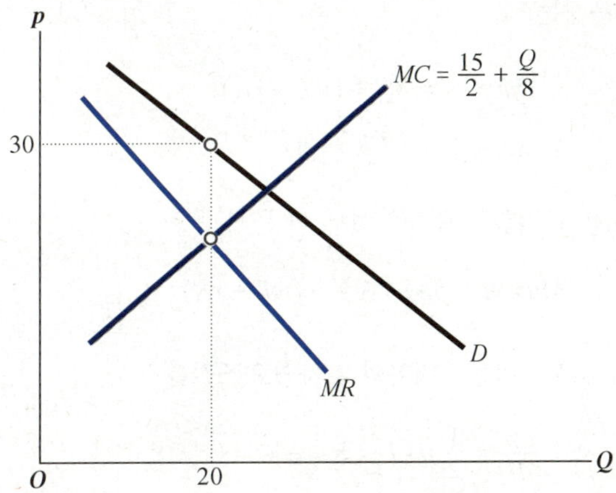

12.18 이윤극대화 : 생산요소시장이 경쟁일 경우와 수요독점일 경우

어떤 기업의 생산함수가 $Q = L^{\frac{1}{2}} K^{\frac{1}{2}}$이라고 하자.

a. 노동과 자본의 가격은 각각 1이라고 하자. 생산물시장의 이윤극대화로부터 이 기업의 장기공급곡선을 구하시오.

b. 생산물시장과 생산요소시장이 모두 경쟁적이라고 한다. 생산요소시장의 장기이윤극대화 조건을 밀하시오.

c. 생산요소의 장기수요곡선을 구하시오.

d. 노동과 자본의 가격은 각각 1이라고 하자. 이 경우 균형에서 생산물의 가격은 얼마로 정해지는가? 이 기업의 장기공급곡선을 구하시오. 균형에서 노동과 자본의 고용량은 각각 어느 만큼인가? 이윤은 얼마인가?

e. 이제 생산물의 가격은 2라고 하자. 그런데 이 기업이 노동을 고용하는 유일한 기업이라고 하자. 노동의 공급곡선은 $L = 8w$이다. 자본의 가격은 여전히 1이라고 하자. 이윤극대화 조건을 말하시오. 이때 노동과 자본의 고용량은 각각 어느 만큼인가? 이윤은 얼마인가?

KEY ▶ (i) 이윤극대화는 생산물시장 측면에서 접근할 수도 있고 생산요소시장 측면에서 접근할 수도 있다. (ii) *CRTS*이므로 생산물시장과 생산요소시장이 모두 경쟁일 경우 생산물의 가격은 수요조건과 관계없이 기술조건에 의해 결정된다. 생산물의 수량은 수요조건에 의해서 정해진다. 이때 이윤은 0이 된다.

풀이

a. 장기비용함수는 $C_L = 2q$로 구해진다. 이윤극대화 조건은 $p = LMC$이다. 그런데 $LMC = 2$이므로 장기공급곡선은 $p = 2$인 직선이 된다.

b. 이윤극대화 문제는

$$\underset{Q, L, K}{Max}\ \pi = pQ - (wL + rK) \tag{1}$$
$$s.t. \quad Q = L^{\frac{1}{2}} K^{\frac{1}{2}} \tag{2}$$

이다. 제약식을 목적함수에 대입하면 이 문제는

$$\underset{L, K}{Max}\ \pi = p \cdot L^{\frac{1}{2}} K^{\frac{1}{2}} - (wL + rK) \tag{3}$$

로 다시 쓸 수 있다. 이윤극대화의 일차필요조건은

$$\frac{\partial \pi}{\partial L} = \frac{1}{2} p \cdot L^{-\frac{1}{2}} K^{\frac{1}{2}} - w = 0 \tag{4}$$

$$\frac{\partial \pi}{\partial K} = \frac{1}{2} p \cdot L^{\frac{1}{2}} K^{-\frac{1}{2}} - r = 0 \tag{5}$$

이다. 식 (4)와 식 (5)를 정리하면

$$\frac{1}{2} p \cdot L^{-\frac{1}{2}} K^{\frac{1}{2}} = w \tag{6}$$

$$\frac{1}{2} p \cdot L^{\frac{1}{2}} K^{-\frac{1}{2}} = r \tag{7}$$

이다. 그런데 이것은 각각 $VMP_L = w$, $VMP_K = r$이다. 즉, 이윤을 극대화하려면 각 생산요소의 수요량은 한계생산물가치가 그 생산요소의 가격과 같아지는 수준에서 정해져야 한다.

c. (i) 식 (6)과 식 (7)을 연립으로 하여 K를 소거하면 $w = \frac{p^2}{4r} L^0 = \frac{p^2}{4r}$($L^0 = 1$이므로)을 얻는다. 이 식이 만족될 경우 어떠한 값의 L도 이윤을 극대화시킨다. 그러므로 노동의 장기수요곡선은 $\frac{p^2}{4r}$에서 가로축에 평행한 직선이 된다.

보통의 경우 이윤극대화 조건으로부터 생산요소수요함수를 구할 수 있다. 그리고 이러한 생산요소수요함수와 생산요소공급함수를 함께 이용하면 생산요소의 균형가격을 구할 수 있다. 그런데 이 경우처럼 규모에 대한 보수가 불변일 경우에는 특이하다. 무엇보다도 한계생산물가치가 일정하기 때문이다.

i) 이 경우 L의 가격 w가 L의 한계생산물가치 $\frac{p^2}{4r}$보다 낮으면 L의 수요를 증가시킬수록 이윤이 증가한다. w가 $\frac{p^2}{4r}$보다 낮으면 위 식에서 $\frac{\partial \pi}{\partial L} > 0$이 되는데 수학적으로 볼 때 이것은 L의 수요량과 이윤이 같은 방향으로 움직인다는 것을 의미한다. 그러므로 이윤을 극대화시키는 L의 수요량은 무한대가 된다. 이 경우 균형이 존재하지 않는다.

ii) 반대로 L의 가격이 L의 한계생산물가치보다 높으면 L의 수요량은 0이 된다.

한 단위라도 수요하면 손실이 발생하며 또한 L의 수요량을 증가시킬수록 손실이 커지기 때문이다. 이 경우 $\frac{\partial \pi}{\partial L} < 0$이 되는데 수학적으로 볼 때 이것은 L의 수요량과 이윤이 서로 반대 방향으로 움직인다는 것을 의미한다.

iii) 이상의 내용을 종합해 볼 때 균형은 L의 가격이 L의 한계생산물가치와 같아지는 곳에서 결정된다. 즉, 균형에서는 $w = \frac{p^2}{4r}$이 성립한다. 이때 $\frac{\partial \pi}{\partial L} = 0$이 되는데 이것은 우리에게 이미 익숙한 이윤극대화의 일차필요조건이다. 이 경우 *CRTS*이기 때문에 L의 가격이 L의 공급조건과는 관계없이 생산기술에 의해 정해진 것이다.

(ii) 식 (6)과 식 (7)에서 L을 소거하면 $r = \frac{p^2}{4w}$을 얻는다. 앞서와 같은 이유로 자본의 장기수요곡선은 $\frac{p^2}{4w}$에서 가로축에 평행한 직선이 된다.

K에 대해서도 L의 경우와 같은 해석이 적용된다. 다만 L의 가격과 L의 한계생산물가치를 비교하는 대신 K의 가격과 K의 한계생산물가치를 비교한다는 점만 다르다.

d. *CRTS*이므로 가격은 수요조건과 관계없이 정해진다. 생산물의 수량은 수요조건에 의해서 정해진다. 장기이윤은 0이 된다.

이를 확인하기 위해 식 (6)과 식 (7)에서 대응되는 변끼리 서로 나누어 준 다음 정리하면

$$\frac{K}{L} = \frac{w}{r} \tag{8}$$

이 된다. 그런데 이것은 사실상 $MRTS_{LK} = \frac{w}{r}$이다. 그런데 문제에서 $w = r = 1$로 주어졌다. 이것을 식 (8)에 대입한 후 정리하면

$$L = K \tag{9}$$

를 얻는다. 이것을 식 (6)과 식 (7)에 각각 대입하면

$$\frac{1}{2}p = w \tag{6$'$}$$

$$\frac{1}{2}p = r \tag{7$'$}$$

이 된다. 여기에 문제에서 주어진 $w = r = 1$을 각각 대입하면 $p^* = 2$로 정해진다. 그런데 이 값은 사실상 $LAC(=LMC)$와 같은 값이다. 이것이 장기공급곡선이다. 문항 a.에서 얻은 결과와 같다. 생산물시장에서 분석하든 생산요소시장에서 분석하든 같은 결과를 얻는다.

이로부터 생산물의 가격은 수요조건과는 관계없이 기술조건에 의해 정해지고 있음을 알 수 있다. 한편 생산물의 수량은 이 가격에 대응해서 정해지는 수요량으로 정해진다. 그런데 문제에서는 수요조건이 주어지지 않았으므로 생산물의 수량은 정해지지 않는다. 따라서 노동과 자본의 고용량도 정해지지 않는다. 한편 $L = K$ (9)와 $p^* = 2$, $w = r = 1$을 목적함수인 식 (3)에 대입하면 $\pi = 0$이 된다.

e. 이 기업은 이제 노동시장에서 수요독점기업이다. 그런데 노동의 공급곡선이 $L = 8w$이므로

$$w = \frac{L}{8} \tag{10}$$

이다. 이 경우 이윤극대화 문제는 식 (3)에 식 (10)을 적용하여

$$\underset{L,K}{Max}\ \pi = p \cdot L^{\frac{1}{2}} K^{\frac{1}{2}} - \left[\left(\frac{L}{8}\right)L + rK\right] \tag{11}$$

가 된다.

이윤극대화의 일차필요조건은

$$\frac{\partial \pi}{\partial L} = \frac{1}{2} p \cdot L^{-\frac{1}{2}} K^{\frac{1}{2}} - \frac{L}{4} = 0 \tag{12}$$

$$\frac{\partial \pi}{\partial K} = \frac{1}{2} p \cdot L^{\frac{1}{2}} K^{-\frac{1}{2}} - r = 0 \tag{13}$$

이다. 식 (12)와 식 (13)을 정리하면

$$\frac{1}{2} p \cdot L^{-\frac{1}{2}} K^{\frac{1}{2}} = \frac{L}{4} \tag{14}$$

$$\frac{1}{2} p \cdot L^{\frac{1}{2}} K^{-\frac{1}{2}} = r \tag{15}$$

이 된다. 그런데 이것은 각각 $VMP_L = MFC_L$, $VMP_K = r$이다. 즉, 이윤을 극대화하려면 수요독점인 노동의 수요량은 한계생산물가치가 한계요소비용과 같아지는 수준에서 정해져야 한다는 것이다.

이 연립방정식을 풀기 위해 대응되는 변끼리 서로 나누어 준 다음 정리하면

$$\frac{K}{L} = \frac{\frac{L}{4}}{r} \tag{16}$$

이 된다. 이제 문제에서 주어진 $r = 1$을 식 (16)에 적용한 다음 정리하면

$$K = \frac{L^2}{4} \tag{17}$$

이 된다. 이것과 문제에서 주어진 $p = 2$를 식 (14)에 대입하면 $L^* = 4$, $K^* = 4$가 된다

(여기서 이 두 값이 같게 나온 것은 우연의 일치일 뿐이다. 이때 이 값들을 식 (14)와 식 (15)에 대입해 보면 VMP_L과 VMP_K가 우연히도 같아진 상태라는 것을 알 수 있다). 이 값들을 식 (2)에 대입하면 $Q^* = 4$가 된다. 한편 $L^* = 4$를 식 (10)에 대입하면 $w^* = \frac{L^*}{8} = \frac{1}{2}$이 된다.

이렇게 얻은 값들을 식 (11)에 대입하면 $\pi^* = 2$를 얻는다. CRTS임에도 불구하고 이처럼 이윤이 발생하는 이유는 수요독점자일 경우 경쟁일 경우에 비해 생산요소를 적은 비용으로 고용할 수 있기 때문이다. 그리하여 기업이 수요독점적 착취를 누릴 수 있기 때문이다. 실제로 위에서 구한 이윤은 수요독점적 착취[$= (MFC^* - w^*) \times L^* = 2$]와 그 크기가 같다.

이상의 내용을 그림으로 나타내면 다음과 같다.

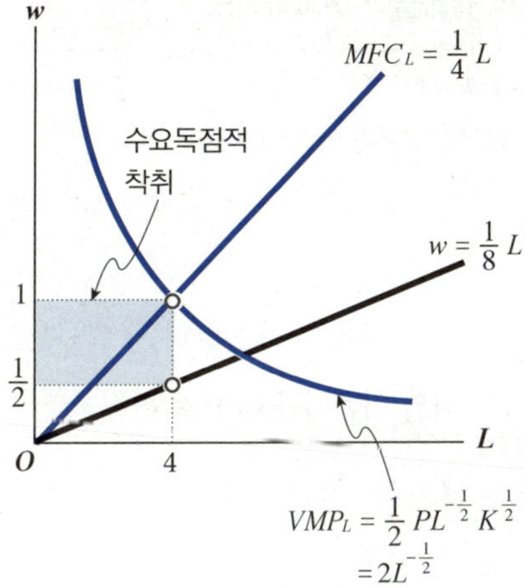

[노동시장 : 수요독점]

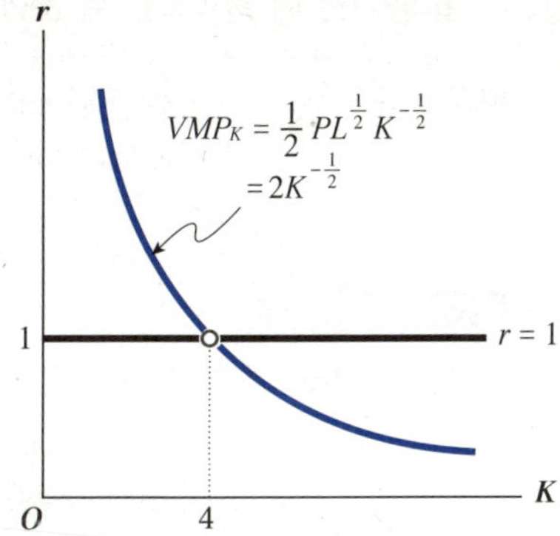

[자본시장 : 경쟁]

12.19 수요독점 가격차별

어떤 지역에 노동자를 고용하는 기업이 오로지 1개 있다. 그런데 노동자들 중에는 남성과 여성이 있다. 여성들의 노동공급곡선은 $L_1 = 100w_1 - 100$이고 남성들의 노동공급곡선은 $L_2 = 50w_2$이다. w_1과 w_2는 각각 시간당 임금이다. 그런데 남성과 여성 모두 각각 1시간당 4개의 상품을 생산한다. 그리고 이 상품은 경쟁적인 상품시장에서 10의 가격에 팔리고 있다.

a. 이 기업이 이윤을 극대화하려 할 경우 여성과 남성을 각각 어느 만큼 고용하여 어느 만큼의 임금을 주겠는가? 이 결과를 해석하시오. 이윤은 얼마인가?

b. 각 노동자들에게 각자의 한계생산물가치에 해당하는 금액을 임금으로 지급할 경우를 생각해 보자. 이 경우 각각 어느 만큼을 고용하여 어느 만큼의 임금을 주겠는가? 이윤은 얼마인가? 이 결과들을 위 문항의 결과들과 비교하시오.

KEY ▶ 수요독점 가격차별에 대해 묻는 문제이다. 한편 기업이 한계생산물가치에 해당하는 임금을 준다고 가정하는 것은 노동시장이 경쟁적일 경우를 가정하는 것과 같다.

풀이

a. 여성의 노동과 남성의 노동은 완전히 대체가 가능하다. 그러므로 생산함수는 $Q = 4L_1 + 4L_2$로 쓸 수 있다. 이때 이 기업의 이윤극대화 문제는

$$\underset{Q,\,L_1,\,L_2,\,w_1,\,w_2}{Max} \quad \pi = pQ - w_1(L_1)L_1 - w_2(L_2)L_2 \tag{1}$$

$$s.t. \quad Q = 4L_1 + 4L_2$$

$$L_1 = 100w_1 - 100$$

$$L_2 = 50w_2$$

가 된다. 수요독점자의 문제이므로 노동을 선택변수로 하여 문제를 푸는 것이 좋다. 이러한 측면에서 둘째 제약식을 $w_1 = \dfrac{L_1 + 100}{100}$으로 바꾸어 주고 셋째 제약식도 $w_2 = \dfrac{L_2}{50}$로 바꾸어 준다. 그 다음 이것들과 첫째 제약식을 목적함수의 해당되는 곳에 각각 대입하자. 그러면

$$\underset{L_1,\,L_2}{Max} \ \pi = p(4L_1 + 4L_2) - \frac{L_1 + 100}{100}L_1 - \frac{L_2}{50}L_2 \tag{2}$$

를 얻는다.

이윤극대화의 일차필요조건은

$$\frac{\partial \pi}{\partial L_1} = 4p - \frac{L_1}{50} - 1 = 0, \ \text{즉}\ 4p = \frac{L_1}{50} + 1, \ \text{즉}\ VMP_{L_1} = MFC_{L_1} \tag{3}$$

$$\frac{\partial \pi}{\partial L_2} = 4p - \frac{L_2}{25} = 0,\ 즉\ 4p = \frac{L_2}{25},\ 즉\ VMP_{L_2} = MFC_{L_2} \qquad (4)$$

가 된다. 그런데 문제에서 $p = 10$으로 주어졌으므로 위 식들로부터 $L_1^* = 1,950$, $L_2^* = 1,000$을 얻는다. 이것들을 노동공급곡선에 각각 대입하면 $w_1^* = 20.5$, $w_2^* = 20$을 얻는다.

이 결과를 해석해 보자. 노동공급탄력성을 구해 보면 남성이 여성보다 작다. 즉, 여성에 비해 남성의 노동공급이 임금에 덜 민감하게 반응한다는 것이다. 그러므로 이윤을 극대화하는 수요독점자는 여성보다 남성에게 더 낮은 임금을 주게 된다.

한편 이윤은 위에서 구한 값들을 식 (1)의 목적함수에 대입함으로써 $\pi^* = 58,025$로 구해진다(이때 L_1^*와 L_2^*를 이용하여 Q를 구한 다음 그것을 목적함수에 대입하게 된다). 이때 수요독점적 착취와 비효율의 크기가 각각 그림에 나타나 있다. *CRTS*임에도 이윤이 존재하는 이유는 수요독점일 경우 경쟁일 때에 비해 생산요소를 적은 비용으로 고용할 수 있기 때문이다. 이때 수요독점적 착취가 곧 기업의 이윤이 된다.

b. 한계생산물가치에 해당하는 임금을 준다고 가정하는 것은 노동시장이 경쟁적인 경우를 가정하는 것과 같다. 이 경우 기업은 노동시장에서 정해진 임금을 그대로 수용하게 된다. 그러므로 이윤극대화 문제는

$$\underset{Q,\,L_1,\,L_2}{Max}\ \pi = pQ - w_1 L_1 - w_2 L_2$$
$$s.t.\quad Q = 4L_1 + 4L_2$$

가 된다. 제약식을 목적함수에 대입하면

$$\underset{L_1,\,L_2}{Max}\ \pi = p(4L_1 + 4L_2) - w_1 L_1 - w_2 L_2$$

가 된다.

이윤극대화의 일차필요조건은

$$\frac{\partial \pi}{\partial L_1} = 4p - w_1 = 0,\ 즉\ 4p = w_1,\ 즉\ VMP_{L_1} = w_1$$
$$\frac{\partial \pi}{\partial L_2} = 4p - w_2 = 0,\ 즉\ 4p = w_2,\ 즉\ VMP_{L_2} = w_2$$

가 된다. 문제에서 $p = 10$으로 주어졌으므로 위 조건들로부터 $w_1^* = w_2^* = 40$으로 같아진다. 그리고 이 값들을 노동공급곡선에 대입하면 균형노동량은 $L_1^* = (100)(40) - 100 = 3,900$, $L_2^* = (50)(40) = 2,000$이 된다. 결과적으로 수요독점 가격차별일 경우에 비해 고용은 늘어나고 임금은 상승하였다. 한편 위에서 얻은 값들을 목적함수에 대입하면 $\pi^* = 0$이 된다. 한편 문제에서 한계생산물이 일정한 생산함수가 주어졌으므로 경

쟁시장일 경우 이처럼 이윤이 0이 되는 것은 당연하다.

이러한 결과들이 그림에 나타나 있다.

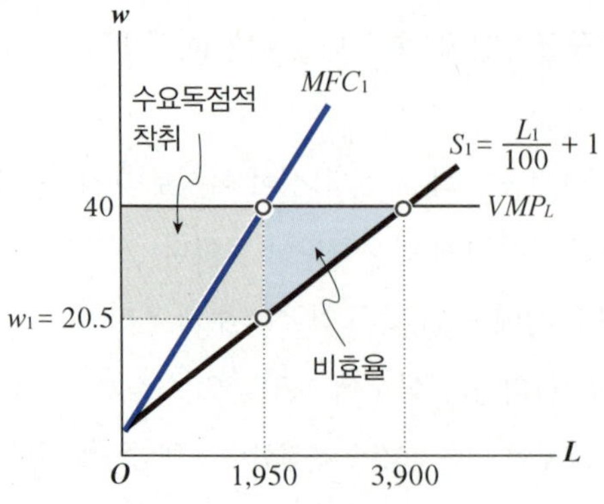

[여성]

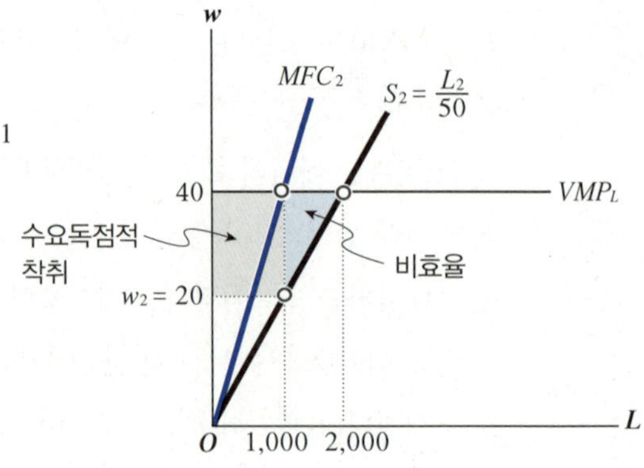

[남성]

12.20 수요독점 하의 최저임금제도

어떤 기업이 직면하는 노동공급곡선은 $L_s = 20w$이고, 이 기업의 노동수요곡선(MRP)은 $L_d = -10w + 60$이라 한다.

a. 노동시장이 경쟁일 경우 균형을 구하시오.

이제 이 기업이 생산요소시장에서 수요독점자라고 하자.

b. 이윤을 극대화시켜 주는 고용량과 임금률은 각각 얼마인가? 수요독점적 착취는 얼마인가? 이 결과를 경쟁시장의 결과와 비교하시오.

c. 정부가 최저임금률을 1.8로 정했다고 한다. 이때 고용량을 말하시오.

d. 위 문항 c.에서 얻은 결과를 경쟁 하에서 최저임금이 시행되었을 경우에 얻는 결과와 비교하시오.

KEY ▶ 경쟁시장의 경우와는 달리 수요독점일 경우 최저임금제도를 시행하면 고용량이 오히려 증가할 수도 있다.

풀이

$L_s = 20w$, 노동수요곡선(MRP)은 $L_d = -10w + 60$으로 주어져 있다.

a. $L_d = L_s$로부터 $w_0 = 2$, $L_0 = 40$을 얻는다.

b. 이윤극대화 조건은 $MRP = MFC$이다. 그런데 노동공급곡선으로부터

$$MFC = \frac{d(w(L) \cdot L)}{dL} = \frac{d\left(\frac{L}{20}L\right)}{dL} = \frac{1}{10}L$$

을 얻는다. 한편 문제에서 노동수요곡선으로 명명한 것은 엄밀하게는 노동의 역수요곡선이다. 이것을 노동수요곡선 형태로 바꾸어 표현하면 $MRP = -\frac{1}{10}L + 6$을 얻는다. 그러므로 이 두 식을 이윤극대화 조건에 대입한 후 풀면 $L_1^* = 30$을 얻는다. 공급곡선으로부터 $w_1^* = \frac{1}{20}L_1^* = 1.5$를 얻는다. 수요곡선인 MRP곡선에 해당되는 값을 대입하면 $30 = -10w + 60$이다. 이로부터 $w^* = 3$으로 구해진다. 그러므로 '노동 한 단위당 수요독점적 착취 $= w^* - w_1^* = 1.5$' 이다. 따라서 수요독점적 착취 $= 30 \times 1.5 = 45$이다.

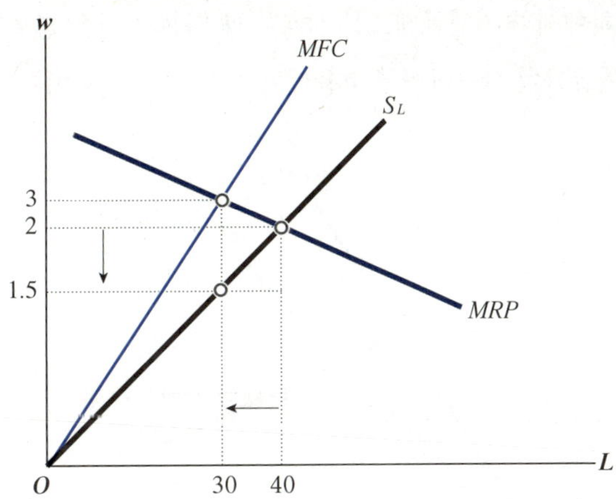

경쟁시장의 결과와 비교해 볼 때 임금률은 하락하고, 고용량은 감소한다.

c. $w_m = MFC = 1.8$이 된다. 그러므로

$$L_d^* = (-10)(1.8) + 60 = 42 > L_s^* = (20)(1.8) = 36$$

이 성립한다. 일반적으로 거래는 수요량과 공급량 중에서 적은 양에서 체결된다. 시장에서 팔려는 수량이 많아도 사려는 수량이 적으면 일부는 팔리지 않기 때문이다. 또한 사려는 수량이 많아도 팔려는 수량이 이보다 적으면 일부 수요량은 체결되지 못하기 때문이다. 그러므로 고용량은 36이고, 실업은 없다.

d. 경쟁 하의 최저임금제도 : 임금률은 상승하지만 고용량이 감소한다. 이때 실업이 발생한다.

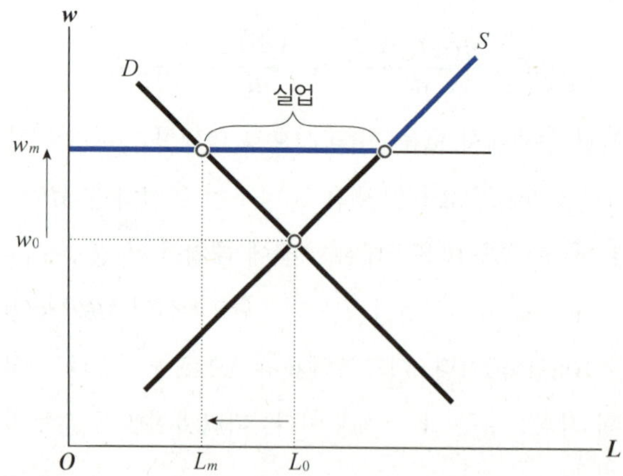

수요독점 하에서 최저임금제도를 시행할 때 다음과 같은 경우들이 발생할 수 있다.

(경우 1) 임금률이 상승하면서 고용량이 증가한다. 실업이 존재하지 않는다.

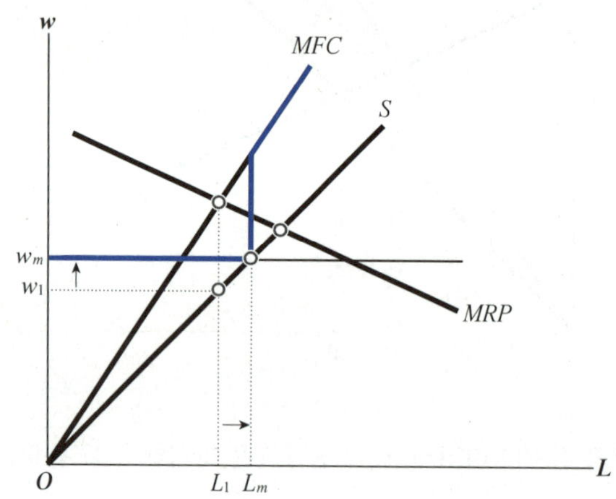

(경우 2) 임금률이 상승하고 고용이 증가하지만, 실업이 발생할 수도 있다.

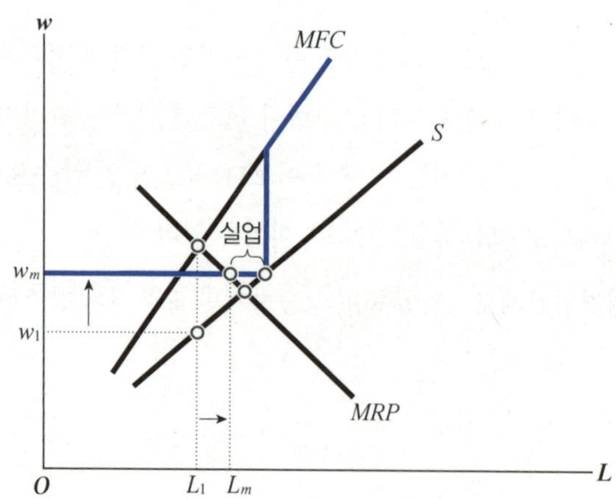

(경우 3) 임금률은 상승하지만 고용이 감소할 수도 있다. 이 경우 실업이 발생한다.

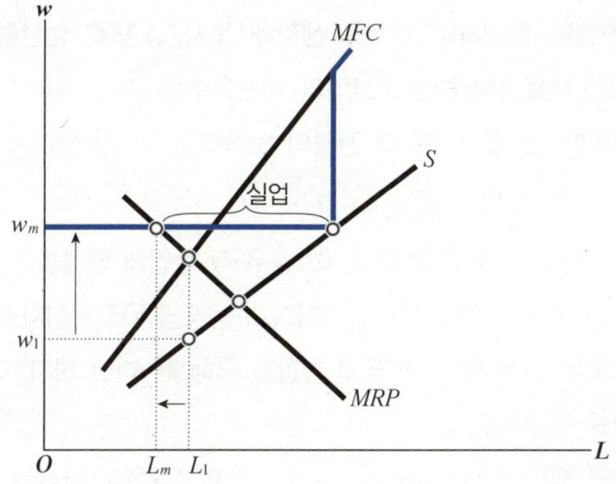

참고 ▶

		생산요소시장	
		경쟁	수요독점
생산물 시장	경쟁	$w = MFC = MRP = VMP$	$w < MFC = MRP = VMP$
	독점	$w = MFC = MRP < VMP$	$w < MFC = MRP < VMP$

1. $MFC = MRP$는 이윤극대화 원리의 가장 일반적인 형태로서 항상 성립한다.
2. 두 시장이 모두 경쟁인 경우를 제외하고는 항상 $w < VMP$가 성립한다.
3. 생산물시장이 독점이면 $MRP < VMP$이다.
4. 생산요소시장이 수요독점이면 $w < MFC$이다.

12.21 두 산업이 있는 경제의 경우 : 완전경쟁과 노동조합

X산업과 Y산업만 존재하는 경제를 생각해 보자. X재를 생산하는 X산업의 생산함수는 $X = 2L_x^{\frac{1}{2}}$이고 Y재를 생산하는 Y산업의 생산함수는 $Y = L_y^{\frac{1}{2}}$이라고 한다. X재와 Y재의 가격은 모두 p이다. L_x와 L_y는 각 산업의 노동이고 이 경제에는 20단위의 노동이 있다고 한다.

a. 노동시장이 완전경쟁이라고 하자. 이 경우 각 산업의 임금률과 고용량을 구하시오.

b. 각 산업에서 모두 노동조합이 결성되어 노동공급에서 독점자로 행동한다고 하자. 각 노동조합은 모두 조합원들의 임금의 총합을 극대화한다고 하자. 이 경우 각 산업의 임금률과 고용량을 구하시오.

c. X재 산업의 생산함수가 $X = 12L_x^{\frac{1}{2}} - L_x$, Y재 산업의 생산함수가 $Y = \frac{1}{2}L_y$로 각각 바뀌었다고 하자. 이 경우 앞의 두 문항에 대해 답하시오.

KEY ▶ 공급독점의 경우 가격은 수요곡선에서 정해진다.

풀이

첫 두 문항의 경우 $X = 2L_x^{\frac{1}{2}}$ (1), $Y = L_y^{\frac{1}{2}}$ (2), $L_x + L_y = 20$ (3)으로 주어져 있다.

a. X산업의 이윤극대화 문제는

$$\underset{L_x}{Max}\ \pi_x = pX - w_x L_x = p(2L_x^{\frac{1}{2}}) - w_x L_x$$

가 된다. 이때 w_x는 X산업의 임금률을 나타낸다. 이윤극대화의 일차필요조건은

$$\frac{d\pi_x}{dL_x} = pL_x^{-\frac{1}{2}} - w_x = 0$$

이다. 이것을 정리하면

$$pL_x^{-\frac{1}{2}} = w_x \ (4),\ 즉\ VMP_L^x = w_x$$

가 된다.

Y산업의 이윤극대화 문제는

$$\underset{L_y}{Max}\ \pi_y = pY - w_y L_y = pL_y^{\frac{1}{2}} - w_y L_y$$

가 된다. w_y는 Y산업의 임금률을 나타낸다. 이윤극대화의 일차필요조건은

$$\frac{d\pi_y}{dL_y} = \frac{1}{2}\,pL_y^{-\frac{1}{2}} - w_y = 0$$

이다. 이것을 정리하면

$$\frac{1}{2}pL_y^{-\frac{1}{2}} = w_y \ (5),\ \text{즉}\ VMP_L^y = w_y$$

가 된다.

한편 노동시장이 완전경쟁이므로 노동이 임금이 높은 곳으로 자유롭게 이동할 것이다. 그 결과 두 산업의 임금률이 같아질 것이다. 즉,

$$w_x = w_y \tag{6}$$

가 성립한다.

식 (4) ~ (6)으로부터 $pL_x^{-\frac{1}{2}} = \frac{1}{2}pL_y^{-\frac{1}{2}}$을 얻는다. 이로부터 $L_x = 4L_y$ (7)을 얻는다. 이것을 식 (3)에 대입하면 $L_x = 16$, $L_y = 4$를 얻는다. 이때 $w = w_x = w_y = \frac{1}{4}p$가 된다.

b. 노동조합이 결성될 경우 노동조합은 조합원들의 임금의 총합을 극대화한다고 했으므로 X산업의 노동조합은 $w_x L_x$를 극대화하고 Y산업의 노동조합은 $w_y L_y$를 극대화한다. 그런데

$$w_x L_x = VMP_L^x L_x = (pL_x^{-\frac{1}{2}})L_x = pL_x^{\frac{1}{2}},$$
$$w_y L_y = VMP_L^y L_y = (\frac{1}{2}pL_y^{-\frac{1}{2}})L_y = \frac{1}{2}pL_y^{\frac{1}{2}}$$

로서 $w_x L_x$와 $w_y L_y$가 각각 L_x와 L_y의 증가함수이다. 그러므로 각 산업의 노동조합은 모두 고용량을 증가시키려고 할 것이다. 그런데 노동자들은 임금률이 더 높은 곳으로 가려고 한다. 이러한 상황에서 각 산업에서의 임금률은 VMP로 정해지므로 $VMP_L^x = pL_x^{-\frac{1}{2}} \geq \frac{1}{2}pL_y^{-\frac{1}{2}} = VMP_L^y$ (8)이 성립하는 수준까지 노동자들이 X산업으로 몰린다. 식 (8)과 식 (3)으로부터 $L_x \leq 16$을 얻는다. 그런데 X산업은 오는 노동자들을 가능한 한 많이 고용하려 하므로 $L_x = 16$이 된다. 따라서 식 (3)으로부터 $L_y = 4$가 된다. 이때 VMP_L^x와 VMP_L^y에 각각 $L_x = 16$과 $L_y = 4$를 대입하면 $w = w_x = w_y = \frac{1}{4}p$가 된다. 이때 이 결과는 노동조합이 없는 경우와 같다. 그 이유는 $w_x L_x$와 $w_y L_y$가 모두 L_x와 L_y의 증가함수이기 때문이다

c. (i) 완전경쟁일 경우

X재 산업의 생산함수가 $X = 12L_x^{\frac{1}{2}} - L_x$이고 Y재 산업의 생산함수가 $Y = \frac{1}{2}L_y$인데 완전경쟁일 경우 식 (4)는 $p(6L_x^{-\frac{1}{2}} - 1) = w_x$ (9), 즉 $VMP_x = w_x$가 되고 식 (5)는 $\frac{1}{2}p = w_y$ (10), 즉 $VMP_y = w_y$가 된다. 식 (9)와 식 (10)으로부터 $p(6L_x^{-\frac{1}{2}} - 1) = \frac{1}{2}p$를 얻는다. 이로부터 $L_x = 16$을 얻는다. 따라서 식 (3)으로부터 $L_y = 4$가 된다. 임금률은 VMP와 같게 정해지므로 $w = w_x = w_y = \frac{1}{2}p$가 된다.

(ii) 노동조합이 결성될 경우

X산업의 노동조합은 $w_x L_x$를 극대화한다. 그런데

$$w_x L_x = VMP_x L_x = p(6L_x^{-\frac{1}{2}} - 1)L_x$$

가 된다. 이 값을 극대화시키는 L_x를 찾기 위해 이것을 L_x에 대해 미분하여 그 결과를 0으로 놓으면

$$\frac{d(w_x L_x)}{dL_x} = 3pL_x^{-\frac{1}{2}} - p = 0$$

이 된다. 이로부터 $L_x^* = 9$를 얻는다. 이때 임금률은 $w_x = VMP_L^x$로부터 $w_x = p(6L_x^{*-\frac{1}{2}} - 1)$로 정해진다.

Y산업의 경우 MP_L^y가 일정하여 노동수요가 무한히 탄력적이기 때문에 노동조합이 결성되더라도 임금률을 올릴 수 없다. 따라서 Y산업의 임금률은 노동조합 결성 여부와 관계없이 $w_y = \frac{1}{2}p$가 된다. 한편 $L_x = 9$이므로 식 (3)으로부터 $L_y = 11$이 된다.

X산업에 노동조합이 결성될 경우 완전경쟁일 경우와 비교하여 X산업의 고용은 16에서 9로 줄고 조합원들의 임금의 총합은 $8p(= w_x L_x = \frac{1}{2}p \times 16)$에서 $9p(= w_x L_x = p \times 9)$로 증가하였다.

12.22 쌍방독점

외딴 지역에 기업이 1개 있다. 이 기업이 상품을 생산하는 데에는 오로지 노동만 필요하며 생산함수는 $Q = 4L$로 표현된다. 여기서 L은 노동이다. 노동의 공급곡선은 $L = -30 + w$이다. 이 기업이 직면하는 수요곡선은 $Q = 50 - p$라고 한다.

a. 이 기업이 상품시장에서 독점력을 행사하여 이윤을 극대화한다고 하자. 이 경우 고용량과 임금률을 구하시오.

b. 이제 노동조합이 결성되었다고 하자. 그런데 이 노동조합은 노동공급 측면에서 독점기업처럼 행동한다고 하자. 이 경우 이 노동조합이 제시하는 계약조건에 대하여 말하시오. 즉, 노동조합이 요구하는 임금률과 고용량에 대하여 말하시오.

c. 위 두 문항의 결과를 비교하시오. 임금률은 최종적으로 어떻게 정해지겠는가?

KEY ▶ 쌍방독점에 대한 문제이다.

풀이

a. 수요독점의 경우이다. 또한 문제 12.13과 같은 상황이다. 그때

$$MRP_L = 200 - 32L \tag{1}$$

$$MFC = 30 + 2L \tag{2}$$

을 얻었다. $MRP_L = MFC_L$로부터 $L^* = 5$를 얻었다. 이것을 공급곡선인

$$L = -30 + w \tag{3}$$

에 대입하여 $w^* = 35$를 얻었다.

b. 노동조합은 기업의 MRP곡선을 노동에 대한 수요곡선으로 간주한다. 이러한 MRP로부터 MR를 구하면

$$MR = \frac{d(L \cdot MRP)}{dL} = \frac{d(L \cdot (200 - 32L))}{dL} = 200 - 64L \tag{4}$$

이 된다. 노동조합은 이러한 MR과 노동공급에 대한 한계기회비용을 반영하는 노동공급곡선이 만나는 곳에 대응하여 노동공급량을 정한다(상품시장이 독점일 경우 $MR = MC$인 곳에서 수량이 결정되는 것과 같은 원리이다). 그런데 노동공급곡선이 $L = -30 + w$로 주어졌다. 따라서 식 (3)과 식 (4)로부터

$$w = MR,\ 30 + L = 200 - 64L,\ L^{**} = \frac{34}{13} \approx 2.6$$

으로 구해진다. 이때 노동조합은 이 값을 MRP에 대입하여 얻은 값인 $MRP(L^{**}) = \frac{1{,}512}{13} \approx 116$의 임금률을 요구한다.

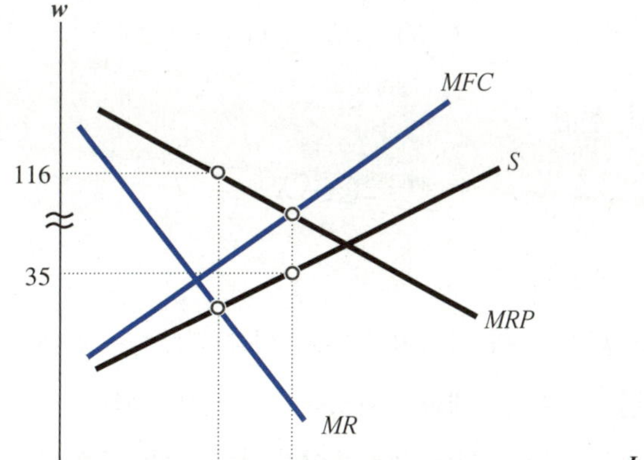

c. 노동조합은 수요독점자가 원하는 것보다 더 적게 고용하면서 더 높은 임금률을 지급해 줄 것을 요구하게 된다. 그리하여 최종적인 결과는 수요독점자인 기업과 노동조합 사이의 협상에 따라 결정될 것으로 예상된다.

12.23 수요독점과 쌍방독점

기업 A는 노동을 고용하여 생산원료 X를 생산하고, 기업 B는 이 생산원료를 사용하여 생산물을 생산하고 있다. 생산원료에 대한 생산함수는 $X = L^{\frac{1}{2}}$이고 임금률은 10이라고 한다. 또한 생산물에 대한 생산함수는 $Q = 20X - X^2$이고 생산물의 가격은 2라고 한다.

a. 두 기업이 모두 가격수용자로 행동할 때 X의 균형가격과 거래량을 구하시오.

b. 기업 A가 독점자로 행동하고 기업 B가 가격수용자로 행동한다고 하자. 이때 생산원료 시장의 균형수량과 가격을 구하시오.

c. 기업 A가 가격수용자로 행동하고 기업 B가 생산요소에 대한 수요독점자로 행동한다고 하자. 이때 생산원료 시장의 균형수량과 가격을 구하시오.

d. 기업 A가 독점자가 되고 기업 B가 수요독점자가 되었을 경우 예상되는 결과를 말하시오.

KEY ▶ 기업 A는 노동을 고용하여 X를 생산하고 있다. 그러므로 기업 A는 노동의 수요자이면서 X의 공급자가 된다. 한편 기업 B는 X를 고용하여 생산물 Q를 생산한다. 그러므로 기업 B는 X의 수요자이면서 Q의 공급자가 된다. 이 점을 파악한 다음에는 각 경우에 적절한 이윤극대화 문제를 세우는 것이 중요하다.

풀이

$X = L^{\frac{1}{2}}$, $w = 10$으로 주어져 있다. 그러므로 비용함수는

$$C(X) = wL = 10X^2 \tag{1}$$

로 구해진다. 한편

$$Q = 20X - X^2 \tag{2}$$

$p = 2$로 주어져 있다.

a. 기업 A의 X공급량과 기업 B의 X수요량이 일치하는 곳에서 균형이 이루어질 것이다. 먼저 기업 A의 이윤극대화 행위로부터 X공급에 대해 알아보자. 한편 기업 A가 가격수용자로 행동하므로 X의 가격을 주어진 것으로 받아들인다. 이윤극대화 문제는

$$\pi_A = TR - TC = p_X X - wL$$

이다. wL 대신에 비용함수 식 (1)을 사용하자. 그러면 위 문제는

$$\underset{X}{Max}\ \pi_A = p_X X - 10(X^2)$$

으로 다시 쓸 수 있다. 이윤극대화의 일차필요조건은

$$\frac{d\pi_A}{dX} = p_X - 20X = 0,\ 즉\ p_X = 20X$$

이다. 이것은 바로 $p_X = MC_X$ 조건이다. 이로부터 X의 공급곡선은

$$X^s = \frac{1}{20}p_X^s \tag{3}$$

가 된다.

이제 기업 B의 X수요에 대해 알아보자. X는 기업 B에게 생산요소로 사용되고 있다. 기업 B의 생산요소 수요도 결국 이윤을 극대화하는 행위로부터 나온다. 그러므로 기업 B가 X를 선택하여 이윤을 극대화하는 문제를 풀기로 하자. 기업 B의 이윤극대화 문제는

$$\pi_B = TR - TC = pQ - p_X X$$

이다. 이제 이것을 X를 선택하는 문제로 바꾸어 주자. 그러면

$$\underset{X}{Max}\ \pi_B = 2(20X - X^2) - p_X X$$

가 된다. 이윤극대화의 일차필요조건은

$$\frac{d\pi_B}{dX} = (40 - 4X) - p_X = 0,\ 즉\ 40 - 4X = p_X$$

이다. 이것은 바로 $VMP_X = p_X$이다. 이로부터 X의 수요곡선은

$$X^d = 10 - \frac{1}{4}p_X^d \tag{4}$$

가 된다. 식 (3)과 식 (4)를 이용하여 '수요량 = 공급량'으로부터 $X^* = \frac{5}{3}$를 얻는다. 이것을 공급곡선에 대입하면 $p_X^* = \frac{100}{3}$이 된다.

b. 기업 A가 독점자로 행동한다. 그런데 기업 B는 가격수용자로 행동하므로 기업 A가 설정한 가격을 그대로 수용할 것이다. 이때 기업 B가 가격수용자라는 것은 X시장에서의 역할을 말하고 있다. 한편 기업 A가 독점자로 행동하므로 기업 A는 더 이상 가격수용자가 아니다. 그 대신 자신이 직면하는 수요곡선으로부터 이윤이 가장 높아지는 가격을 설정하게 된다. 이것은 물론 그에 상응하는 수량을 결정하는 것과 같다. 한편 기업 A가 직면하는 수요곡선은 바로 기업 B의 X재 수요로부터 나온다. 또한 기업 A가 독점

자로 행동하더라도 비용함수에는 변화가 없다. 그러므로 기업 A의 이윤극대화 문제는 식 (1)과 식 (4)를 이용하여

$$\underset{X}{Max}\ \pi_A = TR - TC = p_X^d(X)X - wL = (40 - 4X)X - 10X^2$$

으로 쓸 수 있다.

이윤극대화의 일차필요조건은

$$\frac{d\pi_A}{dX} = (40 - 8X) - 20X = 0,\ \text{즉}\ 40 - 8X = 20X$$

가 된다. 이것은 바로 $MR_X = MC_X$조건이다. 이로부터 $X^{**} = \frac{10}{7}$을 얻는다. 이때 기업 A는 이러한 수량을 공급하면서 자신이 받을 수 있는 가장 높은 가격을 받는다. 그것은 바로 이 값을 식 (4)에 대입하여 얻은 $p_X^{**} = \frac{240}{7}$이다.

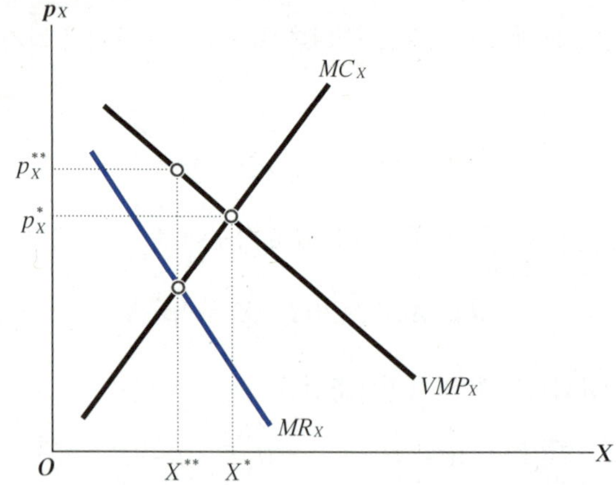

c. 기업 A는 가격수용자로 행동한다. 기업 A가 가격수용자로서 행동한다는 것은 기업 A가 X시장에서 하는 역할을 말하고 있다. 한편 기업 A가 가격수용자로 행동하므로 그는 기업 B가 수요독점자로서 이윤을 극대화하기 위해 설정한 가격을 그대로 수용할 것이다. 그러므로 기업 B의 이윤극대화 문제를 살펴보면 된다. 기업 B가 수요독점자이므로 자신이 사용하는 생산요소 X에 대한 기업 A의 공급곡선이 바로 자신이 직면하는 공급곡선이 된다. 이 경우 X를 더 많이 고용하려면 더 높은 가격을 지불해야 한다. 말하자면 한계요소비용을 고려해야 한다는 것이다. 이러한 점을 염두에 두고 기업 B가 이윤을 극대화하기 위해 생산요소를 얼마나 고용해야 하는가를 알아보자. 한편 생산물의 가격은 일정하게 주어져 있다. 이것은 기업 B가 생산요소시장에서 독점이기는 하지만 생산물시장에서는 경쟁 상태에 있음을 말한다. 이제 기업 B의 이윤극대화 문제는 식 (2)와 식 (3)을 이용하여

$$\underset{X}{Max}\ \pi_B = TR - TC = pQ - p_X^s(X)X = 2(20X - X^2) - 20X(X)$$

가 된다.

이윤극대화의 일차필요조건은

$$\frac{d\pi_B}{dX} = (40 - 4X) - 40X = 0,\ 즉\ 40 - 4X = 40X$$

이다. 이것은 바로 $VMP_X = MFC_X$조건이다. 이로부터 $X^{***} = \frac{10}{11}$을 얻는다. 수요독점자는 이만큼을 고용하면서 가능한 한 적은 금액을 지불하려 한다. 그러므로 가격은 공급곡선인 식 (3)에 이 값을 대입한 결과로서 $p_X^{***} = \frac{200}{11}$으로 구해진다.

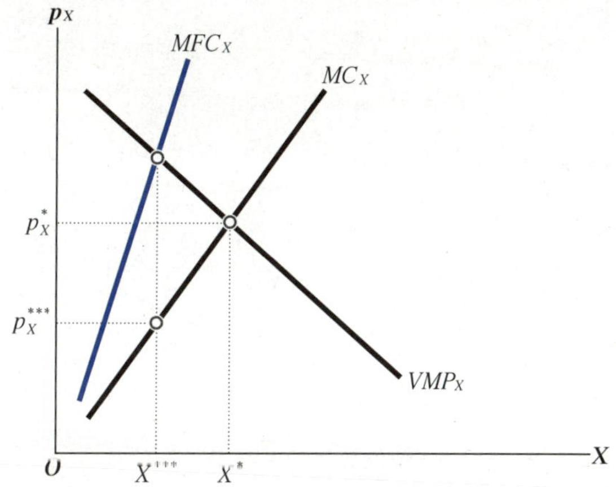

d. X시장에서 쌍방독점이 이루어지고 있다. 그러므로 그 결과는 협상에 의해 결정될 것이다.

VI

part six

일반균형 및 후생경제학

제13장 일반균형 / 제14장 후생경제학

일반균형

13장

13.1 경쟁 및 독점의 파레토효율 여부

13.2 한계대체율과 파레토효율

13.3 파레토효율

13.4 계약곡선 : 준선형 효용함수와 완전대체 효용함수의 경우

13.5 총초과수요곡선의 성격

13.6 일반균형가격

13.7 경쟁균형 및 왈라스법칙 : 콥-더글라스 효용함수의 경우

13.8 계약곡선과 경쟁균형 : 모두 준선형 효용함수이면서 내부해인 경우

13.9 경쟁균형 : 레온티에프 효용함수의 경우

13.10 경쟁균형 : 콥-더글라스 효용함수와 레온티에프 효용함수의 경우

13.11 경쟁균형 : 레온티에프 효용함수와 완전대체 효용함수의 경우

13.12 경쟁균형 : 레온티에프 효용함수와 완전대체 효용함수의 경우

13.13 계약곡선과 경쟁균형 : 모두 준선형 효용함수인 경우

13.14 파레토효율, 경쟁균형 : 모두 완전대체 효용함수의 경우

13.15 일반균형 하의 균형이자율

13.1 경쟁 및 독점의 파레토효율 여부

두 개인 A, B가 존재하는 순수교환모형을 생각해 보자. 이때 다음의 각 경우에 교환의 결과를 그림으로 나타내고 각 결과가 파레토효율적인지를 말하시오.

a. 각 개인이 가격순응자로 행동할 경우

b. 개인 A가 독점자로서 가격을 설정할 수 있을 경우

c. 개인 A가 완전가격차별 독점자일 경우

KEY ▶ 독점일 경우라도 완전가격차별을 할 경우에는 파레토효율적이 된다.

풀이 〈그림 참조〉

a. 가격기구가 파레토효율적 배분을 낳는다. 그리고 통상 두 사람이 모두 교환으로부터 이득을 얻는다.

b. 독점자에게 가장 유리한 가격비율은 B의 오퍼곡선과 A의 무차별곡선이 접하는 P점과 ω를 잇는 직선의 기울기로 결정된다.[1] 즉, A는 자신에게 가장 좋은 P점을 B가 선택하도록 상대가격을 정해준 다음(그러면 B는 자신의 오퍼곡선 상의 P점을 선택함) A 자신은 B가 선택한 바로 그 P점을 선택한다. 한편 자신의 오퍼곡선과 무차별곡선은 접하지 않으므로 P점에서는 두 개인의 무차별곡선이 접하지 않으며, 따라서 P점은 파레토비효율적이다. 경쟁균형에 비해 A는 나아지고 B는 나빠진다.

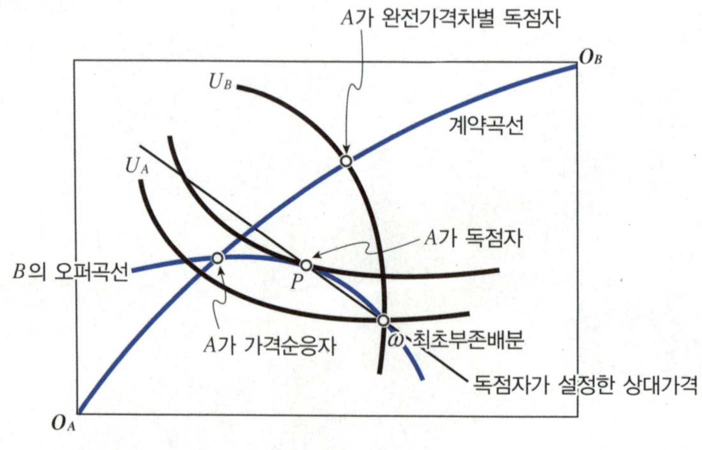

1. 오퍼곡선은 상대가격이 변화할 때 이에 대응하여 생겨나는 예산선과 무차별곡선이 접하는 점들의 궤적을 말한다. 이것은 가격소비곡선과 같은 개념이다.

c. 개인 A가 완전가격차별 독점자일 경우 균형은 최초부존배분을 지나는 개인 B의 무차별곡선이 계약곡선과 만나는 곳에서 달성된다. 이때 모든 교환의 이득은 개인 A에게 돌아가 교환을 통해서 이득을 볼 여지는 더 이상 없다. 따라서 이때의 배분은 파레토효율적이다.

13.2 한계대체율과 파레토효율

편의상 두 개인만 있는 경우를 가정하자. 현재 사과는 40개 있고 배는 30개 있다고 하자. 이 중에서 갑돌이는 사과는 1개도 없고 배만 20개 가지고 있다. 갑순이는 사과를 40개 모두 가지고 있으며 배는 10개 가지고 있다. 한편 이러한 상태에서 갑돌이의 한계대체율은 1이고 갑순이의 한계대체율은 2라고 한다. 이러한 상태가 파레토효율적인가? 그 이유를 설명하라.

KEY ▶ 파레토효율의 개념을 정확히 알고 있어야 한다.

풀이

파레토효율적이다. 편의상 에지워드 상자를 그려 생각해 보자.

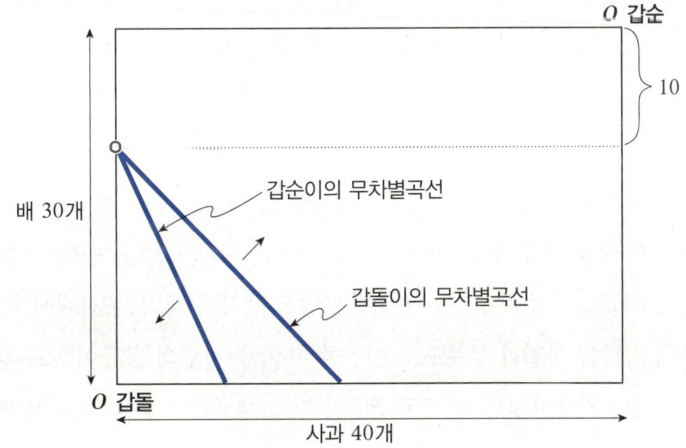

이러한 상태에서는 갑돌이의 효용을 줄이지 않고서는 갑순이의 효용을 증가시킬 수 없다. 마찬가지로 갑순이의 효용을 줄이지 않고서는 갑돌이의 효용을 증가시킬 수 없다. 간단히 말하면 이러한 상태에서는 두 사람이 동시에 더 나아질 수는 없다. 따라서 이러한 상태는 파레토효율적이다. 참고로 한계대체율이 서로 다르지만 파레토효율적이라는 사실에 주목하자. 한편 무차별곡선들이 원점에 대해 볼록한 부드러운 곡선이고 에지워드상자의 내부에서 서로 접한다고 하자. 이 경우에는 한계대체율이 서로 같을 때 파레토효율이 성립한다.

13.3 파레토효율

두 개인 A, B와 두 상품 야채(X)와 과일(Y)가 있다고 하자. 야채와 과일의 수요량을 각각 x, y로 나타내자. 개인 A는 야채 2단위와 과일 1단위를 항상 함께 먹는다. 개인 B는 야채와 과일을 1단위씩 함께 먹는다. 경제에는 야채와 과일이 각각 10단위씩 있다고 하자.

a. 각 개인의 효용함수를 구하시오.

b. 야채 10단위와 과일 10단위를 모두 개인 A가 가지고 있다고 하자. 따라서 개인 B는 야채와 과일을 1단위도 가지고 있지 않다. 이 상태가 파레토효율적인가?

c. 에지워드 상자를 그린 다음 파레토효율적인 배분들을 나타내시오.

KEY ▶ 파레토효율적인 배분들의 집합은 직선이 아닐 수도 있다. 즉, 계약곡선이 아니라 계약영역(contract region)의 형태를 지닐 수도 있다.

풀이

a. 효용함수는 각각 $U_A(x_A, y_A) = min\left[\frac{1}{2}x_A, y_A\right]$, $U_B(x_B, y_B) = min\ [x_B, y_B]$이다.

b. 파레토효율적이다. 파레토개선의 여지가 없기 때문이다. 즉, 개인 B를 나아지게 하려면 반드시 개인 A가 나빠진다. 예를 들어 A가 B에게 (1, 1)을 준다면 개인 B는 좋아지지만 그때 개인 A는 나빠진다.

c. 그림에서 색칠한 부분이 파레토효율적 배분을 나타낸다.

색칠한 부분 외부에 있는 임의의 한 점 P를 잡자. 그 다음 P점을 지나는 두 개인의 무차별곡선으로 이루어지는 사각형 모양을 생각해 보자. P점에서 이 사각형 모양의 내부에 속하는 색칠한 부분으로 이동할 경우 두 사람의 효용이 모두 증가한다. 즉, 파레토개선이 가능하다. 그러므로 P점과 같이 색칠한 부분 외부에 놓이는 점은 비효율적이다.

이제 Q점과 같이 색칠한 부분 내부에 놓이는 점을 생각해 보자. 이 점에서 개인 A의 효용을 증가시키려면 O_B쪽으로 이동해야 한다. 이 경우 개인 A의 효용은 증가하지만 개인 B의 효용은 감소한다. 즉, 파레토개선이 이루어지지 않는다. 한편 Q점에서 개인 B의 효용을 증가시키려면 O_A쪽으로 이동해야 하는데 이 경우 개인 B의 효용은 증가하지만 개인 A의 효용은 감소한다. 즉, 파레토개선이 이루어지지 않는다.

한편 R점과 같은 곳에서도 개인 B의 효용을 증가시키려면 개인 A의 효용이 감소한다. 즉, 파레토개선이 이루어질 수 없다.

이러한 내용을 종합해 볼 때 색칠한 부분이 파레토효율적인 부분이다.

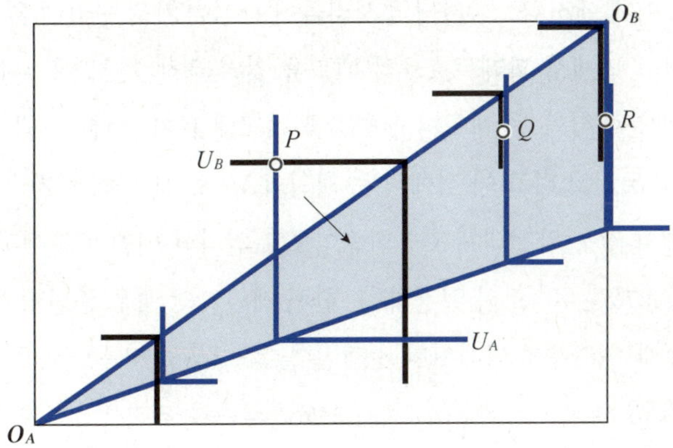

13.4 계약곡선 : 준선형 효용함수와 완전대체 효용함수의 경우

두 개인 A와 B가 두 상품 X와 Y를 소비하는 교환경제를 생각해 보자. 두 개인은 각각 $U_A = x_A^{\frac{1}{2}} + y_A$, $U_B = x_B + 6y_B$와 같은 효용함수를 지니고 있다고 한다. 또한 최초에 개인 A는 X재만 8단위를 가지고 있고 개인 B는 Y재만 8단위 가지고 있다고 하자. 이 경우 계약곡선을 구하시오.

풀이

$U_A = x_A^{\frac{1}{2}} + y_A$, $U_B = x_B + 6y_B$, $\omega_A = (\overline{x}_A, \overline{y}_A) = (8, 0)$, $\omega_B = (\overline{x}_B, \overline{y}_B) = (0, 8)$로 주어져 있다. 준선형 효용함수이므로 모퉁이해의 가능성도 고려할 수 있는 쿤-터커조건(Kuhn-Tucker conditions)을 이용해서 푸는 것이 좋다. 그러나 여기서는 편의상 내부해를 가정하여 푼 다음 모퉁이해(corner solution)의 가능성을 검토하기로 하자.

계약곡선은 $MRS_{xy}^A = MRS_{xy}^B$ (1)를 만족시키는 배분들의 집합이다. 그런데 개인들의 효용함수로부터

$$MRS_{xy}^A = \frac{MU_x^A}{MU_y^A} = \frac{\frac{1}{2}x_A^{-\frac{1}{2}}}{1} = \frac{1}{2}x_A^{-\frac{1}{2}} \tag{2}$$

$$MRS_{xy}^B = \frac{MU_x^B}{MU_y^B} = \frac{1}{6} \tag{3}$$

을 얻는다. 식 (2)와 식 (3)을 식 (1)에 대입하면 $\frac{1}{2}x_A^{-\frac{1}{2}} = \frac{1}{6}$ (4)이다. 이로부터 $x_A = 9$이다. 그런데 X재의 부존량이 8 $(= \bar{x}_A + \bar{x}_B = 8 + 0)$이므로 에지워드상자 내부에 놓이려면 X재의 수요량이 $x_A + x_B = 8$이어야 한다. 다시 말하면 $x_A = 9$는 에지워드상자 밖에 놓인다. 그러므로 이제 에지워드상자의 모서리들에 관심을 가질 수밖에 없다.

이러한 측면에서 파레토효율적 배분을 찾기 위해 특히 에지워드상자의 각 모서리에 있는 각 배분에서의 두 개인의 MRS_{xy}를 비교해 보자. 이를 위해 상품 평면 위의 임의의 배분을 (a, b)라고 하고 이 점에서 두 개인의 MRS_{xy}를 구해 보자.

개인 B의 경우 완전대체 효용함수이므로 임의의 어떤 배분에서도 한계대체율이 일정하다. 즉, $MRS_{xy}^B = \frac{1}{6}$로서 일정하다. 한편 개인 A의 경우 준선형 효용함수이므로 한계대체율이 X재 수요량에 의해서만 정해진다. 즉, $MRS_{xy}^A = \frac{1}{2}x_A^{-\frac{1}{2}} = \frac{1}{2}(a)^{-\frac{1}{2}}$로 정해진다. 그러므로 $MRS_{xy}^A = \frac{1}{2}x_A^{-\frac{1}{2}} = \frac{1}{2}(a)^{-\frac{1}{2}} < MRS_{xy}^B = \frac{1}{6}$일 조건은 $a > 9$이다. 이 결과는 개인 B의 무차별곡선의 기울기가 개인 A의 무차별곡선의 기울기보다 급하기 위해서는 X재의 수요량이 9보다 커야 한다는 것을 의미한다. 바꾸어 말하면 현재 문제에서 주어진 X재의 부존량은 그보다 적은 8이므로 에지워드상자의 어느 곳에서도 개인 B의 무차별곡선의 기울기가 개인 A의 무차별곡선의 기울기보다 완만하다는 것을 의미한다. 그러므로 개인 A의 무차별곡선이 원점에 대해 볼록하다는 점을 감안하면 한계대체율의 대소에 초점을 맞출 경우 두 개인의 무차별곡선의 관계는 에지워드상자에 그림처럼 그려진다. 이러한 사실을 바탕으로 에지워드상자의 각 모서리들에 놓이는 배분들의 효율성 여부에 대해 검토해 보자. 편의상 변의 일부를 지칭할 때에는 모서리라고 불렀다.

(i) 에지워드상자 내부의 임의의 한 점을 P라고 하자. 점 P에서 그 점을 지나는 두 무차별곡선과 오른쪽 모서리로 둘러싸인 삼각형 모양의 내부 또는 오른쪽 모서리 부분의 임의의 점으로 이동하면 두 개인이 모두 나아진다. 즉, 파레토개선이 이루어진다. 그러므로 에지워드상자 내부의 모든 점들은 파레토비효율적이다.

(ii) 오른쪽 변 상의 임의의 한 점을 Q라고 하자. 점 Q에서 그 점을 지나는 두 무차별곡선 사이에 놓이는 에지워드상자 내부 또는 왼쪽 모서리 부분의 임의의 점으로 이동하면 두 개인이 모두 나빠진다. 점 Q에서 모서리 상의 위로 이동하면 개인 A는 좋아지지만 개인 B가 나빠지고 아래로 이동하면 개인 B는 좋아지지만 개인 A가 나빠진다. 결국 점 Q에서는 파레토개선이 불가능하다. 그러므로 오른쪽 변 상의 모든 점들은 파레토효율적이다.

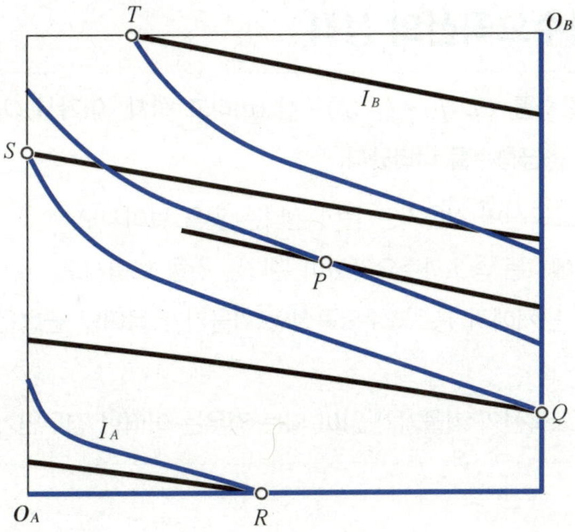

계약곡선

(iii) 아랫변 상의 임의의 한 점을 R이라고 하자. 이 점에서도 (ii)에서와 같은 논리가 성립한다. 점 R을 지나는 두 무차별곡선 사이에 놓이는 에지워드상자 내부 또는 왼쪽 모서리 부분의 임의의 점으로 이동하면 두 개인이 모두 나빠진다. 모서리 상의 왼쪽으로 이동하면 개인 B는 좋아지지만 개인 A가 나빠지고 오른쪽으로 이동하면 개인 A는 좋아지지만 개인 B가 나빠진다. 결국 파레토개선이 불가능하다. 그러므로 아랫변 상의 모든 점들은 파레토효율적이다.

(iv) 왼쪽 변 상의 임의의 한 점을 S라고 하자. 점 S에서 그 점을 지나는 두 무차별곡선 사이에 놓이는 에지워드상자 내부 또는 오른쪽 모서리 부분의 임의의 점으로 이동하면 두 개인이 모두 나아진다. 즉, 파레토개선이 가능하다. 그러므로 왼쪽 변 상에 놓이는 모든 점들은 파레토비효율적이다.

(v) 윗변 상의 임의의 한 점을 T라고 하자. 이 점에서도 (iv)에서와 같은 논리가 성립한다. 즉, T점을 지나는 두 무차별곡선 사이에 놓이는 에지워드상자 내부 또는 오른쪽 모서리 부분의 임의의 점으로 이동하면 두 개인이 모두 나아진다. 즉, 파레토개선이 가능하다. 그러므로 윗변 상에 놓이는 모든 점들은 파레토비효율적이다.

종합하면 계약곡선은 그림의 굵은 선으로 나타난다.

일반적으로 준선형 효용함수의 경우 모퉁이해의 가능성이 있으므로 특별히 유의해야 하기는 하지만 계약곡선은 최초부존배분 하의 최적선택과는 관계없이 정해지는 것이므로 모퉁이에 놓이더라도 문제가 없다.

13.5 총초과수요곡선의 성격

총초과수요함수를 $ED(p) = Q_d(p) - Q_s(p)$라고 하자. 여기서 $Q_d(p)$는 수요함수를 나타내고 $Q_s(p)$는 공급함수를 나타낸다.

a. 총초과수요곡선의 기울기는 음이 된다는 것을 보이시오.

b. 균형가격에서는 총초과수요가 0이 된다는 것을 보이시오.

c. 균형가격 근처에서 총초과수요곡선의 기울기가 음이면 균형은 안정적이라는 것을 보이시오.

d. 총초과수요곡선의 기울기가 양이 되는 경우는 어떠한 경우인가?

풀이

$ED(p) = Q_d(p) - Q_s(p)$, 여기서 $Q_d(p)$는 수요함수, $Q_s(p)$는 공급함수이다.

a. 일반적으로 $Q_d(p)$는 음의 기울기, $Q_s(p)$는 양의 기울기를 가지므로 $ED(p)$의 기울기는 음이 된다.

b. 균형에서는 $Q_d(p) = Q_s(p)$이므로 $ED(p) = 0$이 된다.

c. 일반적으로 ED가 음이면 가격이 하락하고, ED가 양이면 가격이 상승한다. 이 점을 고려할 때 균형 근처에서 ED의 기울기가 음이면 가격은 균형가격 p^*에 수렴한다.

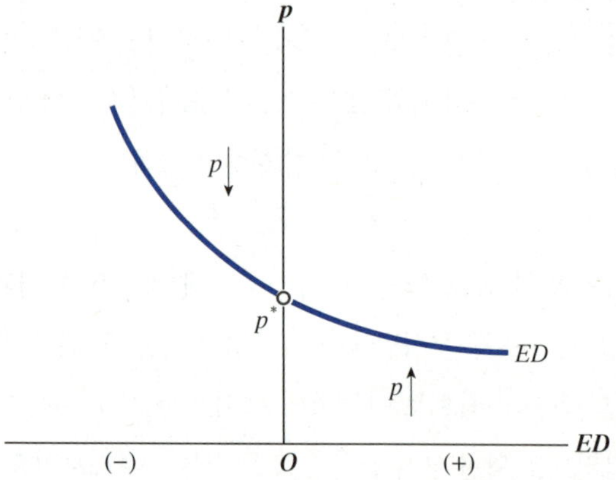

d. 공급곡선의 기울기가 음이면서 그 절대값이 수요곡선의 기울기의 절대값보다 클 때이다.

13.6 일반균형가격

두 종류의 상품 q_1, q_2에 대한 총초과수요함수가 각각

$$Z_1(p_1, p_2) = -4p_1 + 2p_2$$
$$Z_2(p_1, p_2) = 2p_1 - p_2$$

라고 하자.

a. 이때 p_2를 기준가격으로 하여 일반균형가격을 구하시오.

b. 일반균형가격의 값이 유일한가?

풀이

$Z_1(p_1, p_2) = -4p_1 + 2p_2$, $Z_2(p_1, p_2) = 2p_1 - p_2$로 주어져 있다.

a. 일반균형에서는 모든 시장에서 총초과수요가 0이어야 한다. 그러므로 $Z_1 = 0$, $Z_2 = 0$으로부터 일반균형가격은 $\frac{p_1}{p_2} = \frac{1}{2}$이다.

b. 일반균형에서 상대가격은 유일하게 결정된다. 그러나 p_1, p_2 각각의 절대가격은 정해지지 않는다.

13.7 경쟁균형 및 왈라스법칙 : 콥-더글라스 효용함수의 경우

두 개인 A와 B가 두 상품 X와 Y를 소비하는 교환경제를 생각해 보자. 두 개인은 각각 $U_A = (x_A y_A)^{\frac{1}{2}}$, $U_B = (x_B y_B)^{\frac{1}{2}}$과 같은 콥-더글라스 효용함수를 지니고 있다고 한다. 또한 최초에 개인 A는 X재를 10단위, Y재를 20단위 가지고 있다고 하자. 개인 B는 X재를 40단위, Y재를 10단위 가지고 있다고 한다.

a. 계약곡선을 구하시오.

b. 각 개인의 예산식을 구하시오.

c. 각 개인의 효용을 극대화시키는 조건을 구하시오.

d. X재에 대한 각 개인의 수요함수를 구하시오.

e. X재에 대한 각 개인의 초과수요함수를 구하시오.

f. X재에 대한 총초과수요함수를 구하고, 경쟁균형가격을 구하시오.

g. 왈라스법칙이 성립하는 것을 보이시오.

h. 교환을 한 후 효용이 증가했는지 감소했는지를 말하시오.

KEY ▶ 일반적으로 경쟁균형을 구하려면 개인의 수요함수를 구해야 한다. 그 다음 초과수요함수를 구한다. 경쟁균형에서는 각 시장에서의 총초과수요가 0이 되어야 한다. 일반균형에서는 절대가격은 정해지지 않고 상대가격만 정해지므로 경쟁균형가격을 구할 때 여기서의 풀이와는 달리 p_x와 p_y 중에서 어느 하나를 1로 놓고 풀어도 된다. 한편 일반균형모형은 부존소득모형에 해당한다.

풀이

$U_A=\left(x_A y_A\right)^{\frac{1}{2}}$, $U_B=\left(x_B y_B\right)^{\frac{1}{2}}$, $\omega_A=\left(\bar{x}_A, \bar{y}_A\right)=(10, 20)$, $\omega_B=\left(\bar{x}_B, \bar{y}_B\right)=(40, 10)$으로 주어져 있다.

a. 계약곡선은 파레토효율 조건을 만족시키는 배분들의 집합이다. 이러한 배분들의 관계식을 수학적으로 구하려면, 각 재화의 소비량은 부존량과 같아야 한다는 조건 아래, 상대방의 효용을 일정하게 해놓은 상태에서 자신의 효용을 극대화시키면 된다. 즉,

$$\underset{x_A, y_A, x_B, y_B}{Max}\ U_A=(x_A y_A)^{\frac{1}{2}}$$

$$s.t.\quad U_B=(x_B y_B)^{\frac{1}{2}}=\overline{U}_B$$

$$x_A+x_B=50(=\bar{x}_A+\bar{x}_B)$$

$$y_A+y_B=30(=\bar{y}_A+\bar{y}_B)$$

을 풀면 된다. 이렇게 하여 얻은 결과로부터는 상대방을 나쁘게 하지 않고서는 자신이 더 나아질 수 없다. 그러므로 그 결과는 파레토효율적이 된다.

계산은 생략하겠지만, 위 문제를 풀면 계약곡선은

$$MRS_A=MRS_B \tag{1}$$

를 만족시키는 배분들의 집합으로 구해진다. 그런데 각 개인의 효용함수로부터

$$MRS_A=\frac{MU_{x_A}}{MU_{y_A}}=\frac{y_A}{x_A} \tag{2}$$

$$MRS_B=\frac{MU_{x_B}}{MU_{y_B}}=\frac{y_B}{x_B} \tag{3}$$

를 얻는다. 식 (2)와 식 (3)을 식 (1)에 대입하면 계약곡선은

$$\frac{y_A}{x_A}=\frac{y_B}{x_B} \tag{4}$$

를 만족시키는 배분들의 집합이 된다. 그런데 제약식에서 보듯이 각 개인의 X재 수요량의 합은 경제 내에 있는 X재의 부존량과 같아야 한다. Y재에 대해서도 마찬가지다. 즉,

$$x_A+x_B=50(=10+40),\ y_A+y_B=30(=20+10)$$

이 성립해야 한다. 식 (4)와 이 두 식을 이용하면

$$y_A = \frac{3}{5}x_A,\ (0 \le x_A \le 50) \tag{5}$$

를 얻을 수 있다. 이것이 바로 계약곡선이다. 계약곡선은 최초부존배분과 관계없이 정해진다.

b. 소득이 화폐로 주어진 것이 아니고 상품으로 주어져 있다. 그러므로 부존소득 모형에 해당한다. 이 경우 가격이 변화하면 부존상품의 가치가 변화한다. 예산식은

$$A : p_x x_A + p_y y_A = 10p_x + 20p_y$$

$$B : p_x x_B + p_y y_B = 40p_x + 10p_y$$

로 구해진다.

c. 개인 A의 효용극대화 문제에 대해 생각해 보자. 효용극대화 문제는

$$\underset{x_A,\, y_A}{Max}\ U_A = (x_A y_A)^{\frac{1}{2}}$$

$$s.t. \quad p_x x_A + p_y y_A = 10p_x + 20p_y$$

이다. 이에 대한 라그랑지 함수는

$$\underset{x_A,\, y_A,\, \lambda}{Max}\ L - (x_A y_A)^{\frac{1}{2}} + \lambda(10p_x + 20p_y - p_x x_A - p_y y_A) : \text{목적함수}$$

이다. 극대화의 일차필요조건은

$$\frac{\partial L}{\partial x_A} = \frac{1}{2}x_A^{-\frac{1}{2}}y_A^{\frac{1}{2}} - \lambda p_x = 0 \tag{6}$$

$$\frac{\partial L}{\partial y_A} = \frac{1}{2}x_A^{\frac{1}{2}}y_A^{-\frac{1}{2}} - \lambda p_y = 0 \tag{7}$$

$$\frac{\partial L}{\partial \lambda} = 10p_x + 20p_y - p_x x_A - p_y y_A = 0 \tag{8}$$

이다. 식 (6)과 식 (7)을 정리한 다음 대응되는 변끼리 나누어주면

$$\frac{y_A}{x_A} = \frac{p_x}{p_y},\ \text{즉}\ MRS_{xy}^A = \frac{p_x}{p_y} \tag{9}$$

를 얻는다.

같은 방법으로 개인 B에 대해서는

$$\frac{y_B}{x_B} = \frac{p_x}{p_y},\ \text{즉}\ MRS_{xy}^B = \frac{p_x}{p_y} \tag{10}$$

가 성립한다. 결국 식 (9)와 식 (10)이 각 개인의 효용을 극대화시키는 조건이다.

d. 개인 A의 예산식과 효용극대화 조건 식 (9)를 연립으로 풀면

$$x_A^* = 5 + 10\frac{p_y}{p_x} \tag{11}$$

를 얻는다. 또한 개인 B의 예산식과 효용극대화 조건 식 (10)을 연립으로 풀면

$$x_B^* = 20 + 5\frac{p_y}{p_x} \tag{12}$$

를 얻는다.

e. 개인 A의 X재에 대한 초과수요는 개인 A의 X재 수요함수에서 초기 부존량을 빼준 값이다. 그러므로

$$ED_x^A = x_A^* - \bar{x}_A = 5 + 10\frac{p_y}{p_x} - 10 = -5 + 10\frac{p_y}{p_x}$$

가 된다. 같은 이유로

$$ED_x^B = x_B^* - \bar{x}_B = 20 + 5\frac{p_y}{p_x} - 40 = -20 + 5\frac{p_y}{p_x}$$

가 된다.

f. X재에 대한 총초과수요는 각 개인의 X재에 대한 초과수요를 합하여 구한다. 그러므로

$$ED_x = ED_x^A + ED_x^B = 15\frac{p_y}{p_x} - 25$$

가 된다. 한편 경쟁균형에서는 각 시장에서의 총초과수요가 모두 0이 되어야 한다. 그런데 왈라스법칙에 의해 두 시장 중 하나의 시장에서 균형이 성립하면 다른 시장에서도 균형이 성립한다. 이러한 특성을 이용하여 X재 시장에 주목하기로 하자. 그러면 경쟁균형가격은

$$ED_x = 0\text{으로부터 } \frac{p_y}{p_x} = \frac{5}{3} \tag{13}$$

가 된다. 일반균형에서는 이처럼 절대가격은 정해지지 않고 상대가격만 정해진다는 점에 주목하자.

참고 ▶ 이러한 결과를 얻게 되는 직관적인 이유를 살펴보자. 먼저 두 개인의 효용함수가 같다. 그리고 효용함수를 관찰해 보면 X재와 Y재가 효용에 미치는 영향도 서로 대칭적이라는 것을 알 수 있다. 그런데 X재의 부존량과 Y재의 부존량의 비율이 5:3이다. 이로부터

$$p_x : p_y = 3 : 5$$

가 될 것으로 예상할 수 있다.

g. 앞서와 같은 방법으로 ED_y를 구한 다음

$$p_x ED_x + p_y ED_y = 0$$

이 됨을 보이면 된다. 개인 B의 예산식과 효용극대화 조건을 구한 다음 효용을 극대화하는 수량을 구해 보면

$$y_A^* = 5\frac{p_x}{p_y} + 10 \tag{14}$$

$$y_B^* = 20\frac{p_x}{p_y} + 5 \tag{15}$$

를 얻는다. 그러므로

$$ED_y^A = y_A^* - \bar{y}_A = 5\frac{p_x}{p_y} + 10 - 20$$

$$ED_y^B = y_B^* - \bar{y}_B = 20\frac{p_x}{p_y} + 5 - 10$$

으로 구해진다.

이들을 이용하면

$$ED_y = ED_y^A + ED_y^B = 25\frac{p_x}{p_y} - 15$$

를 얻는다. 문항 f.에서 구한 ED_x와 여기서 구한 ED_y를 $p_x ED_x + p_y ED_y$에 각각 대입하면

$$p_x ED_x + p_y ED_y = p_x\left(15\frac{p_y}{p_x} - 25\right) + p_y\left(25\frac{p_x}{p_y} - 15\right) = 0$$

이 된다. 이로써 왈라스법칙이 성립하는 것을 보여주었다.

h. 각 개인의 효용을 극대화하는 수량에 경쟁균형가격을 대입해 보자. 즉, 식 (11), (12), (14), (15)에 각각 식 (13)을 대입하면 교환 후 경쟁균형에서는 $x_A^* = \frac{65}{3}$, $y_A^* = 13$, $x_B^* = \frac{85}{3}$, $y_B^* = 17$이 된다.

이 값들을 각 개인의 효용함수에 대입한 값과 최초부존수량을 각 개인의 효용함수에 대입한 값들을 서로 비교해 보면 두 개인의 효용이 모두 증가한 것을 알 수 있다.

한편 경쟁균형은 계약곡선 상에 놓이므로 파레토효율 조건을 만족시킨다. 이것은 후생극대화의 제1정리가 성립한다는 것을 보여준다.

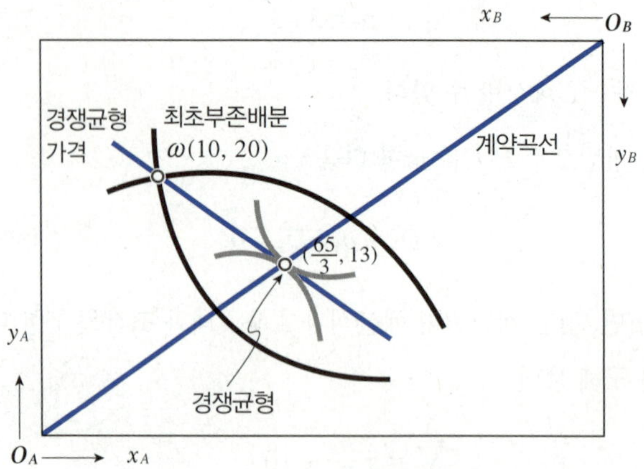

13.8 계약곡선과 경쟁균형 : 모두 준선형 효용함수이면서 내부해인 경우

두 개인 A와 B가 두 상품 X와 Y를 소비하는 교환경제를 생각해 보자. 두 개인은 각각 $U_A = x_A^{\frac{1}{2}} + y_A$, $U_B = x_B^{\frac{1}{2}} + y_B$와 같은 준선형 효용함수를 지니고 있다고 한다. 또한 최초에 개인 A는 X재를 10단위, Y재를 20단위 가지고 있다고 하자. 개인 B는 X재를 40단위, Y재를 10단위 가지고 있다고 한다.

a. 계약곡선을 구하시오.

b. 경쟁균형을 구하시오.

c. 모퉁이해의 가능성이 있는가?

KEY ▶ 경쟁균형은 각 상품의 총초과수요가 0이 되는 상태에서 달성된다는 사실을 이용해서 구해도 되지만 여기서는 상품별로 수요량과 부존량(공급량)이 같아지는 상태, 즉 시장이 청산되는 상태에서 달성된다는 성질을 이용해서 구하기로 하자.

풀이

$U_A = x_A^{\frac{1}{2}} + y_A$, $U_B = x_B^{\frac{1}{2}} + y_B$, $\omega_A = (\bar{x}_A, \bar{y}_A) = (10, 20)$, $\omega_B = (\bar{x}_B, \bar{y}_B) = (40, 10)$으로 주어져 있다. 준선형 효용함수이므로 모퉁이해의 가능성도 고려할 수 있는 쿤-터커조건(Kuhn-Tucker conditions)을 이용해서 푸는 것이 좋다. 그러나 여기서는 편의상 내부해를 가정하여 푼 다음 모퉁이해(corner solution)의 가능성이 있는지를 검토하기로 하자.

a. 계약곡선은 $MRS_A = MRS_B$ (1)를 만족시키는 배분들의 집합이다. 그런데

$$MRS_A = \frac{MU_x^A}{MU_y^A} = \frac{\dfrac{\partial U_A(x_A, y_A)}{\partial x_A}}{\dfrac{\partial U_A(x_A, y_A)}{\partial y_A}} = \frac{\frac{1}{2}x_A^{-\frac{1}{2}}}{1} = \frac{1}{2}x_A^{-\frac{1}{2}} \tag{2}$$

이다. 같은 방법으로 $MRS_B = \frac{1}{2}x_B^{-\frac{1}{2}}$ (3)을 얻는다. 식 (2)와 식 (3)을 식 (1)에 대입한 후 정리하면

$$x_A = x_B \tag{4}$$

를 얻는다. 그러므로 계약곡선은 이 조건을 만족시키는 배분들의 집합이다. 그런데 여기서 각 개인의 X재 수요량의 합은 경제 내에 있는 X재의 부존량과 같아야 한다. 그런데

$$\bar{x}_A + \bar{x}_B = 10 + 40 = 50$$

이므로

$$x_A + x_B = \bar{x}_A + \bar{x}_B = 10 + 40 = 50 \tag{5}$$

이 성립해야 한다. 식 (4)와 식 (5)로부터

$$x_A = x_B = 25,\ (0 \le y_A \le 30) \tag{6}$$

을 얻는다. 이것이 계약곡선 식의 일부다. 이때 계약곡선은 그림처럼 $\overline{O_A PQO_B}$로 나타난다. 이때 무차별곡선들은 해당 영역의 점에서 MRS_A와 MRS_B를 비교하여 개형을 그린 것이다. 계약곡선은 이처럼 X재의 최초부존배분의 분포나 Y재의 부존량과는 독립적으로 정해진다. X재 부존량에 의해서만 정해진다. 준선형 효용함수의 경우 소득이 어느 수준을 넘을 경우 X재에 대한 소득효과가 0이기 때문이다.

이때 선분 $\overline{O_A P}$와 선분 $\overline{O_B Q}$ 상에서는 각 개인의 Y재 수요량이 0이다. 일반적으로 준선형 효용함수의 경우 모퉁이해의 가능성이 있으므로 유의해야 하지만 계약곡선은 최초부존배분 하의 최적선택과는 관계없이 정해지는 것이므로 모퉁이에 걸치더라도 특별하지 않다.

b. 경쟁균형은 각 상품의 총초과수요가 0이 되는 상태에서 달성된다는 사실을 이용해서 구해도 되지만 여기서는 상품별로 수요량과 부존량이 같아지는 상태, 즉 시장이 청산되는 상태에서 달성된다는 성질을 이용해서 구하기로 하자.

소득이 화폐로 주어진 것이 아니고 상품으로 주어져 있다. 그러므로 부존소득모형에 해당한다. 이 경우 가격이 변화하면 부존상품의 가치가 변화한다. 예산식은

$$A : p_x x_A + p_y y_A = 10p_x + 20p_y \tag{7}$$

$$B : p_x x_B + p_y y_B = 40p_x + 10p_y \tag{8}$$

로 구해진다.

이러한 상황에서 각 개인의 수요를 구하기 위해 효용극대화 문제를 풀기로 하자. 개인 A의 효용극대화 문제는

$$\underset{x,\,y}{Max}\ U(x_A, y_A) = x_A^{\frac{1}{2}} + y_A$$
$$s.t. \quad p_x x_A + p_y y_A = 10p_x + 20p_y$$

이다. 이에 대한 라그랑지함수를 이용한 개인 A의 효용극대화 문제는

$$\underset{x_A,\,y_A,\,\lambda}{Max}\ L = x_A^{\frac{1}{2}} + y_A + \lambda(10p_x + 20p_y - p_x x_A - p_y y_A)$$

이다. 효용극대화의 일차필요조건은

$$\frac{\partial L}{\partial x_A} = \frac{1}{2} x_A^{-\frac{1}{2}} - \lambda p_x = 0 \tag{9}$$

$$\frac{\partial L}{\partial y_A} = 1 - \lambda p_y = 0 \tag{10}$$

$$\frac{\partial L}{\partial \lambda} = 10p_x + 20p_y - p_x x_A - p_y y_A = 0 \tag{11}$$

이다. 식 (9)와 식 (10)을 정리한 다음 대응되는 변끼리 나누어주면

$$\frac{1}{2} x_A^{-\frac{1}{2}} = \frac{p_x}{p_y} \tag{12}$$

를 얻는다. 이로부터 $x_A^* = (\frac{p_y}{2p_x})^2$으로 구해진다. 같은 방법으로 $x_B^* = (\frac{p_y}{2p_x})^2$으로 구해진다. 이때 각 개인의 X재의 수요함수는 Y재의 수요량이나 X재 부존량의 분포와는 독립적이라는 점에 주목하자.

X재의 수요량은 개인 A의 수요량과 개인 B의 수요량을 합한

$$x = x_A^* + x_B^* = 2(\frac{p_y}{2p_x})^2 \tag{13}$$

이 된다. 한편 X재의 부존량은 50이다. 경쟁균형에서는 상품별로 수요량과 부존량이 같아진다. 즉, 시장이 청산된다. 그러므로 경쟁균형이 달성될 경우 X재 시장에서는

$$x = x_A^* + x_B^* = 2(\frac{p_y}{2p_x})^2 = 50 \tag{14}$$

이 성립한다. 이때 왈라스법칙에 의해 두 시장 중 하나의 시장에서 균형이 성립하면 다른 시장에서도 균형이 성립하므로 Y재 시장에서도 균형이 성립한다. 이러한 특성을

이용하면 경쟁균형가격은 식 (14)로부터 $\frac{p_y}{p_x} = 10$으로 구해진다. 이때 $x_A^* = x_B^* = 25$를 얻는다. 이 값을 식 (7)과 식 (8)에 대입하면 $y_A^* = 18.5$, $y_B^* = 11.5$를 얻는다. 준선형 효용함수이지만 모두 내부해(interior solution)를 얻고 있다는 점에 주목하자.

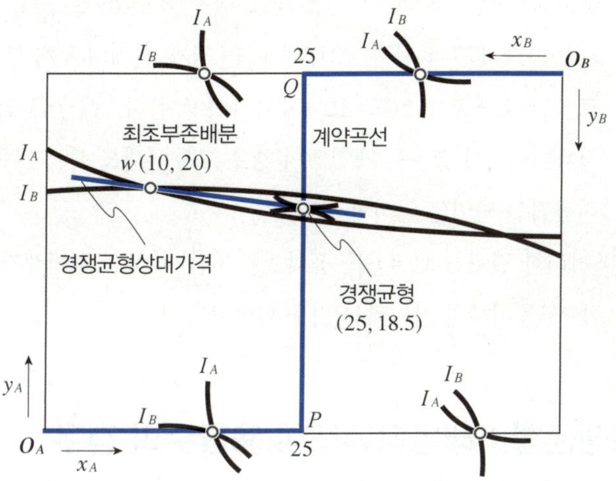

이 값들을 각 개인의 효용함수에 대입한 값들과 최초부존량을 각 개인의 효용함수에 대입한 값들을 서로 비교해 보면 두 개인의 효용이 모두 증가한 것을 알 수 있다.

한편 이때 경쟁균형은 계약곡선 상에 놓인다. 즉, 경쟁균형은 파레토효율적이다. 이것은 후생극대화의 제1정리에 해당한다.

c. 모퉁이해의 가능성을 검토해 보자.

(i) 개인 A의 경우 $x_A^* = (\frac{p_y}{2p_x})^2$일 때 y_A는 $p_x x_A + p_y y_A = 10p_x + 20p_y$ (7)로부터 $y_A = \frac{10p_x}{p_y} + 20 - \frac{p_x}{p_y}(\frac{p_y}{2p_x})^2 = \frac{10p_x}{p_y} + 20 - \frac{p_y}{4p_x}$이다. 이때 $y_A \le 0$이면 모퉁이해를 갖는다. 그런데 일반균형에서는 상대가격만 의미가 있으므로 편의상 $p_y = 1$로 놓고 계산을 해 보면 $y_A \le 0$일 경우 $0 < p_x \le \frac{1}{20}(\sqrt{410} - 20) \approx 0.01242$이고 $x_A^*(p_x) \ge 1{,}620$이 된다. 그런데 x_A^*는 경제 전체의 X재 부존량을 초과할 수 없으므로 $x_A^* = \bar{x}_A + \bar{x}_B \le 50(= 10 + 40)$이어야 한다. $x_A^*(p_x) \ge 1{,}620$은 이것과 모순되는 결과이다. 이 결과는 개인 A의 경우 모퉁이해를 갖지 않는다는 것을 의미한다. 그 의미를 직관적으로 살펴보자. X재만 소비하고 Y재를 전혀 소비하지 않는 경우는 X재 소비의 1원당 한계효용인 $\frac{MU_x}{p_x}$이 Y재의 1원당 한계효용인 $\frac{MU_y}{p_y}(= 1)$보다 큰 경우이다. 그런데 그와 같은 경우는 X재의 가격이 대단히 낮아서 $\frac{MU_x}{p_x}$이 $\frac{MU_y}{p_y}(= 1)$보다 큰 경우이다. 그리고 이때 X재의 수요량이 대단히 크다. 일반균형 모형의 경우 p_x가 변하면 부존소득도 함께 변하기 때문에 나타나는 현상이다.

(ii) 개인 B의 경우 $x_B^* = (\frac{p_y}{2p_x})^2$일 때 y_B는 $p_x x_B + p_y y_B = 40p_x + 10p_y$ (8)로부터 $y_B = \frac{40p_x}{p_y} + 10 - \frac{p_x}{p_y}(\frac{p_y}{2p_x})^2 = \frac{40p_x}{p_y} + 10 - \frac{p_y}{4p_x}$이다. 이때 $y_B \leq 0$이면 모퉁이해를 갖는다. 그런데 일반균형에서는 상대가격만 의미가 있으므로 편의상 $p_y = 1$로 놓고 계산을 해 보면 $y_B \leq 0$일 경우 $0 < p_x \leq \frac{1}{40}(\sqrt{35} - 5) \approx 0.02290$이고 $x_B^*(p_x) \geq 477$이 된다. 그런데 x_B^*는 경제 전체의 X재 부존량을 초과할 수 없으므로 $x_B^* = \bar{x}_A + \bar{x}_B \leq 50 (= 10 + 40)$이어야 한다. $x_B^*(p_x) \geq 477$은 이것과 모순되는 결과이다. 이 결과는 개인 B의 경우 모퉁이해를 갖지 않는다는 것을 의미한다. 그 직관적인 의미는 앞서와 같다.

(iii) 이러한 결과는 $x_A^* = (\frac{p_y}{2p_x})^2$와 $x_B^* = (\frac{p_y}{2p_x})^2$이 모퉁이해가 아니며 따라서 경쟁균형은 모퉁이해가 아니라는 것을 의미한다.

13.9 경쟁균형 : 레온티에프 효용함수의 경우

교환경제를 생각해 보자. 개인 A는 X재 1단위와 Y재 1단위를 항상 함께 소비한다고 한다. 개인 B의 경우도 동일하다. 한편 처음에 개인 A는 X재만 1단위 가지고 있으며 개인 B는 Y재만 1단위 가지고 있다고 하자.

a. 각 개인의 효용함수를 구하시오.

b. 계약곡선을 구하시오.

c. 각 개인의 수요함수를 구하시오.

d. 경쟁균형을 구하고 평가하시오.

KEY ▶ 일반균형모형은 부존소득모형에 해당한다. 파레토효율과 경쟁균형의 개념을 정확히 알고 있어야 한다.

풀이

$\omega_A = (\bar{x}_A, \bar{y}_A) = (1, 0)$, $\omega_B = (\bar{x}_B, \bar{y}_B) = (0, 1)$로 주어져 있다.

a. 개인에게 X재와 Y재는 완전보완재이다. 그러므로 개인의 효용함수는 각각 $U_A = min[x_A, y_A]$, $U_B = min[x_B, y_B]$가 된다.

b. 계약곡선은 파레토효율 조건을 만족시키는 배분들의 집합이다. 이러한 배분들의 관계식을 수학적으로 구하려면 상대방의 효용을 일정하게 해 놓은 상태에서 자신의 효용을 극대화시키면 된다. 즉,

$$\max_{x_A, y_A, x_B, y_B} \quad min[x_A, y_A]$$
$$s.t. \quad min[x_B, y_B] = \overline{U}_B$$
$$x_A + x_B = 1$$
$$y_A + y_B = 1$$

을 풀면 된다. 이렇게 하여 얻은 결과로부터는 상대방을 나쁘게 하지 않고서는 자신이 더 나아질 수 없다. 그러므로 그 결과는 파레토효율적이 된다.

그런데 이 문제의 경우 두 개인의 효용함수가 레온티에프 형태이기 때문에 미분을 통해서 풀 수는 없다. 그러므로 직관을 통해서 풀기로 하자. 두 개인은 각각

$$x_A = y_A$$
$$x_B = y_B$$

가 되도록 소비한다. 이러한 사실과 각 개인의 무차별곡선의 모양에 주목하면서 그림을 관찰해 보면 계약곡선은 그림에서 보듯이

$$y_A = x_A,\ 0 \le x_A \le 1$$

이 된다. 이렇게 구해지는 이유를 검토해 보자. 이를 위해 선분 $\overline{O_A O_B}$ 외부에 있는 임의의 점 P를 잡아보자. 이 점에서는 교환을 통해 선분 $\overline{O_A O_B}$ 상으로 이동함으로써 두 사람 모두 나아질 수 있다. 즉, 파레토개선이 가능하다. 그러므로 P점과 같이 선분 $\overline{O_A O_B}$ 외부에 있는 점은 파레토효율적이 아니다.

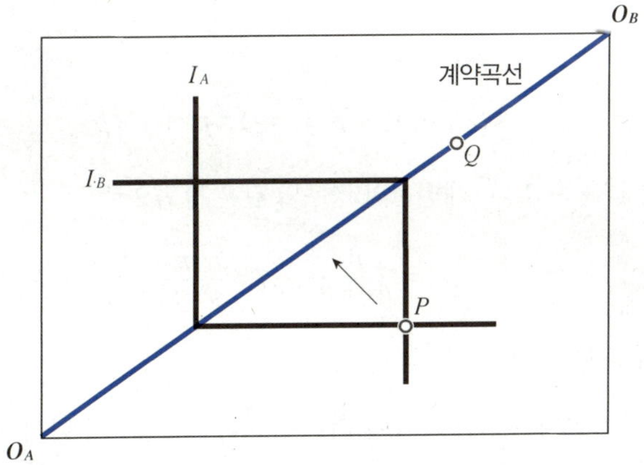

이제 선분 $\overline{O_A O_B}$ 상의 임의의 점 Q에 대해서 생각해 보자. Q점에서 개인 A의 효용을 증가시키려 한다고 하자. 이렇게 하려면 선분 $\overline{O_A O_B}$ 를 따라 위로 올라가야 하는데 이 경우 개인 B의 효용이 나빠진다. 반대로 개인 B의 효용을 증가시키려면 곡선을 따

라 아래로 내려가야 하는데 이때 개인 A의 효용이 줄어든다. 이렇게 볼 때 Q점처럼 선분 $\overline{O_A O_B}$ 위에 있는 임의의 점에서는 파레토개선의 여지가 없다. 그러므로 선분 $\overline{O_A O_B}$ 상에 있는 점들은 모두 파레토효율적이다.

이상의 내용을 종합하면 계약곡선은 선분 $\overline{O_A O_B}$ 가 된다.

c. 개인 A의 경우는 부존소득모형에서 부존상품이 $\omega_A = (1, 0)$으로 주어져 있는 경우에 해당한다. 그러므로 개인 A의 수요함수는

$$\underset{x_A,\, y_A}{Max}\ min[x_A,\ y_A]$$
$$s.t.\quad p_x x_A + p_y y_A = 1 \times p_x + 0 \times p_y$$

로부터 구해진다. 이 문제의 경우 효용함수의 특성상 미분을 통해 풀 수 없으므로, 직관을 통해 풀기로 하자. 레온티에프 효용함수의 특성상 예산을 낭비하지 않으면서 효용을 극대화하려면, 두 상품을 항상 같은 양만큼 소비해야 한다. 그러므로

$$x_A = y_A$$

가 성립해야 한다. 이 식과 예산식을 연립으로 하여 풀면

$$x_A = \frac{p_x}{p_x + p_y},\ y_A = \frac{p_x}{p_x + p_y}$$

로 구해진다. 이것이 개인 A의 수요함수이다.

한편 개인 B의 경우는 부존상품이 $\omega_B = (0, 1)$로 주어져 있다. 그러므로 개인 B의 수요함수는

$$\underset{x_B,\, y_B}{Max}\ min[x_B,\ y_B]$$
$$s.t.\quad p_x x_B + p_y y_B = 0 \times p_x + 1 \times p_y$$

로부터 얻을 수 있다. 개인 A의 경우와 같은 방법으로

$$x_B = \frac{p_y}{p_x + p_y},\ y_B = \frac{p_y}{p_x + p_y}$$

로 구해진다.

d. (i) 경쟁균형에서는 각 상품에 대한 총초과수요가 0이 되어야 한다. 그런데 왈라스법칙에 의해 두 시장 중 어느 한 시장에서 균형이 이루어지면 다른 시장에서도 균형이 이루어진다. 즉, 어느 한 시장의 총초과수요가 0이면 다른 시장에서도 총초과수요가 자동적으로 0이 된다는 것이다. 이러한 원리에 입각하여 X재 시장의 균형에 대해서만 검토하기로 하자. 이를 위해 X재의 총초과수요를 구해 보자. X재의

총초과수요는 각 개인의 X재 초과수요를 합한 것이다. 개인 A의 X재 초과수요는 $ED_X^A = \frac{p_x}{p_x + p_y} - 1$이다.

한편 개인 B는 최초에 X재를 가지고 있지 않았으므로 그의 수요량은 모두 초과수요이다. 즉, 개인 B의 X재 초과수요는 $ED_X^B = \frac{p_y}{p_x + p_y} - 0$이다.

X재의 총초과수요는 이 둘을 합한 것이다. 그러므로 X재의 총초과수요는

$$ED_X = ED_x^A + ED_x^B = \left(\frac{p_x}{p_x + p_y} - 1\right) + \left(\frac{p_y}{p_x + p_y} - 0\right)$$

으로 구해진다. [이것은 물론 각 개인의 X재 수요량을 합한 것에서 경제 내에 있는 X재 수량(본 문제의 경우 1단위)을 빼주어서 구해도 된다.] 그런데 이때 총초과수요는 p_x, p_y의 값에 관계없이 항상 0이 된다. 다시 말하면 어떠한 p_x, p_y도 항상 경쟁균형가격이 된다는 것이다. 그러므로 경쟁균형상대가격은 $0 < \frac{p_x}{p_y} < \infty$이다. 그리고 경쟁균형은

$$\{(x_A, y_A) \mid x_A = y_A, 0 < x_A < 1, 0 < y_A < 1\}$$
$$\{(x_B, y_B) \mid x_B = y_B, x_B = 1 - x_A, y_B = 1 - y_A, 0 < x_A < 1, 0 < y_A < 1\}$$

이다. 여기서 가격과 수량이 0이 되는 경우는 제외된다는 점에 주목하자.

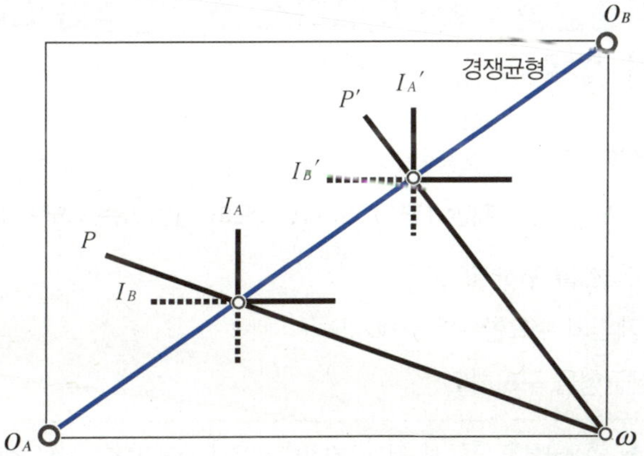

(ii) 각 개인의 효용이 극대화되며 각 상품에 대해 총초과수요가 0이 되는 상태에서 경쟁균형이 달성된다. 그런데 각 상품에 대해 총초과수요가 0이 되는 조건은 사실상 각 상품에 대해 수요량과 부존량이 같아진다는 조건, 즉 시장청산조건과 같다. 여기서는 이 조건을 사용해서 경쟁균형을 구해 보기로 하자.

또한 왈라스법칙에 의해 두 시장 중에 어느 한 시장에서 균형이 성립하면 나머지 다른 시장에서도 균형이 성립하므로 X재 시장에 주목하기로 하자.

끝으로 일반균형에서는 상대가격만 정해지므로 편의상 $p_y = 1$로 정규화하자.

X재 시장의 수요량은 $x_A + x_B = \frac{p_x}{p_x+1} + \frac{1}{p_x+1}$이다. 그런데 X재의 부존량은 1이므로 시장청산조건, 즉 '수요량 = 부존량' 인 조건은 $x_A + x_B = \frac{p_x}{p_x+1} + \frac{1}{p_x+1} = 1$이다. 그런데 이때 어떤 p_x도 이 등식을 만족시킨다. 그러므로 어떤 p_x도 경쟁균형가격이 될 수 있다. 그러므로 $p_y = 1$로 정규화할 경우 경쟁균형가격 p_x는 모든 양수, 경쟁균형수량은 $x_A = y_A = \frac{p_x}{p_x+1}$, $x_B = y_B = \frac{1}{p_x+1}$이다. 이러한 경쟁균형가격들 중 2개가 그림에 나타나 있다. 이때 부존점을 통과하는 선분들의 기울기의 절대값이 경쟁균형상대가격들이다.

(iii) 두 개인은 교환 이전 효용이 모두 0이었다. 교환 후 두 개인의 효용은 모두 양이 된다. 그러므로 두 개인은 교환 이전보다 모두 더 나아졌다.

경쟁균형은 계약곡선 상에 놓인다. 즉, 경쟁균형은 파레토효율적이다. 이것은 후생경제학의 제1정리에 해당한다.

교환 이전의 배분은 파레토비효율적이었는데 교환을 통해 파레토효율이 달성되었다.

13.10 경쟁균형 : 콥-더글라스 효용함수와 레온티에프 효용함수의 경우

두 소비자 A와 B의 효용함수가 각각 $U_A = (x_A y_A)^{\frac{1}{2}}$과 $U_B = min[x_B, y_B]$라고 하자. 그리고 최초에 개인 A는 X재만 1단위 가지고 있으며 개인 B는 Y재만 1단위 가지고 있다고 하자.

a. 계약곡선을 구하시오.

b. 각 개인의 수요함수를 구하시오.

c. 경쟁균형을 구하시오.

KEY ▶ 경쟁균형을 구할 때 왈라스법칙을 적용하면 편리하다. 한편 일반균형에서는 절대가격은 정해지지 않고 상대가격만 정해지므로 경쟁균형을 구할 때 여기서의 풀이와는 달리 p_x와 p_y 중에서 어느 하나를 1로 놓고 풀어도 된다.

풀이

a. 계약곡선은 파레토효율 조건을 만족시키는 배분들의 집합이다. 이러한 배분들의 관계식을 수학적으로 구하려면, 각 재화의 소비량은 부존량과 같아야 한다는 조건 아래, 상대방의 효용을 일정하게 해놓은 상태에서 자신의 효용을 극대화시키면 된다. 즉,

$$\underset{x_A, y_A, x_B, y_B}{Max} \quad U_A = (x_A y_A)^{\frac{1}{2}}$$

$$s.t. \quad min[x_B, y_B] = \overline{U}_B$$

$$x_A + x_B = 1$$

$$y_A + y_B = 1$$

을 풀면 된다. 이렇게 하여 얻은 결과로부터는 상대방을 나쁘게 하지 않고서는 자신이 더 나아질 수 없다. 그러므로 그 결과는 파레토효율적이 된다.

그런데 이 문제의 경우 개인 B의 효용함수가 레온티에프 형태이기 때문에 미분을 통해서 풀 수 없다. 그러므로 직관을 통해서 풀기로 하자. 개인 B는 항상

$$x_B = y_B$$

가 되도록 소비한다. 이러한 사실과 각 개인의 무차별곡선의 모양에 주목하면서 그림을 관찰해 보자. 선분 $\overline{O_A O_B}$ 위에 놓이지 않은 P점과 같은 곳에서는 선분 $\overline{O_A O_B}$ 중에서 부채꼴 모양 내부로 이동함으로써 두 개인이 모두 나아진다. 즉, 파레토개선이 가능하다. 그러므로 $\overline{O_A O_B}$ 위에 놓이지 않은 P점과 같은 점은 비효율적이다.

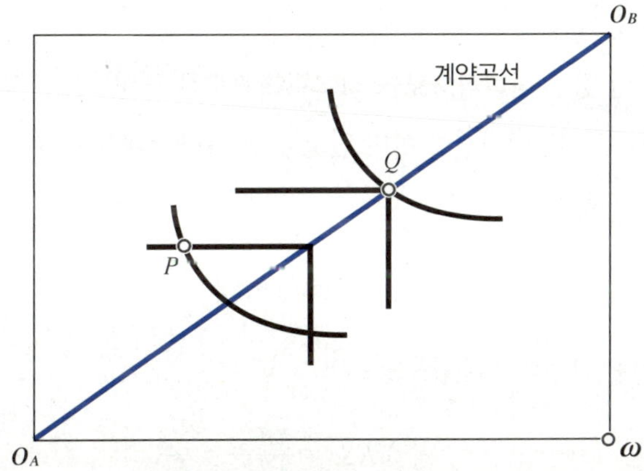

한편 $\overline{O_A O_B}$ 위에 있는 Q점과 같은 곳에서 개인 A의 효용를 증가시키려면 곡선을 따라 위로 올라가야 한다. 그런데 이 경우 개인 A의 효용은 증가하지만 개인 B의 효용이 감소한다. 또한 Q점과 같은 곳에서 개인 B의 효용을 증가시키려면 곡선을 따라 아래로 내려가야 한다. 그런데 이 경우 개인 B의 효용은 증가하지만 A의 효용이 감소한다. 결과적으로 볼 때 Q점과 같은 곳에서는 파레토개선이 불가능하다. 그러므로 Q점과 같이 선분 $\overline{O_A O_B}$ 위에 있는 점은 효율적이다.

이상의 내용을 종합하면 계약곡선은

$$x_A = y_A \ (0 \le x_A \le 1)$$

라는 것을 알 수 있다.

b. $U_A = (x_A y_A)^{\frac{1}{2}}$, $U_B = min[x_B, y_B]$,

$\omega_A = (\bar{x}_A, \bar{y}_A) = (1, 0)$, $\omega_B = (\bar{x}_B, \bar{y}_B) = (0, 1)$

로 주어져 있다. 소득이 화폐로 주어진 것이 아니고 상품으로 주어져 있다. 그러므로 부존소득 모형에 해당한다. 이 경우 가격이 변화하면 부존상품의 가치가 변화한다.

수요함수는 각 개인의 효용극대화 문제를 풀어서 구한다.

(i) 개인 A의 예산제약식은

$$p_x x_A + p_y y_A = 1 \times p_x + 0 \times p_y \tag{1}$$

가 된다.

그러므로 개인 A의 효용극대화 문제는

$$\underset{x_A,\, y_A}{Max} \ U_A = (x_A y_A)^{\frac{1}{2}}$$

$$s.t. \quad p_x x_A + p_y y_A = p_x$$

이다.

이 경우 원리적으로는 라그랑지함수를 구성하여 효용극대화 문제를 풀어야 한다. 그러나 여기서는 이미 알고 있는 효용극대화 조건을 사용하기로 하자. 효용극대화 조건은

$$MRS_A = \frac{p_x}{p_y} \tag{2}$$

이다. 그런데 효용함수로부터

$$MRS_A = \frac{MU_{x_A}}{MU_{y_A}} = \frac{y_A}{x_A} \tag{3}$$

를 얻는다. 그러므로 효용극대화 조건은 (3)식을 (2)식에 대입함으로써

$$\frac{y_A}{x_A} = \frac{p_x}{p_y} \tag{4}$$

로 구해진다. 식 (1)과 식 (4)로부터 개인 A의 수요함수는 각각 $x_A = \frac{1}{2}$, $y_A = \frac{p_x}{2p_y}$ 로 구해진다.

(ii) 개인 B의 경우를 보자. 개인 B의 예산식은

$$p_x x_B + p_y y_B = 0 \times p_x + 1 \times p_y \tag{5}$$

이다. 그러므로 개인 B의 효용극대화 문제는

$$\underset{x_B,\, y_B}{Max}\ U_B = min[x_B,\ y_B]$$
$$s.t.\quad p_x x_B + p_y y_B = p_y$$

가 된다. 이 경우 레온티에프 효용함수이므로 미분을 통해서 풀 수는 없다. 그런데 직관적으로 볼 때 개인 B가 주어진 예산을 낭비하지 않고 효용을 극대화하는 방법은

$$x_B = y_B \tag{6}$$

가 되도록 소비하는 것이다. 식 (5)와 식 (6)으로부터 개인 B의 수요함수는 각각

$$x_B = \frac{p_y}{p_x + p_y},\ y_B = \frac{p_y}{p_x + p_y}$$

로 구해진다.

c. 경쟁균형에서는 X재의 총초과수요와 Y재의 총초과수요가 각각 0이 되어야 한다. 그런데 왈라스법칙에 의해 두 시장 중에서 어느 한 시장에서 균형이 이루어지면 다른 시장에서도 자동적으로 균형이 이루어진다. 이 점에 비추어 여기서는 X재 시장에 주목하기로 하자. X재의 총초과수요는 각 개인의 X재 초과수요량을 합하면 된다. 그러므로

$$ED_x = ED_x^A + ED_x^B = \left(x_A - \bar{x}_A\right) + \left(x_B - \bar{x}_B\right) = (\frac{1}{2} - 1) + \left(\frac{p_y}{p_x + p_y} - 0\right) = 0$$

이 된다. 이로부터 $\frac{p_x}{p_y} = 1$이 된다. 일반균형에서는 이처럼 상대가격만 정해진다. 이 값을 각 개인의 수요량에 대입하면 $x_A^* = x_B^* = y_A^* = y_B^* = \frac{1}{2}$로 구해진다. 이러한 경쟁균형이 그림에 나타나 있다. 물론 일반균형에서는 상대가격만 정해지므로 편의상 $p_y = 1$로 정규화하고 풀어도 된다. 이 경우 $p_y = 1$을 앞의 $ED_x = 0$에 대입하면 $p_x = 1$로 구해진다. 끝으로 이렇게 구한 $p_x = 1$과 $p_y = 1$을 각 개인의 수요함수에 대입하면 같은 결과를 얻는다.

물론 시장청산조건, 즉 '수요량 = 부존량' 조건을 적용하여 풀더라도 같은 결과를 얻는다. X재의 수요량은 $x_A + x_B = \frac{1}{2} + \frac{p_y}{p_x + p_y}$이고 부존량은 $\bar{x}_A + \bar{x}_B = 1 + 0 = 1$이므로 X재 시장청산조건인 $x_A + x_B = \bar{x}_A + \bar{x}_B$은 $\frac{1}{2} + \frac{p_y}{p_x + p_y} = 1$이 된다. 이 식은 물론 앞의 $ED_x = 0$식과 본질적으로 같으며 그 결과도 같아진다.

이때 경쟁균형은 계약곡선 위에 놓인다. 즉, 경쟁균형은 파레토효율적이다. 이것은 후생경제학의 제1정리가 성립한다는 것을 보여준다.

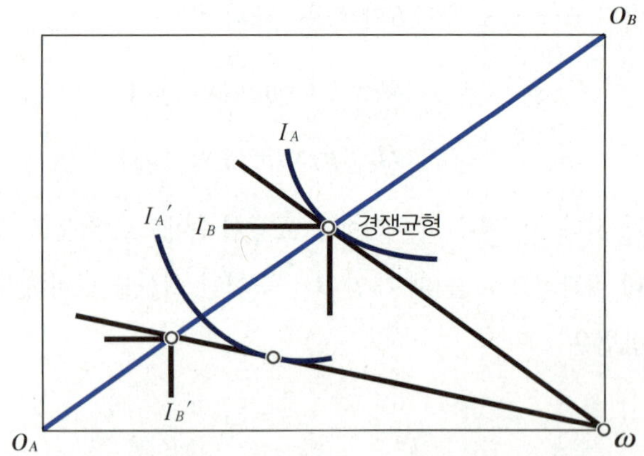

13.11 경쟁균형 : 레온티에프 효용함수와 완전대체 효용함수의 경우

현재 경제 전체에 야채와 과일이 각각 100단위씩 있다고 하자. 개인 A는 야채(X) 1단위와 과일(Y) 2단위를 항상 함께 먹는다고 한다. 한편 개인 B에게는 야채 1단위와 과일 2단위가 서로 대체될 수 있다고 한다.

a. 각 개인의 선호순서를 효용함수로 나타내시오.

b. 계약곡선을 그리시오.

처음에 개인 A가 야채를 50단위, 과일을 40단위 가지고 있었다고 하자.

c. 두 상품의 상대가격을 p라고 하자. 이때 $p=3$일 경우 각 개인이 선택한 상품묶음을 그림에 표시하시오.

d. 경쟁균형과 균형가격을 구하시오. 교환으로부터 누가 이득을 보았는가에 대해서 논의하시오.

KEY ▶ 일반적으로 경쟁균형을 구하려면 개인의 수요함수를 구해야 한다. 그 다음 초과수요함수를 구해야 한다. 그러나 상품이 완전대체재일 경우에는 상대가격 1개에 대해 상품묶음 1개가 대응하는 '일반적인 형태'의 수요함수가 존재하지 않는다.

풀이

a. 개인 A의 경우 x_A에 1을 대입하거나 y_A에 2를 대입하거나 같은 수치가 나오도록 효용함수가 구성되어야 한다. 그러므로

$$U_A = min\left[x_A, \frac{y_A}{2}\right]$$

이다. 한편 개인 B의 경우에는 X재 1단위와 Y재 2단위가 주는 효용이 같다는 사실에

주목하면 $U_B = 2x_B + y_B$이다.

b. 파레토효율을 위한 유일한 조건은 $2x_A = y_A$이다. 그 이유를 살펴보자. 이를 위해 그림의 Q점과 같이 $2x_A = y_A$선 상에 있지 않은 배분을 생각해 보자. 그리고 배분 Q를 지나는 두 개인의 무차별곡선을 그려보자. 그러면 그림과 같이 삼각형의 부분이 형성된다. 이 경우 이러한 삼각형의 내부에 있는 $2x_A = y_A$ 선상으로 이동하면 두 개인이 모두 나아진다. 즉, 파레토개선이 이루어진다. 이 같은 파레토개선은 $2x_A = y_A$선 상에 있지 않은 어떠한 배분에서도 발생한다. 특히 선분 $\overline{RO_B}$ 상의 임의의 배분에서 배분 R로 이동할 경우 개인 A의 효용은 그대로인 채 개인 B의 효용이 증가한다. 즉, 파레토개선이 이루어진다. 그러므로 $2x_A = y_A$의 선상에 있지 않은 배분은 파레토효율적이 아니다.

끝으로 $2x_A = y_A$ 선을 따라 위로 이동해 보자. 이 경우 개인 A는 나아지지만 개인 B는 나빠진다. 즉, 이 경우 파레토개선이 되지 않는다. 반대로 $2x_A = y_A$ 선을 따라 아래로 이동하면 개인 B는 나아지지만 개인 A는 나빠진다. 이 경우에도 역시 파레토개선이 되지 않는다. 결과적으로 $2x_A = y_A$선 상에 있는 배분은 파레토효율적이다. 그러므로 계약곡선의 식은 $2x_A = y_A$이다.

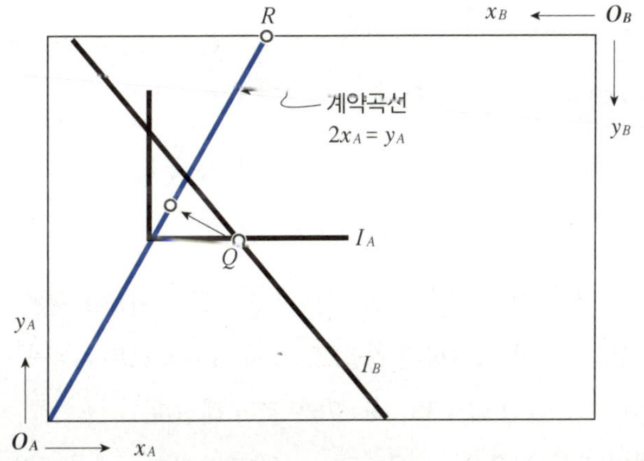

c. 이때 부존점을 지나는 점선을 각 개인의 예산선으로 생각할 수 있다. 이때 에지워드 상자는 이 점선에 의해 두 부분으로 나누어진다. 이 두 부분 중에서 왼쪽 부분이 개인 A의 예산집합이 된다. 개인 A는 이 예산집합에 있는 점 중에서 가장 먼 무차별곡선 상에 놓이는 점을 택한다. 이것이 그림에 '개인 A가 선택한 상품묶음' 이라고 표시되어 있다. 개인 B도 같은 원리에 따라 선택한다. 이것이 그림에 '개인 B가 선택한 상품묶음'으로 표시되어 있다.

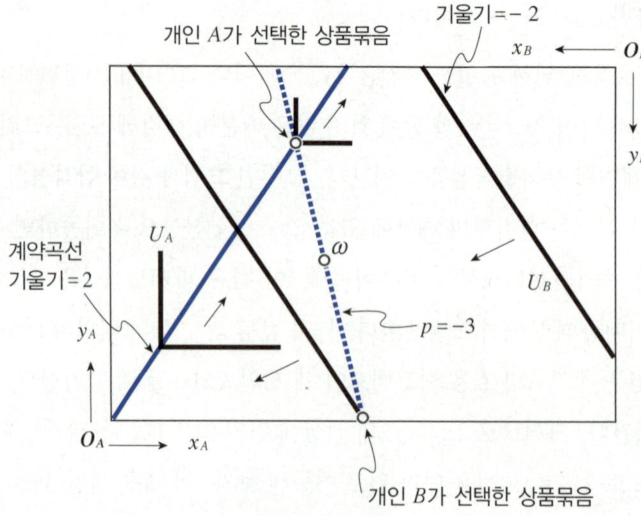

이 값들을 구체적으로 구해 보자. $\omega_A = (\overline{x}_A, \overline{y}_A) = (50, 40)$이다. 소득이 화폐로 주어진 것이 아니고 상품으로 주어져 있으므로 부존소득모형에 해당한다. 이 경우 가격이 변화하면 부존상품의 가치가 변화한다. 그러므로 개인 A의 예산제약식은 $p_x x_A + p_y y_A = p_x \overline{x}_A + p_y \overline{y}_A$이다. 일반균형에서는 상대가격만 정해지므로 $p_y = 1$로 정규화하고 예산제약식에 해당되는 값들을 대입하면 $3x_A + y_A = 3 \times 50 + 1 \times 40$, 즉 $3x_A + y_A = 190(x_A \le 100,\ y_A \le 100)$이다. 개인 A의 효용극대화 문제는

$$\underset{x_A,\, y_A}{Max}\ U_A = min[x_A, \frac{y_A}{2}]$$
$$s.t. \quad 3x_A + y_A = 190$$

이다. 효용함수가 레온티에프 형태이기 때문에 미분을 통해 풀 수 없다. 개인 A가 상품을 불필요하게 낭비하지 않을 조건, 즉 효율조건은 $x_A = \frac{y_A}{2}$이다. 이것과 예산제약식을 연립으로 풀면 $x_A^* = 38$, $y_A^* = 76$으로 구해진다.

개인 B의 경우 $\omega_A = (\overline{x}_A, \overline{y}_A) = (50, 60)$이다. 예산제약식은 $3x_B + y_B = 3 \times 50 + 1 \times 60$, 즉 $3x_B + y_B = 210(x_B \le 100,\ y_B \le 100)$이다. 개인 B의 효용극대화 문제는

$$\underset{x_A,\, y_A}{Max}\ U_B = 2x_B + y_B$$
$$s.t. \quad 3x_B + y_B = 210$$

이다. $MRS_{xy} = \frac{2}{1} < \frac{p_x}{p_y} = \frac{3}{1}$이므로, 즉 X재 소비의 한계편익이 한계비용보다 항상 작으므로 X재는 소비하지 않고 Y재만 소비하려고 한다. 그러므로 예산제약식에 $x_B = 0$을 대입하면 $y_B = 190$으로 구해진다. 그런데 $y_B \le 100$이어야 하므로 $y_B = 100$이다.

그러므로 $y_B = 100$을 개인 B의 예산제약식에 대입하면 $3x_B = 210 - y_B = 210 - 100 = 110$, 즉 $x_B^* = \frac{110}{3}$으로 구해진다.

d. 부존량 $\omega = (100, 100)$, $\omega_A = (50, 40)$, $\omega_B = (50, 60)$.

각 개인의 효용이 극대화되며 각 상품에 대해 총초과수요가 0이 되는 상태에서 경쟁균형이 달성된다. 그런데 각 상품에 대해 총초과수요가 0이 되는 조건은 사실상 각 상품에 대해 수요량과 공급량이 같아진다는 조건, 즉 시장청산조건과 같다. 이 조건을 적용해 보자. 또한 왈라스법칙에 의해 두 시장 중에 어느 한 시장에서 균형이 성립하면 나머지 다른 시장에서도 균형이 성립하므로 X재 시장에 주목하기로 하자. 끝으로 일반균형에서는 상대가격만 정해지므로 편의상 $p_y = 1$로 정규화하자. 그런데 예를 들어 문항 c.의 풀이에서 보듯이 $p_x = 3$일 경우 $x_A^* + x_B^* = 38 + \frac{110}{3} < \bar{x}_A + \bar{x}_A = 50 + 50$, 즉 '수요량 < 공급량' 이므로 X재 시장이 청산되지 않는다. 왈라스법칙에 의해 Y재 시장도 청산되지 않는다. 이같은 분석을 통해 $p = \frac{p_x}{p_y} \neq 2$일 경우 경쟁균형이 달성되지 않는다는 것을 유추할 수 있다. 따라서 유일한 균형가격은

$$p = \frac{p_x}{p_y} = 2 \tag{1}$$

이다(엄밀한 방법은 [문제 13.12] 참조).

원리적으로 볼 때 경쟁균형은 총초과수요함수를 구한 다음 왈라스법칙을 적용하여 구한다. 물론 시장청산조건을 이용하여 구해도 된다. 그런데 우리는 이미 경쟁균형가격을 알고 있다. 그러한 상황에서 경쟁균형을 구해 보자.

개인 A의 효용극대화 문제는

$$\underset{x_A,\, y_A}{Max}\ U_A = min\left[x_A,\ \frac{y_A}{2}\right]$$
$$s.t. \quad p_x x_A + p_y y_A = p_x \cdot 50 + p_y \cdot 40$$

이다. 물론 $p_y = 1$로 정규화해도 좋다. 효용함수가 레온티에프 형태이기 때문에 미분을 통해 풀 수 없다. 문항 c.의 풀이에서 말했듯이 직관적으로 볼 때, 개인 A가 상품을 불필요하게 낭비하지 않는 조건, 즉 효율조건은

$$x_A = \frac{y_A}{2} \tag{2}$$

이므로 이것을 예산식에 대입하여 풀면

$$x_A = \frac{50p_x + 40p_y}{p_x + 2p_y} \tag{3}$$

를 얻는다.

그런데 균형가격은 식 (1)에서 정해졌다. 식 (1)과 식 (3)으로부터 $x_A^* = 35$를 얻는다. 이것을 식 (2)에 대입하면 $y_A^* = 70$을 얻는다. 한편 $\bar{x} = 100$, $\bar{y} = 100$으로 주어졌으므로 $x_B^* = 65$, $y_B^* = 30$이 된다. 따라서 경쟁균형은

$$\left(x_A^*, y_A^*\right) = (35, 70), \left(x_B^*, y_B^*\right) = (65, 30)$$

이다. 이때 경쟁균형은 계약곡선 상에서 정해지므로 파레토효율 조건을 만족시킨다. 이 결과는 후생경제학의 제1정리가 성립한다는 것을 의미한다.

그림에서 개인 A의 경우 경쟁균형이 최초부존배분보다 더 높은 무차별곡선 상에 놓인다. 그러므로 개인 A의 효용은 증가하였다. 한편 개인 B의 경우 최초부존배분과 경쟁균형이 같은 무차별곡선 상에 놓인다. 그러므로 개인 B의 효용에는 변화가 없다.

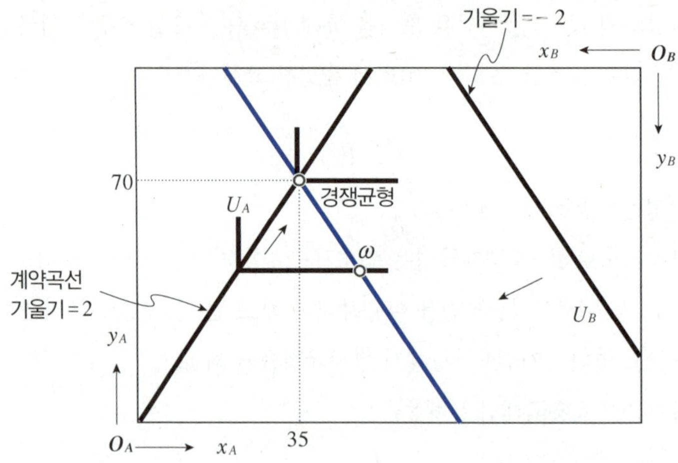

13.12 경쟁균형 : 레온티에프 효용함수와 완전대체 효용함수의 경우

두 개인 A와 B가 두 상품 X와 Y를 소비하는 교환경제를 생각해 보자. 두 개인은 각각 $U_A = min[x_A, y_A]$, $U_B = x_B + y_B$와 같은 효용함수를 지니고 있다고 한다. 또한 최초에 개인 A는 X재만 10단위, 개인 B는 Y재만 10단위 가지고 있다고 한다.

a. 계약곡선을 구하시오.

b. 경쟁균형을 구하시오.

c. 경쟁균형을 평가하시오.

KEY ▶ 경쟁균형은 각 개인의 효용이 극대화되면서 동시에 시장이 청산되는 상태에서 달성된다.

풀이

a. 계약곡선은 $x_A = y_A$, $(0 \le x_A \le 10)$이다. 자세한 설명은 [문제 13.10] 참조.

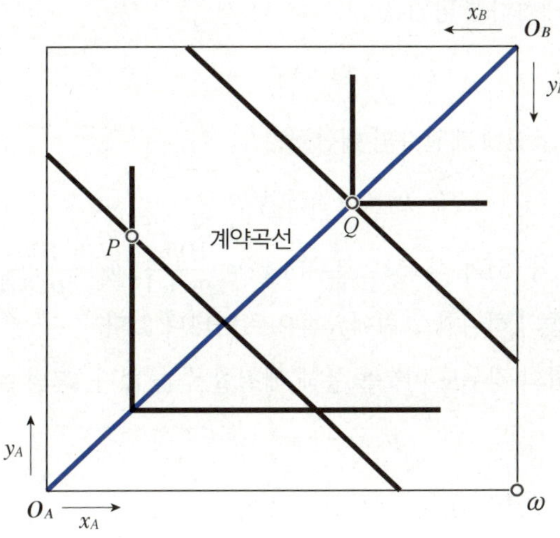

b. 각 개인의 효용이 극대화되며 각 상품에 대해 총초과수요가 0이 되는 상태에서 경쟁균형이 달성된다. 그런데 각 상품에 대해 총초과수요가 0이 되는 조건은 사실상 각 상품에 대해 수요량과 부존량이 같아진다는 조건, 즉 시장청산조건과 같다. 여기서는 이 조건을 사용해서 경쟁균형을 구해 보기로 하자.

또한 왈라스법칙에 의해 두 시장 중에 어느 한 시장에서 균형이 성립하면 나머지 다른 시장에서도 균형이 성립하므로 X재 시장에 주목하기로 하자.

끝으로 일반균형에서는 상대가격만 정해지므로 편의상 $p_y = 1$로 정규화하자.

$\omega_A = (\bar{x}_A, \bar{y}_A) = (10, 0)$, $\omega_B = (\bar{x}_B, \bar{y}_B) = (0, 10)$으로 주어져 있다.

(가) 먼저 각 개인의 효용극대화를 통해 각 개인의 각 상품에 대한 수요량을 구해 보자. 일반균형모형에서는 소득이 화폐로 주어진 것이 아니고 이처럼 상품으로 주어져 있으므로 부존소득모형에 해당한다. 이 경우 가격이 변화하면 부존상품의 가치가 변화한다. 그러므로 각 개인의 예산제약식은

$$A : p_x x_A + p_y y_A = 10p_x + 0 \times p_y,\ \text{즉}\ p_x x_A + y_A = 10p_x\ (x_A \le 10,\ y_A \le 10) \quad (1)$$

$$B : p_x x_B + p_y y_B = 0 \times p_x + 10p_y,\ \text{즉}\ p_x x_B + y_B = 10\ (x_B \le 10,\ y_B \le 10) \quad (2)$$

로 주어진다. 시장청산조건은

$$\bar{x}_A + \bar{x}_B = x_A + x_B = 10 \quad (3)$$

$$\bar{y}_A + \bar{y}_B = y_A + y_B = 10 \quad (4)$$

이다.

(A) 개인 A의 경우 효용함수가 레온티에프 형태이므로 미분을 통해서 해결할 수 없다. 그런데 직관적으로 볼 때 개인 A가 주어진 예산을 낭비하지 않고 효용을 극대화하는 방법은

$$x_A = y_A \tag{5}$$

이다. 그런데 개인 A의 예산식은

$$p_x x_A + y_A = 10p_x \tag{6}$$

이다. 식 (5)와 식 (6)으로부터 $x_A = \frac{10p_x}{p_x+1}$, $y_A = \frac{10p_x}{p_x+1}$로 구해진다. 이러한 예들 중의 하나가 그림에 R점으로 나타나 있다.

(B) 개인 B의 경우도 미분을 통해 해결할 수는 없다. 그의 예산제약식은

$$p_x x_B + y_B = 10 \tag{2}$$

이다. 그런데 $MRS_{xy} = 1$이다. 그러므로

(i) $MRS_{xy} = 1 > \frac{p_x}{p_y} = \frac{p_x}{1} = p_x$일 경우, 즉 $p_x < 1$일 경우 X재 소비의 한계편익이 한계비용보다 크므로 X재만 소비하려고 한다. 간단하게 말하면 완전대체재이므로 두 상품 중에서 상대적으로 더 싼 것만 소비하려고 한다. 그러므로 식 (2)에 $y_B = 0$을 대입하면 $x_B = \frac{10}{p_x}$으로 구해진다. 그런데 $p_x < 1$이므로 $x_B = \frac{10}{p_x} > 10$이다. 그런데 $y_B \leq 10$이어야 하므로 $x_B = 10$이다. 그러므로 $x_B = 10$을 개인 B의 예산제약식에 대입하면 $y_B = 10 - p_x x_B = 10 - p_x \times 10 = 10 - 10p_x$로 구해진다. 결과적으로 개인 B의 선택은 $(10, 10 - 10p_x)$가 된다. 이러한 선택들 중의 하나가 그림에 S점으로 나타나 있다.

(ii) $MRS_{xy} = 1 = \frac{p_x}{p_y} = \frac{p_x}{1} = p_x$일 경우, 즉 $p_x = 1$일 경우 X재 소비의 한계편익이 한계비용과 같으므로 $p_x x_B + y_B = 10$을 만족시키는 어떤 값도 각 상품의 수요량이 된다.

(iii) $MRS_{xy} = 1 < \frac{p_x}{p_y} = \frac{p_x}{1} = p_x$일 경우, 즉 $p_x > 1$일 경우 X재 소비의 한계편익이 한계비용보다 작으므로 X재는 전혀 소비하지 않고 Y재만 소비하려고 한다. 그러므로 식 (2)에 $x_B = 0$을 대입하면 $y_B = 10$으로 구해진다.

(나) 이제 시장청산조건을 이용하여 경쟁균형을 구해 보기로 하자. 앞서 말했듯이 왈라스법칙을 적용하여 X재 시장에만 주목하기로 하자.

(i) $p_x < 1$일 경우 X재 시장의 수요량은 $x_A + x_B = \frac{10p_x}{p_x+1} + 10$이다. X재 시장의 부존량은 $\bar{x}_A + \bar{x}_B = 10$이다. 그러므로 수요량 = 부존량인 시장청산조건 식

(3)은 $x_A + x_B = \frac{10p_x}{p_x + 1} + 10 = 10$이 된다. 그러나 이 등식을 만족시키는 양의 p_x는 존재하지 않는다.

(ii) $p_x = 1$일 경우 X재 시장의 수요량은 $x_A + x_B = \frac{10p_x}{p_x + 1} + x_B$이다. 그런데 $p_x = 1$일 경우이므로 $x_A + x_B = \frac{10p_x}{p_x + 1} + x_B = \frac{10 \times 1}{1 + 1} + x_B$이다. 그러므로 시장청산조건 식 (3)은 $x_A + x_B = \frac{10 \times 1}{1 + 1} + x_B = 10$이 된다. 이로부터 $x_B^* = 5$이다. 그런데 $x_A + x_B = 10$이므로 $x_A^* = 5$이다. 이 값들과 $p_x = 1$을 개인 A의 예산제약식 $p_x x_A + y_A = 10p_x$와 개인 B의 예산제약식 $p_x x_B + y_B = 10$에 각각 대입하면 $y_A^* = y_B^* = 5$로 구해진다.

(iii) $p_x > 1$일 경우 X재 시장의 수요량은 $x_A + x_B = \frac{10p_x}{p_x + 1} + 0$이다. X재 시장의 부존량은 10이다. 그러므로 시장청산조건 식 (3)은 $x_A + x_B = \frac{10p_x}{p_x + 1} = 10$이 된다. 그러나 이 등식을 만족시키는 p_x는 존재하지 않는다.

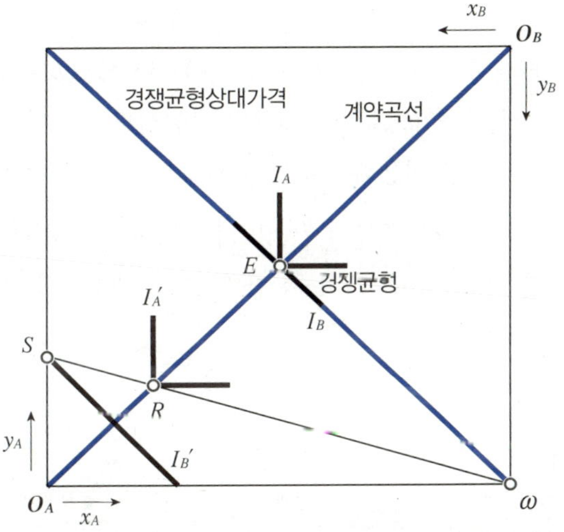

이상의 내용, 특히 (ii)로부터 경쟁균형상대가격은 $\frac{p_x}{p_y} = 1$, 경쟁균형수량은 $x_A^* = x_B^* = y_A^* = y_B^* = 5$가 된다. 이러한 경쟁균형이 그림에 E점으로 나타나 있다.

c. 개인 A는 X재 5단위를 개인 B에게 주고 그 대신 Y재를 5단위 받는 교환을 했다. 그 결과 개인 A는 원래 효용이 0에서 5로 나아졌다. 반면에 개인 B의 효용은 교환 이전과 같이 여전히 10이다.

경쟁균형은 계약곡선 상에 놓인다. 즉, 경쟁균형은 파레토효율적이다. 이것은 후생경제학의 제1정리에 해당한다.

교환 이전의 배분은 파레토비효율적이었는데 교환을 통해 파레토효율이 달성되었다.

13.13 계약곡선과 경쟁균형 : 모두 준선형 효용함수인 경우

두 개인 A와 B가 두 상품 X와 Y를 소비하는 교환경제를 생각해 보자. 두 개인은 각각 $U_A = x_A^{\frac{1}{2}} + y_A$, $U_B = x_B + y_B^{\frac{1}{2}}$과 같은 효용함수를 지니고 있다고 한다. 또한 최초에 개인 A는 X재 3단위와 Y재 1단위를 가지고 있다고 하자. 개인 B는 Y재만 3단위 가지고 있다고 한다.

a. 계약곡선을 구하시오.

b. 경쟁균형을 구하시오.

c. 결과를 평가하시오.

KEY ▶ 준선형 효용함수이므로 모퉁이해의 존재에 유의해야 한다. 경쟁균형은 각 개인의 효용이 극대화되면서 동시에 시장이 청산되는 상태에서 달성된다.

풀이

$U_A = x_A^{\frac{1}{2}} + y_A$, $U_B = x_B + y_B^{\frac{1}{2}}$, $\omega_A = (\overline{x}_A, \overline{y}_A) = (3, 1)$, $\omega_B = (\overline{x}_B, \overline{y}_B) = (0, 3)$으로 주어져 있다. 준선형 효용함수이므로 모퉁이해의 가능성도 고려할 수 있는 쿤-터커조건(Kuhn-Tucker conditions)을 이용해서 푸는 것이 좋다. 그러나 여기서는 편의상 내부해를 가정하여 푼 다음 모퉁이해(corner solution)의 가능성이 있는지를 검토하기로 하자.

a. 계약곡선은 $MRS_A = MRS_B$ (1)를 만족시키는 배분들의 집합이다. 그런데 개인들의 효용함수로부터

$$MRS_A = \frac{MU_x^A}{MU_y^A} = \frac{\frac{1}{2}x_A^{-\frac{1}{2}}}{1} = \frac{1}{2}x_A^{-\frac{1}{2}} \tag{2}$$

$$MRS_B = \frac{MU_x^B}{MU_y^B} = \frac{1}{\frac{1}{2}y_B^{-\frac{1}{2}}} = \frac{2}{y_B^{-\frac{1}{2}}} \tag{3}$$

를 얻는다. 식 (2)와 식 (3)을 식 (1)에 대입하면 $\frac{1}{2}x_A^{-\frac{1}{2}} = \frac{2}{y_B^{-\frac{1}{2}}}$ (4)이다. 그런데 Y재의 수요량은 Y재의 부존량과 같아야 하므로 $y_A + y_B = 4$이어야 한다. 이로부터 $y_B = 4 - y_A$ (5)이다. 이것을 식 (4)에 대입하면 $\frac{1}{2}x_A^{-\frac{1}{2}} = \frac{2}{(4 - y_A)^{-\frac{1}{2}}}$이다. 이것을 정리하면 $y_A = -\frac{1}{16x_A} + 4 (0 < x_A \le 3)$ (6)이 된다. 이와 함께 계약곡선은 문항 b.의 그림처럼 $O_A\widehat{PEQ}O_B$로 나타난다. 무차별곡선들은 해당 영역의 점에서 MRS를 비교해 그렸다.

일반적으로 준선형 효용함수의 경우 모퉁이해의 가능성이 있으므로 특별히 유의해야 하기는 하지만 계약곡선은 최초부존배분 하의 최적선택과는 관계없이 정해지는 것

이므로 모퉁이에 걸치더라도 특별하지 않다.

b. 각 개인의 효용이 극대화되면서 동시에 각 상품에 대한 총초과수요가 0이 되는 상태에서 경쟁균형이 달성된다. 그런데 각 상품에 대한 총초과수요가 0이 된다는 조건은 사실상 각 상품에 대해 수요량과 부존량이 같아진다는 조건과 같다. 여기서는 이 조건을 사용해서 경쟁균형을 구해 보기로 하자.

또한 왈라스법칙에 의해 두 시장 중에 어느 한 시장에서 균형이 성립하면 나머지 다른 시장에서도 균형이 성립하므로 X재 시장에 주목하기로 하자.

끝으로 일반균형에서는 상대가격만 정해지므로 편의상 $p_y = 1$로 정규화하자.

(i) 효용극대화에 대해 검토해 보자. 소득이 화폐로 주어진 것이 아니고 상품으로 주어져 있다. 그러므로 부존소득모형에 해당한다. 이 경우 가격이 변화하면 부존상품의 가치가 변화한다. 그러므로 예산제약식은

$$A : p_x x_A + p_y y_A = 3 \times p_x + 1 \times p_y,\text{ 즉 } p_x x_A + y_A = 3p_x + 1 \tag{7}$$

$$B : p_x x_B + p_y y_B = 0 \times p_x + 3 \times p_y,\text{ 즉 } p_x x_B + y_B = 3 \tag{8}$$

이다.

이러한 상황에서 각 개인의 수요를 구하기 위해 각 개인의 효용극대화 문제를 풀기로 하자. 먼저 개인 A의 효용극대화 문제는

$$\begin{aligned} &\underset{x,\,y}{Max}\ U(x_A, y_A) = x_A^{\frac{1}{2}} + y_A \\ &s.t. \quad p_x x_A + y_A = 3p_x + 1 \end{aligned}$$

이다. 이에 대한 라그랑지함수를 이용한 개인 A의 효용극대화 문제는

$$\underset{x_A,\,y_A,\,\lambda}{Max}\ L = x_A^{\frac{1}{2}} + y_A + \lambda(3p_x + 1 - p_x x_A - y_A)$$

이다. 효용극대화의 일차필요조건은

$$\frac{\partial L}{\partial x_A} = \frac{1}{2}x_A^{-\frac{1}{2}} - \lambda p_x = 0 \tag{9}$$

$$\frac{\partial L}{\partial y_A} = 1 - \lambda = 0 \tag{10}$$

$$\frac{\partial L}{\partial \lambda} = 3p_x + 1 - p_x x_A - y_A = 0 \tag{11}$$

이다. 식 (9)와 식 (10)을 정리한 다음 대응되는 변끼리 나누어 주면

$$\frac{1}{2}x_A^{-\frac{1}{2}} = p_x \tag{12}$$

를 얻는다. 이로부터 $x_A = (\frac{1}{2p_x})^2 = \frac{1}{4p_x^2}$ (13)으로 구해진다. 식 (11)에서 $y_A = 3p_x +$

$1 - p_x x_A$ (14)이다. 여기에 식 (13)을 대입하면 $y_A = 3p_x + 1 - p_x x_A = 3p_x + 1 - p_x \frac{1}{4p_x^2} = 3p_x + 1 - \frac{1}{4p_x}$ (15)를 얻는다. 이때 $y_A > 0$일 조건은 $p_x > \frac{1}{6}$이다. 모퉁이해일 경우에는 $y_A = 0$를 식 (7)에 대입하면 $x_A = \frac{3p_x + 1}{p_x}$이다. 그러므로

$$x_A = \frac{1}{4p_x^2},\ y_A = 3p_x + 1 - \frac{1}{4p_x},\ p_x > \frac{1}{6}$$
$$x_A = \frac{3p_x + 1}{p_x},\ y_A = 0,\ p_x \leq \frac{1}{6}$$

이다.

이제 개인 B의 경우를 살펴보자. 그의 효용극대화 문제는

$$\underset{x,\,y}{Max}\ U(x_B, y_B) = x_B + y_B^{\frac{1}{2}}$$
$$s.t.\quad p_x x_B + y_B = 3$$

이다. 이에 대한 라그랑지함수를 이용한 개인 B의 효용극대화 문제는

$$\underset{x_B,\,y_B,\,\lambda}{Max}\ L = x_B + y_B^{\frac{1}{2}} + \lambda(3 - p_x x_B - y_B)$$

이다. 효용극대화의 일차필요조건은

$$\frac{\partial L}{\partial x_B} = 1 - \lambda p_x = 0 \tag{16}$$
$$\frac{\partial L}{\partial y_B} = \frac{1}{2} y_B^{-\frac{1}{2}} - \lambda = 0 \tag{17}$$
$$\frac{\partial L}{\partial \lambda} = 3 - p_x x_B - y_B = 0 \tag{18}$$

이다. 식 (16)과 식 (17)을 정리한 다음 대응되는 변끼리 나누어주면

$$\frac{1}{\frac{1}{2} y_B^{-\frac{1}{2}}} = p_x \tag{19}$$

이다. 이로부터 $y_B = \frac{p_x^2}{4}$ (20)이다. 그런데 식 (18)로부터 $x_B = \frac{3 - y_B}{p_x}$이다. 여기에 식 (20)을 대입하면 $x_B = \frac{3 - \frac{p_x^2}{4}}{p_x} = \frac{3}{p_x} - \frac{p_x}{4}$ (21)을 얻는다. 이때 $x_B > 0$일 조건은 $p_x < 2\sqrt{3}$이다. 모퉁이해일 경우에는 $x_B = 0$을 식 (8)에 대입하면 $y_B = 3$이다. 그러므로

$$x_B = \frac{3}{p_x} - \frac{p_x}{4},\ y_B = \frac{p_x^2}{4},\ p_x < 2\sqrt{3}$$
$$x_B = 0,\ y_B = 3,\ p_x \geq 2\sqrt{3}$$

이다.

(ii) 이제 시장청산조건을 이용하여 경쟁균형을 구해 보기로 하자. 앞서 말했듯이 왈라스법칙을 적용하여 X재 시장에만 주목하기로 하자.

(가) $p_x \leq \frac{1}{6}$일 경우 : X재 수요량은 $x_A + x_B = (\frac{3p_x+1}{p_x}) + (\frac{3}{p_x} - \frac{p_x}{4})$이다. 부존량(공급량)은 물론 $\bar{x}_A + \bar{x}_B = 3 + 0 = 3$이다. 시장청산조건인 수요량 = 부존량 조건, 즉 $x_A + x_B = \bar{x}_A + \bar{x}_B$에 이 값들을 대입하면 $(\frac{3p_x+1}{p_x}) + (\frac{3}{p_x} - \frac{p_x}{4}) = 3$이 된다. 이로부터 $p_x = 4$를 얻는다(나머지 한 근은 음수이다). $p_x = 4$는 조건 $p_x \leq \frac{1}{6}$을 만족시키지 못한다. 그러므로 $p_x = 4$는 경쟁균형가격이 되지 못한다.

(나) $\frac{1}{6} < p_x < 2\sqrt{3}$일 경우 : X재 수요량은 $x_A + x_B = (\frac{1}{4p_x^2}) + (\frac{3}{p_x} - \frac{p_x}{4})$이다. 부존량(공급량)은 물론 $\bar{x}_A + \bar{x}_B = 3 + 0 = 3$이다. 시장청산조건인 수요량 = 부존량 조건, 즉 $x_A + x_B = \bar{x}_A + \bar{x}_B$에 이 값들을 대입하면 $(\frac{1}{4p_x^2}) + (\frac{3}{p_x} - \frac{p_x}{4}) = 3$이 된다. 이로부터 $p_x = 1$을 얻는다(나머지 두 근은 음수이다). $p_x = 1$은 조건 $\frac{1}{6} < p_x < 2\sqrt{3}$을 만족시킨다. 그러므로 유효한 경쟁균형가격이다.

(다) $p_x \geq 2\sqrt{3}$일 경우 : X재 수요량은 $x_A + x_B = \frac{1}{4p_x^2} + 0$이다. 부존량은 앞서와 같이 $\bar{x}_A + \bar{x}_B = 3 + 0 = 3$이다. 시장청산조건인 수요량 = 부존량 조건, 즉 $x_A + x_B = \bar{x}_A + \bar{x}_B$에 이 값들을 대입하면 $\frac{1}{4p_x^2} = 3$이 된다. 이로부터 $p_x = \frac{\sqrt{3}}{6}$을 얻는다. 그런데 이것은 전제 조건 $p_x \geq 2\sqrt{3}$을 만족시키지 못한다. 그러므로 $p_x - \frac{\sqrt{3}}{6}$은 경쟁균형가격이 되지 못한다.

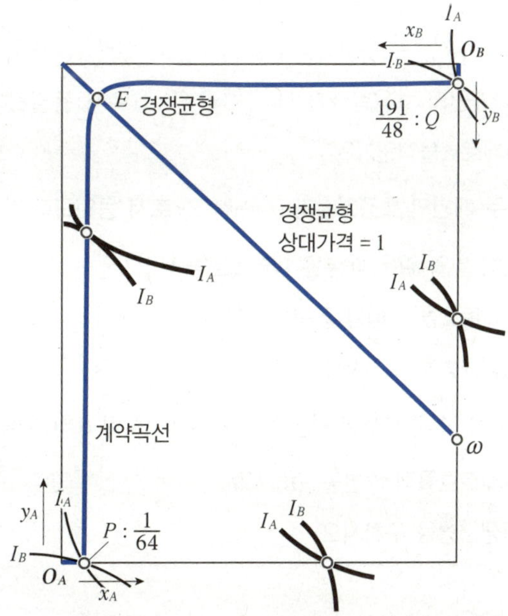

(라) 경쟁균형가격인 $p_x = 1$을 내부해에 대입하면

$$x_A^* = \frac{1}{4p_x^2} = \frac{1}{4},\ y_A^* = 3p_x + 1 - \frac{1}{4p_x} = \frac{15}{4},\ x_B^* = \frac{3}{p_x} - \frac{p_x}{4} = \frac{11}{4},\ y_B^* = \frac{p_x^2}{4} = \frac{1}{4}$$

을 얻는다. 그러므로 경쟁균형가격은 $\frac{p_x^*}{p_y^*} = 1$, 경쟁균형수량은 $x_A^* = \frac{1}{4}$, $y_A^* = \frac{15}{4}$, $x_B^* = \frac{11}{4}$, $y_B^* = \frac{1}{4}$이다. 이러한 상태가 그림에 E점으로 나타나 있다. 이때 $y_A^* + y_B^* = 4 = \bar{y}^A + \bar{y}^B$이다. 즉, Y재 시장에서도 균형이 달성되었다. 이것은 바로 왈라스법칙이 함축하는 것이다. 한편 $x_A^* = y_B^* = \frac{1}{4}$인 점에 주목하자. 이러한 결과가 나타난 이유는 준선형 효용함수의 경우 소득이 어느 수준을 넘어선 다음부터는 소득효과가 0이기 때문이다.

c. 경쟁균형수량을 각 개인의 효용함수에 대입한 값들과 최초부존량을 각 개인의 효용함수에 대입한 값들을 서로 비교해 보면 교환을 통해 두 개인의 효용이 모두 증가한 것을 알 수 있다.

한편 이때 경쟁균형은 계약곡선 상에 놓인다. 즉, 경쟁균형은 파레토효율적이다. 이것은 후생극대화의 제1정리에 해당한다.

교환 이전의 배분은 파레토비효율적이었는데 교환을 통해 파레토효율이 달성되었다.

13.14 파레토효율, 경쟁균형 : 모두 완전대체 효용함수의 경우

개인 A는 X재를 6단위, Y재를 4단위 가지고 있으며 개인 B는 X재를 4단위, Y재를 6단위 가지고 있다고 하자.

a. 두 개인의 효용함수가 $U = \sqrt{3x^6y^6 + 5}$로서 동일하다고 하자. 이때 위와 같은 배분은 파레토효율적인가?

이제 두 개인의 효용함수가 $U = x + 2y$로서 동일하다고 하자.

b. 이때 위와 같은 배분은 파레토효율적인가?

c. 파레토효율적 배분을 구하시오.

d. 경쟁균형을 구하시오.

이제 개인 A의 효용함수는 $U_A = x + 2y$, 개인 B의 효용함수는 $U_B = 2x + y$라고 하자.

e. 파레토효율적 배분을 구하시오.

f. 경쟁균형을 구하시오.

KEY ▶ 완전대체 효용함수의 경우 파레토효율적 배분과 경쟁균형을 구할 때 특히 주의가 요구된다.

풀이

a. 주어진 효용함수는 $U=\sqrt{xy}$에서 근호 안의 수를 6제곱한 다음 3을 곱한 후 5를 더한 것이다. 그런데 각각의 과정은 모두 $\sqrt{xy}$를 단조증가변환시킨 것이므로 주어진 효용함수는 $U=\sqrt{xy}$와 동일한 선호순서를 나타낸다. 물론 $U=\sqrt{xy}$는 이것을 단조증가변환시킨 $U=xy$와 동일한 선호순서를 나타낸다. 그러므로 주어진 효용함수로부터 구해지는 MRS_{xy}는 $U=xy$로부터 구해지는 MRS_{xy}와 같다. 그런데 $U=xy$로부터 $MRS_{xy}=\frac{MU_x}{MU_y}=\frac{y}{x}$로 구해진다.

그러므로 주어진 배분으로부터 $MRS_{xy}^{A}=\frac{y_A}{x_A}=\frac{4}{6}$, $MRS_{xy}^{B}=\frac{y_B}{x_B}=\frac{6}{4}$으로 구해진다. 무차별곡선이 원점에 대해 볼록하고 부드러운 곡선이면서 주어진 배분이 에지워드상자 내부에 있으므로 $MRS_{xy}^{A}=MRS_{xy}^{B}$가 파레토효율의 필요조건이다. 그런데 주어진 배분의 경우 $MRS_{xy}^{A}\neq MRS_{xy}^{B}$이므로 주어진 배분은 파레토효율적이 아니다.

b. 무차별곡선이 원점에 대해 볼록한 부드러운 곡선이 아니기 때문에 $MRS_{xy}^{A}=MRS_{xy}^{B}$ 조건이 더 이상 파레토효율의 필요조건이 되지 않는다. 그러므로 직관적으로 판단해 보자. 최초부존배분 ω에서보다 개인 A가 나아지려면 개인 B가 나빠지게 되고 개인 B가 나아지려면 개인 A가 나빠지게 된다. 결국 최초부존배분 ω에서는 파레토개선이 불가능하다. 그러므로 최초부존배분 ω는 파레토효율적이다.

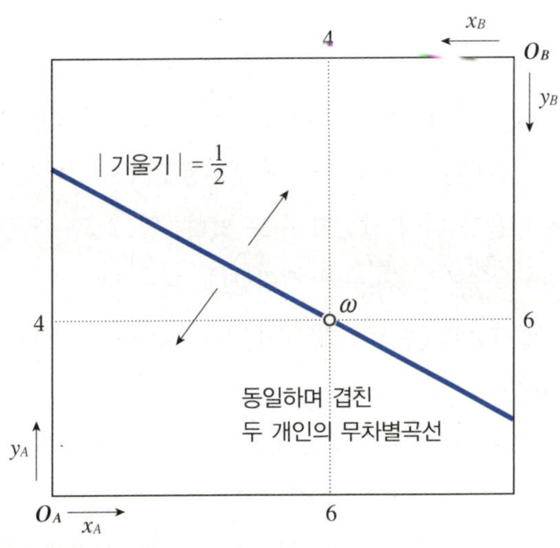

c. 앞 문항에서도 보았듯이 각 개인의 효용함수가 선형이고 서로 같을 경우 각 개인의 무차별곡선이 겹치는 곳에 놓이는 임의의 배분에서는 파레토개선이 불가능하므로 그 배

분은 파레토효율적이다. 그런데 에지워드상자에는 그렇게 겹치는 무차별곡선들이 무한히 연속적으로 존재한다. 그러므로 에지워드상자의 모서리와 그 내부에 있는 모든 배분들이 파레토효율적이다. 그 결과 파레토효율적 배분은

$$\{(x_A, y_A) \mid 0 \le x_A \le 10,\ 0 \le y_A \le 10\}$$

이 된다.

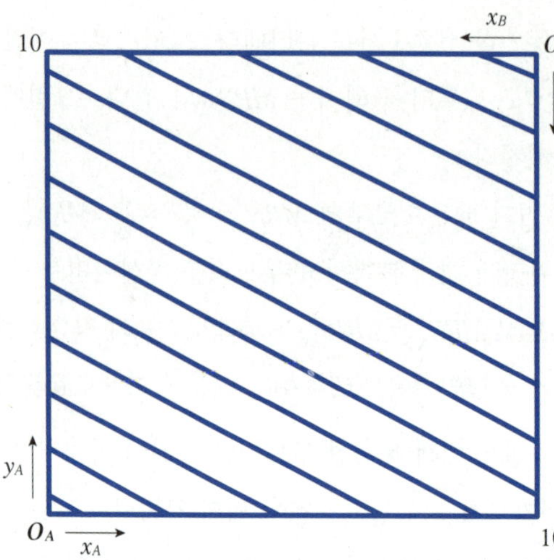

d. 완전대체재의 경우 미분을 통해 해결할 수 없으므로 직관을 통해 경쟁균형을 구하기로 하자.

(i) $\frac{p_x}{p_y} < \frac{1}{2} = MRS_{xy}$이면 X재 구입의 한계비용이 X재의 한계편익보다 작으므로(Y재의 경우에는 X재의 경우와는 반대로 Y재 구입의 한계비용이 Y재의 한계편익보다 크다) 두 개인은 모두 X재만 소비하려고 한다. 그 결과 X재의 초과수요가 나타나며 시장이 청산되지 않는다. 이 때문에 경쟁균형이 달성되지 않는다. X재만 구입한다는 것은 다음과 같이 판단할 수도 있다. 즉, $MRS_{xy} = \frac{MU_x}{MU_y}$이므로 $\frac{p_x}{p_y} < \frac{1}{2} = MRS_{xy}$로부터 $\frac{MU_x}{p_x} > \frac{MU_y}{p_y}$가 성립한다. 다시 말하면 지출액 1원당 X재로부터 얻는 효용이 지출액 1원당 Y재로부터 얻는 효용보다 크다. 그러므로 X재만 구입한다는 것이다.

(ii) $\frac{p_x}{p_y} > \frac{1}{2} = MRS_{xy}$이면 X재 구입의 한계비용이 X재의 한계편익보다 크므로 두 개인은 모두 X재는 소비하지 않고 Y재만 소비하려고 한다. 그 결과 Y재의 초과수요가 나타나며 시장이 청산되지 않는다. 이 때문에 경쟁균형이 달성되지 않는다.

(iii) 그러므로 경쟁균형이 달성되려면 $\frac{p_x}{p_y} = \frac{1}{2} = MRS_{xy}$이어야 한다. 즉, X재 구입의 한계비용이 X재의 한계편익과 같아야 한다. 그림에서처럼 기울기가 $\frac{1}{2}$이고 최초

부존배분 ω를 지나는 직선을 생각해 보자. 이 경우 이 직선은 각 개인에게 예산선의 기능을 하고 그 기울기는 상대가격에 해당한다. 그러면 각 개인은 자신의 예산선을 제약으로 효용을 극대화할 것이다. 이때 완전대체재이기 때문에 무차별곡선이 예산선과 겹치는 상태에서 효용이 극대화된다. 이 경우 예산선 상에 놓이는 임의의 어떤 배분에서도 각 개인의 효용이 극대화된다. 물론 그 배분에서 각 상품의 수요량과 부존량이 일치한다. 즉, 시장이 청산된다. 그러므로 그 배분이 경쟁균형이 된다. 결국 균형상대가격을 나타내는 직선은 그 기울기가 $\frac{1}{2}$이고 $(x_A, y_A) = (6, 4)$를 지나야 하므로 경쟁균형은

$$\{(x_A, y_A) \mid y_A = -\frac{1}{2}x_A + 7,\ 0 \le x_A \le 10,\}$$

이고 균형상대가격은 $\frac{1}{2}$이 된다.

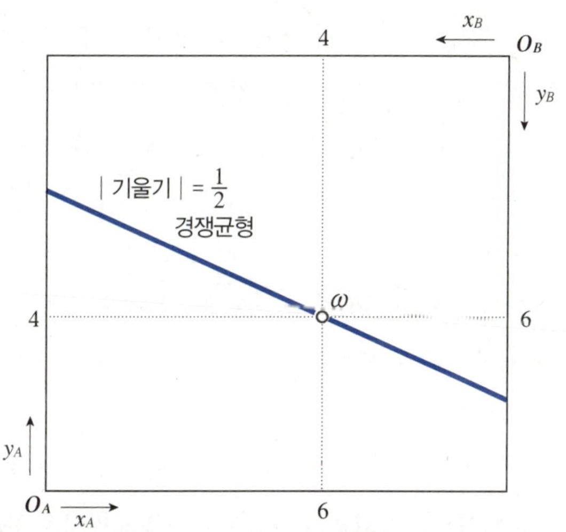

e. $MRS_A = \frac{1}{2}$, $MRS_B = 2$로 일정하다. 이 경우 [그림 1]에서 보듯이 에지워드상자 내부에 있는 임의의 배분 P에서는 Q와 같은 배분, 즉 P를 지나는 기울기 $\frac{1}{2}$인 직선과 기울기 2인 직선이 에지워드상자 왼쪽 상부의 모서리들과 만나는 배분 a와 b 사이에 낀 모서리 상의 임의의 배분으로 옮겨감으로써 두 개인이 모두 나아지기 때문에, 즉 파레토개선이 가능하기 때문에 배분 P는 파레토비효율적이다. 이러한 논리는 임의의 배분 P가 에지워드상자의 내부가 아니라 밑변과 오른쪽변의 어디에 있더라도 성립한다.

반면에 에지워드상자의 왼쪽변과 윗변에 있는 어떤 배분에서도 어느 한 개인이 나아지려면 다른 개인이 나빠지므로, 즉 파레토개선이 불가능하므로 이 곳의 배분들은 모두 파레토효율적이다. 예를 들어 [그림 2]의 R과 같은 배분에서는 파레토개선이 불가능하다. 그러므로 배분 R과 같이 에지워드상자의 왼쪽변과 윗변에 있는 배분들은

파레토효율적이다. 이에 따른 계약곡선이 [그림 2]에 나타나 있다.

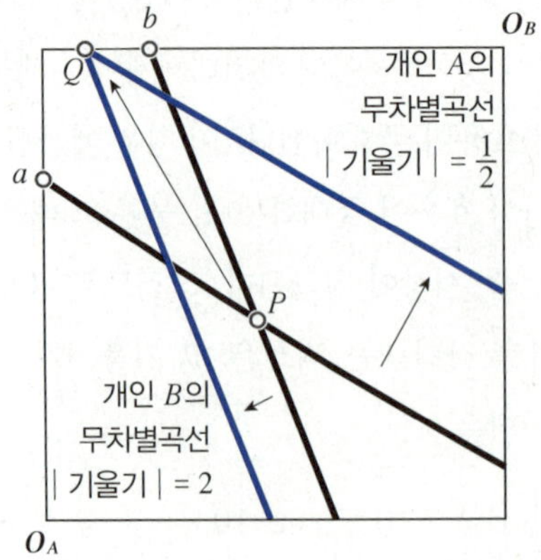

[그림 1]

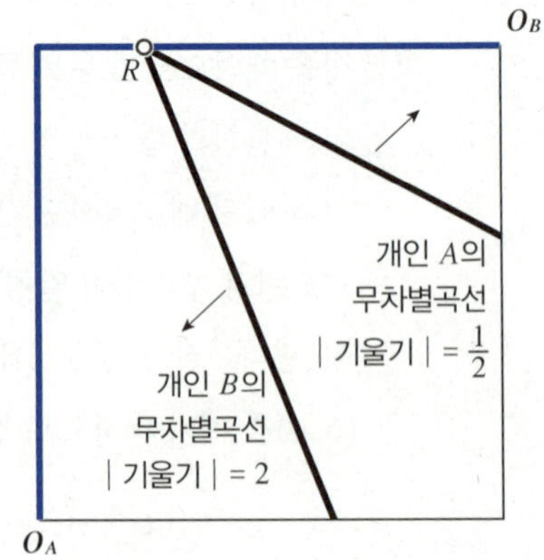

[그림 2] 계약곡선-파레토효율

f. $MRS_A = \frac{1}{2}$, $MRS_B = 2$로 일정하다. 경쟁균형조건은 각 개인의 효용이 극대화되며 시장이 청산되는 것(수요량과 부존량이 같아지는 것)이다.

먼저 직관적으로 구해 본 다음 수식을 통해 검토해 보자.

(i) $\frac{p_x}{p_y} < \frac{1}{2}$이면 두 개인에게 모두 X재 구입의 한계비용이 X재의 한계편익보다 작으므로 두 개인이 모두 X재만 소비하려고 한다. 그러므로 균형이 존재하지 않는다.

(ii) $\frac{p_x}{p_y} > 2$이면 두 개인에게 모두 X재 구입의 한계비용이 X재의 한계편익보다 크므로 두 개인이 모두 X재는 소비하지 않고 Y재만 소비하려고 한다. 그러므로 균형이 존재하지 않는다.

(iii) $\frac{1}{2} < \frac{p_x}{p_y} < 2$일 경우 개인 A에게는 X재 구입의 한계비용이 X재의 한계편익보다 크므로 개인 A는 X재는 구입하지 않고 Y재만 소비하려고 한다. 반면에 개인 B에게는 X재 구입의 한계비용이 X재의 한계편익보다 작으므로 개인 B는 Y재는 구입하지 않고 X재만 소비하려고 한다. 그 결과 이 구간에 속하는 어떤 가격도 경쟁균형가격이 된다. 경쟁균형은 그림과 같이 나타난다.

(iv) $\frac{p_x}{p_y} = \frac{1}{2}$일 경우 개인 A는 그림에 기울기의 절대값이 $\frac{1}{2}$로 표시된 선분 상의 어떤 점을 선택하더라도 효용이 동일하다. 이때 개인 B는 S점에서 효용이 극대화된다. 그 결과 S점이 경쟁균형이 된다.

(V) $\frac{p_x}{p_y} = 2$일 경우 개인 B는 그림에 기울기의 절대값이 2로 표시된 선분 상의 어떤 점을 선택하더라도 효용이 동일하다. 이때 개인 A는 T점에서 효용이 극대화된다. 그 결과 T점이 경쟁균형이 된다.

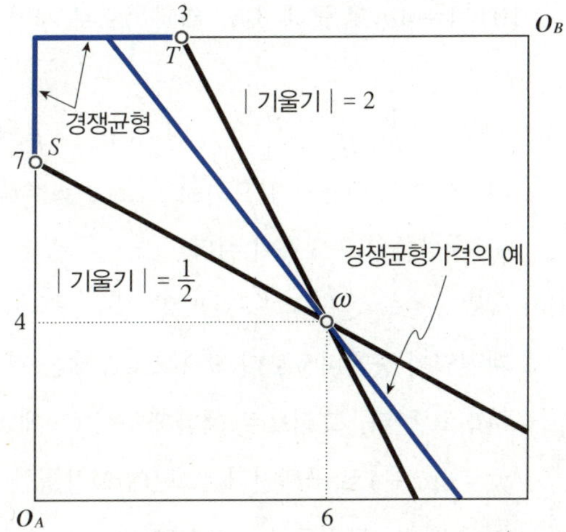

이제 수식을 통해 살펴보자. 일반균형에서는 상대가격만 정해지므로 편의상 $p_y = 1$로 정규화하자.

(가) 먼저 각 개인의 효용극대화를 통해 각 개인의 각 상품에 대한 수요량을 구해 보자. 일반균형모형에서는 소득이 화폐로 주어진 것이 아니고 이처럼 상품으로 주어져 있으므로 부존소득모형에 해당한다. 이 경우 가격이 변화하면 부존상품의 가치가 변화한다. 그러므로 각 개인의 예산제약식은

$$A : p_x x_A + p_y y_A = 6p_x + 4 \times p_y, \text{즉 } p_x x_A + y_A = 6p_x + 4, (x_A \leq 10, y_A \leq 10) \quad (1)$$

$$B ; p_x x_B + p_y y_B = 4 \times p_x + 6p_y, \text{즉 } p_x x_B + y_B = 4p_x + 6, (x_B \leq 10, y_B \leq 10) \quad (2)$$

가 된다. 시장청산조건은

$$\bar{x}_A + \bar{x}_B = x_A + x_B = 10 \quad (3)$$

$$\bar{y}_A + \bar{y}_B = y_A + y_B = 10 \quad (4)$$

이다.

(A) 개인 A의 경우

(i) $MRS_{xy} = \frac{1}{2} > \frac{p_x}{p_y} = \frac{p_x}{1} = p_x$일 경우, 즉 $p_x < \frac{1}{2}$일 경우 : X재 소비의 한계편익이 한계비용보다 크므로 X재만 소비하려고 한다. 간단하게 말하면 완전대체재이므로 두 상품 중에서 상대적으로 더 싼 것만 소비하려고 한다. 그러므로 (1)에 $y_A = 0$을 대입한 후 정리하면 $x_A = \frac{6p_x + 4}{p_x}$이다. $p_x < \frac{1}{2}$이므로 $x_A > 14$가 된다. 그런데 시장청산조건 식 (3)에 의해 $x_A \leq 10$이어야 하므로 $x_A = 10$이다. 그러므로 $x_A = 10$을 개인 A의 예산제약식 (1)에 대입한 후 정리하면 $y_A = 6p_x + 4 - p_x x_A = 6p_x + 4 - p_x \times$

$10 = 4 - 4p_x$로 구해진다. 결과적으로 개인 A의 선택은 $(10,\ 4 - 4p_x)$가 된다.

(ii) $MRS_{xy} = \frac{1}{2} = \frac{p_x}{p_y} = \frac{p_x}{1} = p_x$일 경우, 즉 $p_x = \frac{1}{2}$일 경우 X재 소비의 한계편익이 한계비용과 같으므로 $p_x x_A + y_A = 6p_x + 4$를 만족시키는 어떤 값도 각 상품의 수요량이 된다.

(iii) $MRS_{xy} = \frac{1}{2} < \frac{p_x}{p_y} = \frac{p_x}{1} = p_x$일 경우, 즉 $p_x > \frac{1}{2}$일 경우 X재 소비의 한계편익이 한계비용보다 작으므로 X재는 전혀 소비하지 않고 Y재만 소비하려고 한다. 그러므로 예산제약식 (1)에 $x_A = 0$을 대입한 후 정리하면 $y_A = 6p_x + 4$로 구해진다. 그런데 시장청산조건 식 (4)에 의해 $y_A \leq 10$이어야 한다. 그러므로 $y_A = 10$이다. 그러므로 $y_A = 10$을 (1)에 대입한 후 정리하면 $x_A = \frac{6p_x + 4 - 1 \times 10}{p_x} = \frac{6p_x - 6}{p_x}$이 된다.

(B) 개인 B의 경우

(i) $MRS_{xy} = 2 > \frac{p_x}{p_y} = \frac{p_x}{1} = p_x$일 경우, 즉 $p_x < 2$일 경우 : X재 소비의 한계편익이 한계비용보다 크므로 X재만 소비하려고 한다. 그러므로 식 (2)에 $y_B = 0$을 대입한 후 정리하면 $x_B = \frac{4p_x + 6}{p_x}$이다. 시장청산조건 식 (3)에 의해 $x_B \leq 10$이어야 한다. 그러므로 $x_B = 10$이다. 그러므로 $x_B = 10$을 예산제약식 (2)에 대입한 후 정리하면 $y_B = 4p_x + 6 - p_x \times 10 = -6p_x + 6$이 된다.

(ii) $MRS_{xy} = 2 = \frac{p_x}{p_y} = \frac{p_x}{1} = p_x$일 경우, 즉 $p_x = 2$일 경우 X재 소비의 한계편익이 한계비용과 같으므로 $p_x x_A + y_A = 4p_x + 6$을 만족시키는 어떤 값도 각 상품의 수요량이 된다.

(iii) $MRS_{xy} = 2 < \frac{p_x}{p_y} = \frac{p_x}{1} = p_x$일 경우, 즉 $p_x > 2$일 경우 X재 소비의 한계편익이 한계비용보다 작으므로 X재는 전혀 소비하지 않고 Y재만 소비하려고 한다. 그러므로 식 (2)에 $x_B = 0$을 대입하면 $y_B = 4p_x + 6$으로 구해진다. 현재 조건이 $p_x > 2$이므로 $y_B = 4p_x + 6 > 14$가 된다. 그런데 시장청산조건 식 (4)에 의해 $y_B \leq 10$이어야 하므로 $y_B = 10$이다. 그러므로 $y_B = 10$을 예산제약식 (2)에 대입한 후 정리하면 $x_B = \frac{4p_x + 6 - 1 \times 10}{p_x} = \frac{4p_x - 4}{p_x}$가 된다.

(나) 이제 시장청산조건을 이용하여 경쟁균형을 구해 보기로 하자. 왈라스법칙에 의해 두 시장 중에서 어느 한 시장에서 균형이 이루어지면 다른 시장에서도 자동적으로 균형이 이루어진다. 그러므로 X재 시장에 주목하기로 하자.

(i) $p_x < \frac{1}{2}$일 경우 X재 시장의 수요량은 $x_A + x_B = (\frac{6p_x + 4}{p_x}) + (\frac{4p_x + 6}{p_x})$이다. X재 시장의 부존량은 $\bar{x}_A + \bar{x}_B = 10$이다. 그러므로 '$X$재 수요량 = X재 부존량'인 시장청산조건 식 (3)은 $x_A + x_B = (\frac{6p_x + 4}{p_x}) + (\frac{4p_x + 6}{p_x}) = 10$이다. 그러나 이 등식을 만족시키는 양의 p_x가 존재하지 않는다. 그러므로 균형이 존재하지 않는다.

(ii) $p_x = \frac{1}{2}$일 경우 수요량은 x_B에 의해 부존량이 모두 소진된다. 즉, 시장수요량은 $x_B = \frac{4p_x + 6}{p_x}$이다. 그런데 현재 조건이 $p_x = \frac{1}{2}$이므로 $x_B = \frac{4p_x + 6}{p_x} = 16$이다. 그런데 $x_B \leq 10$이어야 하므로 $x_B = 10$이다. 그러므로 $x_B = 10$을 예산제약식 (2)에 대입한 후 $p_x = \frac{1}{2}$을 적용하여 정리하면 $y_B = 3$이 된다. 시장청산조건 식 (3)과 식 (4)에 의해 $x_A = 0$, $y_A = 7$이 된다.

(iii) $\frac{1}{2} < p_x < 2$일 경우 수요량은 $x_B = \frac{4p_x + 6}{p_x}$이다. 그런데 현재 조건을 적용하면 $7 < x_B = \frac{4p_x + 6}{p_x} < 16$이다. 그런데 주어진 시장청산조건 식 (3)에 의해 $x_B \leq 10$이어야 하므로 $7 < x_B = \frac{4p_x + 6}{p_x} \leq 10$ (5)이다(이 부분의 약부등호가 앞으로의 계산에서 계속 이어져 나간다). 이것을 예산제약식 (2)에 적용하면 $-6p_x + 6 \leq y_B < -3p_x + 6$ (6)이다. 현재 조건 $\frac{1}{2} < p_x < 2$을 이용하면 $0 \leq -6p_x + 6 \leq y_B < -3p_x + 6 < 3$ (7)이 된다. 식 (5)를 시장청산조건 식 (3)에 적용하면 $0 \leq x_B < 3$을 얻는다. 또한 식 (7)을 시장청산조건 식 (4)에 적용하면 $7 < 3p_x + 4 < y_A \leq 6p_x + 4 \leq 10$을 얻는다.

(iv) $p_x = 2$일 경우 지금까지의 분석 논리로부터 개인 A는 Y재만 소비하려고 한다고 추론할 수 있다. 그 결과 $y_A = 10$이 되고 시장청산조건 식 (4)로부터 $y_B = 0$이 될 것임을 추론할 수 있다. $y_B = 0$에서 x_B는 예산제약식 (2)를 만족시켜야 하므로 $x_B = \frac{4p_x + 6}{p_x}$이다. 그런데 현재 조건이 $p_x = 2$이므로 $x_B = \frac{4p_x + 6}{p_x} = 7$이 된다. 이때 물론 $y_B = 0$이다. 시장청산조건 식 (3)과 식 (4)로부터 $x_A = 3$, $y_A = 10$이다.

(v) $p_x > 2$일 경우 $x_A = 0$, $x_B = 0$이다. 이 경우 시장청산조건 $x_A + x_B = 10$을 만족시키지 못한다. 그러므로 균형이 되지 않는다.

물론 이상의 결과는 직관적 분석의 결과와 같다.

13.15 일반균형 하의 균형이자율

개인 A의 소득은 현재 0, 미래 60이고 개인 B의 소득은 현재 60, 미래 0이다. 두 개인은 주어진 이자율에 따라 자유롭게 차입하거나 대출할 수 있으며 각 개인의 효용함수는 $U(x_A, y_A) = x_A y_A^{\rho_A}$, $U(x_B, y_B) = x_B y_B^{\rho_B}$라고 한다. 이때 x_A는 개인 A의 현재소비, y_A는 개인 A의 미래소비이고 ρ_A는 미래소비에 대한 개인 A의 시간할인계수이다. 이때 $0 < \rho_A < 1$로 가정한다. 개인 B의 표기에도 같은 설명이 적용된다. 현재소비와 미래소비를 서로 다른 상품으로 간주하여 2가지 상품이 존재하는 경우로 간주하자.

ρ_A와 ρ_B가 같을 경우에 대해 생각해 보자

a. $\rho = \frac{1}{2}$일 경우 균형이자율을 구하시오. 결과를 그림으로 나타내시오.

b. $\rho = \frac{1}{2}$일 경우 계약곡선의 식을 구하시오. 문항 a.의 결과가 계약곡선 상에 놓이는지 검토하시오.

c. $\rho = 1$일 경우 균형이자율을 구하고 결과를 해석하시오. 문항 a.의 결과와 비교하고 그 직관적인 이유를 말하시오.

d. $\rho = \frac{1}{2}$인 상태에서 개인 A의 미래소득이 120으로 증가했다고 하자. 균형이자율을 구하고 결과를 해석하시오.

$\rho_A \neq \rho_B$일 경우에 대해 생각해 보자.

e. ρ_A가 작아질 경우 예상되는 결과에 대해 분석하시오.

f. ρ_B가 작아질 경우 예상되는 결과에 대해 분석하시오.

g. 에지워드상자를 이용한 일반균형모형의 분석 방법이 적용될 수 있는 경우의 예를 들어 보시오.

KEY ▶ 일반균형모형이라는 사실에 주목하자. 또한 이자율은 현재소비와 미래소비의 상대가격이라는 점에 주목하자.

풀이

a. 이자율을 직접 구하는 대신 이자율은 현재소비와 미래소비의 상대가격이라는 점에 주목하여 구하기로 하자. 이자율을 r, 현재소비의 가격을 p_x, 미래소비의 가격을 p_y라고 하면 $\frac{p_x}{p_y} = 1 + r$이다. 그런데 주어진 상황은 일반균형모형으로 생각할 수 있으므로 일반균형모형에서 경쟁균형을 구하는 문제로 생각해 보자.

각 개인의 효용이 극대화되며 각 상품에 대해 총초과수요가 0이 되는 상태에서 경쟁균형이 달성된다. 그런데 각 상품에 대해 총초과수요가 0이 되는 조건은 사실상 각 상품에 대해 수요량과 부존량이 같아진다는 조건과 같다. 여기서는 이 조건을 사용해서 경쟁균형을 구해 보기로 하자.

또한 왈라스법칙에 의해 두 시장 중에 어느 한 시장에서 균형이 성립하면 나머지 다른 시장에서도 균형이 성립하므로 현재소비시장에 주목하기로 하자.

끝으로 일반균형에서는 상대가격만 정해지므로 편의상 $p_y = 1$로 정규화하자.

$\omega_A = (\bar{x}_A, \bar{y}_A) = (0, 60)$, $\omega_B = (\bar{x}_B, \bar{y}_B) = (60, 0)$으로 주어져 있다.

먼저 각 개인의 효용극대화를 통해 각 개인의 각 상품에 대한 수요량을 구해 보자. 소득이 화폐로 주어진 것이 아니고 상품으로 주어져 있으므로 부존소득모형에 해당한다. 이 경우 가격이 변화하면 부존상품의 가치가 변화한다. 그러므로 각 개인의 예산제약식은

$$A: p_x x_A + p_y y_A = 0 \times p_x + 60 \times p_y, \text{즉 } p_x x_A + y_A = 60, (x_A \le 60, y_A \le 60) \tag{1}$$

$$B: p_x x_B + p_y y_B = 60 \times p_x + 0 \times p_y, \text{즉 } p_x x_B + y_B = 60p_x, (x_B \le 60, y_B \le 60) \tag{2}$$

로 주어진다.

개인 A의 효용극대화 문제는

$$\underset{x_A,\, y_A}{Max}\ U(x_A, y_A) = x_A y_A^{\rho_A} \tag{3}$$
$$s.t. \quad p_x x_A + y_A = 60$$

이다. 라그랑지함수를 이용하여 풀어도 되지만 이미 알고 있는 효용극대화 조건을 이용하여 문제를 풀기로 하자.

효용극대화 조건은 MRS와 예산선 기울기의 절대값이 같아야 한다는 것이다. 그런데 주어진 효용함수로부터

$$MRS_{x_A y_A} = \frac{MU_{x_A}}{MU_{y_A}} = \frac{y_A^{\rho_A}}{x_A \rho_A y_A^{\rho_A - 1}} = \frac{y_A}{\rho_A x_A} \tag{4}$$

로 구해지고 예산제약식으로부터 예산선 기울기의 절대값은 $\frac{p_x}{p_y} = \frac{p_x}{1} = p_x$로 구해진다. 그러므로 효용극대화 조건은

$$MRS_{x_A y_A} = \frac{y_A}{\rho_A x_A} = p_x \tag{5}$$

이 된다. 식 (1)과 식 (5)를 연립으로 풀면 $x_A = \dfrac{60}{(1+\rho_A)p_x}$, $y_A = \dfrac{60\rho_A}{1+\rho_A}$를 얻는다.

개인 B의 수요함수도 같은 방법으로 구할 수 있다. 한편 콥-더글라스 효용함수이므로 이러한 결과는 사실상 공식을 이용하여 얻을 수도 있다. 앞으로의 분석의 편의를 위해 공식을 이용하여 각 개인의 수요함수를 구해 보자. 그러면

$$x_A = \frac{1}{1+\rho_A}\frac{60}{p_x} = \frac{60}{(1+\rho_A)p_x} \tag{6}$$

$$y_A = \frac{\rho_A}{1+\rho_A}\frac{60}{1} = \frac{60\rho_A}{1+\rho_A} \tag{7}$$

$$x_B = \frac{1}{1+\rho_B}\frac{60p_x}{p_x} = \frac{60}{1+\rho_B} \tag{8}$$

$$y_B = \frac{\rho_B}{1+\rho_B}\frac{60p_x}{1} = \frac{60\rho_B\, p_x}{1+\rho_B} \tag{9}$$

로 구해진다.

이제 시장청산조건을 이용하여 경쟁균형을 구해 보기로 하자. 앞서 말했듯이 왈라스법칙을 적용하여 현재소비시장에만 주목하기로 하자.

시장청산조건인 수요량 = 부존량 조건, 즉 $x_A + x_B = \bar{x}_A + \bar{x}_B$ (10)에 해당되는 값들을 대입하면

$$\frac{60}{(1+\rho_A)p_x} + \frac{60}{1+\rho_B} = 0 + 60 \tag{11}$$

이 된다. 이로부터

$$p_x = \frac{1+\rho_B}{(1+\rho_A)\rho_B} \tag{12}$$

를 얻는다. 그러므로 문항에서 가정한 것처럼 $\rho_A = \rho_B = \rho = \frac{1}{2}$일 경우 식 (12)로부터 $p_x = 2$로 구해진다. 그런데 $\frac{p_x}{p_y} = \frac{1}{2} = 1 + r$이므로 $r = 1$, 즉 $r = 100\%$이다. 이때 식 (6) ~ (9)에 $p_x = 2$를 적용하면 경쟁균형은

$$x_A = \frac{60}{(1+\rho_A)p_x} = 20,\ y_A = \frac{60\rho_A}{1+\rho_A} = 20,\ x_B = \frac{60}{1+\rho_B} = 40,\ y_B = \frac{60\rho_B\, p_x}{1+\rho_B} = 40$$

이 되며 그림에 E_1점으로 나타나 있다.

b. 계약곡선은 $MRS_{x_A y_A} = MRS_{x_B y_B}$ (13)를 만족시키는 배분들의 집합이다. 그런데 $MRS_{x_A y_A} = \frac{y_A}{\rho_A x_A}$ (4)이다. 식 (4)를 얻은 방법과 같은 방법으로 $MRS_{x_B y_B} = \frac{y_B}{\rho_B x_B}$ (14)를 얻는다. 이제 식 (4)와 식 (14)를 식 (13)에 대입한다. 그 다음 시장청산조건인 $x_A + x_B = \bar{x}_A + \bar{x}_B = 0 + 60$, 즉 $x_B = 60 - x_A$ (15)와 $y_A + y_B = \bar{y}_A + \bar{y}_B = 60 + 0$, 즉 $y_B = 60 - y_A$ (16) 및 주어진 조건 $\rho_A = \rho_B$ (17)을 적용한 다음 그 결과를 정리하면 계약곡선

$$y_A = x_A,\ (0 \le x_A \le 60) \tag{18}$$

을 얻는다. 문항 a.에서 구한 경쟁균형배분 (20, 20)과 (40, 40)은 계약곡선 상에 놓인다.

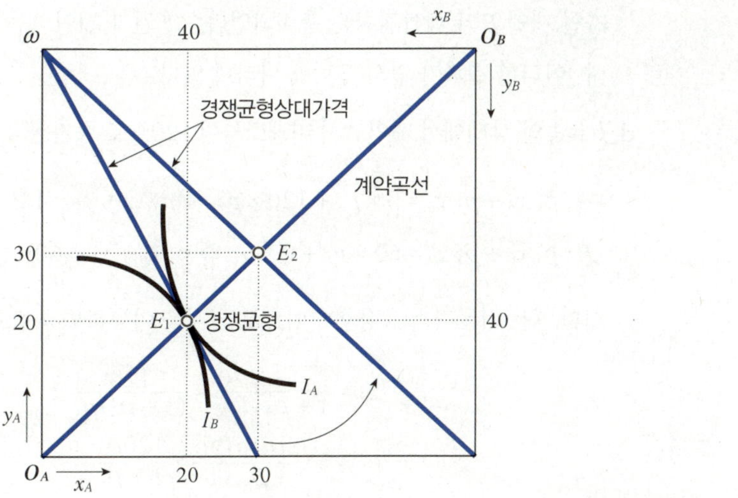

c. $\rho_A = \rho_B = \rho = 1$일 경우 이 값들을 식 (12)에 대입하면 $p_x = 1$을 얻는다. 그런데 $\frac{p_x}{p_y} = \frac{1}{1} = 1 + r$이므로 $r = 0$, 즉 $r = 0\%$이다. 해당되는 값들을 수요함수에 대입하면 경쟁균형은

$$x_A = \frac{60}{(1+\rho_A)p_x} = 30,\ y_A = \frac{60\rho_A}{1+\rho_A} = 30,\ x_B = \frac{60}{1+\rho_B} = 30,\ y_B = \frac{60\rho_B\, p_x}{1+\rho_B} = 30$$

이 되며 그림에 E_2점으로 나타나 있다.

한편 $\rho_A = \rho_B = \rho$일 경우 식 (12)로부터 $\frac{p_x}{p_y} = p_x = 1 + r = \frac{1}{\rho}$을 얻는다. 즉, $\frac{1}{1+r} = \rho$를 얻는다. 두 개인의 시간할인계수가 같을 경우 할인계수와 시간할인계수가 같아진다. 한편 이때 할인계수는 이자율 r을 할인율로 사용할 경우 $\frac{1}{1+r}$을 일컫는다. 이로부터 ρ가 커질수록 이자율은 낮아진다는 것을 알 수 있다. ρ는 현재소비와 미래소비의 상대적 가치를 반영하는 수치이다. ρ가 커질 경우 미래소비의 가치가 커지는 것이므로 그렇지 않을 경우에 비해 각 개인은 미래소비를 늘리고 현재소비를 줄일 것이다. 이 과정에서 현재소득이 없는 개인 A는 이전에 비해 적게 차입할 것이고 현재소득만 있는 개인 B는 이전에 비해 대출을 늘리려고 할 것이다. 그 결과 시장에서 이자율이 떨어진다. 다른 각도에서 보자면 소비자는 각 상품의 1원당 한계효용이 같아지도록 소비할 터인데 ρ가 커질 경우 이전에 비해 미래소비의 1원당 한계효용이 커지므로 이전에 비해 미래소비를 늘리고 현재소비를 줄이려고 할 것이며 이것은 현재소비의 수요를 이전보다 감소시켜 현재소비의 가격을 떨어뜨릴 것이다. 그런데 이자율이 바로 현재소비의 상대가격이므로 이자율이 떨어진다. 특히 $\rho = 1$은 현재소비와 미래소비에 똑같은 가중치를 부여한다는 것을 의미하므로 이 경우 $r = 0$이 된다.

한편 이자율 하락으로 인해 차입자인 개인 A의 예산집합은 확대되고 반대로 대출

자인 개인 B의 예산집합은 축소되었다. 그 결과 개인 A는 나아지고 개인 B는 나빠졌다. 이러한 결과가 앞의 그림에 나타나 있다.

d. $\rho = \frac{1}{2}$인 상태에서 개인 A의 미래소득이 120으로 증가한 경우 각 개인의 예산제약식은

$$A : p_x x_A + p_y y_A = 0 \times p_x + 120 \times p_y, \text{즉 } p_x x_A + y_A = 120, (x_A \leq 60, y_A \leq 120) \quad (19)$$

$$B : p_x x_B + p_y y_B = 60 \times p_x + 0 \times p_y, \text{즉 } p_x x_B + y_B = 60p_x, (x_B \leq 60, y_B \leq 120) \quad (20)$$

이다. 콥-더글라스 효용함수이므로 공식을 이용하면 수요함수는

$$x_A = \frac{1}{1+\rho_A}\frac{120}{p_x} = \frac{120}{(1+\rho_A)p_x} \quad (21)$$

$$y_A = \frac{\rho_A}{1+\rho_A}\frac{120}{1} = \frac{120\rho_A}{1+\rho_A} \quad (22)$$

$$x_B = \frac{1}{1+\rho_B}\frac{60p_x}{p_x} = \frac{60}{1+\rho_B} \quad (23)$$

$$y_B = \frac{\rho_B}{1+\rho_B}\frac{60p_x}{1} = \frac{60\rho_B p_x}{1+\rho_B} \quad (24)$$

로 구해진다.

시장청산조건인 수요량 = 부존량 조건, 즉 $x_A + x_B = \bar{x}_A + \bar{x}_B$에 해당되는 값들을 대입하면

$$\frac{120}{(1+\rho_A)p_x} + \frac{60}{1+\rho_B} = 0 + 60 \quad (25)$$

이 된다. 이로부터

$$p_x = \frac{2(1+\rho_B)}{(1+\rho_A)\rho_B} \quad (26)$$

를 얻는다. 그러므로 문항에서 가정한 것처럼 $\rho_A = \rho_B = \rho = \frac{1}{2}$일 경우 식 (26)으로부터 $p_x = 4$로 구해진다. 그런데 $\frac{p_x}{p_y} = \frac{4}{1} = 1 + r$이므로 $r = 3$, 즉 $r = 300\%$이다. 해당되는 값들을 수요함수에 대입하면

$$x_A = \frac{120}{(1+\rho_A)p_x} = 20,\ y_A = \frac{120\rho_A}{1+\rho_A} = 40$$

$$x_B = \frac{60}{1+\rho_B} = 40,\ y_B = \frac{60\rho_B p_x}{1+\rho_B} = 80$$

을 얻는다. 직관적으로 볼 때 개인 A의 경우 미래소득이 증가했으므로 차입 능력도 증가했고 그것을 바탕으로 더 많이 차입하려고 할 것이다. 그러므로 이자율이 상승한다. 물론 이 경우 개인 B도 이전에 비해 더 많이 대출하게 된다.

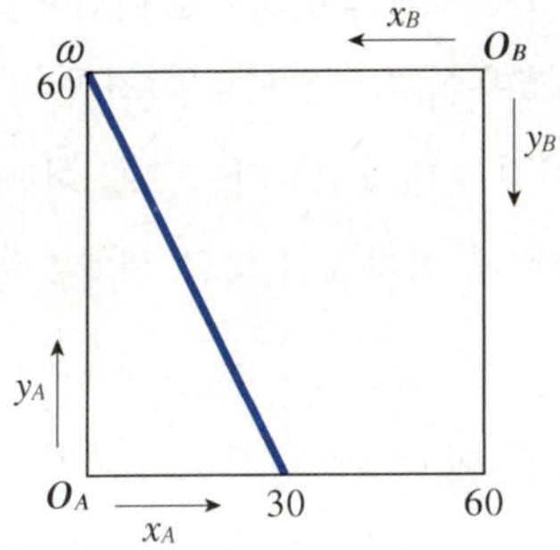

(A) $\rho = \frac{1}{2}, \bar{y}_A = 60$

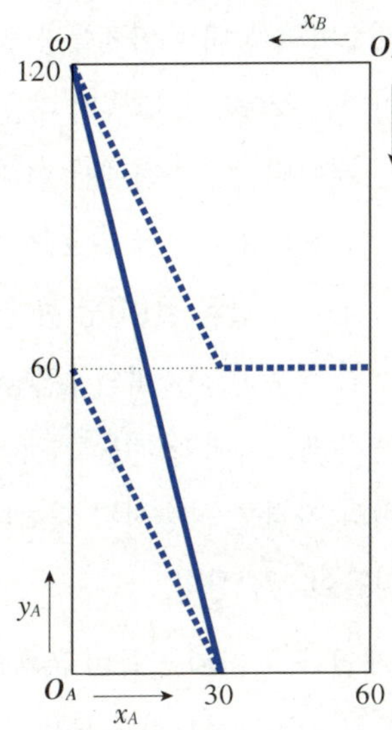

(B) $\rho = \frac{1}{2}, \bar{y}_A = 120$

한편 개인 A의 미래소득이 2배로 증가했기 때문에 p_x가 2에서 4로 2배 상승했음에도 불구하고, 즉 이자율이 1에서 3으로 3배 상승했음에도 불구하고 대출자인 개인 B는 물론 차입자인 개인 A의 예산집합이 모두 커진다. 이러한 내용이 에지워드상자에 나타나 있다. [그림 (B)]의 점선은 $\bar{y}_A = 60$일 경우 각 개인의 예산집합을 나타낸다. 이 때 두 개인의 효용이 모두 이전보다 커진다.

e. $p_x = \frac{1+\rho_B}{(1+\rho_A)\rho_B}$ (12)에서 볼 때 ρ_A가 작아질 경우 p_x가 커진다. 즉, 이자율이 상승한다. 직관적인 의미는 문항 c.의 논리를 적용하여 생각해 볼 수 있다. ρ_A는 현재소비와 미래소비의 상대적 가치를 반영하는 수치이다. ρ_A가 작아질 경우 미래소비의 가치가 작아지는 것이므로 그렇지 않을 경우에 비해 각 개인은 미래소비를 줄이고 현재소비를 늘릴 것이다. 이 과정에서 현재소득이 없는 개인 A는 이전에 비해 차입을 늘릴 것이다. 이러한 자금 수요 수요증가는 시장에서 이자율을 상승시킨다. 다른 각도에서 보자면 소비자는 각 상품의 1원당 한계효용이 같아지도록 소비할 터인데 ρ_A가 작아질 경우 개인 A의 경우 미래소비의 1원당 한계효용이 작아지므로 이전과 비교할 때 미래소비보다는 현재소비에 더 지출할 것이며 이것은 현재소비의 수요를 이전보다 증가시켜 현재소비의 가격을 상승시킬 것이다. 그런데 이자율이 바로 현재소비의 상대가격이므로 이자율이 상승한다.

f. $p_x = \frac{1+\rho_B}{(1+\rho_A)\rho_B}$ (12)에서 볼 때 ρ_B가 작아질 경우 p_x가 커진다. 즉, 이자율이 상승한다. 직관적인 의미는 문항 c.의 논리를 적용하여 생각해 볼 수 있다. ρ_B는 현재소비와

미래소비의 상대적 가치를 반영하는 수치이다. ρ_B가 작아질 경우 미래소비의 가치가 작아지는 것이므로 그렇지 않을 경우에 비해 각 개인은 미래소비를 줄이고 현재소비를 늘릴 것이다. 이 과정에서 현재소득만 있는 개인 B는 이전에 비해 대출을 줄일 것이다. 이러한 자금 공급 감소는 시장에서 이자율을 상승시킨다. 다른 각도에서 보자면 소비자는 각 상품의 1원당 한계효용이 같아지도록 소비할 터인데 ρ_B가 작아질 경우 개인 B의 경우 미래소비의 1원당 한계효용이 작아지므로 이전과 비교할 때 미래소비보다는 현재소비에 더 지출할 것이며 이것은 현재소비의 수요를 이전보다 증가시켜 현재소비의 가격을 상승시킬 것이다. 그런데 이자율이 바로 현재소비의 상대가격이므로 이자율이 상승한다.

g. 두 개인과 두 가지 상품이 존재하고 소득이 부존상품으로 주어진 경우 에지워드상자를 이용한 일반균형모형을 통해 분석할 수 있다. 예를 들어 2가지 상황이 발생할 수 있는 불확실성 하에서 두 개인이 각각 2종류의 주식에 투자하여 기대효용을 극대화한다고 하자. 이때 X기업 주식 1주는 상황 1이 발생할 경우 1만원의 수익을 보장하며 Y기업 주식 1주는 상황 2가 발생할 경우 1만원의 수익을 보장하도록 분할되어 있다고 하자. 그리고 각 개인에게는 초기에 일정 수량의 주식이 주어졌다고 하자. 이 경우도 일반균형모형을 이용하여 분석할 수 있다. 물론 이때 경쟁균형에서는 각 주식의 가격과 효율적 주식배분이 달성된다.

후생경제학

14장

14.1 규모에 대한 보수의 유형과 생산가능경계선의 모양

14.2 계약곡선과 생산가능경계선

14.3 생산가능경계선

14.4 파레토효율 조건의 성립과 경제행위의 관계

14.5 일반균형과 균형상대가격

14.6 일반균형 및 국제무역의 영향

14.7 로빈슨크루소모형

14.8 시장이 3개일 경우의 일반균형

14.9 생산가능경계선과 상대가격 : 고정비율생산함수일 경우

14.10 결합생산가능경계선

14.11 상품세에 대한 일반균형분석

14.12 조세의 귀착과 비효율 : 일반균형분석

14.13 조세의 비효율 : 일반균형분석의 응용

14.14 사회후생극대화 : 공리주의 사회후생함수와 롤즈의 사회후생함수의 경우

14.15 사회후생극대화

14.16 조세의 비효율과 차선이론

14.17 차선이론

14.1 규모에 대한 보수의 유형과 생산가능경계선의 모양

규모에 대한 보수에 따라 생산가능경계선의 모양이 어떻게 달라지는가를 말하시오.

KEY ▶ 특히 규모에 대한 보수가 일정할 때 생산가능경계선이 원점에 대해 오목하게 될 수도 있다는 점에 주목하자.

풀이

규모에 대한 보수가 일정할 때에는 생산가능경계선이 직선이 되거나 또는 원점에 대해 오목하게 그려진다. 규모에 대한 보수가 감소할 경우에는 생산가능경계선이 원점에 대해 오목하게 그려진다. 그러나 규모에 대한 보수가 증가할 경우에는 생산가능경계선이 원점에 대해 볼록하게 그려진다.

(1) 규모에 대한 보수가 일정할 경우

생산함수가 1차동차여서 규모에 대한 보수가 일정한 경우에 대해서 분석해 보자. 그런데 규모에 대한 보수가 일정할 때는 생산가능경계선이 직선이 되거나 또는 원점에 대해 오목하게 그려진다.

이러한 사실을 규명하기 위해서는 규모에 대한 보수가 일정할 때에는 생산요소가 모두 일정 배수만큼 증가하면 산출량도 동일 배수만큼 증가한다는 점을 상기하자.

(i) 먼저 규모에 대한 보수가 일정할 때 두 상품 생산에서의 요소투입비율이 동일한 경우를 생각해 보자. 이 경우 계약곡선이 에지워드 상자의 두 원점을 잇는 대각선으로 나타난다. 이 경우 규모에 대한 보수 일정의 특성에 비추어 볼 때 생산가능경계선도 직선이 된다는 것을 알 수 있다.

(ii) 다음으로 규모에 대한 보수가 일정할 때 두 상품 생산에서의 요소투입비율이 다를 경우에는 생산가능경계선이 어떠한 모양을 하게 될 것인가? 결과부터 말하면 이때 생산가능경계선은 원점에 대해 오목하게 그려진다. 이를 보여주기 위해, 예를 들어 [그림 A]에서 보는 바와 같이 X재의 요소투입비율인 $\frac{K}{L}$가 Y재의 $\frac{K}{L}$보다 작아서 계약곡선이 대각선 아래에 위치하는 경우(이때 계약곡선 상의 임의의 점을 잡아 X재의 $\frac{K}{L}$가 Y재의 $\frac{K}{L}$보다 작음을 확인해 보기 바란다)를 상정하자. 그리고 에지워드 상자의 두 원점을 잇는 보조선을 그어보자. 규모에 대한 보수가 일정할 경우 이 보조선에 대응하는 산출량의 조합들은 [그림 B]에서와 같이 직선으로 나타난다.

이제 [그림 A]의 보조선인 대각선 상에 임의의 점 Q를 잡으면 점 Q는 계약곡선 상에 있지 않으므로 이 점을 지나는 두 등량곡선은 렌즈모양을 형성한다. 따라서 점 R

과 같이 두 상품을 모두 더 많이 생산할 수 있는 파레토우월한 생산방법이 존재하게 된다. 그런데 이것은 바로 [그림 B]에서 보는 바와 같이 생산가능경계선이 원점에 대해 오목하게 그려짐을 의미한다.

[규모에 대한 보수가 일정하면서 요소투입비율이 다를 경우의 생산가능경계선]

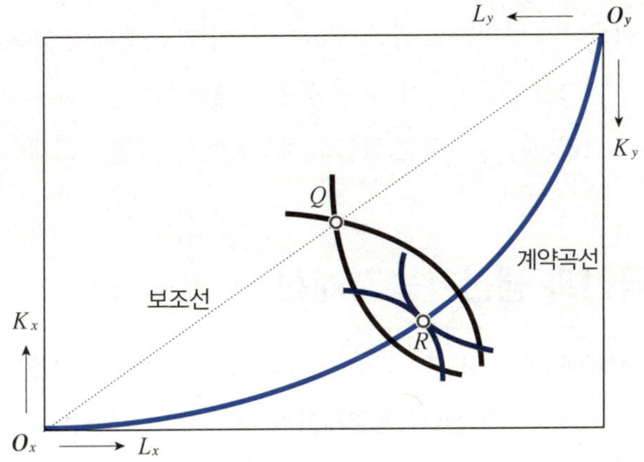

[그림 A]

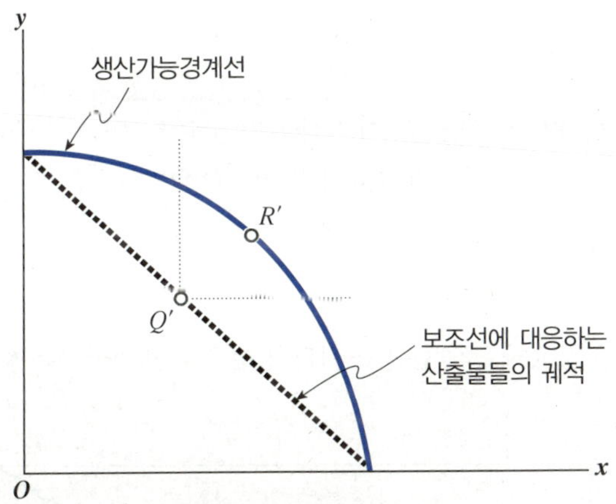

[그림 B]

(2) 규모에 대한 보수가 감소할 경우

규모에 대한 보수가 감소할 때 생산가능경계선이 원점에 대해 오목하게 그려지는 것도 유사한 방법을 통해 보여줄 수 있다.

(i) 다만 이때에는 두 상품의 요소투입비율이 동일하여 계약곡선이 대각선이라 하더라도 생산가능경계선은 원점에 대해 오목하게 그려진다. 여기서 바로 규모에 대한 보수 감소의 특성이 잘 나타나고 있다.

(ii) 한편 요소투입비율이 다를 경우를 생각해 보자. 이때 예를 들어 계약곡선이 대각

선 아래에 놓일 경우에는 대각선에 대응하는 생산물 조합들의 궤적이 상품 평면에서 원점에 대해 오목하게 그려진다. 그러므로 파레토효율적인 생산가능경계선은 이보다 더 오목하게 그려진다.

(3) 규모에 대한 보수가 증가할 경우

(i) 반면에 규모에 대한 보수가 증가할 경우에는 요소투입비율이 동일하여 계약곡선이 직선이라 하더라도 생산가능경계선이 원점에 대해 볼록하게 그려진다.

(ii) 아울러 요소투입비율이 다를 경우의 생산가능경계선은 대각선에 대응하여 볼록하게 그려지는 생산물 조합들의 궤적보다는 덜 볼록하게 그려진다.

14.2 계약곡선과 생산가능경계선

현재 경제 전체에 L이 50단위, K가 30단위 있다고 하자. 각 산업의 생산함수가 각각 다음과 같을 경우 계약곡선과 생산가능경계선의 식을 각각 구하시오.

a. $X=(L_xK_x)^{\frac{1}{2}},\ Y=(L_yK_y)^{\frac{1}{2}}$

b. $X=(L_xK_x)^{\frac{1}{4}},\ Y=(L_yK_y)^{\frac{1}{4}}$

c. $X=L_xK_x,\ Y=L_yK_y$

KEY ▶ 생산가능경계선의 식을 구하려면 생산가능경계선은 계약곡선에 대응하는 산출량들의 순서쌍의 집합이라는 점에 주목하여 그 순서쌍들이 나타내는 X와 Y의 관계식을 구하면 된다.

풀이

a. (i) [문제 13.7]의 해설과 같은 논리와 방법으로 계약곡선은 $K_x=\frac{3}{5}L_x$ (1)로 구해진다.

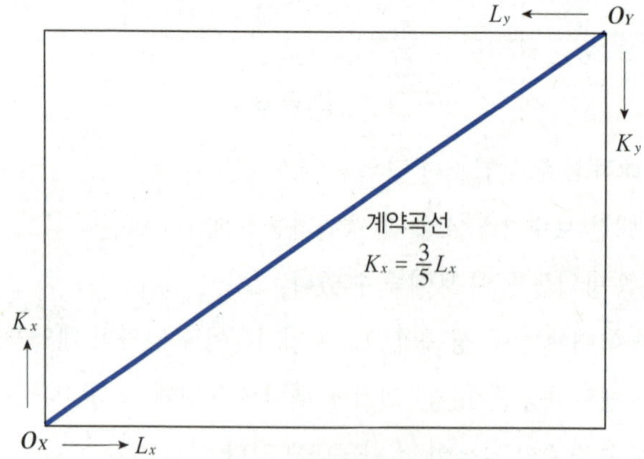

[그림 1]

(ii) 생산가능경계선은 주어진 생산요소와 기술로 생산할 수 있는 최대 산출량들의 순서쌍의 집합으로서 투입물 평면의 계약곡선을 산출물 평면에 전환시켜 그린 것이다. 그 결과 생산가능경계선 상의 점들은 당연히 효율적이다. 이 점에 주목하여 생산가능경계선을 구해 보자.

$\overline{L} = L_x + L_y = 50$ (2), $\overline{K} = K_x + K_y = 30$ (3)으로 주어졌다. 식 (2)와 식 (3)을 식 (1)에 적용하면 $\overline{K} - K_y = \frac{3}{5}(\overline{L} - L_y)$, 즉 $30 - K_y = \frac{3}{5}(50 - L_y)$, 즉 $K_y = \frac{3}{5}L_y$ (4)를 얻는다. 생산가능경계선은 계약곡선에 대응하는 산출량들의 순서쌍의 집합이라는 점에 주목하여 이를 구하기 위해 먼저 식 (1)을 X재의 생산함수에 적용하면 $X = (L_x K_x)^{\frac{1}{2}} = (L_x \cdot \frac{3}{5}L_x)^{\frac{1}{2}} = \sqrt{\frac{3}{5}}\,L_x$ (5)를 얻는다. 그 다음 식 (4)를 Y재의 생산함수에 적용하면 $Y = (L_y K_y)^{\frac{1}{2}} = (L_y \cdot \frac{3}{5}L_y)^{\frac{1}{2}} = \sqrt{\frac{3}{5}}\,L_y$ (6)를 얻는다. 식 (5)와 식 (6)을 같은 변끼리 더하면 $X + Y = \sqrt{\frac{3}{5}}(L_x + L_y)$ (7)이 된다. 여기에 식 (2)를 적용하면 $X + Y = 50\sqrt{\frac{3}{5}}$ (8)을 얻는다. 이것이 바로 생산가능경계선이다. 생산함수들이 모두 *CRTS*이고 두 산업의 요소집약도($\frac{K}{L}$)가 같기 때문에 예상한 바와 같이 [그림 2]처럼 생산가능경계선이 직선이 된다. *CRTS*이더라도 두 산업의 요소집약도가 다를 경우에는 생산가능경계선이 원점에 대해 오목해진다.

b. (i) 계약곡선은 문항 a. 처럼 $K_x = \frac{3}{5}L_x$로 구해진다.

(ii) 생산가능경계선의 식은 문항 a.와 같은 방법을 통해 구할 수 있다. 생산가능경계선을 구하기 위해 먼저 식 (1)을 X재의 생산함수에 적용하면 $X = (L_x K_x)^{\frac{1}{4}} = (L_x \cdot \frac{3}{5}L_x)^{\frac{1}{4}} = \sqrt[4]{\frac{3}{5}}\,L_x^{\frac{1}{2}}$ (9)를 얻는다. 이로부터 $L_x = \sqrt{\frac{5}{3}}\,X^2$ (10)을 얻는다. 그 다음 (4)를 Y재의 생산함수에 적용하면 $Y = (L_y K_y)^{\frac{1}{4}} = (L_y \cdot \frac{3}{5}L_y)^{\frac{1}{4}} = \sqrt[4]{\frac{3}{5}}\,L_y^{\frac{1}{2}}$ (11)을 얻는다. 이로부터 $L_y = \sqrt{\frac{5}{3}}\,Y^2$ (12)를 얻는다. 식 (10)과 식 (12)를 같은 변끼리 더하면 $L_x + L_y = \sqrt{\frac{5}{3}}(X^2 + Y^2)$ (13)이 된다. 여기에 식 (2)를 대입한 다음 정리하면 $X^2 + Y^2 = 50\sqrt{\frac{3}{5}}$ (14)를 얻는다. 이것이 바로 생산가능경계선이다. 생산함수들이

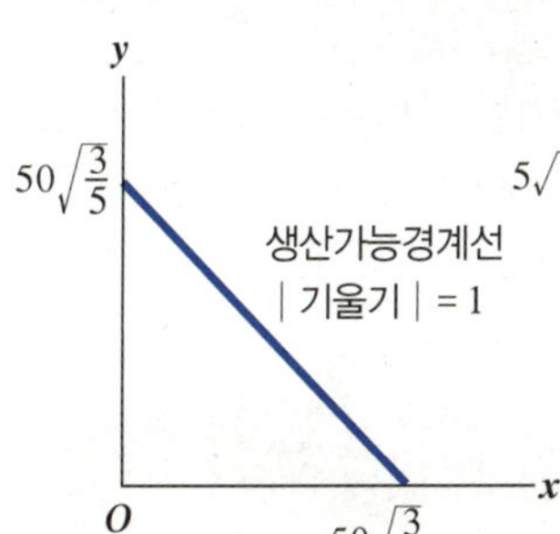

CRTS

[그림 2]

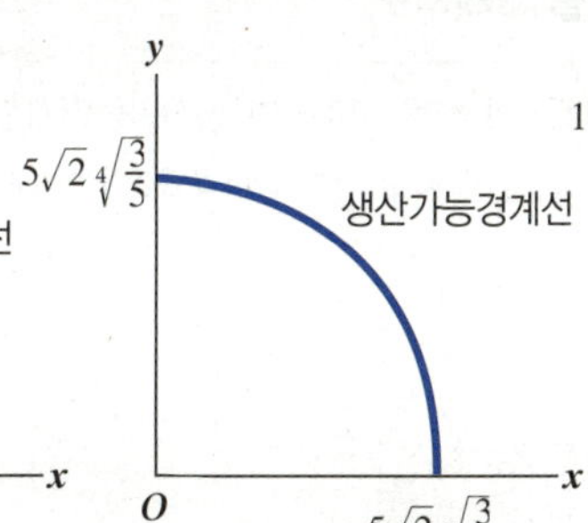

DRTS

[그림 3]

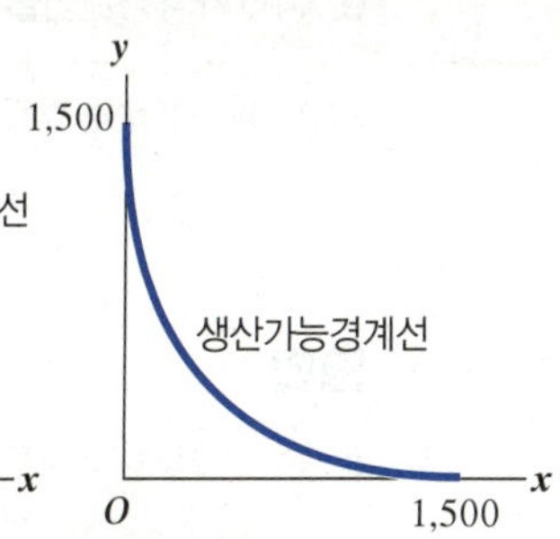

IRTS

[그림 4]

모두 *DRTS*이기 때문에 예상한 바와 같이 생산가능경계선이 [그림 3]처럼 원점에 대해 오목한 곡선으로 그려진다.

c. (i) 계약곡선은 문항 a. 처럼 $K_x = \frac{3}{5}L_x$로 구해진다.

(ii) 생산가능경계선의 식은 문항 b. 와 같은 방법을 통해 구할 수 있다. 생산가능경계선을 구하기 위해 먼저 식 (1)을 X재의 생산함수에 적용하면 $X = L_x K_x = L_x \cdot \frac{3}{5}L_x = \frac{3}{5}L_x^2$ (15)를 얻는다. 이로부터 $L_x = \sqrt{\frac{5}{3}X}$ (16)을 얻는다. 그 다음 식 (4)를 Y재의 생산함수에 적용하면 $Y = L_y K_y = L_y \cdot \frac{3}{5}L_y = \frac{3}{5}L_y^2$ (17)을 얻는다. 이로부터 $L_y = \sqrt{\frac{5}{3}Y}$ (18)을 얻는다.

식 (16)과 식 (18)을 같은 변끼리 더하면 $L_x + L_y = \sqrt{\frac{5}{3}X} + \sqrt{\frac{5}{3}Y}$ (19)가 된다. 여기에 식 (2)를 대입하면 $\sqrt{\frac{5}{3}X} + \sqrt{\frac{5}{3}Y} = 50$ (20)을 얻는다. 이것이 바로 생산가능경계선이다. 생산함수들이 모두 *IRTS*이기 때문에 예상한 바와 같이 생산가능경계선이 [그림 4]처럼 원점에 대해 볼록한 곡선으로 그려진다.

14.3 생산가능경계선

현재 경제 전체에 L과 K가 각각 100단위씩 있다고 하자. X재 산업은 1단위의 L과 2단위의 K를 항상 함께 투입하여 1단위를 생산한다고 한다. 한편 B재 산업에게는 1단위의 L과 2단위의 K가 서로 대체 투입되어 2단위를 생산할 수 있다고 한다.

a. 각 산업의 기술을 생산함수로 나타내시오.

b. 계약곡선을 그리시오.

c. 생산가능경계선을 그리시오.

L은 여전히 100단위이지만 K가 200단위로 증가했다고 하자.

d. 계약곡선을 그리시오.

e. 생산가능경계선을 그리시오.

KEY ▶ 생산가능경계선의 식을 구하려면 생산가능경계선은 계약곡선에 대응하는 산출량들의 순서쌍의 집합이라는 점에 주목하여 그 순서쌍들이 나타내는 X와 Y의 관계식을 구하면 된다.

풀이

a. 각 산업의 기술은 각각

$$X = min[L_x, \frac{1}{2}K_x] \tag{1}$$

$$Y = 2L_y + K_y \tag{2}$$

인 생산함수로 나타난다.

b. [문제 13.11]의 해설에서와 같은 논리로 계약곡선의 식은 $2L_x = K_x$, $L_x \leq 50$ (3)으로 구해진다.

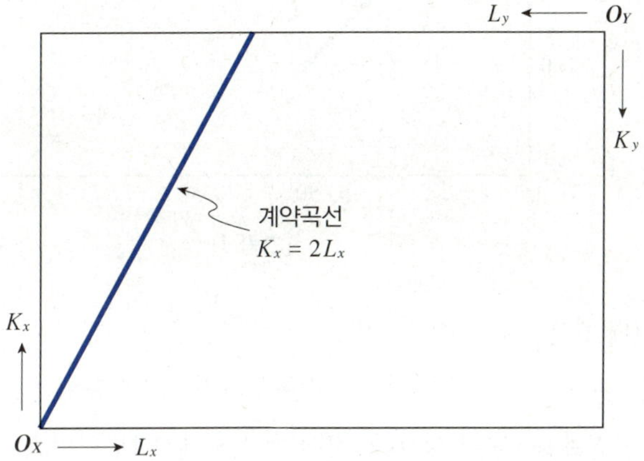

c. 생산가능경계선은 주어진 생산요소와 기술로 생산할 수 있는 최대 산출량의 순서쌍의 집합으로서 투입물 평면의 계약곡선을 산출물 평면에 전환시켜 그린 것이다. 그 결과 생산가능경계선 상의 점들은 당연히 효율적이다. 이 점에 주목하여 생산가능경계선을 구해 보자.

$\overline{L} = L_x + L_y = 100$ (4), $\overline{K} = K_x + K_y = 100$ (5)로 주어졌다. Y재 생산함수인 (2)에 (4)와 (5)를 적용하면

$$Y = 2L_y + K_y = 2(\overline{L} - L_x) + (\overline{K} - K_x) = 2(100 - L_x) + (100 - K_x) \tag{6}$$

가 된다. 그런데 X재 생산함수에서 볼 때 X재의 경우 $X = L_x = \frac{1}{2}K_x$ (7)이 성립하는 상태에서 효율이 달성된다. 그러므로 (7)을 (6)에 적용하면

$$Y = 2(100 - L_x) + (100 - K_x) = 2(100 - X) + (100 - 2X) = 300 - 4X$$

를 얻는다. 그런데 계약곡선을 관찰해 보면 L과 K가 1 : 2의 비율로 투입되고 나머지는 모두 Y재 산업에 투입된다. 그 결과 X재의 최대 산출량은 $X = \frac{1}{2}K_x \leq \frac{1}{2}\overline{K} = 50$이 된다. 즉, X재의 최대 산출량은 K의 부존량의 제약을 받아 50단위가 된다. X재가 최대로 생산될 때 X재 산업에 투입되는 L은 50단위이며 나머지 50단위는 Y재 산업에 투입된다. 그 결과 X재가 최대로 생산될 때 Y재 산출량은 $Y = 2L_y + K_y = 2(50) + 0 = 100$이 된다.

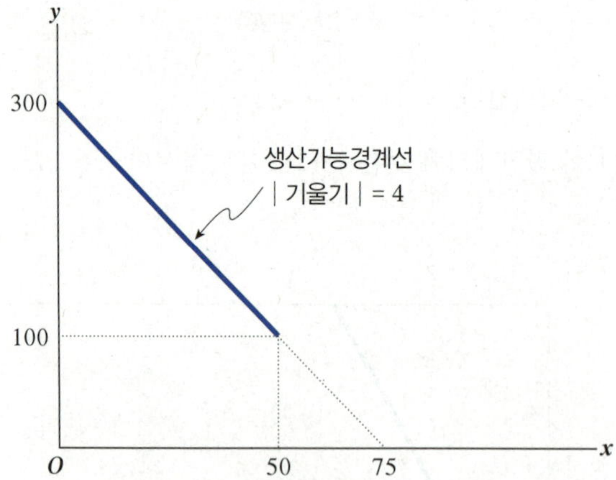

[그림 1]

이때 생산가능경계선의 기울기의 절대값은 4인데 그 이유를 직관적으로 살펴보자. 먼저 L과 K를 모두 Y재 생산에만 투입하면 Y재 산출량은 300단위가 된다. 이러한 상태에서 X재를 1단위 생산하려면 Y재 산업에서 1단위의 L과 2단위의 K가 X산업으로 이동해야 한다. 그런데 1단위의 L과 2단위의 K가 X산업으로 이동하면 Y재 산출량은 4단위 감소한다. 결국 X재 1단위에 대한 기회비용은 Y재 4단위이다. 그러므로 생산가능경계선의 기울기의 절대값은 4가 된다.

d. 계약곡선은 문항 b.와 같이 $2L_x = K_x$ (3)으로 구해진다.

e. $\overline{L} = L_x + L_y = 100$ (4), $\overline{K} = K_x + K_y = 200$ (8)로 주어졌다. Y재 생산함수인 (2)에 (4)와 (8)을 적용하면

$$Y = 2L_y + K_y = 2(\overline{L} - L_x) + (\overline{K} - K_x) = 2(100 - L_x) + (200 - K_x) \quad (9)$$

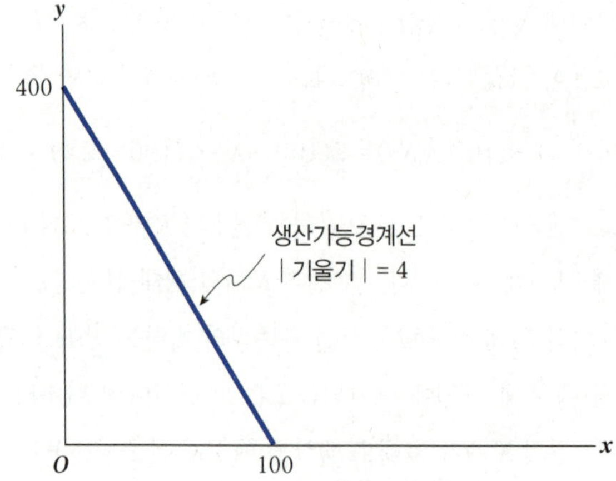

[그림 2]

가 된다. 그런데 X재 생산함수로부터 $X = L_x = \frac{1}{2}K_x$ (7)이다. (7)을 (9)에 적용하면

$$Y = 2(100 - L_x) + (200 - K_x) = 2(100 - X) + (200 - 2X) = 400 - 4X$$

를 얻는다. 한편 L과 K의 부존량의 비율이 1 : 2일 경우 L과 K가 모두 X산업에 투입될 경우 남는 생산요소가 없다. 그러므로 X재가 최대로 생산될 때 Y재 산출량은 0이 된다. 그 결과 생산가능경계선은 [그림 2]처럼 그려진다.

14.4 파레토효율 조건의 성립과 경제행위의 관계

경쟁시장에서는 교환의 파레토효율 조건, 생산의 파레토효율 조건, 종합적 파레토효율 조건 등이 성립한다. 이 경우 개별 경제주체들의 어떠한 행위가 이 조건들을 성립하게 하는가? 각 개별주체들의 행위와 각 조건의 대응관계를 말하고 논의하시오.

KEY ▶ 개인의 효용극대화와 기업의 이윤극대화가 자원을 파레토효율적으로 배분하게 된다. 이윤극대화는 비용극소화를 함축한다.

풀이

(i) 효용극대화 행위는 교환의 파레토효율 조건인

$$MRS^A_{xy} = MRS^B_{xy} \tag{1}$$

를 성립하게 한다. 구체적으로 살펴보자. 각 개인은 $MRS_{xy} = \frac{p_x}{p_y}$인 상태에서 효용을 극대화한다. 그런데 $\frac{p_x}{p_y}$는 누구에게나 동일하게 적용된다. 그 결과 가격을 매개로 (1)이 달성된다.

(ii) 비용극소화 행위는 생산의 파레토효율 조건인

$$MRTS^X_{LK} = MRTS^Y_{LK} \tag{2}$$

를 성립하게 한다. 구체적으로 살펴보자. 각 기업은 $MRTS_{LK} = \frac{w}{r}$인 상태에서 비용을 극소화시킨다. 그런데 $\frac{w}{r}$는 어느 기업에게나 동일하게 적용된다. 그 결과 생산요소 가격을 매개로 (2)가 달성된다.

(iii) 이윤극대화 행위와 효용극대화 행위가 함께 작용하여 종합적 파레토효율 조건인

$$MRS_{xy} = MRT_{xy} \tag{3}$$

를 성립하게 한다. 그 이유를 살펴보자. 각 개인은 $MRS_{xy} = \frac{p_x}{p_y}$인 상태에서 효용을 극

대화시킨다. 각 기업은 $p_x = MC_x$, $p_y = MC_y$인 상태에서 이윤을 극대화시킨다. 그런데 $MRT_{xy} = \frac{MC_x}{MC_y}$이기 때문에 $MRT_{xy} = \frac{p_x}{p_y}$가 성립한다. 그런데 $\frac{p_x}{p_y}$는 개인과 기업에게 동일하게 적용된다. 그 결과 가격을 매개로 (3)이 달성된다.

이것은 다음과 같이 설명할 수도 있다. 이윤은 $\pi = p_x x + p_y y - c$로 쓸 수 있다. 여기서 c는 상품을 생산하는 데 드는 비용이다. 이때 등이윤선은

$$y = \frac{\pi + c}{p_y} - \frac{p_x}{p_y} x$$

로 쓸 수 있다.

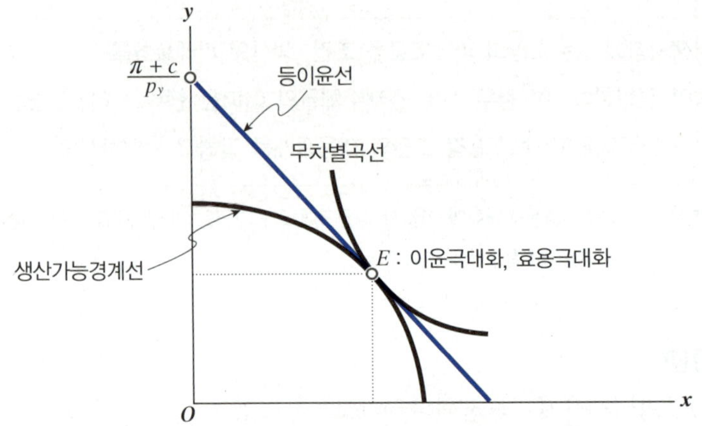

생산가능경계선은 주어진 생산요소를 모두 사용하여 상품을 생산할 때 얻는 것이므로 생산가능경계선 상의 어떤 점에서도 비용 c는 똑같이 든다. 그러므로 이윤이 극대화되려면 등이윤선의 절편이 극대화되어야 한다. 그런데 절편의 값은 등이윤선이 생산가능경계선과 E점에서 만날 때 가장 커진다. 즉, E점에서 이윤이 극대화된다. 한편 E점에서는 효용극대화 행위에 의해 대표적 개인의 무차별곡선과 생산가능경계선이 서로 접한다. 그러므로 E점에서는 무차별곡선의 기울기인 MRS_{xy}와 생산가능경계선의 기울기인 MRT_{xy}가 같아진다. 즉, 종합적 파레토효율 조건이 성립한다. 물론 이때 그 기울기는 $\frac{p_x}{p_y}$와 같다.

14.5 일반균형과 균형상대가격

두 상품에 대한 생산가능경계선이 $x^2 + y^2 = 400$이라고 한다. 모든 사람들이 X재 2단위와 Y재 1단위를 항상 묶어서 소비한다고 하자.

a. 각 상품의 산출량을 구하시오.

b. 균형상대가격을 구하시오.

c. 이 결과를 그림으로 그리시오.

KEY ▶ 완전보완재이기 때문에 효용함수로부터 효율적인 상품 수량의 비율이 정해져 버린다.

풀이

$x^2 + y^2 = 400$으로 주어져 있다. 완전보완재이므로 효용함수를 구할 때 x에 2를 대입하고 y에 1을 대입했을 때 서로 같은 수치가 나오도록 구성한다. 그 결과 효용함수는 $U(x, y) = min\left[\frac{x}{2}, y\right]$가 된다.

a. 효용함수의 형태로부터 효율이 달성되려면

$$\frac{x}{2} = y$$

이어야 함을 알 수 있다. 이 식과 생산가능경계선으로부터 $x^* = 8\sqrt{5}$, $y^* = 4\sqrt{5}$를 얻는다.

b. 균형에서는

$$MRT_{xy} = \frac{p_x}{p_y}$$

가 성립한다. 그런데 생산가능경계선으로부터 MRT_{xy}를 얻을 수 있다. 즉, 생산가능경계선을 전미분하면 $2x\,dx + 2y\,dy = 0$을 얻는다. 이로부터

$$MRT_{xy} = -\frac{dy}{dx} = \frac{x}{y}$$

이다. 여기에 위에서 얻은 값을 대입하면 $MRT_{xy} = \frac{x^*}{y^*} = \frac{8\sqrt{5}}{4\sqrt{5}} = 2$를 얻는다. 그러므로 $\frac{p_x}{p_y} = 2$이다.

공급측면을 반영하는 생산가능경계선의 식에서 볼 때 X재 생산함수나 Y재 생산함수는 동일한 형태일 것으로 추론할 수 있다. 그런데 수요측면을 반영하는 효용함수에서 볼 때 X재 수요량은 Y재 수요량의 2배가 되기 때문에 결과적으로 Y재에 대한 X재의 상대가격이 2로 구해진 것으로 해석할 수 있다.

c.

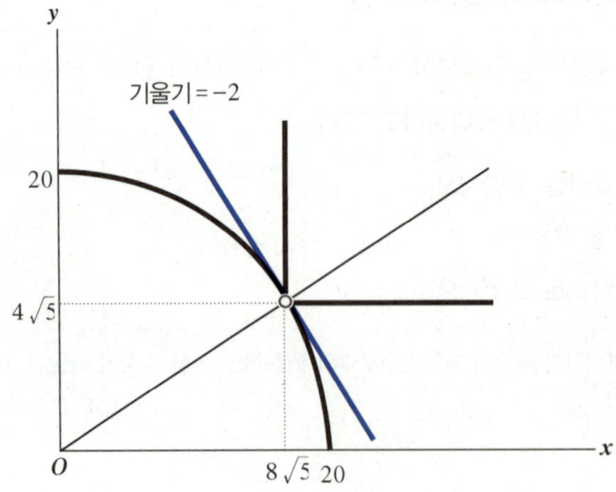

14.6 일반균형 및 국제무역의 영향

어떤 개인이 자급자족할 목적으로 두 상품 X, Y를 생산한다고 하자. 이를 위해 그는 800시간을 투입할 계획이라고 한다. 각 상품에 대한 생산함수를 $x = L_x^{\frac{1}{2}}$, $y = \frac{1}{2}L_y^{\frac{1}{2}}$이라 하고 효용함수를 $U = (xy)^{\frac{1}{2}}$이라고 하자. 여기서 L_x와 L_y는 각 상품을 생산하는 데 투입된 노동 시간이다.

a. 효율적인 노동 시간 배분, 각 상품의 산출량, 그리고 그때의 효용을 구하시오.

b. 두 상품에 대한 국제상대가격이 1이라고 하자. 이러한 상황에서 이 개인이 무역을 할 경우 각 상품의 산출량과 소비량을 구하시오. 그때의 효용을 구하시오.

c. 위 문항 a.와 b.의 결과를 그림으로 그리시오.

d. 위생산함수가 각각 $x = L_x$, $y = L_y$로 바뀔 경우 국제상대가격이 변화함에 따라 각 상품의 산출량이 어떻게 달라질 것인지 직관적으로 말하시오.

KEY ▶ 한 명이 생산자인 동시에 소비자의 역할을 하고 있다. 생산요소도 하나뿐이다.

풀이

$$L_x + L_y = 800 \quad (1)$$

$$x = L_x^{\frac{1}{2}} \quad (2)$$

$$y = \frac{1}{2}L_y^{\frac{1}{2}} \quad (3)$$

$U = (xy)^{\frac{1}{2}}$으로 주어져 있다.

a. 개인은 한 명이기 때문에 교환의 효율조건을 생각할 필요가 없다. 한편 생산가능경계선은 주어진 생산요소와 기술로서 생산할 수 있는 최대 생산물의 조합들을 나타낸다. 그런데 생산요소의 양과 기술이 주어져 있으므로 그로부터 생산가능경계선을 구할 수 있다. (2)와 (3)을 각각 정리하여 (1)에 대입하면 생산가능경계선이 $PPF : x^2 + 4y^2 = 800$으로 구해진다. 이 식을 전미분하여 정리하면

$$MRT_{xy} = -\frac{dy}{dx} = \frac{2x}{8y} = \frac{x}{4y}$$

로 구해진다. 한편 효용함수를 전미분하여 정리하면

$$MRS_{xy} = -\frac{dy}{dx} = \frac{\frac{\partial U}{\partial x}}{\frac{\partial U}{\partial y}} = \frac{y}{x}$$

로 구해진다. 여기서 종합적 효율조건을 적용하면 $MRS_{xy} = MRT_{xy}$로부터 $x = 2y$를 얻는다. 이 식과 PPF를 이용하면 $x^* = 20$, $y^* = 10$을 얻는다. 그런데 이 결과는 사실상

$$\underset{x,\,y}{Max}\ x^{\frac{1}{2}} y^{\frac{1}{2}}$$
$$s.t.\quad x^2 + 4y^2 = 800$$

을 푼 것이다.

이 결과를 해석해 보자. 효용함수에서 볼 때 X재 소비와 Y재 소비가 효용에 미치는 영향은 대칭적이다. 그런데 생산함수에서 볼 때 X재에서의 생산성이 더 높다. 그러므로 X재를 더 많이 생산하게 된 것이다. 이 값들을 효용함수와 생산함수에 각각 대입하면 $U^* = 10\sqrt{2}$, $L_x^* = L_y^* = 400$으로 구해진다.

b. 국제무역을 할 경우 생산자와 소비자는 이제 국제가격을 기준으로 행동한다. 국제상대가격이 $\frac{p_x}{p_y} = 1$이다. 그러므로 생산자는 'MRT_{xy} = 국제상대가격' 이 되는 곳에서 생산할 것이다. 그러므로 $MRT_{xy} = 1$로 놓으면 $x = 4y$가 된다. 이 식과 PPF로부터 $x^* = 8\sqrt{10}$, $y^* = 2\sqrt{10}$을 얻는다. 한편 소비자들은 이렇게 생산된 상품을 '부존상품' 으로 하여 소비를 한다. 여기에 부존소득모형의 원리가 적용된다. 그리하여 소비자에게 '예산선' 으로 작용하는 상대가격선은 부존점을 지나게 된다. 그리고 소비자들에게는 상대가격선 아래의 상품묶음들이 예산집합을 구성하게 된다. 이때 소비자의 효용극대화 문제는

$$\underset{x,\,y}{Max}\ x^{\frac{1}{2}} y^{\frac{1}{2}} \qquad (\text{단, } p_x = p_y)$$
$$s.t.\quad p_x x + p_y y = 8\sqrt{10}\, p_x + 2\sqrt{10}\, p_y$$

가 된다. 이로부터 $x^* = 5\sqrt{10}$, $y^* = 5\sqrt{10}$을 얻는다. 이 값들을 효용함수에 대입하면 $U^* = 5\sqrt{10}$을 얻는다.

c. 그림을 검토해 보자. 무역 이전에는 생산가능경계선과 그 내부가 소비가능집합이었다. 그런데 무역으로 인해 소비가능집합이 더 커졌다. 아울러 무역 전에는 생산점과 소비점이 같았으나 무역 이후에는 생산점과 소비점이 달라졌다. 즉, 이윤을 극대화하는 수량을 생산한 다음 *X*재를 수출하고 그 대신 *Y*재를 수입함으로써 효용을 극대화하고 있다는 것이다.

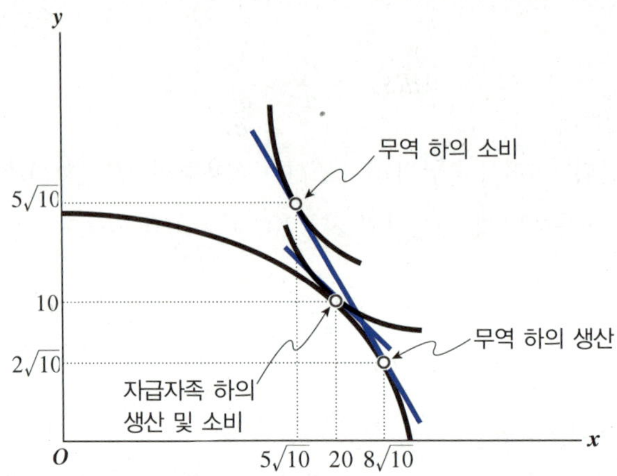

d. 생산함수들을 각각 (1)에 대입하면 *PPF*는

$$x + y = 800$$

으로 구해진다. 즉, 기울기의 절대값이 1인 직선이 된다. 이때 *X*재 생산의 한계비용과 *Y*재 생산의 한계비용이 모두 일정하며 서로 같다. 그러므로 국제상대가격이 1보다 클 경우에는 *X*재만 생산하여 무역을 한다. 반대로 국제상대가격이 1보다 작을 경우에는 *Y*재만 생산하여 무역을 한다. 즉, 국제상대가격이 1이 아닐 경우에는 완전 특화한 후 무역을 한다.

한편 국제상대가격이 1일 경우에는 *PPF*의 기울기의 절대값과 국제상대가격이 일치한다. 이 경우 *X*재와 *Y*재를 각각 400단위씩 생산하며 무역을 하지 않고 자급자족한다.

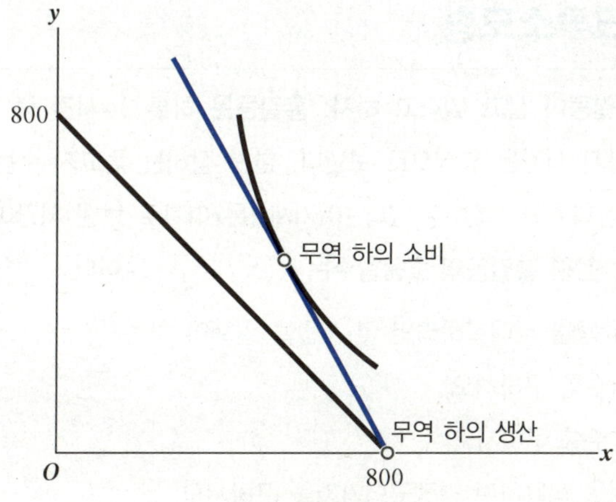

국제상대가격 > 1일 경우

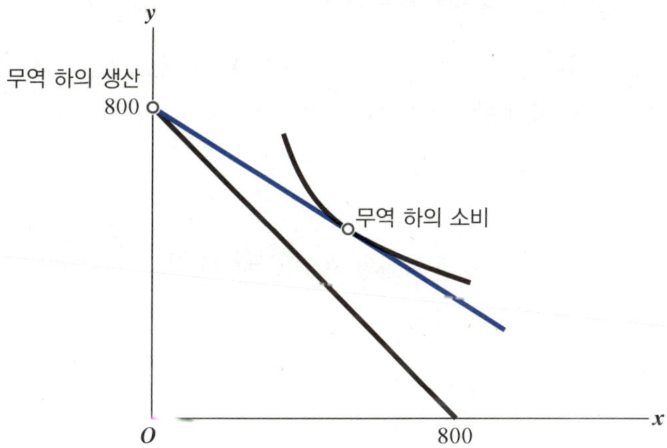

국제상대가격 < 1일 경우

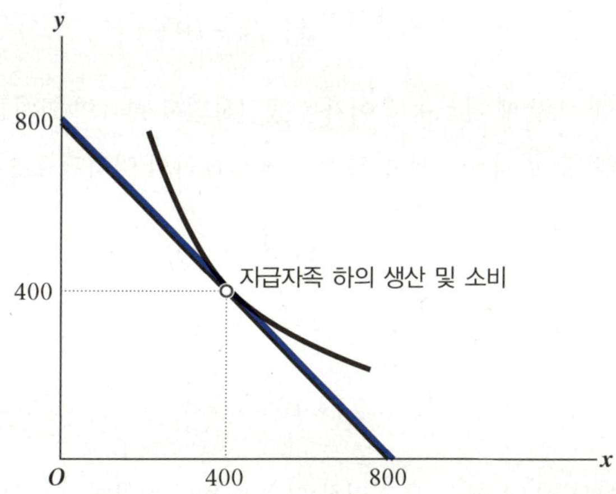

국제상대가격 = 1일 경우

14.7 로빈슨크루소모형

외딴 섬에 홍길동이 살고 있다고 하자. 홍길동은 하루 24시간 중 일부를 물고기 잡는 데 사용하고 나머지 시간은 휴식으로 보낸다. 한편 잡히는 물고기 수는 $c = (24 - l)^{\frac{1}{2}}$이다. 물론 이것은 생산함수라고 할 수 있다. 여기서 l은 여가로 보낸 시간이다. 그러므로 $24 - l$은 노동시간이다. 한편 홍길동의 효용함수는 $U(c, l) = c^{\frac{1}{2}} l^{\frac{1}{2}}$이다.

a. 홍길동이 효용을 극대화하려면 몇 시간을 일해야 하는가?

b. 노동수요함수를 구하시오.

c. 노동공급함수를 구하시오.

d. 왈라스법칙을 적용하여 경쟁균형가격을 구하시오.

e. 종합적 효율조건을 이용하여 경쟁균형가격을 구하시오.

f. 생산함수가 $c = 24 - l$로 바뀔 경우에는 결과가 어떻게 달라지는가?

KEY ▶ 로빈슨크루소모형이다. 왈라스법칙에 따르면 2개의 시장이 있을 경우 1개의 시장에서 균형이 이루어지면 다른 시장에서도 자동적으로 균형이 이루어진다.

풀이

a. 홍길동은 주어진 기술조건 아래 자신의 효용을 극대화하도록 시간을 사용할 것이다. 그러므로 그의 효용극대화 문제는

$$\underset{c,\,l}{Max}\ U(c, l) = c^{\frac{1}{2}} l^{\frac{1}{2}}$$
$$s.t. \quad c = (24 - l)^{\frac{1}{2}}$$

이다. 이에 대한 라그랑지함수는

$$\underset{c,\,l}{Max}\ L = c^{\frac{1}{2}} l^{\frac{1}{2}} + \lambda\left((24 - l)^{\frac{1}{2}} - c\right)$$

이다. 그림에 그릴 때 가로축에 여가를 표시하면서 결과의 의미를 알아보려고 한다.

이를 위해 l로 먼저 편미분을 하면, 효용극대화의 일차필요조건은

$$\frac{\partial L}{\partial l} = \frac{1}{2} c^{\frac{1}{2}} l^{-\frac{1}{2}} + \frac{1}{2}\lambda\left((24 - l)^{-\frac{1}{2}}(-1)\right) = 0 \tag{1}$$

$$\frac{\partial L}{\partial c} = \frac{1}{2} c^{-\frac{1}{2}} l^{\frac{1}{2}} - \lambda = 0 \tag{2}$$

$$\frac{\partial L}{\partial \lambda} = (24 - l)^{\frac{1}{2}} - c = 0 \tag{3}$$

이다. 식 (1)과 식 (2)를 각각 정리한 다음 대응되는 변끼리 나누어 주면

$$\frac{c}{l} = \frac{1}{2}(24 - l)^{-\frac{1}{2}} \tag{4}$$

이 된다. 식 (4)가 바로 $MRS = MRT$라는 효율조건을 나타낸다. 식 (3)과 식 (4)를 연립으로 풀면 $l^* = 16$, $c^* = 2\sqrt{2}$를 얻는다. 한편 $24 - l^* = 8$이므로 효용을 극대화하려면 8시간 일해야 한다.

b. 홍길동이 소비자인 동시에 기업의 역할도 하는 것으로 생각하자. 전자를 소비자 홍길동이라고 부르고 후자를 홍길동 기업이라고 부르자. 홍길동 기업의 이윤극대화 문제로부터 노동수요함수를 구한다.

홍길동 기업의 이윤을 극대화 문제를 검토해 보자. 홍길동 기업은 노동을 고용하여 물고기를 잡는다. 이때 생산함수의 제약을 받는다. 이렇게 잡은 물고기를 시장가격 p에 판매한다. 이로부터 수입을 얻는다. 한편 홍길동 기업이 노동을 $(24 - l)$만큼 고용하려면 $w(24 - l)$만큼의 임금을 지불해 주어야 한다. w는 임금률이다. 이러한 임금은 홍길동 기업의 비용이 된다. 그러므로 이윤극대화 문제는

$$\begin{aligned} &\underset{c,\,l}{Max}\ \pi = pc - w(24 - l) \\ &s.t. \quad c = (24 - l)^{\frac{1}{2}} \end{aligned}$$

으로 쓸 수 있다. 생산함수를 목적함수에 대입함으로써 이것은 다시

$$\underset{l}{Max}\ \pi = p(24 - l)^{\frac{1}{2}} - w(24 - l)$$

로 쓸 수 있다.

이윤극대화의 일차필요조건은 l로 미분하여

$$\frac{d\pi}{dl} = \frac{1}{2}p(24 - l)^{-\frac{1}{2}}(-1) + w = 0,\ \text{즉}\ \frac{1}{2}p(24 - l)^{-\frac{1}{2}} = w,\ \text{즉}\ VMP_l = w$$

로 구해진다. 이로부터

$$\frac{w}{p} = \frac{1}{2}(24 - l)^{-\frac{1}{2}} \tag{5}$$

을 얻는다. 이로부터 노동수요함수는

$$24 - l = \frac{1}{4}\left(\frac{w}{p}\right)^{-2} \tag{6}$$

으로 구해진다. 이것을 목적함수에 대입하면 이윤은

$$\pi^* = \frac{1}{4}\left(\frac{w}{p^2}\right)^{-1} \tag{7}$$

이 된다.

c. 홍길동의 효용극대화로부터 여가수요함수를 구한다. 이로부터 노동공급함수를 알 수 있다.

소비자 홍길동의 효용극대화 문제를 살펴보자. 이때 앞서 구한 이윤을 소비자 홍길동의 예산식의 소득에 포함시킨다. 자본주의 경제에서 이윤은 결국 소비자인 주주에게 배분되는 것으로 간주하는 것이다. 소비자 홍길동은 이윤과 자신의 부존소득을 사용함으로써 효용을 극대화한다. 그러므로 소비자 홍길동의 예산제약식은

$$pc + wl = 24w + \pi^* \tag{8}$$

가 된다. 한편 이 예산제약식은

$$pc = w(24 - l) + \pi^*$$

로도 쓸 수 있다. 그가 기업을 경영하여 벌어들인 이윤과 노동공급을 통해 벌어들인 임금으로 물고기를 구입하는 것으로 생각하는 것이다. 어느 방법으로 생각하든지 홍길동의 효용극대화 문제는

$$\begin{aligned} &\underset{c,\,l}{Max}\ U(c, l) = c^{\frac{1}{2}} l^{\frac{1}{2}} \\ &s.t. \quad pc + wl = 24w + \pi^* \end{aligned}$$

가 된다.

이 문제를 원리적으로 풀려면 라그랑지함수를 이용해야 한다. 그러나 여기서는 우리가 이미 알고 있는 효용극대화 조건을 사용하기로 하자. 즉,

$$MRS_{lc} = \frac{w}{p} \tag{9}$$

를 이용하는 것이다. 여기서

$$MRS_{lc} = \frac{MU_l}{MU_c} = \frac{c}{l} \tag{10}$$

이다. 식 (9)와 식 (10)으로부터

$$c = \frac{w}{p} l \tag{11}$$

을 얻는다.

식 (7)과 식 (11)을 예산제약식인 식 (8)에 대입한 후 l을 구하면

$$l = 12 + \frac{1}{8}\left(\frac{w}{p}\right)^{-2} \tag{12}$$

을 얻는다. 노동공급함수를 구하기 위해 이 식의 양변에 (-1)을 곱한 다음 24를 더해 주면

$$24 - l = 12 - \frac{1}{8}\left(\frac{w}{p}\right)^{-2} \tag{13}$$

을 얻는다. 이것이 바로 노동공급함수이다.

d. 왈라스법칙에 따르면 두 시장 중에서 하나의 시장에서 균형이 이루어지면 다른 시장에서도 자동적으로 균형이 이루어진다. 이 문제의 경우 노동시장에서 균형이 이루어지면 물고기시장에서도 자동적으로 균형이 이루어진다.

여기서는 노동시장에 주목하여 문제를 풀어보자. 노동시장의 균형조건은 노동수요량과 공급량이 같아지는 것이다. 즉, 균형에서는 식 (6)과 식 (13)이 같아진다. 이로부터 경쟁균형가격은

$$\frac{w}{p} = \frac{\sqrt{2}}{8} \tag{14}$$

로 정해진다. 이것을 식 (12)에 대입하면 $l^* = 16$을 얻는다. 이것과 식 (14)를 식 (11)에 대입하면 $c^* = 2\sqrt{2}$를 얻는다. 이러한 결과는 문항 a.에서 구한 결과와 같다는 점에 주목하자. 한편 경쟁균형가격은 상대가격만 의미가 있다. 그러므로 편의상 $p = 1$로 놓으면 식 (14)로부터 $w = \frac{\sqrt{2}}{8}$가 된다. 이것들을 식 (7)에 대입하면 $\pi^* = \sqrt{2}$로 구해진다.

한편 등이윤선의 식은 이윤극대화 문제의 목적함수로부터

$$c = -\frac{w}{p}l + \frac{\pi}{p} + 24\frac{w}{p}$$

로 구해진다. 이것이 그림의 (l, c) 평면에 그려져 있다.

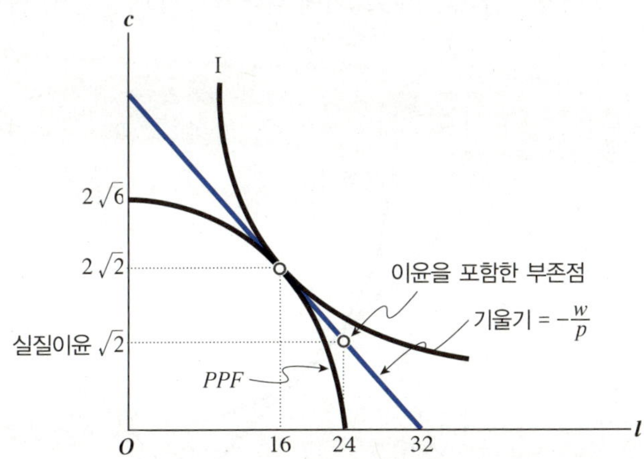

e. 효용함수를 전미분하면 $MRS_{lc} = \frac{c}{l}$를 얻을 수 있다. 생산함수를 전미분하면 $MRT_{lc} = \frac{1}{2}(24 - l)^{-\frac{1}{2}}$을 얻을 수 있다. 균형에서는 $MRS = MRT$가 성립하므로, 이 두 값이 같아진다. 이 조건과 생산함수를 이용하면 c^*와 l^*를 구할 수 있다. 또한 균형에서는 $MRS_{lc} = \frac{w}{p} = MRT_{lc}$가 성립하므로 이 조건에 c^*와 l^*를 대입하면 균형상대가격을 구할 수 있다.

f. 기업의 이윤극대화 문제는

$$\underset{l}{Max}\ \pi = p(24 - l) - w(24 - l)$$

이 된다. 이때 이윤극대화의 일차필요조건은

$$\frac{d\pi}{dl} = -p + w = 0$$

가 된다. 이로부터

$$p = w\,(\text{즉, } VMP_l = w) \tag{15}$$

가 성립한다. 식 (15)를 목적함수에 대입해 보면 산출량과 관계없이 $\pi^* = 0$이 된다. 소비자 홍길동의 예산제약식인 식 (8)에 $\pi^* = 0$을 대입하면

$$pc + wl = 24w \tag{16}$$

를 얻는다. 이 경우에도 식 (9)는 변하지 않으므로 식 (11)은 그대로 성립한다. 식 (11)과 식 (16)으로부터 $c = 12$, $l = 12$로 구해진다.

결과를 정리해 보자. 생산함수가 $c = 24 - l$이므로 노동의 한계생산물이 일정하다. 한계생산물이 일정할 때에는 평균비용과 한계비용은 같아진다. 그 결과 이윤이 0이 된다. 이때 상대가격은 기술조건에 의해 정해지고, 균형수량은 수요조건에 의해 정해진다.

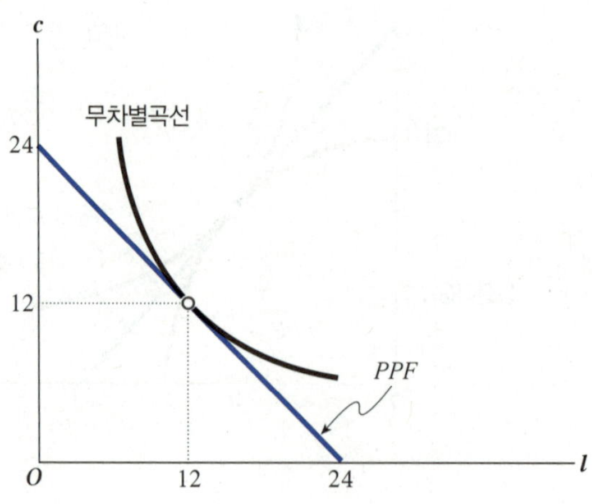

참고 ▶ (i) $\frac{d\pi}{dl} = -p + w < 0$일 경우를 생각해 보자. 이것은 여가 l과 이윤이 반대 방향으로 움직인다는 것이다. 즉, 여가를 감소시킬 경우 이윤이 증가한다는 것이다. 바꾸어 말하면 노동을 계속 증가시킬 경우 이윤이 계속 증가한다는 것이다. 이러한 사실은 위 식이 성립할 경우 $w < p$가 되는 것으로부터도 확인할 수 있다. 이 경우 균형이 존재하지 않는다.

(ii) $\frac{d\pi}{dl} = -p + w > 0$일 경우, 즉 $w > p$일 경우에는 여가를 늘릴수록(노동을 줄일수록) 이윤이 증가한다. 그리하여 기업은 한 단위도 생산하지 않는다. 한 단위라도 생산하면 손실이 발생하며 또한 산출량을 늘릴수록 손실은 점점 더 커진다.

14.8 시장이 3개일 경우의 일반균형

대표적 개인의 효용함수는 $U = \sqrt{xy}$이다. 생산함수는 $x = \sqrt{L_x}$, $y = \sqrt{L_y}$라고 한다. 이 경제에는 200단위의 노동이 있다고 한다.

a. 기업들은 이윤을 극대화하고 개인은 효용을 극대화한다고 하자. 이 경우 X재와 Y재의 산출량을 구하시오.

b. 일반균형가격을 구하시오.

c. 소비자들의 총소득으로 일반균형상품수량을 남거나 모자람이 없이 구입할 수 있다는 것을 보이시오.

d. 생산함수가 $x = \frac{1}{2}L_x$, $y = \frac{1}{2}L_y$로 바뀔 경우에는 결과가 어떻게 달라지는가?

KEY ▶ x, y, 노동 등 3개의 시장이 있다. 왈라스법칙에 의해 2개의 시장에서 각 상품의 수요공급이 일치하는 조건으로부터 균형을 구할 수 있다. 그러나 여기서는 종합적 효율조건을 이용하여 간편하게 구하기로 한다. 한편 일반균형에서는 절대가격은 정해지지 않고 상대가격만 정해진다.

풀이

a. 경제 전체의 이윤극대화 문제는

$$\underset{x,y}{Max}\ \pi = p_x x + p_y y - C(x) - C(y) \tag{1}$$

이다. 이윤극대화 조건은

$$p_x = MC_x,\ p_y = MC_y \tag{2}$$

이다. 이로부터

$$\frac{p_x}{p_y} = \frac{MC_x}{MC_y} \tag{3}$$

를 얻을 수 있다. 그런데

$$MRT_{xy} = \frac{MC_x}{MC_y} \tag{4}$$

이다. 식 (3)과 식 (4)로부터 이윤이 극대화될 경우

$$MRT_{xy} = \frac{p_x}{p_y} \tag{5}$$

가 성립한다는 것을 알 수 있다. 한편 효용극대화 조건은

$$MRS_{xy} = \frac{p_x}{p_y} \tag{6}$$

이다. 식 (5)와 식 (6)으로부터 이윤극대화와 효용극대화가 동시에 이루어질 경우에는 상대가격을 매개로 하여

$$MRS_{xy} = MRT_{xy} \tag{7}$$

가 성립한다는 것을 알 수 있다.

한편 노동은 200으로 주어져 있으므로

$$L_x + L_y = 200 \tag{8}$$

이 된다. 한편 생산함수로부터

$$L_x = x^2,\ L_y = y^2 \tag{9}$$

을 얻는다. 식 (9)를 식 (8)에 대입하면

$$x^2 + y^2 = 200 \tag{10}$$

이 된다. 이것이 생산가능경계선이다. 식 (10)을 전미분하면

$$2x\,dx + 2y\,dy = 0 \tag{11}$$

이 된다. 이로부터

$$MRT_{xy} = -\frac{dy}{dx} = \frac{x}{y} \tag{12}$$

를 얻는다. 한편 효용함수로부터

$$MRS_{xy} = \frac{MU_x}{MU_y} = \frac{y}{x} \tag{13}$$

를 얻는다. 식 (12)와 식 (13)을 식 (7)에 대입하면

$$\frac{y}{x} = \frac{x}{y} \tag{14}$$

를 얻는다. 이로부터

$$x = y \tag{15}$$

가 성립하는 것을 알 수 있다. 이것을 생산가능경계선인 식 (10)에 대입하면

$$x^* = y^* = 10 \tag{16}$$

을 얻는다.

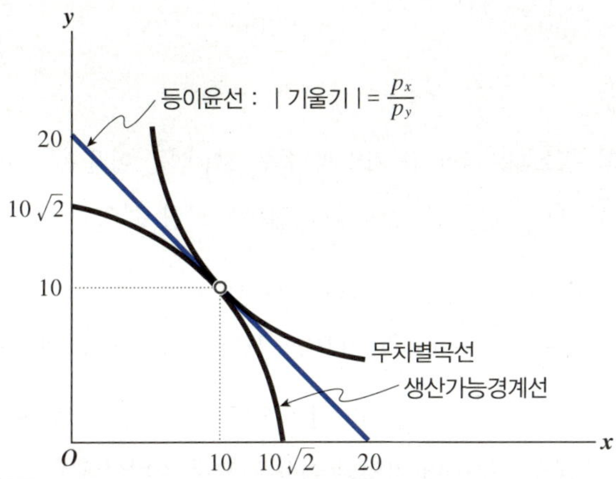

b. 식 (5)와 식 (12), 또는 식 (6)과 식 (13)에 식 (16)을 적용하면 두 상품에 대한 상대가격은 알 수 있다. 그러나 이 문제에서는 X재, Y재, 그리고 노동 등 3가지에 대한 상대가격을 구해야 한다. 한편 일반균형에서는 절대가격은 정해지지 않고 상대가격만 정해진다는 점에 주목하자. 편의상 노동의 가격 w를 기준으로 이에 대한 상대가격을 구하기로 하자.

이때 정해지는 상품의 가격은 식 (2)로부터 알 수 있다. 따라서 상품의 가격을 알려면 비용함수를 알아야 한다. 비용함수는

$$\underset{L}{Min}\ C(x) = wL_x$$
$$s.t.\quad x = \sqrt{L_x}$$

를 풀어서 구할 수 있다. 제약식으로부터 $L_x = x^2$을 얻는다. 이것은 조건부 생산요소 수요함수이다. 이것을 목적함수에 대입하면 비용함수는

$$C(x) = wx^2 \tag{17}$$

으로 구해진다. 이로부터

$$MC_x = 2wx \tag{18}$$

를 얻는다. 식 (2)와 식 (18)로부터

$$p_x = 2wx \tag{19}$$

를 얻는다. 그런데 식 (16)에서 $x^* = 10$이므로

$$p_x^* = 20w \tag{20}$$

가 된다. 같은 방법으로

$$p_y^* = 20w \tag{21}$$

가 된다.

c. 소비자의 총소득은 임금과 기업의 주주로서 얻는 이윤으로 구성된다. 한편 이윤은 목적함수 식 (1)에 해당되는 값들을 대입하여 구할 수 있다. 즉,

$$\begin{aligned}\pi &= p_x^* x^* + p_y^* y^* - C(x^*) - C(y^*) \\ &= 20w(10) + 20w(10) - 100w - 100w = 200w\end{aligned} \tag{22}$$

가 된다. 그런데 노동이 총 200단위 있으므로 총임금은 $200w$이다. 한편 이 경우 소비자가 기업의 주주이며 기업의 이윤은 모두 소비자에게 돌아간다. 그러므로 소비자의 총소득은 총임금과 이윤을 합한 $400w$가 된다. 한편 소비자는 이 소득으로 각각 가격이 $20w$인 X재와 Y재를 각각 10단위씩 구입한다. 그러므로 소비자의 총소득은 일반균형상품수량을 구입하는 데 남거나 모자라지 않는다.

d. 생산함수로부터 $L_x = 2x$, $L_y = 2y$이다. 이것을 식 (8)에 대입하여 정리하면

$$x + y = 100 \tag{23}$$

이 된다. 이것이 새로운 생산가능경계선이다. 이로부터

$$MRT_{xy} = 1 \tag{24}$$

을 얻는다. 그런데 이 경우에도 식 (13)은 바뀌지 않는다. 그러므로 종합적 효율조건인 $MRS_{xy} = MRT_{xy}$로부터

$$x = y \tag{25}$$

를 얻는다. 식 (25)를 식 (23)에 대입하면 $x^* = y^* = 50$을 얻는다.

한편 비용함수는 $C = wL_x = 2wx$로 구해지므로 $MC_x = 2w$가 된다. 이것을 $p = MC$

에 적용하면 $p_x^* = 2w$가 된다. 같은 방법으로 $p_y^* = 2w$가 된다. 규모에 대한 보수가 불변이어서 가격은 수요와 관계없이 기술조건인 한계비용으로 정해진다. 이때 이윤은 0이 된다. 목적함수 식 (1)에 결과를 대입하여 확인해 보라.

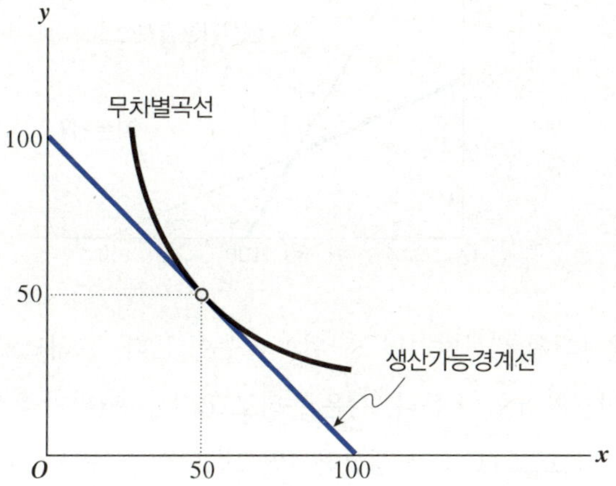

14.9 생산가능경계선과 상대가격 : 고정비율생산함수일 경우

어떤 국가에서 쌀(X)을 생산하는 데에는 노동이 2단위, 자본이 1단위 든다고 한다. 한편 고기(Y)를 생산하는 데에는 노동이 1단위, 자본이 2단위 든다고 한다. 현재 노동은 200단위 자본은 160단위가 있다고 한다.

a. 생산가능경계선을 그리시오.

b. 쌀의 수량에 따라 쌀의 상대가격이 어떻게 변하는가를 말하시오.

c. 소비자들이 모두 쌀 1단위와 고기 1단위를 교환하려고 한다. 이 경우 상대가격은 얼마인가?

d. 국제무역을 한다고 하자. 그런데 국제시장에서 쌀의 상대가격이 4라고 하자. 이 경우 이 국가의 산출량을 구하시오.

KEY ▶ 고정비율생산함수이다. 이 경우 미분을 통해 문제를 해결할 수 없다.

풀이

a. 생산가능경계선은 생산요소와 기술이 주어진 상태에서 생산 가능한 최대 산출량의 조합이다. 그런데 현재 고정비율생산함수가 주어져 있다. 그러므로 이 점에 주목하여 최대 산출량을 구해 보자.

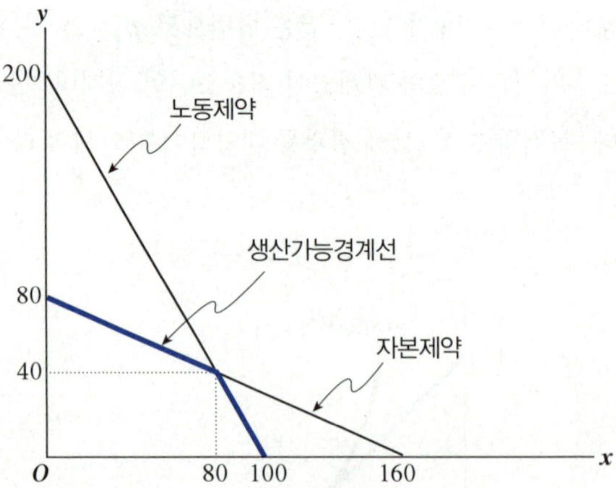

쌀을 1단위 생산하려면 2단위의 노동이 든다. 그러므로 쌀을 x단위만큼 생산하려면 $2x$만큼의 노동이 든다. 같은 논리로 고기를 y단위만큼 생산하려면 y만큼의 노동이 든다. 그러므로 (x, y)를 생산하려면 $2x+y$의 노동이 든다. 그런데 현재 노동이 200단위 있으므로 노동 제약 아래 최대 생산 가능한 산출량의 조합은

$$2x + y = 200 \tag{1}$$

으로 구해진다.

같은 논리로 자본제약 아래 최대 생산 가능한 산출량의 조합은

$$x + 2y = 160 \tag{2}$$

으로 구해진다.

생산가능경계선은 그림에서 보듯이 노동제약과 자본제약을 모두 만족시키는 부분으로 구해진다.

b. 위에서 구한 식 (1)과 식 (2)의 교점은 (80, 40)으로 구해진다. 그런데

$$x < 80\text{일 경우 } \frac{dy}{dx} = -\frac{1}{2}$$

이다. 즉, X재 1단위를 더 생산하려면 Y재를 $\frac{1}{2}$단위 덜 생산해야 한다. 다시 말해서 X재 1단위의 기회비용은 Y재 $\frac{1}{2}$단위이다. 그러므로 상대가격은 $\frac{p_x}{p_y} = \frac{1}{2}$이다.

$$x > 80\text{일 경우 } \frac{dy}{dx} = -2$$

이다. 그러므로 같은 논리로 상대가격은 $\frac{p_x}{p_y} = 2$가 된다.

c. 소비자들에게 $\frac{dy}{dx} = 1$이다. 그러므로 상대가격은 $\frac{p_x}{p_y} = 1$이 된다.

d. 자급자족을 할 때에는 생산가능집합이 소비가능집합이 된다. 그러나 국제무역을 할 경우에는 교역을 통해 소비가능집합이 생산가능집합보다 커질 수 있다. 이 경우 이윤을 극대화하는 수량을 생산한 다음 교역을 통해 효용을 극대화하게 될 것이다. 그런데 이때 이윤을 가장 크게 만드는 점은 (100, 0)이다. 그러므로 이 국가는 (100, 0)을 생산하게 된다. 직관적으로 볼 때 이 결과는 생산에 드는 기회비용에 비해 교역조건이 유리할수록 좋다는 것을 말하고 있다.

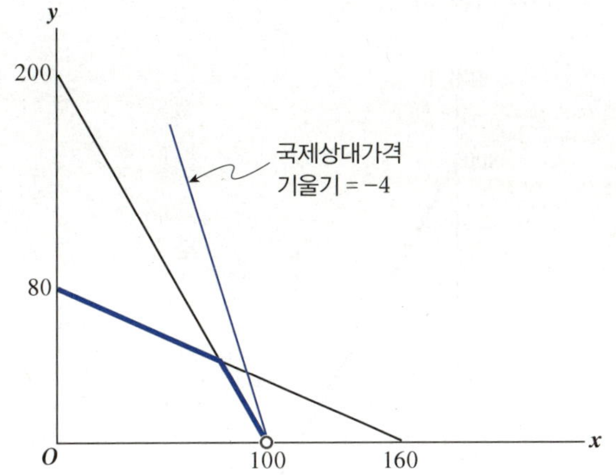

14.10 결합생산가능경계선

갑이 피자만 만들면 1시간에 20개를 만들 수 있고 햄버거만 만들면 1시간에 40개를 만들 수 있다. 을은 이와 반대이다. 즉, 을의 경우 피자만 만들면 1시간에 40개를 만들 수 있고 햄버거만 만들면 1시간에 20개를 만들 수 있다. 그런데 갑과 을은 각각 20시간씩 일한다고 하자.

a. 갑과 을이 함께 피자와 햄버거를 만든다고 하자. 이때 결합생산가능경계선을 그린 다음 설명하라.

b. 시장에서 피자와 햄버거가 같은 가격에 팔리고 있다고 한다. 이 경우 이윤을 극대화하려면 피자와 햄버거를 누가 각각 몇 개씩 생산해야 하는지 설명하라. 피자 가격이 햄버거 가격의 3배일 경우에는 어떠한가?

KEY ▶ 결합생산가능경계선을 구할 때 비교우위의 원리가 적용된다. 이윤극대화 문제를 풀 때 경제학에서 배운 원리를 적용하자.

풀이

a. 피자 수량을 x라 하고 햄버거 수량을 y라 하자. 피자를 만드는 데 투입하는 시간을 L_x라고 하고 햄버거를 만드는 데 투입한 시간을 L_y라고 하자. 그러면 갑의 경우 $x = 20L_x$, $y = 40L_y$이다. 그리고 $L_x + L_y = 20$이다. 처음 두 식에서 $L_x = \frac{x}{20}$, $L_y = \frac{y}{40}$이다. 이것을 세 번째 식에 대입하면 $\frac{x}{20} + \frac{y}{40} = 20$을 얻는다. 즉, $2x + y = 800$을 얻는다. 을의 경우에는 $x = 40L_x$, $y = 20L_y$이다. 이로부터 $\frac{x}{40} + \frac{y}{20} = 20$을 얻는다. 즉, $x + 2y = 800$을 얻는다.

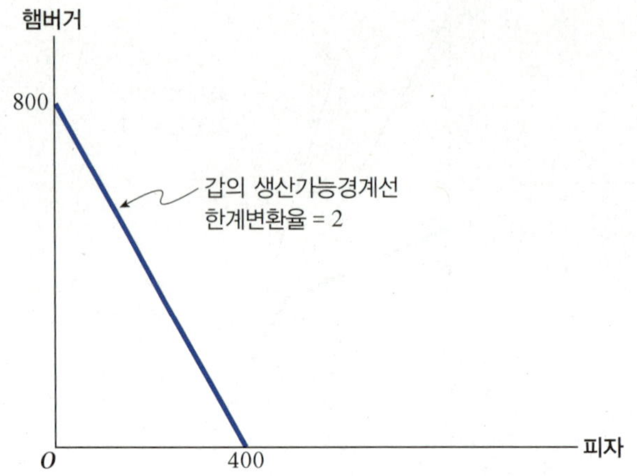

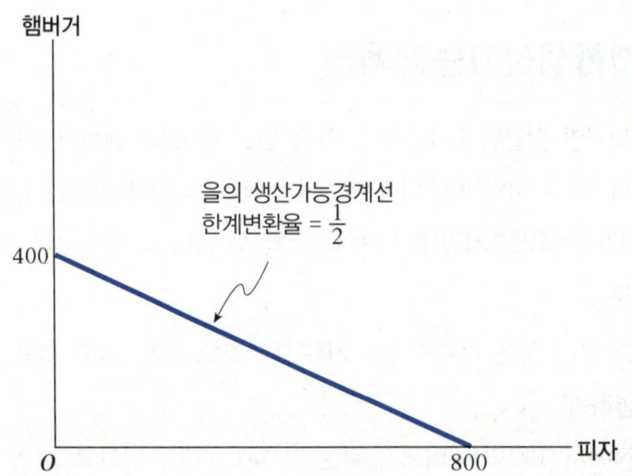

이제 결합 생산가능경계선을 그려보자. 이를 위해 먼저 햄버거의 최대 수량을 구해보자. 이 수량은 갑과 을이 모두 햄버거를 생산할 때 구해진다. 이때 A점이 보여주듯이, 갑이 800개를 생산하고 을이 400개를 생산하여 1,200개가 생산된다.

이제 피자를 생산한다고 하자. 이때 피자의 생산성이 높은 사람부터 먼저 생산하는 것이 바람직하다. 즉, 을부터 시작하는 것이 바람직하다. 비교우위의 원리를 적용하는 것이다. 을의 경우 피자를 1개 더 생산하려면 햄버거를 $\frac{1}{2}$개 덜 생산해야 한다. 즉, 한계변환율은 $\frac{1}{2}$이 된다. 을이 20시간 모두를 피자 생산하는 데 투입할 경우 피자를 800개 생산할 수 있다. 이러한 상태가 그림에 B점으로 표시되어 있다. 이 다음부터는 갑이 피자를 생산하게 된다. 갑의 경우 피자를 1개 더 생산하려면 햄버거를 2개 덜 생산해야 한다. 즉, 한계변환율이 2이다.

마침내 갑과 을이 모두 피자만 생산할 경우 피자는 1,200개가 생산된다. 이러한 상태가 C점으로 나타나 있다. 이 중에서 800개는 을이 생산한 것이고 400개는 갑이 생산한 것이다.

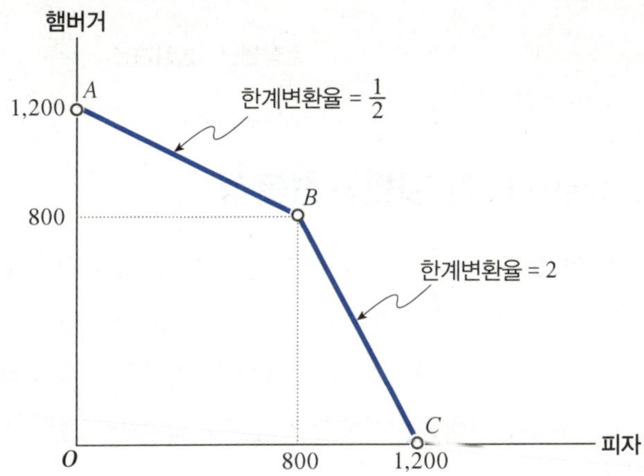

결합생산가능경계선

b. 피자의 가격을 p_x라고 하고 햄버거의 가격을 p_y라고 하자. 생산가능경계선 상에서는 어느 점에서나 모든 생산요소가 모두 사용되고 있다. 그러므로 생산가능경계선 상에서는 어느 점에서나 비용은 같다. 이 비용을 c라고 하자. 이때 이윤을 π라고 하면 $\pi = p_x x + p_y y - c$이다. 이때 등이윤선은

$$y = \frac{\pi + c}{p_y} - \frac{p_x}{p_y} x$$

로 구해진다. 이때 p_y와 c가 일정하므로 절편이 커질수록 이윤이 커진다. 그리하여 $\frac{p_x}{p_y} = 1$일 경우 결합생산가능경계선과 등이윤선이 접하는 B점에서 이윤이 극대화된다. 이때 피자와 햄버거는 각각 800개씩 생산된다. 이 경우 피자는 모두 을이 생산하고 햄버거는 모두 갑이 생산하게 된다. $\frac{p_x}{p_y} = 3$일 경우 등이윤선이 생산가능경계선과 C점에서 만나며 이때 이윤이 가장 커진다. 이 경우 피자만 1,200개 생산한다.

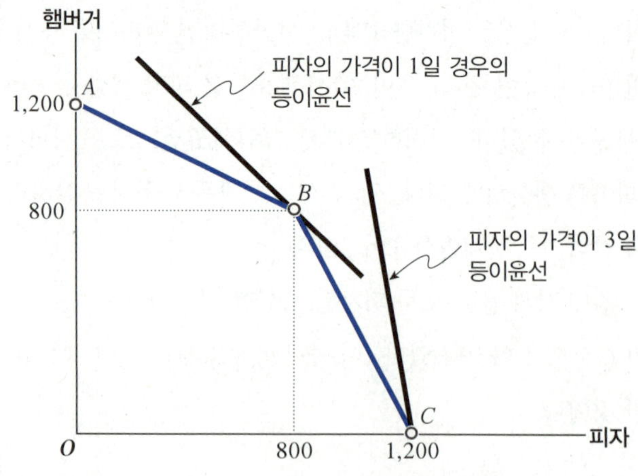

결합생산가능경계선

14.11 상품세에 대한 일반균형분석

대표적 개인의 효용함수는 $U=\sqrt{xy}$이다. 생산함수는 $x=\sqrt{L_x}$, $y=\sqrt{L_y}$라고 한다. 이 경제에는 200단위의 노동이 있다고 한다. 이러한 상태에서 X재 소비에 100%의 조세를 부과한다고 하자. 그리고 조세 수입은 모두 개인에게 되돌려 준다고 하자.

a. 기업들은 이윤을 극대화하고 개인은 효용을 극대화한다고 하자. 이 경우 X재와 Y재의 산출량을 구하시오.

b. X재의 공급가격과 수요가격은 각각 얼마인가? Y재의 가격은 얼마인가?

c. 조세수입은 얼마인가?

d. 소비자들이 총소득으로 일반균형상품수량을 남거나 모자람이 없이 구입할 수 있다는 것을 보이시오.

e. 파레토 효율조건 3가지 중에서 어떤 효율조건이 성립하고 어떤 효율조건이 성립하지 않는지 말하시오.

f. 조세귀착에 대해서 말하시오.

g. 이상의 결과를 그림으로 나타내시오.

KEY ▶ 조세가 부과될 경우에는 공급가격과 수요가격이 달라진다. 그 결과 비효율이 발생한다.

풀이

a. 조세가 부과될 경우 기업이 직면하는 공급가격과 소비자가 직면하는 수요가격이 달라진다. 공급가격을 p_x^s라고 하고 수요가격을 p_x^d라고 하자. 그런데 X재 소비에 100%의

조세가 부과되었으므로 수요가격은 공급가격의 2배가 된다. 즉,

$$2p_x^s = p_x^d \tag{1}$$

가 된다. Y재에는 조세가 부과되지 않았으므로 그 공급가격과 수요가격이 서로 같다.

이러한 상황에서 기업은 공급가격을 기준으로 이윤을 극대화한다. 그러므로 경제 전체의 이윤극대화 문제는

$$\underset{x,\,y}{Max}\ \pi = p_x^s x + p_y y - C(x) - C(y) \tag{2}$$

이다. 목적함수를 x, y에 대해 각각 편미분하면, 이윤극대화의 일차필요조건인

$$p_x^s = MC_x,\ \ p_y = MC_y \tag{3}$$

를 얻는다. 이로부터

$$\frac{p_x^s}{p_y} = \frac{MC_x}{MC_y} \tag{4}$$

를 얻을 수 있다. 그런데

$$MRT_{xy} = \frac{MC_x}{MC_y} \tag{5}$$

이다. 식 (4)와 식 (5)로부터 이윤이 극대화될 경우

$$MRT_{xy} = \frac{p_x^s}{p_y} \tag{6}$$

가 성립한다는 것을 알 수 있다.

한편 개인은 수요가격을 기준으로 효용을 극대화한다. 그러므로 효용극대화 조건은

$$MRS_{xy} = \frac{p_x^d}{p_y} \tag{7}$$

이다. 이윤극대화와 효용극대화가 동시에 이루어질 경우 식 (6)과 식 (7)로부터 더 이상 MRS와 MRT가 같아지지 않는다는 것을 알 수 있다. 식 (7)에 식 (1)을 적용하면

$$MRS_{xy} = \frac{p_x^d}{p_y} = \frac{2p_x^s}{p_y} \tag{8}$$

가 된다. 식 (6)과 식 (8)로부터

$$\frac{1}{2}MRS_{xy} = MRT_{xy} \tag{9}$$

가 성립한다.

이제 이 식을 이용하여 균형산출량을 구하기 위해 MRT와 MRS를 구해 보자. 노동

은 200으로 주어져 있으므로

$$L_x + L_y = 200 \tag{10}$$

이 된다. 한편 생산함수로부터

$$L_x = x^2,\ L_y = y^2 \tag{11}$$

을 얻는다. 식 (11)을 식 (10)에 대입하면

$$x^2 + y^2 = 200 \tag{12}$$

이 된다. 이것이 생산가능경계선이다. 식 (12)를 전미분하면

$$2x\,dx + 2y\,dy = 0 \tag{13}$$

이 된다. 이로부터

$$MRT_{xy} = -\frac{dy}{dx} = \frac{x}{y} \tag{14}$$

를 얻는다. 한편 효용함수로부터

$$MRS_{xy} = \frac{MU_x}{MU_y} = \frac{y}{x} \tag{15}$$

를 얻는다. 식 (14)와 식 (15)를 식 (9)에 대입하면

$$\frac{1}{2}\frac{y}{x} = \frac{x}{y} \tag{16}$$

를 얻는다. 이로부터

$$2x^2 = y^2 \tag{17}$$

이 성립하는 것을 알 수 있다. 이것을 생산가능경계선인 식 (12)에 대입하면

$$x^* = \frac{10\sqrt{6}}{3},\ y^* = \frac{20\sqrt{3}}{3} \tag{18}$$

을 얻는다.

b. 식 (6)과 식 (14), 그리고 식 (7)과 식 (15)로부터 두 상품에 대한 상대가격은 알 수 있다. 그러나 이 문제에서는 *X*재, *Y*재, 그리고 노동 등 3가지에 대한 상대가격을 구해야 한다. 한편 일반균형에서는 절대가격은 정해지지 않고 상대가격만 정해진다는 점에 주목하자. 편의상 노동의 가격 w를 기준으로 이에 대한 상대가격을 구하기로 하자.

한편 상품의 가격은 식 (3)으로부터 알 수 있다. 따라서 상품의 가격을 알려면 비용

함수를 알아야 한다. 비용함수는

$$\underset{L}{Min}\ C(x) = wL_x$$
$$s.t.\quad x = \sqrt{L_x}$$

를 풀어서 구할 수 있다. 제약식으로부터 $L_x = x^2$을 얻는다. 이것은 조건부 생산요소 수요함수이다. 이것을 목적함수에 대입하면 비용함수는

$$C(x) = wx^2 \tag{19}$$

으로 구해진다. 이로부터

$$MC_x = 2wx \tag{20}$$

를 얻는다. 식 (3)과 식 (20)으로부터

$$p_x^s = 2wx \tag{21}$$

를 얻는다. 그런데 식 (18)에서 $x^* = \frac{10\sqrt{6}}{3}$이므로

$$p_x^{s^*} = \frac{20\sqrt{6}\,w}{3} \tag{22}$$

가 된다. 같은 방법으로

$$p_y^* = \frac{40\sqrt{3}\,w}{3} \tag{23}$$

가 된다. 한편 식 (22)를 식 (1)에 대입하면

$$p_x^{d^*} = \frac{40\sqrt{6}\,w}{3} \tag{24}$$

로 구해진다.

c. 조세수입은 한 단위당 조세수입에 X재의 수량을 곱하면 구해진다. 그러므로 조세수입은 $T = \left(p_x^{d^*} - p_x^{s^*}\right)x^* = \frac{400}{3}w$이다.

d. 소비자의 총소득은 임금, 기업의 주주로서 얻는 이윤, 그리고 정부로부터 되돌려 받는 조세로 구성된다. 한편 이윤은 식 (2)의 목적함수에 해당되는 값들을 대입하여 구할 수 있다. 그리하여

$$\pi^* = p_x^{s^*}x^* + p_y^* y^* - C(x^*) - C(y^*) = 200w \tag{25}$$

가 된다. 한편 노동이 총 200단위 있으므로 총임금은 $200w$이다. 한편 이 경우 소비자가 기업의 주주이며 기업의 이윤은 모두 소비자에게 돌아간다. 그러므로 소비자의

총소득(I)은 총임금, 이윤, 조세를 합한 $I=\frac{1,600}{3}w$가 된다. 한편 소비자는 이 소득으로 가격이 $p_x^{d^*}=\frac{40\sqrt{6}w}{3}$인 X재를 $x^*=\frac{10\sqrt{6}}{3}$만큼 구입하고 가격이 $p_y^*=\frac{40\sqrt{3}w}{3}$인 Y재를 $y^*=\frac{20\sqrt{3}}{3}$만큼 구입한다. 그 결과 소비자의 총소득은 일반균형상품수량을 구입하는 데 남거나 모자라지 않는다.

e. 상품에 조세를 부과하는 것이 생산가능경계선을 변화시키지는 않는다. 그리고 식 (6)에서 보듯이 생산은 생산가능경계선 상에서 이루어진다. 그러므로 생산의 효율조건은 성립한다. 또한 모든 개인들은 동일한 수요가격에 직면한다. 그리하여 모든 개인들의 한계대체율은 식 (7)과 같아진다. 그러므로 교환의 효율조건은 성립한다. 그러나 식 (9)에서 보듯이 한계대체율과 한계변환율이 더 이상 같아지지는 않는다. 그 결과 종합적 효율조건은 충족되지 않는다.

이때 조세가 부과되기 전에 비해 효용은 줄어들었다. 즉, 과세 전 선택은 무차별곡선 I 위에 놓였지만 과세 후 선택은 더 안쪽에 있는 무차별곡선 II 위에 놓인다. 한편 이처럼 효용이 줄어든다는 것은 조세가 부과되면 비효율이 발생한다는 것을 말해 준다.

f. 조세가 부과되어 X재의 공급가격은 떨어지고 수요가격은 올라갔다. 이것은 조세가 X재 소비에 부과되었지만 X재 공급자도 조세를 부담한다는 것을 의미한다.

g. 그림 참조.

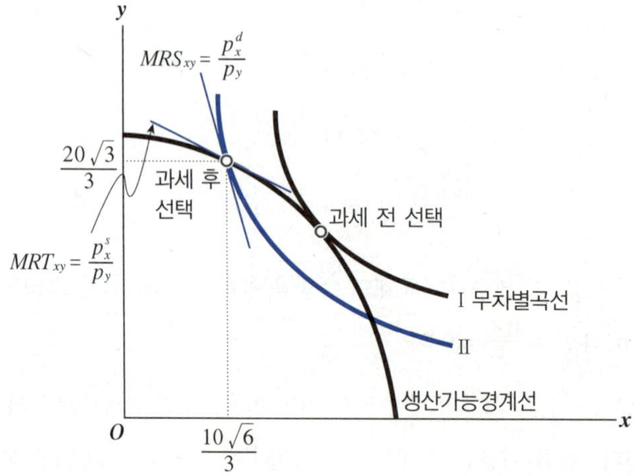

14.12 조세의 귀착과 비효율 : 일반균형분석

옷과 자동차라는 두 종류의 상품과 노동과 자본이라는 두 종류의 생산요소가 존재하는 경제를 생각해 보자. 옷은 노동집약적, 자동차는 자본집약적으로 생산된다고 하자. 생산요소가 두 산업 부문 사이에서 서로 이동할 수 없다고 하자. 이때 옷 산업의 노동에 조세가 부과된다고 하자.

a. 이러한 조세의 귀착에 대해 말하시오.

b. 이러한 조세가 효율에 미치는 영향에 대해 말하시오.

KEY ▶ 조세의 경제적 효과를 일반균형모형을 이용하여 분석하라는 문제이다. 공공경제학에서는 하버거 모형으로 알려져 있다. 그러나 이 문제에서는 생산요소가 산업 부문 사이에서 이동할 수 없다고 가정하여 모형을 단순화하고 있다.

풀이

a. 문제의 가정에 따르면 옷 산업의 노동이 자동차 산업으로 이동할 수 없다. 따라서 옷 산업의 노동자들은 옷 산업의 노동에 부과된 조세를 피할 수 없다. 이 때문에 조세는 옷 산업의 노동에 모두 귀착된다. 그 결과 옷 산업의 노동에 대한 보수가 정확히 조세만큼 감소한다. 즉, 옷 산업에서 노동의 공급임금률이 조세에 상응하는 만큼 떨어진다는 것이다. 그 결과 옷 산업의 노동공급자가 조세를 모두 부담하게 된다는 것이다.

한편 이때 노동에 대한 수요는 탄력성을 지니고 있다는 점에 주목하자. 그 이유를 살펴보자. 자본은 두 산업에서 서로 이동할 수 있다. 그러므로 만일 옷 산업에서 수요임금률이 오른다면 노동 고용을 줄이고 자본을 사용하려고 할 것이다. 그런데 이 경우 옷 산업의 노동공급은 고정되어 있으므로 옷 산업에서는 노동의 초과공급상태가 발생한다. 이러한 초과공급은 수요임금률이 원상태로 떨어져서야 비로소 해소된다. 바꾸어 말하면 수요임금률이 전혀 오르지 않는다는 것이다. 수요임금률이 전혀 오르지 않는다는 것은 공급임금률이 조세만큼 떨어지는 것을 의미한다. 그리하여 옷 산업의 노동공급자가 조세를 모두 부담하게 된다는 것을 의미한다. 이에 따라 자동차 산업의 자본과 노동의 가격은 변화하지 않으며 따라서 자동차의 가격도 변화하지 않는다. 더욱 주목할 것은 옷 산업의 노동공급자가 조세를 모두 부담하기 때문에 옷의 가격도 변화하지 않는다는 것이다.

b. 효율에 미치는 영향에 대해서 알아보자. 노동공급자가 어떻게 자신의 행위를 조정하더라도 조세 부담을 줄일 수 없다. 따라서 조세 부담을 줄이기 위해 자신의 행위를 조정할 유인이 없다. 그러므로 이러한 조세는 효율에 영향을 미치지 않는다. 비효율은

경제 주체가 자신의 조세 부담을 줄이는 방향으로 반응하기 때문에 발생하는 것이라는 점을 상기하자.

14.13 조세의 비효율 : 일반균형분석의 응용

일반적으로 개인들의 노동공급시간이 일정하게 주어진 경우에는 조세부과가 비효율을 유발하지 않는다. 그런데 이제 이 개인들이 자신의 주어진 노동시간을 총소득을 극대화하도록 두 부문에 할당한다고 하자.

a. 조세당국이 어떤 한 부문에만 조세를 부과할 경우 그 비효율에 대해 논의하시오.

b. 조세당국이 두 부문에 같은 세율로 조세를 부과했다고 하자. 이 경우 비효율에 대해 논의하시오.

KEY ▶ 일반적으로 노동공급시간이 고정되어 있을 경우에는 비효율이 발생하지 않는다. 그러나 노동공급시간이 일정하게 고정되어 있더라도 두 부문에 나누어서 공급하고 있는데 그중 어느 한 부문에만 조세가 부과된다면 비효율이 발생한다. 개인이 조세부담이 줄어들도록 자신의 행위를 조정할 것이기 때문이다.

풀이

a. 과세 전에는 각 부문에서의 한계생산물가치, 즉 임금률이 같아지는 곳에서 균형이 달성된다. 이때의 임금률이 그림에 원래의 임금률로 표시되어 있다. 그런데 조세가 부과되면 조세부담을 피하기 위해 조세가 부과된 부분에서 그렇지 않은 부문으로 노동이 이동한다. 그 결과 과세 후에는 과세된 부문(비가사노동)의 공급임금률과 과세되지 않은 부문(가사노동)의 새로운 임금률이 같아지는 곳에서 균형이 달성된다. 이것은 조금이라도 더 높은 임금률을 받는 방법으로 자신의 노동을 할당하려는 개인들의 행동에서

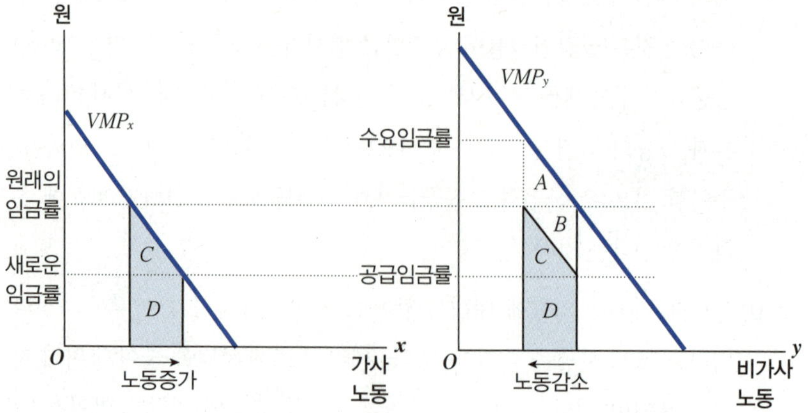

비롯된 결과이다.

결국 과세된 부문의 수요임금률은 과세되지 않은 부문의 새로운 임금률보다 높아진다. 한계생산물가치가 체감한다는 사실을 고려하면 이것은 과세되지 않은 부문에는 효율적인 수준보다 더 많은 노동이 할당되고, 과세된 부문에는 효율적인 수준보다 적은 노동이 할당된 것을 의미한다. 즉, 개인들이 자신의 주어진 노동시간을 두 부문에 할당하는데, 조세당국이 이 중 어떤 한 부문에만 조세를 부과할 경우 조세는 노동시간의 배분을 왜곡시켜 비효율을 유발하게 된다. 말하자면 조세가 가격기능을 왜곡시켜 비효율을 유발하는 것이다.

이때 과세된 부문에서 줄어든 노동만큼 과세되지 않은 부문의 노동이 늘어난다는 점에 주목하라. 이때 조세의 비효율은 두 부문을 통틀어 생산물의 가치가 얼마나 줄었는가로 측정할 수 있다. 그림에서 비가사부문에서 줄어든 $C+D$만큼 가사부문에서 $C+D$가 늘어났다($C+D$로 이루어진 두 사다리꼴은 합동이라는 점에 주목하라). 그러므로 전체적으로 볼 때 순수하게 줄어든 $A+B$가 비효율이다.

b. 일정한 노동시간을 총수입이 극대화하도록 나누어서 할당하더라도 두 부문에 같은 세율의 조세가 동시에 부과되고 있다면 비효율은 유발되지 않는다. 개인이 자신의 노동공급시간 할당을 어떻게 조정하더라도 조세부담을 줄일 수 없기 때문이다. 결국 개인이 자신의 행위를 조정하여 조세부담을 줄일 수 있느냐가 비효율 발생 여부를 결정하는 열쇠가 된다. 개인이 자신의 행위를 조정하여 조세 부담을 줄일 수 있을 경우에는 조세부담이 줄어들도록 행위를 조정할 것이기 때문이다. 이 과정에서 비효율이 발생한다. 이렇게 볼 때 개인이 각 부문에 이미 할당한 노동시간을 두 부문 사이에서 서로 조정할 수 없을 경우에도 비효율은 발생하지 않는다.

14.14 사회후생극대화 : 공리주의 사회후생함수와 롤즈의 사회후생함수의 경우

X재가 100개 있다고 하자. 경제 내에 두 명의 개인 A, B가 있는데, 그들의 효용함수가 각각 $U_A = 2x_A^{\frac{1}{2}}$, $U_B = x_B^{\frac{1}{2}}$이라고 하자.

a. 공리주의 사회후생함수를 가정할 때 개인 A의 소비량과 개인 B의 소비량 중 어느 것이 더 많겠는가?

b. 롤즈의 사회후생함수를 가정할 때 개인 A의 소비량과 개인 B의 소비량 중 어느 것이 더 많겠는가?

c. 공리주의 사회후생함수와 롤즈의 사회후생함수 중 어느 경우를 가정할 때 개인 A의 효용이 더 높아지겠는가?

d. 공리주의 사회후생함수와 롤즈의 사회후생함수 중 어느 경우를 가정할 때 사회후생이 더 높아지겠는가?

e. 공리주의 사회후생함수를 가정할 때 사회후생의 극대값을 구하시오.

f. 롤즈의 사회후생함수를 가정할 때 사회후생의 극대값을 구하시오.

KEY ▶ 롤즈의 사회후생함수는 공리주의 사회후생함수보다 분배를 강조한다.

풀이

$x = 100$, $U_A = 2x_A^{\frac{1}{2}}$, $U_B = x_B^{\frac{1}{2}}$.

a. 개인 A의 소비량이 더 많다. 그 이유는 공리주의 사회후생함수를 가정하면 개인 A의 효용에 사회적으로 2배의 중요성이 부여되기 때문이다.

b. 효용함수를 볼 때 동일한 수량을 소비하면 개인 A의 효용이 더 크다. 그런데 롤즈의 사회후생함수를 가정하면 사회후생이 효용 수준이 낮은 사람의 효용으로 결정된다. 그러므로 롤즈의 사회후생함수를 가정할 때에는 개인 B의 소비량이 더 많게 된다.

c. 공리주의. 그 이유는 앞의 논리로부터 개인 A의 소비량은 공리주의후생함수일 때 더 많기 때문이다.

d. 공리주의. 그 이유는 롤즈의 사회후생함수에서는 분배 문제가 더 강조되기 때문이다.

e. 각 개인의 효용함수로부터 $x_A = \frac{U_A^2}{4}$, $x_B = U_B^2$을 얻는다. 이것을 $x_A + x_B = 100$에 대입하면 효용가능경계선이

$$\frac{U_A^2}{4} + U_B^2 = 100$$

으로 구해진다.

공리주의 사회후생함수일 경우 사회후생극대화 문제는

$$\underset{U_A, U_B}{Max}\ W = U_A + U_B$$
$$s.t. \quad \frac{U_A^2}{4} + U_B^2 = 100$$

이다. 라그랑지함수를 이용하여 이 문제를 풀면 $U_A = 8\sqrt{5}$, $U_B = 2\sqrt{5}$, $W = 10\sqrt{5}$를 얻는다. 참고로 이때 $x_A^* = 80$, $x_B^* = 20$을 얻는다.

f. 롤즈의 사회후생함수일 경우에는

$$\underset{U_A, U_B}{Max}\ W = min[U_A, U_B]$$
$$s.t. \quad \frac{U_A^2}{4} + U_B^2 = 100$$

을 풀면 된다. 그런데 효율이 달성되려면 $U_A = U_B$가 성립되어야 한다. 따라서 $U_A = U_B = 4\sqrt{5}$, $W^* = 4\sqrt{5}$를 얻는다. 참고로 $x_A^* = 20$, $x_B^* = 80$이다.

롤즈의 사회후생함수에서는 공리주의 사회후생함수에서보다 분배가 더 강조된다. 그 결과 롤즈의 사회후생함수일 경우 사회후생의 극대값이 더 작아진다.

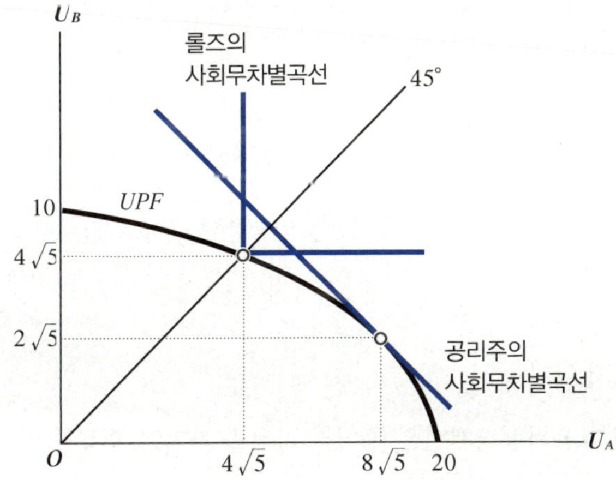

14.15 사회후생극대화

경제 내에 홍길동(A)과 황진이(B) 두 사람만 있다고 하자. 그들은 사적재 X와 공공재 G를 소비하고 있다. 사적재와 공공재의 수량을 각각 x, g라고 나타내면 생산가능경계선은 $x+g=300$으로 표현된다고 하자. 한편 홍길동과 황진이의 효용함수는 각각 $U_A=min[x_A, 2g]$, $U_B=min[2x_B, 2g]$라고 한다.

a. 효용가능경계선을 구하시오.

b. 사회후생함수가 $W=U_A+U_B$(공리주의 사회후생함수)라고 하자. 이 경우 사회후생을 극대화하는 x_A, x_B, g의 수량을 각각 구하시오. 이 경우 극대화된 사회후생은 얼마인가?

c. 사회후생함수가 $W=min[U_A, U_B]$(롤즈의 사회후생함수)로 주어졌다고 하자. 이 경우 사회후생을 극대화하는 x_A, x_B, g의 수량을 각각 구하시오. 이 경우 극대화된 사회후생은 얼마인가? 문항 b.의 경우와 그 크기를 비교하시오.

d. 이러한 분석에 비추어 사회후생함수를 사용하여 분석하는 것이 지니는 함축성에 대해 논의하시오.

KEY ▶ 효용가능경계선을 구할 때 오류가 발생하지 않도록 주의해야 한다. 이 경우 사회후생극대화 문제는 그림을 그려서 푸는 것이 편리하다.

풀이

a.

$$U_A=min[x_A, 2g] \tag{1}$$

$$U_B=min[2x_B, 2g] \tag{2}$$

$$x+g=300 \tag{3}$$

으로 주어져 있다.

여기서 효용가능경계선은 주어진 자원을 가지고 홍길동과 황진이가 누릴 수 있는 최대 효용의 조합들을 모은 것이라는 점에 착안하자. 이러한 측면에서 효용가능경계선을 구한다는 것은 U_A와 U_B의 관계를 구하는 것이다.

먼저 식 (1)에서

$$U_A \leq x_A \tag{4}$$

$$U_A \leq 2g \tag{5}$$

가 성립한다. 한편

$$x_A + x_B = x \tag{6}$$

이다. 즉, 홍길동의 사적재 수요량과 황진이의 사적재 수요량을 합하면 경제 내에 있는 사적재 총량과 같다는 것이다. 이 관계를 이용하기 위해 식 (2)에 $\frac{1}{2}$을 곱하여

$$U_B = \frac{1}{2} min[2x_B, 2g] = min[x_B, g] \tag{7}$$

로 바꾸어 쓰자(이때 효용함수를 나타내는 문자를 바꾸어 주는 것이 원칙이다. 그러나 여기서는 편의상 그대로 쓰기로 한다). 이것은 원래의 효용함수를 단조변환시킨 것이므로 원래의 효용함수와 동일한 선호순서를 유지한다. 식 (7)로부터

$$U_B \leq x_B \tag{8}$$

$$U_B \leq g \tag{9}$$

를 얻는다.

이제 남은 작업은 식 (4), (5), (8), (9)를 이용하여 U_A와 U_B의 관계식을 찾는 일이다. 이를 위해 식 (4)와 식 (8)을 같은 변끼리 더하면

$$U_A + U_B \leq x_A + x_B$$

를 얻는다. 여기에 식 (6)과 식 (3)을 차례로 적용하면

$$U_A + U_B \leq x_A + x_B = x = 300 - g \tag{10}$$

가 된다. 4개의 조건 중에서 식 (4)와 식 (8)을 이용했으므로 이제 식 (5)와 식 (9)를 이용하면 된다.

먼저 식 (5)를 이용해 보자. 식 (5)의 양변에 $-\frac{1}{2}$을 곱한 다음 300을 더하면

$$300 - \frac{1}{2}U_A \geq 300 - g \tag{11}$$

를 얻는다. 식 (10)과 식 (11)로부터

$$U_A + U_B \leq x_A + x_B = x = 300 - g \leq 300 - \frac{1}{2}U_A$$

를 얻는다. 이 식의 처음 변과 마지막 변의 관계로부터

$$\frac{3}{2}U_A + U_B \leq 300 \tag{12}$$

을 얻는다.

이제 식 (9)의 양변에 (-1)을 곱한 다음 300을 더하면

$$300 - U_B \geq 300 - g \tag{13}$$

를 얻는다. 이것을 식 (10)에 적용하면

$$U_A + U_B \leq x_A + x_B = x = 300 - g \leq 300 - U_B$$

가 된다. 이로부터

$$U_A + 2U_B \leq 300 \tag{14}$$

을 얻는다. 식 (12)와 식 (14)를 함께 만족시키는 영역의 경계선을 그려보자. 그러면 그림에서 굵은 선으로 표시된 효용가능경계선을 얻는다.

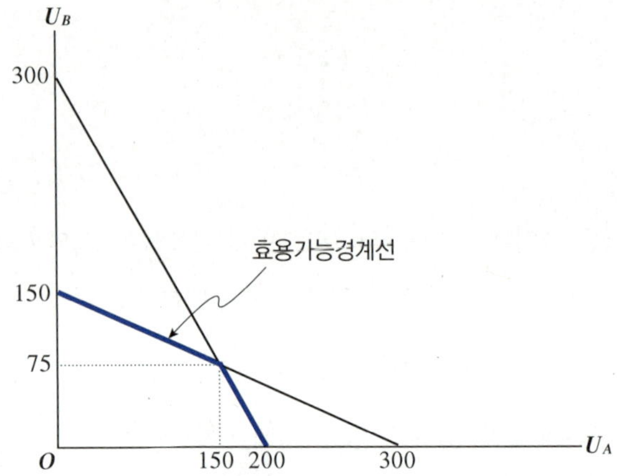

b. 공리주의의 사회후생극대화 문제는

$$\begin{aligned} &\underset{U_A,\, U_B}{Max}\ W = U_A + U_B \\ &s.t.\quad \frac{3}{2}U_A + U_B \leq 300 \\ &\qquad\ \ U_A + 2U_B \leq 300 \end{aligned}$$

이다. 그림에서 볼 때 사회후생은 꺾인 점에서 극대화되고 있다. 즉, $\frac{3}{2}U_A + U_B = 300$과 $U_A + 2U_B = 300$의 교점에서 극대화되고 있다. 그러므로 $U_A^* = 150$, $U_B^* = 75$가 된다. 이 경우 식 (1)과 식 (7)로부터 $x_A^* = 150$, $x_B^* = 75$, $g^* = 75$로 구해진다. 이 결과는 물론 식 (3)과 식 (6)을 만족시킨다.

c. 롤즈의 사회후생극대화 문제는

$$\begin{aligned} &\underset{U_A,\, U_B}{Max}\ W = min[U_A,\, U_B] \\ &s.t.\quad \frac{3}{2}U_A + U_B \leq 300 \\ &\qquad\ \ U_A + 2U_B \leq 300 \end{aligned}$$

이다. 효율을 위해서는

$$U_A = U_B \tag{15}$$

이어야 한다. 그림에서 볼 때 2번째 제약식만 실제로 제약이 되므로 식 (15)를 2번째 제약식에 대입하여 풀면 $U_A^* = 100$, $U_B^* = 100$이 된다. 이 경우 식 (1)과 식 (7)로부터

$$x_A^* = x_B^* = g^* = 100$$

으로 구해진다. 이 결과는 물론 식 (3)과 식 (6)을 만족시킨다.

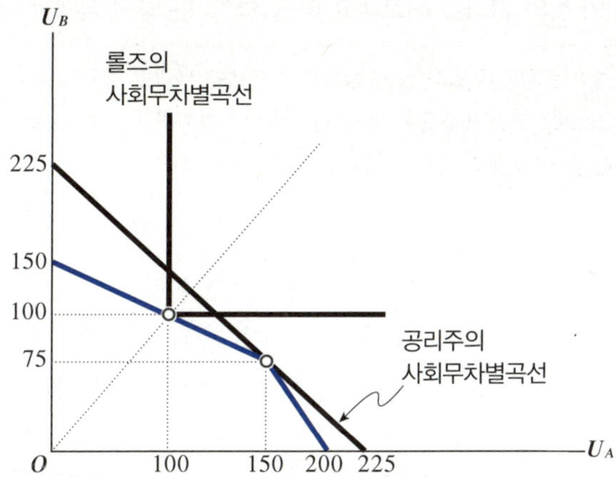

d. 황진이의 효용함수를 단조변환시키더라도 황진이에게는 동일한 선호순서를 나타낸다. 그러한 이유 때문에 황진이의 효용함수를 단조변환시킬 수 있었다. 그러나 사회후생함수와 관련하여 볼 때에는 개인의 효용함수를 단조변환시키는 것은 문제를 유발한다. 말하자면 황진이의 효용함수를 단조변환시키지 않고 문항 a.를 다시 풀어 보면 식 (12)는 $\frac{3}{2}U_A + \frac{1}{2}U_B \leq 300$, 식 (14)는 $U_A + U_B \leq 300$으로 바뀐다. 그 결과 문항 a., 문항 b., 문항 c.의 결과들이 황진이의 효용함수를 단조변환시켰을 경우와 달라진다. 이러한 분석 결과는 사회후생함수에서 개인들 사이의 효용을 비교할 수 있다는 가정에 문제가 있음을 보여주고 있다.

14.16 조세의 비효율과 차선이론

연극과 영화는 서로 대체재라고 하자. 그리고 연극과 영화를 생산하는 데 드는 한계비용은 각각 일정하며 현재에는 영화에만 조세가 부과되고 있다고 하자. 이제 연극에도 새로이 조세를 부과할 경우

a. 연극에 조세를 부과하는 것이 영화에 대한 수요에 미치는 영향을 말하시오.

b. 연극에 조세를 부과하는 것이 연극시장에 유발하는 비효율을 말하시오.

c. 연극에 조세를 부과하는 것이 영화시장에 유발하는 사회적 편익을 말하시오.

d. 위 문항 b.와 c.의 결과를 비교하고 이를 차선이론의 관점에서 해석하시오.

KEY ▶ 비효율이 존재하고 있지 않은 상황에서 조세를 부과할 경우 비효율이 발생한다. 그러나 경제의 다른 부문에 이미 비효율이 존재하고 있는 상황에서 새로운 조세를 도입할 경우에는 경제 전체적으로 볼 때 효율이 오히려 증진될 수도 있다.

풀이

a. 연극의 수요가격이 올라 그로 인해 연극의 수요량은 감소하고 반면에 영화의 수요는 증가한다. 그 결과 영화의 수요곡선은 오른쪽으로 이동하며 수요량은 Q_2^*에서 $Q_2{}'$로 증가한다.

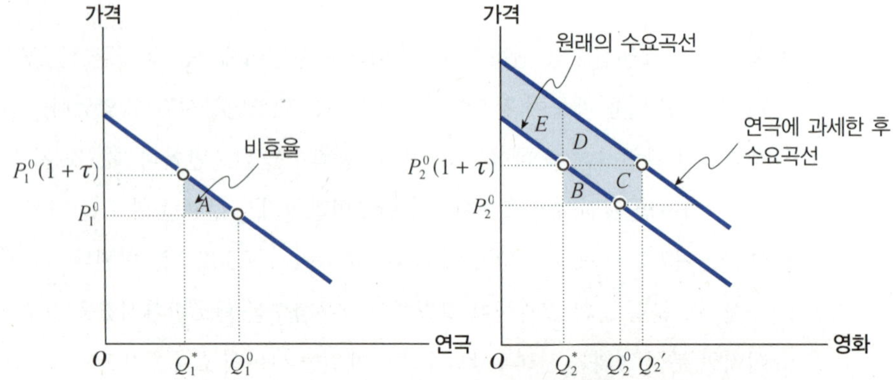

연극에 과세하기 전의 비효율 : B
연극에 과세한 후 순사회적 편익의 증가 : $B+C+D+E$

b. 면적 A.

c. 영화의 수요량 증가분인 $(Q_2{}' - Q_2^*)$에 대해 사회적 편익이 사회적 비용을 초과하는 부분인 면적 $(B+C+D)$와, 영화에 대한 수요가 증가하여 그로 인해 기존의 Q_2^*에 대해 증가한 사회적 편익인 면적 E이다.

d. 만일 연극에 조세를 부과할 때 그로 인해 영화시장에 유발되는 사회적 편익의 합계인 면적 $(B+C+D+E)$가 연극시장 자체에 유발되는 비효율인 면적 A를 초과할 경우 연극에 조세를 부과할 때 그로 인해 총비효율이 오히려 줄어들 수도 있다. 이 결과는 이미 왜곡이 존재할 경우, 자체로는 왜곡을 유발하는 정책이 전체적인 관점에서 볼 때에는 오히려 비효율을 줄일 수도 있다는 차선이론의 예가 될 수 있다.

14.17 차선이론

어떤 개인이 자급자족할 목적으로 두 상품 X, Y를 생산한다고 하자. 이를 위해 그는 800시간을 투입할 계획이라고 한다. 각 상품에 대한 생산함수를

$$x = L_x^{\frac{1}{2}},\ y = \frac{1}{2} L_y^{\frac{1}{2}}$$

이라 하고 효용함수를 $U = (xy)^{\frac{1}{2}}$이라고 하자. 여기서 L_x와 L_y는 각 상품을 생산하는 데 투입된 노동시간이다.

a. 효율적인 노동 시간 배분, 각 상품의 산출량, 그리고 그때의 효용을 구하시오.

이 개인이 X는 최대 32단위밖에 생산하지 못하고 Y는 16단위밖에 생산할 수 없게 되었다고 하자. 구체적으로 $x + 2y = 32$를 만족시켜야 한다고 하자.

b. 이 개인이 여전히 800시간 일해야 한다고 하자. 그리고 생산가능경계선에 놓이도록 일한다고 하자. 이 경우 각 상품의 산출량, 그리고 그때의 효용을 구하시오.

c. 이 개인이 노동시간을 마음대로 조정할 수 있다고 하자. 이 경우 각 상품의 산출량, 그리고 그때의 효용을 구하시오.

d. 위 두 문항의 결과를 비교하시오. 경제이론을 이용하여 이 결과를 설명하시오.

KEY ▶ 차선이론에 관해 묻는 문제이다.

풀이

$$L_x + L_y = 800 \tag{1}$$

$$x = L_x^{\frac{1}{2}} \tag{2}$$

$$y = \frac{1}{2} L_y^{\frac{1}{2}} \tag{3}$$

$$U = (xy)^{\frac{1}{2}} \tag{4}$$

으로 주어져 있다.

a. 개인은 1명이기 때문에 교환의 효율조건을 생각할 필요가 없다. 한편 생산가능경계선은 주어진 생산요소와 기술로서 생산할 수 있는 최대 생산물의 조합들을 나타낸다. 그런데 생산요소의 양과 기술이 주어져 있으므로 그로부터 생산가능경계선을 구할 수 있다. 식 (2)와 식 (3)을 각각 정리하여 식 (1)에 대입하면

$$PPF: x^2 + 4y^2 = 800 \tag{5}$$

으로 구해진다. 식 (5)에서는 생산의 효율조건이 만족되고 있다. 이제 이 식을 전미분하여 정리하면

$$MRT_{xy} = -\frac{dy}{dx} = \frac{2x}{8y} = \frac{x}{4y} \tag{6}$$

로 구해진다. 한편 효용함수를 전미분하여 정리하면

$$MRS_{xy} = -\frac{dy}{dx} = \frac{MU_x}{MU_y} = \frac{y}{x} \tag{7}$$

로 구해진다. 여기서 종합적 효율조건을 적용하면

$$MRS_{xy} = MRT_{xy} \tag{8}$$

로부터 $x = 2y$를 얻는다. 이 식과 PPF를 이용하면 $x^* = 20$, $y^* = 10$을 얻는다.

이 결과를 해석해 보자. 효용함수에서 볼 때 X재 소비와 Y재 소비가 효용에 미치는 영향은 대칭적이다. 그런데 생산함수에서 볼 때 X재에서의 생산성이 더 높다. 그러므로 X재를 더 많이 생산하게 된 것이다. 이 값들을 효용함수와 생산함수에 각각 대입하면 $U^* = 10\sqrt{2}$(무차별곡선 I), $L_x^* = L_y^* = 400$으로 구해진다.

b. 생산가능경계선에 놓인다고 하였으므로 $x^2 + 4y^2 = 800$ (5)를 만족시켜야 한다. 또한

$$x + 2y = 32 \tag{9}$$

를 만족시켜야 한다. 그러므로 식 (5)와 식 (9)를 연립으로 풀면 $x^* = 4, 28$, $y^* = 14, 2$가 된다. 이때 효용은 (4, 14) 또는 (28, 2)를 (4)에 대입해 $U^* = \sqrt{x^* y^*} = \sqrt{56} = 2\sqrt{14}$ (무차별곡선 III)로 구해진다.

c. 이 개인이 노동시간을 마음대로 조정할 수 있다면 각 상품의 수량, 즉 (x, y)도 마음대로 선택할 수 있다. 물론 $x + 2y = 32$ (9)는 만족시켜야 한다. 그러므로 그의 최적화 문제는

$$\underset{x,y}{Max}\ U(x, y)$$
$$s.t.\quad x + 2y = 32$$

가 된다. 이에 대한 라그랑지함수는

$$\underset{x,y}{Max}\ L = U(x, y) + \lambda(32 - x - 2y) = x^{\frac{1}{2}}y^{\frac{1}{2}} + \lambda(32 - x - 2y)$$

가 된다.

극대화의 일차필요조건은

$$\frac{\partial L}{\partial x} = \frac{1}{2}x^{-\frac{1}{2}}y^{\frac{1}{2}} - \lambda = 0 \tag{10}$$

$$\frac{\partial L}{\partial y} = \frac{1}{2}x^{\frac{1}{2}}y^{-\frac{1}{2}} - 2\lambda = 0 \tag{11}$$

$$\frac{\partial L}{\partial \lambda} = 32 - x - 2y = 0 \tag{12}$$

이 된다. 이 식을 풀기 위해 먼저 식 (10)과 식 (11)에서 가운데 변의 둘째 항을 각각 이항시킨다. 그 다음 대응되는 변끼리 서로 나누어주면 $\frac{y}{x} = \frac{1}{2}$ $(MRS_{xy} = MRT_{xy})$, 즉

$$x = 2y \tag{13}$$

를 얻는다. 식 (13)과 식 (12)로부터 $x^* = 16$, $y^* = 8$을 얻는다. 그러므로 $U^* = \sqrt{x^* y^*} = \sqrt{128} = 8\sqrt{2}$(무차별곡선 II)가 된다. 이때 $L_x^* + L_y^* = 512$(시간)로서 800시간보다 적다는 점에 주목하자.

d. 위 문항들의 결과를 그림에 나타내면 다음과 같다.

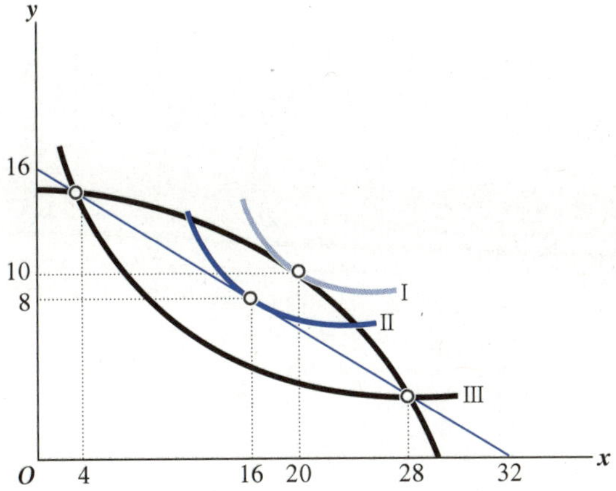

위 문항 b.의 경우 MRT_{xy}와 MRS_{xy}가 다르므로 종합적 효율조건이 성립하지 않는다. 그러나 생산가능경계선에서 경제가 운용되고 있으므로 생산의 효율조건은 만족되고 있

다. 반면에 문항 c.에서는 효율조건이 하나도 만족되지 않는다. 그런데 이때 주목할 것은 효율조건이 1개 만족된 문항 b.의 효용이 효율조건이 전혀 만족되지 않은 문항 c.의 효용보다 작다는 것이다. 이것은 바로 '효율조건이 모두 만족되지 않는 한, 더 많은 효율조건이 만족된다고 해서 더 나은 것은 아니다' 라는 차선이론의 예가 된다.

VIII

part seven

공공재 및 외부효과

제15장 공공재와 공공선택 / 제16장 외부효과

공공재와 공공선택

15장

15.1 효율적인 공공재 공급량

어떤 아파트에 1,000가구가 살고 있다. 그런데 각 가구는 방범등의 총수량에 관계없이 방범등을 추가로 하나 설치하는 데 1만원씩 납부할 용의가 있다고 한다. 한편 방범등 공급에 대한 비용함수는 $c(x) = 100,000x^2$ 이라고 한다. 여기서 x는 방범등을 나타낸다. 파레토 효율 조건을 만족시키는 방범등 수량을 구하시오.

KEY ▶ 부분균형 차원에서 보면, 공공재 공급의 효율조건은 '한계편익의 합 = 한계비용'이 된다.

풀이

$\Sigma MB = (1,000)(10,000)$

$MC = 200,000x$

이다. 공공재 공급의 효율조건을 나타내는

$$\Sigma MB = MC$$

에 위의 값들을 대입하면 $x^* = 50$을 얻는다.

15.2 공공재 공급과 효율조건

공공재와 사적재가 함께 생산되고 있는 경제가 있다. 이 경제의 생산가능경계선은 $G^2 + X^2 = 200$이라고 한다. 여기서 G는 공공재, X는 사적재를 나타내고 있다. 100명의 개인들이 있으며 효용함수는 $U = G^{\frac{1}{2}} X_i^{\frac{1}{2}}$이다.

a. 이 상품들을 시장을 통해 공급하려고 한다. 이 경우 각 개인의 효용은 얼마인가?

b. 각 상품에 대해 효율적인 수량을 구하시오.

KEY ▶ 공공재는 비배제성 때문에 무임승차 현상이 발생한다. 그 결과 시장에서는 효율적으로 공급되지 않는다. 공공재 공급의 효율 조건은 $\Sigma MRS = MRT$이다.

풀이

a. 공공재는 누구도 그 소비로부터 배제시키기 어렵다. 이러한 특성 때문에 공공재의 경우 아무도 자발적으로 선호를 나타내지 않는다. 그리하여 무임승차 현상이 나타난다. 이 문제의 경우 공공재 공급은 0이 된다. 그리하여 각 개인의 효용도 0이 된다.

b. 공공재 공급의 효율조건은

$$\sum MRS_{GX}^{i} = MRT_{GX} \qquad (1)$$

이다.

먼저 한계변환률을 구하기 위해 생산가능경계선을 전미분하자. 즉,

$$G^2 + X^2 = 200 \qquad (2)$$

을 전미분하면 $2GdG + 2XdX = 0$이 된다. 이로부터

$$MRT_{GX} = -\frac{dX}{dG} = \frac{2G}{2X} = \frac{G}{X} \qquad (3)$$

를 얻는다. 효용함수가

$$U = G^{\frac{1}{2}} X_i^{\frac{1}{2}} \qquad (4)$$

이므로

$$MRS_{GX}^{i} = \frac{MU_G}{MU_{X_i}} = \frac{X_i}{G} \qquad (5)$$

를 얻는다. 그러므로

$$\sum_{i=1}^{100} MRS_{GX}^{i} = \sum_{i=1}^{100} \frac{X_i}{G} = \frac{X}{G} \qquad (6)$$

가 된다.

식 (1)에 식 (6)과 식 (3)을 대입하면

$$\frac{X}{G} = \frac{G}{X} \qquad (7)$$

가 된다. 이로부터

$$G = X \qquad (8)$$

를 얻는다. 식 (8)을 식 (2)에 대입하면 $2G^2 = 200$, $G^* = 10$을 얻는다. 이것을 식 (8)에 대입하면 $X^* = 10$을 얻는다.

한편 공공재는 공동소비되므로 아무도 사적재를 공공재와 교환하려고 하지 않는다. 그 결과 사적재는 어떻게 배분되더라도 그 상태가 바로 효율적인 상태이다. 다시 말하면 배분된 상태에서 누군가 더 나아지려면 적어도 다른 사람 한 명이 나빠진다.

15.3 공공재 공급과 사적재 공급 비교

경제 내에 두 개인 A, B가 있다고 하자. 공원에 나무를 심고자 하는데 나무에 대한 각 개인의 수요곡선은 $q_A = 400 - p_A$, $q_B = 600 - p_B$라고 한다. 한편 나무의 시장공급곡선은 $Q = 100 + \frac{1}{2}p$이다.

a. 공원의 나무를 순수공공재라 할 때 효율적인 수량을 구하시오.

b. 각 개인에게 그들이 받는 편익에 비례하여 조세를 부과한다고 하자. 이때 각 개인이 공공재 한 단위당 납부해야 하는 조세를 구하시오. 공공재를 공급할 때 한 단위당 드는 비용을 이러한 조세로 모두 충당할 수 있는가?

c. 공원의 나무가 사적 시장에서 공급될 때 공원의 나무 수급량 및 각 개인의 수요량을 구하시오. 이때 수량을 문항 a.에서 구한 수량과 비교하시오.

KEY ▶ 공공재의 수요곡선은 개인들의 수요곡선들을 수직으로 합하여 구한다. 사적재의 시장수요곡선은 개인들의 수요곡선들을 수평으로 합하여 구한다.

풀이

$$q_A = 400 - p_A \tag{1}$$

$$q_B = 600 - p_B \tag{2}$$

$$Q_s = 100 + \frac{1}{2}p \tag{3}$$

로 주어져 있다.

a. 공공재의 경우 같은 양만큼 공동으로 소비한다. 그러므로 공공재의 소비량을 Q라 하면

$$Q_d = q_A = q_B \tag{4}$$

이다. 이때 개인 A의 한계평가는

$$p_A = 400 - Q_d \tag{5}$$

개인 B의 한계평가는

$$p_B = 600 - Q_d \tag{6}$$

이다.

한편 총한계평가(수요곡선)는 각 개인의 한계평가를 합하여 구한다. 공공재는 공동으로 소비하기 때문에 주어진 수량에 대해 각 개인이 얻는 편익을 합해야 하기 때문이다. 이것을 수학적으로 구하면

$$p = p_A + p_B = 1,000 - 2Q_d \text{ if } Q_d \leq 400,$$
$$p = 600 - Q_d \text{ if } Q_d > 400 \quad (7)$$

이 된다. 그래프상으로는 각 개인의 수요곡선을 수직으로 합한 것으로 나타난다.

이제 공공재의 균형수량을 구하려면 이 식과 공급곡선을 나타내는 식 (3)을 연립으로 풀어야 한다. 두 식에서 변수는 3개 미지수는 2개다. 그러므로 식 1개가 더 필요하다. 그런데 균형에서는

$$Q_d = Q_s = Q \quad (8)$$

가 성립한다. 그러므로 식 (3), 식 (7) 그리고 식 (8)로부터 $Q^* = 300$을 얻는다.

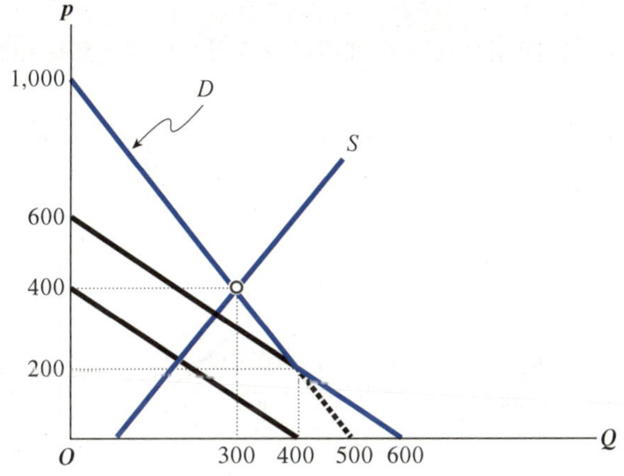

b. 공공재 소비로부터 개인이 얻는 편익을 구하기 위해 식 (5)와 식 (6)에 균형수량을 대입한다. 그 결과

$$p_A^* = 400 - Q^* = 400 - 300 = 100,$$
$$p_B^* = 600 - Q^* = 600 - 300 = 300$$

을 얻는다. 공공재 한 단위 소비당 이러한 조세를 부과할 경우 각 개인은 300단위의 공공재를 수요한다. 한편 단위당 공급비용은 비용함수인 식 (3)으로부터 구한다. 즉,

$$p = 2(Q^* - 100) = 400$$

이 된다. 그러므로 단위당 조세의 합(= 100 + 300)은 단위당 공급비용 400을 정확하게 충당한다.

c. 사적재 시장에서 각 개인은 가격수용자로 행동하며 동일한 가격에 직면한다. 그러므로 각 개인이 직면하는 가격을 p라 하면

$$p = p_A = p_B \tag{9}$$

가 성립한다. 이때 개인 A의 수요는

$$q_A = 400 - p \tag{10}$$

개인 B의 수요는

$$q_B = 600 - p \tag{11}$$

이다. 따라서 시장수요는 각 개인의 수요를 합하여 구한다. 수식적으로 구하면

$$Q_d = q_A + q_B = 1,000 - 2p \ \text{ if } \ Q_d > 200,$$
$$Q_d = 600 - p \ \text{ if } \ Q_d \leq 200 \tag{12}$$

가 된다. 그래프상으로는 각 개인의 수요곡선을 수평으로 더한 것이 된다.

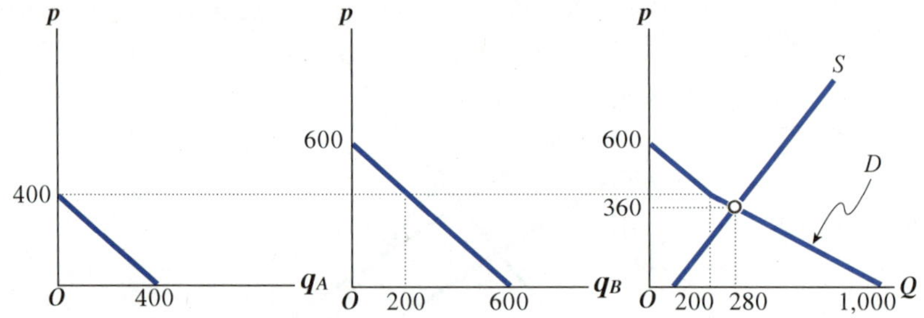

이때에도 균형식

$$Q_d = Q_s = Q$$

가 필요하다. 이 균형식과 공급과 수요를 나타내는 식 (3), 식 (12)으로부터 $p^* = 360$, $Q^* = 280$을 얻는다. 이때의 가격을 식 (10)과 식 (11)에 각각 대입하면 $q_A^* = 40$, $q_B^* = 240$을 얻는다.

사적 시장에서의 공급량 280은 공공재라고 가정할 때의 효율적 공급량 300에 비해 적다. 바꾸어 말하면 공공재가 사적재 시장의 원리에 따라 공급된다고 가정할 경우 공급 수량은 효율적인 수량에 미치지 못한다는 것이다. 그 직관적인 이유를 살펴보자. 공공재는 공동으로 소비된다. 그러므로 각 개인의 공공재 소비는 상대방에게 편익을 제공한다. 사회적인 관점에서 볼 때에는 이러한 편익도 고려되어야 한다. 그러나 각 개인이 소비할 경우에는 이처럼 다른 사람에게 주는 편익은 고려하지 않는다. 그 결과 사회적인 측면에서 볼 때의 효율적인 수준에 비해서 적게 공급된다.

15.4 공공재 : 생산, 소비, 비용분담

두 개인이 공공재로부터 얻는 한계편익은 각각 $MB_1 = 15 - g$와 $MB_2 = 26 - 2g$이다. 이 두 개인이 공공재를 생산하는 데 드는 한계비용은 각각 $MC_1 = 5 + 2g_1$과 $MC_2 = 4 + g_2$이다. 각 개인은 동일한 공공재를 생산한다고 가정한다.

a. 공공재의 효율적인 수량을 구하시오.

b. 두 개인이 각각 공공재를 어느 만큼씩 생산하고, 소비하며, 또한 얼마씩 지불하는 것이 효율적인가?

c. 이 결과를 평가하시오.

KEY ▶ 공공재는 소비 측면에서 비경합성과 비배제성을 지니기 때문에 동일한 수량을 공동으로 소비하게 된다. 그러나 생산 측면에서는 사적재와 똑같은 원리가 적용된다.

풀이

a. 공공재 공급의 효율조건은 사회적 한계편익(*SMB*)이 한계비용과 같아지는 것이다. 이때 공공재는 같은 수량이 공동으로 소비되며 *SMB*곡선은 각 개인의 *MB*곡선을 수직으로 합하여 구한다. 따라서

$$SMB = MB_1 + MB_2 = (15 - g) + (26 - 2g) = 41 - 3g \tag{1}$$

이다($g \geq 13$일 경우에는 $SMB = 15 - g$).

한편 생산 측면에서는 공공재의 경우와 사적재의 경우가 다를 바가 없다. 그리하여 총산출량은 각 개인의 산출량을 합한 것과 같다. 각 개인의 산출량을 합하기 위한 예비단계로 각 개인의 한계비용을

$$MC_1 = 5 + 2g_1 \tag{2}$$

$$MC_2 = 4 + g_2 \tag{3}$$

로 놓자. 이로부터 각 개인의 공공재 산출량은

$$g_1 = \frac{MC_1 - 5}{2} \tag{4}$$

$$g_2 = MC_2 - 4 \tag{5}$$

가 되는 것을 알 수 있다. 그런데 공공재를 효율적으로 생산하려면 가능한 한 적은 비용으로 생산해야 한다. 이때 최소비용으로 생산하는 방법은 각 개인이 서로의 한계비용이 같아지는 만큼 생산해야 한다. 그러므로

$$MC_1 = MC_2 = MC \tag{6}$$

로 놓을 수 있다.

이때 공공재의 총산출량을 g라고 하자. 그러면 g는 식 (4)와 식 (5)에 식 (6)을 적용한 다음, 그것들을 더하여

$$g = g_1 + g_2 = \frac{3MC - 13}{2} \tag{7}$$

으로 구해진다. 이것은 사실상 두 한계비용곡선을 수평으로 합한 것이다. 식 (7)로부터

$$MC = \frac{2g + 13}{3} \tag{8}$$

을 얻는다($MC \leq 5$일 경우에는 $MC = 4 + g$).

그런데 효율조건은

$$SMB = MC \tag{9}$$

이다. 그러므로 식 (9)에 식 (1)인 $SMB = 41 - 3g$와 식 (8)을 대입하면

$$41 - 3g = \frac{2g + 13}{3}$$

이 된다. 이로부터 $g^* = 10$을 얻는다. 이때 균형에서는

$$SMB = MC_1 = MC_2$$

가 성립한다.

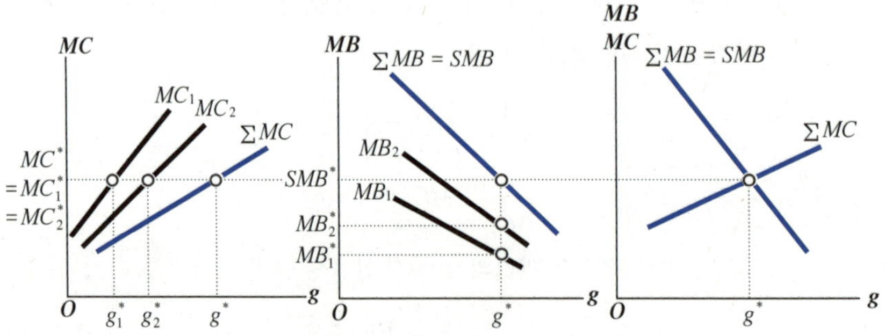

b. $g^* = 10$을 식 (1)과 식 (7)에 각각 대입하면 $SMB^* = MC^* = 11$을 얻는다. 이때 물론 $MC_1^* = MC_2^* = MC^*$이다. $MC^* = 11$을 식 (6)을 참조하여 식 (4)와 식 (5)에 각각 대입하면 $g_1^* = 3$, $g_2^* = 7$을 얻는다. 또한 $g^* = 10$을 $MB_1 = 15 - g$, $MB_2 = 26 - 2g$에 각각 대입하면 $MB_1^* = 5$, $MB_2^* = 6$을 얻는다.

이 결과는 각 개인이 공공재 3단위와 7단위를 생산하여 공동으로 10단위를 소비하며, 그 가격으로 한 단위당 각 개인이 각각 5와 6을 지불하면 효율이 달성된다는 것을 말해 준다.

c. 각 개인이 10단위를 소비하며 그때 각 개인이 얻는 한계편익에 해당하는 5와 6을 한 단위당 가격으로 지불하면 10단위를 생산할 때 드는 한계비용 11을 모두 충당할 수 있다. 그러나 공공재의 경우 현실적으로는 각 개인이 자신의 선호를 나타내지 않는다. 그 결과 각 개인들이 공공재로부터 얻는 한계편익을 알 수 없으며, 시장기능을 통해서 이러한 결과를 얻을 수도 없다. 이러한 이유 때문에 공공재는 정부가 공공선택 과정을 통해 공급하게 된다.

간단한 풀이

이 문제는 다음과 같이 간단히 풀이할 수도 있다.

$$MB_1 = 15 - g \tag{1}$$

$$MB_2 = 26 - 2g \tag{2}$$

$$MC_1 = 5 + 2g_1 \tag{3}$$

$$MC_2 = 4 + g_2 \tag{4}$$

로 놓자.

공공재의 효율조건은 사회적 한계편익(SMB)이 한계비용과 같아지는 것이다. 한편 사회적으로 볼 때 공공재를 효율적으로 생산하려면 가능한 한 적은 비용으로 생산해야 한다. 그 방법은 더 적은 한계비용으로 생산할 수 있는 개인이 생산하는 것이다. 이때 각 개인이 서로의 한계비용이 같아지는 만큼 생산할 때 비용이 최소화된다.

이 두 내용을 종합할 때 공공재의 효율조건은

$$SMB = MC_1 = MC_2 \tag{5}$$

이다. 그런데 SMB는 각 개인의 MB를 수직으로 합하여 구한다. 그러므로

$$SMB = MB_1 + MB_2 = (15 - (g_1 + g_2)) + (26 - 2(g_1 + g_2)) = 41 - 3(g_1 + g_2) \tag{6}$$

이다. 그런데 식 (5)로부터

$$SMB = MC_1 \tag{7}$$

$$SMB = MC_2 \tag{8}$$

가 성립한다.

식 (7)에 식 (3)과 식 (6)을 대입하고, 식 (8)에 식 (4)와 식 (6)을 대입하면

$$41 - 3(g_1 + g_2) = 5 + 2g_1 \tag{9}$$

$$41 - 3(g_1 + g_2) = 4 + g_2 \tag{10}$$

가 성립한다. 식 (9)와 식 (10)을 연립으로 풀면 $g_1^* = 3$, $g_2^* = 7$을 얻는다. 그 결과 공공재의 총공급량은 $g^* = g_1^* + g_2^* = 10$이 된다. 이 값들을 식 (1) ~ (4)에 각각 대입하면 $MB_1^* = 5$, $MB_2^* = 6$, $MC_1^* = MC_2^* = 11$을 얻는다. 이러한 결과를 그림으로 표시하면 앞의 그림과 같다.

15.5 공공재 : 균형의 효율 여부

두 개인 A, B는 공공재 공급과 관련하여 각각 자신이 기여할 금액 g_i에 대해 말한다고 하자. 이때 각 개인들이 기여하겠다고 말한 금액을 합한 것이 공공재 공급 비용 c와 같거나 클 경우에는 공공재가 공급된다. 이 경우 각 개인은 자신이 기여하겠다고 말한 금액에 해당하는 조세를 납부해야 한다. 반면에 각 개인들이 기여하겠다고 말한 금액을 합한 것이 c보다 작을 경우에는 공공재는 공급되지 않는다. 이 경우 아무도 조세를 납부하지 않아도 된다.

a. 효율적인 균형이 지니는 특성에 대해 말하시오.

b. 균형은 반드시 효율적인가?

풀이

공공재를 함께 공급하는 것이 효율적이지만 아무도 혼자서는 공공재를 공급하려 하지 않는다고 가정하자.

a. $g_A + g_B = c$를 만족시키는 기여분들의 집합이다.

b. 그렇지 않다. 비효율적인 균형도 많이 있을 수 있다. 예를 들면 $g_A + g_B = 0$은 비효율적 균형이다.

15.6 공공재 공급 : 무임편승, 효율조건, 비용분담

A와 B는 서로 이웃에 살고 있다. 그런데 도로에서 각자의 집으로 가려면 어두운 골목길을 통과해야 한다. A의 효용함수는 $U_A(x, y_A) = x^{\frac{1}{2}} y_A^{\frac{1}{2}}$이고 B의 효용함수는 $U_B(x, y_B) = x^{\frac{1}{2}} y_B^{\frac{1}{2}}$이라고 한다. 여기서 x는 가로등의 수를 나타내고 y_A, y_B는 각자 자신이 소비하는 다른 상품의 수량을 나타낸다. A와 B는 각자 400만원을 소비할 수 있다고 하자. 가로등을 1개 설치하는 데에는 20만원이 든다. 상품 Y의 가격은 4만원이라고 하자.

a. 서로 상대방이 가로등을 설치할 것을 기대한다고 하자. 이 경우 각 개인의 효용을 구하시오.

b. 개인 B는 가로등을 설치하지 않을 것이 확실하다고 하자. 그리고 개인 A가 이러한 사실을 알고 있다고 하자. 이 경우 각 개인의 효용을 구하시오.

c. 위 문항 b.의 결과가 효율적인가를 말하시오.

d. 파레토효율적인 자원배분을 구하시오.

e. 위 문항 d.에서 가로등을 설치하는 데 들어가는 비용을 똑같이 부담한다고 하자. 이 경우 각자의 효용을 구하시오. 비용을 서로 다른 비율로 부담할 경우 어떠한 결과가 나타날 것인가에 대하여 논의하시오.

f. 이상의 결과에 비추어 가로등과 같은 상품의 공급에 대하여 논의하시오.

KEY ▶ 공공재의 공급비용을 적절히 분담할 경우 어느 한 쪽이 완전히 무임편승할 때보다 공공재 공급이 늘어나 두 사람의 효용이 모두 더 높아질 수도 있다.

풀이

이 경우 가로등은 공공재이다.

a. 이 경우 각 개인은 무임편승자가 된다. 그 결과 가로등은 공급되지 않는다. 즉, $x^* = 0$이 된다. 그 결과 $U_A(x^*, y_A) = 0$, $U_B(x^*, y_B) = 0$이 된다. 즉, 각 개인이 누리는 효용은 0이 된다.

b. 이 경우 개인 A도 가로등을 설치하지 않는다면 각 개인의 효용은 0이 된다. 그러므로 개인 A는 자신이 비용을 모두 부담하더라도 가로등을 설치하는 것이 낫다. 이러한 상황에서 개인 A의 효용극대화 문제는

$$\max_{x,\, y_A} U_A(x, y_A) = x^{\frac{1}{2}} y_A^{\frac{1}{2}} \qquad (1)$$
$$s.t. \quad 20x + 4y = 400$$

이 된다. 효용함수가 콥-더글라스 형태이므로 공식을 이용하면

$$x^* = \frac{\alpha I}{p_x} = 10 \tag{2}$$

$$y_A^* = \frac{\beta I}{p_y} = 50 \tag{3}$$

을 얻는다. 이 경우 개인 A의 효용은

$$U_A(x^*, y_A^*) = \sqrt{10 \cdot 50} = 10\sqrt{5} \tag{4}$$

가 된다.

이때 개인 B는 무임편승자가 된다. 그리하여 비용 부담 없이 가로등의 효용을 누리며 자신은 400만원을 모두 Y재 구입에만 지출한다. 그 결과

$$y_B^* = 100 \tag{5}$$

이 된다. 그는 가로등 10개로부터의 편익도 누리므로 그의 효용은

$$U_B(x^*, y_B^*) = \sqrt{10 \cdot 100} = 10\sqrt{10} \tag{6}$$

이 된다. 이때 A의 효용보다 무임편승한 B의 효용이 높다는 것은 당연하다.

c. 공공재가 있을 경우 효율조건은 사회적 한계대체율과 한계변환율이 같아지는 것이다. 먼저 사회적 한계대체율을 구해 보자.

사회적 한계대체율 $SMRS_{xy}$는

$$SMRS_{xy} = MRS_{xy}^A + MRS_{xy}^B \tag{7}$$

이다. 그런데 위 문항의 결과에서는

$$MRS_{xy}^{A\,*} = \frac{MU_x}{MU_{y_A}} = \frac{y_A^*}{x^*} = \frac{50}{10} = 5 \tag{8}$$

이다. 한편 가로등의 편익은 공동으로 누리므로 개인 B도 가로등 10개로부터 편익을 누린다. 그러므로

$$MRS_{xy}^{B\,*} = \frac{y_B^*}{x^*} = \frac{100}{10} = 10 \tag{9}$$

이 된다. 그러므로

$$SMRS_{xy}^* = MRS_{xy}^{A\,*} + MRS_{xy}^{B\,*} = \frac{y_A^* + y_B^*}{x^*} = 15 \tag{10}$$

를 얻는다.

한편 한계변환률은 한계비용의 비율과 같다. 즉,

$$MRT_{xy} = \frac{MC_x}{MC_y} \tag{11}$$

이다. 그런데 문제에서

$$MC_x = 20 \tag{12}$$

으로 주어져 있다. 한편 경쟁시장에서 이윤극대화 기업은 가격과 한계비용이 같아지는 곳에서 조업을 한다. 그러므로 가격과 한계비용은 같아진다. 즉,

$$MC_y = p_y = 4 \tag{13}$$

이다. 식 (12)와 식 (13)을 식 (11)에 대입하면

$$MRT^*_{xy} = 5 \tag{14}$$

를 얻는다.

이제 식 (10)과 식 (14)를 비교하면

$$MRS^{A^*}_{xy} + MRS^{B^*}_{xy} > MRT^*_{xy} \tag{15}$$

라는 것을 알 수 있다. 즉, 사뮤엘슨 조건이 성립하지 않는다. 따라서 이러한 결과는 비효율적이다.

이 결과 식 (15)를 해석해 보자. 이러한 자원배분 상태에서는 가로등 1개를 더 얻기 위해 사회적으로 볼 때 모두 15개의 Y재를 포기할 의향이 있다. 그런데 가로등을 1개 건설하는 데 20만원이 들고 다른 상품의 가격은 4만원이므로 가로등 1개를 건설하려면 5개의 다른 상품을 포기하면 된다. 이것은 사회적으로 볼 때 가로등으로부터 얻는 한계편익이 한계비용보다 크다는 것을 의미한다. 그러므로 가로등을 더 건설하는 것이 효율적이다. 다시 말하면 현재의 자원배분은 비효율적이라는 것이다.

d. 파레토효율 조건은 다음과 같이 상대방의 효용을 일정하게 해 놓은 상태에서 자신의 효용을 극대화하여 구한다. 이렇게 하여 얻은 결과로부터는 상대방을 나쁘게 하지 않고서는 자신이 더 나아질 수 없다. 그러므로 그 결과는 파레토효율적이 된다.

$$\begin{aligned} &\underset{x,\, y_A,\, y_B}{Max}\ U_A = x^{\frac{1}{2}} y_A^{\frac{1}{2}} \\ &s.t.\quad \overline{U_B} = x^{\frac{1}{2}} y_B^{\frac{1}{2}} \\ &\qquad\quad 20x + 4(y_A + y_B) = 800. \end{aligned}$$

여기서는 앞서 구한 결과를 이용하자.

식 (8)과 식 (9)를 구하는 과정에서

$$MRS_{xy}^{A} = \frac{y_A}{x} \tag{16}$$

$$MRS_{xy}^{B} = \frac{y_B}{x} \tag{17}$$

를 얻었다. 그러므로

$$SMRS_{xy} = MRS_{xy}^{A} + MRS_{xy}^{B} = \frac{y_A + y_B}{x} \tag{18}$$

로 구해진다. 한편

$$MRT_{xy} = \frac{MC_x}{MC_y} = \frac{MC_x}{p_y} = \frac{20}{4} \tag{19}$$

이다.

이때 효율조건은

$$MRS_{xy}^{A} + MRS_{xy}^{B} = MRT_{xy} \tag{20}$$

이다. 식 (18)과 식 (19)를 식 (20)에 대입하면

$$y_A + y_B = 5x \tag{21}$$

를 얻는다.

그런데 개인들은 합계 800만원을 쓸 수 있다. 그러므로 사회적으로 볼 때 예산제약식은

$$20x + 4(y_A + y_B) = 800 \tag{22}$$

이 된다. 식 (21)과 식 (22)로부터

$$x^* = 20,\ y_A^* + y_B^* = 100 \tag{23}$$

을 얻는다. 이 관계가 바로 파레토효율적 배분들을 나타낸다. 이것은 사적재만 있을 경우의 계약곡선에 대응된다. 물론 파레토효율적 배분들은 최초부존배분과는 관계없이 정해진다.

굳이 그림을 그릴 경우, 공공재가 포함되면 공공재의 비배제성 때문에 각 개인의 원점은 동일한 변 상에 놓인다. 이때 공공재는 공동소비되므로 오른쪽 변이 파레토효율적 배분들의 집합이 된다.

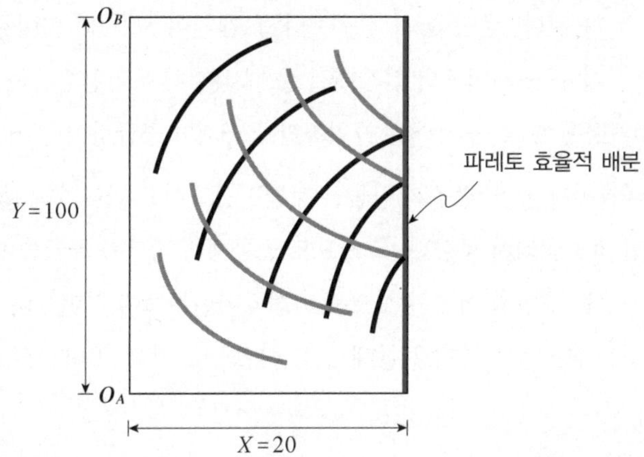

e. 가로등이 총 20개 공급되는 것이 효율적이다. 그러므로 가로등을 공급하는 데 총 400만원(=20 • MC_X)이 든다.

(i) 이 비용을 반씩 부담한다면 각 개인은 200만원씩 부담하게 된다. 따라서 각 개인은 자신이 쓸 수 있는 금액 400만원에서 공공재 공급 비용의 분담 몫인 200만원을 빼고 나면 수중에 200만원이 남는다. 이 200만원으로 가격이 4만원인 사적재를 구입하면 모두 50단위를 구입할 수 있다. 이때 개인 A의 효용은

$$U_A(x^*, y_A^*) = \sqrt{20 \cdot 50} = 10\sqrt{10} \tag{24}$$

개인 B의 효용도

$$U_B(x^*, y_B^*) = \sqrt{20 \cdot 50} = 10\sqrt{10} \tag{25}$$

이 된다. 이것을 위 문항 b.의 결과와 비교해 보면 개인 B의 효용은 변하지 않았으나 개인 A의 효용은 증가하였다.

(ii) 위 결과에 근거하여 판단해 볼 때 비용 분담 몫을 적절히 조정하면 개인 B가 완전히 무임편승하는 경우보다 개인 B 자신도 더 나아질 수 있다는 것을 알 수 있다. 예를 들어 공공재 20단위의 비용 400만원 중에서 개인 A가 280만원을 부담하고 개인 B가 120만원을 부담한다고 하자. 이 경우

$$U_A(x^{**}, y_A^{**}) = \sqrt{20 \cdot 30} = 10\sqrt{6} \tag{26}$$

$$U_B(x^*, y_B^*) = \sqrt{20 \cdot 70} = 10\sqrt{14} \tag{27}$$

가 된다. 문항 b.의 경우보다 두 개인이 모두 더 나아졌다. 이런 결과가 나타나는 이유는, 개인 B의 입장에서 볼 때 완전히 무임편승하는 경우보다 사적재 구입에 사용할 수 있는 금액은 줄었지만 공공재의 공급량이 늘어났기 때문이다.

f. 공공재가 있을 경우 개인들은 무임편승하려고 한다. 그 결과 공공재는 효율적인 수준만큼 공급되지 못한다. 그러므로 공공재는 정부가 공급해야 한다. 그러나 이 경우에도 정부는 개인의 선호를 모르므로 선호시현문제에 직면한다. 그리하여 현실적으로 공공재는 공공선택 과정을 통해서 공급된다. 그리고 그 비용은 조세로 충당한다.

15.7 공공재 공급 : 무임편승과 파레토효율

A와 B는 서로 이웃에 살고 있다. 그런데 도로에서 각자의 집으로 가려면 어두운 골목길을 통과해야 한다. A의 효용함수는 $U_A(x, y_A) = x^{\frac{1}{2}} y_A^{\frac{1}{2}}$ 이고 B의 효용함수는 $U_B(x, y_B) = x^{\frac{1}{2}} y_B^{\frac{1}{2}}$ 이라고 한다. 여기서 x는 가로등의 수를 나타내고 y_A, y_B는 각자 자신이 소비하는 다른 상품의 수량을 나타낸다. A와 B는 각자 400만원을 소비할 수 있다고 하자. 가로등을 1개 설치하는 데에는 20만원이 든다. 상품 Y의 가격은 4만원이라고 하자.

a. 개인 B가 가로등을 설치하는 데 기여하지 않을 것으로 생각하고 개인 A가 단독으로 가로등을 설치할 경우 개인 A의 효용을 구하시오.

b. 위 문항 a.의 결과가 주어진 상태에서 개인 B의 최적선택의 결과를 말하시오.

c. 위 문항 b.의 결과를 파레토효율의 관점에서 평가하시오.

d. 파레토효율적인 자원배분을 구하시오.

KEY ▶ 공공재의 경우 두 개인이 함께 기여할 경우 어느 한 쪽이 완전히 무임편승할 때보다 두 사람의 효용이 모두 더 높아질 수도 있다.

풀이

이때 가로등은 공공재이다.

a. 개인 B가 가로등을 설치하지 않는 상황에서 개인 A가 자신마저도 가로등을 설치하지 않는다면 자신의 효용이 0이 될 것으로 생각한다. 그러므로 이러한 상황에서는 자신이 비용을 모두 부담하더라도 가로등을 설치할 것이다. 이때 개인 A의 효용극대화 문제는

$$\underset{x_1,\ y_A}{Max}\ U_A(x_1,\ y_A) = x_1^{\frac{1}{2}} y_A^{\frac{1}{2}}$$
$$s.t. \quad 20x_1 + 4y = 400$$

이 된다. X재는 공공재이므로 시장가격이 존재하지 않는다. 그러나 개인이 스스로 설치하려는 상황에서 볼 때에는 한 단위당 20만원이 든다. 이 값을 편의상 p_x라고 하자. 그러면 콥-더글라스로 주어져 있으므로 공식을 이용하여 $x_1^* = \frac{\alpha I}{p_x} = 10$, $y_A^* = \frac{\beta I}{p_y} = 50$을 얻는다. 이 경우 개인 A의 효용은 $U_A(x_1^*, y_A^*) = \sqrt{10 \cdot 50} = 10\sqrt{5}$가 된다.

이때 물론

$$MRS_A^* = \frac{MU_x}{MU_{y_A}} = \frac{y_A^*}{x_1^*} = \frac{50}{10} = 5,\ \frac{p_x}{p_y} = \frac{20}{4} = 5$$

로서 $MRS_{xy}^* = \frac{p_x}{p_y}$가 성립한다.

b. 이때 개인 B가 완전한 무임편승자가 된다면 그는 비용 부담 없이 가로등의 효용을 누릴 것이므로 자신은 400만원을 모두 Y재 구입에만 지출할 수 있다. 그런데 $p_y = 4$이므로 $y_B^* = 100$이 된다. 이때 그는 가로등 $x_1^* = 10$으로부터의 편익도 누린다. 그러므로

$$MRS_B^* = \frac{y_B^*}{x_1^*} = \frac{100}{10} = 10 > 5 = \frac{p_x}{p_y}$$

가 된다. $MRS_B = 10$은 개인 B가 가로등 한 개를 더 얻기 위해 10단위의 Y재를 포기할 의향이 있다는 것을 말한다. 즉, 가로등의 한계편익이 Y재 10단위라는 것이다. $\frac{p_x}{p_y} = 5$는 가로등을 건설하는 데 20만원이 들고 다른 상품의 가격은 4만원이므로 가로등 1개를 건설하려면 5단위의 다른 상품을 포기하면 된다는 것을 말한다. 즉, 가로등의 한계비용은 Y재 5단위라는 것이다. 그러므로 앞 부등식은 가로등으로부터 얻는 한계편익이 한계비용보다 크다는 것을 의미한다. 그러므로 개인 B의 입장에서 볼 때 가로등을 더 건설하는 것이 낫다. 즉, 완전히 무임편승하는 것보다 공공재 공급에 일부나마 기여하는 것이 낫다. 이렇게 되는 이유는 공공재는 공동소비되기 때문이다.

이러한 상황을 고려할 때 개인 B의 입장에서 최적선택을 위해서는 $MRS_B = \frac{p_x}{p_y}$가 성립하도록 해야 한다. 이를 위해 추가로 더 건설해야 할 가로등의 수를 x_2라 하면, 가로등 건설에는 한 당위당 20만원이 들고 Y재의 가격은 4만원이므로 그로 인해 포기해야 하는 Y재의 수량은 $5x_2$이다. 그러므로 개인 B의 최적선택을 위해서는

$$(MRS_B =)\frac{100 - 5x_2}{10 + x_2} = 5\left(= \frac{p_x}{p_y}\right)$$

가 성립해야 한다. 이로부터 $x_2^* = 5$를 얻는다.

c. 이제 가로등은 총 $x = x_1^* + x_2^* = 15$개가 설치되었다. 이때 개인 A는 Y재를 50단위 소비하고 있는 상태이다. 그 결과

$$MRS_A = \frac{50}{x} = \frac{50}{15} < 5 = \frac{p_x}{p_y}$$

이다. 즉, 공공재로부터 얻는 한계편익보다 한계비용이 더 크다. 그러므로 개인 A는 가로등을 추가로 설치하려고 하지 않는다. 한편 앞 문항에서 개인 B의 경우 공공재를 추가로 공급하여 $MRS_B = 5$가 되었다. 그러므로 $SMRS = MRS_A + MRS_B = \frac{50}{15} + 5$ (1)이다.

한편 한계변환률은 한계비용의 비율과 같다. 즉, $MRT = \frac{MC_x}{MC_y}$ (2)이다. 그런데 문제에서 $MC_x = 20$ (3)으로 주어져 있다. 한편 경쟁시장에서 이윤극대화 기업은 가격과 한계비용이 같아지는 곳에서 조업을 한다. 그러므로 가격과 한계비용은 같아진다. 즉, $MC_y = p_y = 4$ (4)이다. 식 (3)과 식 (4)를 식 (2)에 대입하면 $MRT = 5$ (5)를 얻는다.

식 (1)과 식 (5)로부터

$$SMRS = MRS_A + MRS_B = \frac{50}{15} + 5 > 5(= MRT)$$

가 된다. 이 결과는 현재 공공재로부터 얻는 사회적 한계편익이 한계비용보다 크다는 것을 말한다. 그러므로 파레토효율을 위해서는 가로등이 추가로 설치되어야 한다.

d. 파레토효율 조건은

$$SMRS = MRS_A + MRS_B = MRT$$

인데

$$MRS_A + MRS_B = \frac{y_A + y_B}{x}$$

로 구해진다. 그런데 $MRT = 5$이므로 이것들을 효율조건에 대입하면

$$\frac{y_A + y_B}{x} = 5 \qquad (6)$$

를 얻는다.

그런데 개인들은 합계 800만원을 쓸 수 있다. 그러므로 사회적으로 볼 때 예산제약식은

$$20x + 4(y_A + y_B) = 800 \qquad (7)$$

이 된다. 식 (6)과 식 (7)로부터 $x^* = 20$, $y_A^* + y_B^* = 100$을 얻는다. 이 관계가 바로 파레토효율적 배분들을 나타낸다.

15.8 공공재의 경우 내쉬균형의 비효율성

두 개인 A와 B가 거실을 공동으로 사용하고 있다고 하자. 각 개인이 책을 구입하여 거실의 서재에 꼽아 놓고 서로 상대방의 책도 자유롭게 볼 수 있다고 하자. 이 경우 개인 A의 효용함수는 $U_A = 40(x_A + x_B)^{\frac{1}{2}} - x_A$이고 개인 B의 효용함수는 $U_B = 20(x_A + x_B)^{\frac{1}{2}} - x_B$라고 하자. x_A는 개인 A가 구입한 책의 수량을 나타내고 x_B는 개인 B가 구입한 책의 수량을 나타낸다고 하자. 책의 가격은 1만원이고 효용은 만원 단위 금액으로 표현되도록 정규화하였다고 하자. 이러한 상황에서 각 개인이 서로 상대방이 구입하는 책의 수량을 주어진 것으로 보고 자신의 효용을 극대화한다고 하자.

a. 균형수량을 구하시오.

b. 파레토효율적인 수량을 구하시오.

c. 앞의 두 문항에서 구한 수량을 비교하고 평가하시오.

KEY ▶ 공공재의 경우 내쉬균형은 비효율적이다.

풀이

a. 이때의 균형은 내쉬균형에 해당한다. 개인 A의 효용극대화 문제는

$$\underset{x_A}{Max}\ U_A = 40(x_A + x_B)^{\frac{1}{2}} - x_A$$

로 쓸 수 있다. 극대화의 일차필요조건은

$$\frac{\partial U_A}{\partial x_A} = 20(x_A + x_B)^{-\frac{1}{2}} - 1 = 0$$

이다. 이로부터 $x_A + x_B = 400$으로 구해진다. 따라서 개인 A의 최적대응함수는

$$x_A = 400 - x_B,\ x_B \leq 400\text{일 때}$$
$$x_A = 0,\ x_B > 400\text{일 때}$$

로 구해진다.

같은 방법으로 개인 B의 최적대응함수는

$$x_B = 100 - x_A,\ x_A \leq 100\text{일 때}$$
$$x_B = 0,\ x_A > 100\text{일 때}$$

로 구해진다.

내쉬균형수량은 그림에서처럼 두 최적대응곡선이 만나는 (400, 0)이다. 개인 B가 개인 A에 비해 책으로부터 더 적은 효용을 얻으므로 균형에서 볼 때 개인 B는 무임편

승하는 상태가 된다.

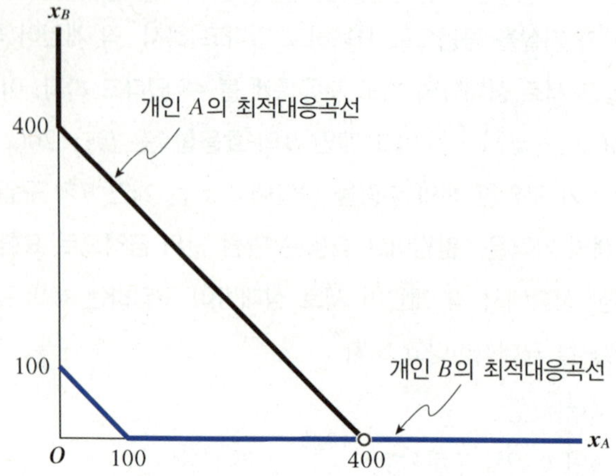

b. 파레토효율은 두 개인의 순효용의 합이 극대화되는 상태에서 달성된다. 극대화 문제는

$$\underset{x_A,\ x_B}{Max}\ W = U_A + U_B = 40(x_A + x_B)^{\frac{1}{2}} - x_A + 20(x_A + x_B)^{\frac{1}{2}} - x_B$$

이다. 극대화의 일차필요조건은

$$\frac{\partial W}{\partial x_A} = 20(x_A + x_B)^{-\frac{1}{2}} - 1 + 10(x_A + x_B)^{-\frac{1}{2}} = 0$$

$$\frac{\partial W}{\partial x_B} = 20(x_A + x_B)^{-\frac{1}{2}} + 10(x_A + x_B)^{-\frac{1}{2}} - 1 = 0$$

이다. 이로부터

$$x_A + x_B = 900$$

으로 구해진다.

c. 내쉬균형수량은 파레토효율 수량보다 적다. 그 이유는 각 개인의 책 구입은 상대방에게 극단적인 긍정적 외부효과를 유발하는데 효율 측면에서는 이러한 사회적 편익을 고려해야 함에도 불구하고 각 개인은 자신이 책을 구입할 때 이러한 사회적 편익을 고려하지 않기 때문이다. 한편 이 문제의 경우 책이 사실상 공공재로 기능하고 있다는 점에 주목하자.

15.9 공공재 공급과 조세구조

공공재 G와 사적재 X의 생산가능경계선이 $g^2 + x^2 = 800$으로 주어졌다고 하자. 한편 경제 내에 모든 면에서 똑같은 개인들이 100명 있는데 각 개인의 효용함수는 $U(g, x_i) = (gx_i)^{\frac{1}{2}}$ 이라고 한다. 여기서 x_i는 개인 i의 사적재 수요량을 나타낸다.

a. 각 개인이 무임편승자로 행동할 때 공공재의 산출량을 구하시오. 이때 각 개인의 효용을 구하시오.

b. 공공재와 사적재의 효율적인 수량을 구하시오. 이때 각 개인의 효용을 구하시오.

c. 위의 문항 b.와 같은 결과를 얻으려면 조세구조가 어떠해야 하는가?

KEY ▶ 공공재 공급의 효율조건에 대해 확실하게 파악해 두자. 그리고 효율적인 결과를 달성할 수 있게 하는 조세구조에 대해 알아두자.

풀이

$g^2 + x^2 = 800$, 100명, $U(g, x_i) = (gx_i)^{\frac{1}{2}}$으로 주어져 있다.

a. 무임편승자로 행동할 경우 공공재를 한 단위도 수요하지 않는다. 그 결과 $g^* = 0$, $U^* = 0$이 된다.

b. 공공재 공급의 효율조건은

$$\sum MRS_{gx} = MRT_{gx} \tag{1}$$

이다. 그런데 효용함수로부터 MRS_{gx}를 구하기 위해 효용함수가 일정한 값 k를 갖는다고 하자. 즉

$$U(g, x_i) = (gx_i)^{\frac{1}{2}} = k$$

라고 놓자. 이것을 전미분하자. 한편 효용함수는 단조증가변환을 시켜도 선호순서가 변하지 않는다. 그러므로 위 식의 양변을 제곱하면

$$gx_i = k^2$$

을 얻는다. 이 식을 전미분하면

$$x_i dg + g dx_i = 0$$

이 된다. 이로부터

$$MRS^i_{gx} = -\frac{dx_i}{dg} = \frac{x_i}{g}$$

를 얻는다. 그러므로

$$\Sigma MRS^i_{gx} = \Sigma \frac{x_i}{g} = \frac{x}{g} \tag{2}$$

가 된다. 한편 생산가능경계선을 전미분하여 MRT_{gx}를 구하자. 그러면

$$MRT_{gx} = -\frac{dx}{dg} = \frac{g}{x} \tag{3}$$

이다.

식 (2)와 식 (3)을 식 (1)에 대입하면

$$\frac{x}{g} = \frac{g}{x}, \text{ 즉 } g^2 = x^2$$

을 얻는다. 이 결과를 생산가능경계선에 대입하여 풀면 $g^* = 20$, $x^* = 20$. 그런데 현재 똑같은 개인들이 100명 있으므로 $x_i^* = \frac{x^*}{100} = 0.2$이다. 그러므로

$$U(g^*, x_i^*) = (g^* x_i^*)^{\frac{1}{2}} = \sqrt{20 \times 0.2} = 2$$

가 된다.

c. 각 개인이 공공재로부터 얻는 한계편익에 해당하는 만큼 조세를 걷는다. 이것은 바로 공공재에 대한 각 개인의 한계지불의향에 해당하는 금액이며 바로 한계대체율에 해당한다. 그러므로 공공재 1단위당 조세가

$$MRS^i_{gx} = \frac{x_i^*}{g^*} = \frac{0.2}{20} = \frac{1}{100}$$

이 되도록 정한다. 이때 이 금액을 각 개인에 대해 모두 합하면 공공재 공급에 드는 한계비용(이 경우 MRT_{gx})이 된다는 점에 주목하자.

15.10 클라크조세

공원에 나무를 심기 위해 사람들에게 나무에 대한 수요를 물어보았다. 사람들 중 한 명을 A라 하고 나머지 사람들을 B라고 하자. 이때 그들이 말한 수요가 $q_A = 400 - p_A$, $q_B = 600 - p_B$ 라고 한다. 한편 나무의 시장공급곡선은 $Q = 100 + \frac{1}{2}p$이다.

a. 이 수요가 진실된 수요라고 가정하자. 공원의 나무를 순수공공재라고 할 때 효율적인 나무의 수량을 구하시오.

b. 이제 이 수요가 진실된 것인지를 알 수 없다고 하자. 이때 개인 A에 대한 클라크조세 스케줄을 구하시오.

c. 이때 공공재 공급량은 어떻게 결정되는가? 클라크조세수입은 얼마인가?

d. 다른 사람들이 거짓을 말하더라도 자신은 진실되게 말하는 것이 최선이 되는가? 그 이유는 무엇인가?

e. 이러한 조세가 효율적인가?

KEY ▶ 클라크조세의 정의에 대해 확실히 파악해 두자. 그래야만 클라크조세 스케줄을 구할 수 있다.

풀이

$q_A = 400 - p_A$, $q_B = 600 - p_B$, $Q_s = 100 + \frac{1}{2}p$로 주어져 있다.

a. 공공재의 수요곡선은 $p = p_A + p_B = 1{,}000 - 2Q$이다. 이것과 문제에서 주어진 공급곡선을 연립으로 풀면 $Q^* = 300$을 얻는다.

b. $Q^* = 300$이므로 이때 공공재 1단위당 공급비용은

$$p = 2(Q^* - 100) = 400$$

이다. 이 중에서 예를 들어 공공재 공급비용에 대한 개인 A의 분담몫이 50, 나머지 사람들의 분담몫이 350이라고 하자. 한편 이러한 분담몫은 임의로 정한 값이다. 이 경우 클라크조세 스케줄을 T라 하자. 그러면 클라크조세는 다른 사람들의 비용 분담 몫의 합에서 다른 사람들의 수요의 합을 빼준 것이므로

$$T = 350 - p_B = 350 - (600 - Q) = -250 + Q$$

로 구해진다. 한편 이 문제에서는 p_B가 다른 모든 사람들이 누리는 편익을 지칭하고 있음을 상기하자.

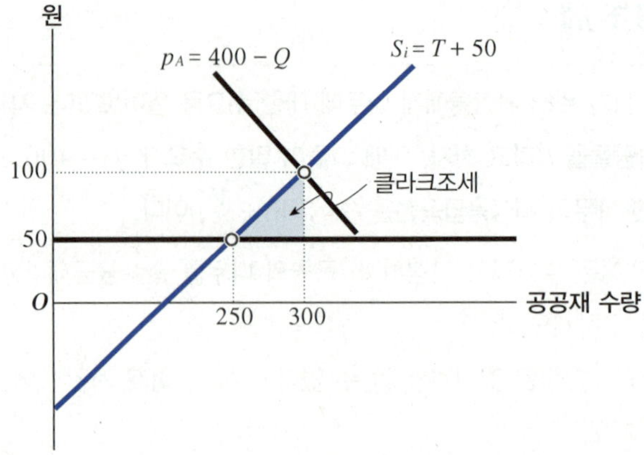

c. 공공재의 총공급량에서는 '개인 A의 수요 = 개인 A의 한계비용'이 성립한다. 그런데 공공재 공급에 대한 개인 A의 한계비용은 클라크조세와 자신에게 분담된 비용 몫의 합이므로

$$T + 50 = -250 + Q + 50 = -200 + Q$$

이다. 그런데 개인 A의 수요는 $400 - Q$이다. 그러므로 총공급량에서는

$$400 - Q = -200 + Q$$

가 성립한다. 따라서 $Q = 300$으로 구해진다. 그림을 참조하면

$$\text{조세수입} = 50 \times 50 \times \frac{1}{2} = 1,250$$

으로 구해진다.

d. 클라크조세 스케줄은 어차피 자신이 어떻게 말하는가와는 관계없이 정해지며 또한 공공재는 사람들이 말한 것이 진실이든 아니든 사람들이 보고한 것에 근거해서 공급된다. 이 점과 아울러 개인의 입장에서는 자신의 효용은 자신의 진실된 수요곡선에 반영되어 있으므로 허위로 보고할 유인이 없다.

e. 비효율적이다. 즉, 클라크조세는 사뮤엘슨조건은 만족시키지만 자원배분 측면에서는 비효율적이다. 그 이유는 클라크조세를 거둘 경우 그에 상응하는 만큼 사적재가 소비될 수 없기 때문이다. 더욱이 이것을 다시 개인들에게 돌려준다면 이러한 상황을 알고 있는 개인으로서는 진실된 선호를 시현할 유인이 없어진다.

15.11 공공재와 사적재의 효율적 공급 : 각각 2종류가 있을 경우

공공재 및 사적재가 각각 두 종류씩 있다고 할 때 각 상품의 효율적 공급량에 대해 논의하시오.

KEY ▶ 특히 두 공공재 사이에 성립해야 하는 효율조건에 주목하자.

풀이

(i) 두 사적재 : 두 상품 사이의 MRS가 모든 개인에게 같아야 한다.

(ii) 각 공공재의 경우 : 공공재와 사적재 사이의 MRT가 각 개인들의 MRS의 합과 같아야 한다.

(iii) 두 공공재의 경우 : 두 공공재 사이의 MRT가 각 공공재로부터 개인들이 얻는 한계효용(MU)들의 합의 비율과 같아야 한다. 즉,

$$MRT_{12} = \frac{\sum \text{공공재 1의 } MU}{\sum \text{공공재 2의 } MU}$$

가 성립해야 한다.

15.12 공공재 공급과 다수결투표

개인 i의 효용함수가 준선형이어서 MRS_{GX}가 $\frac{k_i}{G}$라고 하자. 여기서 k는 상수, G는 공공재, X는 사적재를 나타낸다. 한편 각 개인은 똑같은 조세가격 $\frac{1}{n}$에 직면하며 공공재 및 사적재의 수요량을 각각 그 상품에 지출한 금액으로 측정하고 있다.

a. 효율적인 공공재의 공급량을 구하시오.

b. 공공재의 공급이 다수결투표에 의해서 정해진다고 하자. 이때 공공재의 공급량을 구하시오.

c. 위 문항 a. 및 b.의 결과를 비교하시오.

d. 이제 모든 사람들의 효용함수가 같다고 하자. 즉, 각 개인에 대해 k의 값이 같다고 하자. 이 경우 중위투표자균형의 효율성 여부를 말하라.

KEY ▶ 중위투표자균형이 효율적이 되는 경우에 대해 검토해 보자는 문제이다.

풀이

a. 효율조건은

$$\sum_i MRS^i_{GX} = MRT_{GX}$$

이다. 그런데 효용함수는 X재에 대해 준선형으로서

$$U(G, X) = k_i \log G + X$$

이며 이때 $MRS^i_{GX} = \frac{k_i}{G}$이다. 공공재 및 사적재의 수요량을 각 상품에 지출한 금액으로 측정하고 있으므로 $MRT = 1$이 된다. 따라서 효율조건은

$$\sum_i \frac{k_i}{G_e} = 1, \text{ 즉 } G_e = \sum_i k_i$$

가 된다. 여기서 G_e는 공공재의 효율적인 공급량을 나타낸다.

b. 다수결투표에서는 공공재의 공급량이 중위투표자 m이 가장 선호하는 수준으로 결정된다. 따라서 그 값을 구하면 된다. 효용극대화는 한계대체율과 가격비율이 같아지는 곳에서 이루어지므로 중위투표자의 효용극대화 조건은

$$\frac{k_m}{G} = \frac{1}{n}$$

이 된다. 그러므로 중위투표자가 가장 선호하는 공공재 공급량을 G_m이라 하면

$$G_m = nk_m$$

이 된다.

c. $G_e \gtreqless G_m \longleftrightarrow \frac{1}{n}\sum_i k_i \gtreqless k_m$이 성립한다. 이것은 평균소비자가 중위소비자보다 공공재에 더 높은(낮은) 가치를 부여할 경우 효율적인 공공재의 양은 중위투표자가 선호하는 양보다 커(작아)진다는 것을 의미한다. 물론 평균소비자가 중위소비자와 공공재에 같은 가치를 부여할 경우에는 효율적인 공공재의 양은 중위투표자가 선호하는 양과 같아진다.

d. 각 개인에 대해 똑같은 k의 값을 k_0라고 하자. 이 경우

$$\frac{1}{n}\sum_i k_i = k_0 = k_m \longleftrightarrow G_e = G_m$$

이 성립한다. 그러므로 중위투표자균형은 효율적이다.

이러한 결과가 나타나는 직관적인 이유를 살펴보자. 효용함수가 X재에 대해 준선형이므로 공공재에 대한 수요량은 소득과는 무관하게 결정된다. 이러한 상황에서 각 개인의 효용함수가 동일하고 또한 조세가격도 동일하다. 그러므로 중위투표자가 원하는 공공재 수량과 다른 어떤 개인이 원하는 공공재 수량이 같아진다. 따라서 중위투표자균형은 효율적이 된다.

15.13 공공재 공급과 다수결투표

구청에서 공원을 조성하려고 한다. 공원의 크기를 Qha 단위로 나타내자. 이 구청의 관할 구역 내에는 A, B, C 3가지 유형의 사람들이 있다고 하자. 각 유형의 사람들이 2만 명씩 있다고 하자. 사람들이 개인적으로 공원으로부터 얻는 한계편익은 다음과 같다고 한다. 즉, A유형의 개인은 $(3{,}000-2Q)$원, B유형의 개인은 $(3{,}800-2Q)$원, C유형의 개인은 $(4{,}600-2Q)$원을 얻는다고 하자. 이때 A유형이 얻는 총편익은 $(3{,}000Q-Q^2)$원, B유형이 얻는 총편익은 $(3{,}800Q-Q^2)$원, C유형이 얻는 총편익은 $(4{,}600Q-Q^2)$원이다. 한편 공원을 조성하는 데 드는 한계비용은 $(2{,}000+8Q)$만원이라고 한다. 이 구청 관할 구역 내에는 공원을 1개만 만든다고 하자.

a. 효율적인 공원의 규모를 구하고 그 결과를 그래프로 나타내시오.

b. 공원의 규모를 어느 정도로 할 것인가를 다수결투표를 통하여 정하기로 했다고 하자. 투표하기 이전에 투표로 정해지는 결과에 대해 각 개인에게 1ha당 1,000원씩을 부담시키기로 통보했다고 하자. 이 경우 투표로 정해지는 공원의 규모를 말하시오.

c. 공원의 규모를 위와 같이 다수결투표를 통하여 정하는 방법에 대하여 평가하라.

KEY ▶ 다수결투표의 균형은 중위투표자 균형으로 정해진다.

풀이

a. $MB_A = 3{,}000 - 2Q \qquad MB_A^T = 2\text{만}(3{,}000 - 2Q)$

$MB_B = 3{,}800 - 2Q \qquad MB_B^T = 2\text{만}(3{,}800 - 2Q)$

$MB_C = 4{,}600 - 2Q \qquad MB_C^T = 2\text{만}(4{,}600 - 2Q)$

이다. 여기서 위첨자 T는 총합을 나타낸다. 한편 공공재는 공동으로 소비된다. 그러므로 공공재로부터 얻는 사회적 편익은 각 개인들이 얻는 편익을 합하여 구한다. 이것이 공공재의 수요를 나타낸다. 그러므로

$$
\begin{aligned}
\text{수요 } p &= MB_A^T + MB_B^T + MB_C^T \\
&= 2\text{만}(3{,}000 - 2Q) + 2\text{만}(3{,}800 - 2Q) + 2\text{만}(4{,}600 - 2Q) \\
&= 2\text{만}(11{,}400 - 6Q)
\end{aligned}
$$

로 구해진다. 한편

$$\text{공급 } MC = (2{,}000 + 8Q) \times 1\text{만}$$

이다. 그러므로

$$\text{'수요 = 공급'}: 2\text{만}(11,400-6Q)=(2,000+8Q)\times 1\text{만}$$

이다. 이로부터 $Q^*=1,040$이 된다.

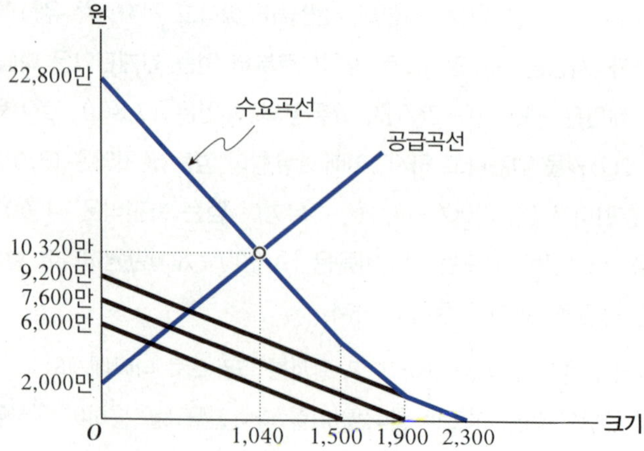

b. 각 개인들이 선호하는 규모는 다음과 같이 자신이 공원으로부터 얻는 한계편익과 자신이 부담해야 하는 한계비용이 같아지는 점에서 이루어진다. 그리하여

$$A: 3,000-2Q=1,000 \quad Q_A^*=1,000$$
$$B: 3,800-2Q=1,000 \quad Q_B^*=1,400$$
$$C: 4,600-2Q=1,000 \quad Q_C^*=1,800$$

과 같이 구해진다. 한편 이러한 각각의 규모는 각 개인의 총편익에서 각 개인이 부담해야 하는 비용인 $1,000Q$를 뺀 순편익을 극대화시키는 값이다. 한편

$$\text{개인 } A\text{의 순편익} = 3,000Q-Q^2-1,000Q,$$
$$\text{개인 } B\text{의 순편익} = 3,800Q-Q^2-1,000Q,$$
$$\text{개인 } C\text{의 순편익} = 4,600Q-Q^2-1,000Q$$

이다.

이제 Q_A^*, Q_B^*, Q_C^*를 대상으로 다수결투표를 해보자. 각 개인의 순편익은 단일정점을 지닌다. 또한 투표 대상 안건도 공원 규모 한 가지로서 일차원적이다. 그러므로 다수결투표의 균형이 존재한다.

(i) 먼저 Q_A^*와 Q_B^*를 대상으로 투표해 보자. 개인 A의 순편익은 Q_A^*에서 가장 커지므로 개인 A는 Q_A^*에 투표한다. 반면에 개인 B의 경우 Q_B^*에서 순편익이 가장 커지므로 Q_B^*에 투표한다. 개인 C의 경우 Q_A^*에서보다는 Q_B^*에서의 순편익이 더 크므로 Q_B^*에 투표한다. 결국 Q_B^*가 2:1로 채택된다.

(ii) 한편 Q_B^*와 Q_C^*에 대해 투표해 보면 개인 B의 순편익은 Q_B^*에서 가장 커지므로 개인 B는 Q_B^*에 투표한다. 반면에 개인 C의 경우 Q_C^*에서 순편익이 가장 커지므로 Q_C^*에 투표한다. 개인 A의 경우 Q_C^*에서보다는 Q_B^*에서 순편익이 더 크므로 Q_B^*에 투표한다. 그 결과 Q_B^*가 2:1로 채택된다.

(iii) 종합적으로 볼 때 어느 것을 상대로 하여 투표하든 Q_B^*가 2:1로 채택된다. 그러므로 다수결투표의 균형은 Q_B^*로 결정된다. 그런데 Q_B^*는 바로 중위투표자인 B가 가장 선호하는 수준이다. 즉, Q_B^*는 중위투표자균형이다.

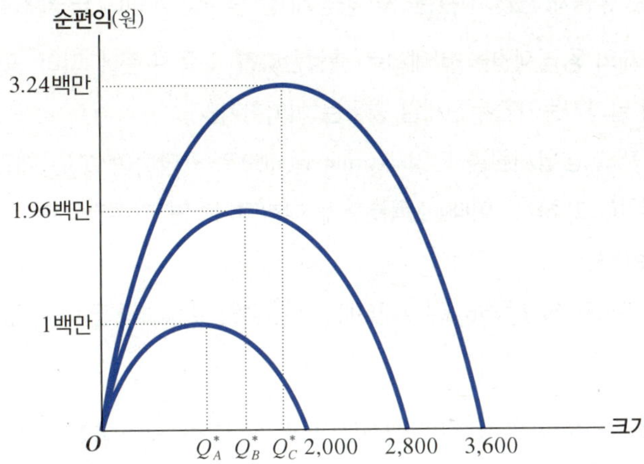

c. 이 문제의 경우 다수결투표로 정해지는 공원의 규모는 효율적인 규모보다 큰 것으로 나타나고 있다. 한편 다수결투표를 할 경우 균형이 존재하지 않을 수도 있다. 나아가서 균형이 존재하더라도 비효율적일 가능성이 더 높다. 여기에서는 균형이 존재하더라도 그 균형은 비효율적일 가능성이 높은 이유에 대해서 검토해 보자.

공공재 공급의 효율조건은

'각 개인이 누리는 한계편익의 합 = 한계비용'

이라는 조건이 만족되어야 한다. 이 식의 양변을 인원수로 나누어 보면

'일인당 평균편익 = 일인당 평균분담(한계)비용'

이라는 결과를 얻는다. 그런데 중위투표자균형은 일인당 평균편익이 아니라 중위투표자가 얻는 중위편익에 의해 결정되고 있다. 이러한 이유 때문에 비효율적이라는 것이다.

직관적으로 말하자면 중위투표자균형은 중위투표자가 가장 좋아하는 수준이라는 것을 말해 줄 뿐이다. 그리하여 사람들 중 절반은 중위투표자보다 더 많은 지출을 원하고 절반은 더 적은 지출을 원한다는 것을 말해 줄 뿐이다. 그러나 얼마나 더 많이 원

하고 얼마나 더 적게 원하는지는 말해 주지 못한다. 이 문제에서도 다수결투표를 할 경우 개인 A와 C의 선호는 반영되지 못하고 있다. 그런데 효율을 위해서는 이러한 사실이 반영되어야 한다.

15.14 다수결투표 균형의 성격

공공재의 수요곡선이 $G = \frac{1}{P}Y$라고 하자. 여기서 Y는 소득, P는 조세가격이다. 여기서 조세가격이란 공공재 공급과 관련하여 공공재 한 단위당 개인이 납부해야 하는 조세를 말한다.

a. 공공재의 공급재원을 비례세로 충당한다면 소득 수준에 따라 공공재에 대한 수요는 어떻게 달라지는가? 누진세일 경우는 어떠한가?

b. 공공재의 공급재원을 단일세(uniform tax)로 충당하여 모든 개인들이 같은 조세가격에 직면한다고 하자. 이때 소득분포가 대칭적이라면 다수결투표의 균형은 파레토효율적임을 보이시오.

c. 소득분포가 불평등하다면 공공재는 효율적인 수량보다 많이 공급되는가 아니면 적게 공급되는가?

KEY ▶ 다수결투표의 균형은 중위투표자균형이 된다. 중위투표자균형은 특별한 경우를 제외하고는 비효율적이다.

풀이

a. 비례세는 조세가격이 각 개인 i의 소득에 비례하여 결정되는 것을 의미하므로

$$P_i = kY_i$$

가 된다. 여기서 k는 비례상수이다. 이 식을 공공재의 수요곡선식에 대입하면

$$G_i = \frac{Y_i}{P_i} = \frac{Y_i}{kY_i} = \frac{1}{k}$$

이 성립한다. 이 식을 살펴보면 이러한 상황에서는 공공재의 수요량은 소득 수준과 무관하다는 사실을 알 수 있다. 누진세일 경우에는 위 식의 세 번째 변에서 Y_i가 상쇄되어 없어지지 않고, 소득이 증가할수록 분모가 커진다. 그러므로 누진세일 경우 소득이 증가할 때 공공재 수요량은 감소한다.

b. 다수결투표의 균형은 중위투표자가 가장 선호하는 수준으로 결정된다. 그런데 수요함수를 살펴볼 때, 중위투표자는

$$MRS_M = P_M = \frac{Y_M}{G_M} \text{ (사적재가격은 1로 놓음)} \tag{1}$$

이 만족되는 수준에서 효용을 극대화할 것이다. 여기서 하첨자 M은 중위투표자를 나타낸다. 이제 단일세로서 단일의 조세가격 P를 P_M으로 정하되 공공재 공급의 한계비용을 정확하게 충당하도록, 즉

$$NP = NP_M = MC \tag{2}$$

가 성립하도록 설정한다고 하자. 여기서 N은 납세자수를 나타낸다. 이때 한계대체율의 합이 한계비용인 NP_M과 같아지면 공공재 공급은 효율적이 된다.

그런데 조세가격 P_i와 공공재 공급량 G_M에서 각 개인 i에게는

$$MRS_i = P_i = \frac{Y_i}{G_M} \tag{3}$$

가 성립한다. 따라서

$$\Sigma MRS_i = \Sigma \frac{Y_i}{G_M} = \frac{NY_A}{G_M} \tag{4}$$

가 성립한다. 여기서 하첨자 A는 평균소득자를 나타낸다.

소득분포가 대칭적일 경우에는

$$Y_M = Y_A \tag{5}$$

가 성립한다. 따라서

$$\Sigma MRS_i = \frac{NY_M}{G_M} \tag{6}$$

이 성립한다. 그런데 식 (1)에서

$$P_M = \frac{Y_M}{G_M} \tag{7}$$

이므로 식 (7)을 식 (6)에 대입한 후 식 (2)와 비교하면 효율조건인

$$\Sigma MRS_i = NP_M = MC \text{ (사적재가격 = 1)} \tag{8}$$

가 성립함을 알 수 있다.

c. 소득분포가 불공평할 경우에는

$$Y_M < Y_A \tag{9}$$

가 성립한다. 이때 만일 공공재 공급비용이 단일세로 충당된다면

$$\sum MRS_i (= \frac{NY_A}{G_M}) > (NP = NP_M = \frac{NY_M}{G_M} =) MC \tag{10}$$

가 성립한다. 그러므로 공공재는 효율적인 수준보다 적게 공급될 것이다. 한편 부등호의 좌변에서는 식 (4)가 사용되고 있다. 그리고 공공재의 공급비용과 그 충당방법을 나타내는 우변에서는 식 (1)과 식 (2)가 사용되고 있다.

15.15 애로우의 불가능성정리

A, B, C 세 개의 정책대안과 7명의 투표자가 있을 경우를 이용하여 애로우의 '무관한 선택으로부터의 독립' 이라는 성질을 충족시키지 못하는 예를 고안해 보시오. 이로부터 애로우가 제시한 성질에 대해 어떠한 판단을 내릴 수 있는가?

풀이

세 개의 정책 대안이 모두 가능할 경우에는 A에 4명, B에 3명, C에 2명이 각각 찬성하여 정책 A가 채택된다고 하자. 그런데 정책 C가 배제될 경우 만일 정책 C에 투표한 2명이 모두 정책 B에 투표한다면 이제 4명의 찬성표를 얻는 정책 A 대신 5명의 찬성표를 얻는 정책 B가 선택된다. 이 예는 상당히 합리적임에도 불구하고 애로우(Arrow)의 '무관한 선택으로부터의 독립' 이라는 성질을 위반한다. 즉, 정책 C는 정책 A, B와는 무관함에도 불구하고 투표결과에 영향을 미치고 있다는 것이다. 이로부터 애로우가 제시한 성질은 대단히 제한적이므로 애로우의 불가능성정리도 상당히 제한적일 것임을 짐작할 수 있다.

15.16 애로우의 불가능성정리와 투표제도

3명의 투표자가 3개의 안건에 대해 사회선호순서를 부여하려고 한다. 다음의 각 사회적 선택의 경우, 애로우가 제시한 성질 중 적어도 어느 하나를 위반하는 예를 제시하시오.

a. 투표거래가 없는 다수결제도

b. 투표거래가 있는 다수결제도

c. 점수(또는 등급순위)투표

KEY ▶ 투표는 먼저 2개의 안건을 대상으로 실시한다. 그 다음 여기서 채택되는 안건을 제3의 안건에 대항시켜 투표한다.

풀이

정책에 대한 선호도가 아래와 같이 주어졌다고 하자.

	정책에 대한 선호도
갑	$A \succ B \succ C$
을	$C \succ A \succ B$
병	$B \succ C \succ A$

a. 다수결제도 하에서는 $A \succ B$, $B \succ C$이지만 $A \succ C$가 되지 못하고 $C \succ A$가 된다. 이는 이행성을 위반하고 있다.

b. 예를 들어 병이 A를 대단히 싫어한다고 하자. 그리하여 을이 만일, A 대신 B에게 투표해 준다면 자신은 B 대신 C에 투표하겠다고 거래를 했다고 하자. 이제 다수결제도 하에서는 $C \succ A$, $C \succ B$, $B \succ A$로서 $C \succ B \succ A$가 되는데 이 결과는 비독재성 성질을 위반하고 있다. 왜냐하면 병만이 A보다 B를 선호하는데 최종투표결과가 이러한 병의 선호에 의해서 결정되었기 때문이다.

c. 점수투표 하에서는 각 정책 대안들이 모두 6표씩 얻을 것이므로 A, B, C가 모두 무차별할 것이다. 그러나 이러한 결과는 무관한 선택인 제4의 정책 D를 도입할 경우 뒤바뀔 수 있다.

15.17 무관한 선택으로부터의 독립

'무관한 선택으로부터의 독립' 이라는 성질을 위반하는 예를 들어보시오.

풀이

이를 위해 등급순위투표에 대해 살펴보자. 가장 선호하는 정책에는 1, 다음으로 선호하는 정책에는 2, 그 다음 정책에 3 등과 같은 방법으로 숫자를 부여한다. 그 다음 정책별로 숫자를 합산하여 숫자의 합계가 적게 나올수록 사회적으로 선호된다고 간주하자. 이러한 투표방법을 등급순위투표라고 한다. 이러한 등급순위투표에서 '무관한 선택으로부터의 독립' 이라는 성질을 위반하는 예를 찾아보자.

[표 1] 선호의 등급과 등급순위투표

등급 구분 / 정책	갑의 등급	을의 등급	등급 합계
A	1	2	3
B	2	1	3

[표 2] 제3의 정책 *C*의 도입과 등급순위투표

등급 구분 / 정책	갑의 등급	을의 등급	등급 합계
A	1	3	4
B	2	1	3
C	3	2	5

[표 1]에서 정책 *A*, *B*에 대해 등급합계가 3으로서 동일하다. 그러므로 두 정책에 대한 사회적인 선호도는 같다고 할 수 있다. 그러나 [표 2]에서처럼 제3의 정책 *C*를 도입하면 그로 인해 정책 *A*와 *B*의 선호순서가 영향을 받는다. 즉, 을의 경우 제3의 정책 *C*를 *A*보다 선호하여 *C*에 2를 부여하고 그 대신 이전에 2를 부여했던 *A*에 3을 부여한다. 그리하여 *C*를 도입하기 이전과는 달리 *B*의 등급합계가 *A*의 등급합계보다 작아진다. 그리하여 *B*가 사회적으로 가장 선호되는 것으로 나타난다. 이것은 등급순위투표가 '무관한 선택으로부터의 독립' 의 성질을 위반하고 있음을 보여주고 있다.

외부효과

16장

16.1 네트워크외부효과

이메일의 경우 이용하는 사람들이 별로 없다면 이메일을 이용하여 서로 통신을 할 수 없기 때문에 쓸모가 거의 없다. 그러나 이메일을 사용하는 사람들이 많아짐에 따라 개인이 이메일로부터 얻는 효용이 증가한다. 이처럼 사용하는 사람들이 많아짐에 따라 그로부터 얻는 효용이 증가하는 상품을 생각해 보자.

a. 시간이 경과함에 따라 이러한 상품에 대한 수요가 어떠한 특성을 보이는지 분석하라.

b. 이러한 상품과 관련하여 정부가 취할 수 있는 정책에 대해 논의하라.

KEY ▶ 네트워크외부효과(network externalities)가 있을 경우 수요곡선이 특이한 모양을 지닌다.

풀이

a. 네트워크외부효과가 수요에 어떠한 영향을 미치는가를 살펴보자. 먼저 네트워크외부효과가 없는 경우 수요곡선을 $q = a - p$라고 하자. 여기서 p는 가격, q는 수량을 나타낸다. 이때 q는 이메일 사용자 수라고 생각해도 좋다. 이것은 우리가 지금까지 다루어 왔던 보통 수요곡선과 같다.

이제 네트워크외부효과를 고려하기 위해 다음과 같이 생각해 보자. 가격은 그 상품의 가치를 반영한다. 그런데 네트워크외부효과가 있을 경우 사용자가 많아질수록 그 상품의 가치가 높아진다. 즉, 상품의 판매량이 늘어날수록 그 상품의 가치가 높아진다.

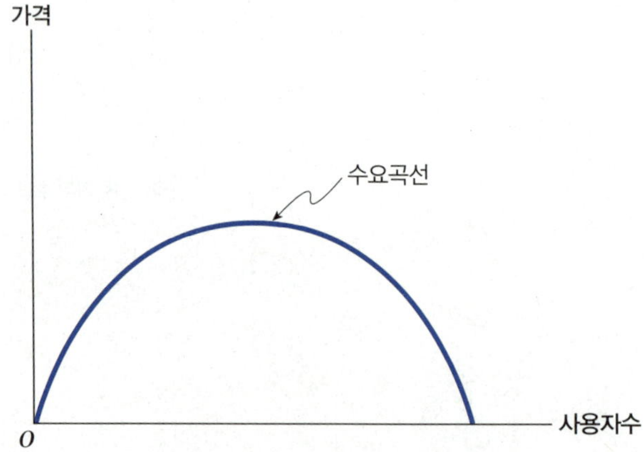

네트워크 외부효과가 있을 경우의 수요곡선

네트워크외부효과가 반영된 경우 상품의 가치를 P라고 하자. 그리고 이때 $P = qp$의 관계가 성립한다고 하자. 우변에서 앞에 q가 곱해져 있는 것은 사용자가 많아질수록 그 상품의 가치가 높아진다는 사실을 반영하고 있다. 즉, 네트워크외부효과를 반영하고 있다.

이 식을 p에 대해서 푼 다음 위 식에 대입한 후 정리하면

$$P = q(a - q)$$

라는 식을 얻는다. 먼저 우변에서 앞에 q가 곱해진 것은 사용자가 많아질수록 이 상품의 가치가 높아진다는 사실을 말해 준다. 그 다음 $(a - q)$는 수량과 가격은 서로 역의 관계를 보인다는 일반적인 수요의 법칙을 반영하고 있다.

이때 수요곡선은 그림과 같이 나타난다. 수요곡선이 이렇게 그려지는 이유를 살펴보자. 위 식의 우변에서 볼 때 앞에 곱해진 q는 네트워크외부효과를 반영한다. 그리하여 사용자수가 늘어날수록 그 상품의 가치가 올라간다. (i) 처음에는 이러한 네트워크외부효과가 수요의 법칙을 반영하는, 뒤에 곱해진 $(a - q)$의 효과를 압도한다. 그리하여 수요곡선이 우상향한다. (ii) 그러다가 정점에 이른 다음부터는 사용자수가 늘어남에 따라 수요의 법칙을 반영하는 효과가 앞에 곱해진 네트워크외부효과를 압도한다. 즉, $(a - q)$가 줄어드는 효과가 q가 커지는 효과를 압도한다. 그 결과 이때부터는 수요곡선이 보통의 경우처럼 우하향하는 것이다.

네트워크외부효과가 있을 경우 시장은 이처럼 특이한 현상을 보인다. 한편 네트워크외부효과를 유발하는 상품의 경우 일반적으로 초기에는 생산비용이 아주 높다. 이때 생산자가 높은 가격을 받으려 할 경우 네트워크에 연결하는 사람이 아주 적다. 그러나 기술이 진보하여 생산비용이 줄어들 경우 네트워크에 접속하는 사람들이 서서히 늘어난다. 이처럼 접속하는 사람들이 늘어남에 따라 네트워크외부효과가 커지게 된다. 그리하여 임계수량(critical mass)에 도달하면 그때부터 이륙(take off)하기 시작하여 접속자 수는 갑자기 엄청나게 늘어난다.

b. 외부효과가 있을 경우 시장이 실패한다. 개인은 자신의 소비 행위가 다른 사람의 편익을 증가시킨다는 사실을 고려하지 않는다. 사회적으로 볼 때에는 이러한 편익도 고려되어야 하는데 시장기능은 그러한 편익을 반영하지 못하기 때문이다.

네트워크외부효과의 경우 네트워크의 규모가 효율적인 수준보다 작아진다. 그 결과 개인들이 효율적인 수준보다 더 적은 양의 정보를 소비하게 된다. 심할 경우에는 상품이 공급되는 것이 바람직함에도 불구하고 초기에 비용이 높아서 상품이 전혀 공급되지 않을 수도 있다.

이때 정부가 취할 수 있는 정책은 개인이 소비할 때 다른 사람들에게 미치는 편익을

반영하도록 만드는 것이다. 예를 들어 개인의 소비가 유발하는 사회적인 한계편익에 해당하는 만큼 보조금을 지급하는 정책을 생각해 볼 수 있다. 이때 보조금을 수요자에게 지급하든 공급자에게 지급하든 장기적으로 볼 때 균형에서는 그 경제적 효과가 서로 같다.

16.2 기업합병

하천의 상류에 있는 강철공장의 이윤은 $\pi_S = 10S - \frac{1}{2}S^2$이다. 한편 강철공장은 하천을 오염시켜, 하천의 하류에 있는 맥주공장의 맥주생산비용을 상승시킨다. 그 결과, 하천의 하류에 있는 맥주공장의 이윤은 $\pi_B = 10B - \frac{1}{2}B^2 - \frac{1}{2}SB$로 나타난다. 이때 강철과 맥주의 가격이 각각 10이라고 한다.

a. 각 기업의 경쟁균형 산출량 및 이윤을 구하시오. 또 두 기업의 이윤의 합을 구하시오.

b. 두 기업을 합병했다고 하자. 이때 강철 및 맥주의 산출량과 이윤을 구하시오.

c. 위 a., b.의 결과를 비교하고 그 이유를 설명하시오.

KEY ▶ 이윤 식을 관찰해 보면 강철공장이 맥주공장에게 부정적 외부효과를 유발하고 있다는 사실을 알 수 있다.

풀이

a. 각 기업은 자신의 이윤을 극대화한다. 강철기업의 이윤극대화 문제는

$$\underset{S}{Max}\ \pi_S = 10S - \frac{1}{2}S^2$$

이다. 이윤극대화의 일차필요조건은

$$\frac{d\pi_S}{dS} = 10 - S = 0$$

이다. 즉, $10 = S$ 이다. 이것은 강철기업의 이윤극대화 조건인 $p_S = PMC_S$이다. 이로부터 $S^* = 10$을 얻는다. 이것을 목적함수에 대입하면 $\pi_S^* = 50$을 얻는다.

한편 맥주기업의 이윤극대화 문제는

$$\underset{B}{Max}\ \pi_B = 10B - \frac{1}{2}B^2 - \frac{1}{2}SB$$

이다. 여기서 맥주기업은 강철산출량을 그대로 받아들인다. 다만 맥주산출량을 선택할 수 있을 뿐이다. 따라서 일차필요조건은

$$\frac{\partial \pi_B}{\partial B} = 10 - B - (\frac{1}{2})S = 0$$

이다. 즉, $10 = B + (\frac{1}{2})S$이다. 이것은 맥주기업의 이윤극대화 조건인 $p_B = PMC_B$이다. 이로부터

$$B^* = 10 - (\frac{1}{2})S^* = 10 - (\frac{1}{2})10 = 5$$

이다. 이때 $S^* = 10$을 적용하였다. B^*와 S^*의 값을 목적함수에 대입하면 $\pi_B^* = \frac{25}{2}$를 얻는다. 따라서 두 기업의 이윤의 합은 $\pi^* = \pi_S^* + \pi_B^* = \frac{125}{2}$가 된다.

b. 합병기업은 강철과 맥주의 산출량을 함께 통제할 수 있다. 그러므로 합병기업의 이윤극대화 문제는

$$\underset{S,B}{Max}\ \pi = (10S - \frac{1}{2}S^2) + (10B - \frac{1}{2}B^2 - \frac{1}{2}SB)$$

로 쓸 수 있다. 이로부터 일차필요조건은

$$\frac{\partial \pi}{\partial S} = 10 - S - \frac{1}{2}B = 0$$
$$\frac{\partial \pi}{\partial B} = 10 - B - \frac{1}{2}S = 0$$

이 된다. 즉, $10 = S + (\frac{1}{2})B$, $10 = B + (\frac{1}{2})S$이다. 이것은 각각 효율산출량조건인 $p_S = SMC_S$, $p_B = SMC_B$이다. 이 두 식을 연립으로 풀면 $S^0 = B^0 = \frac{20}{3}$을 얻는다. 이 값을 목직힘수에 대입하면 $\pi^0 = \frac{200}{3}$을 얻는다.

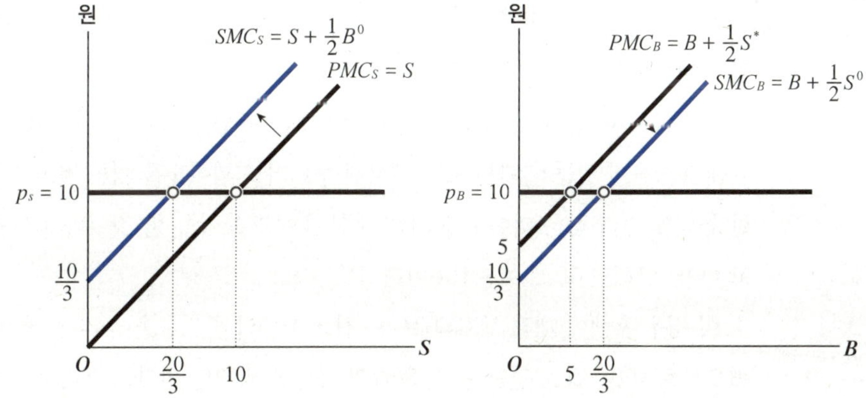

c. 합병기업은 강철생산이 맥주생산에 미치는 외부비경제를 내부화하게 된다. 그 결과 강철산출량은 감소하고 맥주산출량은 증가하며 이에 따라 이윤은 증가한다. 그리고 이 경우 자원이 효율적으로 배분된다.

16.3 코즈정리와 협상비용

갑과 을은 서로 이웃에서 살고 있다. 갑은 피아노 치는 것을 즐긴다. 그런데 이 피아노 소리가 을에게 피해를 준다고 하자. 이러한 상황에서 갑이 피아노를 칠 경우 그 자신이 얻는 즐거움은 100이라고 하자. 그리고 피아노 소리가 을에게 주는 피해는 60이라고 하자. 이 문제와 관련하여 두 사람은 서로 협상할 수 있다고 하자. 그리고 협상에는 비용이 들지 않는다고 하자.

a. 이웃을 생각하여 갑이 피아노 소리를 내지 않아야 할 의무가 있다고 하자. 이 경우 어떠한 결과가 예상되는가?

b. 갑이 피아노 소리를 낼 권리가 있다고 하자. 이 경우 어떠한 결과가 예상되는가?

c. 앞 두 문항의 결과를 비교하시오.

d. 협상하는 데 비용이 50이 든다고 하자. 이 경우 위 문항 a.와 b.의 결과는 어떻게 달라지는가? 협상비용은 협상을 요구하는 측에서 전액 부담한다고 가정하자.

e. 협상하는 데 비용이 들 경우 자원배분의 효율성에 대해서 말하시오.

KEY ▶ 코즈정리에 관한 문제이다. 외부효과가 있을 경우에도 재산권이 명확히 규정되어 있고 협상에 비용이 들지 않는다면 당사자들 사이의 협상을 통해 자원이 효율적으로 배분될 수 있다.

풀이

a. 갑의 선택권은 두 가지이다. 피아노를 치지 않던가 협상을 통해 을에게 보상을 해주고라도 피아노를 치는 것이다. 갑이 피아노를 치지 않으면 그는 100의 즐거움을 누리지 못한다. 그런데 갑이 피아노를 칠 때 을이 입는 피해는 그보다 적은 60이다. 그러므로 갑에게는 을이 입는 피해를 모두 보상해 주더라도 피아노를 치는 것이 이득이다. 이러한 논리에 따라 갑은 피아노를 치는 대신 을에게 보상을 할 것이다. 그 보상액을 α라고 하자. 그러면 $60 \le \alpha \le 100$이다.

이 경우 후생에 대해 생각해 보자. 갑은 100의 즐거움을 누리는 대신 α의 보상을 했으므로 $100-\alpha$를 얻는다. 을은 α의 보상을 받지만 피아노 소리로 인해 60의 피해를 입는다. 그리하여 을은 $\alpha-60$을 누리게 된다. 두 사람의 후생을 합해 보면 $(100-\alpha)+(\alpha-60)=40$이 된다.

b. 이 경우 을의 입장에서 생각하는 것이 편리하다. 을이 아무런 보상을 하지 않는다면 갑은 피아노를 치려 할 것이다. 이때 을의 입장에서 선택권은 두 가지이다. 그중 하나는 갑이 피아노를 치도록 방치하는 대신 60의 피해를 감수하는 것이다. 그 다음은 협상을 통해 갑으로 하여금 피아노를 치지 않도록 하고 그 대신 그로 인해 갑이 입는 피

해를 보상하는 것이다.

두 번째 선택권부터 검토해 보자. 갑이 피아노를 칠 경우 을 자신이 입는 피해는 60이다. 그러나 갑으로 하여금 피아노를 치지 않도록 유도하려면 60보다 큰 100 이상을 보상해야 한다. 그러므로 을은 보상을 하지 않는다. 즉, 두 번째 선택권을 행사하지 않는다. 결국 첫 번째 선택권을 행사하게 된다. 다시 말하면 갑이 피아노를 치도록 방치하고 그 피해를 감수하는 것이다. 이 경우 후생을 살펴보자. 갑은 피아노를 칠 것이므로 그의 후생은 100이고 을의 후생은 −60이다. 그러므로 총후생은 40이 된다.

c. 어느 경우이든 그 결과는 피아노를 치는 것으로 나타난다. 그리고 총후생은 40으로 최대가 된다. 이것은 '조용함' 과 관련된 권리가 누구에게 있든지 그 결과로 나타나는 '조용함' 의 정도는 같아지며 또한 효율적이 된다는 것을 의미한다. 여기서 효율적이라는 말은 총후생이 최대가 된다는 것을 의미한다. 이러한 결과를 일반화시킨 것이 코즈정리이다. 코즈정리는 외부효과가 있더라도 재산권이 명확하게 규정되어 있고 협상에 비용이 들지 않는다면 당사자들 사이의 협상을 통해 자원이 효율적으로 배분된다는 것을 말한다. 또한 이 결과는 재산권이 누구에게 있든지 관계없이 성립한다는 것이다.

한편 이 문제의 경우 총후생은 40으로서 최대가 된다는 점에 주목하자. 이 값이 최대라는 것은 이때의 후생을 갑이 피아노를 치지 않는 상황에서의 후생과 비교해 보면 알 수 있다. 즉, 갑이 피아노를 치지 않을 경우 갑의 후생은 −100이며 을의 후생은 0이 된다. 그리하여 총후생은 −100이 된다. 그런데 이 값이 피아노를 칠 경우의 총후생 40보다 작다는 것이다.

한편 재산권이 누구에게 있는가가 분배에는 영향을 준다. 이 문제에서도 재산권이 갑에게 있을 경우에는 을에게 있을 경우에 비해 갑 자신의 후생이 높았다. 을의 경우에도 자신이 재산권을 가졌을 경우 자신의 효용이 더 높았다.

d. 먼저 갑이 피아노 소리를 내지 않아야 될 의무가 있을 경우 갑이 피아노를 치려면 을이 입는 피해 60을 보상해야 한다. 그런데 이와 관련하여 을과 협상하는 데 50의 비용이 든다고 하였다. 그러므로 이러한 상황에서 갑이 피아노를 치려면 자신이 감수해야 하는 비용은 110이 된다. 한편 갑이 피아노를 칠 경우 얻는 즐거움은 100밖에 되지 않는다. 결국 피아노를 칠 경우 그가 얻는 즐거움보다 그가 지불해야 하는 비용이 더 크다. 그러므로 갑은 피아노를 치기 위한 협상을 하지 않을 것이다. 그 결과 피아노를 치지 않게 된다. 이 경우 갑과 을의 후생을 합한 총후생은 0이 된다.

갑이 피아노 소리를 낼 권리가 있을 경우에는 갑이 을에게 보상을 하지 않아도 되므로 협상비용을 고려할 필요가 없다. 따라서 갑은 피아노를 칠 것이다. 이 경우에는 갑의 후생은 100이고 을은 60의 피해를 입는다. 그러므로 총후생은 40이 된다.

이상의 두 결과를 종합해 보자. 갑이 피아노 소리를 낼 권리가 있을 경우에는 총후생이 40으로서 최대가 된다. 그러나 갑이 피아노 소리를 내지 않아야 될 의무가 있을 경우에는 총후생이 0이 된다. 바꾸어 말하면 을이 '고요함' 에 대한 권리를 가지고 있을 경우에는 자원이 효율적으로 배분되지 못한다는 것이다. 또한 이것은 협상에 비용이 들 경우에는 재산권이 명확하게 규정되어 있더라도 자원이 효율적으로 배분되지 않을 수도 있다는 것을 보여준다. 나아가서 자원이 효율적으로 배분되는가는 재산권이 누구에게 있느냐에 따라 달라진다는 것을 보여준다.

e. 협상하는 데 비용이 드는 한, 협상비용이 작아서 협상이 이루어지더라도 자원이 효율적으로 배분되지는 못한다. 예를 들어 협상비용이 10이라고 하자. 이 경우에는 갑에게 피아노 소리를 낼 권리가 없더라도 을에게 $\alpha(60 \le \alpha \le 90)$의 보상을 해주고 피아노를 치게 될 것이다. 그러나 협상하는 데 드는 10은 비용으로 소모되어 버린다. 그 결과 갑의 후생은 $(100-10-\alpha)$가 되고 을의 후생은 $\alpha-60$이 된다. 그 결과 총후생은 이 둘을 합한 30이 된다. 이것은 최대 후생인 40보다 작다. 즉, 자원이 효율적으로 배분되지 못한다.

16.4 코즈정리 예제의 수식 분석

강의 상류에는 강철을 생산하는 기업이 있고 하류에는 맥주를 생산하는 기업이 있다고 하자. 강철을 생산할 때 배출되는 공해는 바로 그만큼 맥주기업에게 피해를 준다고 가정하자. 강철 시장은 경쟁적이며 강철의 시장가격은 12라고 한다. 강철생산의 사적 한계비용은 $4+\frac{1}{2}q$이다(편의상 고정비용은 없다고 가정하자)**. 그런데 강철을 생산할 때 배출되는 공해의 사회적 한계비용은 $2+\frac{1}{4}q$라고 한다. q는 강철의 산출량이다.**

a. 강철기업이 공해의 사회적 비용을 무시하고 자신의 이윤을 극대화한다고 하자. 이 경우 강철 산출량은 얼마나 되는가? 이윤은 얼마인가?

b. 이제 강철기업과 맥주기업이 서로 협상을 할 수 있다고 하자. 그리고 하천 사용에 대한 권리가 강철기업에게 있다고 하자. 이 경우 강철 산출량은 얼마나 될 것으로 예상되는가? 이때 재산권을 행사하여 얻을 수 있는 이득까지 포함할 때 강철기업의 이윤은 얼마인가?

c. 강철기업과 맥주기업이 서로 협상을 할 수 있다고 하자. 그런데 하천 사용에 대한 권리가 맥주기업에게 있다고 하자. 이 경우 강철 산출량은 얼마나 될 것으로 예상되는가? 이

때 재산권과 관련되는 금액까지 고려할 때 강철기업의 이윤은 얼마인가?

d. 위 두 문항의 결과를 비교하고 해석하시오.

e. 이제 협상하는 데에는 비용이 든다고 하자. 그리고 하천 사용에 대한 권리가 강철기업에게 있다고 하자. 이 경우 협상비용이 얼마 이상이면 위 문항 a.와 산출량이 같아지는가?

KEY ▶ 코즈정리에 관한 문제이다. 협상하는 데 비용이 들지 않는다면 자원배분은 효율적이 된다(part I). 또한 이 결과는 재산권이 누구에게 있든지 성립한다(part II). 그러나 소득분배는 재산권의 향방에 따라 달라진다. 한편 협상하는 데 비용이 든다면 자원배분이 효율적이 되지 않을 수도 있다.

풀이

a. 이 경우 강철기업은 강철 생산에 드는 사적 한계비용(PMC)과 시장가격(p)이 같아지는 곳에서 산출량을 결정한다. 그런데 $PMC = 4 + \frac{1}{2}q$이고 $p = 12$이다. 그러므로 $4 + \frac{1}{2}q = 12$로부터 $q^* = 16$을 얻는다. 이때 고정비용이 없으므로 강철기업의 이윤은 총수입에서 총가변비용을 뺀 것과 같다. 그런데 총가변비용은 한계비용곡선 아래의 면적과 같다. 그러므로 이윤은 그림의 $(A+B+C)$로 나타난다.

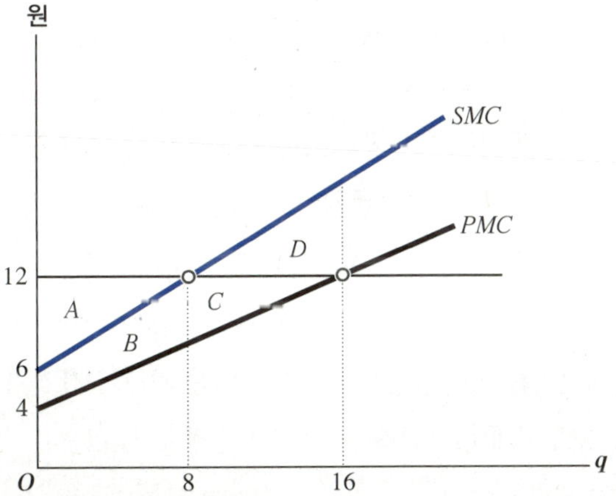

b. 코즈정리에 따르면 강철 산출량은 효율적인 수준이 될 것이다. 먼저 효율적인 산출량을 구한 다음 강철기업이 이만큼 생산하게 되는 이유를 밝히기로 하자. 효율적인 산출량은 강철생산에 드는 사회적 한계비용(SMC)과 시장가격이 같아지는 곳에서 결정된다. 그런데

$$SMC = PMC + \text{공해의 사회적 한계비용} = \left(4 + \frac{1}{2}q\right) + \left(2 + \frac{1}{4}q\right) = 6 + \frac{3}{4}q$$

이다. 그러므로 효율적 산출량을 q_E라고 하면 $6 + \frac{3}{4}q = 12$로부터 $q_E = 8$로 구해진다.

이제 협상을 할 경우 강철기업이 이러한 산출량을 생산하게 되는 이유를 살펴보자.

산출량이 16에서 한 단위 줄어들 때마다 강철기업의 이윤은 $(p - PMC)$만큼 줄어든다(이때 PMC는 해당 산출량에서 평가한 값이다). 반면에 공해가 줄어들기 때문에 맥주기업에게는 공해의 사회적 한계비용$(SMC - PMC)$에 해당하는 금액만큼의 피해가 줄어든다. 즉, 산출량이 줄어들 때마다 강철기업은 손해를 보는 반면 맥주기업은 이득을 본다. 그런데 맥주기업이 얻는 이득이 강철기업이 입는 손해보다 크다. 그러므로 맥주기업에게는 강철기업에게 보상을 해주더라도 강철기업으로 하여금 산출량을 줄이게 하는 것이 이득이다. 즉, 서로에게 이득이 되는 협상의 여지가 있다는 것이다. 이러한 상태는 8단위에 이르기까지 계속된다. 8단위에서 산출량이 더 줄어들 경우에는 강철기업이 입는 손해가 맥주기업이 얻는 이득보다 크다. 그 결과 맥주기업이 강철기업을 보상해 줄 여지가 없다. 이렇게 볼 때 강철기업은 8단위를 생산하게 된다.

이처럼 강철기업이 산출량을 16단위에서 8단위로 줄이면 강철기업의 이윤이 C만큼 줄어드는 대신 C보다는 크고 $(C + D)$보다는 작은 보상금을 받게 된다. 그 결과 강철기업은 $(A + B + C)$보다는 크고 $(A + B + C + D)$보다는 작은 이윤을 누리게 된다. 물론 실제 이윤은 협상력에 따른 보상금의 크기에 따라 정해진다.

c. 이 경우에는 강철기업이 강철을 생산하려면 그로 인해 맥주기업이 입는 피해를 보상해야 하는 상황이다. 산출량이 0인 곳에서 생각해 보기로 하자. 강철기업이 강철을 추가로 한 단위 생산할 때 강철기업은 그에 상응하여 $(p - PMC)$만큼의 이윤을 얻는다. 이때 맥주기업은 공해의 사회적 한계비용$(SMC - PMC)$만큼의 피해를 입는다. 그런데 이때 강철기업이 얻는 이윤이 맥주기업이 입는 피해보다 크다. 그러므로 강철기업은 보상을 해 주고라도 강철을 생산하려고 한다. 그리고 이러한 상황은 8단위에 이르기까지 계속된다. 8단위를 넘어서면 맥주기업이 입는 피해가 강철기업이 얻는 이윤보다 커져서 두 기업 모두에게 이득이 되는 협상이 존재하지 않는다. 그 결과 강철기업은 8단위를 생산하게 된다.

이 경우 강철기업은 $(A + B)$만큼의 이윤을 얻어 B보다는 크고 $(A + B)$보다는 작은 금액을 보상하게 될 것이다. 그리하여 보상 후의 이윤은 0보다는 크고 A보다는 작아질 것이다. 물론 구체적인 보상금액은 협상력에 따라 달라진다.

d. 문항 b.와 문항 c.의 결과로부터 재산권이 명확하게 규정되어 있으면 그 재산권이 누구에게 있든지 산출량은 8로서 효율적이 된다는 것을 알 수 있다. 물론 그에 따른 자원배분도 효율적이 된다.

e. 재산권이 강철기업에게 있을 경우 강철 산출량이 16단위에서 8단위로 줄어드는 상태

를 생각해 보면 된다. 이때 맥주기업이 얻는 이득은 $(C+D)$이다. 그런데 강철기업에게 적어도 C만큼은 보상해 주어야 한다. 따라서 협상하는 데 드는 비용이 D보다 크다면 협상은 이루어지지 않는다. 그리고 이 경우 강철은 문항 a.에서처럼 16단위가 생산된다.

16.5 피구조세

하천의 상류에 있는 강철공장의 이윤은 $\pi_S = 10S - \frac{1}{2}S^2$이고, 하천의 하류에 있는 맥주공장의 이윤은 $\pi_B = 10B - \frac{1}{2}B^2 - \frac{1}{2}SB$라고 한다. 그리고 강철과 맥주의 가격은 각각 10이라고 한다. 이때 두 기업의 합병이 불가능하다고 하자. 이러한 상황에서 파레토효율적 자원배분을 달성하기 위한 조세구조를 구하시오.

KEY ▶ 피구조세는 효율적인 산출량에서 평가한 공해의 사회적인 한계비용만큼 부과되어야 한다.

풀이

이윤 식을 관찰해 보면 강철생산이 맥주생산에 외부효과를 유발하고 있다. 그러므로 효율을 위해서는 강철 생산에 조세를 부과해야 한다. 조세를 부과하려면 효율적 산출량이 얼마인가를 알아야 한다. 효율적 산출량을 알기 위해 합병기업의 문제를 풀어보자. 합병기업은 강철과 맥주의 산출량을 함께 통제할 수 있다. 그러므로 합병기업의 이윤극대화 문제는

$$\underset{S,B}{Max}\ \pi = (10S - \frac{1}{2}S^2) + (10B - \frac{1}{2}B^2 - \frac{1}{2}SB)$$

로 쓸 수 있다. 이로부터 일차필요조건은

$$\frac{\partial \pi}{\partial S} = 10 - S - \frac{1}{2}B = 0 \quad (1)$$

$$\frac{\partial \pi}{\partial B} = 10 - B - \frac{1}{2}S = 0 \quad (2)$$

이 된다. 즉, $10 = S + (\frac{1}{2})B$, $10 = B + (\frac{1}{2})S$이다. 이것은 각각 효율산출량조건인 $p_S = SMC_S$, $p_B = SMC_B$이다. 이 두 식을 연립으로 풀면 $S^0 = B^0 = \frac{20}{3}$을 얻는다. 이것이 효율적 산출량이다.

이제 강철 한 단위당 조세를 t라 하면, 강철기업의 이윤극대화 문제는

$$\underset{S}{Max}\ \pi_S = 10S - \frac{1}{2}S^2 - tS$$

가 된다.

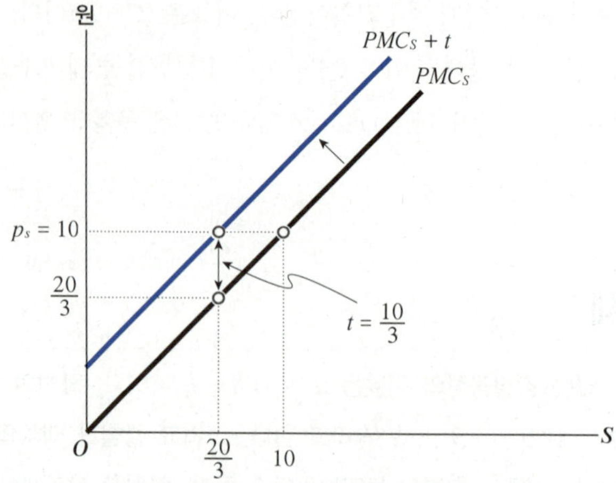

일차필요조건은

$$\frac{d\pi}{dS} = 10 - S - t = 0 \tag{3}$$

이다. 즉, $10 = S + t$이다. 이것은 다름 아니라 $p_s = PMC_S + t$이다. 여기서 강철 생산을 효율적 수량인 $S^0 = \frac{20}{3}$으로 만들려면, $t^0 = \frac{10}{3}$으로 설정해야 한다. 이때 B의 산출량을 구해 보자. 맥주공장의 이윤극대화 일차필요조건은

$$\frac{\partial \pi_B}{\partial B} = 10 - B - (\frac{1}{2})S = 0 \tag{4}$$

이다. 이때 맥주기업은 강철 산출량을 통제할 수 없다는 점에 주목하자. 그러므로 식 (4)에 $S^0 = \frac{20}{3}$을 대입하면 $B^0 = \frac{20}{3}$으로 구해진다. 한편 이 수량은 바로 우리가 목표로 하는 수량과 일치한다. 한편 식 (1)과 식 (3)을 비교해 보면 $t^0 = \frac{1}{2}B^0$인 것을 알 수 있다. 즉, 피구조세는 효율적 수준에서 평가한 공해의 사회적 한계비용만큼 부과되어야 한다는 것을 알 수 있다.

16.6 외부효과의 해결 : 합병, 피구조세, 피구보조금

기업 A와 기업 B의 비용함수는 각각 $c_A = q_A^2 + 2q_A - q_B^2$, $c_B = 2q_B^2 + 2q_B + q_A^2$이고, q_A의 가격은 10, q_B의 가격은 22라고 한다.

a. 각 기업이 유발하는 외부효과에 대해 말하시오.

b. 각 기업의 경쟁균형 산출량과 이윤을 구하시오. 각 기업의 이윤의 합을 구하시오.

c. 두 기업을 합병했을 경우 이윤을 극대화하는 q_A의 값과 q_B의 값을 구하시오. 이때 이윤을 구하시오.

d. 위 문항 b.와 c.의 결과를 비교하고, 그 결과가 서로 다르게 나타나는 이유를 말하시오.

e. 두 기업을 합병하는 것이 불가능하다고 하자. 이 경우 효율을 달성하려면 조세와 보조금은 각각 어떠해야 하는가?

f. 정부가 위와 같은 정책을 실시할 때 직면하는 어려움은 무엇인가?

KEY ▶ 부정적 외부효과를 유발할 경우에는 조세를 부과하고 긍정적 외부효과를 유발할 경우에는 보조금을 지급한다.

풀이

$c_A = q_A^2 + 2q_A - q_B^2,\ c_B = 2q_B^2 + 2q_B + q_A^2,\ p_A = 10,\ p_B = 22.$

a. 기업 A는 기업 B에게 부정적 외부효과를 유발하고 있다. 기업 B는 기업 A에게 긍정적 외부효과를 유발하고 있다.

b. 기업 A는 자신이 생산하는 수량만을 통제할 수 있다. 기업 B가 생산하는 수량은 통제하지 못한다. 그리하여 기업 A의 이윤극대화 문제는

$$\underset{q_A}{Max}\ \pi_A = p_A q_A - c_A = 10q_A - (q_A^2 + 2q_A - q_B^2)$$

이다. 이로부터 이윤극대화의 일차필요조건은

$$\frac{\partial \pi_A}{\partial q_A} = 10 - 2q_A - 2 = 0$$

이 된다. 즉,

$$10 = 2q_A + 2 \tag{1}$$

이다. 이것은 기업 A의 이윤극대화 조건인 $p_A = PMC_A$이다. 이로부터 $\bar{q}_A = 4$이다.

같은 이유로 기업 B의 이윤극대화 문제는

$$\underset{q_B}{Max}\ \pi_B = p_B q_B - c_B = 22q_B - (2q_B^2 + 2q_B + q_A^2)$$

가 된다. 이로부터 이윤극대화의 일차필요조건은

$$\frac{\partial \pi_B}{\partial q_B} = 22 - 4q_B - 2 = 0$$

이 된다. 즉,

$$22 = 4q_B + 2 \tag{2}$$

이다. 이것은 $p_B = PMC_B$이다. 이로부터 $\bar{q}_B = 5$를 얻는다. 이렇게 구한 값들을 각 기업의 목적함수에 대입하면 $\bar{\pi}_A(\bar{q}_A,\ \bar{q}_B) = 41,\ \bar{\pi}_B(\bar{q}_A,\ \bar{q}_B) = 34$를 얻는다. 그러므로 각

기업의 이윤의 합은 $\overline{\pi} = \overline{\pi}_A + \overline{\pi}_B = 75$가 된다.

c. 합병기업을 두 개의 생산부문을 운영하고 있다고 볼 수 있다. 그리하여 전체 이윤을 극대화하기 위해 A부문의 산출량과 B부문의 산출량을 모두 통제한다. 그러므로 합병기업의 이윤극대화 문제는

$$\underset{q_A,\,q_B}{Max}\ \pi = p_A q_A + p_B q_B - c_A - c_B$$
$$= 10q_A + 22q_B - (q_A^2 + 2q_A - q_B^2) - (2q_B^2 + 2q_B + q_A^2)$$

이 된다. 이로부터

$$\frac{\partial \pi}{\partial q_A} = 10 - (2q_A + 2) - 2q_A = 0,\ 즉\ 10 = (2q_A + 2) + 2q_A \quad (3)$$

$$\frac{\partial \pi}{\partial q_B} = 22 - (-2q_B) - (4q_B + 2) = 0,\ 즉\ 22 = -2q_B + (4q_B + 2) \quad (4)$$

를 얻는다. 식 (3)은 $p_A = SMC_A$이고, 식 (4)는 $p_B = SMC_B$이다. 이들로부터 $q_A^* = 2$, $q_B^* = 10$을 얻는다. 이 값들을 합병기업의 목적함수에 대입하면 $\pi^*(q_A^*,\ q_B^*) = 108$을 얻는다.

d. $\overline{\pi} < \pi^*$, 외부효과가 내부화되었기 때문이다. 말하자면 합병 이전의 개별기업과는 달리 합병기업은 각 부분의 산출량이 상대 부문의 비용에 주는 영향을 고려하여 각 부문의 산출량을 정할 수 있기 때문이다. 이러한 측면에서 위에서 구한 산출량은 효율적인 산출량이다.

e. (i) 기업 A는 부정적 외부효과를 유발하므로 산출량 단위당 조세를 부과해야 한다. 이 값을 구하기 위해 q_A에 조세 t를 부과한다고 하자. 그러면 기업 A의 이윤극대화 문제는

$$\underset{q_A}{Max}\ \pi_A = p_A q_A - c_A - tq_A = 10q_A - (q_A^2 + 2q_A - q_B^2) - tq_A$$

가 된다. 이윤극대화의 일차필요조건은

$$\frac{\partial \pi_A}{\partial q_A} = 10 - 2q_A - 2 - t = 0$$

이다. 즉, $10 = 2q_A + 2 + t$이다. 이것은 $p_A = PMC_A + t$이다. 효율적 산출량은 $q_A = 2$이다. 그러므로 이 값을 이 식에 대입하면 $t^* = 4$를 얻는다. 그런데 이 값은 사실상 효율적 수준에서 평가한 공해의 사회적 한계비용과 같다. 즉, 식 (3)에서 $q_A = 2$일 때의 $2q_A$의 값이다.

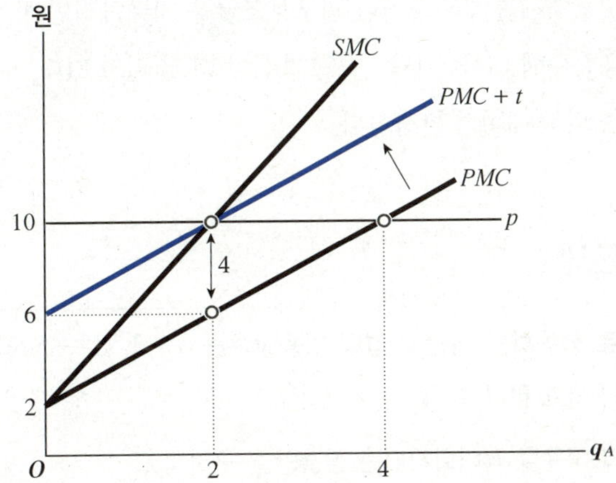

(ii) 기업 B는 긍정적 외부효과를 유발한다. 그러므로 효율을 위해서는 보조금을 지급해야 한다. 산출량 한 단위당 보조금 s를 지급한다고 하자. 그러면 기업 B의 이윤극대화 문제는

$$\underset{q_B}{Max}\ \pi_B = p_B q_B - c_B + sq_B = 22q_B - (2q_B^2 + 2q_B + q_A^2) + sq_B$$

이다. 이윤극대화의 일차필요조건은

$$\frac{\partial \pi_B}{\partial q_B} = 22 - 4q_B - 2 + s = 0$$

이다. 즉, $22 = 4q_B + 2 - s$이다. 이것은 $p_B = PMC_B - s$이다. 효율적 산출량은 $q_B = 10$이다. 이 값을 이 식에 대입하면 $s^* = 20$을 얻는다. 그런데 이 값은 사실상 효율적 수준에서 평가한 사회적 한계편익과 같다. 즉, 식 (4)에서 $q_B = 10$일 때의 $2q_B$의 값이다.

결국 $q_A = 2$, $q_B = 10$일 때 $t^* = 4$, $s^* = 20$을 얻는다.

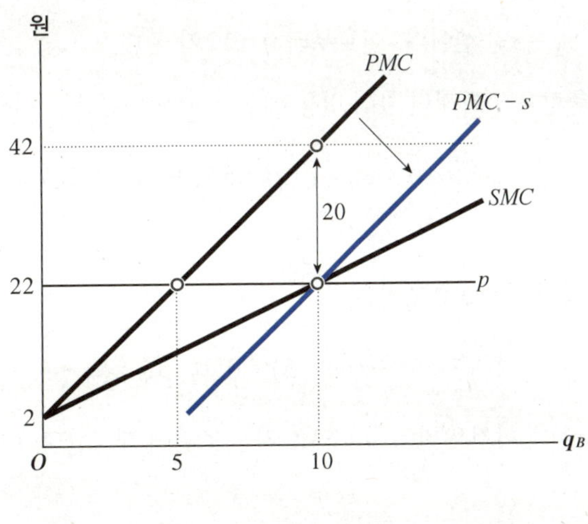

f. 정부가 피구조세를 부과하거나 피구보조금을 지급하려면 비용함수를 알아야 한다. 그런데 비용함수에 대한 정보는 기업 자신이 더 잘 알고 있다. 이러한 정보의 비대칭성으로 인해 도덕적 해이가 발생한다.

16.7 피구조세

가격수용자로 행동하는 어떤 기업의 비용함수는 $c = 2.5q^2 - 5q$라고 한다. 그리고 이 상품의 가격은 55라고 한다.

a. 이 기업의 이윤을 극대화시키는 산출량을 구하시오.

b. 이 상품은 공해를 유발한다. 이것을 감안할 때 사회적 비용함수는 $c = 3q^2 - 5q$라고 한다. 사회적으로 볼 때 최적산출량은 얼마인가?

c. 위 문항 b.의 결과를 얻기 위해 조세를 부과한다면 적절한 조세는 얼마인가?

KEY ▶ 피구조세는 효율적인 산출량에서 평가한 공해의 사회적 한계비용에 해당하는 만큼 부과해야 한다.

풀이

$c = 2.5q^2 - 5q,\ p = 55$로 주어져 있다.

a. 이윤극대화 문제는

$$\underset{q}{Max}\ \pi = pq - c(q) = 55q - (2.5q^2 - 5q)$$

이다. 이 경우 이윤극대화의 일차필요조건은

$$\frac{d\pi}{dq} = 55 - (5q - 5) = 0,\ 즉\ 55 = 5q - 5$$

이다. 그런데 이것은 바로 $p = PMC$라는 조건에 해당한다. 이 조건에서 $p = 55$, $PMC = 5q - 5$인 셈이다. 이로부터 $\bar{q} = 12$가 된다.

b. 최적산출량을 구하려면 사적 비용 대신 사회적 비용을 고려해야 하므로 극대화 문제는

$$\underset{q}{Max}\ \pi = pq - c(q) = 55q - (3q^2 - 5q)$$

이다.

극대화의 일차필요조건은

$$\frac{d\pi}{dq} = 55 - (6q - 5) = 0,\ 즉\ 55 = 6q - 5$$

이다. 그런데 이것은 바로 $p = SMC$라는 조건에 해당한다. 이 조건에서 $p = 55$, $SMC =$

$6q-5$인 것이다. 이로부터 $q^*=10$을 얻는다.

c. 그 조세를 t라고 하자. 그러면 이 기업의 이윤극대화 문제는

$$\underset{q}{Max}\ \pi = pq - c(q) - tq = 55q - (2.5q^2 - 5q + tq)$$

가 된다. 극대화의 일차필요조건은

$$\frac{d\pi}{dq} = 55 - (5q - 5 + t) = 0$$

이다. 이 결과는 문항 a.의 결과와 관련하여 볼 때

$$55 = 5q - 5 + t,\ \text{즉}\ \ p = PMC + t$$

에 해당한다. 한편 효율적인 산출량 $q^*=10$을 원한다. 그러므로 이 값을 위 식에 대입하면 $t^*=10$을 얻는다. 이 조세는 효율적인 산출량 수준에서 평가한 사회적 한계비용을 기준으로 정해진다. 이러한 사실은 $q^*=10$을 SMC에 대입하여 구한 값과 PMC에 대입하여 구한 값의 차이가 10이 된다는 것으로 확인된다. 즉, $SMC(10)=55$, $PMC(10)=45$로부터 확인된다는 것이다.

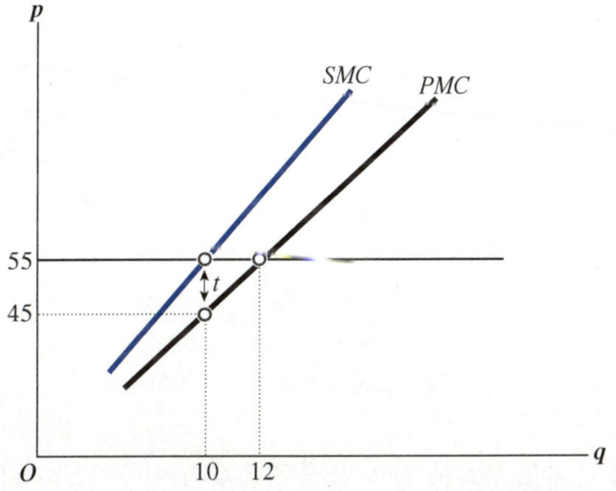

16.8 피구조세 : 독점일 경우와 경쟁일 경우 비교

하천 상류에 있는 강철 공장이 하천을 오염시켜 하천 하류에 있는 맥주 공장에게 부정적 외부효과를 유발한다고 하자.

a. 조세를 통해 효율적인 생산을 유도하려 한다. 이때 각 기업의 산출량을 그림으로 나타내고, 조세 부과 이전에 비해 누가 이득을 보고 누가 피해를 입는가를 말하시오.

b. 강철 시장이 독점일 경우와 경쟁일 경우 조세의 크기를 비교하시오. 이 점을 고려하여 독점일 경우에도 사회적 비용이 사적 비용보다 크다면 조세 부과가 반드시 문제를 개선시키는가에 대해 논의하시오.

KEY ▶ 독점일 경우 단위당 피구조세는 경쟁일 때보다 적다.

풀이

a.

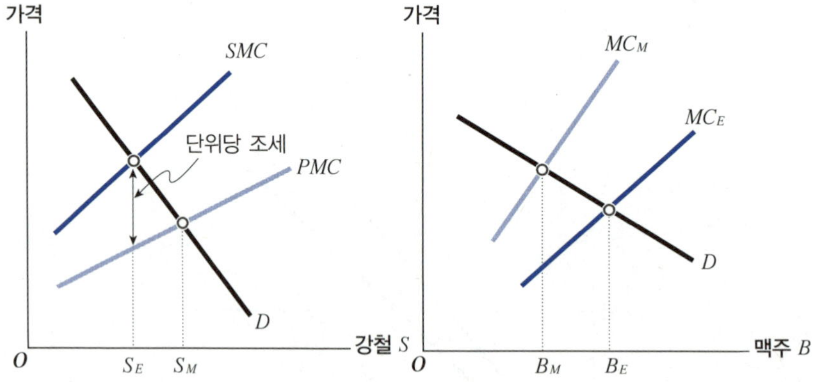

E : 효율적 산출량, M : 시장 산출량

강철에 조세를 부과할 경우 강철 산출량은 시장기능에 의한 산출량보다는 적어진다. 한편 오염 감소에 의한 맥주생산 비용 하락은 맥주 산출량을 증가시킨다. 강철기업의 주주나 강철소비자는 피해를 입는 반면, 맥주기업의 주주나 소비자는 이득을 본다.

b. 동일한 비용인상 요인이 있을 경우 독점에서는 경쟁에서보다 산출량이 더 많이 감소한다. 따라서 사회적 비용을 고려하는 효율 수준까지 산출량을 감소시키기 위한 조세는 경쟁에서보다 독점에서 더 적어진다.

또한 같은 이유로 사회적 비용이 사적비용보다 크더라도 사회적 효율산출량이 독점의 산출량과 동일할 경우에는 조세를 부과할 필요가 없다. 이 경우 조세를 부과하면 독점의 산출량이 사회적 효율산출량보다 오히려 적어진다. 결국 독점에서 부정적 외부효과가 존재할 경우에는, 사회적 효율산출량이 독점의 산출량보다 적을 경우에만 조세부과로 인해 효율을 달성할 수 있다.

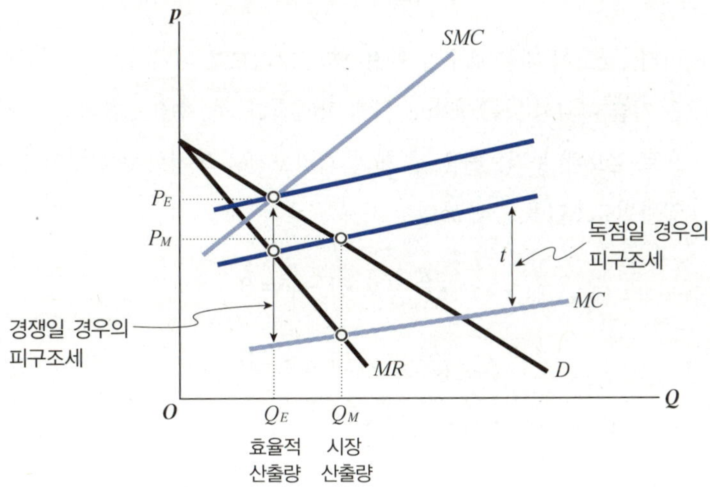

16.9 외부효과 해결 : 일반균형분석

홍길동이 어떤 섬에 혼자 살고 있다. 홍길동은 1단위의 노동을 가지고 있다. 기업으로서의 홍길동은 이 노동을 사용하여 담배와 쌀을 생산한다. 그런데 그는 노동 1단위를 투입하여 담배를 1단위를 생산할 수도 있고 쌀 1단위를 생산할 수도 있다. 즉, 투입물과 산출량이 고정 비율을 이루고 있다. 한편 홍길동이 담배를 1단위 소비할 때마다 공해가 $\frac{3}{4}$단위 유발된다고 하자. 홍길동의 효용함수는 $U(x, y, z) = \sqrt{xy} - z$이다. 여기서 x는 담배의 수량, y는 쌀의 수량, z는 공해의 총수량을 나타낸다. 이때 주목할 것은 홍길동은 담배를 피울 경우 자신이 개인적으로 뿜는 담배 연기는 전혀 고려하지 않는다는 것이다.

a. 완전경쟁 일반균형을 구하시오.

b. 사회적 측면에서 효율적인 자원배분을 구하시오.

c. 가격을 변경시킴으로써 사회적 측면에서 효율적인 자원배분을 달성할 수 있는가?

d. 사회적 측면에서 효율적인 자원배분을 달성할 수 있는 방법과 그 결과를 구하시오.

KEY ▶ 소비의 외부효과가 있는 경우이다. 생산함수가 규모에 대한 보수 불변이다. 이 경우 특이한 상황이 발생한다.

풀이

a. (i) 기업으로서의 홍길동의 문제를 먼저 풀어보자. 홍길동 기업의 이윤극대화 문제는

$$\underset{x,\,y,\,L_x,\,L_y}{Max}\ \pi = p_x x + p_y y - w(L_x + L_y)$$
$$s.t.\quad x = L_x$$
$$y = L_y$$

이다. 규모에 대한 보수가 일정하다. 그러므로 여기서는 가격만 결정된다. 산출량은 기술 이외의 다른 요소에 의해 정해진다. 즉, 수요조건에 의해 정해진다. 구체적으로 검토해 보자. 처음 두 개의 제약조건을 목적함수에 대입한 후 이윤극대화의 일차필요조건을 구해 보면

$$\frac{\partial \pi}{\partial L_x} = p_x \cdot 1 - w = 0 \quad (1)$$

$$\frac{\partial \pi}{\partial L_y} = p_y \cdot 1 - w = 0 \quad (2)$$

이 된다. 그런데 위 식은 사실상

L_x의 한계생산물가치 = w, L_y의 한계생산물가치 = w

라는 것을 말한다. 참고로 $p_x > w$일 경우 홍길동 기업은 x만 생산한다. $p_y > w$일 경우에는 y만 생산한다. 그리하여 균형이 존재하지 않는다.

위 두식을 정리하면

$$p_x = w,\ p_y = w \quad (3)$$

가 된다. 이때 가격은 수요조건과 관계없이 기술조건에 의해 정해지는 점에 주목하자.

(ii) 한편 소비자 홍길동은 자신이 뿜는 담배 연기를 전혀 고려하지 않는다. 그러므로 소비자 홍길동의 효용극대화 문제는

$$\underset{x,\,y}{Max}\ \sqrt{xy}$$
$$s.t.\quad p_x x + p_y y = w \cdot 1$$

이다. 여기서 두 가지 점에 주목하자. 먼저 노동은 소비자 홍길동에게 비효용을 가져다주지 않는다. 그러므로 그는 소득을 올릴 수 있는 한 가능하면 많은 시간을 일한다. 그 다음 생산함수가 규모에 대한 보수불변이다. 그리하여 이윤이 0이 된다. 그러므로 소비자 홍길동의 예산제약식에 이윤을 더해 줄 필요가 없다. 효용극대화 문제에 대한 라그랑지함수는

$$\underset{x,\,y,\,\lambda}{Max}\ L = \sqrt{xy} + \lambda(w - p_x x - p_y y)$$

이다. 극대화의 일차필요조건은

$$\frac{\partial L}{\partial x} = \frac{1}{2} x^{-\frac{1}{2}} y^{\frac{1}{2}} - \lambda p_x = 0 \tag{4}$$

$$\frac{\partial L}{\partial y} = \frac{1}{2} x^{\frac{1}{2}} y^{-\frac{1}{2}} - \lambda p_y = 0 \tag{5}$$

$$\frac{\partial L}{\partial \lambda} = w - p_x x - p_y y = 0 \tag{6}$$

이다.

식 (4)와 식 (5)를 정리한 다음 대응되는 변끼리 나누어주면

$$\frac{y}{x} = \frac{p_x}{p_y} \tag{7}$$

를 얻는다(좌변은 MRS_{xy}이다). 식 (6)과 식 (7)로부터

$$x_d = \frac{w}{2p_x} \tag{8}$$

$$y_d = \frac{w}{2p_y} \tag{9}$$

를 얻는다. 규모에 대한 보수가 불변일 경우 균형 수량은 수요조건을 통해 정해진다. 그러므로 균형산출량은

$$x^* = x_d = \frac{w}{2p_x} \tag{10}$$

$$y^* = y_d = \frac{w}{2p_y} \tag{11}$$

가 된다.

(iii) 일반균형을 구해 보자. 규모에 대한 보수가 불변이어서 상대가격은 기술조건에 의해 정해졌다. 이러한 식 (3)을 식 (10)과 식 (11)에 대입하면 $x^* = \frac{1}{2}$, $y^* = \frac{1}{2}$로 구해진다. 한편 공해는 담배 한 단위당 $\frac{3}{4}$단위가 발생한다. 그러므로 총공해량은 $z^* = \frac{3}{4}x^* = \frac{3}{8}$으로 구해진다.

b. 사회적인 측면에서 효율적인 자원배분을 구하려면 공해로 인한 비효용을 고려해 주어야 한다. 담배 1단위마다 공해가 $\frac{3}{4}$단위 유발된다. 그러므로 총공해는 $z = \frac{3}{4}x$가 된다. 그러므로 사회적인 극대화 문제는

$$\begin{aligned} &\underset{x,\,y,\,z}{Max}(\sqrt{xy} - z) \\ &s.t. \quad x + y = 1 \\ &\qquad\quad z = \frac{3}{4}x \end{aligned}$$

이다. 두 번째 제약식을 목적함수에 대입한 후 라그랑지함수의 형태로 쓰면

$$\underset{x,\,y,\,\lambda}{Max}\ L = \sqrt{xy} - \frac{3}{4}x + \lambda(1 - x - y)$$

이다. 극대화의 일차필요조건은

$$\frac{\partial L}{\partial x} = \frac{1}{2}x^{-\frac{1}{2}}y^{\frac{1}{2}} - \frac{3}{4} - \lambda = 0 \tag{12}$$

$$\frac{\partial L}{\partial y} = \frac{1}{2}x^{\frac{1}{2}}y^{-\frac{1}{2}} - \lambda = 0 \tag{13}$$

$$\frac{\partial L}{\partial \lambda} = 1 - x - y = 0 \tag{14}$$

이다. 식 (12)와 식 (13)을 정리한 다음 대응되는 변끼리 나누어주면

$$\frac{\frac{1}{2}x^{-\frac{1}{2}}y^{\frac{1}{2}} - \frac{3}{4}}{\frac{1}{2}x^{\frac{1}{2}}y^{-\frac{1}{2}}} = 1 \tag{15}$$

을 얻는다. 이 식은 $SMRS_{xy} = MRT_{xy}$를 나타낸다. 식 (14)와 식 (15)로부터 $x = \frac{1}{5}$, $y = \frac{4}{5}$를 얻는다. 그러므로 $z = \frac{3}{4}x = \frac{3}{4} \cdot \frac{1}{5} = \frac{3}{20}$이다.

c. 단지 가격을 조정하여 이러한 결과를 얻을 수는 없다. 예를 들어 $\frac{w}{p_x} = \frac{2}{5}$, $\frac{w}{p_y} = \frac{8}{5}$로 정하면 식 (8)과 식 (9)로부터

$$x_d = \frac{w}{2p_x} = \frac{1}{5},\ y_d = \frac{w}{2p_y} = \frac{4}{5}$$

를 얻는다. 이것은 문항 b.에서 얻은 결과와 같다. 그러나 가격을 이렇게 정할 경우 식 (1)과 식 (2)에서 볼 때 x만 생산하고 y는 전혀 생산하지 않는다는 것을 알 수 있다. 즉, $x_s = 1$, $y_s = 0$이 된다. 이 경우 각 상품의 공급량과 수요량이 달라지기 때문에 균형이 달성되지 않는다.

이렇게 되는 이유를 알아보자. 효율적인 소비를 달성하려면 소비자가 직면하는 가격을 바꾸어 주어야 한다. 그런데 규모에 대한 보수가 불변일 경우 가격은 기술조건에 의해 정해진다. 그리하여 소비자가 직면하는 가격을 단순히 조정해 주는 것은 가격이 기술조건에 의해 정해져야 하는 특성을 만족시키지 못한다. 그러므로 이러한 방법으로는 효율을 달성할 수 없다.

d. 소비자가 소비하는 X상품에 조세를 부과한다. 예를 들어 소비자가 소비하는 X상품 1단위당 t의 조세를 부과한다고 하자. 그런데 X재의 수량이 $\frac{1}{5}$이 되기를 바란다. 그러므로 t는

$$x_d = \frac{w}{2(p_x + t)} = \frac{1}{5} \tag{16}$$

이 만족되도록 부과해야 한다. 한편 가격은 생산 측면의 식 (3)에서 $p_x = w$로 정해졌다. 이때

$$w = 1 \tag{17}$$

로 정규화하자. 그러면 $p_x = w$이므로 $p_x = 1$이 된다. 이것과 식 (17)을 식 (16)에 대입하면 $t = \frac{3}{2}$으로 정해진다.

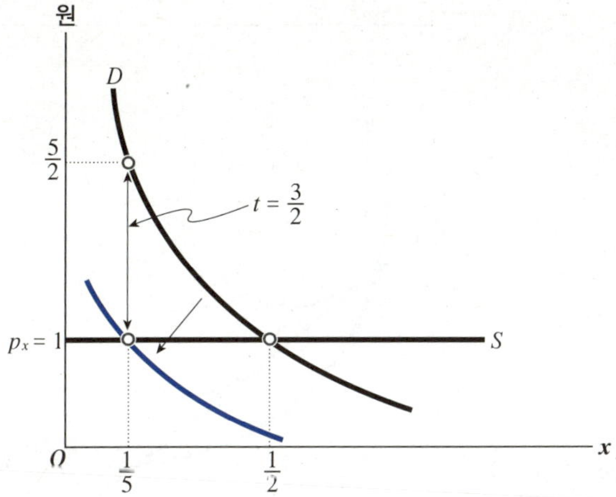

이 경우 담배에 조세를 부과하는 데에 그치지 않고 쌀에 보조금을 지급해 주어야 한다. 이것은 조세 부과에 따른 담배의 수요량 변화가 생산자가 직면하는 담배의 공급가격에 영향을 줄 수 없기 때문이다. 그 결과 공급 측면에서 담배와 쌀의 생산량 조정과 그에 따른 상대가격의 변화를 기대할 수 없기 때문이다. 한편 이때 쌀 1단위당 지급해야 하는 보조금을 s라고 하면 s는

$$y_d = \frac{w}{2(p_y - s)} = \frac{4}{5} \tag{18}$$

가 성립하도록 정해져야 한다. 식 (3)으로부터 $p_y = w$이므로 이것과 식 (17)을 식 (18)에 대입하면 $s = \frac{3}{8}$으로 정해진다.

이러한 내용들이 그림에 나타나 있다. 특히 $(x, y) = \left(\frac{1}{5}, \frac{4}{5}\right)$에서 생산가능경계선, 사회무차별곡선, 그리고 개인의 무차별곡선이 서로 접하거나 만나고 있다. 이때 사회후생은 극대화되고 있으나 개인의 효용은 감소하였음에 주목하자.

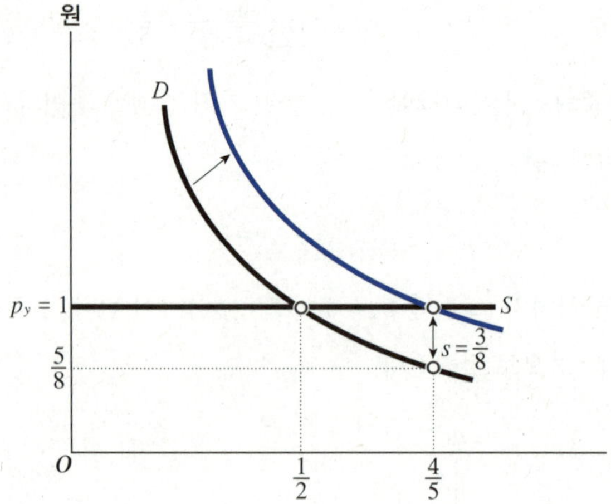
원
D
$p_y = 1$
S
$s = \frac{3}{8}$
$\frac{5}{8}$
O
$\frac{1}{2}$
$\frac{4}{5}$
y

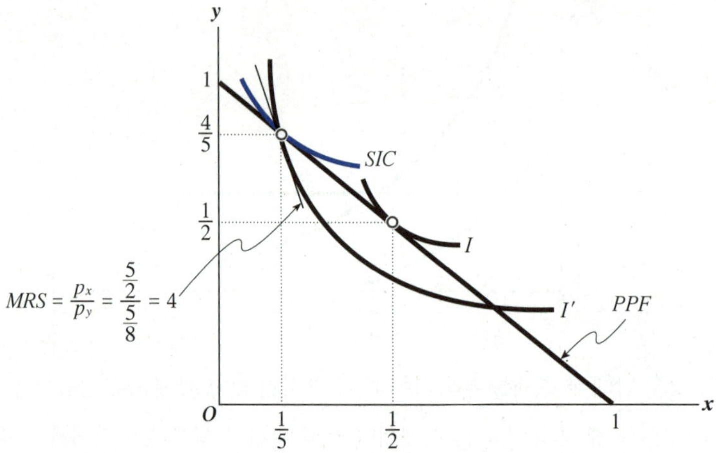
y
1
$\frac{4}{5}$
SIC
$\frac{1}{2}$
I
$MRS = \frac{p_x}{p_y} = \frac{\frac{5}{2}}{\frac{5}{8}} = 4$
I′
PPF
O
$\frac{1}{5}$
$\frac{1}{2}$
1
x

16.10 공용지의 비극과 그 해결

어떤 마을에 7명의 주민이 살고 있다고 하자. 이들에게는 소득을 올릴 수 있는 기회가 2가지 있다고 한다. 그중 하나는 일주일에 80만원의 임금을 지급해 주는 공장에서 일하는 것이다. 다른 하나는 마을에 있는 큰 호수에서 물고기를 잡아서 파는 것이다. 그런데 물고기를 잡을 때 1주일에 1명당 올리는 평균수입은 호수에서 물고기를 잡는 인원수에 따라 다음과 같은 관계를 보인다고 하자. 한편 이때 공장에서 일하는 데 드는 비용이나 물고기를 잡는 데 드는 비용은 무시하기로 하자.

인원수	1	2	3	4	5	6	7
평균수입(단위: 만원)	100	94	91	85	80	75	70

a. 마을에 있는 사람들이 각자 독립적으로 의사결정을 내린다고 하자. 이 경우 몇 명이 물고기를 잡게 되겠는가?

b. 마을 주민들 중에서 대표를 뽑는다고 하자. 이 대표는 자신을 포함한 마을 주민 전체의 수입을 극대화한 다음 서로 똑같이 나누어 갖는 방안을 제시하였다. 이렇게 하려면 몇 명이 물고기를 잡는 데 투입되어야 하겠는가?

c. 마을 주민들이 각자 독립적으로 의사결정을 내린다고 하자. 이때 위 문항 b.와 같은 결과를 얻으려면 물고기를 잡을 때 요금을 징수해야 하는가 아니면 보조금을 주어야 하는가? 그 크기는 얼마인가?

KEY ▶ 공용지의 비극에 관한 문제이다. 총수입을 극대화하려면 평균수입이 아니라 한계수입에 초점을 맞추어야 한다.

풀이

a. 공장에서 일할 경우 80만원을 받는다고 하였다. 그러므로 개인적으로 볼 때 공장에서 일하는 대신 물고기를 잡을 경우 80만원을 포기해야 한다. 즉, 물고기를 잡는 데 드는 기회비용이 80만원이라는 것이다. 그러므로 한 명당 수입인 평균수입이 80만원이 되는 수준까지 사람들이 물고기를 잡을 것이다. 즉, 위 표에서 볼 때 5명의 주민이 물고기를 잡을 것이다.

이와 달리 예를 들어 우연히 4명이 물고기를 잡게 되었다면 평균수입이 85만원이 되므로 주민들이 공장에서 일하는 대신 물고기를 잡으려고 할 것이다. 거꾸로 6명이 일하게 되었다면 평균수입이 75만원이 되었을 것이므로 누군가는 공장으로 이동할 것이다. 그리하여 결과적으로 평균수입이 80만원이 되는 수준에서 균형이 이루어진다.

b. 문항 a.의 경우에는 물고기를 잡을 때의 평균수입이 임금과 같아지는 곳에서 균형이 이루어지고 있다. 그런데 이 경우에는 총수입이 극대화되지 못한다. 총수입을 극대화시키려면 한계수입이 임금과 같아지는 수준까지 물고기를 잡아야 한다. 말하자면 물고기를 잡을 때 추가로 얻는 수입(한계수입)이 공장에서 일할 때 버는 임금보다 높을 때에는 물고기를 더 잡는 것이 총수입을 더 많이 증가시킨다는 것이다. 그리하여 마침내 한계수입이 임금과 같아질 때 총수입이 극대화된다(이 문제의 경우에는 불연속적이므로 한계수입이 임금보다 큰 상태에서 총수입이 극대화된다).

이러한 측면에서 한계수입을 구하기로 하자. 한계수입은 물고기를 잡는 데 추가로 한 명이 더 투입될 때 증가한 총수입이다. 그런데 위 표에는 평균수입이 알려져 있다. 그러므로 위 표를 이용하여 한계수입을 구하려면 먼저 총수입을 구해야 한다. 그 다음 총수입으로부터 한계수입을 구해야 한다. 한편 총수입은 평균수입에 인원수를 곱하여 구한다. 여기서 한계수입은 1명이 추가로 더 투입될 때 늘어나는 총수입이다. 이렇게 구한 값들이 아래 표에 나타나 있다.

인원수	1	2	3	4	5	6	7
평균수입	100	94	91	85	80	75	70
총수입	100	188	273	340	400	450	490
한계수입	88	85	67	60	50	40	

예를 들어 2명에서 1명을 더 추가하면 총수입이 85 늘어난다. 그런데 이것은 공장에서 일할 때 받는 임금 80보다 많다. 그러므로 1명을 더 추가한다. 그러나 3명에서 4명으로 늘어날 경우에는 총수입은 67만큼만 늘어난다. 그런데 이 값은 공장에서 일할 때 받는 임금보다 적다. 그러므로 물고기 잡는 데에는 3명만 투입한다. 나머지 4명은 공장에서 일하고 각각 80의 임금을 받는다. 이 경우 총수입은 593(=273+80×4)으로서 최대가 된다. 한편 문항 a.에서처럼 평균수입이 임금과 같아질 때까지 물고기를 잡을 경우 5명이 물고기를 잡고 2명이 공장에서 일하게 되므로 마을의 총수입은 560(=400+80×2)이 된다. 결과적으로 한계수입을 고려하여 의사결정을 할 경우 총수입이 33만큼 늘어나는 것을 알 수 있다.

문항 a.의 경우 총수입이 극대화되지 못하는 이유를 살펴보자. 물고기를 잡을 경우 자신의 행위는 다른 사람이 잡는 물고기의 수에 영향을 준다. 즉, 외부효과를 유발한다는 것이다. 그런데 문항 a.와 같은 경우에는 누구도 그러한 외부효과를 고려하지 않는다. 다만 자신의 이득만 생각한다. 그리하여 물고기를 잡는 데 효율 수준보다 더 많은 인원이 투입된다. 말하자면 호수가 무료로 사용할 수 있는 공용 자원이기 때문에 너무 과다하게 사용되는 것이다. 이른바 공용지의 비극(tragedy of commons) 현상이 나타난 것이다. 이것이 바로 문항 a.의 경우 총수입이 극대화되지 못하는 이유이다.

한편 문항 a.의 경우에는 임금과 평균수입이 같아지는 수준까지 사람들이 물고기를 잡는다. 이때 비록 각자의 평균수입은 같아지지만 한계수입은 평균수입보다 작아진다는 점에 주목하자.

c. 마을 주민들이 각자 독자적으로 의사결정을 내릴 경우에는 물고기를 잡는 데 효율 수준보다 더 많은 사람들이 몰리게 된다. 그러므로 요금을 부과해야 한다. 한편 요금을 부과하면 물고기를 잡는 사람의 수는 줄어든다. 그러므로 이때 요금을 무시한다면 표에서 보듯이 평균수입은 증가한다. 이때 다음과 같은 사실에 주목하자. 물고기를 잡을 경우 개인은 평균수입을 얻는데 이 중에서 요금을 내고 난 후의 금액이 임금보다 높을 경우 개인은 공장에서 일하는 대신 물고기를 잡을 것이다. 그러므로 물고기를 잡을 때 평균수입이 임금보다 높을 경우에는 그 차액에 해당하는 금액을 요금으로 징수해야 한다. 그러면 물고기를 잡는 대신 공장에서 일할 것이다.

한편 마을 전체의 수입을 극대화하려면 3명만 물고기를 잡아야 한다. 그런데 이처럼 3명이 물고기를 잡을 경우 위 표에서 볼 때 평균수입은 91이다. 그러므로 이 금액과 임금 80의 차액인 11보다 조금 작은 금액 예를 들어 10을 요금으로 징수한다. 그러면 3명만이 물고기를 잡게 된다.

연속함수의 경우가 그림에 나타나 있다. 그림에서 효율적인 인원수가 n^*이고 그때의 평균수입이 AP^*로 나타나 있다. 이때 효율을 달성하려면 한 명당 $(AP^* - w)$의 요금을 징수하게 된다.

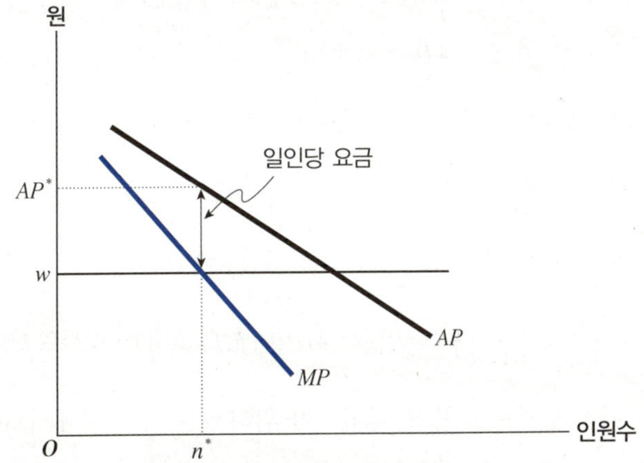

본 문제의 경우에는 불연속적이기 때문에 엄밀하게 말하면 요금이 11보다는 작고 5(= 85 − 80)보다는 크게 설정되어야 한다.

16.11 공용지의 비극과 그 해결

두 연못 A, B에서 20명이 낚시를 하고 있다. 연못 A에서 잡히는 물고기의 총수량은 $F_A = 10L_A - L_A^2$, 연못 B의 경우는 $F_B = 6L_B$로 표시된다. 여기서 L_A, L_B는 각각 연못 A와 연못 B에서 물고기를 잡는 낚시꾼 수를 나타낸다.

a. 각 연못에서 잡히는 물고기의 총수량을 합한 값을 극대화한다고 하자. 이 경우 각 연못의 낚시꾼 수를 구하시오. 이때 총 몇 마리의 물고기가 잡히겠는가?

b. 낚시꾼들이 아무 조건 없이 자유롭게 낚시할 수 있도록 하자. 이 경우 어떤 결과를 얻는가? 그 결과가 효율적인가? 그 이유는 무엇인가?

c. 위 문항 a.의 결과가 저절로 얻어지지는 않는다고 하자. 이 결과를 얻기 위해 연못 A에서 낚시를 하려면 낚시허가권을 구입하도록 요구한다고 하자. 이 경우 물고기 수량으로 표시한 허가권의 가격은 얼마가 되겠는가? 허가권 총판매수입은 얼마인가?

d. 이상의 결과는 경쟁균형이 효율적이 아니라는 것을 의미하는가?

KEY ▶ 공용지의 비극(tragedy of commons)에 관한 문제이다. 낚시꾼들은 평균이 같아지도록 행동한다. 그러나 효율을 위해서는 두 연못에서 한계생산물이 같아야 한다.

풀이

$L_A + L_B = 20$, $F_A = 10L_A - L_A^2$, $F_B = 6L_B$로 주어져 있다.

a. 극대화 문제는

$$\max_{L_A,\, L_B} F = F_A(L_A) + F_B(L_B)$$
$$s.t. \quad L_A + L_B = 20$$

으로 쓸 수 있다. 제약식을 목적함수에 대입하면 이 문제는

$$\max_{L_A} F = F_A + F_B = F_A(L_A) + F_B(20 - L_A)$$

로 다시 쓸 수 있다. 이때 극대화의 일차필요조건은

$$\frac{dF}{dL_A} = \frac{dF_A}{dL_A} + \frac{dF_B}{dL_B}\frac{dL_B}{dL_A} = 0,\ \text{즉}\ MP_A + MP_B(-1) = 0,\ \text{즉}\ MP_A = MP_B \tag{1}$$

이다. 다시 말하면 효율을 달성하기 위해서는 각 연못에서의 한계생산물이 같아야

한다.

이제 각 생산함수들을 미분하자. 그러면

$$MP_A = 10 - 2L_A \tag{2}$$

$$MP_B = 6 \tag{3}$$

을 얻는다. 이들을 식 (1)에 대입하면 $10 - 2L_A = 6$을 얻는다. 이로부터 $L_A^* = 2$가 된다. 한편 $L_A + L_B = 20$이다. 그러므로 $L_A^* = 2$를 여기에 대입하면 $L_B^* = 18$을 얻는다. 이 값들을 생산함수에 대입하면 $F^* = F_A^* + F_B^* = 124$가 된다(이상의 결과들은 라그랑지 함수를 이용해서 얻을 수도 있다).

b. 낚시꾼들은 각 연못에서 잡히는 1인당 평균 물고기 수가 같아질 때까지 서로 이동할 것이다. 그러므로 자유롭게 낚시하도록 할 경우 각 연못에서 잡히는 평균 물고기 수가 같아진다. 따라서

$$(AP_A =)\frac{F_A}{L_A} = \frac{F_B}{L_B}(= AP_B) \tag{4}$$

가 성립한다. 식 (4)에 생산함수를 대입하면 $10 - L_A = 6$을 얻는다. 이로부터 $L_A^0 = 4$로 구해진다. 따라서 $L_A + L_B = 20$으로부터 $L_B^0 = 16$을 얻는다. 이렇게 구한 값들을 생산함수에 대입하자. 그러면 $F^0 = F_A^0 + F_B^0 = 120$을 얻는다. 그런데 이 결과는 효율적이지 않다. 효율이 성립하려면 평균생산물이 아니라 한계생산물이 같아져야 하는데, $L_A = 4$를 식 (2)에 대입하면 $MP_A = 2$로서 $MP_B = 6$보다 작기 때문이다.

직관적으로 살펴보자. 어떤 사람이 연못 A에서 물고기를 잡는 행위는 다른 사람들이 잡는 물고기의 수에 영향을 준다. 즉, 외부효과를 유발한다. 그런데 어느 누구도 그러한 외부효과를 고려하지 않고 자신의 이득만 생각한다. 그 결과 연못 A에서는 효율 수준보다 더 많은 사람들이 물고기를 잡게 된다. 연못이 무료로 사용될 수 있는 공용자원이기 때문에 너무 많이 사용되고 있는 것이다. 이른바 '공용지의 비극' 현상이 나타난 것이다.

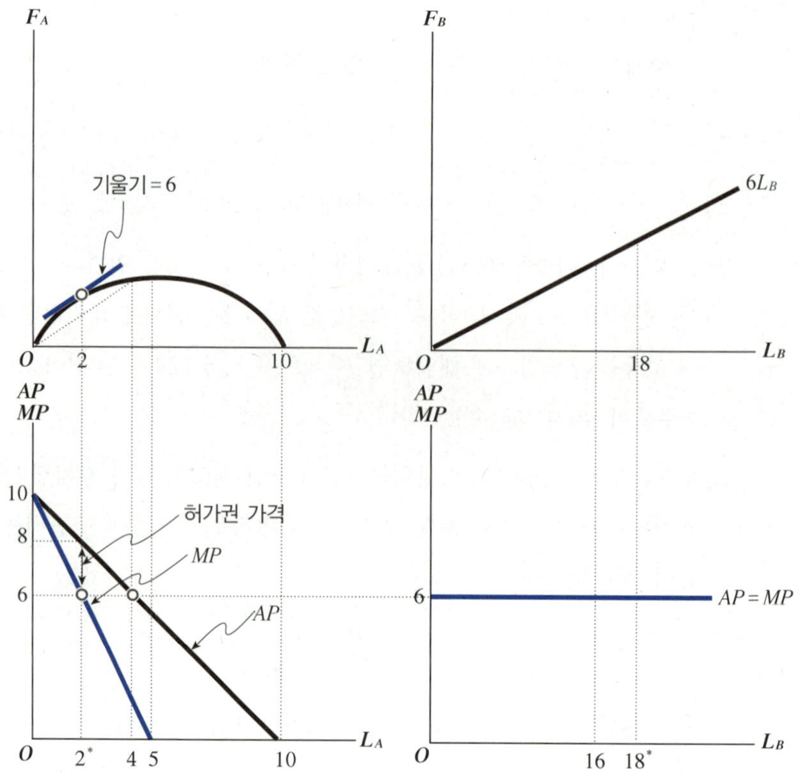

$AP = 10 - L_A$
$MP = 10 - 2L_A$

한계생산물이 같아지도록 배치한다.

c. 문항 a.에서 볼 때 효율을 위해서는 $L_A = 2$가 되어야 한다. 그런데 $L_A = 2$에서는 $AP_A = 8$이 되어 $AP_B = 6$보다 커진다. 그 결과 A연못으로 사람들이 몰린다. 이것을 막으려면 A연못에서 낚시하려 할 때 허가권을 구입하도록 해야 한다. 그런데 낚시꾼들은 한계생산물이 아니라 평균생산물이 같아지도록 행동한다. 그러므로 허가권을 구입하게 하면, 균형에서는 허가권 구입 후의 평균이 서로 같아질 것이다. 그러므로 허가권의 가격을 p라 하면

$$\frac{F_A - pL_A}{L_A} = \frac{F_B}{L_B} \tag{5}$$

가 성립할 것이다. 이로부터 $10 - L_A - p = 6$을 얻는다. 그런데 여기서 효율 수준인 $L_A = 2$로 유지하기를 원하므로 $p^* = 2$로 구해진다. 한편 식 (5)를 풀어서 써 보면

$$AP_A - p = AP_B, \text{ 즉 } p = AP_A - AP_B$$

가 된다. 그러므로 허가권가격은 효율 수준($L_A = 2$)에서 평가한 '평균' 생산물의 차로 정해지는 것을 알 수 있다(이것은 일반적으로 피구조세가 '한계' 비용에 근거하여 정해지는

점과 대조된다).

이때 허가권 판매수입 = $(L_A)(p^*) = 2 \times 2 = 4$가 된다. 한편 허가권을 구입하고도 여전히 1인당 잡는 물고기 수량은 6이 된다. 이 경우 허가권 판매수입은 바로 효율증진으로 증가한 물고기 수량과 동일하다. 이러한 사실은 허가권 판매수입과 허가권 판매 전후의 물고기 수량을 비교해 보면 알 수 있다.

d. 위 문항 b.의 결과는 진정한 의미의 경쟁균형을 의미하지는 않는다. 각 개인이 잡은 물고기를 자신이 가지는 것이 아니라 평균을 갖기 때문이다. 그 결과 문항 b.에서는 한계원리가 무시되고 있다. 이때 연못 A에 효율적인 수준 이상의 낚시꾼이 존재하며 이들이 다른 사람들에게 외부효과를 유발하고 있다.

16.12 공용지의 비극과 그 해결

연못에서 낚시꾼들이 경쟁적으로 물고기를 잡고 있다고 하자. 물고기를 한 마리당 100원에 판매할 수 있다고 한다. 낚시에 드는 비용은 일주일에 한 명당 10,000원이라고 한다. 일주일에 잡히는 물고기의 총수량은 $Q = 600L - L^2$으로 나타난다. 여기서 L은 낚시꾼의 총인원을 나다낸다. 따라서 낚시꾼 한 명당 잡는 물고기의 평균수량은 $q = \frac{Q}{L} = 600 - L$이다.

a. 경쟁일 경우 잡히는 물고기의 균형수량과 낚시꾼의 균형인원을 구하시오.

b. 정부가 연못을 국유화하여 총이윤을 극대화한다고 하자. 이때 잡히는 물고기의 총수량과 낚시꾼의 인원을 각각 구하시오.

c. 국유화 대신 낚시허가권을 발급하여 과도한 낚시를 제한함으로써 효율을 달성하려고 한다. 이때 낚시허가권의 가격을 T라 하면 그 값은 얼마이어야 하는가?

KEY ▶ 공용지의 비극을 해결하려면 조세를 부과해야 한다.

풀이

$p = 100$, 비용은 한 명당 10,000원으로 주어져 있다. 그리고 $Q = 600L - L^2$, $q = \frac{Q}{L} = 600 - L$이다.

a. 개인 i의 이윤을 π_i라 할 때, 균형에서는 이윤이 0이어야 하므로

$$\pi_i = pq - 10,000 = (60,000 - 100L) - 10,000 = 0$$

이 성립해야 한다. 이로부터 $L^* = 500$을 얻는다. 그러므로 $q^* = 600 - 500 = 100$이 된다. 즉, $Q^* = q^* L^* = 100 \times 500 = 50,000$이다. 이 경우 외부효과가 존재한다.

b. 이윤극대화 문제는

$$\underset{Q,L}{Max}\ \pi = pQ - 10,000L$$
$$s.t.\quad Q = 600L - L^2$$

이다. 제약식을 목적함수에 대입하면 이 문제는

$$\underset{L}{Max}\ \pi = 100(600L - L^2) - 10,000L$$

로 다시 쓸 수 있다.

이로부터 이윤극대화의 일차필요조건은

$$\frac{d\pi}{dL} = (60,000 - 200L) - 10,000 = 0$$

이다. 그런데 이것이 바로

$$VMP = w$$

라는 조건이다(또는 L에 대한 '한계수입 = 한계비용' 조건이다). 이로부터 $L^* = 250$, $Q^* = 87,500$을 얻는다. 문항 a.에서보다 낚시꾼의 수는 적어지고 물고기의 총수량은 증가하였다.

c. 균형에서는 이윤이 0이어야 하므로

$$\pi_i = pq - T - 10,000 = 100q - T - 10,000$$
$$= (60,000 - 100L) - T - 10,000 = 0$$

이 성립해야 한다. 여기서 $L = 250$을 원하므로 $T^* = 25,000$으로 구해진다.

16.13 특허권-비공유재(anticommons)

대한전자가 소프트웨어를 팔려면 두 기업 A와 B에게 소프트웨어 1개당 각각 t_a, t_b의 로열티를 지불해야 한다. 소프트웨어에 대한 수요곡선은 $q = 600 - p$이다. 편의상 소프트웨어 생산비는 0이라고 하자. 두 기업 A와 B가 먼저 의사결정을 한다고 하자.

a. 대한전자의 반응함수를 구하시오.

b. 기업 A와 B는 t_a와 t_b를 각각 얼마로 설정하겠는가? 이때 각 기업이 설정하는 로열티는 상대 기업의 로열티 설정에는 영향을 주지 않는다고 하자.

c. 대한전자가 두 기업 A와 B를 구입한다면 더 이상 로열티를 지불하지 않아도 된다. 이러한 상황에서 대한전자는 두 기업을 구입하기 위해 얼마를 지불할 의향이 있겠는가?

d. 각 기업은 로열티를 받는 대신 기업을 매각할 의향이 있겠는가?

e. 두 기업 중 어느 한 기업이 먼저 대한전자와 기업 매각 대신 로얄티를 받는 계약을 맺으려고 할 유인이 있겠는가?

f. 대한전자에게는 어느 방식이 가장 좋겠는가? 각 기업에게는 어떠한가?

g. 효율성에 초점을 맞추어 분석 결과를 경제학적 측면에서 평가하시오.

KEY ▶ 각 기업들의 목적함수를 정확하게 설정해야 한다.

풀이

a. 대한전자의 이윤극대화 문제는

$$\underset{q}{Max}\ \pi = pq - (t_a + t_b)q = (600 - q)q - (t_a + t_b)q$$

이다. 이윤극대화의 일차필요조건은

$$600 - 2q - (t_a + t_b) = 0$$

이다. 이로부터 반응함수는 $q = 300 - \frac{t_a + t_b}{2}$이다.

b. 기업 A의 이윤(수입)극대화 문제는

$$\underset{t_a}{Max}\ \pi = t_a q$$
$$s.t.\quad q = 300 - \frac{t_a + t_b}{2}$$

이다. 반응함수를 목적함수에 대입하여 다시 쓰면

$$\underset{t_a}{Max}\ \pi = t_a q = t_a(300 - \frac{t_a + t_b}{2})$$

이다. 이로부터 이윤극대화의 일차필요조건

$$300 - t_a - \frac{t_b}{2} = 0$$

을 얻는다. 같은 방법으로 기업 B의 이윤극대화의 일차필요조건

$$300 - t_b - \frac{t_a}{2} = 0$$

을 얻는다. 이 두 식을 연립으로 풀면 $t_a = t_b = 200$을 얻는다. 이 값들을 반응함수에 대입하면 $q = 100$을 얻는다.

이때 로열티 수입은

$$R_A = t_a(300 - \frac{t_a + t_b}{2}) = 20{,}000$$
$$R_B = t_b(300 - \frac{t_a + t_b}{2}) = 20{,}000$$

이 된다.

c. (1) 대한전자가 기업을 구입하지 않고 로열티를 지불할 경우 얻는 이윤은

$$\pi_1 = pq - (t_a + t_b)q = (600 - q)q - (t_a + t_b)q$$

에 문항 a. 와 b. 에서 구한 $q = 100$, $t_a = t_b = 200$을 대입하면

$$\pi_1 = 10{,}000$$

으로 구해진다.

(2) 대한전자가 두 기업 A와 B를 구입한다면 더 이상 로열티를 지불할 필요가 없다. 그러므로 대한전자가 두 기업에게 합계 T_1을 지불하고 두 기업을 구입한다면 대한전자의 이윤극대화 문제는

$$\underset{q}{Max}\ \pi_2 = pq - T_1 = (600 - q)q - T_1$$

가 된다. 이윤극대화의 일차필요조건은

$$600 - 2q = 0$$

이다. 이로부터 $q = 300$을 얻는다. 이 값을 목적함수에 대입하면

$$\pi_2 = (600 - 300)300 - T_1 = 90{,}000 - T_1$$

이 된다. 그러므로

$$\pi_2 = 90{,}000 - T_1 > \pi_1 = 10{,}000$$

이면 대한전자는 두 기업을 구입할 의향이 있을 것이다. 즉, 대한전자는 두 기업을 구입하기 위해 $T_1 < 80{,}000$를 지불할 의향이 있다.

d. 기업 A와 B 어느 기업도 특허권을 팔지 않을 경우 각 기업의 로열티 수입은 문항 b. 에서

$$R_A = t_a(300 - \frac{t_a + t_b}{2}) = 20{,}000$$

$$R_B = t_b(300 - \frac{t_a + t_b}{2}) = 20{,}000$$

으로 구해졌다. 그런데 이 두 값을 합해도 T에 훨씬 못 미치므로 각 기업은 로열티를 받는 대신 기업 자체를 매각할 의사가 있을 것이다.

e. 대한전자가 어느 한 기업을 T_2에 구입하고 다른 한 기업에게는 로열티를 지급할 경우 대한전자의 이윤극대화 문제는

$$\underset{q}{Max}\ \pi_3 = pq - T_2 - tq = (600 - q)q - T_2 - tq$$

가 된다. 이윤극대화의 일차필요조건은

$$600 - 2q - t = 0$$

이다. 이로부터

$$q = 300 - \frac{t}{2}$$

를 얻는다.

로열티를 받는 기업의 이윤(수입)극대화 문제는

$$\underset{t}{Max}\ \pi = tq$$
$$s.t.\quad q = 300 - \frac{t}{2}$$

이다. 반응함수를 목적함수에 대입하여 다시 쓰면

$$\underset{t}{Max}\ \pi = tq = t(300 - \frac{t}{2})$$

이다. 이로부터 이윤극대화의 일차필요조건

$$300 - t = 0$$

을 얻는다. 이로부터 $t = 300$을 얻는다. 이때 $t = 300$을 반응함수인 $q = 300 - \frac{t}{2}$에 대입하면 $q = 150$을 얻는다. 이 값들을 대한전자의 목적함수에 대입하면

$$\pi_3 = pq - T_2 - tq = (600 - q)q - T_2 - tq = 22{,}500 - T_2$$

를 얻는다.

한편 대한전자가 기업을 하나도 구입하지 않고 로열티를 지불할 경우의 이윤은 앞서 구한 $\pi_1 = 10{,}000$이다. 그러므로 대한전자가 두 기업 중에서 어느 한 기업만 구입하고 다른 기업에게는 로열티를 지불할 경우의 이윤인 π_3가 π_1보다 클 경우 대한전자는 어느 한 기업만 구입하고 나머지 기업에게는 로열티를 지불할 것이다. 이 경우 기업 구입을 위해 제시할 수 있는 T_2의 값은

$$\pi_3 = 22{,}500 - T_2 > \pi_1 = 10{,}000$$

으로부터 $T_2 < 12{,}500$이 된다. 한편 먼저 계약을 맺고 로열티를 받는 기업의 수입은

$$R = tq = t(300 - \frac{t}{2}) = 45{,}000$$

이다. 그런데

$$R = tq = t(300 - \frac{t}{2}) = 45,000 > 12,500 > T_2$$

이므로 두 기업 A와 B는 서로 먼저 로얄티계약을 맺으려 할 것이다.

f. (1) 이윤의 크기를 비교하면

$$\pi_1 < \pi_3 < \pi_2$$

이다. 그러므로 대한전자에게는

(i) 두 기업을 모두 매입하는 것이 가장 좋다.

(ii) 그렇지 않다면 어느 한 기업이라도 매입하는 것이 좋다.

(iii) 기업을 하나도 매입하지 않고 두 기업에게 모두 로열티를 지불하는 것이 가장 나쁘다.

(2) 각 기업의 입장에서 볼 때 좋은 순위로 나열하면 다음과 같다.

(i) 대한전자와 먼저 계약을 맺을 경우 $R = 45,000$의 수입을 올릴 수 있으므로 가장 좋다.

(ii) 그 다음 두 기업이 모두 매각될 경우 매각대금 합계의 최대치는 $T < 80,000$이므로 두 기업이 매각대금을 서로 반씩 나누어 가질 경우 각 기업의 매각대금 수입이 $\frac{T}{2} < 40,000$이므로 좋다.

(iii) 서로 기업을 매각하지 않고 각각 로열티를 받을 경우 로열티 수입이 20,000이므로 그 다음 순위로 좋다.

(iv) 단독으로 매각되는 경우 $T_2 < 12,500$를 받게 되므로 가장 나쁘다.

g. (1) 사회적으로 볼 때

(i) 대한전자가 두 기업을 모두 매입할 경우 대한전자의 이윤은 $\pi_2 = 90,000 - T_1$이고, 두 기업이 매각 대금으로 받은 금액을 합하면 T_1이 될 것이므로 두 금액을 합하면 [그림 (A)]처럼 $\pi_2 + T_1 = 90,000$이 된다. 이때 공급량은 $q = 300$이고 가격은 $p = 300$이다.

(ii) 어느 한 기업이 먼저 계약을 맺으면 대한전자의 이윤은 $\pi_3 = 22,500 - T_2$이고 먼저 계약을 맺은 기업의 로열티 수입은 $R = 45,000$이고 매각 대금을 받는 기업의 매각 수입은 T_2이다. 그러므로 이 금액들을 모두 합하면 [그림 (B)]처럼 $\pi_3 + R + T_2 = 67,500$이 된다. 이때 공급량은 $q = 150$이고 가격은 $p = 450$이다.

(iii) 두 기업 모두에게 로열티를 지불할 경우 대한전자의 이윤과 각 기업의 로열티

수입을 합하면 [그림 (C)]처럼 $\pi_1 + R_A + R_B = 10{,}000 + 20{,}000 + 20{,}000 = 50{,}000$이 된다. 이때 공급량은 $q = 100$이고 가격은 $p = 500$이다.

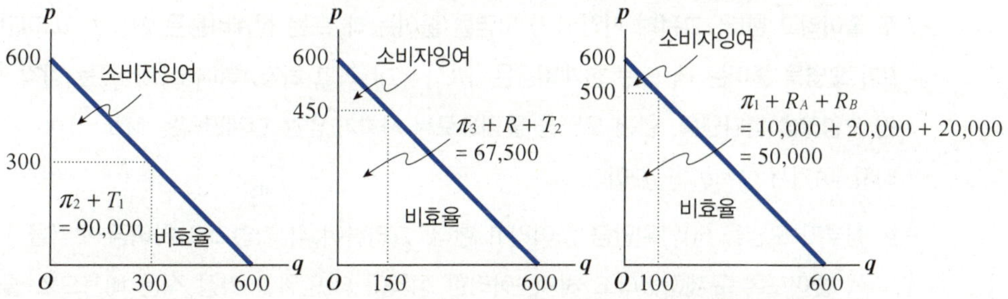

(A) 기업 매입 **(B) 로열티 지급 + 기업 매입** **(C) 로열티 지급**

(2) 주목할 것이 있다.

(i) 소프트웨어의 생산비용은 0이라는 점에 주목하자. 그 결과 수요곡선 아래의 면적은 기업의 이윤, 소비자잉여, 비효율로 나뉘어진다.

(ii) 기업의 이윤은 대한전자의 이윤과 기업 A와 B의 로열티 수입(또는 매각 수입)으로 구성된다.

(iii) 로열티와 관련하여 기업을 구입하는 대신 로열티를 소프트웨어 1개당 지급할 경우 소프트웨어 공급량이 가장 작아지며 따라서 비효율이 가장 커진다. 이 경우 소프트웨어 공급량이 작아지는 이유는 로열티를 소프트웨어 1개당 지불하는 것은 대한전자 입장에서 볼 때 한계비용을 발생시키는 것이기 때문이며 그로 인해 이윤극대화 수량이 감소하기 때문이다.

(iv) 공용지는 너무 많이 사용되어 비효율이 발생하는 데 반해 특허와 같은 비공유재는 너무 적게 사용되어 비효율이 발생한다. 그 결과 전자를 공용지의 비극(tragedy of commons)이라고 하고 이와 대조적으로 후자를 비공유재의 비극(tragedy of anticommons)이라고 한다.

(v) 대한전자가 두 기업 모두에게 로열티를 지급하는 방식보다 대한전자가 두 기업 모두를 매입하는 방식이 대한전자와 두 기업 모두를 더 낫게 할 수 있다. 즉, 기업 매입이 로열티지급보다 파레토개선된 결과를 낳을 수 있다.

16.14 외부효과 : 규제와 조세부과

현재 두 기업 A와 B가 이산화탄소를 배출하고 있다. 정부는 이러한 오염을 가장 적은 비용으로 줄이려고 한다. 그런데 기업 A가 오염을 줄이는 데 드는 한계비용은 $MC_A = q_A$이고 기업 B가 오염을 줄이는 데 드는 한계비용은 $MC_B = 2q_B$라고 하자. 이때 q_A와 q_B는 각각 저감시킨 오염량을 나타낸다. 한편 오염을 줄임으로써 사회가 얻는 한계편익은 $MB = 100 - Q$라고 하자. 여기서 $Q = q_A + q_B$이다.

a. 정부가 오염을 60단위만큼 줄이려고 한다. 그리하여 각 기업으로 하여금 오염을 30단위씩 줄이도록 규제하였다고 하자. 이러한 정책이 60단위를 가장 적은 비용으로 줄일 수 있겠는가? 그 이유를 설명하시오.

b. 오염을 줄일 경우 오염으로 인한 피해가 줄어든다. 문제에서는 이렇게 피해가 줄어드는 것을 편익을 얻는 것으로 해석하고 있다. 이러한 측면에서 한계피해에 해당하는 만큼 조세를 부과하여 공해를 줄이려고 한다. 이 경우 효율적이 되려면 조세를 어느 만큼 부과해야 하는가? 이때 효율적인 공해 저감량은 어느 만큼인가? 각 기업은 공해를 어느 만큼 줄이겠는가?

c. 정부가 위 문항 b.와 같은 정보를 얻었다고 하자. 이 경우 규제와 조세정책을 비교하시오. 특히 어느 정책이 어떤 정보가 더 필요한지에 초점을 맞추어 답하시오.

KEY ▶ 사회적으로 볼 때에는 오염을 줄이는 데 드는 한계비용이 한계편익과 같아질 때까지 오염을 줄이는 것이 효율적이 된다. 이때 균형에서는 기업 A가 오염을 줄이는 데 드는 한계비용이 그 오염 저감으로부터 얻는 사회적 한계편익과 같아진다. 기업 B의 경우에도 마찬가지이다.

풀이

a. 기업 A가 오염을 줄이는 데 드는 한계비용은 $MC_A = q_A$이다. 그러므로 기업 A가 30단위의 오염을 줄일 때 드는 한계비용은 $MC_A = 30$이다. 한편 기업 B가 오염을 줄이는 데 드는 한계비용은 $MC_B = 2q_B$이다. 그러므로 기업 B가 30단위의 오염을 줄일 때 드는 한계비용은 $MC_B = 2q_B = 2 \times 30 = 60$이다. 기업 A가 오염을 줄이는 데 드는 한계비용이 기업 B의 것보다 작다. 그러므로 사회적으로 볼 때 비용을 줄이려면 기업 A가 오염을 30단위보다 더 저감시키고 그 대신 기업 B는 30단위보다 적게 저감시켜야 한다. 그리하여 마침내 두 기업이 오염을 줄이는 데 드는 한계비용이 같아질 때에 비용이 최소가 된다.

b. 어느 기업에서 오염을 줄이든지 사회적으로 볼 때에는 그에 상응하는 한계편익을 얻는다. 그리하여 사회적으로 볼 때에는 오염을 줄이는 데 드는 한계비용이 한계편익과 같

아질 때까지 오염을 줄이는 것이 효율적이 된다. 이때 균형에서는 기업 A가 오염을 줄이는 데 드는 한계비용이 그 오염 저감으로부터 얻는 사회적 한계편익과 같아진다. 기업 B의 경우에도 마찬가지이다.

즉, 균형에서는

$$MB = MC_A, \text{ 즉 } 100 - (q_A + q_B) = q_A \tag{1}$$

$$MB = MC_B, \text{ 즉 } 100 - (q_A + q_B) = 2q_B \tag{2}$$

가 성립한다. 이 두 식을 연립으로 풀면 $q_A = 40$, $q_B = 20$을 얻는다. 이때 $MB = 100 - (q_A + q_B) = 100 - (40 + 20) = 40$을 얻는다.

위와 같은 결과를 얻으려면 오염 한 단위당 40의 조세를 부과하면 된다. 조세를 부과할 경우 개별기업의 입장에서는 오염을 한 단위 추가로 저감시키면 그에 상응해서 40의 조세를 덜 내도 된다. 그러므로 조세가 기업에게는 오염 저감으로부터 얻는 한계수입으로 작용한다. 그 결과 자신의 한계비용과 이 조세가 같아질 때까지 오염을 저감시키게 된다.

한편 균형에서는 두 기업의 한계비용이 같아진다는 점에 주목하자. 그리하여 사회적으로 볼 때 가장 적은 비용으로 오염을 저감시키게 된다.

c. 사회적으로 볼 때에는 더 적은 비용이 드는 기업이 오염을 우선적으로 줄이는 것이 낫다. 이 점을 고려하면 사회적으로 볼 때 오염을 줄이는 데 드는 한계비용곡선은 그림에서 보듯이 두 기업의 한계비용곡선을 수평으로 합하여 구할 수 있다.

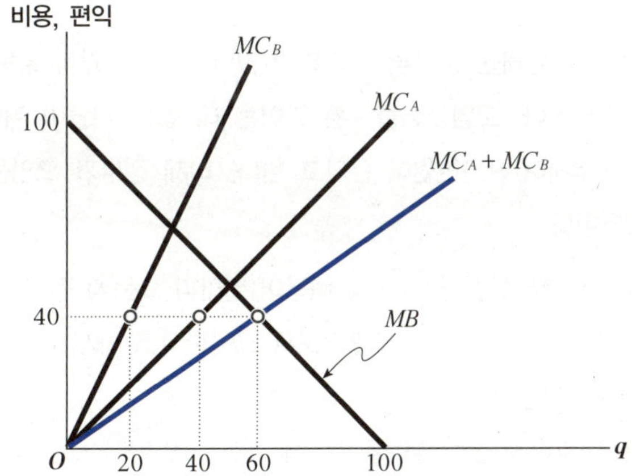

즉, 사회적으로 드는 한계비용을 MC라고 하면 기업 A가 저감시키는 수량은 $q_A = MC$이고 기업 B가 저감시키는 수량은 $2q_B = MC$, 즉 $q_B = \frac{MC}{2}$이다. 그러므로 사회 전체적으로 저감시킨 수량은 $q_A + q_B = MC + \frac{MC}{2}$이다.

즉, $Q = \frac{3}{2}MC$이다. 이것을 다시 쓰면

$$MC = \frac{2}{3}Q \tag{3}$$

이다. 그런데 문제에서

$$MB = 100 - Q \tag{4}$$

라고 하였다. 한편 균형에서는

$$MB = MC \tag{5}$$

가 성립한다. 그러므로 이 3개의 식을 풀면 위 문항 b.와 같은 결과를 얻을 수 있다.

이 결과를 음미해 보자. 조세를 부과할 경우에는 개별기업들의 한계비용을 모르더라도 전체 한계비용인 식 (3)만 알면 된다. 이러한 전체 한계비용과 한계편익이 같아지는 금액으로 조세를 정하면 기업들이 스스로 이 조세에 반응하여 최적의 결과를 낳게 된다.

이와는 달리 규제를 하려면 각 기업이 저감시켜야 할 수량을 알아야 한다. 그런데 이러한 수량을 알려면 각 기업의 한계비용에 대한 정보가 있어야 한다. 그러므로 주어진 문제와 같은 상황에서는 조세를 부과하는 경우보다 규제를 하는 경우에 더 많은 정보가 필요하다.

16.15 배출권거래

오염물질을 유발하는 갑, 을 두 기업이 있다고 하자. 갑과 을은 해마다 각각 200톤씩 오염물질을 유발한다. 오염물질을 1톤 줄이는 데 갑은 기술이 뛰어나서 10만원이 들고, 을은 기술이 낙후하여 100만원이 든다고 한다. 이제 정부가 오염물질 배출 총량을 100톤으로 줄이려고 한다.

a. 기업이 오염물질을 줄이는 데 비용이 얼마나 드는지 정부가 모른다고 하자. 그리하여 각 기업에게 같은 양만큼만 배출하도록 요구한다고 하자. 이 경우 목표를 달성하는 데 드는 비용은 얼마인가?

b. 이제 기업이 오염물질을 줄이는 데 비용이 얼마나 드는지 정부가 알고 있다고 하자. 이 경우 목표를 달성하는 데 드는 최소비용은 얼마인가?

c. 문항 a.와 문항 b.의 결과를 비교하라. 기업이 오염물질을 줄이는 데 드는 비용을 정부가 모른다고 하자. 이 경우 어떻게 하면 문항 b.와 같은 결과를 얻을 수 있겠는가?

d. 정부가 오염배출권을 경매로 팔지 않고 둘 중 어느 한 기업에게 무상으로 준다고 하자.

그 결과가 어떻게 달라지는가?

e. 위 문항 d.의 경우와 코즈정리를 비교 분석하시오.

KEY ▶ 배출권거래를 통해 외부효과를 해결할 수 있다. 그런데 이때 자원배분의 효율을 위해서는 배출권 판매수입을 정부가 확보해야 한다.

풀이

a. 정부는 각 기업에게 50톤씩만 배출하도록 요구할 것이다. 그러므로 갑과 을은 각각 150톤씩 줄여야 한다. 이 경우 갑은 150 × 10(만원)이 들고 을은 150 × 100(만원)이 든다. 그 결과 총 16,500만원이 든다.

b. 가장 적은 비용으로 목표를 달성하려면 효율적인 기업에게 오염물질을 더 많이 줄이도록 요구해야 한다. 이 경우 갑에게는 오염물질을 모두 제거하도록 요구해야 한다. 그 다음 을에게 100톤을 줄이도록 요구한다. 그러면 결국 을만 100톤을 유발하게 되어 목표가 달성된다. 이 경우 갑에게서 발생하는 비용은 200 × 10(만원)이고 을에게서 발생하는 비용은 100 × 100(만원)이다. 그리하여 총비용은 12,000만원이다.

c. 문항 b.의 경우 비용이 더 적게 든다. 정부가 100톤에 해당하는 오염배출권을 경매로 판매한다. 예를 들어 1장당 1톤을 배출할 수 있는 오염배출권 100장을 경매한다. 그러면 경매에서 기업 을이 오염배출권을 1장당 10만원 이상에 모두 사 버릴 것이다. 한편 오염배출권 1장에 10만원 이상이면 갑은 하나도 사지 않는다. 자신이 스스로 오염물질을 1톤 줄이는 데 10만원밖에 들지 않기 때문이다. 결국 갑은 오염물질을 스스로 모두 줄이게 된다. 반면에 을은 오염배출권에 해당하는 100톤을 제외하고 나머지 100톤만 줄이게 된다. 이 결과는 바로 문항 b.의 결과와 같다.

d. 어느 경우이든 이 오염물질과 관련하여서는 경제적 효율이 달성된다. 예를 들어 오염배출권을 모두 갑에게 주었다면 갑은 이것을 모두 을에게 팔 것이다. 오염배출권을 모두 을에게 주었다면 을은 자신이 사용할 것이다. 즉, 시장에서 거래가 허용될 경우 오염배출권을 누구에게 주더라도 최종적으로는 오염배출권에 더 높은 가치를 부여하는 쪽이 그것을 가지게 된다는 것이다.

한편 경매로 팔 경우에는 정부에 판매수입이 생긴다. 그런데 무상으로 줄 경우에는 이 수입이 없어진다. 이 때문에 어차피 조세수입이 필요한 정부가 다른 부문에서 조세를 더 거둔다면 그 부문에서 그만큼 비효율이 늘어날 수 있다.

끝으로 무상으로 줄 경우 오염배출권을 무상으로 받은 기업은 富의 측면에서 그만큼 나아진다. 예를 들어 갑이 무상으로 받은 경우에는 을에게 팔아 돈을 벌 것이다. 또한 을이 받은 경우에는 자신이 사용하지만 정부로부터 사지 않아도 되므로 그만큼 나아진다.

e. 공통점 : 재산권이 명확히 정의되어 있다고 하자. 그러면 코즈정리에서도 누가 재산권을 가지느냐에 관계없이 자원이 효율적으로 배분된다. 재산권만 확정되면 사실상 이처럼 외부효과는 해결된다.

차이점 : 코즈정리 — 협상에 의해 외부효과가 해결된다. 그리고 당사자들의 최종적인 부의 배분이 협상력에 따라 달라진다. 협상에 너무 많은 비용이 들면 이 정리를 적용할 수 없다. 소득효과가 없어야 한다. 관련 당사자들이 너무 많으면 적용되기 어렵다.
오염배출권거래 — 오염배출 한도만 정해 주면 그 다음부터는 근본적으로 시장기능을 통해 외부효과 문제가 해결된다. 당사자들의 최종적인 부의 배분이 배출권의 가격에 따라 달라진다. 협상에 드는 비용이나 소득효과를 우려하지 않아도 된다. 관련 당사자들이 많아도 시행할 수 있다.

16.16 효율적 저감량과 배출권거래

현재 기업 A와 B는 각각 500단위의 오염을 배출하고 있다. 오염배출을 줄이는 데 드는 비용은 기업 A의 경우 $c(q_A) = 20 + \frac{1}{2}q_A^2$이고 기업 B의 경우 $c(q_B) = 10 + q_B^2$이다. 한편 오염저감으로부터 사회가 얻는 한계편익은 $SMB = \frac{2{,}000}{17} - \frac{2}{17}Q$이다. 여기서 q_A, q_B, Q는 각각 저감시킨 오염량이다.

a. 사회의 효율적 저감량을 구하시오.

b. 기업 A와 기업 B의 저감공급곡선을 각각 구하시오. 사회의 저감공급곡선을 구하시오.

c. 수요 공급 원리에 따라 사회의 효율적 저감량을 구하시오.

d. 각 기업의 효율적 저감량을 구하시오.

e. 기업 A와 기업 B의 배출권수요를 각각 구하시오. 사회의 배출권수요를 구하시오.

f. 사회의 배출권공급을 구하시오.

g. 사회의 효율적 배출량을 구하시오.

h. 각 기업의 효율적 배출량을 구하시오.

i. 문항 c., d.와 문항 g., h.의 결과를 비교하시오.

j. 정부는 효율적 저감량에 기초하여 이 기업들로 하여금 오염배출량을 같은 양만큼씩 줄이도록 만들려고 한다. 배출권거래를 시행하는 경우 예상되는 결과를 말하시오. 기업 A에게 배출권을 모두 할당해 준다면 결과가 어떻게 달라지겠는가?

KEY ▶ 한계편익과 한계비용 측면뿐만 아니라 저감수요와 저감공급 측면에서도 접근해 보라는 문제이다. 배출권거래를 시행하면 배출권 최초할당에 관계없이 배출권거래를 통해 그 결과는 효율적이 된다. 다만 배출권의 할당에 따라 분배효과는 존재한다. 배출권을 많이 할당받은 쪽이 당연히 더 나아진다.

풀이

a. 사회의 효율적 저감량은 저감의 사회적 한계편익과 저감의 사회적 한계비용이 같아지는 곳, 즉 $SMB = SMC$인 곳에서 달성된다. 그런데 저감의 사회적 한계비용은 두 기업의 한계비용을 합한 것이다. 이 값을 구하려면 두 기업의 한계비용곡선을 수평으로 합해야 한다. 그런데 기업 A의 저감의 한계비용은 $MC_A = \frac{dc(q_A)}{dq_A} = q_A$이고 기업 B의 저감의 한계비용은 $MC_B = \frac{dc(q_B)}{dq_B} = 2q_B$이다. 한편 수평으로 합한다는 것은 공통의 MC에 대해 두 기업의 수량을 합하는 것이다. 공통의 MC에 대해서이므로 $MC_A = MC_B = MC$로 놓자. 그러면 $q_A = MC$, $q_B = \frac{1}{2}MC$이다. MC곡선들을 수평으로 합한다는 것은 이것들을 더하는 것이다. 즉, $Q = q_A + q_B = MC + \frac{1}{2}MC = \frac{3}{2}MC$이다. 이로부터 저감의 사회적 한계비용은 $SMC = \frac{2}{3}Q$가 된다. 사회의 효율적 저감량은 $SMB = SMC$, 즉 $\frac{2,000}{17} - \frac{2}{17}Q = \frac{2}{3}Q$로부터 $Q^* = 150$이 된다.

b. 저감을 공급하려면 저감의 한계비용에 해당하는 금액을 받아야 한다. 그런데 $MC_A = q_A$이고 $MC_B = 2q_B$이다. 그러므로 저감의 가격을 p라고 하면 $p = MC_A$, $p = MC_B$로부터 기업 A와 B의 저감공급곡선은 각각 $q_A = p$, $q_B = \frac{1}{2}p$가 된다. 사회의 저감공급곡선은 각 기업의 저감공급곡선을 수평으로 합하여 구한다. 그러므로 $Q_S = q_A + q_B = p + \frac{1}{2}p = \frac{3}{2}p$가 된다. 물론 이것은 $SMC = \frac{2}{3}Q$로부터 구한 결과와 같다.

c. 사회의 효율적 저감량은 사회의 저감수요곡선과 사회의 저감공급곡선이 교차하는 곳에서 달성된다. 문항 b.에서 사회의 저감공급곡선은 $Q_S = \frac{3}{2}p$로 구해졌다. 한편 $SMB = \frac{2,000}{17} - \frac{2}{17}Q$인 곡선은 사회의 저감역수요곡선이다. 이로부터 사회의 저감수요곡선은 $Q_D = 1,000 - \frac{17}{2}p$이다. 균형은 $Q_D = Q_S$, 즉 $1,000 - \frac{17}{2}p = \frac{3}{2}p$에서 달성된다. 이로부터 균형가격과 사회의 효율적 저감량은 [그림 1(A)]처럼 $p^* = 100, Q^* = 150$이 된다. 물론 문항 a.와 결과가 같다.

d. 각 기업의 저감공급곡선 $q_A = p$, $q_B = \frac{1}{2}p$에 $p^* = 100$을 대입하면 각 기업의 효율적 저감량을 얻는다. 즉, $q_A^* = p^* = 100$, $q_B^* = \frac{1}{2}p^* = 50$이 된다. 이것이 [그림 1(B)]와 [그림 1(C)]에 나타나 있다.

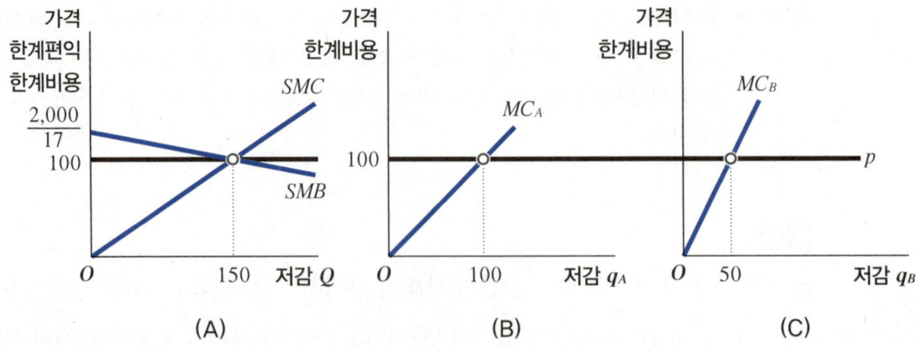

[그림 1]

e. 현재배출에서 저감공급을 빼 주면 배출(권)수요가 된다. 즉, 현재 자신이 배출하고 있는 수량에서 자신이 저감한 수량을 제외하면 나머지는 배출권을 구입해서 배출해야 한다는 것이다. 이것은 다음과 같이 해석할 수 있다. 저감의 한계비용은 추가로 1단위 더 저감할 경우 발생하는 비용이다. 이것을 배출측면에서 보면 추가로 1단위 더 배출할 경우 절약되는 비용이므로 배출의 한계편익이라고 볼 수 있다. 가로축에 저감량을 표시하고 세로축에 한계비용을 표시한 상태에서 저감량에 대해 한계비용으로 작용하는 곡선을 배출량에 대해 한계편익으로 작용하게 하는 방법은 [그림 2(B)]에서처럼 현재 배출량을 나타내는 수직선에서 한계비용곡선을 수평으로 빼 주는 것이다. 즉, 현재배출에서 한계비용, 즉 저감공급을 빼 주면 배출의 한계편익을 얻는다. 그런데 배출의 한계편익곡선이 바로 배출의 역수요곡선이므로 현재배출에서 저감공급을 빼 주면 배출권수요를 얻는다는 것이다.

기업 A의 경우 현재배출량이 500이고 저감공급이 $q_A = p$이다. 그러므로 배출권수요를 q_A^E라고 하면 가로축의 500에서 수직선으로 그려지는 현재배출량 $\bar{q} = 500$에서 저감공급 $q_A = p$을 수평으로 빼 줌으로써 $q_A^E = \bar{q} - q_A = 500 - p$로 구해진다.

한편 기업 B의 경우 현재배출량이 500이고 저감공급이 $q_B = \frac{1}{2}p$이므로 배출권수요를 q_B^E라고 하면 같은 원리로 $q_B^E = 500 - \frac{1}{2}p$가 된다. 그러므로 사회의 배출권수요를 Q_D^E라고 하면 각 기업의 배출권수요를 합하여 $Q_D^E = q_A^E + q_B^E = (500 - p) + (500 - \frac{1}{2}p) = 1{,}000 - \frac{3}{2}p$로 구해진다.

f. 사회의 현재배출에서 사회의 저감수요를 빼 주면 나머지가 사회의 배출(권)공급이다. 이것은 다음과 같이 해석할 수 있다. 저감의 사회적 한계편익은 추가로 1단위 더 저감할 경우 발생하는 사회적 편익이다. 이것을 배출측면에서 보면 추가로 1단위 더 배출할 경우 사회가 감수해야 하는 저감비용, 즉 사회적 비용이므로 배출의 사회적 한계비

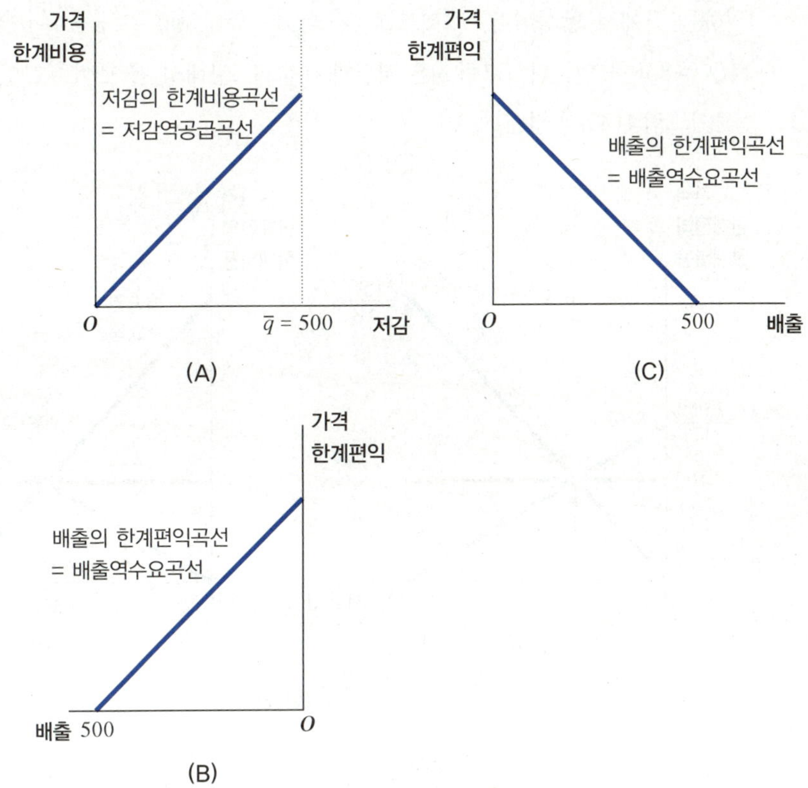

[그림 2]

용이라고 볼 수 있다. 가로축에 저감량을 표시하고 세로축에 한계편익을 표시한 상태에서 저감량에 대해 사회적 한계편익으로 작용하는 곡선을 배출량에 대해 사회적 한계비용으로 작용하게 하는 방법은 [그림 2]와 같은 원리에 따라 현재배출량을 나타내는 수직선에서 사회적 한계편익곡선을 수평으로 빼 주는 것이다. 즉, 사회의 현재배출에서 사회적 한계편익, 즉 사회의 저감수요를 빼 주면 배출의 사회적 한계비용을 얻는다. 그런데 배출의 사회적 한계비용곡선이 바로 배출의 사회적 역공급곡선이므로 사회의 현재배출에서 사회의 저감수요를 빼 주면 사회의 배출권공급을 얻는다는 것이다.

한계편익곡선이 (역)수요곡선인데 $SMB = \frac{2{,}000}{17} - \frac{2}{17}Q$이므로 사회의 저감수요는 $Q_D^R = 1{,}000 - \frac{17}{2}p$이다. 또한 사회의 현재배출량은 $500 + 500 = 1{,}000$이다. 그러므로 사회의 배출권공급을 Q_S^E라고 하면 가로축의 1,000에서 수직선으로 그려지는 사회의 현재배출량에서 사회의 저감수요를 수평으로 빼 줌으로 $Q_S^E = 1{,}000 - Q_D^R = 1{,}000 - (1{,}000 - \frac{17}{2}p) = \frac{17}{2}p$로 구해진다.

g. 배출권시장균형은 [그림 3(B)]처럼 사회의 배출권수요와 사회의 배출권공급이 일치

하는 곳에서 달성된다. 그러므로 $Q_D^E = Q_S^E$, 즉 $1{,}000 - \frac{3}{2}p = \frac{17}{2}p$로부터 $p^* = 100$, $Q^* = 850$을 얻는다. [그림 3]은 저감과 배출의 '쌍대성'을 보여주고 있다. [그림 3(A)]는 [그림 1(A)]와 같다.

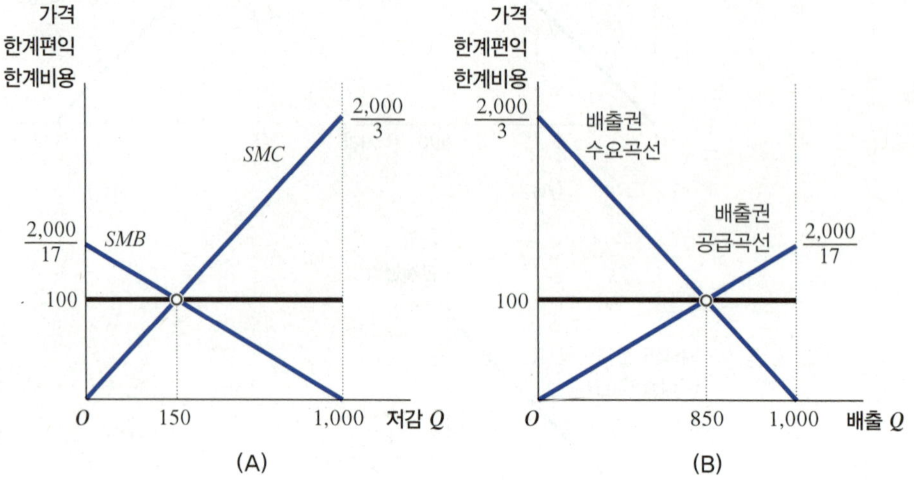

[그림 3]

h. 각 기업의 배출권수요에 균형가격을 대입하면 각 기업의 효율적 배출량을 얻는다. 그러므로

$$q_A^* = q_A^E(100) = 500 - p^* = 500 - 100 = 400,\ q_B^* = q_B^E(100) = 500 - \frac{1}{2}p^* = 450$$

이 된다.

i. 저감시장을 통해서 얻은 결과와 배출시장을 통해서 얻은 결과는 같다. 전자의 경우 저감량을 기준으로 후자의 경우 배출량을 기준으로 수치가 구해졌을 뿐이다. 저감시장과 배출시장의 관계에 비추어 볼 때 당연한 결과이다.

j. 현재배출량 1,000단위이므로 여기서 효율적 저감량 150을 뺀 나머지 850의 배출권을 할당해야 한다. 그런데 기업 A에게는 100단위, 기업 B에게는 50단위가 효율적 저감량이므로 배출권을 어떻게 할당하든 기업 A는 400단위를 배출하고 기업 B는 450단위를 배출한다. 그 결과 같은 양인 75단위씩 배출량을 줄이라고 할 경우, 즉 425단위씩 배출을 허용할 경우 [그림 4(B)]와 [그림 4(C)]에서 보듯이 한계비용이 낮은 기업 A는 25단위의 배출권을 판매하고 한계비용이 높은 기업 B는 25단위의 배출권을 구입하게 된다.

또한 850단위의 배출권을 모두 기업 A에게 할당해 줄 경우에도 여전히 기업 A는

400단위를 배출하고 기업 B는 450단위를 배출한다. 다만 이 경우 기업 A가 450단위의 배출권을 기업 B에게 판매할 것이다.

배출권거래를 시행하면 최초 배출권할당에 관계없이 배출권가격은 저감의 가격 $p^* = 100$과 같아진다. 그리고 균형에서는 이 값이 저감의 한계비용과 같아진다. 그 결과 배출량을 가장 적은 비용으로 줄일 수 있다. 즉, 효율이 달성된다. 다만 이 경우 배출권을 많이 할당받은 기업이 분배 측면에서는 나아진다.

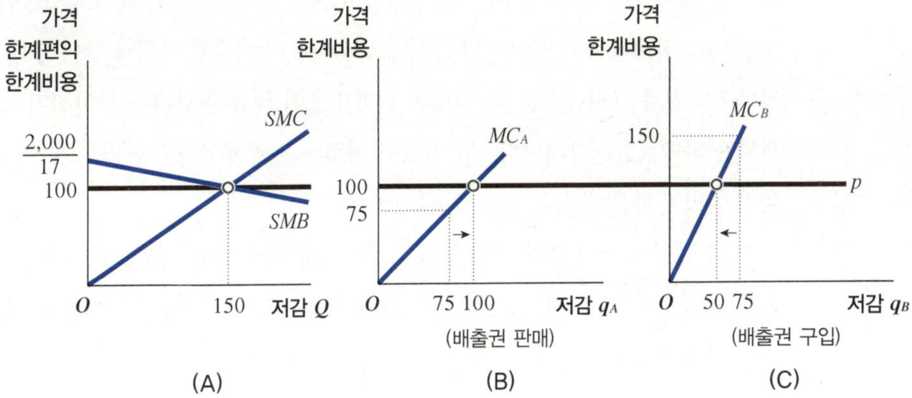

[그림 4]

16.17 배출권거래

현재 기업 A와 B는 각각 500단위의 오염을 배출하고 있다. 정부는 이 기업들로 하여금 오염 배출을 현재보다 각각 15%씩 줄이도록 만들려고 한다. 그 방법 중의 하나로 오염배출권의 거래를 허용한다고 하자. 오염배출을 줄이는 데 드는 비용은 기업 A의 경우 $c(q_A) = 20 + \frac{1}{2}q_A^2$이고 기업 B의 경우 $c(q_B) = 10 + q_B^2$이다. 여기서 q_A와 q_B는 각각 저감시킨 오염량이다.

a. 이 경우 균형에서 각 기업의 오염배출량은 얼마나 되는가? 균형에서 오염배출권의 가격은 얼마인가? 각 기업의 오염배출권 판매수입과 구입비용을 구하시오.

b. 기업 A에게 360단위, 기업 B에게는 490단위의 오염배출량을 할당하였다. 이 경우 균형에서 각 기업의 오염배출량은 얼마나 되는가? 균형에서 오염배출권의 가격은 얼마인가? 각 기업의 오염배출권 판매수입과 구입비용을 구하시오.

c. 위 두 문항들의 결과를 비교하고 평가하시오.

KEY ▶ 오염배출권 거래를 시행하면 최초 배출량의 할당에 관계없이 배출권 거래를 통해 그 결과는 효율적이 된다. 다만 배출량의 할당에 따라 분배효과는 존재한다.

풀이

a. 오염배출권거래를 실시할 경우 배출을 줄이는 데 드는 한계비용이 배출권가격보다 낮은 기업은 배출권을 팔고 그 대신 자신이 스스로 배출을 줄이게 된다. 이러한 상황은 스스로 배출을 줄임에 따라, 즉 오염을 많이 저감시킴에 따라 한계비용이 올라가서 마침내 한계비용이 배출권 가격과 같아질 때까지 계속된다. 한편 한계비용이 배출권가격보다 높은 기업은 스스로 배출을 줄이는 대신 배출권을 산 다음 그에 상응하는 만큼 오염을 더 배출하게 된다. 이러한 상황은 배출을 늘림에 따라, 즉 오염을 적게 저감시킴에 따라 한계비용이 떨어져서 마침내 한계비용이 배출권 가격과 같아질 때까지 계속된다. 그 결과 균형에서는 각 기업의 한계비용이 배출권 가격과 같아진다. 그리고 이 결과는 파레토효율상태이다. 두 기업이 어떻게 조정하더라도 함께 더 나아질 수 있는 여지가 없기 때문이다.

이제 균형을 찾기 위해 배출권의 가격을 p라고 해보자. 한편 기업 A의 한계비용은 $MC_A = \dfrac{dc(q_A)}{dq_A} = q_A$이고 기업 B의 한계비용은 $MC_B = \dfrac{dc(q_B)}{dq_B} = 2q_B$이다. 앞의 논리에 따라 기업 A의 경우

$$p = MC_A,\ \text{즉}\ p = q_A \tag{1}$$

가 될 때까지 오염을 저감시킨다. 기업 B의 경우

$$p = MC_B,\ \text{즉}\ p = 2q_B \tag{2}$$

가 될 때까지 오염을 저감시킨다. 그런데 문제에서 각 기업은 오염을 15%씩 저감시켜야 한다고 하였다. 즉, 합계 $500 \times 15\% \times 2 = 150$을 저감시켜야 한다. 이것은

$$q_A + q_B = 150 \tag{3}$$

이 성립해야 한다는 것을 의미한다. 식 (1)~(3)을 연립으로 풀면 $q_A = 100$, $q_B = 50$, $p = 100$을 얻는다.

한편 기업 A는 500단위의 15%인 75단위의 오염을 저감시켜야 한다. 그런데 100단위를 저감시키게 되므로, 25단위의 배출권을 판매한다. 즉, 425단위를 배출할 수 있는 권리를 할당받았는데, 400단위만 배출하는 것이므로 25단위의 배출권을 판매한다. 기업 B도 75단위를 저감시켜야 하는데, 50단위만 저감시키게 되므로 25단위의 배출권을 구입한다. 결과적으로 볼 때 한계비용이 더 높은 기업이 배출권을 구입한다.

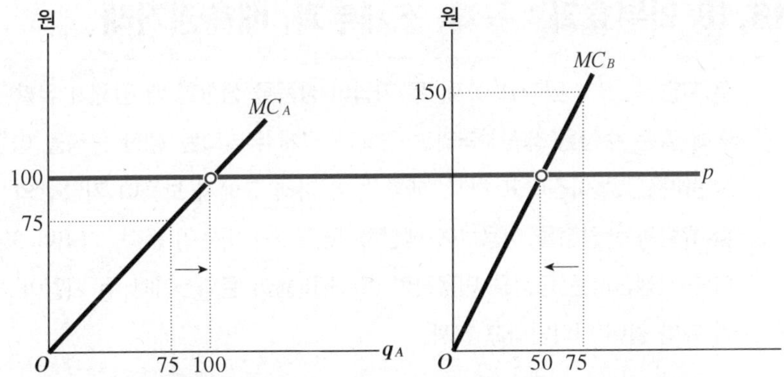

(배출권 판매) (배출권 구입)

이때 기업 A의 배출권 판매수입은 $p \times 25 = 100 \times 25 = 2,500$이 된다. 기업 B의 배출권 구입비용도 이와 같은 금액인 2,500이 된다.

b. 최초에 각 기업이 500단위씩 오염을 배출하였다. 그런데 각각 360과 490으로 오염배출량을 줄이라면 저감시켜야 하는 오염은 150이다. 즉,

$$q_A + q_B = 150 \tag{3}$$

을 만족시켜야 한다. 오염저감기술에도 변화가 없으므로 식 (1)과 식 (2)도 만족시켜야 한다. 그러므로 식 (1) ~ (3)을 연립으로 풀면 위 문항과 같이 $q_A = 100$, $q_B = 50$, $p = 100$을 얻는다.

앞 문항과 다른 것은 기업 B의 할당량이 커졌기 때문에 기업 B가 배출권을 팔게 된다는 것이다. 이 경우에도 기업 B는 50단위를 저감시키는 것이 효율적이므로 450단위를 배출하게 된다. 즉, 할당받은 490단위를 모두 배출하는 대신 그중에서 40단위만큼은 배출권으로 팔게 된다. 반면에 기업 A는 기업 B로부터 40단위의 배출권을 구입하여 총 400단위를 배출하게 된다. 배출권 판매수입과 구입비용은 각각 4,000이 된다.

c. 배출권거래를 시행하면 최초 배출권할당에 관계없이 배출권가격은 앞 문제에서 구한 오염저감의 가격 $p^* = 100$과 같아진다. 그리고 균형에서는 이 값이 각 기업의 오염저감의 한계비용과 같아진다. 그 결과 배출량을 가장 적은 비용으로 줄일 수 있다. 즉, 효율이 달성된다. 다만 배출량 할당에 따라 분배효과는 존재한다. 이 경우 배출권을 많이 할당받은 기업이 분배 측면에서는 나아진다.

16.18 외부효과 : 규제, 조세부과, 배출권거래

두 기업 A, B가 있다고 하자. 두 기업이 상품을 생산할 때 공해가 유발된다고 하자. 그런데 이때 같은 수량을 생산하더라도 공해가 적게 유발되는 생산 공정을 이용할수록 그 기업의 생산비용은 높아진다고 하자. 예를 들어 아래 표에서 보듯이 기업 A의 경우 4단위의 공해를 유발하는 공정을 이용하여 생산하려면 80의 비용이 든다. 그러나 3단위의 공해를 유발하면서 생산하는 공정을 이용하면 90의 비용이 든다. 이때 두 기업이 직면하고 있는 상태가 표와 같이 나타난다고 하자.

공해	4단위	3단위	2단위	1단위	0단위
기업 A	80	90	110	140	180
기업 B	50	70	110	170	250

a. 규제를 하지 않을 경우 배출되는 공해는 몇 단위인가?

b. 정부가 각 기업에게 공해를 절반으로 줄이도록 직접 규제할 경우 공해는 얼마나 유발되는가? 이때 기업의 비용은 얼마인가?

c. 정부가 공해를 절반으로 줄이려고 한다. 이때 조세를 부과하려면 공해 한 단위당 조세를 얼마나 부과해야 하는가? 이때 드는 사회적 비용을 직접 규제할 경우에 드는 사회적 비용과 비교하시오.

d. 정부가 공해 배출권을 팔고 이 배출권은 시장에서 자유롭게 거래되도록 허용한다고 하자. 이때 각 기업이 공해를 배출하려면 공해 1단위당 배출권 1장씩을 구입해야 한다고 하자. 이러한 정책으로 공해를 절반으로 줄이도록 유도한다면 배출권의 가격은 얼마로 형성되겠는가? 이때 기업 A와 기업 B는 각각 몇 장의 배출권을 구입하겠는가?

e. 배출권 판매로 공해를 줄이려 할 때 드는 사회적 비용과 조세로 공해를 줄이려 할 때 드는 사회적 비용을 비교하시오.

KEY ▶ 공해문제와 관련하여 그 대책으로서 규제, 조세, 배출권거래 등의 특성을 파악하고자 하는 문제이다.

풀이

a. 규제를 하지 않을 경우 각 기업은 비용이 가장 적게 드는 생산 공정을 이용할 것이다. 그리하여 기업 A와 B는 각각 4단위의 공해를 배출할 것이다. 이 경우 공해는 총 8단위가 배출되며 기업의 생산비용은 130(= 80 + 50)이 된다.

b. 정부가 각 기업에게 공해를 절반으로 줄이도록 규제할 경우 두 기업은 각각 2단위의 공해를 배출한다. 이 경우 공해는 총 4단위가 배출되며 기업의 비용은 220(= 110 + 110)이 된다. 한편 이러한 규제의 문제점은 어느 기업이 더 적은 비용으로 공해를 줄일 수 있는지를 고려하고 있지 않다는 점이다.

c. 이 경우 기업이 공해를 추가로 1단위 배출하려면 그에 상응하는 조세를 납부해야 한다. 이것은 공해를 추가로 1단위 줄이면 조세만큼 절약된다는 것을 뜻한다. 그러므로 1단위당 조세가 공해를 1단위 추가로 줄이는 데 드는 비용(한계비용)보다 크면 기업에게는 조세를 납부하는 것보다 공해를 1단위 더 줄이는 것이 낫다. 반대로 조세가 한계비용보다 작으면 기업에게는 조세를 납부하는 것이 낫다. 이렇게 볼 때 공해 1단위당 조세를 부과할 경우 각 기업은 조세와 한계비용이 같아지는 만큼 공해를 배출하게 된다. 한편 이 경우 조세는 공해 감축에 따르는 한계수입이 된다는 점에 주목하자. 그 결과 기업은 공해 감축에 따른 한계수입과 한계비용이 같아지는 수준까지 공해를 배출하게 된다. 그리고 각 기업의 한계비용은 공해 1단위당 부과되는 조세와 같아진다.

이 같은 사실을 염두에 두고 위 표에서 두 기업의 한계비용이 같아지는 공해 배출량을 찾아보자. 그중 하나는 한계비용이 20일 때이다. 즉, 기업 *A*가 3단위에서 2단위로 줄일 때와 기업 *B*가 4단위에서 3단위로 줄일 때이다. 다른 하나는 한계비용이 40일 때이다. 즉, 기업 *A*가 1단위에서 0단위로 줄일 때와 기업 *B*가 3단위에서 2단위로 줄일 때이다. 그런데 정부의 목표는 공해를 총 4단위 배출하도록 유도하는 것이다. 그러므로 한계비용이 40일 경우가 관심의 대상이 된다. 이 경우 조세를 40보다 조금 작은, 예를 들어 39를 부과한다고 하자. 그러면 기업 *A*에게는 공해를 전혀 유발하지 않는 것보다 공해를 1단위 배출하는 것이 낫다. 말하자면 공해를 1단위 배출하는 상태에서 이 1단위마저 줄이려면 비용이 40이 들기 때문에 공해를 0단위로 줄이기보다는 차라리 공해를 1단위 배출하고 39의 조세를 납부하는 것이 낫다는 것이다(한편 공해를 4단위에서 3단위로, 3단위에서 2단위로, 2단위에서 1단위로 줄일 때 각 경우에 드는 한계비용은 모두 조세보다 적다. 그러므로 1단위까지는 공해를 줄이는 것이 낫다).

같은 논리로 39(엄밀하게는 30 이상 40 미만)의 조세가 부과될 경우 기업 *B*는 공해를 3단위 배출하게 된다. 이 경우 기업 *A*의 생산비용은 140이 되고 기업 *B*의 생산비용은 70이 된다. 그리하여 총비용은 210이 된다. 그런데 이 값은 두 기업에게 각각 공해를 절반으로 줄이도록 규제할 때 들었던 총비용 220보다 작다.

한편 이 경우 공해를 줄이는 데 드는 한계비용은 기업 *A*의 경우가 더 작다. 그 결과 기업 *A*가 공해를 더 많이 줄이게 된다. 한편 그림은 연속함수의 경우를 보여주고 있다. 그림에서 보듯이 균형에서는 공해를 감축하는 데 드는 한계비용이 작은 기업이 공해를 더 많이 감축한다.

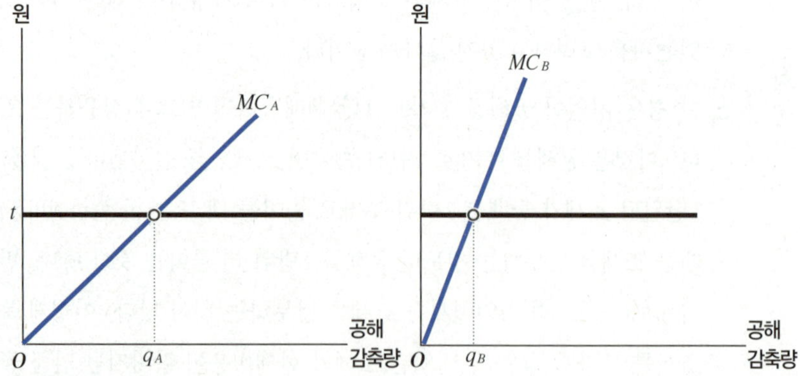

d. 정부는 4장의 배출권을 팔게 된다. 이때 기업 *A*가 4장을 배출권을 모두 구입하는 경우를 생각해 보자. 이것이 기업 *A*에게 가장 이득이 되는가? 그렇지 않다. 그 이유를 살펴보자. 기업 *A*는 4장의 배출권을 가지고 있으므로 4단위의 공해를 배출할 수 있다. 이때 기업 *B*는 배출권이 1장도 없으므로 공해를 1단위도 배출할 수 없다. 한편 기업 *A*의 경우 공해를 4단위에서 3단위로 1단위 줄이는 데 10의 비용이 든다. 그런데 기업 *B*의 경우 공해를 1단위 배출할 수 있다면 비용이 250에서 170으로 80만큼이 줄어든다. 그러므로 이러한 상황에서는 두 기업이 배출권을 서로 팔고 삼으로써 서로 이득을 볼 여지가 있다. 즉, 10보다는 높고 80보다는 낮은 가격에 기업 *A*가 기업 *B*에게 배출권을 팔면 서로 이득을 보는 것이다.

그런데 이러한 이득의 여지는 두 기업의 한계비용이 서로 같아지는 상태에 이르기까지 존재한다. 그리하여 마침내 두 기업의 한계비용이 같아지는 수준에 이르면 더 이상 두 기업이 서로 이득을 볼 수 있는 여지는 존재하지 않는다. 그리고 그곳에서 배출권의 가격이 한계비용과 같은 값인 40(엄밀하게는 30 이상 40 미만)으로 정해진다. 당연한 말이지만 이 이면에는 시장기능이 작용하고 있다.

한편 이러한 논리는 기업 *B*가 배출권을 모두 구입했다고 가정하더라도 그대로 성립한다. 그리하여 마침내 기업 *A*가 배출권 1장을 가지고 공해를 1단위 배출하며 기업 *B*가 배출권 3장을 가지고 공해를 3단위 배출하는 상태에서 균형이 성립한다.

e. 각 경우에 드는 사회적 비용은 같다. 구체적으로 사회적 비용은 80[= (140 − 80) + (70 − 50)]이다.

part eight

불확실성 및 정보경제학

제17장 불확실성 / 제18장 비대칭정보

불확실성

17.1 불확실성 하의 생산요소수요

17.2 위험회피자의 선택

17.3 위험애호자와 위험회피자의 선택

17.4 위험회피자와 보험

17.5 보험 : 공동보험, 완전보험

17.6 위험회피자와 보험

17.7 위험회피자의 선택 : 기대효용극대화

17.8 투자 : 위험회피자의 선택과 위험중립자의 선택

17.9 기대효용극대화 : 투자 분석

17.10 분산투자

17.11 위험회피자에 대한 2차 효용함수와 그 특성

17.12 최적자산선택

17.13 위험프리미엄

17.14 자본자산가격결정모형(CAPM)

17.15 기대효용극대화-상황선호접근법 이용 : 위험에 대한 태도에 따른 선택

17.16 기대효용극대화-상황선호접근법 이용 : 내기 분석

17.17 기대효용극대화-상황선호접근법 이용 : 내기 참여 여부 조건 및 내기 금액

17.18 위험에 대한 태도와 복권 구입

17.19 기대효용극대화-상황선호접근법 이용 : 투자 분석

17.20 탈세 : 상황선호접근법 이용

17.21 보험 : 보험구입 조건과 완전보험구입 조건

17.22 보험 : 재산-효용 평면분석과 상황조건부상품 평면분석 비교

17.23 위험애호자와 보험

17.1 불확실성 하의 생산요소수요

위험중립적인 어떤 기업의 생산함수가 $f(x)=2\sqrt{x}$로 주어졌다고 하자. 생산요소 x의 가격은 w이다. 생산물의 가격이 p_1일 확률은 $\frac{2}{3}$이고 p_2일 확률은 $\frac{1}{3}$이다. 한편 상황이 나빠져서 생산물이 $\frac{1}{2}$만 생산될 확률이 $\frac{1}{5}$이다. 이 기업의 생산요소수요함수를 구하시오.

KEY ▶ 기업이 위험중립자이므로 기대이윤을 극대화한다.

풀이

이 기업은 위험중립자이므로 기대이윤을 극대화한다. 기대이윤은

$$\begin{aligned} E(\pi) &= \frac{4}{5}[\frac{2}{3}\times(p_1\times f(x)-wx)+\frac{1}{3}\times(p_2\times f(x)-wx)] \\ &\quad +\frac{1}{5}[\frac{2}{3}\times(p_1\times\frac{1}{2}f(x)-wx)+\frac{1}{3}\times(p_2\times\frac{1}{2}f(x)-wx)] \\ &=(\frac{3}{5}p_1+\frac{3}{10}p_2)f(x)-wx \end{aligned}$$

이다. 기대이윤을 극대화하는 문제는

$$\underset{x}{Max}\ E(\pi)=(\frac{3}{5}p_1+\frac{3}{10}p_2)f(x)-wx \tag{1}$$

이다. 기대이윤의 1차필요조건은

$$\frac{dE(\pi)}{dx}=(\frac{3}{5}p_1+\frac{3}{10}p_2)\frac{df(x)}{dx}-w=0 \tag{2}$$

이다. 즉,

$$(\frac{3}{5}p_1+\frac{3}{10}p_2)\frac{df(x)}{dx}=w \tag{3}$$

이다. 즉,

$$(\frac{3}{5}p_1+\frac{3}{10}p_2)MP_x=w \tag{4}$$

이다. 이것은 확실성 하의 $VMP_x=w$ (5)에 대응한다.

한편

$$MP_x=\frac{df(x)}{dx}=\frac{d(2\sqrt{x})}{dx}=2\times\frac{1}{2}x^{-\frac{1}{2}}=x^{-\frac{1}{2}} \tag{6}$$

이다. 식 (6)을 식 (3)에 대입한 후 x에 대해서 풀면 생산요소수요함수는

$x=\dfrac{(\frac{3}{5}p_1+\frac{3}{10}p_2)^2}{w^2}$이 된다.

17.2 위험회피자의 선택

A도시에서는 순찰이 철저하여 교통신호를 위반할 경우 틀림없이 적발되어 5만원의 벌금을 징수당한다. 반면에 B도시에서는 순찰이 느슨하여 적발될 확률은 50%이지만 적발될 경우 10만원의 벌금을 내야 한다고 한다. 운전자들이 위험회피적이라 할 때 어느 도시에서 교통위반이 더 많겠는가? 교통신호를 위반할 때 발생할 수 있는 사고의 위험은 무시하자.

KEY ▶ 위험회피자의 경우 기대효용보다는 기대소득의 효용이 더 높다.

풀이

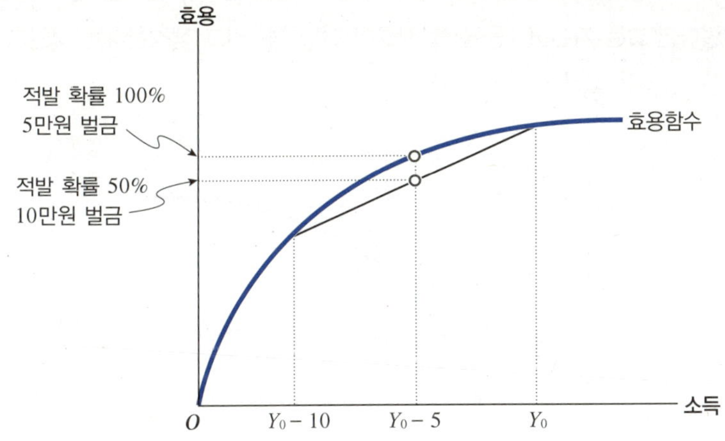

A도시 : 적발확률 100%, 벌금 5만원

B도시 : 적발확률 50%, 벌금 10만원

으로 주어져 있다.

두 경우 모두 벌금의 기대치는 5만원으로서 같다. 그런데 이때 기대효용보다는 기대소득의 효용이 더 높다는 사실을 적용해 보자. 그러면 100% 적발되지만 벌금이 적은 A도시에서 효용이 더 높다는 것을 알 수 있다. 그러므로 이 도시에서 교통 위반이 더 많을 것으로 생각된다.

17.3 위험애호자와 위험회피자의 선택

어떤 시합에서 1등을 하면 300만원의 상금을 받고 2등을 하면 100만원의 상금을 받는다고 한다. 이 시합에서 인수와 상호 두 사람 중 어느 한 사람은 1등을 하고 다른 한 사람은 2등을 할 것이 확실하다고 한다. 이러한 상황에서 상금을 타면 서로 반씩 나누어 200만원씩 갖기로 합의하는 문제에 대해 생각해 보기로 하자.

a. 인수는 자신이 1등을 할 확률과 2등을 할 확률이 각각 50%라고 생각하고 있다고 한다. 인수가 위험애호자라고 할 때 이러한 합의를 원하겠는가? 그 이유는 무엇인가?

b. 위의 문항 a.와 같은 상황에서 인수가 위험회피자라면 어떠한가?

c. 인수의 효용함수가 다음과 같다고 하자. 그리고 인수가 합의를 원하지 않는다고 하자. 그렇다면 그는 자신이 1등을 할 확률이 어느 정도라고 생각한다는 것인가?

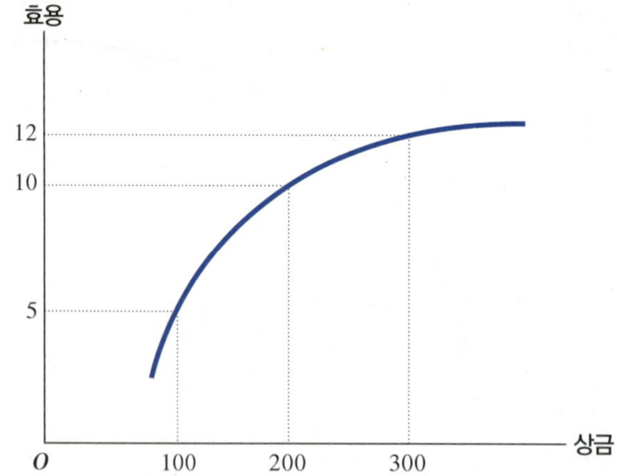

KEY ▶ 위험애호자에게는 확실성 등가의 소득은 기대소득보다 크다. 반면에 위험회피자에게는 확실성 등가의 소득은 기대소득보다 적다.

풀이

a. 인수가 100만원의 상금을 받으면 상호가 300만원을 받게 되고 상호가 100만원의 상금을 받으면 인수가 300만원을 받게 된다. 따라서 상금을 서로 나누어 가지면 항상 200만원을 확실히 보장받는다. 상금을 나누어 가지지 않을 경우 인수가 300만원의 상금을 받을 확률은 50%이고 100만원의 상금을 받을 확률도 50%이므로 기대소득은 200만원이 된다. 위험애호자에게는 불확실한 소득과 동일한 효용을 주는 확실성 등가의 소득은 기대소득인 200만원보다 크다. 그런데 상금을 나눌 경우 확실한 소득 200만원밖에 보장받지 못한다. 그러므로 상금을 나누는 데 합의하지 않는다.

b. 위험회피자에게는 불확실한 소득에 대한 확실성 등가의 소득은 기대소득인 200만원 보다 적다. 그런데 상금을 나눌 경우 200만원을 확실하게 보장받는다. 그러므로 상금을 나누는 데 합의한다.

c. 자신이 이길 확률이 p라고 하면 상금을 나누지 않을 경우 기대효용은

$$12p + 5(1-p)$$

이다. 그가 상금을 나누지 않기를 원한다는 것은 이 기대효용이 상금을 나눌 때의 효용인 10보다 크다는 것을 의미한다. 즉,

$$12p + 5(1-p) > 10$$

이다. 이로부터 $p > \frac{5}{7}$를 얻는다. 다시 말해서 자신이 1등을 할 확률이 $\frac{5}{7}$를 넘을 것으로 생각하고 있다고 볼 수 있다.

17.4 위험회피자와 보험

위험회피자인 어떤 개인이 질병에 걸릴 확률이 10%라고 하자. 이 개인은 현재 3,000만원을 가지고 있으며 질병에 걸릴 경우 1,000만원의 손실을 입는다고 하자. 이 개인의 효용함수는 $U = w^{\frac{1}{2}}$이라고 한다.

a. 보험을 구입하지 않았을 경우 기대효용을 구하시오.

b. 보험이 공정하다고 하자. 이때 완전보험을 구입했을 경우 기대효용을 구하고 위 문항 a.에서 구한 값과 비교하시오.

c. 이 개인이 완전보험을 구입하기 위해 지불할 의향이 있는 최대 금액은 얼마인가?

d. 이 개인이 보험을 구입한 이후에는 건강에 주의를 덜 기울인다고 한다. 이 때문에 질병에 걸릴 확률이 20%로 높아진다고 한다. 이때 보험이 공정하다면 이 경우에도 이 개인이 완전보험을 구입하겠는가?

풀이

$w_0 = 3,000,\ X = 1,000,\ p = 0.1,\ U = w^{\frac{1}{2}}$으로 주어져 있다.

a. 기대효용은

$$\begin{aligned} EU &= 0.1U(3,000 - 1,000) + 0.9U(3,000) \\ &= 0.1(2,000)^{\frac{1}{2}} + (0.9)(3,000)^{\frac{1}{2}} = 53.767 \end{aligned}$$

이다.

b. 공정한 보험은 보험료율이 병에 걸릴 확률과 같을 때이다. 그러므로

$$\text{공정한 보험료} = pX = (0.1)(1,000) = 100$$

으로 구해진다. 한편 질병에 걸릴 경우 보험료는 내지만 손실 전액을 보상받는다. 물론 질병에 걸리지 않을 경우에도 보험료는 납부해야 한다. 그러므로 기대효용은

$$EU = 0.1U(3,000 - 100 - 1,000 + 1,000) + 0.9U(3,000 - 100)$$
$$= U(2,900) = 53.852$$

가 된다. 완전보험의 경우 손실 전액을 보상해 준다. 그러므로 완전보험을 구입할 경우 질병에 걸리거나 걸리지 않거나 효용이 같아진다. 이때의 기대효용은 보험을 구입하지 않았을 경우인 위 문항 a.에서 구한 효용보다 크다. 보험이 공정할 경우 위험회피자는 완전보험을 구입한다는 사실과도 부합되는 결과이다.

c. 완전보험을 구입할 경우 질병에 걸리거나 걸리지 않거나 효용은 같아진다. 이 점에 착안하여 구하는 금액을 rX라 하면

$$[U(3,000 - rX) =](3,000 - rX)^{\frac{1}{2}} = 53.767 \text{ (문항 a.의 답)}$$

이 성립한다. 이로부터 $rX \fallingdotseq 109$가 된다.

d. $p = 0.2$이다. 이 경우 공정한 보험료 $= pX = (0.2)(1,000) = 200$이다.

완전보험을 구입할 경우의 기대효용은

$$EU = U(3,000 - 200) = 2,800^{\frac{1}{2}} = 52.915$$

이다. 한편 보험을 구입하지 않았을 경우의 기대효용은 $EU = 53.767$이다. 후자의 값이 전자의 값보다 크므로 이 경우 완전보험을 구입하지 않는다.

17.5 보험 : 공동보험, 완전보험

위험회피자인 어떤 개인이 질병에 걸릴 확률이 10%라고 하자. 이 개인은 현재 3,000만원을 가지고 있으며 질병에 걸릴 경우 1,000만원의 손실을 입는다고 하자.

a. 공정한 보험료는 얼마인가?

b. 이 개인은 공정한 보험을 구입하는 것을 보험을 구입하지 않는 것보다 선호한다. 이 내용을 그림으로 나타내시오.

c. 손실이 발생할 경우 그 손실의 $\frac{1}{2}$에 해당하는 보험금만을 지불해 주는 공정한 공동보험을 생각해 보자. 이러한 공동보험과 완전보험을 그림을 그려 비교하시오.

d. 공동보험을 구입할 경우 완전보험을 구입할 경우보다 개인은 건강에 더 주의를 기울인다고 한다. 그 결과 병에 걸릴 경우 손실 금액이 800만원으로 감소한다고 한다. 이 경우 개인에 따라 공동보험을 완전보험보다 선호할 수도 있다는 것을 보이시오. 개인의 효용함수가 $U = w^{\frac{1}{2}}$이라고 할 때 그 결과를 수식으로 보이시오.

KEY ▶ 완전보험을 구입할 경우 질병 발생 여부와 관계없이 기대효용은 같아진다.

풀이

$w_0 = 3,000$, $X = 1,000$, $p = 0.1$

로 주어져 있다.

a. 공정한 보험은 $p = q$일 때 달성된다. 그러므로 공정한 보험료는 $qX = pX = (0.1)(1,000) = 100$으로 구해진다.

b.

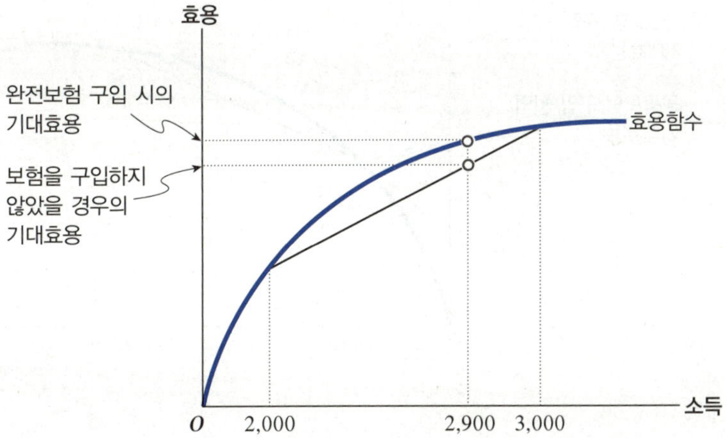

공정한 보험을 구입하는 경우 : 질병에 걸리거나 걸리지 않거나 보험료는 납부한다. 질병에 걸릴 경우 손실을 입지만 보험회사에서 손실을 전액 보상해 준다. 그러므로 기대효용은

$$EU = 0.1U(3,000 - 100 - 1,000 + 1,000) + 0.9U(3,000 - 100)$$
$$= U(2,900)$$

이다. 이 경우 질병에 걸리거나 걸리지 않거나 효용이 동일하다는 점에 주목하자. 한편 보험을 구입하지 않는 경우의 기대효용은

$$EU = 0.1U(3,000 - 1,000) + 0.9U(3,000)$$

이다.

c. 앞에서 보았듯이 완전보험을 구입할 경우의 효용은 $EU = U(2,900)$이다. 한편 공동보험을 구입할 경우 보험료는

$$qB = (0.1)\left(\frac{1}{2}\right)(1,000) = 50$$

이 된다. 이 경우 기대효용은

$$EU = 0.1U(3,000 - 50 - 1,000 + 500) + 0.9U(3,000 - 50)$$
$$= 0.1U(2,450) + 0.9U(2,950)$$

이 된다.

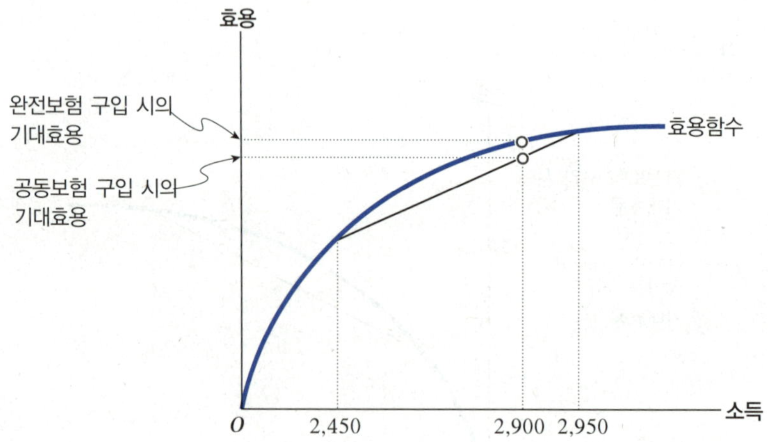

d. 완전보험을 구입할 경우의 기대효용은 $EU = U(2,900)$이다.

공동보험을 구입할 경우 보험료는

$$qB = (0.1)\left(\frac{1}{2}\right)(800) = 40$$

이다. 이 경우 여전히 손실의 $\frac{1}{2}$에 해당하는 보험금만 지불해 준다고 하자. 그러면 기대효용은

$$\begin{aligned} EU &= 0.1U(3,000-40-800+400) + 0.9U(3,000-40) \\ &= 0.1U(2,560) + 0.9U(2,960) \end{aligned}$$

이 된다. 이 경우 효용함수에 따라 다음과 같이 공동보험이 완전보험보다 선호되는 경우가 발생할 수 있다.

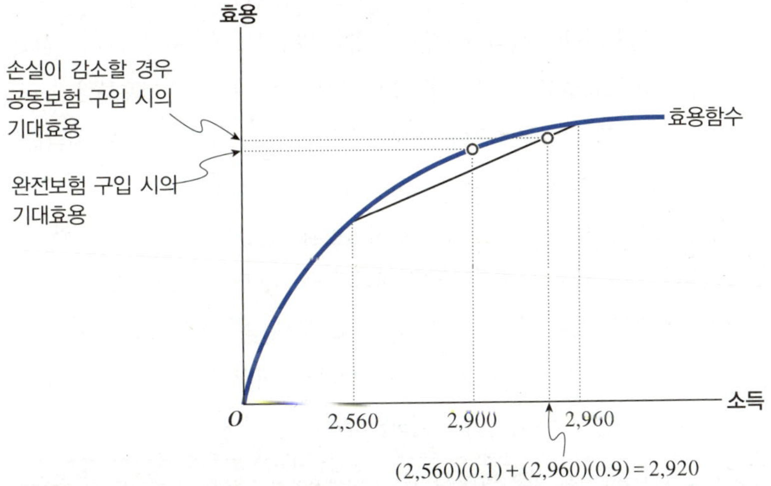

$U = w^{\frac{1}{2}}$일 경우, 완전보험을 구입할 경우의 기대효용은

$$EU = U(2,900) = (2,900)^{\frac{1}{2}} = 53.852$$

가 된다. 공동보험을 구입할 경우 기대효용은

$$\begin{aligned} EU &= 0.1U(2,560) + 0.9U(2,960) \\ &= 0.1(2,560)^{\frac{1}{2}} + 0.9(2,960)^{\frac{1}{2}} = 54.025 \end{aligned}$$

가 된다. 이 경우 공동보험의 기대효용 54.025가 완전보험의 기대효용 53.852보다 크다.

17.6 위험회피자와 보험

위험회피자들이 각자 위험이 있는 자산에 투자할 것인가 말 것인가를 놓고 고민하고 있다고 하자. 투자를 하지 않을 경우 각자의 재산은 w_0이다. 위험 자산에 투자하여 성공할 경우 재산은 w_s가 된다. 그러나 실패할 경우에는 w_f가 된다. 이때 $w_f < w_0 < w_s$라고 가정하자. 한편 실패할 확률은 p이고 $pw_f + (1-p)w_s < w_0$가 성립한다고 하자.

a. 어느 비율 정도의 사람들이 위험자산에 투자하겠는가?

b. 어떤 보험회사가 투자자들에게 다음과 같은 제안을 했다고 하자. 투자자가 성공하든 실패하든 보험료로 q를 납부해야 한다. 그러나 투자에 실패하면 보험회사가 투자자에게 보험금으로 t를 지급해 준다. 이때 보험회사는 공정한 보험을 판다고 가정하자.

(i) 위험자산에 투자한 투자자들은 어느 만큼의 q와 t를 택하겠는가?

(ii) 어느 비율 정도의 사람들이 위험자산에 투자하겠는가?

c. 이제 제3의 기관이 다음과 같은 제안을 했다고 하자. 자신이 이 보험회사로부터 투자자들을 위해 보험을 사 준다. 그리하여 투자자들이 투자에 실패하면 이 기관은 투자자에게 $t = w_s - w_f$를 지급해 주기로 한다. 그 대신 위험자산에 투자한 사람들뿐만 아니라 투자하지 않은 사람들도 이 기관에 일정액을 지불해야 한다고 하자. 이 기관은 이 금액을 보험회사로부터 보험을 구입하는 데 사용한다.

(i) 어느 정도 비율의 투자자들이 위험자산에 투자하겠는가?

(ii) 각자 자신이 원하는 대로 행동했다고 하자. 즉, 투자하고 싶은 사람은 투자하고 그렇지 않은 사람은 투자하지 않았다고 하자. 이러한 상황에서 이 제도의 도입으로 이득을 본 사람의 비율은 어느 정도인가?

KEY ▶ 위험회피자의 경우 기대효용보다는 기대소득의 효용이 더 크다는 사실과 함께 문제에서 주어진 조건들을 적절히 활용해야 한다.

풀이

a. 위험회피자의 경우 기대효용보다는 기대소득의 효용이 더 크다. 그러므로

$$pU(w_f) + (1-p)U(w_s) \leq U[pw_f + (1-p)w_s] \tag{1}$$

가 성립한다. 그런데 문제의 가정에서

$$pw_f + (1-p)w_s < w_0 \tag{2}$$

라고 하였다. 한편 위험회피자의 경우 소득이 증가할 때 효용이 증가한다. 그러므로 식 (2)로부터

$$U[pw_f + (1-p)w_s] < U(w_0) \tag{3}$$

가 성립한다.

식 (1)에 식 (3)을 적용하면

$$pU(w_f) + (1-p)U(w_s) \leq U[pw_f + (1-p)w_s] < U(w_0)$$

가 성립한다는 것을 알 수 있다. 이로부터

$$pU(w_f) + (1-p)U(w_s) < U(w_0) \tag{4}$$

를 얻는다. 즉, 위험자산에 투자할 경우의 기대효용이 투자하지 않을 경우의 효용보다 작다. 그러므로 이러한 상황에서는 아무도 투자하지 않는다.

b. (i) 보험회사는 공정한 보험을 판매한다고 하였다. 그러므로 $q = pt$가 성립한다. 이제 위험자산에 투자한 투자자의 효용극대화 문제를 풀어 보자. 실패할 경우 그의 재산은 w_f가 된다. 그러나 이 경우 보험회사로부터 보험금 t를 받는다. 물론 이때에도 보험료는 지불해야 한다. 이러한 내용이 아래 목적함수의 첫 항에 반영되어 있다. 한편 성공할 경우 그의 재산은 w_s가 되지만 이 경우에도 그는 보험료를 지불해야 한다. 이것은 목적함수의 둘째 항에 나타나 있다. 그러므로 그의 기대효용극대화 문제는

$$\underset{t}{Max}\ EU(t) = pU(w_f + t - pt) + (1-p)U(w_s - pt)$$

가 된다.

이윤극대화의 일차필요조건은

$$\frac{dEU(t)}{dt} = p(1-p)U'[w_f + (1-p)t] - p(1-p)U'(w_s - pt) = 0$$

이다(이 계산 과정에서는 연쇄법칙이 사용되고 있다). 이로부터

$$p(1-p)U'[w_f + (1-p)t] = p(1-p)U'(w_s - pt)$$

가 성립한다. 그런데 효용함수는 재산에 대해 단조증가함수이다. 그러므로 $w_f + (1-p)t = w_s - pt$가 성립한다. 이로부터 $t = w_s - w_f$가 성립한다. 즉, 투자자는 $t = w_s - w_f$가 되도록 t를 선택한다. 그리고

$$q = pt = p(w_s - w_f) \tag{5}$$

가 되도록 q를 선택한다. 이러한 결과는 우리의 예상과 일치한다. 즉, 위험회피자

는 보험이 공정할 경우 완전보험을 구입한다는 사실과 일치한다는 것이다.

(ii) 이제 위에서 구한 t와 q를 목적함수에 대입해 보자. 그러면 위험자산에 투자한 투자자가 얻는 극대화된 기대효용은

$$\begin{aligned} EU(w_s - w_f) &= pU[w_f + (1-p)(w_s - w_f)] + (1-p)U[w_s - p(w_s - w_f)] \\ &= pU[pw_f + (1-p)w_s] + (1-p)U[pw_f + (1-p)w_s] \\ &= U[pw_f + (1-p)w_s] < U(w_0) \end{aligned} \tag{6}$$

가 된다. 위 식에서 마지막 변에는 문제에서 가정한 $pw_f + (1-p)w_s < w_0$ (2)로부터 얻은 식 (3)의 관계가 적용되었다. 위의 결과는 위험자산에 투자했을 경우의 극대화된 기대효용이 투자를 하지 않았을 경우의 효용[$U(w_0)$]보다 작다는 것을 보여 준다. 그러므로 이러한 상황에서는 아무도 위험자산에 투자하지 않는다.

c. (i) 각자 이 기관에 납부하는 금액을 T라고 하자. 투자에 실패할 경우 이 기관이 $t = w_s - w_f$를 지급해 준다고 하였다. 그러므로 위험자산에 투자할 경우의 기대효용은 $pU[w_f + (w_s - w_f) - T] + (1-p)U(w_s - T)$가 된다. 이것을 정리하면

$$U(w_s - T) \tag{7}$$

이 된다. 그런데 투자를 하지 않은 사람도 T를 납부한다고 하였다. 그러므로 투자를 하지 않은 사람의 효용은

$$U(w_0 - T) \tag{8}$$

가 된다.

그런데 문제에서 $w_0 < w_s$라고 가정하였다. 이 부등식의 양변에서 T를 빼 주면 $w_0 - T < w_s - T$가 성립한다. 그런데 효용함수는 재산에 대해 증가함수이다. 그러므로

$$U(w_0 - T) < U(w_s - T) \tag{9}$$

가 성립한다. 결국 식 (7), (8), (9)에서 보듯이 투자를 하지 않을 경우보다 투자를 할 경우 기대효용이 더 커진다. 그러므로 이러한 상황에서는 모든 사람들이 투자를 하며 그때 기대효용은 $U(w_s - T)$가 된다.

(ii) (i)에서 보았듯이 제3의 기관이 등장한 이후에는 위험자산에 투자를 할 경우의 기대효용이 더 크다. 그리하여 모든 사람들이 위험자산에 투자한다. 한편 제3의 기관이 각 개인으로부터 받는 일정 금액 T는 보험회사의 보험료를 지불하는 데 사용

한다고 하였다. 그런데 그 보험이 공정한 보험이며 그때 보험료는 식 (5)인 $q = pt = p(w_s - w_f)$로 정해졌었다. 그러므로 T값은

$$T = q[= pt = p(w_s - w_f)] \tag{10}$$

로 정해진다. 그런데 (i)에서 모든 사람들이 위험자산에 투자할 경우 각자의 기대효용은

$$U(w_s - T) = U[w_s - p(w_s - w_f)] = U[pw_f + (1-p)w_s] \tag{11}$$

가 된다는 것을 알았다.

그런데 문항 a.와 b.의 경우 식 (4)와 식 (6)에서 알 수 있듯이 개인들은 위험자산에 투자하지 않는다. 그리고 위험자산에 투자하지 않을 경우 각 개인이 $U(w_0)$를 얻는다. 그런데 식 (2)로부터 얻은 식 (3)의 관계에서 알 수 있듯이 이 값은 제3의 기관이 도입될 경우 그로 인해 투자를 하게 되어 얻는 기대효용인 식 (11)보다 크다. 그러므로 제3의 기관이 등장하는 것은 아무에게도 이득이 되지 않는다.

결국 제3의 기관이 등장할 경우 모든 사람들이 투자를 하게 된다. 그러나 그때 얻는 기대효용은 문항 b.에서 사람들이 투자를 할 경우 얻는 기대효용과 같다. 그런데 이 기대효용은 사람들이 각자의 재산(w_0)을 그대로 소유할 경우의 효용보다 작다.

17.7 위험회피자의 선택 : 기대효용극대화

홍길동과 황진이는 각각 w_0의 재산을 소유하고 있다고 한다. 홍길동에게 화재가 발생할 확률과 황진이에게 화재가 발생할 확률은 p로서 서로 같다. 그리고 홍길동에게 화재가 발생하는 사건과 황진이에게 화재가 발생하는 사건은 서로 독립적이라고 한다. 바꾸어 말하면 어느 누구에게 화재가 발생하는 사건은 상대에게 화재가 발생하는 확률에 전혀 영향을 주지 않는다는 것이다. 그런데 홍길동에게 화재가 발생하면 그는 재산 중에서 L만큼의 손실을 입는다고 한다. 황진이에게 화재가 발생할 경우 황진이도 재산 중에서 L만큼의 손실을 입는다.

a. 홍길동과 황진이의 기대효용을 각각 구하시오.

b. 홍길동과 황진이는 모두 위험회피자라고 한다. 이들은 화재로 인해 손실이 발생할 경우 그 손실을 서로 $\frac{1}{2}$씩 나누어서 부담하자는 제안에 대해 검토하고 있다. 이들이 과연 손실을 $\frac{1}{2}$씩 부담하자는 제안을 받아들이겠는가?

KEY ▶ 제안을 받아들이려면 화재가 누구에게 발생하는가와 관련하여 4가지 상황을 고려해야 한다.

풀이

a. 홍길동의 기대효용과 황진이의 기대효용은 같다. 그러므로 황진이의 기대효용을 구해보자. 화재가 발생할 경우 재산은 $w_0 - L$이 된다. 화재가 발생할 확률은 p이다. 그러므로 기대효용을 구할 때 $w_0 - L$의 효용에 대한 가중치는 p가 된다. 화재가 발생하지 않을 경우 재산은 w_0로서 변하지 않는다. 이때의 확률은 $1-p$이다. 그러므로 기대효용을 구할 때 w_0의 효용에 대한 가중치는 $1-p$가 된다. 결과적으로 기대효용은 $pU(w_0 - L) + (1-p)U(w_0)$가 된다.

b. 화재로 인한 손실을 $\frac{1}{2}$씩 나누어서 부담할 경우를 생각해 보자. 서로 대칭적이므로 홍길동의 입장에서 생각해 보자. 이 경우 4가지 상황을 고려해야 한다.

1) 두 사람 모두에게 화재가 발생할 경우 : 이때의 확률은 홍길동에게 화재가 발생할 확률 p와 황진이에게 화재가 발생할 확률 p를 곱하여 $p \times p$로 구해진다. 이때 총손실액은 $L+L$이다. 이 중에서 $\frac{1}{2}$인 L을 홍길동이 부담한다. 그리하여 홍길동의 재산은 최종적으로 $w_0 - L$이 된다.

2) 홍길동에게 화재가 발생하고 황진이에게는 화재가 발생하지 않을 경우 : 이때의 확률은 홍길동에게 화재가 발생할 확률 p와 황진이에게 화재가 발생하지 않을 확률 $(1-p)$를 곱하여 $p \times (1-p)$로 구해진다. 이때 홍길동만 손실을 입으므로 총손실

은 L이다. 그러나 이것을 황진이와 $\frac{1}{2}$씩 부담하므로 홍길동의 부담은 $\frac{1}{2}L$이 된다. 그리하여 홍길동의 재산은 최종적으로 $w_0 - \frac{1}{2}L$이 된다.

3) 황진이에게 화재가 발생하고 홍길동에게는 화재가 발생하지 않을 경우 : 앞의 경우와 사실상 그 내용이 같다. 구체적으로 살펴보자. 이때의 확률은 황진이에게 화재가 발생할 확률 p와 홍길동에게 화재가 발생하지 않을 확률 $(1-p)$를 곱하여 $p \times (1-p)$로 구해진다. 이때 황진이만 손실을 입으므로 총손실은 L이다. 그러나 이것을 황진이와 $\frac{1}{2}$씩 부담하므로 홍길동의 부담은 $\frac{1}{2}L$이 된다. 그러므로 이 경우에도 홍길동의 재산은 최종적으로 $w_0 - \frac{1}{2}L$이 된다.
4) 두 사람 모두에게 화재가 발생하지 않을 경우 : 확률은 $(1-p) \times (1-p)$이다. 이때 손실은 발생하지 않으므로 홍길동은 w_0를 지니게 된다.

이제 홍길동의 기대효용을 구해 보자. 기대효용은 각 경우의 효용에 그에 대응하는 확률을 곱한 다음 더하여 구한다. 그러므로 기대효용은

$$p^2U(w_0 - L) + p(1-p)U\left(w_0 - \frac{1}{2}L\right) + p(1-p)U\left(w_0 - \frac{1}{2}L\right) + (1-p)^2U(w_0)$$
$$= p^2U(w_0 - L) + 2p(1-p)U\left(w_0 - \frac{1}{2}L\right) + (1-p)^2U(w_0)$$

가 된다.

이러한 기대효용이 손실을 각자 부담할 경우의 기대효용보다 클 경우 두 사람은 손실을 나누어서 부담하자는 제안에 합의할 것이다. 즉,

$$p^2U(w_0 - L) + 2p(1-p)U\left(w_0 - \frac{1}{2}L\right) + (1-p)^2U(w_0)$$
$$> pU(w_0 - L) + (1-p)U(w_0)$$

이면 손실을 나누어서 부담하자는 데 합의할 것이다. 위 부등식을 정리해 보면

$$2p(1-p)U\left(w_0 - \frac{1}{2}L\right) > p(1-p)U(w_0 - L) + p(1-p)U(w_0)$$

가 된다. 위 부등식의 양변을 $2p(1-p)$로 나누어 주면

$$U\left(w_0 - \frac{1}{2}L\right) > \frac{U(w_0 - L) + U(w_0)}{2}$$

가 된다.

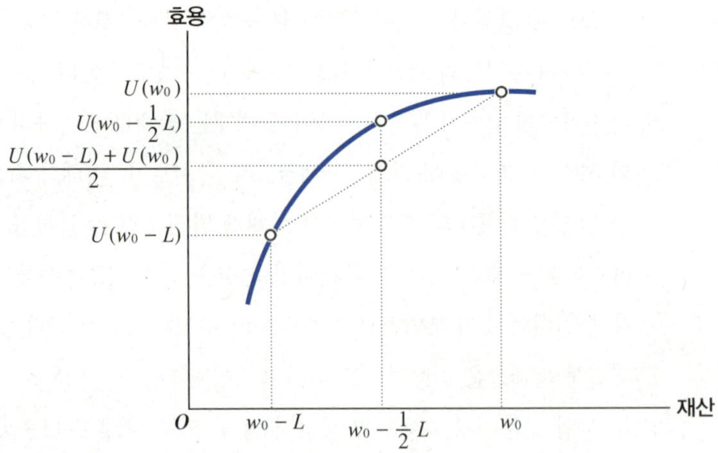

이때 그림에서 볼 때 $w_0 - \frac{1}{2}L$의 위치는 $w_0 - L$의 위치와 w_0의 위치의 중점에 해당한다. 한편 개인이 위험회피자일 경우 효용함수가 오목한 형태를 취한다. 효용함수가 오목할 경우에는 그림에서 보듯이 $U\left(w_0 - \frac{1}{2}L\right)$이 $U(w_0 - L)$과 $U(w_0)$를 합한 다음 2로 나눈 것보다 크다. 즉, 위의 부등식이 성립한다. 그런데 문제에서 두 사람이 모두 위험회피자라고 하였다. 그러므로 효용함수는 오목해지며 따라서 위의 부등식이 성립한다. 그리고 이것은 홍길동과 황진이가 손실을 $\frac{1}{2}$씩 나누자는 제안에 합의할 것임을 의미한다.

이상의 분석은 위험회피자의 경우 위험연합(risk pooling)을 통해 기대효용을 증가시킬 수 있다는 것을 말해주고 있다. 한편 문제에서 묻지는 않았지만 홍길동과 황진이가 위험애호자일 경우에는 문제에서 제시한 제안을 받아들이지 않는다는 것을 보여줄 수 있다.

17.8 투자 : 위험회피자의 선택과 위험중립자의 선택

금융상품 1호와 금융상품 2호가 있다고 하자. 1호는 수익률이 좋을 경우에는 4이고 수익률이 나쁠 경우에는 2이다. 수익률이 좋을 확률과 나쁠 확률은 각각 0.5이다. 2호는 수익률이 좋을 경우에는 11이고 수익률이 나쁠 경우에는 1이다. 수익률이 좋을 확률은 0.2이고 나쁠 확률은 0.8이다.

a. 두 가지 유형의 개인이 있다고 하자. 수익을 y라고 표시하면 유형 A의 효용함수는 $U_A = 100y - 2y^2$이고 유형 B의 효용함수는 $U_B = 100y$라고 한다. 이 경우 유형 A는 어떤 상품에 투자하겠는가? 유형 B는 어떠한가?

b. 수익률이 좋을 경우 금융상품 2호의 수익률이 11.1로 나아졌다고 하자. 이 이외에는 아무 변화도 없다고 하자. 이 경우 유형 A는 어떤 상품에 투자하겠는가? 유형 B는 어떠한가?

KEY ▶ 불확실한 상황에서 개인들은 기대효용을 극대화한다. 그런데 위험중립자의 경우 기대효용을 극대화할 때 선택되는 결과는 기대수익을 극대화할 때 선택되는 결과와 같아진다.

풀이

a. 유형 A의 효용함수에 대해 검토해 보자. 먼저 한계효용에 대해 알아보자. 한계효용은 $\frac{dU_A}{dy} = 100 - 4y$이다. 이때 문제에서 주어진 수익 중 어느 값을 대입해도 한계효용은 항상 양의 값을 갖는다는 점에 주목하자. 또한 $\frac{d^2U_A}{dy^2} = -4 < 0$이다. 즉, 한계효용은 체감한다. 그러므로 이 개인은 위험회피자이며 불확실한 상황에서 기대효용을 극대화한다. 금융상품 1호에 대한 기대효용은

$$EU_A(1\text{호}) = 0.5U_A(4) + 0.5U_A(2) = 280$$

이다. 금융상품 2호에 대한 기대효용은

$$EU_A(2\text{호}) = 0.2U_A(11) + 0.8U_A(1) = 250$$

이다. 즉, 금융상품 1호에 대한 기대효용이 더 크다. 그러므로 유형 A는 금융상품 1호를 선택한다.

이제 유형 B에 대해 검토해 보자. 한계효용은 $\frac{dU_B}{dy} = 100$으로서 일정하다. 그러므로 유형 B는 위험에 대해 중립적이다. 그러므로 기대효용을 극대화할 때 선택되는 결과는 기대수익을 극대화할 때 선택되는 결과와 같다. 그러므로 편리하게 기대수익을 극대화하는 경우로 살펴보자. 금융상품 1호에 대한 기대수익은

$$E_B(1\text{호}) = 0.5 \times 4 + 0.5 \times 2 = 3$$

이다. 금융상품 2호에 대한 기대수익은

$$E_B(2\text{호}) = 0.2 \times 11 + 0.8 \times 1 = 3$$

이다. 즉, 두 금융상품에 대한 기대수익이 같다. 그러므로 유형 B는 두 금융상품에 대해 무차별하다.

결과를 되짚어 보자. 금융상품 1호와 2호는 기대수익이 같다. 그런데 2호는 1호에 비해 수익률이 좋을 때에는 상당히 좋지만 그 확률은 낮다. 다시 말하면 2호는 1호에

비해 위험이 높다. 그 결과 예상대로 위험회피자인 유형 A는 위험이 낮은 1호를 택하고 있다. 유형 B는 위험에 대해 중립적이므로 위험의 크기와 관계없이 무차별하다.

기대효용가설에 따르면 위험에 대한 태도에 관계없이 불확실한 상황에서는 개인들이 기대효용을 극대화한다. 다만 위험에 대해 중립적일 경우에는 기대효용을 극대화할 때 선택되는 결과와 기대수익을 극대화할 때 선택되는 결과가 서로 같아진다.

b. 유형 A는 여전히 금융상품 1호를 선택한다. 수익률이 높을 경우의 금융상품 2호의 수익률이 11에서 11.1로 증가했더라도 그 증가가 아주 작아서 유형 A가 위험을 감수하기 위한 보상으로는 미흡하기 때문이다.

반면에 유형 B는 위험의 크기와는 무관하게 기대수익을 극대화한다. 그러므로 기대수익이 조금이라도 큰 상품을 택하게 된다. 그런데 수익률이 높을 경우의 금융상품 2호의 수익률이 11에서 11.1로 증가하면 기대수익이 조금이나마 높아진다. 그러므로 유형 B는 금융상품 2호를 선택한다.

17.9 기대효용극대화 : 투자 분석

두 금융상품 A와 B가 있다고 하자. 어떤 개인이 일정한 자신의 재산을 이러한 금융상품에 투자한다고 하자. 금융상품 A에 투자했는데 경제 상황이 좋을 경우 그 원리금은 1,600만원이고 경제 상황이 나쁠 경우에는 400만원이다. 금융상품 B에 투자했는데 경제상황이 좋을 경우 그 원리금은 1,000만원이고 경제 상황이 나쁠 경우에는 900만원이다. 이 개인의 효용함수는 $\sqrt{R}$이다. 여기서 R은 원리금을 나타낸다. 한편 경제 상황이 좋을 확률과 나쁠 확률은 각각 50%이다.

a. 이 개인이 금융상품 A와 B 중에서 어느 하나를 선택해야 한다면 어느 것을 선택하겠는가?

b. 이 개인이 금융상품 A와 B에 분산하여 투자할 수 있다고 하자. 이 개인이 각 금융상품에 투자하는 몫은 각각 얼마인가?

KEY ▶ 불확실성 아래에서는 기대효용을 극대화한다. 효용함수로 미루어 보아 이 개인은 위험회피자이다.

풀이

a. 불확실성 아래에서는 기대효용을 극대화한다. 그러므로 어느 상품에 투자할 경우 기대효용이 더 큰가를 알아내면 된다. 금융상품 A에 투자했을 경우의 기대효용은

$$EU(A) = \frac{1}{2}\sqrt{1,600} + \frac{1}{2}\sqrt{400} = 30$$

이다. 그리고 금융상품 B에 투자했을 경우의 기대효용은

$$EU(B) = \frac{1}{2}\sqrt{1,000} + \frac{1}{2}\sqrt{900} > 30$$

이다. 이로부터 금융상품 B에 투자했을 경우의 기대효용이 더 크다는 것을 알 수 있다. 그러므로 이 개인이 어느 한 금융상품에만 투자해야 한다면 금융상품 B에 투자할 것이라는 점을 알 수 있다.

이러한 결과가 나타나는 이유를 검토해 보자. 수익의 기대치는 금융상품 A의 경우(1,000)가 금융상품 B의 경우(950)보다 크다. 그러나 금융상품 A는 수익이 좋을 때와 나쁠 때의 차이가 크다. 즉, 수익의 분산이 크다. 이것은 위험이 크다는 것을 의미한다. 그 결과 금융상품 B가 비록 기대치는 적지만 위험을 고려할 때 더 큰 기대효용을 제공하므로 위험회피자인 이 개인은 금융상품 B를 선택한다.

b. 일정한 재산 중에서 금융상품 A에 투자하는 몫을 a라고 하자. 그러면 금융상품 B에는 $1-a$만큼 투자하는 셈이 된다. 이러한 상태에서 기대효용을 구해 보자. 경제 상황이 좋을 경우 금융상품 A로부터 얻는 원리금은 $1{,}600a$이고 금융상품 B로부터 얻는 원리금은 $1{,}000(1-a)$이다. 그리하여 그 원리금의 합은 $1{,}600a+1{,}000(1-a)$가 된다. 이때 이 원리금의 효용은 $\sqrt{1,600a + 1,000(1-a)}$이다. 한편 경제 상황이 나쁠 경우 금융상품 A로부터 얻는 원리금은 $400a$이고 금융상품 B로부터 얻는 원리금은 $900(1-a)$이다. 그리하여 그 원리금의 합은 $400a+900(1-a)$가 된다. 이때 이 원리금의 효용은 $\sqrt{400a + 900(1-a)}$이다.

그런데 경제 상황이 좋을 확률과 나쁠 확률이 각각 50%이므로 분산투자의 기대효용은

$$EU(a) = \frac{1}{2}\sqrt{1,600a + 1,000(1-a)} + \frac{1}{2}\sqrt{400a + 900(1-a)}$$

가 된다.

문제는 바로 이 기대효용을 극대화시키는 a의 값을 구하는 것이다. 기대효용을 극대화시키는 일차조건은

$$\frac{dEU(a)}{da} = \frac{1}{4}\frac{1}{\sqrt{1,600a + 1,000(1-a)}} \cdot (600) + \frac{1}{4}\frac{1}{\sqrt{400a + 900(1-a)}} \cdot (-500)$$
$$= 0$$

이다. 이로부터 $a^* = \frac{37}{165}$을 얻는다. 그러므로 이 개인은 주어진 재산 중에서 금융자산 A에 $\frac{37}{165}$만큼을 투자하고 금융자산 B에 $\frac{128}{165}$만큼을 투자할 것이다.

17.10 분산투자

위험자산과 안전자산이 있다고 하자. 안전자산 X의 수익률은 $\alpha = 1$이다. 위험자산 Y의 수익률은 확률 p로 $\beta < 1$이고 확률 $1-p$로 $\gamma > 1$이다. 홍길동은 M의 자산으로 안전자산에 x, 위험자산에 y만큼 투자한다고 하자. 위험회피자인 홍길동의 효용함수를 $u(x)$라고 하자.

a. 최적의 x, y를 구하기 위한 극대화 문제를 쓰시오.

b. 극대화의 1차조건을 구하고 그 결과를 해석하시오.

c. 극대화의 1차조건을 이용하여 확률 p가 취할 수 있는 값의 범위를 말하시오.

KEY ▶ 기대효용극대화 문제의 특성을 파악해야 한다.

풀이

a. 기대효용극대화 문제는

$$\begin{aligned} &\underset{x,\,y}{Max}\ \ EU(x, y) = pU(\alpha x + \beta y) + (1-p)U(\alpha x + \gamma y) \\ &s.t. \quad x + y = M,\ \alpha = 1 \end{aligned}$$

이다.

b. 이 문제는

$$\underset{x,\,y}{Max}\ Z = pU(x + \beta y) + (1-p)U(x + \gamma y) + \lambda(M - x - y)$$

와 같이 라그랑지함수로 나타낼 수 있다. 극대화의 1차필요조건은

$$\frac{\partial Z}{\partial x} = pU'(x + \beta y) + (1-p)U'(x + \gamma y) - \lambda = 0 \tag{1}$$

$$\frac{\partial Z}{\partial y} = \beta pU'(x + \beta y) + \gamma(1-p)U'(x + \gamma y) - \lambda = 0 \tag{2}$$

$$\frac{\partial Z}{\partial \lambda} = M - x - y = 0 \tag{3}$$

이다. 식 (1)과 식 (2)에서 λ를 이항한 후 정리한 다음 대응되는 변끼리 나누어 주면

$$\frac{pU'(x + \beta y) + (1-p)U'(x + \gamma y)}{\beta pU'(x + \beta y) + \gamma(1-p)U'(x + \gamma y)} = 1 \tag{4}$$

이 된다. 식 (3)과 식 (4)를 관찰해 보면 2개의 미지수 x, y와 2개의 방정식이 있다. 그러므로 최적의 x, y를 구할 수 있다. 한편 식 (4)는

$$pU'(x + \beta y) + (1-p)U'(x + \gamma y) = \beta pU'(x + \beta y) + \gamma(1-p)U'(x + \gamma y) \tag{5}$$

로 쓸 수 있다.

이 시점에서 확실성 하의 효용극대화 조건이

$$MRS_{xy}\left(=\frac{MU_x}{MU_y}\right)=\frac{p_x}{p_y} \tag{6}$$

이며 이것을 바꾸어 쓰면

$$\frac{MU_x}{p_x}=\frac{MU_y}{p_y} \tag{7}$$

이 된다는 사실을 상기하자.

식 (4)와 식 (5)는 사실상 식 (6)과 식 (7)에 대응된다. 다만 식 (4)와 식 (5)는 확실성 하가 아니라 불확실성 하이며 $p_x=1$, $p_y=1$인 경우이다.

이렇게 볼 때 식 (5)는 기대효용을 극대화하려면 안전자산 X에 투자한 금액 1원당 얻는 기대한계효용이 위험자산 Y에 투자한 금액 1원당 얻는 기대한계효용과 같아지도록 투자해야 한다는 것을 의미한다.

c. 식 (5)를 정리하면

$$p(1-\beta)U'(x+\beta y)+(1-p)(1-\gamma)U'(x+\gamma y)=0 \tag{8}$$

이 된다. 이것은 다시

$$\frac{U'(x+\beta y)}{U'(x+\gamma y)}=\frac{(1-p)(\gamma-1)}{p(1-\beta)} \tag{9}$$

로 정리할 수 있다. 한계효용의 비율이 안전자산의 수익률 1과 위험자산의 수익률 β와의 차, 안전자산의 수익률 1과 위험자산수익률 γ와의 차에 각각 해당 확률을 곱한 값의 비율과 같다는 점에 주목하자.

그런데 식 (9)에서 $(x+\beta y)<(x+\gamma y)$인데 $U'(\cdot)$이 감소함수이므로

$$U'(x+\beta y)>U'(x+\gamma y)$$

이다. 그러므로

$$\frac{U'(x+\beta y)}{U'(x+\gamma y)}=\frac{(1-p)(\gamma-1)}{p(1-\beta)}>1 \tag{10}$$

이다. 이로부터 $(1-p)(\gamma-1)>p(1-\beta)$이다. 이것을 정리하면

$$p<\frac{\gamma-1}{\gamma-\beta} \tag{11}$$

이다. 기대효용이 극대화될 경우 확률 p는 안전자산 수익률과 위험자산의 수익률 β, γ의 크기에 따라 취할 수 있는 값의 상한이 제한된다. 예를 들어 식 (11)에서 볼 때 β가 작을 경우 우변이 작아지므로 p가 취할 수 있는 값이 작아진다. 직관적으로 볼 때 위

험자산의 낮은 수익률 β가 작은데 그것이 나타날 확률 p가 높을 경우 안전자산에만 투자할 것이다. 그러므로 위험자산 투자를 유도하려면 β가 작을 경우 p도 작아야 한다.

한편 안전자산에만 투자한다는 것은 $y = 0$으로서 모퉁이해가 나타난다는 것을 의미한다. 모퉁이해를 고려하려면 내부해를 가정한 현재의 풀이와는 달리 쿤-터커조건(Kuhn-Tucker conditions)을 적용하여 풀어야 한다.

17.11 위험회피자에 대한 2차 효용함수와 그 특성

홍길동이 가지고 있는 재산을 w로 나타내자. 이 경우 그의 효용함수는 $U(w) = w + aw^2$이라고 한다.

a. 홍길동이 위험회피자일 경우 이 효용함수가 만족시켜야 하는 조건을 말하시오.

b. w가 확률변수일 경우 기대효용을 w의 기대값과 분산의 함수로 나타내시오.

c. 기대효용함수에 대해 w의 표준편차와 기대값에 대한 무차별곡선의 기울기가 양의 값을 갖는다는 것을 보이고 그 경제학적 의미를 말하시오.

d. 한계대체율이 체증하는 것을 보이고 그 이유를 직관적으로 말하시오.

e. 이러한 분석에서 2차 효용함수를 사용하는 것의 문제점을 말하시오.

KEY ▶ 위험회피자의 효용함수와 기대효용함수가 갖는 특성에 관해 묻는 문제이다.

풀이

a. 위험회피자의 경우 재산이 증가할 경우 효용이 증가하지만 한계효용은 체감한다. 그러므로 다음 조건이 성립해야 한다.

(1) 모든 w에 대해 $U'(w) = 1 + 2aw > 0$이 성립해야 한다.

(2) $U''(w) = 2a < 0$, 즉 $a < 0$이 성립해야 한다.

b.

$$\begin{aligned} E[U(w)] = E(w + aw^2) &= E(w) + aE(w^2) \\ &= \mu_w + a(\mu_w^2 + \sigma_w^2) \\ &= \mu_w + a\mu_w^2 + a\sigma_w^2 \end{aligned}$$

두 번째 줄에서는 아래의 '참고'에서 보여주고 있는 $\sigma_w^2 = E(w^2) - \mu_w^2$이라는 통계학 공식이 사용되고 있다.

참고 ▶ $E(\cdot)$를 기대값을 구하는 연산자라고 하고 $Var(\cdot)$을 분산을 구하는 연산자라고 하자. 그러면 다음 관계가 성립한다.

$$E(a+bX)=E(a)+bE(X)=a+\mu_X$$

$$Var(a+bX)=Var(a)+b^2Var(X)=0+b^2\sigma_X^2=b^2\sigma_X^2$$

$$\sigma_X^2=Var(X)=E(X-\mu_X)^2=E(X^2-2\mu_X X+\mu_X^2)$$

$$=E(X^2)-2\mu_X E(X)+E(\mu_X^2)$$

$$=E(X^2)-2\mu_X\mu_X+\mu_X^2=E(X^2)-\mu_X^2$$

(μ_X는 확률변수가 아님)

c. 기대효용에 대한 무차별곡선은 기대효용을 동일하게 만들어 주는 σ_w와 μ_w의 조합들의 궤적을 말한다. 그러므로 무차별곡선은 $\mu_w+a\mu_w^2+a\sigma_w^2=\overline{U}$(일정)를 만족시키는 σ_w와 μ_w의 조합들이다. 한편 σ_w를 가로축에 나타내고 μ_w를 세로축에 나타낼 경우 무차별곡선의 기울기는 $\frac{d\mu_w}{d\sigma_w}$로 나타난다. 이 값을 구하기 위해 위 식을 전미분해 주자. 그러면

$$d\mu_w+2a\mu_w d\mu_w+2a\sigma_w d\sigma_w=0$$

을 얻는다. 이로부터 $\frac{d\mu_w}{d\sigma_w}=-\frac{2a\sigma_w}{1+2a\mu_w}$를 얻는다. 그런데 (1)에서 모든 w에 대해 $1+2aw>0$이므로 분모인 $1+2a\mu_w$도 양이다. 또한 (2)에서 $a<0$이다. 그러므로 $\frac{d\mu_w}{d\sigma_w}>0$이 된다.

이렇게 되는 이유를 직관적으로 살펴보자. 최종적인 재산의 평균이 커질수록 기대효용이 증가한다. 그러나 표준편차의 경우 그 값이 커질수록 기대효용이 감소한다. 그러므로 위험(σ_w)이 증가할 경우 수익(μ_w)이 증가해야만 무차별해진다. 즉, $\frac{d\mu_w}{d\sigma_w}>0$이 성립해야 한다. 한편 이것은 그림에서 보듯이 무차별곡선의 기울기가 양이 된다는 것을 의미한다.

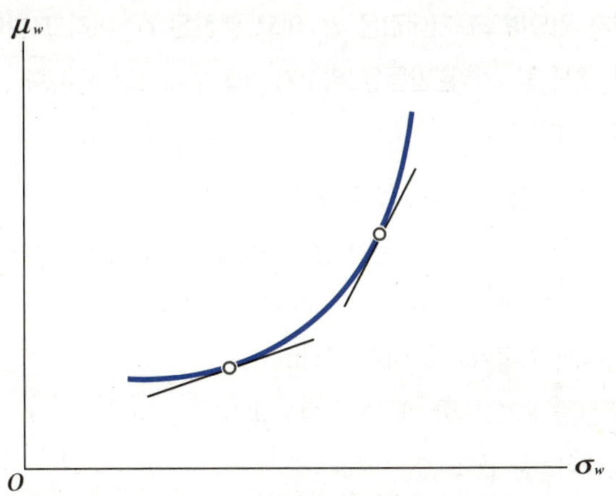

d. $\dfrac{d^2\mu_w}{d\sigma_w^2} = -\dfrac{(1+2a\mu_w)2a - 2a\sigma_w(2a\dfrac{d\mu_w}{d\sigma_w})}{(1+2a\mu_w)^2} > 0$이다. 이때 $(1+2a\mu_w) > 0$, $a < 0$, $\dfrac{d\mu_w}{d\sigma_w} > 0$이라는 사실이 적용되었다. 표준편차가 커질수록 표준편차 추가 1단위로부터 얻는 비효용은 커진다. 그러므로 표준편차가 커질수록 추가적으로 더 많은 수익이 보장되어야 무차별해진다. 그리고 이것은 그림에서처럼 표준편차 σ_w가 커질수록 무차별곡선의 기울기가 증가한다는 것을 의미한다. 즉, 한계대체율이 체증한다는 것을 의미한다.

e. (i) 일부 구간에서 효용이 재산에 대해 감소함수가 된다.

(ii) 재산이 증가함에 따라 절대적 위험회피가 감소한다고 보는 것이 직관과 더 잘 어울린다. 즉, 재산이 많아질수록 일정한 금액으로 표시되는 도박을 더 받아들인다는 것이다. 그런데 2차 효용함수의 경우에는 절대적 위험회피가 증가한다. 절대적 위험회피를 $r(w)$라고 하면

$$r(w) = -\frac{U''(w)}{U'(w)} = -\frac{2a}{1+2aw}$$

이다. 이 식에서 보듯이 w가 커질수록 이 값이 더 커진다. 즉, 절대적 위험회피가 증가한다.

17.12 최적자산선택

위험회피자인 홍길동은 자신의 재산 A원을 위험자산과 안전자산에 분산하여 투자하려고 한다. 그런데 위험자산의 수익은 상황에 따라 달라진다고 한다. 위험자산의 수익을 확률변수 X로 나타내자. 한편 안전자산의 수익은 r로서 일정하다고 한다. 확률변수 X에 대한 확률분포는 알려져 있으며 그 기대값은 μ_X이고 분산은 σ_X^2이라고 한다. 이러한 상황에서 홍길동은 자신의 재산 중 α부분만큼을 위험자산에 투자하고 나머지 $1-\alpha$부분만큼을 안전자산에 투자하려고 한다.

a. 투자수익을 포함한 최종 재산을 w라고 할 때

(i) w의 평균(기대값)과 표준편차를 구하고 이 두 값의 관계를 그림으로 나타내시오. 이때 표준편차를 가로축에 나타내시오.

(ii) 그림에서 기울기의 의미를 해석하시오.

b. 최종 재산을 w라고 할 때 그의 효용함수가 $U(w) = w + aw^2$이라고 하자. 이때 기대효용을 극대화하는 α의 값을 구하시오.

c. 위의 결과를 이용하여 위험자산이 지니는 위험이 증가할 경우 위험자산에 대한 투자비

중이 증가하는지 감소하는지 말하시오.

d. 위험자산의 수익이 증가할 경우 위험자산에 대한 투자비중이 증가하는지 감소하는지 말하시오.

e. 안전자산의 수익이 증가할 경우 위험자산에 대한 투자비중이 증가하는지 감소하는지 말하시오.

f. 최초 투자한 재산이 더 많아질 경우 위험자산에 대한 투자비중이 증가하는지 감소하는지 말하시오.

g. 절대적 위험회피의 증감과 관련하여 최초자산이 증가할 때 위험자산에 대한 투자 비중의 변화를 말하시오.

KEY ▶ 주어진 파라미터의 값들이 변할 경우 최적자산선택이 어떻게 달라지는가를 파악하는 문제이다.

풀이

a. $w = \alpha XA + (1-\alpha)rA$이다. 이때 w의 평균을 μ라고 하고 분산을 σ^2이라고 하자.

(i) 그러면

$$\mu = E(w) = E(\alpha XA) + E[(1-\alpha)rA] = \alpha\mu_X A + (1-\alpha)rA \tag{1}$$

$$\sigma^2 = Var(w) = Var(\alpha XA) + Var[(1-\alpha)rA] = \alpha^2\sigma_X^2 A^2,\ \text{즉}\ \sigma = \alpha\sigma_X A \tag{2}$$

를 얻는다. 식 (2)에서

$$\alpha = \frac{\sigma}{\sigma_X A} \tag{3}$$

이다. 식 (3)을 식 (1)에 대입한 다음 정리하면

$$\mu = \frac{\mu_X - r}{\sigma_X}\sigma + Ar \tag{4}$$

을 얻는다. 이것을 그리면 [그림 1]과 같다.

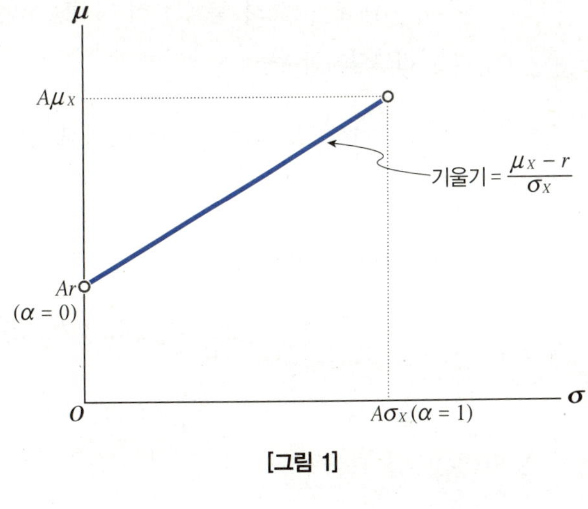

[그림 1]

이때 직선의 아래 부분은 예산집합으로 해석할 수 있다. 그리고 직선 자체는 예산선으로 해석할 수 있다. 이 예산선에 대해서 살펴보자. 최초의 재산을 모두 안전자산에만 투자했다면 α는 0이 된다. 이 경우 위험이 전혀 없으므로 최종 재산의 표준편차는 0이 된다. 이때 평균은 Ar이 된다. 일반적으로 안전자산과 위험자산의 조합은 예산선 상의 한 점으로 나타난다. 이 예산선을 따라 위로 올라갈수록 위험자산의 비중이 커진다. 그리하여 최초의 부를 모두 위험자산에만 투자할 경우에는 최종 재산의 표준편차는 $A\sigma_X$가 되며 평균은 $A\mu_X$가 된다.

(ii) 안전자산에서 1만원을 꺼내 위험자산으로 옮기면 위험이 σ_X만큼 증가한다. 수익은 안전자산에서 r 감소하는 대신 위험자산에서 μ_X만큼 증가한다. 그러므로 위험을 한 단위 더 증가시키면 수익은 $\frac{(\mu_X - r)}{\sigma_X}$단위만큼 증가한다. 이것이 바로 예산선의 기울기이다. 이러한 측면에서 예산선의 기울기는 수익으로 표시한 위험의 가격을 의미한다.

한편 안전자산의 수익률이 위험자산의 평균수익률보다 크다면 예산선의 기울기는 음이 된다. 그리고 이 경우 홍길동은 자신의 재산을 모두 안전자산에 투자하게 된다. 왜냐하면 위험자산의 평균수익률이 안전자산의 수익률보다 낮다면 위험회피자는 위험자산에 절대로 투자하지 않을 것이기 때문이다. 이 때문에 이 예산선은 $\mu_X > r$인 경우를 가정하여 그린 것이다.

b.

$$E[U(w)] = E(w + aw^2) = E(w) + aE(w^2) \qquad (5)$$
$$= \mu + a(\mu^2 + \sigma^2)$$
$$= \mu + a\mu^2 + a\sigma^2$$

이다. 기대효용극대화 문제는 식 (4)를 제약으로 식 (5)를 극대화하는 것이다. 이에 대한 라그랑지함수는

$$\underset{\sigma,\mu,\lambda}{Max}\ L = a\sigma^2 + a\mu^2 + \mu + \lambda\left(\mu - \frac{\mu_X - r}{\sigma_X}\sigma - Ar\right)$$

이다.

극대화의 일차필요조건은

$$\frac{\partial L}{\partial \sigma} = 2a\sigma - \lambda\frac{\mu_X - r}{\sigma_X} = 0 \qquad (6)$$

$$\frac{\partial L}{\partial \mu} = 2a\mu + 1 + \lambda = 0 \qquad (7)$$

$$\frac{\partial L}{\partial \lambda} = \mu - \frac{\mu_X - r}{\sigma_X}\sigma - Ar = 0 \tag{8}$$

이다. 식 (6)과 식 (7)을 정리한 다음 대응되는 변끼리 나누어 주면

$$-\frac{2a\sigma}{2a\mu + 1} = \frac{\mu_X - r}{\sigma_X} \tag{9}$$

을 얻는다. 여기서 좌변은 $MRS_{\sigma\mu}$이고 우변은 예산선의 기울기이다. 식 (8)과 식 (9)로부터 최적값 (σ^*, μ^*)를 얻는다. 이 값을 식 (3)에 대입하면

$$\alpha^* = \frac{\sigma^*}{\sigma_X A} \tag{10}$$

를 얻는다. 실제로 이 값을 구해 보면

$$\alpha^* = -\frac{(\mu_X - r)(1 + 2arA)}{2aA(\mu_X - r)^2 + 2aA\sigma_X^2} \tag{11}$$

가 된다.

그런데 위험회피자의 경우

(i) 모든 w에 대해 $U'(w) = 1 + 2aw > 0$이고(따라서 $1 + 2arA > 0$이다)

(ii) $U''(w) = 2a < 0$, 즉 $a < 0$이다.

그러므로 예상대로 $\alpha^* > 0$이 된다.

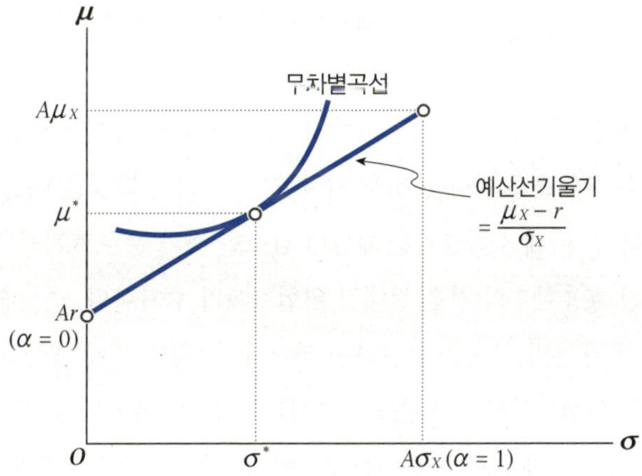

[그림 2]

최적선택은 [그림 2]처럼 예산선의 기울기와 무차별곡선의 기울기가 일치하는 곳에서 이루어지고 있다. 무차별곡선의 기울기는 위험과 수익 사이의 한계대체율(MRS)을 의미한다. 즉, 위험을 한 단위 추가로 감수할 경우 수익이 얼마나 증가해야 무차별해지는가를 보여준다. 최적선택에서는 위험의 가격과 한계대체율이 같아진다.

c. 식 (11)로부터 σ_X가 커질 경우 α^*가 작아지는 것을 알 수 있다. 즉, $\frac{d\alpha^*}{d\sigma_X} < 0$이다. 이것은 위험자산에 대한 수익의 위험이 증가하면 위험자산에 대한 투자 비중을 줄인다는 것을 의미한다.

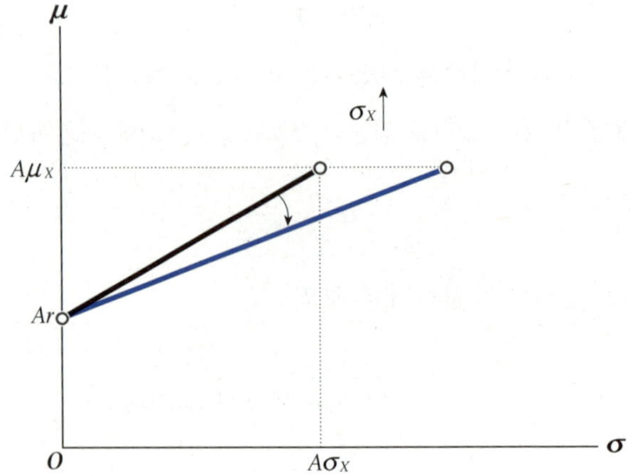

[그림 3]

이제 [그림 3]을 통해 검토해 보자. σ_X가 커질 경우 그림에서 예산선의 기울기가 완만해진다. 이것은 위험의 가격이 떨어진다는 것을 의미한다. 즉, 위험을 추가로 1단위 더 감수할 경우 이전보다 수익이 덜 증가한다는 것을 의미한다. 그리고 이것은 위험을 감수하는 것이 이전보다 덜 매력적이 된다는 것을 의미한다. 그리하여 대체효과는 위험자산의 수요량을 줄이는 방향으로 작용한다.

한편 [그림 3]에서 보듯이 σ_X가 커지는 것은 이전과 똑같은 위험을 감수하더라도 평균수익이 덜 늘어나는 것을 의미한다. 그리고 그것은 예산집합이 작아지는 것으로 나타난다. 이때 소득효과는 재산이 감소한 것과 같은 효과를 지닌다. 그런데 문제에서 주어진 효용함수의 경우 절대적 위험회피가 증가한다. 즉, 재산이 증가할수록 위험자산에 대한 투자 금액을 줄인다는 것이다. 그런데 현재 예산집합이 작아졌으므로 소득효과는 위험자산의 수요량을 증가시키는 방향으로 작용한다. 결국 대체효과는 위험자산에 대한 투자 금액을 줄이는 방향으로 작용하지만 소득효과는 위험자산에 대한 투자 금액을 증가시키는 방향으로 작용한다는 것이다. 그런데 이 문제의 경우 수식 계산을 해보면 대체효과가 소득효과를 압도한다는 것을 알 수 있다.

d.

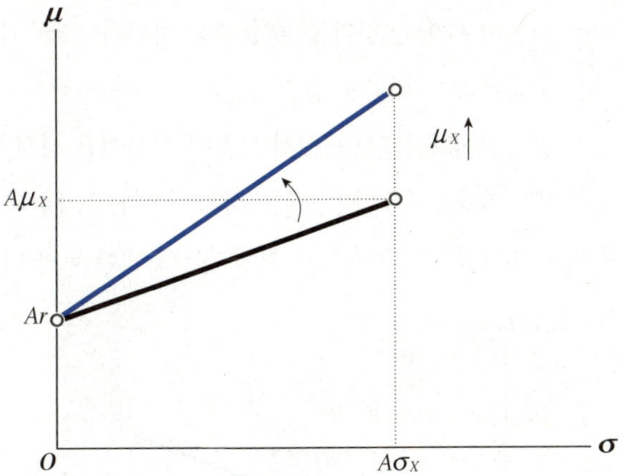

[그림 4]

이 경우 위험의 가격이 올라갔다. 즉, 위험을 추가로 한 단위 더 감수할 경우 이전보다 평균수익이 더 많이 증가한다. 즉, 위험을 감수하는 것이 더 매력적이 되었다. 그 결과 대체효과는 위험자산에 대한 수요량을 증가시키는 방향으로 작용한다. 한편 이 경우에는 문항 c.의 경우와는 반대로 [그림 4]에서 보듯이 예산집합이 커졌다. 그런데 문제에서 주어진 효용함수의 경우 위험회피가 증가하므로 소득효과는 위험자산의 수요량을 줄이는 방향으로 작용한다. 그 결과 대체효과와 소득효과가 서로 다른 방향으로 작용한다. 이 경우에는 수식 계산 결과로도 위험자산에 대한 비중이 증가하는지 아닌지 알 수 없다.

e. 이 경우 [그림 5]에서처럼 새로운 예산선의 기울기는 작아지고 가로 절편은 커진다. 먼저 대체효과를 보자. 안전자산의 수익이 증가하였으므로 상대적으로 위험자산의 매력

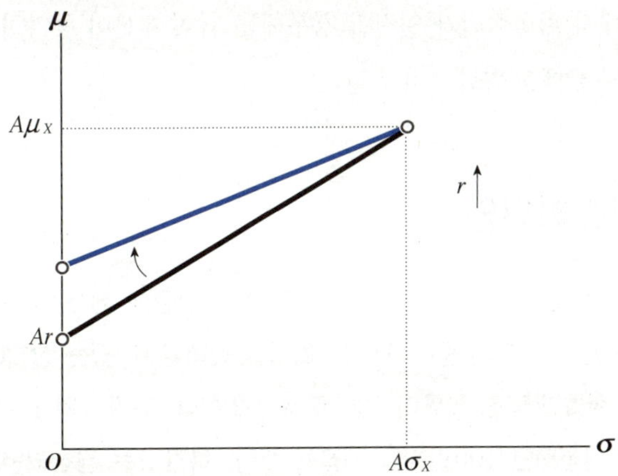

[그림 5]

이 줄어들었다. 이것은 그림에서 보듯이 위험의 가격이 떨어진 것으로 나타난다. 소득효과의 경우 재산이 늘어난 것과 같은 효과를 지닌다. 결국 대체효과와 소득효과가 모두 위험자산에 대한 투자 비중을 감소시킨다.

f. 최초 재산이 많아질 경우 [그림 6]에서 보듯이 예산선은 위로 평행으로 이동한다. 한편 문제에서 주어진 효용함수의 경우에는 위험회피가 증가한다. 그런데 최초 재산이 증가할 경우에는 예산집합이 커지므로 위험자산에 대한 투자 비중을 줄인다.

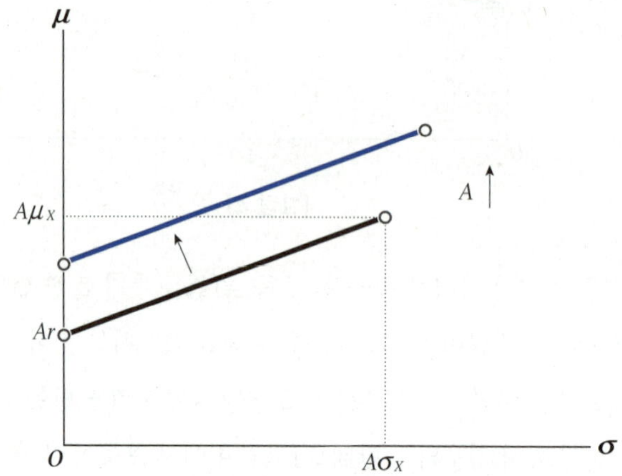

[그림 6]

g. 다음과 같은 사실이 증명되어 있다.

(i) 절대적 위험회피가 증가할 경우에는 최초 재산이 증가할 경우 위험자산에 대한 투자 금액을 줄인다.

(ii) 절대적 위험회피가 감소할 경우에는 최초 재산이 증가할 경우 위험자산에 대한 투자 금액을 늘린다.

(iii) 절대적 위험회피가 일정할 경우에는 최초 재산이 증가하더라도 위험자산에 대한 투자 금액을 변화시키지 않는다.

17.13 위험프리미엄

홍길동의 효용함수는 $U(w) = w^{\frac{1}{2}}$이라고 한다. 그런데 현재 그는 현금 250만원, 복권 A, 복권 B, 복권 C, 4가지 중에서 어느 하나를 선택할 수 있는 상태에 있다고 한다. 복권들은 모두 당첨 확률과 낙첨 확률이 50%로서 동일하다. 복권 A의 경우 당첨되면 400만원을 지급해 주고 낙첨되면 100만원을 지급해 준다. 복권 B는 당첨되면 300만원을 지급해 주고 낙첨되면 200만원을 지급해 준다. 끝으로 복권 C의 경우 당첨되면 350만원을 지급해 주

고 낙첨되면 150만원을 지급해 준다.

a. 홍길동이 선호하는 것을 순서대로 나열하고 그 이유를 말하시오.

b. 홍길동으로 하여금 위 문항 a.에서 가장 선호하는 것 대신 복권 A를 선택하게 하려면 적어도 얼마를 추가로 지급해 주어야 하겠는가? 만일 위 문항 a.에서 복권 A를 가장 선호한다면 추가로 지급해 주어야 하는 금액은 0인 것으로 한다.

KEY ▶ 위험회피자는 기대소득이 같을 경우 위험이 적은 것을 선호한다. 즉, 소득의 분산이 작은 것을 선호한다. 한편 문항 b.에서 구한 값을 위험프리미엄의 크기와 비교해 보자.

풀이

a. 홍길동의 효용함수에서 한계효용의 변화율을 살펴보자. 먼저 한계효용은 $\frac{dU(w)}{dw} = \frac{1}{2}w^{-\frac{1}{2}}$이다. 따라서 한계효용의 변화율은 $\frac{d^2U(w)}{dw^2} = -\frac{1}{4}w^{-\frac{3}{2}}$으로 구해진다. 그런데 이 값은 음이다. 즉, 소득이 증가함에 따라 한계효용은 체감한다. 직관적으로 말하면 소득을 얻을 때의 기쁨보다 그와 똑같은 소득을 잃을 때의 고통이 더 크다는 것이다. 이러한 측면에서 홍길동은 위험회피자이다. 위험회피자의 경우 기대효용보다 기대소득의 효용이 더 크다. 그런데 위에서 제시하고 있는 복권들의 기대소득은 250만원으로서 모두 같다. 따라서 홍길동은 복권(의 기대효용)보다 현금 250만원을 선호한다.

한편 복권의 기대소득은 모두 동일하다. 그러므로 위험회피자인 홍길동은 소득의 분산이 적은 것을 선호한다. 즉, 소득의 분포가 기대소득으로부터 덜 흩어져 있는 것을 선호한다. 이렇게 볼 때 홍길동은 현금, 복권 B, 복권 C, 복권 A의 순서로 좋아한다.

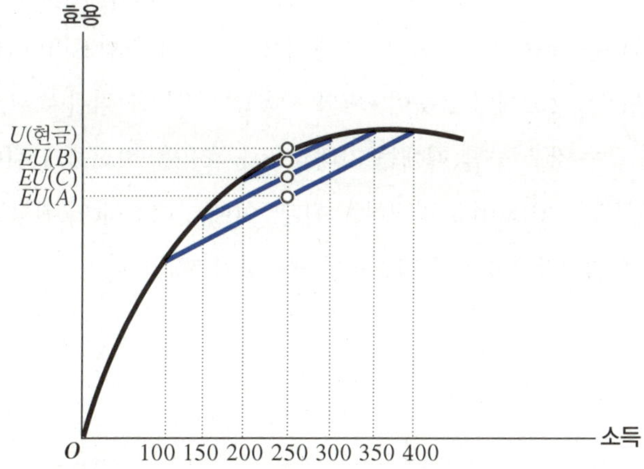

b. 홍길동은 현금을 선택한다는 것을 알았다. 그러므로 복권 A를 선택하게 하려면 복권 A를 선택했을 때의 기대효용이 현금을 선택했을 때의 효용보다 커야 한다. 이때 복권

을 선택하도록 하기 위해 최소한 지급해 주어야 할 금액을 α라고 하면 당첨될 경우 그의 소득은 $400+\alpha$가 되고 낙첨될 경우 $100+\alpha$가 된다. 그러므로 복권 A가 지급해 주는 금액을 확률변수 X로 나타내고 그 기대효용을 $E[U(X)]$로 나타낼 때 복권 A를 선택하도록 하려면

$$E[U(X+\alpha)] = 0.5(400+\alpha)^{\frac{1}{2}} + 0.5(100+\alpha)^{\frac{1}{2}} > (250)^{\frac{1}{2}}$$

을 만족시켜야 한다. 이로부터 $\alpha > 22.5$를 얻는다. 즉, 적어도 22.5만원을 넘게 주어야 한다.

한편 확실성등가를 CE라고 하고 그 효용을 $U(CE)$라고 나타내면

$$E[U(X)] = U(CE)$$

이다. 그런데

$$E[U(X)] = 0.5(400)^{\frac{1}{2}} + 0.5(100)^{\frac{1}{2}},\ \ U(CE) = CE^{\frac{1}{2}}$$

이다. 이것들을 앞 식에 대입하면

$$0.5(400)^{\frac{1}{2}} + 0.5(100)^{\frac{1}{2}} = CE^{\frac{1}{2}}$$

이 성립한다. 이로부터 $CE = 225$로 구해진다. 따라서 위험프리미엄을 R이라 하면

$$R = E(X) - CE = 0.5(400) + 0.5(100) - 225 = 250 - 225 = 25$$

이다.

이로부터 복권을 선택하게 하려 할 때 지급해야 할 최소 금액은 위험프리미엄보다는 작다는 것을 알 수 있다. 직관적으로 볼 때 위험프리미엄을 구하는 과정에서는 $R = E(X) - CE$에서 보듯이 CE와 $E(X)$ 등 소득을 직접 비교하게 된다. 반면에 문항에서 찾는 값을 구할 때에는 기대효용과 효용을 비교하게 된다. 즉, $E[U(X+\alpha)]$와 $U[E(X)](=U(250))$를 비교하게 된다. 이때 구해진 값이 위험프리미엄보다 작은 이유는 위험회피자의 경우 한계효용이 체감하기 때문이다.

17.14 자본자산가격결정모형(CAPM)

일반적으로 시장 전체의 위험에 대한 어떤 자산 i의 상대적인 위험을 β_i라고 표기한다. 이때 다음 질문들에 답하시오.

a. 시장위험이 σ_m이라고 할 때 자산 i의 총위험은 얼마인가?

b. 이 자산의 위험프리미엄은 얼마인가?

c. 이 자산의 기대수익이 r_i라고 하자. 이 경우 위험이 반영되어 조정된 기대수익은 얼마인가?

d. 다른 자산 j가 있다고 하자. 이 자산의 기대수익은 r_j이고 β는 β_j라고 한다. 이 경우 균형조건을 말하시오.

e. 위험이 전혀 없는 안전자산의 수익이 r이라고 하자. 이 경우 r_i를 r을 사용하여 나타내시오. 가로축에 β를 표시하고 세로축에 기대수익을 표시한 후 이 결과를 그림으로 나타내시오.

f. 어떤 자산의 β와 기대수익을 표시해 보았더니 시장선 위에 놓였다고 한다. 그 의미를 말하고 어떠한 결과가 예상되는지 말하시오.

g. CAPM의 특성에 대해 말하시오.

KEY ▶ 자본자산가격결정모형(CAPM : capital asset pricing model)에 관한 문제이다.

풀이

a. $\beta_i = \dfrac{\text{자산 } i\text{의 위험}}{\text{시장 전체의 위험}}$이다. 그러므로

$$\text{'자산 } i\text{의 위험} = \beta_i \times \text{시장 전체의 위험'}$$

이다. 그런데 시장 전체의 위험이 σ_m으로 주어졌다. 따라서

$$\text{'자산 } i\text{의 위험} = \beta_i \sigma_m\text{'}$$

이다.

b. 시장 전체의 평균 수익을 μ_m이라 하고 안전자산의 수익을 r이라 하자. 이때 위험자산에서 안전자산으로 1만원을 옮기면 σ_m만원의 위험이 증가하면서, 위험자산으로부터의 평균수익이 μ_m만원 증가하는 대신 안전자산으로부터의 수익이 r만원 감소한다. 따라서 위험가격은 $p = \dfrac{\mu_m - r}{\sigma_m}$이 된다. 그런데 위험프리미엄은 위험에 위험가격을 곱한 값이다. 그러므로 위험프리미엄을 R이라고 하면

$$R = \beta_i \sigma_m p = \beta_i \sigma_m \frac{\mu_m - r}{\sigma_m} = \beta_i(\mu_m - r)$$

이 된다.

c. 조정된 기대수익을 구하려면 기대수익에서 위험프리미엄을 빼 주어야 한다. 그러므로

$$‘조정된 기대수익 = r_i - R = r_i - \beta_i(\mu_m - r)’$$

이 된다.

d. 균형에서는 위험을 고려하여 조정된 기대수익이 모든 자산에 대해서 같아야 한다. 그러므로

$$r_i - \beta_i(\mu_m - r) = r_j - \beta_j(\mu_m - r)$$

이 성립해야 한다.

e. β는 어떤 자산의 위험의 크기를 측정하는 것이다. 그런데 현재 안전자산의 경우 위험이 전혀 없다고 가정했다. 그러므로 안전자산의 경우 β가 0이다. 안전자산의 경우 β가 0이므로 안전자산에 대한 조정된 기대수익은

$$r - \beta(\mu_m - r) = r - 0 = r$$

이 된다.

균형에서는 모든 자산의 조정된 기대수익이 같아지므로 이러한 r도 자산 i에 대한 조정된 기대수익과 같아진다. 그러므로 균형에서는

$$r_i - \beta_i(\mu_m - r) = r,\ 즉\ r_i = r + \beta_i(\mu_m - r)$$

이 성립한다. 이 식은 위험자산에 대한 기대수익은 안전자산 수익에 위험프리미엄을 더한 값이라는 것을 말해 준다. 이것은 사람들이 위험자산에 대해서는 그 위험에 상응하는 위험프리미엄만큼 더 많은 수익을 원한다는 것을 말해 준다. 한편 이 식은 자본자산가격결정모형(CAPM : capital asset pricing model)의 핵심적인 결과이다.

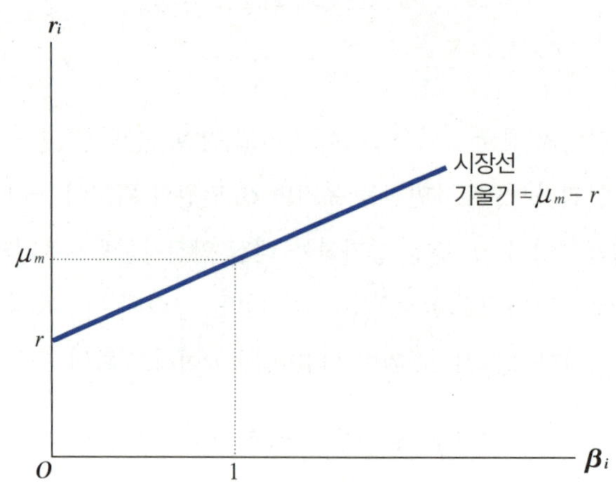

이 식을 그림으로 나타내면 위와 같다. 균형에서 자산들은 그 특성이 이 선상에 있는 점으로 나타난다.

f. 어떤 자산의 기대수익이 시장선(market line) 위에 있다고 하자. 이것은 수식으로는

$$r_i > r + \beta_i(\mu_m - r)$$

이 성립한다는 것을 의미한다. 한편 이 수식은 그 자산에 대한 수익이 안전자산의 수익에 위험프리미엄을 더한 값보다 크다는 것을 의미한다. 이 식을

$$r_i - \beta_i(\mu_m - r) > r$$

로 바꾸어 써 보자. 이것은 위험이 조정된 기대수익이 안전자산의 수익보다 높다는 것을 의미한다. 이 경우 이 자산은 다른 자산들보다 더 많은 수익을 가져다주므로 사람들은 이 자산을 구입하려고 할 것이다. 그 결과 그 자산의 가격은 올라간다. 가격이 올라갈 경우 수익은 줄어든다. 말하자면 싸게 살수록 수익은 더 높아지는데 값이 올라 비싸지면 그것을 사더라도 수익 자체는 줄어든다는 것이다. 물론 이때 기대수익은 다시 시장선에 놓일 때까지 떨어질 것이다.

g. (i) β는 해당 자산의 수익과 시장포트폴리오의 수익 사이의 이론적 회귀분석 계수로 간주할 수 있다. 그런데 보통의 경우 회귀분석 계수는 β로 나타내기 때문에 β라는 표기를 사용하게 되었다.

(ii) CAPM은 주어진 기대보수를 얻는다는 제약 아래 자산수익의 분산을 극소화함으로써 얻어진다. 그런데 2기간 모형일 경우 그 결과는 기대효용극대화로부터 얻은 결과와 같아진다. 보다 일반적으로 볼 때 모든 자산의 분포가 정규분포이고 효용함수가 이차함수일 경우에는 CAPM과 기대효용모형은 같은 결과를 얻는다.

(iii) 기대효용모형을 사용한 결과를 검토해 보자. 그 수익이 재산과 양의 상관관계를 가지고 있는 자산을 생각해 보자. 즉, 재산이 증가할 경우 수익도 증가하는 자산을 생각해 보자. 한편 위험회피라는 것은 재산이 증가함에 따라 재산의 한계효용이 감소한다는 것이므로 그러한 자산의 수익은 한계효용과 음의 상관관계를 지닌다. 그러므로 위험을 보상하기 위해서는 그러한 자산의 기대수익은 안전자산의 수익보다 높아야 한다. 반면에 재산과 음의 상관관계를 지니는 자산의 기대수익은 안전자산의 수익보다 낮다. 직관적으로 볼 때 재산과 음의 상관관계를 지니는 자산은 위험을 줄이는 데 상당히 중요하게 작용한다. 그러므로 사람들은 그러한 자산을 소유하는 대신 기대수익을 희생할 의향이 있다고 볼 수 있다.

(iv) 자산선택모형에서 얻는

$$\mu = \frac{\mu_X - r}{\sigma_X}\sigma + Ar$$

이라는 식은 앞에 나타난

$$r_i = r + \beta_i(\mu_m - r)$$

과 원리적으로 같다. 즉,

$$\mu = \frac{\mu_X - r}{\sigma_X}\sigma + Ar$$

을

$$\mu = Ar + \frac{\sigma}{\sigma_X}(\mu_X - r)$$

로 바꾸어 표현하고 이때 $\frac{\sigma}{\sigma_X}$를 β로 생각해 보면 그 의미가 보다 분명해진다.

17.15 기대효용극대화-상황선호접근법 이용 : 위험에 대한 태도에 따른 선택

나쁜 상황이 발생할 확률을 p_b라고 하고 좋은 상황이 발생할 확률을 p_g라고 하자. 그리고 조건부 상품 w_b, w_g의 가격을 각각 q_b, q_g라고 하자.

a. 조건부 상품이 공정하면 위험회피자는 위험을 완전히 회피한다는 것을 보이시오.

b. 홍길동은 위험회피자라고 하자. 이 경우 $\frac{q_b}{q_g} > \frac{p_b}{p_g}$일 때 홍길동의 선택과 그 경제적 의미에 대해 말하시오.

c. 이태백은 위험중립자라고 한다. $\frac{q_b}{q_g} > \frac{p_b}{p_g}$일 경우 그의 선택에 대해 말하시오.

d. 위험중립자의 경우 무차별곡선과 등기대치선의 관계를 보이시오.

KEY ▶ 위험중립자의 경우 등기대치선을 무차별곡선으로 생각해도 좋다. 예산선의 기울기가 등기대치선의 기울기보다 급할 경우 유리한 내기라고 해석할 수 있다. 위험중립자는 위험에 대해 무차별하기 때문에 기대효용을 극대화하는 선택과 기대소득을 극대화하는 선택의 결과가 같아진다. 위험중립자는 유리한 내기에 참가한다.

풀이

a. 조건부상품시장이 공정하다는 것은 $\frac{q_b}{q_g} = \frac{p_b}{p_g}$라는 것을 말한다. 한편 기대효용극대화 문제는

$$\underset{w_b,\, w_g}{Max}\ EU = p_b U(w_b) + p_g U(w_g)$$
$$s.t. \quad q_b w_b + q_g w_g = w_0$$

이다. 이로부터 기대효용 극대화의 일차필요조건을 구하면

$$MRS \left[= \frac{p_b MU(w_b)}{p_g MU(w_g)} \right] = \frac{q_b}{q_g}$$

가 된다. 이때 조건부상품시장이 공정하면, 즉 $\frac{q_b}{q_g} = \frac{p_b}{p_g}$이면 위 식으로부터

$$\frac{MU(w_b)}{MU(w_g)} = 1$$

이 성립한다. 그런데 효용함수는 단조증가하므로 $w_b = w_g$가 성립한다. $w_b = w_g$라는 것은 좋은 상황이 발생하든 나쁜 상황이 발생하든 그 결과가 같아지도록 선택 행위를 조정한다는 것을 말한다. 즉, 위험을 완전히 회피한다는 것을 말한다. 물론 이때 $w_b = w_g$가 성립하므로 최적선택은 확실선 상에 놓인다.

b. 예산선의 기울기가 등기대치선의 기울기보다 급하므로 유리한 내기라고 볼 수 있다. 이것은 w_b를 얻는 데 드는 기회비용이 크다는 것을 의미한다. 즉, 나쁜 상황일 때의 소비를 확보하는 것이 상대적으로 비싸다고 볼 수 있다. 그러므로 이 경우 위험회피자는 비싼 기회비용을 치르고 나쁜 상황에서의 소비를 얻기보다는 그 일부를 좋은 상황에서의 소비로 대체한다. 어느 정도 도박을 하는 것이다. 즉, 어느 정도의 위험을 감수한다는 것이다. 이것은 확실성선에서 벗어나 w_g가 w_b보다 커지도록 선택하는 것을 의미한다.

이러한 상황은 내기일 경우에는 유리한 내기에서 발생하고 보험일 경우에는 불공정한 보험에서 발생한다. 유리한 내기나 불공정한 보험에서는 나쁜 상황에서의 소비를 확보하려면 그 기회비용(좋은 상황에서의 소비 포기)이 크다는 것으로부터 이러한 사실을 추론할 수 있다.

c. 유리한 내기이므로 위험중립자인 이태백은 w_g가 가장 커지도록 선택한다. 구체적으로 살펴보자. 위험중립자일 경우 효용함수는 선형이 된다. 효용함수가 선형일 경우에는 기대효용을 극대화할 때의 선택은 기대소득을 극대화할 때의 선택과 같아진다. 그러므로 이 경우 기대효용을 극대화하는 문제는 기대소득을 극대화하는 문제로 바꾸어서 풀어도 된다. 결국 위험중립자는 위험은 고려하지 않고 다만 기대소득이 커질수록 좋아한다는 것이다. 한편 기대소득을 극대화하는 문제를 풀 경우에는 등기대치선을 사용하게 된다. 그런데 이 경우 예산선의 기울기가 등기대치선의 기울기보다 급하므

로 가능한 한 w_g의 소비를 늘린다. 물론 이때 모퉁이해를 얻는다.

d. 위험중립자의 무차별곡선은 직선으로 나타나며 그 기울기는 등기대치선의 기울기와 같다. 이에 대해 살펴보자. 무차별곡선이 직선이라는 것은 효용함수가 선형이라는 것을 의미한다. 이때 효용함수를 $U(w)=a+bw$라고 하자. 한편 기대효용은

$$EU(w)=p_bU(w_b)+p_gU(w_g)$$

이다. 그러므로 효용함수가 선형일 경우 기대효용은

$$EU(w)=p_b(a+bw_b)+p_g(a+bw_g)$$

가 된다. 이때 무차별곡선은

$$C=p_b(a+bw_b)+p_g(a+bw_g),\ \text{즉 } w_g=-\frac{p_b}{p_g}w_b+\frac{C-p_ba-p_ga}{p_gb}\quad (c:\text{상수}) \tag{1}$$

가 된다.

한편 기대소득은 $E(w)=p_bw_b+p_gw_g$이다. 그러므로 등기대치선은

$$k=p_bw_b+p_gw_g,\ \text{즉 } w_g=-\frac{p_b}{p_g}w_b+\frac{k}{p_g} \tag{2}$$

가 된다.

식 (1)과 식 (2)는 그 기울기가 같다. 또한 폰노이만-모겐스턴 효용함수는 양의 선형류변환(positive affine transformation)을 하여도 변환 이전과 같은 선호순서를 나타낸다는 점을 고려하면 등기대치선을 무차별곡선으로 해석해도 좋다.

17.16 기대효용극대화-상황선호접근법 이용 : 내기 분석

홍길동이 황진이와 돈을 걸고 내기를 한다고 하자. 동전을 굴려서 앞면이 나오면 홍길동이 내기에 건 금액을 황진이가 가져가고 뒷면이 나오면 내기에 건 금액에 그 금액의 2배를 얹어서 홍길동이 황진이로부터 받는다고 하자. 처음에 홍길동에게는 10만원이 있었다고 하자.

a. 등기대치선을 식으로 나타내시오.

b. 예산선을 식으로 나타내시오.

c. 이 내기는 홍길동의 입장에서 볼 때 유리한 내기인가, 공정한 내기인가, 또는 불리한 내기인가?

d. 홍길동의 효용함수가 $U(w)=\sqrt{w}$라고 하자. 이 경우 홍길동은 얼마를 내기에 걸겠는가?

e. 홍길동의 효용함수가 $U(w) = w^2$이라고 하자. 이 경우 홍길동은 얼마를 내기에 걸겠는가?

f. 홍길동의 효용함수가 $U(w) = 2w$라고 하자. 이 경우 홍길동은 얼마를 내기에 걸겠는가?

KEY ▶ 상황선호접근법을 이용하여 푸는 문제이다. 예산선을 정확하게 구하는 것이 중요하다. 그 다음 위험을 대하는 태도에 따라 선택이 어떻게 달라지는가를 파악할 수 있어야 한다.

풀이

a. 앞면이 나오는 상황을 나쁜 상황이라고 하고 뒷면이 나오는 상황을 좋은 상황이라고 하자. 그리고 나쁜 상황이 발생할 확률을 p_b라고 하고 그때의 재산을 w_b로 나타내자. 또한 좋은 상황이 발생할 확률을 p_g라고 하고 그때의 재산을 w_g로 나타내자. 이 경우 등기대치선의 식은 $E(w) = p_b w_b + p_g w_g = k$ (일정)이다. 그런데 p_b와 p_g가 모두 $\frac{1}{2}$로서 같다. 따라서 등기대치선은

$$\frac{1}{2} w_b + \frac{1}{2} w_g = k(\text{일정}) \tag{1}$$

로 나타난다. $k = 10$일 경우가 그림에 그려져 있다.

b. 내기에 건 금액을 x라고 하자. 그러면

$$w_b = 10 - x \tag{2}$$

$$w_g = 10 - x + 3x = 10 + 2x \tag{3}$$

가 된다. 두 식에서 x를 소거하여 관계식을 구하면

$$2w_b + w_g = 30 \tag{4}$$

이 되며 식 (2)에서 x는 양의 값을 가지므로 $w_b \leq 10$이다. 식 (4)가 바로 예산식이다. 이 예산식의 양변에 $\frac{1}{3}$을 곱해 주어서

$$\frac{2}{3} w_b + \frac{1}{3} w_g = 10 \tag{5}$$

으로 표현해 줄 수도 있다. 이렇게 표현할 경우 홍길동이 처음에 가지고 있던 10만원으로 가격이 각각 $\frac{2}{3}$와 $\frac{1}{3}$인 조건부상품을 구입한다는 의미가 보다 확실하게 드러난다. 한편 예산선 기울기의 절대값이 2가 되는 이유는 나쁜 상황이 발생할 경우 (추가로) 1만원을 잃는 데 반해 좋은 상황이 발생할 경우 (추가로) 2만원을 따기 때문이다. 바꾸어 말하면 '나쁜 상황이 발생할 경우의 (추가) 1만원' 을 얻으려면(확보하려면) 좋은 상황이 발생할 경우 (추가로) 2만원을 딸 수 있는 기회를 포기해야 하기 때문이다. 즉, 나쁜 상황에서의 1만원을 얻기 위한 기회비용이 좋은 상황에서의 2만원이기 때문이다.

한편 예산선을 간단하게 찾을 수도 있다. 홍길동이 내기에 한 푼도 걸지 않을 경우에는 좋은 상황이 발생하든 나쁜 상황이 발생하든 항상 10만원을 가지게 된다. 이러한 상태는 다음 그림에 확실성선 상의 점 $w(10, 10)$으로 나타나 있다. 반면에 홍길동이 10만원을 모두 내기에 걸 경우에는 나쁜 상황이 발생하면 0원을 지니게 되고 좋은 상황이 발생하면 30만원을 지니게 된다. 즉, 세로축의 점 (0, 30)에 놓이게 된다. 이 두 점을 지나는 직선의 방정식을 구하면 그것이 바로 예산선의 식이 된다.

c. (i) 유리한 내기인지의 여부는 내기를 건 후의 기대치와 최초의 소득을 비교해 보면 알 수 있다. 이 경우 기대치는

$$E(w) = \frac{1}{2}w_b + \frac{1}{2}w_g = \frac{1}{2}(10 - x) + \frac{1}{2}(10 + 2x) = 10 + \frac{1}{2}x$$

이다. 그런데 이 기대치는 최초의 소득 10보다 크다. 그러므로 이 내기는 유리한 내기로 판단할 수 있다.

(ii) 이 내기가 유리한 내기인지 아닌지는 시장승산(market odds)과 확률적 승산(probabilistic odds)을 비교해 보아도 알 수 있다. 나쁜 상황이 발생할 경우 1원을 잃는다면 좋은 상황이 발생할 경우 2원을 얻는다. 그러므로 시장승산은 $\frac{2}{1} = 2$이다. 이것은 예산식에 나타나 있는 상황조건부상품의 가격인 $\frac{2}{3}$와 $\frac{1}{3}$의 비율과도 같다. 한편 동전의 앞이 나올 확률(p_b)과 뒤가 나올 확률(p_g)은 각각 $\frac{1}{2}$이므로 확률적 승산은 $\frac{p_b}{p_g} = 1$이다. 이 경우 시장승산인 2가 확률적 승산인 1보다 크므로 홍길동에게 유리한 내기이다.

(iii) 끝으로 이 내기가 유리한 내기인지 아닌지는 등기대치선과 예산선의 기울기를 비교해 보아도 알 수 있다. 이 경우 그림에서 보듯이 예산선 식 (4)의 기울기의 절대

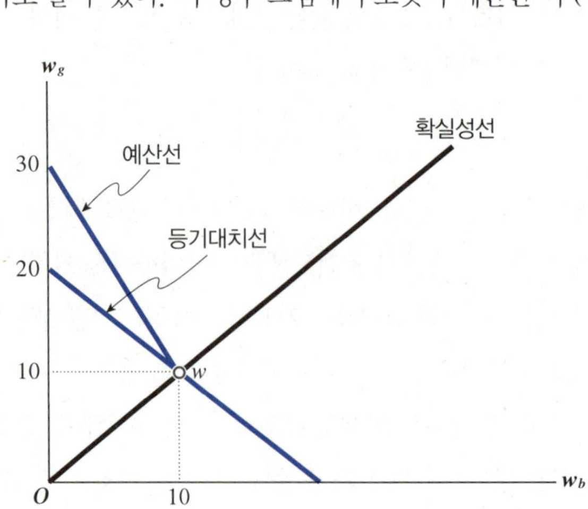

값 2가 등기대치선 식 (1)의 기울기의 절대값은 1보다 크므로 이 내기는 홍길동에게 유리한 내기이다.

d. 홍길동의 기대효용함수는

$$EU(w) = p_b U(w_b) + p_g U(w_g) = \frac{1}{2}\sqrt{w_b} + \frac{1}{2}\sqrt{w_g} \tag{6}$$

이다. 그러므로 예산선이 식 (4)와 같이 주어졌을 때 그의 기대효용극대화 문제는

$$\underset{w_b,\, w_g}{Max}\ EU(w) = \frac{1}{2}\sqrt{w_b} + \frac{1}{2}\sqrt{w_g} \tag{7}$$

$$s.t. \quad 2w_b + w_g = 30,\ (0 \le w_b \le 10)$$

이 된다.

한편 효용함수가 $U(w) = \sqrt{w}$로 주어졌으므로 한계효용은 $U' = \frac{1}{2}w^{-\frac{1}{2}}$이다. 이때 $U'' = -\frac{1}{4}w^{-\frac{3}{2}} < 0$이다. 즉, 한계효용은 체감한다. 한계효용이 체감하므로 홍길동은 위험회피자이며 그의 무차별곡선은 원점에 대해 볼록한 부드러운 곡선이 된다. 따라서 이 문제는 라그랑지함수를 이용하여 풀 수 있다. 여기서는 라그랑지함수를 이용하여 일일이 푸는 대신 그러한 풀이로부터 얻은 결과로서 우리가 이미 알고 있는 기대효용극대화 조건을 이용하자.

기대효용극대화 조건은

$$MRS_{w_b w_g} = \frac{q_b}{q_g} \tag{8}$$

이다. 이때 q_b와 q_g는 각각 상황조건부상품 w_b와 w_g의 가격이다. 그런데

$$MRS_{w_b w_g} = \frac{p_b MU(w_b)}{p_g MU(w_g)} = \frac{\frac{1}{2}\frac{1}{2}w_b^{-\frac{1}{2}}}{\frac{1}{2}\frac{1}{2}w_g^{-\frac{1}{2}}} = \frac{\sqrt{w_g}}{\sqrt{w_b}} \tag{9}$$

$$\frac{q_b}{q_g} = 2 \tag{10}$$

이다. 식 (9)와 식 (10)을 식 (8)에 대입한 후 정리하면

$$w_g = 4w_b \tag{11}$$

를 얻는다. 식 (11)을 예산식인 식 (4)에 대입하면 $w_b = 5$, $w_g = 20$으로 구해진다. 이것을 식 (2)와 식 (3)에 각각 대입하면 $x = 5$를 얻는다. 이것은 그림에서처럼 홍길동이 5만원을 내기에 건다는 것을 말한다.

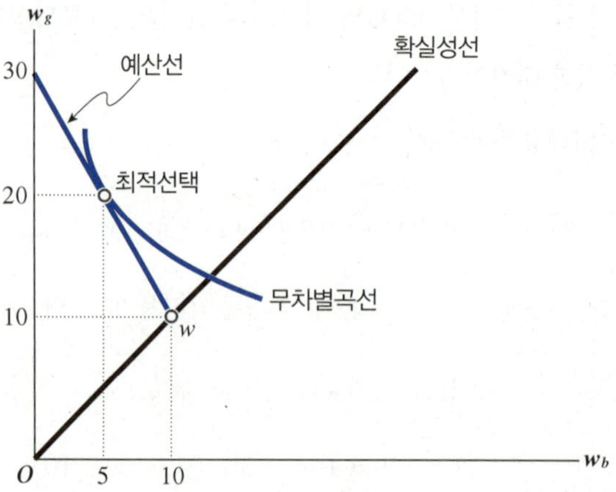

참고로 무차별곡선인 $\frac{1}{2}\sqrt{w_b}+\frac{1}{2}\sqrt{w_g}=c$(일정)를 전미분하여 정리하면 MRS $-\frac{dw_g}{dw_b}=\frac{w_b^{-\frac{1}{2}}}{w_g^{-\frac{1}{2}}}$이다. 이것을 w_b에 대해 편미분하면 $\frac{\partial MRS}{\partial w_b}=-\frac{1}{2}\frac{w_b^{-\frac{3}{2}}}{w_g^{-\frac{1}{2}}}<0$을 얻는데 이 결과를 근거로 한계대체율이 체감하므로 무차별곡선이 원점에 대해 볼록한 부드러운 곡선이 된다고 말하면 오류이다. 굳이 계산을 통해 보여주려면 전미분의 개념이 적용되어야 한다.

직관적으로 보자면 식 (9)의 둘째 변에서 w_b가 커질 경우 한계효용 체감에 따라 분자가 작아지며 이와 동시에 무차별곡선 상에서 w_b가 커질 경우 w_g가 작아지면서 한계효용 체증에 따라 분모는 커진다. 따라서 좌변의 MRS가 작아진다.

e. 예산선의 식은 앞 문항과 같다. 이 경우 홍길동의 기대효용함수는

$$EU(w)=p_bU(w_b)+p_gU(w_g)=\frac{1}{2}w_b^2+\frac{1}{2}w_g^2 \qquad (12)$$

이다. 그러므로 그의 기대효용극대화 문제는

$$\underset{w_b,\,w_g}{Max}\ EU(w)=\frac{1}{2}w_b^2+\frac{1}{2}w_g^2 \qquad (13)$$
$$s.t.\quad 2w_b+w_g=30,\ (0\le w_b\le 10)$$

이 된다. 한편 주어진 효용함수에 대해 한계효용은 $U'=2w$이다. 이때 $U''=2>0$이다. 즉, 한계효용이 체증한다. 한계효용이 체증하므로 홍길동은 위험애호자이며 그의 무차별곡선은 원점에 대해 오목한 부드러운 곡선이 된다.

홍길동이 위험애호자인데 이 내기가 문항 c.에서 본 것처럼 홍길동에게 유리한 내기이므로 그림에서 보듯이 그는 10만원을 모두 내기에 건다. 즉, 모퉁이해를 갖는다. 무차별곡선이 원점에 대해 오목하기 때문에 미분을 통해 해결할 수 없다.

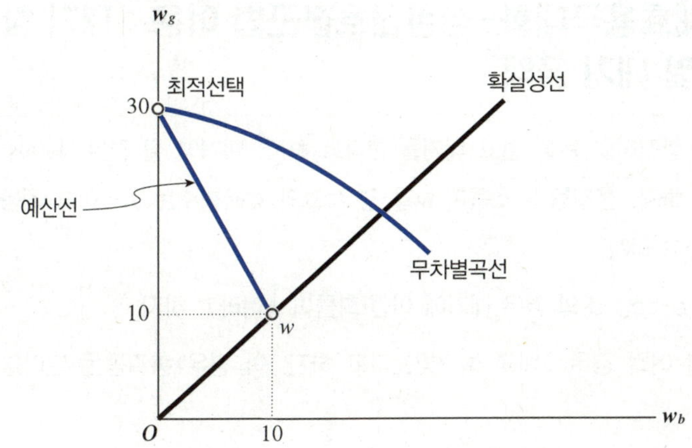

f. 예산선의 식은 앞 문항과 같다. 홍길동의 기대효용함수는

$$EU(w) = p_b U(w_b) + p_g U(w_g) = \frac{1}{2} \cdot 2w_b + \frac{1}{2} \cdot 2w_g \qquad (14)$$

이다. 그러므로 그의 기대효용극대화 문제는

$$\underset{w_b,\ w_g}{Max}\ EU(w) = \frac{1}{2} \cdot 2w_b + \frac{1}{2} \cdot 2w_g \qquad (15)$$

$$s.t. \quad 2w_b + w_g = 30\ ,\ (0 \le w_b \le 10)$$

이 된다. 한편 주어진 효용함수에 대해 한계효용은 $U' = 2$이다. 즉, 한계효용이 일정하다. 이 경우 홍길동은 위험중립자이며 그의 무차별곡선은 직선이 된다.

홍길동이 위험중립자인데 이 내기가 홍길동에게 유리한 내기이므로 그림에서 보듯이 그는 10만원을 모두 내기에 건다. 즉, 모퉁이해를 갖는다. 이 경우도 단순한 미분조건을 적용하여 해결할 수 없다.

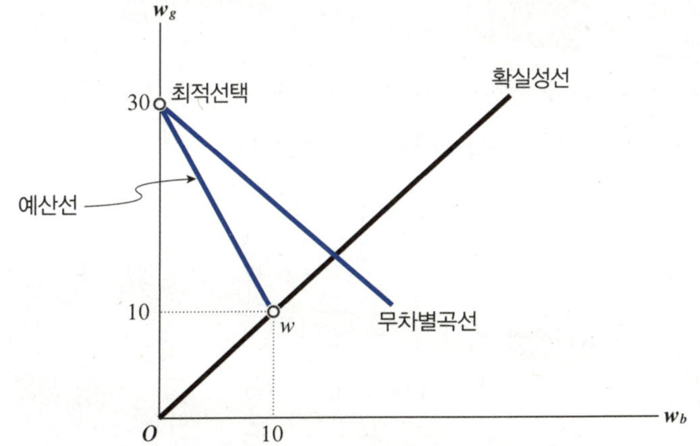

17.17 기대효용극대화-상황선호접근법 이용 : 내기 참여 여부 조건 및 내기 금액

홍길동이 황진이와 돈을 걸고 내기를 한다고 하자. 내기에 질 경우 내기에 건 금액을 모두 잃는다고 하자. 홍길동의 소득이 w일 경우 그의 효용함수는 $\sqrt{w}$이고 처음에 10만원을 가지고 있다고 하자.

문항 a., b., c., d.의 경우 내기에 이길 확률이 $\frac{1}{2}$이라고 하자.

a. 내기에 이길 경우 a배를 돌려받는다고 하자. 이 경우 홍길동은 얼마를 내기에 걸겠는가?

b. 내기에 이길 경우 몇 배를 돌려받는다면 홍길동이 내기에 참여하지 않겠는가?

c. 내기에 이길 경우 몇 배를 돌려받는다면 홍길동이 내기에 참여하지 않겠는가? MRS와 예산선의 기울기 비교를 통해 답하시오.

d. 황진이가 내기에 질 경우 몇 배를 돌려준다면 황진이의 기대수익이 극대화되겠는가?

e. 내기에 이길 경우 내기에 건 금액에 2배를 얹어서 받으며 내기에 이길 확률이 p일 경우 어느 만큼을 내기에 걸겠는가?

f. 내기에 이길 경우 내기에 건 금액에 2배를 얹어서 받을 경우 홍길동이 내기에 참여하려면 이길 확률 p가 얼마이어야 하는가?

g. 내기에 이길 경우 내기에 건 금액에 2배를 얹어서 받을 경우 홍길동이 내기에 참여하려면 이길 확률 p가 얼마이어야 하는가? MRS와 예산선 기울기 비교를 통해 답하시오.

h. 이 내기가 유리한 내기가 되려면 이길 확률이 얼마이어야 하는가?

KEY ▶ MRS는 한계편익, 예산선 기울기는 한계(기회)비용으로 해석될 수 있다는 점에 주목하면 내기에 참여할 조건은 부존점에서 MRS와 예산선 기울기를 비교함으로써도 구할 수 있다.

풀이

a. 내기에 질 경우의 소득을 w_b, 내기에 이길 경우의 소득을 w_g라고 하자. 홍길동이 x만큼을 내기에 걸어 이길 경우 a배를 돌려받는다면

$$w_b = 10 - x \tag{1}$$

$$w_g = 10 - x + ax \tag{2}$$

이다. 이 식을 정리하면

$$(a-1)\,w_b + w_g = 10a \tag{3}$$

이다. 이것이 홍길동이 직면하는 예산제약식이다. 그러므로 홍길동의 기대효용극대

화 문제는

$$\underset{w_b,\, w_g}{Max}\ EU(w) = (1-p)U(w_b) + pU(w_g) = (1-p)\sqrt{w_b} + p\sqrt{w_g}$$
$$s.t.\quad (a-1)w_b + w_g = 10a$$

가 된다.

기대효용극대화 조건은 *MRS*와 예산선 기울기의 절대값이 같아지는 것이다. 그런데 기대효용함수로부터

$$MRS_{w_b w_g} = \frac{(1-p)MU(w_b)}{pMU(w_g)} \tag{4}$$

로 구해진다. 예산제약식으로부터 예산선 기울기의 절대값은 $a-1$로 구해진다. 따라서 기대효용극대화 조건은

$$\frac{(1-p)MU(w_b)}{pMU(w_g)} (= MRS_{w_b w_g}) = a-1 \tag{5}$$

이다. 여기에 문제에서 주어진 값들을 대입하면

$$MRS_{w_b w_g} = \frac{(1-p)MU(w_b)}{pMU(w_g)} = \frac{\frac{1}{2}\frac{1}{2}w_b^{-\frac{1}{2}}}{\frac{1}{2}\frac{1}{2}w_g^{-\frac{1}{2}}} = \frac{w_g^{\frac{1}{2}}}{w_b^{\frac{1}{2}}} = a-1 \tag{6}$$

을 얻는다. 식 (3)과 식 (6)을 연립으로 풀면

$$w_b^* = \frac{10}{a-1},\quad w_g^* = 10(a-1)$$

을 얻는다. 따라서 식 (1)로부터

$$x^* = 10 - w_b^* = 10 - \frac{10}{a-1} = \frac{10a-20}{a-1} \tag{7}$$

이다.

b. 내기에 참여하지 않는다는 것은 $x^* \leq 0$임을 의미한다. 상황조건부상품을 사용하여 표현하면 $w_b^* \geq 10$, $w_g^* \leq 10$이다. 이로부터 $a \leq 2$를 얻는다.

홍길동의 효용함수로부터 한계효용이 체감함을 알 수 있다. 그러므로 홍길동은 위험회피자인데 위험회피자의 경우 불리하거나 공정한 내기에는 참여하지 않는다. 이러한 점에 비추어 앞의 내기가 불리한 내기이거나 공정한 내기가 될 조건을 찾아보자. 불리한 내기는 기대소득 $E(w)$가 최초의 소득 w_0보다 작은 내기이고 공정한 내기는 기대소득 $E(w)$가 최초의 소득 w_0와 같은 내기이다. 그러므로 $p = \frac{1}{2}$일 경우 위의 내기가 불리한 내기이거나 공정한 내기가 될 조건은

$$E(w) = \frac{1}{2}w_b + \frac{1}{2}w_g = \frac{1}{2}(10-x) + \frac{1}{2}(10-x+ax) \leq 10 = w_0$$

이다. 즉,

$$a \le 2$$

이다. 그런데 이 조건은 앞서 구한 조건과 같다.

c. [그림 A]에서 보듯이 (10, 10)에서 평가한 MRS의 값이 예산선 기울기의 절대값보다 크거나 같을 경우 홍길동은 내기에 참여하지 않는다. (10, 10)에서 평가한 MRS의 값이 예산선 기울기의 절대값보다 크거나 같다는 것은 (10, 10)에서 w_b 구입으로부터 얻는 한계편익이 w_b 구입에 드는 한계비용보다 크거나 같다는 것을 의미하므로 이 경우 (10, 10)에서 홍길동은 w_b의 소비를 줄이지 않을 것이기 때문이다. 따라서 내기에 참여하지 않을 조건은

$$MRS_{w_b w_g} = \frac{(1-p)MU(w_b)}{pMU(w_g)} = \frac{\frac{1}{2}\frac{1}{2}w_b^{-\frac{1}{2}}}{\frac{1}{2}\frac{1}{2}w_g^{-\frac{1}{2}}} = \frac{w_g^{\frac{1}{2}}}{w_b^{\frac{1}{2}}} = \frac{\sqrt{10}}{\sqrt{10}} \ge a-1$$

이다. 이로부터 $a \le 2$를 얻는다. 물론 이 조건은 문항 b.에서 구한 조건과 같다.

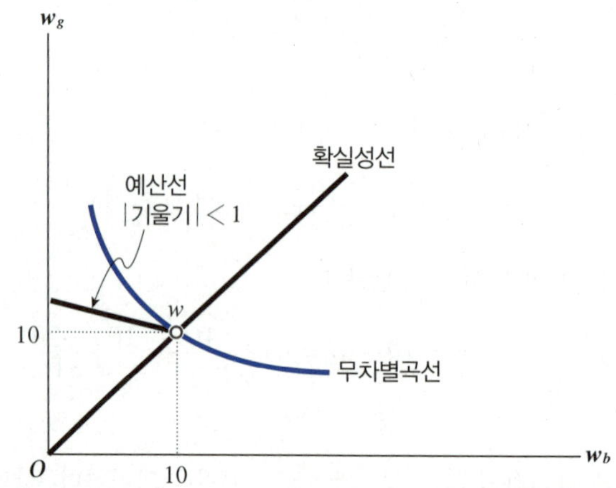

[그림 A]

d. 식 (1)과 식 (2)에서 보듯이 황진이는 내기에서 이길 경우 x를 받고 질 경우 $-x+ax$를 지급한다. 그런데 황진이가 이길 확률과 질 확률이 각각 $\frac{1}{2}$이므로 수익을 π라고 하면 기대수익은

$$E(\pi) = \frac{1}{2}x - \frac{1}{2}(a-1)x \tag{8}$$

가 된다. 식 (8)에 식 (7)을 대입하면

$$E(\pi) = \frac{1}{2}x - \frac{1}{2}(a-1)x = \left(5 - \frac{5}{a-1}\right) - [5(a-1) - 5] = 10 - \frac{5}{a-1} - 5(a-1)$$

이 된다.

기대수익극대화의 일차필요조건은

$$\frac{dE(\pi)}{da} = \frac{5}{(a-1)^2} - 5 = 0$$

이 된다. 이로부터

$$a = 0 \text{ 또는 } a = 2$$

를 얻는다. 식 (2)에서 볼 때 $a = 0$일 경우 내기가 성립되지 않는다. 따라서 황진이의 기대수익을 극대화하려면

$$a = 2$$

로 정해야 한다.

홍길동이 위험회피자이므로 불리한 내기에는 참여하지 않는다. 그런데 홍길동에게 유리한 내기의 경우 홍길동이 조금이라도 내기에 걸면 황진이의 기대수익은 음이 된다. 따라서 위험회피자인 홍길동이 내기에 전혀 참여하지 않는 공정한 내기가 황진이의 기대수익을 가장 크게 만든다. 물론 이때 황진이의 기대수익은 0이 된다.

e. 내기에 이길 경우 내기에 건 금액에 2배를 얹어서 받을 경우 식 (3)에서 $a = 3$이 된다. 따라서 식 (3)은

$$2w_b + w_g = 30 \tag{9}$$

이 된다. 식 (9)으로부터 예산선 기울기의 절대값은

$$\frac{q_b}{q_g} = 2 \tag{10}$$

로 구해진다. 여기서 q_b와 q_g는 각각 상황조건부상품의 가격을 나타낸다.

한편 기대효용극대화 조건은 식 (5)이다. 해당되는 값들을 식 (5)에 대입하면

$$MRS_{w_b w_g} = \frac{(1-p)MU(w_b)}{pMU(w_g)} = \frac{(1-p)\frac{1}{2}w_b^{-\frac{1}{2}}}{(p)\frac{1}{2}w_g^{-\frac{1}{2}}} = \frac{(1-p)w_g^{\frac{1}{2}}}{pw_b^{\frac{1}{2}}} = 2\left(=\frac{q_b}{q_g}\right) \tag{11}$$

가 된다. 식 (9)과 식 (11)을 연립으로 풀면

$$w_b^* = \frac{15(1-p)^2}{(1-p)^2 + 2p^2},\ w_g^* = \frac{60p^2}{(1-p)^2 + 2p^2}$$

을 얻는다. 그러므로

$$x^* = 10 - w_b^*$$

이다.

f. 내기에 참여하는 경우는

$$x^* = 10 - w_b^* > 0$$

일 경우이다. 즉

$$w_b^* = \frac{15(1-p)^2}{(1-p)^2 + 2p^2} < 10$$

일 경우이다. 이 부등식을 풀면

$$(3p-1)(p+1) > 0$$

이다. 그런데 $p + 1 > 0$이므로

$$p > \frac{1}{3}$$

을 얻는다.

g. [그림 B]에서 보듯이 (10, 10)에서 평가한 MRS의 값이 예산선 기울기의 절대값보다 작을 경우 내기에 참여한다. (10, 10)에서 평가한 MRS의 값이 예산선 기울기의 절대값보다 작다는 것은 (10, 10)에서 w_b 소비로부터 얻는 한계편익이 w_b 구입에 드는 한계비용보다 작다는 것을 의미하므로 이 경우 홍길동은 (10, 10)에서 w_b의 소비를 줄일 것이기 때문이다. 문항에서 요구하는 것은 이렇게 되도록 만드는 확률의 크기를 구하라는 것이다.

내기에 이길 경우 내기에 건 금액에 2배를 얹어서 받을 경우 예산제약식과 예산선의 기울기는 식 (9)과 식 (10)으로 구해졌다.

한편 (10, 10)에서 평가한 MRS의 값은

$$MRS_{w_b w_g} = \frac{(1-p)MU(w_b)}{pMU(w_g)} = \frac{(1-p)\frac{1}{2}w_b^{-\frac{1}{2}}}{(p)\frac{1}{2}w_g^{-\frac{1}{2}}} = \frac{(1-p)w_g^{\frac{1}{2}}}{pw_b^{\frac{1}{2}}} = \frac{(1-p)\sqrt{10}}{p\sqrt{10}} = \frac{1-p}{p} \quad (12)$$

이다. 그러므로 내기에 참여할 조건은 식 (10)과 식 (12)가

$$MRS_{w_b w_g} = \frac{1-p}{p} < \frac{q_b}{q_g} = 2$$

의 관계를 가지는 것이다. 즉,

$$p > \frac{1}{3}$$

이다. 이것은 물론 문항 f.에서 얻은 결과와 같다.

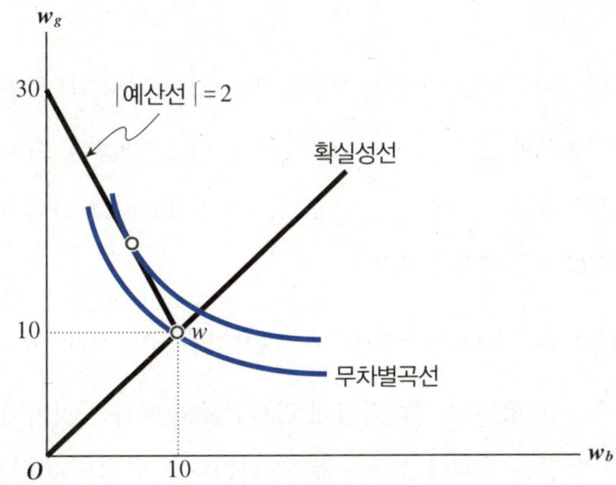

[그림 B]

h. 유리한 내기가 될 조건은 기대수익 $E(w)$가 양일 조건으로서

$$E(w) = (1-p)\,w_b + pw_g = (1-p)(w_0 - x) + p\,(w_0 - x + 3x) > w_0$$

이다. 즉,

$$p > \frac{1}{3}$$

이다. 그런데 이것은 문항 f.와 문항 g.에서 구한 조건과 같다. 이로부터 홍길동이 내기에 참여할 조건은 내기가 유리한 내기일 조건과 같다는 것을 알 수 있다.

17.18 위험에 대한 태도와 복권 구입

w_0의 재산을 가진 개인이 당첨될 확률이 p인 복권을 사는 경우를 생각해 보자. 당첨되었을 경우 상금은 B이고 복권 가격은 qB라고 한다.

a. 예산선을 그림으로 나타내고 그 특성을 보험의 경우와 비교하시오.

b. 복권 구입의 기대수익이 0일 경우 위험회피자의 최적선택을 나타내시오.

c. 복권 구입의 기대수익이 0일 경우 위험애호자의 최적선택을 나타내시오.

d. 복권 구입의 기대수익이 양일 경우 위험회피자의 최적선택이 갖는 특성을 말하시오.

e. 위험회피자의 경우 그 결과를 보험의 경우와 비교하시오.

KEY ▶ 복권을 상황조건부상품으로 취급하여 문제를 푸는 것이 좋다. 이때 예산식을 잘 세우는 것이 중요하다.

풀이

소득 w_0, 당첨확률 p, 당첨 상금 B, 복권가격 qB가 주어져 있다.

a. (i) 당첨될 경우의 소득은 w_0+B-qB가 되고 당첨이 되지 않을 경우의 소득은 w_0-qB가 된다. 그러므로 기대효용함수를 EU라고 나타내면 이것은 B의 함수가 된다. 그리고 극대화 문제는

$$\max_B \ EU(B)=(1-p)U(w_0-qB)+pU(w_0+B-qB)$$

이다. 즉, 기대효용을 극대화하기 위해 B를 선택하는 것이다.

이제 당첨될 경우의 소득을 w_g로 나타내고 당첨되지 않을 경우의 소득을 w_b라고 하자. 즉,

$$w_g=w_0+B-qB \tag{1}$$

$$w_b=w_0-qB \tag{2}$$

라고 놓자. 이제 B가 변하면 w_g와 w_b가 변한다. 그러므로 B를 선택하는 대신 w_g와 w_b를 선택하는 문제로 바꾸어 줄 수 있다. 이러한 측면에서 위 두 식을 연립으로 하여 B를 소거하자. 그러면

$$(1-q)w_b+qw_g=w_0$$

를 얻는다. 이것이 바로 예산제약식이다. 그러므로 최적화 문제는

$$\max_{w_b,\, w_g} \ (1-p)U(w_b)+pU(w_g)$$
$$s.t. \quad (1-q)w_b+qw_g=w_0$$

가 된다.

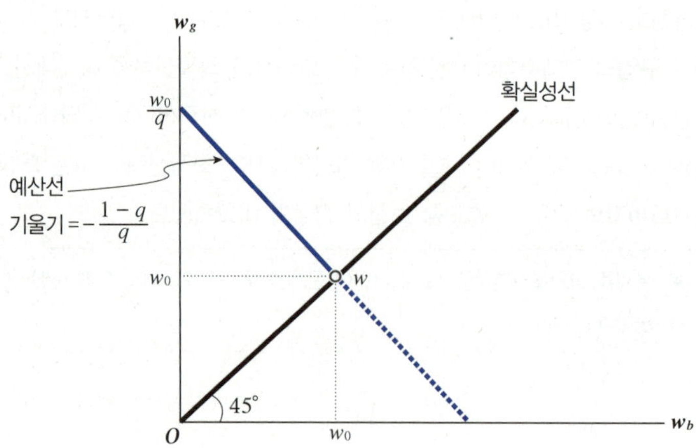

(ii) 보험의 경우에는 완전보험 구입이라는 선택이 확실성선 상에 놓인다. 그러나 복권의 경우에는 복권을 구입하지 않는다는 선택이 확실성선 상에 놓인다.

b. 복권 구입의 기대수익을 $\overline{\pi}$라고 하자. $\overline{\pi} = 0$일 경우,

$$\overline{\pi} = p(B - qB) + (1-p)(-qB) = 0$$

으로부터 $p = q$가 된다. 즉, 주어진 복권은 공정한 내기에 해당한다.

한편 기대효용은

$$EU = pU(w_g) + (1-p)U(w_b)$$

이다. 이로부터

$$MRS = \frac{(1-p)U'(w_b)}{pU'(w_g)}$$

로 구해진다. 최적선택에서는

$$MRS\left[= \frac{(1-p)U'(w_b)}{pU'(w_g)}\right] = \frac{(1-q)}{q}$$

가 성립한다. 그런데 $p = q$이므로 최적선택에서는 $w_b = w_g$가 된다. 따라서 문항 a.의 식 (1)과 식 (2)로부터 $B = 0$을 얻는다. 그러므로

$$w_b = w_g = w_0$$

가 된다. 즉, 복권을 구입하지 않는다.

주어진 복권은 공정한 내기에 해당하므로 등기대치선인 $pw_g + (1-p)w_b = k$의 기울기 $-\frac{1-p}{p}$는 예산선의 기울기와 같다. 직관적으로 볼 때 위험회피자는 공정한 내기에 참여하지 않는다.

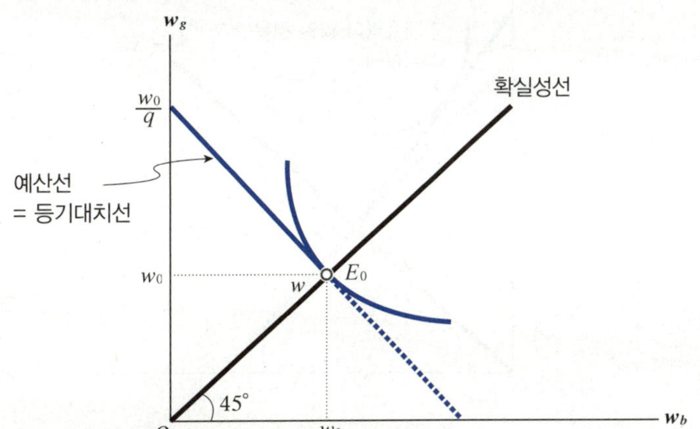

c. 그림에서 보듯이 $w_b = w_0 - qB = 0$이다. 그러므로 $w_0 = qB$가 성립한다. 즉, 소득 전액으로 복권을 구입한다. 직관적으로 볼 때 위험애호자는 공정한 내기에 전액을 건다.

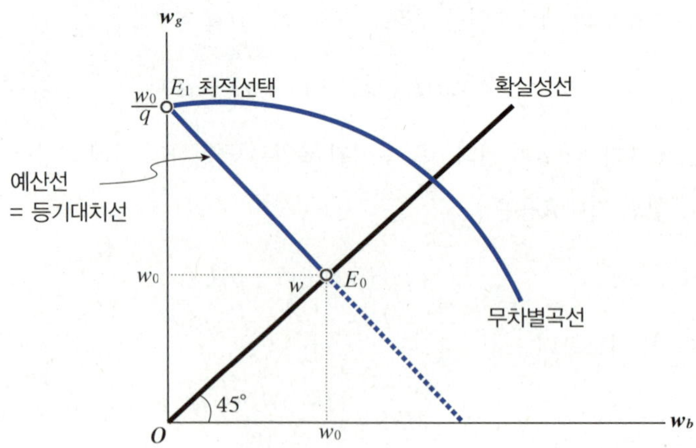

d. 최적선택에서는

$$MRS = \frac{(1-p)U'(w_b)}{pU'(w_g)} = \frac{(1-q)}{q}$$

이어야 한다. 그런데 기대수익이 양일 경우 $p > q$이므로, $U'(w_b) > U'(w_g)$가 성립한다. 그런데 여기서 한계효용함수는 단조감소함수이다. 따라서 $w_g > w_b$가 된다. 이 경우 식 (1)과 식 (2)로부터 $B > 0$이 된다는 것을 알 수 있다. 즉, 복권을 구입한다. 이러한 상황이 그림에 나타나 있다.

주어진 복권은 유리한 내기에 해당한다. 이때 예산선의 기울기는 등기대치선의 기울기보다 크다. 위험회피자는 유리한 내기에 참여한다.

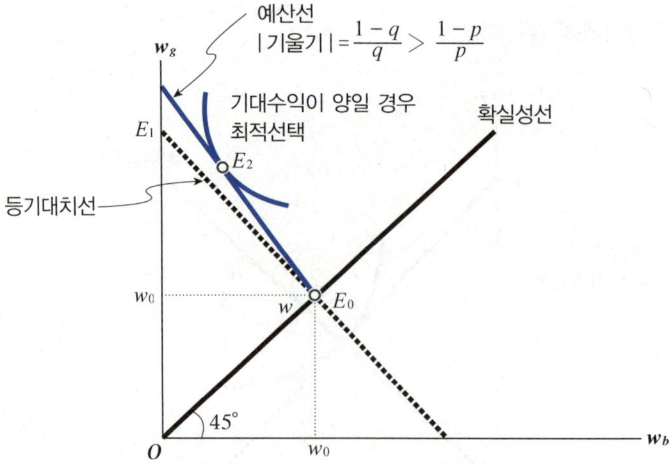

e. 보험 : 공정할 경우에는 완전보험을 구입하고, 불공정할 경우에는 부분보험을 구입한다.

복권 : 복권구입의 기대수익이 0일 경우에는 복권을 구입하지 않고, 복권구입의 기대수익이 양일 경우에는 일부 소득으로 복권을 구입한다.

17.19 기대효용극대화-상황선호접근법 이용 : 투자 분석

현재 투자 대상으로서 안전자산과 위험자산이 있다. 안전자산의 수익률은 0이다. 위험자산의 경우 40%의 수익을 올릴 수도 있고 20%의 손실을 입을 수도 있다. 그런데 수익을 올릴 확률과 손실을 입을 확률은 각각 50%로서 같다고 한다.

a. 이러한 상황에서 현재 황진이는 100만원은 안전자산에 투자하고 100만원은 위험자산에 투자하고 있다고 한다. 황진이는 위험회피자, 위험중립자, 또는 위험애호자 중에서 어느 유형에 속하는가?

b. 이제 홍길동이 등장한다고 하자. 홍길동은 황진이가 수익을 올릴 경우 그중에서 50%를 빼앗아가고 그 대신 황진이가 손실을 입을 경우 손실 금액의 50%를 보상해 준다고 하자. 이 경우 황진이는 위험자산과 안전자산에 각각 얼마를 투자하겠는가?

c. 위 문항 b.의 결과를 표를 그려서 설명하시오.

이제 안전자산의 수익률이 10%라고 하자.

d. 이러한 상황에서 이태백이 처음에 안전자산에 100만원, 위험자산에 100만원을 투자하고 있었다고 하자. 이태백은 위험회피자, 위험중립자, 또는 위험애호자 중에서 어느 유형에 속하는가?

e. 이러한 상황에서 홍길동이 등장하여 위 문항 b.와 같이 행동한다고 하자. 이때 투자 상태를 위 문항 b.와 비교하시오. 한편 안전자산의 수익은 홍길동의 등장에 관계없이 이태백이 모두 가진다고 하자.

KEY ▶ (i) 상황조건부상품의 경우 예산선이 어떻게 그려지는가를 파악하고 있어야 한다. (ii) 위험회피자, 위험중립자, 위험애호자의 무차별곡선의 모양에 대해서도 파악하고 있어야 한다. (iii) 위험회피자의 경우 공정한 투자일 때에는 위험을 완전히 회피한다. 위험중립자는 위험에 대해 무차별하기 때문에 기대소득을 극대화하는 것으로 생각해도 좋다. 위험중립자는 유리한 투자일 경우 전액 위험자산에만 투자한다.

풀이

a. 먼저 예산선을 구해 보자. 위험자산에 투자하는 금액을 x라고 하자. 그러면 좋은 상황에서의 부는

$$w_g = (200 - x) + (1 + 0.4)x \tag{1}$$

가 되고 나쁜 상황에서의 부는

$$w_b = (200 - x) + (1 - 0.2)x \tag{2}$$

가 된다. 식 (1)과 식 (2)에서 w_g와 w_b는 x를 매개로 하여 변화한다. 이 점에 주목하여 식 (1)과 식 (2)로부터 x를 소거하여 w_g와 w_b의 관계를 구하면

$$2w_b + w_g = 600$$

이 된다. 한편 x는 최대 200만원을 넘을 수 없다. 그러므로 $0 \leq x \leq 200$이다. 따라서 $160 \leq w_b \leq 200$, $200 \leq w_g \leq 280$이 된다. 이것이 황진이가 직면하는 예산선이다.

한편 좋은 상황이 발생할 확률과 나쁜 상황이 발생할 확률이 같으므로 등기대치선의 기울기는 -1이 된다.

직관적으로 볼 때 예산선 기울기의 절대값이 2가 되는 것은 위험자산의 수익구조를 염두에 두고 식 (1)과 식 (2)를 잘 관찰해 보아도 알 수 있다. 또한 예산선은 간편하게 구할 수도 있다. 구체적으로 볼 때 모두 안전자산에만 투자할 경우 어떤 상황이 발생하든 200만원을 지니게 된다. 이것이 그림에 점 c로 나타나 있다. 반대로 모두 위험자산에 투자할 경우에는 좋은 상황이 발생하면 280만원, 나쁜 상황이 발생하면 160만원을 지니게 된다. 이것이 그림에 점 a로 나타나 있다. 이 두 점을 잇는 선분이 바로 예산선이다.

이때 황진이의 기대효용 극대화 문제는

$$\underset{w_b,\, w_g}{Max}\ EU = \frac{1}{2}U(w_b) + \frac{1}{2}U(w_g)$$
$$s.t. \quad 2w_b + w_g = 600$$
$$(160 \leq w_b \leq 200,\ 200 \leq w_g \leq 280)$$

이 된다.

(i) 이러한 상황에서 황진이가 위험중립자라면 그의 효용함수는 선형이 된다. 그런데 현재 각 상황이 발생할 확률이 $\frac{1}{2}$로서 같기 때문에 무차별곡선의 기울기는 -1이 된다. 이때 그림에서 보듯이 예산선 상의 점들 중에서 원점에서 가장 먼 무차별곡선 상에 놓이는 점 a를 선택한다. 즉, 위험자산에 모두 투자한다는 것이다. 그런데 이것은 직관적으로도 당연하다. 예산선의 기울기가 등기대치선의 기울기보다 급하므로 유리한 투자(유리한 내기)라고 볼 수 있는데 위험중립자는 유리한 투자일

경우 모두 위험자산에 투자할 것이기 때문이다. 한편 위험중립자의 경우 이처럼 예산선의 기울기와 무차별곡선의 기울기가 다를 경우에는 모퉁이해(corner solution)를 얻는다. 모퉁이해의 경우 최적선택에서 '예산선의 기울기 = *MRS*' 라는 조건은 적용되지 않는다.

(ii) 한편 유리한 투자이므로 황진이가 위험애호자일 경우에도 a점을 택할 것이다. 즉, 위험자산에 모두 투자할 것이다. 위험애호자일 경우 무차별곡선이 원점에 대해 볼록해지는데 이때 예산선 상의 점들 중에서 원점에서 가장 먼 무차별곡선 상에 놓이는 점은 a점이기 때문이다. 이때에도 최적선택에서 '예산선의 기울기 = *MRS*' 라는 조건은 적용되지 않는다.

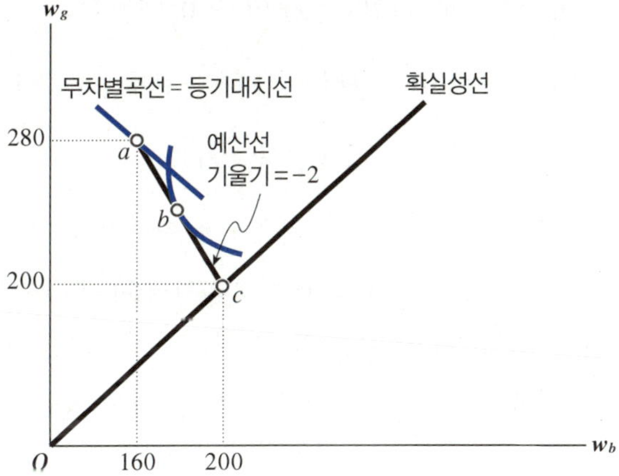

(iii) 위험회피자일 경우 예산선과 무차별곡선이 접하는 곳에서 선택한다. 이 경우 예산선의 기울기와 무차별곡선의 기울기인 *MRS*가 같아진다. 그런데 예산선의 기울기는 2이다. 그리고 $MRS = \dfrac{\frac{1}{2}MU(w_b)}{\frac{1}{2}MU(w_g)}$이다. 그러므로 최적선택에서는

$$\frac{\frac{1}{2}MU(w_b)}{\frac{1}{2}MU(w_g)} = 2$$

가 성립한다. 이로부터 $\dfrac{MU(w_b)}{MU(w_g)} > 1$이라는 것을 알 수 있다. 따라서 $MU(w_b) > MU(w_g)$가 성립한다. 그런데 한계효용은 체감하므로

$$w_b < w_g$$

가 된다.

이렇게 볼 때 문제에서 황진이가 위험자산과 안전자산에 각각 100만원씩 투자

하여 $w_b = 180$, $w_g = 240$을 선택한 것은 그가 위험회피자라는 사실을 뒷받침한다. 직관적으로 볼 때, 유리한 투자이므로 완전히 위험을 회피하는 대신 어느 정도의 위험을 감수하고 있는 것이다. 한편 여기서 그의 선택을 보고 그의 선호를 추론해 내고 있다. 그러므로 현시선호이론을 적용하고 있는 셈이다.

b. 수익을 올릴 경우 50%를 빼앗아 간다고 하였다. 그러므로 좋은 상황에서의 부는

$$w_g = (200 - x) + (1 + 0.4 - 0.2)x \tag{3}$$

가 된다. 한편 손실을 입을 경우 50%를 보상해 준다고 하였으므로 나쁜 상황에서의 부는

$$w_b = (200 - x) + (1 - 0.2 + 0.1)x \tag{4}$$

가 된다. 식 (3)과 식 (4)로부터 w_g와 w_b의 관계를 구하면

$$2w_b + w_g = 600$$

이 된다. 그런데 x는 최대 200만원을 넘을 수는 없다. 그러므로 $0 \le x \le 200$이다. 따라서 $180 \le w_b \le 200$, $200 \le w_g \le 240$이 된다. 이것이 황진이가 직면하는 예산선이다. 한편 이러한 예산선은 안전자산에만 모두 투자했을 경우 얻는 점과 위험자산에만 모두 투자했을 경우 얻는 점을 찾아서 간편하게 구할 수도 있다.

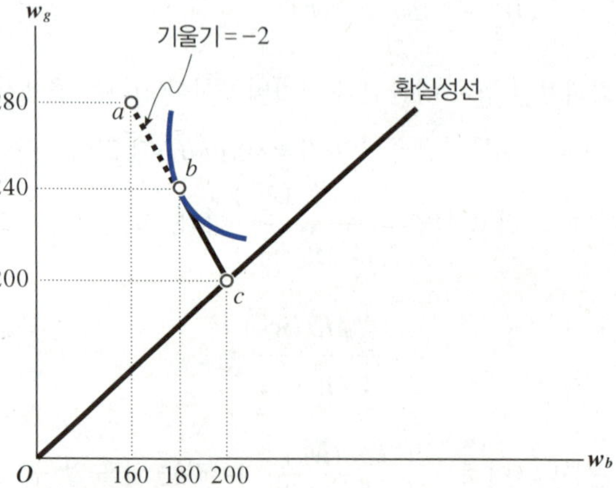

이러한 예산선은 그림에 나타나 있듯이 기울기는 변하지 않고 다만 길이가 $\frac{1}{2}$로 짧아졌다. 그런데 원래의 예산선 $\overline{ac}$ 에서 b점을 택했다는 것은 b점이 예산선 상에 있는 다른 점에 비해 현시선호되었다는 것을 의미한다. 그러므로 짧아진 예산선 $\overline{bc}$ 상에 있는 점들 중에서도 b점은 다른 점들에 대해 현시선호된 것이다. 그러므로 홍길동이 등장하더라도 황진이는 b점을 택하게 된다. 그런데 짧아진 예산선 상에서 b점은 그의

소득을 모두 위험자산에 투자한 상태를 나타낸다.

이 결과를 해석해 보자. 수익이 있을 경우에는 일정한 비율로 빼앗아가고 그 대신 손실을 입을 경우에는 그와 같은 비율로 보상을 해주는 경우 홍길동이 투자에서 황진이와 동반자 역할을 하는 셈이 된다. 그리하여 수익을 나누어가지지만 위험도 분담하게 된다. 그리하여 황진이는 위험자산에 대한 투자 비중을 증가시키게 된다.

c. 아래 표에서 마지막 열은 최종적인 소득의 상태인 (w_b, w_g)를 나타내고 있다. 이렇게 표현하면 최초 투자한 상태는 표에서 A로 나타낼 수 있다. 그 다음 홍길동이 등장하여 수익의 절반을 빼앗아가고 그 대신 손실의 절반을 보상해 주는 상태는 B로 나타낼 수 있다.

	안전자산	위험자산	수익	손실	최종수익	최종손실	최종 소득
A(불개입)	100	100	40	−20	40	−20	(180, 240)
B(개입)	100	100	40	−20	20	−10	(190, 220)
C(불개입)	0	200	80	−40	80	−40	(160, 280)
D(개입)	0	200	80	−40	40	−20	(180, 240)

그런데 현시선호이론의 약공리에 따르면 A는 B보다 선호된다. 황진이는 처음에 100만원을 위험자산에 투자하는 대신 50만원을 위험자산에 투자했다면 (190, 220)을 얻을 수 있었음에도 불구하고 그렇게 하지 않았다. 이것은 바로 A를 B보다 선호한다는 것을 의미한다.

이제 홍길동이 있는 상황에서 황진이가 자신의 최종적인 부를 A와 같은 상태로 만들기 위해서는 안전자산에 투자했던 100만원을 위험자산에 투자해야 한다. 즉, 200만원을 모두 위험자산에 투자해야 한다. 이 경우 A상태와 같아지는 이유를 검토해 보자. 200만원을 모두 위험자산에 투자한 상태에서 홍길동의 영향을 고려하지 않는다면 황진이의 상태는 C로 나타난다. 상태 C에서 홍길동이 끼어들면 그 상태는 D로 변한다. 즉, 최종 수익이 처음의 상태인 A와 같아진다.

d. 안전자산의 수익률이 10%일 경우를 생각해 보자. 이 경우에는 좋은 상황이 발생할 경우에는

$$w_g = (200 - x)(1 + 0.1) + (1 + 0.4)x \tag{5}$$

이고 나쁜 상황이 발생할 경우에는

$$w_b = (200 - x)(1 + 0.1) + (1 - 0.2)x \tag{6}$$

가 된다. 식 (5)와 식 (6)으로부터 w_g와 w_b의 관계를 구하면

$$w_b + w_g = 440$$

이 된다. 한편 x는 최대 200만원을 넘을 수는 없으므로 $160 \leq w_b \leq 220$, $220 \leq w_g \leq 280$이 된다. 이 경우 예산선의 기울기는 −1이 된다. 이러한 예산선이 그림에 그려져 있다(모두 위험자산에 투자할 경우를 나타내는 a점의 위치는 안전자산의 수익률과 관계없이 변화하지 않는다. a점과 모두 안전자산에만 투자했을 때 얻는 e점을 연결해서 예산선을 간편하게 구할 수도 있다). 예산선의 기울기가 완만해지는 이유는 위험자산에 투자하려면 안전자산에서 얻을 수 있는 10%의 수익을 포기해야 하기 때문이다. 그리하여 이전보다 위험자산의 매력이 줄어들었기 때문이다.

한편 예산선의 기울기와 등기대치선의 기울기가 일치하므로 공정한 투자(공정한 내기)라고 볼 수 있다. 이러한 상황에서 위험자산과 안전자산에 각각 100만원씩 투자하였다고 하였다. 이때 위험중립자의 경우 예산선의 기울기와 등기대치선의 기울기가 일치할 경우에는 위험을 어느 만큼 감수하든지 무차별하다는 점에 주목하면 이태백은 위험중립자라고 추론할 수 있다.

한편 이태백이 위험애호자였다면 a점을 선택했을 것이다. 만약 이태백이 위험회피자였다면 e점을 선택했을 것이다.

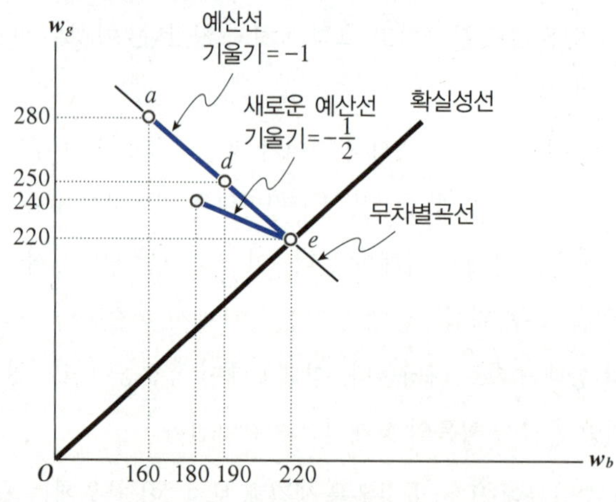

e. 이러한 상황에서 홍길동이 등장한다고 하자. 그러면 좋은 상황에서의 부는

$$w_g = (200 - x)(1 + 0.1) + (1 + 0.4 - 0.2)x \tag{7}$$

가 된다. 한편 손실을 입을 경우 50%를 보상해 준다고 하였으므로 나쁜 상황에서의 부는

$$w_b = (200 - x)(1 + 0.1) + (1 - 0.2 + 0.1)x \tag{8}$$

가 된다. 식 (7)과 식 (8)로부터 w_g와 w_b의 관계를 구하면

$$w_b + 2w_g = 660$$

이 된다. 그런데 x는 최대 200만원을 넘을 수는 없다. 그러므로 $0 \le x \le 200$이다. 따라서 $180 \le w_b \le 220$, $220 \le w_g \le 240$이 된다. 이것이 이태백이 직면하는 예산선이다(앞 문항에서 말한 것처럼 예산선을 간편하게 구할 수도 있다).

이때 예산선의 기울기는 $-\frac{1}{2}$이 되고 길이도 짧아졌다. 한편 기울기가 $-\frac{1}{2}$이 되었다는 것(w_b의 상대가격이 하락했다는 것)은 투자가 이전보다 덜 매력적이 되었다는 것을 의미한다. 특히 이 경우에는 예산선의 기울기가 등기대치선의 기울기보다 완만해진 것으로 보아 불리한 투자(불리한 내기)가 되었다고 판단할 수 있다. 이 경우 위험중립자인 이태백은 예산선과 무차별곡선이 만나는 e점을 선택한다. 즉, 200만원을 모두 안전자산에만 투자한다.

한편 문항 b.에서는 홍길동의 등장이 문항 a.의 예산선의 기울기를 변화시키지 않았다. 그런데 문항 e.에서는 홍길동의 등장이 문항 d.의 예산선의 기울기를 완만하게 만들고 있다. 그 이유를 검토해 보자. 이미 보았듯이 문항 d.에서 예산선의 기울기가 완만해지는 이유는 안전자산에 수익이 있을 경우에는 그렇지 않을 경우에 비해 위험자산의 매력이 줄어들기 때문이다. 그런데 이러한 상황 아래 문항 e.에서 홍길동의 등장은 안전자산 수익의 비중을 상대적으로 높여서 위험자산의 매력을 더욱 줄이기 때문에 예산선의 기울기를 문항 d.에서보다도 더 완만하게 만드는 것이다.

17.20 탈세 : 상황선호접근법 이용

개인이 w의 소득을 벌었다고 하자. 그런데 조세당국은 이 금액을 알지 못한다. 이때 이 개인이 자신의 소득을 x라고 신고한다고 하자. 한편 개인이 신고한 소득에 세율 t의 조세가 부과된다. 이 개인이 세무조사를 받을 확률은 p인데 세무조사를 받을 경우 실제소득이 드러난다고 하자. 그리고 세무조사를 당하여 미신고소득이 드러날 경우 미신고소득에 대해 벌금율 π를 적용한다고 하자. 물론 이 벌금율은 세율보다 높다. 이 개인의 효용함수는 $\sqrt{w}$이고 이 개인은 기대효용을 극대화한다고 가정하자.

a. 상황조건부상품의 개념을 이용하여 예산선을 식으로 나타내시오. 상황조건부상품 평면에 예산선을 그리시오.

b. 세무조사 확률이 높아질 경우 신고금액의 증감은 어떠한가?

이제 $p=\frac{1}{2}$이라고 하자.

c. 개인이 얼마를 신고하겠는가?

d. 벌금율을 올릴 경우 신고금액의 증감은 어떠한가?

e. 이 모형과 그 결과를 평가하시오.

KEY ▶ 예산제약식을 잘 구해야 한다.

풀이

a. 세무조사를 당할 경우 조세와 벌금을 내고 난 후의 소득을 w_b라고 하고 세무조사를 당하지 않을 경우의 소득을 w_g라고 하자. 이때 이 개인이 기대효용을 극대화한다고 했으므로 그 문제는

$$\begin{aligned}&\underset{w_b,\, w_g}{Max}\ EU = pU(w_b) + (1-p)U(w_g)\\&s.t.\quad w_b = w - tx - \pi(w-x),\ \ w \geq x \qquad (1)\\&\qquad\ \ w_g = w - tx\end{aligned}$$

와 같이 쓸 수 있다.

위의 제약식에서 볼 때 x가 변하면 w_b도 변하고 w_g도 변한다. 이 두 값이 어떠한 관계를 가지고 변하는가를 알기 위해 두 제약식에서 매개변수 역할을 하는 x를 소거한 후 정리해 보자. 그러면

$$tw_b + (\pi - t)w_g = (1-t)\pi w \qquad (2)$$

을 얻는다. 이것이 바로 예산선의 식이다.

예산선을 그려 보자. 이를 위해 먼저 세무조사를 당하든 당하지 않든 똑같은 소득을 보장하는 상태를 생각해 보자. 이것은 바로 w_b와 w_g가 같아지는 상태이다. 그리고 이러한 상태는 확실성선 상에 표시된다. 이러한 상태가 [그림 1]에 ω로 나타나 있다. 한편 두 예산제약식에서 볼 때 이러한 상태는 바로 $w = x$인 경우라는 사실을 알 수 있다. 즉, 소득을 있는 그대로 모두 신고할 경우를 말한다. 한편 두 제약식에서 볼 때 w_b가 w_g보다 더 커지는 경우는 $w < x$인 경우이다. 즉, 자신이 번 것보다 더 많이 벌었다고 신고하는 것을 의미한다. 그런데 이것은 현실적으로 있을 수 없는 일이다.

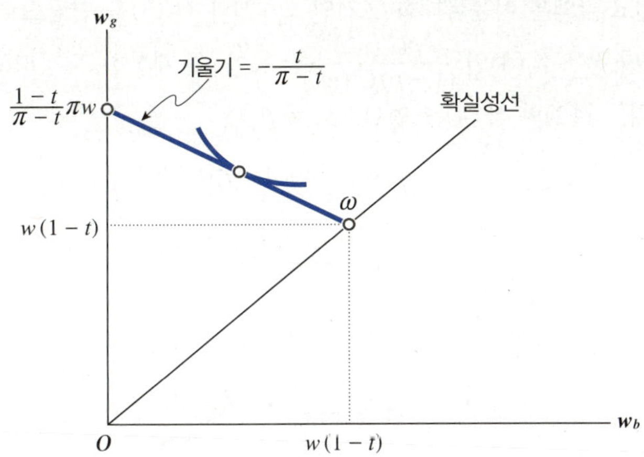

[그림 1]

두 예산제약식에서 볼 때 더 많은 금액을 신고할수록, 즉 x가 커질수록 w_b는 커지고 w_g는 작아진다. 그러므로 더 많은 금액을 신고할수록 예산선 상에서 볼 때에 ω점에 점점 더 가까워지는 것으로 나타난다.

b. 라그랑지함수를 이용하여 푸는 대신 기대효용극대화 조건을 이용하자. 기대효용극대화 조건은 예산제약식을 만족시키면서

$$\left(\frac{pU'(w_b)}{(1-p)U'(w_g)} = \right) MRS = \frac{t}{\pi - t} \tag{3}$$

가 성립하는 것이다. 즉, 무차별곡선과 예산선이 접하는 곳에서 기대효용이 극대화된다.

p의 값이 커질 경우 예산선은 변하지 않는다. 이것은 예산선의 식에 p가 포함되어 있지 않다는 사실로부터도 알 수 있다.

p의 값이 커진다는 것은 기대효용함수에서 볼 때 w_b로부터 얻는 효용에 이전보다 더 큰 가중치를 부여한다는 것을 의미한다. 그러므로 p의 값이 커질 경우 이전에 비해

w_b의 수요량을 증가시킨다. 즉, 신고금액을 증가시킨다. 다시 말하면 탈세를 줄인다는 것이다. 이것은 기대효용극대화 조건을 나타내는 식 (3)에서도 알 수 있다. p가 커질 경우 MRS가 커진다. 그런데 예산선의 기울기는 변하지 않았다. 그러므로 최적이 되려면 MRS가 다시 작아져야 한다. 즉, w_b의 한계효용이 작아지고 w_g의 한계효용이 커지도록 해야 한다. 그런데 이 소비자의 효용함수의 경우 한계효용이 체감하므로 w_b의 수요량을 증가시키고 w_g의 수요량을 감소시켜야 한다. 즉, 신고금액을 증가시켜야 한다.

c. 최적신고 금액은 이윤극대화 조건인 식 (2)와 식 (3)을 연립으로 하여 구할 수 있다. $p=\frac{1}{2}$일 경우 식 (3)인 $\frac{pU'(w_b)}{(1-p)U'(w_g)}=\frac{t}{\pi-t}$를 계산한 후 정리하면 $\frac{\sqrt{w_g}}{\sqrt{w_b}}=\frac{t}{\pi-t}$ (4)가 된다. 식 (2)와 식 (4)를 연립으로 풀면

$$w_b=\frac{(\pi-t)(1-t)w}{t} \tag{5}$$

$$w_g=\frac{t(1-t)w}{\pi-t} \tag{6}$$

를 얻는다. 식 (6)을 식 (1)의 두 번째 제약식에 대입하면

$$x=\frac{t^2w-2tw+\pi w}{t(\pi-t)} \tag{7}$$

로 구해진다.

d. 식 (5)와 식 (6)에서 볼 때 벌금율을 올릴 경우 w_b는 커지고 w_g는 작아진다. 이것은 예산선 상에서 확실선 상의 ω점으로 다가오는 것을 의미한다. 즉, 신고금액을 늘린다는 것을 말한다. 다시 말하면 탈세를 줄인다는 것이다. 이것은 $\frac{\partial x}{\partial \pi}>0$으로부터도 알 수 있다.

그래프를 통해 검토해 보자. 벌금율 π를 올리는 경우 ω의 위치는 변하지 않는다. 직관적으로 볼 때 소득을 있는 그대로 신고할 경우에는 벌금율을 올리는 것은 아무 의미도 없다는 것이다. 한편 벌금율을 올릴 경우 예산선의 기울기는 완만해진다. 기울기가 완만해진다는 것은 w_b 수요의 기회비용이 작아진다는 것을 의미한다. 이러한 상황이 [그림 2]에 나타나 있다. 그 의미를 직관적으로 살펴보자. 벌금율이 올라갈 경우 세무조사를 당하여 실제소득이 드러날 경우를 감안하면 탈세로 인한 이득이 줄어든다. 이것은 성실신고를 선택할 때 포기해야 하는 것이 적어지는 것을 의미한다. 다시 말하면 성실신고의 기회비용이 줄어드는 것을 의미한다. 즉, w_b 수요의 기회비용이 작아지는 것을 의미한다는 것이다.

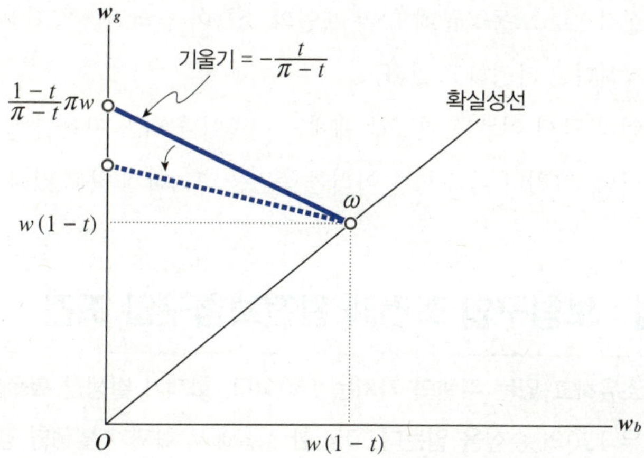

[그림 2]

이처럼 w_b의 상대가격이 하락할 경우 두 가지 효과가 발생한다. 즉, 대체효과와 소득효과가 발생한다. 대체효과는 가격이 떨어진 w_b의 수요량을 증가시키는 것으로 나타난다. 즉, 더 많은 금액을 신고한다.

한편 소득효과는 개인의 선호에 따라 다르다. 즉, 이 개인에게 w_b가 정상재인지 열등재인지에 따라 다르게 나타난다. 그런데 예산집합이 작아졌으므로 정상재일 경우 소득효과는 w_b의 수요량을 감소시키는 방향으로 나타나 대체효과와 반대 방향으로 작용할 것이다. 그러나 소득효과가 그리 크지 않을 경우에는 대체효과가 소득효과를 압도할 것이다. 그 결과 벌금율을 올릴 경우 w_b의 수요량이 증가한다. 즉, 신고금액이 증가한다. 다시 말해서 탈세가 줄어든다. 이때 그래프 분석에서는 수식 분석과는 달리 탈세의 증감이 소득효과의 크기에 따라 달라질 수도 있다는 점에 주목하자. 참고로 논문에서 수식으로 분석한 결과에 따르면 벌금율을 올릴 경우 항상 탈세가 줄어든다.

e. 위 분석 결과는 세무조사와 벌금율은 서로 대체하여 사용할 수 있다는 것을 말한다. 예를 들어 행정비용을 고려하여 세무조사를 줄여서 p가 하락할 경우 탈세가 증가하여 조세수입이 줄어들 것이다. 이 경우 벌금율을 인상하여 조세수입이 줄어드는 것을 보상할 수 있다는 것이다.

그러나 탈세 문제를 이러한 모형으로 분석하는 데에는 문제점이 있다.

(i) 세무조사 확률이 신고소득의 크기에 따라 달라지는 경우를 고려하지 않았다. 현실적으로 볼 때 어떤 개인의 신고소득이 같은 직업군에 속하는 다른 사람들의 신고소득들의 평균보다 작을 때에는 세무조사를 당할 확률이 높다고 보아야 한다. 그러나 이 모형은 이러한 점을 고려하지 않고 있다.

(ii) 현실적으로 노동공급에 따라 개인의 소득이 달라진다. 그러나 이 모형은 소득이 일정하다고 가정하고 있다.

(iii) 개인이 탈세 여부를 결정할 때에는 저축이나 다른 자산선택 문제를 함께 고려할 것이다. 그러나 이 모형은 이러한 측면을 고려하지 않고 있다.

17.21 보험 : 보험구입 조건과 완전보험구입 조건

홍길동이 소유하고 있는 주택의 가치는 160이다. 화재가 발생할 확률은 $p=\frac{1}{2}$인데 화재가 발생할 경우 120의 손실을 입는다. 이러한 상황에서 화재가 발생할 경우 B의 보험금을 지급해 주는 보험을 구입하려면 qB의 보험료를 지불해야 한다고 하자. 재산이 w일 경우 홍길동의 효용함수는 $\sqrt{w}$라고 한다.

a. 이러한 상황에서 홍길동은 어느 만큼의 보험을 구입하겠는가?

b. 이러한 상황에서 홍길동은 어느 만큼의 보험을 구입하겠는가? 상황선호접근법으로 답하시오.

c. 보험을 구입하지 않게 되는 조건을 구하시오.

d. 보험을 구입하지 않게 되는 조건을 MRS와 예산선 기울기 비교를 통해 구하시오.

e. 완전보험을 구입하게 되는 조건을 구하시오.

f. 완전보험을 구입하게 되는 조건을 MRS와 예산선 기울기 비교를 통해 구하시오.

g. $q=\frac{3}{5}$일 경우 어느 만큼의 B를 선택하겠는가?

h. 보험회사가 q를 정할 수 있을 경우 보험회사의 기대이윤을 극대화하는 보험료율 q의 값을 구하시오.

KEY ▶ MRS는 한계편익, 예산선 기울기는 한계(기회)비용으로 해석될 수 있다는 점에 주목하면 보험구입 조건이나 완전보험구입 조건은 해당되는 곳에서 MRS와 예산선 기울기를 비교함으로써도 구할 수 있다.

풀이

a. 최초의 재산을 w_0, 손실을 L이라 하고 화재가 발생할 경우의 재산을 w_b, 화재가 발생하지 않을 경우의 재산을 w_g라고 하자. 그러면

$$w_b = w_0 - qB - L + B \quad (1)$$

$$w_g = w_0 - qB \quad (2)$$

이다.

이러한 상황에서 홍길동의 효용극대화 문제는

$$\underset{w_b,\, w_g}{Max}\ EU(w) = pU(w_b) + (1-p)U(w_g) = p\sqrt{w_b} + (1-p)\sqrt{w_g}$$

가 된다. w_b와 w_g에 식 (1)과 식 (2)를 대입하면

$$\begin{aligned} \underset{B}{Max}\ EU(w) &= pU(w_b) + (1-p)U(w_g) \\ &= p\sqrt{w_0 - qB - L + B} + (1-p)\sqrt{w_0 - qB} \end{aligned}$$

가 된다. 여기에 문제에서 주어진 해당되는 값들을 대입하면

$$\begin{aligned} \underset{B}{Max}\ EU(w) &= pU(w_b) + (1-p)U(w_g) \\ &= \frac{1}{2}\sqrt{160 - qB - 120 + B} + \frac{1}{2}\sqrt{160 - qB} \end{aligned}$$

가 된다.

효용극대화의 일차필요조건은

$$\frac{dEU}{dB} = \frac{1}{2}\frac{1}{2}\frac{1}{\sqrt{160 - qB - 120 + B}}(1-q) + \frac{1}{2}\frac{1}{2}\frac{1}{\sqrt{160 - qB}}(-q) = 0$$

이다. 이로부터

$$B^* = \frac{120q^2 - 320q + 160}{q(1-q)}$$

을 얻는다.

b. 식 (1)과 식 (2)에서 B를 소거하여 w_b와 w_g의 관계식을 구하면

$$qw_b + (1-q)w_g = w_0 - qL,\ (L \geq 0) \tag{3}$$

을 얻는다. 이것이 홍길동이 직면하는 예산제약식이다. 그러므로 그의 효용극대화 문제는

$$\begin{aligned} &\underset{w_b,\, w_g}{Max}\ EU(w) = pU(w_b) + (1-p)U(w_g) = p\sqrt{w_b} + (1-p)\sqrt{w_g} \\ &s.t. \quad qw_b + (1-q)w_g = w_0 - qL,\ \ (L \geq 0) \end{aligned}$$

이 된다.

이때 효용극대화 조건은 MRS와 예산선 기울기의 절대값이 같아지는 것이다. 그런데 기대효용함수로부터

$$MRS_{w_b w_g} = \frac{pMU(w_b)}{(1-p)MU(w_g)} \tag{4}$$

로 구해진다. 예산제약식으로부터 예산선 기울기의 절대값은 $\frac{q}{1-q}$로 구해진다. 따라

서 효용극대화 조건은

$$\frac{pMU(w_b)}{(1-p)MU(w_g)}(=MRS_{w_bw_g})=\frac{q}{1-q} \tag{5}$$

이다. 여기에 문제에서 주어진 값들을 대입하면

$$MRS_{w_bw_g}=\frac{pMU(w_b)}{(1-p)MU(w_g)}=\frac{\frac{1}{2}\frac{1}{2}w_b^{-\frac{1}{2}}}{\frac{1}{2}\frac{1}{2}w_g^{-\frac{1}{2}}}=\frac{w_g^{\frac{1}{2}}}{w_b^{\frac{1}{2}}}=\frac{q}{1-q} \tag{6}$$

를 얻는다.

한편 예산제약식에 문제에서 주어진 해당되는 값들을 대입하면

$$qw_b+(1-q)w_g=160-120q \tag{7}$$

가 된다.

식 (6)과 식 (7)을 연립으로 풀면

$$w_b^*=\frac{(1-q)(160-120q)}{q} \tag{8}$$

$$w_g^*=\frac{q(160-120q)}{1-q} \tag{9}$$

를 얻는다. 그런데 식 (1)로부터

$$B=\frac{w_b^*-w_0+L}{1-q} \tag{10}$$

이다. 여기에 해당되는 값들을 대입하여 정리하면

$$B^*=\frac{120q^2-320q+160}{q(1-q)}$$

을 얻는다. 이 값은 물론 문항 a.에서 구한 값과 같다.

c. 보험을 구입하지 않는다는 것은 B가 0보다 작거나 같다는 것이다. 그러므로 보험을 구입하지 않게 되는 조건은

$$B^*=\frac{120q^2-320q+160}{q(1-q)}\le 0$$

이다. 이것을 정리하면

$$(3q-2)(q-2)\le 0$$

이 된다. 그런데 $q-2<0$이므로 $3q-2\ge 0$, 즉

$$q\ge\frac{2}{3}$$

가 된다. 이때 보험료율이 화재 발생 확률인 $\frac{1}{2}$보다 크므로, 즉 $q>p$이므로 이러한 보

험은 불공정한 보험이다.

한편 [그림 A]에서 볼 때 보험을 구입하지 않게 되는 조건은

$$w_b^* \le w_0 - L \tag{11}$$

이다. 그런데 보험을 구입하지 않는다는 것은 B가 0보다 작거나 같다는 것이므로 보험을 구입하지 않게 되는 조건을, 식 (1)로부터 B를 구한 다음 B를 사용하여 표현하면, 즉 식 (10)을 사용하여 표현하면

$$B = \frac{w_b^* - w_0 + L}{1 - q} \le 0$$

이 된다. 그런데 $1 - q > 0$이므로

$$w_b^* - w_0 + L \le 0 \tag{12}$$

이 된다. 이것은 식 (11)과 같다.

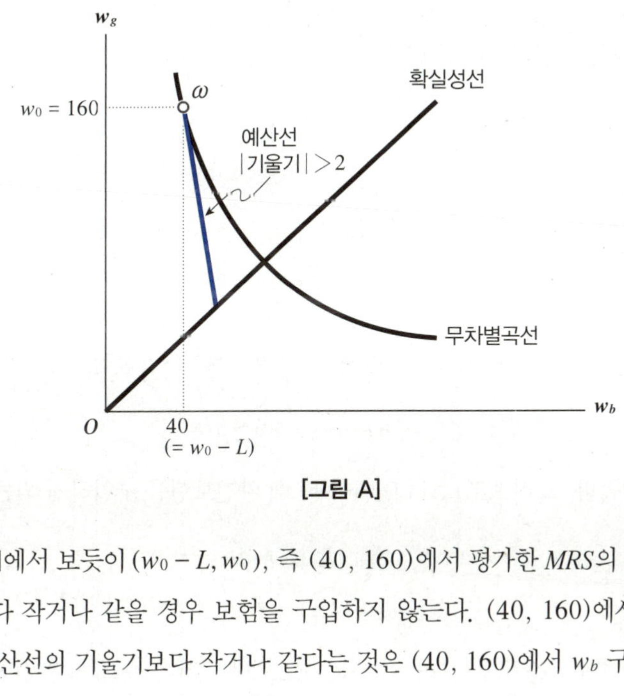

[그림 A]

d. [그림 A]에서 보듯이 $(w_0 - L, w_0)$, 즉 (40, 160)에서 평가한 MRS의 값이 예산선의 기울기보다 작거나 같을 경우 보험을 구입하지 않는다. (40, 160)에서 평가한 MRS의 값이 예산선의 기울기보다 작거나 같다는 것은 (40, 160)에서 w_b 구입으로부터 얻는 한계편익이 w_b 구입에 드는 한계비용보다 작거나 같다는 것을 의미하므로 이 경우 홍길동은 (40, 160)에서 w_b를 추가로 구입하지 않을 것이기 때문이다. 따라서 보험을 구입하지 않을 조건은

$$MRS_{w_b w_g} \le \frac{q}{1 - q}$$

이다. 즉,

$$MRS_{w_b w_g} = \frac{pMU(w_b)}{(1-p)MU(w_g)} = \frac{\frac{1}{2}\frac{1}{2}w_b^{-\frac{1}{2}}}{\frac{1}{2}\frac{1}{2}w_g^{-\frac{1}{2}}} = \frac{w_g^{\frac{1}{2}}}{w_b^{\frac{1}{2}}} = \frac{\sqrt{160}}{\sqrt{40}} \leq \frac{q}{1-q}$$

이다. 이로부터 부등식

$$q \geq \frac{2}{3}$$

를 얻는다. 이것은 물론 문항 c.에서 얻은 결과와 같다.

e. 완전보험을 구입한다는 것은 B가 L보다 크거나 같다는 것이다. 그러므로 완전보험을 구입하게 되는 조건은

$$B^* = \frac{120q^2 - 320q + 160}{q(1-q)} \geq L = 120$$

이다. 이 부등식을 정리하면

$$(2q-1)(3q-4) \geq 0$$

이 된다. 그런데 $q < 1$이므로

$$q \leq \frac{1}{2}$$

을 얻는다.

한편 완전보험을 구입한 상태에서는

$$B = L \tag{13}$$

이 성립한다. 식 (13)을 식 (1)과 식 (2)에 각각 대입하면

$$w_b = w_g = w_0 - qL$$

을 얻는다. 그러므로 [그림 B]에서 볼 때 완전보험을 구입하게 되는 조건은

$$w_b^* \geq w_0 - qL \tag{14}$$

이다.

완전보험을 구입한다는 것은 B가 L보다 크거나 같다는 것이다. 그러므로 완전보험을 구입하게 되는 조건을, 식 (1)로부터 B를 구한 다음 B를 사용하여 표현하면, 즉 식 (10)을 사용하여 표현하면

$$B = \frac{w_b^* - w_0 + L}{1-q} \geq L$$

이 된다. 즉,

$$w_b^* - w_0 + qL \geq 0 \tag{15}$$

이 된다. 그런데 식 (15)는 식 (14)와 같다.

f. [그림 B]에서 보듯이 $(w_0 - qL, w_0 - qL)$, 즉 $(160 - 120q, 160 - 120q)$에서 평가한 MRS의 값이 예산선의 기울기보다 크거나 같을 경우 완전보험을 구입한다. $(w_0 - qL, w_0 - qL)$에서 평가한 MRS의 값이 예산선의 기울기보다 크거나 같다는 것은 $(w_0 - qL, w_0 - qL)$에서 w_b 구입으로부터 얻는 한계편익이 w_b 구입에 드는 한계비용보다 크거나 같다는 것을 의미하므로 이 경우 홍길동은 $(w_0 - qL, w_0 - qL)$에서 w_b 구입을 줄이지 않을 것이기 때문이다. 따라서 완전보험을 구입할 조건은

$$MRS_{w_b w_g} = \frac{pMU(w_b)}{(1-p)MU(w_g)} = \frac{\frac{1}{2}\frac{1}{2}w_b^{-\frac{1}{2}}}{\frac{1}{2}\frac{1}{2}w_g^{-\frac{1}{2}}} = \frac{w_g^{\frac{1}{2}}}{w_b^{\frac{1}{2}}} = \frac{\sqrt{w_0 - qL}}{\sqrt{w_0 - qL}} \geq \frac{q}{1-q}$$

이다. 이로부터 $q \leq \frac{1}{2}$이다. 이것은 문항 e.에서 얻은 결과와 같다.

한편 $p = \frac{1}{2} \geq q$이므로 $q \leq \frac{1}{2}$은 보험이 공정하거나 홍길동에게 유리한 보험이다. $p = \frac{1}{2}$인데 $q < \frac{1}{2}$일 경우 보험회사가 손실을 입게 되므로 현실적으로는 $q < \frac{1}{2}$인 보험은 공급되지 않는다.

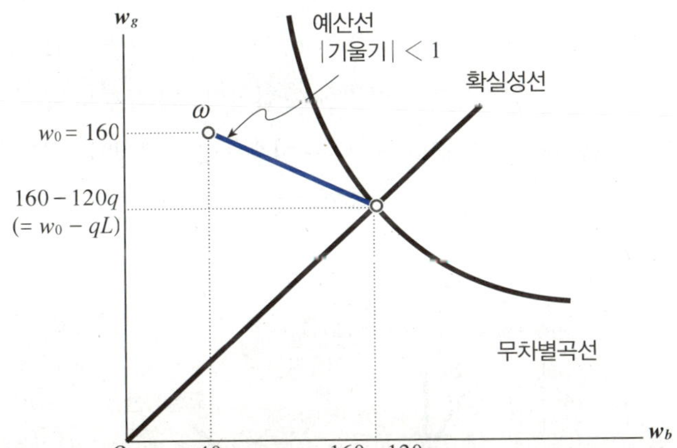

[그림 B]

g. 문항 a.에서 구한 $B^* = \frac{120q^2 - 320q + 160}{q(1-q)}$의 q에 $q = \frac{3}{5}$을 대입하면 원하는 답을 구할 수 있다. 여기서는 독립적인 문항으로 생각하고 새로 풀어 보기로 하자.

효용극대화 조건은

$$MRS_{w_b w_g} = \frac{pMU(w_b)}{(1-p)MU(w_g)} = \frac{\frac{1}{2}\frac{1}{2}w_b^{-\frac{1}{2}}}{\frac{1}{2}\frac{1}{2}w_g^{-\frac{1}{2}}} = \frac{w_g^{\frac{1}{2}}}{w_b^{\frac{1}{2}}} = \frac{q}{1-q} = \frac{\frac{3}{5}}{1-\frac{3}{5}}$$

이다. 이로부터

$$\frac{w_g}{w_b} = \frac{9}{4} \tag{16}$$

를 얻는다.

이제 예산식을 구해 보자. 식 (3)을 이용해도 되지만 다시 계산해 보자. 화재가 발생할 경우와 그렇지 않을 경우 그의 재산을 각각 w_b, w_g라고 하면

$$w_b = 160 - \frac{3}{5}B - 120 + B$$
$$w_g = 160 - \frac{3}{5}B$$

이다. 이 두 식으로부터 B를 소거하여 w_b와 w_g의 관계식을 구하면

$$3w_b + 2w_g = 440 \tag{17}$$

을 얻는다. 이것이 예산제약식이다. 식 (16)과 식 (17)을 연립으로 풀면

$$w_b = \frac{176}{3},\ \ w_g = 132 \quad ,$$

를 얻는다. 이로부터 $B^* = \frac{140}{3}$을 얻는다. 이러한 결과가 [그림 C]에 나타나 있다.

이 문항에서 주어진 보험료율인 $q = \frac{3}{5}$은 화재가 발생할 확률인 $p = \frac{1}{2}$보다 크다. 즉, $q > p$이다. 그러므로 불공정한 보험이다. 이 문항의 분석 결과에서 보듯이 보험이 불공정하더라도 이처럼 어느 수준 이상으로 불공정하지 않을 경우(즉, $\frac{1}{2} < q < \frac{2}{3}$일 경우, 문항 c.–문항 f. 참조)에는 완전보험을 구입하지는 않지만 어느 정도의 보험, 즉 부분보험은 구입한다.

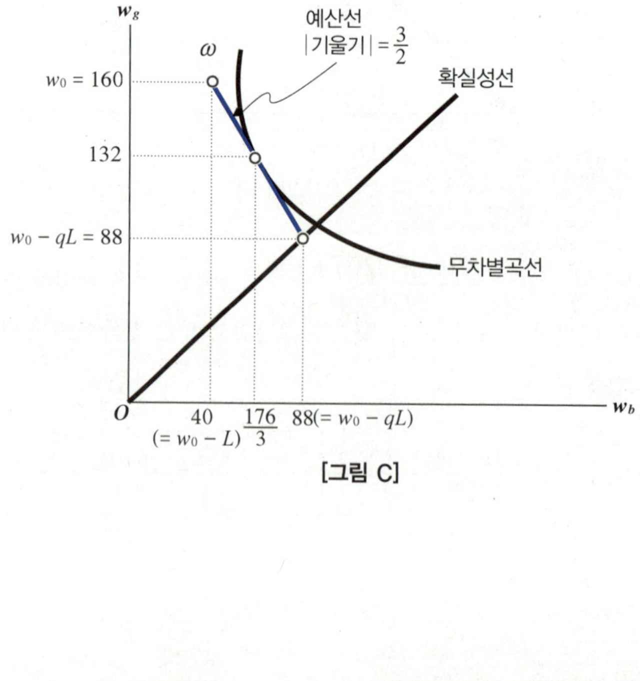

[그림 C]

h. 문항 a.에서 보았듯이 보험료율이 q일 때 홍길동은

$$B^* = \frac{120q^2 - 320q + 160}{q(1-q)}$$

만큼의 보험을 구입한다. 따라서 이때 보험회사의 이윤을 π라고 하면

$$E(\pi) = p(qB^* - B^*) + (1-p)qB^* = -pB^* + qB^* = -\frac{1}{2}B^* + qB^*$$

이다. 기대이윤극대화의 일차필요조건은

$$\frac{dE(\pi)}{dq} = -\frac{1}{2}\frac{dB^*}{dq} + \left(B^* + q\frac{dB^*}{dq}\right) = 0$$

이 된다. 이 방정식을 풀면

$$q^* \approx 0.58$$

을 얻는다.

17.22 보험 : 재산-효용 평면분석과 상황조건부상품 평면분석 비교

홍길동이 내기를 하고 있다. 이 내기에서 그가 이기면 150만원을 받고 지면 50만원을 받는다고 한다. 그런데 내기에서 그가 이길 확률과 질 확률은 각각 50%라고 한다. 한편 홍길동의 효용함수는 $U(w) = w^{\frac{1}{2}}$이라고 한다. 여기서 w는 재산을 나타낸다.

a. 이 경우 위험프리미엄을 구하시오.

홍길동이 내기에서 질 경우 100만원을 지급해 주는 보험을 구입하려고 한다.

b. 이 경우 공정한 보험료는 얼마인가?

c. 홍길동이 이 보험을 구입하기 위해 지불할 의향이 있는 최대 금액은 얼마인가?

d. 이때 얻은 결과를 상황조건부상품 평면에 그리고 설명하시오. 특히 위험프리미엄에 대해 설명하시오.

e. 보험이 공정할 경우 지문과 같은 보험이 최적인가? 구입 후 얼마나 좋아지는가?

KEY ▶ 분석 결과를 재산-효용 평면에 나타낸 것과 상황조건부상품 평면에 나타낸 것을 비교해 보기로 하자.

풀이

a. 내기에서 받는 소득을 확률변수 X로 나타내자. 그리고 확실성 등가를 w_c라고 나타내자. 확실성 등가는 기대효용과 동일한 효용을 주는 확실한 소득이다. 그러므로 기대효용을 $E[U(X)]$로 나타내면 w_c는

$$E[U(X)] = U(w_c) \tag{1}$$

을 만족시키는 값이다.

한편 위험프리미엄은 확실성을 확보하는 대신 희생시킬 의향이 있는 금액이다. 그러므로 기대소득을 $E(X)$로 나타내고 위험프리미엄을 R로 나타내면

$$E[U(X)] = U[E(X) - R] \tag{2}$$

가 성립한다. 식 (1)과 식 (2)로부터 $w_c = E(X) - R$, 즉

$$R = E(X) - w_c \tag{3}$$

로 구해진다. 다시 말하면 위험프리미엄은 기대소득과 확실성 등가의 차이이다. 이제 이러한 관계를 이용하여 위험프리미엄을 구해 보자.

먼저 확실성 등가를 구하기 위해 식 (1)을 이용하자. 기대효용은 $E[U(X)] = 0.5\sqrt{150} + 0.5\sqrt{50}$이다. 그러므로 식 (1)로부터

$$E[U(X)] = 0.5\sqrt{150} + 0.5\sqrt{50} = \sqrt{w_c} \tag{4}$$

가 성립한다. 이로부터

$$w_c \approx 93.3 \tag{5}$$

으로 구해진다. 한편 기대소득은

$$E(X) = 0.5 \times 150 + 0.5 \times 50 = 100 \tag{6}$$

으로 구해진다. 이제 식 (5)와 식 (6)을 식 (3)에 대입하자. 그러면 $R = E(X) - w_c \approx 100 - 93.3 = 6.7$로 구해진다.

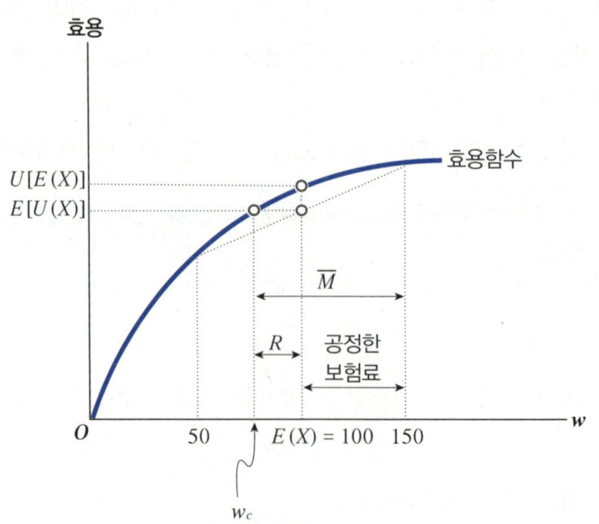

b. 공정한 보험은 보험회사의 기대이윤이 0이 되는 보험이다. 보험료를 M이라고 하자. 이제 홍길동이 내기에 이길 경우 보험회사의 상황을 생각해 보자. 보험회사는 보험료 M을 받지만 보험금은 한푼도 지불해 줄 필요가 없다. 그러므로 이 경우 이윤은 $M-0$이 된다. 홍길동이 내기에 질 경우에도 보험료는 받는다. 그러나 이 경우 보험료로 100을 지급해 주어야 한다. 그러므로 이윤은 $M-100$이 된다. 그런데 홍길동이 내기에 이길 확률과 질 확률이 각각 50%이다. 그러므로 보험회사의 이윤을 π라고 하면 기대이윤은

$$E(\pi)=0.5(M-0)+0.5(M-100)$$

이 된다. 그런데 공정한 보험의 경우 이 값이 0이 되어야 한다. 즉,

$$E(\pi)=0.5(M-0)+0.5(M-100)=0$$

이어야 한다. 그러므로 공정한 보험료는 $M=50$이 된다.

c. 홍길동이 보험을 구입할 경우 그가 내기에 이기든 지든 보험료는 지불해야 한다. 그 대신 내기에 지면 50을 받지만 보험회사로부터 보험금 100을 받아 수중에는 150이 들어온다. 내기에 이기면 물론 150을 받지만 보험금은 받지 못한다. 결국 홍길동이 보험을 구입하면 내기에 이기든 지든 관계없이 150을 보장받는다. 그러므로 150에서 보험료($\overline{M}$)를 빼고 난 금액으로부터 얻는 효용인 $\sqrt{150-\overline{M}}$가 보험을 구입하지 않았을 때의 기대효용인 $0.5\sqrt{150}+0.5\sqrt{50}$과 같아지도록 만들어주는 보험료가 바로 그가 지불할 의향이 있는 최대보험료가 된다. 따라서 최대보험료를 $\overline{M}$라고 하면

$$E[U(X)]=0.5\sqrt{150}+0.5\sqrt{50}=\sqrt{150-\overline{M}} \tag{7}$$

가 성립한다. 이로부터 $\overline{M}$를 구할 수 있다.

그런데 식 (4)와 식 (7)을 관찰해 보면

$$\overline{M}=150-w_c \tag{8}$$

가 되는 것을 알 수 있다. 그러므로 $\overline{M}\approx 150-93.3=56.7$로 구해진다. 한편 이 값은 공정한 보험료 50에 위험프리미엄 6.7을 더한 값과 같다. 이 결과는 홍길동이 공정한 보험료보다 최대한 위험프리미엄에 해당하는 금액만큼을 더 지불하고 보험을 구입할 의향이 있다는 것을 말한다. 바꾸어 말하면 보험료가 공정한 보험료보다 위험프리미엄 이상 높지만 않다면 이 개인은 이러한 보험을 구입할 것임을 의미한다.

d. (i) 나쁜 상황에서의 재산을 w_b라고 하고 좋은 상황에서의 재산을 w_g라고 하자. 이때 조건부상품 평면에 그린 무차별곡선은 동일한 기대효용을 주는 조건부상품묶음들

의 궤적을 나타낸다는 점에 주목하자. 한편 내기에서 이기면 150만원을 받고 내기에서 지면 50만원을 받는다고 하였다. 이러한 상황은 a점으로 나타난다. a점은 위험을 포함하고 있는데 이와 동일한 기대효용을 주면서 위험을 전혀 포함하고 있지 않은 점은 a점과 같은 무차별곡선 상에 있으면서 확실성선 상에 놓이는 b점으로 나타난다. 그러므로 b점에 대응하는 확실한 소득 w_c가 바로 확실성등가이다.

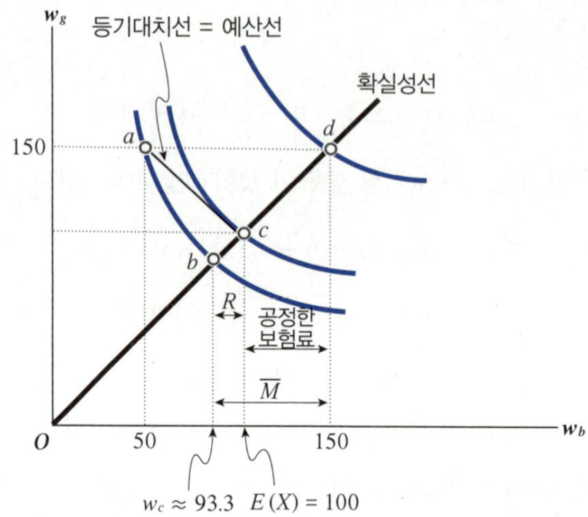

(ii) 이때 a점이 나타내는 기대치와 확실성등가의 차가 바로 위험프리미엄이다. 그런데 a점과 c점은 같은 등기대치선 상에 놓이므로 기대치가 같다(내기에서 이길 확률과 질 확률이 각각 50%라고 하였으므로 등기대치선의 기울기는 −1이 된다). 그러므로 위험프리미엄은 a점 대신 c점을 이용하여 말할 수 있다. 다시 말하면 위험프리미엄은 c점이 나타내는 재산과 b점이 나타내는 재산의 차와 같다는 것이다.

(iii) 한편 내기에서 질 때 100만원을 지급해 주는 보험을 구입할 경우 그는 내기에서 이기든 지든 항상 150만원을 소유하게 된다. 그러므로 보험을 구입할 경우 조건부상품묶음은 d점으로 나타난다. 따라서 보험을 구입하기 위해 지불할 의향이 있는 최대 금액은 보험을 구입했을 경우인 d점에 대응하는 소득과 보험을 구입하지 않았을 경우인 a와 똑같은 기대효용을 주는 b점에 대응하는 소득의 차로 나타난다. 그런데 홍길동이 공정한 보험을 구입할 경우 공정한 보험료만 납부하게 되므로 완전보험 구입을 통해 위험프리미엄만큼 좋아진다.

e. 공정한 보험이므로 $q = p$, '예산선 = 등기대치선'이다. 보험금이 B라면 $w_b = 50 - 0.5B + B$, $w_g = 150 - 0.5B$이며 B를 소거하면 $w_b + w_g = 200$을 얻는다. $q = p$를 기대효용 극대화 조건 $\left[\dfrac{pMU(w_b)}{(1-p)MU(w_g)} = \right] MRS_{w_b w_g} = \dfrac{q}{1-q}$에 적용하면 $MU(w_b) = MU(w_g)$,

즉 $w_b = w_g$를 얻는다. 이들로부터 $w_b = w_g = 100$(c점), $B = 100$을 얻는다. 지문에서 말하는 보험이 최적이다. d점에서 보험료($qB = 50$)를 뺀 상태이다. b점에서 c점으로 위험프리미엄만큼 좋아진다.

17.23 위험애호자와 보험

보험회사는 위험중립적이고 개인은 위험애호자라고 하자. 이때 완전보험에 대해서 생각해 보자. 이 경우 개인과 보험회사가 위험전가를 통해서 서로 이득을 볼 수 있는 보험가격이 존재하는가? 정보는 대칭적이라고 가정하자.

a. 소득과 효용 평면에 효용함수를 그린 다음, 이것을 이용하여 답하시오.

b. 상황선호접근법을 이용하여 답하시오.

KEY ▶ 위험애호자의 경우 확실성 등가의 소득이 기대소득보다 크다.

풀이

a. 위험애호적인 개인의 소득이 w_0원이라고 하자. 사건이 발생할 확률을 p라고 하자. 그리고 사건이 발생할 경우 이 개인은 L의 손실을 입는다고 하자. 이러한 상황에서 완전보험의 경우 보험회사는 p의 확률로 L, $(1-p)$의 확률로 0원을 지불해야 한다. 그러므로 보험회사의 기대비용은 pL이다. 그러므로 보험회사는 적어도 pL의 보험료를 받으려고 할 것이다.

보험을 구입하기 전 개인의 기대효용을 구해 보자. 기대효용은

$$EU(w) = pU(w_0 - L) + (1-p)U(w_0)$$

이다. 이 값을 세로축에 나타내기 위해서는 편의상 기대소득을 구해 보는 것이 좋다. 이때의 기대소득은

$$E(\overline{w}) = p(w_0 - L) + (1-p)w_0 = w_0 - pL$$

이다. 그러면 이 값과 도형의 특성을 이용하여 이때의 기대효용을 세로축에 나타낼 수 있다(가로축의 $w_0 - L$과 w_0를 잇는 선분을 높이로 하고 있는 사다리꼴에 주목해 보자. 그 다음 그 사다리꼴의 빗변을 자신의 빗변으로 하는 사다리꼴을 세로축에 그려보자. 그리고 도형의 비례적 성질을 이용해 보자).

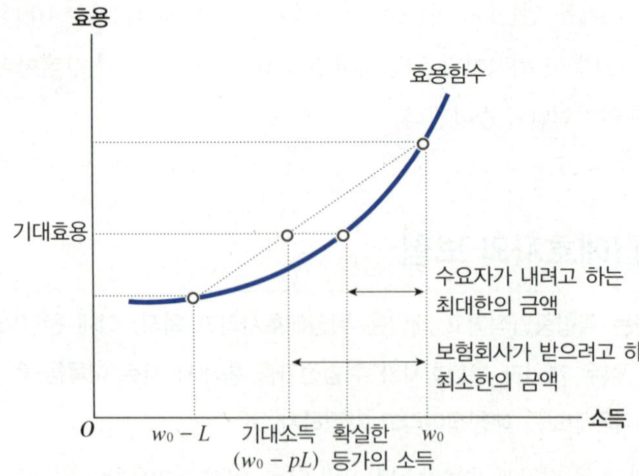

그 다음 이 기대효용과 같은 효용을 제공하는 확실한 소득이 얼마인가를 찾아보자. 이 값을 찾기 위해 먼저 세로축에 표시된 기대효용 수준에서 수평선을 그어 효용함수와 만나는 점을 찾는다. 그 다음 그에 대응하는 소득을 가로축에서 찾는다. 이때의 소득이 확실성 등가의 소득이다. 이때 확실성 등가의 소득은 효용함수에서 찾아야 한다는 점에 주목하자.

한편 개인의 경우 자신의 소득과 확실성 등가의 소득과의 차액이 바로 자신이 지불하려는 최대 금액이 된다. 이렇게 볼 때 위험애호자의 경우 그림에서 보듯이 그가 지불하려는 금액이 보험회사가 받으려는 금액보다 적다. 그 결과 서로 이득을 볼 수 있는 가격이 존재하지 않는다.

예 ▶ 어떤 사람이 2억원짜리 주택을 가지고 있다고 하자. 그런데 이 주택에 화재가 발생할 확률이 10%라고 하자. 이 경우 기대손실은 2,000만원이다. 그러므로 보험회사는 보험료로 최소한 2,000만원을 받으려고 한다. 한편 개인의 입장을 살펴보자. 이 주택의 기대가치는 2억원에서 기대손실금액 2,000만원을 뺀 1억 8천만원이다. 그런데 여기에는 불확실성이 내포되어 있다. 불이 나지 않을 경우 2억원이 되기 때문이다. 이 점에 주목하여 위험애호자는 이 주택의 가치를 1억 8천만원 이상으로 여긴다. 예를 들어 확실한 현금 1억 9천만원으로 여긴다고 하자. 이 경우 그는 완전보험을 구입하기 위해 최대한 1,000만원을 낼 용의가 있다. 한편 보험회사는 위험중립적이기 때문에 기대손실에 미치지 못하는 보험료를 받고 보험을 팔려고 하지는 않는다. 결국 최소한 2,000만원을 받으려는 보험회사와 최대한 1,000만원밖에 내지 않으려는 위험애호자 사이에 서로 이득을 볼 수 있는 거래가 성립될 여지가 없다.

한편 문제에서 묻지는 않았지만 위험회피자의 경우에는 기대소득이 확실성 등가의 소득보다 크다. 그 결과 개인이 위험을 전가함으로써 개인과 보험회사가 서로 이득을 볼 수 있는 보험가격이 존재한다.

b. 그림에서 $\overline{AB}$는 공정한 보험 하의 예산선을 나타낸다. 위험애호자의 경우 공정한 완전보험을 구입한 상태인 B보다는 불확실성이 있더라도 부존점을 더 선호한다. 이러한 사실은 B점을 지나는 무차별곡선 I보다 부존점 A를 지나는 무차별곡선 II가 원점에서 더 멀리 떨어져 있는 것으로 나타나 있다. 위험애호자는 공정한 내기에 참여한다는 사실과 일맥상통한다.

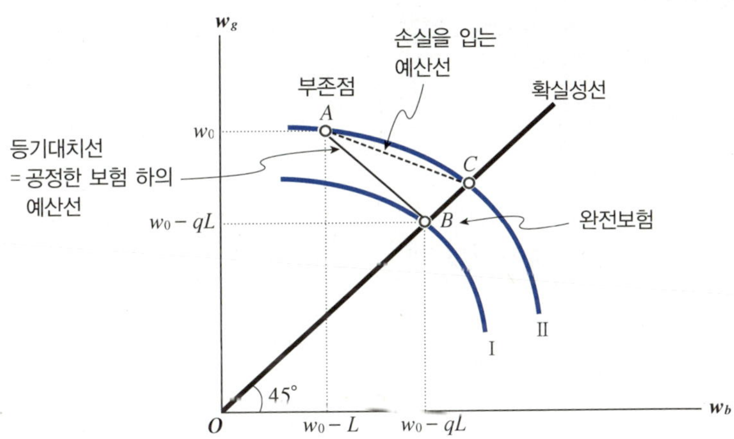

한편 이 개인에게 부존점 A와 같은 효용을 제공하는 완전보험 상태는 C점으로 나타나 있다. 이때 예산선은 $\overline{AC}$가 된다. 보험료율을 q라고 하면 이 경우 $p > q$가 되어 보험회사는 손실을 입는다. 이처럼 부존점과 같은 효용을 보장하려고 해도 손실을 입으므로, 더 나은 조건의 보험을 제공하려면 보험회사는 더 큰 손실을 입을 수밖에 없다. 결국 모두가 이득을 보는 보험가격은 존재하지 않는다.

18장

비대칭정보

18.1 역선택과 자원배분 : 중고자동차시장의 경우

18.2 역선택 : 중고자동차시장의 경우

18.3 신호발송균형 : 중고자동차시장의 경우

18.4 신호발송균형 : 교육

18.5 선별 : 노동시장에서 독점인 기업의 경우

18.6 선별 : 노동시장에서 독점인 기업의 경우

18.7 선별 : 보험시장에서의 자기선택균형

18.8 선별 : 경쟁적인 보험시장에서의 분리균형

18.9 선별 : 경쟁노동시장의 경우

18.10 선별 : 경쟁노동시장의 경우

18.11 선별 : 경쟁노동시장의 경우

18.12 선별 : 경쟁시장과 독점시장의 차이

18.13 자기보호

18.14 유인보수

18.15 최적유인보수 : 노동자는 위험회피적이고 기업은 위험중립적일 경우

18.16 최적보수 : 유인문제가 없을 경우

18.17 최적유인보수 : 본인과 대리인이 모두 위험중립적일 경우

18.18 최적유인보수

18.19 최적유인보수 : 불확실성의 크기 및 위험회피도의 크기에 따른 변화

18.20 최적유인보수 : 위험에 대한 태도에 따른 변화

18.21 최적유인보수 : 대리인이 위험중립적일 경우

18.1 역선택과 자원배분 : 중고자동차시장의 경우

중고자동차를 사려는 사람이 100명이고 팔려는 사람도 100명이라고 하자. 그런데 중고자동차 중에서 성능이 좋은 것이 50대이고 나머지 50대는 성능이 나쁘다고 하자. 그런데 성능이 좋은 자동차를 팔려는 사람은 400만원을 받으려 하고 성능이 나쁜 자동차를 팔려는 사람은 200만원을 받으려 한다. 한편 자동차를 사려는 사람은 성능이 좋은 차일 경우 480만원, 성능이 나쁜 차일 경우 240만원을 내려고 한다. 이제 자신의 자동차를 팔려는 사람은 자신이 팔려는 자동차의 성능이 좋은지 나쁜지를 알지만, 자동차를 사려는 사람은 시장에 나와 있는 자동차들 중에서 어느 차의 성능이 좋고 어느 차의 성능이 나쁜지를 모른다고 가정하자.

a. 이러한 상황에서 시장기능을 통해 거래를 할 경우 수요자와 공급자가 얻는 잉여의 합은 얼마인가?

b. 자동차를 팔려는 사람과 자동차를 사려는 사람을 임의로 맺어 줄 경우 수요자와 공급자가 얻는 잉여의 합은 얼마인가?

c. 위의 두 결과가 함축하고 있는 것은 무엇인가?

KEY ▶ 역선택에 관한 문제이다. 이 경우 성능이 나쁜 차만 거래된다.

풀이

a. 이 경우 자동차를 사려는 사람은 자신이 사게 될 자동차의 가치가 얼마나 될 것인가를 추정해 볼 것이다. 편의상 자동차를 사려는 사람들이 지불하려는 최대금액은 그들이 지불하려는 가격의 기대값과 같다고 하자. 즉, 최대한

$$\left(\frac{1}{2}\right) \times 240 + \left(\frac{1}{2}\right) \times 480 = 360\,(\text{만원})$$

을 지불하려 한다고 하자. 그런데 좋은 자동차를 팔려는 사람은 적어도 400만원을 받으려고 한다. 그러므로 좋은 자동차를 팔려는 사람들은 이 가격에 자동차를 팔려고 하지 않을 것이다. 이 가격에는 오로지 나쁜 자동차를 팔려는 사람들만 팔려고 할 것이다.

한편 자동차를 사려는 사람들도 이러한 사실을 알고 있다고 볼 수 있다. 그러므로 자동차를 사려는 사람은 자신이 사게 될 자동차가 나쁜 자동차일 것으로 생각하므로 360만원을 내려고 하지 않는다. 그 대신 240만원만 내려고 한다. 한편 나쁜 자동차를 팔려는 사람은 200만원을 받으려 한다고 하였다. 그 결과 균형가격은 200만원과 240만원 사이에서 결정될 것이다. 이러한 가격에서는 오로지 나쁜 차만 거래되고 좋은 차는 거래되지 않는다. 그 결과 거래당사자들이 얻는 잉여는 $40 \times 50 = 2{,}000$(만원)이

된다.

b. 임의로 배정될 경우 거래 당사자들이 1대 거래당 얻는 평균 잉여는 다음과 같다. 즉, 사려는 사람들이 지불하려는 가격들의 평균에서 팔려는 사람들이 받으려는 가격들의 평균을 뺀 값이다. 즉,

$$\left(\frac{1}{2}\right)\times(240+480)-\left(\frac{1}{2}\right)\times(200+400)=60\,(\text{만원})$$

이다. 그런데 모두 100개의 거래가 발생할 것이므로 총잉여는 6,000만원이 된다.

c. 위의 문항 a.에서 얻은 잉여보다 문항 b.에서 얻은 잉여가 더 크다. 이러한 결과는 정보가 비대칭적일 경우 시장기능을 통한 자원배분은 효율적이 되지 못한다는 것을 말해준다. 문제의 예에서 볼 때 좋은 차를 사려는 사람들이 지불하려는 가격이 좋은 차를 팔려는 사람이 받으려는 가격보다 높다. 그럼에도 불구하고 정보가 비대칭적일 경우 좋은 차는 거래되지 않는다. 즉, 자원이 비효율적으로 배분된다는 것이다.

18.2 역선택 : 중고자동차시장의 경우

위험에 대해 중립적인 사람들이 자동차를 사고 파는 중고자동차시장을 생각해 보자. 품질이 좋은 자동차일 경우 수요자는 H의 가격을 낼 의향이 있고, 품질이 나쁜 자동차일 경우 수요자는 L의 가격을 낼 의향이 있다고 한다. 한편 좋은 자동차를 팔려는 사람은 h의 가격을 받으려고 하고, 나쁜 자동차를 팔려는 사람은 l의 가격을 받으려고 한다. 이때 $H > h$이고 $L > l$이라고 한다. 또한 $H > L$이고 $h > l$이다. 중고자동차시장에 있는 자동차들 중에서 품질이 좋은 자동차가 차지하는 비율은 β이고 나쁜 자동차가 차지하는 비율은 $1-\beta$라고 한다. 그런데 이 비율은 구매자들과 판매자들에게 알려져 있다고 하자.

a. 모든 자동차가 거래될 조건을 말하시오.

b. 나쁜 자동차만 거래될 조건을 말하시오.

c. 어떤 자동차도 거래되지 않을 조건을 말하시오.

자동차를 판매할 때 판매자에게 c의 거래비용이 발생한다고 하자. 이 경우

d. 모든 자동차가 거래될 조건을 말하시오.

e. 나쁜 자동차만 거래될 조건을 말하시오.

f. 어떤 자동차도 거래되지 않을 조건을 말하시오.

KEY ▶ 정보가 비대칭적일 경우에는 역선택이 발생한다.

풀이

모두 위험중립적이므로 기대효용이 아니라 기대치에 근거하여 의사결정을 한다.

구매자는 자신이 구입하는 자동차가 좋은 자동차일 확률이 β인 것을 알고 있다. 그러므로 H와 L의 가중평균인

$$p = \beta H + (1 - \beta)L$$

의 가격을 지불하려고 한다. 이 값이 자동차를 팔려는 사람들이 받으려는 가격보다 높을 경우 해당 자동차는 거래된다.

단, $p < h$일 경우 좋은 자동차 소유자는 자동차를 팔려고 하지 않는데, 구매자도 이러한 사실을 알고 이 경우 거래되는 모든 자동차를 나쁜 자동차라고 판단하여 가중평균 p가 아닌 L을 지불하려고 한다.

a.

(1) $p \geq h$일 경우 : 좋은 자동차가 거래된다.

(2) $p \geq l$일 경우 : 나쁜 자동차가 거래된다.

(1)과 (2)가 모두 성립할 경우 좋은 자동차와 나쁜 자동차가 모두 거래된다. 그런데 $p \geq h$일 경우 $p \geq l$일 것이므로 종합적으로 볼 때 $p \geq h$이면 모든 자동차가 거래된다.

b.

(1) $p < h$일 경우 : 좋은 자동차가 거래되지 않는다.

(2) $p < h$일 때 $L \geq l$일 경우 : 나쁜 자동차가 거래된다.

(1)과 (2)가 모두 성립할 경우 나쁜 자동차만 거래된다. 그런데 문제에서 $L > l$이라고 주어졌다. 그러므로 $L \geq l$은 항상 성립한다(수학에서 기호 ≥는 > 또는 =가 성립함을 의미한다는 점에 주목하자). 따라서 나쁜 자동차는 항상 거래된다. 종합해 볼 때 $p < h$일 경우에는 좋은 자동차는 거래되지 않고 나쁜 자동차만 거래된다. 즉, 역선택 현상이 발생한다.

c.

(1) $p < h$일 경우 : 좋은 자동차가 거래되지 않는다.

(2) $p < h$일 때 $L < l$일 경우 : 나쁜 자동차가 거래되지 않는다.

(1)과 (2)가 모두 성립할 경우 어떤 자동차도 거래되지 않는다. 그런데 문항 b.에서 말했듯이 문제에서 $L > l$이라고 주어졌으므로 (2)가 성립할 수 없다. 그러므로 어떤 자동차도 거래되지 않을 조건은 존재하지 않는다.

d.

(1) $p \geq h + c$일 경우 : 좋은 자동차가 거래된다.

(2) $p \geq l + c$일 경우 : 나쁜 자동차가 거래된다.

(1)과 (2)가 모두 성립할 경우 좋은 자동차와 나쁜 자동차가 모두 거래된다. 그런데 $h > l$이므로 $p \geq h + c$이면 $p > l + c$이고 따라서 $p \geq l + c$가 성립한다(수학 기호 상기!). 종합적으로 볼 때 $p \geq h + c$이면 모든 자동차가 거래된다.

e.

(1) $p < h + c$일 경우 : 좋은 자동차가 거래되지 않는다.

(2) $p < h + c$일 때 $L \geq l + c$일 경우 : 나쁜 자동차가 거래된다.

(1)과 (2)가 모두 성립할 경우 나쁜 자동차만 거래된다. 종합적으로 볼 때 $p < h + c$이면서 $L \geq l + c$일 경우에는 좋은 자동차는 거래되지 않고 나쁜 자동차만 거래된다. 즉, 역선택 현상이 발생한다.

f.

(1) $p < h + c$일 경우 : 좋은 자동차가 거래되지 않는다.

(2) $p < h + c$일 때 $L < l + c$일 경우 : 나쁜 자동차가 거래되지 않는다.

(1)과 (2)가 모두 성립할 경우 어떤 자동차도 거래되지 않는다. 즉, $p < h + c$이면서 $L < l + c$일 경우 어떤 자동차도 거래되지 않는다.

한편 문항 b.의 풀이에서 보듯이 거래비용이 없을 경우에는 나쁜 자동차는 항상 거래된다. 그러나 거래비용 c가 존재하며 그 값이 $p < h + c$이면서 $L < l + c$가 성립할 정도로 클 경우에는 나쁜 자동차도 거래되지 않는다.

18.3 신호발송균형 : 중고자동차시장의 경우

중고자동차시장에 중고자동차를 사려는 사람도 많고 팔려는 사람도 많다고 하자. 그런데 중고자동차 중에는 성능이 좋은 것과 나쁜 것이 반반씩 섞여 있다고 하자. 성능이 좋은 자동차를 팔려는 사람은 400만원을 받으려 하고 성능이 나쁜 자동차를 팔려는 사람은 200만원을 받으려 한다. 한편 자동차를 사려는 사람은 성능이 좋은 자동차일 경우 480만원, 성능이 나쁜 자동차일 경우 240만을 내려고 한다. 이제 자신의 자동차를 팔려는 사람은 자신이 팔려는 자동차의 성능이 좋은지 나쁜지를 알지만, 자동차를 사려는 사람은 시장에 나와 있는 자동차들 중에서 어느 자동차의 성능이 좋고 어느 자동차의 성능이 나쁜지를 모른다고 가정하자.

a. 이러한 상황에서 시장기능을 통해 거래를 할 경우 예상되는 결과를 말하시오.

b. 이제 보증을 제공하는 문제에 대해서 생각해 보자. 성능이 좋은 차를 보증할 경우 한 달에 7만원의 비용이 든다고 하자. 이러한 보증은 구매자에게 5만원의 가치가 있다고 하자. 한편 성능이 나쁜 차를 보증할 경우 한 달에 45만원의 비용이 든다고 하자. 그런데 이 보증은 구매자에게 20만원의 가치가 있다고 하자. 이러한 상황에서 예상되는 결과를 말하시오.

c. 이때 거래되는 자동차들의 가격을 말하시오.

KEY ▶ 신호발송모형에 관한 문제이다. 좋은 자동차를 팔려는 사람은 나쁜 자동차를 팔려는 사람이 따라 하지 못할 정도의 기간을 보증기간으로 정해야 한다. 보증을 통해 역선택이 해결된다.

풀이

a. 역선택 문제 때문에 나쁜 차만 거래되고 좋은 차는 거래되지 않을 것으로 예상된다.

b. (i) 좋은 차를 가지고 있는 사람의 입장을 생각해 보자. 그는 3가지 중에서 하나를 선택할 수 있다. 즉, 보증을 하지 않고 자동차를 파는 것, 자동차를 팔지 않는 것, 보증을 하고 자동차를 파는 것 등이다. 가장 이득이 되는 방법을 찾아보자. 보증 없이 자동차를 팔 경우 240만원을 제시받는다. 자동차를 팔지 않을 경우 그는 400만원의 가치로 여겨지는 자동차를 그대로 보유하게 된다. 이렇게 볼 때 그는 보증을 해서라도 400만원 이상을 얻을 수 있으면 보증을 해 주고 파는 것이 낫다.

그렇다면 문제는 몇 개월 보증을 할 것인가이다. 보증해 줄 개월 수를 x라고 하자. 보증을 할 경우 소비자는 좋은 차로 생각한다. 또한 보증이 지니는 가치를 더해서 지불할 의향이 있다. 그러므로 소비자는 $(480 + 5x)$를 지불할 것이다. 한편 보증에 드는 비용은 $7x$이다. 그러므로 좋은 자동차를 파는 사람의 이윤은

$(480 + 5x) - 7x$이다. 이 값이 자동차를 팔지 않고 보유할 때 그 가치에 해당하는 400만원보다 커질 경우 그는 보증을 하고서라도 판매할 것이다. 즉, 좋은 자동차를 판매하려는 사람이 x개월 보증을 하고 판매할 조건은

$$(480 + 5x) - 7x > 400$$

이다. 즉, $x < 40$이다.

그런데 주목할 것이 있다. 보증 자체로는 수입보다 비용이 크므로 가능한 한 보증기간을 짧게 하는 것이 유리하다. 그 다음 나쁜 자동차를 판매하려는 사람이 따라 할 수 없을 정도의 보증기간을 설정해야 한다. 특히 이 점과 관련해서 본다면 좋은 자동차를 판매하려는 사람은 나쁜 자동차를 판매하려는 사람의 상황을 고려하여 보증기간을 결정해야 한다.

(ii) 이러한 측면에서 나쁜 자동차를 팔려는 사람의 상황을 생각해 보자. 자동차를 팔지 않고 그대로 소유할 경우 200만원의 가치가 있다. 보증 없이 자동차를 팔 경우 240만원을 받는다. 그러므로 좋은 자동차를 팔려는 사람은 자신이 제시한 보증기간을 나쁜 자동차를 팔려는 사람이 그대로 따라서 제시할 경우 240만원보다도 적은 이윤을 낼 수밖에 없도록 보증기간을 정해야 한다. 즉, 보증을 하고 파는 것이 보증 없이 파는 것보다 나빠질 정도로 보증기간을 정해야 한다(이것은 마치 교육신호발송모형에서 능력 없는 사람은 비용 때문에 차라리 교육을 받지 않는 것이 더 나은 상태가 될 수 있을 정도의 기간을 교육기간으로 요구하는 것과 같다).

이렇게 되도록 하기 위한 조건을 살펴보자. 나쁜 자동차도 보증을 제공하면 좋은 자동차로 인식되어 좋은 자동차 값으로 팔릴 것이다. 다만 보증에 들어가는 비용이 다를 뿐이다. 그러므로 보증기간을 x개월이라고 할 때 나쁜 자동차를 팔 때 얻는 수입은 $(480 + 5x)$이다. 이때 보증에 드는 비용은 한 달에 45만원이므로 총 $45x$만원이 든다. 그리하여 이윤은 $(480 + 5x) - 45x$(만원)가 된다. 그러므로 보증을 못 하도록 유도하려면 이 금액이 보증 없이 팔 때 얻는 금액인 240만원보다 적도록 정해야 한다. 즉,

$$(480 + 5x) - 45x < 240$$

이 되도록 하여야 한다. 즉, $x > 6$이어야 한다.

(iii) 앞에서 $x < 40$을 얻었다. 그러므로 결국 $6 < x < 40$이 되도록 정해야 한다. 그런데 좋은 자동차를 파는 사람의 입장에서도 보증기간이 짧을수록 좋다. 그러므로 보증기간은 위 조건을 만족하는 x의 값들 중에서 가장 작은 값을 취하면 된다. 즉,

7개월 동안 보증을 해 주면 된다. 물론 나쁜 자동차는 보증을 하지 않는다.

c. 한편 보증된 자동차는 소비자가 좋은 자동차로 판단할 것이다. 그리하여 보증된 자동차는 소비자가 자동차 가격 480만원에 7개월 보증가치 35(= 5 × 7)만원을 합한 515만원에 구입하려고 할 것이다. 보증하는 데 49(= 7 × 7)만원의 비용이 들기 때문에 판매자는 449만원을 받으려고 할 것이다. 균형가격은 이 두 값 사이에서 협상력에 따라 정해질 것이다. 반면에 보증 없는 자동차는 나쁜 자동차로 판단되어 균형가격이 200만원과 240만원 사이에서 결정될 것이다. 결과적으로 분리균형이 나타난다(나쁜 자동차는 보증 없이 팔게 되므로 나쁜 자동차에 대한 보증이 구매자에게 느껴지는 가치인 20만원이라는 수치는 문제 풀이에서 명시적으로 사용되지는 않는다). 보증으로 인해 역선택이 제거되어 좋은 자동차와 나쁜 자동차가 모두 거래되고 있다는 점에 주목하자.

18.4 신호발송균형 : 교육

노동시장에 능력 있는 사람들과 능력 없는 사람들이 반반씩 섞여 있다고 하자. 어떤 기업이 임금률을 한계생산물가치만큼 책정한 후 10년 계약으로 사원을 모집하려고 한다. 능력 있는 사람들은 생산성이 높아서 그의 한계생산물가치는 1년에 2,000만원이고 능력 없는 사람은 생산성이 낮아서 한계생산물가치가 1,600만원이라고 하자.

a. 기업이 능력 있는 노동자와 능력 없는 노동자를 구분하지 못한다면 어떤 연봉체계를 제시하겠는가? 이 경우 어떠한 결과가 예상되는가?

b. 능력 있는 사람이 1년 교육을 받는 데 드는 교육비는 500만원이고 능력 없는 사람이 1년 교육받는 데 드는 교육비는 1,000만원이라고 한다. 이러한 상황에서 기업이 근로자가 받은 교육기간을 신호로 사원을 선발하려면 교육기간을 몇 년으로 선택해야 하는가? 여기서 교육은 생산성에는 영향을 주지 않으며 오로지 신호발송기능만 한다고 가정하자.

c. 신호발송균형을 구하고 그 특성과 효율성 여부를 말하라.

d. 위의 내용을 그림으로 나타내고 설명하시오.

e. 지원자격에 교육기간이 x년을 초과할 경우에는 연봉 2,000만원을 주고, x년 미만일 경우에는 연봉 1,600만원을 준다고 명시하려고 한다. 이때 x가 신호발송 역할을 하려면 x의 최소값은 얼마이어야 하는가? 이 경우 신호발송균형을 구하시오.

KEY ▶ 교육기간을 신호로 사용하려면 그 기간만큼 교육을 받는 것이 능력 있는 사람에게는 이득이 되고 능력 없는 사람에게는 손해가 되도록 기간을 정해야 한다. 신호발송이 역선택을 해결한다.

풀이

a. 각 개인을 구분할 수 없으므로 누구에게나 똑같이 평균임금을 제시할 것이다. 즉,

$$(2,000 + 1,600) \times \frac{1}{2} = 1,800\text{(만원)}$$

의 연봉을 제시할 것이다. 그 결과 능력 없는 사람만 모여드는 역선택 현상이 발생한다.

b. 능력 있는 사람에게는 교육받는 것이 이득이 되고 능력 없는 사람에게는 교육받는 것이 손해가 되도록 교육기간을 설정해야 한다.

근로자 입장에서 볼 때 교육을 받아 능력 있는 사람으로 인정받으면 10년간 총

$$(2,000 - 1,600) \times 10 = 4,000\text{(만원)}$$

의 임금을 더 받게 된다. 이제 능력 있는 사람이 e년 동안 교육을 받을 경우 교육비는 $500 \times e$만원이다. 이 교육비가 교육을 받았기 때문에 더 받게 되는 임금인 4,000만원보다 적으면 그는 교육을 받을 것이다. 따라서 그가 e년 동안 교육을 받을 조건은

$$500e < 4,000$$

이다.

한편 능력 없는 사람도 e년 동안 교육을 받으면 능력 있는 사람으로 간주되어 4,000만원의 임금을 더 받는다. 그런데 교육비가 이러한 4,000만원을 넘으면 능력 없는 사람은 e년 동안 교육을 받지 않을 것이다. 즉, 그가 e년 동안 교육을 받지 않을 조건은

$$1,000e > 4,000$$

이다. 따라서 이 두 부등식을 동시에 만족시키는

$$4 < e < 8$$

에 해당하는 값 중에서 하나를 선택한다.

c. (i) $4 < e < 8$에 속하는 어떤 교육 수준도 신호가 된다. 후술하듯이, 균형에서 볼 때 능력 있는 사람은 e년 동안 교육을 받고, 능력 없는 사람은 교육을 아예 받지 않게 된다. 이렇게 볼 때 신호발송균형은 유일하지 않다.

예를 들어 위 구간에 속하는 값으로서 e^*년으로 정했다고 하자. 즉, e^*년 이상 교육받으면 2,000만원을 주고 그보다 적은 교육을 받으면 1,600만원을 지급한다는 것이다. 그러면 능력 있는 사람은 e^*년의 교육을 받는다. 즉, 신호를 발송한다. 반면에 능력 없는 사람은 교육을 받지 않는다. 그리하여 e^*년 교육받은 것이 능력 있는 사람이라는 사실을 나타내는 신호로 작용한다.

(ii) 신호발송균형의 특성 — 첫째, 능력 있는 사람은 e^*년을 초과해서 교육을 받지는 않는다. 능력 있는 사람으로 인정받는 데에는 e^*년 교육이면 충분하다. 따라서 생산성을 증가시키지도 않는 교육을 비용을 들여가며 굳이 더 받지는 않는다. 둘째, 능력 없는 사람은 교육을 아예 받지 않는다. 교육기간을 e^*년으로 정해 놓은 상태에서 e^*년 이상 교육을 받지 않는다면 몇 년을 교육받더라도 능력 없는 사람으로 간주되기 때문이다. 그러므로 교육을 받는 데 드는 비용을 고려하여, 교육을 아예 받지 않는다. 이로써 역선택이 해결되었다.

한편 이러한 균형은 능력 있는 사람에게는 이득을 주지만 사회전체적으로 볼 때에는 비효율적이다. 생산성을 올리지도 못하면서 교육비만 소모하기 때문이다. 당연한 말이지만 이때의 균형은 분리균형이다. 즉, 능력 있는 사람과 능력 없는 사람, 즉 서로 다른 유형이 서로 다른 선택을 한 상태에서 균형이 이루어진다.

d. 원점을 통과하는 두 개의 직선은 능력 있는 사람과 능력 없는 사람이 교육을 받을 때 각각 드는 비용을 나타낸다. 예를 들어 e^*년으로 정했을 경우를 생각해 보자. 이 경우 e^*년 미만의 교육을 받으면 능력 없는 사람으로 간주되어 16,000만원을 받으며, e^*년 이상의 교육을 받으면 능력 있는 사람으로 간주되어 20,000만원의 임금을 받는다. 이와 관련하여 그림의 윗부분을 보자. 16,000만원에서 수평이다가 20,000만원에서 계단식으로 뛰어오른 다음 다시 직선으로 그려진 것은 이러한 임금구조를 나타내고 있다.

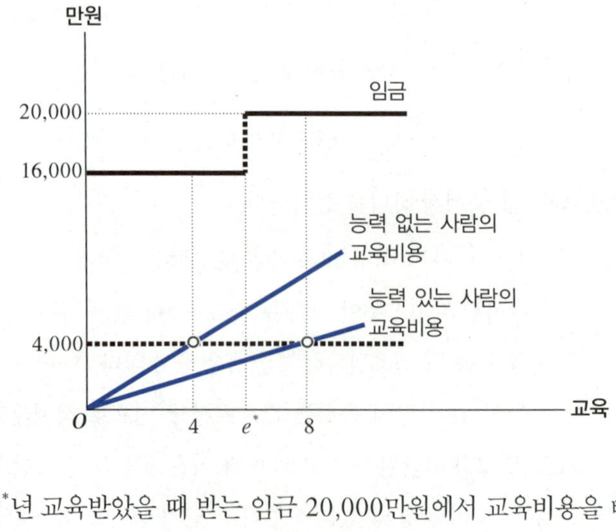

이제 e^*년 교육받았을 때 받는 임금 20,000만원에서 교육비용을 빼 주어 보자. 그러면 그림에서 알 수 있듯이 능력 없는 사람의 경우 교육비용을 빼고 난 금액이 16,000만원에 미치지 못한다. 그러므로 능력 없는 사람은 e^*년 교육을 받지 않는다.

나아가서 앞서 말한 이유로 교육을 아예 받지 않는다.

한편 능력 있는 사람의 경우 임금 20,000만원에서 e^*년에 드는 교육비용을 빼 주더라도 16,000만원이 넘는다. 그러므로 능력 있는 사람은 e^*년의 교육을 받는다. 즉, 신호를 발송함으로써 20,000만원을 받으려고 한다. 능력 있는 사람이라도 이보다 적은 교육을 받거나 교육을 아예 받지 않으면 16,000만원밖에 받지 못하기 때문이다. 물론 앞서 말했듯이 비용을 들여가며 e^*년을 초과하는 교육을 받지는 않는다. 교육을 더 받더라도 비용만 추가될 뿐 임금은 그대로이기 때문이다.

그림의 아래 부분을 관찰해 보자. 능력 있는 사람으로 인정될 경우 더 받게 되는 임금이 4,000에서 가로축에 수평인 점선으로 나타나 있다. 이때 8년 이상의 구간에서는 교육비용을 나타내는 두 직선이 모두 이 점선 위에 놓이게 된다. 이것은 교육비용이 모두에게 4,000만원이 넘는다는 것을 의미한다. 그 결과 아무도 교육을 받지 않는다. 거꾸로 4년 이하의 구간에서는 교육비용을 나타내는 두 직선이 모두 이 점선 아래에 놓인다. 이것은 모두에게 교육비용이 4,000만원에 미치지 않는다는 것을 말한다. 이 경우 능력 있는 사람과 능력 없는 사람 모두 교육을 받는다. 결과적으로 볼 때 기업이 요구하는 교육기간이 8년 이상일 경우에는 아무도 교육을 받지 않으며, 4년 이하일 경우에는 누구나 교육을 받는다. 이들 경우에는 교육을 통해 능력 있는 사람과 능력 없는 사람을 구분해 낼 수 없다.

이와는 달리 4년에서 8년 사이에 해당하는 구간에서는 능력 있는 사람의 교육비용선은 점선 아래에 놓이고, 능력 없는 사람의 교육비용선은 점선 위에 놓인다. 그러므로 이 구간에 놓이는 교육기간은 능력 있는 사람과 능력 없는 사람을 구분하는 신호로서 작동한다.

e. 문항 c.의 답을 참고하면 $x = 4$가 된다. 능력 없는 사람은 교육을 전혀 받지 않는다. 능력 있는 사람도 일단 자신이 능력 있는 사람으로 보이게 하는 데 필요한 최소한의 교육기간만 채운다. 구태여 비용을 들여가며 그 이상의 교육을 받지는 않는다. 즉, 능력 있는 사람의 교육기간은 4년을 조금만 넘는다.

18.5 선별 : 노동시장에서 독점인 기업의 경우

어떤 독점기업이 근로자를 고용하려고 한다. 그런데 이 기업은 근로자들의 산출량은 관찰할 수 있지만 그러한 산출량을 생산하기 위해 근로자가 얼마만큼의 비용을 감수하는지를 모른다고 하자. 한편 유형 1과 유형 2의 근로자들이 반반씩 있으며 유형 1은 $c_1(q_1) = \frac{1}{2}q_1^2$의 비용을 감수하며 유형 2는 $c_2(q_2) = q_2^2$의 비용을 감수한다고 한다. 독점기업은 총수입에서 보수로 지급한 금액을 제외한 금액을 극대화하고자 한다. 산출물의 가격은 1이며 근로자들이 다른 곳에서 받을 수 있는 보수는 0이라고 하자.

a. 이 기업이 $\frac{1}{2}[pq_1 - c_1(q_1)] + \frac{1}{2}[pq_2 - c_2(q_2)]$를 극대화하는 문제를 푼다고 하자. 정보가 대칭적일 경우 이 기업은 각 근로자에게 얼마씩 지불해 주어야 하는가? 이러한 보수체계의 문제점은 무엇인가?

b. 총수입에서 보수로 지급한 금액을 뺀 값을 극대화하는 보수구조를 구하시오.

c. 이때 얻는 결과를 평가하시오.

KEY ▶ 비대칭정보 아래에서 독점기업은 선별기구를 어떻게 고안해야 하는가를 묻고 있다. 독점기업은 자기선택제약과 참가제약이 만족되도록 유인보수를 고안해야 한다.

풀이

a. 각 유형의 개인이 반반씩 있으므로 독점기업의 기대이윤극대화 문제는

$$\underset{q_1,\, q_2}{Max}\ \pi = \frac{1}{2}\left[pq_1 - c_1(q_1)\right] + \frac{1}{2}\left[pq_2 - c_2(q_2)\right] = \frac{1}{2}\left(q_1 - \frac{1}{2}q_1^2\right) + \frac{1}{2}\left(q_2 - q_2^2\right)$$

와 같다. 극대화의 일차필요조건은

$$\frac{\partial \pi}{\partial q_1} = 1 - q_1 = 0$$

$$\frac{\partial \pi}{\partial q_2} = 1 - 2q_2 = 0$$

이다. 이로부터 $q_1 = 1,\ q_2 = \frac{1}{2}$을 얻는다. 이때 이 기업은 각 근로자에게 최소한 그들이 감수한 비용에 해당하는 보수를 지급해 주어야 한다. 그렇지 않을 경우 그들을 고용할 수 없기 때문이다. 그러므로 보수를 s라고 표현하면

$$s_1 = c_1(1) = \frac{1}{2},\ s_2 = c_2\left(\frac{1}{2}\right) = \frac{1}{4}$$

을 지급해 주어야 한다.

그런데 이러한 보수체계는 자기선택제약을 만족시키지 못한다. 그 이유를 살펴보

자. 이러한 보수체계는 1단위를 생산할 경우 [그림 1]의 $A+B(=\frac{1}{2})$를 주고, $\frac{1}{2}$단위를 생산할 경우 $A+C(=\frac{1}{4})$의 보수를 준다는 것이다. 이것을 (1단위, $A+B$), ($\frac{1}{2}$단위, $A+C$)라고 나타내자. 선별기구가 작동하려면, 순보수를 NS로 나타낼 때, 다음과 같은 자기선택제약과 참가제약을 만족시켜야 한다.

$$NS_1(1\text{단위},\ A+B) \geq NS_1(\tfrac{1}{2}\text{단위},\ A+C) \quad \text{자기선택제약} \tag{1}$$

$$NS_2(\tfrac{1}{2}\text{단위},\ A+C) \geq NS_2(1\text{단위},\ A+B) \quad \text{자기선택제약} \tag{2}$$

$$NS_1(1\text{단위},\ A+B) \geq 0 \quad \text{참가제약} \tag{3}$$

$$NS_2(\tfrac{1}{2}\text{단위},\ A+C) \geq 0 \quad \text{참가제약} \tag{4}$$

예를 들어 (1)은 유형 1이 1단위를 생산하고 $A+B$를 받을 때의 순보수가 $\frac{1}{2}$단위를 생산하고 $A+C$를 받을 때보다 커야 한다는 것을 말한다. 다른 식들도 같은 방법으로 해석된다.

그런데 (1단위, $A+B$), ($\frac{1}{2}$단위, $A+C$)라는 보수체계는 자기선택제약 (1)을 만족시키지 못한다. 그 이유는 $NS_1(\frac{1}{2}\text{단위},\ A+C) > NS_1(1\text{단위},\ A+B)$이기 때문이다. 즉, 유형 1이 유형 2인 것처럼 행동하여 $\frac{1}{2}$단위를 생산하고 $A+C$를 받을 경우 비용이 A이므로 C만큼의 순보수를 누리지만, 1단위를 생산하고 $A+B$를 받을 경우 순보수가 0이기 때문이다. 따라서 이러한 보수체계에서는 유형 1이 유형 2인 것처럼 가장하여 $\frac{1}{2}$단위를 생산할 유인이 있다.

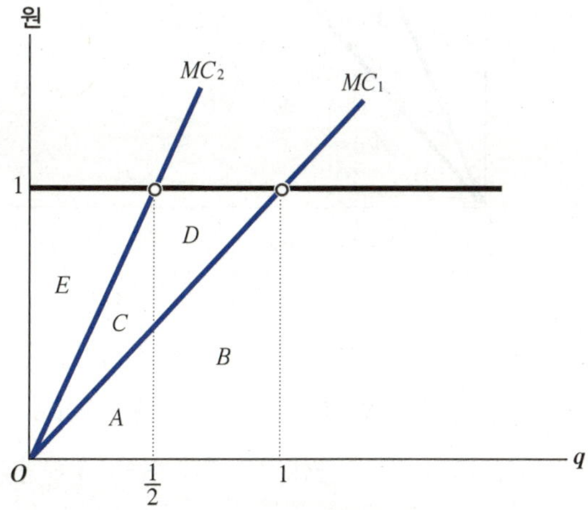

[그림 1]

구체적으로 유형 1이 $\frac{1}{2}$단위를 생산하는 경우를 생각해 보자. 독점기업은 근로자의 유형을 구분할 수 없으므로 이 근로자에게 $\frac{1}{2}$단위의 산출량에 대응하는 보수 $\frac{1}{4}$을 지급한다. 그런데 유형 1이 $\frac{1}{2}$단위를 생산할 때에는 비용이 $c_1\left(\frac{1}{2}\right)=\frac{1}{2}\left(\frac{1}{2}\right)^2=\frac{1}{8}$밖에 들지 않는다. 그 결과 $\frac{1}{4}$의 보수를 받을 경우 $\frac{1}{4}-\frac{1}{8}=\frac{1}{8}$의 잉여를 누린다.

b. 유형 1에게 1단위를 생산하도록 유도하는 유인보수에 대해 단계적으로 생각해 보자. 유형 1이 유형 2처럼 행동할 경우 그가 얻는 이득은 C이다. 그러므로 유형 1로 하여금 자신의 유형대로 행동하도록 만들기 위해서는, 즉 유형 1의 자기선택제약이 충족되도록 하려면 그가 1단위를 생산할 경우 C만큼을 추가로 지급하면 된다(엄밀하게 말하면 $C+\alpha$를 지급해야 한다: α는 아주 작은 수). 그리하여 1단위를 생산한 근로자에게는 $A+B+C$를 지급하고 $\frac{1}{2}$을 생산한 근로자에게는 $A+C$를 지급하는 것이다. 이러한 보수 체계는 두 유형 모두의 자기선택제약과 참가제약을 만족시킨다.

그런데 여기에서 주목할 점이 있다. 유형 2를 겨냥하여 제시하는 산출량을 더 적게 함으로써 그 산출량이 유형 1에게는 덜 매력적이게 할 수 있다는 것이다. 그런데 더욱 좋은 점은 이렇게 함으로써 기업은 더 많은 이윤을 확보할 수 있다는 것이다.

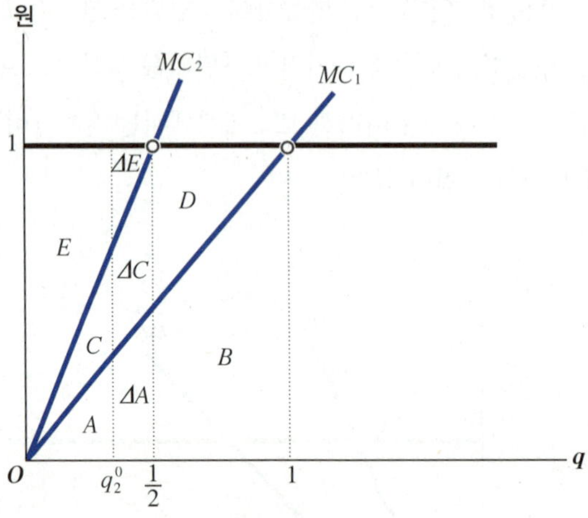

[그림 2]

이에 대해서 [그림 2]를 통해 검토해 보기로 하자. 예를 들어 유형 2를 겨냥하여 제시하는 산출량을 q_2^0로 줄인다고 하자. 그리고 1단위를 생산한 근로자에게는 $A+\Delta A+B+C$를 지급하고 q_2^0를 생산한 근로자에게는 $A+C$를 지급한다고 하자.

이때 기업의 이윤의 변화를 살펴보자. 유형 1의 근로자는 여전히 1단위를 생산하지만 그에게 지급하는 보수는 ΔC만큼 줄어들었다. 한편 유형 2가 산출량을 줄였기 때문에 기업이 그에게서 얻는 수입은 $(\Delta A+\Delta C+\Delta E)$만큼 줄어든 반면 그에게 지급되는 보수는 $\Delta A + \Delta C$만큼만 줄어들었다. 유형 2에만 주목하면 그를 겨냥한 산출량을 줄임으로써 ΔE만큼의 이윤이 줄어든다. 그러나 유형 1과 함께 종합적으로 생각하면 ΔC만큼의 이윤이 증가하는 대신(즉, 지급해야 할 보수가 줄어드는 대신) ΔE만큼의 이윤이 감소하였다. 그런데 ΔC가 ΔE보다 크므로 결국 유형 2를 겨냥하여 제시하는 산출량을 줄임으로써 이윤이 증가하였다.

그렇다면 어느 만큼의 산출량을 제시하는 것이 이윤을 극대화시키겠는가? 그림을 잘 관찰해 보면 제시 산출량을 줄일 경우 추가적으로 늘어나는 ΔC의 면적은 점점 작아지며 추가적으로 늘어나는 ΔE의 면적은 점점 커진다. 그러므로 이윤이 극대화되는 산출량은 [그림 3]에서 보듯이 추가적으로 변화하는 값들이 같아지는 곳에서 결정된다. 물론 여기에는 한계원리가 적용되고 있다.

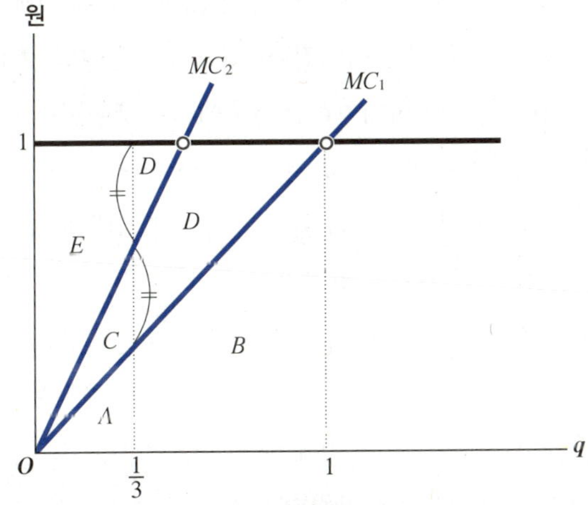

[그림 3]

그 산출량을 구체적으로 구하기 위해 그 산출량을 q라고 하자. 그러면 q에서는 그림에 표시되어 있는 두 길이가 같아져야 한다. 산출량이 q일 때 위에 표시한 길이는 $1 - MC_2 = 1 - 2q$이고 아래에 표시한 길이는 $MC_2 - MC_1 = 2q - q$이다. 이 두 길이가 같아야 하므로 $1 - 2q = 2q - q$로부터 $q^* = \frac{1}{3}$로 구해진다. 그러므로 독점기업은 $(\frac{1}{3}, A + C)$, $(1, A + B + C)$의 보수구조를 제시해야 한다. 그리고 이때 1단위를 생산한 근로자에게는 $s_1 = A + B + C = \frac{5}{9}$를 지급하고 $\frac{1}{3}$을 생산한 근로자에게는 $s_2 = A + C = \frac{1}{9}$을 지급하면 된다. 기업의 이윤은 유형 1로부터는 $(A + B + C + D + E) - s_1 = 1 - s_1 = \frac{4}{9}$를 얻으며 유형 2의 개인으로부터는 $(A + C + E) - s_2 = \frac{2}{9}$를 얻는다.

c. 이러한 보수체계는 각 근로자의 자기선택제약과 참가제약을 모두 만족시킨다. 그리고 독점기업의 이윤을 극대화시킨다. 이때 낮은 비용을 감수하는 근로자는 잉여를 누리

지만 높은 비용을 감수하는 근로자는 잉여를 누리지 못한다.

직관적으로 볼 때 낮은 비용의 근로자가 이득을 취하기 위해 자신이 마치 높은 비용의 근로자인 것처럼 가장하여 행동할 유인이 있는데, 이렇게 행동하지 않고 자신의 유형에 맞는 선택을 하도록, 즉 자기선택을 하도록 유도하기 위해 잉여(정보지대 [그림 3]의 C)를 보장하는 것이다. 이때 보장해 주어야 하는 잉여의 크기는 낮은 비용의 근로자가 높은 비용의 근로자인 것처럼 가장하여 행동할 경우 얻는 이득의 크기와 같아진다. 그 결과 첫째, 유형 1이 유형 2처럼 행동하지 않도록 유도하기 위해, 유형 1에게 초과보수가 지급되고 있다. 유형 2가 없었다면 유형 1이 이러한 정보지대를 누리지 못했을 것이다. 둘째, 그 결과 유형 1은 가격과 한계비용이 같은 곳에서 생산한다. 셋째, 유형 2에게는 참가하는 것과 무차별할 만큼만의 보수가 지급되고 있다. 넷째, 그 결과 유형 2는 가격이 한계비용보다 큰 곳에서 생산하게 된다. 따라서 정보가 대칭적일 경우에 비해 경제 전체의 후생은 적어진다. 정보가 대칭적일 경우의 후생은 $\frac{3}{2}(=1+\frac{1}{2})$이었으나 지금처럼 정보가 비대칭적일 경우에는 후생이 $\frac{4}{3}(=1+\frac{1}{3})$이다.

다섯째, 이상의 분석을 통해 자기선택과 관련하여 높은 비용의 근로자를 겨냥한 생산량을 더욱 적게 하여 수량의 차이를 확실히 크게 해 놓음으로써 이윤을 증가시킬 수 있다는 것을 알 수 있다. 수량의 차이가 클 경우 적은 생산량은 낮은 비용의 근로자에게 더더욱 덜 매력적이 될 것이다. 따라서 낮은 비용의 근로자에게는 많은 생산량을 생산하려는 유인이 더더욱 커진다. 그러므로 이 경우 독점기업은 많은 생산량 생산에 대한 보수를 (수량의 차이를 작게 해 놓았을 경우에 책정할 수 있는 것보다) 더더욱 낮게 책정함으로써 이윤을 증가시킬 수 있다. 즉, 수량의 차이를 크게 하고 낮은 비용 근로자에게 지급하는 보수를 더더욱 낮게 책정함으로써 낮은 비용의 근로자에게 보장하는 잉여를 정보지대인 [그림 3]의 C만큼까지로 줄여서 이윤을 증가시킬 수 있다. 이렇게 볼 때 낮은 비용의 근로자가 없다면 높은 비용의 근로자를 겨냥한 생산량이 그렇게 적어지지는 않을 것이다.

말하자면 q_2가 커지면(유형 2 측에서 이윤이 증가하지만) 자기선택 유도를 위해 유형 1에게 지불해야 하는 정보지대(정보비용)가 커지게 되는 영향 때문에 q_2가 완전정보일 때보다 작아진 것이다. 이처럼 정보지대를 줄이려면 q_2를 줄여야 하는데, 이 때문에 비효율이 발생하는 것이다. 즉, 정보지대 추출과 효율 사이에 상충관계가 존재한다. 유형 1은 완전정보일 경우와 같은 수량을 생산하게 된다.

여섯째, 자기선택제약으로 인해 유형 1과 유형 2가 서로 다른 선택을 하게 되어 분리균형이 달성된다.

18.6 선별 : 노동시장에서 독점인 기업의 경우

어떤 독점기업이 근로자를 고용하려고 한다. 시장에는 유형 1과 유형 2의 근로자들이 반반씩 있으며 유형 1은 $c_1(q_1)=\frac{1}{2}q_1^2$의 비용을 감수하며 유형 2는 $c_2(q_2)=q_2^2$의 비용을 감수한다고 한다. 기업들은 이러한 사실은 알고 있지만 어느 근로자가 유형 1인지 어느 근로자가 유형 2인지 알지 못한다고 하자. 한편 산출물의 가격은 1이며 근로자들이 다른 곳에서 받을 수 있는 보수는 0이라고 하자.

a. 독점기업이 총수입에서 보수로 지급한 금액을 뺀 값을 극대화한다고 하자. 이러한 독점기업의 문제를 구체적으로 나타내시오. 이때 자기선택제약과 참가제약을 구체적으로 나타내시오.

b. 제약식들이 어떤 관계를 가지고 성립하는지 밝히고 그 함축성을 말하시오.

c. 독점기업의 이러한 목표를 달성하게 하는 보수구조와 정보지대를 구하고 평가하시오.

KEY ▶ 독점기업은 자기선택제약과 참가제약을 만족시키도록 보수를 고안해야 한다. 이러한 문제를 풀려면 제약식들이 어떤 관계를 가지고 성립하는지 파악해야 한다.

풀이

a. 독점기업은 개인의 유형을 구분할 수 없다. 그리하여 산출량에 근거하여 보수를 지급한다. 이때 자기선택제약과 참가제약을 만족시켜야 한다. 자기선택제약은 유형 1이 유형 2처럼 행동하지 않도록 보수구조를 고안하는 것이다. 그 방법은 다음과 같다. 즉, 유형 1이 자신을 겨냥하여 제시된 수량만큼 생산할 때 얻는 순보수가 유형 2를 겨냥하여 제시된 수량을 생산할 때 얻는 순보수보다 커지도록 유인보수를 고안하는 것이다. 이 같은 원리는 유형 2에게도 적용된다. 즉, 유형 2도 유형 1처럼 행동하지 않도록 보수구조를 고안해야 한다. 한편 참가제약은 개인이 감수해야 하는 비용만큼은 보수를 지급해 주어야 한다는 것이다.

q_1이 관찰되었을 경우 s_1의 보수를 지급하며 q_2가 관찰되었을 경우 s_2의 보수를 지급한다고 하자. 이때 각 유형의 개인이 반반씩 있으므로 독점기업의 기대이윤극대화 문제는 다음과 같이 쓸 수 있다.

$$\underset{q_1,\,q_2,\,s_1,\,s_2}{Max}\; E(\pi)=\frac{1}{2}(q_1-s_1)+\frac{1}{2}(q_2-s_2)$$

$$s.t.\quad s_1-\frac{1}{2}q_1^2\geq s_2-\frac{1}{2}q_2^2 \text{ 자기선택제약} \tag{1}$$

$$s_2-q_2^2\geq s_1-q_1^2 \text{ 자기선택제약} \tag{2}$$

$$s_1-\frac{1}{2}q_1^2\geq 0 \text{ 참가제약} \tag{3}$$

$$s_2 - q_2^2 \geq 0 \quad \text{참가제약} \tag{4}$$

식 (1)의 의미를 생각해 보자. 이 식에 따르면 유형 1은 자신을 겨냥하여 제시된 산출량 q_1을 생산할 때(좌변)에 유형 2를 겨냥하여 제시된 산출량 q_2를 생산할 때(우변)보다 더 높은 순보수를 누린다. 이때 우변의 첫 항 s_2는 유형 1이 유형 2처럼 행동하여 q_2를 생산할 경우 s_2의 보수를 받게 된다는 것을 말해 준다. 또한 우변의 둘째 항 $\frac{1}{2}q_2^2$에는 유형 1이 q_2를 생산할 경우 그가 감수하는 비용은 그의 비용함수에 따라 정해진다는 점이 반영되어 있다. 식 (2)도 같은 방법으로 해석된다.

b. 이와 같은 형식의 문제를 풀려면 일반적으로 다음 사항에 주목해야 한다.

(가) 참가제약이 모두 부등식으로 성립할 수는 없다. 즉, 식 (3)과 식 (4) 중의 하나는 반드시 등식으로 성립해야 한다(풀이에 직접 사용되지는 않음).

(나) 각 유형에 대해 자기선택제약과 참가제약이 모두 부등식으로 성립할 수는 없다. 말하자면 식 (1)과 식 (3)이 함께 부등식으로 성립할 수는 없다는 것이다. 즉, 둘 중의 하나는 반드시 등식으로 성립해야 한다. 또한 식 (2)와 식 (4)가 함께 부등식으로 성립할 수는 없다는 것이다. 이때에도 둘 중의 하나는 반드시 등식으로 성립해야 한다.

그 이유를 살펴보자. 먼저 (가)에 대해 알아보자. 식 (3)과 식 (4)가 함께 부등식으로 성립한다면 s_1과 s_2를 모두 '조금' 줄일 경우에도 여전히 식 (1) ~ (4)의 제약조건들이 만족되면서 이윤은 증가한다. 그러므로 식 (3)과 식 (4)가 동시에 부등식으로 성립하는 것은 이윤이 극대화되는 상태가 아니다. 그 다음 (나)에 대해 알아보자. 식 (1)과 식 (3)이 함께 부등식으로 만족한다면 s_1을 '조금' 줄일 경우 여전히 식 (1) ~ (4)의 제약조건들이 모두 만족되면서 이윤은 증가한다. 그러므로 식 (1)과 식 (3)이 동시에 부등식으로 만족하는 것은 이윤이 극대화되는 상태가 아니다. 같은 논리로 식 (2)와 식 (4)가 함께 부등식으로 성립할 수는 없다.

(i) 이러한 추론을 바탕으로 생각해 보자. 먼저 식 (1)과 식 (3) 중에서 식 (3)이 부등식으로 성립하는 것을 귀류법으로 보여주자. 이를 위해 식 (3)이 등식으로 성립한다고 가정하자. 식 (3)이 등식으로 성립하면 식 (1)은

$$\frac{1}{2}q_2^2 \geq s_2 \tag{5}$$

가 된다. 그런데

$$\frac{1}{2}q_2^2 < q_2^2 \tag{6}$$

이다. 식 (6)을 식 (5)에 적용하면

$$q_2^2 > \frac{1}{2}q_2^2 \geq s_2 \tag{7}$$

가 성립한다. 그런데 이 식은 식 (4)에 모순된다. 그러므로 식 (3)은 부등식으로 성립해야 한다.

(ii) 위에서 식 (3)이 부등식으로 성립한다는 사실을 알았다. 그러므로 성질 (나)에 의해 식 (1)이 등식으로 성립해야 한다. 즉,

$$s_1 - \frac{1}{2}q_1^2 = s_2 - \frac{1}{2}q_2^2 \tag{8}$$

이 성립해야 한다. 이것을 바꾸어 쓰면

$$s_1 = \frac{1}{2}q_1^2 + \left(s_2 - \frac{1}{2}q_2^2\right) \tag{9}$$

이 된다. 식 (1)이 등식으로 성립하는 직관적인 이유는 유형 1은 비용이 낮아서 유형 2로 가장하여 행동할 경우 그에 상응하는 만큼 잉여를 누리기 때문이다(한편 앞으로 보게 되겠지만 식 (2)는 부등식으로 성립하게 된다. 그 직관적인 이유는 유형 2는 비용이 높아서 유형 1로 가장하여 행동하는 것보다 자신의 유형대로 행동하는 것이 더 낫기 때문이다).

이상의 분석 내용을 정리해 보면 다음과 같다. 식 (1)은 등식으로 성립하고 식 (3)은 부등식으로 성립한다. 먼저 식 (3)이 부등식으로 성립하므로 유형 1은 잉여를 누린다는 것을 알 수 있다. 이제 그 잉여의 크기를 알아보자. 이를 위해 식 (1)을 관찰해 보자. 식 (1)의 좌변은 유형 1이 자신의 유형대로 행동할 때 누리는 잉여이다. 그리고 우변은 유형 1이 유형 2로 가장하여 행동할 때 누리는 잉여이다. 그러므로 식 (1)이 등식으로 성립한다는 것은 그 잉여의 크기가 유형 1이 유형 2로 가장하여 행동할 때 누리는 잉여의 크기와 같다는 것을 말한다. 식 (8)은 이러한 내용을 말해 주고 있다. 식 (9)는 비용이 낮은 근로자는 참가제약을 초과한 보수, 즉 정보지대를 받는다는 것을 구체적으로 보여주고 있다. 식 (9)의 우변의 괄호로 묶은 항은 바로 정보지대는 그가 유형 2로 행동할 때 얻는 이득과 같다는 것을 보여주고 있다. 즉, 그가 유형 2로 행동하지 않도록 유도하려면 바로 그만큼 추가로 더 지급해야 한다는 것이다.

(iii) 이어서 식 (2)와 식 (4)의 관계를 살펴보자. 먼저 식 (2)가 부등식으로 성립한다

는 사실을 귀류법으로 보여주기로 하자. 이를 위해 식 (2)가 등식으로 성립한다고 가정하자. 그런 상태에서 식 (2)를 정리하면

$$s_2 = s_1 + q_2^2 - q_1^2 \tag{2$'$}$$

이 된다. 식 (2)′에 앞서 얻은 식 (9)를 대입하면

$$\begin{aligned} s_2 &= s_1 + q_2^2 - q_1^2 \\ &= \frac{1}{2}q_1^2 + s_2 - \frac{1}{2}q_2^2 + q_2^2 - q_1^2 \end{aligned}$$

이 된다. 이것을 다시 정리하면

$$\frac{1}{2}q_1^2 - \frac{1}{2}q_2^2 = q_1^2 - q_2^2$$

을 얻는다. 이때 $q_1 > 0$, $q_2 > 0$일 경우 $q_1 = q_2$이다. 그런데 선별이 이루어지려면 수량이 달라야 하므로 이것은 선별에 모순이다. 그러므로 식 (2)는 등식으로 성립할 수 없다. 즉, 식 (2)는 부등식으로 성립한다. 따라서 성질 (나)에 의해 식 (4)가 등식으로 성립한다.

식 (4)가 등식으로 성립하므로, 즉

$$s_2 - q_2^2 = 0,\ s_2 = q_2^2 \tag{10}$$

이므로 유형 2는 잉여를 누리지 못한다. 비용이 높은 근로자는 참가제약에 해당하는 만큼의 보수만을 받는다는 것이다.

이제 유형 2가 유형 1로 가장할 유인이 있겠는가를 검토해 보자. 식 (2)의 좌변은 유형 2가 자신의 유형대로 행동할 때 얻는 잉여를 나타낸다. 그런데 식 (4)가 등식으로 성립하므로 그 값이 0이다. 한편 식(2)의 우변은 유형 2가 유형 1로 가장할 때를 나타낸다. 이때 좌변이 0인데 식 (2)가 부등식으로 성립한다고 했으므로 우변의 값은 음이 된다. 다시 말하면 유형 2가 유형 1로 가장하여 행동할 경우 그 잉여가 (−)가 된다는 것이다. 그러므로 유형 2에게는 유형 1로 가장하여 행동할 유인이 없다.

c. 목적함수의 s_1과 s_2에 각각 식 (9)와 식 (10)을 대입하자. 그러면

$$\underset{q_1,\,q_2}{Max}\ E(\pi) = \frac{1}{2}\left[q_1 - \left(\frac{1}{2}q_1^2 + \left(q_2^2 - \frac{1}{2}q_2^2\right)\right)\right] + \frac{1}{2}\left(q_2 - q_2^2\right) \tag{11}$$

이 된다. 이윤극대화의 일차필요조건은

$$\frac{\partial E(\pi)}{\partial q_1} = \frac{1}{2}(1 - q_1) = 0 \tag{12}$$

$$\frac{\partial E(\pi)}{\partial q_2} = \frac{1}{2}(-2q_2 + q_2) + \frac{1}{2}(1 - 2q_2) = 0 \tag{13}$$

이다. 이로부터 $q_1 = 1$, $q_2 = \frac{1}{3}$을 얻는다. 이때 식 (9)와 식 (10)으로부터 $s_1 = \frac{5}{9}$, $s_2 = \frac{1}{9}$로 구해진다. 그러므로 독점기업은 $(\frac{1}{3}, \frac{1}{9})$, $(1, \frac{5}{9})$의 보수구조를 제시해야 한다. 즉, 최적유인보수 구조는 1단위를 생산하면 $\frac{5}{9}$의 보수를 지급하고 $\frac{1}{3}$단위를 생산하면 $\frac{1}{9}$의 보수를 지급하는 것이다.

식 (13)은 $\frac{1}{2}(1 - 2q_2) = \frac{1}{2}(2q_2 - q_2)$로 정리되는데 좌변은 q_2의 증가로 인한 이윤(효율) 증가를 나타내며 우변은 q_2의 증가로 인한 정보지대 증가를 나타낸다. 이러한 상충관계가 고려되어 이윤이 극대화된다. 그 결과 q_2는 완전정보일 때보다 작아진다. 식 (12)는 q_1은 완전정보일 경우와 같아진다는 것을 보여준다.

(i) 이때 정보지대는 식(9)의 우변의 괄호로 묶은 항으로서 $s_2 - \frac{1}{2}q_2^2 = \frac{1}{18}$이다. 목적함수에 나타나 있듯이 정보지대는 독점기업의 기대이윤을 감소시킨다.

(ii) 이때 낮은 비용을 감수하는 근로자는 잉여를 누리지만 높은 비용을 감수하는 근로자는 잉여를 누리지 못한다. 직관적으로 볼 때 낮은 비용의 근로자가 이득을 취하기 위해 자신이 마치 높은 비용의 근로자인 것처럼 가장하여 행동할 유인이 있는데, 이렇게 행동하지 않고 자신의 유형에 맞는 선택을 하도록, 즉 자기선택을 하도록 유도하기 위해 잉여(정보지대)를 보장하는 것이다. 이때 보장해 주어야 하는 잉여의 크기는 낮은 비용의 근로자가 높은 비용의 근로자인 것처럼 가장하여 행동할 경우 얻는 이득의 크기와 같아진다.

그 결과 유형 1이 유형 2처럼 행동하지 않도록 유도하기 위해, 유형 1에게 초과보수가 지급되고 있다. 즉, 유형 1이 정보지대를 누리고 있다. 유형 2가 없었다면 유형 1이 이러한 정보지대를 누리지 못했을 것이다. 유형 2에게는 참가하는 것과 무차별할 만큼만의 보수가 지급되고 있다. 유형 2는 정보가 대칭적일 때보다 적게 생산한다. 그 결과 비대칭정보로 인한 비효율이 존재한다.

(iii) 한편 자기선택과 관련하여 핵심적인 사항은 높은 비용의 근로자를 겨냥한 생산량을 더욱 적게 함으로써 수량의 차이를 확실히 크게 해 놓아야 한다는 것이다. 수량 차이가 크게 나지 않을 경우, 근로자들이 독점기업의 의도와는 다르게 선택할 것이기 때문이다. 즉, 수량 차이가 별로 나지 않는다면 낮은 비용의 근로자마저 적은 생산량을 선택할 우려가 있다는 것이다. 수량의 차이를 크게 해 놓아야 하는 데에는 또 다른 이유가 있다. 그렇게 함으로써 이윤을 증가시킬 수 있기 때문이다. 수량의 차이가 클 경우 적은 생산량은 낮은 비용의 근로자에게 더더욱 덜 매

력적이 될 것이다. 따라서 낮은 비용의 근로자에게는 많은 생산량을 생산하려는 유인이 더더욱 커진다. 그러므로 이 경우 독점기업은 많은 생산량 생산에 대한 보수를 (수량의 차이를 작게 해 놓았을 경우에 책정할 수 있는 것보다) 더더욱 낮게 책정함으로써 이윤을 증가시킬 수 있다. 즉, 수량의 차이를 크게 하고 낮은 비용 근로자에게 지급하는 보수를 더더욱 낮게 책정함으로써 낮은 비용 근로자에게 보장하는 잉여(정보지대)를 줄여서 이윤을 증가시킬 수 있다. 이렇게 볼 때 낮은 비용의 근로자가 없다면 높은 비용의 근로자를 겨냥한 생산량이 그렇게 적어지지는 않을 것이다.

말하자면 목적함수인 식 (11)을 볼 때 q_2가 커지면(둘째 항, 즉 유형 2 측에서 이윤(효율)이 증가하지만) 첫째 항에서 자기선택 유도를 위해 유형 1에게 지불해야 하는 정보지대(정보비용)가 커지게 되는 영향 때문에 q_2가 완전정보일 때보다는 작아진 것이다. 이처럼 정보지대를 줄이려면 q_2를 줄여야 하는데, 이 때문에 비효율이 발생하는 것이다. 즉, 정보지대 추출과 효율 사이에 상충관계가 존재한다. 유형 1은 완전정보일 경우와 같은 수량을 생산한다.

(iv) 끝으로 자기선택제약으로 인해 유형 1과 유형 2가 서로 다른 선택을 하게 되어 분리균형이 달성된다.

18.7 선별 : 보험시장에서의 자기선택균형

A 유형과 B 유형의 개인들이 반반씩 있다고 하자. 그들의 효용함수는 $\sqrt{w}$라고 한다. 여기서 w의 단위는 만원이다. 이들은 각각 1,600만원을 가지고 있는데, 질병에 걸릴 경우 누구나 600만원을 잃는다고 하자. A 유형이 질병에 걸릴 확률은 10%이고 B 유형이 질병에 걸릴 확률은 30%라고 하자.

a. 보험료율이 10%인 공정한 보험(보험 A)과 보험료율이 30%인 공정한 보험(보험 B)을 판매할 경우 각각의 보험료는 얼마인가? 두 보험을 모두 완전보험으로만 판매할 경우 어떠한 현상이 나타나겠는가?

b. 보험료율이 10%인 공정한 보험(보험 A)과 보험료율이 30%인 공정한 보험(보험 B)을 판매한다고 하자. 이때 부분보험도 판매한다고 하자. 이 경우 가장 많은 보험을 팔면서도 자기선택을 유도하려면 보험을 어떻게 팔아야 하는가?

KEY ▶ 이때 자기선택균형은 분리균형이 된다. 분리균형이 되려면 '(1) 자기선택제약 (2) 참가제약 (3) 장기기대이윤 = 0'의 3가지 조건을 만족시켜야 한다. 자기선택균형에서 위험이 높은 사람은 완전보험을 구입하고 위험이 낮은 사람은 부분보험을 구입하게 된다.

풀이

a. 완전보험 A의 공정한 보험료 = $600 \times 0.1 = 60$

완전보험 B의 공정한 보험료 = $600 \times 0.3 = 180$

두 유형 모두 보험 A만 구입한다. 그 결과 보험회사의 이윤은 음이 된다. 그러므로 장기적으로는 보험 A와 보험 B를 모두 완전보험의 형태로는 판매할 수 없다.

b. B 유형은 완전보험 B를 구입하고 A 유형은 보험을 전혀 구입하지 않는 것도 자기선택 균형이며 분리균형이 된다. 그런데 문제에서는 가장 많은 보험을 판매하는 경우에 대해 묻고 있다.

보험 A가 완전보험의 형태로 판매된다면 A 유형과 B 유형의 개인들이 모두 보험 A를 선호하므로 자기선택을 만족시킬 수 없다. 그러므로 자기선택을 유도하려면 보험 A는 부분보험의 형태로 판매되어야 한다. 또한 가장 많은 보험을 판매하려면 B 유형은 완전보험을 구입하도록 만들어야 한다. 결과적으로 β를 보험금이라고 하면

$$\begin{aligned}&0.9\sqrt{1,600-0.1\beta}+0.1\sqrt{1,600-0.1\beta-600+\beta}\\&>0.9\sqrt{1,600-600\times0.3}+0.1\sqrt{1,600-600\times0.3-600+600}\\&=\sqrt{1,600-600\times0.3}\quad A\text{ 유형의 자기선택제약}\end{aligned}\tag{1}$$

$$\begin{aligned}&0.7\sqrt{1,600-600\times0.3}+0.3\sqrt{1,600-600\times0.3-600+600}\\&=\sqrt{1,600-600\times0.3}\\&>0.7\sqrt{1,600-0.1\beta}+0.3\sqrt{1,600-0.1\beta-600+\beta}\quad B\text{유형의 자기선택제약}\end{aligned}\tag{2}$$

$$\begin{aligned}&0.9\sqrt{1,600-0.1\beta}+0.1\sqrt{1,600-0.1\beta-600+\beta}\\&>0.9\sqrt{1,600}+0.1\sqrt{1,600-600}\quad A\text{ 유형의 참가제약}\end{aligned}\tag{3}$$

$$\begin{aligned}&0.7\sqrt{1,600-600\times0.3}+0.3\sqrt{1,600-600\times0.3-600+600}\\&=\sqrt{1,600-600\times0.3}\\&>0.7\sqrt{1,600}+0.3\sqrt{1,600-600}\quad B\text{ 유형의 참가제약}\end{aligned}\tag{4}$$

이 성립해야 한다. 이때

식 (1)의 부등호의 좌변은 A 유형의 개인이 부분보험 A를 구입할 때 얻는 효용을 나타낸다. 부등호의 우변은 A 유형의 개인이 완전보험 B를 구입할 때 얻는 효용을 나타낸다.

식 (2)의 경우 좌변은 B 유형의 개인이 완전보험 B를 구입할 때 얻는 효용을 나타낸다. 우변은 B 유형의 개인이 부분보험 A를 구입할 때 얻는 효용을 나타낸다.

식 (3)은 A 유형이 부분보험 A를 구입하는 것이 보험을 아예 구입하지 않는 것보다

선호한다는 것을 나타낸다.

식 (4)는 B 유형이 완전보험 B를 구입하는 것이 보험을 아예 구입하지 않는 것보다 선호한다는 것을 나타낸다.

두 유형의 개인이 모두 위험회피자이므로 어떤 β에 대해서도 식 (3), 식 (4)가 성립하는 것은 직관적으로도 당연하다.

위 조건들을 만족시킬 경우 보험시장 균형의 특성은

(i) 자기선택제약과 참가제약을 만족시킨다.

(ii) 각 개인이 자신의 유형에 맞는 보험을 구입하게 되는 분리균형이다.

(iii) 각 개인이 자신의 유형에 맞는 보험을 구입하므로 보험회사의 장기기대이윤은 0이 된다.

18.8 선별 : 경쟁적인 보험시장에서의 분리균형

사람들이 질병에 걸릴 경우 치료비가 C만큼 든다고 하자. 그런데 발병 확률이 높은 사람들(H 유형)과 낮은 사람들(L 유형)이 같은 인원으로 섞여 있다고 하자. 발병 확률이 높을 경우 그 확률이 p_H이고 낮을 경우 p_L이라고 하자. 각 개인은 처음에 w_0만큼의 재산을 가지고 있으며 치료비는 누구에게나 같다고 하자. 나아가서 이들은 모두 위험회피자라고 한다.

보험회사가 건강진단을 통해 개인마다 질병에 걸릴 확률을 정확히 안다고 하자.

a. 보험회사가 공정한 보험을 공급할 경우 H 유형이 직면하는 예산선과 L 유형이 직면하는 예산선을 각각 그리시오.

b. 보험회사가 공정한 보험을 공급할 경우 각 개인이 구입하는 보험의 크기를 말하시오.

보험회사가 발병 확률에 대한 정보는 가지고 있지만 누가 발병 확률이 높은 사람인지를 분간할 수 없다고 하자.

c. 보험회사가 보험료율을 평균 확률과 같도록 설정하여 보험을 판매한다고 하자. 그리고 구매자가 원하는 만큼의 보험을 판매한다고 하자. 이때 예상되는 결과를 말하시오.

d. 보험회사가 보험료율을 평균 확률과 같도록 설정하여 보험을 판매한다고 하자. 그러나 위 문항과는 달리 한 종류의 보험만 판매한다고 하자. 이때 예상되는 결과를 말하시오.

e. 보험시장에서 균형이 달성되려면 보험을 어떻게 판매하여야 하는가?

f. 각 유형의 무차별곡선은 서로 어떠한 관계에 있는가?

KEY ▶ 공동균형(pooling equilibrium)은 존재하지 않는다. 균형이 존재하려면 그 균형은 분리균형(separating equilibrium)이어야 한다.

풀이

a. 먼저 보험을 구입하지 않은 경우를 생각해 보자. 개인이 건강할 경우 w_0를 그대로 보유하게 된다. 발병할 경우 치료비가 C만큼 들어가므로 $w_0 - C$를 보유하게 된다. 이러한 상황이 그림에서 Q점으로 나타나 있다.

이제 개인이 보험을 구입하는 경우를 생각해 보자. 보험료율을 q라고 하고 보험금을 B라고 하자. 이러한 상태에서 발병할 경우 보험료 qB는 냈지만 보험금 B를 받으므로 결국 $B - qB$를 받는 셈이 된다. 건강할 경우에는 보험료만 낸 셈이 된다. 즉, $-qB$를 받는 셈이 된다. 이것은 결국 발병할 경우의 재산 w_b를 $B - qB$만큼 더 얻으려면 건강할 때의 재산 w_g를 qB만큼 포기해야 한다는 것을 의미한다. 그러므로 예산선의 기울기는

$$\frac{dw_g}{dw_b} = -\frac{qB}{B - qB} = -\frac{q}{1-q}$$

가 된다. 그런데 보험이 공정할 경우 $p = q$이다. 그러므로 L 유형이 직면하는 예산선의 기울기는 $-\frac{p_L}{1-p_L}$이 되며 H 유형이 직면하는 예산선의 기울기는 $-\frac{p_H}{1-p_H}$가 된다. 그 결과 L 유형의 예산선은 $\overline{QR}$가 되고 H 유형의 예산선은 $\overline{QS}$가 된다. 물론 L 유형의 기울기는 그림에서 $\overline{QR}$를 빗변으로 하는 삼각형의 밑변과 높이로부터도 구할 수 있다. 또한 H 유형의 기울기는 $\overline{QS}$를 빗변으로 하는 삼각형의 밑변과 높이로부터도 구할 수 있다. 이때 H 유형이 직면하는 예산선의 기울기가 더 급하다. 이것은 공정한 보험일 경우 H 유형이 w_b를 얻는 데 드는 기회비용이 L 유형보다 더 크다는 것을 의미한다.

한편 개인의 유형에 관계없이 완전보험을 구입할 경우 그 선택은 확실성선 상에 놓인다.

이러한 내용들이 그림에 나타나 있다.

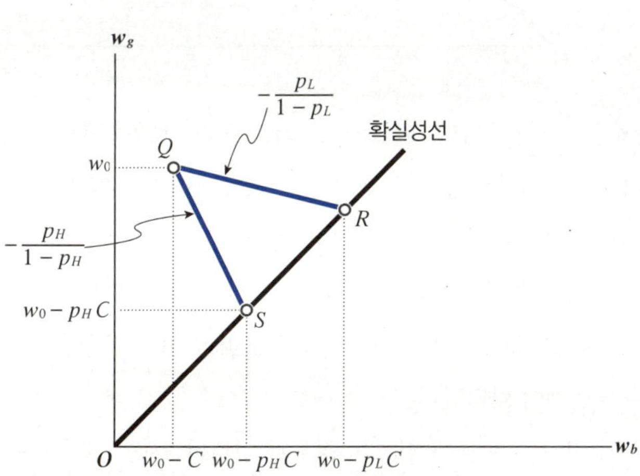

b. 개인들은 예산 제약 아래 $EU(w) = pU(w_b) + (1-p)U(w_g)$와 같은 기대효용함수를 극대화한다. 이때 최적선택조건은 한계대체율과 예산선의 기울기의 절대값이 같아지는 것이다. 즉,

$$MRS_{w_b w_g} = \frac{q}{1-q} \tag{1}$$

가 성립하는 것이다. 여기서

$$MRS_{w_b w_g} = -\frac{\Delta w_g}{\Delta w_b} = \frac{pMU(w_b)}{(1-p)MU(w_g)} \tag{2}$$

이다. 그런데 보험이 공정할 경우

$$p = q \tag{3}$$

이다. 식 (1) ~ (3)으로부터 $w_b = w_g$가 성립한다. 즉, 위험회피자는 위험회피의 정도에 관계없이 완전보험을 구입한다는 것이다. 이처럼 보험이 공정할 경우 위험회피자는 위험을 완전히 제거해 버린다. 이것이 그림에 나타나 있다.

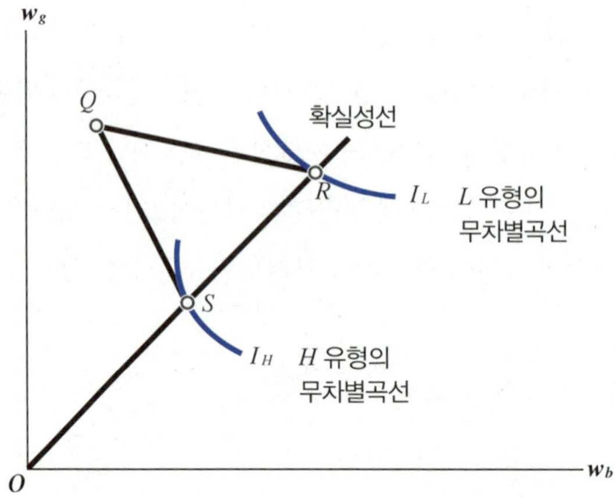

c. 평균 확률은 $\frac{p_L + p_H}{2}$이다. 이 값을 p_A라고 하자. 보험료율을 이 값과 같도록 할 경우 $q = p_A$가 된다. 그리하여 $p_H > q$가 된다. 즉, 이러한 보험은 H 유형에게는 유리한 보험이 된다. 그러므로 H 유형은 여전히 완전보험을 구입한다. 한편 $p_L < q$이다. 즉, 이러한 보험은 L 유형에게는 불리한 보험이 된다. 그 결과 L 유형은 완전보험을 구입하지는 않는다. 나아가서 위험회피의 정도에 따라 아예 보험을 구입하지 않을 수도 있다. 결국 역선택이 나타난다.

그림에는 부분보험을 구입하는 경우가 나타나 있다. 수식을 통해 보자. 보험이 불공정($p < q$)할 경우에는 식 (1)과 식 (2)로부터 $MU(w_b) > MU(w_g)$가 된다. 그런데

한계효용은 체감하므로 $w_b < w_g$가 성립한다. 즉, 부분보험을 구입한다. 직관적으로 볼 때, 보험이 불공정해지는 것은 w_b의 기회비용이 더 커지는 것을 의미한다. 이 경우 위험회피자는 w_b의 소비를 줄이는데, 이것은 부분보험을 구입하는 것을 의미한다.

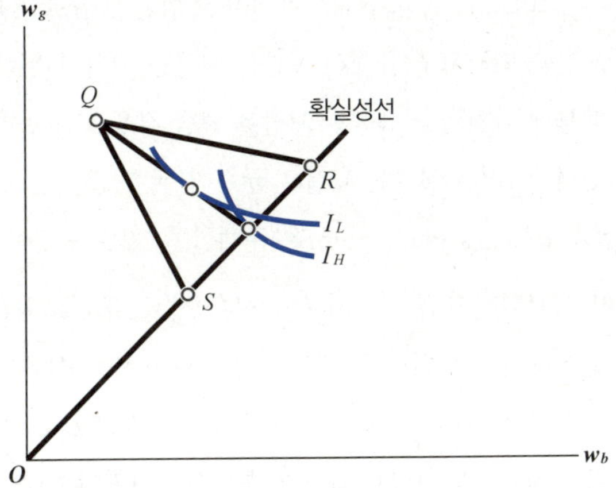

이렇게 될 경우 보험회사의 기대이윤은 음이 된다. 구체적으로 알아보자. H 유형이 q에 보험을 구입하는 것은 보험회사에게 불리하다. 반면에 L 유형이 q에 보험을 구입하는 것은 보험회사에게 유리하다. 그런데 H 유형이 더 많은 보험을 구입하므로 보험회사의 기대이윤이 음이 된다는 것이다. 그리하여 이러한 보험은 공급될 수 없다.

d. 예를 들어 그림에서 M과 같은 보험을 판매한다고 하자. 이때 H 유형과 L 유형 모두에게 (그림에 표현하지는 않았지만) Q점을 지나는 무차별곡선보다 M점을 지나는 무차별곡선이 원점에서 더 멀리 떨어져 있다는 점에 주목하자. 그러므로 이 같은 상황에서는 H 유형과 L 유형 모두 M을 선택한다. 이때 보험회사의 이윤은 0이 된다. 그러나 M점은 최종적인 균형이 되지 못한다. 그 이유를 알아보자. 그 이유는 M에서는 H 유형의 무차별곡선이 L 유형의 것보다 더 가팔라 N점과 같은 점이 존재하기 때문이다.

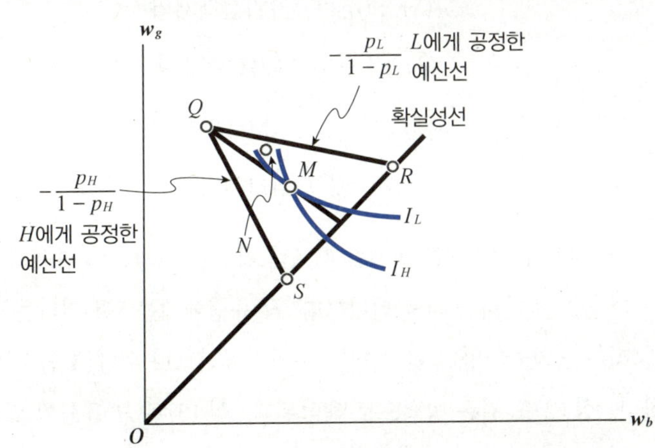

예를 들어 다른 보험회사가 N점을 제시한다고 하자. 이때 N점은 H 유형에게는 M점보다 낮은 효용을 준다. 그러나 L 유형에게는 M점보다 더 높은 효용을 준다. 나아가서 N에서는 $q > p_L$이므로 L 유형이 이러한 보험을 구입하는 것은 보험회사에게 유리하다. 그러므로 보험회사는 이러한 보험을 공급할 유인이 있다. 결국 H 유형은 기존의 M점을 택하고 L 유형은 N점을 택하는 결과가 된다. 그런데 M점에서는 $p_H > q$이기 때문에 이처럼 H 유형만 M점을 택할 경우 M을 판매하는 보험회사의 기대이윤은 음이 된다. 이러한 결과는 M점은 균형이 될 수 없다는 것을 의미한다. 결국 M과 같은 공동균형(pooling equilibrium)은 존재할 수 없다는 것이다.

e. 균형이 성립되려면 H 유형과 L 유형이 서로 다른 보험을 구입하도록 만들어야 한다. 예를 들어 그림에서처럼 H 유형을 겨냥하여 S를 판매하고 L 유형을 겨냥하여 T를 판매하는 것이다. 이때 각 유형의 효용함수를 각각 U_H, U_L이라고 표현하면 S와 T는 다음과 같이 자기선택제약과 참가제약을 만족시켜야 한다.

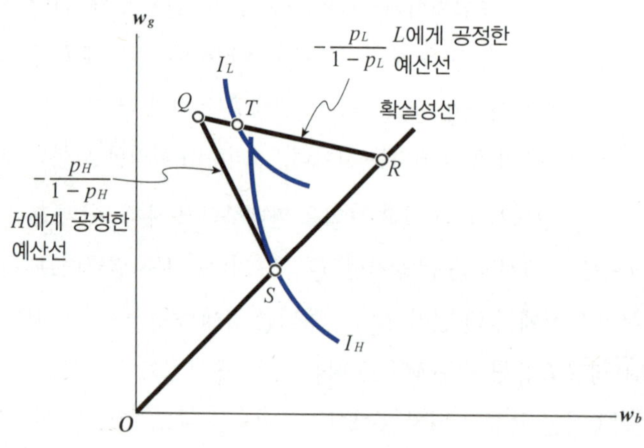

$$U_H(S) \geq U_H(T) \text{ 자기선택제약} \tag{1}$$

$$U_L(T) \geq U_L(S) \text{ 자기선택제약} \tag{2}$$

$$U_H(S) \geq U_H(Q) \text{ 참가제약} \tag{3}$$

$$U_L(T) \geq U_L(Q) \text{ 참가제약} \tag{4}$$

식 (1)은 H 유형이 T를 선택할 때보다 자신을 겨냥하여 판매되는 S를 선택할 때 효용이 더 높아야 한다는 것을 의미한다. H 유형에게는 S를 지나는 무차별곡선이 (그림에 그리지는 않았지만) T를 지나는 무차별곡선보다 위에 놓인다는 사실이 이것을 보장한다. 식 (2)도 같은 방법으로 해석된다. 식 (3)은 H 유형이 S를 선택할 때가 보험을 아예 구입하지 않는 Q를 선택할 때보다 효용이 더 높아야 한다는 것을 말한다. H 유형에게 S를 지나는 무차별곡선이 Q를 지나는 무차별곡선보다 위에 놓인다는 사실이 이것을 보장한다. 식 (4)도 같은 방법으로 해석된다.

첫째, 그림에 있는 T(의 위치)와는 달리 T(의 위치)를 잘못 설정할 경우 식 (1)이 만족되지 않아서 H 유형과 L 유형이 모두 T를 선택하는 경우가 발생할 수도 있다. 이 경우에는 균형이 성립하지 않는다. 앞 문항에서 보았듯이 공동균형은 존재할 수 없기 때문이다.

둘째, S와 T는 보험회사의 기대이윤이 음이 되지 않도록 해야 한다. 나아가서 장기균형에서는 보험회사들의 경쟁 때문에 보험회사들의 기대이윤이 0이 되어야 한다. 이 점을 고려하면 S와 T는 모두 그림에서처럼 공정한 예산선 상에 놓여야 한다.

셋째, 자기선택을 만족시켜야 한다는 측면에서 이때의 균형은 분리균형(separating equilibrium)이 된다. 그런데 이 결과의 해석에 주의해야 한다. 즉, 균형이 존재한다면 분리균형이 된다는 것이지 균형이 반드시 존재한다는 것은 아니라는 점이다.

넷째, 균형에서 L 유형은 부분보험을 구입하게 되어 위험을 완전히 회피하지는 못한다. 반면에 H 유형은 완전보험을 구입하여 위험을 완전히 회피한다. 이처럼 일반적으로 H 유형은 꼭 완전보험은 아니더라도 L 유형보다는 더 많은 보험을 구입한다. 경쟁시장에서 이처럼 (보험구입으로부터 얻는 편익이 더 큰) H 유형이 L 유형보다 (더 많은 위험을 회피할 수 있다는 측면에서) 더 많이 나아지는 것은 독점시장에서 수요가 큰 소비자가 정보지대를 누리는 것과 유사하다. 한편 경쟁시장의 경우인 이 문제에서는 L 유형도 나아지는데 이것은 독점시장에서 수요가 작은 소비자는 유보효용 이상의 잉여를 누리지 못하는 점과 대조된다.

다섯째, 이러한 분리균형은 완전정보일 경우(문항 b.)에 얻은 균형보다 열등하다. 즉, 보험회사가 각 유형들을 구분할 수 있다면 L 유형은 H 유형을 더 나쁘게 만들지 않으면서도 더 나아질 수 있기 때문이다.

여섯째, 각 유형 인원수의 비율, 각 유형의 위험회피도의 차이, 발병 확률 크기의 차이 등에 따라 균형이 존재하지 않을 수도 있다.

f. H 유형과 L 유형의 MRS를 비교해 보자. H 유형과 L 유형의 효용함수는 같다. 그런데

$$\frac{p_H}{1-p_H} > \frac{p_L}{1-p_L}$$

이다. 그러므로 H 유형과 L 유형의 재산상태(w_b, w_g)가 같을 경우 이 식과 문항 b.의 식 (2)로부터 $MRS_H > MRS_L$이 성립한다. 즉, H 유형의 무차별곡선이 더 가파르다.

이것은 *MRS*를 p에 대해 미분해 보아도 알 수 있다. 즉, p가 커질수록 *MRS*가 커진다.

H 유형의 *MRS*가 더 크다는 것은 w_b를 한 단위 더 얻기 위해 L 유형보다 더 많은 w_g를 포기할 의향이 있다는 것을 말한다. H 유형의 발병 확률이 더 높다는 점을 고려할 때 이것은 직관적으로도 당연하다.

이처럼 H 유형과 L 유형의 *MRS*가 서로 다를 경우 H 유형의 임의의 무차별곡선과 L 유형의 임의의 무차별곡선은 단 한 번만 교차한다. 이것을 단일교차성질(single crossing property)이라고 한다.

18.9 선별 : 경쟁노동시장의 경우

시장이 경쟁적이라고 하자. 이때 2가지 유형의 개인이 있다고 하자. 유형 1은 같은 수량을 생산하더라도 유형 2에 비해 자신이 감수해야 하는 비용이 적다고 하자. 이러한 상황에서 대표적 기업은 개인의 유형은 구분할 수 없으며 산출량만 관찰할 수 있다고 하자. 가로축에 산출량을 표시하고 세로축에 보수를 표시한 다음 무차별곡선을 이용하여 분석하시오. 산출물의 가격은 1이라고 하자.

a. 유형 1과 유형 2의 무차별곡선의 차이를 비교하시오.

b. 대표적 기업의 이윤이 0이 되도록 만드는 보수 체계들을 말하시오.

c. 대표적 기업이 산출량에 관계없이 똑같은 보수체계를 제시한다고 하자. 이 경우 균형에 대하여 말하시오.

d. 대표적 기업이 산출량을 구분하여 서로 다른 보수체계를 제시한다고 하자. 이 경우 균형과 그 특성에 대하여 말하시오.

KEY ▶ 비대칭정보에 관한 문제이다.

(i) 보수구조가 선별기구로 작동하려면 자기선택제약을 만족시켜야 한다.

(ii) 시장이 경쟁적일 경우 대표적 기업의 이윤은 0이 된다는 점을 고려하는 것이 중요하다. 이때의 결과는 독점일 경우와 대조된다.

(iii) 공동균형(pooling equilibrium)은 달성되지 못한다. 분리균형(separating equilibrium)이 달성된다.

풀이

a. 이제 유형 1과 유형 2의 무차별곡선에 대해서 검토해 보자. 우선 산출량이 증가한다는 것은 그만큼 근로자가 많은 일을 해야 한다는 것을 의미한다. 그러므로 산출량은 비효용을 준다. 반면에 보수는 근로자에게 효용을 제공한다. 그러므로 무차별곡선은 [그림

1]과 같은 모양을 하며 또한 북서쪽으로 갈수록 효용이 증가한다.

한편 문제에서 같은 수량을 생산하더라도 개인 2는 더 많은 비용을 감수해야 한다고 하였다. 이것은 두 유형의 근로자가 똑같은 수량을 추가로 생산할 경우 각자 이전과 무차별해지도록 만들려면 유형 2에게는 유형 1에게보다 더 많은 보수를 추가로 지급해 주어야 한다는 것을 의미한다. 또한 이것은 유형 2의 무차별곡선의 기울기가 유형 1의 것보다 더 급하다는 것을 말한다. 말하자면 한계대체율이 더 크다는 것이다. 한편 이러한 상황에서는 유형이 다른 근로자들의 무차별곡선은 서로 단 한 번만 교차한다는 사실이 증명되어 있다. 이것을 단일교차성질(single crossing property)이라고 한다.

b. 산출량을 q라고 하고 보수는 산출량에 따라 지급한다고 하자. 이 경우 보수를 s라고 하면 s는 q의 함수로 표시할 수 있다. 이것을 $s(q)$라고 나타내자. 시장이 경쟁적이므로 각 기업의 이윤은 0이 된다. 문제에서 상품의 가격을 1이라고 하였다. 그런데 이윤이 0이므로 이때 이윤을 π라고 하면 $\pi = q - s(q) = 0$이 성립한다. 즉, $q = s(q)$가 성립한다. 이것이 [그림 1]에 원점을 출발하는 45도선으로 나타나 있다. 이제 대표적 기업의 임금체계를 순서쌍 (q, s)로 표시하면 이 순서쌍은 이 직선 상에 놓여야 한다. 한편 45도선 아래에 놓이는 순서쌍은 이 기업에게 양의 이윤을 제공한다. 이 경우 $q > s$가 성립하기 때문이다. 즉, 산출량보다 더 적은 보수를 지급한다는 것이기 때문이다.

c. 임금체계는 산출량을 기준으로 정한다고 하였다. 관찰되는 산출량이 각각 q_1과 q_2라고 하자. 그리고 $q_1 > q_2$라고 하자. 대표적 기업이 q_1을 기준으로 보수 체계를 세시한다고 하자. 즉, $P(q_1, s_1)$을 제시한다고 하자. 그러면 무차별곡선의 기울기가 다르기 때문에 그림과 같은 상황이 발생한다. 그런데 이것은 균형이 될 수 없다.

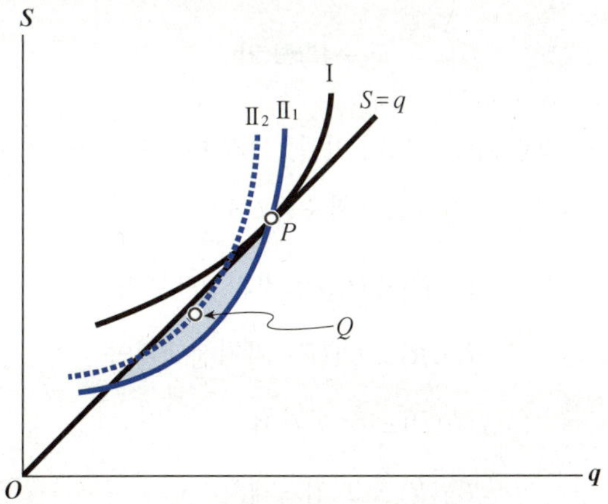

[그림 1]

그 이유를 살펴보자. 이를 위해 시장에 있는 기업들에서 어느 한 기업이라도 색칠한 영역에 속하는 임의의 순서쌍 $Q(q_2, s_2)$를 제시하면 유형 2는 Q를 선택할 것이다. 그의 무차별곡선 II_2가 P를 통과하는 무차별곡선 II_1보다 더 위에 놓이기 때문이다. 이때 이 기업은 양의 이윤을 올리고 있다. 왜냐하면 Q가 45도선 아래에 놓여 있기 때문이다. 물론 유형 1은 여전히 P를 선택할 것이다. 왜냐하면 Q를 지나는 무차별곡선보다 그림과 같이 P에 접하는 무차별곡선 I이 더 위에 놓이기 때문이다. 결국 유형 1은 P를 택하고 유형 2는 Q를 택하게 된다는 것이다. 이것은 단일의 보수 체계가 제시될 경우 균형이 달성될 수 없다는 것을 말한다.

한편 이상의 논의는 대표적 기업이 q_1 대신 q_2를 기준으로 단일의 보수체계를 제시할 경우에도 같은 논리로 성립한다. 결국 단일의 보수체계를 제시할 경우 균형이 성립될 수 없다는 것이다. 즉, 공동균형은 존재할 수 없다는 것이다.

d. 문항 c.의 논리를 적용하면, 유형 1을 겨냥한 보수체계와 유형 2를 겨냥한 보수체계를 동시에 제시해야만 균형이 달성된다. 즉, 균형이 존재한다면 분리균형이 된다.

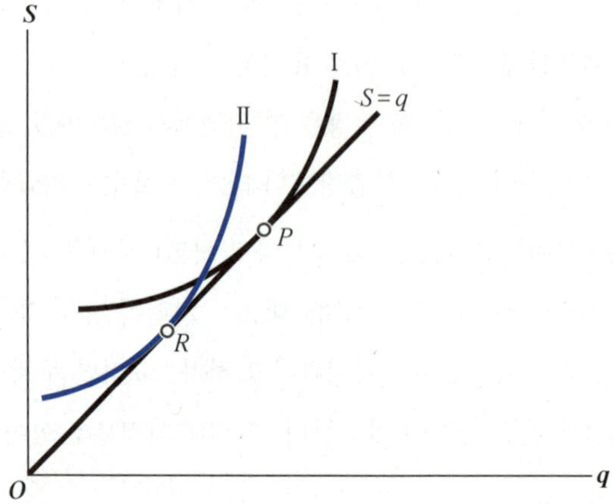

[그림 2]

그 결과가 [그림 2]에 나타나 있다. 이러한 보수는 자기선택제약과 참가제약을 모두 만족시킨다. 즉, 각 개인의 효용함수를 U_i라고 할 때

$$U_1(P) \geq U_1(R) \text{ 자기선택제약} \tag{1}$$

$$U_2(R) \geq U_2(P) \text{ 자기선택제약} \tag{2}$$

$$U_1(P) \geq 0 \text{ 참가제약} \tag{3}$$

$$U_2(R) \geq 0 \text{ 참가제약} \tag{4}$$

을 모두 만족시킨다. 예를 들어 식 (1)은 유형 1이 자신을 겨냥한 P를 택할 때의 효용이 유형 2를 겨냥한 R을 택할 때의 효용보다 높다는 것을 말한다. 다른 식들도 같은 방법으로 해석된다.

이때 기업의 이윤은 0이 된다. 그리고 각 유형은 자신이 생산한 것에 해당하는 만큼의 보수를 받는다. 비용이 더 적게 드는 유형 1도 유보효용 상당 이상의 보수를 받지 못한다. 이 기업이 독점이었다면, 유형 1은 유보효용을 초과하는 보수를 받았을 것이다.

18.10 선별 : 경쟁노동시장의 경우

경쟁시장에 두 유형의 근로자가 있다고 하자. 유형 1은 유형 2에 비해 상품을 생산하는 데 자신이 감수해야 하는 비용이 적다. 반면에 유형 1의 생산성은 유형 2에 비해 높다. 대표적 기업은 근로자들의 유형은 구분할 수 없다고 하자. 한편 생산성이 높은 유형 1의 경우 q를 생산할 경우 기업에게 $\frac{3}{2}q$의 수입을 가져다주며, 생산성이 낮은 유형 2가 q를 생산할 경우 기업에게 $\frac{1}{2}q$의 수입을 가져다준다. 시장에는 두 유형의 근로자들이 각각 반반씩 있다고 한다.

a. 단일 보수 체계는 균형이 될 수 없다는 것을 보이시오.

b. 산출량에 따라 다른 보수를 지급할 경우 균형에 대해 말하시오.

c. 균형의 특성에 대해 말하시오.

KEY ▶ 선별기구는 자기선택조건과 참가제약조건을 만족시켜야 한다. 경쟁시장이므로 기업들 사이의 경쟁에 의해 이윤이 0이 된다. 균형이 존재한다면 분리균형(separating equilibrium)이어야 한다.

풀이

a. 경쟁이므로 기업의 이윤은 0이 된다. 그러므로 단일 보수를 제공하는데 이윤이 0이 되는 경우를 찾아보자. 이윤이 0이 되려면 생산성이 높은 유형 1에게는 $s_1 = \frac{3}{2}q$의 보수를 지급하고 생산성이 낮은 유형 2에게는 $s_2 = \frac{1}{2}q$의 보수를 지급해야 한다. 그런데 기업은 근로자들 중에서 누가 생산성이 높은 사람인지를 구분할 수 없다. 그래서 평균 보수를 지급한다고 하자. 그림의 가운데 그려진 s_m선은 바로 평균보수를 지급할 때를 나타낸다. s_m선 상에 놓이는 임의의 한 순서쌍 $P(q_0, s_0)$를 보수로 제시할 경우 [그림 1]과 같은 상황이 예상된다.

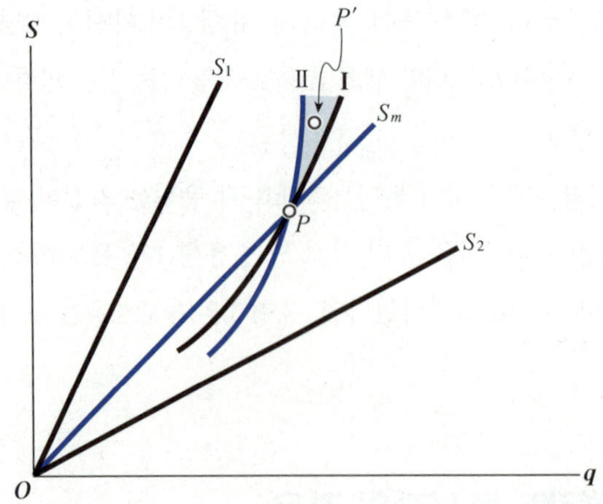

[그림 1]

이때 유형 2의 무차별곡선의 기울기가 유형 1의 것보다 더 급하다. 유형 2가 더 많은 비용을 감수해야 하므로, 각자 똑같은 수량을 추가로 생산할 경우 각자 이전과 무차별해지도록 하려면 유형 2에게 더 많은 보수를 추가로 지급해 주어야 하기 때문이다.

그런데 P점은 균형이 되지 못한다. 예를 들어 시장에 있는 어떤 기업이 색칠한 부분에 있는 P'점을 제시한다고 하자. 유형 1의 경우 P점을 지나는 무차별곡선 I보다 (그림에 그리지는 않았지만) P'점을 지나는 무차별곡선이 더 위에 놓인다. 그러므로 유형 1은 P'를 택한다. 유형 2의 경우 P'보다 P가 더 높은 무차별곡선 상에 놓이므로 P를 선호한다. 결과적으로 유형 1은 P'를 택하고 유형 2는 P를 택하는 상태가 된다.

이 경우 P'를 제시한 기업은 이윤을 얻는다. P'가 s_1선보다 아래에 놓이는데 오로지 유형 1만 P'를 선택하기 때문이다. 이때 P'가 s_1선보다 아래에 놓인다는 것은 $s < \frac{3}{2}q$를 의미한다. 이것은 수입보다 적은 보수를 지급한다는 것을 말한다. 이 때문에 기업이 이윤을 얻는다.

반대로 P를 제시한 기업은 손실을 입는다. 즉, P점은 s_2선보다 위에 놓이는데 오로지 유형 2만 택하므로 기업이 손실을 입게 된다. 결국 공동균형(pooling equilibrium)을 의도하여 제시된 보수는 균형을 달성시키지 못한다.

b. 균형이 성립되려면 각 유형이 서로 다른 보수를 받도록 해야 한다. 이때 자기선택제약과 참가제약을 만족시켜야 한다. 즉, q_1을 생산할 경우 s_1을 지급하고, q_2를 생산할 경우 s_2를 지급한다고 할 때

$$U_1(s_1) \geq U_1(s_2) \text{ 자기선택제약} \tag{1}$$

$$U_2(s_2) \geq U_2(s_1) \text{ 자기선택제약} \tag{2}$$

$$U_1(s_1) \geq U_1(0) \quad \text{참가제약} \tag{3}$$

$$U_2(s_2) \geq U_2(0) \quad \text{참가제약} \tag{4}$$

을 모두 만족시켜야 한다. 여기서 U_i는 유형 i의 효용함수를 나타낸다.

예를 들어 식 (1)은 유형 1이 자신의 유형에 맞는 s_1을 받을 때의 효용이 s_2를 받을 때보다 더 높아야 한다는 것을 의미한다. 식 (3)은 유형 1이 일을 하고 보수를 받을 때의 효용이 그렇지 않을 때보다 높아야 한다는 것을 말한다.

이제 [그림 2]처럼 $Q(q_1, s_1)$과 $R(q_2, s_2)$의 두 가지 보수에 대해 검토해 보자. 이러한 보수체계는 자기선택제약조건을 만족시키지 못한다. 두 유형 모두 Q점을 선호하기 때문이다. 그림에 그리지는 않았지만 유형 2의 경우에도 R점을 지나는 무차별곡선보다 Q점을 지나는 무차별곡선이 더 위에 놓인다. 결국 이러한 보수체계를 제시할 경우 이 기업은 역선택에 직면한다. 그리하여 손실을 입는다. 유형 2에게 너무 높은 보수를 주기 때문이다.

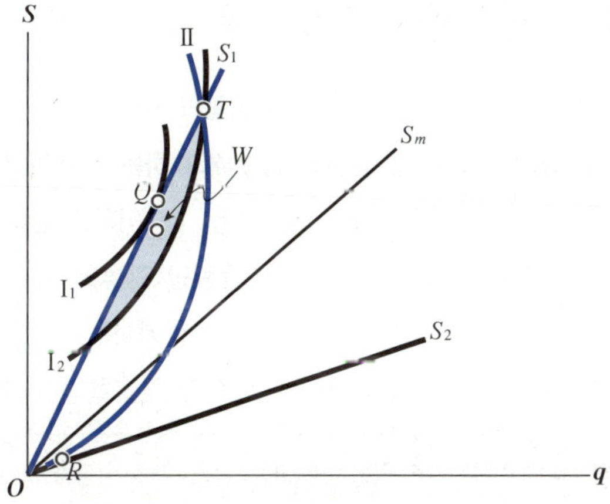

[그림 2]

역선택을 방지하는 방법은 $T(q_1^0, s_1^0)$와 R을 제시하는 것이다. 이 경우 유형 1은 T를 택하고 유형 2는 R을 택한다(엄밀하게 말하면 T는 그림에 표시한 곳보다 직선을 따라 조금 더 위에 있어야 한다). R과 T는 모두 자기선택제약을 만족시킨다. 그 결과 분리균형이 성립된다.

색칠한 부분에 있는 W점을 생각해 보자. 두 유형 모두 T점보다는 W점을 선호한다. 기업도 W점에서는 이윤을 얻으므로 T점보다 선호한다. 그렇지만 W와 같은 점은 제시될 수 없다. 두 유형 모두 W를 선택할 경우 기업이 손실을 입기 때문이다. 두 유형이 모두 같은 점을 택할 경우에는 s_m 상에서만 이윤이 0이 되며, s_m선보다 위의 점에서는 기업이 손실을 입는다.

문제에서 주어진 것과는 달리, 유형 1이 대단히 많아서 s_m선이 W를 통과하는 경우에는 기업이 W를 제시하더라도 손실을 입지 않는다. 그런데 이 경우 두 유형 모두 W를 선택하므로, 문항 a.와 같은 상황이 발생한다. 그리하여 균형이 존재하지 않는다. 결국 균형의 존재 여부는 각 유형의 인원수에 따라 달라진다.

c. 첫째, 경쟁에 의해 기업의 이윤은 0이 된다.

둘째, 자기선택제약을 만족시켜야 하기 때문에 이때의 균형은 분리균형(separating equilibrium)이 된다.

셋째, 균형이 존재한다면 분리균형이 된다는 것이지 균형이 반드시 존재한다는 것은 아니다. 각 유형 인원수의 비율, 비용, 생산성에 따라 균형이 존재하지 않을 수도 있다.

넷째, 분리균형도 완전정보일 경우의 균형보다는 열등하다.

18.11 선별 : 경쟁노동시장의 경우

시장이 경쟁적이라고 하자. 이때 2가지 유형의 개인이 있다고 하자. 유형 1은 같은 수량을 생산하더라도 유형 2에 비해 자신이 감수해야 하는 비용이 적다고 하자. 그리하여 유형 1의 비용함수는 q_1^2이고 유형 2의 비용함수는 $2q_2^2$이라고 한다. 이러한 상황에서 대표적 기업은 개인의 유형은 구분할 수 없으며 산출량만 관찰할 수 있다고 하자. 이때 높은 비용함수를 가진 유형 2의 유보효용이 높을 경우 균형에서는 오로지 유형 1만 고용될 수도 있다. 이렇게 되는 경우의 유보효용을 구하시오. 이때 산출물의 가격은 1이라고 하자.

KEY ▶ 낮은 비용함수를 가진 근로자만 고용되려면 계약이 다음 조건을 만족시켜야 한다. 첫째, 이윤이 음이 되지 않는다. 둘째, 높은 비용함수를 지닌 근로자가 받아들일 수 없는 계약이어야 한다.

풀이

높은 비용함수를 가진 유형 2의 경우 자신에게 가장 이득이 되는 계약은 자신이 받을 수 있는 최대 보수 s_2에서 자신이 감수하는 비용을 뺀 값을 극대화시키는 계약이다. 그런데 자신이 받을 수 있는 최대 보수는 산출물의 가치를 초과할 수는 없다. 그런데 산출물의 가격이 1이므로 자신이 받을 수 있는 최대 보수 s_2는 $1 \times q_2$이다. 그러므로 가장 이득이 되는 계약은 $1 \times q_2$에서 비용을 뺀 값을 극대화하는 계약이다. 즉,

$$\underset{q_2}{Max}\ S_2 = s_2 - c_2(q_2) = q_2 - 2q_2^2$$

을 푸는 것이다. 극대화의 일차필요조건은

$$\frac{dS_2}{dq_2} = 1 - 4q_2 = 0, \text{ 즉 } 1 = 4q_2, \text{ 즉 한계보수 = 한계비용}$$

이다. 이로부터 $q_2^* = \frac{1}{4}$를 얻는다. 이 경우 근로자가 감수하는 비용은

$$c_2(q_2) = c_2\left(\frac{1}{4}\right) = 2\left(\frac{1}{4}\right)^2 = \frac{1}{8}$$

이다. 이때 근로자가 계약을 받아들이려면 그가 받는 보수(s_2)에서 그가 감수하는 비용을 뺀 금액이 그의 유보효용($\bar{u}_2$)보다 커야 한다. 즉, $s_2 - \frac{1}{8} \geq \bar{u}_2$이어야 한다.

기업은 이윤을 극대화하므로 유보효용보다 많은 보수를 지급하지는 않는다. 즉, 유보효용에 해당하는 보수만 지급한다. 따라서 $s_2 = \bar{u}_2 + \frac{1}{8}$이 성립한다. 그런데 이러한 계약 아래에서 기업이 이윤을 올려야만 이 근로자가 고용될 것이다. 즉, $q_2^* \geq s_2$이어야 비용이 높은 근로자가 고용된다. 즉,

$$q_2^* = \frac{1}{4} \geq s_2 = \bar{u}_2 + \frac{1}{8}$$

이 성립되어야 비용이 높은 근로자가 고용된다. 이때 부등호가 반대로 성립하면 비용이 높은 근로자는 고용되지 않는다. 바꾸어 말하면 $\bar{u}_2 \geq \frac{1}{8}$일 경우에는 비용이 높은 근로자는 고용되지 않는다.

18.12 선별 : 경쟁시장과 독점시장의 차이

경쟁시장에서 기업들이 근로자를 고용하려고 한다. 시장에는 유형 1과 유형 2의 근로자들이 반반씩 있으며 유형 1은 $c_1(q_1) = \frac{1}{2}q_1^2$의 비용을 감수하며 유형 2는 $c_2(q_2) = q_2^2$의 비용을 감수한다고 한다. 기업들은 이러한 사실은 알고 있지만 어느 근로자가 유형 1인지 어느 근로자가 유형 2인지 알지 못한다고 하자. 한편 산출물의 가격은 1이며 개인들이 다른 곳에서 받을 수 있는 보수는 0이라고 하자.

a. 개별기업이 이윤을 극대화하는 유인보수를 구하려고 한다. 독점기업일 경우와 다른 점은 무엇인가?

b. 유인보수를 구하시오. 이때 각 유형의 개인은 잉여를 누리는가?

c. 이 결과를 기업이 독점일 경우와 비교하시오.

KEY ▶ 독점과는 달리 경쟁시장에서 각 기업이 얻는 이윤은 0이 된다. 경쟁시장에서는 오히려 개인들이 잉여를 얻게 된다.

풀이

a. 독점과는 달리 경쟁기업일 경우에는 이윤이 0이 된다는 조건이 모형에 도입된다. 그리고 이 조건이 핵심적으로 적용되어 유인보수가 정해진다.

b. 기업은 각 근로자의 유형을 알 수 없다. 이러한 상황에서 각 근로자의 산출량에 관계없이 동일한 금액의 보수를 지급할 경우, 즉 고정급을 지급할 경우 각 근로자가 생산할 때 자신에게 비용이 든다는 점을 감안하면 각 근로자는 비용을 감수해 가며 굳이 생산하려고 하지 않을 것이다. 즉, 고정급을 지급할 경우 각 근로자의 산출량은 0이 된다는 것이다. 이때 근로자의 선택은 기업 측면에서 볼 때 불리한 선택이 된다. 즉, 역선택이 발생한다. 이러한 역선택 현상이 나타나는 것을 방지하고 각 근로자로 하여금 자신의 유형에 맞는 산출량을 생산하도록 유도하려면, 즉 각 근로자를 선별하려면 선별기구가 필요하다. 즉, 각 근로자에게 서로 다른 보수를 지급해야 할 것이다.

이러한 측면에서 각 근로자에게 지급하는 보수를 s_i라고 하자. 경쟁시장에서 개별기업은 이윤을 극대화하도록 보수를 지급할 것이다. 따라서 이윤극대화 문제는 다음과 같이 쓸 수 있다. 즉,

$$\underset{q_i}{Max}\ \pi = pq_i - s_i = 1 \times q_i - s_i$$

이다. 그런데 개별기업의 이윤은 0이 되므로 결국 보수 s_i는 산출량과 같아진다. 즉, $s_i = q_i$가 성립한다. 기업은 근로자의 유형을 알 수는 없지만 각 근로자를 선별하려면 산출량이 q_i일 경우 s_i의 보수를 지급해야 한다.

이러한 보수구조에서 유형 1은 자신이 얻는 보수에서 상품을 생산할 때 자신이 감수하는 비용을 뺀 금액을 극대화하는 만큼 생산하려고 할 것이다. 그러므로 유형 1의 극대화 문제는

$$\underset{q_1}{Max}\ S_1 = s_1 - c_1(q_1) = q_1 - \frac{1}{2}q_1^2$$

이 된다. 극대화의 일차필요조건은

$$\frac{dS_1}{dq_1} = 1 - q_1 = 0,\ \text{즉}\ 1 = q_1,\ \text{즉 한계보수} = \text{한계비용}$$

이다. 이로부터 $q_1 = 1$을 얻는다. 이 값을 목적함수에 대입하면 유형 1이 얻는 잉여가 $\frac{1}{2}$로 구해진다.

한편 유형 2에게도 같은 원리가 적용된다. 그리하여 유형 2의 극대화 문제는

$$\underset{q_2}{Max}\ S_2 = s_2 - c_2(q_2) = q_2 - q_2^2$$

이 된다. 극대화의 일차필요조건은

$$\frac{dS_2}{dq_2} = 1 - 2q_2 = 0,\ \text{즉}\ 1 = 2q_2,\ \text{즉 한계보수} = \text{한계비용}$$

이 된다 이로부터 $q_2 = \frac{1}{2}$을 얻는다. 이 값을 목적함수에 대입하면 유형 2가 얻는 잉여가 $\frac{1}{4}$로 구해진다.

c. 일반적으로 독점일 경우 기업이 양의 이윤을 누린다. 그러나 경쟁일 경우 기업의 이윤이 0이 된다. 독점일 경우 비용이 낮은 근로자는 여분의 잉여를 누리지만, 비용이 높은 근로자는 유보효용만큼 밖에 누리지 못한다. 그러나 경쟁시장에서는 비용이 높은 근로자라도 잉여를 누린다. 경쟁이든 독점이든 분리균형이 달성된다.

18.13 자기보호

황진이는 위험회피자이다. 그녀는 현재 w_0를 가지고 있다. 그런데 사고가 나면 L만큼의 손실을 입는다. 사고가 발생할 확률은 p라고 한다. 한편 이 사고 확률은 그녀가 사고 방지를 위해 지출하는 금액 a가 커짐에 따라 줄어든다고 한다.

a. 보험을 구입하지 않을 경우를 생각해 보자. 이때 사고가 발생할 경우와 사고가 발생하지 않을 경우 각각에 대해 재산 상태를 말하시오.

이제 황진이가 보험료율이 q인 보험을 구입한다고 하자.

b. 이때 사고가 발생할 경우와 사고가 발생하지 않을 경우 각각에 대해 재산 상태를 말하시오.

c. 극대화문제를 수식으로 나타내시오.

d. 보험이 공정하다고 하자. 그리고 보험회사가 개인의 예방노력을 관찰할 수 있다고 하자. 이 경우 극대화 문제를 풀 때 보험의 크기와 a의 값이 어떻게 정해지는가를 직관적으로 설명하시오.

e. 보험회사가 개인의 예방 노력을 관찰할 수 없어서 보험료를 개인의 예방 노력 수준과 관계없이 정한다고 하자. 이러한 상황에서 공정한 완전보험이 공급될 경우 발생하는 문제점에 대해서 설명하시오.

KEY ▶ 자기보호(self protection)문제를 다루고 있다. 이때 최적에서는 사고 방지를 위해 지출하는 금액의 한계비용과 그로부터 얻는 한계편익이 같아진다.

풀이

a. 사고가 발생할 경우의 재산을 w_b라고 하고 사고가 발생하지 않을 경우의 재산을 w_g라고 하자. 그러면

$$w_b = w_0 - a - L$$

$$w_g = w_0 - a$$

가 된다.

b. 구입하는 보험의 크기를 B라고 하자. 그러면 보험료는 qB가 된다. 사고가 발생하든 발생하지 않든 사고 예방 비용 a와 보험료 qB는 들어간다. 다만 사고가 발생할 경우에는 손실이 발생하고 또한 보험금을 받는다는 점이 다를 뿐이다. 그러므로

$$w_b = w_0 - a - qB - L + B \qquad (1)$$

$$w_g = w_0 - a - qB \qquad (2)$$

가 성립한다.

c. 황진이는 a와 w_b, w_g를 선택변수로 하여 기대효용을 극대화할 것이다. 그러므로 기대효용극대화 문제는

$$\underset{a,\, w_b,\, w_g}{Max}\ EU = p(a)U(w_b) + [1 - p(a)]U(w_g) \qquad (3)$$

로 쓸 수 있다. 여기서 $p(a)$는 사고가 발생할 확률은 사고 방지에 투입되는 비용의 함수라는 것을 나타낸다. 편의상 식 (1)과 식 (2)를 적용하여 식 (3)을 다시 쓰면

$$\underset{a,\, B}{Max}\ EU = p(a)U(w_0 - a - qB - L + B) + [1 - p(a)]U(w_0 - a - qB) \qquad (4)$$

가 된다.

d. 보험이 공정하다는 것은 q를 p와 같도록 설정하는 것이다. 그런데 보험회사가 개인의 예방 노력 a를 관찰할 수 있다고 하였다. 이 경우 공정한 보험은 a를 반영하여

$$q = p(a) \qquad (5)$$

가 되도록 설정하는 보험이다. 식 (5)를 식 (4)에 대입한 다음 정리하면

$$\underset{a,\, B}{Max}\ EU = p(a)U[w_0 - a - p(a)B - L + B] + [1 - p(a)]U[w_0 - a - p(a)B] \qquad (6)$$

가 된다. 이 문제를 풀기 위해서는 식 (6)을 a와 B에 대하여 각각 편미분해야 한다. 그 다음 그 결과를 각각 0으로 놓은 2개의 연립방정식을 풀어야 한다. 복잡한 계산을 피하고 그 결과를 직관적으로 추론해 보기로 하자.

우리는 위험회피자는 공정한 보험이 제공될 경우 완전보험을 구입한다는 사실을 알고 있다. 즉,

$$B^* = L \tag{7}$$

이 성립한다는 사실을 알고 있다(이 결과는 식 (6)의 B에 대한 기대효용극대화의 일차조건을 구해봄으로써도 확인할 수 있다). 이러한 사실을 식 (1)과 식 (2)에 적용하면 최적상태에서는

$$w_b = w_g \tag{8}$$

가 성립한다는 것을 알 수 있다. 식 (7)과 식 (8)을 염두에 두고 식 (6)을 자세히 검토해 보자. 그러면 최적상태에서의 기대효용은

$$U[w_0 - a^* - p(a^*)L] \tag{9}$$

이 될 것으로 추론할 수 있다.

그렇다면 최적의 a는 어떠한 조건을 만족시켜야 할까? 추가 예방에 드는 한계비용과 그로부터 얻는 한계편익이 같아야 할 것이다. 이때 예방에 드는 한계비용은 $1(=\frac{\partial a}{\partial a})$이다. 그리고 한계편익은 예방으로 인해 줄어드는 기대손실로서

$$-L\frac{\partial p(a)}{\partial a}\text{(이때 }\frac{\partial p(a)}{\partial a} < 0\text{이다)} \tag{10}$$

이다(여기서 편미분 기호를 사용한 이유는 원래 문제에 2개의 선택변수(a와 B)가 있기 때문이다). 그러므로 최적의 a는

$$1 = -L\frac{\partial p(a)}{\partial a} \tag{11}$$

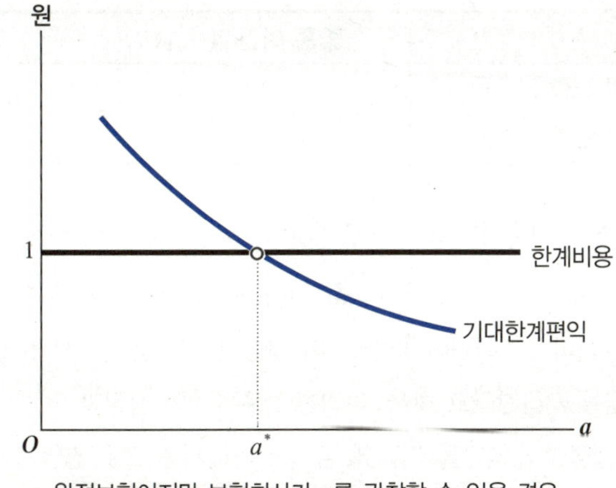

완전보험이지만 보험회사가 a를 관찰할 수 있을 경우
$(\frac{dp}{da} < 0,\ \frac{d^2p}{da^2} > 0$을 가정$)$

를 만족시키는 값으로 정해진다. 그런데 이 조건은 사실상 식 (9)를 a로 편미분한 결과로부터 얻을 수 있다.

e. 공정한 완전보험이 공급될 경우에는

$$B = L \tag{12}$$

이 성립한다. 이 경우 식 (12)를 식 (1)에 적용한 후 식 (2)와 비교해 보면 보험료(qB)나 예방 노력(a의 크기)에 관계없이 $w_b = w_g$가 성립한다는 것을 알 수 있다. 그리고 이 경우 식 (4)는 사실상

$$\underset{a}{Max}\ EU = U(w_0 - a - qL) \qquad \text{[식 (12)를 적용]}$$

이 된다. 한편 보험료($qB = qL$)가 예방 노력에 관계없이 정해진다고 하였으므로 위 문제의 해는 $a = 0$이다. 이 결과는 보험료를 개인의 예방 노력 수준과 관계없이 정하는 상황에서 완전보험이 공급될 경우에는 최악의 도덕적 해이가 발생한다는 것을 말한다.

18.14 유인보수

대한컴퓨터 주식회사의 주주들이 경영자에 대한 보수체계를 짜는 데 고심하고 있다. 그런데 이 회사의 수입은 경영자의 노력과 주위의 경제여건에 따라 달라진다고 한다. 편의상 경영자가 최선의 노력을 하는 경우와 도덕적 해이를 저지르는 두 가지 경우가 있다고 하자. 이때 경영자의 노력을 e로 표시하자. 그리고 그가 최대의 노력을 다하는 경우를 $e = 1$로 나타내고 노력을 하나도 하지 않는 경우를 $e = 0$으로 나타내자. 이때 임금을 지불하기 이전의 수입을 표로 정리하면 다음과 같다고 한다.

	좋은 여건(확률 50%)	**나쁜 여건**(확률 50%)
최대의 노력($e = 1$)	4억	2억
최소의 노력($e = 0$)	2억	1억

경영자는 자신이 기울이는 노력과 관련하여 $c = 0.5$억$\times e$의 비용을 감수한다고 한다.

a. 수입과 관계없이 고정급으로 1억을 지급하는 경우 기업의 기대이윤은 얼마인가?

b. 관찰된 수입이 2억이거나 1억일 경우에는 낮은 임금을 지급하고 4억일 경우에는 아주 높은 임금을 지급한다고 하자. 이러한 보수체계의 장점과 단점은 무엇인가?

c. 수입 중 일정한 금액만을 기업에 남기고 나머지를 모두 경영자가 가진다고 하자. 이러한 보수체계의 문제점은 무엇인가?

d. 임금이 '임금 = 0.4 × 기대수입'의 공식에 따라 정해질 경우 회사의 기대이윤은 얼마인가? 이러한 제도의 장점은 무엇인가?

e. 계산을 해보면 기대수입 중에서 30%만 임금으로 주는 경우 경영자는 최대의 노력을 기울이지 않는다는 것을 알 수 있다. 그렇다면 그 이유는 무엇인가?

KEY ▶ 최대의 노력을 기울이더라도 최소의 노력을 기울였을 때와 같은 결과가 나올 수도 있다. 즉, 불확실성이 있다. 불확실성 때문에 주주는 경영자가 최대의 노력을 기울였는지 최소의 노력을 기울였는지 알 수 없는 경우가 있다. 이 경우 유인보수를 고안할 때 유인제공과 위험분담 사이의 상충관계를 고려해야 한다.

풀이

a. 노력을 기울일 경우 노력에 따른 비용만 발생할 뿐 임금은 오르지 않으므로 노력을 하나도 하지 않는다. 기업의 기대이윤은

$$2 \times 0.5 + 1 \times 0.5 - 1 = 0.5$$

이다. 이 제도의 문제점은 유인을 전혀 제공하지 않는다는 점이다. 또한 사업의 성과에 관계없이 고정급을 지급해야 하므로 위험을 전적으로 기업이 감수하게 된다.

b. **장점** : 경영자의 노력 수준을 임금에 반영해 준다는 점. 즉, 유인을 제공한다는 점이다.
단점 : 높은 임금을 바라고 경영자가 최대의 노력을 기울였는데 여건이 나빠 2억원의 수입이 발생할 수 있는 위험부담을 경영자가 지게 된다는 점. 즉, 위험 분담에 문제가 있다는 것이다.

c. 경영자가 모든 위험부담을 지게 된다. 임대제도의 경우에 해당한다. 예를 들어 월 100만원의 임대료를 내면서 사무실을 빌려쓴다고 하자. 사업이 잘 되든지 못 되든지 월 100만원의 월세는 반드시 내야 한다. 이러한 측면에서 임대제도는 대리인이 모든 위험을 감수하게 된다. 반면에 사업 성과가 좋을 경우 그만큼 대리인의 보수는 많아진다. 그러므로 유인제공 측면에서는 최고이다.

d. 경영자가 최대의 노력을 기울일 경우 자신의 기대순보수

= 기대임금 − 비용

$= 0.4 \times (4 \times 0.5 + 2 \times 0.5) - (0.5 \times 1) = 0.7$

경영자가 최소의 노력을 기울일 경우 자신의 기대순보수

= 기대임금 − 비용

$= 0.4 \times (2 \times 0.5 + 1 \times 0.5) - (0.5 \times 0) = 0.6$

즉, 경영자가 최대의 노력을 기울일 경우 자신의 기대순보수가 더 커진다. 그러므로 경영자는 최대의 노력을 기울인다. 이때

기업의 기대이윤

$$= \text{기대수입} - \text{기대임금}$$
$$= (4 \times 0.5 + 2 \times 0.5) - 0.4 \times (4 \times 0.5 + 2 \times 0.5)$$
$$= 1.8$$

이 된다.

장점 : 경영자의 노력을 반영해 주면서 동시에 주주와 경영자가 위험을 분담한다. 즉, 유인을 제공함과 동시에 위험을 분담하게 된다.

e. 임금에 경영자의 노력이 덜 반영되기 때문에 도덕적 해이가 발생한다.

18.15 최적유인보수 : 노동자는 위험회피적이고 기업은 위험중립적일 경우

현재 다른 곳에서 하루에 120의 효용을 누리고 있는 노동자를 생각해 보자. 이 노동자를 스카우트하려고 한다. 스카우트된 후 그가 열심히 일할 때 그가 감수하는 비효용은 70에 해당한다. 반면에 태만하게 일할 경우 비효용은 30에 해당한다. 그가 열심히 일할 경우 기업이 5만원을 벌 확률이 80%이고 2만원을 벌 확률이 20%이다. 그가 태만하게 일할 경우 이 기업이 5만원을 벌 확률은 40%이고 2만원을 벌 확률은 60%가 된다. 노동자는 위험회피적이고 기업은 위험중립적이라고 하자. 한편 노동자의 효용함수는 $U(x) - c = x^{\frac{1}{2}} - c$라고 한다. 여기서 x는 금액이고 c는 일할 때의 비효용이다.

a. 노동자의 행위를 관찰할 수 없다고 하자. 이때 이 노동자로 하여금 열심히 일하도록 유도하려고 한다. 이때 임금구조가 만족시켜야 하는 조건을 구하고 설명하라.

b. 최적유인보수를 구하라. 이때 예상되는 최대기대이윤은 얼마인가?

c. 다른 조건들에 변함이 없다면 근로자가 열심히 일할 경우 기업이 얼마를 벌면 기업의 측면에서 볼 때 성과급을 지급하는 것이 고정급을 지급하는 것보다 낫겠는가?

d. 고정급을 지급할 때의 문제점은 무엇인가? 상황선호접근법으로 설명하시오.

e. 태만하게 일하도록 유도할 경우 선택가능집합의 변화를 말하시오. 최적보수에 대해 말하시오.

f. 노동자가 위험중립적일 경우와 위험회피적일 경우에 최적유인보수는 어떻게 달라지며 그 이유는 무엇인가?

g. 유인제공과 위험분담 사이의 상충관계에 대하며 설명하고, 여러 가지 상황에서 이것이 어떻게 달라지는가를 설명하시오.

KEY ▶ 최적유인보수를 고안하려면 목적함수, 참가제약, 유인양립성제약을 정확하게 파악해야 한다. 노동자가 위험회피적이기 때문에 유인제공과 위험분담 사이에 상충관계가 존재한다.

풀이

a. 기업은 위험중립적이므로 기대수입 또는 기대이윤을 극대화한다. 한편 노동자는 위험회피적이므로 기대효용을 극대화한다. 기업이 5만원을 벌게 될 때 지급하는 임금을 w_g라 하고 2만원을 벌게 될 때 지급하는 임금을 w_b라고 하자. 그러면 노동자가 열심히 일했을 때 기업이 5만원을 벌 확률이 80%이고 2만원을 벌 확률이 20%이므로 기업의 기대이윤은

$$E(\pi) = 0.8(50,000 - w_g) + 0.2(20,000 - w_b)$$

이다. 그러므로 열심히 일하도록 유도하려면 유인임금구조는

$$\begin{aligned} \underset{w_b,\, w_g}{Max}\ & E(\pi) = 0.8(50,000 - w_g) + 0.2(20,000 - w_b) \\ s.t.\quad & 0.8w_g^{\frac{1}{2}} + 0.2w_b^{\frac{1}{2}} - 70 \geq 120 \quad \text{참가제약} \\ & 0.8w_g^{\frac{1}{2}} + 0.2w_b^{\frac{1}{2}} - 70 \geq 0.4w_g^{\frac{1}{2}} + 0.6w_b^{\frac{1}{2}} - 30 \quad \text{유인양립성제약} \end{aligned}$$

을 만족시키도록 정해야 한다.

예를 들어 첫 번째 제약식에서 좌변의 첫 항을 보자. w_g를 받으려면 5만원을 벌어야 한다. 그런데 열심히 일할 경우 5만원을 벌 확률이 0.8이다. 그래서 앞에 0.8을 곱해준 것이다. 둘째 항도 같은 방법으로 해석된다. 한편 참가제약은 열심히 일했을 때의 기대효용이 다른 곳에서 누리고 있는 효용보다 커야 한다는 것이다. 그 다음 유인양립성제약을 보자. 좌변은 열심히 일했을 때의 기대효용이다. 우변은 태만히 일했을 때의 기대효용이다. 그러므로 유인양립성제약은 열심히 일하도록 유도하려면 열심히 일했을 때의 기대효용이 태만히 일했을 때의 기대효용보다 커지도록 보수구조가 고안되어야 한다는 것을 말한다.

b. (i) w_b와 w_g를 성과급으로 지급하는 경우

기업의 목적함수를 볼 때 평균보수를 적게 줄수록 기업의 기대이윤이 증가한다. 이 점을 고려할 때 기업의 기대이윤이 극대화되려면 참가제약과 유인양립성제약이 모두 등호로 성립해야 한다.

한편 이 문제의 경우 제약식은 비선형이고 목적함수는 선형이다. 이러한 경우 그림을 이용하여 문제를 풀려면 제약식을 선형으로 바꾸어 주는 것이 좋다. 이를 위해

$$w_g^{\frac{1}{2}} = x_g,\ w_b^{\frac{1}{2}} = x_b \tag{1}$$

라고 놓자. 그러면

$$w_g = x_g^2,\ w_b = x_b^2 \tag{2}$$

이 성립한다. 이제 이러한 관계를 이용하여 앞의 문제를 다시 써 보면

$$\begin{aligned} \underset{x_b^2,\, x_g^2}{Max}\ & E(\pi) = 0.8(50,000 - x_g^2) + 0.2(20,000 - x_b^2) \\ s.t.\quad & 0.8x_g + 0.2x_b - 70 \geq 120 \quad \text{참가제약} \\ & 0.8x_g + 0.2x_b - 70 \geq 0.4x_g + 0.6x_b - 30 \quad \text{유인양립성제약} \end{aligned}$$

이 된다.

참가제약으로부터

$$0.8x_g \geq -0.2x_b + 190$$

즉,

$$x_g \geq -\frac{1}{4}x_b + 237.5\,(\text{등호일 경우 참가제약선}) \tag{3}$$

를 얻는다. 유인양립성제약으로부터

$$0.4x_g \geq 0.4x_b + 40$$

즉,

$$x_g \geq x_b + 100\,(\text{등호일 경우 유인양립성제약선}) \tag{4}$$

을 얻는다. 구하는 성과급은 이러한 두 조건을 동시에 만족시키면서 기업의 이윤을 극대화하는 보수이다. 한편 식 (3)과 식 (4)를 동시에 만족시키는 영역이 그림에 색칠한 부분으로 나타나 있다.

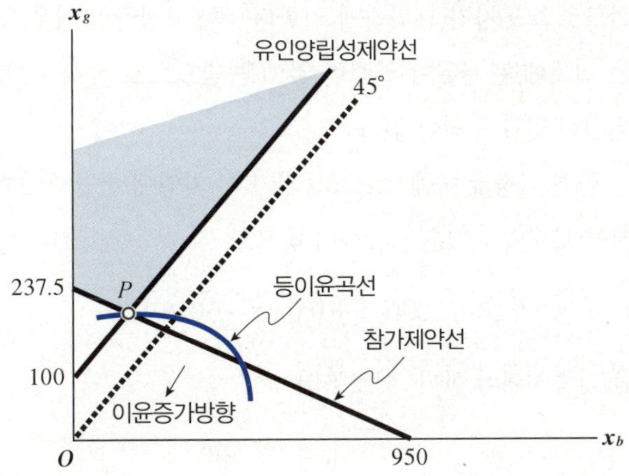

구하는 성과급을 찾기 위해 등이윤곡선의 식을 알아보자. 등이윤곡선의 식은

$$0.8(50,000 - x_g^2) + 0.2(20,000 - x_b^2) = \overline{E(\pi)}$$

가 된다. 이 식을 정리하면

$$0.8x_g^2 + 0.2x_b^2 = 44,000 - \overline{E(\pi)} \qquad (5)$$

가 된다. 이 식을 $(x_b,\ x_g)$ 평면에 그려보자. 그러면 그것은 그림에서 보듯이 부드러운 곡선으로 나타나면서 $\overline{E(\pi)}$의 값이 커질수록 원점을 향해 가까이 간다. 그 결과 참가제약선과 유인양립성제약선의 교점 P를 지날 때 이윤이 가장 커진다. 한편 P점은 식 (3)과 식 (4)로부터 $(x_b^*,\ x_g^*) = (110,\ 210)$으로 구해진다. 이것을 식 (2)에 대입하면 구하는 성과급은

$$w_b^* = x_b^{*2} = (110)^2 = 12,100(\text{원}),\ w_g^* = x_g^{*2} = (210)^2 = 44,100(\text{원})$$

으로 구해진다. 이때 최대기대이윤은 식 (5)으로부터

$$\overline{E(\pi)} = 44,000 - 0.8x_g^{*2} - 0.2x_b^{*2} = 6,300(\text{원})$$

이 된다.

한편 기업의 목적함수를 볼 때 평균보수를 적게 줄수록 기업의 기대이윤이 증가한다. 이러한 사실은 참가제약과 유인양립성제약이 모두 등호로 성립할 때 기업의 기대이윤이 극대화되고 있다는 점에 반영되어 있다.

(ii) 고정급을 지급하는 경우

구하는 고정급을 w라고 하면

$$\text{열심히 일할 때의 효용} = w^{\frac{1}{2}} - 70 < w^{\frac{1}{2}} - 30 = \text{태만하게 일할 때의 효용}$$

이므로 노동자가 태만하게 일한다. 즉, 고정급일 경우 노동자는 기업이 얼마를 벌든 결과에 관계없이 일정한 금액을 받으므로 굳이 더 많은 비효용을 감수하면서 열심히 일할 유인이 없다.

한편 고정급 하에서도 노동자가 이 기업에서 일하도록 하려면 다른 곳에서 지급하는 보수인 120은 지급해야 하므로

$$0.4w^{\frac{1}{2}} + 0.6w^{\frac{1}{2}} - 30 \geq 120$$

을 만족시켜야 한다. 이로부터

$$w \geq 22{,}500$$

을 얻는다. 기대이윤을 높이려면 보수를 가능한 한 적게 주어야 하므로

$$w = 22{,}500$$

이 된다.

이때 노동자가 태만하게 일할 것이므로 기업의 기대이윤은

$$E(\pi) = 0.4(50{,}000 - 22{,}500) + 0.6(20{,}000 - 22{,}500) = 9{,}500$$

이 된다.

(iii) 고정급을 지급할 경우의 기대이윤인 9,500은 성과급을 지급할 경우의 기대이윤인 6,300보다 크다. 그러므로 기업은 고정급을 지급하며 이 경우 이것이 최적유인보수가 된다.

참고로 고정급은 노동자가 태만하게 일하도록 유도하기 위한 극대화문제를 푼 것과 그 결과가 같다(직관적으로 보더라도 태만하게 일하도록 유도하려면 고정급을 주면 되고 또한 이때 태만하게 일할 경우의 참가제약을 만족시키는 수준의 고정급을 지급하면 기업의 기대이윤이 극대화된다). 따라서 일반적으로 성과급일 경우 기업의 기대이윤이 더 큰 것이 보통이다. 그런데 이와는 달리 이 문제에서는 성과급일 경우 고정급일 경우에 비해 기업의 기대이윤이 작은 이유는 열심히 일할 때의 비효용이 태만히 일할 때의 비효용보다 너무 크기 때문이다. 그 결과 열심히 일하도록 유도하려면 태만히 일할 때에 비해 너무 많은 보수를 주어야 하기 때문이다.

한편 열심히 일할 때의 비효용이 작아지면 참가제약선과 유인양립성제약선이 모두 아래로 평행이동한다. 그 결과 선택가능집합이 커져서 열심히 일하도록 유도할 경우의 기업의 기대이윤이 이전보다 커진다. 열심히 일할 때의 비효용이 어느

수준 이하로 작아지면 그때부터는 성과급일 경우의 기업의 기대이윤이 고정급일 경우의 기업의 기대이윤보다 커진다.

c. 구하는 값을 y라고 하면 앞서 구한 고정급 22,500을 주어서 노동자가 태만하게 일할 경우 기업의 기대이윤은

$$E(\pi_1) = 0.4y + 0.6 \times 20{,}000 - 22{,}500$$

이다.

한편 참가제약과 유인양립성제약은 기업이 버는 금액과는 관계없이 정해지므로 y의 값에 관계없이 x_g^*와 x_b^*의 값은 달라지지 않는다. 따라서 성과급일 경우 기업의 기대이윤은

$$E(\pi_2) = 0.8\,(y - x_g^{*2}) + 0.2\,(20{,}000 - x_b^{*2})$$

이 된다. $E(\pi_2) > E(\pi_1)$일 경우 기업은 성과급을 시행한다. 이로부터

$$y^* > 58{,}000$$

을 얻는다.

직관적으로 볼 때 노동자가 열심히 일할 경우 기업이 버는 금액이 커질 경우 기업은 성과급 지급을 통해 노동자가 열심히 일하도록 유도할 유인이 커진다. 반면에 노동자가 열심히 일하더라도 기업이 버는 금액이 그리 크지 않을 경우에는 기업 입장에서 볼 때 굳이 평균임금을 올려줘 가며 성과급 제도를 시행할 유인이 없다.

d. 기업이 5만원을 벌든 2만원을 벌든 동일한 임금인 고정급을 지급한다고 하자. 즉, $w_b = w_g$라고 하자. 이 경우에는 기업이 모든 위험을 감수한다. 즉, 기업이 노동자가 직면하는 위험에 대해 완전보험을 제공하는 경우이다. 그리하여 노동자는 위험을 전혀 감수하지 않는다. 이러한 상황을 나타내기 위해 등이윤곡선에 대한 접선의 기울기를 구해 보자. 그 기울기는 식 (5)을 전미분하여 구할 수 있다. 이 식을 전미분하면

$$16x_g\,dx_g + 4x_b\,dx_b = 0$$

이 된다. 이로부터

$$\frac{dx_g}{dx_b} = -\frac{1}{4}\frac{x_b}{x_g}$$

로 구해진다. 그런데 $w_b = w_g$일 경우에는 $x_b = x_g$이다. 그러므로 $w_b = w_g$일 경우에는

$$\frac{dx_g}{dx_b} = -\frac{1}{4}$$

이 된다.

그런데 이 값은 참가제약선의 기울기와 같다. 즉, $w_b = w_g$일 경우에는 등이윤곡선에 대한 접선의 기울기가 참가제약선의 기울기와 같아진다. 그러므로 이 경우 등이윤곡선과 참가제약선이 접하게 된다.

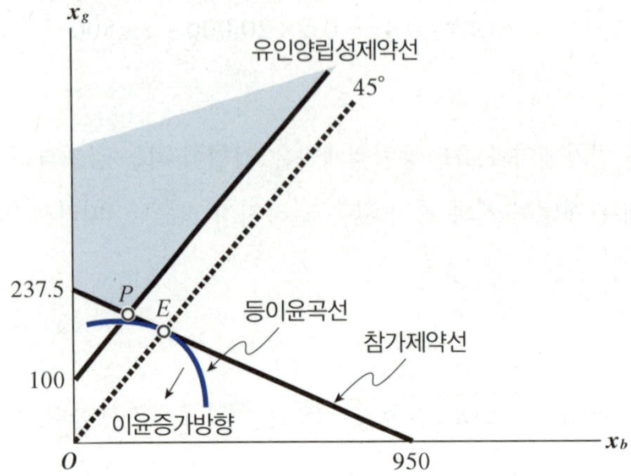

이러한 상황이 그림에 E점으로 나타나 있다. 그런데 이것은 $x_b = x_g$일 때이므로 E점은 45도선 상에 놓인다. 사실상 E점뿐만 아니라 등이윤곡선과 참가제약선의 접점은 항상 45도선 상에 놓인다.

여기서 주목할 것이 있다. E점은 참가제약은 만족시키지만 유인양립성제약은 만족시키지 못한다. 바꾸어 말하면 어떤 상황에서든지 항상 똑같은 임금을 주는 고정급은 유인을 제공하지 못한다. 이 경우 기업이 모든 위험을 감수하게 된다. 그런데 사실상 기업은 위험중립적이므로 위험을 얼마나 감수하는가는 문제되지 않는다. 이렇게 할 경우 노동자에게 유인을 제공하지 못하는 것이 문제이다.

한편 고정급을 지급할 경우 이처럼 유인을 제공하지 못하기 때문에 근로자가 태만하게 일할 것이므로 어차피 고정급을 지급할 바에는 고정급을 아예 E점보다 더 낮추는 것이 기업의 입장에서는 더 낫다. 즉, 문항 b.에서처럼 근로자가 태만하게 일한다는 전제 하에 참가제약을 만족시키는 만큼의 고정급을 지급하는 것이 기업의 입장에서 최적이다.

e. 태만하게 일하도록 유도할 경우 목적함수에서 확률이 태만일 경우로 바뀌며 그림의 선택가능집합에도 2가지 변화가 생긴다. (i) 참가제약선의 좌변 자리에 유인양립성제약의 우변 것을 써야 한다. 그 결과 태만할 경우의 참가제약선은 세로절편이 375로 바뀌고 기울기가 급해진다. 한편 태만일 경우의 참가제약선은 P점을 지난다. 열심일 경우

의 참가제약선과 태만일 경우의 참가제약선의 교점은 항상 유인양립성제약선 상에 놓이기 때문이다. (ii) 태만하게 일하도록 유도하는 것이므로 유인양립성제약의 약부등호의 방향이 바뀐다. 그 결과 식 (4)의 약부등호의 방향이 바뀐다. 결과적으로 그림의 '불변인' 유인양립제약선의 아랫부분과 새로운 참가제약선의 윗부분의 교집합이 선택가능집합이 된다. 문항 d.의 해설에서 보았듯이 등기대이윤곡선과 참가제약선의 접점은 항상 45도선 상에 놓인다. 그런데 이 점이 현재 선택가능집합 내에 놓이므로 접점이 최적선택이 된다. 즉, 고정급이 최적보수가 된다. 그러므로 문항 b.의 해설에서 말했듯이 고정급은 노동자가 태만하게 일하도록 유도하기 위한 극대화 문제를 푼 결과와 같다. 한편 이 경우 유인양립성제약은 강부등호로 성립한다.

이때의 결과는 완전정보에서 태만을 유도할 경우와 같다. 직관적으로 볼 때 태만하게 일하도록 유도하려면 열심히 일하도록 유인을 제공할 필요가 없으므로 대리인의 행위 관찰 가능 여부에 관계없이 태만하게 일할 경우의 참가제약을 만족시킬 정도의 고정급을 주면 되기 때문이다.

f. 노동자가 위험중립적일 경우에는 기대수입을 극대화한다. 그리하여 기대효용을 극대화할 때 유인보수가 유일했던 것과는 달리 최적유인보수를 이루는 임금의 순서쌍은 무수히 많이 존재한다. 심지어는 성과가 나쁠 경우의 보수가 0이더라도 적정한 기대수입을 보장하면 최적유인보수가 된다. 또는 임대제도가 성립하는 원리에 따라 기업이 얼마를 벌든 기업이 일정 금액을 가지고 나머지를 모두 노동자가 가지는 것도 최적유인보수가 된다. 물론 이때 노동자가 모든 위험을 부담하게 된다. 최악의 경우 노동자의 보수는 음이 될 수도 있다.

그러나 이것들은 노동자가 위험회피자일 경우에는 최적유인보수가 될 수 없다. 위험회피자인 경우 성과가 나쁘더라도 어느 정도의 보수를 지급해 주어야 한다. 즉, 위험을 분담해 주어야 한다. 이것은 바로 노동자가 위험회피자일 경우 유인제공 외에 위험분담을 적절히 고려하여 유인보수를 고안해야 한다는 것을 말한다.

g. 산출량이 적을 경우 보수를 너무 적게 책정하는 것은 근로자에게 너무 많은 위험을 감수하게 만든다. 그러므로 이렇게 하려면 그 보상으로 평균적인 보수 수준을 높여야 한다. 이것이 바로 유인보수를 고안할 때 유인제공과 위험분담 사이의 상충관계이다.

(i) 완전정보여서 노동자의 행위를 관찰할 수 있다고 하자. 이 경우에는 유인제공 문제가 존재하지 않는다. 이 경우에는 오로지 위험분담만 문제가 된다. 참가제약은 만족시켜야 한다. 이 경우에는 기업이 모든 위험을 감수하는 것이 최적이다. 즉,

근로자가 직면하는 모든 위험에 대해 보장해 주는 고정급이 최적이다. 기업이 위험중립적이고 대리인이 위험회피자라는 측면에서 보면 이것은 당연하다.

(ii) 비대칭정보여서 노동자의 행위를 관찰할 수 없다고 하자. 이 경우에는 유인제공 문제가 존재한다. 유인제공 문제가 있을 경우에는 상황이 달라진다. 기업이 완전보험을 제공하면 근로자는 어떤 결과가 나오든지 상관하지 않는다. 즉, 최선을 다할 유인이 사라진다. 이것은 대리인에게 보험을 제공하여 얻는 이득(보험을 제공하는 대신 평균보수를 낮춤으로써 본인이 얻을 수 있는 이득)과 그러한 보험과 관련된 유인비용(더 많은 보험을 제공할수록 대리인이 최선을 다할 유인이 더 많이 사라지는 데 따르는 비용) 사이에 상충관계가 존재한다는 것을 의미한다.

(iii) 열심히 일할 경우 비효용이 더 적다면 유인문제는 사라진다. 이 경우 보수는 산출량과 관계없이 지급된다.

(iv) 노동자가 위험중립적이면 위험분담문제는 제기되지 않으며 유인을 가장 많이 제공하는 것이 최적유인보수이다. 최선(first best)의 결과를 얻는다.

(v) 유인양립성제약이 만족될 경우에는 노동자(대리인)가 나아진다면 기업(본인)은 나빠진다.

참고 ▶ 1. 유인양립성제약을 보자. 여기서 노동자가 최선을 다할 경우 일정한 기대효용을 보장하는 (x_b, x_g)의 조합을 찾아보자. 이것은 최선을 다할 때의 무차별곡선이다. 그 다음 도덕적 해이를 유발할 때의 무차별곡선도 구할 수 있다. 이 두 무차별곡선이 만나는 점들로 이루어진 직선이 바로 유인양립성제약선이다. 유인양립성제약선의 기울기는 1이라는 점에 주목하자.

2. 최선을 다할 때의 무차별곡선이 도덕적해이를 유발할 때의 무차별곡선보다 위에 놓이는 영역이 바로 유인양립성제약을 만족시키는 영역이다.

3. 참가제약선은 노동자가 최선을 다할 때의 무차별곡선들 중에서 어느 하나에 해당한다.

4. $x_b = x_g$일 경우에는 등이윤선의 기울기와 노동자가 최선을 다할 때의 무차별곡선의 기울기가 일치한다. 이것은 등이윤선과 그 무차별곡선이 접하는 점들이 45도선 상에 놓이는 것을 의미한다.

18.16 최적보수 : 유인문제가 없을 경우

앞 문제의 제시문과 같은 상황을 상정하자. 다만 앞 문제에서와는 달리 노동자가 항상 열심히 일한다고 가정하자.

a. 기업의 기대이윤을 극대화시키는 보수구조를 구하시오.

b. 기업의 기대이윤과 근로자의 기대효용의 크기를 앞 문제에서 구한 것과 비교하시오.

c. 위험분담과 유인제공 사이의 상충관계 측면에서 평가하시오.

d. 노동자가 항상 열심히 일한다는 가정 대신 노동자의 행위가 관찰 가능하다고 가정하자. 이 경우 최적유인보수를 구하시오.

KEY ▶ 유인문제가 없을 경우 완전보험을 제공하는 고정급이 최적이다.

풀이

a. 노동자가 항상 열심히 일하므로 유인문제가 없으며 따라서 참가제약만 만족시키면 된다. 그러므로 (앞 문제 풀이에서와 같은 표기들을 사용한 후 앞 문제의 풀이를 참고하면) 최적보수는

$$\underset{w_b, w_g}{Max}\ E(\pi) = 0.8(50,000 - w_g) + 0.2(20,000 - w_b)$$
$$s.t.\quad 0.8w_g^{\frac{1}{2}} + 0.2w_b^{\frac{1}{2}} - 70 \geq 120 \quad \text{참가제약}$$

을 만족시키도록 정해야 한다. 그림을 이용하여 문제를 풀기 위해

$$w_g^{\frac{1}{2}} = x_g,\ \ w_b^{\frac{1}{2}} = x_b \tag{1}$$

라고 놓으면

$$w_g = x_g^2,\ \ w_b = x_b^2 \tag{2}$$

이 성립한다. 이제 이러한 관계를 이용하여 앞의 문제를 다시 써 보면

$$\underset{x_b^2, x_g^2}{Max}\ E(\pi) = 0.8(50,000 - x_g^2) + 0.2(20,000 - x_b^2)$$
$$s.t.\quad 0.8x_g + 0.2x_b - 70 \geq 120 \quad \text{참가제약}$$

이 된다. 참가제약으로부터

$$x_g \geq -\frac{1}{4}x_b + 237.5 \text{ (등호일 경우 참가제약선)} \tag{3}$$

을 얻는다. 최적보수는 이러한 조건을 만족시키면서 기업의 이윤을 극대화하는 보수이다. 한편 식 (3)을 만족시키는 영역은 그림에서 참가제약선 위 부분에 해당하는 영

역이다. 등호가 있으므로 참가제약선 상의 점들도 포함된다.

최적보수는 등기대이윤곡선이 참가제약선과 접하는 곳에서 정해진다. 두 곡선이 접하는 곳에서는 접선의 기울기가 같아진다는 사실을 적용하여 최적보수를 구해 보자. 목적함수로부터 등기대이윤곡선은

$$0.8(50,000 - x_g^2) + 0.2(20,000 - x_b^2) = \overline{E(\pi)}$$

이다. 이 식을 정리하면

$$0.8x_g^2 + 0.2x_b^2 = 44,000 - \overline{E(\pi)} \qquad (4)$$

가 된다. 등기대이윤곡선에 대한 접선의 기울기는 이 식을 전미분한

$$16x_g\,dx_g + 4x_b\,dx_b = 0$$

으로부터

$$\frac{dx_g}{dx_b} = -\frac{1}{4}\frac{x_b}{x_g} \qquad (5)$$

로 구해진다.

한편 참가제약선의 기울기는 식 (3)으로부터

$$\frac{dx_g}{dx_b} = -\frac{1}{4} \qquad (6)$$

임을 알 수 있다. 식 (5)와 식 (6)으로부터 $x_b = x_g$를 얻는다. 그런데 $x_b = x_g$일 경우에는 $w_b = w_g$이다. 즉, 고정급이다. 이러한 고정급은 그림에서 확실성선과 참가제약선이 만나는 교점으로 나타나 있다. 그 값을 구하면 $x_b = x_g = 190$이다. 따라서 $w_b = w_g = 36,100$이다. 물론 이 문제는 제약조건이 있는 문제이므로 라그랑지함수를 구성하여 풀 수도 있다.

이러한 분석을 통해 알 수 있듯이 유인문제가 없을 경우에는 고정급이 최적이다. 즉, 유인문제가 없을 경우에는 완전보험을 제공하는 것이 최적이다.

이러한 상황이 그림에 E점으로 나타나 있다. 그런데 E점은 참가제약은 만족시키지만 유인양립성제약은 만족시키지 못한다. 또한 기업이 모든 위험을 감수하게 된다. 유인문제가 없을 경우에는 오로지 위험분담만 문제가 되는데 노동자는 위험회피적이고 기업은 위험중립적이므로 이 분석에서 보듯이 기업이 모든 위험을 감수하는 고정급이 최적이 된다. 고정급은 위험을 기업이 모두 떠맡아서 노동자에게 완전보험을 제공하는 상태이다.

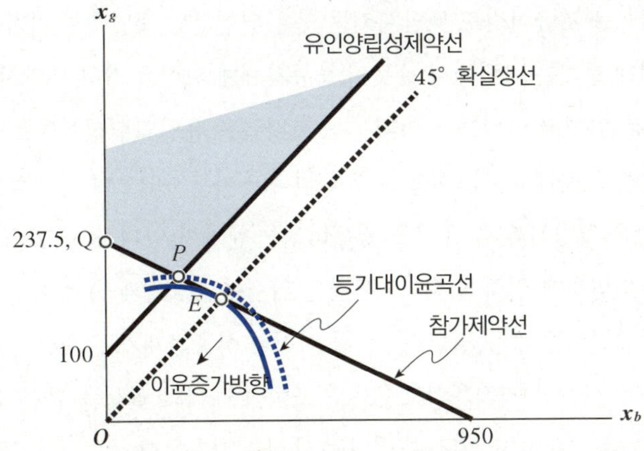

b. E점(고정급)에 접하는 등기대이윤곡선은 유인문제가 있을 경우(즉, 유인양립성제약도 만족시켜야 할 경우)를 나타내는 P점(성과급)을 지나는 점선의 등기대이윤곡선보다 원점에 더 가깝다. 이것은 고정급 지급 때 기업의 기대이윤이 더 크다는 것을 말한다. 실제 계산해 보면 기대이윤이 6,300원에서 7,900원으로 증가했음을 알 수 있다.

수치상으로 볼 때 고정급(E점, 36,100원)은 앞 문제에서 구한 성과급(P점)의 평균 [$0.8 \times 44{,}100 + 0.2 \times 12{,}100 = 37{,}700$(원)]보다 작다. 이 결과는 완전보험(고정급)을 제공하는 대신 평균보수를 낮추면 기업의 기대이윤이 증가한다는 것을 함축한다. 기업의 목적함수를 보더라도 평균보수를 낮추면 기대이윤이 증가한다는 것을 알 수 있다.

한편 노동자의 경우에는 앞 문제에서 얻은 성과급(P점)을 받을 때와 고정급(E점)을 받을 때의 기대효용이 120으로서 같다. E점은 P점에 비해 평균은 낮지만 위험이 없기 때문이다.

c. 기업은 위험중립적이기 때문에 위험을 떠맡는 것이 문제되지 않는다. 그래서 유인문제가 없을 경우 기업에게는 이처럼 노동자의 위험에 대해 완전보험(고정급)을 제공하고 그 대신 평균보수를 낮추는 것이 이득이다. 이때 노동자는 위험회피적이기 때문에 완전보험을 제공받는 대가로 평균보수가 낮아지는 것을 받아들인다. 즉, 고정급(36,100원)을 수용한다.

한편 노동자는 성과급(P점)을 받을 때와 고정급(E점)을 받을 때의 기대효용이 같다고 했다. 따라서 고정급과 성과급을 종합적으로 비교하면 노동자의 기대효용은 같으면서 고정급일 경우 기업은 나아진다. 그러므로 기업이 위험중립적일 경우에는 노동자에게 위험을 부담시키는 성과급은 위험분담 측면에서 최적이 아니다. 이 경우뿐만 아니라 일반적으로 노동자가 위험회피적이고 기업이 위험중립자일 경우에는 노동자에게 위험을 조금이라도 부담시키는 것은 위험분담 측면에서 최적이 아니다.

그런데 문제는 그림에서 보듯이 노동자에게 위험을 전혀 부담시키지 않는 고정급은 음영부분 밖에 놓인다는 것이다. 즉, 고정급은 유인양립성제약을 만족시키지 못한다. 다시 말하면 문제에서는 유인문제가 없다고 가정하였으나 현실적으로 볼 때 완전보험(고정급)은 열심히 일할 유인을 없애버리는 문제가 있다. 즉, 고정급을 지급할 경우 노동자가 태만하게 일하게 된다. 이것은 위험분담(보험제공)과 유인제공 사이에 상충관계가 존재한다는 것을 말한다. 한편 이러한 상충관계가 존재한다는 것은 정보가 비대칭일 경우 사실상 최적유인보수로도 도덕적 해이의 발생을 완전히 막을 수는 없기 때문에 파레토효율이 달성될 수 없다는 사실을 함축한다.

한편 고정급을 지급할 경우 어차피 근로자가 태만하게 일할 것이므로 고정급을 지급할 바에는 고정급을 아예 36,100보다 더 낮추는 것이 기업의 입장에서는 더 낫다. 즉, 앞 문제에서처럼 노동자가 태만하게 일한다는 전제 하에 참가제약을 만족시키는 만큼의 고정급인 22,500원을 지급하는 것이 기업의 입장에서 최적이다(앞 문제 문항 b. 참조).

d. 노동자가 열심히 일한다는 가정이 없으므로 열심유도와 태만유도의 결과를 비교해 보아야 한다. 그런데 노동자의 행위가 관찰 가능하므로 유인제공 문제는 사라진다. 이 경우 위험분담만 문제되며 문항 a.에서 말했듯이 고정급이 최적이다. 고정급을 지급하되 참가제약을 만족시켜야 한다. (i) 열심유도의 경우는 문항 a.와 같다. (ii) 태만유도의 경우는 태만일 때의 참가제약을 등식으로 만족시키는 보수를 구하면 된다. 그 결과는 [문제 18.15]의 문항 b.에서 구한 결과와 같다. 그때 고정급은 22,500원으로 구해졌다. 그때 기대이윤 9,500원은 그 문제에서 성과급일 때의 6,300원보다 크고 유인제공 문제는 없으나 열심유도에 해당하는 현재 문제 문항 a.의 7,900원보다도 크다. 그러므로 최적유인계약은 고정급 $w = 22{,}500$원을 지급하는 것이다.

이러한 결과가 나타난 이유는 열심히 일할 때의 비효용이 태만하게 일할 때의 비효용보다 너무 크기 때문이다. 그 결과 열심히 일하도록 유도하려면 태만하게 일할 때에 비해 너무 많은 보수를 주어야 하기 때문이다. 또한 그에 비해 열심과 태만의 경우 기업이 버는 금액들의 차이와 확률들의 차이가 크지 않기 때문이다.

이러한 결과를 얻는 방법은 '열심'이 관찰되면 0의 보수를 주고 태만이 관찰되면 22,500원을 주겠다는 계약을 맺는 것이다. 이러한 계약 아래서는 노동자가 열심히 일할 경우 그의 기대효용은 음이 되므로 열심히 일하지 않는다.

18.17 최적유인보수 : 본인과 대리인이 모두 위험중립적일 경우

문제 18.15의 상황에서 노동자의 효용함수가 $U(x) - c = x - c$로 바뀌었다고 하자.

a. 기업과 노동자가 위험을 분담하면서 노동자로 하여금 열심히 일하도록 유도하기 위한 보수구조를 구하시오.

b. 기업은 위험을 전혀 부담하지 않으면서 노동자로 하여금 열심히 일하도록 유도하기 위한 보수구조를 구하시오.

c. 노동자가 위험을 전혀 부담하지 않는 보수구조를 구하시오.

d. 위 문항들의 결과를 비교하시오.

e. 노동자의 효용함수가 바뀐 상태에서 확률과 비용이 [문제 18.15]와 다른 경우들을 생각해 보자. 이때 이들을 대상으로 최적유인계약을 구하려 할 경우 유의사항과 예상되는 계약의 성격에 대해 말하시오..

KEY ▶ 노동자가 위험중립적일 경우 위험분담을 고려할 필요가 없기 때문에 최적유인보수가 무수히 많이 존재한다. 임대제도도 최적이 된다. 파레토효율이 달성된다.

풀이

a. 성과급에 해당한다. 효용함수를 볼 때 노동자는 위험중립적이다. 그러므로 노동자는 기대임금을 극대화한다. 그 결과 최적유인임금구조는

$$\underset{w_b,\, w_g}{Max}\ E(\pi) = 0.8(50{,}000 - w_g) + 0.2(20{,}000 - w_b)$$

$$s.t.\quad 0.8w_g + 0.2w_b - 70 \geq 120 \quad \text{참가제약}$$

$$0.8w_g + 0.2w_b - 70 \geq 0.4w_g + 0.6w_b - 30 \quad \text{유인양립성제약}$$

을 만족시키는 것으로 구해진다.

이때 등기대이윤곡선은 직선이 되며 참가제약선과 그 기울기가 같아진다(앞 문제와는 달리 목적함수와 제약식들이 모두 선형이므로 치환할 필요가 없다). 그 결과 최적유인보수를 구성하는 임금의 순서쌍이 무수히 많이 존재한다. 구체적으로 볼 때 [문제 18.16] 해설의 그림에서 참가제약선과 유인양립성제약선이 만나는 P점을 포함하여 그 왼쪽 선분 부분인 $\overline{PQ}$에 속하는 어떤 점도 최적유인보수가 될 수 있다. 노동자가 위험중립적이어서 위험분담에 관심을 갖지 않기 때문에 성과가 나쁠 경우 심지어 0의 보수를 지급하는 Q점, 즉 $(w_b, w_g) = (0, 237.5)$도 최적유인보수가 될 수 있다.

수식으로 말하면 참가제약을 등식으로 만족시키면서, 즉

$$0.8w_g + 0.2w_b - 70 = 120$$

을 만족시키면서 $\overline{PQ}$에 속하는 w_b와 w_g의 어떤 조합들도 최적유인보수가 된다. 이때 노동자의 기대보수는 이 식으로부터 $0.8w_g + 0.2w_b = 190$이므로 190이 된다. 즉, 노동자가 다른 곳에서 받을 수 있는 보수인 120과 열심히 일할 때의 비효용인 70을 합한 값인 190과 동일한 기대치를 주는 보수이기만 하면 $\overline{PQ}$에 속하는 w_b와 w_g의 어떤 조합들도 최적유인보수가 될 수 있다. 노동자가 위험중립자이기 때문에 w_b와 w_g의 분포와 관계없이, 즉 노동자의 위험부담과 관계없이 그 기대치만 같으면 노동자의 기대효용은 동일하다는 사실에 주목하자.

이때 기업의 등기대이윤선은 P점, 즉 (110, 210)을 지나므로 기대이윤은

$$E(\pi) = 0.8(50{,}000 - 210) + 0.2(20{,}000 - 110) = 43{,}810$$

이 된다. 또는 참가제약이 등식으로 성립하는

$$0.8w_g + 0.2w_b - 70 = 120$$

을 정리하여 목적함수에 대입해도 같은 결과를 얻는다.

b. 임대제도에 해당한다. 이 경우 노동자가 모든 위험을 부담하게 된다. 노동자가 위험중립적이어서 노동자가 위험부담에 신경 쓰지 않으므로 노동자에게 위험을 모두 부담하게 함으로써 유인을 가장 많이 제공하는 임대제도가 최적이다.

'임대제도' 의 원리에 따라 기업이 k만 갖고 나머지를 모두 노동자가 가질 경우 k는

$$0.8 \times 50{,}000 + 0.2 \times 20{,}000 - k - 70 \geq 120 \qquad \text{(1) 참가제약}$$

$$0.8 \times 50{,}000 + 0.2 \times 20{,}000 - k - 70$$
$$\geq 0.4 \times 50{,}000 + 0.6 \times 20{,}000 - k - 30 \qquad \text{(2) 유인양립성제약}$$

을 만족시켜야 한다. 열심히 일할 때와 태만하게 일할 때의 비효용의 차이에 비해 기업이 버는 금액의 차이가 훨씬 크기 때문에 유인양립성제약은 임의의 k에 대해서도 만족된다. 그러므로 참가제약이 만족될 조건으로부터 $k \leq 43{,}810$으로 구해진다. 따라서 기업의 극대기대이윤은 $k = 43{,}810$이 된다. 물론 이 값은 앞서 구한 최적유인보수에서의 기업의 기대이윤과 같다.

이때 노동자의 보수는 기업의 수입이 5만원일 경우와 2만원일 경우의 각각에서 이 값을 빼 준 값으로서 $w_b^0 = -23{,}810$, $w_g^0 = 6{,}190$으로 구해진다. 이때 노동자의 기대보수는 $0.8 \times 6{,}190 + 0.2 \times (-23{,}810) = 190$이다. 물론 이 값도 앞서 구한 것과 같다.

한편 식 (1)에서 $50{,}000 - k$는 기업이 5만원을 벌 때 기업이 가지고 난 나머지이므로 기업이 5만원을 벌 때의 노동자의 보수이다. 이것을 w_g^0라고 하자. 같은 맥락에서

$20{,}000-k$는 기업이 2만원을 벌 때의 노동자의 보수이다. 이것을 w_b^0라고 하자. 그러면 식 (1)은 사실상

$$0.8w_g^0+0.2w_b^0-70=120,\ \text{즉}\ 0.8w_g^0+0.2w_b^0=190$$

이 된다. 물론 기업의 기대이윤은 이 값을 목적함수에 대입한 값과 같다.

성과급에서는 노동자뿐만 아니라 기업도 위험을 부담했지만, 임대제도의 경우 기업은 고정이윤을 보장받아 위험을 전혀 부담하지 않는 반면 노동자가 모든 위험을 부담하고 있다. 또한 성과급에서는 최적유인보수가 무수히 많았지만 임대제도의 경우는 최적유인보수가 유일하다.

c. 고정급에 해당한다. 구하는 고정급을 w라고 하면

$$\text{열심히 일할 때의 효용}=w-70<w-30=\text{태만하게 일할 때의 효용}$$

이므로 노동자가 태만하게 일한다. 즉, 고정급일 경우 노동자는 기업이 얼마를 벌든 결과에 관계없이 일정한 금액을 받으므로 굳이 더 많은 비효용을 감수하면서 열심히 일할 유인이 없다.

한편 고정급 하에서도 노동자가 이 기업에서 일하도록 하려면 다른 곳에서 지급하는 보수인 120은 지급해야 한다. 따라서 w는

$$0.4w+0.6w-30\geq 120$$

을 만족시켜야 한다. 따라서 고정급은 $w=150$으로 구해진다. 이때 기업의 기대이윤은

$$E(\pi)=0.4\times(50{,}000-150)+0.6\times(20{,}000-150)=31{,}850$$

으로 구해진다.

d. 종합평가

기업의 입장에서 볼 때 고정급을 지급할 경우보다 성과급을 지급하거나 임대제도를 시행할 경우 기대이윤이 더 크다. 그러므로 고정급은 최적유인보수가 될 수 없다. 특히 [문제 18.15]의 결과와는 달리 고정급보다 성과급을 지급할 경우 기대이윤이 더 커지는 이유는 노동자가 위험중립적일 경우에는 기대효용이 아닌 기대보수를 극대화하므로 위험을 부담하게 하더라도 그 때문에 평균보수를 높여줄 필요는 없기 때문이다. 즉, 유인제공과 위험분담 사이의 상충관계가 사라지기 때문이다. 이것은 노동자가 위험회피적일 경우 노동자에게 위험을 부담하게 하려면 평균보수를 높여주어야 하는 점과 대조된다. 한편 노동자가 위험중립적이므로 위험부담에 신경 쓰지 않기 때문에 유

인을 가장 많이 제공할 수 있는 임대제도도 최적이 된다.

종합해 볼 때 노동자가 위험중립적일 경우 유인제공과 위험분담 사이의 상충관계가 사라지며 그 결과 파레토효율이 달성된다.

e. (i) 비대칭정보일 때 그 결과가 효율적인지를 알아보려면 최선(first best)과 비교해 보아야 한다. 최선은 대리인의 행위가 관찰 가능한 완전정보임을 가정함으로써 얻을 수 있다. 그런데 열심히 일할 경우 비용을 감안하여 기대보수가 높아야 한다는 점을 고려할 때 열심 여부에 따라 기업이 버는 금액의 차이가 크지 않거나 확률의 차이가 크지 않을 경우 태만을 유도하는 것이 나을 수도 있다. 그러므로 관찰 가능한 경우이든 관찰불가의 경우이든 열심유도의 결과와 태만유도의 결과를 비교해서 결정해야 한다.
(ii) 다만 대리인이 위험회피자일 경우와 다른 점은 비대칭정보일 경우라도 최선일 경우와 같은 결과를 얻는다는 것이다. 즉, 대리인이 위험중립적일 경우 위험분담 문제가 사라지기 때문에 정보비대칭 여부와 관계없이 그 결과가 파레토효율적이라는 것이다.

18.18 최적유인보수

근로자가 a만큼의 노력을 할 경우 기업의 산출량 $q(a)+\varepsilon$이라고 한다. 여기서 ε은 상황에 따라 달라지는 값으로서 그 기대치는 0이다. 한편 근로자가 a의 노력을 기울일 경우 그는 $c(a)$의 비용을 감수한다.

산출량의 일정 비율을 근로자에게 지급하는 보수제도에 대해 생각해 보자.

a. 기업과 근로자가 모두 위험중립자라고 하자. 이때 이 보수제도가 사회후생을 극대화할 수 있는지 평가하시오.

b. 기업과 근로자가 모두 위험중립자라고 하자. 이때 이 보수제도를 최적유인보수 측면에서 평가하시오.

c. 기업과 근로자가 모두 위험중립자일 경우, 최적유인보수를 구하시오. 이러한 최적유인보수가 사회후생을 극대화하는가를 평가하시오.

d. 기업은 위험중립적이고 근로자는 위험회피적일 경우, 이 보수제도를 위험분담 측면에서 평가하시오.

e. 기업과 근로자가 모두 위험회피적일 경우, 이 보수제도를 위험분담 측면에서 평가하시오.

f. 문항 d.와 e.의 결과는 최적유인보수가 사회후생을 극대화할 수 있는 가능성에 대해 어떠한 사실을 함축하는가?

KEY ▶ 근로자가 위험중립적일 경우에는 위험분담을 고려하지 않고 유인을 가장 많이 제공할 수 있는 제도, 즉 임대제도가 최적유인보수이다. 이 경우의 임대제도는 사회후생을 극대화한다.

풀이

a. 기업과 근로자가 모두 위험중립적이므로 기대수입을 극대화한다. 그러므로 기업과 근로자의 기대수입을 합한 것을 극대화하는 것이 사회후생을 극대화하는 것으로 생각할 수 있다.

기업이 산출량 중에서 일정 비율 β를 보수로 지급할 경우 보수는

$$s[q(a)+\varepsilon]=\beta[q(a)+\varepsilon] \tag{1}$$

이 된다. 보수를 지급하고 난 후 기업의 이윤을 π라고 하면

$$\pi=q(a)+\varepsilon-s[q(a)+\varepsilon]=q(a)+\varepsilon-\beta[q(a)+\varepsilon]=(1-\beta)[q(a)+\varepsilon]$$

이 된다. 이때 사회후생 W는 π와 근로자의 순소득 $I_n=\beta[q(a)+\varepsilon]-c(a)$를 합한 것이다. 즉

$$W=\pi+I_n=(1-\beta)[q(a)+\varepsilon]+\beta[q(a)+\varepsilon]-c(a)=q(a)+\varepsilon-c(a)$$

이다. 사회후생은 이처럼 산출량에서 $c(a)$를 뺀 값이 된다. 기업이 보수로 지급한 것과 근로자가 보수로 받은 것은 사회적으로 볼 때 서로 상쇄되기 때문이다.

기업과 근로자가 모두 위험중립자라고 했으므로 기대사회후생극대화 문제는

$$\underset{a}{Max}\ E(W)=E[q(a)+\varepsilon-c(a)]=q(a)-c(a)$$

이다. 이때 극대화의 일차필요조건은

$$\frac{dE(W)}{da}=q'(a_0)-c'(a_0)=0,\ \text{즉}\ \ q'(a_0)=c'(a_0) \tag{2}$$

즉, $MP_a=MC_a$ 이다.

그런데 근로자는 위험중립자이므로 기대수입을 극대화한다. 따라서 그의 극대화 문제는

$$\underset{a}{Max}\ E(I_n)=E[\beta(q(a)+\varepsilon)-c(a)]=\beta q(a)-c(a)$$

가 된다. 극대화의 일차필요조건은

$$\frac{dE(I_n)}{da}=\beta q'(a_1)-c'(a_1)=0,\ \text{즉}\ \beta q'(a_1)=c'(a_1) \tag{3}$$

즉, '한계보수 = 한계비용' 이 된다. 노력을 더 많이 기울일수록 노력에 따른 한계비용이 증가할 것이므로 $c'(a)$는 증가함수이다. 그러므로 식 (2)와 식 (3)을 비교해 보면 $a_0>a_1$임을 알 수 있다. 이것은 산출량의 일정 비율을 보수로 지급하는 보수제도 아래

에서는 근로자가 사회후생을 극대화하는 수준보다 적은 노력을 한다는 것을 의미한다.

b. 기업은 근로자가

$$E(\pi) = E[(1-\beta)(q(a)+\varepsilon)] = (1-\beta)q(a)$$

를 극대화해 주기를 바란다. 즉,

$$\frac{dE(\pi)}{da} = (1-\beta)q'(a_2) = 0, \text{ 즉 } q'(a_2) = 0 \tag{4}$$

을 만족시키는 노력 수준을 원한다(이때 산출량을 극대화하는 a의 값이나 이윤을 극대화하는 a의 값은 같다는 점에 주목하자). 그러나 근로자는 문항 a.의 식 (3)이 만족되는 노력 수준 a_1을 원한다. 그러므로 $c'(a) = 0$이 성립하지 않는 한, 즉 노력에 드는 비용이 일정한 값이 아닌 한, 기업이 원하는 노력 수준 a_2와 근로자가 원하는 노력 수준 a_1은 같아지지 않는다. 다시 말하면 이윤의 일정 비율을 지급하는 보수제도는 최적유인보수가 될 수 없다. a_1의 값과 a_2의 값이 달라지는 이유는 근로자는 노력에 따른 비용을 모두 감수해야 하는데, 보수는 자신이 노력한 결과인 산출량의 β 비율만큼만 지급받기 때문이다.

c. 기업과 근로자가 모두 위험중립적이므로 위험분담 문제는 존재하지 않는다. 이 경우에는 유인제공만 중요하다. 그러므로 이 경우에는 모든 산출량을 근로자가 가지고 그 중에서 일정 금액만 기업에게 지급하는 임대제도가 최적유인보수제도가 된다. 그리고 이때 임대제도는 사회후생을 극대화한다. 이를 엄밀하게 보여보자.

(i) 보수를 $s[q(a)+\varepsilon] = \alpha + \beta[q(a)+\varepsilon]$이라고 하자. 기업의 기대이윤극대화 문제는

$$\max_{\alpha,\beta,a} E(\pi) = E[q(a)+\varepsilon - \{\alpha + \beta(q(a)+\varepsilon)\}] = (1-\beta)q(a) - \alpha \tag{5}$$

$$s.t. \quad \alpha + \beta q(a) - c(a) \geq \bar{u} \quad \text{참가제약} \tag{6}$$

$$\alpha + \beta q(a) - c(a) \geq \alpha + \beta q(b) - c(b), \ \forall b \quad \text{유인양립성제약} \tag{7}$$

이 된다. $\bar{u}$는 유보효용이다. 근로자가 위험중립적이다. 따라서 그는 기대치에 관심을 갖는다. 식 (6)과 식 (7)에는 이런 사실이 고려되어 기대치들로 표현되어 있다.

그런데 기업의 목적함수를 볼 때 평균보수를 적게 줄수록 기업의 기대이윤이 증가한다. 이 점을 고려할 때 기업의 기대이윤이 극대화되려면 식 (6)과 식 (7)이 등호로 성립해야 한다. 등호로 성립한 식 (6)을 α에 대해 풀어서 식 (5)에 대입하면

$$\max_{a} E(\pi) = q(a) - \bar{u} - c(a)$$

가 된다. 이로부터 극대화의 일차필요조건은

$$\frac{dE(\pi)}{da} = q'(a) - c'(a) = 0, \text{ 즉 } q'(a) = c'(a) \tag{8}$$

가 된다.

한편 유인양립성제약인 식 (7)을 만족시키는 것은 근로자의 극대화 조건을 만족시키는 것과 같다. 그러므로 식 (7)을 사용하는 대신 근로자의 극대화 조건을 사용할 것이다.

그런데 근로자가 위험중립적이므로 기대치를 극대화한다. 이때 근로자는 보수에서 비용을 뺀 값의 기대치를 극대화한다. 따라서 근로자의 극대화 문제는

$$\underset{a}{Max}\ E(I_n) = E[\{\alpha + \beta(q(a) + \varepsilon)\} - c(a)] = \alpha + \beta q(a) - c(a)$$

이다. 이로부터 극대화의 일차필요조건은

$$\frac{dE(I_n)}{da} = \beta q'(a) - c'(a) = 0, \text{ 즉 } \beta q'(a) = c'(a) \tag{9}$$

가 된다.

식 (8)과 식 (9)로부터

$$\beta = 1 \tag{10}$$

이 된다. 따라서 최적유인보수는

$$s = \alpha + q(a) + \varepsilon \tag{11}$$

이 된다. 식 (10)을 식 (5)에 대입하면

$$E(\pi) = -\alpha \tag{12}$$

를 얻는다. 기업이 참여하려면 기대이윤이 양이어야 한다. 그러므로 α는 음의 값을 갖는다. 따라서 식 (11)과 식 (12)는 기업에게 일정 금액을 지급한 다음, 나머지는 모두 근로자가 갖는 것을 의미한다. 이것은 바로 임대제도이다. 이로부터 기업과 근로자가 모두 위험중립적일 경우 최적유인보수제도는 임대제도인 것을 알 수 있다. 한편 식 (8)로부터 a의 최적값이 정해진다. 이 값과 식 (10)을 등호로 성립한 식 (6)에 대입하면 α의 최적값을 얻는다.

(ii) 식 (10)이 성립하므로 식 (9)는 식 (2)와 같아진다. 이것은 기업과 근로자가 모두 위험중립적일 경우 임대제도는 사회후생을 극대화한다는 것을 말한다. 그 직관적인 이유는 근로자가 위험중립적일 경우 위험분담문제가 없으므로 위험분담(보험제공)과 유인제공 사이에 상충관계가 존재하지 않기 때문이다. 이 경우 유인을 가장

많이 제공하는 제도가 최선(first best)이다. 즉, 임대제도가 최선이다.

d. 기업이 위험중립적이고 근로자가 위험회피적이므로 위험분담만 고려한다면 기업이 모든 위험을 부담하는 것이 바람직하다. 기업이 모든 위험을 부담하는 것은 고정급이다. 고정급은 $s[q(a)+\varepsilon]=\alpha+\beta[q(a)+\varepsilon]$의 보수형태에서 $\beta=0$인 경우이다. 그런데 고정급은 유인을 제공하지 못한다. 이처럼 유인제공과 위험분담 사이에는 상충관계가 존재한다. 이 경우 산출량의 일정 비율을 보수로 지급하는 제도가 의미를 지닌다.

e. 기업과 노동자가 모두 위험회피적이므로 위험을 적절하게 분담해야 한다. 그런데 유인을 많이 제공하기 위해 β의 값을 크게 하면 보수구조인 식 (1)에서 볼 때 근로자의 위험분담 몫인 $\beta\varepsilon$의 값도 커진다. 기업과 노동자가 모두 위험회피적일 경우에도 이처럼 노동자에게 유인을 제공하는 것(유인제공)과 노동자의 위험부담을 줄여주는 것(위험분담) 사이에 상충관계가 존재한다. 이 경우 산출량의 일정 비율을 보수로 지급하는 제도가 의미를 지닌다.

기업의 위험은 $(1-\beta)\varepsilon$에 반영되어 있다. 그런데 기업도 위험회피자로서 위험부담을 꺼리므로, 최적유인보수에서 β의 값은 문항 d.의 경우보다 클 것이다.

f. 근로자가 위험회피자일 경우에는 최적유인보수가 사회후생을 극대화하지 못한다. 유인제공과 위험분담의 상충관계 때문에, 근로자에게 유인을 최대로 제공하려면 위험도 최대로 부담시키는 것을 피할 수 없기 때문이다.

18.19 최적유인보수 : 불확실성의 크기 및 위험회피도의 크기에 따른 변화

대한주식회사는 근로자가 어느 만큼의 노력을 기울이는지를 모른다고 한다. 그리하여 상품의 산출량에 근거하여 보수를 지급하고자 한다. 그런데 산출량은 근로자의 노력뿐만 아니라 주위의 상황에 따라 달라진다고 한다. 그리하여 근로자가 기울이는 노력을 a라고 하고 산출량을 확률변수 X로 나타낼 때 $X=a+\varepsilon$으로 나타난다. 이때 ε의 기대값은 0이고 분산은 σ^2이라고 하자. 또한 상품의 가격은 1이라고 하자. 한편 근로자가 a의 노력을 기울일 경우 그는 $c(a)$의 비용을 감수한다고 한다. 또한 근로자가 이 기업이 아닌 다른 곳에서 일할 경우 $\bar{u}$를 받을 수 있다고 한다. 이러한 상황에서 이 기업은 보수체계를 잘 고안하여 기대이윤을 극대화하고자 한다. 한편 보수체계는 $s(X)=\alpha+\beta X$의 형태로 고안하려고 한다.

a. 근로자가 받는 보수의 기대값과 분산을 구하시오.

이 근로자의 위험회피도는 r로서 일정하다고 한다. 이처럼 위험회피도가 일정한 경우 소득

의 기대값이 μ이고 분산이 σ^2이라면 그의 기대효용은 $\mu - \frac{r}{2}\sigma^2$이라는 것이 알려져 있다.

b. 이러한 사실과 위 문항 a.의 결과를 이용하여 근로자의 효용을 α, β, a가 포함된 형태로 나타내시오.

c. 근로자의 효용극대화 문제를 구체적으로 나타낸 다음 효용극대화 조건을 구하고 그 경제적 의미를 말하시오.

d. 기업의 극대화 문제를 구체적으로 나타내시오. 극대화의 일차필요조건을 a를 사용하여 나타내시오.

위 문항 d.의 결과를 이용하여 다음 질문에 답하시오.

e. 불확실성이 없을 경우 성과급의 크기(할당률)를 구하시오. 이 결과를 평가하시오. 이 경우 근로자의 노력은 어느 정도로 결정되는가?

f. 불확실성이 있을 경우 기업과 근로자가 위험을 서로 분담한다는 것을 보이시오.

g. 불확실성이 커질 경우 근로자의 노력의 크기는 커지는가 아니면 작아지는가?

h. 근로자의 위험회피도가 커질 경우 노력의 크기는 커지는가 아니면 작아지는가?

i. 불확실성이 커질 경우 성과급의 크기(할당률)는 어떻게 변화하는가?

j. 근로자의 위험회피도가 커질 경우 성과급의 크기(할당률)는 어떻게 변화하는가?

KEY ▶ (1) 이 문제에서는 불확실성이 있기 때문에 비대칭정보문제가 발생한다. 만일 불확실성이 없다면 산출량과 노력이 일대일로 대응할 것이기 때문에 기업은 산출량을 보고 근로자의 노력 수준을 알 수 있게 된다. 이 경우 정보비대칭은 사라진다.

(2) 개인의 노력에 따라 산출량에 영향을 주는 확률 자체가 바뀌는 경우도 있다. 그러나 이 문제에서 확률 분포는 개인의 노력 수준과 관계없이 주어져 있다.

풀이

a. $X = a + \varepsilon$이고 $s(X) = \alpha + \beta X$이다. 그러므로

$$s(X) = \alpha + \beta a + \beta\varepsilon \tag{1}$$

이다. 이 식에 기대값과 분산을 구하는 공식을 적용하면

$$E[s(X)] = E(\alpha + \beta X) = E(\alpha + \beta a + \beta\varepsilon) = \alpha + \beta a + \beta E(\varepsilon) = \alpha + \beta a \tag{2}$$

$$Var[s(X)] = Var(\alpha + \beta X) = Var(\alpha + \beta a + \beta\varepsilon) = \beta^2 Var(\varepsilon) = \beta^2\sigma^2 \tag{3}$$

으로 구해진다.

b. 기대값이 $\alpha + \beta a$이고 분산이 $\beta^2\sigma^2$이다. 이것을 문제에서 이미 알려져 있다고 말한 결과에 대입하면 기대효용은 $EU[s(X)] = \alpha + \beta a - \frac{r}{2}\beta^2\sigma^2$이 된다.

c. 근로자는 보수로부터 누리는 효용에서 노력을 기울일 때 감수하는 비용을 뺀 금액이 극대화되도록 자신의 노력 수준을 선택한다. 그러므로 근로자의 극대화 문제는

$$\underset{a}{Max}\ EU = \alpha + \beta a - \frac{r}{2}\beta^2\sigma^2 - c(a)$$

이다. 극대화의 일차필요조건은

$$\frac{dEU}{da} = \beta - c'(a) = 0,\ \text{즉}\ \beta = c'(a) \tag{4}$$

이다. 식 (1)에서 볼 때 β는 a가 추가로 증가할 때 보수가 추가로 얼마나 증가하는가를 나타낸다. 그러므로 한계보수라고 말할 수 있다. 이렇게 볼 때 식 (4)는 노력에 대한 한계보수와 그 한계비용이 같아지는 만큼 노력을 한다는 것을 의미한다.

d. 기업은 위험중립자이므로 기대이윤을 극대화하는 것으로 간주할 수 있다. 이 경우 이윤은 수입에서 보수를 뺀 값이다. 그러므로 이윤을 π라고 하면

$$\pi = X - s(X) = (a + \varepsilon) - (\alpha + \beta a + \beta\varepsilon)$$

이다. 그러므로

$$E(\pi) = E[X - s(X)] = E[(a + \varepsilon) - (\alpha + \beta a + \beta\varepsilon)] = (1 - \beta)a - \alpha \tag{5}$$

이다. 그러므로 기업의 극대화 문제는

$$\underset{\alpha, \beta, a}{Max}\ E(\pi) = (1 - \beta)a - \alpha$$

$$s.t.\quad \alpha + \beta a - \frac{r}{2}\beta^2\sigma^2 - c(a) \geq \bar{u} \tag{6}$$

$$\beta = c'(a) \tag{7}$$

이다.

여기서 식 (6)은 참가제약이다. 근로자가 적어도 다른 곳에서 누릴 수 있는 정도의 효용은 누릴 수 있도록 보수가 지급되어야 한다는 조건이다. 한편 기업이 기대이윤을 극대화할 때에는 근로자가 자신의 기대효용을 극대화하도록 노력 수준을 선택한다는 것을 제약조건으로 해야 한다. 즉, 근로자의 효용극대화 일차필요조건을 제약조건으로 해야 한다. 식 (7)은 바로 이것을 말하고 있다. 이것이 이른바 유인양립성제약이다 (다른 문제들에서 본 것과는 달리 유인양립성제약은 이처럼 극대화의 일차조건으로 나타내는 것이 편리할 때가 있다).

이 문제를 간단하게 풀기 위해 다음과 같은 단계를 밟자. 기업이 기대이윤을 극대화할 경우 근로자에게 유보효용보다 많은 효용을 제공하지는 않는다. 그러므로 식 (6)이

등식으로 성립하는 경우를 생각하자. 이러한 상황에서 식 (6)을 α에 대해 푼 다음 목적함수에 대입하자. 그 다음 식 (7)을 이용하여 β 대신 $c'(a)$를 대입한다. 그러면 위 문제는

$$\underset{a}{Max}\ E(\pi) = a - \frac{r}{2} c'(a)^2 \sigma^2 - c(a) - \bar{u} \tag{8}$$

와 같이 쓸 수 있다. 극대화의 일차필요조건은

$$\frac{dE(\pi)}{da} = 1 - rc'(a)\,c''(a)\,\sigma^2 - c'(a) = 0 \tag{9}$$

이다. 직관적으로 볼 때 이 결과는 수요독점자가 생산요소 a를 선택해서 기대이윤을 극대화하는 것처럼 해석할 수 있다.

e. 불확실성이 없을 경우 ε은 0이다. 이 경우 (3)에서 σ^2은 0이 된다. 이때 식 (9)에서 $c'(a^*) = 1$을 얻는다. 여기에 유인양립성제약식인 식 (7)을 적용하면

$$\beta^* = 1$$

을 얻는다. 즉, 할당률이 1이 된다.

한편 α는 참가제약을 만족시키도록 정해지면 된다. 그러므로 식 (6)에 주목하면 $\sigma^2 = 0$, $\beta = 1$일 경우

$$\alpha^* = \bar{u} + c(a^*) - a^*$$

로 정해진다. 그런데 계약이 성립되려면 이 값은 음이 되어야 한다. 그래야만 식 (5)에서 $\beta = 1$일 경우 기업의 기대이윤이 양이 될 수 있기 때문이다.

이 결과를 해석해 보자. 불확실성이 없을 경우, 즉 $\varepsilon = 0$일 경우 $\beta^* = 1$이고 $\alpha^* < 0$이 된다는 것을 알았다. 그러므로 최적유인보수구조는

$$s(X) = \alpha^* + \beta^* X = \alpha^* + \beta^* a^* + \beta^* \varepsilon = \alpha^* + a^*$$

가 된다. 그런데 이러한 보수구조는 본인이 대리인에게 임대해 주는 것을 의미한다. 그리하여 대리인은 생산물 중에서 본인에게 일정한 금액 α^*만을 지불하고 나머지를 대리인 자신이 모두 가지는 형태이다. 이 경우 유인제공은 최고이다. 대리인의 입장에서 볼 때 자신이 투입한 노력에 따라 산출량이 많아질 경우 바로 그만큼 자신의 보수가 증가하는 형태이기 때문이다. 대리인이 '본인'이 되어버린 상태이다. 대리인이 나머지의 청구자(residual claimant)가 된다. 즉, 생산물 중에서 일정한 양만 본인에게 주고 나머지는 모두 대리인 자신이 갖는 것이다.

이처럼 불확실성이 없을 경우에는 대리인으로 하여금 나머지의 청구자가 되게 하는 것이 최적유인보수가 된다. 불확실성이 없을 경우 위험분담의 문제는 제기되지 않고 오로지 유인제공 문제만 존재하기 때문이다. 불확실성이 있을 때 이러한 보수구조를 취할 경우에는 대리인이 위험을 모두 감수하게 되는 문제가 발생한다.

(i) 이 문제의 경우 처음부터 임대제도를 설정한 것은 아니었다. 그런데 산출량이 노력에 대해 선형인 상태에서 할당률이 1이 되는 바람에 결과적으로 임대제도의 형태가 된 것이다. 일반적으로 순수한 의미에서 임대제도의 보수구조는

$$s(X) = X - F = f(a) + \varepsilon - F, \ (f'(a) > 0, \ f''(a) < 0)$$

의 형태를 지닌다. 즉, 처음부터 할당률이 1이라는 것이다.

(ii) 불확실성이 없으면 소작제도처럼 산출량의 일정 비율을 서로 나누는 것은 최적유인기구가 되지 못한다. 일반적으로 소작제도의 보수구조는

$$s(X) = \alpha + \beta X = \alpha + \beta[f(a) + \varepsilon], \ (f'(a) > 0, \ f''(a) < 0)$$

에서 $\beta < 1$인 경우이다. 본 문제의 경우 보수구조가 소작제도의 형태를 띠고 있다.

f. 불확실성이 있을 경우 $\sigma^2 > 0$이 된다. 이때 $c'(a) > 0$, $c''(a) > 0$이라고 하자. 즉, 한계비용은 양이면서 체증한다고 하자. 그러면 식 (9)에서 $c'(a) < 1$이어야 한다는 것을 알 수 있다. 한편 식 (7)에서 $c'(a) = \beta$이므로 결국

$$\beta < 1$$

이라는 것을 알 수 있다. 즉, 기업과 근로자가 위험을 서로 분담한다는 것이다. 한편 $c'(a)$는 a에 대해 증가함수이기 때문에 이때의 노력 수준은 문항 e.의 경우에 비해 작아진다. 그 결과 비효율이 존재한다.

g. 비교정학 문제이다. 식 (9)를 전미분하여 이 문항을 해결할 수 있다(이때 $c'''(a)$는 음이 아니라고 가정한다). 그러나 여기서는 직관적으로 그 결과를 말해 보자. σ^2이 커질 때 근로자가 더 많은 노력을 기울인다고 해 보자. 즉, a의 값이 커진다 하자. 이 경우 기업의 목적함수에 들어 있는 $\frac{r}{2}c'(a)^2\sigma^2$에 비추어 볼 때 기대이윤이 작아진다. 그러므로 불확실성이 커질 경우 기대이윤이 커지려면 a의 값이 작아져야 한다. 즉, 근로자로 하여금 노력을 적게 하도록 유도해야 한다.

그 직관적인 의미를 생각해 보자. 근로자는 위험회피적이다. 그러므로 불확실성이 클수록 위험프리미엄은 높아진다. 다시 말하면 이전과 똑같은 노력을 유도하더라도 이전보다 더 많은 보상을 해야 한다. 그러므로 기업은 기대이윤을 극대화하기 위해 불

확실성이 커질수록 근로자로 하여금 이전에 비해 더 적은 노력을 하도록 유도하게 된다.

h. 일차필요조건인 식 (9)에서 위험회피도 r이 작용하는 원리는 위험의 크기를 나타내는 σ^2이 작용하는 원리와 같다는 것을 알 수 있다. 그러므로 이에 대한 분석은 문항 g.의 경우와 같다.

i. 불확실성이 커질 경우 최적유인보수를 구성하려면 a의 값이 작아지도록 해야 한다고 하였다(문항 g. 참조). 이 경우 $c'(a)$의 값이 작아지며 이때 식 (7)로부터 β의 값이 작아진다는 것을 알 수 있다. 즉, 할당률이 작아진다는 것이다. 불확실성이 커질수록 β의 값이 작아진다는 것은 본인의 기대이윤을 극대화하려면 불확실성이 커질수록 본인이 더 많은 위험을 부담함으로써 대리인의 위험부담을 줄여주어야 한다는 것을 의미한다. 이것은 다음과 같이 해석할 수 있다. 위험이 클 경우 성과급을 줄이는 대신 고정급의 크기를 늘리는 것이다. 기업은 위험중립적이고 근로자는 위험회피자라는 측면에 비추어 볼 때 이것은 당연한 결과이다.

여기서 한 가지 언급할 것이 있다. 할당률 β가 커질수록 인센티브가 커지지만 대리인이 받는 보수의 불확실성도 커진다는 것이다. 그리하여 대리인에게 지불해야 하는 위험프리미엄도 커진다는 것이다.

j. 일차필요조건인 식 (9)에서 위험회피도 r이 작용하는 원리는 위험의 크기를 나타내는 σ^2이 작용하는 원리와 같다는 것을 알 수 있다. 그러므로 이에 대한 분석은 문항 i.의 경우와 같다

참고 ▶ 이상의 분석 내용들은 산출량이 $X = a + \varepsilon$이 아니라

$$X = f(a) + \varepsilon,\ (f'(a) > 0,\ f''(a) < 0)$$

으로 나타나더라도 대부분 추가적 가정 없이 그대로 성립한다.

18.20 최적유인보수 : 위험에 대한 태도에 따른 변화

대한주식회사는 근로자가 어느 만큼의 노력을 기울이는지를 모른다고 한다. 그리하여 상품의 산출량에 근거하여 보수를 지급하고자 한다. 그런데 산출량은 근로자의 노력뿐만 아니라 주위의 상황에 따라 달라진다고 한다. 그리하여 근로자가 기울이는 노력을 a라고 하고 산출량을 확률변수 X로 나타낼 때 $X = a + \varepsilon$으로 나타난다. 이때 ε의 기대값은 0이고 분산은 σ^2이라고 하자. 또한 상품의 가격은 1이라고 하자. 한편 근로자가 a의 노력을 기울일 경우 그는 $c(a)$의 비용을 감수한다고 한다. 또한 근로자가 이 기업이 아닌 다른 곳에서 일할 경우 $\bar{u}$를 받을 수 있다고 한다. 이러한 상황에서 이 기업은 보수체계를 잘 고안하여 기대이윤을 극대화하고자 한다. 한편 보수체계는 $s(X) = \alpha + \beta X$의 형태로 고안하려고 한다. 이 경우 근로자가 받는 보수의 기대값은 $\alpha + \beta a$이고 분산은 $\beta^2 \sigma^2$이다.

a. 근로자가 위험중립적일 경우 근로자의 극대화 문제를 푼 다음 그 경제적 의미를 말하시오.

b. 근로자가 위험중립적일 경우 최적유인보수를 구하시오. 이 보수구조의 의미를 경제적으로 해석하시오.

c. 근로자가 위험회피자라면 최적유인보수의 특성이 어떻게 달라질 것으로 예상되는가? 더 이상의 계산을 하지 말고 답하시오.

d. 근로자가 위험회피자라고 하자. 그런데 불확실성이 없어졌다고 하자. 이 경우 최적유인보수를 구하시오.

KEY ▶ 이 문제는 사실상 앞 문제에서 위험회피도가 0인 경우이다. 즉, $r = 0$인 경우이다. 본인대리인 문제에서 유인보수를 고안할 때에는 유인제공뿐만 아니라 위험분담도 함께 고려해야 한다. 그런데 대리인이 위험중립적일 경우에는 위험분담을 고려하지 않아도 된다. 그 결과 유인을 가장 많이 제공할 수 있는 제도가 최적이 된다.

풀이

a. 근로자가 위험중립적이면 기대수입을 극대화한다. 그러므로 그의 극대화 문제는

$$\underset{a}{Max}\ E(I_n) = E[s(X) - c(a)] = E[s(X)] - E[c(a)] = \alpha + \beta a - c(a)$$

가 된다. 이때 극대화의 일차필요조건은

$$\frac{dE(I_n)}{da} = \beta - c'(a) = 0\text{, 즉 } \beta = c'(a) \tag{1}$$

이다. β는 a가 추가로 증가할 때 보수가 추가로 얼마나 증가하는가를 나타낸다. 그러므로 한계보수라고 말할 수 있다. 그러므로 이 결과는 근로자는 자신의 노력에 대한 한계보수와 그 한계비용이 같아지는 만큼 노력을 한다는 것을 의미한다.

b. 이제 기업의 극대화 문제는

$$\underset{\alpha,\beta,a}{Max}\ E(\pi) = E[X - s(X)] = (1-\beta)a - \alpha \tag{2}$$

$$s.t. \quad \alpha + \beta a - c(a) \geq \bar{u} \tag{3}$$

$$\alpha + \beta a - c(a) \geq \alpha + \beta b - c(b),\ \text{모든 } b\text{에 대해} \tag{4}$$

가 된다. 식 (3)은 참가제약이다. 즉, 근로자가 적어도 다른 곳에서 받을 수 있는 정도의 보수는 지급되어야 한다. 식 (4)는 유인양립성제약이다. 즉, 기업이 기대이윤을 극대화할 때에는 근로자가 자신의 기대수입을 극대화하도록 노력 수준을 선택할 것이라는 점을 제약조건으로 해야 한다.

그런데 기업의 목적함수를 볼 때 평균보수를 적게 줄수록 기업의 기대이윤이 증가한다. 이 점을 고려할 때 기업의 기대이윤이 극대화되려면 식 (3)과 식 (4)가 등호로 성립해야 한다. 등호로 성립한 식 (3)을 α에 대해 풀어서 식 (2)에 대입하면

$$E(\pi) = a - c(a) - \bar{u}$$

가 된다. 이때 극대화의 일차필요조건은

$$\frac{dE(\pi)}{da} = 1 - c'(a) = 0,\ \text{즉 } c'(a) = 1 \tag{5}$$

이 된다. 직관적으로 볼 때 이 결과는 수요독점자가 생산요소 a를 선택해서 기대이윤을 극대화한 것처럼 해석할 수 있다.

한편 유인양립성제약인 식 (4)를 만족시키는 것은 근로자의 극대화 조건 (1)을 만족시키는 것과 같다. 그러므로 식 (1)과 식 (5)로부터

$$\beta^* = 1$$

이 된다. 이 결과는 우리의 직관과 일치한다. 즉, 근로자가 위험중립적이므로 위험과는 관계없이 기대수입이 큰 것을 선호한다. 그러므로 기업은 위험분담 문제는 고려할 필요가 없다. 다만 유인을 가장 많이 제공할 수 있도록 유인보수를 고안하면 된다. 그것은 바로 β의 값을 1로 만들어 주는 것이다.

한편 이때 a^*는 식 (5)로부터 구해진다. 또한 α^*는 식 (3)을 등식으로 만족시키는 값으로 정해진다. 즉,

$$\alpha^* = \bar{u} + c(a^*) - a^*$$

로 정해진다. 그런데 이때 α^*의 값은 음이 된다. $\beta^* = 1$이므로 식 (2)에서 $E(\pi) = -\alpha^*$

인데, 기업을 참여시키려면 기대이윤이 음이면 안 되기 때문이다.

(i) 이처럼 α^*, β^*, a^*의 값이 정해지면 그에 따라 최적보수구조는

$$s^*(X) = \alpha^* + \beta^* X = \alpha^* + a^* + \varepsilon$$

이 된다. 한편 ε이 보수에 그대로 반영되어 있다는 것은 위험($Var(s^*(X)) = \sigma^2$)을 근로자가 모두 부담한다는 것을 의미한다. 근로자가 위험중립적이라는 점을 고려할 때 이것은 당연한 결과이다. 그 이유를 살펴보자. 기업의 입장에서 볼 때 근로자에게 유인을 더 많이 제공하려면 그와 동시에 근로자에게 위험도 더 많이 부담시킬 수밖에 없다. 바꾸어 말하면 기업이 위험을 많이 떠안아 줄수록, 즉 위험분담을 많이 해줄수록 근로자가 최선을 다할 유인이 많이 줄어든다. 즉, 유인제공과 위험분담(보험제공) 사이에 상충관계가 존재한다(이러한 사실은 보수구조인 $s(X) = \alpha + \beta X = \alpha + \beta a + \beta\varepsilon$에서 볼 때 β의 값이 커지면 βa의 값이 커지지만 $\beta\varepsilon$의 값도 커지는 것으로부터 알 수 있다). 그런데 근로자가 위험중립적이어서 위험에는 신경을 쓰지 않으므로 근로자로 하여금 위험을 모두 부담하게 하고서라도 유인제공을 가장 크게 하는 보수구조를 택한다는 것이다.

이것은 위험이 없을 경우와 같은 결과이다. 즉, 근로자와 기업이 모두 위험중립적이면 최적유인보수구조는 위험이 없을 때와 같아진다. 이때 위험분담문제는 존재하지 않고 유인제공문제만 존재한다.

(ii) 한편 이때 최적보수구조는 임대제도라는 것을 알 수 있다. 즉, 근로자는 산출물 중에서 일정한 크기인 α^*만큼만 기업에게 주고 나머지를 모두 자신이 가지는 구조인 것이다. 이때 일정 금액을 제외한 나머지를 모두 근로자가 가지므로 유인제공이라는 측면에서 최고이다. 이때 불확실성에 따른 위험을 모두 근로자가 부담한다. 물론 기업은 어떠한 상황이 발생하든 일정한 금액만큼 가지게 되므로 위험을 전혀 분담하지 않는다. 사실상 이처럼 근로자가 위험중립적일 경우에는 위험분담 문제가 존재하지 않기 때문에 유인을 가장 많이 제공하는 임대제도가 최선(first best)이며 이때 파레토효율이 달성된다.

(iii) 근로자에게 유인을 더 많이 제공하려면 위험도 더 많이 부담시킬 수밖에 없다고 하였다. 이와 관련하여 생각해 보자. 근로자에게 최대의 유인을 제공하려면 앞에서처럼 임대제도($\beta = 1$)를 택해야 한다. 그러면

$$s(X) = \alpha + a + \varepsilon \quad (= \alpha + X)$$

이 된다. 그런데 이 경우 유인은 최고이지만 근로자가 모든 위험을 부담하게 된다.

이와는 반대로 근로자에게 위험을 전혀 분담시키지 않으려면 $\beta = 0$으로 해야 한다. 그러면 $s(X) = \alpha$가 된다. 즉, 고정급을 주어야 한다. 그런데 고정급의 경우 근로자가 아무리 노력을 기울이더라도 보수에는 변화가 없다. 그 결과 근로자에게 유인을 전혀 제공하지 못한다.

c. 근로자가 위험회피적이라면 이 근로자는 기대수입을 극대화하는 것이 아니라 기대효용을 극대화할 것이다. 즉, 위험을 고려할 것이다. 그런데 기업은 위험중립적이므로 위험분담만 고려한다면 모든 위험을 기업이 떠맡는 것이 좋다. 즉, 고정급이 좋다. 그런데 고정급은 유인을 전혀 제공하지 못한다. 결국 최적유인보수를 고안하려면 유인제공과 위험분담을 함께 고려해야 한다. 그런데 이때 근로자에게 유인을 제공하려면 그만큼 위험도 많이 부담시킬 수밖에 없게 된다. 즉, 유인제공과 위험분담 사이에 상충관계가 존재한다. 이러한 점을 고려할 때 근로자가 위험회피자일 경우에도 최적유인보수에서 β의 값은 여전히 0보다 클 것이다.

임대제도를 생각해 보자. 이 제도에서는 근로자가 위험을 전담한다. 그런데 기업은 위험중립적이므로 위험 부담에 신경 쓰지 않는다. 그래서 근로자가 위험회피적이라면 근로자가 받는 보수의 위험을 줄여주는 대신 보수의 평균을 낮춤으로써 기업이 자신의 기대수입을 증대시킬 수 있는 여지가 존재한다. 근로자는 위험회피적이기 때문에 임대제도보다 보수의 위험이 줄어드는 대가로 평균보수가 낮아지는 제안을 받아들인다. 그 결과 기업과 근로자가 위험을 분담하게 된다. 이에 따라 β의 값은 1보다 작아진다. 이러한 사실과 식 (1) 및 한계비용이 체증한다($c''(a) > 0$)는 사실을 함께 고려하면 근로자가 위험회피적일 경우 정해지는 a의 최적값은 위험중립적일 경우 얻은 a^*보다 작을 것이다. 그 결과 비효율이 발생할 것이다.

d. 이 문제에서는 불확실성이 있다는 사실이 비대칭정보의 원인이 되고 있다. 그러므로 불확실성이 없을 경우에는 비대칭정보 문제가 사라진다. 그 결과 유인제공만 문제가 된다. 그리하여

$$\beta = 1$$

이 된다. 이 결과는 불확실성이 없다는 측면에서 보면, 즉 $\varepsilon = 0$이라는 측면에서 보면 당연한 결과이다. 구체적으로 검토해 보자. 위험회피자이므로 효용함수는 오목하다. 그렇더라도 효용함수는 단조증가함수이다. 그러므로 불확실성이 없을 경우, 효용을 극대화할 때의 선택은 수입을 극대화할 때의 선택과 같다. 그러므로 위 문항 b.의 풀이 결과가 그대로 성립한다.

수식으로 검토해 보자. 효용극대화 문제는

$$\underset{a}{Max}\ U[s(X)-c(a)]=U[\alpha+\beta a-c(a)]$$

이다. 이로부터 효용극대화의 일차조건은 $U'\cdot[\beta-c'(a)]=0$, 즉 $\beta=c'(a)$로서 예상과 같이 위 문항 a.와 같아진다. 그러므로 위 문항 b.의 풀이 결과가 그대로 성립한다.

18.21 최적유인보수 : 대리인이 위험중립적일 경우

앞 문제의 제시문과 같은 상황을 상정하자. 이때 근로자가 위험중립적일 경우 그의 극대화 문제는

$\underset{a}{Max}\ E(I_n)=E[s(X)-c(a)]=E[s(X)]-E[c(a)]=\alpha+\beta a-c(a)$이고 극대화의 일차 필요조건은 $\dfrac{dE(I_n)}{da}=\beta-c'(a)=0$, 즉 $\beta=c'(a)$이었다.

앞 문제의 제시문 및 위와 같은 정보 아래 다음 문항들에 대해 답하시오.

a. 근로자가 위험중립적일 경우 근로자의 극대화의 이차충분조건과 그 의미를 말하시오.

b. 근로자가 위험중립적일 경우 최적유인보수를 직관을 통해 구하시오(계산을 하지 마시오). 이 보수구조의 의미를 경제적으로 해석하시오.

c. $\beta=0$으로 정하려고 한다. 이러한 보수체계를 평가하시오.

KEY ▶ 대리인이 위험중립적일 경우에는 위험분담을 고려하지 않아도 되므로 유인을 가장 많이 제공할 수 있는 임대제도가 최적이 된다.

풀이

a. 근로자의 극대화의 이차충분조건은

$$\frac{d^2E(I_n)}{da^2}=-c''(a)<0\ ,\ 즉\ c''(a)>0$$

이다. 이것은 한계비용이 체증해야 한다는 것을 의미한다.

b. $\beta^*=1$이다. 즉, 근로자가 위험중립적이므로 위험과는 관계없이 기대수입이 큰 것을 선호한다. 그러므로 기업은 위험분담 문제를 고려할 필요가 없다. 다만 유인을 가장 많이 제공할 수 있도록 유인보수를 고안하면 된다. 그것은 바로 β의 값을 1로 만들어 주는 것이다.

이것은 문제에서 주어진 일차필요조건으로부터도 추론할 수 있다. $c''(a)>0$이므로, 즉 한계비용이 체증하므로 근로자로 하여금 더 많은 노력을 하도록 유도하려면 가능한 한 β의 값을 크게 해 주어야 한다는 것이다. 한편 $s(X) = \alpha + \beta X = \alpha + \beta a + \beta\varepsilon$이기 때문에 β의 값을 크게 해 주면 그에 따라 근로자가 위험도 더 많이 부담하게 된다. 그러나 근로자가 위험중립적이므로 위험분담은 문제되지 않는다. 그러므로 β의 값을 가능한 한 큰 값인 $\beta = 1$로 정하는 것이 최적이다. 이에 따라 $\beta = 1$로 정하면 일차필요조건인 $\beta = c'(a)$로부터 a의 최적값이 정해진다.

한편 α^*는 참가제약인

$$\alpha + \beta a - c(a) \geq \bar{u}$$

를 등식으로 만족시키는 값으로 정해진다. 즉, $\alpha^* = \bar{u} + c(a^*) - a^*$로 정해진다. 이때 α^*의 값은 음이 되어야 한다. 직관적으로 볼 때 근로자가 생산한 것을 근로자에게 모두 주고 거기에 덧붙여 추가로 더 지급한다면 기업의 기대이윤은 음이 될 수밖에 없기 때문이다. 이처럼 α^*, β^*, a^*의 값이 정해지면 그에 따라 최적보수구조는

$$s^*(X) = \alpha^* + \beta^* X = \alpha^* + a^* + \varepsilon$$

이 된다.

결과적으로 볼 때 근로자가 위험에 신경을 쓰지 않으므로 위험분담(보험제공)과 유인제공 사이에 상충관계가 존재하지 않기 때문에 유인을 가장 많이 제공하는 제도가 최적이다. 그런데 이 제도는 바로 임대제도에 해당한다. 산출물 중에서 일정 크기인 α^*만큼만 본인에게 주고 나머지를 모두 대리인이 갖는 제도이다. 이 경우 대리인이 모든 위험을 떠맡는다.

c. $\beta = 0$으로 하면 $s(X) = \alpha$가 된다. 즉, 고정급이 된다. 이때 근로자는 위험을 전혀 분담하지 않는다. 즉, 완전보험을 제공받는 상황이 된다. 그런데 고정급의 경우 근로자가 아무리 노력을 기울이더라도 보수에는 변화가 없다. 그 결과 근로자에게 유인을 전혀 제공하지 못하여 근로자가 노력을 전혀 하지 않는다. 즉, $a = 0$이 된다.

문항 b.와 문항 c.의 결과를 종합해 보자. 문항 c.에서 보듯이 완전보험을 제공할 경우 유인을 전혀 제공하지 못한다. 반면에 문항 b.에서 보듯이 보험을 전혀 제공하지 않을 경우(즉, 근로자가 모든 위험을 떠맡을 경우) 유인제공 측면에서는 최고이다. 이러한 결과들은 위험분담(보험제공)과 유인제공 사이에 상충관계가 있음을 보여 준다.

참고문헌

국내의 미시경제학 교과서들

Baumol, W.J. and Blinder, A.S., *Economics–Principles and policy*, 3rd. ed, Harcourt Brace and Jovanovich, Inc., 1985.

Chiang, A.C., *Fundamental Methods of Mathematical Economics*, 3rd., McGraw–Hill Book Company, 1984.

Dutta, P.K., *Strategies and Games–Theory and Practice*, MIT, 3rd printing, 2001(1st ed. 1999).

Eaton, B.C. and Eaton, D.F., *Microeconomics*, W.H. Freeman and Company, 1988.

Frank, R., *Microeconomics and Behavior*, McGraw–Hill, Inc., 1991.

Gruber, J., *Public Finance and Public Policy*, Worth Publishers, 2005.

Kreps, D.M., *Microeconomics for managers*, W. W. Norton & Company, 2004.

Luenberger, D. G., *Microeconomic Theory*, McGraw–Hill, Inc. 1995.

Mankiw, N.G., *Principles of Economics*, Dryden Press, 2001.

Mansfield, E., *Microeconomics : theory and applications*, 8th ed., W.W. Norton & Company, 1994.

Nicholson,W., *Microeconomic Theory–basic principles and extensions*, 3rd ed. The Dryden Press, 1985.

____________, *Microeconomic Theory–basic principles and extensions*, 9th ed., Thomson South–Western, 2005.

Pashigian, P.B., *Price Theory and Applications*, McGraw–Hill, Inc. 1995.

Rosen, H.S., *Public Finance*, 4th ed., Homewood IL : Irwin, 1995.

Samuelson, P.A. and Nordhaus, W.D., *Economics*, 13th ed., 1989.

Schotter, A.R., *Microeconomics : a modern approach*, 2nd ed., Addison–Wesley, 1997.

Stiglitz, J.E., *Economics of the Public Sector*, 3rd ed., W. W. Norton & Company, 2000.

Varian, H.R., *Intermediate Microeconomics–A modern Approach*, 1st ed.–6th ed. W. W. Norton & Company, 1987–2003.

__________, *Microeconomic Analysis*, 1st ed., 2nd ed., and 3rd ed., W. W. Norton & Company 1978, 1984, and 1992.

부록

I. 미분 / II. 적분 / III. 마샬의 보통수요곡선과 힉스의 보상수요곡선

IV. 효용극대화, 지출극소화, 비용극소화, 이윤극대화 / V. 평균값과 한계값의 관계

VI. 한계비용함수와 가변비용함수 / VII. 생산자잉여와 이윤

VIII. 한계생산물과 한계비용 / IX. 합, 기대치, 분산

I. 미분

1. 도함수 : 경제학 용어 '한계' 의 개념에 대응

원함수를 $f(x)$라고 하자. 도함수(derivative)는 이러한 원함수를 미분하여(differentiate) 구한 함수를 말한다. 이때 미분하여 얻은 결과의 값은 x가 변화함에 따라 변화한다. 이 때문에 '함수' 가 되는 것이다. 여기서 미분(differentiation)이라는 말은 도함수를 구하는 과정을 의미하고 있다. 그러나 우리말로는 똑같이 미분이라고 쓰더라도 미분이 수를 의미하는 경우가 있다. 이 경우 영어로는 differential이라고 쓰기 때문에 구분이 된다. 이에 대해서는 전미분(total differentiation)을 다룰 때 다시 논의하기로 한다.

도함수는

$$\lim_{\Delta x \to 0} = \frac{\Delta f(x)}{\Delta x} = \frac{df(x)}{dx} = f'(x)$$

와 같이 표현할 수 있다. 여기서 Δ는 작은 변화, d는 무한소의(infinitesimal) 변화, 즉 무한히 0에 가까울 만큼 작은 변화를 말한다. 그러므로 좌변이 의미하는 것은 x가 아주 조금 변할 때 함수의 값이 얼마나 변하는가 그 비율을 나타낸다. 그런데 그 비율은 x의 값이 얼마인가에 따라 달라진다. 즉, 함수에서 x의 값이 얼마인 곳에서 변하는가에 따라 그 비율이 달라진다는 것이다. 따라서 x의 함수가 된다. 이것이 바로 도함수이다. 그래프 상에서는 x가 아주 조금 변할 때 함수의 값이 얼마나 변하는지 그 기울기를 나타낸다.

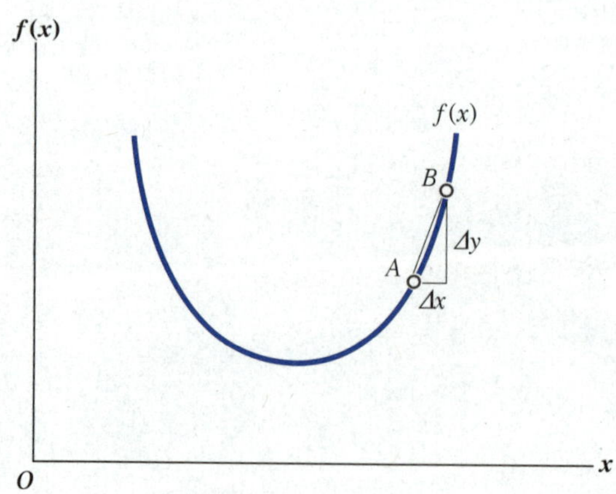

위 그림에서 $\frac{\Delta y}{\Delta x}$는 선분 AB의 기울기이다. 그런데 Δx가 아주 작다면 어떻게 될까? 바로 A점에서 곡선에 그은 접선의 기울기가 된다.

$\frac{y}{x}$, $\frac{\Delta y}{\Delta x}$, $\frac{dy}{dx}$, $\frac{\partial y}{\partial x_1}$의 경제학적 해석

1. $\frac{y}{x}$: x를 1로 볼 때 분자의 값, 즉 x 1단위당 y의 값, **평균**에 해당, 그래프상으로는 **원점**과 곡선 $y=f(x)$ 상의 임의의 한 점 (x, y)를 잇는 직선의 **기울기**에 해당한다. (예) 평균생산물 : $\frac{Q}{L}$
2. $\frac{\Delta y}{\Delta x}$: x의 변화량을 1로 볼 때 y의 변화량, 기울기에 해당. $\frac{\Delta y}{\Delta x}$는 그래프상으로는 곡선 $y=f(x)$ 상의 **임의의 두 점** (x_1, y_1)과 (x_2, y_2)를 잇는 직선의 **기울기**에 해당한다. (예) 예산선의 기울기 : $\frac{\Delta y}{\Delta x}$
3. $\frac{dy}{dx}$: x의 무한히 0에 가까워질 정도로 작은(infinitesimal) 변화량을 1로 볼 때 y의 변화량, 접선의 기울기에 해당, (1) 이때 $\frac{dy}{dx}$는 경제학에 등장하는 **한계**의 개념에 해당한다. (2) $\frac{dy}{dx}$는 그래프상으로는 곡선 $y=f(x)$ 상의 임의의 한 점 (x, y)에서 그 곡선에 그은 **접선의 기울기**에 해당한다. (예) 한계대체율 : $-\frac{dy}{dx}$
4. $\frac{\partial y}{\partial x_1}$: 다른 변수들은 변하지 않은 상태에서 x_1의 무한히 0에 가까워질 정도로 작은 변화량을 1로 볼 때 y의 변화량, 한계의 개념, (예) 노동의 한계생산물 : $\frac{\partial Q(L, K)}{\partial L}$
5. 참고로 예를 들어 $y=f(x)=x^2$일 때 곡선 상의 점 (1, 1)에서 점 (2, 4)로 이동할 경우 x가 1단위만큼 변화한 상태이다. 이때 두 점을 잇는 직선의 기울기 $\frac{\Delta y}{\Delta x}$는 3이다. 그런데 점 (1, 1)에서 접선의 기울기 $\frac{dy}{dx}$는 2이다. 앞의 (3)과 (4)에 따르면 두 경우 모두 x가 1단위 변화한 경우인데 이런 차이가 발생하는 이유는 $\frac{\Delta y}{\Delta x}$에서도 x가 1단위만큼 변화했지만 그 1단위는 $\frac{dy}{dx}$에서 의미하는 무한히 0에 가까워질 정도로 작은 1단위가 아니기 때문이다.

다음 그림은 $\frac{y}{x}$, $\frac{\Delta y}{\Delta x}$, $\frac{dy}{dx}$의 개념을 기하학적으로 보여주고 있다. 특히 $\frac{y}{x}$, $\frac{\Delta y}{\Delta x}$, $\frac{dy}{dx}$의 값들이 모두 같아진 경우를 보여주고 있다.

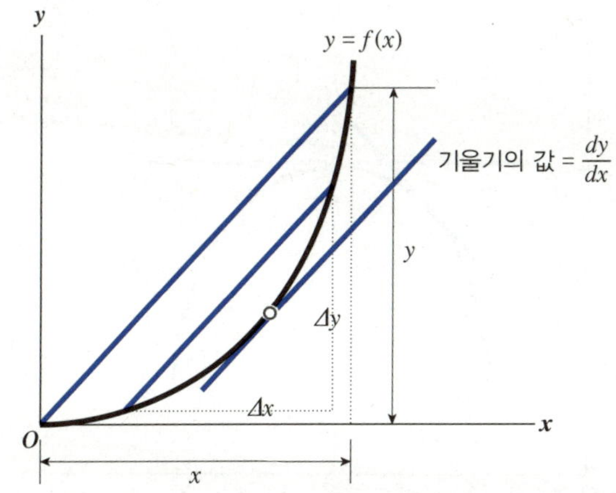

$\frac{y}{x}$, $\frac{\Delta y}{\Delta x}$, $\frac{dy}{dx}$의 기하학적 개념과 그 값들이 모두 같아진 경우

한편 중요한 미분공식을 소개하면 다음과 같다.

(1) $\frac{d}{dx}x^n = nx^{n-1}$, 예) $\frac{d}{dx}x^3 = 3x^{3-1} = 3x^2$

(2) $\frac{d}{dx}cx^n = cnx^{n-1}$, ($c$는 상수), 예) $\frac{d}{dx}4x^3 = 4 \times 3x^{3-1} = 12x^2$

(3) $\frac{d}{dx}c = 0$, (c는 상수), 예) $\frac{d}{dx}5 = 0$

(4) $\frac{d}{dx}\left[f(x) \pm g(x)\right] = f'(x) \pm g'(x)$, (복호동순)

(5) $\frac{d}{dx}\left[f(x)g(x)\right] = f'(x)g(x) + f(x)g'(x)$ 또는 $f(x)g'(x) + g(x)f'(x)$

(6) $\frac{d}{dx}\left[\frac{f(x)}{g(x)}\right] = \frac{f'(x)g(x) - f(x)g'(x)}{g^2(x)}$

(7) $\frac{dz}{dx} = \frac{dz}{dy}\frac{dy}{dx}$(연쇄법칙), 여기서 $z = z(y)$, $y = y(x)$

(8) $\frac{dx}{dy} = \frac{1}{\frac{dy}{dx}}$, 여기서 $y = f(x)$이고 단조함수

(9) $\frac{d}{dx}ln\,x = \frac{1}{x}$($ln$은 자연로그)

(1) 변수가 1개 있을 경우의 극대화 조건

일차필요조건(first order necessary condition : F.O.C.) : $\frac{df(x)}{dx} = f'(x) = 0$

이차충분조건(second order sufficient condition : S.O.C) : $\frac{d}{dx}f'(x) = f''(x) < 0$($x$가 증가함에 따라 접선의 기울기가 감소한다는 의미이다)

을 만족시키는 x^*에서 극대값(maximum)을 가진다. 이때 극대값은 x^*를 함수에 대입하여 구한 $f(x^*)$이다.

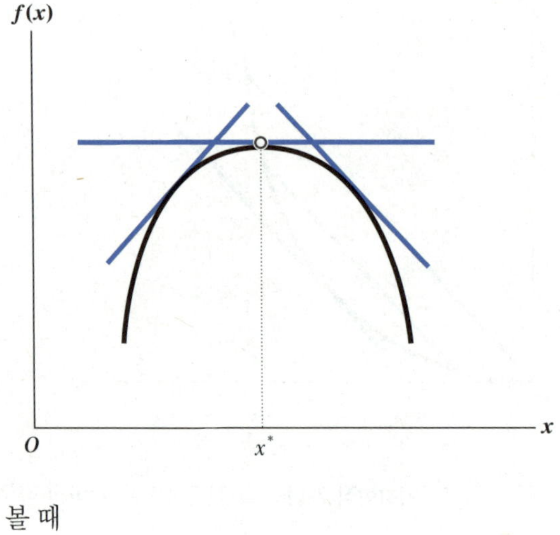

그래프에서 볼 때

(i) x^*에서 곡선에 그은 접선의 기울기가 0이 된다.

(ii) x가 x^*보다 작은 영역에서는 접선의 기울기가 양이고 x가 x^*보다 큰 영역에서는 접선의 기울기가 음이 된다.

(2) 변수가 1개 있을 경우의 극소화 조건

일차필요조건 : $\frac{df(x)}{dx} = f'(x) = 0$(극대값의 경우와 같다).

이차충분조건 : $\frac{d}{dx}f'(x) = f''(x) > 0$($x$가 증가함에 따라 접선의 기울기가 증가한다는 의미이다)

을 만족시키는 x^*에서 극소값(minimum)을 가진다. 이때 극소값은 x^*를 함수에 대입하여 구한 $f(x^*)$이다.

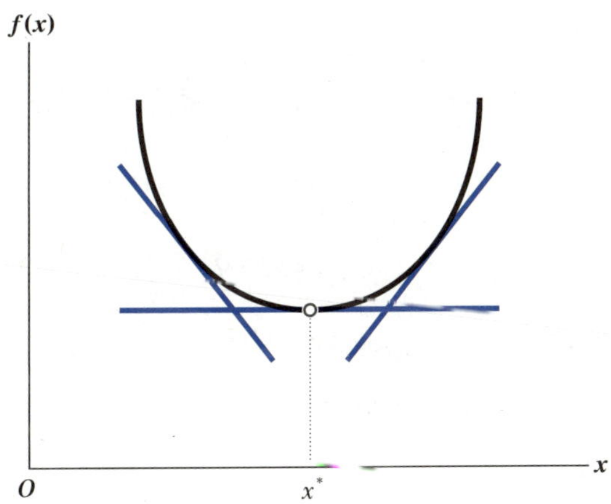

그래프에서 볼 때

(i) x^*에서 곡선에 그은 접선의 기울기가 0이 된다.

(ii) x가 x^*보다 작은 영역에서는 접선의 기울기가 음이고 x가 x^*보다 큰 영역에서는 접선의 기울기가 양이 된다.

[예 1] 이윤극대화

$$\underset{Q}{Max}\ \pi = TR(Q) - TC(Q)$$

$$\text{F.O.C.} : \frac{d\pi}{dQ} = MR(Q) - MC(Q) = 0$$

$$\text{S.O.C.} : \frac{d^2\pi}{dQ^2} = \frac{dMR(Q)}{dQ} - \frac{dMC(Q)}{dQ} < 0$$

즉, 'MR의 기울기 $<$ MC의 기울기' 이다.

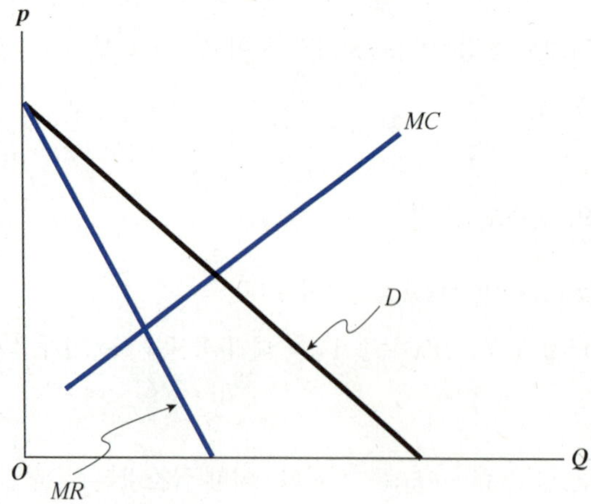

[예 2] 이윤극대화

$Q_d = 170 - p$, $AC = 50 + Q$일 경우 극대화된 이윤은 얼마인가?

$\pi(Q) = TR - TC = pQ - (AC)Q = (170 - Q)Q - (50 + Q)Q$이다.

F.O.C. : $\frac{d\pi}{dQ} = (170 - 2Q) - (50 + 2Q) = 0$

이다. 즉, $170 - 2Q = 50 + 2Q$이다. 이것이 바로 $MR = MC$조건이다. 이로부터 $Q_0 = 30$, $p_0 = 140$, $\pi(30) = \pi_0 = 1,800$을 얻는다.

S.O.C. : $\frac{d^2\pi}{dQ^2} = (-2) - (2) = -4 < 0$

: 이차충분조건을 충족한다.

2. 편도함수(partial derivative) : 경제학 용어 '한계'의 개념에 대응

다른 변수들은 변하지 않고 현재 주목하고 있는 변수만 변할 경우 함수값이 어떻게 변하는가를 변화율로 나타낸 함수를 말한다. 즉,

$$\lim_{\Delta x \to 0} = \frac{\Delta f(x, y)}{\Delta x}\bigg|_{\Delta y = 0} = \frac{df(x, y)}{dx}\bigg|_{dy = 0}$$

이다. 이것은 또한

$$\frac{\partial f(x, y)}{\partial x} = f_x(x, y)$$

로 나타낸다.

첫 번째 식에서 작은 세로 선분 옆의 $\Delta y = 0$과 $dy = 0$은 y는 변하지 않은 상태를 말한다. 편도함수는 그러한 상태에서 x가 아주 조금 변했을 때 그에 대해 함수값이 얼마나 변했는가 그 비율을 나타낸다. 편도함수는 위에서처럼 기호 ∂(partial로 읽는다)을 써서 나타내든지 또는 아래 첨자를 사용하여 나타낸다. 한편 편도함수를 구하는 작업을 편미분한다고 한다.

(적용법) 현재 주목하고 있는 변수 이외의 다른 변수들은 변하지 않는 상황을 가정하므로 다른 변수들은 편미분하는 과정에서 상수로 취급한다.

[예 1] $U(x, y) = x^{\frac{1}{2}} y^{\frac{1}{2}}$을 x에 대해서 편미분하시오.

이것을 편미분하면

$$\frac{\partial U(x, y)}{\partial x} = \frac{1}{2} x^{-\frac{1}{2}} y^{\frac{1}{2}}$$

이 된다. x로 편미분할 때에는 y는 상수로 취급한다. 이 경우 편도함수는 Y재의 수요량을 변화시키지 않고 X재의 수요량만 아주 조금 변화시킬 경우 효용의 변화를 나타낸다. 이것이 바로 한계효용이다. 이러한 측면에서 한계효용은 다른 상품의 수요량이 변하지 않은 경우에 적용된다는 점이 중요하다.

(1) 변수가 2개 있을 경우의 극대화 조건

극대화의 일차필요조건 : $\frac{\partial f(x, y)}{\partial x} = 0$

$$\frac{\partial f(x, y)}{\partial y} = 0$$

극대화의 이차충분조건 : $f_{xx} < 0,\ f_{yy} < 0,\ f_{xx}f_{yy} > f_{xy}f_{yx}$(증명은 Chiang 교수의 수리경제학 참조), 단 $f_{xx}, f_{yy}, f_{xy}, f_{yx}$는 이차편도함수.

(2) 변수가 2개 있을 경우의 극소화 조건

극소화의 일차필요조건 : $\frac{\partial f(x, y)}{\partial x} = 0,$

$$\frac{\partial f(x, y)}{\partial y} = 0$$

극소화의 이차충분조건 : $f_{xx} > 0,\ f_{yy} > 0,\ f_{xx}f_{yy} > f_{xy}f_{yx}$(증명은 Chiang 참조).

[예 2] $c = 10 + 50Q,\ p_1 = 60 - 5q_1,\ p_2 = 100 - q_2$**일 경우 독점기업의 이윤을 극대화하시오.**

한 개의 기업이 두 군데의 시장에 공급하는 것이므로 비용은 총산출량에 따라 정해진다. 그러므로 비용은 $c(q_1 + q_2)$가 된다. 그리하여 이윤극대화 문제는

$$\underset{q_1,\,q_2}{Max}\ \pi = p_1(q_1)q_1 + p_2(q_2)q_2 - c(q_1 + q_2)$$

로 쓸 수 있다. 이윤극대화의 일차필요조건은

$$\frac{\partial \pi}{\partial q_1} = \frac{dp_1(q_1)}{dq_1}q_1 + p_1 - \frac{dc(Q)}{dQ}\frac{\partial Q}{\partial q_1} = 0,\ \ (\frac{\partial Q}{\partial q_1} = 1).$$
$$\frac{\partial \pi}{\partial q_2} = \frac{dp_2(q_2)}{dq_2}q_2 + p_2 - \frac{dc(Q)}{dQ}\frac{\partial Q}{\partial q_2} = 0,\ \ (\frac{\partial Q}{\partial q_2} = 1).$$

이다. 이로부터 $MR_1 = MC$, $MR_2 = MC$를 얻는다.

(참고)

$\frac{\partial \pi}{\partial q_1} = \frac{dp_1(q_1)}{dq_1}q_1 + p_1 - \frac{dc(Q)}{dQ}\frac{\partial Q}{\partial q_1} = 0$에서 비용함수를 편미분할 때 연쇄법칙이 사용되고 있다. 연쇄법칙은

$$\frac{df[g(x)]}{dx} = \frac{df[g(x)]}{dg(x)}\frac{dg(x)}{dx}$$

를 말한다. 이 문제에서는 q_1이 변할 때 비용이 얼마나 변하는가를 알아야 한다. 이를 위해 q_1이 변할 때 총산출량이 얼마나 변하는가를 먼저 알아보고 그것이 다시 비용을 얼마나 변화시키는가를 살펴보는 것이다. 한편 여기서

$$\frac{\partial Q}{\partial q_1} = \frac{\partial(q_1 + q_2)}{\partial q_1} = 1$$

이라는 사실에 주목하자. 편미분을 할 때 해당되는 변수 이외의 다른 변수는 상수로 취급된다는 점이 적용되고 있다.

실제 계산에서는 다음과 같이 간편하게 할 수도 있다.

$$\begin{aligned}\underset{q_1,\,q_2}{Max}\ \pi &= p_1(q_1)q_1 + p_2(q_2)q_2 - c(q_1 + q_2)\\ &= (60 - 5q_1)q_1 + (100 - q_2)q_2 - [10 + 50(q_1 + q_2)]\\ &= (60q_1 - 5q_1^2) + (100q_2 - q_2^2) - [10 + 50(q_1 + q_2)]\end{aligned}$$

이다. 이로부터

$$\frac{\partial \pi}{\partial q_1} = (60 - 10q_1) - 50 = 0$$

을 얻는다(편미분할 때에는 q_2는 상수로 취급한다). 여기서 $60 - 10q_1 = 50$, 즉 $MR_1 = MC$이다. 또한

$$\frac{\partial \pi}{\partial q_2} = (100 - 2q_2) - 50 = 0$$

을 얻는다. 여기서 $100 - 2q_2 = 50$, 즉 $MR_2 = MC$이다. 이로부터 $q_1^* = 1$, $q_2^* = 25$, $p_1^*(q_1^*) = 55$, $p_2^*(q_2^*) = 75$, $\pi(q_1^*, q_2^*) = 620$을 얻는다.

3. 제약식이 있을 경우의 최적화

독립변수가 2개 이상 있는 함수를 극대화하는 과정에서 제약식이 있을 경우에는 라그랑지함수를 이용한다. 예를 들어 $y = f(x, y)$를 극대화하는데 제약조건이 $g(x, y) = c$라고 하자. 그러면 라그랑지함수는

$$Z = f(x, y) + \lambda\left[c - g(x, y)\right]$$

로 구성된다. 이 함수를 극대화해 보자. 극대화 문제는

$$\underset{x,\, y,\, \lambda}{Max}\ Z = f(x, y) + \lambda\left[c - g(x, y)\right]$$

로 쓸 수 있다.

(a) 극대화의 일차필요조건은

$$\frac{\partial Z}{\partial x} = \frac{\partial f(x, y)}{\partial x} - \lambda \frac{\partial g(x, y)}{\partial x} = 0 \tag{1}$$

$$\frac{\partial Z}{\partial y} = \frac{\partial f(x, y)}{\partial y} - \lambda \frac{\partial g(x, y)}{\partial y} = 0 \tag{2}$$

$$\frac{\partial Z}{\partial \lambda} = c - g(x, y) = 0 \tag{3}$$

이다. 이 조건들을 음미해 보자. 특히 식 (3)에 주목하자. 극대화를 위해서는 이 식이 성립해야 한다. 그런데 이 식이 성립할 경우 라그랑지함수에서 $\lambda\left[c - g(x, y)\right]$ 부분이 0이 된다. 그 결과 라그랑지함수를 극대화한다는 것은 $c - g(x, y) = 0$이 성립한다는 조

건 아래 $f(x,y)$를 극대화한다는 것을 의미하게 된다. 그런데 $c-g(x,y)=0$은 $g(x,y)=c$로서 바로 제약조건식과 같다. 결과적으로 볼 때 라그랑지함수를 극대화시키는 것은 바로 제약조건식을 만족시키면서 목적함수인 $f(x,y)$를 극대화하는 것과 같다.

(참고) 포락선정리(envelope theorem)를 적용하면 $\frac{dF(c)}{dc}=\frac{\partial Z}{\partial c}=\lambda$가 된다. 이때 $F(c)\equiv f(x(c),y(c))$이고, $x(c)$와 $y(c)$는 최적선택을 나타낸다. 자세한 설명과 증명은 『예제와 함께하는 미시경제학』 4판(임봉욱), [권말부록] I.4 참조.

포락선정리(envelope theorem) : 파라미터의 값이 변할 때 목적함수의 최적값의 변화율은 선택변수를 선택변수의 최적값에서 상수로 고정시킨 상태에서 목적함수를 파라미터로 직접 편미분한 결과와 같다는 것을 말한다.

(b) 극대화의 이차충분조건 : 더 높은 수학적 지식을 요구하므로 생략한다(Chiang 참조).

[예 1] 효용극대화

효용극대화 문제는

$$\underset{x,\,y}{Max}\ U(x,y)$$
$$s.t.\quad p_x x+p_y y=M$$

과 같이 표현된다. 이 문제는

$$\underset{x,\,y,\,\lambda}{Max}\ Z=U(x,y)+\lambda(M-p_x x-p_y y)$$

와 같이 라그랑지함수를 사용하여 나타낼 수 있다.

(a) 극대화의 일차필요조건은

$$\frac{\partial Z}{\partial x}=\frac{\partial U(x,y)}{\partial x}-\lambda p_x=0 \tag{1}$$

$$\frac{\partial Z}{\partial y}=\frac{\partial U(x,y)}{\partial y}-\lambda p_y=0 \tag{2}$$

$$\frac{\partial Z}{\partial \lambda}=M-p_x x-p_y y=0 \tag{3}$$

이다. 위 연립방정식 체계를 보면 미지수 3개(x, y, λ)와 방정식 3개이다. 그러므로 해가 유일하다. 식 (1)과 식 (2)를 정리한 다음 대응되는 변끼리 나누어주면

$$\frac{\frac{\partial U(x,y)}{\partial x}}{\frac{\partial U(x,y)}{\partial y}}=\frac{p_x}{p_y}$$

를 얻는다. 그런데 이것은 바로

$$\frac{MU_x}{MU_y} = \frac{p_x}{p_y}$$

를 말한다. 즉, 효용이 극대화되려면 각 상품의 한계효용의 비율이 가격비율과 같아야 한다는 것을 말한다. 이것은 또한

$$MRS_{xy} = \frac{p_x}{p_y}$$

이어야 한다는 것을 의미한다.

한편 포락선정리를 적용하면 $\frac{\partial V}{\partial M} = \frac{\partial Z}{\partial M} = \lambda^*$임을 보여줄 수 있다. 여기서 V는 간접효용함수이다. 그러므로 최적화된 상태에서 λ^*의 값은 소득이 추가로 1원 증가할 때 효용이 추가로 얼마나 증가하는가를 보여준다. 그런 측면에서 최적화된 상태에서 λ^*의 값은 소득의 한계효용을 말한다. 자세한 설명과 증명은 『예제와 함께하는 미시경제학』 4판(임봉욱)' [부록 6.1] 참조.

(b) 이차충분조건 : 무차별곡선이 원점에 대해 강볼록해야 한다(증명은 Chiang 참조).

[예 2] 효용극대화

효용함수가 $U(x, y) = xy$로 주어졌다고 하자. 이때 각 상품의 가격이 1이고 소득이 8일 경우 효용을 극대화하시오.

효용극대화 문제는

$$\max_{x,y,\lambda} Z = xy + \lambda\left[8 - (x + y)\right]$$
$$s.t. \quad x + y = 8$$

이다.

(a) 일차필요조건은

$$\frac{\partial Z}{\partial x} = y - \lambda = 0 \qquad (1)$$

$$\frac{\partial Z}{\partial y} = x - \lambda = 0 \qquad (2)$$

$$\frac{\partial Z}{\partial \lambda} = 8 - x - y = 0 \qquad (3)$$

으로 구해진다.

식 (1)과 식 (2)를 정리한 다음 대응되는 변끼리 나누어 주면

$$\frac{y}{x} = 1 \tag{4}$$

을 얻는다. 이것은 바로 '*MRS* = 가격비율' 이라는 조건이다. 식 (4)와 식 (3)을 이용하면 $x^* = 4$, $y^* = 4$를 얻는다. 이 값들을 해당되는 곳에 대입하면 $\lambda^* = 4$, $U(x^*, y^*) = 16$을 얻는다.

(b) 콥-더글라스 효용함수의 경우 무차별곡선이 원점에 대해 강볼록하므로 이차충분조건을 충족한다(증명은 Chiang 참조).

4. 전미분(total differential)

단어에서 알 수 있듯이 전미분은 모든 변수들이 함께 변했을 때 함수값이 얼마나 변하는가를 나타낸다. 예를 들어 독립변수가 2개인 경우를 생각해 보자. 이때 두 독립변수가 모두 변했을 때 함수값이 얼마나 변하는가? 그것은 x만 변했을 때 변화한 함수값에 y만 변했을 때 변화한 함수값을 더하여 구한다. 구체적으로 구해 보자. 먼저 x만 변했을 때 그에 대한 함수값의 변화율(편도함수)에 x가 얼마나 변했는지 그 변화를 곱한다. 그러면 x가 아주 조금 변했을 때 그로 인해 함수값이 얼마나 변했는가를 알 수 있다. 그 다음 y만 변했을 때 함수값이 얼마나 변했는가도 같은 방법으로 구할 수 있다.

이렇게 구한 두 값을 더하면

$$df(x, y) = \frac{\partial f(x, y)}{\partial x} dx + \frac{\partial f(x, y)}{\partial y} dy$$

와 같은 전미분을 얻는다. 좌변은 전미분을 나타낸다. 우변의 첫 항에서 $\frac{\partial f(x, y)}{\partial x}$는 y는 변하지 않고 x만 변할 때 함수값이 얼마나 변하는가 그 변화율을 나타낸다. 이 변화율에 dx를 곱하면 x가 dx만큼 변했을 때 그로 인해 함수값이 얼마나 변하는가를 알 수 있다. $\frac{\partial f(x, y)}{\partial x} dx$가 그것을 나타낸다. 같은 방법으로 x는 변하지 않고 y만 변했을 때 변화한 함수값을 구할 수 있다. 이렇게 구한 두 값을 더하자. 그러면 x와 y가 모두 변했을 때 그로 인해 함수값이 얼마나 변하는지 그 크기를 구할 수 있다. 이것이 바로 전미분이다. 전미분은 위 식의 좌변과 같이 $df(x, y)$로 표시한다.

[예] *MRS* 구하기

*MRS*는 주어진 무차별곡선의 임의의 한 점에서 무차별곡선에 그은 접선의 기울기이다. 이러한 *MRS*를 구해 보자. 이를 위해 '주어진 무차별곡선' 위에서는 효용이 일정하다는 사실에 주목하자. 그리고 그 일정한 효용의 크기를 상수 C라고 놓자. 즉,

$$U(x, y) = C$$

라고 하자. 그러면 이 조건을 만족시키는 순서쌍 (x, y)의 집합이 바로 무차별곡선을 나타낸다.

이러한 무차별곡선에서 접선의 기울기는 x가 아주 조금 증가했을 때 y가 얼마나 증가하는지 그 비율을 나타낸다. 즉, $\frac{dy}{dx}$를 나타낸다($\frac{\partial U(x,y)}{\partial x}$와 혼동하지 마시오). 여기에 (−) 부호를 붙인 것이 바로 MRS_{xy}이다. MRS_{xy}를 구하기 위해 위의 식을 전미분해 보자. 그러면

$$\frac{\partial U(x,y)}{\partial x}dx + \frac{\partial U(x,y)}{\partial y}dy = 0$$

이 된다. 이 식의 의미를 살펴보자. 좌변의 첫 항에서 $\frac{\partial U(x,y)}{\partial x}$는 y는 변하지 않고 x가 아주 조금 변화하였을 때 그로 인해 효용이 얼마나 변화하는지 그 변화율(한계효용)을 나타낸다. 여기에 dx를 곱하면 x만 아주 조금 변화할 때 그로 인해 총효용이 얼마나 변하는가를 나타낸다. 같은 의미로 둘째 항은 y만 아주 조금 변할 때 그로 인해 총효용이 얼마나 변하는가를 나타낸다. 이 두 항을 합한 것은 x, y가 모두 아주 조금씩 변할 때 그로 인해 총효용이 얼마나 변하는가를 말해 준다. 그런데 무차별곡선 위에서는 효용이 변하지 않으므로 그 변화가 0이어야 한다. 위 식은 바로 이러한 사실을 말해 주고 있다. 위 식에서

$$MRS_{xy} = -\frac{dy}{dx} = \frac{\frac{\partial U(x,y)}{\partial x}}{\frac{\partial U(x,y)}{\partial y}} = \frac{U_x}{U_y}$$

로 구해진다.

(참고) 한편 도함수를 다루는 과정에서 dx, dy를 아주 작은 변화를 나타내는 수로 생각하자. 그러면 이들을 $\frac{dy}{dx}$와 같이 하나로 묶어서 생각할 필요가 없어진다. 또한 dx와 dy 사이에는 사칙 연산이 가능해진다. 한편 특별히 연산자(operator)로서의 개념을 강조하려면 $\frac{d}{dx}y$로 표기하는 것이 좋다. 이 경우 $\frac{d}{dx}$는 x에 대해서 미분하라는 연산자를 나타낸다.

5. 전도함수(total derivative)

전도함수를 구하려면 먼저 전미분을 구해야 한다.

$$z = f(x, y),\ y = g(x)$$

라고 하자. 이러한 상황에서 z에 대한 전미분을 구하면

$$dz = f_x\, dx + f_y\, dy$$

가 된다. 여기서 하첨자는 해당 변수로 편미분한 것을 나타낸다. 이 식의 양변을 dx로 나누어주면

$$\frac{dz}{dx} = f_x \frac{dx}{dx} + f_y \frac{dy}{dx} = f_x + f_y \cdot g'(x)$$

가 된다. 여기서 $\frac{dy}{dx} = g'(x)$라는 사실이 이용되고 있다는 점에 주목하자.

[예] 어떤 사람의 효용함수가 $U = \sqrt{xy}$로 주어졌다고 하자. 여기서 x는 햄버거이고 y는 콜라라고 하자. 그런데 $y = 2x$라고 한다. 이때 햄버거의 소비가 효용에 미치는 영향을 구하시오.

그 영향은

$$\begin{aligned}\frac{dU}{dx} &= U_x \frac{dx}{dx} + U_y \frac{dy}{dx} \\ &= U_x + U_y \cdot \frac{dy}{dx} \\ &= \frac{1}{2} x^{-\frac{1}{2}} y^{\frac{1}{2}} + \frac{1}{2} x^{\frac{1}{2}} y^{-\frac{1}{2}} \cdot 2 \\ &= \frac{1}{2} x^{-\frac{1}{2}} y^{\frac{1}{2}} + x^{\frac{1}{2}} y^{-\frac{1}{2}}\end{aligned}$$

으로 구해진다.

여기서 한 가지 주목할 것이 있다. $z = f(x, y)$에서 x, y가 서로 독립적으로 변할 경우에는 전도함수를 구한다는 것이 의미가 없다는 것이다. 구체적으로 살펴 보자. 먼저 전미분을 구해 보자.

$$dz = f_x\, dx + f_y\, dy$$

이다. 이제 전도함수를 구하기 위해 양변을 dx로 나누어 주자. 그러면

$$\frac{dz}{dx} = f_x\frac{dx}{dx} + f_y\frac{dy}{dx}$$

가 된다. 여기서 $\frac{dx}{dx} = 1$이다. 한편 x와 y가 서로 독립적으로 변할 경우 x가 변한다고 해서 y가 변하는 것이 아니다. 다시 말하면 x와 y가 서로 독립적으로 변할 경우에는 $\frac{dy}{dx} = 0$이 된다는 것이다. 그러므로 위 식에서 결국

$$\frac{dz}{dx} = f_x$$

가 된다. 이렇게 볼 때 x와 y가 서로 독립적으로 변화할 경우에는 '전' 도함수를 구한다는 것이 의미가 없음을 알 수 있다.

Ⅱ. 적분

1. 부정적분

함수 $f(x)$가 있을 때 미분하여 $f(x)$가 되는 함수를 $f(x)$의 부정적분(indefinite integral) 또는 원시함수(primitive function)라고 한다. 즉, $F'(x) = f(x)$일 때 $F(x)$를 $f(x)$의 부정적분 또는 원시함수라고 하고 어떤 함수의 원시함수를 구하는 것을 적분한다(integrate)고 한다. 적분하는 것을 기호로는 $\int f(x)\,dx$로 나타낸다. 한편 상수는 미분하면 0이 되므로 부정적분은 무수히 많이 존재하며 이 때문에 부정적분에는 적분상수가 붙는다.

한편 중요한 적분공식을 소개하면 다음과 같다.

(1) $\int kdx = kx + c$, (k는 상수)

(2) $\int x^n dx = \frac{x^{n+1}}{n+1} + c,\ n \neq -1$

2. 정적분

함수 $f(x)$가 구간 $[a, b]$에서 연속일 때 $\lim_{n\to\infty}\sum_{k=1}^{n} f(x_k)\Delta x(x_k = a + k\Delta x,\ \Delta x = \frac{b-a}{n})$를 함수 $f(x)$의 구간 $[a, b]$에서의 정적분이라고 하고 $\int_a^b f(x)\,dx$로 나타낸다. 정적분을 정의에

따라 계산하는 것은 복잡하다. 그래서 정적분(definite integral)은 미적분학의 제2기본정리를 이용하여 구하는 것이 편리하다. 미적분학의 제2기본정리는 $f(x)$가 $[a, b]$에서 연속이면 $f(x)$의 정적분 $\int_a^b f(x)\,dx$와 부정적분 $F(x)$ 사이에는 $\int_a^b f(x)\,dx = F(b) - F(a)$의 관계가 성립한다는 것이다. 한편 $[a, b]$ 구간에서 $f(x) \geq 0$일 경우 정적분 $\int_a^b f(x)\,dx$는 $f(x)$의 그래프에서 $[a, b]$ 구간에 해당하는 부분의 면적으로 나타난다.

적분의 개념을 그래프를 이용하여 설명해 보자. 다음 그림에서 잘게 나눈 각각의 직사각형은 그 밑변이 Δx이고 높이는 그 직사각형이 곡선과 만나는 곳에서의 $f(x)$의 값으로 나타난다. 이때 각 직사각형의 면적은 밑변과 높이를 곱해서 얻어지는데 이러한 직사각형들의 면적을 모두 합하면 $[0, x_0]$ 구간에 대응하는 곡선 아래의 면적을 얻는다. 물론 그림에서 볼 때 직사각형들의 면적의 합과 곡선 아래의 면적은 직사각형 위의 작은 삼각형들만큼의 오차를 보인다. 그러나 구간을 아주 잘게 나누어 직사각형의 밑변들이 무한히 0에 가까울 만큼 작아질 경우 오차는 사라진다.

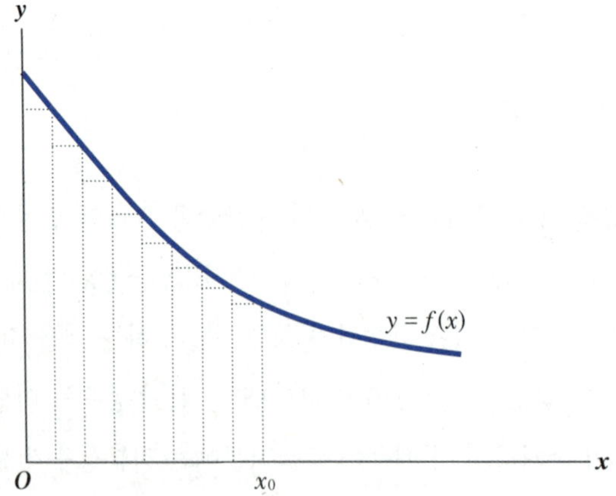

한편 중요한 정적분공식을 소개하면 다음과 같다.

(1) $\int_a^a f(x)\,dx = 0$

(2) $\int_a^b f(x)\,dx = -\int_b^a f(x)\,dx$

(3) $\int_a^b f(x)\,dx = \int_a^c f(x)\,dx + \int_c^b f(x)\,dx$

(4) $\int_a^b kf(x)\,dx = k\int_a^b f(x)\,dx$, ($k$는 상수)

(5) $\int_a^b [f(x) \pm g(x)]\,dx = \int_a^b f(x)\,dx \pm \int_a^b g(x)\,dx$, (복호동순)

[예] 한계편익과 총편익

역보상수요곡선은 한계편익곡선이다. 따라서 역보상수요곡선을 적분하면 총편익곡선을 얻는다. 앞 그림의 곡선을 역보상수요곡선이라고 하고 $p=f(x)$라고 바꾸어 표시하자. 그리고 이때 x_0단위를 소비한다고 하자. 이때 직사각형의 밑변을 1로 잡을 경우 첫 한 단위에서의 편익은 $1\times f(1)$, 둘째 단위에서의 편익은 $1\times f(2)$, …, x_0번째 단위에서의 편익은 $1\times f(x_0)$가 된다. 그 결과 x_0단위를 소비할 경우 총편익은 $f(1)+f(2)+$, …, $+f(x_0)$이 된다. 그리고 이 값은 바로 구간 $[0, x_0]$에서 역보상수요곡선 아래의 면적과 같다. 그런데 사실상 이같은 수치들을 사용하여 값을 구하면 오차가 생긴다. 그 이유는 실제 면적을 구할 때에는 그 단위가 무한소이어야 하는데 여기서는 1단위를 '1'로 잡았기 때문이다.

Ⅲ. 마샬의 보통수요곡선과 힉스의 보상수요곡선

1. 보통수요함수와 간접효용함수

$$\underset{x,y}{Max}\ U(x,y) \qquad (1)$$
$$s.t. \quad p_x x + p_y y = M$$

과 같은 효용극대화 문제를 생각해 보자. 라그랑지함수를 이용하여 이 문제를 풀면 수요함수를 구할 수 있다. 이때 X재와 Y재의 수요량은 상품들의 가격과 소득의 함수가 된다. 이것을

$$x = d_x(p_x, p_y, M) \qquad (2)$$
$$y = d_y(p_x, p_y, M) \qquad (3)$$

으로 표현하자. 이것이 바로 마샬의 보통수요함수(Marshallian ordinary demand function)이다. 이때 p_y와 M은 일정하다고 가정하고 p_x와 x 사이의 관계를 보여주는 것이 바로 X재의 보통수요곡선이다. 그러므로 마샬의 보통수요곡선은 다른 상황이 일정하다고 가정했을 때 주어진 소득으로 최대의 효용을 달성시켜 주는 보통수요량을 보여준다.

한편 이때 극대화된 효용은 위에서 얻은 보통수요량을 효용함수에 대입하여 구한다. 그런데 보통수요량이 상품들의 가격과 소득의 함수이므로 극대화된 효용도 상품들의 가격과

소득의 함수가 된다. 즉,

$$U(x, y) = U(d_x(p_x, p_y, M),\ d_y(p_x, p_y, M)) = V(p_x, p_y, M) \tag{4}$$

이 된다. 이처럼 극대화된 효용을 나타내는 함수 $V(p_x, p_y, M)$을 간접효용함수라고 한다. 간접효용함수(indirect utility function)는 상품들의 가격과 소득의 함수라는 점에 주목하자. 이러한 측면에서 간접효용함수는 상품의 가격과 소득이 주어졌을 때 그 소득으로 달성할 수 있는 최대의 효용을 말해 준다.

2. 보상수요함수와 지출함수

한편 위에서 극대화된 효용을 U_0라고 하자. 상품의 가격이 주어졌을 때 이러한 효용 U_0를 달성하는 데 드는 가장 적은 지출액은

$$\begin{aligned} &\underset{x,\,y}{Min}\ e(x, y) = p_x x + p_y y \\ &s.t.\quad U(x, y) = U_0 \end{aligned} \tag{5}$$

라는 지출극소화 문제를 풀어서 구할 수 있다. 라그랑지함수를 이용하여 이 문제를 풀면 X재와 Y재의 수요량은 가격들과 주어진 효용의 함수로 구해진다. 즉, 주어진 효용 U_0를 가장 적은 지출로 달성하려 할 때 선택해야 하는 각 상품의 수요량은 상품들의 가격과 달성하고자 하는 효용 수준(U_0)의 함수라는 것이다.

지금까지는 효용극대화와 지출극소화의 관계를 강조하고 또한 달성목표로 주어진 특정한 값이라는 점을 강조하기 위해 주어진 효용을 U_0로 표기했다. 그러나 그 값 자체가 외생적으로 변할 수 있다는 측면에서 이제부터는 분석에 편리하도록 U로 표기하고 외생변수로 취급하기로 하자. 그러면 수요함수는

$$x_c = h_x(p_x, p_y, U) \tag{6}$$

$$y_c = h_y(p_x, p_y, U) \tag{7}$$

와 같이 표현된다. 이것을 힉스의 보상수요함수(Hicksian compensated demand function)라고 한다. 이 경우 다른 상품의 가격 p_y와 달성하고자 하는 효용 수준 U가 주어졌을 때 해당 상품의 가격 p_x와 수요량 x 사이의 관계를 그림으로 나타낸 것이 바로 힉스의 보상수요곡선이다. 그러므로 힉스의 보상수요곡선은 다른 상황이 일정하다고 가정했을 때 주어진 효용을 최소지출로 달성시켜 주는 보상수요량을 보여준다. 이러한 보상수요량이 그림에

(x_c^*, y_c^*)로 나타나 있다.

한편 이때 얻는 각 상품의 보상수요량을 목적함수에 대입하면, 주어진 효용을 달성하려 할 때 지출해야 하는 최소지출을 얻는다. 그런데 보상수요량은 상품들의 가격과 달성하고자 하는 효용(U)의 함수이므로 극소화된 지출도 상품들의 가격과 달성하고자 하는 효용 U의 함수로 구해진다. 그리하여 그 지출을 E라고 하면

$$e(x, y) = p_x x + p_y y = p_x x_c + p_y y_c = p_x h_x(p_x, p_y, U) + p_y h_y(p_x, p_y, U) = E(p_x, p_y, U)$$

로 표현된다(Ⅳ.2 참조). 함수 E를 지출함수(expenditure function)라고 한다. 그러므로 지출함수는 가격과 효용 수준이 주어졌을 때 그 효용 수준을 달성하는 데 드는 가장 적은 지출액을 말해 준다.

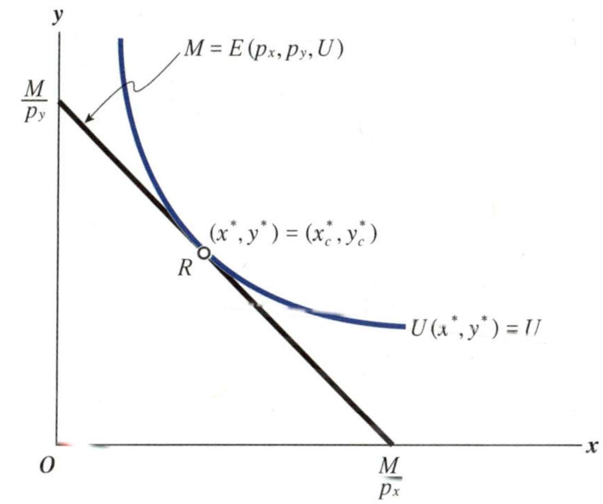

이러한 내용들이 그림에 나타나 있다. 가격이 주어진 상태에서 소비자는 소득이 M일 경우 효용극대화를 통해 보통수요량(x^*, y^*)를 선택하여 극대화된 효용 U를 누린다. 거꾸로 이러한 효용 U를 최소지출로 누리려면 지출극소화를 통해 보상수요량(x_c^*, y_c^*)를 선택하게 되는데 이때 보통수요량과 보상수요량은 같으며 그때 드는 최소지출 E는 바로 처음 효용극대화 때 주어졌던 M과 같아진다. 이러한 관계를 쌍대성(dualty)이라고 한다.

한편 목표효용이 U로 주어진 상태에서 지출이 M보다 적으면 예산선이 그림보다 원점에 가까워져서 주어진 무차별곡선에 도달하지 못하므로 목표효용 U를 달성하지 못한다. 지출이 M이면 예산선이 주어진 무차별곡선과 접하므로 목표효용 U를 달성한다. 지출이 M보다 많으면 예산선이 주어진 무차별곡선과 교차하므로 목표효용 U를 달성하겠지만 지출이 M을 넘어선 상태이다. 종합해 볼 때 효용 U를 달성하는 데 드는 최소지출은 M이다.

3. 지출함수의 성격 및 보통수요량과 보상수요량의 관계

이제 지출함수와 관련된 내용을 정리해 보기로 하자.

(1) 지출함수는 p_x, p_y, U와 최소지출액 사이의 관계를 말한다.

(2) 보상수요량은 주어진 효용을 최소의 지출로 달성하는 수요량을 말한다.

(3) $\frac{\partial E(p_x, p_y, U)}{\partial p_x} = h_x(p_x, p_y, U)$가 성립한다.[1] 즉, X재의 가격이 조금 상승할 경우 지출이 증가하는 비율은 힉스의 보상수요량으로 나타난다. 바꾸어 말하면 최적상태에서 가격이 변할 경우 주어진 효용을 달성하는 데 드는 지출의 변화는 가격의 변화에 힉스의 보상수요량을 곱한 결과와 같다는 것이다.

(4) p_x가 하락하면 주어진 효용을 달성하는 데 드는 최소지출액이 감소한다. p_y의 경우도 마찬가지이다. 물론 p_x가 상승하면 주어진 효용을 달성하는 데 드는 최소지출액이 증가한다. 한편 이러한 사실은

$$\frac{\partial E(p_x, p_y, U)}{\partial p_x} = h_x(p_x, p_y, U) \quad (8)$$

가 양의 값을 가진다는 사실로부터도 알 수 있다.

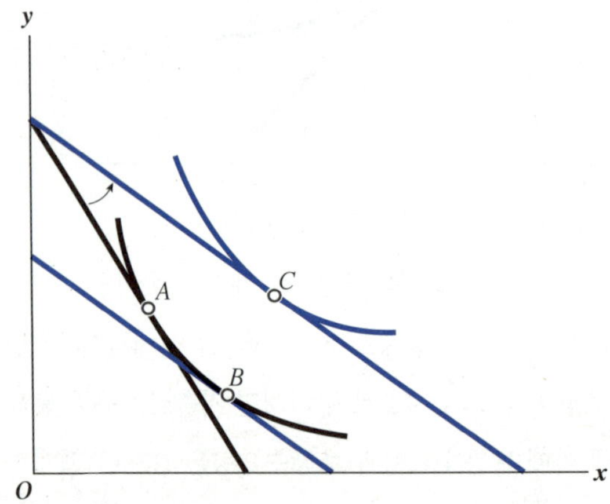

(5) 가격이 변화하기 이전의 원래 상태에서는 보통수요량(A점)과 보상수요량(A점)이 같다. 즉, $x(p_x, p_y, M) = h_x(p_x, p_y, U)$이다. 그러나 가격이 변화하면 보통수요량($C$점)과 보상수요량($B$점)이 달라진다.

1. 이것을 셰퍼드의 보조정리(Shephard' s lemma)라고 한다. 그런데 이것은 사실상 포락선정리(envelope theorem)의 한 예이다. 포락선정리는 파라미터의 값이 변할 때 목적함수의 최적값의 변화율은 선택변수를 선택변수의 최적값에서 상수로 고정시킨 상태에서 목적함수를 파라미터로 직접 편미분한 결과와 같다는 것을 말한다. 여기서는 지출함수가 바로 최적화된 목적함수이다.

4. 소비자이론에서의 쌍대성(duality)

(1) 주어진 소득 하의 효용극대화와 주어진 목표효용 하의 지출극소화

상품들의 가격이 주어진 상태에서 생각해 보자. 소득 M이 주어지면 효용극대화를 통해 그 소득으로 달성할 수 있는 최대의 효용 수준 U가 구해진다. 거꾸로 그러한 효용 수준 U가 주어지면 그 효용 수준을 달성하는 데 드는 최소지출은 다름 아니라 처음에 효용을 극대화할 때 주어졌던 M으로 구해진다.

(2) 보통수요함수와 보상수요함수

(3) 간접효용함수와 지출함수

간접효용함수가 주어지면 지출함수를 구할 수 있다. 역으로 지출함수가 주어지면 간접효용함수를 구할 수 있다.

5. 보상수요함수 및 지출함수와 CV 및 EV의 관계

가격이 떨어진 경우에 대해 생각해 보자. 이때 보상변화를 CV, 등가변화를 EV, 지출함수를 $E(p_x, p_y, U)$, 그리고 보상수요함수를 $h(p_x, p_y, U)$라고 하면

(1) $CV = E(p_x^0, p_y, U_0) - E(p_x^1, p_y, U_0) = \int_{p_x^1}^{p_x^0} h(p_x, p_y, U_0)\, dp_x$

(2) $EV = E(p_x^0, p_y, U_1) - E(p_x^1, p_y, U_1) = \int_{p_x^1}^{p_x^0} h(p_x, p_y, U_1)\, dp_x$

가 성립한다. 이때 CV는 원래의 효용 수준과 관련된 보상수요곡선을 사용하여 측정하고 EV는 가격변화 이후의 새로운 효용 수준과 관련된 보상수요곡선을 사용하고 있다는 점에 주목하자.

(3) CV의 부호와 EV의 부호는 같다. 가격이 하락할 경우(즉, 효용이 증가할 경우) 두 값이 모두 양이 되고 가격이 상승할 경우(즉, 효용이 감소할 경우) 두 값이 모두 음이 된다.

(4) 가격이 하락할 경우 CV < CS의 변화 < EV의 관계가 성립한다. 가격이 상승할 경우에는 부등호의 방향이 바뀐다.

(5) 정의에 비추어 볼 때, 가격이 p_x^0에서 p_x^1으로 하락했을 때의 CV는 가격이 p_x^1에서 p_x^0로 상승했을 때의 EV와 같다. 또한 가격이 상승했을 때의 CV는 가격이 (원래의 가격으로)

하락했을 때의 EV와 같다.

(6) 소득효과가 0인 특별한 경우에는 CV, CS의 변화, EV 등 모든 측정값이 같아진다.

6. CV와 EV에 대한 2가지 해석

CV는 가격에 초점을 맞추고 보는가 효용에 초점을 맞추고 보는가에 따라 2가지 해석이 가능하다. EV도 마찬가지다. 아래에서 $E(p_x, p_y, U)$는 지출함수를 나타낸다.

(1) *CV* : 다음 2가지 해석이 가능하다.

(i) CV는 새로운 가격으로, 새로운 효용을 달성할 때 드는 지출액과 원래의 효용을 달성할 때 드는 지출액의 차다. 수식으로는

$$CV = E(p_x^1, p_y, U_1) - E(p_x^1, p_y, U_0)$$

으로 표현된다.

(ii) CV는 원래의 효용을 원래의 가격으로 달성할 때 드는 지출액과 새로운 가격으로 달성할 때 드는 지출액의 차다. 수식으로는

$$CV = E(p_x^0, p_y, U_0) - E(p_x^1, p_y, U_0)$$

로 표현된다.

(2) *EV* : 다음 2가지 해석이 가능하다.

(i) EV는 원래의 가격으로, 새로운 효용을 달성할 때 드는 지출액과 원래의 효용을 달성할 때 드는 지출액의 차다. 수식으로는

$$EV = E(p_x^0, p_y, U_1) - E(p_x^0, p_y, U_0)$$

로 표현된다.

(ii) EV는 새로운 효용을 원래의 가격으로 달성할 때 드는 지출액과 새로운 가격으로 달성할 때 드는 지출액의 차다. 수식으로는

$$EV = E(p_x^0, p_y, U_1) - E(p_x^1, p_y, U_1)$$

으로 표현된다.

IV. 효용극대화, 지출극소화, 비용극소화, 이윤극대화

1. 효용극대화 — 보통수요함수와 간접효용함수를 얻는다.

효용극대화 문제는

$$\underset{x,\,y}{Max}\ U(x,y)$$
$$s.t.\quad p_x x + p_y y = M$$

으로 쓸 수 있다. 이에 대한 라그랑지함수는

$$\underset{x,\,y,\,\lambda}{Max}\ Z = U(x,y) + \lambda(M - p_x x - p_y y)$$

이다.

(a) 효용극대화의 일차필요조건은

$$\frac{\partial Z}{\partial x} = \frac{\partial U(x,y)}{\partial x} - \lambda p_x = 0 \qquad (1)$$

$$\frac{\partial Z}{\partial y} = \frac{\partial U(x,y)}{\partial y} - \lambda p_y = 0 \qquad (2)$$

$$\frac{\partial Z}{\partial \lambda} = M - p_x x - p_y y = 0 \qquad (3)$$

이다. 이 연립방정식을 풀면 보통수요함수 $x = x(p_x, p_y, M)$, $y = y(p_x, p_y, M)$을 얻는다. 이것을 목적함수에 대입하면 간접효용함수 $V = V(p_x, p_y, M)$을 얻는다.

한편 식 (1)과 식 (2)를 정리한 다음 대응되는 변끼리 나누어주면

$$\frac{\dfrac{\partial U(x,y)}{\partial x}}{\dfrac{\partial U(x,y)}{\partial y}} = \frac{p_x}{p_y}$$

가 된다. 즉,

$$\frac{MU_x}{MU_y} = \frac{p_x}{p_y}$$

또는

$$MRS_{xy} = \frac{p_x}{p_y}$$

가 된다.

(b) 이차충분조건 : 무차별곡선이 원점에 대해 강볼록해야 한다(증명은 Chiang 참조).

2. 지출극소화 — 보상수요함수와 지출함수를 얻는다.

지출극소화 문제는

$$\underset{x,\,y}{Min}\ e = p_x x + p_y y$$
$$s.t.\quad U(x, y) = U_0$$

로 쓸 수 있다. 이에 대한 라그랑지함수는

$$\underset{x,\,y,\,\lambda}{Min}\ Z = p_x x + p_y y + \lambda\left[U_0 - U(x, y)\right]$$

이다.

(a) 지출극소화의 일차필요조건은

$$\frac{\partial Z}{\partial x} = p_x - \lambda\frac{\partial U(x, y)}{\partial x} = 0 \tag{1}$$

$$\frac{\partial Z}{\partial y} = p_y - \lambda\frac{\partial U(x, y)}{\partial y} = 0 \tag{2}$$

$$\frac{\partial Z}{\partial \lambda} = U_0 - U(x, y) = 0 \tag{3}$$

이다. 이 연립방정식을 풀면 보상수요함수 $x_c = h_x(p_x, p_y, U_0)$, $y_c = h_y(p_x, p_y, U_0)$를 얻는다. 이것을 목적함수에 대입하면 지출함수 $E = E(p_x, p_y, U_0)$를 얻는다.

한편 식 (1)과 식 (2)를 정리한 다음 대응되는 변끼리 나누어주면

$$\frac{p_x}{p_y} = \frac{\dfrac{\partial U(x, y)}{\partial x}}{\dfrac{\partial U(x, y)}{\partial y}}$$

가 된다. 즉,

$$\frac{p_x}{p_y} = \frac{MU_x}{MU_y}$$

또는

$$\frac{p_x}{p_y} = MRS_{xy}$$

가 된다.

(b) 이차충분조건 : 무차별곡선이 원점에 대해 강볼록해야 한다(증명은 Chiang 참조).

3. 비용극소화 —조건부생산요소수요함수와 장기총비용함수를 얻는다.

비용극소화 문제는

$$\underset{L,K}{Min}\ C = wL + wK$$
$$s.t.\quad f(L,K) = Q$$

이다. 이에 대한 라그랑지함수는

$$\underset{L,K,\lambda}{Min}\ Z = wL + wK + \lambda\left[Q - f(L,K)\right]$$

이다.

(a) 비용극소화의 일차필요조건은

$$\frac{\partial Z}{\partial L} = w - \lambda\frac{\partial f(L,K)}{\partial L} = 0 \qquad (1)$$

$$\frac{\partial Z}{\partial K} = r - \lambda\frac{\partial f(L,K)}{\partial K} = 0 \qquad (2)$$

$$\frac{\partial Z}{\partial \lambda} = Q - f(L,K) = 0 \qquad (3)$$

이다. 이 연립방정식을 풀면 조건부생산요소수요함수 $L = L(w,r,Q)$, $K = K(w,r,Q)$를 얻는다. 이것을 목적함수에 대입하면 장기총비용함수 $C = C(w,r,Q)$를 얻는다.

이상에서 그 원리는 소비자이론에서의 지출극소화에 대응한다. 다만 거기서는 보상수요함수와 지출함수가 구해졌으나 여기서는 조건부 장기생산요소수요함수와 장기총비용함수가 구해진다는 점이 다르다.

한편 식 (1)과 식 (2)를 정리한 다음 대응되는 변끼리 나누어주면

$$\frac{w}{r} = \frac{\dfrac{\partial f(L,K)}{\partial L}}{\dfrac{\partial f(L,K)}{\partial K}}$$

가 된다. 즉,

$$\frac{w}{r} = \frac{MP_L}{MP_K}$$

또는

$$\frac{w}{r} = MRTS_{LK}$$

가 된다.

(b) 이차충분조건 : 등량곡선이 원점에 대해 강볼록해야 한다(증명은 Chiang 참조).

4. 이윤극대화

(1) 생산물시장에서의 이윤극대화 : 산출량 선택

(i) **일반적인 경우**

이윤극대화 문제는

$$\underset{Q}{Max}\ \pi = TR(Q) - TC(Q)$$

이다. 이때 비용은 이미 극소화되고 있다는 점에 주목하자. 비용극소화는 비용함수에 이미 반영되어 있기 때문이다. 이윤극대화 일차필요조건은

$$\text{F.O.C.} : \frac{d\pi}{dQ} = MR(Q) - MC(Q) = 0$$

이다. 즉, $MR(Q) = MC(Q)$에서 산출량 Q가 정해진다. 이차충분조건은

$$\text{S.O.C.} : \frac{d^2\pi}{dQ^2} = \frac{dMR(Q)}{dQ} - \frac{dMC(Q)}{dQ} < 0$$

이다. 즉, 'MR의 기울기 < MC의 기울기' 가 성립해야 한다.

(ii) **생산물시장이 경쟁일 경우** : 생산물의 공급곡선이 구해진다. 즉, $p = MC(q)$가 도출된다.

이윤극대화 문제는

$$\underset{q}{Max}\ \pi = pq - TC(q)$$

이다. 이때 비용은 이미 극소화되고 있다는 점에 주목하자. 비용극소화는 비용함수에 이미 반영되어 있기 때문이다. 이윤극대화의 일차필요조건은

$$\text{F.O.C.} : \frac{d\pi}{dq} = MR - MC(q) = p - MC(q) = 0$$

이다. 즉, $p = MC(q)$로부터 산출량 q가 정해진다. 이차충분조건은

$$\text{S.O.C.} : \frac{d^2\pi}{dq^2} = MR' - MC'(q) = 0 - MC'(q) < 0,\ \text{즉}\ MC'(q) > 0$$

이다. 즉, MC곡선이 양의 기울기를 가지는 부분에서 이윤극대화가 달성된다.

(2) 생산요소시장에서의 이윤극대화 : 생산요소 선택

(i) 생산물시장과 생산요소시장이 모두 완전경쟁일 경우 : 생산요소수요함수, 장기공급함수, 이윤함수가 구해진다.

두 시장이 모두 완전경쟁일 경우 산출물의 가격과 생산요소의 가격이 일정하게 주어진다. 이때 장기 이윤극대화 문제는

$$\underset{q,L,K}{Max}\ \pi = pq - (wL + rK)$$
$$s.t. \quad q = f(L, K)$$

이다. 생산함수를 목적함수에 대입한 후 다시 쓰면

$$\underset{L,K}{Max}\ \pi = pf(L, K) - (wL + rK)$$

가 된다.

(a) 장기 이윤극대화의 일차필요조건은

$$\frac{\partial \pi}{\partial L} = p\frac{\partial f(L,K)}{\partial L} - w = 0 \qquad (1)$$

$$\frac{\partial \pi}{\partial K} = p\frac{\partial f(L,K)}{\partial K} - r = 0 \qquad (2)$$

이다. 이 연립방정식을 풀면 장기 생산요소수요함수 $L = L(p, w, r)$, $K = K(p, w, r)$을 얻는다. 이들을 장기생산함수에 대입하면 장기공급함수 $q = f(p, w, r)$을 얻는다. 그리고 이들을 목적함수에 대입하면 이윤함수 $\Pi = \Pi(p, w, r)$을 얻는다.

(b) 장기 이윤극대화의 이차충분조건은 $f_{LL} < 0$, $f_{KK} < 0$, $f_{LL}f_{KK} > f_{LK}f_{KL}$이다(증명은 Chiang 참조). 각 항들은 모두 이차편도함수이다. $f_{LL} < 0$, $f_{KK} < 0$의 경제학적 의미는 L과 K의 한계생산물이 각각 체감한다는 것이다.

(참고) 단기나 장기의 생산요소수요함수와 이윤함수는 모두 산출물의 가격과 생산요소 가격의 함수이다. 단기나 장기의 조건부생산요소수요함수가 생산요소의 가격과 산출량의 함수인 것과 대조된다.

여기서 $\dfrac{\partial f(L,K)}{\partial L} = MP_L$, $\dfrac{\partial f(L,K)}{\partial K} = MP_K$라는 사실에 주목하면,

식 (1)로부터

$$pMP_L(L,K) = w, \text{ 즉 } VMP_L = w,$$

식 (2)로부터

$$pMP_K(L,K) = r, \text{ 즉 } VMP_K = r$$

을 얻는다.

한편 식 (1)과 식 (2)를 정리한 다음 대응되는 변끼리 나누어주면

$$\frac{MP_L}{MP_K} = \frac{w}{r}$$

를 얻는다. 이것은 바로 비용극소화 조건이다. 또한 식 (1)과 식 (2)로부터

$$p = \frac{w}{MP_L} = \frac{r}{MP_K}$$

을 얻는다. 그런데

$$\frac{w}{MP_L} = \frac{r}{MP_K} = LMC(q)$$

이다(그 이유는 다음에 나오는 'VIII. 한계생산물과 한계비용'에서 설명하고 있다. 직관적으로 볼 때 이 식은 이윤을 극대화하려면 한계비용에 미치는 영향이 같아지도록 각 생산요소를 고용해야 한다는 것을 말한다). 그러므로

$$p = LMC(q)$$

가 성립한다. 이것은 바로 완전경쟁시장에서 산출량 선택에 대한 장기 이윤극대화 조건이다.

이로부터 다음 사실을 알 수 있다. 첫째 이윤이 극대화되려면 비용이 극소화되어야 한다. 둘째 이윤을 극대화하기 위해 생산요소 수요량을 정하는 것은 이윤을 극대화하기 위해 산출량을 정하는 것과 같다.

(ii) 생산물시장이 불완전경쟁이고 생산요소시장이 완전경쟁일 경우

이 경우 생산물의 가격이 산출량의 함수로 주어진다. 그리하여 이윤극대화 문제는

$$\underset{Q,L,K}{Max}\ \pi = p(Q)Q - (wL + rK)$$
$$s.t.\quad Q = f(L,K)$$

가 된다. 이때 총수입을 TR이라고 하면 $p(Q)Q = TR(Q) = TR\left[f(L,K)\right]$이다. 이것을 이용하면 위 문제는

$$\underset{L,K}{Max}\ \pi = TR\left[f(L,K)\right] - (wL + rK)$$

로 바꾸어 쓸 수 있다.

이윤극대화의 일차필요조건은

$$\frac{\partial \pi}{\partial L} = \frac{dTR}{dQ}\frac{\partial f}{\partial L} - w = 0,\ \text{즉}\ MR \bullet MP_L = w,\ \text{즉}\ MRP_L = w$$

$$\frac{\partial \pi}{\partial K} = \frac{dTR}{dQ}\frac{\partial f}{\partial K} - r = 0,\ \text{즉}\ MR \bullet MP_K = r,\ \text{즉}\ MRP_K = r$$

이 된다.

(iii) 생산물시장이 불완전경쟁이고 생산요소시장이 수요독점일 경우

생산물의 가격은 산출량의 함수로 주어지고 생산요소의 가격은 생산요소 수량의 함수로 주어진다. 이 경우 이윤극대화 문제는

$$\underset{L,K}{Max}\ \pi = p(Q)Q - \left[w(L)L + r(K)K\right]$$
$$s.t.\quad Q = f(L,K)$$

가 된다. 여기서 총수입을 TR, 총요소비용을 TFC(total factor cost)라고 하면,

$$p(Q)Q = TR(Q) = TR\left[f(L,K)\right],\ \ w(L)L + r(K)K = TFC(L,K)$$

이다. 그러면 위 문제는

$$\underset{L,K}{Max}\ \pi = TR\left[f(L,K)\right] - TFC(L,K)$$

로 다시 쓸 수 있다. 이윤극대화의 일차필요조건은

$$\frac{\partial \pi}{\partial L} = \frac{dTR}{dQ}\frac{\partial f}{\partial L} - \frac{\partial TFC}{\partial L} = 0,\ \ MR \bullet MP_L = MFC_L,\ \text{즉}\ MRP_L = MFC_L$$

$$\frac{\partial \pi}{\partial K} = \frac{dTR}{dQ}\frac{\partial f}{\partial K} - \frac{\partial TFC}{\partial K} = 0,\ \ MR \bullet MP_K = MFC_K,\ \text{즉}\ MRP_K = MFC_K$$

가 된다.

V. 평균값과 한계값의 관계

[명제] 평균값이 증가할 때 한계값은 평균값보다 크다. 평균값이 감소할 때 한계값은 평균값보다 작다. 또한 평균값이 가장 크거나 작은 곳에서는 평균값과 한계값이 같아진다. 한편 이 결과는 한계곡선은 평균곡선의 최상점이나 최하점을 통과한다는 것을 의미한다.

[증명] $\frac{d}{dx}\frac{f(x)}{x} = \frac{f'(x)x - f(x)\cdot 1}{x^2} = \frac{1}{x}\left(f'(x) - \frac{f(x)}{x}\right)$이다.

이로부터 $\frac{d}{dx}\frac{f(x)}{x} \gtreqless 0 \iff f'(x) \gtreqless \frac{f(x)}{x}$가 성립한다.

VI. 한계비용함수와 가변비용함수

총비용함수를 $C(q) = C_v(Q) + F$라고 하자. 여기서 $C_v(Q)$는 총가변비용, F는 총고정비용이다. 이로부터 한계비용함수는

$$MC(Q) = \frac{dC(Q)}{dQ} = \frac{dC_v(Q)}{dQ} + 0$$

으로 구해진다. 즉, 한계비용함수는 한계가변비용함수와 같다는 것이다. 이제 한계비용곡선을 이용하여 총가변비용을 구해 보자. 총가변비용함수는 한계가변비용함수를 정적분하여 구할 수 있다. 그런데 한계가변비용함수는 한계비용함수와 같다. 그러므로 한계가변비용함수를 정적분한다는 것은 한계비용함수를 정적분하는 것과 같다. 그러므로 한계비용함수를 정적분하면 총가변비용함수를 얻을 수 있다. 이것을 수식으로 표현하면

$$\int_0^Q MC(t)\,dt = C(Q) - C(0) = C(Q) - F = C_V(Q)$$

가 된다. 여기서 $C(0) = F$라는 사실이 적용되고 있다. 즉, 산출량이 0일 경우의 비용은 총고정비용이라는 것이다. 한편 정적분을 구한다는 것은 해당 도형과 관련하여 그 면적을 구한다는 것과 같다. 그러므로 여기서 한계비용함수를 정적분한다는 것은 한계비용곡선 아래의 면적을 구하는 것과 같다. 이렇게 볼 때 한계비용곡선 아래의 면적은 총가변비용과 같아진다.

Ⅶ. 생산자잉여와 이윤

생산자잉여(PS)는 TR에서 공급곡선 아래의 면적을 빼 준 것이다. 그런데 역공급곡선은 MC곡선이다. 그러므로 공급곡선 아래의 면적이라는 것은 MC곡선을 정적분한 것과 같다. 그런데 이것은 바로 TVC가 된다. 이렇게 볼 때 PS는 TR에서 TVC를 빼 준 값이 된다. 그리고 이것은 다시 다음과 같이 쓸 수 있다. 즉,

$$PS = TR - TVC = TR - (TVC + TFC) + TFC = (TR - TC) + TFC = \pi\,(= \text{이윤}) + TFC.$$

수식으로 표현하면

$$\begin{aligned} PS &= pQ - \int_0^Q MC(t)\,dt \\ &= pQ - \left[(C(Q) - C(0)\right] = pQ - C(Q) + C(0) = \pi(Q) + F \end{aligned}$$

이다. 이때 $C(0) = F$라는 사실이 적용되고 있다. F는 TFC를 나타낸다.

Ⅷ. 한계생산물과 한계비용

총고정비용을 F라고 하고 총가변비용을 $C_V(Q)$라고 하자. 그러면 총비용은

$$C(Q) = C_V(Q) + F$$

가 된다. 이때

$$C_V(Q) = wL(Q)$$

이다. 그러므로

$$MC(Q) = \frac{dC(Q)}{dQ} = \frac{d[C_V(Q) + F]}{dQ} = \frac{d[wL(Q)]}{dQ} + \frac{dF}{dQ} = w\,\frac{dL(Q)}{dQ} = w\,\frac{1}{\frac{dQ}{dL(Q)}} = w\,\frac{1}{MP_L}$$

이 된다. 즉, 한계비용과 한계생산물 사이에는 역의 관계가 성립한다. 그런데 이것은 생산함수와 비용함수가 쌍대성을 가지고 있다는 사실을 반영한다.

IX. 합, 기대치, 분산

1. 합 : 연산자 $\sum$

$\sum(x_i \pm y_i) = \sum x_i \pm \sum y_i$(복호 동순)

$\sum cx_i = c\sum x_i$

$\sum c = nc$

2. 기대치 : 연산자 E

$\mu_X = E(X) = \sum x_i p_i$, μ_X는 기대치, x_i는 확률변수 X가 취할 수 있는 값, p_i는 확률

$E(c) = c$

$E(X + c) = E(X) + c$

$E(cX) = cE(X)$

$E(X + Y) = E(X) + E(Y)$

$E(XY) = E(X)E(Y)$, X, Y가 서로 독립일 경우

3. 분산 : 연산자 Var

$\sigma_X^2 = Var(X) = E[(X - \mu_X)^2] = \sum(x_i - \mu_X)^2 p_i$, σ_X^2는 분산

$Var(X) = E(X^2) - [E(X)]^2$

$E(X^2) = Var(X) + [E(X)]^2$

$Var(X + c) = Var(X)$

$Var(cX) = c^2 Var(X)$

$Var(X + Y) = Var(X) + Var(Y) + 2Cov(X, Y)$

$Cov(X, Y) = E(XY) - E(X)E(Y)$, Cov는 공분산을 나타내는 연산자

$Cov(X, Y) = 0$, X, Y가 서로 독립일 경우

$Var(X + Y) = Var(X) + Var(Y)$, X, Y가 서로 독립일 경우

지은이에 대하여

임봉욱(limbu@dju.kr)

성균관대학교 경제학과(경제학 학사)

미국 University of Wisconsin—Madison 경제학과 (경제학 석사)

미국 State University of New York at Buffalo 경제학과 (경제학 박사)

미국 University of Michigan—Ann Arbor, Visiting Scholar 역임

대전대학교 경제학과 교수 역임

현재 대전대학교 명예교수

저서

『최적과세이론』, 도서출판 지샘, 2005.

『경제학에서 세상을 배우다』, 도서출판 지샘, 2010.

『빚과 금융』, 신론사, 2013.

『공공경제학』(제6판), 율곡출판사, 2022.

『공공경제학 연습문제 해답집』(제6 판), 율곡출판사, 2022.

『예제와 함께하는 미시경제학』(제4판), 박영사, 2022.

제5판 미시경제학 연습

초 판 1쇄 발행 2005년 1월 25일
제2판 1쇄 발행 2005년 8월 16일
제3판 1쇄 발행 2011년 10월 25일
제4판 1쇄 발행 2016년 3월 15일
제5판 1쇄 발행 2021년 11월 15일
제5판 3쇄 발행 2025년 1월 15일

지은이 임봉욱
펴낸이 박기남
펴낸곳 **율곡출판사**
08590 서울시 금천구 가산디지털1로 84(에이스하이엔드 8차), 803호
전화 (代) 02) 718-9872/3
팩스 02) 718-9874
홈페이지 www.yulgokbooks.co.kr
이메일 yulgokbook@naver.com
등록 1989. 11. 10. 제2014-000031호
ISBN 979-11-91812-05-3 93320

정가 38,000원